1 MONTH OF
FREE
READING

at

www.ForgottenBooks.com

By purchasing this book you are eligible for one month membership to ForgottenBooks.com, giving you unlimited access to our entire collection of over 1,000,000 titles via our web site and mobile apps.

To claim your free month visit:

www.forgottenbooks.com/free911589

ISBN 978-0-265-93097-7
PIBN 10911589

JUSTINI

HISTORIÆ PHILIPPICÆ.

VOL. II.

JUSTINI

HISTORIÆ PHILIPPICÆ

EX EDITIONE ABRAHAMI GRONOVII

CUM NOTIS ET INTERPRETATIONE

IN USUM DELPHINI

VARIIS LECTIONIBUS

NOTIS VARIORUM

RECENSU EDITIONUM ET CODICUM

ET

INDICE LOCUPLETISSIMO

ACCURATE RECENSITÆ.

―――

VOLUMEN SECUNDUM.

LONDINI:

CURANTE ET IMPRIMENTE A. J. VALPY, A. M.

1822.

NOTÆ VARIORUM

IN

JUSTINI

HISTORIAS PHILIPPICAS.

EX EDITIONE A. GRONOVII,

Lugd. Bat. 1760. 8vo.

NOTÆ VARIORUM

IN

JUSTINI

HISTORIAS PHILIPPICAS.

PRÆFATIO.

§ 1 *Multi ex Romanis, etiam consulares dignitatis viri*] A. Postumium Albinum cos. anno ab U. c. 603. Cicero in Bruto refert Historiam de Rebus Romanis Græce scripsisse. Idem de eod. ait Gell. lib. XI. cap. 8. Florus in Livii Epitome lib. LIII. C. Julium senatorem, Dionysius H. in Præf. Hist. suæ Fabium Pictorem et L. Cincium, res Romanas Græco sermone scripsisse, commemorant. *Gl.*

Multi ex Romanis] Ut A. Albinus, referente A. Gellio Noct. Att. XI. 8. Vid. Macrob. init. Saturn. et Cic. Brut. c. 21. Hunc locum opportune suggessit eruditiss. Joh. Freinsh. cujus acri politoque judicio plurimum hasce notas debere statim initio profiteri libet. Sic Lucullus Marsicum Bellum Græce scripsit. Plut. Luc. c. 2. C. Julius senator Græce res Romanas scripsit, Liv. Epit. LIII. f. Annales Acilianos Græce scriptos et Latine versos refert Liv. XXV. 39.

14. Etiam Cic. Commentaria Consulatus sui Græce composuit l. I. ad Att. Ep. penult. *Bern.*

Pompeius] Ejus de genere Justin. inf. XLIII. 5. 13. 14. 15. *Id.* Mentionem huj. et inf. facit XXXVIII. 3. 11. et XLIII. 5. 13. et priore quidem loco, quid Trogus in Liv. ac Sall. desiderarit; posteriore vero, quibusnam parentibus prognatus ille sit, exponit. Aliorum de eod. Testimonia, aut Judicia, supr. ipsi huic Epitomæ præmissa videas. Trogi nomen habuere et alii. Varro quidem lib. v. de L. L. 'T. Quinctium Trogum' nominat. *Vorst.* Is sub Augusti seculo vixit. Avus e Vocontiis, Galliæ Narbonensis populo, Sertoriano bello civitate a Cn. Pompeio donatus; a quo et nomen accepisse videtur. Pater ejus sub Jul. Cæsare militabat. De his vid. inf. l. XLIII. c. 5. Scripsit etiam de Animalibus, quo nomine sæpius a Plin. et Charis. laudatur. Ejus etiam meminere Servius, D. Hieron. Augustin. Oros. Priscian. aliique. *Ox.*

Corporis] Hoc de σωματοποιίᾳ accipe, non de robore corporis, ut Hispanicus interpres. *Bern.*

Rem magni et animi et corporis adgressus] Scribe *animi et operis.* 'Res' enim 'magni operis' est quæ vario et multo labore constat: vox hæc ab architectura, sive vulgari sive militari, petita est: nam et *opera* sunt, quæ struuntur, ut ap. Suet. in Jul. 'Operibus exornare urbes:' et ap. eund. in Octav. 29. 'Publica opera plurima exstruxit:' et Tib. 47. 'Princeps neque opera ulla magnifica fecit:' et munitiones in oppidis oppugnandis, ut 'Opere instituto' ap. Cæs. vii. B. G. 70. et Suet. in Jul. 35. 'Maximis obsessum operibus:' et, prout structura multiplex est, *magni* vel *parvi operis* res vel munitio vocatur. Sen. Ep. 55. 'Speluncæ duæ magni operis:' et Liv. xxii. 57. 'Oppidum magno opere munitum:' et xxvi. 3. 'Quum jam parvi operis munitio esset.' Hinc igitur transfertur ad alias molitiones. Plin. xxxv. N. H. 10. 'Corpora enim pingere, et media rerum, est quidem magni operis.' Curt. vii. 13. 'Magni operis videbatur tam vastam voraginem explere.' *Gronov.* Nihil facit corpus ad meditationes eruditorum. Pygmæus sit, an Polyphemus, qui ad scribendum se applicat, est perinde, modo valeat animo et ingenio, laboribusque ferendis par sit, Qui *corpus* hic accipiunt pro libro, iis Lat. linguæ genius adversatur. Non enim dixeris *rem magni corporis* seu *libri aggredi.* Ms. Marq. Gudii, et Juntarum ed. præstantissima, quam Bongars. et alii editores non viderunt: *rem magni animi et operis aggressus est.* Hæc Justini est scriptura. Imitatur Livium, qui in Præf. 'Res est præterea immensi operis, ut quæ supra quingentesimum annum repe-

tatur.' Quintil. Inst. i. 4. 'Quæ vel sola [ars] omni studiorum genere plus habet operis, quam ostentationis.' Ov. iv. ex Ponto: 'Quodque aliis opus est, hoc tibi ludus erit.' Sic et Græci ἔργον pro labore. Aristot. vi. de Hist. Animal. Ἔργον μὴ συνήθει ὄντι καταμαθεῖν ταῦτα: *Res magni operis est rerum istarum insolenti eas perdiscere.* Contra οὐδὲν ἔργον notat *non est difficile.* Philippus ap. Stobæum in Olynthia: Πύκτῃ τ᾽ ἐπιτιμᾶν οὐδὲν ἔργον μαχομένῳ; h. e. *Reprehendere pugilem pugnantem non est difficile.* H. locum H. Grotius ὁ πάνυ in Florilegio prava distinctione laborantem male interpretatus est: *Et castigare pugilem cum a pugna vaces;* conjungens οὐδὲν ἔργον μαχομένῳ. Sed Græcis hæc loquendi ratio est ignota. Quin et h. locum Justini ex conjectura sic dudum restituit Gronov. Firmatur etiam auctoritate vetusti cod. Anglicani, testante id editore Justini Oxon. *Græv.* Legendum *operis,* non *corporis;* rem 'operosam,' difficilem et arduam, suscipere illum significat, qui historiam universalem complecti, eamque ab origine rerum ad sua tempora velit perducere; id quod a Trogo Pomp. præstitum fuerat. Hæc lectio ex Juntarum ed. revocata est a J. Græv. Doctore præstantis. *Faber.* Legebatur vulgo *rem magni et animi et corporis.* Sed optime locum h. restituit cl. Græv. quod ex cod. Ms. Marq. Gudii et vetere typis expresso Juntarum pro *corporis* rescripsit *operis.* Est autem *res magni operis* dictum ita, ut Liv. in Præf. dicit 'Res immensi operis.' Qui *corporis* legerunt, intellexerunt, vel de robore corporis, ut Interpres Hispan. vel de σωματοποιίᾳ ipsius libri, ut Berneccer. et alii. Verum neutro sensu consistere vox hic potest. Magnitudo et robur corporis ad scribendos libros nihil quicquam faciunt. Et quia 'animi' antecedit τὸ corporis, si omnino legend. esset, non de libri, sed de hominis, corpore intelligendum esset. *Vorst.* Ms. Gudii et Ed. Junt. *et animi et operis*, quod recte probant cl. Grav. et Vorst. *Schef.*

§ 2 *Nonne nobis Pompeius*] Ms. Anglicanus *non minus nobis*. Sed a vulgatis non est recedendum. Nam et longe suavior est ista interrogatio, et pluribus Mss. iisque vetustiss. quibus præcipue Bongar. usus est, nititur. Sed nec loco movend. quod in optimis libris, tam editis quam manu exaratis, repetitur, *videri debet*. Est enim hoc priscæ elegantiæ. Cic. VI. Fam. 6. ' Quare, quando, ut augures et astrologi solent, ego quoque augur publicus ex meis superioribus prædictis constitui apud te auctoritatem augurii et divinationis meæ, debet habere fidem nostra prædictio :' h. e. Si quid veri unquam dixi, hoc verum est, quod tibi scribo, et pro verissimo, quod certissime futurum est, habendum. Serv. Sulpicius ad Cic. in IV. Fam. 5. ' Hem nos homunculi indignamur, si quis nostrum interiit, aut occisus est, quorum vita brevior esse debet, cum uno loco tot oppidorum cadavera projecta jaceant :' Natura hæc est hominum, ut necessario citius eis sit pereundum, at non possint tam diu durare. Petron. ' Hic boni nescio quid debet esse :' Quantum certis et veris conjecturis assequi possum, hic est aliquid boni. Hæc vis est hujus verbi ' debet' in his similibusque locutionibus, quæ frequentiores in Tullio reperiuntur. Sic et scripsit in hac Præfatione Justinus. Sententia est : Si alii scriptores sibi videntur rem magni laboris aggressi esse, cum unius populi res gestas memoriæ mandant, Trogum Pomp. sane, si recte sentimus et judicamus, stupenda et plusquam Herculea audacia gentium omnium origines et facta describenda suscepisse, fatendum est nobis. *Grav.*

§ 3 *Sese gregatim*] Mire hic variant libri scripti ; ego lectionem quam

sine litura habebant duo Mss. secutus sum, explosa vulgata, quæ nulli rei est, imo contra mentem Auctoris est. *Bongars.* Angl. *inter se gregatim*, quod notarum auctor explicat ' sine ordine.' Puto potius inani multitudinem eorum, quo appareat Herculea illa audacia unius colligentis labores tam multorum, de quo supr. Justinam. Itaque servo, et tantum scribo, *inter sese gregatim*. Sane illud *se gregati*, quod est in ceteris, aut identicam non habet sensum. At jam præcedit ' prout commodum cuique visum,' quod illud *se gregati* satis ostendit. At ' gregatim' sic usurpat Noster etiam alibi ; vid. XIII. 8. 2. *Schef.*

Occupaverunt] Lego, *occupaverant*, et ita quidam impressi libri. *Fab.*

Omissis] F. leg. *admistis*. Cic. II. de Orat. 4. ' Nam Græci, ut ingenio excelluerunt, ita hoc audiant, quod non adhibuerunt semper judicium.' *Grav.*

§ 4 *Cognitione dignissima*] Tac. A. XIII. 31. ' Ex dignitate pop. Romani repertum est, res illustres memoriæ mandare.' Marcellin. XXVI. 1. ' Historia, discurrere per negotiorum celsitudines adsueta, non humiliam minutias indagat causarum,' &c. Add. Gunth. Ligur. lib. I. v. 14. Sc. huj. præcepti Justinam ipsum non ubique memorem, passim Lector attentus animadvertet. *Bern.*

§ 5 *Ad te, non tam*] Vulgo editi, *ad te, Imperator Antonine, non tam*. Quam προσφώνησιν Vir summus Jac. Bongars. Justini sospitator unicus, in antiquis codd. inveniri negat : et obtrusam apparet ab iis, qui Justinum hunc epitomatorem eundem putarant cum illo philosopho et martyre, qui anno Chr. 153. Librum Apologeticum pro Religione Christiana Imp. Antonino obtulit. At hi non nisi nomine conveniunt ; alter Christianus et Græcus : Gentilis alter et Latinus. Adde quod oblatum

Imperatori Librum ' emendandi causa' (nam hoc dicit Auctor) credi vix queat. In quibusd. codd. Mss. hic Noster dicitur *M. Junianus Justinus:* item *Justinus Frontinus:* ex quo, simulque stylo, de ætate qua vixit, an quid erui possit, viderint qui genios auctorum seculorumque possident. *Bern.* Antiquiores quæd. edd. habent sic : *Quod ad te, Imperator Antonine.* Verum Bongars. illud *Imp. Ant.* expunxit ; quod in Codd. Mss. id non reperiret. Et adstipulatur ei Bernecc. qui nec credibile esse ait, ' emendandi causa,' ut Auctor loquitur, librum oblatum fuisse Imperatori. Joh. Is. Pontanus tamen et Gerh. Joh. Voss. τὸ *Imp. Ant.* genuinum esse putant; neque offendere quemquam debere familiarem illam qua Imperatorem compellat orationem, quod constet Plinium item in Præf. N. H. ad Vespasianum eadem parrhesia usum esse, dicendo, ' Vespasiano suo;' item ' Jucundissime Imperator.' Observandum autem et illud, quod Bongars. ex Codd. Mss. edidit : *Quod ad te, non tam cognoscendi magis quam emendandi causa;* et Berneccerus illud *magis* rursus expunxit. Mihi vero cum Voss. τὸ *magis* potius retinendum, et contra *tam* expungendum videtur, legendumque adeo : *Quod ad te, Imperator Antonine, non cognoscendi magis quam emendandi causa.* Vor.

Quod ad te, non tam] Sic scripsisse Justinum, non est verosimile ; nomen enim ejus requiritur, ad quem scripsit, sive hic posuerit, sive in Præfationis huj. fronte. Igitur Voss. in Historicis Græcis existimat fuisse olim : *Quod, Antonine Im., non cognoscendi magis, quam emendandi, causa transmisi,* atque *ex Antonine Im.* factum esse *ad te non.* De re non abnuam ; at emendatio non placet. Vett. ipse Voss. teste ita habent : *Quod ad te non tam cognoscendi magis, quam emendandi, causa transmisi.* Ex quibus

verbis colligo, lectionem veram ita sese habuisse : *Quod ad te non tam cognoscendi, Marce Antonine Cæsar, quam emendandi, causa transmisi.* Error totus natus est ex compendio scripturæ, quo qnis nomen *Imperatoris* per solas litteras initiales expresserat, h. modo: *m. a. cæs.* Has litteras qnia non intelligebat, qui debebat describere, conjunxit, et ex eis fecit *maces.* Post supervenerunt alii, qui emendarunt sc. et ex eo fecerunt *macis,* et postremo *magis.* Esse autem emendationem nostram illa altera meliorem, vel ex eo paret, quia retinet illa *ad te,* quæ non possunt abesse, cum τὸ ' transmisi' omnino ea requirat. Sed et *tam* respondet melius τῷ 'quam,' quam *magis.* Quod autem hic objicitur, oblatum Imperatori librum emendandi causa credi vix posse, hoc ut alibi fortasse locum habeat, sic in Antonino valet nihil, quem est notum fuisse literarum omnium non modo amantissimum, sed et studiosissimum. *Schæf.*

Cato] In princ. Originum M. Cicero pro Planc. c. 27. meminit et Columella fine lib. II. *Bongars.* Et Symmach. I. Ep. 1. Galbam contra Suetonius c. 9. 5. dicere solitum refert, ' quod nemo rationem otii sui reddere cogatur. *Bernec.*

Simul ut et otii mei, cujus et Cato reddendam operam putat, apud te ratio constaret.] Locus corruptus : lego, *simul ut et otii mei, cujus et Cato reddendam rationem putat, apud te ratio constaret.* Neque enim *reddere operam otii sui,* sed *rationem,* Latine dicitur. Adde quod et quæd. vett. Justini edd. hanc lectionem secutæ sunt; quam ego a posterioribus editoribus rejectam fuisse demiror. *Faber.* Cato ipse, ad cujus verba Noster alludit, usus videtur phrasi ' rationem reddere.' Cic. enim in Orat. pro Planc. ubi Catonis istud laudat, sic habet : ' M. Catonis illud, quod in principio scripsit Originum suarum, semper magnificum et præclarum putavi, clarorum virorum atque magnorum non minus otii quam negotii rationem extare oportere.' Et Colum. ubi ad idem illud alludit, i. e. in ext. lib. xi. scribit: 'Tam otii quam negotii rationem reddere majores censuisse.' Et sunt quoque edd. vett. Justini, quæ omnino sic habent: *cujus et Cato reddendam rationem putat.* Bongars. tamen, cum in Codd. Mss. reperiret *reddendam operam,* ita plane rescribend. putavit. Et habet quoque ita vetus typis expressus Becharii. Si igitur Justin. ita omnino scripserit, fecerit illud ideo, ne vocabulo *rationis* bis uteretur; cum mox additurus esset, ' apud te ratio constaret.' Sed quid sibi vult *operam reddere?* Aliis *operam reddere* nihil est aliud quam, operam edere, operari. Cic. xvi. Fam. 10. 'Tu Musis nostris para ut operas reddas.' ' Operæ,' quas Musis suis Tironem reddere volebat Cic. erant ipsius Ciceronis aliorumve scripta recitare, scribere, evolvere, examinare. At Justin. *operam* posuit pro opere, i. e. pro eo quod per operam efficitur, postque eam relinquitur. Qua notione ipsum quoque Ciceronem vocem usurpasse docuit me vir summus J. F. Gronov. Nimirum xv. ad Att. 13. verba ejus sunt: 'Quid quæris? Exstabit opera peregrinationis hujus.' Pro quo v. 4. ad Att. legitur sic: 'Curabo ut hujus peregrinationis aliquod tibi opus exstet.' *Vorst.* Bongars. *reddendam operam.* Vetustiores alii pro *operam* habent *rationem;* quo modo et Cato ipse locutus videtur. Verum vix sic scripserit Justinus, propter sequens ' ratio constaret,' in-gratissime repetitum. Ergo præfert *operam* Vorst. quoque, ac per, opus, putat explicandum, quomodo ' operam' pro opere usurparit ipse Tullius xv. ad Att. 13. Quamvis autem ita usurparit ipse, nihil tamen facere id arbitror ad locum præsentem, quippe cujus ita pareat sensus, quem Noster ex Catone proponebat. Longe nam-

que aliud est, ' reddere rationem otii,' et ' opus aliquod reddere' vel ' producere per otium.' Itaque nil certius, mea quidem opinione, quam scripsisse Justinum, *cujus et Cato reddendam putavit,* omisso vocabulo *rationis,* quod ex seqq. etiam hic intelligend. Certe illud *operam* a glossatore adjectum, qui putabat locum esse mutilum, constat vel ex eo, quia *rationem* alii pro eo substituere, fine prorsus eod., nisi quod rectius putarent ex seqq. huc posse transferri. *Schef.* Non frustra manu exarati omnes, *operam,* ut et Junt. Impressi nonnulli vetustiores substituerunt *rationem* contra membranarum fidem. Non est vero simile, ut docti viri monuerunt, paucis verbis interjectis, eandem vocem usurpasse Justinum. Nihil igitur contra vetustorum omnium librorum, quos docti consuluerant, consensum est immutandum. Sicut enim Tullio ' opera profectionis' recte dicitur opus, quod elaboravit in profectione; quod ostendit, quomodo tempus, quo abfuit urbe, collocarit, in xv. ad Att. 13. sic et *opera otii* est opus, quod elucubravit in otio: quod declarat, quam bene sit usus otio. *Reddere* autem *operam* pro, edere operam seu opus, cur non licuit dicere Justino, cum licuit Terentio Andr. iii. 1. et Suet. Domit.? Et ' reddere ludos,' pro, edere, et ' reddere justa,' Catoni pro, dare justa. Vere enim Celsus L. 94. de Verb. Signif. ' Verbum reddendi quamquam significatum habet retro dandi, recipit tamen et per se dandi significationem.' Ap. Petron. ' Apodixim defunctoriam reddere' est, specimen edere leve; ut recte vexatissimum locum exposuit ὁ πάνυ J. F. Gronov. lib. iv. Obs. Nec alia vocis *reddere* notio est in illo loc. quem Vorst. attulit ex Cic. Fam. ' Tu Musis' &c. Nam pro hoc Seneca dixit de Provid. c. 2. *edere operas:* ' Ferrum istud, civili bello purum et innoxium, bonas tandem ac nobiles edet operas :' quamvis locutio integra allud notet quam hic *operam otii reddere.* Græv.

§ 5 *In hoc tempore*] Ita edd. antiquiores Becharii, Majoris, Sichardi. At Bongars. maluit *in tempore,* extruso pronom. demonstrativo. Quod tamen videtur abesse non posse; ut videl. designetur tempus, quod tunc erat, eum Auctor scriberet; quia mox de tempore futuro verbis ' apud posteros' subjuncturus erat. *Vor.*

In hoc tempore] Sic recte Vorst. ex vett. edd. quibus adstipulatur Junt. et libet Angl. *Græv.*

Apud posteros &c.] Ov. 1. Eleg. 15. ' Pascitur in vivis livor, post fata quiescit. Tunc suus ex merito quemque tuetur honos.' Add. Martial v. Ep. 10. Sall. fin. Orat. II. ad Cæs. Gebhard. ad Catull. p. 232. f. Tac. IV. A. 35. 3. ' Suum cuique decus posteritas rependit.' *Bernec.*

LIBER I.

Historiarum Philippicarum] Quarum *ἐπιγραφὴν* a Trogo esse vett. librorum consensus arguit. Philippicas autem quare inscripserit, difficile est judicium. Nam velle ex hac Epitoma de integro Trogi opere judicare, desipere est: ita Trogum male accepit hic, quisquis fuit, Justinus. Qui dum resecare cupit, quæ nec jucunda erant et minime necessaria, optimum antorem prorsus evitavit, ut vetus poëta loquitur. Ego putaverim Philippicam Historiam Trogo Macedonicam esse, princeps nempe huj. operis argumentum. Nam a VII. lib. ad XLI. regnum Macedonicum describit: cujus a Philippo, Alexandri patre, dignitas cœpit, ita ut id ' Græciæ et Asiæ cervicibus, velut jugum servitatis, imponeret,' ut ext. lib. VI. Justinus: et eum Auctor Prologorum 'Magnum' vocat. Quæ autem Philippico imperio præmisit, arbitror esse *Mundi origines,* quas vett. librorum titulus jactat: *Terræ* autem *situs,* quos eadem pollicetur inscriptio, esse descriptiones regionum, quæ in Justino fere nullæ, in Trogo frequentes fuerunt: ut indicant Prologi, quos ex Mss. codd. produxi in 'luminis oras.' Φιλιππικὰ Theopompi citantur ab Athe-

næo passim; quibus historiam Philippi libris 58. complexus est, ut Diod. refert lib. XI. Quinque autem libros eum inseruisse a Philippi historia alienos, idem Diod. auctor est, e quibus tres res Siculas continebant. Non est autem aspernanda P. Pithœi conjectura, Trogum Theopompi æmulatione atque exemplo Historias suas, ut Demosthenis M. Tullium Orationes suas in Antonium, Philippicas inscripsisse. *Bong.* Observat eruditius. Notarum Anglicarum Auctor, in quibusd. Mss. legi: *Historiarum Philippicarum, et totius mundi originum, et terræ situs ex Trogo Pompeio.* Plane sicut quondam fuit editus a cl. *Bernec. M. Juniani* prænomen alii omittunt, et *Justini* vocabulo apponunt cognomen *Frontini,* de quo jam a Voss. est actum in opere de Scriptoribus Lat. *Schef.*

CAP. I. § 1 *Principio rerum*] Totum h. locum transcripsit Augusti. IV. 5. Civ. D. Compara hæc cum ill. quæ initio Catilinarii Sallustius, cujus studiosum fuisse Justinum, aut Trogum ipsum, et hic locus, et alii, satis indicant: et, quæ in princ. lib. II. de rebus Scythicis, ' quæ satis ample magnificæque fuerunt,' eadem totidem verbis de Atheniensibus Sallust.

Vid. ad h. l. M. Cic. III. Leg. 2. et. II.
Off. 12. Arist. 1. Polit. 1. Tac. III. A.
Bongars. Arist. IV. Polit. 2. 'Pri-
mum maximeque divinum regnum.'
Sall. Cat. 2. 1. *Bern.*

Hujus majestatis] Ms. Col. N. *tanta
majestatis.* Oxon.

Ambitio popularis] Ea est, cum 'potentia ex vulgi adulatione quaeritur,'
Inf. XIII. 2. 2. De qua questus Sall.
Cat. 52. 21. 'Omnia,' inquit, 'virtutis praemia ambitio possidet.' *Bern.*
Interim Autor respicit duas factiones,
quae et olim hodieque frequentes sunt
in rebus publicis. *Gron.*

Moderatio] Cujus effectus est, ut
'recusantibus imperia ingerantur,'
prout de Epaminonda loquitur VI. 8.
idemque probat clare locus Livii v.
18. 'Licinium Calvum praerogativae
tribus militem non petentem creant,
moderationis expertae in priori magis-
tratu virtuti.' *Idem.*

§ 2 *Populus nullis legibus, &c.*] Idem
fere de Romanis tradit in Enchiridio
suo de Origine Juris his verbis Pom-
ponius JCtus. L. 2. § 1. 'Initio civitatis nostrae populus sine lege certa,
sine jure certo, primum agere instituit: omniaque manu a regibus guber-
nabantur.' Dionys. lib. 1. Τὸ δυναμε-
θον ὑπὸ βασιλέως τοῦτο νόμος ἦν. Vid.
et Josephum contra Appion. lib. II.
et Homerum, qui non utitur legum
nomine, quod nullis tum legibus Graeciae populi tenerentur, inquit Cujacius. *Med.* Idem fere de priscis
Romanis tradit Tac. A. III. 26. Dionys.
x. 1. Pompon. in Bæch. de Orig. J.
Homerus nuspiam utitur 'legum' nomine, quod nullis tum legibus Graeciae
populi uterentur, inquit Cajacius.
Nec male hoc, ut in illa aevi simplicis
innocentia. 'Leges in facta consti-
tuuntur: quia futura in incerto sunt,'
Tac. III. A. 69. Euseb. III. 28 *Bern.*

§ 4 *Primus omnium Ninus*] Oros. II.
2. 'Omnes Historiae antiquae a Nino
incipiunt: omnes Historiae Romanae
a Proca exeruntur:' ita habet Ms.

popularis mei P. Danielis, viri studiis
bonarum artium praeclaris. cum in
impressis desit prius membrum. Est
autem Ninus primus τῶν εἰς ἱστορίαν
καὶ μνήμην παραδεδομένων. Diod. II. 1.
quem vid. Et a Nino Chronici initium
sumsit Euseb. *Bongars.* Augustin.
Quaest. ex utroque Test. cap. 115.
T. IV. *Bernec.* Hic fortassis est ille,
qui in sacris literis Nimrod vocatur.
Sane Nimrodi aevo Ninive sive Ninus
urbs jam exstitit, atque a Nimrodo
condita illa fuit; ut ex Gen. x. 11.
apparet. Deinde quae ab historico
sacro Nimrodo, et a Justino aliisque
Nino, tribuuntur, eadem fere sunt;
ut enim Justin. scribit, 'Ninum veterem et quasi avitum gentium morem
nova imperii cupiditate mutasse, et
primum finitimis bellum intulisse:'
sic de Nimrodo Moyses Gen. x. 9.
quod 'inceperit potens esse in terris,'
quodque 'potens fuerit venatione co-
ram Domino,' i. e. quod bellator fuerit
potens; ut in cap. XVII. Comment. de
Hebraismis N. T. βίαιον exposuimus.
Habuerit igitur Nimrodus duo nomina, et alio nomine dictus fuerit Ninus,
atque ab ipso nominum istorum altero
urbem, quam condidit, Niniven, vel,
ut scriptores profani appellant, Ninum, denominaverit. *Vorst.*

Avitum] Mss. *habitum.* 'Habitus'
pro, avitus, et 'habe' pro, ave, scripsisse vett. notum est. Varro ap. Non.
'Quibus instabilis animus ardens mu-
tabiliter habet habere, et non habere:'
ibi enim 'habet' est, avet. *Bongars.*
Bongars. maluit *avitum gentibus morem.* Sed non video, quo istud tertii
casus vocabulum referri possit. Neque enim videtur dici posse *mos avitus
genti*; sed dicend. potius esse *mos
gentis avitus.* Et sane antiquiores
typis expressi, Bech. Maj. Sich. *gentium* habent. *Vorst.*

§ 5 *Rudes adhuc ad resistendum*] Thucyd. 1. p. 51. Ἀδυνάτους ἀμύνασθαι.
Ælian. VI. 5. de Animal. Ἐρήμους
τῶν ἀμυντηρίων. *Gron.*

§ 6 *Temporibus antiquiores*] Angl. *temporibus antiquis*. Quæ est præstantissima et historiæ convenientissima. Nam alias Vexorem Nino antiquiorem fuisse, falsum. Vid. Rupert. ad Besoldi Synops. *Schef.* Minime sollicitanda est lectio vulgata. Nam si *temporibus antiquis* recipimus, perversa est ratiocinatio Justini. Quid enim hoc ad rem, quod antiquis temporibus post Ninum fuerint Sesostris et Tanaus, qui longinqua bella gesserunt? Hæc vero est argumentatio ejus: Sesostris et Tanaus fuerunt antiquiores quidem Nino, et bella gesserunt ante Ninum, sed longinqua, non finitima, ut Ninus. Erravit quidem Justin. in ratione temporis, sed in Ægyptiorum regum temporibus computandis alios est secutus auctores, quam Ctesiam, cujus probavit Historiam Assyriam falsissimam, æque ut ceteri. *Græv.*

Vexoris] Turnebus, quod nullam usquam hujus regis mentionem exstare videret, quæque hic scribuntur, Herodotus lib. ii. 'Sesostri' tribuat, ejusdem nomen quoque hic reponendum censet: præsertim, inquit, cum vetus scriptura sit *Suexores*, quæ ad *Sesostrem* propius accedit; ego, ut de suis quibusd. monet Bongarsius, reperio in meis quoque Mss. partim *Vizores*, partim *Vexores*. Mod. Turnebus, vir magnus, et veluti Sol quidam Philologiæ, lib. ii. Advers. c. 15. quod nullam usquam huj. regis mentionem extare videret, quæque hic scribuntur, Herodotus lib. ii. 'Sesostri' tribuat, ejusdem nomen hic quoque reponendum censet: et fecissem, nisi ipse mihi legem dixissem, nil absque Mss. Codd. autoritate temere mutandi. Variant autem illi ut plerumque in propriis nominibus: *Vizores*, *Vexores*, *Vexores*, *Vexoris*, *Suexosis*, quod postremum ad *Sesostrem* propius accedit. Tac. ii. A. 60. 5. videtur 'Rhamsen' appellare. *Bernec.* In Mss. quibusd. legitur *Suexo-*

sis: pro quo alii *Sesostris*, ut et Herod. lib. ii. Malim scribere *Sesosis*, vel *Sesosis*, quod propius accedit. Σέσωσις sane a Diod. passim appellatur 'Sesostris.' Sed et aliis quibusdam sic dicitur. Nonnullis et 'Sesonchis,' vel 'Sesonchosis.' Vid. Scholia ad lib. iv. Apoll. Rhod. Quisnam vero sit, quem hic Justinus 'Tanaum' vocat, affirmare non possum. Herod. Melpom. primum Scytharum regem facit 'Targitaum.' Qui forte idem est. *Voss.* Libri *Vexores Ægyptius*. Sesostris, qui et Sesosis, et Ramesses et Ægyptus, Armais sive Danai frater, qui filii Amenophis, Græcis Beli, ejus ipsius, qui Israëlitis excedentibus Ægypto in Rubro Mari submersus est. Usserius ætate M. quarta p. 304. n. 2510. *Gronov.* Junt. ed. *Sesostres*: leg. *Sesostris*: ut recte jam olim Turneb. Sic enim Herod. dicitur lib. ii. et Val. Fl. lib. iv. 415. 'Cunabula gentis Colchidos hic ortusque tuens: ut primo Sesostris Intulerit rex bella Getis; ut, clade suorum Territus, hos Thebas patriumque reducat ad amnem Phasidis; hos imponat agris, Colchosque vocari Imperet.' Sesostrim eum regem esse, qui in obelisco ap. Marcellin. xvi. dicitur 'Rhamestes,' ab Euseb. et Joseph. 'Ramesses,' a Maneth. 'Setosis,' recte docuerunt Scaliger ad Euseb. et H. Valesius ad Marcellin. Istum Sesostrim autem esse Sesacum illum, qui templum Hierosolymitanum diripuit, dubitare nos non sinnut, quæ nobiliss. Marshamus de ejus ætate in Ægyptiorum Chronologia disputavit accurate in Ægyptiaco Canone. Nam ante h. Sesostrim Ægyptii nihil præclari patrios extra fines gesserant, nec tam victoriis, quam cladibus, fuerant nobiles. Quin in ipsa patria sæpe peregrina Æthiopum et Arabum imperia per aliquot secula sunt passi. Non mirum autem eum spoliasse hostilia templa. Non tamen propterea lupi aut tyranni infamiam subiit. Nec movere nos debet, quod tam longe feratur vixisse ante Ninum. Decepit Trogum, ut plerosque alios, mendacissimus Ctesias, qui primus Assyriorum regno tantam tribuit antiquitatem, ut ejus initia in secundum a diluvio seculum incidant. Cum satis certo constet cum ex silentio scriptorum antiquissimorum, Mosis, Auctoris libri Josuæ, Judicum, Samuelis, Homeri, (qui, si tam illustre fuisset Assyriorum imperium, ut totius Asiæ fere per tantum tempus fuerit potitum, non potuissent non ejus mentionem facere, nec passi essent illi tam potentes reges, aut eorum præfecti, impune sibi eripi florentissimas regiones a Josua;) tum ex testimonio Herodoti, qui lib. i. tradit Semiramidem 5. generationibus floruisse ante Nitocrin matrem Labyniti, quem Cyrus vicit, h. e. vix 200. annis ante Cyrum regnum Assyriorum tum nondum fuisse ortum, cum a Ctesia scribitur deletum fuisse. Ne dicam id arguere inania regum, qui post Ninum et ejus uxorem commemorantur, nomina. Quando Ægyptus a Nino et Semiramide, si Ctesiæ credimus, subacta jugum hoc excussit? Altum de his omnibus in Ægyptiorum historiis silentium. Nihil falsius commentitia Assyriorum antiquitate. Verissimum videtur, quod Herodotus prodidit, per 500. annos Assyrios in Asia Superiore rerum potitos esse: nec tamen videntur regni huj. initia valde fuisse clara, sed perexigua. Tum autem floruit maxime, cum illius potentia in Sacris Literis tantis laudibus extollitur, et factis ipsis ostenditur. Quo autem tempore maxime in Hebræorum libris commemoratur viguisse Assyriorum regnum, si Ctesiam sequimur, dudum nullum fuit, quippe quod ante fuerit a Medis exstinctum, penes quos rerum summam tum per 200. fere annos fuisse credunt et tradunt. Sed istarum notularum angustiæ non permittunt ut hæc pluribus persequamur, quod alibi forte faciemus diligenter. Hæc tantum hic libuit annotare, ut scrupulum eximamus lectoribus, quem vir eruditiss. movit, cum propter temporum rationes, secundum Ctesiæ calculos falsissimos, repudiandam censuit opinionem de Sesostri, qui corrupto Vexori erat substitutus. Græv. Dici vix potest quot et quantas hic locus turbas dederit; dum se omnes omnia scire postulant. Rem ego ad pauca contraham, neque me prolixiorem fecero. Turnebus pro Vexoris legend. censet Sesostris, quod ego omnes, ob tanti viri auctoritatem in literis humanioribus, amplecti video. Sed frustra et temere id ab Adr. Turnebo assertum est. At, inquit, in secunda Musa Herodoti multa de Sesostri, eaque sane perquam magnifica et illustria, referuntur. Sed quid tum? An ideo Vexoris Justini repente fiet Sesostris Herodoti? At hoc nec fieri potuit, neque ferri potest. Proteus enim ex Herodoto ipso post Pheronem in Ægypto regnavit; ante Pheronem Sesostris; ergo res planissime falsa est, quam isti tam facile credidere. Dixerit aliquis, hæc, quæ a me dicuntur, nullam fidem facere. Imo autem vel maximam, atque adeo certissimam. Nam Proteus ex Herod. et Homero ipso, qui multo antiquior est, temporibus belli Trojani ap. Ægyptios florebat: unde necessario efficitur, Vexorin non posse esse Sesostrin, cum Vexoris tam multis annis ante Ninum imperii Assyriaci conditorem vixerit. Plane enim et diserte hoc ponit Justinus, 'multo antiquiorem fuisse Nino.' Itaque, ut dicam quod sentio, Vexoris ille fabula ethnicorum fuerit, nihil aliud, nisi tu multa alia, eaque certiora, inter fabulas haberi voles; certe nobis ignotus est, neque Sesostris esse potest. Nam cum Ninus non multo post diluvium Noachi ap. Assyrios reghare cœperit (quæ constantissima doctorum hominum sententia est), qui tandem fieri possit, ut tam multis ante ipsum annis Vexoris in Ægypto regnarit? Eod. quoque videtur referend. quod Trogus, Justino teste, scripsit, Ninum tributi pendendi finem fecisse, quod Scythæ ceteris Asiæ populis imposuerant, per 1500. annos ante ipsum Ninum. Hæc etiam nisi fabulis et commentis veterum accensebis, in multā, eaque gravia, incommoda tibi incurrendum fuerit, si te animi cogitatione ad rerum originem referes, qualis hodie ex fide libr. Sacrorum confirmata est et constabilitā. Nunc alio etiam nostra convertatur oratio (quanquam nihil hæc ad Vexoris). Sunt, iique viri doctiss. qui ita dicant: Sesostris Herodoti illum ipsum esse, quem Hebræorum monumenta 'Sesacum,' seu 'Susakeim,' vocant. Sed id fieri non potest; nam ille Sesac vehemens lupus, et merus rapacida, qui clypeos aureos, &c. sub primulam regni Hebræi divisionem floruit, quod a nemine poenit negari; at Sesostris ante bellum Trojanum bibebat, ludebat, bellabat; excidium autem Trojanum sub finem Judicum, seu 'Αρχόντων Judaiorum, accidit. Unde igitur ille Sesac, nobiliss. ille latro, unde is esse Sesostris potuit? Hæc autem a nobis ad intendendam Lectoris diligentiam, et ad exacuendum animi judicium, scribenda esse existimavimus; quæ si lubuisset diffundere, et latius ac prolixius spargere, multum illa temporis, multum chartæ, occupassent; sed is mos nunquam noster fuit. Fab. Inf. II. 5. 8. 'Vexoris rex Ægyptius.' Ceterum quæ Noster Vexori, ea Herod. Sesostri, tribuit. Unde Turneb. hic quoque Sesostris legend. censet. Et sane vetus ed. Junt. ut et Græv. testatur, manifeste Sesostrea habet. Quod autem id. Græv. ed. istam Bongarsio non visam

putet, falli videtur. Notavit quoque ipse Bongars. ad II. 3. 8. Justini ed. Florentinam et h. et altero l. habere Sesostres. Atqui ed. Junt. qua de id. Græv. testatur, ipsa Florentina est, utpote Florentiæ anno 1525. curatā. Sunt et varia alia, ex quibus colligi licet, eand. illam Junt. atque Florent. ed. quam Grævio videre contigit, et ex qua optimas quasd. lect. idem Auctori reddidit, et Bongarsio visam fuisse: etsi idem præstantiam codicis fortassis non sic ut par erat æstimaverit. Verst. Nil hic mutem, etsi Junt. Sesostrea, et revera hic fuerit qui aliis 'Sesostris.' Nomina enim propria variant in infimitam ap. scriptores. Cæterum hunc Vexorem non antiquiorem Nino, sed recentiorem, fuisse, pridem alii, interque ipsos etiam Rupertus ad Historiam Besoldi, docuere. Schef.

Tanaus] Is f. quem Jornandes 'Tanasin' vocat. Bongars. Idem videtur esse cum Targitao Herodoti. Ox.

§ 7 Longinqua] Ἐνθήμους στρατείας Thucyd. I. p. 6. Strab. II. p. 511. Ἐρήξους ἐπεδράμετο τὰς μὲν μαμφόρμας, τὰς δὲ καὶ ἔγγυθεν. Gron.

Nec imperium sibi] Ita Scythæ inf. II. 3. 7. 'Victores nihil præter gloriam contemplacant.' Flor. III. 10. 34. Bern.

Quæsita, &c.] Saxo Grammaticus I. Hist. Dan. p. 394. 14. 'Nec quæsitæ dominationis felicitate contentus': XIV. p. 317. 9. 'Quippe Saxones, proferendi imperii cupiditate, victoriæ lucra continua possessione firmare.'

§ 9 Zoroastre] Diod. II. 6. dicitur 'Οξυάρτης. Bongars. De hoc Plin. XXX. 1. D. Aug. XXI. 14. Civ. D. Bern. Scribit et Diod. lib. II. cum rege quædam Bactrianorum Ninum bellum gessisse: verum non Zoroastrem, sed Oxyartem, eum vocat. Verst. De Zoroastri ætate incerta sunt omnia; tanta est opinionum discordia. Recentiorem fuisse, et in

initio imperii Persici vixisse, Aga-
thiæ aliisque credendum videtur.
Vid. Marsham. in Canon. Ægypt. ad
Sec. IX. *Græv.*

*Qui primus dicitur artes magicas in-
venisse, et mundi principia diligentissime spectasse*] I. e. physicam, ut xx.
4. de Pythagora: ' Hic Sami Demarato locuplete negotiatore natus,
magnisque sapientiæ incrementis ornatus, Ægyptum primo, mox Babyloniam, ad perdiscendos siderum motus originemque mundi spectandam,
profectus.' *Faber.*

§ 10 *Et ipse decessit*] Ælian. V. H.
VII. 1. ex Dione refert, Ninum ab
uxore Semiramide interfectum esse,
cum hæc imperium Asiæ ab eod. ad
5. dies impetrasset. Diod, tamen
tantum in vincula conjectum scribit.
Vorst.

Ninya] Ita, uno excepto, vett. omnes: et Euseb. et Cassiod. Græcis
est *Nivas*, et ita ap. Agath. restituit
Leunclav. lib. II. Variasse in hoc nomine auctores refert August. lib.
XVIII. de Civ. D. cap. 2. *Bongars.* Qui
et patris nomine ' Ninus' aliis, et a
patre ' Ninius.' Alii ' Zameim' quoque dixerunt. *Bernec.* *Ninus* plerique
Mss. legunt. Conon lib. 9. ap. Phot,
Cod. 186. historiam hanc longe aliter
narrat. *Ox.*

Semiramide] Præter Diod. II. 4.
vid. Plut. in 'Ερωτικῷ cap. 10. et Æ-
lian. Ποικ. 'Ιστ. VII. 1. *Bongars.* Conon
ap. Phot. Narr. IX. tradit, Semira-
min, non uxorem Nini, sed filiam,
fuisse. Ait præterea Justinus, illam,
concubitum cum a filio petiisset, ab
eod. interfectam. Conon vero longe
aliter. Scribit enim, cum imprudens
et ignara cum filio coiisset, re cognita, eid. nupsisse, et ex eo tempore
licitum semper fuisse Perais commis-
ceri matribus. *Voss.*

CAP. II. § 1 *Tractare*] Tac. II. A.
67. ' Qui regnum interim tractaret:'
et Lucret. v. 930. ' Tractare vitam.'
Gronov.

Vix patienter] Angl. *vix parentibus.*
Quod videtur melius. Nam illud
patienter superfluum, quia, ubi est
impatientia, ibi nemo paret. Deinde
verba, sicut nunc se habent, agunt de
futuro. At Semiramis colligebat ex
præsenti, quid sperandum metuen-
dumve sibi esset. Itaque recte *parentibus*, tum scil. et proxime ante
vivo adhuc Nino. *Schef.* Cave quicquam mutes contra tot codd. fidem.
Vix patienter parituris est, quæ gra-
vatim ægre parere soleant uni viro,
nedum feminæ. Non movebit quenquam futurum. Non solum enim participia sunt omnium temporum, ut
bene docuit Sanctius in Min. sed et
futura sæpe in hac notione ponuntur,
qua ' parituræ' hic positum esse ostendi, ut pluribus monui in Lectt.
Hesiod. *Græv.*

§ 2 *Lineamentorum qualitas*] ' Qualitas' vox Ciceronis ævo nova, et ab
eod. ad Græcum ποιότητος vocabulum
formata, ut ex Acad. Q. I. apparet.
' Qualitates appellavit,' inquit, ' quas
ποιότητας Græci vocant.' Quodque
Cic. ibid. de vocabulo Græco dicit,
' non esse id apud Græcos vulgi verbum, sed philosophorum,' id ævo Ciceronis de ipso quoque Latino verum
fuit. Usurparunt tamen vocem postea Scribon. Largus, Sen. Plin. Colum.
Vor.

§ 3 *Velamentis*] Vett. alii *virilis
vestis*: alii *calciamentis*; placet vulgata lectio. Lib. II. ' Priusquam adversus calorem vel frigus velamenta
corporis invenirentur.' Virg. VI. Æ.
221. ' Purpureasque super vestes,
velamina nota, Injiciunt.' *Bongars.*
Retinui vocem usurpatam Auctori
etiam inf. II. 1. 6. Quanquam cl.
Salmas. ἡ θαυμάσιος, in illis consum-
matissimis doctrinæ Notis ad Hist,
Aug. 223. E. ex fide Mss. codd. hic
reponit *calciamentis*, et explicat, *fascias crurales et feminales.* Quo modo
Pollux etiam ὑπόδημα vocat τὸ πέλυτρον: et Hesych. ἀρτῆρα, ὑπόδημα:

cum tamen ἀρτὴρ et πέλυτρον pedulia
sint potius, quam calcei. 'Αναξυρίδας
certe s. braccas (Polluci proprium
Persarum gestamen), ceterasque vestes illis coriaceas intio fuisse, tradit
Herod. i. 71. *Bern.*

§ 4 *Mentita*] Saxo vii. p. 125. 37.
'Femineam mentitus effigiem.'

§ 7 *Hæc Babyloniam condidit*]Quod
ipsum tradunt Strabo lib. xvi. princ.
Diod. ii. 7. Solin. cap. 56. princ. et
alii. Verum Herennius Philo a Babylone Beli fil. conditam scribit, qui
fuit 1800. annis antiquior, teste Steph.
de Urb. in Βαβυλών. Curtius v. 1. 42.
Belum, patrem Nini, conditorem facit, quem a Nimrodo non distinguunt
Eusebius in princ. Chronic. Hieron. in c. 11. Oseæ. August. de Civ.
D. xvi. 17. sed Herodotus (inique a
Steph. d. l. reprehensus) rectissime
lib. i. 184. Babyloniam a multis Assyriorum regibus conditam fuisse
paullatim. Unde Marcellin. xxiii. 20.
'Mœnia quidem urbis a Semiramide
constructa esse,' ait: 'arcem autem
ab antiquissimo rege Belo :' et Oros.
ii. 6. 'Babyloniam a Nemrod gi-
gante fundatam: a Nino vel Semiramide reparatam.' At Nemrodum
quidem primum conditorem faciunt
et Josephus i. Ant. Jud. 6. Zonar.
tom. i. et Cedren. in Hist. Comp. nec
abeunt Sacræ literæ Gen. x. 10. *Bernec.* Hujus opinionis auctor est mendacissimus Ctesias. Babylon urbs condita est a regibus Assyriis longe post
hæc tempora. Vid. Marsham. ad
Sec. xvii. *Græv.*

Harena vice bitumine interstrato]
Sequutus sum Cujacii doctoris mei
Codicem : quod in constructione murorum Babylonis nemo harenæ aut
picis meminerit. Diod. Τὰς πλίνθους
εἰς ἄσφαλτον ἐνδυσαμένη. Vid. Curt.
Ruf. lib. v. Marcellin. lib. xxiii.
Oros. ii. 7. Optimus optimi et clariss. Viri Cl. Puteani liber habet *harenæ pice.* Asulani ed. *arenæ et calcis
vice.* Bongars. Harenam intellige

calci permixtam : quo modo Plin.
quoque xxxv. 15. m. 'Bitumen,' ait,
'calcis usum præbuisse, ita ferrumi-
natis Babylonis muris.' Ubi item
non calcem nudam intelligit, sed calcem arenatam. Alterutra enim sola
in muris struendis locum non habet.
Hinc de oratione non cohærente dictum a Caligula Suet. c. 53. 'arenam
esse sine calce.' Perspicue magis
quam necessario Ald. exemplar, *harena et calcis vice bit. int.* Salmas. ὁ
πάμμιγας in Solin. 1228. C. 2. legend.
censet, *arenati vice bitumine interstr.*
Bene, et admisissem in textum, si vel
unus Mss. Codd. addixisset. Est autem 'arenatum' Vitruvio vii. 3. fin.
'calx cum arena permixta.' Non
placet quod est in ed. an. 1500. excusa, castigante Sabellico, *harena bitumine interstrata :* ut nec aliorum :
arena, pice, bitumine int. quia in constructione murorum Babylonis harenæ et picis adhibitæ nemo meminit.
Vid. Curt. v. 1. 43. Marcellin. xxiii.
20. Oros. ii. 6. *Bernec.* Ed. Ald.
harena et calcis vice bitumine interstr.
Et sane calcis ea in re præcipuus
usus est. Unde Plin. xxxv. 15. solam 'calcem' nominat, ubi de eod.
bituminis usu agit ; scribitque 'bitumen calcis usum præbuisse,' &c. Ceterum quod Codd. Mss. *arenæ* tantum,
vel *harenæ*, habent, Salmas. in Exerc.
Plin. in Solin. p. 1228. conjecit legend. esse *arenati vice :* uti calx arena
permixta intelligi possit. Est enim
'arenatum' Vitruv. et Catoni 'calx
arena permixta.' *Vorst.*

E terra exæstuat] Plerique vett.
et erectæ statuæ. Semiramidem in
regia χαλκᾶς εἰκόνας posuisse refert
Diod. ii. 8. et 9. et in templo Jovis
τρία, inquit, κατεσκεύασεν ἀγάλματα
χρυσᾶ σφυρήλατα Διὸς, Ἥρας, Ῥέας.
Sed vulgata lectio confirmatur Cujacii libro. *Bong.*

§ 8 *Æthiopiam quoque regno suo adjecit*] Non concedet hoc Herod. lib.
ii. qui Æthiopiam ab nemine externo

unquam victam scribit; neque ego etiam credo Semiramidem eo usque extendisse imperii terminos. *Glar.*

§ 9 *Sed et Indiæ bellum intulit; quo præter illam, et Alexandrum Magnum, nemo intravit*] Expeditionem Herculis hic Noster oblitus est, qui multis ante seculis id præstitit, quod postea Alexander. Atque adeo id miror etiam magis, quod ipse Justin. xii. 7. dicat: 'Peragrata India, cum ad saxum miræ asperitatis et altitudinis, in quod multi populi confugerant, pervenisset, cognoscit Herculem ab expugnatione ejusdem saxi terræ motu prohibitum. Captus itaque cupidine Herculis acta superare,' &c. Neque vero Herculis tantum, sed et Bacchi, immemor fuit, cujus tamen ipsius ab eo facta est mentio, eod. lib. c. 7. 'Cum ad Nysam urbem venisset, oppidanis non repugnantibus, fiducia religionis Liberi Patris, a quo condita urbs erat, parci jussit, lætus non militiam tantum, verum et vestigia se Dei secutum.' *Fab.*

Indiæ] Libri script. *Indis.* Gron.

§ 10 *Interfecta est*] Injuste. Inf. xvi. 1. 4. Add. Oros. i. 4. August. Civ. D. xviii. 2. Ejus epitaphium habet Plut. in Apoph. et Stob. Serm. x. Herod. tamen i. 178. Nitocri tribuit, quæ Semiramide posterior est. *Bern.*

Duos et XL.] Præter unum Mss. omnes *duo et triginta*: *duo* antique pro *duos*. Et statim quidam vett. *regnum potita:* quomodo lib. xii. 'Qui postea regnum Indorum potitus est:' et lib. vi. 'Potiti victoriam:' et lib. x. 'Ultionem potita:' et lib. xxxvii. 'Ne non diutinam administrationem regni potiretur.' Vid. Prisc. xviii. qui ex Jug. Sall. adfert, 'Adherbalis potiretur:' quo l. vetus cod. Sallustii habet *Adherbalem.* Bongars. Vid. etiam Ind. in *Potiri.* Berneccer. Ms. C. C. Coll. et W. legunt *triginta duo.* Oxon. Cum Mss. Bong. qui omnes præter unum, *duo et triginta*, Angli-

cani accedunt, in quibus scribitur *triginta duo*, non video, cur id sit respuendum. Dissensisse in annis imperii Semiramidis Trogum ab aliis, nihil miri, cum quidquid de Nino et Semiramide traditur sit incertissimum. *Græv.*

§ 11 *Elaborato*, &c.] Saxo x. p. 203. init. 'Majorum virtute elaboratum finivit imperium.'

§ 13 *Assyrii, qui postea Syri dicti*] Imo *Syri, qui postea Assyrii dicti.* Nihil verius judicio Salmasii in Solin. 1228. A. 1. Sed, codd. Mss. consensum secutus, nihil mutandum duxi; potius est ut Autoris παρόραμα quam librariorum credamus. Vid. tamen Scalig. in Animadv. ad Euseb. p. 24. f. 1. et Selden. de Diis Syris Proleg. p. 4. f. Hieron. in xix. Iesaia: 'Quos veteres Assyrios, nunc vocamus Syros.' *Berneccer.* Hoc est commentum Ctesiæ, quo totam fere orbem fascinavit. Verius Herod. i. 95. prodidit Assyrios Asiæ superiori imperasse annos 520. cum Medi primi ab iis deficere cœperint. Hoc tempus incidit in Trojanum bellum, cum Gideon judex Hebræis præesset. Hinc et Porphyrius ap. Euseb. de Præp, Evang. Semiramidis matrem ad Trojana refert tempora. Illam Herod. scribit i. 184. ante Nitocrin vixisse ætates 5. quæ nondum annos 200. conficiunt. Nitocris autem mater fuit Labyniti regis Babyloniorum, cujus tempore Babylon capta fuit a Cyro. Illa falsam Assyriorum regni antiquitatem primus impugnavit Hermann. Conring. lumen Germaniæ, in Adversariis Chronologicis de Asiæ et Ægypti antiquissimis Dynastiis; postea magnus Usser. Armachanus in Annalibus Vet. Fœd. labefactavit; et tandem evertit illustris Marsham. in Canone Chronol. 'Syrus' et 'Assyrius' Græci et Latini sæpe confuderunt, ut et Salmas. et Bochart. docuerunt. Sed Syriæ nomen longe recentius est, quam Assyriæ. Syri enim appellati sunt a metropoli Tyro, quæ Hebræis Tsur dicitur, cum olim appellarentur Arimæi, Hesiodo et Homero Arimi; Assyrii vero in Sacris Litteris sunt filii Assur. *Græv.* Id. Salmas. prædicto loco putat vocibus transpositis legend. esse, *Syri, qui postea Assyrii dicti.* Nobis lectio vulgata proba, ac tum ipsi Auctoris menti, tum quoque veritati, consentanea videtur. Antiquius omnino videri debet integrum *Assyriorum,* quam quod ex eo decurtatum est *Syrorum.* Et exploratum prorsus est, unde integrum illud originem traxerit; videl. a nomine ' Assuria,' filii Semi, qui regionem eam, quæ Assyria dicta, occupavit. *Verst.*

CAP. III. § 1 *Sardanapalus*] ' Tricesimus a Nino,' inquit Diod. Ut Vell, lib. i. ' Tertius et tricesimus.' *Bongars.* Alias ' Thonosconcoleros' dictus, teste uniço in Chron. Eusebio, qui eam a Nino ' tricesimum sextum' facit : at Diod. ii. 96. ' tricesimum' tantum : Vell. i. 6. ' tertium et tricesimum.' Causam diversitatis e divini Scaligeri ad Euseb. Animadvv. colligere est : qui et affirmat, in omnibus libris Mss. per geminum *ll* exprimi *Sardanapallum;* ut propter hominis turpitudinem obscœna sit allusio ad παλλὸς, s. φαλλός. Nos simplex *l* retinemus, cum purum putam sit Assyriacum, cujus posterior vocula legitur etiam in medio nomine regis Assyrii Teglath-phal-Esar. *Berneccer.* Nomen hoc Assyriorum regis non simplex, sed compositum, videtur; et quidem ex ' Esar,' ' Haddon' et ' Phul:' suntque istarum nominis partium in ipsis Sacris Literis vestigia. Et prima quidem illarum est in nominibus ' Salmaneser,' ' Tiglatphileser,' et ' Esarhaddon:' altera in eod. illo ' Esarhaddon:' et tertia denique legitur separatim ii. Reg. xv. 19. estque etiam in prædicto ' Tiglatphileser.' Et putat vir summus Sardanapalum esse ipsum illum Esar-

haddonem, qui in locum patris Sanheribi, ab aliis 2. filiis interemti, successit. *Vor.*

§ 2 *Arbactus*] *Arbactus* inepte legitur pro *Arbaces:* est enim *Arbaces* Medorum, sicut ' Arsaces' Parthorum, nomen; nisi quis hæc etiam ap. Græeos aut corrupta, aut variata, fuisse credat. *Gloress.* Præfectus, qui hic *Arbactus,* in Prologo est ' Arbaces :' Diodoro ii. 94. Strab. l. xvi. Athenæo xii. 7. Agath. ii. 'Αρβάκης. Vell. i. 6. mendose *Pharnaces* pro *Arvaces.* Orealo i. 19. et ii. 2. ' Arbatus : quem,' inquit, ' alii Arbacem vocant.' *Bong.* Macrob. in Somn. Scip. ii. 10. Nicol. ap. Vales. p. 425. *Berneccer.* Junt. *Arbacus,* quod propius a vero abest. Scribend. enim, ut in Prologis, et ap. alios scriptores, quos laudat Bongarsius, *Arbaces.* Justinus cum Trogo in Medorum quoque regno, ut plerique alii, sequitur Ctesiæ fidem valde sublestam, cum certiora sint, quæ de huj. regni ortu et duratione tradit Herod. i. 95. et seqq. Nimirum cum Assyriorum regnum intestinis tumultibus vexaretur ob cædem Sennacheribi, ab Assyriis defecisse Medos, et se in libertatem asseruisse; eumque quis fuissent legibus usi aliquamdiu sine rege, legisse tandem regem, qui dictus sit Deioces, qui Ecbatana condiderit, et regnum usque ad fl. Halyn protulerit, cui successerit Phraortes filius, qui Persas domuerit, sed ab Assyriis cæsus fuerit, tantum abest, ut tum fuerit extinctum Assyriorum regnum: Phraortis filium, Deiocis nepotem, fuisse Cyaxarem, qui Ninum ceperit, et Assyrios domuerit : hunc excepisse Astyagen filium, quem Cyrus vicerit, deleto regno Medorum, quod steterit 150. annos : hæc Ctesianis veriora esse multis adstruit Marsham. in Canone Chronol. Sæc. xvii. *Græv.*

Arbaces] Ita omnino scribend. non autem *Arbactus:* id duæ rationes suadent : prima est quod Arbactus desinentiam Barbaricam non habet; altera quod manifeste scriptum est *Arbaces* in illis Prologis, qui e Mss. Codd. a Bongars. v. cl. publicati sunt. Adde hoc quod ita Chronologi paulo eruditiores. *Faber.* Ed. Junt. uti Græv. testatur, *Arbacus.* Et ap. Oros. qui ex Nostro excerpsit, i. 19. in Codd. Mss. ut Franc. Fabricius testatur, est *Arbatus:* quod quidem perperam pro *Arbacus* scriptum apparet. Porro *Arbacus* illud propius accedit ad verum Ἀρβάκης, *Arbaces,* quod præfecto huic alii tum Græci, tum Latini, auctores tribuunt. In vetere denique Prologo huj. libri manifeste est *Arbacem:* ex quo ipsum Trogum Pomp. et fortasse Justinum, quoque sic scripsisse verisimile sit. Sunt enim Prologi isti, ut facile apparet, non in Epitomen Justini, sed in ipsas Historias Philippicas Trogi Pomp. confecti. *Vorst.* Junt. *Arbacus,* unde Græv. et Vorst. *Arbaces,* quod vel ob lectionem similem in Prologis amplector. *Schef.*

Magna ambitione] 'Ambitio' hic pro studio, industria, et contentione aliquid faciendi aut impetrandi. Nepos x. 2. 2. 'Magna cum ambitione Syracusas perduxit.' Cic. i. ad Att. 1. ' In quo uno maxime ambitio nostra nititur.' Sic et derivatum inde *ambitiosus* non modo eum, qui honores affectat, sed et eum, qui magna contentione ac studio aliquid facit, significat. Ov. iii. de Pont. Ep. 1. ' Sed tamen hoc factis adjunge prioribus unum, Pro nostris ut sis ambitiosa malis.' *Vorst.*

Purpuram] Plut. ii. de Fortuna Alexandri. *Bongars.* Non temere Mss. *purpuras colo nentem.* Horat. ii. Od. 18. ' Nec Laconicas mihi Trahunt honestæ purpuras clientæ.' *Græv.*

Oculorum lascivia] Quæ Petronio, ' oculorum quoque mobilis petulantia.' Unde Sardanapalus a Max. Tyrio Diss. xix. dicitur τὸ ὀφθαλμὸν ἐκ-

τερικὸς, h. e. Persii verbis, i. 18. ' Patranti fractus ocello.' Cresoll. Vacat. Autumn. 168. m. Freinshemius referre mavult ad oculos picturatos, tinctaque fuco supercilia, quæ Sardanapalo tribuit Athenæus xii. 7. p. 529. a. et Medis in more fuisse scribit Xen. Cyripæd. 1. p. 8. c. *Bern.*

§ 3 *Tractantique lanam*] Recte: ' tracta' enim in vet. Gloss. sunt κατειργασμένα ἔριον. Sed ea dicta videntur a ' trahendo.' Varro: ' Sed simul manibus trahere lanam.' Vett. omnes excepto Cujacii cod. *tractantesque ferrum, et arma habentes:* et ita Saresb. Policratici vi. 14. *Bong.*

Tractantique lanam, ferrum et arma tractantes parere] Ita scribi curavi ex Mss. Codd. quos legerat Bongars. vir nobiliss. Illud autem *portantes,* quod prius legebatur pro *tractantes,* ex hac ed. ejici volui; primum quia Latine ' portare arma' (ut ap. Sall. ' armorum portationibus,' in Cat.) longe aliud ab illo est quod Gall. dicimus, *Porter les armes,* i. e. ' militare,' ' militiam sequi,' s. ' stipendia merere;' deinde quod *homini tractanti lanam* si qui viri opponantur, illi esse debeant *qui arma tractent;* id enim figuræ ratio postulat; et annotatum oportuit. Ita autem dixit Justin. *tractare arma,* ut Cic. ut Liv. alii. Ita et ' tractare imperium,' cap. 2. huj. lib. ' Tractare rempublicam,' Cic. ' Tractare artem musicam,' Terent. ' Jus civile tractare,' &c. *Fab.*

Ferrum et arma portantes] Oxon. ex Mss. præfert *ferrum et arma habentes.* Quod haud dubie est glossatoris. Est enim aptier oppositio inter *tractare lanam,* et *portare ferrum,* quam *habere,* cum alterum similiter actionem significet, velut masculam et virilem. *Schef.*

§ 4 *Bellum Sardanapalo inf.*] Diod. ii. 26. et 27. *Bern.*

Mox deinde cum paucis et incompositis in bellum progreditur. Victus in regiam se recipit, &c.] Isthæc mihi haud sane placent, et aliter collocanda verba ipsa Justini videntur; h. modo sc. *mox cum paucis et incompositis in bellum progreditur. Victus deinde in regiam se recipit.* Faber. Saxo x. p. 203. ' Cum paucis et incompositis adversus multitudinem manum conserere cunctatus non est.'

§ 5 *Et extructa*] Angl. *ubi extructa,* quod videtur præferend. *Schef.* Recte tres Angl. *ubi ext.* quod Oxon. recipit, adstipulante Junt. *Græv.*

In incendium mittit] Rem fuse narrat Athenæus xii. 7. Addit autem ex Clitarcho Sardanapalum senio obiisse, Syriæ tamen imperio spoliatum. Ejus Epitaphium extat ib. et in Plut. ii. de Fortun. Alex. c. 8. *Bern.*

Cap. iv. § 1 *Astyagen*] Vid. Herod. lib. i. et Oros. i. 19. Astyagis filiam ' Mandanen' vocat Herod. i. 107. et Val. M. i. 7. quæ Æliano V. H. xii. 24. est Μανδάνη, inverso ν. Sed videtur emendandus Valerius, quam inquit : ' Astyages duos prænuntios somnii frustra discutere tentavit;' legend. enim *duo pranuntia somnia :* ut in quodam Ms. legere memini. De Cyro præter Herod. et Oros. lege Ctesiæ 'Εκλογὰς, et Xenoph. Κύρου Παιδείαν, quam quidem non ad historiæ fidem scripsit, sed ad effigiem justi imperii, inquit 1. ad Fratr. M. Cicero. *Bongars.*

§ 2 *Ex naturalibus filia*] Nomen ei Mandanes, ut ex Herod. i. 107. et Val. M. i. 7. ext. 5. constat. Nec multum discrepat Ælian. qui V. H. xii. 41. Μανδάνην vocat. ' Naturalia' quæ Auctor vocat, Cic. ii. de Div. pari fere modo ' naturam' vocat. *Vorst.*

§ 4 *Cambysi mediocri vero*] Cambysen vilioris sortis virum fuisse, quam existimatur vulgo, Dio Chrysost. si ei credendum, ostendit, qui Orat. xv. de Servitute tradit, Cyrum ante regnum fuisse hominem, qui candelis faciendis quæstum, fecerit : 'Η οὐκ οἶσθα, ὅτι λυχνοποιὸς ἦν ὁ Κῦρος 'Ασυά

γου, καὶ ὁπότε γε ἠβουλήθη, καὶ ᾖξεν αὐτῷ, ἐλεύθερος ἅμα καὶ βασιλεὺς ὑφ'ἑνὸς τῆς 'Ασίας ἁπάσης ; *An nescis candelarum opificem fuisse Cyrum Astyagis filium, et liberum simul et regem factum esse totius Asiæ, et quando potuit, et quando sibi visum fuit ?* Alii tamen Cambysen fuisse genere Achæmenidam tradunt. Nobilissimam autem ap. Persas familiam Achæmenidarum, ut auctor est Herod. i. 107. et seqq. Diod. in Excerpt. Peiresc. illum a patre disciplina regia fuisse formatum tradit, ut jam alii nótarunt. *Græv.*

In matrimonium tradidit] Angl. *tradit.* Probo, quia sic historici amant loqui, et sequitur mox ' arcessit,' simili tempore. *Schef.*

§ 5 *Arcessit*] Ea est omnium fere vett. librorum in hoc Auctore scriptura. Dicitur autem ' arcesso' ab ' arcio;' ut a ' capio,' ' capesso;' ' facio,' ' facesso.' Priscian. lib. viii. Et ' arcio' est, accio : ar pro ad ἀρχαικῶς. Vid. Scaurum de Orthogr. *Bong.*

§ 6 *Natus infans, &c.*] Hæc omnia prolixe Herod. exsequitur i. 107. et seqq. Ctesias negat ex Astyagis sanguine fuisse Cyrum. *Bern.*

Regis arcanorum participi] Non solum Junt. ed. sed et Mss. legunt, *regis amico et arcanorum participi.* Quod male mutarunt editores, ut dudum præcepit Gronov. Amici enim regum dicebantur olim, qui eis a consiliis sunt. In cap. 7. huj. lib. ' Quo facto et amicum in adulterium uxoris sollicitatum hostem sibi fecit :' et cap. 9. ' Magum quendam ex amicis delegit :' lib. xii. 15. ' Cum deficere eum amici viderent :' lib. xxxiv. c. 3. ' Cum cunctari eum videret, consultationemque ad amicos referre.' Suet. Tib. 55. ' Super veteres amicos ac familiares viginti sibi e numero principum civitatis depoposcerat, velut consiliarios in negotiis publicis.' *Græv.*

Regio amico et arcanorum participi]
Ita ex uno cod. Ms. quem Bongars.
vidit, et ex typis expresso Juntarum
legend. videtur. Certe, qui regis arcanorum particeps, is ejusd. et ' amicus' est. Eatque ea vocis ' amici '
significatio non in hoc tantum, sed et
in ceteris bonis auctoribus, passim
obvia. Quin et inf. i. 5. 6. ipse ille
Harpagus, de quo hic agitur, ' amicus
regis' vocatur. *Vorst.* Recte Græv.
ex Mss. et Junt. *regis amico et arcanorum.* Vorst. jam recepit in textum.
Schef.

§ 12 *Quem ubi in manum mulier accepit*] Scribe omnino, *in manus;* neque enim dixeris *accipere in brachium,*
sed *in brachia,* ita uti et Græci solent.
Sed et ratio ipsa, absque usu sit, hoc
facile persuadeat. *Faber.* Gemina
huic φρσις est inf. xii. 6. 11. ' In cujus manibus pueritiam egerat.' Ergo
quod Germani mei dicunt, auf den
arm nehmen, id Latini dicunt ' in
manum accipere.' *Vor.*

Veluti ad notam allusit] Sic quatuor
Mss. nostri. Impressi interponunt
puer. Oxon. Recte Oxon. secutus
quatuor Mss. *puer* delevit, et Vorst.
cum Scheff. in seqq. *infantis.* Sunt
interpretum glossemata: *blandientis*
est, cum blandiretur in alludendo.
Græv.

*Dulcis quidam blandientis infantis
risus*] Lege *blandientis infantiæ:* hanc
enim lect. confirmant Quintil. Decl.
xix. ' Quum adhuc rudis unici blandiretur infantia:' et Plin. xxxii. N.
H. 2. ' Surculi infantiæ alligati tutelam habere creduntur.' *Gronov.* Mirum quod Bongars. adjecit *infantis,*
eam in antiquioribus typis expressis
id non inveniret, vocemque ' pueri '
jam paulo ante positam videret.
Vorst. Recte illud *infantis* a Vorst.
deletur, cum libri vett. non agnoscant. Forsan et alterum *blandientis*
delendum. Certe non cohærent satis
commode *apparuit in illo risus dulcis
blandientis;* rectius dixisset *in illo*

blandiente. Sed de hoc sic quisque
statuat, ut volet. *Schef.*

Uxor ultro] Oxon. ex Ms. *ux. multum.* Græv.

Quo suum partum pro illo exponeret]
Hoc non est verisimile. Herodotus
ait uxorem pastoris peperisse mortuum puerum, atque illum expositum
pro Cyro, quod est vero similius: æ-
que enim pastorum uxores ex se pro-
gnatos liberos diligunt, atque reginæ
suas proles. Sane multa in hac historia sunt variata ab Herodoti traditione, quæ longius prosequi non est
nostri propositi. Herodoti enim descriptio est longe verisimilior, maxime ubi postea bellum est inter Cyrum
et Astyagem. *Glar.*

Quo suum partum] Scio usurpari
aliquando ' quo' pro, ut; at h. l. nescio, an sit conveniens: suspicor scripsisse Justin. *ut pastorem uxor ultro ro-
garet quoque, suum partum.* Oratio
profecto longe efficacior et conveni-
entior. *Schef.* Alii omittunt hæc
verba, *quo suum partum pro illo exponeret.* Herodotus auctor est infan-
tem pastoris mortuum fuisse natum;
unde in orbitatis solatium permutatio ista vivi pueri loco defuncti non
temere expetebatur. *Oxon.* Quo suum
p. p. i. exp. et quod sequitur *que* uncinis includit Ed. Bong.

§ 14 *Nutrici postea Spaco nomen fuit,
quia canem Persæ sic vocant*] Cum et
Trogus Pomp. et Herod. ipse tradi-
derint hac voce canem ap. Persas
significari, ab iis quæsivi, quos in
hoc genere scire aliquid credebam,
utrum id hodieque verum esset? Ne-
garunt, et alio nomine nunc canem
Persice vocari affirmavere. At ego
hoc scio, canem ap. Hyrcanos, qui
sub ditione Persarum sunt, nunc quoque dici *Spac;* unde huj. appellationis vetustas apparet. Hoc didici ex
Libris, s. Relationibus, Wikfortii, viri
clariss. atque elegantiss. quem virum
populi principesque ambire, amplex-
ari, possent, si illum satis nossent.

Faber. Junt. recte *Spaco.* Herod.
Σπακὼ I. 110. *Græv.* Crediderim
legend. esse non *Spacos,* sed *Spaco ;* quomodo ed. Junt. habere testatur Grævius. Certe Herod. qui primus hæc prodidit, ita vocat. *Vorst.*
Græv. *Spaco* ex Junt. Forte *Spacus*
Noster scripsit pro Græco genitivo
Σπακοῦς. *Schef.*

CAP. V. § 1 *Cum inter pastores esset, Cyri nomen accepit*] Non solum
ed. Juntæ, sed et antiquus Cod. Bongarsii legunt : *cum inter pastores esset
imperiosus, Cyri nomen accepit.* Sic et
codex Angl. Sed alius *imperio usus.*
Hanc veram esse huj. l. lectionem
puto, qua caussa redditur, cur dictus
sit Cyrus, cum antea fuerit ei aliud
nomen a pastore et ejus uxore, a quibus educabatur, impositum. Docet
id etiam Herod. I. 113. Τὸν δὲ ὕστερον
τούτων Κῦρον ὀνομασθέντα παραλαβοῦσα
ἔτρεφε ἡ γυνὴ τοῦ βουκόλου, οὔνομα ἄλλο
κού τι καὶ οὐ Κῦρον θεμένη : *Alterum
vero, qui postea Cyrus appellatus est,
uxor bubulci sibi sumtum educavit, imposito illi alio quopiam ac non Cyri nomine :* et non longe post puer, quem
Cyrus flagellis ceciderat, κατελθὼν δὲ
ἐς πόλιν, πρὸς τὸν πατέρα ἀποικτίζετο
τῶν ὑπὸ Κύρου ἤντησε. λέγων δὲ οὐ Κύρου (οὐ γάρ κω ἦν τοῦτο τοὔνομα) ἀλλὰ
πρὸς τοῦ βουκόλου τοῦ Ἀστυάγεος παιδός :
*In urbem vero cum contendisset, apud
patrem questus est, quomodo a Cyro esset exceptus: non vero Cyrum appellavit,
nondum ei hoc erat nomen; sed filium
pastoris boum Astyagis.* Non igitur
primis annis, quos inter pastores
exegit, Cyrus fuit dictus, sed post
illud tempus, quo inter pastores imperio erat usus in puerili illo ludo,
Cyrus demum fuit appellatus, sive a
pueris, cum quibus luserat, sive a
veris parentibus, sive a civibus. Narrat deinceps Justinus, quomodo ex
illo imperio seu regno inter pueros
exercito fuerit agnitus ab avo: ' Mox
rex inter ludentes sorte delectus, cum
per lasciviam contumaces flagellis

cecidisset, a parentibus puerorum
querela est regi delata.' Hæc ita
sunt accipienda : mox a parentibus
puerorum querelam esse regi dela-
tam, cum in illo imperio, rex sc. inter
ludentes sorte delectus, per lasciviam
contumaces flagellis cecidisset. Vides
igitur non frustra *imperiosus* inveniri
in libris antiquis, quamvis emenda-
tius legatur in uno, *imperio usus.*
Doctissimi et amicissimi mihi, cum
in vivis esset, viri emendationem,
qui conjicit scribend. esse, *Puer deinde
cum inter pastores esset in Persis Cyri
nomen accepit,* probare non possum ;
quia pastores illi, ap. quos educabatur, et quibuscum versabatur, non
erant Persæ, sed Medi. In Media
enim natus erat Cyrus, in Media expositus, in Media ad decimum annum, quo imperium inter pastores
exercuit, commoratus : vid. Herod.
I. 10. Postea demum ad parentes in
Persiam remissus est, ubi non inter
pastores egit, sed ut regis Medorum
nepos, et Mandanes filius, laute fuit
habitus et educatus : vid. cap. 122.
ejusd. lib. Et hoc est, quod ad eum
scribit Harpagus, ' eum ablegatum
fuisse in Persas.' Tum autem ei videtur hoc nomen impositum fuisse in
Persia. Persis enim ' Cyrus' est,
sol, ut notarunt Ctes. et Plut. Etiam
nunc *Chur* et *Churshid* ap. Persicos
poëtas *solem* significare viri doctiss.
monuerunt. *Græv.* Vett. plurimi habent : i. p. *esset imperiosus,* quod et
Græv. dicit, non temere spernendum.
At quid sibi velit, hoc vero non declarat. Porro vox *imperiosi* vix hic
obtinere potest locum. Hoc enim
vitium significat : deinde quomodo
imperiosus fuerit puer adhuc, et constitutus sub arbitrio pastorum? quod
illud ejus esse potuit imperium? Et
plane propositum hic Nostro, reddere causam, quare Cyrus dictus fuerit. At hoc non addiscitur ex illo
imperiosus, quoniam Cyrus non *impe-
riosum,* verum *Solem,* denotat, ad quem

nil facit vox *imperiosus*. Puto igitur sic legend. *Puer deinde cum inter pastores esset in Persis, Cyri nomen accepit.* Ostendit nempe illud ' in Persis,' cur ei Persicum nomen Cyri sit impositum, et non Medicum aliquod, videl. quia puer versabatur non in Medis, sed in Persis. Porro locum h. sic esse legend. patet etiam ex seqq. in quibus Harpagus eum scribit ' ablegatum in Persas ;' neque enim ista possunt intelligi, nisi locus h. ad istum modum legatur, cum de ista Cyri ablegatione in Persas nullum verbum alias præcesserit. *Schef.*

Cyri nomen] ' Cyrum ' Persico sermone *Solem* significare auctores sunt Ctesias, Plut. in Artaxerxe cap. 1. Plethon in Expositione eorum, quæ in Magicis Zoroastris Oraculis obscurius dicuntur. Unde apparet Suidam, etymon exotici nominis petentem e Græcia sua, toto, quod aiunt, cœlo errare. *Bern.*

§ 2 *Servilibus verberibus*] Inf. 11. 5. 4. ' Verbera in aciem, non arma, ferenda, omissoque ferro, virgas ac flagella, ceteraque servilis metus paranda instrumenta.' Et recte Accursius ad L. 12. D. de Jure Fisci, ' servilia verbera ' interpretatur, flagella : ut L. 10. §. pen. D. de In Jus Vocando, juncta L. 7. §. 2. D. de Injuriis, probat. Petron. ' serviles pœnas ' dixit. Sall. 1. H. ' Abunde libertatem rati, quia tergis abstinetur.' Vid. Senecam ext. Apolocynth. *Bongars.* Hinc ' verberibus fœdari ' homines liberi dicuntur Tacito 111. H. 77. Aliud est : ' puerili verbere moneri.' v. A. 9. Add. Brisson. Sel. Ant. Juris 11. 9. *Berneccer.* Florus 1. 23. 1. ' Serviliter in terga sævire,' et Noster inf. 11. 5. 5. *Vorst.* Saxo xiv. p. 306. 12. ' Primo siquidem verberibus adfectus.'

§ 5 *Animum minacem duntaxat in illo fregit*] Pro *minacem* malim legere *minatione* ; quomodo Major edidit. *Vorst.* Non displicet, quod ex cod.

Majoris probat Vorst. legend. *minatione* pro *minacem*, cum vix integer alias sit sensus. Et *minatione* pro comminatione ponitur eleganter, ut non pauca huj. generis alia. Sensus ; ' fregit animum,' i. e. minuit iram, *minatione*, i. e. comminatione, qua Cyrum ab ulteriore conatu satis deterrere posse sibi visus est, ' duntaxat in illo,' i. e. eatenus saltem, quatenus iratum habuit animum erga Cyrum : non quatenus et erga Harpagum, cui non putavit sufficere ad delinimentum, si Harpago minaretur solum, sed damno simul aliquo in solatium ultionis afficiendum. *Schef.* Vetustarum edd. lectionem, quæ *minatione* præ se ferunt, quod et in Junt. legitur, minime sequendam duco. *Animus minax* est, ira percitus, qui exitium minabatur et Harpago et Cyro. Non enim placatum ejus animum et mitigatum erga Cyrum statim fuisse, postquam eum agnoverat, patet ex Herod. qui 1. 120. narrat, ut Astyages deliberarit cum Magis, tollendus ne Cyrus esset propter somnium, an vero servandus. Hæc tantum verbo, ut in compendio, tangit Justin. Sententia est : Astyagen iram illam minacem, si non erga Harpagum, saltem erga Cyrum, compressisse. ' Duntaxat,' Latinis est, saltem, minimum. *Græv.*

§ 6 *Filium ejus, &c.*] Commemorat et Sen. de Ira 111. 15. *Bongars.* Et Ov. in Ibin. *Bern.*

Epulandumque patri tradidit] Theophilus ad Autolycum lib. 111. non hoc Astyagi, sed Cambysi, tribuit. Perperam. *Voss.*

§ 7 *Ad præsens tempus*] Sufficit ' ad præsens,' et sic loquuntur Tac. quoque A. 1v. 31. et 44. H. 1. 44. et Suet. Tit. 6. nec dubitem a manu glossatoris esse *tempus.* Sed hoc editorum consensu nihil audeo mutare. *Berneccer.* Putat Bernecc. *tempus* esse a manu glossatoris ; quod alii dicant ' ad præsens,' subaudito *tempus.* Ve-

rum quod ita loquuntur alii, non necesse erat et Nostrum ita loqui. Fit
enim ut, quæ subaudiri solent, etiam
diserte adjiciantur. Ita dicunt ' brevi' et ' brevi tempore.' *Vor.*

§ 8 *Ut ablegatus in Persas ab avo
fuerit*] Optime Mss. *ablegatus.* Amant
enim hoc verbum sic usurpare, ut
adsit ei quædam invidia et malevo-
lentia: genus loquendi, quo sæpe
Liv. utitur: ut v. 2. ' Remotam in
perpetuum et ablegatam ab urbe et
republ. juventutem:' et xxii. 25.
' Consulum alterum specie classis Pu-
nicæ persequendæ procul ab Italia
ablegatum:' et xxiii. 31. ' Deinde
ubi ablegatum velut de industria M.
Marcellum viderunt.' Sed et de hac
ablegatione exstat memorabilis narratio ap. Athenæum xiv. p. 633. petita ex Dinonis Persicis. *Gronov.* Maj.
Bech. et alii ediderant *relegatus;* quod
magis placet, et sine dubio itid. e
Mss. haustum. *Vor.* Vorstio magis
placet *relegatus,* quod nonnulli habent. Mihi vero *relegatus* glossa videtur alterius. Saltem *relegatio* non
fuit illa Cyri dimissio in Persas, sicut
quidem alias vox ' relegationis' sumitur pro ejectione infami e patria:
tantum illuc mittebatur, ut retunde-
retur ejus spiritus, omnisque rei gerendæ ipsi adimeretur occasio. At
hujusmodi sensu vox *ablegationis* nota
optimis scriptoribus. Terent. in Hecyr. ' Aliquo mihi est hinc ablegan-
dus, dum parit Philumena.' *Schef.*

§ 10 *Exinterato lepori*] Ita Mss.
Glossæ: ' Interata, ἐξεντερωθέντα;'
voce ab interioribus ducta. *Bong.*
De historia consulendus Herod. i.
123. et Polyæn. vii. et Frontin. iii.
13. 3. *Bern.* Vix dubium, quin legend. sit *exenterato.* Higin. Fab.
xxx. ' Hydram Lernæam Minerva
monstrante interfecit et exenteravit.'
Plin. xxx. N. H. 5. ' Idque in exenterato proscissoque vivo [catulo] deprehendi.' *Gron.* Bongars. e Mss.
maluit *exinterato.* Mihi magis placet

lectio vulgata: quæ et ap. Plaut. observatur Epid. ii. 2. et v. 2. Est
enim ' exenterare' sine dubio ex
Græco ἐξεντερίζειν formatum ; ipsum
Græcum autem ab ἔντερα, quod quidem *viscera* significat, ortum. Vid.
et Voss. in Etymol. L. L. *Vor.*

Ut sub specie venationis dolus lateret]
Mihi magis placet quod in antiquioribus typis expressis est *venationis,*
quam quod Bong. edidit *venatoris.*
Sic et v. 8. 12. ' sub obtentu liberationis,' quod retinuit Bong. melius
est quam quod in aliquo Cod. Ms.
est *sub obtentu liberatoris.* Inf. xxxiv.
3. 8. pro, sub specie venationis, dicit
' specie venandi.' *Vorst.* Vorst. ex
editis vetustioribus, *venationis.* Non
displicet. *Schef.* Sic et Junt. *Græv.*

CAP. vi. § 1 *Eadem somnio aggredi
jussus est*] Antiquiores edd. habent,
eandem viam s. a. Vorst. Nihil hic
mutand. Nam quod in quodam legitur *eand. v.* glossatoris est, qui hæc
desumsit ex verbis præcedd. in cap.
5. § 9. *Schef.*

Sed præmonitus] Mendum est sane
leviculum, at mendum tamen. Pro
sed legend. *et,* quod Mss. Codd. Bong.
habuere. *Faber.*

*Quem primum postera die obvium ha-
buisset, socium cœptis assumeret*] Eæd.
antiquiores edd. *haberet:* quod rectius
videri possit propter id quod sequitur
' assumeret.' Sed non insolens tamen
est ipsum plusquam perfectum tempus poni pro imperfecto: ideoque
illud quod e Mss. sine dubio rescribere placuit Bongarsio, haud muto.
Vor.

§ 2 *Antel. temp.*] Sic Saxo xiv. p.
248. 4. p. 285. 38.

Iter ingressus] Saxo xii. p. 282.
' Cum rex iter ingredi vellet.'

Nomine Sybarem] Ms. habet *Seba-
rem.* Legend. *Sæbarem.* Et sic quoque inf. *Sæbares* is est *Œbares,* Οἰβά-
ρης. Utrumque enim dicitur. Sic
Androcottus Sandrocottus, Indica
Sindica, Merdis Smerdis, Osthanes

Æschylo est Ξασθένης. Alibi plura. *Voss.* Isaacus ille Voss. in quo mihi ingenium et doctrina ex æquo certare videntur, *Œbarem* legend. esse ostendit, non *Sybarem;* id quod et verum est, et, ni ipse occupasset, potuissem et ego ostendere. *Fab.*

§ 3 *Persepolin regreditur*] Hoc sæpe miratus sum, quod et nunc demiror, unde isthæc appellatio Græcanica urbis antiquissimæ, et quæ olim totius Orientis regia fuit. An a Baccho? an a Perseo? an denique ab Hercule? Somnia. Vellem autem, vellem, verum tam claræ urbis nomen edidissent vett. historici. Nam, aut valde fallor, aut Græculi homines morem suum in mutandis locorum nominibus secati sunt; quod in exemplis pene infinitis nuper demonstravit incomparabilis ille noster amicus Sam. Bochart. in suo PHALEG, quod ego opus immortale futurum, si quid conjectura valeo, jam pridem auguror. *Fab.*

§ 4 *Ibi convocato populo*] Frontin. I. 11. 19. *Bongars.* Herod. I. 125. et seq. Polyæn. lib. VIII. Frontin. *Bern.*

Præsto cum securibus esse] Malim cum Mss. meis, *p. c. s. adesse*, et sic edere malim, quam quomodo hactenus circumfertur, *p. c. s. esse.* Sed minutum hoc. *Mod. Adesse* restituit e Mss. suis Mod. Antea fuit *esse.* Berneccer. Antiqq. Edd. *esse.* Et retinuit eadem Bong. At Mod. quod in quibusd. Mss. reperit *adesse*, et secutus eum Bernecc. compositum istud pro simplici rescribend. censuerunt. Nobis simplex rectius videtur; quia 'præsto' antecedit. *Vorst. Esse* Juntina et Oxon. ex Ms. asserit. *Græv.*

§ 5 *Postera die ad paratas epulas invitat*] Cum et Bong. fateatur in manu exaratis suis Codd. exstare, *p. d. apparatis epulis i.* et ita nostri membranacei libri scripti antiquissimi habeant, ita ed. Cratandriana Basileensis, cui præfuit vir doctiss. Joann.

Sichardus, ita Italica A. 1510. quam recognoverat eruditiss. vir Sabellicus, emisit Augustin. Becharius, non video, cur ea scriptura rejici debeat: maxime cum ita etiam loquatur historicorum princeps Livius. *Mod.* Vulgo editi, *ad paratas epulas i.* Sed restituimus Auctori lectionem, quam et Bong. et Mod. fatentur in manu exaratis suis codd. extare. Ita Sall. H. IV. 3. 18. ' Cum se cibo vinoque læti invitarent.' Imo Noster ipse XII. 13. 7. *Bern.*

Apparatis epulis invitat] Bong. maluit *ad paratas epulas;* credo quod in quibusd. Mss. id reperisset. Monuit tamen alios Codd. Mss. et antiquiores item typis expressos, habere *apparatis epulis.* Neque perpetuum illud est, ut dicatur ' invitare ad aliquid,' vel ' in aliquid,' sed dicunt etiam simpliciter ' invitare aliquem.' Noster XII. 13. 7. ' Instaurata comessatione et ipsum et sodales ejus invitat.' Hic quomodo duo ablativi consequentiam designantes præmittuntur, sic et in altero illo factum videri potest: ut *apparatis epulis invitat* sit pro, epulas apparat et invitat. Vel potest *epulis* pro casu tertio haberi: qua ratione dicunt ' invitare aliquem tecto et domo,' ' invitare hospitio,' ' invitare poculis.' *Vor.*

Apparatis epulis] Lectionem hanc asserit quoque quam sæpe laudamus Junt. ed. Nescio autem cur hic Vorst. tricetur. ' Invitare' hic non est, vocare ad epulas, ut vir doctus et alii existimant, sed, vino epulisque liberaliter hospites accipere. Cæs. I. B. C. 74. ' Interim alii suos in castra invitandi causa adducunt, alii ab suis adducuntur.' ' Invitandi causa' est, ut benigne eos excipiant amiceque. Liv. I. 9. ' Invitati hospitaliter per domos cum situm, mœniaque et frequentem tectis urbem vidissent,' h. e. laute et comiter tractati. Hinc et qui libenter vescuntur, et largius bibunt, *se ipsos in-*

vitare dicuntur. Sall. 'Cum se cibo vinoque læti invitarent.' Plaut. Amphit. I. 1. 'Mira sunt; invitavit se in cœna plusculum.' Suet. Octav. 77. 'Quoties largissime se invitaret.' 'Apparatæ epulæ' sunt, splendidæ, lautæ, opiparæ: ut 'Apparatius cœnare' ap. Plin. in Epist. et 'Profusissimi obsoniorum apparatus' ap. Suet. Vitell. 10. Inferius XI. 8. 'Fuit rex armorum quam conviviorum apparatibus studiosior.' *Græv.*

§ 6 *Utrius vitæ sortem legant*] Valde durus mihi locus hic videtur; certe nihil est, quod illi *vitæ* commode respondeat: non enim '*vitæ laboris*, nec *vitæ epularum*, jungi possunt. Cogitand. igitur, an non scripserit Noster *utriusne sortem*, et non nemo illud *vitæ* apposuerit ex seq. 'omnem vitam.' *Schef.*

§ 8 *Meriti sui in Harpagum oblitus*] Quos offenderis, periculose summæ rei præfici, docet exemplum M. Livii, in Liv. XXVII. 42. 8. *Bernec.* Oxoniensis ex quatuor Mss. legit *in Harpago*: sed alii et Juntina stant recte pro vulgata. *Græv.* Angl. *in Harpago*, quam lectionem video et in suis reperisse Auctorem Fori Romani; vid. vocem *Oblitus*: scio equidem indifferenter præpositioni 'in' apponi modo quartum, modo sextum, casum. Suspicor tamen hic illud *Harpago* esse ortum ex scriptura antiqua *Harpagon* pro *Harpagum*. Nam 'merita in Antonium,' non *Antonio*, dixit et Vell. II. 96. *Id.*

§ 9 *Per deditionem tradidit*] Quidam typis expressi *p. proditionem t.* Quod consentaneum ei, quod sequitur, 'perfidia defectionis ulciscitur.' *Vorst.* Non probo, quod habent quidam *per proditionem*, propter hoc ipsum, quia sequitur 'perfidia defectionis,' ne idem dicatur. Τὸ *deditionem* modum declarat, quo tradiderit exercitum, oppositurque 'traditioni per certas leges et conditiones. Neque potest offendere verbum '¡tradidit.' Nam

et Liv. 'In fidem deditionemque se suaque ipsi tradidere.' *Schef.*

Regisque, &c.] Saxo XIII. p. 244. 18. 'Invidiam fraterna prælatione conceptam perfidia defectionis exsatians.'

§ 10 *Partem exercitus a tergo ponit, et tergiversantes ferro agi in hostes jubet*] Unus Ms. *p. e. de tergo p. et terga vertentes f. a. i. h. j.* ingrata auribus ejusd. vocis repetitione. *Mod.* Sic inf. XXXI. 8. 7. Liv. X. 36. 6. 'Necessitate acta virtus causa victoriæ est,' ait Flor. III. 3. 13. Contra, 'Quanto plus spei ad effugium, tanto minor est ad resistendum animus,' Tac. H. III. 18. *Bern.*

Tergiversantes] Juntæ scripserunt: *et in terga vertentes ferro agi, ut in hostes jubet.* Non male: vereor tamen ne hæc sint interpolata. Itaque hanc lectionem nec ipse magnopere probo. Rationes tamen, cur improbatur, nequeo laudare. Quam diu pugnabant, terga non vertebant. Sed si accidisset, ut terga verterent, erat alia acies civium post hanc aciem collocata, quæ terga vertentes retro ageret, ferrum in illos tanquam in hostes stringens. Si fugisset prima acies, terga vertisset hostibus, a quibus fugabatur, non civibus, qui, a tergo pugnantium positi, fugientes exciperent et repellerent. Nihil tamen, silentibus Mss. mutand. censeo. *Græv.* Emendand. putat vir doctiss. *et terga vertentes*, quod probare vix possum. Saltem sermo est h. l. de pugnantibus: sic enim præcedit, 'pugnantibus suis partem exercitus a tergo ponit.' At alii pugnantes, alii terga vertentes. Deinde sequitur: 'post terga inventuros.' At, si jam terga verterant, non erant eos inventuri post tergum, sed a fronte. *Schef.*

§ 12 *Post necessitatem pugnandi*] Pro, postquam necesse habuerunt et coacti sunt pugnare. Ita concise scribit et alibi. Ut VIII. 1. 'Prorsus quasi post arma et bellum locum legibus reliquissent;' pro, postquam arma jam sumpta sunt. Similiter Nep. Att. 9. 5. ' Neque post calamitatem versuram facere potuit.' Vide et Ind. in Nep. v. *Post.* Vor.

Animus exercitui ejus accessit] Friget hic *rò ejus.* Cur respuerunt scripturam veteris libri? *an. ex. et vis a. Vis* est, virtus, fortitudo. Virg. ' Non ea vis animo.' Sæpe sic ap. Nostr. et alios. *Græv.*

§ 13 *Matres et uxores, &c.*] Refert et Plut. libello de Virt. Mulierum cap. 9. *Bongars.* Nec absimilia de Germanis Tac. cap. 8. princ. *Bern.*

§ 15 *Facta, &c.*] Saxo VII. p. 138. 39. ' Impressione facta ad eum acrius impetendum pudore coguntur.'

§ 16 *Nepotemque in illo magis quam victorem egit*] Bech. et alii pro *egit* habent *se gessit.* Vorst. Notant pro hoc *egit* alios habere *se gessit.* Verum hoc ex manifesta glossa est. Quod propterea notand. ut sub clarissimo exemplo pateat, non parum damni accepisse Nostrum ab intempestiva glossatorum manu. Certe sicut h. in l. *agere victorem,* ita alibi ' agere propugnatorem,' ' agere tutorem,' usurpavit, quod satis arguit esse genus hoc Auctori nostro receptum. *Schef.*

Maxima genti] Lectionem vulgatam, quam Cujacii codex et Orosius I. 19. comprobant, sequutus sum. Vett. enim plerique pro *maxima* habent *decimam.* Ex voce *maxima* solum X forte remanserat in eo lib. ex quo multi deinde transscripti sunt, cæteris litteris aliquo casu deletis; ea nota librariis imposuit: in el. Puteani Ms. legitur *ducem.* Bongars. Legitur et *maxime* in ed. Colon. Gymnic. ut et Juntina. *Græv.*

§ 17 *Hic finis Medorum imperii fuit. Regnaverunt annos CCCL.*] Imo secundum calculum certiorem Herodoti, tantum annos 128. imperarunt. Sed Marsham. docte ostendit 4. Medorum

reges fuisse, illorumque imperium fuisse 150. annorum. Vid. illius Canon. Chronol. Sæc. XVII. *Græv.*

CAP. VII. § 1 *Initio regni Cyrus*] Cyrus creditur primus rex fuisse Persarum. Sed ap. Æsch. in Pers. v. 767. duo commemorantur qui illum antecesserunt. Μῆδος γὰρ ἦν ὁ πρῶτος ἡγεμὼν στρατοῦ. Ἄλλος δ' ἐκείνου ταῖς τοῦ ἔργου ἦσυε. Τρίτος δ' ἀπ' αὐτοῦ Κῦρος, εὐδαίμων ἀνήρ. *Medus erat primus dux exercitus. Alter ejus filius opus perfecit. Tertius ab illo Cyrus felix vir.* Tum reliquos inde Persarum reges recenset usque ad Xerxem. Hæc primus observavit ill. Marsham. in Can. Chron. qui et docuit illum Medum, qui primus recensetur in serie regum Persicorum, esse Darium Medum, cujus sæpe meminerit Daniel, qui non fuit Babylonius, sed Medus. Cujus etiam meminit Suidas, cum ait: Μῆδος βασιλεὺς Περσῶν, *Medus Babyloniorum rex.* Et in Δαρεικοῦ Εἰσὶ μὲν χρυσοῖ στατῆρες οἱ Δαρεικοὶ οὐκ ἀπὸ Δαρείου τοῦ Ξέρξου πατρὸς, ἀλλ' ἀφ' ἑτέρου τινὸς παλαιοτέρου βασιλέος ὠνομάσθησαν. *Darici sunt stateres aurei, non a Dario Xerxis patre, sed ab alio quodam antiquiore rege, denominati.* Cum vero inter Cyrum et Darium Hystaspis fil. nullus alius fuerit huj. nominis rex, necessario Darius fuit, qui ante Cyrum ap. Persas regnavit. Fuit iste Darius Cyaxaris fil. Hinc Danieli dicitur VI.1. fil. Asveri de semine Medorum. Cyaxares est Asverus, ut Scalig. de Emend. Temp. docuit. Is fuit Phraortis fil. quem pater præfecit regno Persico, nomine ac potestate regia, quia Persæ jam pridem excutere volebant jugum dominationis Medorum, teste Herod. I. 127. Cyrus autem primus vulgo Persarum rex habetur; et quia pater ejus erat Persa, cum priores duo reges essent gente Medi; et quia res et gens Persarum ante tempora Cyri fuerant valde obscuræ, quas primus illustravit Cyrus homo Persa. Secundus anonymus Persarum rex

ap. Æsch. est Cyaxares Xenophontis,
ut pluribus docet laudatus Marsham.
in Can. Chron. in Sæc. XVIII. *Græv.*

Capt. socium] Saxo VII. p. 131. 42.
' Cœptorum sociæ.'

.§ 3 *Cum adversus Babylonios bellum
gereret*] De Babyloniorum regno nihil commemorat Justin. nisi hæc de
illius excidio et post rebellionem sub
Dario Hystaspis fil. cap. ult. huj. lib.
Ejus origine nihil est obscurius, quam
tamen erudite, ut cetera, ex Can.
Chron. regum Babyloniorum Ptolemæi eruit Marsham. præclare de doctrina temporum, si quisquam, meritus. Is Canon complectitur epocham
s. annos Nabonassari, primi regis
Babyloniorum. Is fuit Assyrius gente. A tempore Nabonassari fuerant
duplices reges Assyrii. Alii, qni Nini sedem imperii habuerant, alii qui
Babylone regnarant. Hinc prima
pars Canonis continet regum Assyriorum et Medorum seriem, usque ad
initium Cyri. Illa complectitur annos 159. Altera Persarum reges,
usque ad mortem Alexandri Magni,
annos 215. ut totius regni Babylonici
periodus fuerit annorum 424. Unde
constat quoque Babyloniam non esse
tantæ antiquitatis, ut vulgo creditur,
et superius traditur a Justino. Originem debet Nabonassari. Is vixit
seculo 17. post diluvium, anno circiter 750. ant. Chr. natum. Naboco-
lassarus Nabopolassari fil. qui Ebræis
dicitur Nabucodnosor magnus, vel
secundus, eam mirificis operibus ex-
ornavit. Vid. Marsham. ad Sæc.
XVII. Ultimus Babyloniorum rex
fuit Nabonadius, quem expugnata
Babylone cepit Cyrus, et Carmaniæ
præfecit, ut auctor est Berosus ap.
Joseph. lib. I. contr. Apion. Sed de
regibus Babyloniæ, quorum meminit
Canon Ptolemæi, ut et de iis, quos
Daniel commemorat, vid. Marsham.
ad·Sæc. XVII. et XVIII. *Græv.*

Rex Lydorum Crœsus] Omnes tradunt, jam tum temporis Crœsum a

Cyro victum captumque fuisse, cum
Babyloniis bellum inferret. Quomodo ergo iis opem tulerit, non video. Sed videtur Trogus, ut sæpe,
alios secutus fuisse auctores. *Voss.*
Herod. lib. I. prodidit, Assyriis et
Babyloni a Cyro tum demum bellum
illatum, cum Crœsum idem jam vicisset, omnesque terras, quæ ditionis ejus fuerant, occupasset. Quod
si verum, ut sane videtur, non potuit
Crœsus in anxilium venire Babyloniis. Vid. et Scalig. de Emend. Temp.
lib. VI. *Vor.*

Cujus, &c.] Saxo XIV. p. 268. 41.
' Cujus insignes ea tempestate vires
fuere.'

Victusque jam de se solicitus] Per-
tinaciter pertendunt etiam nostræ
Membranæ *victusque j. ac desolatus;*
qua voce etsi usus Virgil. ejusque
similis Silius, et ante hunc Liv. nihil
tamen muto. *Med.* Val. Acidalius
ad Vell. sub finem, ut in vett. ita
scribend. hic monet *victisque,* nempe
Babyloniis, quibus auxilio venerat:
non ipse victus. Ego *victus* præfero:
nam mox sequitur, ' fortuna prioris
prælii perculsum:' &c. *Bernec.* Jam
pridem monuit Gronov. Obs. lib. IV.
restituendum esse ex Mss. *victusque
j. ac desolatus,* h. e. desertus, nudatus, exutus exercitu, castris, copiis
omnibus. Vid. c. 20. illius lib. Certissima est hæc vett. librorum scriptura *desolatus,* h. e. desertus a suis,
qui fusi erant, et fuga, qua quisque
poterat, suæ consulebant saluti, rege
relicto. *Græv.* Legi oportere arbitror, *de se solicitus, in regnum refugit.*
Et hoc Latinissimum est. Neque eo
opus sit quod in quibusd. lib. legitur
desolatus, pro *de se solicitus.* Tu tamen et Voss. videto et Græv. *Faber.*
Omnino legend. e Codd. Mss. quos
vidit Bong. *victusque j. ac desolatus.*
Qua de re et Gronov. IV. Obs. 21.
monuit. Vulgo legitur *victusque j. de
se solicitus.* Est autem ' desolatus'
idem quod, desertus, nudatus, exutus

exercitu et castris. Dicunt sane ipsum quoque hominem ' desolatum,' si, quibus ante stipatus fuerat, discedant, aut ab eo segregentur. Tac. I. A. ' Nonanus opperiendas Tiberii epistolas clamitaverat: mox, desolatus aliorum discessu, imminentem necessitatem sponte prævenit.' Et lib. xii. ' Desolatus paullatim etiam servilibus ministeriis.' In antiqua inscriptione ap. Grut. mater ' desolata' dicitur, cujus filius obiit, quæque filio orbata fuit. Vid. p. 682. operis Gruteriani. Vor. Putant scribend. j. ac desolatus; Vorst. in textum quoque transsumsit. Explicat autem per, nudatus, exutus exercitu, castris, copiis omnibus. Atqui hoc in Crœso falsum. Docet ipse Noster, quando exercitum ipsius scribit fuisse perculsum fortuna prioris prælii. Hoc enim vix potest accipi de exercitu plane alio et novo, sed de veteri, qui semel ab hoste profligatus fuit. Suspendo igitur adhuc assensum meum, donec lectio ista codd. et pluribus et melioribus fuerit firmata. Et quoniam video in quibusd. pro victusque legi victisque, cogitand. aliis relinquo, an non scripserit Noster, victisque j. ac desolatis, in regnum refugit, ut ad Babylonios referatur, sitque sensus: Babylonios illo prælio sic fuisse fusos cæsosque, ut nulla spes ipsis relinqueretur reficiendarum virium. Idcirco Crœsum non potuisse longius auxilio eis esse, sed, quod ex suo exercitu cladi superfuerat, id reduxisse domum. Schef.

§ 5 Perculsum] Sic inf. II. 13. 1. Male vulgati percussum. De re vid. Gruteri Diss. xiv. ad Tac. H. v. 16. ' Superesse, qui fugam animis, qui vulnera tergo, ferant.' Add. Liv. viii. 16. 6. xxxv. 2. 3. xxxviii. 26. 7. Bern.

Nullo, &c.] Oros. iii. 1. ' Putantes se vacuam præsidio civitatem nullo intraturos negotio.' Saxo xiii. p. 242. 31. ' Hostes nullo neg. fugavit:' xiv. p. 343. 1. ' Terga vertentes n. n.

undit.'

§ 6 Tanto et mitior] Flor. ii. 8. 26. Bern.

§ 7 Urbs Barce] Barce est in Africa, Pentapoleos oppidum in Cyrenaica, sed ea regio nondum erat sub Persis; quare hoc nomen suspectum est: non tamen aliud temere reposuero, nisi exemplari aliquo adjutus aut historico meliore. Cæterum Herod. ait Crœsum semper sub Cyro fuisse, ac post Cyri mortem Cambysi commissum. Glarean. Mss. quidam urbs vero concessa: alii vero et concessa: alii Baragon cessa: vulgata lectio probari non potest: est enim Barce in Cyrenaica provincia urbs Pentapoleos, quo Persarum arma victricia nondum pervenerant. Herod. lib. iii. init. Absurdius est Berœa, quomodo Asulanus edidit: est enim oppidum Macedoniæ, Ptolemæo Βέββοια. Ctesias urbem Crœso dono datam Barenen vocat πόλιν μεγάλην, ἐγγὺς Ἐκβαρδάνων, de qua et Steph. Bongars. Si vel unus librorum Mss. emendationi faveret, rescriberem urbs Barene, quam Mediæ urbem, cujus et Steph. meminit, Crœso dono datam ostendit ex Ctesia Bong. Nam neque Barce Pentapoleos urbs in provincia Cyrenaica h. l. convenit, cum eo Persarum arma victricia nondum pervenerint, ut apparet ex Herod. iii. 1. nec item illa ab Alexandro condita, de qua inf. xii. 10. 6. minime vero, quomodo Asulanus edidit, Berœa, Ptolemæo Βέββοια, Macedoniæ oppidum. Ex cætt. quoque lectt. nihil sani erui potest: urbs vero concessa: vero et concessa: Baragen cessa: et, quod Sabellicus habet, urbs Berse concessa. Bernec. Non est dubitand. de emendatione Bongarsii, qui censet legend. esse urbs Barene. Sic Ctas. Καὶ ἔδωκε Κῦρος Κροίσῳ πόλιν μεγάλην Βαρήνην ἐγγὺς Ἐκβαρδάνων. Et dedit Cyrus Crœso urbem magnam Barenen prope Ecbatana. In ed. Junt. vestigia veræ h. lect. deprehendere licet. In ea enim scribitur urbe Berœa. Græv.

§ 10 *Passurusque Cyrus grave bellum Græciæ fuit*] Oxonn. ediderunt ex Ms. *ut passurus g. b. ejus gratia fuerit.* Quam lectionem puto esse elegantissimam. Nam præterquam quod *bellum Græciæ* paullo dicatur insolentius pro, a Græcis, etiam illud *Græciæ* superfluum: quoniam præcedit ' ex universa Græcia.' *Schef.*

§ 11 *Lydi, &c.*] De quibus et Polyæn. Strateg. VII. Ad h. modum domuit Xerxes Babylonios ap. Plut. Apoph. Reg. cap. 6. Aristodemus Cumanos ap. Dionys. VII. 8. et Sesostris Ægyptios, referente Schol. Sophoclis: Romanos certe ' voluptatibus plus adversus subjectos quam armis valuisse' Tacitus affirmat H. IV. 64. et est exemplum in Ag. c. 21. *Bern.*

§ 12 *Cauponias, &c.*] In libris antiquis legitur *cauponias, ludicras artes,* quod non negligend. Suspicor quippe, veram Justini scripturam esse, *cauponias artes et lenocinia exercere,* atque illud *ludicras* ex glossa, qua quis illud ' cauponias' explicabat, irrepsisse. ' Cauponius' vocabulum est probum, ipsique usurpatum Plauto in Pœnulo, ubi ' puer cauponius' nominatur sensu non alieno ab h. l. pro puerili scorto vel cinædo. Nam ' cauponiæ artes' ap. Nostrum meretriciæ, quales olim in cauponis frequentissime solebant exerceri, ut est pridem demonstratum Casaubono ad Theophr. Charact. p. m. 184. Itaque hic conjunguntur cum lenociniis. Quanquam non meretriciæ solæ, sed et aliæ ad luxum atque voluptates pertinentes, plane sicut hodieque non raro in cauponis ista conjunguntur. ' Cauponium instrumentum' usurpavit quoque Marcianus JCtus in L. 17. §. 2. D. de Fundo Instructo, ut vix possit dubitari, quin hæc lectio Nostro sit restituenda. *Schef.* Vett. Codd. præ se ferre *cauponias et ludicras artes* olim monuit Val. Acidalius in lectt. Velleianis, et merito probavit, præfatus eod. modo formatam esse hanc

vocem, ut ' histrionius et præconius quæstus' ap. Cic. eamque inveniri apud Plaut. apud quem legatur ' cauponius puer.' Sic et *lenonius* ap. eund. Comicum Pseud. II. 4. ' Oppidum expugnatum faxo erit lenonium.' Asseruit hunc lectionem etiam cl. Scheff. Sine hæsitatione illam recepi, ubi vidi in Juntina dudum eam extitisse, quam seqq. editores interpolarunt, quia huj. vocis rarioris exemplum eos fugiebat. *Græv.*

§ 14 *Fuere Lydis*] Herod. lib. I. de Gyge; vid. et Plut. I. Συμποσιακῶν. *Bongars.* Lydorum regnum est antiquissimum. Ab antiquo illius terræ rege Mæone patre Cybeles populi Mæones olim dicti, et, quæ postea Lydia vocabatur, appellata fuit Mæonia, ut constat ex Herod. Strab. et aliis. Primus Mæoniæ rex fertur fuisse Menes, Jovis et Telluris fil. ut auctor est Dionys. Antiq. lib. I. Post ibi rerum potitus est Atys, cujus fil. fuit Lydus, a quo mutato pristino nomine dicti sunt Lydi. Ab Atye vero prima regum Lydiæ familia fuit Atyadarum dicta, ad quam pertinet Omphale, Jordani filia, uxor Tmoli, cui serviit Hercules 3. annos. Atyadarum familiæ successerunt Heraclidæ; Hercules tempore servitutis consuevit cum Omphales ancilla, quæ puerum ex illo sustulit, cui Cleolao nomen. Vid. Apollodor. Biblioth. lib. II. Cleolai nepos fuit Argon, Alcæi fil. qui, extincta Atyadarum gente, regnum transtulit ad Heraclidas paulo ante bellum Trojanum. Herod. I. 7. Hi rerum potiti sunt annos 505. Ultimus huj. familiæ fuit Candaules Myrsi fil. de quo hic Justin. Tertia familia regum Lydiæ fuit Mermnadarum, cujus primus rex fuit Gyges, ultimus Crœsus, qui dicuntur imperasse Lydis annos 170. Hæc in tyronum gratiam. Pluribus exequitur ista cl. Marsham. Can. Chron. cap. 17. *Græv.*

Fortuna Candauli] Rectius f. *fortuna C.* Diffundit hanc historiam He-

red. ſ. 8. et seqq. Vid. et Plut. Sympos. I. Quæst. 5. Non absimilia de
Othone Tac. A. XIII. 46. *Bernec.*
Simpliciter h. locus est accipiendus,
nempe ut nullius regis casus fuerit
similis fortunæ Candauli ; quod loquendi genus jam illustravimus IV.
Obs. 8. Ceterum *Candauli* est secundi casus. Id enim placuit veteribus, ut in nominibus propriis, in *es*
desinentibus, secundum casum effer-
rent per i, non per *is*. Ut Terent.
' Chremi.' Cic. ' Socrati.' Gell. ' Eu-
ripidi,' ' Sophocli,' et sic ap. alios:
quia et Græci etiam nomina, alioquin
in *ys* desinentia, sæpe per *eus* finie-
bant. *Gronov.* Suspicatur Bernecc.
legend. esse *fortuna:* idem et mihi
pridem visum est, et certum puto.
Nam *Candauli* est tertii casus : unde
et mox legend. *cædes Candaulis,* non
Candauli. Nam iste morio, iste fatuus, Princeps, Herodoto non ille quidem ' Candaulos ' dicitur, sed ' Candaules.' Posset tamen et retineri
istud *Candauli* in secundo casu, itid.
ut dicimus ' Achilli ' pro, Achillis;
' Ulyssi ' pro, Ulyssis ; ' Pericli ' pro,
Periclis ; nempe per metaplasmum,
ut vocant grammatici, i. e. per vari-
am declinandi nominis rationem.
Fab.

*Nullus tamen fortunæ Candauli com-
parandus*] Berneggerus mallet *fortuna ;* et ut *Candauli* sit casus tertii.
Verum enimvero *Candauli* sine dubio
casus secundi est ; ut in illo, quod
paulo post sequitur, ' cædes Candauli.' Estque hujusmodi secundus casus ap. Auctores satis frequens. Nepos : ' Themistocles Neocli filius.'
Plura habet Vechuerus in Hellenol.
Deinde nec. illud insolens videri debet ; quod non *fortuna nullius,* sed
nullus fortunæ Candauli comparandus
dicitur a Nostro. Ita enim inf. II.
14. 10. ' Atheniensium virtus ceteris
prælata,' pro, ceterorum virtuti præl.
Et II. 15. 20. ' Non inferior virtutibus patri,' pro, virtus ejus non inferior virtutibus p. Etiam sic alii lo-

quuntur. Plaut. Asin. ' Hic quæstus
noster aucupi est simillimus,' pro, au-
cupis quæstui. Cic. pro Flacc. ' Cujus ego civitatis disciplinam atque
gravitatem non solum Græciæ, sed
haud scio, an cunctis gentibus an-
teponendam jure dicam,' pro, disciplinæ Græciæ et cunctarum gent.
Vorst. Angl. *fortunæ Candauli,* quod
præfero, quia respondet præcedenti
casibus: comparandus fortunæ idem est
ac, comparandus in fortuna ; genus
loquendi simile illi Ciceronis pro
Quint. 30. ' Non comparat se tecum
gratia L. Quintius, Sex. Nævi, non
opibus, non facultate, contendit.'
Schef.

§ 15 *Quam propter formæ pulchritu-
dinem deperibat*] Junt. q. p. f. p. nimium dep. Græv.

Voluptatum, &c.] Saxo VII. p. 138.
23. ' Tacita fortunæ conscientia fretus.'

§ 17 *Ut affirmationi suæ*] Mss. habent, *affirmatione sua:* quod fortasse
non repudiari debebat. Sententia
est huic l. admodum accommodata :
Veritum nempe Candaulem, ne illi
prædicationi suæ non haberetur fides,
ideo adhibuisse Gygem velut testem,
qui sua affirmatione posset convincere alios, ac efficere, ut crederetur
verum, quod Candaules prædicaret.
Debebat facere fidem dictis et prædicationi Candaulis per suam affirmationem. *Schef.*

§ 18 *In adulterium uxoris solicitatum*]
Ms. Angl. et Juntina, *in a. u. illectum.*
Græv.

§ 19 *Nuptiarum præmium*] Et hic
l. sanitatem debet Gronovio, qui in
Obs. II. 25. egregie restituit *pretium :*
quia cædes pretium fuit nuptiarum,
quo emit quasi et consecutus est nuptias reginæ Candaules. Cædes enim
non præmium nuptiarum fuit, sed
nuptiæ præmium cædis. Nihil certius : vid. quæ ibi firmandæ huic lect.
affert. In alia omnia it politiss. ille
Faber, cujus memoria mihi semper
erit desideratissima. Nec tamen per-

suaderi possum ut a doctoris mei sententia discedam. Nam licet demus *nuptiarum præmium* poni pro nuptiali præmio, ut 'munus funeris' pro munere funebri, tamen videtur ipsa huj. loci ratio postulare, ut legamus *nuptiarum pretium*. Cædes enim Candaulis non fuit præmium nuptiale; nam præmia nuptialia offerebantur, cum jam conditiones essent matrimonii acceptæ, et sponsa in mariti manum convenisset; sed pretium nuptiarum est res, qua mulieres conciliantur, ut in nuptias consentiant, res quæ viris puellas et illarum nuptias conficit. Sic vett. locuti. Flor. III. 1. ' Qui ubi diffisus rebus suis alienæ cladis accessio fieri timet, pretium fœderis atque amicitiæ regem facit.' Sicut hic rex traditus fuit pretium amicitiæ et fœderis, h. e. traditione Jugurthæ sibi conciliavit fœdus et amicitiam Romanorum Bocchus, sic et cædes Candaulis fuit pretium nuptiarum reginæ. Exempla alia sunt in promtu: vid. Gronov. in Obss. laudatis. *Græv.* Ad hæc sic scribit Amicus meus J. Græv. Hic l. sanitatem [&c. V. supr. Citat usque ad 'sed nuptiæ præmium cædis.'] At mihi alia sententia est, nil mutand. sc. Ita enim Justin. scripsisse videtur ad morem Asiaticorum et vett. Græcorum respiciens, qui munera et grandem pecuniæ summam ad sponsam et illius parentes mittebant; quod ex libb. Mosis et ex Homero certum est; quæ dona et ipsi 'dotem' vocabant. Hinc itaque est quod mox ista regina 'sanguine mariti dotata' dicitur, quod Gyges Candaulen eo fine interfecerat ut illius nuptiis potiretur. Eo quoque respectum a Virgil. fuisse arbitror, cum dixit: 'Sanguine Trojano ac Rutulo dotabere, virgo.' Quem l. ante oculos habuisse videtur Justin. Illa autem s. præmia s. munera Græci homines *ἕδνα* vocabant, quod sexies septies ab Eustathio Homeri interprete ostensum est. Ad confirman-

dam illam vocem *præmium*, unice facit quod in XV. 4. anulum 'munus concubitus' et 'donum' ab Apolline accepisse dicitur Laodice. Priusquam abeo, vid. mihi locum insignem Iliad. XI. 242. 243. 244. Quod dixi modo de donis procorum ap. vett. id hodieque ap. Turcas, Scythicum genus, usurpari didici ex Petro Bellonio III. 1. *Faber.* Gronov. II. Obs. 25. legend. censet *nuptiarum pretium:* cædem enim Candauli non præmium, sed pretium, fuisse, quo Gyges quasi emerit et consecutus nuptias fuerit; ipsas nuptias autem præmium fuisse cædis. *Vorst.* Vir summus Gronov. legebat *pretium*, quod Grævio probatur. Hæreo, et *præmium* accipio pro mercede laboris ob interfectum Candaulem. Quomodo *præmii* vocem usurpavit et Plin. IX. 8. 'Sed enixioris operæ quam in unius diei præmium conscii sibi [delphini piscatores adjuvantes]operiuntur in posterum.' *Schef.* Sed quid est *cædes Candauli fuit merces nuptiarum?* Imo nuptiæ fuerunt merces cædis, ut de Gronovii emendatione non sit dubitandum. *Græv.*

Et uxor mariti sanguine dotata] In Ms. quodam legitur *et uxore m.* F. scripsit Justin. *et uxor e m. s. d.* quod qui non intellexerunt, fecerunt ex duobus vocabulis unum, et pro *uxor e* scripserunt *uxore.* Sane *dotata e sanguine* rectissime dicitur, per adjectionem præpositionis, quæ hunc casum unice regit. Nam casum sextum non aliunde, quam a præpositione, pendere, Sanctio tam clare probatum est, ut dubitandi causa nulla supersit. Quia tamen frequentissime omittitur, ideo pro *uxor e*, et post *uxore*, scioli fecerunt *uxor.* Schef.

CAP. VIII. § 2 *Tomyris*] Frontin. II. 5. et Jornand. in Geticis c. 10. et nostri Vett. omnes constanter *Tamiris*, uno excepto, qui habet *Tomeris;* Orosii Mss. II. 7. 'Thameris.' Valerii M. ed. postrema IX. 10. 'Thamyris.' Herodoto I. 207. et seqq. est Τόμυρις: aliis Τόμυρις. De Cyri morte dissentit a ceteris Diod. lib. II. in Scytharum historia. *Bongars.* Luciano in Charonte, et aliis, Τόμυρις. Historiam ex modo dictis auctoribus praecipue diffundit Herod. *Bernee.* Juntae illi Bongarsiano Ms. adsentiuntur, qui scribit *Tomyris.* Et sic omnino ex Lucian. 'et Herod. scribend. ubique. *Graev.*

Quae non, &c.] Saxo I. p. 6. ' Quae [Gro], sponsam adesse rata, insolito cultus horrore muliebriter territa.'

Cum prohibere eos transitu Araxis fluminis posset] Nescio, quid Marcellino lib. XXIII. in mentem venerit, quod scribat : 'Cyrum, Bospori fretum cum multitudine fabulosa transgressum, ad internecionem delevit Tamyris regina Scytharum, ultrix acerrima filiorum.' Araxem transgressum fuisse Cyrum, cum Tamyridi et Massagetis bellum inferret, ex omnibus constat. Bosporum vero trajecisse nemo dixit. Miror quoque, virum doctiss. h. l. reponere *Tomyris* pro *Tamyris.* Nam dicitur Τόμυρις, Τάμυρις, et Θάμυρις. Quamvis postremum hoc nomen viris attribuatur, non feminis. Ita Polyaenus Sacarum regem vocat. Ap. Aesch. quoque in Pers. aliquoties Θάμυρις pro Θάρυβις legend. esse, patet ex Schol. Et sane videtur esse commentum Graecorum, quod de hac, tanquam muliere, produnt. *Tsimur* namque masculum nomen ap. Scythas semper fuit. Quin etiam multum ab eo abit, quod refert Lucian. in Macrobiis, auctoritate cipporum Persicorum et Onesicriti. Ait enim : Κῦρος ὁ Περσῶν βασιλεὺς· ὁ παλαιὸς, ὡς δηλοῦσιν οἱ Περσῶν καὶ Ἀσσυρίων ὅροι, οἷς καὶ 'Ονησίκριτος, ὁ τὰ ἐπὶ Ἀλεξάνδρου συγγράψας, συμφωνεῖν δοκεῖ, ἑκατοντούτης γενόμενος, ἐξ ὧν πέντε μὲν ἕνα ἕκαστον τῶν φίλων. Μαθὼν δὲ τοὺς πλείστους διεφθαρμένους ὑπὸ Καμβύσου τοῦ υἱέος, καὶ φάσκοντος Καμβύσου κατὰ πρόσταγμα τὸ ἐκείνου ταῦτα πεποιηκέναι, τὸ μὲν τι, πρὸς τὴν ὠμότητα τοῦ υἱοῦ διαβληθείς, τὸ δέ τι, ὡς παραμυθοῦντα αὐτὸν αἰτιασάμενος, ἀθυμήσας,

ἐπελάβετο τὸν βίον. Quamquam absurdissimum hoc multis videbitur. Utpote cum Cyrus 40. annos natus regnare coeperit; imperarit annos 30. Cambyses vero annos 7$\frac{5}{12}$. Fieri itaque non potuerit Cyrum centesimum annum aetatis implesse, regnante Cambyse. *Voss.*

§ 4 *Dein postera die simulato metu, quasi refugiens castra deseruisset, ita vini affatim*] Hunc L ex Oxon. et Junt. sic restitui : *D. p. d. cum, sim. m. q. r. c. d. vini affatim, et ea quae erant epulis necessaria, reliquit.* Cum ex Juntina interposui, *ita* auctoribus Mss. Anglicanis et Juntina delevi. Paullo ante ead. ed. Junt. ' cum prohibere eos posset, vadum Araxis fluminis transire permisit :' sed *fluminis* irrepsit ex margine. Quis credat Justinum brevitatis tam studiosum in ead. periodo iterato sine necessitate usurum eadem voce ? continuo enim sequitur : ' et sibi facilliorem pugnam intra regni sui terminos rata, et hostibus objectu fluminis fugam difficiliorem.' *Graev.*

§ 6 *Vino, &c.*] Saxo V. p. 94. f. 'Ingenti se oneravere vino.'

§ 7 *Ebrietate*] H. modo perierunt et Histri ap. Flor. II. 10. Add. Frontin. II. 5. 12. Videtur de simili eventu loqui Sall. H. IV. 3. 18. *Bern.*

§ 8 *Saucios*] Ea est vetus lect. Strabo (qui lib. II. p. 853. pr. haec in Sacis gesta scribit) ἐξοίνους καὶ παραπλῆγας, *vinolentos et stupidos:* Auctor inf. XXIV. 8. 1. ' mero saucios' dicit : quomodo Ennius et Lucret. 'amore saucios.' Inde ap. Tibull. I. 2. 'Percussus tempora Baccho.' Qui Graecis dicitur οἰνοπλήξ. Plaut. Casina III. 5. 6. ' Quid est, nisi haec meraclo Se uspiam percussit flore Liberi?' Ea videtur esse ejus loci vera lect. ' Flos Liberi' et Plauto saepe, et Turpilio ap. Non. est vinum. *Bongars.* Plura Gruterus Suspicion. VIII. 13. Impressi *securos* praeferunt. Freinsh. *sopitos* legend. suspicatur : ut ap. Curt. VIII. 6. 32. 'Sopitus mero ac somno.' Est qui *saucios* ideo damnat, cum jam modo bis de ebrietate præcesserit. Sed nulla hic tautologia, quod ea vox stuporem, effectum ebrietatis potius, quam ipsam, designare videatur; inde ducta metaphora, quod admodum ebrii mente sic alieoentur, ut nihil sentiant, prout solent graviter saucii. Pari fere translatione Archilochus ap. Athenæum XIV. 6. m. Οἴνῳ συγκεραυνωθεὶς φρένας, *vino mentem attonitus*. Nec alia de causa Plaut. Aulul. III. 6. 39. 'deponere vino' dixit, quam quod ebrii non secus efferantur ac ii, qui jam animam efflarunt. Certe 'saucius' absolute hoc significatu sumitur etiam a Martiale III. 63. Apul. VII. M. *Bernee*. Videri posset dicend. esse *vino saucios;* nec id primus moneo. Certe ita locutus est Justin. XXIV. 8. 'Hesterno mero saucii.' *Faber*. Antiquiores typis expressi habent *securos*. At Bong. e Mss. restituit *saucios*. Et credo Auctorem ita omnino voluisse; quod videam inf. XXIV. 8. 1. pari modo eum scripsisse 'Hesterno mero saucii;' et Martialem item III. 68. atque Apuleium lib. VII. ead. notione vocabulo *usos* esse. *Vorst.*

§ 9 *Et quod gravius dolendum*] *Et q. g. doleret*, legitur in altero Ms. Voss. *Gronov*. Oxon. ex Ms. *et q. g. dolet* : probe. *Græv*. Angl. *et q. g. dolet*. Placet admodum, videturque repudiatum ab his qui hoc genus nesciebant vetustioribus receptum. Arria ap. Plin. III. Epist. 16. post extractum e pectore suo pugionem, ad maritum: 'Pæte non dolet.' Et Martialis rem eand. memorans: 'Vulnus, quod feci, non dolet.' *Schef*.

In ultionis solatio intendit] Ad 'intendit' Freinsh. subaudiri vult, mentem, ut ex Iud. quem in hunc Auctorem confecit, apparet. Mibi autem ἀπὸ κοινοῦ repetend. videtur 'dolorem.' *Vorst*. Recte Vorst. hic non, animum, subaudiend. ait in verbo 'intendit,' sed referend. ad superius 'dolorem.' Sed quid est 'intendere

dolorem?' Id quod opponitur præcedenti 'effundere dolorem,' h. e. non finire dolorem, sed proferre, producere, eumque convertere in solatium, velut scopum aliquem, quemadmodum arcum intendere in aliquid dicimur. *Schef*. 'Intendere dolorem' est, augere, ut 'intendere vocem,' 'linguam,' ap. Tullium. 'Intendere dolorem in solatium,' est, acrius dolere ut solatium capias. Hæc vero balbuties est Justino et Trogo indigna. Recte Freinsh. vidit, animum, esse intelligend. ut alibi quoque hanc vocem addit huic verbo, alibi omittit, Justin. 'Intendere animum in ultionis solatia,' est, cogitare acrius de solatio doloris capiendo ex ultione. *Græv*.

§ 10 *Cyrum ad angustias usque perduxit*] Optime Juntæ *produxit;* est enim proprium verbum in hac re. Cæs. VII. B. G. 'Cum fuga vehementi Volusenum longius produxisset.' Id. III. B. C. 'Elicuit naves Cælianas, atque ex his longius productam unam quinqueremem et minores duas in angustiis portus cepit.' Non potuit inveniri vox aptior et huic l. accommodatior, quam quæ in Junt. legitur, cujus vim cum non intelligerent seqq. editores, id immutarunt in notius, ut plerumque fit. Interpolationum enim præcipua caussa ignorantia priscæ elegantiæ. Hinc recentiores aut descriptores aut editores exquisitioribus et parum tritis supposuerunt vulgatiora vocabula et locutiones. Nam quod aiunt 'producere' esse, porro ducere, verissimum est. An vero qui in fraudem pellicit, cedendo fugiendoque, donec perveniat in locum ubi insidiæ sunt structæ, an non is persequentem porro ducit, h. e. eo producit, quo scit esse qui in insidiis sunt collocati? *Græv*. Testatur Græv. ed. Juntinam habere *produxit:* quod mirifice et mihi placet. Sane ad h. modum Cæs. VII. B. G. *Vorst*. Mallet vir doctiss. secutus Juntas legere *produxit*.

Ego nihil mutem. Loca sane, quæ pro altera lect. afferuntur, huc non quadrant. Aliud enim 'producere longius,' et aliud 'perducere ad aliquem locum.' Illud recte dicitur, quia 'producere' est quasi, porro ducere. At si adhiberetur in posteriori genere, sensui repugnaret. Nam qui ducit ad locum, is non ducit porro, is non producit, sed perducit. *Schef.* Usque non habet Angl. *Græv.*

§ 11. 12. 13 *Cum ipso rege trucidavit. In qua, &c.*] Atqui Cyrum regem in acie captum, et cruci affixum, scribit Diod. II. 44. Xen. tradit, placide in lecto obdormiisse. Ctesias alio modo. *Bern.*

§ 13 *Satia te, inquit*] Metuo ne illud *inquit* hic intrusum sit a sciolo. Nam quæ hæc loquendi ratio, *regina jubet, inquit?* debebat saltem conjunctio intercedere: *jubet et inquit.* Sed et si adderetur ea, haud quadraret illud 'hac' in verbis 'cum hac exprobratione.' Nam ostendit, exprobrationem nudam oportere sequi, non narrationem, ad quam spectat verbum *inquit.* Schef.

CAP. IX. § 1. 2 &c.] Fusius hæc omnia tractat Herod. lib. II. et III. *Bern.*

Cambyses] Quæ paucis auctor noster, ea Herod. lib. II. et III. tractat fusius. *Bong.*

§ 2 *Apis*] Mss. nostri *Serapis*, quod pro eod. est: qui enim 'Apis,' is et 'Serapis' et 'Osiris' etiam, dictus. *Med.* Bos Osiridi consecratus, i. e. Soli. Describunt Herod. III. 28. Diod. I. 85. Plin. VIII. 46. Marcellin. XXII. 33. et alii. *Bern.*

§ 3 *Ammonis, &c.*] Meminit et Plut. in Alexandr. c. 46. et Sen. N. Q. II. 30. *Bong.*

4 *Fratrem suum Smerdem regnaturum*] Miror sane in hac historia tantam nominum confusionem. Solius fratris Cambysis nomen ap. Herod. et Justin. est idem, nempe 'Smerdis;' reliqua variata. Nam occiso-

rem Smerdis Herod. 'Prexaspen' vocat, Justin. 'Comarim.' Hunc Comarim, perpetrata cæde, fratrem suum Oropasten Magum, cum et ipse Magus esset, subjecisse Cambysi, ac pro Smerde proclamasse, quoniam Smerdi, fratri Cambysis, persimilis fuerit. Herod. autem Magos vocat, alterum Patizithen, alterum Smerdim, qui ita fratri Cambysis et nomine et vultu persimilis fuerit, unde et ausos occupare regnum. Atqui talia in Justino omnia enumerare nimium laboris caperet: propterea multa nobis necessaria tacenda ac dissimulanda. Sed et Val. M. in libro II. de Fortitud. Dario adscribit, non Gobriæ, lustrationem istam cum Mago. Id. tamen Val. lib. IX. cap. 2. de 6. illis, aut 4. ut Justin. habet, a Dario cæsis suspectam mihi historiam memoriæ reliquit. Judicet lector. *Glar.*

Fratrem suum Smerdim] Cambysis frater, qui hic in vett. est *Mergis*, ap. Herod. est Σμέρδις, quo nomine etiam magum Oropasten vocat: et *Cometes* magus, qui in edd. vulgatis dicitur *Comaris*, contra libros ap. eund. Herod. est Πρηξάσπης: et *Ostanes*, qui vulgo *Orthanes*, Herodoto dicitur 'Οτάνης: et Darius *Histaspis* fil. in vett. nostris est *Hyptasi*. Hæc, ut in Herod. habentur, edidit Asulanus. Sed αἱ τῶν ὀνομάτων μεταπτώσεις, καὶ μάλιστα τῶν βαρβαρικῶν, πολλαί, ut est ap. Strab. Et quanta est inter Trogum et Herod. varietas, tanta aut longe etiam major inter Herod. et Ctesiam in ipsa historia dissensio. *Bongars.* Non sine injuria posset aliquis suspicari, scribend. esse *Merdim*, et paulo post *Merdi* pro *Mergide.* Merdim enim et Merdiam appellant nonnulli Cyri filium, ut testantur Scholia ad Pers. Æsch. Ap. Æsch. ipsum male legitur Μάρδις, ut jam vidit Schol. Herodoto et Aristoteli est Σμέρδις. Nam sæpe τὸ σ nominibus propriis in principio affigitur. Ctesiæ est Τανυοξάρ-

κης. Ait enim: Κῦρος δὲ, μέλλων τε-
λευτᾷν, Ταναοξάρκην τὸν νεώτερον υἱὸν
ἀπέστησε δεσπότην Βακτρίων, καὶ τῆς χώρας, καὶ Χωραμναίων, καὶ Παρθίων, καὶ
Καρμανίων, &c. Sic legend. Oropa-
tes ipsi est Σφενδαδάτης. Voss. Junt.
Smerdem: Ms. *Smergim*. Leg. *Smerdim* ex Herod. *Græv.*

Fratrem suum Mergim] Vett. edd.
Bech. et Sich. habent *Mergidem*:
quod et in Mss. quibusd. esse notavit Bong. Et congruit ei, quod paulo
post sequitur, *Mergide*. Junt. ed.
uti Græv. testatur, manifeste *Smerdem* habet, ut ab Herod. appellatur.
Verum, quia bis deinde *Mergide* sequitur, putem Justinum et *Mergidem*
vel *Mergim* per G scripsisse. Minime vero omnium placet *Smerdide*,
quod Grævium in textum recepisse
video. *Ver.*

§ 7 *Nomine Cometem*] Junt. et nonnullæ aliæ, *Præxaspen*. Ab Herod.
sane ' Prexaspes' appellatur in Tha-
lia c. 30. *Græv.*

§ 8 *Gladio sua sponte evaginato*]
Strabo ext. lib. xv. a Magis sublatum
tradit: ab Auctore nostro est Herod.
iii. et Marcellin. xvii. cujus mihi
locus de mendo suspectus est. *Bong.*
Ab Auctore nostro est Herod. iii. 64.
et Marcellin. xvii. 6. Sulp. Severus
lib. ii. Hist. Sacræ p. 116. Contrarius videtur Strabo, qui lib. xv. extremo, ' Cambysen a Magis sublatum' dicit, interp. Xylandro. Verum
ibi τὸ κατελύθη, de imperio Cambysis
a Magis intercepto, quam occiso ipso, malim accipere: quæ verbi notio
Thucydidi, Xen. Herodian. &c. est
recepta. Quanquam etiam Oros. ii.
8. Magos, sub nomine ' quem occiderant Regis,' regno obrepere ausos
scribit. *Bern.*

In femore] Quum in Mss. omnibus
legatur *in femur*, suspicor Auctorem
hic usum fuisse Græcismo, et scripsisse *femur*, omissa præpositione. Nec
aliter Liv. xxi. 7. ' Annibal ipse,
dum murum incautius subit, adver-

sum femur tragula graviter ictus
cecidit.' Suet. Octav. 20. ' Una
acie dextrum genu lapide ictus:
altera et crus et utrumque brachium ruina pontis consauciatus.'
Val. M. iii. 2. 23. ' Tragula femur
trajectus, saxique pondere ora con-
tusus.' Auctor B. Afr. 78. ' Paci-
dius graviter pilo per cassidem caput
ictus.' Id. 85. ' Pompeius Rufus
brachium gladio percussus:' eod.
modo, quo Cambyses, occubuit En-
gelramus de Cusci, teste Matth. Paris. in Henrico iii. p. 862. *Gronov.*
Lib. Mss. habeat *in femur*, pro *in femore ;* quod repudiatum videtur ab
iis, qui hoc genus sermonis, quia infrequens est, non intelligebant. *Vulneratus in femur* plene dicitur, quod
et per ellipsin posset formari, dicique, *vulneratus femur*. Quomodo ap.
Plin. est, ' Vulneratus humerum et
femur,' vii. 28. ' Ipse vulneratus humerum ac femur.' *Præp. in* significationem habet Græci κατὰ, de quo
vid. Sanctium lib. iv. Min. p. m. 403.
Schef.

Pœnasque, &c.] Saxo xiv. p. 307.
30. ' Luensque pœnas seu admissi seu
tolerati parricidii.'

§ 9 *Magus ante famam amissi regis
occupat facinus*] Magi duo fuerunt, ut
ex Herod. constat et Oros. ii. 8. ap.
quem vox *duo*, quæ est in Ms. deest
in impressis: septem commemorat
Val. M. lib. ix. cap. 2. et Marcellin.
lib. xxiii. *Bong.* Duos tantum fuisse
Magos, qui Persicum imperium occupaverunt, præter Nostrum asserunt
Herod. iii. 61. Sulp. Severus lib. ii.
Hist. Sacr. p. 116. Oros. ii. 8. Cedren. p. 118. 54. Const. Manasses in
Annal. et alii. Atqui septem commemorant Marcellin. lib. xxiii. cap.
22. fin. et Val. M. ix. 2. Ext. 6. Verum auctoritas Ammiani, consensui
plurium impar, nec tanti, est: Val.
vero Maximi locum feliciter emendavit ac Nostro conciliavit vir magnæ
dignationis eruditionisque Janus Rut-

gersius Var. Lect. I. 8. Cum enim vulgati sic habeant: ' Ne quem ex conjuratione, quæ septem magos cum eo oppresserat,' &c. ille transposita una, non amplius, vocula legit: *Ne q. ex c. septem, quæ m. c. eo o.* Septem, inquam, illorum, a quibus oppressi duo Magi, procerum Persarum, de quibus accipiendus et Florus III. 5. 2. Vid. H. Steph. Annotatt. in Plat. Tom. III. p. 68. 69. *Bern.*

§ 10 *Erat enim decorus et corporis lineamentis persimilis*] Malo, quo pacto et Bong. in Ms. libro esse profitetur, et ego in Fuldensibus meis disertim exstare scio: *E. e. et oris et c. l. p.* quæ enim pars in homine, in qua major solet haberi lineamentorum ratio, quam os et vultus? *Mod.* Restitui locum ex sententia V. cl. Fr. Modii, qui disertim in Fuld. suis ita scriptum ait : quo pacto et Bong. in Mss. libro esse profitetur. Nec enim in homine pars est, in qua major solet haberi lineamentorum ratio, quam os, h. e. vultus. Antea vulgati: *E. e. d. et c. l. p.* Herodotus III. 61. Ἦν τε δὴ ὅμοιος εἶδος. De decore nihil. *Bernec.* Videtur legend. *Erant e. et oris et c. l. persimiles.* Gronov. Juntæ: *Erat e. oris et c. l. persimilis* : lege : *Erat e. ei oris et c. l. persimilis.* Græv. Edd. vett. ante Bong. habebant: *Erat e. decorus et c.* Unde suspicor, lect. veram Justini fuisse : *Erat e. de oris et c. l. persimilis.* Ablativum regi a præp. supr. est ostensum. Ea sicut frequentissime omittitur, sic apposita nonnunquam reperitur, quod hic accidisse puto. Scripserat autem, pro *de oris,* junctim quispiam ab initio *deoris,* quod per emendationem deinde factum est *decoris.* Tum nata lectio, quæ nunc habetur. *De oris* dictum, ut, ' De facie notus.' *Schef.* Vincent. III. 27. ' Lineamentis Smerdi persimilis.'

§ 11 *Sub specie majestatis*] Similiter a Deioce rege Medorum institutum, Herod. I. 99. tradit, ne conspici re-

gem fas esset: ne ac. assiduo conspectu vilesceret. ' Majestati major e longinquo reverentia,' Tac. A. I. 47. ' Continuus aspectus minus verendos homines ipsa satietate facit,' Liv. XXXV. 10. 5. ' Quicquid in excelso fastigio positum est, humili et trita consuetudine, quo sit venerabilius, esse vacuum oportet,' Val. M. I. 6. Utut sit, omnibus potius quam nemini patere debere principem, ostendit egregie Grut. ad Tac. Diss. XLIV. *Bern.*

§ 12 *Ad favorem populi conciliandum*] Sic inf. XXI. 1. 4. et 5. Sc. ' novum imperium inchoantibus utilis est clementiæ fama,' Tac. H. IV. 63. *Bern.*

Tributa et militiæ vacationem in triennium permittunt] Quid hic est permittere tributa? Certe, permissis tributis favor populi non obtinetur. Eruditiss. Gronov. noster pro *tributa* legit *tributi* : tributi nimirum vacationem permittunt. Recte, si quid judico. *Boxhorn.* Omnino legend. *tributa et militiam vacatione in tr. remittunt:* ipsoque Auctore illam lectionem confirmante XI. 1. ' Alii tædio longinquæ militiæ remissam sibi expeditionem gaudebant :' et XXXVIII. 3. ' Debita civitatibus publica privataque remittit, et vacationem quinquenii concedit.' Et ' Delectum remittere ' Liv. XL. 28. *Gronov.* Juntæ et unus Ms. *remittunt.* Quod probat Gronov. et pluribus asserit Obs. IV. 2. His accedunt tres Angl. in quibus *permittunt.* Retinenda vulgata, sed non ideo retinenda, quod *permittere* significet, remittere, quem doctorum virorum errorem dudum rejecit acerrimi judicii vir J. F. Gronov. in l. laudato; sed quod 2. pluribusve nominibus nonnunquam apponatur verbum, quod ad ultimum tantum potest referri, cum ad præcedd. sit aliud intelligend. Vid. quæ de his locutionibus notavi ad Flori III. 21. Locus Augustini, quem Vorst. attulit, nihil facit ad id, quum *permittere* conten-

dunt poni pro, remittere, confirmandum. Hæc enim mens est Augustini:
' Deus neque permittendo,' sc. ut de-
beatur, h. e. ut peccetur nimirum
impune, ' neque exigendo quod debetur,' h. e. puniendo peccata, ' injustus est.' *Permittunt* igitur Magi *militiæ vacationem*, sed ad *tributa* intelligend. *remittunt*. Græv. In Mss. aliquot pro *remittunt* legitur *permittunt*.
Veriorem tamen lect. esse crediderim
remittunt, ut ipsemet Justin. XXI. 1.
' Tributa populo per triennium remittit ;' neque sane aliter optimi quique
scriptores loquuntur. Sed hoc sæpe
demiror, quod hic legitur : *vacationem
remittunt*. Nam *remittere* quidem *tributa* recte dixeris, quia ' tributum'
res dura est, et onerosa, et, ut opinor, non magnopere optanda ; at
' vacatio' res est et jucunda et in
primis expetenda. Quamobrem ipse
libentissime legerim, id quod, ut in-
genue dicam, necessarium judico,
*tributi et militiæ vacationem in tr. per-
mittunt :* i. e. vacationem a tributo,
vacationem a militia. *Faber. Remittunt* habent sane vett. typis expressi,
quos curarunt Juntæ, Bech. Maj.
Sich. Sed et unus Ms. quem vidit
Bong. sic habet. Probantque lect.
eam Gronov. atque Græv. Sane
phrasi ' tributa remittere' usus Auctor XXI. 1. 5. similiterque XI. 1. 2.
dicit ' expeditionem remittere.' Quæritur autem, quomodo dici potuerit
militiæ vacationem remittere ; quoniam
ea fere tantum quæ molesta sunt, ut
' tributum,' ' expeditio,' ' remitti '
dicuntur ; non autem ea quæ sunt
grata, ut ' vacatio militiæ.' Dicend.
igitur, verbo *remittere* duplicem vim·
subjectam hic esse ; et *militiæ vacationem remittere* idem esse quod, militiæ vacationem permittere. Quam
vocis significationem notarunt Cujacius in Obss. Lips. in Not. ad lib. I.
Taciti, et Gifan. in Obss. L. L. Quod
autem unum idemque verbum ad diversa nomina relatum duplicem in-

terdum significationem habeat, ejus
ipse Noster plura exempla suppedi-
tat : III. 1. 9. in his : ' Et cædem patris, et se ab insidiis Artabani vindicavit ;' et XI. 9. 14. in his : ' Non
mortem, sed dilationem mortis deprecantur.' Sed Bong. quia in pluribus Mss. reperit *permittunt*, ita
plane et rescribend. putavit. Si igitur legere quispiam malit *tributa et
militiæ vacationem permittunt*, τὸ *permittunt* item notione non una, sed
duplici, accipiendum erit : ut *tributa
permittere* sit pro, tributa remittere.
Sed negat Gronov. eam verbi significationem usquam observari. Vid.
IV. Obs. 2. Alii tamen, inter quos
Gifan. eam observari asseverant.
Quorum observationibus adjicio ego
quod in Ep. 106. Augustini legitur :
' Deus ' &c.] V. supr.] *Vorst.* Nihil
mutem, etsi habeant alii *remittunt*,
hocque probent viri doctiss. Nam
cum sensu duplici accipiend. verbum
sit, sive hoc, sive illud, ponas, malo
credere *permittunt* scripsisse Justinum, quam *remittunt*, quia id magis
respondet propiori *vacationem*. Schef.

§ 13 *Indulgentia et largitionibus*]
Sic male editi : omnes enim scripti
libr. *indulgentiæ l.* eodemque modo
inf. XVI. 1. ' Stirps subolis.' *Gron.*

§ 14 *Ostani*]   Ostanes Pharnaspis
fil. cujus filia Phædyma appellabatur
Herod. lib. III. cap. 68. Pedima L.
Ampelio. *Bern.*

In conjecturis sagacissimo] Non contemno, quod impressi quidam habent,
in conjectura, quia firmat Ms. in quo
conjecturas legitur. Ultima enim litera ex initiali sequentis vocabuli adhæsit. Sane cur de pluribus, quam
hac una in præsenti negotio, conjecturis locus debeat intelligi, vix dari
potest causa. *Schef.*

§ 15 *Filia*] Quæ ab Herod. Φαιδύμη,
a Zonar. Φαιδυμίη, vocatur.

§ 16 *Recludantur*] F. *seclud.* Gron.

§ 19 *Septem tantum*] Thucyd. VI.
9. 26. ' Pauci conjuraverant, quo tu-

tiores essent.' Add. Curt. viii. 6. 20.
Tac. xv. 59. 5. Cæterum istorum 7.
optimatium nomina recenset Herod.
iii. 70. L. Ampel. inter quos tamen non est 'Ανάφας Diodori xxxi.
Bern.

Per quenquam narraretur] Manu
exarati codd. habent *per quencun-
que.* Suspicor a prima manu fuisse
per quemquam enarraretur: fuerat enim
enarrare verbum admodum idoneum
hoc l. pro, enuntiare, quod alibi
usurpat, h. e. abdita narrando divulgare; qui sensus ejus primus princi-
palisque est. *Schef.*

Occultato, &c.] Saxo i. p. 19. f. 'O.
a. v. f. opportunum sceleri tempus
exspectabat.'

§ 20 *Animus, &c.*] Saxo i. p. 18. 37.
'Nec Tostoni in vindictam sui animus defuit.'

§ 21 *Duos de conjuratis interficiunt*]
Atqui hos non interfectos a Magis,
sed tantum læsos, scribit Herod. iii.
78. cujus quidem ob antiquitatem
haud paullo major, quam Justini,
auctoritas. Et patet ex seqq. ibi
deliberationibus, duos illos ex vulnere
convaluisse. *Bernec.* Pro *interfic.*
videtur aliud quippiam legend. quod
modo vulneratos duos illos significet;
quia non Herod. tantum 2. ex conjuratis modo læsos scribit, sed ipse
quoque Noster in seqq. non obscure
significat, omnes 7. conjuratos deliberasse, atque pactos inter se fuisse,
qua ratione regnum ad unum ex
ipsis perveniret. *Vorst.* Putat Vorst.
pro *interfic.* aliud quid scribend. cum
Herod. auctore fuerint tantum vul-
nerati. Verum non necesse est, ut
Trogus secutus Herodotum solum
credatur. Sed nec ex seqq. patet,
omnes 7. deliberasse de regno, quod
ait Vorst. Dicuntur quidem omnes
perduxisse equos, omnes convenisse,
sed illos omnes fuisse 7. numero, hoc
non indicatur. Neque juvant ista:
'Regnum Persarum septem nobilis-
simorum virorum virtute quæsitum:'
fuerat enim omnium 7. virtute quæ-

situm, licet per virtutem istam non
omnes 7. etiam in vita se potuerint
servare. *Schef.*

§ 22 *Gobryas*] Val. M. iii. 2. Ext. 2.
Paullo post *fortuna tamen ita regente;*
malim *ictum reg.* Magophoniæ meminit et Agathias lib. ii. *Bong.*

Med. am.] Saxo xv. p. 367. init.
'Arusiorum pontifex Sueno medium
[regem] complexus.'

CAP. x. § 1 *Magna quidem gloria
recepti regni principum fuit*] Mss. nostri expresse habent: *m. q. g. recipe-
rati r. p. f.* quam lect. veram præsto,
non hic tantum, sed et v. 9. ubi item
repono: 'Omnes se Argos et Thebas
contulere; ibi non solum tutum exilium egerunt, verum etiam spem re-
ciperandæ patriæ receperunt.' Item
ap. Liv. lib. v. 'Ferro, non auro,
reciperari patriam jubet.' Sic enim
et ibi reperias in membranis. Quid
autem sit *reciperare,* indicat his verbis Festus: '*Reciperatio* est, ut ait
Gallus Ælius, cum inter populum, et
reges, nationesque, et civitates pere-
grinas lex convenit, quomodo per
reciperatores reddantur res, recipe-
renturque, resque privatas inter se
persequantur.' *Mod.*

Principium] 'Principium' dixit pro,
principum, ut ubique ' civitatium,'
' penatium,' ' apium,' ' paludium,' ' sa-
pientium,' antiquo genitivo, quem et
Pandectæ Flor. et plerique libri vett.
agnoscunt. *Hominium* dixit Sall. Ju.
74. 2. ' Neque illi res, neque consilium, aut quisquam hominium, satis
placebat:' monuit flos delibatus lit-
teratorum Scaliger. *Principium* pro,
principum, scripsisse Licinium Tit.
de Stupratoribus docuit me doctor
meus Jac. Cujacius: ' Et ageste illud
ad priscis conditoribus robur fracta
molliter plebe tennatum, convicium
seculi; vel conditorum inrogare, vel
principium.' Leg. f. Et *agreste illud
ab conditoribus robur.* Quod quum in-
dicassem ingenioso et erudito amico
meo Anton. Arnaldo, subjecit eadem
sententia dixisse Horat. iii. Od. 6.

37. 'Sed rusticorum mascula militum Proles.' *Bong.*

Cum de regno ambigerent] Liv. xxi. 31. 'Regni certamine ambigere.' Terent. Heaut. iii. 1. 93. 'Vicini nostri hic ambigunt de finibus.' Festus in v. *Silvii.* 'Quum inter eos de regno ambigeretur.' *Gron.*

Concordare] Nam alias natura 'insociabile regnum,' Tac. A. xiii. 17. 'Nec regna socium ferre nec tedæ sciunt,' Sen. Agamemn. 259. *Bern.*

§ 2 *Virtute et nobilitate, &c.*] Hinc intelligitur, quid sibi velint ista Val. M. vii. 3. Ext. 2. 'Darius sex adjutoribus ejusdem dignitatis assumtis,' &c. qui locus a V. cl. Casp. Gevartio Elect. i. 1. optime restitutus explicatusque, crucem doctis fixit hactenus. *Idem.*

§ 4 *Pactique, &c.*] Heród. explicatius iii. 84. et seqq. *Idem.*

Inter solis ortum] Antiquiores edd. habent *ante s. o.* Herodotus, ἡλίου ἐπανατέλλοντος, et ἅμα τῷ ἡλίῳ ἀνιόντι. Quibus magis congruit *inter s. o.* quod ex Mss. hausit Bongar. quam alterum illud. Nam *inter s. o.* nihil aliud est quam, dum sol oritur. *Vorst.*

§ 5 *Solem Persæ unum Deum esse, &c.*] 'Ne,' ut ait Ovidius alibi, 'cadat [detur] celeri victima tarda Deo.' 'Ratio enim victimarum,' quemadmodum scribit ad Virgil. Servius, (ibi 'Meritos aris mactavit honores,') 'fit pro qualitate numinum : nam aut hæ immolantur, quæ obsunt eorum muneribus, ut porcus Cereri, quia obest frugibus: hircus Libero, quia vitibus nocet : aut certe ad similitudinem, ut Inferis nigras pecudes, Superis albas,' &c. Porro hnj. Dei antistes femina erat, cui pudicitia perpetua servanda erat: ipse Just. x. 2. 'Ut honeste negaret [Artaxerxes rex Persarum, puta] quod temere promiserat, Solis eam [Aspasiam] sacerdotio præfecit, quo perpetua illi ab omnibus viris pudicitia imperabatur :' nominabant autem 'Mithren' s. 'Mithram.' Lutatius Grammaticus ad illud

Statii : 'Indignata sequi torquentem cornua Mithram :' 'Sol,' inquit, 'ap. Achemænios Titan, ap. Assyrios Osiris, ap. Persas, ubi in antro colitur, Mithra vocatur.' Unde intelligere licet istum Claudiani locum : 'Et vaga testatur volventem sidera Mithram.' Itemque alium Scriptoris nondum editi de Vita Alexandri Magni : 'Persis tamen multa contentio erat cupientibus regem [Alexandrum] in regno Persico sepelire, proque Deo Mithra religionibus consecrare.' Strab. lib. xv. Τιμῶσι [Πέρσαι] δὲ καὶ ἥλιον, ὃν καλοῦσι Μίθραν. Qui tamen idem Strabo, quod ipse sibi contrarius, per oblivionem indubie, ut et elegantiss. Lips. censet, eod. xv. lib. scriptum reliquit : Ὄνον τε θύουσι τῷ Ἄρει, ὃν Πέρσαι σέβονται Θεὸν μόνον, in causa fuit, cur temerarii quidam et præposteri emendatores ap. Curt. quoque nostrum v. 13. etiam cum plausu imæ caveæ reponerent : 'Ipse [Darius] cum ducibus propinquisque agmina in armis stantium circuibat, Solem, Martem, sacrumque et æternum invocans Ignem, ut illis dignam vetere gloria majorumque monimentis fortitudinem inspirarent.' Ubi *Solem Mithrem* legend. ad eund. Curt. ante annos septem octo docui : nunc eo revertor, ut equum Soli Persas immolare solitos adfirmem : sicut præter allegatos jam etiam Xen. attestatur, cum lib. iv. περὶ Κύρου Ἀναβάσ. Καὶ ἵππον, ὃν εἰλήφει παλαιότερον, δίδωσι [Ξενοφῶν] τῷ κωμάρχῃ ἀναθρέψαντι καταθῦσαι, ὅτι ἤκουσεν αὐτὸν ἱερὸν εἶναι τοῦ ἡλίου, δεδιὼς μὴ ἀποθάνῃ, tum lib. viii. Κύρου παιδ. Πρῶτον μὲν ἤγοντο τῷ Διὶ ταῦροι πάγκαλοι εἰς τέσσαρας. μετὰ δὲ τούτους, ἵπποι ἤγοντο θῦμα τῷ ἡλίῳ. Atque hunc Persarum morem observasse etiam Massagetas auctor est Strabo lib. xi. ubi ait Θεὸν δὲ ἥλιον μόνον ἡγοῦνται, τούτῳ δὲ ἱπποθυτοῦσι. Contra vero Romanis equus victima quidem fuit, sed non Soli, verum originis suæ, ut volebant, auctori Marti, sacra. 'Quod,' ut ait Festus,

' per ejus effigiem Trojani capti sint: vel quod eo genere animalis Mars delectari putaretur.' Sed nimius hic sum: nisi quod volui stabilire, quæ olim recte a me ad Curt. notata, temere, ut levissime dicam, a sciolis quibusd. reprehensa, et ut parum certæ fidei in disquisitionem revocata sunt: nunc pergo agere, quod ago. *Mod.* Hoc ipsum Strabo lib. xv. p. 508. Macrob. i. 6. et alii confirmant. At id. Strab. sub fin. lib. xv. Martem unum Persas Deum colere tradit: et Curt. iv. 13. 17. Martem a Dario facit invocatum. Sed Strabonem sui ipsius oblitum erroris arcessit Lips. Not. xcviii. ad Tac. vi. A. Curtio veterem, h. e. suam lectionem restituit Mod. pro *Martem* sc. *Mithren* seu *Mithram* legendo. Sic enim Persas Solem appellare solitos, ex eod. Strabone, Suida, et pluribus notum est. Huj.°Dei antistitem perpetuæ pudicitiæ feminam fuisse, patet ex Auctore x. 2. 2. *Bern.*

Et equus, &c.] Ita Xen. Cyrop. viii. 319. D. et Anab. iv. 333. B. Pausan. in Lacon. iii. 201. 14. Rationem reddit Ov. i. F. ' Placat equo Persis radiis Hyperiona cinctum : Ne detur celeri victima tarda Deo.' Quomodo et Herod. lib. i. ext. Massagetas ait, equos ideo Soli mactasse, ' quod Deorum pernicissimo e quadrupedibus omnibus pernicissimum conveniret.' At Romanis equus non Soli victima, sed Marti, ' quod per ejus effigiem ' [&c. V. supr.] Festus in *Equus.* Id. de Mysia Flor. iv. 12. 17. Add. Pontani Progymn. iv. 76. *Bern.*

§ 8 *Darii equus*] Unde postea Darium in sigillo habuisse sculptum equum, per quem hinnitum edentem rex factus fuerat, a Schol. Thucyd. est notatum. *Id.*

12 *Tanta patientia cessisse eo, quod*] Bong. edidit *eos.* Sed prætuli lect. quam idem in variantibus e Ms. monstrat. Sc. hoc erat incredibile, proceres illos, regno, quod suæ quisque vitæ periculo Magis eripuerat, æquo

animo uni Dario cessisse. ' Cedere alicui regno,' dicit Auctor etiam xxix. 2. 6. et ' Cedere regnum ' x. 2. 3. Freinsh. ita mallet : *eo, ob quod.* Vid. et Acidal. in Vell. p. 344. *Bernec.* Bernec. auctoritate unius cod. quem vidit Bong. scripsit *eo,* cum alii, tum typis expressi tum Mss. haberent *eos ;* sc. verbo ' cedere ' adjiciend. putavit casum sextum rei, qua illi cesserint. Verum reputand. erat, casum quartum personæ abesse itid. non posse. Ego quidem facilius concoxero, si casus sextus aut quartus rei absit, quam si casus quartus personæ : casus enim sextus aut quartus pronominis quo res notetur commode subaudiri potest, quoniam pronom. relativum ' quod ' sequitur. Plena locutio foret, ' tanta patientia cessisse eos illud' vel ' illo, quod :' dicitur enim utrumque, ' cedere aliquid ' et ' cedere aliquo.' Jam frequens plane est ante pronom. relativum omitti subaudiendumque relinqui pronom. demonstrativum. Nepos ii. 9. 1. ' Quod ætate proximus erat, qui illorum temporum historiam reliquerunt.' Ubi ante ' qui ' subaudiend. est, illis. Id. x. 9. 5. ' Miseranda vita, qui se metui malunt.' Ubi ante ' qui ' subaud. eorum. *Vor.*

§ 13 *Quanquam præter formam...hoc imperio dignam*] Delendam esse arbitror partic. istam *hoc ;* debet enim esse enuntiatum universum de quovis imperio, non de uno aliquo ; cum præsertim facile appareat Justinum sese cogitatione referre ad decantatissimum illum Euripidis locum, in quo gravis et plena dignitatis forma dicitur ' digna imperio ' s. tyrannide. *Fab.*

§ 14 *Cyri regis filiam, &c.*] Atqui duas Cyri filias Atossam et Artystonam, nec non Parmyn Smerdis, et Phædimam Otanis, filiam, Darium duxisse refert Herod. iii. 88. Sed harum princeps fuit Artystona Dario maxime adamata, cujus etiam imaginem ex auro solido compactam ha-

buit. Herod. vii. 69. An forte rescribend. h. l. *filias?* Bern. Vox *regis*
est a mala manu, nec Mss. Codd. Bongarsii illam agnoscunt, uti nec duo
Voss. Codd. *Gron.*

Regalibus nuptiis] Sic inf. xiii. 6.
4. et Tac. Ag. 6. ' Domitiam, splendidis natalibus ortam, sibi junxit;
idque matrimonium ad majora ni-
tenti decus ac robur fuit.' Hoc
spectans et Lycus ap. Sen. Herc. F.
345. ' Una sed nostras potest Fun-
dare vires, juncta regali face Thala-
misque Megara; ducet e genere inclyto Novitas colorem nostra.' Debeo locum hunc indicio nob. Alb.
Sebisii, cujus sublime judicium et
meliorum autorum accurata lectio
sæpe hic nobis subsidio fuere. Ita ap.
Appian. 485. d. Cato vociferatur
' imperia parari nuptiarum lenociniis.' *Bern.*

§ 15 *Zophyrus*] Græcis Herod.
Plut. ' Zopyrus;' τ in φ. Ut iii. 4.
' Palanthus,' qui aliter est ' Phalan-
thus,' et in Prologis ' Pœni ' ' Phœni'
dicuntur : sunt autem a Phœnicibus.
Bong.

Zopyrus] Sic enim Herod. iii. 153.
et seqq. Plut. Apoph. Reg. c. 8. et
alii id nomen scribunt, Ζώπυρος; Bongarsius, nec male, *Zophyrus* e Mss.
expressit. Affines enim literæ sunt
τ et φ, sæpeque mutantur invicem:
ut ' tropæum ' et ' trophæum.' Sic
iii. 4. 12. ' Palanthus,' qui aliis est
' Phalanthus.' Ceterum huic facinori non absimile quid habet Flor. i.
7. 6. *Bern.*

§ 16 *Transfugæ titulo, &c.*] Saxo ii.
p. 22. init. ' T. t. oppidum petit :' v.
p. 88. 50. ' Trothonem t. t. petens:'
xiv. p. 252. 45. ' T. t. Olavum petivit.'

§ 17 *In regni petitione*] Ita unus
etiam ex Mss. nostris : alii aut *sor-
tione* aut *sortitione* pro *petitione* habent : adeo ut omnino legend. putem :
in r. *sortitione:* maxime, cum et ante
dixerit : ' Ipsi igitur viam invenerunt, qua de se judicium religioni et

fortunæ committerent,' &c. *Modius.*
Ita Mss. fatente et Modio, qui tamen
sortitione legend. contendit ; maxime
cum n. 3. dicat Auctor : ' Ipsi,' &c.
Verum hoc ipsum Zopyrus queri se
simulat, in regni petitione non virtuti
et judicio hominum, sed auspicio sor-
tique, fuisse locum. Ad hæc si valeat emendatio Modii, sequetur sor-
titionem aliquam virtute et hominum
judicio regi : quod contra est. ' Sors
deerat ad parum idoneos,' ait Tac.
A. xiii. 29. ' Sorte et urna mores
non discernuntur,' Id. H. iv. 7. Quidam impressi *portione* legunt, pro quo
Sichard. in Ed. Basil. *partitione* mallet, contra mentem Auctoris et com-
petitorum regni. *Berneccer.* Quidam
impressi habent *portioni.* F. olim per
compendium fuit scriptum *postione,*
pro *postulatione;* et videri debet, quodnam vere sit Justini, hoc, an, quod
nunc legitur, *petitione.* Nam alterutrum est glossatoris, et, si meum in-
terponere judicium debeo, id ipsum,
quod in textu hodie comparet. *Schef.*
Mirum qui hoc viro docto potuerit in
mentem venire. ' Petere regnum,'
' magistratum,' Latinis dicuntur qui
illa ambiunt. Sed quis unquam audivit candidatos ' postulare,' aut
' flagitare,' magistratus? Recte Cic.
Phil. ii. scribit ' petere ' consulatum
in laude poni, ' rogare ' vero in vitio.
Si ' rogare ' in vitio ponitur, quid de
' postulare ' existimand. sit omnes intelligunt. *Græv.* Saxo xiii. p. 243.
24. ' A quo se in regni petitione superatum videbat.'

§ 19 *Hortatur ne*] *Ne* est in antiquioribus edd. Bech. Maj. Sich. quomodo Terent. in Hecyr. ' Hortor ne
cujusquam misereas.' Bong. tamen
maluit *non;* subaudito, ante illud, ut.
Vorst. Junt. quoque *ne* præ se fert.
Græv.

§ 21 *Consulto*] Mss. habent *ex e.*
quod præfero vulgatis, quia solet addere præp. Noster, quam omittunt
alii, quod et supr. notavi. *Schef.*

§ 32 *Ad postremo*] Al. Ed. *Ac* p.

Utrumque minus belle. Legerem *Ad postremum*, ut sæpe alibi. *Faber.* Ex Junt. recepi *Ad postremum*, quod Oxoniensibus placuit ex Ms. et T. Fabro ex conjectura. *Græv.*

Exercitum Dario prodit] Similem proditionem, vel geminam potius, ipse Darius, in Sacas movens, passus est a Risace equisone quodam Saca,

referente Polyæno VII. Strateg. p. 491. *Bern.*

§ 23 *Quod sequenti volumine refere-tur*] Quidam habent *refertur*, alii *re-feram.* Quæ varietas lectionis facit, ut pœne credam, esse hanc appendi-cem non Justini, sed alterius cujus-? cunque, cum præsertim nihil simile occurrat cett. in libris. *Schef.*

LIBER II.

CAP. I. § 1 *Quæ satis ampla mag-nificæque fuerunt*] Eadem verba usur-pat et Sall. Cat. 8. 2. de Atheniensi-bus. Scythicum autem Darii bellum et Herodoto occasionem dedit res Scythicas altius repetendi initio lib. IV. *Bongars.* Add. Diod. II. 43. Ar-rian. IV. princ. Niceph. Gregoram lib. II. post princ. *Bern.*

§ 2 *Nec virorum imperio*] Uterque Cod. Ms. Voss. vocem postremam ignorat, ut nec in suis invenit Bong. *Gron.*

Quam feminarum] Sc. ' ne quis sexus a laude cessaret,' ut ait Flor. I. 10. 9. *Bern.*

§ 3 *Amazonum*] De quibus multa Diod. II. 44. Appian. in B. Mithrid. Noster inf. c. 4. et alii. Alb. Krant-zius lib. I. Hist. Suecicæ cap. 6. eas origine Gothicas, h. e. Germanas, fuisse contendit. At Strab. II. p. 348. et Arrian. lib. VII. p. 156. hoc mulierum genus unquam exstitisse negant. De his accuratissime Rei-necc. tom. I. p. 219. *Bernec.* Ama-zonum quinam veterum mentionem fecerint, easque exstitisse vel affir-ment vel negent, studiose observavit, et ad Curtii VI. 5. 24. docuit, Freinsh. *Ver.*

§ 5 *Scytharum gens antiquissima*] Herod. tamen IV. 5. ipsos Scythas ait dicere, νεώτατον ἁπάντων τῶν ἐθνῶν εἶναι τὸ σφέτερον. Et de gentis anti-

quitate Ægyptios non cum Scythis, sed cum Phrygibus, certasse refert II. 2. quod confirmat in Eutropium Claudian. II. 261. Sed Marcellin. XXII. 34. ' Ægyptiam gentem,' inquit, ' omnium vetustissimam, nisi quod super antiquitate certat cum Scythis.' *Bongars.* Similem contentionem in-ter Athenienses et Argivos memorat Isocr. Panathen. *Bern.*

Quamquam, &c.] Damasc. in Vit. Isidori ap. Phot. Bibl. Cod. CCXLII. p. 1027. Αἰγύπτιοι τοίνυν ὅτι μὲν παλαί-τατοι ἀνθρώπων εἰσὶν, ὡς ἀκοῇ γινώσκο-μεν, ὀλίγου τι πάντων οὐδεὶς οὕτω ἐστὶν δυσμαθὴς, ὡς οὐχὶ πολλῶν ἀκήκοε λεγόν-των τε καὶ γραφόντων.

Contentio] Quam pluribus exponit Otho Heurn. in Indico c. 13. *Bern.*

Vetustate fuerit] Angl. *fuit.* Cic. Orat. pro Marcello : ' Quanquam iste tuus amicus nunquam his angustiis contentus fuit.' Vid. Vallam II. Eleg. 21. *Schef.*

§ 6 *Non modo prima generare ho-mines*] Pro, non modo non. Cic. II. Off. 13. ' Non modo illi invidetur ætati, verum etiam favetur :' vid. Mureti Var. Lect. X. 7. Sic inf. IX. 2. 6. Cic. pro Cluent. 34. 8. Liv. XXIX. 19. 11. *Bernec.* Ita IX. 2. 6. ' Ne sumtum quidem viæ, non modo officii pretia, dederit ;' pro, non modo non officii pretia, dederit. Sed hoc interest, quod ' non modo ' hic sequi-

tur, ' ne' antecedit; cum in altero
illo ' non modo' antecedat, ' ne' sequatur. Rursus xi. 8. 4. ' Non spes
modo remedii, sed nec dilatio periculi, inveniretur;' pro, non modo non
spes rem. Atque ita passim et alii.
Liv. i. 40. ' Regnare advenam, non
modo vicinæ, sed ne Italicæ quidem,
stirpis.' *Vor.*

Generare homines] Ita mox inf. n.
18. Persuaserunt enim olim sibi profani Gentiles, ut etiamnum hodie
Sinenses, homines initio cum cett.
animantibus, non a Deo conditos, sed
e terra, stirpium adinstar, ortos. Vid.
Diod. i. 7. Eo spectat Atheniensium
gloriatio, quam Diogenes Cynicus iis
cum muribus et lumbricis communem
dicebat, esse se αὐτόχθονας, h. e. ut
Noster inf. ii. 6. 4. ait, ' eodem in-
natos solo.' Sed huj. profanitatem
sententiæ refutat Lactantius de Falsa
Relig. ii. 12. *Bernec.* Sic paulo post:
' Quanto prior quæque pars terrarum
siccata fuit, tanto prius animalia generare cœpisse.' Virgil. ii. G. ' Cum
primum lucem pecudes hausere, virumque Ferrea progenies duris caput
extulit arvis.' *Vor.*

Tueri] Cic. xiii. Fam. 11. ' Sarta
tecta ædium sacrarum locorumque
communium tueri:' et i. Verr. 50.
' Ædem Castoris P. Junius habuit
tuendam.' JCtus Valens in L. 12.
D. de Legat. iii. ' Stichus liber esto;
et, ut eum heres artificium doceat,
unde se tueri possit, peto.' Eadem
ratione *tutelam* usurparunt optimi
quique, ut inf. xvi. 8. ' In tutelam
classis tributum describere:' et Sen.
ad Helv. 9. ' Terra vix ad tutelam
incolentium fertilis:' et Celsus in L.
30. D. de Legat. ii. ' Reip. lego in
tutelam viæ.' *Gronov.* ' Tueri' idem
hic est quod, alere, sustentare. Cic.
pro Deiot. ' Antea alere majores
copias poterat, nunc exiguas vix
tueri potest.' Nep. Epam. ' Amicorum in se tuendo caruit facultatibus.' *Vor.*

§ 8 *Nulla terra feracior*] Fertilita-
tem Ægypti prædicant et Isocrates
in Laudat. Busiridis, Joseph. B. Jud.
v. 11. &c. Egesipp. iv. 27. Tac. H.
iii. 5. Plin. Paneg. c. 30. et 31. cum
aliis. *Bern.*

§ 9 *Ubi educari facillime possent*] Sic
et Junt. Non audiendi sunt illi codd.
qui expungunt *facill.* Ægyptiorum
hoc fuit argumentum : Credibile esse,
ibi primos homines prodiisse, ubi facillime potuerint propter cœli et soli
benignitatem educari. *Facill.* est,
in magna rerum affluentia, quas ibi
fert terra in tutelam hominum. Illa
soli fœcunditas quam prædicant Æ-
gyptii in verbis præcedd. significatur.
Porcius Latro in Vita Terentii : ' Nihil Publius Scipio profuit, nihil illi
Lælius, nihil Furius. Tres per idem
tempus agitabant nobiles facillime.'
Ipse Terent. Adelph. iii. 4. ' Quam
vos facillime agitis, quam estis maxime Potentes.' Theocr. Idyll. xi. 7.
Οὗτω γοῦν ῥάϊστα διᾶγ' ὁ Κύκλωψ ὁ παρ'
ἡμῖν. Sic Cyclops ap. *nos facillime vixit.*
Græv. Angl. non agnoscit *facill.* et
sane priora docent argumentum Æ-
gyptiorum hoc fuisse : Homines primum natos ibi, ubi primum potuerint
educari ; in Scythia quia tum nondum fuerant inventa vestimenta contra frigus. De facilitate vel difficul-
tate educandi sermo fuit nullus. *Schef.*

§ 11 *Animalia quæque generasse*]
Junt. sic recte, quod et Oxon. Ms.
fidem secuti probarunt : vulgo, *quoque* g. Græv.

§ 12 *Quanto cælum, &c.*] ' Ingenia
hominum ubique locorum situs format,' Curt. viii. 9. 26. ' Positio cœli
corporibus habitum dat,' Tac. Ag. c.
11. Quem l. insigniter illustrat Grut.
Diss. xlv. ad Tac. Addendus Erasm.
Adag. ' Mores hominum regioni respondent:' et Veget. i. 2. *Bern.*

Ingenia duriora] Ingenium durum
h. l. est, firmum, solidum, et quod s.
spe s. metu haud facile permoveatur.
Fab.

§ 14 *Illuvies aquarum*] Gronov. ad Liv. L. 4. scribend. censet et hic et in cap. 6. huj. lib. *eluvies*; quia 'ilinvies' sordes sint exterius adspersæ, ' eluvies' vero inundatio. *Græv.* Alii emendant *eluvies*.ʹ Vid. quæ notabo ad cap. 6. *Schef.*

Ignis, &c.] Sen. VI. Benef. 22. ' Ignis cuncta possideat, quem deinde pigra nox occupet.ʹ

Utriusque primordii Scythas origine præstare] Errare illos puto qui huic lect. acquiescunt, cum ' primordium' et ' origo' idem sint. Id quoniam verum est, si quis dixerit, ' Scythæ utriusque primordii origine præstant Ægyptiis,' rem ridiculam dixerit; tantundem enim est ac si dicat, ' Utriusque primordii primordio,' &c. Quod ut ineptum est, ita et explodend. judico. Sic autem emendari hic l. posset: *utriusque primordii Scythas ratione præstare Ægyptiis*. At ' ratio' et ' argumentatio' idem plane valent, et ita Cic. millies locutus est. Itaque hoc dixerit Just.: S. ab aqua s. ab igne argumentum duxeris, &c. Scythæ vincant necesse est. Ceterum paulo superius, ubi legitur *illuvies*, scribend. omnino, *eluvies*, ex observatione et judicio Gronovii. *Fab.*

§ 15 *Si ignis prima possessio rerum fuit*] L. e. si ignis primo omnia possedit. Estque hic ' possessio' pro possessore. *Vor.*

§ 17 *Quod si omnes, &c.*] Quod jam a me proferetur, id, opinor, non negligenter transilierint, qui sciunt bene et accurate legere. Postquam in priore parte periodi dixit Just. ' decurrentibus aquis,' in altera ponit *eandem aquam;* idque cum nimis nimisque vitiosum sit, scriptum ab eo fuisse existimo non *eandem*, sed *stantem;* quæ huic rei, qua de agitur, valde propria est, nisi si *stagnantem* malis, quod magis etiam proprium fuerit; nam aqua stagnans est aqua reses. *Vor.*

§ 19 *Scythiam adeo editiorem*] Virgil. I. G. v. 240. ' Mundus ut ad Scythiam Riphæasque arduus arces Consurgit; premitur Libyæ devexus in Austros.' Sed constat inter Mathematicos, in globo nullum esse alio editiorem locum. *Bong.*

§ 20 *Ægyptum autem (quæ tot regum)*] Mirum quomodo hic l. si ita legatur, sit intelligendus. Ut primum seposita parenthesi verba ordinemus: *Æg. aut. nec pos. vid. hom. vet. ult. quæ sive exagger. reg. sive N. tr. l. terr. rec. vid.* Quis horum verborum sensus, scire velim. Parenthesis adhuc obscurior, maxime in his verbis: *nihilom. coli, nisi exoluso N. non pot.* Quidam pro *exoluso* reposuerunt *expulso;* verum ead. obscuritate manente sensus. Ego, quod ad hæc ultima verba attinet, conjunctionem *nisi* expungerem: sed lectores judicent; nam ego me explicare non possum, indicare tamen dignum existimavi operæ pretium. *Glar.*

Ægyptum, &c.] Strato quidam ap. Strab. lib. I. p. 34. Ægyptum ait τὸ παλαιὸν θαλάττῃ κλύζεσθαι, &c. *Bong.* Et sane, quod statuerent vett. Ægyptum ex limo, quem Nilus vehit, accumulato et exaggerato natam, exinde ' Nili donum' eam appellarunt. Enstath. in Dionys. Perieg. p. 31. pr. Videndi Herod. II. 5. Aristot. Meteor. I. 14. Plin. II. 35. Sen. N. Q. VI. 26. Quibus contradicit Brodæus Miscell. III. 5. ubi ait, nec 10. quidem mundi ætates ad spatium istud homo explendum sufficere. *Bernecer.* Sed falsissimam esse hanc opinionem pluribus docet Bochart. Geogr. Sacræ IV. 24. *Græv.*

Tot fossis concisa] Sic merito Gronov. legend. censet ex antiquis edd. suffragante Junt. Ead. in verbis præcedd. *adversus vim decurrentium aquarum tantis instructa molibus:* optime, si vett. libri adsentiuntur. Vulgati: *a. v. incurr. a. t. structa m.* Sed *Ægyptum*

struere molibus, quam Latine dicatur, viderint, qui vulgatam defendant. *Grav.*

Tot fossis conscissa] Antiquiores typis expressi *concisa:* quod magis placet, neque mutand. fuisse videtur. Legend. ita judicat et Gronov. ad Plin. xxxiv. 8. citatque illud Cæsaris iii. B. G. ' Pedestria itinera concisa æstuariis.' *Vorst.* Alii et Gronov. *concisa* legunt, quod et Vorstio probatur. Ego nihil mutem. *Schef.*

Cum his arceantur, illis recipiantur, aquæ] Huc respiciens Isocrates, in Laudatione Busiridis, ' Ægyptios ' dixit ' imbrium simul et siccitatum, quorum aliis Jupiter promus condus est, per se ipsos potestatem habere :' dum sc. Niloticas aquas, quæ vicem imbrium Ægyptio præstant, pro arbitrio vel fossis in agros suos derivant, vel objectis molibus arcent. *Bern.*

Hominum vetustate ultimam] Terra ' hominum vetustate ultima ' est, quæ prima homines habuit : *ultimum* enim etiam illud dicitur quod est omnium primum. Virgil. vii. Æn. ' Tu sanguinis ultimus auctor.' Cic. pro Arch. ' Pueritiæ memoriam recordari ultimam.' *Vor.*

Aggerationibus· regum] Inde Titulus Codicis ' de Nili aggeribus non rumpendis.' Cic. ' moles ' vocat ' oppositas fluctibus,' Off. ii. 4. *Bong.*

Quæ sive exaggerationibus regum, sive Nili trahentis limum, terrarum recentissima videatur] Edidit ita Bernecc. secutus, credo, Bongarsium. At Gronov. ad Sen. Herc. Œt. 1260. Codd. Mss. et meliores Edd. ait habere sic : *quæ agg. reg. sive N. t. l.* ut prius *sive* absit ; quomodo inf. lib. ix. ' Ducenta millia Persæ, eo prælio, sive naufragio, amisere :' et lib. xxxviii. ' Eosque variis exhortationibus ad Romana bella, sive Asiana, incitat :' et lib. xlii. ' Captivi ex Crassi, sive Antonii, exercitu recollecti.' Porro in Antiquioribus Edd.

Bech. et Sich. reperio *exagg.* ut sit una vox. At Bernecc. maluit *ex agg.* cujus causa non apparet : neque enim Latine dici videtur, *Ægyptus terrarum recentissima videtur ex agg. regum ;* sed, si. vocula *ex* locum habere debeat, dicend. fuerit, *ex agg. regum apparet, Ægyptum terrarum recentissimam esse.* Ceterum *agg.* vel *exagg. regum Ægyptus terrarum recentissima videtur*, recte dicitur : est enim *agg.* pro, propter aggerationes. *Vorst.* Non placet quod existimant, *exagg.* conjunctim legend. Neque proba conjectura, quando putant haud Latine dici *exagg.* et, si præp. adhibenda esset, scribend. fore *ex agg. reg. apparet.* Debet certe, etiam, si vel conjunctim legatur, ablativus regi non a verbo, sed a præp. sive apposita, sive subintellecta, quod jam dudum Sanctius et ex ipso Sciopp. docuere. At vero ea alia non potest esse, quam *ex præp.* Quod quodammodo agnoscunt ipsi, quando ablativum reddunt per, propter aggerationes. Quid enim hoc est aliud, quam *ex agg.*? Quomodo non uno l. ap. alios etiam illud *ex* usurpatur. Neque si legatur divisim, illud ' apparet ' quidquam valet h. l. Stant per se, *terra ex agg. regum, terra ex agg. Nili*, significantque talem terram, quæ est terra, quæ terra extitit et facta est ex aggerationibus, s. quod idem est, per aggerationes, sive propter agg. istas. *Schef.*

Nili trahentis limum] Angl. quoque h. modo : sed observat notator, alibi legi *trahens*, quod intelligend. foret de terra, et videtur hoc convenientius. Terra enim debet trahere, ut evadat major, non flumen. Nisi velis dicere, illud *trahentis* esse positum non pro, attrahentis ; verum, abstrahentis. *Schef.* Cett. librorum lectio *N. trahentis l.* longe est verior et certior. *N. trahentis l.* est id ipsum quod Diod. de hoc fl. dicit: Τοῦ Νείλου τὴν ἐξ Αἰθιοπίας ἰλὺν καταφέροντος. *Nili*

ex Æthiopia limum secum ferentis. Curt.
III. 11. de Marsya : ' Inde diffusus
circumjectos irrigat campos, liquidus
et suas undas trahens :' lib. IV. 9. de
Tigri : ' Multorum torrentiam non
aquas solum, sed et etiam saxa, secum
trahens.' *Græv.*

CAP. II. § 1 *Ripais*] Non temere
factum, quod scripserit librarius ; ita
jusseram, et ita scribi debet, non
Riphais, quod ille tamen Pseudo-Servius probat, nugator mirificus. Ita
' trophæum ' in omnibus fere libr. reperias, et error est tamen ridiculus,
etiam si ita Gallice pronuncietur.
Fab.

Phasi flumine] Ita legend. etiam
contr. libros, qui habent *Ithasi.* De
Phasi vid. Plin. VI. 4. et Solin. cap.
20. et libellum de Fluminibus nomine Plutarchi editum. De Scythis
præter Herod. lib. IV. vid. Diod. lib.
II. et Strab. lib. VII. ubi eorum inte-
gritatem multis prædicat, de qua Horat. III. Od. 24. Vid. et pauca ap.
Marcellin. XXII. 19. et cf. quæ XXXI.
5. et seqq. de Hunnis scribit et Ala-
nis, quos cap. 7. ' discurrere ' ait ' la-
trocinando et venando.' Ita enim
videtur locus ille supplend. *Bong.*

§ 4 *In plaustris*] Ἁμαξόβιοι. ' Plaustra' autem ait ' coriis tecta,' pro quo
Marcellin. XXII. habet ' corticibus,'
nescio an recte. *Bongars.* Unde Scythæ ἁμαξόβιοι et ἁμαξόβιται, h. e. in
plaustris viventes : item ἁμάξοικοι, domos
suas in plaustris habentes. Bern.

Coriis] Vix inhibeo manum rescrip-
turientem *corticibus :* quæ vox e *curri-
bus*, quod *coriis* in Ms. quodam supra-
scriptum Bong. affirmat, facili literarum ductu formatur. Certe plaustra
Scythica ' corticibus ' tecta facit et
Marcellin. XXII. 19. Idemque XXXI. 2.
' Alanos ' ait ' vagari supersedentes
plaustris, quæ operimentis curvatis
corticum [tanquam imbricibus] per
solitudines conserunt.' Hippocr. de
Aëre, Locis, et Aquis p. 74. 12. tradit
currus illos Scythicos coactilibus ex

lana crassa compactis esse obductos.
Ibid. alia multa de victu cultuque
Scytharum invenias. *Bern.*

§ 5 *Justitia gentis, &c.*] Δικαιότατοι
ἀνθρώπων Homero Il. XIII. 6. Strabo
VII. p. 309. et Arrian. IV. pr. Ideo
inf. XII. 1. 17. ' gentem innoxiam '
dicit. *Bongars.* Ceterum de priscis
Romanis similiter Sall. Cat. c. 9. ' Jus
bonumque apud eos non legibus magis
quam natura valebat.' De Germanis
Tac. c. 19. ' Plus ibi boni mores valent, quam alibi bonæ leges.' Idemque in universum de vetustissimis
mortalium, A. III. 26. Burdelot. in
Petron. P. 276. *Bern.*

Ingeniis] ' Ingenium ' vocat, quod
paulo post ' naturam.' Nævius : ' Ite
actu in frondiferos lucos, ubi Ingenio
arbusta nata sunt, non obsita.' Notavit ad Auson. Scaliger I. 23. Petron.
' Crines ingenio suo flexi.' Tac. A.
III. 26. ' Cum honesta suopte ingenio
peterentur :' alii. *Bongars.* Sall. H.
lib. III. ' Pugna ingenio loci prohibe-
batur.' Et lib. V. ' Insulæ suopte ingenio alimenta mortalibus gignunt :'
ita Flor. II. 6. 27. et II. 17. 5. *Berneccer.* Paulo post : ' Hoc illis naturam dare.' Ergo ' ingenium ' hic pro
natura. Qui vocabuli usus et ap.
alios observatur. *Vorst.*

§ 6 *Quid salvum esset*] Ita Vett.
Edd. Mstorum traduces. Melius,
opinor, quam quod Bong. edidit, *quid
inter silvas superesset?* Nam ratio ista
generalis est, non silvarum propria.
Add. quod non in ' silvis,' [ubi vehi-
culorum incommoda vectio] sed pla-
nitie morari soliti Scythæ : unde ' cam-
pestres ' eos vocat Horat. III. Od. 24.
Bernecccer. Mss. *quid inter sylvas superesset.* Edd. vett. *quid salvum esset*,
quas sequitur Bernecc. Sed *inter
sylvas*, quod retinent omnes Mss. non
erat ejiciend. sed reponend. suo l,
cum Junt. ap. quos recte legitur :
*Nullum scelus apud eos furto gravius,
quippe sine tecto munimentoque pecora
et armenta inter sylvas habentibus quid*

salvum esset, si furari liceret? Hærent
hic viri eruditi sine caussa. Nam
inter sylvas Latinissime dici pro, in
sylvis, non puto exemplis hoc decla-
rand. cum obvia sint et trita. Nec
frustra *inter sylvas* additur. Quid salvum esset, si furari liceret, cum sine
tecto munimentoque in sylvis perpetuo degant cum pecoribus, *in sylvis,*
inquam, in quibus facilius fures possunt latere, et grassari minore cum
periculo in illic agentium bona? Hinc
semper sylvæ et luci fuerunt receptacula latronum, aliorum facultatibus
et vitæ insidiantium. Propterea cal-
lium et saltuum cura Romanis man-
dabatur magistratibus. Hæc itaque
verba *inter sylvas* augent id quod dixerat, Scythas non furari, quamvis furandi fenestram quasi aperiant sylvæ,
in quibus cum pecoribus vivant semper sine ullo tecto et munimento.
Mss. quoque tres Angl. stabiliunt
hanc scripturam, quamvis *inter sylvas*
non his verbis adjecta sint, sed seqq.
Sic enim in illis extare testantur
Oxonn. *sine t. munimentoque pec. et arm.*
hab. quid sal. inter sylvas superesset, si
fu. li. Et sane hæc quoque non
potest damnari lectio, quamvis illorum libr. quos Ald. et Junt. sunt secuti, sit elegantior. *Græv.* Antiquiores Edd. Junt. Bech. aliæque, *sine*
t. munimentoque: quod magis placet.
Porro pro *quid sal. esset,* Bong. ediderat *quid inter silvas superesset.* Quod
adeo non probatum fuit Berneccero,
ut τὸ *inter silvas* prorsus eliminaret.
Verum genuinum illud satisque commodum esse, dummodo inter proxime
præcedentia consistat, ostendit Ed.
Junt. quæ, ut cl. Græv. testatur, sic
habet: *sine t. munimentoque pec. et*
arm. inter silvas hab. quid sal. esset?
Vorst. Bong. ex Mss. pro his ediderat, *quid inter silvas superesset.* Græv.
reponit, *pec. et arm. inter silvas hab.*
quid sal. esset: quod et Vorstio probatur. At ego vellem respondissent ob-
jectioni Berneccerianæ, qui dicit non

ex eo nihil potuisse salvi esse, quod
haberent pecora inter silvas, sed generatim, quod haberent sine munimento, et iccirco illud *inter silvas*
otiosum esse. Addo, quod ne quidem
satis commode dicatur *arm. habere in-*
ter silvas, pro, in silvis. Mihi lectio
Bongarsii videtur optima, sed paulo
aliter explicanda, quam accepta est
a Bernecc. videl. ut illud *superesse*
non intelligamus simpliciter, sed cum
respectu ad victum, quem vult nullum potuisse habere, si furta fuissent
frequentia, et addit rationem, quia
habitabant *inter silvas,* ubi nulla alia
dabantur alimenta, quam ex solis pecoribus. Ut quid tale voluisse Nostrum credam, facit quod in Mss. legatur, *pec. et arm. et alimenta hab.* vel
pec. et alimenta hab. liquet enim, præcessisse quid de alimentis, quod osten-
derit non potuisse ea haberi sublatis
pecoribus in ista silvarum feritate.
Unde quoque putem locum totum ita
esse scribend. *quippe sine t. muni-*
mentoque pec. et arm. alimenta hab.
quid inter silvas superesset, si fur. lic.
Eleganter *arm. habentes alim.* de iis,
qui pecora sua et armenta adhibent
in alimenta, qui alimenta ex iis capiunt. *Schef.*

§ 7 *Aurum et argentum non perinde*
aspernantur] Ita Vett. omnes. Tac. de
Germanis, cap. 5. ' Possessione,' inquit, ' et usu [auri et argenti] haut
perinde afficiuntur.' *Bongars.* Edd.
quædam vett. et e Bong. Mss. unus,
f. melius, *per. asp. ac r. m. a.* Qualis
antithesis est etiam L. I. C. Theod.
de Annon. et tribut. ' Auferri id sibi
cum tanta instantia depoposcit,
quanta alii poscere consueverunt.'
Bernecer. Juntæ cum nonnullis Mss.
et Edd. *Aur. et arg. per. adsp. ac r.*
m. a. Adstipulantur tres Anglicani.
Græv. Melius et elegantius impressi
libri et manu descripti, *Aur. et arg.*
per. asp. ac r. m. a. vera lectio, et quæ
in textum ipsum operis recipi debuit.
Faber. Antiquiores edd. ut Junt.

Bech. aliæque sic: *per. asp. ac r. m. a.*
Nec aliter unus Mss. quos Bong.
vidit. Et mihi quidem hoc genuinum
videtur. *Vorst.* Junt. ac alii, *arg.
per. asp. ac*, quod probant Bernecc.
Græv. Voss. me non repugnante.
Schef.

§ 8 *Lacte*] Inde Homero Il. XIII.
v. 6. γαλακτοφάγοι, *lactivori*. Strabo
lib. VII. et XI. addit carne, et caseo,
equino maxime. *Bong.*

§ 9 *Lana iis usus, &c.*] Sic lego:
*d. iis u. ac vestium ignotus, quanquam
continuis frigoribus urantur. Pellibus
tamen ferinis aut murinis utuntur.* Particula *et* interposita ante 'quanquam'
totam loci sententiam turbat, quæ
plana fit ea sublata. *Sal.*

*Lana iis usus ac vestium ignotus: et
quanquam continuis frigoribus urantur,
pellibus tamen ferinis aut murinis utuntur*] Locus sine dubio corruptus.
Quanquam enim et *tamen* non bene hic
opponuntur: quod quivis videt. Bong.
pro *tamen* rescripsit *tantum*. Acidalius vulgatam lect. retinet, et *tamen*
idem hic quod, tantum, esse existimat. Neuter eorum recte. Ex mala
interpunctione et *est* in *et* mutato laborat locus. Itaque, me auctore, sic
lege: *L. iis u. ac v. ign. est, q. c. f. u.
p. t. f. a. m. u.* Nihil planius. *Bexh.*

*Quanquam continuis frigoribus uran-
tur*] Ms. Anglicanus: *Lana iis usus
ad vestitum ignotus.* Sed hæc interpo-
lavit sciolus, qui nescivit per ἓν διὰ
δυοῖν *lanæ ac vestes* dici pro, laneæ
vestes. Nullis utuntur laneis vestibus, ut Græci, Romani, ac pleræque
gentes, sed pelliceis tantum. Huj.
schematis ignoratio viros doctos quoque in errorem induxit, ut hærerent
in seqq. *pellibus tamen ferinis aut murinis utuntur:* ibi non male Juntæ pro
utuntur scribunt *vestiuntur*, sed male
pro *ferinis* reposuerunt *felinis*. 'Ferinæ' pelles sunt majorum animalium, ut luporum, ursorum; 'murinæ' vero minorum, ut vulpium, le-
porum, cuniculorum, ut recte monu-

erunt viri docti. *Græv.* Sic legerem:
Lana iis usus ad vestem ignotus. I. e.
vestibus utuntur quidem, sed non
laneis, at pelliceis tantum. Falsum
enim est veteribus illis Scythis vestium usum ignotum fuisse. Dices:
Vestes non habebant, sed pelles,
queis pro veste utebantur. At hoc
minus vere asseratur; nam braccas
illud genus habebat; quin etiam vestem aliquando ad oculos usque addu-
cebant, ut se a nimia frigoris immani-
tate tutarentur, in quam rem tam
certus quam infelix testis esse potest
Ovidius. Dein, si quis, neglecto aut
ignoto lanæ usu, sese pellibus tegat,
an ille adeo vestem habuisse negabi-
tur? At non habet laneam? Sed pel-
liceam habet. Qui serica aut bomby-
cina veste utitur, non ideo nulla veste
uti dicetur, quia laneam non habet.
Faber. Lego cum Salm. *q. c. f. u.* expuncta vocula *et*, quæ erat ante 'quanquam.' Quod 'urere' et frigus dicatur, etiam aliunde notam. *Vorst.*
Notat Vorst. hoc *tamen* non opponi
proximo 'quanquam urantur,' sed
præcedenti 'vestium usus ignotus,'
quod probum est. Sed omittit illud
et ante 'quanquam,' quod et Græv.
facit. Quia tamen retineat antiqui
libri, propterea scribend. censeo: *L.
iis u. ac vestium ign. est, q. c. f. u. Pell.
tamen, &c.* Schef.

Pellibus tamen] Malim *tantum*. Pelles Nomadicas merces commemorat
Strabo lib. II. De Hunnis Marcellinus, 'Indumentis,' inquit, 'operiun-
tur linteis, vel pellibus silvestrium
murium consarcinatis.' *Bongars.* Mallet Bong. *tantum:* sententia certe requirit. Sed Val. Acidalius ad Vell.
II. 28. 5. contendit et isthic, et alibi
passim in veterum scriptis, 'tamen'
accipi quandoque pro, tantum. Ipse
viderit: est h. sensu ap. Frontin. I.
1. 4. Liv. XXIX. 35. Ulpian. Tit. XXII.
§. 9. *Bern.*

*Pellibus tamen ferinis ac murinis
utuntur*] Sen. Ep. XC. 'Non hodieque

magna Scytharum pars tergis vulpium
luduitur ac murium, quæ tactu mollia
et impenetrabilia ventis sunt?' Hiuc-
que lucem accipit Claudiani vs. ille:
' Castra cruore natant, moritur pellita
juventus.' Prudentius autem hujusmodi pellitas vestes *mastrucas* videtur
vocare, dum lib. II. contr. Symmach.
sic canit: ' Tentavit Geticus nuper
delere tyrannus Italiam, patrio ve-
niens juratus ab Istro, Has arces
æquare solo, tecta aurea flammis Solvere, mastrucis proceres vestire to-
gatos.' Neque aliud intellexit Cæsar
B. G. dum nescio quos populos ' rhe-
nonibus' ait vestiri solitos. Sunt
enim et hi nihil aliud, quam detractæ
feris pelles, ut recte tradit Isidorus.
Mod. Vir magnus *marinis* hic legend.
suadet, cum et in Tac. G. c. 17. sit:
' De pellibus belluarum, quas exterior
Oceanus gignit.' Vix persuadet: magis Turnebus Adv. XV. 23. ' mures'
antiquos intellexisse, non tantum domesticas illas bestiolas omnia roden-
tes ac penori infestas : sed et silvestres ferasque bestias minoris formæ pelle commendabiles : quo in genere sunt martes et hermelinæ. Facit
huc illud Seu. Ep. XC. 38. ' Magna
Scytharum pars' &c. Eginhardus in
Vit. Caroli M. ' Ex pellibus lutrinis
vel murinis thorace confecto humeros
ac pectus hieme muniebat.' Ammian.
XXXI. 3. Hunnis item ' indumenta'
tribuit ' ex pellibus silvestrium murium consarcinatis :' ubi Notas erudi-
tissimas V. c. Fr. Lindenbrogii vid.
Ceterum de pelliceis tegumentis huc
pertinentia multa, nec aspernanda,
congessit Hieron. Magius Miscell.
III. 7. *Berneccer.* In quibusd. codd.
legitur *felinis* pro *ferinis.* Totum autem h. l. sic emendavit cl. Salmas.
Lana iis usus [&c. V. supr.] Scythas
enim, sive Parthos, murinis pellibus,
conficiendis tunicis, usos fuisse, testatur Hesych. Σίμωρ παρὰ Πάρθοις καλεῖται τι μυὸς ἀγρίου εἶδος, οὖ ταῖς δοραῖς
χρῶνται πρὸς χιτῶνας. Hujuscemodi

tunicas μυωτοὺς appellabant. Sed non
possum hic præterire, quæ de hoc
animali ad me perscripsit vir divinus
cl. Salmasius. De Simore, inquit, verum est, quod tibi in familiari sermone dixi, hodieque a Persis hoc nomen dari animalculo cuidam parvo
feli non dissimili. Arabes ⟨جوہر⟩ Sim-
mor, cujus pellem calidiorem esse
corpori humano, quam cujuslibet alterius animalis, scribunt, sed nec eod.
modo præparari. Puto esse, ut illud
animal describunt, quam Martem Zi-
bellinam vulgo appellamus, Hungari
et Poloni, Germanique *Sobel,* vel *Zo-
bel.* Sed ut feli similis sit hæc bestia,
non ideo tamen admiserim scripturam, quam in quibusd. scriptis Justini exemplaribus reperiri ais, *felinis
aut murinis.* Quis enim non videt, ab
imperito aliquo esse excogitatam, qui
cum videret *murinas* ibi *pelles* nominari, statim putavit *felinas* pro *ferinis*
dicendas, quas Auctor una comme-
moraret? Atqui certum es' vett. Latinos murium nomine, cum *murinas
pelles* dixere, et feles ipsos, omne
genus domesticos ferosque, compre-
hendisse, et majora etiam animalia,
quorum pelles ad vestitum usurpa-
rentur. Cum pantheras Romani mures
Africanos vocarunt, nonne earum
pelles murinas posse vocari verisimile est? Puto tamen Justinum per
murinas pelles intellexisse minorum
omnium animalium, ut sunt martures,
meles, feles feri, vulpes, simores Parthici, et alia. Per *ferinas* vero, gran-
diorum ferarum, ut sunt lupi, leones,
leopardi, et similia. Marcellin. XXXI.
2. notat, ' Hunnos indumentis ope-
riri linteis, vel ex pellibus silvestrium
murium consarcinatis.' Ad quem l.
Henr. Vales. scribit has pelliculas
odoratas fuisse, et citat Hieronymi
verba, quæ de alio plane mure intelligenda. Nam animal Moschi etiam
mus est, et Zibethum quoque murem
appellarunt ; sed eorum pellibus ad

vestitum non sunt usi ; et silvestres illi mures, ex quorum pellibus sibi vestes Hunnos consarcinasse tradit Marcellinus, de martis vel marturibus accipiendi, et vulperalis, quarum hodieque in illis pelles ad amictum expetuntur, et in alium orbem, nostrumque, inde importantur. Hactenus Salm. *Voss.* Quidam Mss. habent *felinis*, quod est cur non videtur contemnendum. Et certe mures etiam sunt feræ, adeoque pelles eorum *ferinæ.* Nihil tamen temere mutand. quia *ferinæ* pelles hic intelligendæ de feris majoribus, ut *murinæ* de minoribus. *Schef.*

Pellibus tamen ferinis aut murinis utuntur] Quod adversum huic est, id non in proximis illis ' Quanquam continuis frig. urantur,' sed in paulo remotioribus apparet ; et quidem in his : ' Lanæ iis usus ac vestium ignotus.' Et fit sane ut *tamen* ipso periodi initio ponatur. Ut II. 4. 30. ' Receptaculum tamen habuere castra sociorum.' Et XXIX. 4. 9. ' Omnibus tamen propediem auxilium se missurum pollicetur.' Vid. et Nep. II. 8. 1. et Val. M. VIII. 1. 10. Porro pro *utuntur ex* antiquioribus edd. malim legere *vestiuntur :* ut hoc sit pro, vestinnt se. Ita ' lavari' dicunt pro, lavare se ; et ' exerceri' pro, exercere se ; et infinita id genus alia. *Vorst.* Mallet *vestiuntur* Vorst. Atqui præcesserat ' vestium usus ignotus iis.' Si vestium usus ignotus fuit, ergo ne vestiebantur quidem : hoc enim verbo ille vestium usus exprimitur. Retinend. ergo illud *utuntur*, et accipiend. de usu qualicunque, qui in vicem vestimentorum adhibebatur. Hoc vult : non habuisse arte quadam confectas vestes, sed pelles illas quoquo modo injecisse corpori, eis corpus quoquo modo circumdedisse, atque ita defendisse a frigore. *Schef.*

Morum quoque justitiam edidit] H. e. peperit. Cic. ' Qui nihil possunt dignum hominum auribus efficere at-

que edere.' Ap. eund. est ' edere magnam ruinam,' ' edere fructum.' Juntina tamen : *m. q. j. dedit :* et Oxonn. ex duobus Mss. *m. q.j. addidit.* Sed *addere justitiam* Latinis genus loquendi est insolens. *Grav.*

§ 13 *Neque plus hominum, &c.*] Inf. VI. 8. 3. ' Qui partim fato, partim ferro, perjere.' Et XXXIX. 4. 5. ' Spiritum non fato, sed parricidio, dedit.' Ergo ' fato perire,' ' fato spiritum dare,' et ' naturalem fatorum conditionem rapere, aliquem,' illud est, quod nos dicimus **natürliches Todes sterben.** Tac. A. II. 71. 2. dicit ' fato concedere.' *Vor.*

§ 14 *Incultæ barbariæ*] Oxonn. ex uno Cod. malunt *in. barbariei ;* et mox pro *proficit* ex duobus *profecit :* sed causæ nihil est ut ab aliis Codd. et Vulgatis discedamus. *Grav.*

CAP. III. § 1 *Quæsivere*] H. e. acquisivere ; pro composito simplex. Ita supr. I. 9. 13. Vell. II. 18. 7. et alii. *Berneccer. Quærere* pro, acquirere, frequens Nostro. Ut II. 4. 9. ' Pace armis quæsita.' Cetera loca vid. in Ind. ubi et alios sic locutos invenies. *Vor.*

§ 2 *Turpi fuga*] Ead. prope verba inf. VII. 3. 1. *Id.*

§ 4 *Zopyriona*] Cum Græci scribant Ζωπυρίων, et in antiquioribus typis expressis, imo et Mss. quibusd. nomen hoc per Z scriptum reperiatur, non video cur scribend. potius sit *Sopyrion*, quomodo hic et alibi edidit Bernec. *Vor.* Adstipulatur ceteris Junt. *Grav.*

§ 6 *Parthicum et Bactrianum imperium ipsi condiderunt*] Hæc verba omnino delenda ; sunt enim petita ex huj. lib. initio, ubi sic scriptum est (*quippe cum ipsi Parthos Bactrianosque condiderint*). Ubi studiosus aliquis ad imam paginam, ut fit, quia phrasia ipsa esset paulo insolentior, atque minus consueta, *condere Parthos, condere Bactrianos*, glossema suum addidit (i. e. *Parthicum et Bactrianum imperium ipsi condiderint*); quæ verba posterius în contextum operis sine judicio recepta sunt. Ut ut erit, ut ut judices, sunt isthæc expungenda; et fontem ipsum erroris videor aperuisse. Ad id confirmandum quod a me dictum est superius, delendam esse sc. lineam illam (*Parthicum et Bactrianum imp. i. condiderunt*), hoc apprime facit, quod in impressis quibusd. legitur, (*Mox Parthicum et Bactrianum, &c.*) Ubi nemo non videt, isthuc *Mox* ex barbaria illorum seculorum natum esse pro, modo, s. paulo superius, &c. Quo glossemate studiosus aut alios aut seipsum ad locum illum superiorem remittebat; at tu, lector, cogitabis. *Fab.*

§ 7 *Genus et laboribus et bellis aspera*] Hoc genus loquendi, ut perquam Auctori nostro, sic et aliis Scriptoribus placuit, nempe ἐν διὰ δυοῖν. Pro quo XIII. 1. ' Labores bellicos.' Sic tamen et Ov. III. M. 32. 'Martius anguis erat cristis præsignis et auro.' Et Virg. XI. Æ. 126. 'Justitiæne primus mirer, belline laborum?' Supr. cap. 2. ' Lanæ ac vestium usus :' et XII. 6. ' Quantum fabularum et invidiæ.' *Gronov.* Mss. aliqui *et laboribus et bellis,* quod non displicet, ob emphasin oppositionis, quæ perit pæne per omissionem conjunctionis alterius, cum præsertim ' labores' significatione strictiori notent molestias in pace, ex incerto isto cultu agrorum et laboriosa pastione pecorum, de quibus cap. præc. *Schef.*

Parare] Pro, parant ; infinitum pro finito. Sic et XXXVI. 4. 2. et XLI. 3. 8. *Vorst.* *Parare* pro, parant, inquit Vorst. Mallem ego cum seq. ' concupiscunt' construere. *Schef.* Tres Angl. *paravere.* Græv.

Nihil victores, &c.] Supr. I. 1. 7. Pulchra in hanc rem dissertatio Phil. Camerarii Hor. subcis. Centur. I. 78. *Bern.*

§ 8 *Bellum indixit*] Oxonn. ex uno cod. ediderunt *b. intulit.* Græv.

Vexoris] Ita boni libri: alii *Vixo-*

ris: quidam *Besoxis.* Oros. Ms. I. 14 ' Vesoges.' Florent. ed. b. l. et I. 1. 6. supposuit *Sesostres*, cont. libros, opinor, quia Herod. lib. II. refert, eum Scythas subegisse. Jornandi est ' Vesosis.' *Bong.*

Vexores rex Ægyptius] Lege quoque hic, ut supr. *Sesosis.* Sed miror equidem, quod Just. hic dicat, Scythas vicisse Sesosin, sive Sesostrem, et in regnum repulisse ; cum Herod. Dicæarch. Diod. et alii prodiderint hunc Scythas subegisse, omniumque, quas adierit, gentium fuisse victorem. Trogum tamen secutus est Val. Fl. lib. v. ' Ut prima Sesostris Intulerit rex bella Getis; ut, clade suorum Territus, hos Thebas patriumque reducat ad amnem; Phasidos hos imponat agris, Colchosque vocari Imperet.' *Vos.*

Lenonibus] Hanc vocem omnes præter unum vett. agnoscunt, et probat P. Danielis Ms. Glossarius. ' Leno, i. e. mediator,' inquit : ' qui ap. Italos dicitur *Ambassator.* Unde Trogus Pomp. in secundo Historiarum : ' Præmissis lenonibus, qui hostibus parendi legem indicerent.'' *Bongars.* Nec abeunt Glossæ Isidori. Neque vero mirand. *lenones*, flagitii propudiique ministros, de re honesta usurpari : sicut contra ' conciliator' et ' conciliare,' voces honestæ, ad hoc turpe ministerium postea sunt traductæ. Nam et Plato in Gorgia coquo oratorem assimilat. Certe Socrates ap. Xen. in Conviv. testatur, uno ' lenocinio' se confidere vel maxime : ea est ars conciliandi amicitias. Atqui ea legati ars est inter præcipuas : vid. Burdelot. in Petron. p. 203. m. *Berneccer.* Reposuerunt Oxonn. ex tribus Mss. veterum edd. scripturam, *missis primo legatis,* quam et Juntina agnoscit. Sed cum *lena* in bonam accipiatur partem pro conciliatrice, ut ap. Ov. ' Maxima lena mora est ;' et *lenocinium* ap. Nostr. XI. 12. ' Nec a se quicquam factum in hostis adulationem, nec quod in dubios belli exitus aut in leges pacis sibi lenocinia quæreret,' h. e. quæ facilius sibi pacem sint conciliatura, et veniam impetratura: et *lenocinari* sæpe: Cic. de Orat. ' Ipsa sollicitudo commendat eventum, et lenociuatur voluptati:' cur ergo non 'leno' quoque in bonam accipiatur partem, pro pacis conciliatore? Igitur non repudianda lect. quam in antiquiss. libris eruditi viri invenerunt. *Græv.* Scribend. est *legatis,* non *lenonibus.* Cur ita sentiam duæ res faciunt. Prior, quod jam dicet Justinus, 'Scythæ legatis respondent,' (non *lenonibus*). Altera quod ita in duobus Mss. legitur. Aliud item est amplius quod moneam; pro *missis* legend. *præmissis; ut* lib. IX. 'Scythica bella aggreditur, præmissis legatis.' Quare autem isthuc *primo* non placeat, facile videas. Si enim *primo* ponas, oratio postulat ut addas *mox, dein, postpaulo,* et quæ sunt ejus generis. *Faber.* Antiquiores edd. *missis prius legatis:* sed Bong. subjecit *lenonibus,* quod in omnibus Mss. præter unum id reperiret. Ipse tamen Just. mox et ' legatos ' appellat. *Vor.*

Legem dicerent] Eod. modo Liv. XIII. 49. ' Neminem alium quam ipsos legem dicturum.' *Gron.*

§ 10 *Stolide*] Ms. *colendi.* Unus *italide,* quod ad vulgatam lect. proxime accedit, quam sequutus est Orosius. Hic locus explicat, quod Scythicus legatus ap. Curt. VII. 8. 27. ait ' suis patuisse iter usque in Ægyptum.' *Bongars.* Mss. plures hic habent *colendi,* aliquis et *italide,* unde auspicabar Nostrum forsitan scripsisse *calide,* eo sensu, quo imprudenter, incogitanter, et præcipitanter factum denotat, et quomodo ' calida consilia' ipse Cic. usurpat. Sane illud *stolide* durius videtur, quam ut negotio huic conveniat. *Schef.*

§ 11 *Belli certamen*] Alii habent *bello,* unde quis conjiciat, id verbum

hic intrusum ex glossa, cum præsertim paulo ante præcedat idem vocabulum in istis, ' occupasse bellum.' *Id.*

§ 13 *Nec dicta res morata*] Ita Flor. III. 3. 9. ' Nec segnius quam minati fuerant,' &c. *Berneccer.* Ov. IV. M. 546. ' Res dicta sequuta est.' Et Apoll. Rh. IV. 103. Ἔνθ' ἔπος ἠδὲ καὶ ἔργον ὁμοῦ πέλεν ἐσσυμένοισιν. *Gron.*

In regnum se recepit] Angli ex tribus Mss. *in r. trepidus se rec.* Sic et ed. Junt. *Græv.*

15 *Asiam, &c.*] Hegesipp. V. 16. p. 355. ed. Colon. ' Nostri sacerdotales infulas Babyloniis vectigales fecere.' Saxo VIII. p. 147. 41. ' Jutiam vectigalem effecit.'

§ 16 *Per legatos denuntiantibus*] I. e. cum illæ denuntiarent; idque per ablativum liberum et absolutum, ut vocant. Scio quidem ex regulis artis scribend. fuisse *denuntiantium;* sed et sic alibi locutus est Just. ut XVIII. 1. ' Additis Samnitium et Lucanorum precibus, et ipsis auxilio indigentibus.' Ubi manifeste dicere debuisset *indigentium,* si præcepta Grammaticæ, quam animi sui judicium, sequi maluisset Justinus; sed aliter eum l. interpretari debes; sic videl. cum et ipsi Lucani auxilio indigerent. Ita VI. 2. ' Sed Cononem seditio militum invadit....eo instantius debita poscentibus, quod,' &c. En tibi et aliud exemplum XXX. 3. ' Huc accedebat quod Romani, Pœnis et Annibale superato, nullius magis arma metuebant; reputantibus, quantum motum Pyrrhus parva manu Macedonum in Italia fecisset.' Vides, ' Romani,' ' reputantibus;' quod posterius abstractum est et divulsum a suo subjecto, ' Romani:' neque h. l. variant edd. ullæ, neque Codd. Mss. Et tamen istud ' reputantibus' pro corrupto haberi debere crederes, nisi hanc loquendi consuetudinem secutus esset Justinus. Addo amplius, quod ego inprimis animadvertendum

arbitror; ut interdum ablativis liberis utitur Just. ita et nominativis:
XXII. 4. ' Hujus consilii non minus
admirabile silentium quam commentum fuit; populo hoc solum professus,
invenisse se victoriæ viam,' &c. Ibi
enim ' professus' nominativ. est ab-
solutus. Ita et alibi: ' Hæc considerans, pigere eum cœpit,' pro, Cum
hæc consideraret, tum eum pigere
cœpit. Est quoque aliud exemplum
in VII. Cujus haud equidem commemini satis. At in XI. 7. hoc expressum est, et disertum: ' Percontatus
eam quem potissimum augurem consuleret, illa respondet,' &c. Denique et multa ejus generis ap. Homerum literarum parentem animadverti; sed in hoc oppido Græcos charac-
teras non habeo queis uti possim nisi
invitus. *Faber.* Aliquis Cod. Ms. et
antiquiores typis expressi, ut Junt.
Bech. et alii, habent *denuntiantium:*
id quod Grævio et placet. Et assentirer ipse, nisi Auctorem et alibi casu
sexto participii ita usum, et casum
sextum pronominis subaudiend. reliquisse, scirem. Inf. VIII. 5. 10. ' Verentibus ne ipsæ lacrymæ pro conta-
macia haberentur.' Rursus XXIII. 2.
5. ' Ex qua desperatione bellum inter
filium nepotemque ejus, regnum jam
quasi mortui vindicantibus, oritur.'
Ubi Grævius ex ed. Junt. legere
mallet *vindicantes.* Sed vid. plura id
genus inf. in Notis ad VIII. 5. 10.
Vorst. Alii *vindicantium.* Sed mutand. nil videtur. Consule Vorst.
h. l. *Schef.*

Nec passuras, ut in posteritatem]
Freinsh. rescribit ita: *nec p. in posterum, ut, &c.* Bene, ut puto: si tamen Just. ita scripsit, qui non ubique
nimis bene. *Berneccer.* Jo. Peyrare-
dus, nobilis Aquitanus, legit, *nec p.
ut sine posteritate, &c.* Voss. Freinsh.
legi malit, *in posterum; idque ante
' ut.'* Verum quia nullus Ms. qui sic
habeat, laudari potest, retinend. potius *in posteritatem.* Quod tamen

nihil aliud hic esse potest quam, in
posterum, deinceps. *Vorst.* Cogitand.
an non a Justini manu fuerit: *in pos-
teram ætatem,* post compendiose scriptum, *in poster. ætatem:* mox conjunctim *posteratatem,* et sic factum *posteritatem.* Schef.

§ 17 *His igitur....imposuit*] Hoc
etiam arripere poterant isti Præada-
mitarum Somniatores. Hinc enim
planissime conficitur, Scythas inva-
sisse Asiam Meridionalem annis 1500.
(non adeo multi desunt) ante dilavi-
um universale; quod quale sit omnes
videre possunt: cum illa eluvies acciderit A. M. 1656. et post paulo
regnarit conditor ille Assyriorum
Ninus. Sed hæc, uti dicebam superius, inter fabulas referre, quam inter
certa et stabilia veteris historiæ monumenta, multo fuerit consultius.
Nam isthuc plane verum est, Ethnicorum antiquitatem totam pene fabulosam esse; quod primi illi Ecclesiæ
Christianæ Doctores multis sæpe
argumentis probavere. *Faber.*

CAP. IV. § 1 *Duo regii juvenes*] Totum h. l. cf. cum Oros. I. 15. Et de
Amazonibus quædam Herod. IV. Multa Diod. II. et Strab. II. qui hæc
fabulosa judicat. Vid. et Ammian.
XXII. et Eustath. in Dionysium, et
Steph. in Ἔφεσος. *Bongars.* Ylinon
Oros. ubi hæc excerpsit, i. e. lib. I.
c. 15. vocat ' Plinon.' Estque ita in
antiquioribus quoque typis expressis.
Vorst.

§ 2 *Cappadociæ*] Oros. Capp. Ponticæ. Legend. ex Ms. *Ponticæ.* Boug.

Thermodonta] Hinc. et Ov. IV. Pont.
10. ' Et tu femineæ Thermodon cog-
nite turmæ.' Et Propert. III. 2.
' Qualis Amazonidum nudatis bellica
mammis Thermodonteis turba lavatur
aquis.' *Gronov.* Junt. *Thermodoonta.*
Utrumque dicitur, *Thermodon* et *Ther-
modoon.* Græv. Diod. IV. 16. ' In
Pontum vela facit [Hercules] et Ther-
modontis fluvii ostiis invectus prope
Themiscyram urbem, in qua regia

Amazonum erat, castra ponit.' Steph.
περὶ Πολ. Θεμίσκυρα πόλις ἧ ἐστιν ἀντίον
Θερμώδοντος, καὶ οἱ οἰκοῦντες τὴν χόραν
Θεμισκύριοι. Legend. autem non ut
quidam edidere, *Themiscyroos*, sed
Themiscyrioe. Id enim et analogia
requirit, et, ut Bong. in V.L. notavit,
habent codd. Mss. Sed et Oros.
prædicto l. habet, ' Campis Themi-
scyriis sibi subjectis.' Sed idem Oros.
τὸ ' subjectos ' non recte cepisse videtur ; neque enim Just. ipse habet
sibi subjectos Themiscyrios campos ; sed
' subjectosque:' ipsumque encliticum
' que ' argumento est, Justinum τὸ
sibi non addidisse. *Vorst.*

§ 6 *Singulare omnium seculorum exemplum. Auxere remp. sine viris*] Cum
Mss. omnino omnes præferant *exemplum auxœ remp. s. v.* aut certe *ex.
agere semper s. v.* ausim reponere
*Sing. o. s. ex. auxœ. Auxere remp.
sine viris:* ut ita dixerit *audere exemplum* Just. ut ' audere pugnam ' Tac.
Virgil. vero, ' audere in prœlio :' vid.
Novantiquas nostras Epist. xcix.
Mod. Secutus sum nixam fide Mss.
emendationem Fr. Modii, nisi quod
post *auxœ* punctum in subdistinctio-
nem mutavi. *Audere exemplum* eo
modo dicitur, ut ap. Tac. A. xiii. 36.
l. ' audere pugnam :' et alibi, ' audere codicillos,' ' machinas,' ' op-
pugnationem,' ' stuprum,' ' ultionem,'
&c. Ceterum, non tam vero quam
huic narrationi similia, de puellis
Bohemicis, Velasca duce, principatum in viros occupantibus, habet Æn.
Sylvius Bohem. cap. 7. *Bernecccer.*
Gronov. ex vestigiis Mss. legit : *Sing.
o. s. ex. auxœ, remp. agere s. v. jam
etiam cum contemtu virorum se tuentur:*
aut, quod elegantius existimat : *Sing.
o. s. ex. auxœ, remp. s. v. jam, &c.* Obs.
iv. 14. *Grav.* Antiquiores edd. *auxœ*
non habent. Quod autem Modius
in Mss. id observasset, in textum recepit Bernecc. Observavit et Gronov.
Sed miratur idem, quod Mod. et Bernecc. non offensi fuerint τῷ *auxere*,

idque simul consistere posse crediderint ; cum et ratio et Mss. Codd.
illud improbent. Codd. Mss. uti
Bong. in Var. Lect. testatur, habent,
ex. auxœ semper agere s. v. et *auxœ
remp. augere s. v.* Unde Gronov. legend. putat, *Sing. o. s. ex. auxœ remp.
agere s. v.* Phrasi *remp. agere* usi et
alii. Jul. Capitolinus Antonino Pio :
'Maxime cum et semper rempublicam bene egisset Antoninus.' Vopisc. in Probo : ' Exemplar agendæ
reip.' Illud *auxere*, quod edd. vett.
habent, quodque Bong. et Bernecc.
retinuere, conflatum videtur ex eo
quod in Codd. Mss. apparet, *auxœ
agere.* Vorst. Probo emendationem
Gronovii legentis, *auxœ remp. s. v. &c.*
et illud *auxere* natum suspicor ex
præced. *auxœ*, pro quo supinus librarius fecit *auxœ*, cui deinde ex seq.
voce alius syllabam *re* adposuit. Sed
mox in verbis *virorum se tuentur* illud
se expungo, cum alias oratio non
recte cohæreat. *Schef.*

§ 7 *Viros interficiunt*] Inde Ὀλόφυα-
τα, h. e. ἀνδροκτόνοι, Herod. iv. 110.
Bong.

§ 9 *Pace, &c.*] Saxo 3. p. 249. 27.
'Ericus quæsitam armis pacem justitiæ ornamentis excolere cupiens.'

Ne genus] Angl. *ne gens*, quod est
ex glossa. Nam vocem *genus* ita usurpat et in seqq. ubi servat et Angl.
' Genus Scytharum esse.' Sic Nepos
in Regibus 2. ' Ex Macedonum genere duo.' Sic alibi sæpissime. *Grav.*

Concubitum] Oxon. *concubitus.* Id.

10 *Interficiebant*] Aliter Jornand.
Getic. c. 8. ' Quicquid partus mascu-
lini edidissent, patri reddebant,' &c.
Qua ratione adhuc hodie præcipuas
Africani regis Monimopatæ legiones,
quas ex mulieribus in certam aliquam insulam detrusis conscribit,
femellas sibi reservare, masculos patribus transmittere, scribit Eduard.
Lopez. lib. ii. de Regno Cong. cap. 9.
Bern.

In eundem ipsis morem] Ita in Mss.

credo, legit Bong. Ante ipsum editum fuerat *in e. ipsum m.* Est autem *in e. ipsis m.* pro, in e. m. in quem ipsæ; et quidem per Græcismum: quo de Vechnerus in Hellenolexia agit. Græci dicunt ταὐτὸ ἐκεῖνο, eorumque exemplo Latini, *idem illi.* Lucret. III. 'Eadem aliis sopitus quiete est.' Horat. ad Pis. 'Invitum qui servat idem facit occidenti.' Vid. et lib. nostrum de Latinit. Mer. Susp. p. 227. *Vorst.*

§ 11 *Dexterioribus mammis*] *Dexterior* pro dextero, et similiter *sinisterior* pro sinistro dicunt. Sic et XXXI. 8. 6. 'Dexterius cornu.' Galba in Epist. 30. lib. x. Epist. Cic. 'Dexterius cornu,' 'sinisterius cornu.' Varro II. de R. R. 'Dexterior pars cervicis.' Vid. et Suet. Tib. 6. *Id.*

§ 12 *Marthesia et Lampeto*] Scribe *Marpesia et Lampedo.* Græcis Μαρπησία καὶ Λαμπεδώ. Hæc Lampedo inter Pleiadas olim relata est: sed postea alia in ejus locum substituta est. Verum hæc nos alias. Voss. Ms. unus Bongarsii, *Marcesia.* Legend. *Marpesia*, ex Jornande et vett. edd. Diod. IV. 16. 'Marpen' videtur appellare. Recte Voss. *Lampedo*, et sic Junt. Ceterum et Oxonn. ex uno Ms. pro *duæ in his reginæ* reposuerunt *duces iis fuere.* Græv. Dixeram librario scribend. esse *Marpesia*, nec dixeram modo, sed et manu ipse mea prænotaveram; id tamen neglectum fuit. Sequi autem veras lectt. decrevi, quæ fide vel historiæ vel fabulæ nituntur; alias nil moror. Inde est quod inf. excudendum curavi *Otreræ* pro *Oritkya*, quod et falsum est et contra fidem historiæ. Poterat tamen et *Otrere* scribi et *Otrereia*, quemadmodum dicimus 'Penelope,' 'Penelopa,' 'Penelopea,' et 'Penelopeia,' atque alia ad eam formam; de qua Græculi magistri ad fastidium usque. Ceterum seu *Lampedo* scribas, seu *Lampeto*, nil sane interest; imo et *Lampito* legi posset. At hoc

nequeo tacere; cum et 'Otrera,' et 'Lampeto,' et 'Hippolyte,' et 'Penthesilea,' et 'Menalippe,' et 'Antiope,' &c. nomina omnia sint Græcanicæ originis, vel hinc facile appareat, quæ de Amazonibus dicuntur, ea esse otiosorum hominum somnia; nil aliud. Quomodo enim Græcæ appellationes ad Scythas? Itid. plane ac si quis e Turcis principibus Bernardus aut Willelmus diceretur, aut Bertramus. *Faber.* In Codd. Mss. Orosii, et, unde is excerpsit, Justini, legi *Marpesia*, testatur Franc. Fabricius. Et vocat quoque ita Jornandes. Sed et ipsi Græci Μαρπησσίαν vocant. Alterius reginæ nomen in antiquioribus typis expressis est *Lampedo*: et in auctoribus Græcis item Λαμπεδώ. *Vorst.* Angl. *duces iis fuere*: placet. *Schef.*

Vicibus gerebant] Hoc *vicibus* mihi est suspectum, cum nec positum sit suo loco, si cum 'alternis' cohæret, quod arbitrantur. Ego potius existimo ex glossa natum, qua quis illud 'opibus' per, viribus, exposuerat. Ex, viribus, deinde ab emendatore quodam factum *vicibus.* Locum totum denique sic distinguo: *quæ, in duas partes agmine diviso, inclytæ jam opibus gerebant bella solæ, terminos alternis defendentes.* Gerebant bella solæ, i. e. solitariæ, una quævis per se sine societate alterius, idque alternis, dum alternis defendunt fines. *Schef.*

Solæ terminos] Scribe *soli* h. e. ditionis. *Freinsh.* Freinshemius *soli*, i. e. agri, finium, regionis. *Faber.* Angl. *soli.* Probarem si adjectum haberet cujus *soli.* Nam sic simpliciter positum est ambiguum, de patrione an peregre quæsito debeat intelligi: vid. notas nostras. *Schef.*

Alternis] Sc. vicibus. Ita Vett. edd. Bong. *alterno*, quod nescio an idem sit cum, alternatim. Paulo ante pro *solæ* Freinsh. legit *soli*, h. e. ditionis. Valde probabiliter. *Berneccer.* Ait

Bernecc. ad *alternis*, pro quo Bong. *alterno* edidit, subaudiend. esse, vicibus. Sed diserte id. illud hic apparet, et modo trajectum videtur. Quid si ergo legamus, *Alternis vicibus gerebant bella?* Pro *sola* in antiqnioribus edd. est *sollicitæ* ant *sollicite*. Sed Freinsh. conjecit pro *sola* legend. esse, *soli*, i. e. regionis, *termines defendentes*. Vorst.

§ 13 *Et ne successibus*] Inde votum Alexandri ap. Curt. VIII. 8. 28. ' Utinam Indi quoque Deum esse me credant. Fama enim bella constant,' &c. De D. Augusto Philo Judæus lib. de Legatione ad Caium : ' Accepit divinos honores, non quod probaret : sed quia videbatur hoc postulare amplitudo imperii, cui veneratio quædam parabatur his artibus.' Videndus omnino D. August. Civ. D. III. 4. ubi de sententia Varronis, ' utile esse, ut se homines ex Diis genitos mentiantur.' *Bern.*

Genitus se Marte] De una tantum id narrat Diod. cujus nomen non exprimit : et Apollonius II. Amazonas Martis et Harmoniæ Naiadis genus esse tradit. Quæ hic *Marthesia* dicitur, eam Jornand. ' Marpesiam' vocat. *Bongars.* Hygin. cap. 30. Hippolyten, et c. 112. Penthesileam, Martis et Otreræ filiam facit. *Vorst.*

§ 14 *Majore parte Europæ*] Inde est, credo, quod Poëtæ Amazonas ' Threicias' vocant, et sagittas item ' Threicias' illis tribuunt. *Id.*

Asia] Suet. Cæs. 22. 4. ' Magnam' inquit ' Asiæ partem Amazonas tenuisse quondam.' Asiam accipe Minorem, non illam, quæ tertia pars Orbis habetur. *Berneccer.* Asiæ Minoris puta : in qua, ut sequitur, novas quoque civitates condidere. *Vor.*

§ 15 *Ibi Epheso multisque urbibus conditis*] ' Otriram' Amazona, Martis uxorem, templum Dianæ condidisse prodidit Hygin. cap. 223. et 225. *Vor.*

Dimittunt] Edd. vett. *remittunt*. Vor.

§ 17 *Orithya*] Sic est in omnibus scriptt. lib. et impressis quibusd. Vulgo *Otrera :* et ap. Apollonium lib. II. Ἀμαζονίδων βασιλειαι, Ὀρφηντε καὶ Ἀντιόπη. Sed in hac historia mire variant auctores. Vid. Plut. in Theseo, et Diod. II. et IV. Pausan. in Atticis. *Bongars.* Amazonis hoc nomen transpositis litteris corrumpitur. Scribend. enim *Otriria* pro *Orithya*. Græcum est Ὀρφρη Apollonio, pro quo alii dixere Ὀρφρεια, ut Καλλιόπη, Καλλιόπεια. Inde *Otreria* vel *Otriria* Trogo. Grotius hoc certissimum habet. Nam *Orithya* Atticum nomen est. *Sal.*

Filia ejus Otrere regno succedit] In Ms. supr. scriptum erat, legend. esse, *Sinope*. Et sic quoque legerunt sequioris ævi scriptores, huj. compilatores. Sinopen Amazonum unam fuisse, et ab ea urbem dictam, testatur Andron ap. Etymologici Magni auctorem, in voce Σινώπη· Ὁ δὲ Ἄνδρων φησὶν, μίαν τῶν Ἀμαζόνων φυγοῦσαν εἰς Πόντον παρὰ τὸν βασιλέα τοῦ τόπου, πίνουσάν τε πλεῖστον οἶνον, προσαγορευθῆναι Σινώπην. Μεταφράσει δὲ τοῦτο σημαίνει τὴν πολλὰ πίνουσαν. Atqui non Σινώπη significat τὴν πολλὰ πίνουσαν, sed Σανάπη, quomodo ei scribend. fuerat. Anctor Scholiorum ad II. Apollonii librum : Ἐπεὶ δὲ οἱ μέθυσοι σανάπαι λέγονται παρὰ Θραξὶν, ᾗ διαλέκτῳ χρῶνται καὶ Ἀμάζονες, κληθῆναι τὴν πόλιν Σανάπην. ἔπειτα κατὰ φθορὰν Σινώπη. Sic scribend. Hesych. Σανάπην τὴν οἰνώδη Σκύθαι. Sic lege. Vulgo enim conspurcatissimus locus iste Hesychii. *Voss.* Recte vidit Bong. legend. *Otrere*. Corrupte ap. Hygin. Fab. CLXIII. *Othrepte* dicitur. *Grav.*

Filia ejus Orithya] Bech. edidit *Otera :* et rectius Sich. *Otrera*. At Bong. in codd. suis Mss. reperit *Orithya*, idque pro altero substituend.

putavit, quem Bernegg. et alii sunt
secuti. Judicium Salmasii est, Amazonis istud nomen *Orithya* transpositis literis corruptum esse ex *Otreria;*
ipsum vero *Orithya* esse nomen Atticum. Vid. notas Berneggeri poste-
riores ad h. l. Apollonius lib. ii. manifeste 'Oρφρην vocat. Neque aliter
Hygin. Ut cap. 112. ' Penthesilea
Martis et Otreræ filia :' alibi tamen
una litera mutata *Otriram* vocat. Ut
c. 223. et 227. ' Amazon Otrira Martis conjux.' Rursus c. 30. ' Hippolyten Amazonam Martis et Otriræ
reginæ filiam : cui reginæ Amazoni
balteum detraxit, tum Antiopam captivam Theseo donavit,' Hercules puta ; cap. 163. ubi plures Amazones
recensentur, corrupte *Otxepte* dicta
videtur pro *Otrere.* Vorst. Codex
Angl. *Otreria,* ut optime conjecit
Salmas. *Græv.*

§ 18 *Rex, cui duodecim stipendia debebat*] De 12. certaminibus, quæ tanquam stipendia Euristheo debebat
Hercules, ut immortalitatem conse-
queretur, legendæ fabulæ, et Diod.
iv. *Bong.* Servius ad illa Virgil. vi.
Æn. ' Tartaream ille manu custodem
in vincla petivit :' ' Hercules,' inquit,
' a prudentioribus mente magis quam
corpore fortis inducitur, adeo ut duodecim ejus labores referri possint ad
aliquid : nam, cum plura fecerit, duodecim ei tantum adsignantur propter agnita duodecim signa.' Ludit
autem egregie in his Sen. de Morte
Claudii, ubi de eod. Hercule ait :
' Putavit sibi decimum tertium laborem venisse.' Cæterum præter ea,
quæ Servius affert, deprompta ex
capsis magni illius oratoris Isocratis,
notand. etiam hic illud videtur, ' stipendium' non tantum illud esse, quod
victis imponitur tributum vel res militare, aut annos militiæ ; velut cum
decem duodecimve stipendia aliquem
meruisse dicimus : sed etiam, quod
hic locus indicat, militiam et laborem

ac ærumnam ipsam, non secus atque
ap. Horat. Epod. xvii. ubi legere est :
' Quæ finis ? aut quod me manet stipendium ? Effare, jussas cum fide
poenas luam.' *Mod.* Hic 12. Herculis labores, 'stipendia' 12. sine con-
troversia vocantur. Unde 'poena' et
' labor' dicitur. Horat. Epod. xvii.
' Quæ finis ?' &c. Hæc Turneb. Adv.
xxx. 27. De 12. porro laboribus seu
certaminibus, quæ rex Eurystheus
instinctu Junonis imperabat Herculi,
casibus eum objecturus, legendæ
fabulæ, et Diod. iv. Tangit etiam
Plin. Paneg. c. 14. fin. et alludit
Sen. in Apocoloc. ' Putavit sibi decimum tertium laborem venisse.' *Bern.*
Liv. xxx. 28. ' Annibalem exercitum
æqualem stipendiis suis ducere :' et
Sall. Ju. 65. ' Homo veteris prosa-
piæ ac multarum imaginum et nullius
stipendii.' Hæc autem 'stipendia'
Cic. ii. Fin. 35. vocat 'ærumnas :'
Virgil. 'labores :' alii 'expeditiones.'
Gron. ' Duodecim stipendia' vocat,
quæ alii 'duodecim labores' et 'certamina' appellant. Et 'stipendiorum' vox consentanea ei quod mox
sequitur verbo 'debere.' *Stipendium*
enim inter alia tributum significat,
quod ut debitum gentes devictæ
pendunt. Suet. Cæs. 25. ' Omnem
Galliam in provinciæ formam redegit, eique quadringenties stipendii nomine imposuit.' Hinc 'provinciæ
stipendiariæ' dicuntur, quæ tributum pendunt. *Vorst.*

Quasi impossibile] Hanc vocem qui
damnant, ii mihi fastidiosuli et deli-
catuli videntur, cum eam usurparint
et Apuleius et Quintilian. cujus ap.
me auctoritas, ut debet, semper gravissima erit. *Fab.*

§ 19 *Prefectus longis novem navibus*]
' Longæ naves,' ut Isidor. xix. 1. ait,
' dictæ eo quod longiores sint ceteris.' Erant autem naves bellicæ, et
ab onerariis discernebantur. Liv.
xxv. 22. ' Bomilcar centum triginta

navibus longis et septuaginta onerariis profectus est.' Cæs. v. B. G. 25. 'Naves longas paululum removeri ab onerariis navibus ac remis incitari jussit.' *Vorst.*

§ 20 *Duæ tum sorores Amazonum regnæ tractabant*] Antiquiores typis expressi, *D. ex quatuor tum sor.* quod ei, quod sequitur, satis est consentaneum. Sequitur enim, duas sorores Antiopæ, Menalippen et Hippolyten, captas esse. Fuere igitur istæ quatuor, Antiope, Otrere, Menalippe et Hippolyte. *Vorst.* Junt. stat quoque pro hac lect. *Græv.*

§ 21 *Nihil, &c.*] Saxo XIV. p. 286. 26. 'Tunc Absalon Rugiam nihil hostile metuentem cognoscit.'

§ 22 *Repentino, &c.*] Saxo XV. p. 368. 32. 'Hac fama Scaniæ populus excitus.'

§ 23 *Sorores captæ sunt*] Illud *capta sunt* Mss. non agnoscunt, et præcedit proxime *captæque;* itaque rectius, et elegantius, cum omittitur. *Scheff.* Assentior Scheffero qui *capta sunt* perperam repetitum hic existimat, cum id ἀπὸ κοινοῦ ex verbis proxime præcedd. sit repetend. quod cum *et* Mss. confirment, quid est cur dubitemus veterem eamque sanam lect. reponere? *Græv.*

§ 24 *Obtenta in præmium captiva, &c.*] Forte legend. *obtentam in p. captivam, &c.* ut habent quidem multi ex antiquis Codd. sed immodice retinent *eandem,* quæ vox tum delenda est. *Gron.*

§ 25 *Menalippen .... accepit*] 'Pretium' pro mercede, λύτρῳ, ut sæpe Fuit autem balteus: Hyginus cap. 30. 'Hippolyten Amazonam, Martis et Otreræ filiam: cui reginæ Amazonum [sic enim legend. videtur] balteum detraxit, dum Antiopam captivam Theseo donavit.' Diod. IV. 16. Herculem de captivis Antiopam Theseo donavisse; Menalippen vero balteo sese redimentem liberam dimisisse scribit. *Vorst.*

Pretium, &c.] Oros. et Frec. 'Et arma reginæ pretio redemtionis accepit.' Leid. 1. Freculphi *pretium.*

§ 26 *Hortatur comites*] Antiquiores typis expressi addunt *in ultionem:* quod genuinum esse, nec abesse posse, videtur. *Vorst.* Angl. auctius *hort. com. in ult.* Puto esse hoc augmentum ex glossa. Nam et alibi Noster illud *hortari* ponit ita absolute, ut n. 3. 'In transitu hortatus Thessalos fuerat.' *Scheff.* Justina cum vett. edd. nonnullis, *hort. com. in ult.* quod probat Vorst. et Oxonn. receperunt ex tribus Mss. in quibus invenere. Sed non dubito, quin hæc verba *in ult.* a sciolis et indoctis descriptoribus fuerint addita, qui ignorarunt 'hortari' simpliciter esse, confirmare, animare. Just. XI. 1. 'Queis rebus velut medela quædam interventus Alexandri fuit, qui pro concione ita vulgus omne consolatus hortatusque pro tempore est, ut et metum timentibus demeret, et spe omnes impleret.' In seq. cap. 3. 'In transitu hortatus Thessalos fuerat:' et XIV. 3. 'Eumenes, qui auctor cladis erat, nec aliam spem salutis reliquam habebat, victos hortabatur.' Nep. Milt. 6. 'Ut in decem prætorum numero prima ejus imago poneretur, isque hortaretur milites, præliumque committeret.' Sane sapit sequiorum temporum Latinitatem *hortari in ult.* Trogus, et qui ejus premit vestigia, Just. scripsisset, credo, *hortari ult.* aut *ad ult.* Poëtis tamen testimonium, ni fallor, denuntiare possunt, qui vett. edd. lect. tuendam suscipiunt. In Auctuario Notarum suarum Schefferum quoque vulgatam defendere video. *Græv.*

Si Græc., &c.] Saxo XIV. p. 287. 14. 'Periculo se quam rubori patere malle:' p. 350. 6. 'Ceterum insidiarum periculis patere malle.' Saresber. VII. Policr. 2. init. 'Cum et professio scissa sit, et pro parte tam risui pateat quam errori.'

§ 27 *Cladem virorum*] Quod viri earum conspiratione populorum per insidias trucidati essent, ut scribit supra II. 3. 4. *Vorst.*

Assecutusque virtute] Angl. *per virtutem.* Alterum est ex glossa. Lect. vulg. mihi genuina videtur. *Scheff.*

§ 31 *Penthesilea*] Servius ad illud Virgil. ' Ducit Amazonidum lunatis agmina peltis Penthesilea furens :' ' Furentem ideo,' inquit, ' dixit, quia. sororem suam in venatione confixit, simulans se cervam ferire. Sed hoc per transitum tangit : nam hic furor bellicus intelligitur, aut *furens*, quia majora viribus audebat. Hæc autem Martis et Otreris filia fuit, quam Achilles cum adversus se pugnantem peremisset, post mortem ejus adamavit, honorificeque sepelivit.' Hæc, inquam, ad illum Virgilii locum Servius noster manu exaratus Fuldensis, non Pseudo-Servius ille vulgatus, ap. quem pleraque et meliorem horum partem non invenias. *Mod.* Amazonum regina, quam auxilio Trojanis venisse proditum, et ab Achille occisam. Quam cum, sepulcro ut condecorarent, Græcia persuadere vellet Achilles, atque Thersites eidem opprobria objiceret, ictu pugni occisus. Tunc Diomedem, Thersitæ cognatum, in Scamandrum fl. projecisse cadaver Penthesileæ proditum est. *Bernec.* At Penthesileæ tamen nusquam meminit Homerus. Sed Virgil. I. Æn. ' Ducit Amazonidum lunatis agmina peltis Penthesilea furens, mediisque in millibus ardet, Aurea subnectens exertæ cingula mammæ Bellatrix, audetque viris concurrere virgo.' Cum autem multa ab Homero mutuatum esse Virgilium pueri sciant, hoc quoque ex eod. fonte haustum esse crederent ; sed moniti non facient. Hic nuper gravissime erravit vir clariss. inter scriptores nostros, quem parcam appellare. *Faber.* Penthesileam hanc ipsius Otreræ et Martis filiam fuisse proditum est. Vid. Hygin. cap. 112. *Vorst.*

§ 32 *Usque tempora*] Angl. *u. ad t.* Nil arbitror mutand. Noster statim ab initio : ' Terminos usque Libyæ perdomuit.' Et paullo post 5. 8. ' Usque tempora Jancyri regis,' locutione simillima. *Græv.*

§ 33 *Concubitu Alexandri per dies* XIII. *ad sobolem ex eo generandam obtento*] Ita emendavi dudum ex Curtio meo, qui ait : ' XIII. dies in obsequium desiderii ejus absumti sunt :' nec hic tantum ita emendavi, sed et XII. 8. ubi male antea legebatur : ' Ob hoc XXX. diebus otio datis, ut visa est uterum implesse, discessit.' Vid. notas meas ad Curt. Ruf. lib. VI. *Mod.* Inf. XII. 3. 5. et XLII. 8. 9. Curt. VI. 5. 42. *Bern.*

CAP. V. § 1 *Scythæ, &c.*] Vid. Herod. init. IV. qui non octo annos, sed viginti octo, domo afuisse Scythas narrat : quod sane probabilius est. Hic tamen contra consensum librorum nihil muto. *Bongars.* An eadem cum his ? certe simillima sunt, quæ Sal. Neugebaverus Commentar. Moscoviæ sub finem cap. 3. refert ex Annalibus Russorum : ubi de *Chlopigerod*, h. e. *servorum castro*, quem in l. servi ab heris in fugam versi se receperunt : vid. Arnis. de Rep. p. 186. f. *Berneccer.* Consentaneum ei quod supr. II. 3. 1. scribit, ' imperium Asiæ Scythas ter quæsivisse,' i. e. acquisivisse. *Vorst.*

Cum annis octo] Herod. IV. annis 28. Scythas domo abfuisse scribit. Cumque Justinum, ipsumque Trogum, ex antiquioribus hausisse hæc necesse sit, non absurdum fuerit hic mendum statuere, et legere *annis viginti octo.* *Vor.*

Liberis abfuissent] In Ms. quodam legitur *l. longe fuiss.* quod eruditius est, quam ut scribæ aut glossatori possit tribui. Sed neglexerunt, ut suspicor, qui hoc genus loquendi ne-acivere, ac substituerunt notius. Plin. Paneg. 25. ' Exspectatum est provisumque, ne quis æger, ne quis occu-

patus, ne quis denique longe fuisset.'
Schef.

§ 3 *Qui reversos cum victoria*] Illud
cum v. delend. nam et minus Latinum
est, et ex linea inferiore hanc translatum fuit per incogitantiam exscripto-
ris. *Fab.*

§ 4 *Dominorum jure*] *Dominiorum*
forte scripsit Noster, ut Sen. II. N.
Q. 32. ' Jus dominiumque.' *Gron.*

*Verbera in aciem, non arma, adferen-
da*] Juntæ cum aliquot editis juxta et
Mss. libris : *non tela ferenda* : quod
miror mutatum ab editoribus recentioribus. 'Tela' sunt quævis arma,
ut JCti notarunt. Pro sica posuit
Cic. I. Cat. pro hasta Ov. XIV. M.
pro cornu uri, Id. XIV. M. pro lapide :
pro venabulo Val. M. VI. 3. pro fun-
da Liv. XXVIII. 'Fundis ut nunc
plurimum, ita tunc solo eo telo utebantur.' Plin. IX. 45. 'Solidas habent ungulas, quæ non sunt cornige-
ra ı igitur eis telum ungula est.' Ov.
VI. M. 686. de Borea : 'Quid enim
mea tela reliqui, Sævitiam et vires,
iramque animosque minaces?' *Græv.*
In collectione variantium Lectt. positum est, *non tela*, quod quidem scio
esse Latinissimum, et Grævio summo
nostro probari ; tamen inclinat animus ut ed. vulgatam retineam, ob
hæc opposita sc. (*non armorum jure*)
(*sed dominorum*), (*verbera illis*) ergo
(*non arma adferenda*). Id quod artifices rhetorici haud improbabunt.
Nam figuram sequi debuit Justinus,
qui et rhetor fuit (ut ex infinitis pene
locis olfecisse videor): quod facere
non poterit, nisi si iisd. verbis utatur.
Fab.

*Verbera in aciem, non arma, afferen-
da*] In antiquioribus edd. Junt. puta,
Bech. Sich. imo et in quibusd. Mss.
pro *arma* est *tela*. Estque vox ea satis commoda. 'Tela' enim cujuscun-
que generis arma dicunt, quibus occidi aliquis aut prosterni potest. Nec
tantum quæ eminus jaciuntur, sed et
quibus cominus pugnatur, ipsique

gladii et secures, 'tela' dicuntur.
Nep. Datam. 'Telum quod latebat
protulit, nudatumque vagina veste
texit.' *Vor.*

§ 5 *Perculerunt*] Ita Mss. Herod. IV.
4. Οἱ δ' ἐκπλαγέντες. *Bong.*

Fugamque ... capesserent] Sic VI. 3.
' Spartiani [*Spartani* rectius : sed *Lacedæmonii* rectissime] fugam capes-
sunt.' *Gron.*

§ 8 *Jancyri*] Ea est sex Mss. constans lect. Hunc regem Oros. II. 8.
vocat 'Attyrum.' Ms. *Accirum.* Herod.
IV. 123. Ἰνδάθυρσον. qui et Σκόπασιν
et Τάξακιν, duarum aliarum Scythiæ
partium reges, commemorat. Ctesiæ
c. 17. Σκυθάρκης dicitur : 'Antiregyrus' Jornandi in Geticis cap. 10.
Bongars. Ap. Jornandem tamen pro
Antiregyrus, Grut. e Mss. Palatinis
Jancyrus substituit. Ap. Herodotum
vero Ἰνδάθυρσος f. pro Ἰνδάθυρος, et
ap. Nostrum *Jancyrus* pro *Indatyrus*,
vel *Idanthyrus*, scriptum ait cl. Salmas. ad Solin. 846. A. 1. Ἰδανθούρας
est nomen illius Scythici regis ap.
Clementem. *Berneccer.* Omnino scribend. *Idantyri.* Herodoto est Ἰδάνθυρσος, ut et Arriano lib. VII. Straboni Ἰδάνθυρσος. Plutarcho in Apoph.
Ἰδάνθυρσος. Multis enim vocabulis inseritur ἀφωνίας ergo, et plenioris to-
ni, τὸ ν ; ut, Ἀτέας Ἀντέας, Ἄμυρος Ἄ-
μυνρος, Thymodas Thymondas, Indi-
getes Indigentes, Carpetani Carpen-
tani, Callatia Callantia, et 600. ejus
generis. *Voss.* Ex tribus Mss. Angli
reposuerunt *Janthyri :* ut nullum dubium sit, legend. esse cum Salmas.
et Voss. *Idanthyri*, aut *Indathyri.*
Græv. Is. Voss. legend. censet *Idantyri.* Quod ante et Salmasio visum
fuerat in Exerc. ad Solin. p. 846. Et
facit huc nonnihil nomen Ἰανθύσου,
Scytharum regis, quod ex Arriani
Parthicis memorat Photius. Ceterum in lib. Rerum Indicarum ex Me-
gasthene Arrianus Ἰνδάθυρσιν Scytharum regem nominat. Quod nomen
nihil fere discrepat ab eo quod in lib.

iv. Herod. legitur, Ἰσδαθύρσου puta. Vor.

§ 9 *Cum filiæ, &c.*] Hanc tamen injustam belli causam recte decernit H. Grotius de J. B. et P. ii. 22. 7. *Gron.*

§ 10 *Armatis, &c.*] Frec. ' Cum sexcentis millibus armatorum.' Leg. ex utroque Ms. Leid. et Oros. *Cum septingentis m. a.* Herod. iv. 87. Τούτων μυριάδες ἐξηριθμήθησαν χωρὶς τοῦ ναυτικοῦ ἑβδομήκοντα σὺν ἱππεῦσι· νῆες δὲ ἑξακόσιαι συνελέχθησαν. Diod. ii. 3. Darium μετὰ ὀγδοήκοντα μυριάδων Scythiam ingressum refert.

§ 12 *Inde Asiam et Macedoniam domuit*] Hem nova res et plane inaudita. Nam unde redit Darius? Scythia Istriana. Ita est. Qua transeundum ipsi fuit? An per Asiam et Macedoniam? Nil magis falsum nec ridiculum magis. Legend. igitur est: *Inde Thraciam et M. d.* Circa hanc vocem bis quoque erratum fuisse inf. demonstrabimus, cum eo deventum fuerit. *Fab.*

Ionas] Herod. vi. init. *Bongars.* Reusneri Isagoga p. 209. *Bern.*

Navali pr.] Vincent. III. 34. ' navali bello.'

Cap. vi. § 1 *V. Ultra gesti fidem peracta*] Malim retinere vulg. lect. *patrata:* quod elegantissimo cuique veterum pro, perficere, in usu fuit. Quintil. viii. 3. ' Ductare exercitus, et patrare bellum, apud Sallustium dicta sancte et antique, ridentur a nobis.' Idem Sall. in De Rep. ord. ' Ea magis fortibus consiliis, quam bonis prœliis, patrata sunt:' et Tac. nescio quo l. ' Si patrandæ neci venenum mitteretur.' *Med.* Bong. *peracta.* Sed monitu F. Modii retinuimus vulg. hactenus lect. *Patrare pro,* perficere, elegantissimo cuique veterum in usu fuit, ut Sall. Cat. 56. 5. ' Incepta patrare.' Liv. xxv. ' patrare facinus.' Tac. ii. A. 82. ' patrare necem.' *Bern.*

Ultra spem gerendi] Notari hoc potuit, neque attigissem nisi alii non attigissent; nimirum istud ' gerendi' in notione passiva sumtum est. Sic alibi de quodam Macedonum Principe: ' Athenas quoque erudiendi gratia missus,' pro, ut erudiretur. Ita *videndi*, Virgil. pro, dum videtur, dum aspicitur? 'Uritque videndo Femina;' neque aliter Plaut. et Terent. optimi dicendi magistri, olim loquebantur. *Fab.*

Effectu majora quam voto] Inf. xxv. 4. 1. ' Nec eo, ad quod votis perveniendum fuit, erat contentus.' De votis bellicis Brisson. lib. 1. Form. *Vor.*

Paucis origo urbis] Impressi vett. habuerunt *verbis* pro *urbis*, quod f. repudiari non debuit. Certe illud ' crevere' nec ad *urbis* nec ad ' origo' potest referri. Quemadmodum, nec quod sequitur, ' soli gloriantur.' *Schef.* Sed quia refragantur Mss. non est loco movenda lect. vet. Seqq. sensum respiciunt, non verba, ut sæpissime ap. Nostrum et alios. *Græv.*

§ 4 *Advenæ*] Junt. *advena.* Id.

Eodem innati solo] 'Indigenæ' αὐτόχθονες, γηγενεῖς: *terrigenæ* Ausonio in Catologo Urbium: ' Nunc et terrigenis patribus memoremus Athenas.' Cic. pro L. Flacc. c. 26. 'Athenarum urbs vetustate ea est, ut ipsa ex sese cives suos genuisse dicatur. *Bongars.* Add. Plat. in Menexeno, Thucyd. i. 1. 8. Demosth. Orat. Funeb. et Eurip. Ione. Quidam tamen colonos Saitarum Athenienses dictitabant. Diod. i. 28. *Bernec.* Pro, in eodem innati solo, vel, eidem innati solo. Horat. ' Neglectis urenda filix innascitur agris.' Ceterum antiquiores edd. simplex *nati* habent; quomodo et sup. ii. 1. 9. legitur: ' Ibi primum homines natos videri debere, ubi educari facillime possent.' Quod autem homines terris generatos vett. crediderint, apparet etiam ex iis quæ sup. ii. 1. 6. et 18. Auctor de Ægyptiis scribit, ' prædicasse' eos, terras ceteras 'non potuisse primas generare homines.' Privatim vero de Atheniensibus prodidere alii, esse eos αὐτόχθονας, γηγενεῖς, terrigenas. *Vor.*

§ 5 *Primi*] De Atheniensium inventis Lucret. VI. init. Ælian. V. H. III. 38. Cic. pro Flacc. c. 26. *Bongars.* Ut et Paus. in Atticis. Strab. XIX. Thucyd. 1. Vell. Diod. I. Euseb. Chron. et alibi passim. *Ox.*

Serere frumenta] Inde ' frugum parens' hæc urbs appellatur a Flor. III. 5. 16. *Bern.*

Glandem] *Glandem* in Codd. credo, Mss. reperit Bong. ideoque sic scribend. putavit. Antiquiores typis expressi habent *glande*. Alteram tamen constructionem et inf. XLIV. 4. 11. reperias. Habentque talia et alii. Vid. Ind. v. *Vesci.* Vor.

§ 6 *Literæ certe*] Qua causa Diod. XIII. 27. pr. Athenas vocat κοινὸν πάντων ἀνθρώπων παιδευτήριον, *communem omnium hominum scholam:* Thucyd. II. 8. 38. παίδευσιν τῆς Ἑλλάδος, *Græciæ informatricem:* Cic. de Orat. I. 4. ' doctrinarum omnium inventrices :' et IV. Fam. 12. ' nobilissimum orbis terrarum gymnasium.' *Bern.*

Literæ certe ac facundia] Mirum, quam hic varient Mss. omnes. In plurimis Codd. legebatur *Ceria.* In Ms. Lugd. quem vidi, legebatur, *Literæ gregrecerte.* Unde ego conjiciebam, *Literæ egregia certe, ac facundia, et hic civilis ordo disciplinam, &c.* Quas ' literas egregias' vocet Justinus, nemo non videt. Voss. Noli dubitare quin verissima sit lect. *Literæ, ceremonia, ac facundia, &c.* Hanc lect. præfert etiam cod. Thuaneus. *Id.*

§ 7 *Regem habuere Cecropem*] De statu et mutationibus reipublicæ Atheniensium, multa paucis Strabo lib. IX. Vid. et quæ Paterculus I. 2. Primum regem faciunt Cecropem: alii Actæum, s. Actæonem αὐτόχθονα. Paus. Atticis, Eustath. in Dionys. alii. De variis appellationibus Atheniensium, præter jam citatos, vid.

Herod. VIII. 44. *Bong.*

Ut omnis antiquitas fabulosa est] Inf. IV. 1. 8. *Bernec.* 'Fabulosum' hic certe, non idem est quod falsum, quod commentitium; sed id, quod, etsi verum est, fabulas tamen in sese admittas habet, aut de quo multæ fabulæ narrantur. Hinc est quod IV. 1. leges : ' Nec mirum si fabulosa est loci hujus antiquitas, in quem res tot coiere miræ.' Sic et ap. Horat. *Hydaspes fabulosus*: ' Vel quæ loca fabulosus Lambit Hydaspes.' Non quod Indiæ fluvius non sit Hydaspes, (nam e vet. Geographia constat, ejus regionis fluvium esse Hydaspem) sed quod de illo multa fabulati essent, vel Poëtæ vel illi negatores Græculi, qui aut Alexandri, aut Bacchi, aut Persei, (si illuc quoque Perseus,) expeditiones scriptis suis prodiderant. Neque vero aliter Horatius, cum alicubi scripsit, ' Me fabulosæ columbæ texerunt [palumbes Texere].' Neque, iterum dico, aliter, cum cecinit : Jam te premet nox, fabulæque Manes.' I. e. Manes, de quibus boni viri tam multa sibi in animo finxere, ut aliis terriculamenta objicerent. Ridiculus enim esset Horatius, si quem ab eo premi diceret quod esset nihil, i. e. si esset fabula. *Fab.*

Biformem] Διφυῆ. Euseb. et Hieron. in Chronicis. Plut. de Sera Num. Vind. c. 11. Eustath. in Dionys. Vid. et Diod. I. 28. de Pete Mnesthei patre. *Bongars.* Plures huj. appellationis rationes habet Suidas in Κέκροψ. *Bern.*

§ 8 *Atthis*] Scribe *Attis.* Bernec. Scribe *Atthis*: nam 'Ατθίδα vocant Græci. Vid. Apollod. III. et alios. *Voss.*

§ 9 *Amphictyon*] Vett. *Amphictyonides.* Vulgo *Amphitryon*: et ita Oros. Ms. 1. 9. Verum nomen ex Pausania restituit Fr. Fabricius in Oros. et Justino. Et ex Mss. emendanda est ed. Chronicorum Eusebii, quæ *Amphitryonem* quintum Atheniensium regem facit; quum sit *Amphic-*

tyon III. *Athen.* Errori causam præ-
luit *Amphitruo* Thebanorum rex, vulgo notior *Amphictyone.* De tempore diluvii Deucalionis discrepat ab
Auctore nostro Varro, et Eusebius,
quod notavit August. XVIII. Civ. D.
10. *Bong.*

Minerva, &c.] Hegesipp. I. 35. 'Ut
homini templum sacraret.'

Nomen civitati Athenas dedit] Atqui
Theseum Athenis dedisse nomen,
auctor est in ejus Vita Plutarchus.
Rursum Hygin. Fab. CLXIV. et
CCLXXV. Minervam Athenas et condidisse et ex suo nomine sic appellasse dicit: vid. Scalig. in Euseb. p.
26. p. 2. *Bern.*

§ 10 *Aquarum illuvies*] Gronov. ut
sup. cap. 2. ita hic legi malit *eluv.*
Vorst. Valde dubito, ut hic quid
mutari debeat, et pro *illuv. eluv.* scribi. Sane ut eluvies est excursus et
effusio aquarum, ita quid impediat,
cur illuvies sit incursus et infusio earum, haud dispicio. Et, quæ uno
loco effluunt, eas alio loco influere,
necesse est. De quibus influentibus
quia usurpatur 'inundatio,' cur non
et *illuvies* usurpari posset, equidem
haud intelligo. Sed objicitur, *illuvi-
em* significare, sordes extrinsecus as-
persas. Verum, cum hoc notat, oritur
a 'lavo,' quasi 'illuvies sordium a
non lavando,' inquit Agrætius. At,
cum illud alterum, a 'luo,' quod est
idem atque 'fluo,' quod ex 'interluo,'
'circumluo,' et similibus apparet.
Illuvies sane ap. Nostrum etiam est
cap. 2. neque ulla in his locis scripturæ varietas in codd. antiquis reperitur, *Scheff.*

Græcia] Oros. I. 9. 'Thessaliæ.'
Bong.

§ 11 *A quo propterea genus hominum
conditum dicitur*] Alii *g. humanum,*
quod non adspernor. Sic enim et
Cic. dixit in Verr. 'Quod est aliud
in illa provincia genus humanum?'
Notandum autem ad illud, 'quos refugia montium receperunt,' quod
scribit, auctore Servio ad illa Virgil.

l. III. Æn. 578. 'Fama est Enceladi
semustum fulmine corpus Urgeri mole hac,' Varro: 'In diluvio confugis-
se aliquos ad montes cum utensilibus,
qui, bello postea lacessiti ab his qui
de aliis veniebant montibus, facile ex
locis superioribus vicerunt: unde
fictum, ut Dii superiores dicerentur,
inferiores vero terrigenæ, qui, quia
ex humillimis ad summa reptabant,
dicti sunt pro pedibus habuisse serpentes.' *Mod.*

§ 12 *Erechtheum*] Vett. in h. nomine varie corrupti sunt. Ab h. rege
Homerus Il. II. 547. Athenienses vocat Δῆμον 'Ερεχθῆος. Hic a Paus. Euseb. quem August. Civ. D. XVIII. 11.
sequitur, dicitur 'Erichthonius.'
Quod hic ait 'per ordinem successi-
onis,' repugnat Pausanias Atticis,
quem vid. et Diod. I. 29. qui eum ait
Ægyptium fuisse. *Bong.*

*Satio apud Eleusin a Triptolemo re-
perta est*] Hoc Buzygi heroi Attico
tribuunt alii. Vid. Plin. lib. VII.
Hist. cap. 56. et Hesych. in Βουζύγης.
Epimenidi quoque adscribit hoc Ausonius in Epistolis: 'Hoc si impetra-
tum munus abs te accepero, Prior colere quam Ceres. Triptolemon olim
sive Epimenidem vocant, Ant Bulia-
num Buzygem.' Ita legendi hi vv.
Quis enim sit *Medes*, neminem scire
puto: neque etiam quare Buzyges *Tul-
lianus* dicatur. Omnino ita scribend.
Bullianus, sive *Bulianus*, a Bulia civitate Attica. Recte autem hic Just.
frumenti sationem repertam esse ait
sub Erechtheo, non sub Erichthonio,
ut alii ferme omnes, Erechtheum cum
Erichthonio eund. facientes, cum hic
quartus, alter vero septimus, Atheniensium rex fuerint. Marmor Arun-
dellianum: ΑΦ ΟΤ ΔΗΜΗΤΗΡ ΑΦΙΚΟ-
ΜΕΝΗ ΕΙΣ ΑΘΗΝΑΣ ΚΑΡΠΟΝ ΕΦΥΤΕΥ-
ΕΝ ΚΑΙ ΠΡ....ΠΡΑ....ΩΤΗΔ.... τρΙΠ-
ΤΟΛΕΜΟΤ ΤΟΤ ΚΕΛΕΟΤ ΚΑΙ ΝΕΑΙ-
ΡΑΣ ΕΤΗ ΧΗΔΔΔΔΠ ΒΑΣΙΛΕΤΟΝΤΟΣ
ΑΘΗΝΗΣΙΝ ΕΡΙΧΘΕΩΣ ΑΦ ΟΤ ΤΡΙ-
ΠΤΟΛεμος .... ΕΣΠΕΙΡΕΝ ΕΝ ΤΗι ΡΑ-
ΡΙΑι ΚΑΛΟΤΜΕΝΗι ΕΛΕΤΣΙΝΙ ΕΤΗ

XHAΔΔΔΠ. Raria, in qua primum Triptolemus seminasse hic dicitur, est campus in Eleusine. Steph. 'Ῥάριον πεδίον ἐν 'Ελευσῖνι, καὶ 'Ραρία γῆ, καὶ 'Ῥαρὰς, ἡ Δημήτηρ. Male ap. Hesych. 'Ῥάριον, παιδίον, pro πεδίον. Nomen hoc inditum erat illi campo a patre Rharo. Hesych. 'Ῥάρος, ἰσχυρὸς, καὶ ὄνομα τοῦ Τριπτολέμου πατρός. Filius hic erat Cranai, ut id. alibi; Κραναοῦ υἱὸς 'Ῥάρος. In hac tamen inscriptione Triptolemus, non Rhari, sed Celei, fil. fuisse dicitur. Et sic quoque Paus. Alii autem Celeum regem Eleusinis faciunt, Triptolemo coævum; alii pauperem hominem. Similis quoque variatio in nomine matris, quæ hic Neæra dicitur, cum aliis quoque Metanira, Polymnia, et Deiope vocetur. Voss.

Noctes Initiorum] Quod, ut ex præcedd. intelligitur, ap. Eleusin illud factum fuit, ' Eleusina sacra' inf. II. 8. 1. dicuntur. Quodque in honorem Cereris agitata fuere, ' mysteria Cereris' inf. v. 1. 1. et ' Cerealia sacra' Vell. 1. 4. 3. appellantur. Vor.

Cum Medo filio] Vid. inf. XLII. Boni libri *Medio*. Bongars. Bong. *Medo*. Sed retinuimus lect. quam ipso Bong. teste Mss. bonæ notæ agnoscunt, quæque etiam XLII. 2. 16. exstat. Sic *Medea* Mss. etiam est *Media*. Bernec. Antiquiores typis expressi *Medo*: quod et Bong. retinuerat. Bernecc. tamen maluit *Medio*; quoniam in Mss. quibusd. sic esse testatur Bong. et quia inf. XLII. 2. 16. ita legitur. Reputand. tamen erat quod Strabonem, Stephanum, atque Eustathium ' Medum' eum vocasse Bongarsius monuit. Vor.

§ 15 *Demophoon qui auxilium*] Hic variat historia. Mnesthei Atheniensium regis anno XVIII. captam Trojam auctor est Euseb. at Homerus in Catal. Nav. Il. II. 552. et Diod. lib. I. eund. faciunt Atheniensium ducem. Collocatur autem inter Theseum et Demophoontem. *Bong.*

§ 16 *Dorienses*] Herod. v. 76. Vid. et Val. M. v. 6. et August. Civ. D. XVIII. 18. Pausanias Atticis et Achaicis, Orosius I. 18. ' Peloponnenses' vocant, et Euseb. in Chronicis: Vell. I. 2. ' Lacedæmonios:' quæ ead. sunt. Fuit autem Codrus Melanthi exsulis filius: Plut. de Exsilio c. 24. Strab. lib. IX. Hunc locum transcripsit Saresber. Policrat. IV. 3. *Bongars*. Historia, præter auctores citatos, ex his quoque petenda: Cic. Tusc. I. 48. Marcellin. XXII. 13. Polyæn. Strateg. I. Tzetz. Chil. I. Hist. 4. Lactant. III. 12. Serv. ad Ecl. Virg. IV. *Bern.*

De eventu prælii oracula consuluerunt] De eventu belli alii, quod probo: aliud enim longe est ' vincere bello,' aliud ' vincere prælio:' illudque prius est de quo fere oracula consuli solent, cum ' victus prælio' sæpe victorem postea vincat, ' victus bello' in victoris sit potestate. *Mod.*

§ 17 *Responsum, &c.*] Saresb. ' Responsum est superiores fore, nisi r.'

§ 19 *Qui et, &c.*] Saresb. ' Qui r. D. et p. h. c. mutato r. h. sarmenta c. g.'

Pannosus] Sumta veste lignatoris, ut vult Polyæn. pastoris, ut Vell. ' Famularem vestem' vocat Cic. quomodo et in Valerio legend. censet Mod. pro *familiarem*. Bern.

Sarmenta] Quasi sarpimenta. Liv. VI. 10. ' Fascibus sarmentorum ex agro collectis.' Varr. I. R. R. 31. ' Ut vitis firmiore sarmento e terra exeat.' Cic. II. de N. D. 21. ' Sarmenta vitium.' Dionys. VII. Ant. Rom. 10. Σφακέλλους φρυγάνων κομίζων. Et Polyæn. I. Stratag. 24. Σχῆμα φρυγανιστῆρος λαβών. Thucyd. III. p. 119. 'Εξελθόντες ἐπὶ λαχανισμὸν καὶ φρυγάνων ξυλλογήν. Festus: ' Sarpta vineta, putata, unde et virgulæ abscissæ sarmenta.' Hinc apparet error Becmanni, qui perperam ' sarmentum' ab ' sarrire' deducit, cui et ' sarmenta' sunt quisquiliæ scopis

collectæ, imo sunt virgæ et vimina.
' Sarriuntur' enim agri, ' sarpuntur'
vineæ : vid. Salmas. ad Solin. p. 1350.
Gron.

§ 20 *Astu*] Angl. omittit. *Schef.*

Convuln.] Saresb. ' In turba obs. a
m. q. f. percusserat.' Verbum *con-*
vulnerare occurrit ap. Hegesipp. i. 45.
' Tot parricidiis convulnerantur.' Ita
Ms. et margo ed. Gualtheri.

Cognito] Sebisius legit *agnito.* Latinitas certe poscit. Sic ii. 8. 4.
Bernec. Sed probum est *cognito.* Sic
Liv. xxiv. 16. 6. Add. Varronis vs.
citatum inf. ii. 12. 7. *Idem.*

CAP. VII. § 2 *Administratio reipub-*
licæ annuis magistratibus] Paterc. i. 2.
et Euseb. in Chron. post mortem
Codri principes aiunt constitutos,
quos mors finiebat : multis autem post
annis constitutos annuos magistratus.
Bongars. H. l. graviter errat Just.
qui non meminerit post Codrum Melanthi filium fuisse primo Archontas
perpetuos, dein decennales, dein annuos, a quo errore procul abfuisse
Trogum Pomp. dejerare possim. Vid.
omnino librum Joan. Meursii, viri
inter Batavos doctissimi ; ei libro
materia de Archontibus. Opus est
exactissimum, et tanto viro dignissimum. *Fab.* Quod post ultimum regem Codrum ' magistratus ' illico
' annuos ' collocat, id minus recte factum dignoscitur. Reges enim secuti
fuerunt Archontes, primo quidem 13.
perpetui, deinde 7. decennales. *Vorst.*
In Mss. legitur *annua,* ex qua varietate colligo esse verum, quod notavit
Meursius in Archont. Athen. excidisse aliqua hoc l. verbaque, quibus
agebatur de Archontibus perpetuis
et decennalibus ante magistratus annuos, desiderari. *Schef.*

§ 3 *Nullæ leges*] Ex Plutarchi Solone et aliis notum, Draconis legibus
usos Athenienses ante Solonem. Vid.
A. Gell. xi. 18. *Bong.*

Libido regum] Supr. i. 1. 2. *Bern.*

§ 5 *Tanto temperamento*] Dicere

enim solebat, τὸ ἴσον πόλεμον οὐ ποιεῖν.
Vid. Plutarchi et Laërtii Solonem ;
ejusque de legg. præter ceteros Herodotum i. 29. et ii. 177. Emendandus Ammian. xvi. ' Ex rhetris Lycurgi, i. e. Axonibus.' Leg. *et Axoni-*
bus ; ut ' Rhetræ ' Lycurgi, ita ' Axo-
nes ' Solonis ; Plut. *Bong.*

Ut ab utrisque] Similem moderationem Liv. tribuit Fabio iii. 1. 4. et
mensariis vii. 21. 8. et Ov. de se,
Tr. ii. 96. ' Res quoque privatas statui sine crimine judex : Deque mea
fassa est pars quoque victa fide.'
Bern.

§ 8 *Capital*] Θανάτῳ ζημιοῦσθαι Plut.
Solone 10. Festi mutilator Paulus :
' Capital facinus, quod capitis pœna
luitur.' Ea est plerisque locis ap.
bonos auctores veterum libr. scriptura. *Bong.*

Capital] Ita jam pridem correxe-
ram, non hic tantum, sed etiam ap.
Sil. meum : ' Prævetitum namque et
capital committere Martem Sponte
viris.' Ubi antea ineptissime legebatur : *P. capiti pœna com. M.* Et sic
Plaut. Men. ' Tametsi capital fecerit, facile asservabis :' vel, ut alii
allegant, ' Numquam hercule effugiet,
tametsi capital fecerit.' Lucil. lib.
xxvi. ' Facile deridemur ; scimus capital esse irascier.' *Mod.* Val. M.
v. 1. Ext. 1. ' Id ei salutare futurum
dicens, quod apud Persas capital ex-
titisset.' Curt. viii. 9. ' Quas [arbo-
res] violare capital est.' Sen. iv. Benef. 38. ' Quo [decreto] cavetur ne
miseros tecto juvare capital sit.' Cf.
notam Avi ad Sen. Controv. viii.

§ 9 *Censendo*] Verbum illud proprie dicitur de senatore, quum sententiam dicit de eo quod sibi videtur :
' assentiri ' vero, si alienam sententiam probat ; quem verbi usum varii
indicant auctores, ut Seneca de Tranq.
An. cap. 3. ' Qui de pace et bello
censet.' Plin. iv. Ep. 9. ' Consurgere
ad censendum.' Suet. Claud. 20.
' Per tædium ac dissensionem diversa

censentium:' et Liv. III. 40. ' Censendo enim quoscunque magistratus esse, qui senatum haberent, judicaat.' *Gron.*

Aut censendo sibi periculum afferret] Ita antiqniores typis expressi. Bong. τὸ *periculum afferret* expunxit, ediditque, *ne aut tacendo parum reipublicæ consuleret, aut censendo sibi: ut* τὸ *parum consuleret* ad utrumque referatur. Mihi, si ipse Auctor ita voluisset, idem videtur scripturus faisse hunc in modam, *ne aut tacendo reipublicæ, aut censendo sibi, parum consuleret.* Nunc quia τὸ *parum consuleret* in priore commate est, in posteriore aliquid aliud, et quidem τὸ *periculum afferret,* positum voluisse videtur. *Vorst.* Sed Mss. et quos Bong. et Angli viderunt, adversantur, in quibus *periculum sibi afferret* non reperiantur. *Græv.*

Dementiam] Inprimis versutum et callidum factum Solonis vocat Cic. de Off. I. 10. Versus ejus vid. ap. Laërt. Totam historiam quære ap. Plut. in Solone c. 10. &c. Meminit et Paus. in Atticis, et Ælian. VII. 19. Ubi interpres δύο νεῶν Μεγαρίδων κρατήσας male vertit, *captis duobus templis,* cum sit, *duabus Megarensium navibus potitus.* Vid. etiam Frontin. IV. fin. Controversiam de Salamina insula exponit Strabo lib. IX. ubi de Megara. *Bong.*

Cujus venia] Ita ' Drusus, alienationem mentis simulans quasi per dementiam, funesta Tiberio imprecatur,' Tac. A. VI. 24. ' Octavius quidam valetudine mentis liberius dicax,' Suet. Jul. 49. §. 5. *Bern.*

§ 11 *Factoque concursu*] Hæc Græce expressit S. Lucas in Act. Ap. XXIV. 12. ἐπίστασιν ποιῶν. Cavere enim solent leges ne concursus fiat, quo publica quies violari possit: ut L. 4. D. ad Leg. Jul. de Vi priv. ' Legis Juliæ de vi privata crimen committitur, quum cœtum aliquis vel concursum fecisse dicatur, quo minus in jus quis produceretur:' et ap. M.

Sen. Epit. Controv. III. 8. ' Qui cœtum et concursum fecerit, capital esto:' ratio antem huj. cautionis est ap. Liv. XXXIX. 15. *Gron.*

Insolitis sibi versibus suadere populo cœpit] Salamis inscribebatur poëma illud Solonis, et constabat 100. versibus: quorum principium habes ap. Plut. in Solone, et Diog. Laërtium, quamvis aliter: sed minus recte. Versus, quibus maxime persuasit populo, ap. Diog. exstant. Sic vero sunt legendi: Εἴην δὴ τότ' ἐγὼ Φολεγάνδριος, ἢ Σικινίτης, Αντί γ' Ἀθηναίου, πατρίδ' ἀμειψάμενος. Αἶψα γὰρ ἂν φάτις ἥδε μετ' ἀνθρώποισι γένοιτο, Ἀττικὸς οὗτος ἀνὴρ τῶν Σαλαμιναφετῶν. Non, ut vulgo, τῶν Σαλαμιν' ἀφέντων. *Voss.*

CAP. VIII. § 1 *Megarenses*] Ead. Frontin. Strateg. IV. 7. 44. et prolixe Æneas in Poliorcet. cap. 4. *Bern.*

Memores illati Atheniensibus belli et deserti] Hæc lect. non potest tolerari. Megarenses non bellum intulerant Atheniensibus, sed Athenienses inflammati a Solone Megarensibus. Itaque cum nec belli illati nec deserti possint dici memores fuisse, recte Mss. Anglicani pro *deserti* scribunt *veriti;* quibuscum sentit Junt. sed illa legit quoque *mem. ill. ab Ath. belli:* quod si est ex antiquis codd. probo; sin, vulg. lect. non est sollicitanda: ejusd. enim est sententiæ. Nec hæc ellipsis infrequens est optimis scriptoribus. Tac. I. A. ' Sed veteris populi Romani prospera vel adversa claris scriptoribus memorata sunt:' h. e. a claris scriptoribus. Sic et locutus est Suet. aliique idonei Latinæ linguæ auctores. *Græv.*

Et deserti] Belli puta. Ita quidem Bong. ex Codd. credo Mss. Mihi tamen magis placet quod in antiquioribus typis expressis, qui et ipsi antique codd. Mss. referunt, legitur, *et veriti ne frustra arma movisse viderentur.* Vorst. Vett. alii legunt *deserti* pro *veriti,* minus apposite. *Oxon.* Puto nil mutand. Est enim ' dese-

facile omisisse. *Schef.* Junt. stat ab
illis vetustioribus edd. quas laudavit
Vorst. *Græv.*

§ 5 *Post vindictam pudicitiæ*] Unus
Angl. p. *vindicatam pudicitiam.* Græv.

§ 6 *Hujus, &c.*] Saxo v. p. 78. f.
' Quo dicto Ericus propulsandæ frau-
dis admonitus.'

Tandem Hippias regno pulsus] 3.
annis post interfectum fratrem Hip-
parchum tyrannidem tenuit; quarto
autem accepta fide publica Sigæum
et inde Lampsacum ad Æantidem
profectus est, et illinc ad Darium regem Persarum; ut ex Thucyd. vi.
scire licet. *Vorst.*

§ 8 *Auxilium a Lacedæmoniis*] Per
†εἰδαππῶσην ἡμερόδρομον. Herod. vi.
105. Probus in Miltiade. Meminit
et Plato iii. de Legg. De quatridui
religione Lycurgi legem commemorat
Lucian. de Astrologia. Vid. et Strab.
lib. ix. Cf. cum Auctore nostro Oros.
ii. 8. *Bong.*

Petiverunt] Mss. omnes habent *per-
duraverunt.* Quare suspicor, Justini
esse *postulaverunt:* quod tanquam minus usitatum alius exposuit per *petiverunt.* Sane verbo isto sic consuevit
uti Nepos quoque, præsertim ubi
petitio est vehemens, sicut fuit h. in
l. *Schef.*

§ 9 *Quos ubi viderunt quatridui teneri religione*] Isthæc religio a lunæ
observatione erat; nam quemadmodum semper post exortum solem
Persæ agmen movebant, ita et Lacedæmonii lunam sequebantur, aut
crescentem, aut plenam, ubi aliqua
expeditio suscipienda erat. Unicum
arbitror esse huj. rei testem. Is'
Pausanias. Si fallor, ubi unicum
dico, alius me moneat. *Fab.*

*Non exspectato auxilio, instructis de-
cem millibus civium*] Etiam illud *auxilio* abest ab omnibus tam Bong. quam
meis Mss. et absit sane, ut dixerit
Just. *non exspectato,* i. d. m. et quemadmodum Sall. ' Audito consulem
in Ciliciam tendere:' neque enim

semper Scriptores, præsertim ut optimus quisque est, servant in his
Grammaticos canones. *Mod.*

In campos Marathonios] Maratho-
nem, Atticæ urbem, ad quam pugnatum est, Pomp. Mela lib. ii. ' magnarum et multarum virtutum testem'
cognominat. De pugna Marathonia
(quam Plut. a 300. auctoribus descriptam affirmat) porro consulendi
Herod. vi. Paus. i. Æmil. Probus in
Themist. et Milt. Gell. xvii. 21.
Berneccer. Pro, in campum Mara-
thona, ut Nep. loquitur. Nimirum
ex nominibus propriis locorum for-
mantur adjectiva, eaque aliis vocabulis latioribus adjiciuntur. Ad h.
modum dicitur ' Parnassia rupes'
pro, rupes Parnassus ; ' urbs Romana' pro, urbs Roma; ' flumen Acherusium' pro, flumen Acheron. *Vorst.*
Mss. habent *campis Marathoniis,* quod
non contemno. Debet autem commate distingui a seqq. ut sit sententia : Egressos adversus tot hostes,
qui tum erant in campis Marathoniis
constituti. *Schef.*

§ 10 *Dux belli*] Στρατηγὸς, unus e
decem. Πολέμαρχος autem erat Καλ-
λίμαχος Ἀφιδναῖος. Herod. vi. 109. et
Paus. Lacon. *Bong.*

Auctor, &c.] Saxo x. p. 285. 35.
' Committendi prælii auctorem agere
postulatus.' xvi. p. 374. 35. ' Eumque dividendi inter pupillos regni
auctorem habiturus.'

Tanta, &c.] Saxo iv. p. 62. 49.
' Tanta autem Atislum fiducia ceperat, ut,' &c. xiv. p. 312. 19. ' Quem
tanta fiducia ceperat, ut plus remedii
in celeritate quam in sociis duceret.'

§ 11 *Citato cursu*] Sic et inf. xi. 15.
3. Parique modo ' citato gradu' xi.
2. 5. ' citato impetu' iv. 1. 9. et
'-citato itinere' v. 8. 13. Est autem
' citato' id. quod, incitato. Qua ratione Liv. ' citato equo vadere' dicit,
et Cæs. ' citare equum' pro, incitare. *Vor.*

Ejus] *Suus* legit Acidal. ad Vell.

n. 55. 2. *Berneccer.* Acidal. optime : *Nec audacia suus eventus defuit,* i. e. suum eventum audacia habuit, sc. qualem sperari aequum fuit. *Faber.* Angl. vocem *ejus* non exhibet. *Graev.*

§ 13 *Multa suppressae*] Angl. *m. submersae,* per glossam manifestam. Liv. xx. 9. ' Duae primo concursu captae erant Punicae naves, quatuor suppressae.' *Schef.*

§ 15 *In quo jam, &c.*] De eod. Themist. praeclare Aelian. iii. V. H. 21. Vere quippe Vopisc. in Probo cap. 3. fin. ' Neminem,' inquit, ' unquam pervenisse ad virtutem summam jam maturum, nisi qui puer seminario virtutum generosiore concretus aliquid inclytum designasset.' *Bern.*

Indoles futurae imperatoriae virtutis] Est sane ita in antiquioribus typis expressis Codd. Sed Bong. pro *virtutis* scripsit *dignitatis;* quod, credo, in quibusd. Mss. ita reperisset. Mihi tamen factum istud haud probatur. Fit sane ut Codd. Mss. etiam in his quae manifeste inepta aut falsa sunt consentiant : ipseque etiam Bong. plurima id genus rapudiavit. Vid. modo ii. 8. 5. ii. 9. 20. xii. 14. 7. xiii. 1. 5. Quid ergo? Non solis Codd. Mss. praesertim si unus modo atque alter sit, est standum ; sed stylus quoque Auctoris et *συνήθεια* consideranda. Quoniam igitur observo Auctorem inf. xxix. 1. 8, scripsisse ' magna indoles virtutis enituit ;' ipsaque *indoles* rectius virtuti, ut quae internum quid est, quam dignitati, congruit ; nihil dubito id, quod in antiquioribus typis expressis est, resumere, et hic item scribere *ind. virtutis* pro eo, quod Bong. scripserat, *ind. dignitatis.* Observo et alios ita scribere. Nep. Eumene : ' Fulgebat jam in adolescentulo indoles virtutis.' *Ver.*

§ 16 *Cynaegiri*] De quo praeter Herod. vi. 114. Valerius iii. 2. et Ammian. xxvi. 23. qui eum et Callimachum vocat ' Medicorum bellorum

fulmina.' *Bongers.* Cynaegirum imitatus est Acilius in navali pugna ad Massiliam, teste Suet. Jul. 68. 9. *Bern.*

§ 17 *Manum*] Hanc vocem ignorat 1. Ms. Voss. *Gronov.* Uncinis includit Ed. Bong.

§ 19 *Duabus manibus amissis*] Rectius fortasse et hic est quod in antiquioribus typis expr. reperitur *ambabus m. a.* Vor.

§ 20 *Ducenta millia*] Herod. e barbaris *ἑξακισχιλίους καὶ τετρακοσίους,* ex Atheniensibus vero 192. cecidisse auctor est. *Bongers.* Sex M. ducenta [quadringenta q. ?] tantum scribit Herod. vi. 117. sed eorum sc. qui praelio occubuerunt : Noster naufragio haustos adjicit, quorum ingentem fuisse numerum etiam ex Diod. xi, 12. et 13. colligitur. Itaque pro *sine naufragio* quod omnes habent edd. monitu Freinshemii rescripsi *sive n.* quod nisi recipimus, nimiopere discordabit ratio. *Berneccer.* *Sive n.* Bernec. ait se monitu Freinshemii rescripsisse, cum omnes edd. haberent, *sine n.* Sed observo antiquiores edd. Bech. Maj. Sich. adhuc pejus, et quidem *sine navigio,* habere. Illud *sine nauf.* est fortasse a Bong. qui ex Codd. Mss. ita scripserit pro *sine navig.* Ceterum τὸ *sive nauf.* laudat et Gronov. in Notis ad Senecam Tragicum ; eoque inter alia probat, quod *sive* non semper geminetur, sed subinde modo semel ponatur. *Vorst.*

§ 21 *Cecidit et Hippias*] Idem confirmat Cic. lib. ix. ad Att. 12. *Bongers.* Et Tertullian. adversus Gentes. Suid. vero, nescio quo auctore, tradit, ex hac pugna Hippiam elapsum, fuga in Lemnum pervenisse ; et ibid. oculis captum, effluente per illos sanguine, acerba morte periisse. *Bern.*

Concitor] Quidam *conditor,* vulgo *concitator,* ut et initio libri v. Sed illud Mss. approbantibus malo. Tac. A. iv. ' Missosque in Galliam concitores belli.' *Bong.*

CAP. X. § 1 *Cum bellum restauraret*]
Recepi cum Oxon. editore ex membranis Angl. *c. b. instauraret*. Gaudeo
hunc nævum ex Justino Cod. veteris
ope deletum esse. Nam τὸ *restaurare*
ignorant meliores Lat. linguæ auctores. *Græv.*

§ 2 *Artemenes*] Herod. VII. 2. 'Αpro-
βαζάνην vocat: et hanc controversiam vivo patre motam, et ab ipso
Dario judicatam esse refert. Idem
paulo post 'Achæmenem' nominat
Darii filium, Xerxis fratrem. Plutarchus in Artaxerx. c. 2. ab Arsica, qui
postea Artaxerxes dictus est, et Cyro
eand. quæstionem renovatam scribit,
et Darii contrariam huic sententiam
commemorat. *Bongars.* Cujus quidem sententiæ posterioris æquitatem
(ut sc. ætate primi præferantur) exemplis, legibus, rationibusque confirmant P. Greg. Tholosanus de Republ.
lib. VII. cap. 9. et Arnis. lib. II. cap. 2.
sect. 11. Adjungenda Franc. Hotomanni illustris Quæstio 2. *Berneccer.*
Plut. in Apoph. et lib. de Amore Fraterno est 'Αριαμένης. Et sic in Ms.
Just. *Voss.* Alii ex Græcis Scriptoribus et Mss. Just. emendarunt *Ariamenes*, quod magis Persicum videtur
quam illud prius; est enim plane
Græcanicum. *Faber.* Junt. *Artobozanes.* *Græv.*

Maximus, &c. et § 8. *materno tamen,
&c.*] Hunc l. imitatur Saxo XI. p. 213.
37. 'Qui etsi virtuti maturior videretur, se tamen naturæ ordine ætatisque privilegio vincere.' II. p. 42. 24.
'Quippe regnum ejus avito sibi jure
competere.'

Natura ipsa gentibus dedit] Quid
dedit gentibus natura? regnum: at
de hoc non quæstio h. l. Mss. habent,
cum gent. assignavit, vel *assignarent*.
Lect. genuinam puto esse, *regnum
sibi vindicabat, quod jus, et ordo nascendi, et n. i. cum g. assignarit.* Veteris
lect. sensus est: Jus illud de maximo
natu ad regnum admovendo dedisse
gentibus ordinem nascendi. At vero

nulla verborum istorum est sententia.
Quomodo enim ordo iste gentibus
hoc dare potuit? Non itaque hoc agitur, ut appareat, quid gentibus dederit jus illud, sed unde jus illud acceperit Artemenes. Id autem secundum lect. nostram intelligitur factum
ex causa triplici; primo ordine nascendi, secundo natura, tertio gentibus s. gentium consuetudine. Quæ
sententia optima locoque huic est
maxime accommodata. *Schef.* Nihil
hic mutem. Sensus est: Jus illud
succedendi parenti natu maximo filio
dedisse et ordinem nascendi, quia
primus provenerat, et naturam ipsam
ap. omnes gentes. Naturale enim
est, ut minor natu frater majori pareat, non vero major minori: quod
eveniret, si minor majori anteferretur in successione et hereditate paternorum bonorum, in primis regni.
Jus hoc dedit gentibus natura, est: Jus
hoc omnibus gentibus insevit natura,
ut seniores præferrentur junioribus.
Græv. *Dedit* uncinis includit Ed.
Bong.

§ 3 *Xerxes, &c.*] Saxo XI. p. 213.
36. 'Si non eum dignitate posteriorem sors ipsa nascendi fecisset:' et
paulo post: 'Quem nascendi serie
priorem sciat.'

§ 5 *In regno jam rex pater sustulerit*]
Isthæc verba delenda *in regno*: est
enim puerile et redundans dicere:
Pater meus *jam rex in regno* me primum sustulit. Nam si quis 'jam
rex' liberos tollat, quid opus est addere 'in regno?' Rogabis, unde tamen illa verba huc intrusa sint. Ex
glossemate sc. quod istis verbis 'jam
rex' superadditum fuerat, i. e. *in
regno.* Faber. Impressi quidam sine
dubio meliores secuti codd. habent *in
regnum*, quod valde placet. Nempe
lect. vulg. huj. loci nihil habet aliud,
quam quod præcessit, 'se regi primum natum.' Atqui non de eo agebatur his verbis, sed de illo, quod
hinc sequitur, natum nempe regi reg-

num quoque debere habere. Docet-
que hoc ipsa quoque oppositio; præcedit namque de cett. ' non regnum
sibi vindicare posse,' cui proinde
tanquam diversum debebat subjici,
se regnum vindicare posse sibi, nón
vero, se a rege natum esse. Subji-
cietur autem, si pro *in regno* legemus
in regnum. Nam *sublatus in regnum*,
est, sublatus propter regnum, regni
causa, ut regnet, qualis utique sibi
vere vindicare potest regnum. Error
videtur natus ex eo, quia olim fuit
scriptum *in regnom* pro *in regnum*,
vetusta consuetudine, quod scriba imperitus intelligere non potuit. *Schef.*
Junt. quoque *in regnum*. Græv.

§ 8 *Et si in æquo*] Antiquiores edd.
in omittunt : videturque id elegantius. *Vorst.* Angl. *itaque si.* F. jungend. utrumque, *itaque et si.* Schef.
Juntina quoque *in* omisit. *Græv.*

Materno tamen se jure] Immo magis
potentia matris, quam jure : ut jam
ostendit H. Grotius II. de J. B. et P.
7. 19. *Gron.*

§ 9 *Hoc....Artaphernem*] Herod. VII.
ab initio, ait Darium patrem, ante in
Græciam expeditionem, de hac contentione protulisse sententiam, ac
Xerxem declarasse regem, nihil de
Artapherne commemorans ; quod quidem est magis verisimile. *Glar.*

Artaphernem] Ita ex Herod. emendavi. Vett. habent *Ariafernem*, facili
lapsu. Uni supr. scriptum, legend.
esse *Tisaphernem*. Bong.

§ 10 *Credula*] Freinsh. *crebra* mallet : cum suspecta jucunda esse non
possint. Si tamen *credula* retinemus,
videri queat ita legend. *jucunda quoque inter se, non solum credula.* Bern.

. *Jucunda quoque inter se, non solum
credula*] Ita rursus antiquiores edd.
Bong. nescio qua de causa mutavit
sic : *j. q. i. se non solum, sed credula,
convivia habuerunt.* Jucunda inter se
convivia habere omnino plus est quam
credula habere. Possunt enim credula esse, quæ non adeo jucunda sint.

At jucunda esse nequeunt, nisi et
credula sint. Quare rectius τὸ ' non
solum' τῷ *credula* quam τῷ *jucunda*
adjectum putabitur. *Vorst.* Angl. *et
j. q. i. se non solum, sed crebra conv.*
Scio, quomodo hic *credula conv.* ut
vulgati habent, accipiant. Sed an
sic Latini unquam usurpaverint, hoc
vero nescio. Deinde credula fuisse
convivia h. sensu cur significand.
fuerit,.non video, cum antecedd. omnia monstrent, odia inter ipsos fuisse
nulla, et idcirco nullas diffidentiæ
alicuj. caussas. Itaque Angl. rectius.
Habuerunt, ait, non solum jucunda
inter se convivia, sed jucunditatem
illam crebro frequenterque renova-
runt conviviis repetitis. *Schef.* Pedibus ergo quoque in hanc irem sententiam, et emendationem eruditissimi Freinshemii amplecterer ; is enim
primus conjecit legend. esse *crebra ;*
si libr. vett. annuerent. Sed cum in
omnibus, quos Bong. Mod. aliique
evolverunt, nec non in Junt. melioribus
bus edd. aliis constanter legatur *credula*, non puto id rejiciend. quamvis
translationis huj. ab hominibus ad res
exempla in ista voce vix alibi occur-
rant. Alia ratio, quæ præter significationem vocis affertur, cur *credula*
debeat immutari, mihi non probatur.
Quamvis enim de regno ambigentium
videatur animus fuisse concors, pro
ingenio tamen humano solent compe-
titores imprimis regni semper alteri
diffidere, et vereri, ne alter ' spem
vultu simulet, premat alto corde dolorem,' et malit quacunque ratione
licet fronte lætissima molestum riva-
lem amovere, quam incerto contro-
versiæ exitu suspensum cruciari.
Grav.

Judicium, &c.] Vincent. III. 86. 'Sine
arbitris vel c. f.' Saxo XI. p. 213. 39.
' Igitur fraternæ contentionis certamen sine arbitris aut judicibus solis
partium suffragiis gerebatur.'

§ 11 *Tanto moderatius, &c.*] Usus est
eod. quasi epiphonemate, certe simili

formula concepto, xv. 2. ubi ait:
' Tanto honestius tunc bella gereban-
tur, quam nunc amicitiæ coluntur.'
Mod.

§ 12 *Quinquennium instruxit*] Vulgo
per q. et Oros. ii. 9. sed antiqua scriptura recta est : inf. xii. 3. 1. ' Triduum luctum indixit.' Lex 12. Tab.
' Usus, auctoritas fundi biennium
esto.' Quintil. Decl. 196. ' Ex lege
in exsilium quinquennium missus est.'
Notavit Jac. Cujacius, cum interpre-
taretur Titulum Cod. de Usucap. pro
Empt. vel pro Transact. *Bong.* Tres
tantum annos in isto apparatu Xerxem consumsisse, inquit Diod. Julianus vero ὁ παραβάτης Orat. i. de Laud.
Constantii, inquit, τὸν Ξέρξην χρόνον
ἐτῶν οὐκ ἐλάσσονα δέκα πρὸς τὸν πόλεμον ἐκεῖνον παρασκευάζεσθαι. Quod
esse non potest, cum sexto anno, ex
quo regnum adeptus est, bellum in
Græcos moverit Xerxes. *Vos.*

§ 13 *Demaratus*] Herod. fin. lib.
vii. Fugam ejus ad Persas explicat
vi. 70. *Bongars.* Add. Sen. Benef.
vi. 31. *Bern.*

Ne inopin. &c,] Saxo xiv. p. 261.
14. ' Inopinatum hostem opprimere.'
xvi. p. 376. 11. ' Subiti inopinatique
belli fama perculsus.'

In tabellis ligneis] Sic inf. xxi. 6.
6. *Bern.*

Magistratibus perscribit] Nec illud
probare possum, quod, cum antiquiores edd. haberent *magistratibus*, Bong.
maluit *magistratui*. Etsi enim nec
illud probem, quod Gronov. ad Liv.
xxxiv. 61. in Addend. scribit, ' magistratum pro collegio vel numero
hominum, consilium publicum con-
stituentium, dicere nostri seculi esse,'
(aliud enim vel ex Nepotis Lysandro
intelligi potest, ubi ephori non singuli sed universi ' maximus magistratus' dicuntur,) tamen, quia antiquiores edd. *magistratibus* numero plurali
habent, idemque et in Mss. quibusd.
a Bong. observatum fuit, ac præterea
a stylo Justini id alienum non est,

mutatio facienda fuisse non videtur.
Vide sis supr. ii. 7. 2. et inf. iii. 3. 2.
Quo itid. posteriore loco Mod. ex
uno Cod. Fuldensi legi mavult *magistratui* quam *magistratibus :* verum itid.
sine causa. *Vorst.* Junt. aliæque edd.
magistratibus, uti et paulo post ' magistratibus Spartanorum tradere,' approbante Gronov. Magistratus enim
in numero unitatis nunquam consilium publicum, seu collegium, sed
semper unum hominem, magistratum
gerentem aut officium, notat. Sic
cap. 15. huj. lib. ' Magistratibus scribit Atheniensium,' et iii. 3. ' Regibus
potestatem bellorum, magistratibus
judicia.' Non aliter vett. et idonei
Lat. linguæ auctores. Nec est, ut
nos moveat exemplum, quod ex Nepote ad hanc obs. convellendam affert
eruditiss. Vorst. Id enim repugnat
et ipsius Nepotis et ceterorum omnium idoneorum scriptorum melioris
seculi consuetudini, quibus ' magistratus' in unitatis numero non nisi
unum hominem significat ; quando
vero de collegio loquuntur, utuntur
numero multitudinis. In Pelopida
' maximum magistratum obtinere' dicitur Polemarchus, unus homo. Contra de collegio in ead. Vita : ' Diem
legerunt, quo maximi magistratus simul consueverunt epulari :' et sic
perpetuo. Hinc et ' magistratum
capere,' ' gerere,' dicitur unus homo.
Nullus itaque dubito et in Lysandro
legend. esse *maximos magistratus :*
sæpe enim librarii et correctores, secuti nostri temporis depravate loquentium consuetudinem, id corruperunt, ut in his Justini locis, etiam
contra vett. librorum fidem ; aut per
maximum magistratum intelligitur E-
phorus natu maximus, seu primus,
cui libellum hunc tradidit, qui postea
cum suis eum communicavit collegis. *Græv.*

Magistratibus] Sic recte Gronov.
Græv. Vorst. quos vid. *Schef.* Angl.
magistratui scribit. A glossa, qua

compositum pro simplici hic usurpatur, indicabatur. Hirtius ap. Suet.
Jul. 56. ' Nos etiam, quam facile aut
celeriter eos [commentarios Cæsaris]
perscripserit, scimus.' Nep. Datame
5. ' Hæc Pandates perscripta ei mittit.' Id.

Eademque cera] Nam, si cera inducatur, non ita olet, ac si liquida superfundatur. Hoc est quod dicit
Polyæn. Demaratum ἐς πτύχα διφ-
ρατον γράψαντα ἐπικηρῶσαι. Quamvis
Herod. aliter. Doctiss. Gronov. ap.
Just. malebat *eademque cera*. Quod
ego non puto. Explicat hanc rem
Jul. Africanus cap. 54. περὶ κρυφίας
ἐπιστολῶν εἰσπομπῆς. Cujus verba adscribam : Ἄλλον πάλιν ἐν τῷ τῆς δέλτου
ξύλῳ γράψαντες, κηρὸν ἐπέτηξαν, καὶ ἄλλα εἰς τὸν κηρὸν ἔγραψαν. Εἶτα ὅτε
ἦλθε, πρότερον δὴ τὸν κηρὸν ἐκκινήσας,
καὶ ἀναγνοὺς, ὁμοιοτρόπως ἀνταπέστειλε.
Voss. Just. *eademque cera*: quod probo. Cera sc. abrasa, ipsi tabellæ
ligneæ, quæ rescire volebat suos cives, inscripserat Demaratus, eademque cera superinducta deleverat, quæ
scripsit ; ne, si ulla cera illita fuisset
tabulæ, in manus Persarum ubi incidisset, suum consilium patriæ signifi-
candi apparatum bellicum adversus
Græciam, aut, si recens cera esset
inducta, stratagema ejus, proderetur.
Non nego verba Justini obscuriora
esse. Videtur aut Just. aliquid omisisse, aut descriptores. Forte Trogus
scripserat : ' Omnia in tabellis ligneis magistratibus perscribit erasa
cera, eademque superinducta scrip-
taram delet.' Cur vero recens cera
magis prodere potuerit dolum, quam
vetustior, rationes procul dubio plures potuissent dari, si consuetudo
tabulis ligneis utendi non exolevis-
set. Non odor tantum sed et color
veterem aut recentem ceram distinxit.
Cum igitur vetus cera, diu ante illita,
in tabellis reperiebatur, nemo facile
poterat suspicari sub illa cera aliquid
latere recenter scriptum, quia vetus-

tas ceræ nihil tale præ se ferebat,
cum recens cera, vacua litteris, facile potuisset suspicionem movere,
non frustra illam modo infusam esse,
sed sub illa procul dubio aliquid oc-
cultari, quod, si eraderetur, palam
fieret. Hæc mea de isto l. sententia
est. Ap. Petron. ' Nondum umbraticus doctor ingenia deleverat :' h. e.
nondum perdiderat. ' Delere ingenium' est, extinguere vim ingenii.
Delinere, pro, collinere aut, illinere,
non legitur ap. ullum scriptorem vet.
Dein, licet reperiretur, quid tamen
est *delinere* aut *collinere ingenium*? Si
scriberetur *hac* vel *illa arte collinere*
ingenia, posset forte ferri, ad exemplum illius locutionis, ' imbuere ingenium scientia :' simpl. vero *colli-*
nere ingenium (nam *delinere* tanquam
ignotum veteribus vocabulum plane
est respuendum) non potest probari.
Grav. Plus habet difficultatis hic
locus, ubi diligentius paulo attende-
ris, quam prima fronte videtur. Primum enim, quis hoc cum judicio dixerit *delere tabulas cera*? Dicend. enim
tegere, non *delere*. Dein, quæ isthæc
ratio Justini est, *cera inducta tabulas*
delet, ne recens cera dolum prodat? Quo
vel recentior cera est, vel vetustior,
eo ne fiet ut vel facilius dolus vel
difficilius aperiatur ? Huic difficultati
obviam ire voluit cl. Voss. ' Nam,'
inquit, ' si cera inducatur, non ita
olet, ac si liquida superfundatur.'
Sed cera recens nonne æque super-
duci potest ac illa, quæ sit vetustior ?
Dein, si cera recenti usus esset Demaratus, neque in ea quidquam scripsisset, an ideo citius prodita res fuisset, quam si vetustiore uti voluisset ?
Præterea qui videt ceram veterem,
in qua nihil scriptum appareat, ille,
si qua in suspicione doli erit, non ideo
minus ceram illam eraserit, quam si
recens fuerit. Add. quod si quis dicat ceram superinductam tabulis ligneis, ex eo non effici illa ut sit vetustior, recentior, durior, liquidior.

Namque isthuc *superinducta* neque illud probat, neque illud. Dices: Tamen hoc scimus, Veteres hac arte usos fuisse. Fateor, et pauci ignorant; at hic non de usu agitur, sed de illa ratione, quam affert Justinus, ' ne recens cera dolum proderet.' Addes hoc quoque, ceram illam superinductam fuisse, non autem superinfusam, ideoque vel pollice vel rotundo aliquo ligno extensam et ductam fuisse. Sentio vim verbi, et scio quid sit id, quod ' ductile ' vocamus; sed et cera recens ita quoque tractatur digitis et extenditur; itaque semper eodem referimur. Quamobrem sic existimo, aut Justinum aliquid omisisse, quod dictum oportuit amplius, aut minus clare et minus expresse locutum fuisse quam debuerat. Sed ad primam illam difficultatem remigrat oratio, *tabellas ligneas cera superinducta delet*; quæ res, uti ab initio dicebam, absurda est. Delere certe tabulas nolebat Demaratus, sed tegere tantum, et id satis erat ad consilium, quod ipse in animo formaverat; unde et mox scribit Justinus, ' ne aut scriptura sine tegmine...' Eam autem difficultatem cum Elias Borellus animadvertisset, quo ingenio est et judicio, (utrumque autem in eo singulare est,) id profecto reperit, quod mihi placet maxime, quodque adeo aliis communicandum esse putavi. Supponit igitur ille Trogum Pomp. cujus Historiam contraxit Just. ita olim in libro suo posuisse: ' Omnia in tabellis ligneis magistratui perscripsit, easdemque cera superinducta delevit:' quod *delevit* optimum est, ut mox videbis, et longe aliud quam quod prima fronte videtur. At hic Noster, inquit Borellus, quod Trogus per tempus præteritum explicaverat, ad præsens tempus transtulit, uti solemus, cum narrationem breviorem facere et vividiorem studemus. Sed in eo, inquit Amicus meus, gravissime lapsus est Just.

quod illud *delevit* ap. Trog. a ' deleo ' ortum esse arbitratus est, cum a ' delino, delevi, delitum ' descendat tamen. Hoc autem probat (quanquam mihi quidem non tantopere videtur probatione opus esse), probat inquam, ex A. Gell. qui in simili argumento eod. verbo usus est, mutata tantum præp. nam ap. Trog. est *delet*, ap. Gell. collevit, a, collino. Locus est XVII. 9. ' Literas in lignum incidisse; postea tabulas, uti solitum est, cera collevisse.' Hæc autem, quæ legisti modo, quam ea mihi ingeniosa, tam et ea mihi vera esse videntur: et, si ipse talia invenissem, inventis gauderem. Addidit et aliud etiam Borellus in fine Epistolæ: Nunquid illi mihi errare viderentur, qui putarent dici Latine posse, ' Malus Rhetor ingenia delet;' ex eo sc. quod ap. Petron. legimus: ' Nondum umbraticus doctor ingenia deleverat;' In quo sagaciter olfecit, quod res est; nam illud ' deleverat' Petronianum non a ' deleo' est, sed a ' delino.' Ceterum pro *magistratui* in loco superius posito legend. *magistratibus*, ex libris impressis. *Magistratus* autem sunt Ephori. Ut finem huic notæ imponam, hoc etiam addam; dum perlustro oculis cl. Vossii notas, incidi in locum quendam Africani scriptoris Græci, quem ipse nunquam habui; in eo error est, qui a librario sit, an a Ms. Cod. haud scio. Nam pro ΕΚΚΙΝΗΣΑΣ, (i. e. *cum emovisset* seu *removisset*) legend. ΕΚΚΝΗΣΑΣ; i. e. *cum erasisset*; Græce enim ΕΚΚΝΗΘΕΙΝ *eradere* est. Ne quis autem ea reprehensione Justini offendatur, quæ superius posita est, nonne alibi, ut uno exemplo nunc contenti simus, ex *Medio*, qui vir insignis fuit in comitatu Alexandri, *medicum* fecit, quia se. oculis suis non semper belle et acriter in legendo Trogo utebatur? Sed et alia quædam a nobis observata fuerunt: neque adeo mirum, hominem aliquem errare posse; omnes

possunt. *Faber.* Bong. et hunc secutus Bernecc. edidit *easdemque;* ut
referatur vox ad tabellas, de quibus
prædictum. Sed rectius ed. Just.
ut cl. Græv. testatur, habet *eademque;* ut id referatur ad ' omnia.' Et
emendaverat sic ex conjectura summus Gronov. Sane non tabellæ ipsæ
' deleri' recte dicentur; sed quæ
scripta in iis sunt. Sed quomodo
Demaratus ea, quæ in tabellis ligneis
inque ipso adeo ligno scripserat, delevit? Superinducta cera illud factum
Auctor ait. Nimirum, cum cera superinducta fuit, ipsa scriptura legi
haud potuit; tantundemque illud fuit
ac si scriptura deleta fuisset. Ut
autem scriptura legi posset, superinductam ceram necesse fuit eradi: id
quod regis Leonidæ sororis consilio
factum Justinus et addidit. Inf. xxi.
6. eand. rem exprimit his verbis: 'In
tabellis ligneis, vacua desuper cera
inducta, civibus suis omnia perscribit.' Ubi ceram, quæ superinducta
fuit, quæque nihil in se scriptum habuit, et ' vacuam' vocat. Fuit et
alius κρυφίας ἐπιστολῶν εἰσπομπῆς modus, ut ex Jul. Africano Is. Voss.
docet; ut videl. et in ligno et superinducta cera scriberetur: ut res eo
minus suspecta esset. *Vor.*

§ 14 *Aut recens cera doluum proderet*]
Quid sibi τὸ ' recens' velit, non intelligo, sed vid. Herod. ad fin. lib.
vii. si forte inde sensus inveniri
queat. Ceterum Herod. hanc Gor-
go, Leonidæ uxorem, fuisse, ac fratris ejus Cleomenis filiam. Cleomenes enim ac Leonidas ex Anaxandri-
da nati erant. Just. Leonidæ sororem facit. Longum esset discrimen
copiarum Xerxis, aliter ap. Just.
aliter ap. Herod. enumeratarum, demonstrare. Verum hoc nunc non
agimus. *Glar.*

Aut recens cera dolum proderet] Hic
l. licet aliis intactus mihi admodum
suspectus est. Quid enim ' recens
cera?' Num recenter inducta? At-

qui talis fuit, qua scriptura tegeba-
tur, et tamen ea tegi dolus debuit.
Quid igitur hic eum dicitur prodere?
Certe velle hoc videtur potuisse ceram, sic recenter inductam, præbere
occasionem suspicandi, quod videl.
non gratis ita sit inducta. Quam
rem qua evitaverit arte Demaratus,
ap. Nostr. non ostenditur. An ergo
absit aliquid, num potius in voce
tegens latet vitium aliquod? Dignus
sane locus est, quem ingeniosiores
examinent. *Schef.*

§ 15 *Diu quæstioni res fuit*] Sic de
re hactenus non intellecta etiam Gell.
xx. 5. ' Mihi quoque est jam diu in
perpetua quæstione.' *Gronov.*

§ 16 *Soror regis Leonidæ*] Herod.
vii. fin. est uxor Leonidæ, Γοργώ,
cujus meminit Plut. in Apoph. Lacon.
Bong.

§ 18 *Septingenta millia*] Variant in
numero auctores. Herod. vii. 184.
Diod. xi. 5. Isocrat. Panath. Plin.
xxxiii. 10. Quomodo autem exercitum Xerxes dinumerayerit, vid. Herod. vii. 60. et Plin. iv. 11. *Bongars.*
Plut. Parall. c. 2. Ctes. in Pers. c.
23. Probus Themist. *Bern.*

§ 19 *Ut non immerito proditum*] Herod. enumeratis copiis, ὥστε οὐδὲν
μοὶ θαῦμα, inquit, παρίσταται προδοῦναι
τὰ ῥέεθρα, &c. *Bongars.* Aristides So-
phista de apparatu Xerxis ita: 'Telis
obtegebatur ipse sol: mare navibus,
terra copiis pedestribus, aër sagittis,
redundabat.' *Bern.*

Flumina ab exercitu ejus siccata]
Fuse ea de re Herod. vii. qui prodit,
Echedorum (male ap. eum legitur
Χείδωρος) flumen potantibus defecisse.
Quo respicit Alexander ap. Curt. iii.
' Cum adiret Græcos, admonebat, ab
illis gentibus illata Græciæ bella;
Darii prius, deinde Xerxis, insolen-
tiæ, aquam ipsam terramque populantium, ut neque fontium haustum nec
solitos cibos relinquerent.' Ubi nonnulli pro *populantium* ex Ms. reponunt
poscentium. Sed male. Neque enim

cohæret cum seqq. Quamvis non
ignorem, Persas aquam terramque
postulare solitos: quod tamen video
alios sollicitos habuisse, cum Herod.
testetur Megabazum, Darii satrapam,
nuntios ad Alexandrum, Amyntæ fil.
misisse, αἰτήσοντας γῆντε καὶ ὕδωρ Δα-
ρείῳ βασιλεῖ. Id ipsum quoque legitur
in Epistola Aristippi ad Philippum
regem; nisi quod ibi sit 'Αλέξανδρος ὁ
'Αλλου male pro 'Αλέξανδρος ὁ 'Αμύντου.
Passim obvia sunt ejus rei exempla.
Voss.

§ 20 *Naves quoque decies*] Navium
numerus in vett. omnibus deprava-
tus. Arbitror legend. *mille ducentas:*
litteris quibusd. immutatis et vocibus
inversis. Convenit numerus cum Herod. Diod. Probo, Isocrate, Oros.
qui tamen onerariarum s. τριηκοντόρων
addunt 3000. et ἱππαγόγων 850. Ut
ille superior numerus sit triremium,
seu rostratarum, ut Oros. vocat.
Bongars. Oros. ' Rostratas [ita legend. ap. Frec. pro vulg. *Prostr.*]
etiam nav. m. d. onerarias autem tria
millia num. hab. narratur.' Oros.
etiam sequitur Albertus Stadensis
Chron. p. 136. ap. quem legitur ' ter
mille.'

*Naves quoque decies centum millia nu-
mero habuisse dicitur*] Nugæ meræ,
emendandumque ut in ed. mea Colo-
niensi A. 1582. emendaram: *N. q. mille ducentas h. d.* Quam meam emendationem ne ad se trahant, qui anno
ante hunc Auctorem ediderunt, lubet
adscribere verba mea, hac de re adjecta per occasionem a me Curtio, item
in Ubiorum Colonia edito A. 1572. ad
illum ejusd. Curtii locum v. 7. de
Persepoli: ' Patria tot regum, unicus
quondam Græciæ terror, molita mille
navium classem, et exercitus, quibus
Europa inundata est,' &c. hic inquam
ego: *Adhuc excusi*, molita decem
millium navium classem: *sed nihilne
pudere vanitatis cum etiam, qui menda-
cissimi inter Græcos sunt, numquam eo
impudentiæ processerint, ut mille ducen-*

*tis navibus rostratis classem Xerxis am-
pliorem numero fuisse dixerint?* verum
*ita cogitant, quid faciant, qui in typo-
graphiis præsident, homines mehercle
pistrino digni: ut qui etiam ap. Justinum lib. II. (quasi parum esset in Curtio
negligenter fuisse) ausi sunt scribere:*
Naves quoque decies centum millia
numero habuisse dicitur. *Credo, quia
exercitus Xerxis decies centena hominum millia explebat, voluisse etiam singulis hominibus suam navem esse. Sed
hæc præpostera liberalitas mihi nequaquam placet, quare et hic reponendum
censeo,* Naves quoque mille ducentas
numero habuisse dicitur. *Facilis fuit
ad errorem via,* &c. neque enim omnia, quæ tum juveniliter effudi, hic
repetenda sunt, ubi satis habeo meum mihi adseruisse. *Mod.* Non dubitavi recipere in textum emendationem loci, pridem a F. Mod. ad
Curt. v. 7. 8. propositam, præsertim
approbatam etiam a Bong. et con-
gruentem eum Herod. Diod. Probo,
Isocrate, Oros. qui tamen onerariarum s. τριηκοντόρων addunt 3000. et
ἱππαγόγων 850. Ut ille superior numerus sit triremium, s. rostratarum,
ut Oros. vocat. Edd. hactenus habuerunt: *Naves decies centum millia
numero.* Ita sc. singulis hominibus e
Xerxis exercitu singulæ naves eveie-
rint. Quod asserere nec Græculo-
rum impudentissimus quisque sustinuit. *Bern.*

§ 21 *Huic tanto agmini, &c.*] Ut An-
tiocheno exercitui ap. Flor. II. 8.
quem etiam huic comparat ibid. n.
19. *Id.*

Si regem spectes] Vitia Xerxis præ-
posteræ Darii patris educationi adscribit Plato VII. de Leg. *Id.*

§ 22 *Opes tamen regiæ*] In Ms. legitur, *optamen regiæ superessent.* Puto
veram lect. esse, *opes tamen regi sup.*
Nam *regi* melius respondet præced.
' si regem spectes,' quam *regiæ.*
Schef.

§ 23 *Ipse, &c.*] Contra de Atesio

scribit Saxo IV. p. 61. 15. ' Cum is
ante omnes bella gesserit primus,
fuga vero postremus incesserit.'

In periculis timidus] Ita fere Liv.
IV. 28. 4. ' In otio tumultuosi, in
bello segnes.' Et VII. 15. 2. ' In castris feroces, in acie pavidi.' Contra
Tac. H. I. 84. ' Fortissimus in ipso
discrimine exercitus, qui ante discrimen modestissimus.' Qualis Livia-
nus iste Manlius VII. 10. 9. qui nulla
voce aut minis in Gallum ibat : ' sed
pectus, animorum iræque tacitæ plenum, omnem ferociam in discrimen
ipsum certaminis distulerat.' *Bern.*

§ 24 *Convexa vallium*] Turneb. Adv.
lib. XXX. cap. 27. ad illud Virgil. Æn.
IV. ' Tædet. cæli convexa tueri:'
' Annotant,' inquit, ' Grammatici quidam, convexum cæli cerni non posse,
sed ejus concavum. Ac denique
' convexa' pro concavis dixisse Poëtam : cum sit convexum, curvum
cavo oppositum. Sed convexum ca-
vum esse reor, quod e Justino II. 10.
intelligi potest, scribente de Xerxe,
' Et montes in planum,' &c. et ipso
Marone I. Æn. 310. ' Classem in con-
vexo nemorum sub rupe cavata Arboribus clausam circum atque hor-
rentibus umbris Occulit.'' *Mod.*

Quædam...ducebat] Hoc de perfosso
Atho vult intelligi, idque a multis
aliis factum fuisse proditum fuit. Et
tamen falsum est, ut ex Petri Bello-
nii descriptione constat, qui oculatus
testis fuit. An quia illis temporibus
mare Ægæum navibus non patebat?
Haj. generis est miraculum illud Annibalis, a quo Alpes ruptas, disjectas,
et dispulveratas aceto ferunt, quasi
calcem aqua aspersam. ' O Pater, o
hominum Divumque æterna potestas!'
Quantum aceti opus fuit! Plus certe
quam quantum aquæ pater Oceanus
continet. *Faber.* Marcellinus XXXI.
fabulosam quoque habet hanc Athonis
perfossionem. Sed vid. quid Bellonio et Ammiano respondeat Is.
Voss. in notis ad P. Melam II. 2.

Græv.

CAP. XI. § 2 *Leonida*] Leg. præter
Herod. VII. 219. Diod. II. 4. et Oros.
II. 9. Strab. lib. IX. Ælian. III. V. H.
25. Valerium III. 2. et Paus. Lacon.
Meminit et Seneca Ep. LXXXII. fin.
Vid. et Ctesiæ Excerpta. Variat hic
multum a ceteris. *Bongars.* Add. Cic.
Tusc. I. 24. Agell. III. 7. Tzetz. Chil.
II. 32. *Bern.*

Marathonia pugna interfecti, &c.]
Decennio ante. Sup. cap. 9. 20. *Id.*

§ 5 *Recedant*] Sic inf. XXVIII. 4.
9. *Id.*

§ 8 *Aut regi Spartanorum, aut urbi,
cadendum*] Istiusmodi fere oraculum
in causa quoque Atheniensium aliquando editum fuit; videl. ' superiores fore Dorienses, ni regem Atheniensium occidissent.' Tantundem
enim hoc est ac si dictum esset, aut
Atheniensium regi Codro, aut populo, cadendum esse. Vid. sup. II. 6.
17. *Vorst.* Angl. *responsum regi Sp.
fuerat, a. u. aut regi.* Etiam hic servanda lect. vulg. Nec enim tam regi
fuerat responsum, quam sciscitanti-
bus, ut superiora ostendunt. Ac bi
fuere Delphi, non rex privatim.
Schef.

§ 9 *Ita suos firmaverat*] Non satis
hoc intelligo. An enim, ut quis faciat aliquid, ad id opus habet, ut
firmetur? At dicit Noster, ita firmasse Leonidam suos, ut scirent, se
(Leonidam sc.) ire animo parato ad
moriendum. Atqui facere hoc poterat simplici indicio. Quare suspicor
scripsisse Nostrum, *i. s. formav.* i. e.
informaverat. Et sic Noster quoque
XVIII. 3. ' Ab eo formatos, cum medio noctis omnes in unum campum
processissent, ceteris in orientem
spectantibus, solus occidentis regionem intuebatur.' Sane adhortatio,
qua eos firmat, paulo post demum
ap. Nostr. sequitur, ut appareat, ante
non *firmasse*, sed *formasse.* Idem.

§ 10 *Ut cum paucis, &c.*] Ita mox
cap. 13. 3. *Bern.*

§ 11 *Qualitercumque præliantibus*]
Monet Bong. in uno Ms. se reperisse, *q. præliatis.* Quod cum ipse quoque in antiquiss. Fuldens. membranis
invenerim, nihil dubitem ita legere.
Cic. ad Att. ' Acriter et vehementer
prœliatus sum.' *Mod.* Antiquiores
typis expressi, *q. præliarentur:* quod
non minus elegans et fortasse rectum.
Vor.

§ 14 *Nihil erat difficile*] Sen. Ep.
4. ' Quisquis vitam suam contemsit,
tunc dominus est.' Et Sen. tragœdus
Herc. Œt. ' Contemsit omnes ille,
qui mortem prius.' *Bern.*

§ 15 *Statim arma capiunt*] Angl.
raptim a. c. Placet. Auctor ad Herenn. ' Ipse se raptim domum suam
conjicit.' *Schef.*

Sexcenti] ' Quingentos' habet Diod.
XI. 2. quem in hac narratione fere
expressisse Auctor noster videtur.
Cic. Fin. II. 30. ' trecentos :' et Sen.
Suas. II. et Ælian. III. V. H. 25.
cujus interpres τριακοσίους imperite
vertit *triginta.* Bongars. ' Trecentos'
item habet Herod. VII. 224. et Plut.
Parall. cap. 4. ' Mille' autem Lace-
dœmonios eduxisse primo Leonidam
sine sociis, refert Diod. XI. 4. et
Isocr. Panathen. et Archidamo. *Bern.*

Regis prætorium] Diod. XI. 9. τὴν
τοῦ βασιλέως σκηνήν. *Bongars.* Curt.
III. 11. 38. ' tabernaculum' vocat:
itemque ' prætorium' v. 2. 11. *Bern.*

§ 16 *Tumultus, &c.*] Saxo XIII. p. 244.
36. ' Cumque totis in castris tumultus
exoriretur.'

§ 17 *Diei*] Ms. *die,* antique pro *diei.*
Sall. Ju. 97. 3. ' Vix decima parte
die reliqua.' Vid. quæ notat Gell.
IX. 14. quæ Priscian. lib. VII. ex
prima Historia Sallustii, et quæ Probus in Catholicis. *Bong.*

§ 18 *Non victi, &c.*] Sic ' Athenienses consumti magis quam victi' inf.
v. 1. 10. et Oros. II. 15. ' Nemo trecentos Fabios victos dicit, sed occisos : et Regulus captus est a Pœnis,
non victus : et quisquis alius, sævien-

tis fortunæ vi ac pondere oppressus,
non submittit animum.' Sen. Benef.
v. 3. Similiter Bernhard. III. de Con-
sid. de Apost. ' Occumbebant, non
succumbebant.' *Bernec.* Nullus dubito hic excidisse unam syllabam,
quam sequens earund. literarum ab-
sorpsit, ut sæpe factum. Victi enim
tandem sunt utique, quia omnes sunt
cæsi. Legend. igitur cum Gronovio:
Ad postr. non vi victi. Græv.

*Inter ingentes stratorum hostium ca-
tervas*] Hanc lect. confirmat Lucan.
II. 135. ' Aut Collina tulit stratas
quoque porta catervas.' Et Liv. VII.
36. ' Circa jacentem ducem sterne
Gallorum catervas.' *Gronov.* Hoc a
doctis hominibus, qui ante me ad
Just. scripserunt, emendari decuit.
Lego i. i. s. *cadaverum* [Q. ?] *acervos,*
non autem *catervas.* Nam ' caterva' de
jacentibus, aut mortuis non dicitur;
' acervus' autem semper. Exemplis
parco, nil enim frequentius. *Faber.*
Mihi quoque hic l. diu fuit suspectus.
Noram enim, quod in Romanorum
copiis esset ' cohors,' id dici in bar-
bararum gentium exercitu ' caterva.'
Sed postea tamen deprehendi ' cater-
vam' etiam usurpari de multitudine
cæsorum, s. mortuorum. Stat. Th.
XII. ' Non longum cæde recenti Læ-
tatus videt innumeris fervere catervis
Tellurem, atque una gentem exspi-
rare ruina.' *Græv.*

§ 19 *Duobus vulneribus*] Sic l. v. c.
6. ' Plus vulneris eo prælio acciperent, quam superioribus dederant.'
Item XLII. 4. 11. ' Nec ullo bello majus vulnus acceperunt.' Ita ' vulnus'
pro clade bellica et interitu exercitus
est. Et ' vulnus accipere' dicitur
is, cujus exercitus est, qui perit:
' dare' vero is, qui exercitum alterius fundit. Etiam proprie accepta
φησὶς ista frequens est: dicuntque
' vulnus accipere in capite.' Alia
rursus metaphora est, quod Nepos
scribit Dione: ' Accepit gravissimum
parens vulnus morte filii.' *Vor.*

Experiri, &c.] Saxo x. p. 203.
' Belli fortunam experiri.' xiv. p.281.
' Armorum f. e.'

CAP. XII. § 1 *Ionas*] Herod. VIII.
Plut. Themist. Ortos antem Ionas ab
Atheniensibus notum ex Herod. I. et
aliis. *Bong.*

§ 2 *Symbolos*] 'Symbolum,' et ' sym-
bola,' et ' symbolus' dicunt Latini.
Plaut. Pseud. I. 1. 53. et Bacchid. II.
3. 31. Ms. unus h. l. habet *symbolas,*
quomodo et Plaut. sæpe. *Bongars.*
' Symboli' Græcis στῆλαι. Schol.
Soph. Elect. v. 723. Στῆλαι, κυβοειδεῖς
λίθοι, ἐπιγράμματα τινων ἔχοντες. *Gron.*
Et saxis proscribi] Angl. *et in s. per-*
scribi. De *perscribi* dixi supr. x. 13.
Vulg. tamen se tuetur per illud Suet.
Ner. 39. ' Multa Græce Latineque
proscripta ant vulgata sunt.' Ubi
Torrent. quoque *proscripta* censet servand. contr. *perscripta*, quod in Ms.
uno invenitur. Caussa satis ab ipso
explicatur. Atque ita et hic faciend.
arbitramur. *Schef.* Sane *proscribi* non
est solicitand. Proprie enim et eleganter ' proscribi' dicuntur, quæ
in tabella aut charta scripta publice
affiguntur, ut ab omnibus legi possint.
Sic ' proscribere ædes' est, publica
tabula affixa significare venales ædes
esse. Sic et ' proscribi' Romæ dicebantur olim, quorum nomina in fe-
rali tabula scripta erant, ut impune
ab omnibus possent necari. Sic et
Græcis προγράφειν, unde ' program-
ma.' Ead. vis est in τῷ ' proponere.'
Id enim est in publico loco exponere
omnibus videndum aut legendum.
Græv.

§ 4 *An ideo*] Vetus Poëta: ' Men'
servasse, ut essent qui me perderent?'
Bongars. Hæc Pacuv. in Armorum
Judicio, citatus a Suet. Jul. 84. Liv.
II. 40. 7. *Bern.*

§ 5 *Quid si*] Alii habent, *Quod si.*
Mihi neutrum placet ; mallem scribere *Quasi.* Schef.

§ 6 *Obsidione*] ' Obsidio' pro captivitate. Et significatur Ionas in

classe Persica non ut milites, sed ut
captivos, agere. Sic et xv. 1. 3.
' Obsidione Amphipolitana liberare'
est pro, captivitate Amphip. liberare.
Amphipolim enim filium Alexandri
cum matre custodiendum Cassander
miserat. Et xxxix. 1. 1. ' Obsidione
Parthorum liberatus' dicitur Demetrius, quem Auctor xxxvi. 1. 5. simulatione pacis deceptum a Parthis
captum dixerat. *Vor.*

§ 7 *Aut, si hoc parum tutum est, at*
vos, &c.] Emendationem Gronovii il-
lustriss. amici nostri in textum recepi. Prius legebatur *A. si h. p. t.*
extat, vos, barbare et imperite. *Faber.*
Optime Gronov. *A. si h. p. t. est, at*
vas commisso bello [Q.?] *ite cessim.* Sic
quoque Junt. ed. et merito recepit
T. Faber. *Grav.* Cl. Gronov. parum
Latinum esse putat *tutum extat,* et
legend. esse *A. si h. p. t. est, at vos*
comm. prælio i. c. quomodo in uno
quoque Ms. diserte lectum fuisse in
Var. Lect. testatur Bong. Illud *at*
post *si non, si parum,* plane elegans
est. Cic. III. Verr. ' Si, quemadmodum socii populi Rom. a magistratibus nostris tractentur, non laboratis:
at vos communem P. R. caussam
suscipite atque defendite.' Vid. et
Gronovii Obs. IV. 26. itemque Notas
ad Liv. xxiv. 37. *Vorst.* Gronov.
tutum est, at vos ; quod recte Grævio
probatur et aliis. *Schef.*

Cessim] Ita recte libri vett. Varro
ap. Non. ' Vereor ne me quoque,
cum domum ab Ilio Cessim revertero,
præter canem cognoscat nemo.' L.
52. D. ad L. Aquil. Ead. ratione
Plaut. Casina II. 8. 7. ' Recessim ce-
dam ad parietem.' *Bongars.* Πρόμναν
προδεσθαι est Thucyd. I. 9. 24. ubi
Schol. vid. *Bern.*

Inhibete remos] Pulchre restituit
Gronov. *inh. remis.* ' Inhibere remis'
est nautica locutio, qua significatur,
nave non conversa, retro remigare ?
quod faciebant aut appulsuri ad littus et portum, aut in prœlio fugam

adornantes : vid. Obs. ejus IV. 26.
Græv. A Gronov. quoque est *inh.
remis :* quem in Obss. videre poteris.
Faber. Id. Gronov. modo dicto Obss.
loco contendit legend. esse *inh. remis:*
id quod nobis item vero perquam
simile videtur. Subandiend. autem
fuerit vocabulum quarti casus, et quidem, navem vel naves. Quod quidem
subinde diserte et adjiciunt, sic tamen
ut *remis* rursus omittant. Liv. XXVI.
‘ Cum rostris concurrissent, neque
retro navem inhiberent, nec dirimi a
se hostem paterentur.’ Et XXX. ‘ Ut
quæque retro inhibita rostrata one-
rariam hærentem unco traheret.’ Dicunt et *inhibere*, neque *navem* neque
remis addito. Liv. XXXVII. ‘ Cum
divellere se ab hoste cupientes inhiberent Rhodii.’ Afranius ap. Non.
in *Cymba :* ‘ Tum conscendo cymbam
interibi loci piscatoriam, venio, jaci-
tur anchora, inhibent leviter.’ Rursus omisso *narem*, adjectoque *remis*,
scribit Curt. IV. 4. ‘ Plures deinde
Macedonum naves superveniunt, et
rex quoque aderat, cum Tyrii inhi-
bentes remis ægre evellere navem,
quæ hærebat, portumque omnia simul navigia repetunt.’ Quid autem
est ‘ inhibere remis,’ et ‘ inhibere
navem,’ et ‘ inhibere?’ Nihil aliud
quam, navem non modo reprimere,
ne amplius antrorsum et in proram
procurrat, sed et retro eam agere :
quorum quidem utrumque remis fit.
Liv. diserte addit *retro*, dicitque
‘ retro inhibere navem.’ Deinde apparet etiam ex eo, quod, si hærerent,
et evellendæ aut ab aliis dirimendæ
naves essent, remis eæ inhibeban-
tur. Denique et ex eo, quod ap.
Just. præcedit ‘ ite cessim.’ Vid.
plura et egregia in hanc sententiam observata et Gronovio IV. Obs.
26. Vim verbi huj. fuit cum ne Cic.
quidem satis teneret, ut ex XIII. ad
Att. 21. apparet. *Vor.* Gronov. et
Græv. *inh. remis.* Dicam pluribus
in libris de Militia Navali, si un-

quam lucem poterunt videre. *Schef.*

§ 8 *Ante navalis*] Hæc vid. ap.
Herod. Plut. Diod. Æmil. Probum,
Oros. II. 10. ap. quem initio cap. vox
bis abest a Ms. et sane inducenda est.
Bong.

§ 10 *Quæ, &c.*] Cf. Herod. VIII. 87.
et 38.

§ 11 *Et quoniam ferro*] Crudele facinus, et quod tale magis apparebit,
si comparatur cum Antigoni moderatione, inf. XXVIII. 4. 15. *Bern.*

§ 14 *Themistocles*] Cic. X. ad Att. 7.
‘ Consilium Themistocleum.’ Frontin.
I. 3. 6. Aristot. I. Rhet. 15. *Bong.*

Municipes esse] Ms. *municipia esse,*
quod respondet elegantius sequenti *mœnia.* Et suspicor, alterum ex
glossa natum, qua quis notaverat
municipia hic posita pro *municipibus.*
Schef.

Mœnia] Ead. sc. quæ οἰκοδομήματα
vel *ædificia* alias vocantur, et pari ratione inf. v. 7. ‘ Non exercitum, cujus ope servati pulchriora possent
mœnia exstruere :’ nec aliter Flor.
I. 4. ‘ Mœnia muro amplexus est :’ et
III. 10. ‘ Incensis mœnibus suis.’ Vid.
Obs. II. 12. *Gron.*

Civitatemque] Thucyd. VII. 14. 22.
Ἄνδρες, πόλις, καὶ οὐ τείχη. Tac. H. I.
84. ‘ Quid ? vos pulcherrimam hanc
urbem, domibus, et tectis, et congestu lapidum stare creditis? Muta
ista,’ &c. Huc pertinet oratio Len-
tuli ad exercitum intra Caudinas furcas conclusum, ap. Liv. IX. 4. Cic. ad
Att. VII. 9. ‘ Non est in parietibus
resp.’ *Bern.*

§ 16 *Conjuges liberosque abditis insulis, &c.*] Ms. *additis,* ex quo nobiliss.
Sebisius ingeniose et f. recte fecit *abditis:* cum in illa festinatione vicinas
quam remotiores et abditas insulas eos
circumspexisse sit credibilius. Firmat conjecturam Herod. VIII. 41. ubi
Salaminem et Æginam insulas nominat, itemque Trœzenem : add. Diod.
XI. 13. et Frontin. I. 3. 6. *Bernec.*
Senes in insulas deportasse, inquit

Aristides in Oratione ὑπὲρ τῶν τεττά-
ρων. Conjuges vero et liberos Trœzenem misisse, non in insulas. *Abditas* autem vocat insulas illas, quoniam in intimo recessu sinus essent sitæ. *Voss.* Genuinum videtur *abditis*,
néque cum Sebisio et Bernecc. mutand. in *adsitis.* Sunt autem *abditæ
insulæ*, quæ, ut Voss. ait, in recessu
sinus intimo fuere sitæ, Salamis puta et Ægina: quas Herod. VIII. et
nominat. Indidem post fugam Xerxis et repetita Thucydides prodidit.
Vorst.

§ 18 *Adunata*] 'Adunare' verbum
Nostro valde frequentatum; ut vel
ex Ind. apparet. Alibi vero paulo
rarius est. Utitur tamen Cyprianus
in Ep. 63. quæ ad Cæcil. est: ' Quomodo nec corpus Domini potest esse
farina sola, aut aqua sola, nisi utramque adunatum fuerit et copulatum.'
Sed et ap. Plin. reperias XIX. 2. N.
H. 'Vulsum,' inquit, ' fascibus in
acervo adunatum biduo.' Sic enim
legend. sine dubio; non *animatum.*
Vorst.

§ 19 *Per servum fidum*] Frontin. II.
2. 13. *Bong.* Herod. VIII. 75. Πέμπει
ἐς τὸ στρατόπεδον τὸ Μήδων ἄνδρα πλοίῳ,
ἐντειλάμενος τὰ λέγειν χρεὼν τῷ οὐνόμα
μὲν ἦν Σίκιννος, οἰκέτης δὲ καὶ παιδαγωγὸς
ἦν τῶν Θεμιστοκλῆος παίδων.

§ 22 *Spectator*] Mss. *exspectatæ:*
unde Val. Acidal. ad Vell. II. 14. 5.
facit *espectator*, antique pro, aspecta-
tor. Sicut ' escendere ' Tac. et Sen.
pro, ascendere: et Vet. Glossarium
' ercessere.' *Bernec.* Saxo XIV. p.
255. f. ' Pro duce pugnæ spectator
effectus.'

§ 23 *Artemisia*] Θυγάτηρ Λυγδάμιος.
Herod. VII. 99. Paus. Laconicis.
Unus e Mss. *Artemidora* scriptum
habet, quomodo et Oros. II. 10.
Bong.

Inter primos duces] Antiquiores typis expressi *i. primores d.* quod sane
contemnend. non est. Non tantum
enim ' primores ' dicuntur, qui primi

sunt tempore aut loco ; sed et qui
primi sunt dignitate. Horat. ' primores populi,' et Silius ' socium primores,' dicit. *Vorst.* Vorst. ex vetustioribus legit *primores.* Schef. In
Junt. quoque *primores* habetur. *Græv.*

§ 24 *Quippe ut in viro muliebrem timorem*] Hoc Xerxes non sibi sed suis
aptans, ' Viri quidem,' inquit, ' extiterunt mihi feminæ: feminæ autem
viri.' Herod. VIII. 88. et ex eo Suid.
in voce Ἀρτεμισία, qui tamen Artemi-
siam contra Persas militasse falso
scribit. *Bern.*

§ 25 *Animos ceterorum*] Mss. plerique habent *ceteros.* Puto sic scripsisse Just. et verba *an. cet.* glossatoris
esse, non ipsius. *Schef.*

§ 26 *Circ. f.*] Saxo IX. p. 170. 32.
' Quæ res inspectantibus sociis gra-
vissimam circumspiciendæ fugæ sol-
licitudinem attulit.'

§ 27 *Multæ mersæ naves*] Ducentæ,
inquit Diod. XI. 19. *Bongars.* Angl.
submersæ, ex glossa. Lucan. III. ' Æ-
quora discedunt mersa diducta carina.' Item: ' Pars maxima classis
Mergitur.' Plin. IX. 44. de ariete:
' Cymbas occultus adnatans mergit.'
Add. libros nostros de Militia Navali, ubi pluribus hoc firmamus.
Schef.

CAP. XIII.   § 2 *Ne quid seditionis*]
Tac. H. II. 97. 'Prosperis nostris rebus, certaturi ad obsequium, adversam fortunam ex æquo detrectant.'
Bern.

*Fama adversi belli, in majus, sicuti
mos est*] In omnibus quotquot viderim edd. extat *et in majus.* Monitu
Sebisii expunxi *et*, quod manifeste
παρέλκει, nullique rei est. De re Tac.
A. III. 44. 1. ' Cuncta, ut mos famæ,
in majus credita.' Et Curt. IX. 2. 21.
'Nunquam ad liquidum fama perducitur: omnia, illa tradente, majora
sunt vero.' Freinshemio restituendum videtur illud *et*, et hic esse sensus: Fama non modo adversa belli
narrabit, sed et in majus augebit.

Delph. et Var. Clas.   *Justin.*   2 X

Nondum plene consentio: poscimus arbitros. *Idem.* Nihil mutand. Sic quoque initio lib. xiv. 'Ne fama aut rem in majus extolleret, aut militum animos rerum novitate terreret.' *Voss.* Bernecc. monitu Sebisii expunxerat *et*, ut quod manifeste redundet. At mihi cum Freinsb. videtur vocula illa abesse hinc non posse. Illud 'in majus omnia extollens' non tantum famæ adversi belli, sed et famæ prosperi, competit. Phrasi utitur et inf. initio lib. xiv. *Vorst.*

§ 3 *Si aliter eventus ferat*] Mss. plurimi habent *fuerit*, quod videntur rejeciesse, qui putarunt haud Latinum esse, quando dicitur *eventus est aliter.* Atqui eo *aliter* pro *alius* cum verbo *est* utuntur optimi scriptores. Terent. in Phorm. 'Ego isti nihilo sum aliter, ac fui.' Et in Adelph. 'Aliter de hac re ejus est sententia.' *Schef.*

§ 6 *Themistocles timens*] Frontin. ii. 6. 8. *Bong.*

Ne interclusi, &c.] Veget. iii. 21. 'Clausis ex desperatione crescit audacia; et, cum spei nihil est, sumit arma formido. Ideoque Scipionis laudata sententia est, viam hostibus, qua fugiant, muniendam.' *Bern.*

Et iter, &c.] Hegesipp. v. 4. 'Nec aliter nisi ferro iter aperiendum.' Helmodus i. Chron. Slav. 27, 'Videntes ergo ii se immensa multitudine circumfusos, viamque ferro aperiendam.'

In Græcia] Non muto; quia tamen Mss. multi habent *in Græciam*, cogitandum puto, an non ita scripserit Just. aliique, qui hoc genus ignorabant bonis scriptoribus receptum, immutarint. Add. inf. iii. 1. 1. *Schef.*

§ 7 *Vincere consilio*] Liv. vi. 23. 'Patere te vinci consilio:' et Tac. ii. H. 40. 'Titianus et Proculus, ubi consiliis vincerentur, ad jus imperii transibant.' Nep. Iphic. i. 'Semper consilio vicit:' et eod. modo ipse Herod. ix. 41. Κρατεῖν γνώμῃ. *Gron.*

Eundem servum] Sicinnum nomine,

Herod. At Diod. ait fuisse pædagogum filiorum ipsius: ad instituendos liberos utebantur servorum opera Veteres. Plut. in Arist. *Arnacen* vocat eunuchum. *Bongars.* Sc. de quo supr. cap. 12. 19. quem Sicinnum nominat Herod. viii. 75. eumque Themistoclis ait fuisse et servum et liberorum pædagogum. At Diod. hunc a superiore diversum facere videtur lib. xi. cap. 17. et 19. *Bern.*

Occupare, &c.] Oros. iv. 18. 'Cum maturato adventu descendisse jam ex Alpibus cousulibus proditus esset.' Saxo v. p. 73. 32. 'Ericus maturato recessu Lesso insulam subit.'

§ 10 *Sortis humanæ, rerum varietate miranda*] Hic l. mihi est suspectus. Ecquæ namque horum est constructio verborum: Erat res digna spectaculo et miranda æstimatione sortis humanæ? Hæc se bene habent. At quo referenda illa 'rerum varietate?' Si ad *miranda*, debet addi conjunctio *et.* Sed vidend. annon ex glossa hæc irrepserint. *Schef.* Recte vidit Scheff. l. h. esse contaminatum. Labes tamen omnis detergebitur, si scripseris: *E. r. sp. dig. et æst. s. h. rer. var. mirandæ*: h. e. erat res, unde poterat humana æstimari sors, propter tantam varietatem et mutabilitatem miranda; unde poterat perspici, quam fragilis esset sors humana, et quantis et quam miris varietatibus esset obnoxia. Ed. Junt. longius abit ab aliis libris, quæ legit: *E. r. sp. dig. et ad æstimationem rer. hum. sortis var. miranda.* Si ex vett. membranis est profecta hæc lect., non facile debet reprobari, vulgatæ sane præponi: sed tamen veriorem duco emendationem, quam modo ostendi, quippe quæ non longe recedit a priscis membranis, nisi quod una littera perperam omissa adjiciatur. *Græv.*

Quem paulo ante vix, &c.] 'Gravem illum et mari et terræ Xerxem, nec hominibus tantum terribilem, sed Neptuno quoque compedes et Cælo

tenebras minitantem.' Val. M. III. 2.
Bern.

§ 11 *Neque enim ulla est*] Similis
fere locus de Gallis XXIV. 8. 13. *Id.*

§ 12 *Inopia contraxerat et pestem*]
Ita Flor. III. 5. 27. *Idem.* Suspicor
contraxerant scribend. Nec enim inopia contraxit, verum copiæ pedestres ex inopia. *Schef.*

Inopia contraxerat et pestem] Sic
recte legitur: h. e. fames et inopia,
ut fit, excitarat pestem, in exercitu
sc. Celsus III. 'Tristitiam contrahere dicitur bilis atra.' Alia passim
exempla sunt obvia. *Græv.*

Esca illecebris sollicitatæ] Reposui
ex antiquioribus typis expressis *es-
cæ*: quæ vox itid. videtur abesse non
posse; ut intelligatur, cujus generis
illecebræ illæ fuerint. *Vorst.* Recte
hoc reposuit Vorst. ex antiquioribus.
Absumserat similitudo literarum in
voce præced. *Schef.* Consentit Junt.
Græv.

CAP. XIV. § 1 *Olynthum*] Artaba-
zo, non Mardonio, id tribuit Herod.
VIII. 127. *Bongars.* Errorem hunc
primus ostendo. Legend. est in
Thracia, quod vett. Geographi et Demosthenis interpp. probabunt. *Fab.*

§ 2 *Athenienses quoque*] Herod. fin.
lib. VIII. et Diod. XI. 28. *Bong.*

§ 5 *Fortuna regis, &c.*] Insigniter
hoc dictum illustrat Gruteri Dissertatio I. ad Tac. Add. eund. ad Hist.
August. p. 2. 128. m. 1. *Bern.*

Victus Mardonius] Hæc est memorabilis illa Græcorum ad Platæas victoria, de qua Herod. IX. Diod. XI.
31. Plut. in Arist. Æmil. Probus in
Aristide et Pausania, quos vid. et
Ælian. lib. II. et Strabo lib. IX. et
Pausan. Laconicis et Bœoticis. Interfectum eo prœlio Mardonium,
præter Ctesiam scribunt omnes: hunc
sequitur Auctor noster. *Bong.*

§ 6 *Castra referta regalis opulentiæ*]
Val. M. I. 6. 2. ' Bina castra Punicis
opibus referta.' Zonar. tom. III.
Ann. p. 184. Μεστὰ ὄντα πλούτου ταυ-

τοδαποῦ καὶ πολυτελείας βασιλικῆς.
Gronov.

Regalis opulentiæ] Nam Xerxes e
Græcia fugiens aureos et argenteos
lectos, atque mensas, omnemque regiam apparatum reliquerat ap. Mardonium. Herod. IX. 81. *Bern.*

Unde primum, &c.] Flor. III. 12. 9.
' Syria prima nos victa corrupit.'
Add. Nostrum XXXVI. 4. 12. Liv.
XXXIX. 6. fin. *Id.*

§ 7 *Mycale*] Libr. scripti h. l. omnes depravate legunt *Mesiæ*, alii *Mesiæ*, alii aliter. Vulg. lect. contra libros retinui ex Herod. et Diod. Est
autem Mycale mons Ioniæ et urbs
Stephano. *Bong.*

§ 8 *Mardonii copias occidione cecidisse*] Malim, ut est in edd. omnibus
aliis, *occidisse;* qua locutione utebantur Vett. quoties significare volebant,
exercitum aliquem ad internecionem
esse deletum. Liv. lib. XXVIII. ' Duo
exercitus eorum prope occidione occisi:' similique fere ratione dictum a
Tac. 'Copiæ tum occidione occubu-
issent.' *Med.* Bong. *cecidisse.* Sed
Modii judicium secutus retinui Mstis
firmatam aliarum edd. lectionem. Ea
locutione utuntur Vett. exercitum ad
internecionem deletum significaturi.
Liv. XXVIII. Similique fere ratione
Tac. A. XII. 'Copiæ' &c. *Bernec.*
'Occidisse' ταθητικῶς pro, cecidisse,
delatas esse, ut sæpe in hoc Auctore.
Inf. XXVIII. 4. 12. dicit 'occidione
cæsi.' Et Liv. 'occidione occisi.'
Tac. vero 'occidione occumbere,'
Vorst.

§ 9 *Tantam famæ velocitatem*] Hanc
famæ velocitatem redarguit Diod. XI.
85. Ait enim rumorem istum spar-
sum a Leotychida, στρατηγήματος ἕνε-
κεν. Vid. Plut. in Æmilio c. 41. Et
hic, ut et Diod. notavit, deficit Herodoti historia. *Bongars.* Simile tamen famæ velocitatis exemplum habet Noster XX. 3. 9. Add. Suet. Ne-
ron. 1. et Domitian. 6. Flor. III. 8.
fin. Ælian. IX. V. H. 2. *Bernec.* 'Tan-

tam famæ velocitatem fuisse,' puta, ferunt, ant memorant. Sed nil præcedit, quod hanc expletionem ellipseos monstrare possit ; neque scio, an alibi sic positus infinitivus temere inveniatur. Ideoque mihi quidem non nihil suspectus est hic l. *Schef.* Miror viro doctiss. quem vivum amavi, mortuum colo, hic hæsisse aquam. Nihil frequentius Justino aliisque optimis scriptoribus in admirationibus uti infinitivis, omisso 'mirandum est,' aut alio huj. notæ verbo. In h. lib. cap. 7. 'Tantam in eo virtutem fuisse, ut non tot cædibus fatigatus, non duabus manibus amissis victus, truncus ad postremum, et veluti rabida fera, dentibus dimicaverit :' VIII. 2. 'Tantum facinus admisisse ingenia omni doctrina exculta, pulcherrimis legibus institutisque formata, ut quid, posthæc succensere jure barbaris possent, non haberent :' XIV. 5. 'Tantum eos degeneravisse a majoribus, ut, cum multis seculis murus urbi civium virtus fuerit, tunc salvos se fore non existimaverint, nisi intra muros laterent.' Notavi nonnulla alia exempla in Animadvv. ad Epistolas ad Att. in quibus peccarant imprudentia huj. elegantiæ aut librarii aut correctores. *Græv.*

§ 10 *Atheniensium virtus ceteris prælata*] Cujus generis plura notata sunt supr. ad I. 7. 14. Quibus add. illud Cic. VI. Fam. 19. 'Otium [domus] omni desertissima regione majus,' pro omni desertissimæ regionis otio. Sunt et in sacris literis talia. Ut Joh. v. 36. 'Habeo testimonium majus Johanne,' pro testimonio Johannis. *Vorst.*

CAP. XV. § 2 *Cum mœnia*] Præter Diod. XI. 39. vid. Thucyd. I. 15. et Frontin. I. 1. 10. Meminit et Paus. lib. I. initio. *Bong.*

Recte reputantibus] Mss. *r. putantibus*: ex quo Sebisius *reputant.* facit, omisso *recte*, quod nec abest incommode. *Bern.*

§ 3 *Munimenta hostibus et receptacula*] Sebisius mallet *m. h. in receptaculum*, vel *m. receptacula*, per appositionem. *Bern.* Mss. *receptacula futurum bellum.* Credo scripsisse Just. et distinxisse, *ne m. h. receptacula futura, in bellum extruant.* Schef.

§ 4 *Non abrupte agendum*] Marcellin. XXVI. 32. 'Aleam omnium periculorum jecit abrupte :' proque eo Liv. XXIII. 20. 'Nihil raptim nec temere agendum :' et S. Lucas in Act. Ap. XIX. 36. Μηδὲν προπετὲς πράττειν. *Gronov.*

§ 6 *In legationem*] Mss. plerique *in legatione*, quod non puto contemnend. Solent enim casus ita permutari, quomodo cap. 13. ad verba ' in Græcia' observavimus. Add. quæ notata nobis ad Fragm. Petronii Tragurianum, et Hyginum. *Schef.*

Agi] Sebisius præfert *agere*, ut referatur ad Themistoclem. *Bern.*

§ 7 *Athenis maturari*] Mss. *Atheniensis.* An scribend. *Athenienses maturare?* nam *Atheniensis* vetus ratio est pro *Athenienseis* vel *Athenienses.* Et potest ortum esse vitium ex eo, quia *Athenis* cum lineola in capite fuit scriptum pro *Atheniensis*, idque oscitans librarius non observavit. *Schef.*

§ 8 *Vinciant*] Sc. ut illos tantum servent in custodia. Virg. VIII. Æ. 652. 'Et fluvium vinclis innaret Clœlia ruptis.' Ubi hæc Serv. ' Vincla pro custodiis accipimus, quia obsides non ligantur.' *Gron.*

§ 9 *Adiit deinde concionem*] Mss. *At id d. in c.* Puto veram lect. *Adit d. in c.* Sed repudiarunt, quoniam *adire in* putarunt male sociari. At vero scire debebant, *adire* compositum significationem simplicis habere, atque ita præp. in eo esse supervacuam. Quomodo et Cic. ad Att. alicubi ' adire in jus' pro, ire in jus, usurpavit. Et occurrunt alia similia ap. alios scriptores. *Schef.*

Permutatis] *Per* in compositione

subinde rei perfectionem et consummationem significat. Ita XII. 8. 2. dicit ' perpetrare bellum :' et XXXI. 5. 2. ' perrogare omnes.' *Vorst.*

§ 14 *Ducem*] Ναύαρχον constituerunt. Thucyd. 1.§22. Diod. XI. 45. Probus, quos lege. *Bongars.* De quo facto et Plut. in Themist. et Parall. Æmilius Probus in Themist. et Pausania. Quod mox sequitur, ' pro ducatu regnum affectasse Pausaniam,' est, honore ducis non contentum regem Græciæ constituere se voluisse. Quod ideo monend. ne quis cum Hispano interp. sequius hæc accipiat. Add. inf. IX. 4. 2. *Bern.*

§ 15 *Quoscunque ad se nuntios*] Libri vett. optimi alii *pontios*, alii *potios*; barbaram vocem, aut Justini ætate usitatam, aut Persicam, quis fortasse suspicetur. Nihil mutare ausus sum, quum vulg. lect. duobus Mss. confirmetur, non tamen antiquissimis. *Bongars.* Freinsh. istinc eruit *conscios:* probabiliter, ut arbitror ; imo probe. Sed absque magna causa quicquam immutare religio est. *Berneccer.* Casparus Simonis ὁ πολύγλωσσος fere persuasit mihi retinend. quod constanter extat in Mss. notæ opt. *pontios* aut *potios*, esseque vernaculum nostrum 𝕻ot, h. e. nuntius. Omnino persuasurus id fuerat, si reperissem etiam inter Persico-Germanica a Lipsio collecta Centur. III. Epist. 44. ad Belgas, et Raphelengii Persico-Belgico-Germanica, ex Pentateucho Persico contracta. Illud quidem certum est, cum teste Auctore nostro XXIV. et XXV. Strabone XII. et Pausania in Phocicis, omnem Asiam Celtæ velut examine quodam impleverint, nec sine illis reges orientis ulla bella gesserint, eo commercio linguas quoque gentis utriusque permixtas fuisse : neque casu accidisse, ut, dum illi Tigrin biberunt, hi Rhenum, Istrum, Albimve, tam multa vocabula tam exacte communia habeant : sed necessario vel a Persis illa Celtas, vel a Celtis Persas, hausisse. Porro ' potios' et ' pontios' promiscue dicitur, ut ' frango,' ' frago,' unde ' naufragus :' ' tango,' ' tago,' unde ' tagax' et ' contagium :' ' pungo,' ' pugo,' unde ' pugio :' ' ranceo,' ' raceo :' ' laurentum,' ' lauretum.' Ita Galli ex ' laterna' faciunt *lanterne*, et contra ex ' mensura,' *mesure :* ' mansio,' *maison.* Hetrusci, ' sponsus,' *spoco.* Hisp. ' sensus,' *seso :* ' ansa,' *asa, &c.* Ceterum de Pausaniæ cum Persis epistolico commercio vid. quoque Thucyd. I. 22. 4. *Idem.* Mss. omnes melioris notæ ignorant τὸ *nuntios*, proque eo habent *potios, pontios, pontion, nuncios pontios.* Unde suspicatur magnus Bong. vocem hic Barbaram, aut Justini ævo usurpatam, aut Persicam, latere. Proinde Gronovius noster legit *portitores: quoscunque ad se portitores misisset.* Monstra illa vocabulorum, ex contracta scribendi ratione, *pōtiōes*, nata possint videri. Vocabulo igitur ævi sui usus fuerit Just. ' Portitores' γραμματοφόρους appellabant. Sed hæc viderint eruditi. Caussam nondum video cur vulg. lect. debeat mutari. *Boxhorn.* In omnibus Mss. legebatur *pontios* vel *potios.* F. scriptum fuit *protinus.* Error autem ortus est ex literarum compendio. *Voss.* Mss. omnes optimi habent *potios* vel *pontios*, pro *nuntios*, quod Bong. putat barbaram aut Persicam esse vocem. Ego *Pontios* existimo se rectissime habere, sed de iis, qui ex Ponto sunt, oportere accipi. Fuit nempe Pausanias constitutus in Hellesponto, cum scriberet ad Xerxem, ut ex Thucyd. manifestum. Inde igitur qui mittebantur, erant Pontii, Græcis Πόντιοι, ut ap. Steph. est legere. Nisi putes utrumque jungend. quod in quibusd. reperitur, *nuntios Pontios*, ut sint nuntii *Pontii* nuntii ex Ponto s. Hellesponto missi. *Schef.* Latini tamen malunt *Ponticus* quam *Pontius.* Sic sane P. Mela, Florus, alii. *Grœv.*

§ 16 *Belli socius*] Angl. una voce auctius, *b. s. electus*. Schef.

Conatibus, &c.] Gell. v. 10. ' Potui huic tuæ tam ancipiti captioni isse obviam.' Saxo VIII. p. 159. 4. ' Nequaquam a se regalibus institutis obviam itum esse.' Hegesipp. I. 6. ' Quis conatibus ejus obviare auderet ?'

§ 17 *Ex integro bellum instituit*] *Bellum instituere* quam Latine dicatur, viderint peritiores. Mihi nullum dubium legend. esse *ex i. b. instruit*, quamvis libri renitantur. Sup. II. 10. ' Igitur Xerxes bellum a patre cœptum adversus Græciam quinquennium instruxit.' Est familiaris Justino locutio. *Græv.*

§ 18 *Cimonem*] Cujus vitam vid. ap. Plut. et Probum. De eo et Herod. ext. lib. VI. Val. M. v. 3. *Bongars.* Add. Aristidem Orat. Platonica II. *Bern.*

§ 19 *Patrem*] Vir magnus in var. lectt. Auctori contrarium facit Demosthenem, qui non patris causa, sed ' ob affectatam tyrannidem,' mulctatum Cimonem scribat in Orat. contr. Aristocratem. Utrumque factum credo, sed diversis temporibus. Vid. Val. M. v. 4. 2. Ext. *Idem.*

§ 20 *Xerxem*] Ad Eurymedontem, ὥσπερ ἀθλητὴς δεινὸς, ἡμέρᾳ μιᾷ δύο καθῃρηκὼς ἀγωνίσματα. Plut. in Cimone. Vid. et Thucyd. I. 16. 14. Diod. XI. 61. *Bong.*

LIBER III.

CAP. I. § 1 *Bello in Græcia infeliciter gesto*] Omnes omnino Mss. tam mei quam Bongarsii migrant hic Grammaticos canones, habentque, *in Græciam:* nec hic tantum, sed, quod huc reservavi, etiam proximo superiore libro, quo loco est in edd. ' satis multos hostes in Græcia manere dictitans,' referunt eæd. opt. membranæ *in Græciam manere;* qua figura dicendi cum constet etiam ipsum Cic. usum, quidni eam nos quoque hic admittamus? *Mod.* Bongarsius, ceteræ edd. *in Græcia.* Prætuli quod est in Mss. omnibus et Bongarsii et Modii. Dictum ita vel proprie pro, adversus Græciam: vel per antiptosin, qualis est ap. Suet. Aug. 13. 3. ' Sepulturam in volucrum fore potestatem.' Curt. III. 5. 13. ' Darium in Ciliciam fore nuntiatur.' Ita sæpe Cic. Plaut. alii: quin Auctor ipse supr. II. 13, 6. ' Satis multos hostes in Græciam manere dictitans:' ut volunt Mss. *Berneccer.* Mss. *In*

Græciam. Melius tamen et usitatius, quod impressi præ se ferunt, *in Græcia.* Sic XLII. 5. ubi vid. conjecturam meam. *Faber.* Berneccerus maluit *in Græciam;* quoniam in omnibus Mss. quos Bong. et Mod. viderunt, ita fuit. Est autem *in Græciam* vel idem quod, adversus Græciam; vel per antiptosin pro, in Græcia: quomodo dicunt ' in potestatem esse' pro, in potestate esse. *Vorst.* Junt. habet *in Græcia.* Græv.

§ 2 *Quippe Artabanus, &c.*] Legendus Diod. XI. 79. et Ctes. in Persicis Excerpt. c. 29. et seqq. et Probus. Qui hic ' Bacabasus,' illis ' Megabyzus,' dicitur. ' Artabanus' autem Aristoteli v. de Republ. est 'Ἀρταβάνης. *Bongars.* Ctesiæ ' Atrapanus.' *Bern.*

Robustissimis] Respectu annorum, non virium vel roboris. Inf. XI. 6. ' Non juvenes robustos, nec primum florem ætatis, sed veteranos, elegit.' Suet. Ner. 20, ' Quinque amplius

millia e plebe robustissimæ juventutis
undique elegit.' Flor. Proœm. 'Hæc
jam ipsa juventa imperii, et quasi
quædam robusta maturitas.' Gron.

§ 3 *De Artaxerxe*] Cui cognomen
'Longimano.' Alius est inf. v. 11. 1.
&c. *Bern.*

§ 7 *Paratum esse armatum exercitum
jubet*] Mihi magis placet quod antiquiores edd. habent *p. e. ex. arma-
tumque j.* Vorst.

§ 8 *Jubet, &c.*] Saxo IV. p. 66. 27.
' Tum Frogerum Frotho arma secum
permutare jubet.'

§ 9 *Et cædem patris*] Τὸν φόνία τοῦ
πατρός. Diod. Nam illa *et necem fratris* absunt a vett. *Bong.*

Vindicavit] Notand. autem hic verbum ' vindicare' ad duo ista ' et cædem patris et se' diverso plane sensu
referri: quomodo etiam inf. XI. 9. 14.
' Non mortem, sed dilationem mortis,
deprecantur.' *Bern.*

*Et cædem patris et se ab insidiis Ar-
tabani vindicavit*] Ms. *et c. patris, eneces fratris.* Junt. *Et c. patris, et necem
fratris, et se.* Quod cum et in aliis
edd. antiquis conspiciatur, non puto
esse rejiciend. *Græv.* Antiquiores
edd. et inter cett. Junt. ut Græv.
testatur, *Et c. p. et necem fratris, et
se.* Cujus lect. vestigia et in uno
manu exaratorum fuit, quos Bong.
vidit. Ceterum verbo ' vindicare'
duplex vis et notio subjecta est; quod
semel idem est quod ' ulcisci,' deinde
idem quod ' liberare.' Cujus rei exemplum supr. I. 9. 12. jam apparuit,
et inf. XI. 9. 14. adhuc apparebit.
Vorst. Ms. *eneces fratris*, non *cædem
patris.* Juntæ liber, *et cædem patris
et necem fratris.* Illud *cædem et necem
fratris* pravum est. Cur enim repetat rem
eandem? Itaque Glossatori alterum,
non Justino, debetur, qui sententia
mea ita scripsit: *Atque ita egregius
adolescens et neces patris et fratris, et
se ab insidiis Artabani, vindicavit.* Sensus : Vindicavit et se et neces. Quorum neces? patris et fratris. *Schef.*

*Angl. cædem patris et necem fratris, et
se.* Ita habent et alii, de quo dixi in
Notis. *Idem.*

CAP. 11. § 3 *Propriis viribus confidebant*] In Ms. legitur *urbibus* pro *viribus.* Et sane *viribus* hic usurpare
voluisse haud videtur, cum præcedat
paulo ante ' ad vires suas.' Quid
igitur, si pro *urbibus* aut *viribus* legamus *civibus*? Et potest vitium ex eo
esse natum, quod pro *civibus* antique
cibibus esset scriptum in cod. veteri,
ex quo postea *urbibus* fecere alii, alii
mutarunt in *viribus.* Idem. Nihil
mutem. Nam illa ipsa ἀντίθεσις ve-
nusta, ' Lacedæmonii communia civitatium auxilia ad vires suas trahe-
bant, Athenienses' vero ' suis viribus
confidebant,' satis arguit veram esse,
quæ in vulgatis obtinet, lect. *Grav.*

§ 5 *Namque Lycurgus cum fratre suo
Polybite*] In Herod. et Paus. Eche-
tratus et Lycurgus fratres produntur.
Echestrati fil. Labotas in linea Eurys-
thenis. Pro *Polybite* igitur legend.
videtnr *Echestrato*, ac pro *Charilao
Labota*; a Plut. tamen etiam variata
sunt nomina. Ideoque et nos in medio relinquimus. *Glar.*

Namque Lycurgus] De quo in ejus
Vita Plut. et Herod. I. 65. et Strabo
lib. X. et Paus. Laconicia. *Bong.*

Polybite] Ita Veteres. Græci Πο-
λυδέκτης. At ' Charilius,' quomodo
et Heraclides, illis est ' Charilaus.'
Herod. I. 65. Λεωβότης. *Bongars.*
Juntæ cum Græcis *Polydectæ*, et pro
Charillo, Charilao, quos sequor. *Grav.*

Polydectæ] Revocavi lect. quo-
rumd. impressorum, in queis ita legitur; nam illa altera *Polybitæ* plane
vitiosa est. *Faber.* Græci vocant
Polydecten. Estque ita manifeste,
uti Græv. testatur, in edd. Junt.
Nostri. *Vorst. Polydectæ* et mox
Charilao probo cum Vorst. *Schef.*

Regnumque sibi vindicare potuisset]
An in successione regni nepos ex
filio priore filio posteriori sit præferendus, breviter, ac nervose, solide-

que, ut omnia, decidit vir magnus, etsi cum maximis comparetur, H. Grotius de J. B. et P. II. 7. 30. Add. Lipsii Monit. et Exempl. II. 4. 3. et inf. Not. XLI. 5. 10. *Bern.*

Charilao] Alii quidem aliter ; sed ita scribend. Vid. Laconica Pausaniæ, et seriem regum Lacedæmoniorum ap. meliores Chronographos. *Faber.*

Charillo] Hunc Græci ' Charilaum' vocant, quomodo rursus non Juntarum tantum, sed et Bech. aliæque Edd. vett. habent. *Vorst.*

§ 6 *Ut intelligerent omnes, quanto plus apud bonos pietatis jura, quam omnes opes valerent*] Lego : *ut int. homines, q. plus piet. j. q. o. o.* Quamobrem id dicam, ii facile videbunt, qui sciunt, quid sit stylus et scriptio. *Faber.*

§ 7 *Convalescit*] H. e. crescit, robur acquirit. Sic inf. III. 4. 1. et XVIII. 3. 1. Liv. I. 14. 6. *Berneccer.* ' Convalescere' pro crescere, robore angeri : quomodo non Noster tantum, sed et alii verbum hoc non raro usurpant. Cic. VII. ad Att. 3. ' His ille [Cæsar] rebus ita convaluit, ut nunc in uno cive resp. ad resistendum imbecilla sit.' Vid. et Liv. I. 14. *Vorst.*

Spartanis leges instituit] De quibus præter citatos, vid. Xen. in Πολιτείᾳ Lacedæmoniorum. Strab. lib. VIII. et X. *Bongars.* Ait Herod. I. 65. Spartanos ante Lycurgum fuisse κακονομωτάτους σχεδὸν πάντων Ἑλλήνων, *ex omnibus Græcis pessime moratos*, ut Valla vertit : rectius, *pessimis legibus usos.* Berneccer. Hæ leges proprio nomine ῥῆτραι dictæ, i. e. *pacta :* nam ' lex est communis reip. sponsio,' ut loquitur Papinian. L. I. D. de Leg. et SCt. Hinc Liv. XLV. 28. ait, ' Lacedæmonem, non operum magnificentia, sed disciplina institutisque, memorabilem.' *Gronov.* August. II. Civ. D. 16. ' Quamvis Lycurgus Lacedæmoniis leges ex Apollinis auctoritate se instituisse confinxerit.'

Magis clarior] Contra Grammaticos canonas. Hac præter alias de caussa malæ Latinitatis Auctori dicam scribunt. Scribant igitur et aliis : ut Flor. IV. 2. 72. ' Minus admirabilior.' Plaut. Stich. v. 4. ' Magis dulcius.' Virgil. in Culice v. 78. ' Quis magis optato queat esse beatior ævo?' Quem ad locum Fr. Taubmann. plura id genus exempla Pleonasmi Græcissantis annotavit. *Berneccer.* ' Magis clarior' dicitur per pleonasmum. Sic et inf. XII. 11. 2. ' Magis gratius.' Nec ap. Nostr. tantum, sed et ap. alios talia reperiuntur. Vid. Vechneri Hellenolex. p. 76. *Vorst.*

§ 8 *Nihil lege ulla*] Lævin. ap. Liv. XXVI. 36. 2. ' Si quid injungere inferiori velis, id prius in te ac tuos si ipse juris statneris, facilius omnes obedientes habeas.' Tac. A. III. 28. ' Gn. Pompeius suarum legum auctor idem ac subversor.' *Bern.*

Documenta] Mss. habent *documentum*, quod præfero, quia refertur ad ' nihil' et ' cujus,' quæ sunt singularia. *Schef.*

§ 9 *Principes ad justitiam imperiorum formavit*] Ut nihil injusti ab populo exigerent ; nec aliter Flamininus ap. Liv. XXXIV. 18. ' Non cogitavit modo imperavitque quæ in rem essent, sed pleraque per se ipse transegit, nec in quemquam omnium gravius severiusque quam in semet ipsum imperium exercuit.' *Gronov.* *Formavit* rescripsit Berneccerus auctoritate unius Cod. quem vidit Bongarsius. Alii tam typis expressi quam Mss. Codd. habent *formavit.* Quam lect. et Freinsb. secutum video in Ind. Nec tamen displicet τὸ *formavit.* Eo enim Auctor et inf. XVIII. 3. 10. utitur pro, informare ; siquidem Matis standum sit. *Vorst. Formavit* est quoque in Junt. *Græv.*

§ 10 *Parcimoniam, &c.*] Vett. omnes *Parcim. omnibus. Item existimans, &c.* quæ lect. quid velit non video. Paterc. I. Lycurgum vocat ' disciplinæ convenientissimæ virum :' mallm *continentissima*. Bongars. *Parcim. omnibus suasit, exist*. Pro hoc habent omnes libri: *Parcim. omnibus, item exist*. Illud *suasit* in nullis comparet libris. Putaverim emendand. *in parcimoniam omnes idem, exist., &c*. repetend. ex proximo, formavit. Populum formavit in obsequia Principum, Principes ad justitiam imperiorum, omnes in idem *parcimoniam*; pro parcimonia, ut 'sanctimonium.' Glossis etiam id notatur: ' Parcimonium, μιχρολογια. Parcimonia, φειδωλια.' *Salmas*. Pro *suasit* plerique Mss. habent *item*. Codex Bibliothecæ Leydensis *item suasit*. F. Justini scriptura est, *Parcimoniam omnibus utilem suasit*. Boxhorn. Ita quidem vett. typis expressi. Et Bong. id retinuit. Sed Codd. Mss. omnes, quos id. ille vidit, habent sic: *Parcimoniam omnibus item existimans*. Quod quid sibi velit, non videre se fatetur. Boxhorn. tamen in Ms. Leidensi reperit *Parcimoniam omnibus item suasit; at suasit* diserte sit additum. Et conjicit id. ille legend. esse, *Parcimoniam omnibus utilem suasit*. At ego vocibus modo transpositis malim legere, *Parcimoniam item omnibus suasit*. Vor.

CAP. III. § 2 *Magistratibus*] Alter ex Mss. Fuldens. *magistratus* habet, ut monet in suis etiam Mss. exstare Bongarsius; alter disertim, ut idem f. legend. dixit, *magistratui*, quod recipias, an præ eo casam lect. probes, manam non verterim. *Med. Magistratui* legit e Fuldensi Ms. Modius. *Bernaccer*. Mss. quidam *magistratus*. Quod in Ms. Fuldensi et manifeste reperit Modius. Et patitur sane Latinitas, ut jam supr. monuimus. Quia tamen mox numero plurali sequitur, ' creandi quos vellet magistratus;' et vox numeri pluralis a Nostro sæpius usurpatur: putem hic quoque ab eod. scriptam eam fuisse. *Verst*. Hic l. valde obscurus est. Certe, si de omnibus accipias magistratibus, falsum, quod fuerint annui. Sed nec judicia

sic proprie ac peculiariter ad magistratus pertinent, ut de iis seorsum mentio hic fieri debuerit. In Mss. plerisque pro *magistratibus* legitur *magistratus*, ex quo Modius et alii fecerunt *magistratui*. Sed hæc quidem emendatio nec necessaria est, nec illustrat obscuritatem loci. Mihi placet illud *magistratus*, sed cum præpositionis in adjectione, quam videtur absumsisse litera m, quæ proxime præcedentem claudit vocem. Lego: *regibus potestatem bellorum, in magistratus judicia per annuas successiones, &c*. Intelligo autem per *judicia in magistratus* potestatem eam, quam Græci Ephoreiam vocant. De Ephoris enim agere h. l. solis, neque aliis magistratibus, est certum, vel ex temporis significatione, quo huic muneri dicuntur præfuisse. *Schef*. ' Magistratus' in unitatis numero Latinis non denotare collegium magistratuum, sed unum hominem, magistratum gerentem, supr. docui. Verum viri doctissimi emendationem legentis, *in magistratus judicia per annuas successiones*, probare nullo modo possum. Prætermitteretur enim, quod prætermitti nullo modo debebat, cui *dederit judicia in magistratus*; cum de ceteris dixerit: Regibus dedit potestatem bellorum, senatui dedit custodiam legum, populo dedit sublegendi senatum potestatem, quomodo dicere potuit *in magistratus judicia per annuas successiones*, non addito, cui hæc judicia dederit. Non itaque movenda est codd. plerorumque scriptura: *magistratibus judicia per annuas successiones*: nisi malis cum Juntina, *magistratibus judicia et annuas successiones*. Sed tamen vulgatam lect. huic præfero. Per *magistratus* autem intelliguntur Ephori, qui, etsi non de omnibus negotiis, de potissimis tamen et maximi momenti rebus judicabant. *Græv*.

Per annuas successiones] Hanc lect. e vestigiis vetustorum codd. eruisse se dicit Acidal. ad Vell. II. 130. 8.

Bong. edidit *et annuos successores*, quod
non convenit seq. verbo 'permisit:'
cum successores, ut frænum immodi-
cæ potentiæ, soleant imponi. Vid.
Sall. Cat. 6. 10. Liv. III. 39. 9. et IV.
5, 8. et XXXIII. 32. 6. *Berneccer*. Legend. *annuos successores:* male enim
ista mutavit ex Acidal. ad Vell. Bernecc. Vult Auctor magistratus tales
fuisse, quibus annuos successores
crearent: eoque sensu 'annui magistratus' dicuntur Liv. III. 39. *Gron.*

§ 4 *Convivari omnes publice jussit*]
Unus ex Mss. nostris mordicus retinet, *Convivarent o. p. j.* unde fecero,
si mei arbitrii res sit, *Conviverent o. p.
j.* ut dixit Plaut. Amph. 'Misisti ad
navem Sosiam, ut hodie tecum conviveret.' Porro quod subjungit, ' ne
cujus divitiæ vel luxuria in occulto
essent:' ead. de causa et vett. seve-
rioresque illi Romani non tantum in
atriis cœnabant apertis januis, sed
etiam in illis opes omnes suas positas
habebant, ut tradit egregie non vulgo
vulgatus, sed membranaceus, meus
Servius ad illud Virgil. Æn. 1. ' Vocemque per ampla volutant Atria,'
his verbis: 'Tangit,' inquit, ' morem Romanum. Nam, ut ait Cato,
et in atrio et duobus ferculis epula-
bantur antiqui; unde ait Juvenalis:
' Quis fercula septem Secreto cœna-
vit avus?' ibique etiam pecuniam habebant, unde qui honoratiores erant
liminum custodes adhibebantur, ut
' Qui Dardanio Anchisæ Armiger
ante fuit, fidusque ad limina custos;'
et culina erat. Unde et atrium dictum, quia atrum fumo erat. Alii dicunt Atria Etruriæ civitatem fuisse,
quæ domos amplas vestibulis habebat, quæ, cum Romani imitarentur,
atria appellaverunt. Alii atria magna
et sedes capacissimas tradunt, unde
Atria Licinia, et Atrium libertatis.'
Hactenus qui penes me est manu exaratus Servius, ubi legend. putem, *qui
servi honoratiores erant, liminum custodes adhibebantur:* addo etiam de meo,

hos ab iisd. 'atriis' ' atrienses' dictos, ut vel ex solo pluribus locis Plauto probari potest, quæ ideo non ad-
scribo, quia jam nunc hic nominis
mei oblitus videri possim. *Med.*

Ne cujus divitiæ vel luxuriæ] Id.
spectantes 'Romani veteres imperarunt, ut patentibus januis pransitare-
tur et cœnitaretur: ut sic, oculis civium testibus factis, luxuriæ modus
fieret:' Macrob. Saturnal. II. 13. pr.
Vid. Val. M. II. 5. 5. Contr. Sen. Ep.
43. f. ' Vix quemquam invenies, qui
possit aperto ostio vivere.' *Bern.*

§ 5 *Una veste*] ' Unam vestem' simplicem interpretatur Schef. ad Ælian.
VII. V. H. 13.

Verteretur] Nobiliss. Sebisio sub-
scribo, rescribenti *verteret*, absolute,
ut Tac. et optimi quique sæpe. Sic
inf. XXXVI. 2. 16. *Bernccer*. Sebisius
conjecit legend. esse *verteret*, ut inf.
XXXVI. 2. 16. ' convertit,' et similiter
ab aliis scriptum reperitur. Verum
nihil opus illo. Non, quia interdum
sic loquuntur Auctores, idem perpetuum est putandum. Quoties dicunt
' vertit,' aut ' convertit,' pro, vertitur, aut convertitur, subaudiend. omnino, se. Certe Sosipater illud Virgilii ' Genibusque volutans Hærebat'
explicat sic, volutans se. se. At pro
verbo activo et pronomine reciproco
Latini sæpissime passivum usurpant:
ut ' lavari' pro, lavare se ; ' exerceri' pro, exercere se; ' parari' pro,
parare se. Quidni ergo et hic *verteretur* pro, verteret se, scriptum pu-
taremus? *Ver.*

§ 6 *Sed in opere et in laboribus*]
Angl. *sed inopia*, quod non contemnend. Nam luxuriæ rectius opponitur inopia, quam labor, et inopia,
socia vitæ rusticæ. Vellem autem
scribi *sed in inopia*. Schef. Angl. libri hic non sunt anteferendi vulgatis.
Opus est labor rusticus, ut sæpissime :
quamvis sine pulmento viverent, non
tamen in inopia vivebant. Primos,
inquit, annos non in luxuria, ut Ro-

mæ pueri in forum ducti, prætextam
deponebant, et puram induebant to-
gam, sed in agris, in opere rustico,
et laboribus perpetuis transigebant.
Græv.

§ 7 *Et etiam sine pulmento degere*]
Plin. lib. XVIII. cap. 8. ' Pulte autem,
non pane, vixisse longo tempore Romanos manifestum, quoniam inde et
pulmentaria hodieque dicuntur.' Hæc
ille. ' Puls' cibus ex farina factus; a
' pulte' ' pulmentum,' i. e. obsonium.
Cic. l. v. Tusc. ' Cubile terra, pulmentum fames, erat Anacharsi philosopho.' Horatius II. Sat. 2. *pulmentaria* pro quovis suavi cibo posuisse
videtur, cum inquit: ' Tu pulmentaria quære sudando.' Quomodo et
h. l. Justinus 'pulmento' usus apparet. *Glarea.* Gualterus ' agere.'

Sine pulmento] Quod genus est ex
delicatissimis obsoniis. Hæc vox non
a ' pulte,' sed a ' pulpa,' deducenda
est, ut sic ' pulmentum' sit quasi,
pulpamentum. Plaut. Rud. IV. 2. 32.
' Sed hic rex cum aceto pransurus
est et sale, sine bono pulmento.' *Pulpamentum* occurrit ap. Terent. Eunuch. III. 1. ' Lepus tute es, et pulpamentum quæris:' de eo, qui in
alio quærit, quod ipse habet : lepores
enim lumbis et clunibus suis pulpamentum de se præbent. Sic Plaut.
Stich. v. 4. 31. ' Nimis vellem aliquid pulpamenti.' Glossæ Gr. Lat.
' Ξάρκωμα, pulpamentum.' Hinc etiam
' pulpamen' in Epit. Liv. XLVIII.
Grœv.

§ 8 *Sine dote*] Refert etiam Ælia-
nus VI. H. V. 6. At Aristot. II. Polit.
9. Spartanos reprehendit, quod magnas dotes dent. Nimirum quia jam
tum a legibus institutisque Lycurgi
sui desciverant, ut iis exprobrat Plutarchus in Lysandro, Cleomene, et
Agide. *Berneccer.* Saresb. ' Statuit
virginem sine dote nubere.'

Matrimonia sua] H. e. uxores suas.
Sic inf. III. 5. 6. et XIV. 3. 7. et
XVIII. 6. 5. et Impp. in Codice sæ-

pius. Ita ' clientelam' pro clientibus,
' servitia' pro servis, et id genus infinita. *Bern.*

Dotis frænis] Titinnius : ' Viri enim,
[ita legend. arbitror,] dotibus deliniti,
ultro etiam uxoribus ancillantur.'
Plaut. passim. *Bongars.* Vid. Sen.
Controv. I. 6. *Bern.*

§ 9 *Sed pro gradu ætatis*] Recte illud ' pro gr. æt.' Nam, quod a fœ-
dissimo Satyrographo scriptum est,
verum fuit Lacedæmone. Ibi enim
qui vel uno anno vel mense etiam
major esset, illi honos et prohedria
ab altero deferebatur. *Fab.*

Nec sane usquam, &c.] Romanis tamen mire habitam in honore ætatem
seram, discimus vel ex Ov. v. F.
58. ' Magna fuit quondam capitis
reverentia cani : Inque suo pretio,'
&c. Et Juv. XIII. 53. ' Credebant
hoc grande nefas et morte piandum,
Si juvenis vetulo non assurrexerat,'
&c. Et plura hisdem tribuit Agellius
II. 15. Verum illis de aureo sæculo
sermo, et innuunt, ævo suo virtutem
eam minus cultam ; sicut et isto nostro, contra præceptum divinum Levit. XIX. 32. *Berneccer.* Pro ' terrarum' habet ' terræ' Saresb. et in §
11. ' antequam' pro ' priusquam.'

§ 10 *Auctorem eorum Apoll. Delph.
fingit*] Val. M. I. 2. Sed Plut. Lycurgo, et Strabo lib. X. hæc non ficta,
sed acta, referunt : et Herod. I. 65.
recitat versus Pythiæ ad Lycurgum
sciscitandi oraculi ergo adventantem.
Etsi idem adserat cum Paus. in Lacon. quod nonnulli harum legum non
Lycurgum, sed Minoëm, auctorem,
atque a Cretensibus eas ad Spartanos
per Lycurgum translatas existiment.
Bern.

§ 11 *Ut æternitatem legibus suis daret*]
Steterunt autem illæ per annos fere
800. ut ex Livii locis aliquot discere
est ; XXXVIII. 34. 9. *Mod.* Quingentos tantum refert Plut. Lycurgo cap.
56. pr. *Bern.*

§ 12 *Proficiscitur autem Cretam*] In

Samo vita excessisse Lycurgum, auctor est Heraclides. Λυκοῦργος ἐν Σάμῳ ἐτελεύτησε, καὶ τὴν Ὁμήρου ποίησιν, παρὰ τῶν ἀπογόνων τοῦ Κρεωφύλου λαβὼν, πρῶτος διεκόμισεν εἰς Πελοπόννησον. Scio quidem auctores dissentire de loco mortis et sepulturæ Lycurgi: in Samo tamen obiisse nemo dixit. Quin et seqq. reclamant, ubi dicitur, libros Homeri a posteritate Creophyli (male ap. Plut. in Lycurg. legitur Κλεοφύλου) acceptos, primus in Peloponnesum deportasse. Omnino itaque scrib. ἐν Σάμῳ ἐγένετο, ut est in Ms. Sami enim aliquamdiu egit. Vid. Plut. Voss. Nicol. Damasc. in Excerpt. Porphyrog. p. 448. de Lycurgo ait: Καταβὰς δὲ εἰς Κρίσαν (Κρίσσαν Snid. v. Λυκούργῳ τῷ νομοθ.) ἑαυτὸν διεργάζεται. Plut. Vit. Lycurg. f. Τελευτῆσαι δὲ τὸν Λυκοῦργον οἱ μὲν ἐν Κίρρᾳ λέγουσιν. Ἀπολλόθεμις δὲ εἰς Ἦλιν κομισθέντα. Τίμαιος δὲ καὶ Ἀριστόξενος ἐν Κρήτῃ καταβιώσαντα, καὶ τάφον Ἀριστόξενος αὐτοῦ δείκνυσθαί φησιν ὑπὸ Κρητῶν τῆς Περγαμίας περὶ τὴν ξενικὴν ὁδόν.

Ibique perpetuum, &c.] De loco mortis ac sepulturæ dissensum auctorum ostendit Plut. Lycurgo ext. *Bern.*

Abjicique, &c.] Gualterus: ' Moriensque projici ossa sua in mare jussit.'

CAP. IV. § 1 *Cum Messeniis propter stupratas*] Strab. lib. VI. et VIII. Paus. lib. III. et IV. Oros. I. 21. habet ' propter spretas virgines:' vitiose. Strab. enim ὑπὲρ φθορᾶς τῶν παρθένων. De hoc bello varie Serv. P. Danielis in III. Æneid. *Bongars.* Add. Lactant. I. 20. qui nonnihil variat. *Bern.*

Messeniam] Error est. Legi debet *Messenam*, vel *Messenen.* Nam Messenia est ager seu territorium Messeniorum, at Messena, s. Messana, s. etiam Messene, est urbs ipsa territorii princeps, aut, si ita velis, metropolis. In Mss. est *Messenum*, quod, quanquam corruptum, veteris tamen scripturæ vestigia retinet. *Faber.*

Plin. IV. N. H. 5. ' Ibi regio Messenia duodeviginti montium, amnis Pamisus. Intus autem ipsa Messene.' Add. Melam II. 3. et Steph. de Urb. *Schef.*

§ 3 *In obsidione*] Ms. *in obsidionem:* nec displicet. Vid. quæ notavi supr. II. 13. *Id.*

§ 4 *Mulierum fecunditate suppleri*] Sen. Hippol. 469. ' Excidat agedum rebus humanis Venus, Quæ supplet ac restituit humanum genus.' *Gron.*

Sibi et belli damna assidua] Ms. unus longe optimus *insidua:* quod nisi a mala manu est, quid sibi velit, demiror equidem: maxime cum in uno etiam suo Cod. vet. repererit Bong. *s. et b. indamna assidua, &c.* Porro de Partheniis vid. Serv. ad illud ex Virg. Æ. III. ' Hinc sinus Herculei (si vera est fama) Tarenti Cernitur.' *Modius.* Mss. plerique habent *bellis.* F. scripsit Noster *et ex bellis damna assidua*, et per *bella* intellexit, prælia: ut fecit locis aliis. *Schef.*

§ 7 *Partheniæ*] Ita Vett. et Græci, non *Parthenii*, ut vulgo. Vid. præter cett. Eustathium in Dionys. *Bongars.* Add. Serv. in Virgil. III. Æ. ubi tamen inepte ' Partheniatas ' hos dictos ait. Ὁ παρθενίας plane respondet nostrati, ᴇⅰⁿ ᴊᵘⁿᵍᶠʳᵃᵘᴋⁱⁿᵈ. Ἡ παρθένος, virgo. ' Spurios ' hos appellat Auctor XX. 1. 15. Scalig. in Euseb. p. 78. f. 1. *Bernec.* Pro *Partheniæ* vulgo legitur *Parthenii;* quæ lect. jure damnari non potest; nam puer e puella natus, qui patrem appellare non possit. Homero Parthenios dicitur, alias Parthenias; quare utrumque probum est (locus Homeri Il. XVI. 18. legitur). Sed nunc aliud dicam, quod ad Just. ipsum, fateor, non pertinet quidem, sed ad Virgil. imo ad Interpp. Virgilii, et qui Vitam ipsius nobis reliquere. Sic scribit Sebastian. Corradus, ubi de Virgilii nomine agit: ' Nos Antonio Thylesio præceptori nostro potius assentimur; qui putabat a virginali modestia et verecundia Virgilium dictum fuisse. Hanc ejus sententiam eo libentius sequor, quod poëta (ut Ausonius Vitæ scriptor et Servius affirmant) ex moribus etiam Græce cognomen accepit; nam Parthenias est appellatus. Hinc in libris Mss. pene omnibus illa est inscriptio, *Publii Partheniatis Virgilii Maronis Liber.*' Hæc Corradus; qui utinam nihil tale scripsisset, nam ipsum semper feci maximi, vel ob solam Ciceronis Vitam, quæ ab ipso conscripta est, et quæ mihi ob judicium et exquisitam quandam hominis diligentiam tantopere placet. Sed in iis, quæ ipse accepta ab aliis sua comprobavit assensione, bis profecto peccat. Primum, quia non viderit Parthenian ap. Græcos nil esse aliud, si proprie loqui velis, quam spurium, s. filium puellæ, quæ virgo putaretur, cum non esset tamen; quo in genere vel Mercurius ipse pater ingeniorum decipi possit. Itaque nomen est probrosum Parthenias, quod Virgilius, si viveret, haud sane libenter acciperet. Alterum est, quod putaret Corradus ' Parthenias' posse formare *Partheniatis* in casu patrio, quæ res nescio qua possit ratione excusari; nam ' Parthenias' itid. inflectitur ac ' Lycias' et ' Æneas.' Sed unde igitur Virgilius dictus est ' Parthenias,' et a quibus orta illa appellatio? Uno responso rem confecero. Grammaticastri, qui se doctos perhiberi studebant, illi non poterant nescire Virgilium libenter victitasse ad Neapolin, quam ipsemet Parthenopen vocat, in fine Georgicon: 'Illo Virgilium me tempore dulcis alebat Parthenope, studiis florentem ignobilis oti.' Inde Virgilium, ut se bellos homines facerent, et Græce scire viderentur, ' Parthenian' vocavere; sed, quod ipsi honoris causa faciebant, id probri et ignominiæ metu poterant non dixisse; neque enim multum ad honorem Virgilii videtur pertinuisse, ut spurius et meretriculæ proles diceretur, i. e. ut

interpretor, Parthenias. *Faber.* Inf. vocantur ' spurii,' quales revera et erant. *Vorst.*

§ 8 *Qui cum ad annos triginta pervenissent*] Suspectus hic mihi numerus videtur. Ego *viginti* legend. puto. Nam juvenes post 10. obsidionis annum Spartam missi fuerant, et Messeniam 19. tandem anno expugnatam scribit ex Ephoro Strabo lib. VI. ubi de Tarento. *Glar.*

Nulli enim pater] 'Ανδρόπαις, et spurii filii. Inf. lib. XX. *Bong.*

Palantum] Græci Φάλαντος, et Horat. II. Od. 6. Eustathio Φίλαντος. De Tarentinorum origine vid. etiam Pausaniam in Phocicis. *Idem.* Junt. *Phalantum.* Ut Græci, quibus ' Phalantus.' Et statim iid. cum omnibus Mss. ' Arati' pro *Araci.* Græv. Aliis ' Palantus,' aliis ' Phalantus,' dicitur. In Ms. *Phalanctus*, vitiose quidem, sed propius ad veram lect. Nam omnino scribend. est *Phalanthus* per octavam Græcorum literam Θ, ut et plus uno loco ap. Pausaniam, auctorem in hoc genere, cui tuto credi possit. At, qui ab aliis 'Aracus' dicitur, is ab aliis ' Aratus.' Illud prius magis placet. *Faber.* Quoniam Græci Φάλαντος scribunt, et Junt. ed. ut Græv. testatur, manifeste ita habet, ita omnino et rescribend. putavimus. Deinde quia Mss. omnes, ut Bong. testatur, habent *Arati*, nec aliter vetus ed. Junt. illud item hic resumpsimus. *Vorst. Phalantum* recte Vorst. ex Junt. Grævio suasore; item *Arati.* Schef.

§ 11 *Sedes ibi constituunt*] Angl. s. *sibi* c. Probo. *Schef.*

§ 12 *Proturbatus*] Antiquiores edd. *perturbatus.* Et dicunt sane ' perturbare' pro, proturbare. Val. M. I. 8. Ext. 8. ' Inventurum equum, sed ut eo perturbatus periret.' Cæs. VII. B. G. ' De vallo perturbare.' Auctor ad Herenn. IV. ' Præcipitem perturbare ex ea civitate.' Vid. et Gifanii Obs. L. L. *Vorst.*

§ 13 *His*] Rectius Ms. Bong. *His.* Gron.

§ 16 *Promiserat*] Angl. una voce auctius *prom. Deus.* Sed glossatoris est; præcedit proxime de oraculo, quo verbum hoc referend. *Schef.*

§ 17 *Fundata*] Liv. III. 60. 'Rebus urbanis compositis, fundatoque plebis statu.' *Gron.*

CAP. V. § 2 *Deinde cum per annos octoginta gravia servitutis verbera*] Ita h. l. distinguendus est: *D. c. p. a.* LXXX. *g. servitutis, verbera plerumq. et vincula, cæteraque captivitatis mala, perp. essent, &c.* Voss. Id quod nobis quoque fit verisimile. Inf. XI. 3. 7. similiter fere, 'Gravissima quæque supplicia miserrimæ captivitatis.' *Vorst.* Paus. in Messeniacis Messenicum bellum secundum anno XXXIX. post primum fuisse motum tradit. Sed a Just. stat Euseb. in Chronicis: quod confirmat Tyrtæi ætas, ut observat magnus Valesius ad Excerpta Diodori. Ipse enim Tyrtæus cecinit se tertia γενεᾷ s. ætate post primum bellum ab Atheniensibus missum esse ad Lacedæmonios: γενεὰ vero erat 30. annorum, ut tres γενεαὶ sint 90. anni. *Grav.*

Plerumque] Sebisius, nec male, *plerique.* Bern.

Captivitatis] Ita Ms. et quæd. Edd. et ipse rursus Auctor inf. XI. 3. 7. Bong. edidit *captæ civitatis.* Id.

Pœnarum] Hæ sunt calamitates, quas victi a victoribus patiuntur, eaque notione hanc vocem usurpat Sen. Hippol. 439. 'Me cura sollicitat tui, Quod te ipse pœnis gravibus infestus domas.' *Gron.*

§ 3 *Conspiratius ad arma concurrunt*] Ms. Leyd. *concinitius.* Viderint eruditi an non ab Auctoris manu sit *concitatius.* Certe hoc placet præ illo *conspiratius.* Boxhorn. Boxh. legend. censet *concitatius:* Sebisius autem *confirmatius.* Nobis nihil mutand. videtur. *Vorst.*

Quo adversus, &c.] Val. Acidal. ad

Vell. II. 130. 8. emendat, *quod adv.* nisi forsan hic altera vox deest, quæ ex opposito respondeat τῷ *conspiratius.* Bernec. Pro *quo* cum Acidal. legend. puto *quod.* Placet item quod in uno Ms. reperit Bong. *dimicandum videbatur.* Est autem 'dimicaturi videbantur,' et 'dimicandum videbatur,' pro, dimicaturi erant, et dimicandum erat. 'Videri' pro, esse, non rarum, ut Græcorum δοκεῖν pro εἶναι. *Vorst.* Recte vidit Acidal. et Vorst. scribend. esse, *quod adversus servos:* et sic Junt. Legitur in ead. ed. paullo ante *tanto conspirantius* pro *conspiratius:* male. *Grav.*

§ 4 *Oraculo Delphis*] Præter Strab. VIII. leg. Paus. IV. *Bong.*

§ 5 *Claudum pede*] Mss. plerique habent *claudo,* quod fortasse rejici non debuit. Horat. III. Od. 2. 'Raro antecedentem scelestum Deseruit pede pœna claudo.' *Schef.*

§ 6 *Fusos*] Sic omnino ex Ms. rescribend. Jam enim, antequam Tyrtæus adveniret, fugati erant. *Gron.*

Servos suos manumitterent] Ap. Thucyd. tamen V. 7. 12. Spartani servis demum e bello reversis libertatem donarunt. Quod et Romani fecere. Liv. XXIV. 16. 8. *Bern.*

§ 7 *Dignitati succederent*] Eod. modo 'succedere caritati' dixit Liv. XXIV. 5. Hos vero servos, quibus illa pollicebantur, ἐπευνάκτους vocarunt, quod lectis dominorum successerant, teste Athenæo VI. 20. Deipn. p. 271. *Gron.*

§ 8 *Majora detrimenta civitati infligerent*] *Infligerent* scripsit Bernecc. auctoritate unius Cod. Ms. quem vidit Bong. Alii omnes *infunderent:* quod idem in antiquioribus quoque typis expressis est. Ego non dubito quin Auctor scripserit *injungerent. Detrimenta injungere* cum minus notum esset librariis, scripserunt pro eo *infunderent:* quomodo et inf. XLII. 5. 10. pro *injunxit* scripserunt *incussit.* Brutus in Ep. ad Cic. 'Ne quid detrimenti reip. injungant.' Cujus generis multa et in Livio aliisque reperiuntur. *Vorst.* Mss. omnes fere habent *infunderent.* Idem servant edd. vett. Ex quo Vorst. se non dubitare ait, quin Auctor scripserit *injungerent,* cum et Cic. sic loquatur, s. Brutus ad Cic. xi. Ep. 13. Ego vero illud *infunderent* non repudiem vel propter ipsum illum librorum consensum, cum praesertim Cic. *infundere vitia in civitatem* dixerit ratione haud dissimili. Verba extant de LL. iii. ' Non solum vitia concipiunt ipsi, sed ea infundunt in civitatem.' Nec abit multum *infundere agmen urbi,* quod est ap. Flor. iii. 21. ubi de Sylla : ' Collinaque porta geminum agmen urbi infudit.' *Scheff.* Junt. stat pro vulgato *infigerent.* *Infundere detrimentum civitati* nemo dixerit. Verissimam duco et ingeniosiss. emendationem Vorstii. Ignotior significatio vocis *infungere* h. l. interpolatrices manus admovit. *Græv.*

§ 9 *Tyrtæus, qui, &c.*] Horat. in Arte : 'Tyrtæusque mares animos in martia bella Versibus exacuit.' Huj. partim meminere, partim versuum fragmenta proferunt, Plato non semel Libris de LL. Paus. Messenicis : Strab. vi. Plat. in Lycurgo : Quintil. x. 1. Polyæn. Strateg. i. Stob. in Eclogis : Lycurg. rhetor Orat. contra Leocratem : Max. Tyr. Diss. xxi. Suid. Laconem enm ant Milesium fuisse scribit : Noster Atheniensem, beneficio forte, non origine. Nam et postea Lacedæmone quoque factum civem Plato tradit. Corrigendus h. l. Sex. Ampelius : ' Tyrtæusque Messenio bello, ex oraculo Apollinis, dux ab Atheniensibus per ludibrium missus, *penateus vota* militum animos concitavit, ut tam diuturnum prœlium victoria consummarent:' lege *Tyrtæusque,* et mox *poëmate noto,* aut tale quid, at certe *poëmate.* Bern.

Pro concione] Sic et Cic. dictum ' pro rostris,' quod aliis ' in rostris.'

'Eidem iii. Fam. 8. ' pro tribunali agere.' *Grøn.*

§ 10 *Tesseræ insculptis suis et patrum nominibus*] Fuerunt tabellæ ligneæ ; quas Polyæn. i. 17. ead. de re agens *σκυταλίδας* vocat. Hesych. in Χαλκοῦν, sed de alio agens : Πινάκιον πύξινον ἐπιγεγραμμένον τὸ ὄνομα τοῦ αὐτοῦ καὶ πατρός. Nomina patrum simul insculpere necesse habuerunt, quia cognominibus carebant ; neque aliter agnosci potuissent. *Vorst.*

CAP. vi. § 1 *Tertium quoque bellum*] De quo praeter cett. ad iii. 4. 1. jam citatos, Diod. xi. 64. et xv. 66. *Bong.*

§ 3 *Eosdem*] In Ms. legitur *eodem,* quod videtur vulgato praeferend., quia dicitur majori emphasi et convenientiori memorandis. Quasi diceret : Ab eo ipso bello, ad quod paulo ante evocaverant. Id quod auget injuriam, quia poterant non evocasse. At languet illud, si *eodem* legas. *Schef.*

§ 4 *Athenienses*] Inter quos erat Cimon Miltiadis fil. Paus. in Messen. et Thucyd. i. *Id.*

A Delo] Id enim commune Græciæ ærarium esse voluerunt. Probus in Aristide. Thucyd. i. 16. 3. *Bongars.* Solitos autem vett. in fanis publicas privatasque pecunias suas deponere patet etiam ex Cic. ii. de LL. 16. et Plaut. Bacchid. ii. 3. 72. et 78. Vid. Brodæi Misc. iv. 17. et Nep. in Hannib. *Bern.*

§ 5 *Peloponnenses*] Bellum Peloponnesiacum 8. libris a Thucyd. comprehensum : de quo et Plut. in Pericle, et Diod. xii. *Bong.*

Bellum, &c.] Similiter Gell. vii. 3. p. 378. ' Bellumque eo illis faciendum censerent:' p. 384. ' Quod bellum populo Rom. facere voluissent:' xvii. 21. p. 796. ' Bellum populo Rom. facturus.' Macrob. i. Sat. 2. init. ' Quas [copias] bellum populo Rom. facturas comparaverat.' Saxo xiv. p. 280. 48. ' Bellum Sclavis facturus.'

§ 6 *Parva tunc*] Hunc l. male accepit Oros. lib. i. fin. ' Athenienses autem,' inquit, ' missa in Ægyptum parva classe.' Auctor noster non ' parvam classem,' sed ' parvas vires,' dicit Atheniensibus fuisse, missa classe 200. navium in Ægyptum. Thucyd. i. 18. 16. *Bongars.* In auxilium Ægyptiorum, qui mortuo Xerxe a Persis defecerant, regemqne sibi Inarum constituerant, ingentem classem Athenienses tunc miserant, ut ex Diod. xi. 71. apparet. *Vorst.* In Mss. plerisque pro *erant* legitur *addiderant.* Vix est dubium mibi, quin divisim scripserit Just. *vires Atheniensium ad id erant,* et intellexerit de bello. Vires erant parvæ ad id bellum sustinendum. Optime. *Schef.*

§ 7 *Classis*] Sebisius, *classe.* Bern.

§ 10 *Cum Thebanis paciscuntur, ut Bæotiorum imperium, &c.*] Sebisius hunc l. ita censet restituend. *ut B. i. hi restituerent, quod temporibus Persici belli amiserant: illi Atheniensium, &c.* Bernec. I. e. paciscuntur atque promittunt, imperium in Bœotios se Thebanis restituturos. Atqne ita emendatione Sebisii, quam Bernecc. refert, nihil est opus. Sic inf. v. 8. 8. ' Sperans ut dux belli ab omnibus legeretur,' pro, se ducem belli lectum iri. Et ix. 2. 12. ' Pollicetur ut ponatur,' pro, positum iri. Et xi. 8. 11. ' Obstrinxerant se jurejurando, ut Thebas diruerent,' pro, se Thebas diruturos. Et xxi. 8. 2. ' Voverant, ut virgines suas prostituerent,' pro, se. prostituturos. *Vorst.*

§ 12 *Periclem &c. et Sophoclem*] Meminit Cic. Off. i. 40. qui ' Prætores' vocat στρατηγούς. *Bong.*

CAP. VII. § 1 *In annos triginta*] Paus. Eliacis prioribus. Vid. et supr. notas. *Bongars.* Thucyd. i. 19. 5. et ii. 1. 2. Bern.

§ 2 *Itaque quinto decimo anno*] Mira hic scriptorum codd. varietas. Aliqui *extra duodecim annos,* alii, quos secuti sunt impressi quidam, *intra* vel *inter quindecim annos.* Caussa sine dubio, quia numerus signatus fuit litteris,

nec expressus integris vocabulis. Hinc alii *anno,* alii *annos,* fecere, prout eas litteras numerales explicabant. Ego suspicor scripsisse Just. *Itaque intra quintum decimum annum rupto fœdere.* Eleganter, quasi diceret: Non passi sunt 15. annos, et sic tempus dimidium induciarum, præterire. *Scheff.* Hanc emendationem valde probo et laudo, a qua non longe abit Junt. in qua scribitur: *Itaque intra* xv. *annos.* Gr.

§ 4 *Consilio Periclis*] Ms. et hic et paulo post *Pericli,* ut superius ' Candauli;' ap. Nep. ' Neocli;' et infinita talia, quæ pridem docti viri collegerunt. *Græv.* Unus Cod. Ms. quem Bong. vidit, et hic et paulo post habet *Pericli.* Quod geminum esset ei quod supr. i. 7. legitur ' Fortunæ Candauli,' ' Cædes Candauli.' *Vorst.*

Ducis] Sebis. *ducti.* Ego prorsus expungerem ut irreptitiam glossam. Freinshemio lect. placet vulg. *Bern.*

Supervacuam pugnam existimantes] In Ms. legitur *æstimantes* pro *existimantes,* quod f. non debebat contemni, quoniam h. sensu verbo *æstimare* utuntur optimi etiam et Latinissimi scriptores. Phædr. noster iii. 8. ' Ridicule magis hoc dictum quam vere æstimo.' Quo l. vid. quæ a me prolixius annotata sunt de h. verbo: vid. inf. x. 2. *Schef.*

5 *Totam Spartam*] Urbem ipsam? Vix credi queat. Opt. si quid video, Sebis. emendat, *oram Spartanam:* nec aliud habet Thucyd. ii. 7. 1. Simili strategemate Nero Cos. Annibalem, et Agathocles Pœnos Syracusas obsidentes, elusit. Liv. xxvii. 45. et xxviii. 43. 16. Noster xxii. 4. &c. *Bernec.* *Sparta* hic intelligenda est regio Spartam circumjacens, ut xii. 2. ' Troja,' pro agro Trojano. Hæc ratio loquendi etiam elegantissimis placuit, inter quos Homer. Il. ii. 711. ipso Eustathio indice: Φεραὶ πόλις Πελοποννησίων, ἔτι δὲ καὶ χώρα. Et Schol. ad Pind. Olymp. iii. p. 75. Τὴν ὅλην Ἀττικὴν Ἀθήνας εἶπεν. Strab. viii. p. 858. Ἐκαλεῖτο καὶ ἡ χώρα Μεσ-

οφην. *Gron.* Memini me alicubi legere ' Lacedæmonem' pro territorio, s. agro Laconico, *Spartam* autem non memini. Itaque, qui cum sensu et judicio legunt, hoc notare poterant. Certum enim est Spartam a Justino hic pro Laconia usurpatam esse. *Fab.*

§ 6 *Pluris fuerit ultio quam injuria*] ' Pluris esse' pro, plus efficere, plus præstare. Nep. xv. 10. 4. ' Unum hominem pluris quam civitatem fuisse.' Plaut. Truc. ii. 6. 8. ' Pluris est oculatus testis unus quam auriti decem.' *Vorst.*

§ 8 *Hujus agros, &c.*] Idem Fabie Max. cum Annibal ad urbem esset, accidit. Plut. in Fabio; et Civili, Tac. v. H. 23. qui ' notam artem ducum' vocat. *Bong.* Add. et Liv. ii. 39. et xxiii. 23. Polyæn. ii. et iv. Frontin. i. Strat. 8. Thucyd. ii. 4. 1. Leonis Tactica cap. 20. 22. *Bernec.*

Sperantes acquirere se illi posse] Non ideo agros Periclis intactos reliquisse Archidamum, ut eam suspectum redderet Atheniensibus, sed quoniam ei amicissimus erat, inquit Polyæn. *Voss.*

§ 11 *Navali prælio*] Ad Naupactum, duce Phormione. Thucyd. ii. 16. 1. *Bong.*

§ 12 *In annos quinquaginta*] Thucyd. v. 4. 4. *Idem.* Contaren. Var. p. 59. pr. *Bern.* Suid. Nudas Ἀθηναίος (Ms. Leid. Ἀθηναίων) στρατηγός· Οὗτος Κύθηρα τὴν νῆσον εἷλε, καὶ περὶ τῆς Σπάρτης εἰς φόβον κατέστησε Λακεδαιμονίους, ὡς καὶ φρουρὰν αὐτοὺς ἐν τῇ πόλει καταστῆσαι· εἰρήνην δὲ ἐπὶ (Ms. Leid. πεντήκοντα) ἔτη ταῖς πόλεσιν ἐπρυτάνευσεν.

Sex annis] Et præterea 10. mensibus, teste Thucyd. ii. 5. 15. *Bern.*

§ 14 *Indusias, &c.*] An jure hoc, vid. Alb. Gentilem de Jure Belli lib. iii. fin. cap. 18. *Idem.* Male ' condicere inducias' damnat C. Sciopp. Vid. Gronov. i. Obs. 1. ubi erudite defendit Justinum. *Græv.*

§ 15 *Si ferentes*] Mss. mei plerique *si ferrent*, de quo sane non multum pugnaverim. *Mod.*

Quam si aperto] Angl. q. *si ipsi aperto.* Placet, quia elegans est oppositio inter *socios* et *ipsi*, ut plane vocula omitti non posse videatur. *Schef.*

LIBER IV.

CAP. I. § 1 *Siciliam ferunt*] Vid. Thucyd. vi. 1. Melam ii. 7. Plin. iii. N. H. 8. Diod. v. pr. quem νησοτύχην βίβλον vocat. Strab. vi. Solin. cap. 11. Virgil. iii. Æn. 418. Eustath. in Dionys. Lucretium i. Claud. i. de Rapta. De incolis Siciliæ vid. Paus. in Eliacis. *Bongars.* Munster. Cosmogr. i. 8. Scalig. Exerc. 37. 2. *Bern.*

Direptam velut a corpore] S. mavis *diremptamque.* Virg. Æn. iii. 417. ' Hæc loca vi quondam et vasta convulsa ruina Dissiluisse ferunt,' &c. Vid. Plin. ii. 89. Diod. iv. 87. *Bernec.* Quidam Codd. *diremtamque* præfe

runt, quod probo. Nec aliter Liv. xxiv. 9. ' Hispania angusto diremta freto.' *Gronov.* Vel scrib. *dereptam*, ut ego, vel *diremtam*, ut alii. *Faber.* Quidam Mss. quos Bong. vidit *dirremptam.* Sed præfero *direptam.* Memini enim ' diripere' idem quoque esse quod, eripere, abstrahere. Ita dicunt ' diripere ensem vagina,' ' vestem a pectore,' ' victoriam.' *Vorst.*

Direptamque velut a corpore, majore impetu] Servant vulgo omnes hanc distinctionem. At ego habeo persuasissimum τὸ ' majore' non ad ' impetu' sed ' corpore' pertinere, atque sic post ipsum, non ante, comma esse ponend. Vult enim: Siciliam esse quasi particulam corporis majoris sive continentis. Et huc spectat usus comparativi, qui plane nullus est, si ad vocem 'impetus' refertur. *Direptam* etsi non contemnam, mallem tamen legere *diruptam.* Schef.

Majore impetu, &c.] Serv. ex Sall. 'Italiæ,' inquit, 'conjunctam Siciliam constat fuisse; sed medium spatium aut per humilitatem obrutum est, aut propter angustiam scissum; ut autem tam curvum sit, facit natura mollioris Italiæ, in quam asperitas et altitudo Siciliæ æstum refudit.' *Mod.* 'Major impetus' est vis, cui resisti non potest, et Θεοῦ βία nominatur ab JCtis, ut L. 25. §. 5. D. Locati, et Paul. 1. Recept. Sentent. 7. 7. 'Impetus major,' quem locum emendare vult Cujacius, sed male. Nam eod. modo Cic. 11. de Invent. 33. 'Vis major.' *Gron.* .

§ 3 *Naturalis materia*] Antiquiores typis expressi pro *materia* habent *vis:* quod magis placet. *Vorst.*

§ 4 *Spiritu cum igne inter interiora luctante*] Mira discrepantia in omnibus Mss. Quidam codd. habent, *inter interita.* Non dubito quin Justinus scripserit, *ut sp. c. ig. interintra luct. &c.* Hoc verbum cum insuetum esset Isidoro, qui hæc citat, rescripsit *introrsus.* *Interintra* vero, ut 'circumcirca,' 'præterpropter,' et alia. *Voss.* Mss. plerique habent hic vocabulum *abrupta,* vel *rupta,* quod ostendit locum, sicut vulgo legitur, non esse integrum. Lect. veram puto: *quæ res facit, ut sp. c. ig. in interiora rapto luct. &c.* vel, *inter interiora abrepto.* Ea sententia: Ut luctante spiritu rapto inter interiora, vel, ut luctante spiritu cum igne inter interiora constituto, postquam abreptus est spiritus ad interiora, s. in interiora. *Schef.*

Frequenter et compluribus locis] Leg. *ex e. l.* ut et Junt. *Græv.*

Eructet] Mss. *eructuet.* Serv. ad

illud Virg. Æn. 111. 575. 'Interdum scopulos avulsaque viscera montis Erigit eructans,' notat 'eructo, eructas,' tantum dici. *Bong.*

§ 7 *Rhegium*] Διὰ τὸ συμβὰν πάθος τῇ χώρᾳ ταύτῃ. ἀπορραγῆναι γὰρ ἀπὸ τῆς ἠπείρου τὴν Σικελίαν ἀπὸ σεισμῶν. Strabo. Dicitur ergo διὰ τῆς ῥήξεως Eustath. Sall. ap. Serv. in Æ. 111. 'Hæc loca vi quondam,' &c. *Bongars.* Strabo vi. p. 178. 19. ex Æschylo confirmat hoc etymon, dictum sc. 'Rhegium' a ῥήγνυσθαι, *rumpi,* quod hic violentia terræ motuum Siciliam ab Italia divulserit. Subjicit autem, aliis videri 'Rhegium' dictum ob splendorem, quasi 'Regiam.' Sed ipsi Romani aliter judicarunt, et Græcam esse vocem eo ipso fassi sunt, quod perpetuo cum aspiratione scripserunt, ut docet in Ortographia sua Manutius. Describit urbem Cassiod. Variar. xii. 14. *Bern.*

§ 9 *Torrens fretum*] Impetuosum et tempestuosum exponunt. Sed Just. proprie id intellectum voluit, cujus undæ mira varietate nunc in hanc, nunc in illam, feruntur partem. Id quod quidem accidit in omni freto, dum venti per angustias ejus nunc ab supero mari, nunc ab infero, aquas propellunt, prout vel ab hac, vel ab illa, parte sunt validiores, verum maxime in Siculo. Vossio est, æstuosum; paulo melius; sed nec sic quidem satis evidenter redditum, cum 'torrens' sit dictum, quia ejus undæ torrentis instar feruntur magna vi aquarum. Itaque sequitur 'non [nec] solum citato impetu,' respecto nempe ad id 'torrens,' quod præcedit. *Schef.*

Nec solum citato impetu] Est ex Ms. qui h. totum l. ita exhibet: *nec sol. citatum impetu, verum etiam vorax.* Quæ lect. mihi quidem placet multum præ vulgata. Et primum quidem illud *citato,* quod vulgo habent, natum ex antiqua scriptione *citatom,* in qua simul litera ultima ob similitudinem sequentium deleta videtur. Deinde sævum sapit glossam τοῦ 'voracis,' quod quia non intelligebant, repudiarunt licet genuinum. 'Vorax mare,' quod haurit omnia gurgitibus per vortices. Cic. Phil. II. 'Quæ Charybdis tam vorax,' &c. elegantissime. Et iccirco sequitur de undis, gemitu in voraginem desidentibus. *Idem.*

Procul videntibus] Præfero *visentibus*, quod in Mss. et impressis quibusd. habetur, quia magis couvenit rei, et attentionem videntis insinuat, quæ hic innuitur. *Idem.* Sic et Junt. *Græv.*

§ 10. 11. 12. 13. 14.] Hæc ab Auctore male digesta sunt: aut ab aliis transposita. Nam vetus ordo sic legi postulat: 10. 13. 11. 12. 14. *Freinsh.*

§ 10 *Undarum porro in se concurrentium*] Conjeceram legend. esse *inter se conc.* cum deinde observavi, antiquiores typis expressos ita plane habere. *Vorst.* Optime! adstipulatur Junt. *Græv.*

Terga dantes] Ita boni libri: alii, *Virgilius in imum desidere:* alii, *vorticibus.* Error inde manavit, quod quis f. ad oram libri *Virgilii* nomen notaverat, quod in contextum assumtum transiit in *vorticibus:* alii, ut sententia constaret, ad τὸ *Virgilius* addiderunt *scribat.* Certe videtur in hac Siciliæ descriptione Auctor noster ex III. Æneid. imitatus pleraque observatu facillima. *Bongars.* Juntæ quoque: *vorticibus mergi ac in imum desidere.* Sed hoc glossema est natum ex verbo *Virgilius,* quod in Mss. legitur nonnullis. Id vero studiosus aliquis margini alleverat, significaturus esse locutionem Virgilianam. Potest etiam interpretatio esse magistri, qui sic hæc verba 'in imum desidere' exposuit; quæ postea ex marginibus in contextum irrepsit. *Græv.*

§ 11 *Ætna*] Vid. præter locos supr. notatos Plin. II. N. H. 106. Lucret. v. De Scylla et Charybdi vid. præterea Sallustii Fragmenta ap. Serv. III. Æneid. *Bong.*

§ 12 *Nisi humoris nutrimentis aleretur*] Angl. *nisi et humoris.* Probo. Non enim vult, humore solo nutriri, sed præter alia humore. Itaque supr. tanquam rarum et singulare, 'velut ipsis undis alatur incendium,' cum præmiserit de regionis solo, 'intrinsecus stratum sulphure et bitumine:' &c. 'Inde Ætnæ montis per tot secula incendium.' *Schef.*

§ 13 *Hinc latratus auditus*] Juntæ cum nonnullis aliis impressis *auditos.* Ms. *auditis:* leg. *latratus auditi.* Græv. Probo quod Grævio nostro probatur, *latratus auditi;* est enim ex doctrina Longini rhetoris multo grandior sermo, et magis factus ad terrorem. Tantum rhetorem vid. ubi agit de Plethynticis, s. ut nos dicimus, de Pluralivis. *Fab.*

§ 15 *Nam aquarum ille concursus*] Ms. Leyd. *mille.* Non male. Paulo post, vulgo legitur: *promontoriorum altitudo ipsa ita similis est.* In Ms. Leyd. disertim exaratum invenio *ita simul est.* Et ita legend. postulat sententia loci. Statim enim subdit *coëuntibus in se promontoriis solida intercipi absumique navigia.* Pro *intercipi* idem Ms. habet *intercidi.* Elegantius, ut opinor. Sed et sub finem ejusd. cap. dicit: 'discedere ac sejungi promontoria, quæ juncta fuerant, arbitrere.' *Box.*

Terræ diffusus nutrimenta] Hæc desunt in Ms. 1. Voss. Gronov. Uncinis includit hæc et illud *jam* quod sequitur τὸ 'vicinitas' Ed. Bong.

§ 16 *Altitudo ipsa ita similis*] Junt. *ipsa ita sibi similis est.* Græv.

§ 17 *Neque, &c.*] Macrob. v. Sat. 17. 'Ut conniveant tamen fabulæ, et intra conscientiam veri fidem promentes malint pro vero celebrari, quod pectoribus humanis dulcedo fingentis infudit.'

Metu, &c.] Tac. A. II. 24. 'Visa, sive ex metu credita.' *Bern.*

CAP. II. § 1 *Trinacriæ nomen fuit*] Propter tria ἄκρα, i. e. promontoria,

Lilybæum, Pachynum, Pelorum. Latine autem 'Triquetra' dicitur Servio
auctore. *Mod.*

Postea Sicania cognominata est] Plin.
III. N. H. 8. pr. ex Thucyd. VI. 1. 5.
Bernec. Mss. quidam et impressi
pro his habent *præterea*, item *terra*,
id quod facit, ut suspectam habeamus
lect. vulg. Et fortasse scripsit Just.
*post ex Iberia Sicano Sicania denomi-
nata est.* Sicanum Iberiæ fl. esse,
cujus primum accolæ venerint in Siciliam, et de se insulæ fecerint nomen,
Thucyd. testatur. Potuerunt autem
duæ voces *Sicano* et *Sicania*, tanquam
eædem, facile sic ab ineptis scribis
habitæ fuisse, ut alterutram ceu supervacuam liceret omittere. Ex *Iberia* quoque vocabulo non satis noto
monachis nil mirum est, si factum sit
terra, et per correctionem *terra*, item
præterea. *Denominata* manifeste in
quibusd. impressis habetur, unde similiter apparet vulg. lect. esse corruptam. *Schef.* *Denominata* præ se fert
etiam Junt. *Græv.*

§ 2 *Cyclopum*] Thucyd. VI. 1. 3.
Παλαίτατοι μὲν λέγονται ἐν μέρει τινὶ
τῆς χώρας Κύκλωπες καὶ Λαιστρύγονες.
Bongars. Serv. ad illud Virgilii : 'Vos
et Cyclopea saxa Experti revocate
animos :' 'Aut,' inquit, 'quæ Cyclops
in Ulyssem jecit, aut certe Siciliam
dicit : quæ plurimis locis saxosa promontoria habet, quia ibi Cyclopes
habitarunt, ut ipse : 'Centum alii
curva hæc habitant ad litora vulgo
Infandi Cyclopes :' aut Ætnam possumus accipere, quæ propria Cyclopum fuit : nam et ipse in III. ait :
' Noctem illam tecti silvis immania
monstra Pertulimus.' Quidam tamen
hæc saxa inter Catanam et Tauro-
menium in modum metarum situ naturali dicunt esse, quæ Cyclopea appellantur, quorum medium et emi-
nentissimum Galate dicitur.' Lubuit
adscribere totum locum, quia in edd.
non tantum contaminatissimus est,
verum etiam meliore sui parte mutilus

et hians. *Mod.* Idque declarant por-
tentosa eorum cadavera, et monstrosi
specus, quæ in hunc usque diem pro
ostentis visuntur. Fazellus Rer. Si-
cul. I. 6. *Bern.*

Cocalus] Ita Vett. omnes et historia. De Cocalo leg. Diod. IV. 81. et
XVII. 9. Strab. VI. Euseb. in Chron.
ap. quem *Cotalus* dicitur, librariorum,
arbitror, errore. *Bong.*

§ 4 *Anaxilaus*] Ὁ τύραννος τῶν Ῥη-
γίνων. Strabo, Thucyd. VII. *Bongars.*
Malim *Anaxilas* cum Thucyd. VI. 5.
et Strab. VI. p. 178. 10. quem ille
' tyrannum,' hic ' ducem,' Rhegino-
rum appellat. *Bern.*

Justitia, &c.] Saxo I. 6. m. ' Cum
aliorum regum fortitudine, munificentia, et liberalitate certabat.'

§ 5 *Micytho servo*] Herod. ita inquit : Ὁ δὲ Μίκυθος, οἰκέτης ἐὼν Ἀνα-
ξίλεω, ἐπίτροπος Ῥηγίου, i. e. *Ipse Micythus famulus erat Anaxilai, procurator
Rhegii.* Just. *servum* interpretatus est,
ego *familiarem* malim. Nam servo
tantam curam commendasse minus
verosimile. *Glar.*

Micalo servo] Herod. VII. 170. Μίκυ-
θον vocat Anaxilai οἰκέτην. Et Straboni pr. lib. VI. ' Micythus' quidam
est Messanæ princeps. Vid. Macrob.
I. 11. Saturn. *Bongars.* Junt. *Micytho*, cum Herod. et Macrob. *Græv.*
Antiquiores edd. Junt. Bech. Maj.
Micytho; prorsus ut Herod. VII. 170.
vocat. Et mirum quod Bong. id mutavit. *Vorst.*

§ 6 *Carthaginienses*] Ad id a Xerxe
incitati. Diod. XI. 20. et seqq. ap.
quem initio narrationis legend. Στρα-
τηγὸν εἵλοντο Ἀμίλκαν, non Ἀμίλκωνα.
Vid. et Herod. VII. 66. *Bong.*

Dimicatum] Freinsh. *dimicarunt*, ut
respondeat antecedenti sequentique
verbo. *Bern.*

§ 7 *Victi*] Omiserim si res mei sit
arbitrii. An f. caput hoc est sequentis
periodi ? *Idem.*

CAP. III. § 1 *Veterani*] Quinam sint
Himerenses isti veterani, quærend.

Sebisius aliquid hic subesse mendi non ab re suspicatur. *Idem.*

Ab altera parte] Bong. eumque secutus Bernecc. *ex a. p.* Verum rectius videtur, quod antiquiores typis expressi habent, *ab a. p.* Verbis passivis nomina sexti casus adjiciuntur intercedente 'a' vel 'ab.' 'Ab Himera' dictum pro, Himera. Solent enim nominibus quoque urbium subinde præpp. præmitti. Stephanus: 'Ιμέρα, πόλις Σικελίας. Est autem et nomen amnis ejusd. insulæ, qui ferme eam dividit, uti Liv. xxiv. 6. ait. *Verst.* Mss. plerique habent *ex alia p.* Quod contemni non debuit. Atque suspicor, illud *altera* glossatoris esse, non Justini. *Alium* pro, altero, usurpasse vett. etiam optimæ notæ Scriptores, certum est. Plaut. Captiv. 'Captus fuit in pugna Hegionis filius; Alium quadrimum fugiens servus vendidit.' *Schef.*

§ 2 *Nulli tyranno comparandum*] F. *n. tyrannorum patrand.* Freinsh. Omnino legend. est, *n. tyranni comparand.* Voss. Junt. *tyrannico.* Freinsh. *n. tyrannorum patrand.* Nihil muta. *N. tyranno comparand.* est, n. tyrannorum facinori comparand. Est locutio antiqua et optimis scriptoribus familiaris, quam pluribus asserit Gronov. ad Liv. Epit. xLVII. *Græv.* Sc. non potuerunt Freinsh. et Voss. concoquere, quod facinus non facinori tyranni, sed ipsi tyranno, non comparandum dicitur. Debebant antem meminisse, quod non Noster tantum, sed et alii subinde sic loquantur. Vid. supr. Notas ad i. 7. 14. et ii. 14. 10. *Verst.*

Quippe ut Rheginis] Hæc verba mihi parum integra videntur; certe illud 'quippe' sic per se non solet alibi poni. Suspicor autem præcessisse particulam *tantum,* eamque per duas syllabas *randum,* in voce 'comparandum,' proxime videl. antecedentes, et in Ms. eod. fere modo pingi solitas, esse consumtam, dum supini

scribæ unam dictionem putant vicibus duabus male fuisse propositam. *Schef.*

§ 3 *Exulare, &c.*] Saxo iit. p. 42. 4. 'Ad Gevarum decurrere necesse habuit:' et xiv. p. 256. 26. 'Qui in regis oculis pugnam edere necesse haberent.'

§ 4 *Catinienses*] Ita vett. ferme omnes, et Oros. Ms. ii. 14. Quidam *Catheniensee.* Græcis Καταναῖοι; et *Κατάνη* Latinis plerumque *Catina.* Cic. v. Verr. 'Catina Venus.' *Bong.* Quomodo et in aliis A Græcum a Latinis in I mutatur: ut βάσκανος, *fascinus: κάναστρον, canistrum: τάγηνον, patina, &c.* Bernec. Junt. *Catinenses.* Græv.

§ 5 *Quod Asiam Græciamque penitus occupaverant*] Legend. arbitror *quo A. G. p. occuparent: aut, quo A. &c. occupaverant.* Ut dicat: Athenienses, studio illo majoris imperii, Asiam et Græciam animo jam, et præsumtione quodammodo, penitus occupasse. *Bong.* Aut si mavis, *quo* (sc. studio) *A. &c. occupaverant.* Ut dicat: Athenienses, studio illo majoris imperii, Asiam et Græciam animo et præsumtione quodammodo jam occupasse, et spe penitus devorasse. Utraque lect. ab ingenio Bongarsii est: quarum in textum admissam *quo A. G. p. occuparent* ideo prætuli, quod seqq. verbis, 'ne Lacedæmoniis illæ vires accederent,' magis respondeat, ut utrobique causa fiualis exprimatur. Hactenus editi: *quod A. G. p. occupaverant.* Acidal. ad Vell. ii. 130. 8. F. inquit, legend. *occupatu irent.* Sic namque scribebant pro, occupatum irent, quod erroris potuit origo fuisse. *Bern.*

Lamponium ducem] 'Lamachum' ducem nominat Thucyd. vi. ubi et Niciam et Alcibiadem. Paulo post in hoc Auctore *Lachete et Chariade* legend. *Charoeade* ex eod. Thucyd. Λάχης ὁ Μελανώπου, Χαροιάδης ὁ Εὐφιλήτου. *Glar.*

Sub specie ferendi, &c.] Alcibiades ap. Thucyd. vi. 3. 26. de Atheniensibus : ' Auxilium impigre tam Barbaris quam Græcis implorantibus ferendo, imperium nos nostrum, et si qui alii habuerunt, comparavimus.' De Romanis Cic. iii. de Repub. ' Noster populus sociis defendendis terrarum jam omnium potitus *est*.' Exempla sunt alia inf. xviii. 1. 1. xxvii. 3. 4. xxxviii. 1.3. et viii. 3. 3. *Idem.*

Tentarent] Melius f. *tentaret.* Id.

§ 6 *Cariate*] Ita Vett. Thucyd. iii. 86. Χαροιάδην vocat, et hos non Catiniensibus, sed Leontinis, in auxilium missos scribit. *Bong.* Scripsi cum Junt. *Chariade:* Græcis enim est Χαριάδης. *Græv.*

§ 7 *Pacem cum Syracusanis*] Hoc est deludere corvum hiantem. Exemplum haud absimile Liv. xlv. 11. habet. *Bern.*

CAP. iv. § 1 *Acquisito*] Hoc mihi est suspectum. Et video, impressum aliquem habere *accersito*, quod ostendit satis locum non omnino esse sanum. Puto autem Just. scripsisse *adscito*, vel potius *accito*, quod qui non satis intellexit, compendium putavit esse verbi *acquisito*. *Accersito* autem esse ex glossa τοῦ *accito*. Schef. Merito *acquisito* suspectum est Scheffero. *Squaloris habitum acquirere ad misericordiam commovendam* vix ferent aures Latium : f. Just. scripsit *conquisito.* Græv.

§ 3 *Nicias*] Thucyd. vi. Diod. xii. fin. et xiii. init. Plut. et Probus Alcibiade ; ille etiam in Nicia. *Bongars.* Ap. Frec. 1. 4. 11. pro *Micea* et *Miceam* reponend. est *Nicia* et *Niciam*, atque, pro *Jamacho* et *Jamachum*, *Lamacho* et *Lamachum*.

Ut ipsis terrori] Id cavend. semper ducibus, ne ita externis credant auxiliis, ut non plus sui roboris suarumque proprie virium in castris habeant. Liv. xxv. 33. 5. Id. xlii. 31. 9. et xliv. 26. 13. Videatur omnino

Veget. iii. 1. fin. Leonis Tact. cap. 20. n. 62. Vid. inf. xxvii. 2. 11. *Bern.*

§ 4 *Revocato ad reatum*] Inf. v. 1. ' Revocatus a bello ad judicium.' Nep. ' Absentem quod sacra violasset reum fecerunt.' *Vor.*

Revocato ad reatum] I. e. ut reus fieret ; ita namque hoc genus usurpari solet etiam in aliis, ut ' Vocatus ad consulatum,' &c. Sed hoc quidem haud conveniens, quia esse reus debuit, antequam posset revocari. Quare suspicor hic mendum aliquod latere. Impressus quidam, sed et Ms. aliquis, adscriptum tamen alteri lect. habet, *ob r.* quod, ut præferend. vulgato, ita nescio an Justini esse certo possit tradi. Videtur potius aliquid deesse. *Schef.*

§ 5 *Munitionibus deinde circumdatis, hostes etiam marinis, &c. clausos*] Hæc Sebisio glossam sapiant ; necessaria quidem certe non sunt. L. totum ita restituend. puto : *m. d. circumdatos h. e. m. c. intercl.* Rectum est *munitionibus circumdatis.* Sic v. 8. 1. ' Obsidione circumdata.' Liv. xxi. 42. 1. ' Circumdato ad spectaculum exercitu.' Et iii. 26. 5. ' Munitiones circumdant.' Poasis tamen et *munitionibus circumdatos* tueri his exemplis. Liv. xxiii. 28. 2. ' Naves vallo circumdatæ.' Tac. Ag. 20. 4. ' Civitates præsidiis castellisque circumdatæ.' Flor. iii. 10. 43. ' Civitatem ingenti lorica circumdatam.' *Bernec.* Suet. Jul. 68. ' Dyrrachina munitio.' Cæs. viii. B. G. 11. ' Locum munitionibus claudi.' Hinc ' munitores' Amm. M. xxi. 12. quos cl. Vales. uti et ' oppugnatores,' opponit ' clausis' et ' defensoribus.' Et *munimentum* ead. notione usurpat Liv. x. 9. ' Locus nec vi nec munimento capi poterat.' *Gronov.* Non modo dicunt ' circumdare urbem munitionibus,' sed et ' munitiones circumdare urbi:' ut ' Murum urbi circumdare,' supr. 1. 2. 7. et ' Circumdata viæ silva' L 6. 4. *Vor.*

§ 7 *Ab his mittitur Gylippus solus,* *sed in quo instar omnium auxiliorum erat*] Ms. habet *A. h. m. G. classem Lacedemoniorum solus, sed, &c.* Supr. τὸ *solus* scriptum est a librario VACAT. Adeo ut laborantem et hiulcum l. notet. Illud *solus* in lect. vulg. mihi non placet. *Boxh.*

Sed in quo] Ita et Oros. II. 14. Vett. nostri *sed quo*; f. *qui.* Bongars. Testatur Bong. Codd. Mss. habere *sed quo:* et conjicit legend. esse *qui.* Bech. et Sich. ediderunt *sed quidem.* Ubi *quidem* corruptum videri possit *ex qui idem.* Vorst.

Instar omnium] Unus enim Gylippus tantum poterat, quantam multa M. militum. Cic. Brut. 51. ' Plato mihi unus instar est omnium.' Liv. XXVIII. 17. ' Parvum instar eorum.' Virgil. VII. Æ. 707. ' Magnique ipse agminis instar.' *Gron.*

§ 8 *Is audito genere belli, &c.*] Angli ex Mss. *Is a. in itinere belli jam inclinato statu.* Vix de veritate lectionis huj. dubito. Nam in vulg. nullus sensus est idoneus. Quod enim illud genus belli, aut quis ille status? At *status belli inclinatus* dicitur eleganter. *Schef.* Huj. l. emendationem pulcherrimam et certissimam debemus Oxoniensibus. Nihil verius. Merito probavit quoque Scheff. ὁ μακαρίτης. *Grav.*

Inclinato statu] Cæs. I. B. C. 52. ' Fortuna se inclinaverat:' idque Græco more expressit Hesiod. Theog. 711. Ἐκλίνθη δὲ μάχη. *Gron.*

In Græcia, &c.] Antiquiores Edd. *in Græciam, in Siciliam.* Quæ similia forent ei quod sup. III. 1. 1. legitur, ' Bello in Græciam infeliciter gesto.' *Vor.*

§ 10 *Classem Lacedæmone arcessit*] Antiquiores Edd. *a Lac.* Quod simile esset ei quod sup. IV. 3. 1. legitur, ' ab Himera:' Nominibus quoque urbium præpp. addi satis usitatum. *Id.*

§ 11 *Demosthenen, &c.*] Thucyd. VII. 2. et reliqui. *Bong.*

CAP. V. § 2 *Censere*] Ang. *consulere,*

quod doctus Anglicanarum Notarum Auctor putat esse convenientius, quoniam ' censere' sit superioris. Sed ' consulere' pro, suadere, non opinor facile inveniri. Quare a vulgata non recedo. *Schef.* Recte Scheff. *Censere* enim Latinis est aut in senatu aut in concione sententiam de re, de qua deliberandum, dicere. Superius II. 7. ' Sollicitus igitur Solon, ne aut tacendo parum reipublicæ consuleret, aut censendo sibi.' *Grav.*

Forent] Ita boni auctores loquuntur: et inprimis Sall. Jug. 21. 6. ' S. P. Q. R. verbis nuntient, velle et censere eos ab armis discedere: ita seque illisque dignum fore.' Vulg. Edd. *esse.* Bong.

§ 3 *Perseverandum, &c.*] Mallem sic distinguere; *perseverandum; esse domi,* cum præsertim videam, illud *esse* in quibusd. repetitum post vocem ' bella.' *Schef.*

§ 4 *Destitutæ spei*] Liv. I. 51. ' Morando spem destituit.' Id. XXVI. 18. ' Destituta exspectatio:' et Quintil. Decl. XII. ' Nihil gravius quam destitutas spes torquet.' *Gron.*

§ 5 *Et animi a, &c.*] Literulæ unius nec mutatione, tantum trajectione, restitui locum; nullo aut turbido sensu hactenus ita vulgatum, *et a nimia:* quomodo et Boug. in Mss. haberi cònfirmat. Ipse edidit *et animata.* Bern.

Et animi a prioris fortunæ procella] Liber noster habet *animata.* Alii *a nimia.* Rescribo *ab irata pr. f. p.* F. tamen Just. scripsit *animati.* Magnitudo enim acceptæ cladis sæpe animos ad ultionem accendit. *Boxh.* Recte legitur *et animi a, &c.* Liv. VII. 15. ' Alienatis a memoria periculi animis.' *Gron.*

Et animi] Sic clare Juntæ qui confirmant Bernecceri emendationem. Is enim primus hunc l. sic restituit, cum antea legeretur *et a nimia,* aut, ut Bong. ediderat, *et animata.* Græv.

Et animi a prioris fortunæ procella]

Ita legend. esse conjecit Bernecc. pro eo quod ante editum erat *et a nimia*. Et testatur Græv. veterem Jant. ed. manifeste sic habere. *Vorst.* Ante verba *et animi* Mss. libri habent *duo*, quod videtur repudiatum ab iis, qui non intelligebant compendium scripturæ. Legend. enim sine dubio, *Rep. ig. nav. bellum denuo, et animi, &c.* Schef.

§ 7 *Eurymedon*] Miror Mss. omnes h. l. mendose prorsus legere *Eurylocus*, quomodo et Oros. Ms. Ego in vulg. lect. cont. historiam nihil mutare ausus sum. *Bong.*

Triginta] Oros. 'undecim.' *Id.*

§ 9 *Centum triginta*] Oros. II. 14. totidem. At Thucyd. VII. 13. 24. Atheniensibus ex postrema clade tantummodo 70. naves reliquas fuisse scribit. *Bern.*

§ 10 *Demosthenes, &c.*] Utrumque a Syracusanis interfectum refert Thucyd. VII. fin. et Plut. *Bong.*

A captivitate gladio, &c. se vindicat] Elegantius, ut omnia, Flor. IV. 9. 4. 'Ne veniret in potestatem, a gladio suo impetravit.' Thucyd. tamen VII. 16. 20. una Niciam et Demosthenem a Syracusanis necatos scribit: quem l. citat et negat Plut. in Nicia sub finem. *Bern.*

§ 11 *Nicias*] Angl. *N. vero, etiam Demosthenis, ut s. c. edm. exemplo, ol. su. captivitatis ded. cumulavit.* Etiam hic nollem temere deserere vulgatam. *Schef.*

LIBER V.

CAP. I. § 1 *Alcibiades absens*] Thucyd. VII. 10. Diod. XIII. 5. Plut. et Probus in Alcib. Ælian. XIII. V. H. 38. Accusatur et de Hermis aut truncatis, ut Thucyd. VI. 5. aut dejectis, ut Probus. *Bongars.* Initiorum enuntiatorum crimine purgat Alcibiadem, in Orat. de Bigis, præco laudum ipsius Isocrates. *Bern.*

Mysteria Cereris Initiorum sacra] Persuasum habeo *myst. Cer.* certe quidem *myst.* obrepsisse textui (ut in Auctore plura), cum esset adscriptum explicandi causa, quid sint 'Initiorum sacra.' *Bernec.* Retinenda omnino lect. vulg. *Myst. Cer. Init.* ut supr. II. 6. 'Simultatium offensæ.' Loquitur enim Auctor pleonastice. *Gronov.* Delend. omnino *myst. Cer.* glossema enim est horum verborum, 'Initiorum sacra,' quod me primum vidisse putabam: sed Bernecc. ante me vixit, et id vidit quod et ego, sed serius vidi et ipse, inquam, sine honore, quia alii viderant. Sed multa, spero, erunt, quæ nobis aliquid solatii afferre possint, si qua nos f. ambitio in h. genere tenere potest. *Faber.* Persuasum habet Bernecc. *myst. Cer.* vel certe *myst.* ex margine, in quo explicationis causa adscriptum fuerit, irrepsisse in textum. Putat enim *myst. Cer. Init. sacra ταυτολογίαν* habere, et *myst. Cer.* et *Init. sacra* unum et idem esse. At Freinsh. in Ind. Curtii, v. *Inire*, sic distinguend. censet: *myst. Cer. Initiorum, sacra nullo magis q. sil. sol.* Quod si verum ita sit, fortasse trajectionem quoque his factam credi possit, legendumque *myst. Init. Cer.* Supr. II. 6. 13. vocantur 'noctes Initiorum.' *Ver.*

Mysteria initiorum sacra, nullo] Quid est 'nullo?' An, re nulla? Ita vero non solent, qui probe loquuntur. Scribo igitur et distinguo: *myst. Cer. Init. sacro nullo magis, q. sil. sol.* et *nullo sacro magis solemnia* significat:

Non aliud sacrum, non aliam rem sacram, ritum, consuetudinem magis solitam et consuetam receptamve fuisse, quam silentium. Id quod verissimum. Alii aliter de h. l. mea hæc sententia; quam spero facile me probaturam accuratius cuncta expendentibus. *Schef.* Adsentior Berneccero et Tanaquillo censentibus delend. esse *myst. Cœr.* 'Nullo' est, nullo ritu, aut negotio. *Sacro nullo,* quod Scheffero placebat, hic locum habere non potest. Nemo enim sic loquitur: *Mysteria hæc sacro insignia sunt.* Græv.

Cereris initiorum sacra, nullo magis quam silentio solennia] Hinc Ov. in Arte ii. sub fin. 'Quis Cereris ritus audet vulgare prophanis, Magnaque Threicia sacra reperta Samo?' Et Horat. iii. Od. 2. 'Vetabo, qui Cereris sacrum Vulgarit arcanæ, sub iisdem Sit trabibus.' Causam autem, cur sileri debuerint hujusmodi mysteria, dicit his verbis Lactantius v. Div. Inst. cap. 20. 'Hinc,' inquit, 'fida silentia sacris instituta sunt ab hominibus callidis, ut populus nesciat quid colat:' licebat tamen initiatis ea quæ mysteriis tradebantur inter se vulgare, ut constat ex illo Cic. loco i. Tusc. ubi ait: 'Reminiscere, quoniam initiatus es, quæ traduntur mysteriis:' atque hinc Augustus Athenis initiatus, cum postea Romæ pro tribunali de privilegio sacerdotum Atticæ Cereris cognosceret, ac secretiora quædam proponerentur, dimisso concilio, et corona circumstantium, solus, Suet. auctore, audiit disputantes: ne videl. prophanis initia vulgarentur. Sed hæc non sunt Notas scribentis. Videatur plene de his aliisque huc pertinentibus B. Brisson. i. de Formulis et Verbis Solennibus veterum Romm. *Modius.* Auson. Paulino: 'Sed tu, juratis velut alta silentia sacris Devotus teneas, peritus in lege tacendi.' Proinde Imp. Augustus Athenis [V. supr. us-

que ad 'vulgarentur']. Suet. Aug. 93. Ipsa porro mysteriorum symbola, quibus initiati se invicem internoscebant, petenda sunt ex Arnob. v. Clem. Alex. Orat. Exhortat. ad Græc. Euseb. ii. de Præp. Evang. et Materno Firmico lib. de Errore Profan. Relig. Qua de causa Diagoras, cum Initia narraret omnibus, evulgaret, et extenuaret, et eos, qui initiari vellent, dehortaretur, ab Atheniensibus ænea columna erecta proscriptus est: Suid. *Bern.*

§ 3 *Sacerdotum*] Eumolpidarum et Cerycum. Thucyd. viii. 9. 2. Prob. in Alcib. *Bern.*

Devotum] Et bonis exutum. Devotionis exemplum, quo testatior esset memoria, in pila lapidea incisum, atque in publico positum, esse ait Probus in Alcib. *Bern.*

§ 4 *Ultro bellum inferre*] Quod, munita a Lacedæmoniis consilio Alcibiadis Decelia, 'Decelicum' appellatum est. *Bong.*

Bellum inferre. Quo facto] Nimis hæc sunt brevia, et nec integra fortasse. In Ms. quodam legitur, *bell. inferre parant Lacedæmonii.* Quod non negligend. Vera namque lect. videtur sic se habuisse: *ibique regem Lac. imp. t. A. a. S. p. u. b. inferre. Parent Lacedæmonii. Quo facto, &c.* Oratio longe elegantior apertiorque, quam vulgata, in qua ne illud *Quo facto* quidem habet quo satis commode referatur. Ejecerunt autem hæc verba, qui vitiosum illud *parant* videbant non cohærere cum superioribus. *Schef.*

§ 5 *Omnia Græciæ regna concurrunt*] 'Regna' posuit Just. cum 'respublicas' vellet dicere, s. 'civitates;' sed cum 'civitates' dico, ita intelligo, ut 'Civitas Allobrogum?' Sall. 'Civitas Arvernorum,' &c. Cæs. Cic. &c. Ceterum nolim me tale aliquid imitatum esse, quale hic Justinus. *Faber.* Unus Cod. Ms. quem Bong. vidit, *concurrit.* Unde id. legend.

conjicit *omnis Græcia.* Quid si legatur *omnia Græciæ oppida,* per metonymiam quidem? *Vor.* Bong. qui in nonnullis legerat *concurrit,* putabat *omnis Græcia,* deleta voce *regna,* scribend. Vorst. censebat *omnia Græciæ oppida.* Sed hoc quidem nimis longe abit. In Ms. uno legitur *omnis ad Græciæ regna,* quod vestigia lect. veræ videtur exhibere. Puto namque scripsisse Just. *Quo f. omnes ad Græciæ regnum, velut.* Sensus elegantiss. et convenientiss. *Regnum Græciæ* invidiose dicitur, quo Græcia cum libertate sua premitur; intelligitur autem imperium Atheniensium. Locum fecit obscurum et mendosum illud *omnis,* antique scriptum, pro, omnes. Inde namque primum pro *concurrunt* factum *concurrit* in aliquibus; deinde deletum *ad;* et, quia *omnis regnum* non cohærebat, scriptum *regna.* Schef. Angl. *omnis Græcia multitudo,* quod suspicor ex glossa esse; ac egregie firmat nostrum *omnes:* de quo in Notis. *Id.*

Velut ad exstinguendum, &c.] Ead. supr. I. 7. 9. *Bern.*

§ 6 *Tantum odium*] Junt. *odii.* Sic id. XII. 8. *Quantum mali,* pro vulg. Q. *malum.* Dein iidem: *consumti magis fortunæ varietate, quam vi, victi sunt.* Quod et in aliis antiquioribus edd. conspicitur, et verum est. Victi utique sunt Athenienses, sed non vi, sed fortunæ varietate sunt consumti et exhausti. Hanc lect. dudum etiam Gronov. probavit. *Græv.*

Immoderati imperii cupiditate] Mss. duo optimi *i. i. crudelitate.* Considerent docti: interim ego nihil mutand. censeo. *Mod.* Fastus et asperitas Atheniensium in eos, quos e sociis subditos fecerant, e Thucydidis ac Diodori non uno loco perspicitur. Verumtamen, cum inf. demum n. 11. de sociis, hic de cett. Græcia, sit sermo, dubites, an non pro *crudelitate* rectius sit legere cum aliis Edd. *cupiditate.* Sed tum *immoderata,* non

immoderati, scribend. fuerit. Utrique lect. favet Thucyd. II. 2. 12. et VIII. 1. 9. cum seqq. *Berneccer.* Junt. ed. uti Græv. testatur, *tantum odii.* Pro *crudel.* codex Ms. quem Bong. vidit, habet *cupid.* Legend. ergo f. *immoderata imp. cupid.* Vorst. Bernecc. suspicatur, *immoderata imp. cupid.* quia *cupid.* est in aliis etiam Mss. Id. probat Vorst. Quid? si legas *immoderati,* ut est in illis aliis et Ms. referasque ad Athenienses. Sic est ' Alexander immoderatus,' ap. Cic. ad Att. XIII. 28. *Schef.*

§ 7 *Darius*] Cognom. 'Nothus,' quem Scaliger Hierosolymitani Templi restauratorem esse sentit. *Bern.*

§ 8 *Ne, victis Atheniensibus, ad se Lacedæmonii, &c.*] Omnino scribend. *ne,* v. *Lacedæmoniis, ad se Athenienses, &c.* Quod si vulg. lect. retineatur, magnus erit Justini error. Athenienses enim tunc adhuc erant principes Græciæ. *Gron.*

§ 10 *Quam victi*] Vulgo *vi victi.* Lucil. 'Populus Rom. victus vi, superatus prœliis.' *Bongars.* Restitui voculam *vi,* quam antiquiores Edd. additam habent, neque expungendam fuisse et Gronov. in Notis ad Liv. censet. Ipse ille Bong. qui expunxit, geminum laudat illud Lucilii : ' Populus,' &c. *Vorst.* Sed pridem ante in sua ed. hanc vocem reposuerat. *Græv.*

§ 11 *Socii desciverant*] Diversus fuit Rom. Imperii status, cujus socios Annibal Pœnus, cum omnia bello flagrarent, fide tamen dimovere non potuit : ' videlicet quia justo et moderato regebantur imperio; nec abnuebant, quod unum vinculum fidei est, melioribus parere,' inquit Liv. XXII. 13. 11. ' Capsani levi [an leni?] imperio habiti, et ob ea fidelissimi,' Sall. Ju. 89. 5. *Bern.*

CAP. II. 1. *Imperatoriis virtutibus*] F. rectius *imperatoris,* ut respondeat præcedenti ' militis.' *Sebis.* Legend. esse *imperatoris* (cum *gregario militi* opponatur *imperator*) ante me alii viderunt; at hoc non viderunt, quod addam cap. 3. *Fab.*

§ 3 *Partaque cum amissis pensabant*] H. e. quamvis ap. Athenienses imperio excidisset Alcibiades, ap. Spartanos tamen æque magnum factum cogitabant. Pertinet hoc ad explicandum id quod modo dictum: ' nec exsilio videbant factum minorem.' Hispanus interp. aliter, et nisi fallor, absurde. *Berneccer.* Bong. edidit *pensare:* omnino recte, ut referatur ad τὸ 'Sciebant,' nempe Alcibiadem. Ap. Vett. *pensare* nequaquam usurpatum fuit pro, cogitare: sed pro, æquare, et comparare. Sic Noster xxv. 3. et Sen. Œd. 490. 'Meliore pensans damna marito.' Liv. xxxvii. 1. 'Veteribus benefactis nova pensantes maleficia.' At *pensitare* pro, æstimare dixit Suet. Octav. 66. ' Amicorum suprema judicia morosissime pensitavit.' *Gronov.* Mss. *pensare.* Juntæ cum nonnullis aliis *pensantem.* Quos sequor. Hic est sensus: Viderunt tantum imperium eum recepisse, quantum amiserat. Imperatoriam enim dignitatem, quam ap. Athenienses amiserat, recuperaverat ap. Lacedæmonios. Sic ' adversa secundis pensare' ap. Liv. Flor. et alios: vid. Gronov. Obs. iv. 13. *Græv.* Georg. Major pro *pensantem* edidit *pensabant:* eumque secutus est Bernecc. et verbum istud de cogitatione explicavit. Sed legend. sine dubio vel *pensantem*, vel *pensare.* Juntæ edidere *pensantem.* Nec aliter Sich. At Bech. *pensarent:* quod sine dubio est ex *pensare.* In Codd. Mss. Bong. reperit et *pensaret;* itid. ex *pensare.* Sed quid illud est *parta cum amissis imperia pensare?* Nihil aliud quam tantundem imperii nactum esse quantum amiseris. Sed verbi illa constructio est rarior; primo quod dicitur *parta pensare*, cum vulgo dicatur *damna p.* deinde quod dicitur *parta p. cum amissis*, cum vulgo dica-

tur *damna p. acquisitis.* Inf. xxv. 3. ' Damna amissæ Siciliæ acquisito Macedoniæ regno pensasset.' Sed altera tamen constructio et ipsa reperitur. Ex Ov. xiii. M. laudat Gronov. ' Laudem ut cum sanguine pensent.' Et ex Claud. iv. Paneg. ' Laudem pensat cum crimine.' Deinde compositum *compensare* eod. modo constructum reperitur. Cic. v. Fin. ' Cum maximis curis et laboribus compensare eam quam ex discendo capiant voluptatem.' Ex quibus apparet non tantum ' mala bonis,' sed et ' bona cum malis, pensari' et ' compensari' dici. Vir cl. in Vell. ii. 12. 5. ubi legitur, *bona malis repensasse*, facilius legi putat *mala bonis repensasse.* Sed manifestum est dici utrumque. Est autem ' pensare,' ' compensare,' ' repensare bona malis,' vel ' cum malis,' idem quod, bona malis æqualia facere, vel existimare. Quod etiam apparet ex his Plinii vii. 40. ' Bona malis paria non sunt, etiam pari numero: nec lætitia ullo minimo mœrore pensanda.' *Vor.*

§ 4 *Sed apud, &c.*] Vid. Stephaniam ad Saxonem vi. p. 103. 22.

Virtus Alcibiadis] Vid. de Xantippi sapiente facto prudens dictum Polybii i. 36. *Bern.*

§ 5 *Cognita re*] Gualter. ' Quo cognito.' Vincent. iii. 61. ' Quo cognito Alc. per Timeam uxorem Agidis.'

Per uxorem Agidis] Timeam. Plut. in Alcib. c. 42. et de Tranquill. An. 10. Athenæus xiii. 4. Sic inf. xliii. 4. 11. *Bern.*

Ad Tissaphernem] Thucyd. viii. alii supr. notati. *Bong.*

Præfectum] Quem Persica voce ' Satrapam' ut plurimum appellant auctores, Plin. Curt. Probus, Terent. alii. Curt. etiam, ut et Cic. ' Prætorem.' Porro regnum Persarum ejusmodi Satrapiis, s. Præfecturis, 127. constitisse docet Josephus Antiq. Jud. xi. 4. et 6. Quod et Sacris Literis Esdræ iii. 3. 2. Estheris i.

1. et VIII. 9. confirmatur. *Bern.*

Insinnavit] Gualter. ' adunavit.'

§ 6 *Eloquentia etiam, &c.*] Propter omissam in vulgatis edd. interstinctionem, vocabulo ' etiam' sua emphasia, et proinde dicto gratia, periit. Sic ap. Senecam, si recte memini, est qui dicatur ' vir magnus, etiamsi cum maximis comparetur.' At inter cæcos luscus rex est. Alcibiadis eloquentiam celebrat et Demosth. Orat. cont. Midiam : Probus ' neminem ei dicendo potuisse resistere' scribit. Certe belli Siculi suasor et auctor fuit, frustra dissuadente Nicia. Thucyd. VI. *Bern.*

§ 7 *Morum vitia*] Probus, ' Constat,' inquit, ' inter omnes, qui de Alcibiade memoriæ prodiderunt, nihil illo fuisse excellentius vel in vitiis, vel in virtutibus.' Ejusmodi temperaturam ex adversis moribus tribuit quoque Catilinæ Cic. in Cœliana cap. 5. et 6. et Licinio Muciano Tac. H. I. 10. *Id.*

§ 8 *Persuadet*] Videndus Thucyd. VIII. 8. 8. *Id.*

§ 9 *Vocandos in portionem muneris Ionios*] Sebisius *oneris* legit. *Idem.* Eleganter hic *munus* pro onere Auctor usurpat, quomodo etiam Cic. v. Verr. 20. ' Cum hoc munus imperaretur tam grave civitati.' Ib. 21. ' Id quoque munus leve atque commune Mamertinis remisisti :' et Liv. XXV. 7. ' Dum ne quis eorum munere vacaret.' Id. XXVII. 9. ' Non enim detrectationem eam munerum militiæ, sed apertam defectionem a populo Romano esse :' et XXX. 18. ' Utram vellet prætor muneris partem proconsule accipiente.' Vid. Pompon. in L. 239. §. 3. D. de Verb. Sign. *Gronov.* Ms. *Iones.* Junt. *Iones. Muneris* non est mutand. in *oneris.* ' Munus' enim est, onus. Sic ' munera' JCtis sunt opera civilia. Hygin. Gromaticus : ' Scholæ cohortibus primis, ubi munera legionum dicantur, intra scamnum legatorum

contra aquilam dari debent.' Ubi ' munera legionum' sunt excubiæ, vallum, fossa, pabulum, materia, lignorum aggestas, et alia onera militaria. Tacit. I. A. 16. ' solita munia' dicuntur. Hinc ' munifex,' qui munera s. onera præstare cogitur, cui opponitur ' immunis.' *Græv.* Supr. quoque II. 5. 13. ' Ioniis.' Juntæ tamen, ut ei. Græv. testatur, hic habent *Ionas,* et Codex item Ms. quem Bong. vidit, *Iones.* Pro *muneris* Sebis. conjecit legend. esse *oneris.* At Græv. contendit nihil mutand. esse, propterea quod ' munera' ipsa quoque onera dicantur. *Ver.*

§ 11 *Dissentientibus Græcia*] Angl. *dissidentibus,* quod puto genuinum, cum vulgatum sit ex glossa. Noster XXIV. 1. ' Interim in Græcia dissidentibus inter se bello Ptolemæo Cerauno et Antiocho regibus, omnes ferme civitates ad spem libertatis erectæ.' Phædr. noster I. 31. ' Humiles laborant, ubi potentes dissident.' *Schef.*

§ 12 *Græciam obterendam*] Hoc *obterendam* inconveniens videtur. Certe quorum exæquantur vires, qui levantur auxilio contra alios, illi non obterentur. Nam ' obterere' est, concutere, peasumdare. In Ms. pro eo habetur *exercendam,* quod haud dubie genuinum. ' Exercere Græciam' eleganter est, occupatam perpetuis bellis tenere, nunquam sinere venire ad quietem et pacem. Vocabulum *obterendam* natum ex glossa videtur, at non pauca alia ap. h. Scriptorem. Quod tamen esse ineptum sequens ' vacet' ostendit, cui opponitur non *obterere,* sed *exercitum,* vel *exercitatum esse.* Schef. Angl. *adterendam,* quæ · lect. est egregia. Plus est in illo *obterendam,* quam quod Alcibiades suadebat. Obterit regionem, qui eam bello penitus conculcat et evertit. Quomodo de ala equestri Tacitus Ag. 18. 2. ' Alam in finibus suis agentem prope universam obtrive-

rat:' h. e. deleverat. Hoc vero noluit Alcibiades, sed suaxit bello fatigari. Quod proprie est *atterere.* Id.
Tac. III. H. 50. 'Et ipsos in regione
bello attrita inopia et seditiosæ militum voces terrebant.' *Idem.* Optime Angli, Scheff. applaudente, *Græciam atterendam.* Suet. Aug. 'Attrito
bellis civilibus patrimonio:' et Galb.
'Attritis facultatibus.' *Græv.*

§ 14 *Classem regiam*] Quæ Phœnicum navibus 157. constabat. Thucyd.
VIII. 15. 3. *Bern.*

Ne victoriam daret] Antiquiores
quidam typis expressi, *ne v. totam d.*
Sed Bong. *totam* expunxit, quod in
Codd. Mss. id non reperiret. Et
videtur sane commode abesse. *Vor.*

Aut necess. &c.] Hegesipp. II. 20:
'Paratum se ut incolumes servaret,
si bellum deponerent.'

CAP. III. § 1. *Hanc operam civibus
venditabat*] Hoc *vend.* mihi quidem
parum isto l. conveniens videtur.
Explicat quidem Freinsh. per, impu-
tabat, jactabat ap. cives suos, sua
opera id factum. Qui autem hoc
potuerit ap. cives constitutus in exsilio, et degens ap. Tissafernem? Neque nunciis vulgare licebat rem pro-
ditioni similem, et sic in periculum
vitæ ipsum conjecturam. Quare præfero, quod legitur in impresso, *civibus vendicabat,* isto sensu: Quicquid
agebat, id vertebat omne in commodum suorum civium, i. e. Atheniensium, id omne tribuebat ipsis. Error
inde, quia scriba negligens *vendicare*
et *vindicare* scribi promiscue nescie-
bat, et propterea τὸ *vendicare* putabat esse vitiosum. *Schef.* Mallet vir
doctiss. cum antiquioribus edd. *hanc
op. e. vindicabat:* cui minime hic aus-
cultand. Qui enim rescissent Athenienses, quo animo esset erga patriam, quam ante tot cladibus affece-
rat; et qui potuissent in animum
inducere, ut legatos ad eum mitte-
rent, nisi per litteras aut certos homines eis significasset, quid in eo-

rum gratiam ap. Tissafernem dixisset
effecissetque? Hoc vero est *venditare
op. c.* quam sc. eis navarat ap. Persas.
Si quid novand. mallem cum Junt.
h. o. c. indicat. Sed nil venustius et
pulchrius vulgata. *Græv.*

§ 2 *Si respublica*] Non repudio.
Quia tamen scripti libri habent *res
populo,* sive *res a populo,* ideo suspicor illud *publica* annexum a sciolo,
neque genuinum esse. *Rem* simpliciter pro republica poni, frequens bonis
scriptoribus. Sic 'potiri rebus,'
'præesse rebus,' passim, et ap. ipsum
Nostrum 'res Macedoniæ' VIII. 6. 3.
Schef.

§ 3 *Sperans, ut aut dux belli ab omnibus legeretur*] Pro, sperans se aut
ducem belli ab omnibus lectum iri.
Atque ita Noster non raro. Vid. III.
6. 10. Est autem 'ut' pro, quod, in
talibus. Cujus generis multa et in
Lib. de Latinit. F. Susp. cap. 24.
congessimus. *Vor.*

§ 4 *Major salutis quam, &c.*] Liv.
XXIII. 14. 4. 'Rebus extremis, honesta utilibus cedunt.' Val. M. VII.
6. 'Cedit interdum generosus spiritus
utilitati, et fortunæ viribus succumbit, ubi, nisi tutiora elegerit consilia,
speciosa sequenti concedendum est.'
Sapienter in hanc mentem Thucyd.
v. 16. 41. et Liv. XXII. 3. 3. *Bern.*

§ 5 *Imperium ad senatum*] Ad qua-
dringentos, quorum meminit et Strab.
IX. *Bongars.* Add. Thucyd. VIII. 11.
Diod. XIII. 34. *Bern.*

*Imperium ad senatum transfertur, qui
cum, insita genti superbia, crudeliter
in plebem consuleret, &c.*] Hic vero,
sicubi alias, experiundum arbitror,
quid judicatrix illa facultas efficere
possit. Neque enim dubitand. quin
h. l. turpissimum mendum sit; id
quod paucis a me ostendetur. Imperium defertur ad senatum, ait Just.
at Senatus cum insita *genti* superbia
in plebem crudeliter consulere cœpisset, tum vero mutatio rerum con-
secuta est. Ergo senatus est gens,

quod magnopere falsum est. Nam
gens et plebem complectitur et senatum. Quare mentem alio conver-
tas necesse est. Quæro itaque an
gens Attica sumi possit pro senatu?
Haud sane, inquis. At senatus, quid?
Nonne ille *nobilitas* est? Hoc negari
non potest. Nonne plebs et *nobilitas*
(i. e. senatus) perpetuo inter se dissi-
dio laborant? Nonne hoc quoque
perpetuæ veritatis est, ut nobilitas sit
superba et impotens in plebem? Hoc
tale est ut eum esse in rebus publicis
hospitem et peregrinum oporteat,
qui de eo dubitandum putarit. Quare
corrigendus necessario hic l. et sic
legendus: *Imperium ad senatum trans-*
fertur, qui cum, insita nobilitati super-
bia, crudeliter in plebem, &c. Vin' tu
addi aliquid? En tibi oraculum non
ex specu Trophonii, sed ex adyto
Sallustii in Jugurth. opinor: ' Superbia solenne nobilitatis malum.' At
Mss. tamen nihil habent, unde id
confirmetur, quod dicis? Sed ratio,
et judicandi facultas, et veritas ipsa
nullone in loco ap. te sunt? deberent
certe, nisi te ab illis semotum esse
profiteris. *Faber.* *Genti* intellige nobilium, quod adeo Fabro placuit, ut
refragante exemplarium consensu in
textum admitti contenderet. *Oxon.*
Puto locum aliter curandum. Nempe
illud *genti* existimo corruptum per
scripturam compendiosam, ac pro eo
ponend. *gentili*, delend. autem *insita*,
tanquam τοῦ *gentilis* glossam. Est
enim ' superbia gentilis,' quæ huic
genti insita. Nisi retinere *insita* malumus, et delere alterum. *Schef.*

Qui cum, insita genti superbia, cru-
deliter in plebem consuleret] H. e. cum
in plebem sævirent, ac impotenter
inhiberent imperium pro ingenio illius
gentis, pro illa quæ insita est Atticis
superbia, ut quicunque ex iis, sive
sint ex populo, sive ex nobilibus, ad
imperium provehuntur tale, ut soli
rerum potiantur, ceteros cives premant, vexent, superbeque habeant.

Nihil hic video difficultatis, cur contra omnium codd. auctoritatem hic l.
sit interpolandus, aut mendæ suspectus habendus. Senatus non erat gens,
sed erat ex illa gente, cui insita erat
superbia, de qua et sæpe alii scriptores questi sunt: qui Thucydidem
legerunt, id non possunt ignorare.
Præterea nec in rep. Atheniensi
nec Romana senatus fuit nobilitas.
Multi legebantur ex plebe senatores,
cum senatoria dignitas communicata
fuit cum populo. Marius, Cicero, et
quot alii fuerunt senatores, sed non
nobiles, antequam ad majores magistratus eveherentur? *Græv.*

§ 6 *Revocatur*] Id valde conten-
dente Pisandro, et aliis optimatum
fautoribus. Thucyd. VIII. 13. Probus a Pisandro destitutum scribit.
Bongars. Annitente præcipue Thra-
sybulo. Thucyd. VIII. 13. 13. et Probus in Alcib. *Bern.*

Dux] Probus: ' Prætor.' Στρατηγὸς Plut. in Alcib. Huc usque Thucyd. quem excipit Xen. *Bongars.*
Eam συνέχειαν notat et Diod. XIII.
42. *Bern.*

§ 7 *Athenas mittit*] Ms. et Junt.
scribit. Sed cave vulgatum moveas.
Nam *mittere* nonnunquam est, scribere, et s. litteris s. nunciis missis
significare. Cic. XI. Fam. 16. ' Mitte
ad Lupum nostrum, ut is nobis eas
centurias conficiat:' et II. ad Att. 2.
' Nam ita ad me mittunt, Nigidium
minari in concione, se judicem, qui
non adfuerit, compellaturum.' Sic et
ἐπιστέλλω Ælian. V. H. II. 5. et 19.
et πέμπων ap. Scriptores Novi Fœd.
Græv. Mss. habent *scribit*, quod fortasse non rejiciend. Nam *mittit se*
venturum nescio an commode dicatur: alii profecto mallent, *mittit, qui*
nunciarent, se venturum. Schef.

A quadringentis jura populi] ' Jura
populi' nihil aliud sunt, quam quod
paulo ante ' imperium' et ' remp.'
vocavit. Cic. quoque eand. rem *jus*
publicum vocat. Ut IV. Fam. 4. ' Post-

quam armis disceptari cœptum est de jure publico.' Porro quadringentis illis, abdicata Democratia, imperium permiserant Athenienses tum cum in Sicilia male rem gessissent: ut ex Diod. xiii. scire licet. *Vor.*

CAP. iv. § 1 *Mindarus*] Ita Græci, et hic vulgati libri. Mss. *Zestromindareus*. Is navali ad Cyzicum pugna periit. Xen. i. 'Ελλην. Diod. xiii. 51. Plut. Alcib. c. 53. a quibus historiæ huj. fusior explicatio petenda. *Bong.*

Jam Mindarus et Pharnabazus, Lacedæmoniorum duces] In omnibus Mss. legitur *Zestromindarus:* unde fac: *Jam Sesti Mindarus et Pharnabazus,* &c. Nam in Hellesponto factam esse hanc pugnam cum alii, tum etiam Frontin. tradit ii. cap. 5. ' Alcibiades dux Atheniensium in Hellesponto adversus Numidarum et Lacedæmoniorum ducem cum amplum exercitum et plures naves haberet,' &c. Sed ineptissima est hæc Frontini lect. Quis enim unquam prodidit, Numidas Lacedæmoniis opem tulisse? Nihil certius est, quam rescribend. esse, *adversus Mindarum, Lacedæmoniorum ducem.* Voss. In Mss. Bongars. erat *Zestromindarus,* scriptura vitiosa. Legend. autem *Sesto Mindarus, &c. Sesto* autem positum a Justino fuit pro, ad Sestum (quæ urbs est Hellespontiaca in ora Europæ), ut alibi *Abydo,* pro, ad Abydum (in ora Hellespontiaca Asiæ): ii. c. 13. ' Sed Græci audita regis fuga consilium ineunt pontis interrumpendi, quem ille Abydo velut victor maris fecerat.' Sic et alibi ' Cypro exsulabat,' pro, ap. Cyprum ins. Sic et xx. 3. ' Nam eadem die, qua in Italia pugnatum est, et Corintho, et Athenis, et Lacedæmone nuntiata est victoria.' Porro istud *Lacedæmoniorum* delere debes. Nam Pharnabazus Persarum satrapes erat, non dux Lacedæmoniorum. *Fab.* Codd. Mss. omnes, ut Bong. testatur,

habent *Zestromindareus:* et vett. typis expressi Bech. et Sich. *Zestromidarus.* Unde cl. Voss. legend. censet *Jam Sesti Mindarus.* At ego mutata terminatione malim *Jam Sesto Mindarus:* quoniam in Codd. Mss. et antiquioribus typis expressis est *Zestro;* et quia non insolens Nostro nomina urbium secundæ declinationis, si motus in loco notetur, casu sexto ponere. Ut ii. 13. 5. ' Pons quem ille Abydo fecerat.' Et xviii. 4. 3. ' Cum interim rex Tyro decedit.' Et xx. 3. 9. ' Corintho est nuntiata victoria.' Bong. et Bernecc. nomen loci, ubi Mindarus et Pharnabazus expectarunt, prorsus neglexere. Verum facile intelligitur, quia Auctor instructis illos navibus exspectasse scribit, eund. additum item voluisse, ubi expectarint. Nihil autem commodius, quam Sesto eos expectasse. Notum de cetero est pugnam illam ad Ioniam et in Hellesponto commissam fuisse. Ipse Noster inf. v. 4. 17. ' Non Syracusarum, sed Ioniæ Hellespontique, meminerunt,' i. e. rerum ap. Ioniam et in Hellesponto ab Alcibiade gestarum. Frontinus quoque ii. 5: ita : ' Alcibiades in Hellesponto adversus Mindarum [sic enim legend.] Lacedæmoniorum ducem cum ampl. exerc. et pl. nav. hab.' Vocatur etiam pugna ad Cyzicum: qua de Diod. xiii. 51. *Vorst.* Sub Persici huj. Satrapæ auspiciis militare non erubuerant Lacedæmonii, unde non immerito inter eorum duces numeratur Pharnabazus. Eruditiss. Is. Vossius reponend. judicabat, *adv. Mindarum Lac. d.* cui lect. si Ms. accederet suffragium, calculum libentissime adjecerim. *Oxon.*

Jam Sesto Mindarus] Recepi hanc lect. quam firmant Mss. Angl. et probarunt Oxonn. et ante eos Vorstius: Is. tamen Vossio τῷ πάνυ debetur laus huj. emendationis. Junt. quoque perinde ut multi codd. *Jam Zestromidarus et Pharnabazus.* Græv.

Pharnabazus] Persicum hunc Satrapam nescio quare ' ducem' Lacedæmoniorum appellet Auctor: socium
rectius et amicum dixisset. *Bern.*

§ 4 *Quibus ea res quæstum præbebat*]
Diod. XIII. 53. pr. Οἱ πολεμοποιοῦν-
ειυθόρες, καὶ τὰς δημοσίας ταραχὰς ἰδίας
ποιούμενοι προσόδους. *Bongars.* Sic ap.
Liv. III. 66. 3. ut Æqui et Volsci
cont. Romanos arma caperent, ' per-
suaserant iis duces cupidi prædarum.' Hi tales nimirum, ' tanquam
artifices improbi, opus quærunt, qui
et semper ægri aliquid esse in republ.
volunt, ut sit ad cujus curationem
adhibeantur.' Liv. v. 3. 6. *Bern.*

§ 5 *Illatum a Carthaginiensibus*] De
quo vid. Diod. XIII. 43. et seqq.
Bong.

Domum] Abest a Ms. Unde suspicor adjectum ex interpretatione glossatoris. *Schef.*

§ 6 *Adjicit*] Mss. mei *addicit:* et
mox *Alcibiadem miratur* pro vulgata
Alc. mirantur; sed neutrum recipio.
Mod.

Adjicit] Rectum hoc: sed Mss. alii
addicit, alii *adicit:* quod posterius e
Veterum pronunciatione est, et ex-
terendi *i* vocalem consuetudine, de
qua Agell. IV. 17. Sic Martial.
idem verbum scripsit X. 82. ' Si quid
nostra tuis adicit vexatio rebus.'
Hæc Acidal. ad Vell. II. 130. 8.
Bern.

§ 8 *His omnibus præliis*] 5. terres-
tribus et 3. navalibus. Probus. *Bong.*

§ 9 *Mirantur*] Per Synthesin. Modii tamen Mss. *miratur.* Bern.

§ 10 *De cœlo missum*] Minut. Octav.
' In hodiernum inopinato visos cælo
missos, ignobiles et ignotos terræ
filios, nominamus.' *Bongars.* Et ex
eo Lactant. I. 11. ' Virtute nobilita-
tos et inopinato visos cœlo lapsos nominamus.' Cic. I. ad Q. Fr. 2. ' Græci sic te ita viventem intuebuntur,
ut e cœlo divinum hominem esse in
provinciam delapsum putent.' Simillime Nostro Amm. M. XXII. 2. ' Ef-

fundebatur ætas omnis et sexus, tanquam demissum aliquem visura de
cœlo.' Lips. Antiq. Lect. II. 12. hoc
dici putat imitatione Homeri Od. VIII.
173. *Bernec.* Angli una voce auctius,
quasi Deum de cœlo. Videtur non
inelegans. Sed si recte examines,
glossa est, nec ea satis apta. Sequitur enim ' ut ipsam Victoriam,' ubi
illud ' ipsam' positum emphatice ostendit, plus inesse hisce verbis, quam
antecedd. At si Deus missus dicitur, qui possit esse minor, quam
missa Victoria? Hoc igitur non dixit
Justinus, sed simpl. Alcibiadem missum de cœlo, i. e. singulari gratia
cœlorum tributum Atheniensibus.
Schef.

§ 12 *Tantum in uno viro*] Isocr.
Orat. ad Philipp. *Bongars.* Sic Liv.
VI. 3. 5. de Camillo: ' Quocumque
se intulisset, victoriam secum haud
dubiam trahebat.' Add. eund. Liv.
II. 43. 8. et IV. 28. 9. et XXXIX. 49. 5.
Probum fin. Epamin. *Bern.*

§ 13 *Onerant*] Quod e Mss. in variantibus lectt. adfertur *honerant,* esse
legitimum, et pro *honorant* antique
dictum, pertendit Acidalius ad Vell.
II. 124. 5. *Bernec.* Non placet conjectura Acidalii, *honerant,* quod in
Mss. quibusd. est, esse pro *honorant.*
Est enim potius pro *onerant.* Neque
novum est rebus quoque bonis atque acceptis *onerari* quosdam dici.
Phædr. v. 86. ' Multis onerare laudibus.' Cujus generis plura in lib. de
Latinit. vulgo fere neglecta congessimus. *Vor.*

§ 14 *Ipsos illi*] F. rectius *ips. illos.*
Freinsh.

Ipsos illi Deos] Admonent hæc
verba loci, qui habebatur sup. cap.
1. 3. ubi vulgo legitur, ' Etiam diris
per omnium sacerdotum religiones
devotum cognovit.' Videtur enim
ex collatione huj. l. restituend. quod
occurrit in Ms. *Etiam Diis iratis per,*
&c. Nam ' devotus exsecrationibus
Deorum' et ' devotus Diis iratis'

idem; non vero ' devotus diris.'
Schef.

§ 15 *Omnem humanam opem inter-*
dixerant] Suet. Ner. 52. ' Et cum in-
terdixisset usum amethystini ac Tyrii
coloris:' et Domit. 7. ' Interdixit
histrionibus scenam.' Nep. Hamilc.
3. ' Quod moribus eorum non poterat
interdici socero gener.' Noster quoque XLI. 3. ' Quamobrem feminis non
convivia tantum virorum, verum etiam conspectum, interdicunt.' *Gron.*

§ 18 *Nunquam mediocribus, nec in*
offensa, nec in favore, studiis] Junt.
quoque cum Mss. *offensam* et *favorem.*
Græv.

CAP. V. § 1 *Lysander*] Post Xen.
vid. Plut. et Probum in ejus Vita,
Diod. XIII. 70. qui eum Sardis ad
Cyrum profectum scribit. M. Cic.
in Cat. Maj. c. 17. ex Xen. Œconom.
Bong.

Cyrum Ioniæ Lydiæque præposuit]
Cum Cyro minore Darii filio Lysan-
der, qui classi belloque præfectus a
Lacedæmoniis fuit, amicitiam coluit,
Sardibus eum visitavit, magnamque
pecuniæ vim ab eo accepit. Vid.
Diod. XIII. 70. *Ver.*

§ 2 *Oppressere*] Non Alcibiadem,
sed Antiochum, qui quidèm erat ἀγαθὸς κυβερνήτης, ἀνόητος δέ τ᾽ ἄλλα καὶ
φορτικός. Plut. Alcib. c. 06. et Paus.
Bœoticis. *Bongars.* Add. Diod. XIII.
71. *Bern.*

§ 4 *Erat*] Cod. 1. Voss. *esset.* Gron.

§ 6 *Eis*] Hoc referend. ad Athen.
Bern.

§ 7 *Morum luxuria*] S. Maximus
Taurinensis Homil. IX. ' Dolendum
plane est istos morum abjicere nolle
luxuriam.'

CAP. VI. § 1 *Conon*] Ejus vitam
descripsit Probus, qui eum prœlio ad
Ægos fl. quo Atheniensium imperium
concidit, non interfuisse scribit, contra quam Xen. II. Hist. Gr. Plut.
Lysandro, Diod. XIII. 106. *Bongars.*
Quibus testis accedit Isocr. in Eva-
gora, et ad Philippum: item Aristot.

Rhet. II. 29. In Orat. Demosthenis
adv. Leptinem, res gestæ Cononis
præcipuæ commemorantur. *Bern.*

Exornat] Vett. quidam typis expressi *adornat.* Et perinde est ' exornare,' 'adornare,' itemque simplex
' ornare;' idem quoque sunt quod,
instruere. Cujus generis itid. varia
in prædicto libello congessimus. *Ver.*

§ 4 *Atheniensium deletum, &c.*] Hinc
' Athenienses tot cladibus exstinctos'
criminatur Piso ap. Tac. A. II. 55.
Bern.

§ 5 *Servis libertatem*] Sup. III. 5. 6.
Id.

§ 6 *Ex qua, &c.*] Ita Ms. rectius,
opinor, quam quomodo Bong. et alii
ediderunt, *eaque.* Seqq. verba ordini
suo restitui; cum in aliis edd. ita
confunderentur: *Eaque in coll. homi-*
num, dom. an. Græcia, consor. exercitu,
vix lib. t. Idem.

§ 8 *Ut, cum paullo ante salutem despe-*
raverint, nunc non desperent victoriam]
Non tentarem hanc l. nisi in opt.
notæ codice Leid. longe aliter hæc
exarata invenirem: nempe h. modo:
ut paul. a. salutem, post speraverint
vict. Venusto et recto sensu. Primo
de salute, mox de victoria, certavere.
Non aliter Tac. Ag. de Britannis:
' Tam de salute, mox de victoria,
certavere.' De salute certat, qui
tantum hoc agit, ut diutius non sit
sub victore; de victoria, qui cum
victore mutare fortunam contendit,
talemque sibi esse vult, qualis ipsi
victus fuit. *Boxh.*

Nunc non desperent victoriam] Miror, retinuisse h. lect. editos, cum
sine dubio legend. sit *desperarent.*
Quanquam mihi longe elegantior videatur lect. quæ occurrit in quibusd.
Mss. *ut, cum paul. a. salutem despera-*
rint, post speraverint vict. Schef.

§ 9 *Nomen*] Perizon. editionis Bernecceri margini adscripserat: ' *No-*
men,' i. e. dignitatem. Sic Virgil.
II. Æn. 89. ' Et nos aliquod nomen-
que decusque Gessimus.' Hinc Sall.

' Vulgus sine nomine.' *Tueretur*. Ita
Cic. XIII. ad Att. 49. ' Erat enim
in consulatus petitione per te mihi
pollicitus, si quid opus esset: quod
ego perinde tuebar, ac si usus essem:'
et Catil. III. 12. ' Illud perficiam profecto, ut ea, quæ gessi in consulatu,
privatus tuear atque ornem.' '

§ 10 *Solus*] Sc. e ducibus ac trier-
archis. *Bern.*

Cum octo navibus] Plut. At Diod.
XIII. 106. Τῶν μὲν οὖν τριηρῶν δέκα μόνον διεξέπεσον, ὧν μίαν ἔχων Κόνων ὁ
στρατηγὸς, τὴν μὲν εἰς Ἀθήνας ἐπάνοδον
ἀπέγνω, &c. *Bongars.* H. pugnam
præter Diod. egregie describit Xen.
Hist. Gr. II. Vid. Paus. III. p. 180.
Bern.

CAP. VII. § 2 *Recepit*] Melius *recipit*, et mox *reliquit*, ut congruat
præced. ' mittit.' *Freinsh.* Vid. not.
ad v. 9. 11. *Bern.*

§ 4. 5. 6. &c.] Epitomatorem pro-
fesso minime conveniens, et affectatione prope putida hypotyposis. *Id.*

§ 6 *Fortunam publicam questibus iterant*] H. e. denuo conquerebantur de
fortuna publica. Sed an *iterare questibus fortunam* commode dicatur, hæreo. Certe non tam fortuna ipsa
iteratur, quam ejus memoria, ut saltem genus hoc sit paulo durius et insolentius. In Ms. quodam legitur
fenerant, ex quo prope venio in h.
sententiam, scripsisse Just. *questibus
onerant.* Esset profecto h. lect. elegantior, et suetior Latinis. Sic enim
et ' laudibus,' ' contumeliis,' ' injuriis,' ' maledictis,' ' probris onerare'
passim legitur. Add. quod re vera
querelas non iteraverint, cum de fortuna publica prius non fuerint con-
questi, sed tantum anxii et dubii.
Schef. Angli *onerant;* quod egregie
firmat conjecturam nostram, quam
in notis proposuimus. *Id.*

§ 7 *Cum privatis casibus querelam
publicam miscent*] Pro, cum querela
de casibus privatis querelam publicam miscent. Cujus generis plura

ad I. 7. 14. et II. 14. 10. notavimus.
Vor.

§ 8 *Judicantes*] Angl. *judicant.* Nec
displicet. *Vor.*

§ 9 *Sibi, &c.*] Saxo x. p. 203. f.
' Ut jam sibi victoriam ante oculos
præponentes (leg. *prop.*) in prælium
prosilirent.'

*Superbum victoremque hostem propo-
nentes*] Ejiciendæ e textu scriptoris
hæ duæ voculæ *que hostem;* quod me
pene pudet admonuisse, ita res clara
est et manifesta. Legend. *s. victorem
prop.* Fab.

§ 11 *Feliciores urbis ruinas ducentes*]
Angli *dicentes*, quod et ipsum rectum
videtur. Proponuntur enim hic eorum lamentationes et querelæ per
suas partes. At illud ' ducere' ad
secretum animi refertur judicium.
Sic Noster alibi, ut XXIV. 4. 9. ' Actum de Macedonia dicens, si egeat.'
Et XI. 5. 4. ' Se quoque non debere
melius sperare dicentes.' *Schef.*

Taxatæ sint] H. e. constiterint,
æstimatæ fuerint. Sen. ad Marc. c.
19. ' Tanti quoque malum est, quanti
illud taxavimus.' *Bern.* Plin. xxxv.
11. ' Talentum Atticum XVI. M. taxat
Varro.' Vid. et Flor. I. 12. 8. et II.
6. 18. Est autem ' taxare' idem
quod æstimare. *Vor.*

§ 12 *Pridem*] Sup. II. 12. 16. *Bern.*

CAP. VIII. § 1 *Sic defletæ*] Ea notione vox usurpata, ut Suet. Calig.
c. 38. ' Diplomata ut vetera et obso-
leta deflebat:' ubi male rescribunt
alii *difflabat.* Nam ' deflendi' voce
in eod. sensu utitur Suet. Calig. 30.
9. Ita verbum ' deplorare' ponitur
ap. Liv. XLIII. 7. 4. Ita Sen. ad
Marc. 26. pr. Curt. VIII. 6. 10. Vell.
II. 119. 1. *Bernec.* Vid. Diod. XIII.
Xen. Hist. Gr. II. Plut. in Lysand.
et Alcib. Ælian. IV. V. H. Thucyd. I.
Strab. IX. Ox.

*Obsidione circumdata obsessos fame
urgent*] Junt. *obsid. circumdatos s. u.*
Sic scripsit Just. *Obsessos* est interpretatio τοῦ *obsid. circumdatos*, quæ

postea ipsis Justini verbis fuit immista. Mox *Pyræeum* Junt. et hic et ubique recte scribunt. *Græv.* Quanquam hoc sit satis Latinum, *obsidione circumdata obsessos*, nam dicimus ' circumdare urbem obsidione' et ', circumdare urbi obsidionem;' tamen validius placet, quod in opt. illa Junt. ed. qua usus est doctus amicus noster J. Græv. *Faber.* Bech. atque aliæ antiquiores edd. sic: *obsid. circumdatos et obsessos f. u.* Junt. autem, ut Græv. testatur, *et obsessos* ut supervacuum plane omittit. Si genuinum sit *obsid. circumdata*, erit id simile illi, quod supr. vidimus, ' munitionibus circumdatis.' *Vor.*

§ 2 *Copiis*] Abest a plerisque Mss. unde suspicor ex glossa natum. Sed sic mox, pro *nova*, *nova* fuerit scribend. plane sicut in quibusd. antiquis scriptum reperitur. *Scheff.*

§ 3 *Quibus malis Athenienses*] Ita Mss. et Auctor etiam alibi, ut III. 7. 1. et v. 4. 4. Bong. et alii : *Q. m. rebus Ath.* Berneccer. Bong. ex suis, *q. m. r. A.* Alterutrum horum glossatoris est, non Justini. Berneccerus stat pro voce *malis*, quoniam et alibi sic Noster. Mihi potior videtur vox *rebus*, quoniam ipsa opus habebat explicatione per glossam, non altera, quæ per se intelligitur. *Id.*

§ 4 *Cum multi, &c.*] Huc spectat fragmentum Lycurgi ap. Suid. v. Μηλόβοτος χώρα. Κεῖται δὲ τοὔνομα καὶ τῷ (leg. ex Ms. Leid. καὶ παρὰ τῷ) Λυκούργῳ ἐν τῷ κατ' Αὐτοκλέους· 'Αλλὰ καὶ μηλόβοτον τὴν 'Αττικὴν ἀνῆκε βουλευομένου δὲ ὅπως τῇ πόλει χρήσεται, 'Αθηναῖοι μὲν μηλόβοταν ἀνεῖναι συνεβούλευον. Φωκεῖς δὲ ἀντεῖπον σῶσαι. Pro 'Αθηναῖοι Kusterus corrigit Θηβαῖοι, et pro ἀνεῖναι Ms. Leid. dat ἀεῖραι.

Multi] Lysander et Agis. Paus. in Lacon. *Bongars.* Præcipue vero Corinthii ac Thebani, aliique Græci non pauci. Xen. II. Hist. Gr. *Bern.*

. *Ex duobus Græciæ oculis*] Ne sc. illa fieret ἑτερόφθαλμὸς, lusca, ut notat

Plut. in Præc. politicis. Ea de re consultus etiam Apollo 'respondit, τὴν κοινὴν ἑστίαν τῆς 'Ελλάδος μὴ κινεῖν. Ælian. IV. V. H. 6. Haud absimili figura Cimon Spartanis subveniendum arbitrabatur cont. Messenios, ' adhortatus eos, ne Græciam claudam reddi, neu Urbem socia destitui, sinerent.' Plut. in ejus Vita. *Id.*

§ 5 *Si demissa Piræum versus*] "Ωστε τὰ μακρὰ σκέλη καὶ τὰ τείχη τοῦ Πειραιῶς περιελεῖν, inquit Diod. XIII. 107. Plut. Lysandro : quos vid. et Xen. Hist. Gr. II. Et ita bello Peloponnesiaco finis impositus, quod Thucyd. I. 1. 1. ἀξιολογότατον τῶν προγεγενημένων et μακρότατον vocat. In annum enim XXVI. protractum est. *Bongars.* Ms. *dimissa*, quæ nec ipsa lect. mala est. Vid. Non. in *Dimittere*. Berneccer. *Piræum* scribend. est, non *Piræum*, non *Pyræeum*; denique non aliter scribend. Ita Græci omnes. Et ita Muret. monuerat ad Terent. *Faber.* *Demissa* idem quod, deducta. *Piræus* scribend. non, ut quidam scribunt, *Piraus*. Græci enim Πειραιεὺς scribunt. ' *Brachia*' vocat quæ muri partes in longitudinem porrectæ erant. Nec aliter inf. v. 9. 12. *Vors.*

Muri brachia] Hæc erant 5000. passuum. Plin. IV. N. H. 7. ' Brachium' autem in ædificiis notat omne id, quod extra ordinariam ædificii lineam et rectum ordinem excurrit. Stat. v. Th. 279. ' Gemini qua brachia muri Littus eunt.' Liv. IV. 9. ' Consul muro Ardeæ brachium injunxerat:' et XXII. 52. ' Brachio flumini objecto eos excludit.' Frontin. III. Strat. 17, 4. ' Brachiis a latere ductis.' Strab. XIV. p. 654. vocat σκέλη. *Gron.*

Navesque, qua reliquæ forent, traderent] Exceptis 10. quas, nec plures, illis possidere licuit. Diod. XIII. 107. *Bern.*

Ex semet ipsis] H. e. Atheniensibus. Quod non putassem notatu dignum, nisi hic etiam Hispanicus Auctoris interpres impegisset. Posset autem et aliis accidere, quod illi potuit. *Id.*

§ 7 *Insignis hic annus*] Is fuit quartus Olymp. 93. ab U. C. 348. *Id.*

Exsilio Dionysii] Orbis literarii phœnix Jos. Scaliger insigniter Auctorem et tempore et persona hic errare demonstrat, v. de Emend. Temp. p. 224. Tempore, quod 48. annis illud exsilium post acciderit : persona, quod non Dionysius senior, Hermocratis fil. in exilium actus sit ; sed Dionysius junior huj. filius. Sed Justinus habebat in animo, eo anno Dionysium victum a Carthaginiensibus fuisse : propterea cladem acceptam illius Dionysii cum filii exilio confuderit. *Id.*

§ 9 *Triginta rectores*] Vid. præter citatos ad § 5. Diod. init. lib. xiv. *Bong.*

Triginta, &c.] Sen. Ep. 104. ' Viginti et septem annis pugnatum est : post finita arma triginta tyrannis noxæ dedita est civitas, ex quibus plerique inimici erant.'

§ 10 *Quippe, &c.*] Vincent. iii. 63. ' Adunatis sibi tribus millibus satellitum et septingentis millibus de exercitu victoriæ.' Leg. *et s. militibus de e. rictore.* Oros. ii. 17. ' Qui primo se tribus millibus satellitum stipant : mox etiam septingentos milites victoris exercitus lateribus suis circumponunt.'

§ 12 *Cædes deinde civium ab Alcibiade auspicantur*] De morte Alcibiadis, ad cujus cædem 30. tyranni Lysandrum impulerunt, vid. Plut. Diod. Prob. Cic. de Divin. ii. 62. Val. M. i. 8. *Bong.*

§ 14 *Vivus crematus, &c.*] Non vivus, sed mortuus jam et barbarorum telis confixus, juxta Prob. et Plut. in Alcib. *Berneccer.* Contra habent Plut. et Nep. ut jam vidit cl. Bernecc. Verba Cornelii in mendo cubant : ' Illi, cum eum ferro aggredi non auderent, noctu ligna contulerunt, circa domum samenam, in qua quiescebat ; eam succenderunt,' &c. Non

attinet, virorum doctorum superhanc l. conjecturas apponere. Lege *circ. dom. Sanisenam.* Sanisene appellatur tractus in confinio Phrygiæ et Galatiæ. *Vos.*

CAP. IX. § 1 *Hoc ulteris metu*] Angli *ult. hujus m.* Græv.

Miseras, &c.] Saxo xiv. p. 258. ' Bona eorum, qui ad Canutum concesserant, rapinis exhauriunt.'

§ 2 *Theramewi*] Uni de 30. Vid. Xen. H. Gr. ii. et Cic. Tusc. i. 40. *Bongars.* Item Plut. in Nicia et Consol. ad Apollon. cap. 9. *Bern.*

Ipsum quoque ad terrorem omnium] Angli rectius *i. q. ad documentum ceterorum et terr. o.* Ubi *documentum ceterorum* videtur intelligend. quod docere ceteros debet, qui nimirum ita grassabantur cædibus, ne et ipsis hoc inciperet displicere. At b. modo nescio, an facile ullibi reperias. ' Documentum alicujus ' est, quod quis edit. Ita ' documenta egregii principis ' ap. Suet. Galb. cap. 14. per quæ docet se talem futurum. Hæreo igitur, nec satis scio, an hoc admittendum sit augmentum. *Schef.*

§ 4 *Quod etiam ipsum auxilium cum miseris eriperetur*] Mss. nonnulli cum Junt. *q. cum etiam i. a. unicum mis. e.* Græv.

§ 6 *Thrasybulus*] Τυριωὸς ὀνομαξὁμενος. Diod. xiv. 33. Vid. Xen. H. Gr. ii. Paus. Atticis. *Bongars.* Huic ' neminem præferre se fide, constantia, magnitudine animi, in patriam amore,' scribit in ejus Vita Probus. *Bern.*

Nobilis] Prob. ' Multi eum nobilitate præcucurrerunt.' *Bong.*

Audendum, &c.] Saxo xiv. p. 258. 53. ' Audendum aliquid cum periculo ratus :' p. 357. 7. ' Pro patria difficilia audere solitus.'

Etiam cum periculo] Δρᾶσαντάς τι καὶ κινδυνεῦσαι δεῖ. Thucyd. i. 4. 5. et iii. 9. 4. Quod dictum ad ancipitem febris hecticæ curam accommodat Galenus Meth. Med. x. 10. Et proverbio jactatum patet ex Æsch.

Choüph. 303. Δράσαντι παθεῖν, Τριγέρων μῦθος τάδε φωνεῖ. *Bern.*

Castellum Phylen] Steph. de Urb. Χωρίον vocant Xen. et Diod. *Bong.*

§ 7 *Crudeles, &c.*] Bong. et alii *crudelis* ediderunt. Prætuli, quod Mss. codd. ipso referente Bong. probant, cum præsertim Auctor alibi quoque 'miserari' cum accus. jungat: ut VIII. 5. 13. XII. 5. 8. XXVII. 1. 5. XXVIII. 4. 12. *Beneccer.* Crudelis Bernecc. in *crudeles* mutavit; quod vereretur, ne *crudelis* pro casu secundo num. sing. haberetur. Verum, si maxime *crudelis* legatur, potest id nihilominus pro vocabulo quarti casus et pluralis numeri haberi. *Vor.*

§ 9 *Lysias*] Paulo aliter Plut. in Vitis Rhetorum, quem vid. *Bong.*

Exul tunc] Non improbo; tantum relinquo cogitand. cum in Mss. sit *exultans*, utrum non Just. scripserit et distinxerit: *et Lys. Syr. orator, exul, tamen q. m. &c.* Efficacius sane esset. Tantum miseratus est Athenas, ut, licet esset exul, atque adeo ipse opus haberet subsidio aliorum, tamen tot miserit eis in auxilium. *Schef.*

Patria communis eloquentiæ] Cic. de Orat. I. 4. 'Athenis summa dicendi vis et inventa est et perfecta.' Id. in Bruto cap. 10. 'In ea urbe et nata et alta est eloquentia.' Add. Vell. I. fin. et Nostr. II. 6. 6. *Bern.*

§ 10 *Securius pugnaretur*] Maluit Sich. olim legere *incurius pug.* credo quod ita in vett. libris (neque enim solebat temere aliquid in classicis scriptoribus immutare) hunc l. legi deprehendisset, et probam eam vocem censeret, et ad quem modum Apuleius 'agnum incuriosum' dixit pinguem, quasi curæ expertem; quod, qui cura vacant et solicitudine, citissime pinguescant. Neque novum sane videri debet hoc: cum et Lucret. 'intactus' dixerit, et Ov. 'inambitiosus,' et Sen. 'inperpetuum,' et Tertull. 'inbonus,' et Arnob. deni-

que 'inodor.' *Mol.* Accurata illa Sich. ed. Basil. habet *incurius*, ex quo Freinsh. facit *incuriosius*. *Bernecccer.* Caussa non est, ob quam τὸ *securius* in *incurius* vel *incuriosus* debeat mutari. *Secure*, i. e. segniter; non serio pugnat ille, qui alienæ dominationis conatus bello cogitat promovere. Et ita loquuntur optimi Scriptores. *Boxh.*

§ 11 *Refugerunt*] Sebis. *refugiunt*, ut tempora congruant. Sed Auctorem talium incuriosum passim deprehendas. *Bernecccer.* Angl. *refugiunt.* Probo, quia præcedit 'vincuntur,' item quia sequitur 'spoliant,' similibus temporibus. *Schef.*

Exhaustam cædibus suis, &c.] Hæc seq. modo videntur distinguenda: *exh. cædibus, suis etiam armis spoliant.* Gron.

§ 14 *Accitis*] Sebisius *acceptis* legit. *Bernecccer.* Hoc *accitis* vix est sanum. Magis probo *acceptis*: nisi quis putet scripsisse Just. *excitis.* Et usurpat Noster alibi quoque tali sensu. Vid. II. 4. 22. *Schef.*

§ 15 *Critias*] Τὴν ἡγεμονίαν ἔχων, Diod. XIV. 34. 'Dux tyrannorum' Prob. 'Crudelissimum omnium tyrannorum' vocat Lactant. III. de Falsa Sap. *Bong.*

Hippolochus] Ita habent Vett. omnes. Ejus Diod. et Prob. non meminerunt. Xen. II. H. Gr. 'Hippomachum' vocat, quomodo habet Ed. vulg. *Bongars.* Ita sane Codd. Mss. omnes, quos quidem Bong. vidit. Sed legend. tamen f. *Hippomachus*, ut Xen. II. H. Gr. vocat. Habet ita Ed. Colon. et in marg. Ed. Sichardi. Paulus quoque Leopardus ita legend. censuit. Pari modo IV. 5. 7. *Eurylochus* erat pro *Eurymedon.* *Vor.*

CAP. X. § 1 *Major pars Atheniensium*] Lucan. X. 403. 'Pars maxima turbæ Plebis erat Latiæ.' Liv. XXIII. 35. 'Ea maxima pars volonum erat.' Id. XXIV. 16. 'Et ea major pars

equitum,' &c. et xxvii. 9. ' Et erant
major pars Latini nominis sociorum-
que.' *Gron.*

Magna voce Thrasybulus] Non Thrasybulus, sed Cleocritus κῆρυξ μάλιστα
ἔμφωνος ὤν. Xen. H. Gr. i. *Bongars.*
Quo l. refertur bæc oratio. *Bern.*

§ 3 *Admonet deinde*] Mss. *Admonens
d.* Sine dubio legend. *Admonens d.
cognationis, &c.* nam *Admonet, orat,*
non satis commode cohærent. *Schef.*

Sacrorum communium] Ita Curt. ix.
10. 28. ' Sacrorum societatem' vocat
Plin. Paneg. c. 37. pr. Tac. ii. A. 65.
5. *Bern.*

Tunc vetusti] Hoc *tum* ignorant Mss.
et videtur natum ex similitudine litterarum, in fine vocis præced. *Schef.*

Si tam patienter ipsi serviant] Mss.
quidam *si tam servitutem pati, nec eripi
si serviant.* Inde colligo lect. veram
huj. l. esse, *si tamen servitutem patiantur ipsi, nec eripi se sinant, serviant,
reddant sibi patriam, aut patriæ acceptam
libertatem.* Vulgatæ sane non cohærent. Quis enim quæso sensus
horum verborum, *si tam patienter ipsi
serviant, accipiant libertatem?* Cur
enim acciperent? qui libenter ser-
viunt, libertatem negligunt, manent-
que potius in servitute; frustra igitur
libertas his offertur. At in nostra
emendatione omnia sunt elegantia et
emphatica, et convenientia rei. Nec
in ea insolens aliquid. *Tamen* ipsum
tam est, compendiose scriptum ; *patiantur* est ex *patienter,* iisd. pæne
literis: *sinant* omissum videtur tanquam superfluum propter seq. *serviant*
a librario indocto, cum ne litteræ quidem multum sint dissimiles. *Aut*
absumsit antecedens *m* totidem constans lineis. *Patria* in plerisque Mss.
reperitur. *Schef.*

§ 4 *His, &c.*] Saxo xiv. p. 290. 50.
' Cujus excellenti virtute tantum pro-
motum est ut deinceps Sclavi,' &c.

Substitutis decem] ' Prætoribus,'
Probus in Thrasyb. *Bongars.* Vid.

Maussaci Notas in Harpocrat. p. 153.
Bern.

Qui rempublicam regerent] In Mss.
est *qui rem reg.* quod non displicet,
vel propterea, quia simile quid occur-
rebat sup. cap. 3. ubi vid. quæ notavi. *Schef.*

§ 6 *In bellum Athenienses exarsisse*]
Longe politius Britanni ex vetere
cod. *bell. Athenis ex.* quod maxime
probo. *Græv.* *Bell. Athenis ex.* non
displicet. *Schef.*

Comprimendum] ' Comprimere bel-
lum,' ut *comprimere motum* in Inscript.
Plautiana ap. Grut. p. 453. MOTUM
ORIENTEM SARMATARUM COMPRES-
SIT.

Pausanias] Et ante eum Lysander
cum 40. navibus. Diod. xiv. 34. Hic
autem pacem fecit non misericordia,
sed φθονῶν Λυσάνδρῳ, et θεωρῶν τὴν
Σπάρτην ἀδοξοῦσαν, &c. Vid. Diod. et
Xen. H. Gr. ii. *Bong.*

§ 7 *Permotus patriam*] Probo conjecturam docti viri, Bong. puto, qui
legit, *p. et p.* item mox *Eleusina emi-
grare;* quoniam in Ms. est *p. set p.*
item *Eleusina em.* Schef.

§ 9 *Per insidias comprehensi*] Manca
est oratio ; legend. *et per ins. comp.*
&c. Fab.

§ 10 *Tantum*] An f. *tandem* legend. ?
Freinsh. Tandem pro eo quod qui-
dam edidere, *tantum,* legend. censuit
Freinsh. Habentque ita Sich. et
Colon. edd. *Vor.*

Tandem] Ita recte Vorst. ex conjectura Freinshemii, et edd. vetustioribus. *Schef.* Receperant *tandem*
Angli quoque ex Mss. et sic etiam
Junt. *Græv.*

§ 11 *Discordiarum oblivionem*] Ἀμνη-
στίαν. M. Tull. Phil. ii. 1. Val. M.
iv. 1. Plut. Cic. Μὴ μνησικακεῖν. Xen.
Et ita Siculos inter se pacem fecisse
refert Thucyd. iv. 12. 33. ἔχοντας ἃ
ἕκαστοι ἔχουσι. *Bongars.* Itemque Lacedæmonios cum Atheniensibus. Id.
iv. 23. 7. In Dione xLiv. extat

Oratio Ciceronis, qua, Thrasybuli exemplo, Romanis ' Amnestian' s. ' Oblivionis legem' (ita Probo iu Thras. vocatam, Floro iv. 6. 4. ' Abolitionem') suasit. Add. Suet. Claud. c. 11. pr. Vell. ii. 58. 4. Flor. iii. fin. Vopisc. in Anreliano cap. 89. *Bern.*

CAP. xi. § 1 *Darius*] Diod. xiii. 108. De Cyri (cognomento Minoris) ἀναβάσει, i. e. ut Hieron. loquitur, *ascensu*, Xen. Diod. xiv. 20, &c. Plut. in Artaxerx. *Bongars.* Oros. ii. 18. *Bern.*

Artaxerxe] Qui ante regnum 'Arsicas,' vel, ut Ctes. ' Arsaces,' dicebatur: post ' Mnemon' est cognominatus. *Bongars.* Alius sup. iii. 1. 4. *Bern.*

§ 2 *Regnum Artaxerxi*] Quippe natu majori, etsi patre adhuc privato genitus esset. Contr. Xerxes sup. ii. 10. 2. Ubi citatis anctoribus add. H. Grotium de J. B. et P. ii. 7. 28. *Id.*

Civitates] Lydiam et maritimas civitates. Plut. *Id.*

§ 3 *Judicium*] H. e. testamentum; quod et 'supremum judicium' dicitur in libris Juris, ut etiam ap. Suet. Aug. 66. 8. ' Amicorum suprema judicia morosissime pensitavit.' Causa est, quod, si unquam homo, tunc certe, quando testamentum condit, ad ' judicii' lancem omnia exigit. Quam in rem videatur egregius locus ap. Sen. iv. Benef. 11. item i. fin. *Berneccer.* Add. Cic. xiii. Fam. 46. ' Hominem probum existimares, qui patroni judicio ornatus esset.' Idem pro Domo 19. ' Denique etiam ille novicius Ligur, cum M. Papirii, sui fratris, esset testamento et judicio improbatus, mortem ejus se velle persequi dixit.' Et ' suprema judicia' Plin. vii. Ep. 20. et 31. *Gronov.* Vocabulo ' judicii' testamentum designat, cujus ante mentio facta. Sic et Valerio vii. 7. 4: 'suprema judicia' nihil aliud sunt, quam testamenta.

Vid. et Suet. Aug. 66. 8. *Vorst.*

§ 4 *Dissimulatione belli*] Explicari possunt, quod negaverit a se bellum ullum esse paratum. Mihi tamen ex glossa irrepsisse videntur. *Schef.*

Compedibus aureis] Ne sc. familiæ regiæ honos non haberetur. Qua causa quoque Darium Bessi et Nabarzanis conspiratione prehensum, aureis compedibus catenisque vinctum fuisse scribit Curt. v. 12. 26. et Noster xi. 15. 1. Vid. Chrysost. Orationem ult. Appianum p. 214. Gebhard. in Catull. p. 185. m. *Bern.*

§ 5 *Cæpit: auxilia*] Suspicor ob litterarum similitudinem hic excidisse *et.* Schef.

Auxilia undique contrahit] Justinus meo quidem judicio, quantulumcunque in his rebus est, scripsit, *auxiliis u. contractis.* Qui verborum collocationem sentiunt, et qui rhetorice sapiunt, non adversabuntur. *Faber.* Hoc nimis longe recedit a scriptura veteri. Propior est emendatio, quam jam indicavi in Notis. *Schef.*

§ 6 *Enixe se ejus opera*] F. *enixa.* Plin. ix. N. H. 3. ' Enixioris operæ conscii sibi.' *Gron.*

§ 8 *Fors prælii*] Ἡ τύχη. Diod. xiv. 24. *Bongars.* Ex antiquioribus edd. *sors* lego ; non *fors*, ut Bernecc. et alii. *Vorst.* Junt. cum nonnullis aliis *sors*, quod perperam probat Vorst. *Fors prælii* est, fortuna prælii. Sensus est: Cum forte in prælio frater in fratrem incidisset. Liv. xxxi. 4. ' Castra quo fors tulisset loco, sine ullo discrimine aut cura muniendi, posita.' Curt. iv. 15. ' Plura simul abrupta a ceteris agmina, ubicunque alium alii fors miscuerat, dimicabant.' *Sorti* hic nullus locus est. *Græv.*

Utrumque fratrem] Propter obscuritatem narrationis, quæ inest lectioni vulg. adducor, ut existimem scripsisse Nostrum *utrinque fr.* Schef.

§ 9 *A cohorte regia*] ' Cohors' h. l. non milites notat, sed comites, regique proximos, qui regem comitaban-

tur. Liv. xxviii. 5. ' Ibi exercitu
omni relicto, cum cohorte regia De-
metriadem se recepit.' Id. xl. 6.
' Proxima est regia cohors custodes-
que corporis.' Proprie enim *cohors*
notabat provincialium magistratuum
domesticos comitesque honoratiores,
unde Horat. i. 8. 7. ' Laudat Bru-
tum, laudatque cohortem:' et Juv.

viii. 127. ' Sit tibi sancta cohors co-
mitum.' *Gron.*

§ 10 *Decem millia*] 14000. numerat
Frontinus iv. Strat. 2. 7. et 8. *Ber-
neccer.* Dux eorum Xenophon fuit.
Vid. Ælian. iii. V. H. 17. *Vor.*

In auxilio] Mss. habent *aux.* rejecta
præp. quam lect. puto præferendam
vulgatæ. *Schef.*

LIBER VI.

Cap. i. 1 *Quo plura habent, eo ampliora, &c.*] Sen. ii. Benef. 27. ' Eo
majora cupimus, quo majora venerunt: multoque concitatior est avaritia in magnarum opum congestu
collocata, ut flammæ infinito acrior
vis est, quo ex majore incendio emi-
cuit.' *Berneccer.* H. sententiam pla-
nam esse non ignorabam. Sed hoc
non planum est, quam belle dicatur,
*Lacedæmonii eo ampl. cupientes, non
contenti.* Ista duo participia sic jungi
sine interposita copula non recte
posse, qui Latine doctus est, et animum advertet, facile videbit. Sed si
illa verba conjungas, *more ingenii hum.
quo plura habet, eo ampl. cupientis,* omnia liquida erunt et sana. Lacedæmonii non contenti accessione Atheniensium vires sibi duplicatas, totius
Asiæ imperium affectare cœperunt,
*more ingenii hum. quo plura habentis,
eo ampl. cupientis.* Sic enim legend.
nunc censeo. Nec offendi debemus
hac locutione, quod *ingenium humanum* dicatur *habere multa:* sensum
enim respexit ut millies et hic Noster
et alii; ac si scripsisset, More hominum, quo plura habentium, eo ampliora cupientium. *Græv.* Sunt qui
hic aliquid corruptum esse existimant; non ego. Nam nulla opus
mutatione est, cum hæc sententia sit
plana et perspicua: Lacedæmonii quo

plura habent, eo et ampliora cupientes, more ingenii humani, &c. &c.
Deinde non satis ex usu bellæ Latinitatis videtur, ut dicas, *ingenium, quo
plura habet, eo etiam et plura cupit.*
Fab. Non aspernor emendationem
Boxhornii, *Quo plura habet eo ampl.
cupientis;* quam et cl. Grævio placere
video. Altera tamen lectio jam ævo
Orosii fuisse videtur. Habet enim et
Exscriptor ille iii. 1. sic: ' Quo
plura habeant, eo ampl. cupientes.'
Vorst. Græv. *quo plura habet, eo ampl.
cupientis,* nihilque ait esse certius. Ita
olim et Boxhorn. Ego temere nil mutem, quia in isto *habent* non tam ad-
tendit ad ingenium humanam, quam,
quod in animo erat, ipsos homines.
Et occurrunt talia alibi. Vid. quæ
notamus passim ad Hygin. *Schef.*
' More ingenii humani' etiam dixit
Hegesipp. i. 36. et 37.

§ 2 *Hercyllides*] Δερκυλλίδας Xen.
iii. Diod. xiv. 39. Plut. in Artaxerx.
quos vid. Huc spectat Trogi Fragmentum ap. Priscian. vi. cujus etiam
Mss. habent, ' ab Herculide.' Oros.
iii. 1. vocat ' Hercilidem.' ' Der-
cyllidæ' meminit et Plut. in Apoph.
Lacon. *Bong.* Leopard. contendit
legend. esse *Dercyllides.* Et sane
auctores Græci Xen. Diod. Plut. ita
eum vocant. Quia tamen ipsius Trogi
Fragmentum ap. Priscian. vi. in

manu exaratis codd. itemque qui
Just. exscripsit Orosius III. 1. habet
' Hercilidem,' ac præterea antiquus
quoque Prologus in hunc lib. ' Herculide,' nihil ausim mutare. Quod si
non ipse Trogus, aut Just. ita appel-
laverit, mendum saltem antiquum id
fuerit. *Vor.*

Maximarum, &c.] Saxo XIV. p. 255.
48. ' Quorum viribus succinctus :'
p. 256. 39. ' Canutus magnis orientis
viribus succinctus :' p. 271. 43. ' Ali-
enorum viribus succinctus.' p. 282.
42. ' Rex magnis viribus succinctus.'

Pacifcari, &c.] Prudentiæ huj. exempla alia vid. inf. VII. 6. 5. et XXIX.
2. 8. Thucyd. I. 10. 18. Pachymer. I.
Hist. Byzant. 3. Apophthegma Imp.
Rudolphi I. ' Quicumque tres lites habet, duas, si poterit, componat,' refertur a Lipsio Miscell. Ep. III. 77. *Ber.*

§ 3 *Cyri quondam regis*] Mala hæc
aut lectio aut scriptio. *Freinsh.* At
ego non video quid desiderari hic jure
possit. Intelligitur utique Cyrus Minor, Darii Nothi fil. qui sane quondam pro rege sese gesserat. *Vorst.*
Sed tamen rex non fuit, verum regiam dignitatem affectavit. Puto igitur verba *quondam regis* esse glossam,
quæ a mala interpolatrice manu ir-
repserunt hominis, cujus menti ob-
versabatur Cyrus ille Magnus, non
hic Minor. *Græv.*

§ 4 *Criminatur*] Oros. III. 1. ' Defert ut proditorem.' Ms. P. Danielis
differt. Vid. Nonium Tac. I. A. ' Pars
multo maxima imminentes dominos
variis rumoribus differebant.' Petron. ' Alioqui mille causæ nos quotidie collident, et per totam urbem
rumoribus different.' Ita malo, quam
deferent. Bong. Ita Tac. III. A. 12.
et IV. 25. ' Differri per externos, per
manipulos.' Suet. Aug. 14. 2. ' Ru-
more ab obtrectatoribus dilato.' Planissime respondet nostrati 𝔄𝔲𝔰𝔱𝔯𝔞⸗
𝔤𝔢𝔫 h. e. divulgare. In illo tamen
Orosii loco retinend. *defert* non dubito. *Bern.*

Aluerit] Notator Angl. ait in Ms.
uno legi *adjuverit.* Puto glossam esse,
nam alterum elegans et receptum.
Cic. Parad. ' Neminem esse divitem,
nisi exercitum alere possit sine fruc-
tibus.' *Schef.*

§ 5 *Merceturque ab his, quæ differant
bella, quam gerant*] Plauto familiaris
locutio : subintelligend. *potius*, quod
in uno Cod. reperitur, aut magis.
Plaut. Rud. IV. 4. 70. ' Tacita bona
est mulier semper, quam loquens.'
Terent. Eun. Prol. ' Qui placere se
studeat bonis Quam plurimis.' *Bong.*
Sall. Cat. 8. 1. ' Fortuna res cunctas
ex lubidine quam ex vero celebrat.'
Tac. III. A. 32. ' Nobilitatem sine
probro actam honori quam ignominiæ
habendam ducebat.' Græcismus est.
Ita Thucyd. II. 18. 10. Τῇ δυνάμει πί-
συνοι ἢ τῇ γνώμῃ ἐπέρχονται. Nazianze-
nus : Θέλω τύχης σταλαγμὸν, ἢ φρενῶν
πίθον. Sic inf. XII. 8. 14. Vid. B.
Rhenani Thes. Locut. in Tac. p. 19.
Berneccer. Ms. et Junt. *quæ g.* Leg.
cum Gronov. *m. ab h. q. d. bella, quæ
g.* Recte vidisse τὸν πὸν Ms. Anglicanus ostendit, ex quo receperant
hanc lect. Oxonn. Mox opt. ex eod.
Ms. iid. *a Tissaferne alienatum.* Græv.
In Mss. legitur, *ut diff. potius bella,
quam g.* Quod jam aliquantulum lucis
huic l. affert ; sed et sic tamen aliquid vitii in eo superest ; non quod
necessarium videri debeat iis, qui
Latine sciunt, isthuc *potius.* Ut ut
sit, legerem, *ut differat, potius bella,
quam gerat.* H. sensu : Deberet ipse
bella gerere, non differre. At nihil
tale ab ipso fieri video ; imo et nume-
rato pretio mavult dilationem emere,
a. timore præpeditus, s. id perfidia
impulsus faciat. Sic igitur l. integer
legeretur : *m. ab iis, ut differat potius
bella quam ipse gerat.* Aliter Gronov.
*m. ab his, quæ differant bella, quæ ge-
rant.* Quod elegantiss. est ; utrum
verius sit, nescio. *Faber.* Vera lect.
hæc est, *ut differant bella, quam gerant :*
ac nihil mutand. videtur. Subaudi-

end. autem *potius:* quod in uno Ms. ut Bong. testatur, et diserte additum fuit. Frequens sane ellipsis vocum ' potius' et ' magis ;' eaque imitatione Græcorum ita facta videtur. Vid. Hellenol. Vechneri I. 5. *Vorst.* Angl. *quæ gerant.* Placet admodum hæc lect. Nam vulgata habet eum sensum, quasi effecerint, ut bella gererent nulla, cum tamen pax spectarit ad solum Tissafernem. *Schef.*

Tanquam non ad unius summam imperii, &c.] Hoc *summam* mihi admodum suspectum fateor. Scio quomodo exponi posset, sed scripsisse ita Just. vix mihi persuaderi patior. Deliberent sagaciores. *Idem.* Non video, cur hæc cuiquam debeant esse suspecta: sensus et verba sunt elegantissima: Quasi non clades et damnum, quod hic vel ille præfectus regius faciat, pertineat ad salutem unius imperii. Augustus in Epistola ad Tiberium ap. Suet. Tib. 21. ' Te rogo, ut parcas tibi, ne, si te languere audierimus, et ego et mater tua exspiremus, et de summa imperii sui populùs Romanus periclitetur.' ' Summa reipublicæ' est res, quæ spectat totam remp. ejusque salutem aut dignitatem: pro quo et sæpe dicitur *summa respublica.* Liv. XXIV. 10. ' Cujus imperio consilioque summam rempublicam tuendam commiserunt.' Cic. V. ad Att. ' Rogatus ego sententiam multa dixi de summa republica.' De hoc loquendi genere plura notavi ad ipsum Tullium. *Græv.*

§ 7 *Tissaferni alienatum*] Angl. *a Tissaferne.* Ita Noster VII. 19. ' Et uxorem, veluti tradito alii amore, a se alienavit.' Nep. Alcib. c. 5. ' Neque vero his rebus tam amici Alcibiadi sunt facti, quam timore ab eo alienati.' Ubi poterat omittere illud ' ab eo,' si probasset, quod nunc vulgo ap. Nostr. legitur. *Schef.*

· *Hortatur, ut in locum, &c.*] Ita et Diod. XIV. 40. Paus. Atticis id Euagoræ Cyprio regi tribuit. Vid. Pro-

bum Conone. *Bong.*

Amissa bello patria] Quid est, patriam amittere bello? Num, in bello, an, ex bello, s. ob bellum? Neutrum satis historiam declarat: nam primum falsum; nec secundum sic simpliciter verum, quia non ob bellum, sed ob bellum male gestum, exulabat. In impresso quodam reperitur *amisso,* quam lect. puto esse veram, ejecta voce *Cypri,* quam ex glossa natam liquet etiam ex eo, quia sunt, qui pro ea *Cypro* habent. Ceterum ' amissum bellum' est, amissum prælium; jam ' amittere prælium' est dictum, ut, ' amittere causam, amittere litem,' ap. optimos scriptores. *Schef.* *Amissa bello patria* est, quia patriam propter prælium infeliciter gestum amiserat: nam post cladem illam Conon sibi ipse voluntarium indixerat exsilium: vide fin. cap. 6. lib. superioris. *Græv.*

§ 8 *Fractæ sint opes*] Angl. *f. s. res et opes.* Non solet ita Noster. Ita alterutrum ex glossa natum. *Græv.*

· *Navalem usum*] Hinc etiam Polyæn. V. Strat. p. 392. describit Lacedæmonios τὰς Ἀττικὰς ἐμπορίας δεδυκύιας. *Gron.*

CAP. II. 1 *Hercynione*] Vett. hic variant: quidam *Mercinioni,* alii *Mercimoni,* alii *Inercinioni.* ' Hercynione' habet etiam Oros. III. 1. Eam Diod. XIV. 80. vocat Νεφθέα. *Bong.* Quomodo fere Euseb. in Chron. ' Nepherites.' *Bern.*

§ 3 *Tanto exercitui*] Ita sup. II. 10. 21. *Id.*

§ 4 *Ducem*] Non agnoscunt libri Mss. plerique, nec est dubitand. quin ex glossa irrepserit in textum. *Schef.*

Responsum oraculi] Quod exstat ap. Paus. Lacon. et Plut. Agesilao. Vid. etiam Xen. III. H. Gr. et in Agesil. Vid. et Prob. ibid. *Bong.*

§ 5 *Cum regium claudicasset imperium*] Hoc oraculum, quod an ab aliquo ex gente Grammaticorum explicatum usque adhuc fuerit haut equi-

dem scio, id ego sic interpretor:
Lacedæmonii duos reges babebant ex
duabus familiis Heraclidarum, perpetua et non interrupta serie ; idque
eo fine (de duobus loquor) ut eo minus reges essent, quam si singulares
illi fuissent. Quo enim plures fuerint
reges in uno aliquo imperio, eo et
infirmiores sint necesse est. At si
unus tantum fuisset, tam vero grave
et exitiale reipublicæ periculum imminebat, ut putabant. Qui enim sine
consorte rerum potitus esset, is et
facile tyrannus evadere potuisset.
Idque adeo oraculum præmonens Lacedæmoniis cavend. esse dixit, ne
quando ipsorum regnum claudicaret.
Illi autem quod de rege claudicante
aliquando dictum fuisse volebant, id
ego non de rege, sed de regno, dictum fuisse arbitror. *Faber.* Mss. plerique habent *cum rege:* an scripsit
Just. *cum in rege?* Sed f. nihil mutand. quia mox ponuntur tanquam
diversa et contraria claudicatio regis
et claudicatio imperii. *Schef.* Angl.
quam imperatore regnum. Oppositio
haut apta, nec habet sensum idoneum. *Id.* Saxo xi. p. 207. 47. ' Suenonis regnum ante admodum claudi-
caverat.'

§ 7 *Non facile, &c.*] Saresb. vi. 14.
init. ' Cujus [militaris disciplinæ]
quanta sit utilitas, non facile dixerim.'

§ 11 *Militum . . . . poscentibus*] Videri possit legend. *poscentium.* Sed
de h. l. et aliis similibus dictum est
ad ii. 3. *Fab.*

§ 13 *Adorare*] Probus : ' Venerari,
quod προσκυνεῖν illi vocant.' *Bongars.*
Add. Curt. vi. 6. 3. et viii. 5. 11. et
viii. 5. 42. De Persico hoc adora-
tionis ritu plura Brisson. i. de Regno
Pers. *Bern.*

§ 14 *Dilabi*] Bong. *del.* Prætuli
quod etiam in Ms. exstat. Ita Sall.
Ju. 10. 8. ' Discordia res maximæ
dilabuntur,' h. e. sensim dissolvuntur,
pessum eunt.. *Id.*

§ 15 *Ministrum impensæ*] Ταμίαν
Diod. xii. 12. *Bongars.* Male alii
ministerium, et ad ipsum Cononem
referunt. Nep. Con. c. 4. *Bern.*

§ 16 *Multa fortiter, multa feliciter,
agit*] Ubi hæc egerit Conon, Just.
non indicat : at verba, quæ hic mox
subjunguntur, perinde sonant atque :
Conon in Europam venerit in Laconum imperium, ita ut Lacones coacti
fuerint revocare ex Asia Agesilaum.
Verum non ita multo post Conon ex
Asia revertitur ad populandos Lacedæmoniorum agros, ut hic Auctor
scribit. Locus est bene perpenden-
dus : non enim ab omnibus ἀντιλογία
hæc percipitur. *Glar.*

CAP. iii. 1 *Pisandrus*] Ita Mss.
omnes : vulgo *Lysander*, cont. historiam. Græcis est Πείσανδρος. Xen. iv.
Plut. Agesilao, et Probus. Diod. xiv.
84. est Πείσαρχος, ut alii notarunt,
mendose. *Bongars.* Ita dicitur *Pisandrus* pro, Pisander ; ut ' Menan-
drus' pro, Menander ; ' Euandrus'
pro, Euander, et alia ejus commatis.
Fab.

§ 2 *Magna*] Non male Mss. *ex m.*
Ita Flor. i. 9. 5. *Berneccer.* Mss. plerique habent *et m.* vel *ex m.* Vera
scriptura *ex m.* videtur. Omiserunt
præp. qui Latinis putarunt insuetum
apponi. Atque tali modo ipse Cic.
vel quisquis alius est Auctor librorum ad Herennium : iii. ' Putamus
oportere ex ordine hos locos habere,
ne quando perturbatione ordinis im-
pediamur.' Hic ' ex ordine,' quod
vulgo sine præp. ' ordine.' Sic paulo
post : ' In locis ex ordine collocatis
eveniet, ut in quamlibet partem,
quoto quoque loco libebit, imaginibus
commoniti dicere possimus id quod
locis mandaverimus.' *Schef.*

§ 3 *Non tam ducum in eo prælio,
quam militum*] Cum omnes et Bongarsii et mei Mss. habeant *non duc.
tantum in eo pr. &c.* et videatur illud
tantum adjectum ab eo, qui alioqui
parum plenam hanc locutionem puta-

bat, legerim *non duc. in eo pr. q. m. æm. fuit.* Insane bene : enim subaudimus in hisce τὸ *tam,* qua de re multi multa, et nos in Novantiquis nostris dicere meminimus. *Modius.* Freinshemio, hæc ita transponenti, *non tam mil. in eo pr. quam duc.* suffragatur n. sequens, et magis antecedd. duo. Mod. legend. censet *non d. in eo p. q. m.* ut subaudiatur τὸ *tam.* Quomodo Curt. VII. 7. 39. ' Nec me ars mea quam benevolentia perturbat.' Et Just. ipse XXVII. 3. 10. ' Non amicus dedito quam hostis factus.' Cum omnia exputo, mens Auctoris, quicquid ipse scripserit, ita legi postulat : *tam duc. in eo pr. quam mil.* vel, *non tantum duc. i. e. p. sed et mil.* Nam ecce mox subjicitur assertionis ratio, primum de utroque duce, Conone et Pisandro ; deinde n. 9. de militibus ipsis. *Berneccer.* Pugnant seqq. in quibus et ducum et militum par alacritas extolluntur. Quomodo alii hæc aut transposuerint aut correxerint, ap. alios videatur. Non dubito quin scribend. sit *non tantum duc. in eo pr. etiam mil. æmulatio fuit.* Boxborn. Junt. quoque ut omnes Mss. *non duc. in eo pr. quam mil. æm. fuit.* Pro *quam* mallem cum Berneccer. rescribere *sed et,* si Mss. eo inclinarent. *Græv.* Freinsh. legebat *non tam mil. in eo pr. quam duc. &c.* Faber. Omnes Mss. quos Bong. et Mod. videre, habent *non duc. tantum in eo pr. quam mil.* Nec aliter antiquiores typis expressi Junt. et Bech. At Major edidit *non tam duc. in eo pr. quam :* enmque Bong. et alii videntur secuti. Verum lect. ea neque his, quæ antecedunt, neque his, quæ sequuntur, consentanea est : pluribus enim Auctor exponit, quantam curam duces adhibuerint. Quod considerans Bernecc. conjecit legend. esse, vocula *non* omissa, *tam duc. quam :* vel, *non tantum duc. sed et mil.* Mihi τὸ *non duc. tantum,* quia in tot Mss. et antiquioribus quoque typis expressis reperitur, omnino

retinend. videtur. Sed pro *quam* legend. tum *sed etiam ;* quod ad τὸ *quam* paulo propius accedit, quam quod Bernecc. volebat *sed et.* Et fortasse *sed* ab Auctore plane omissum fuit, et scriptum modo *etiam ;* quomodo XXIV. 8. 6. ' Nec oculis tantum hæc se perspexisse, audisse etiam stridorem arcus,' pro, sed etiam audisse : atque ita facillimus ad τὸ *quam* transitus fuit. *Vorst.* Omnes Mss. miro consensu habent *tantum.* At huic non respondet *quam :* itaque pro eo scribunt *sed et,* vel *sed etiam,* quod tamen quam recedat longe, videt quilibet. Mihi vitium in *tam,* aut *tantum,* esse videtur, proque eo, ut compendiose scripto, ponend. *tantorum,* ut oratio sit elliptica, omissumque intelligatur non *tam, sed, magis ;* quasi scripsisset : Summa igitur non magis tantorum ducum in eo prælio quam militum æmulatio fuit. Quod si pro *non* scriberetur *nec,* adhuc melius oratio se haberet. ' Magis' alias omitti ap. opt. scriptores in priori membro, notum. *Schef.* Angli *Summa igitur in eo prælio tam duc. quam mil.* Accommodate ad sensum. Sed hanc esse genuinam scriptionem vix crediderim, cum recedant Mss. fere omnes. *Id.*

§ 6 *Eo speciosius*] Tac. Ag. cap. 35. ' Ingens victoriæ decus citra Romanum sanguinem bellare.' *Bern.*

Alieni imperii viribus dimicet] Junt. *alienis vir. dim.* Græv.

§ 8 *Conjunctione Agesilai*] Erat uxoris ejus frater. *Bongars.* ' Conjunctionem' pro affinitate cognationeve sumit et Nep. in Vita Attici : ' Ipsum Pompeium conjunctum non offendit.' Quam lect. infeliciter alii lacessunt, assertam a Jano Rutgers. Var. Lect. II. 8. *Bern.*

Ne a rebus gestis ejus, &c.] Videtur Auctor scripsisse, *ne reb. g. ejus et gloriæ splendore decederet.* Ita Horat. II. Od. 6. 14. ' Ubi non Hymetto Mella decedunt.' *Gron.*

§ 9 *Eadem militum et omnium regum cura erat*] Quinam sunt isti reges? Spartanorum? an Persarum, aut alii? Nugae. Torsit me, fateor, hic l. donec ingeniosiss. Sebis. suggessit pro *regum* legend. esse *remigum*. Ita rursus Auctor VI. 9. 5. ' milites' et ' remiges' conjungit. Confirmat emendationem Oros. III. 1, ubi Nostrum, ut solet, secutus, hac ipsa de re, ' Milites,' inquit, ' et remiges, ipsique ductores uno pariter in mutuam caedem ardore rapiuntur.' Geminum huic mendum detexit Lips. in Vell. II. 84. 2. ' Vigebat in hac parte miles atque imperator : illa marceant [ita Freinsh. optime, cum esset antea *illam arcebant*] omnia : hinc remiges [male *reges*], firmissimi : illinc inopia affectissimi.' *Berneccer*. Junt. *Eadem militum et omnium civium cura*. Probo Sebisii emendationem certissimam. *Graev*. Ingeniose, ut solebat, Sebis. legebat *remigum*. Tamen cum addat Just. ' quos major [s. *eo major*, ut Bernecc.] solicitudo cruciabat, non tam ne ipsi quaesitas opes amitterent,' &c. et cum tam nobilis tamque heroica solicitudo duces multo attingat propius quam remiges, vile hominum genus, et ad poscam et porcinam natum, hic l. et commode et ex mente Justini sic mihi legi posse videtur : *E. m. et o. ducum c. e.* Faber. Nulla mihi religio fuit in textum recipere emendationem Sebisii, pro *regum*, quod vulgo legitur, rescribend. judicantis *remigum*. Quippe *regum* per se nihili hic est. Remiges autem in hac historia cum militibus conjungit et exscriptor Justini Oros. III. 1. Sed et ipse Just. inf. VI. 9. 5. et scriptores item alii ' milites' et ' remiges' subinde conjungunt. *Vorst*. Sebis. pro *regum*, quod hic est ineptum, legit *remigum*. Viri doctiss. certissimam hanc vocant emendationem, alii et in textum recipiunt. Nempe et alibi ' milites' et ' remiges' aiunt jungi.

At Mss. optimi vocem *militum* non agnoscunt, alii pro eo habent *civium*, ut Graev. testatur. Quae res manifestissimo est indicio vocem eam non Justini esse, verum glossatoris. Manet ergo unica vox *regum*: de qua ecce, quae sit mea sententia : existimo pro ea *gregariorum* legend. Vox est l. huic, si quae ulla, accommodata, cum nil crebrius, quam duces et gregarios sibi mutuo opponi. Et doceat glossae *militum*, item *civium*, sic enim illud *gregariorum* putabant, nec inepte, posse explicari. Porro vitium ex eo natum, quod quis scripserat *gregum* per compendium, imposita in capite lineola, et, quia scriba indoctus ejus sensum assequi non potuit, mutaverat in *regum*. *Remiges* seorsum hic nil faciunt. *Schef*. Angli *et omn*. *civium*. Graev. *Militum* uncinis includit Ed. Bong.

Quos major solicitudo cruciabat, non tam, &c.] Scribend. vel *q. m. s. c. ne ipsi*: vel potius *q. s. c. non tam ne ipsi, &c.* aut male cohaerebit oratio. *Berneccer*. Verum *non tam* abesse non potest. *Major* autem et ipsum tolerari potest, si credamus positum id pro, magna : id quod frequenter sane fit. Nep. XXV. 4. 4. ' Si qua res major acta est.' Noster XIII. 2. 11. ' Valetudo major' pro, val. magna. Vid. et Gifan. Obs. L. L. *Vorst*.

§ 11 *Victi Lacedaemonii*] Ad Cnidum. *Bong*.

§ 12 *Eripitur*] Ov. XV. M. 284. ' Nisi vatibus omnis Eripienda fides.' Et Cic. IX. ad Att. 8. ' Eripe mihi hunc dolorem.' X. 4. ' Me libente, eripies mihi hunc errorem.' *Gronov*.

CAP. IV. § 1 *Lacedaemoniis habendae*] Isocr. Orat. ad Philipp. de Conone : Λακεδαιμονίους ἐξέβαλον ἐκ τῆς ἀρχῆς, &c. Oros. III. 1. ' Magnitudine atque atrocitate belli istius, inclinatus ex hoc semper in posterum Lacedaemoniorum status. Prona namque ex illo fluere, et retro sublapsa referri

apes Spartanorum visa est.' Ita locus ille ex Ms. P. Danielis legendus
est. *Bong.*

§ 3 *Thebani*] Et alii ad id pecunia
Persarum inducti. Paus. iv. *Id.*

§ 4 *Ex infimis incrementis*] Ita quidam impressi, recte: alii *infinitis.*
Mss. *finitimis.* Bong. L. hic mihi
quidem admodum suspectus est, nec
scio satis, an *infima incrementa* recte
dicantur. Sane, ubicunque incrementa, ibi factus jam processus est ex
infimo. Add. quod Mss. omnes consensu miro pro *infimis* habeant *finitimis.* Quid autem commodum possit
substitui, quod ab illo *finitimis* non
longe recedat, hactenus me, fateor,
non excogitasse. Nisi hoc obstaret,
mallem pro *ex infimis* facere *eximiis
incrementis.* Schef.

Epaminondæ] De quo præter cett.
Plut. in Pelopida, et Probus in ejus
Vita. Non vult Just. eum prœlio interfuisse, quod Oros. iii. 2. putavit;
sed ejus virtute auctam rem Thebanam. *Bong.*

§ 6 *Bello*] Angl. non agnoscit.
Schef.

Lysander] Ap. Haliartum. Xenoph.
iii. Plut. et Prob. Lysandro: Diod.
xiv. 82. Paus. Lacon. *Bong.*

§ 8 *Potiti victoriæ*] Sic Angl. Alii
p. *victoriam.* Utrumque Nostro usurpatur. *Schef.*

§ 9 *Ex Asia, qui ibi*] Paus. iii. et
iv. De pugna ad Coronæam vid.
supr. citatos auctores: qui Agesilaum
non supervenisse pugnæ, sed ab initio
interfuisse, referunt. *Bong.*

Qui ibi magnas res] Angl. *ubi m. r.*
Bene. *Schef.*

§ 12 *Sed victis, &c.*] Sic inf. xi. 12.
19. Tac. iii. H. 1. ' Quamquam atro-
citer loquantur, minor est apud victos animus.' Et xiv. A. 36. ' Hostes
statim cessuros,' Paullinus ait, ' ubi
ferrum virtutemque vincentium toties fusi agnovissent.' Add. eund. v.
H. 16. Sall. Ju. 106. 3. Liv. ii. 6. 15.

11. 65. 10. iv. 32. 1. viii. 16. 6.
xxxiv. 20. 7. Vid. tamen, quomodo
Nicias suos ex clade consternatos eri-
gat, ap. Thucyd. vii. 11. 9. In primis autem vii. 17. *Bern.*

§ 12 *Indurato*] Sen. de Prov. 4.
' Deus quos probat, quos amat, indu-
rat, recognoscit, exercet.' Inf. ix. 3.
' Assiduis bellis indurata virtute Macedonum vincuntur.' Diod. Συνήθης
τῇ κακοπαθείᾳ. Gron.

CAP. v. § 2 *Iphicratem*] De quo
præter superiores Probus in ejus Vita. Hoc autem bellum, quia circa
Corinthum gerebatur, ' Corinthium '
est appellatum, Κορινθιακὸς πόλεμος.
Bong.

§ 5 *Non imperatoriæ, &c.*] Talis A-
lexandri M. pater; inf. ix. 8. 12. Cato ap. Plin. vii. 27. Cæs. ap. Suet.
cap. 51. Plures alios eloquentia simul ac imperatoriis artibus excellentes memorat Auctor Dialogi de
Oratoribus cap. 37. et Marcellin. xxx.
11. Rara copula. Nam fere ' viri,
nati militiæ, factis sunt magni, ad
verborum linguæque certamina rudes.' Liv. x. 22. 6. ' Auctoritas viro
militari pro facundia,' Tac. xv. A. 26.
Huc respicit Hercules, Ov. ix. M. 29.
' Melior mihi dextera lingua est.'
Bern.

Artes fuere] Ms. *art. magnæ fuerunt.*
Mod. & *Bern.*

§ 9 *Prædarum sumptu et exercitu
Persarum restituit*] Libentissime fateor, me non capere, quid sit *prædarum sumptus.* Mss. inter se variant.
Revoco lect. veram: *Itaque, quæ incensa fuerant pridem, sum. et ex.* P. r.
Vulg. quoque lect. reprobat Xenophon, qui nihil de præda. Error autem ortus est ex scripturæ compendio. *Voss.* Hunc l. optime emendavit. Voss. Opt. inquam, et ex fide
historiæ. Add. quod *prædarum sumptus* res Latina non est. *Fab.* Non
placet Vossio *prædarum sumtu;* proque, *prædarum* legi ille vult *pridem.*

Verum nihil id opus. Confirmatur lect. vulg. eo quod mox sequitur ' ex spoliis Lacedæmoniorum restituerentur.' *Vorst.* Nullam huic l. controversiam moveo renuentibus libr. omn. antiquis. *Sumtus prædarum* est, qui contrahitur ex vendita præda. Latine proprie ' manubias ' dici contendit Favorin. ap. Gell. Sed 'manubias' fuisse pecuniam ex vendita præda imperatori victori a Senatu in præmium virtutis donatam, quam tamen plerique impendebant in opera publica, Asconio Pediano potius credo, idque alibi docebo pluribus. *Prædarum sumtu et exercitu Persarum* statim his verbis exponit, ' Persarum manibus et spoliis Lacedæmoniorum.' *Græv.*

§ 10 *Manibus*] Recte. Vulgo *manubiis,* contra libros et mentem Auctoris. Oros. ' Persis ædificantibus.' Legendi Xen. iv. Diod. xiv. 86. Paus. Atticis. *Bongars.* ' Manubiis ' retinet et confirmat Justus Rycquius Cent. ii. Ep. 25. *Manibus* tamen rectius videtur ex illis verbis n. præc. ' Exercitus Pers. rest.' *Bern.* Legend. omnino *manibus;* non ut Rycq. vult, et in antiquioribus typis expressis est, *manubiis.* Firmat et hanc lect. contextus, quodque antecedit, ' quæ incensa fuerant, exercitu Persarum restituit.' Sed et codd. Mss. ita habent. *Vorst.*

Ex spoliis, &c.] Simile oraculum ap. Esaiam xlix. 17. Καὶ ταχὺ οἰκοδομηθήσῃ, ὑφ' ὧν καθῃρέθης. *Gron.*

CAP. VI. § 1 *Artaxerxes*] ' Pax Antalcidæ ' dicta, quod esset ejus opera impetrata. Xen. v. Diod. xiv. 111. Plut. in Agesilao et Artaxerxe. *Bongars.* Similem, sed effectu dissimili, Tarentinorum legationem refert Liv. ix. 14. 1. Add. App. p. 10. 2. Tac. A. i. 23. 7. Liv. xliv. 14. 7. *Bern.*

Jubet, &c.] Saxo xv. p. 369. init. ' Plebs ab armis se discessuram promittit.'

§ 2 *Assiduisque bellorum internecivis*

odiis] Non satis aptam videtur illud *assiduis internecivis* od. Rarissime profecto adjectiva sic junguntur sine copula. In Mss. *interne civis,* ex quo impressi quidam fecerunt *inter cives.* At ego censeo Just. scripsisse *internecivis* per tmesin, non insolitam optimis scriptoribus figuram. Conjunctionem *ve,* quæ hic valet idem ac, que, absumsit *ne,* quod in *necivis* sequitur. *Schef.*

§ 3 *Ægyptio bello*] Κυπριακὸν πόλεμον commemorat Diod. in quod pace constituta incubuerit Artaxerxes. Nisi hæc de ea pace accipias, de qua Diod. xv. 38. 'Αρταξέρξης μέλλων πολεμεῖν πρὸς Αἰγυπτίους, καὶ σπεύδων ξενικὴν δύναμιν ἀξιόλογον συστήσασθαι, διέγνω συλλύσασθαι τοὺς κατὰ τὴν 'Ελλάδα πολέμους, &c. quæ compara cum Justini verbis. Sed de Ægyptio bello vid. Gemistum, et Plut. Artaxerxe. *Bong.* Lacedæmonii ab Hercynione Ægypti rege auxilia navalis belli petierant, ab eodemque 100. triremes et 600. M. modiorum frumenti impetrarant. Vid. sup. vi. 2. 1. *Vorst.*

Detinerentur] Junt. *distin.* quod præferend. esse vulgato, nemo non videt paulo humanior. Tac. xiv. A. 26. ' Quæ facilius proveniebant, quia Parthi Hyrcano bello distinebantur.' Et iv. H. 56. ' Omnes exercitus suis quemque bellis distineri.' *Græv.* Melius certe et haud paulo elegantius in ed. Junt. quam habuit J. Græv. *distin.* Fab. Mihi placet lect. vulg. ' Distineri ' non ita nude et sine vocabulo quarti casus poni solet. *Vorst.*

§ 5 *Hic annus*] Is fuit secundus Olpmpiadis 98. ab U. C. 366. *Bern.*

Urbs Romana] Strab. ext. lib. vi. *Bong.* Polyb. i. 6. Liv. v. 41. Flor. i. 13. Plut. Camillo, et plures. *Bern.*

§ 6 *Lacedæmonii securis insidiantes, &c.*] Lubet ex Ms. voces aliquot Orosio iii. 2. restituere. ' Lacedæmonii,' inquit, ' inquieti magis (quam strenui, et futore potius) quam virtute intolerabiles, post bella posita, tentant furta bellorum.' *Bongars.* Impressus quidam *securi insidiantes*, quod fortasse non repudiand. Veterem esse lect. hanc observo ex Auctore Fori Romani, quippe qui pro auctoritate vocis 'insidianter' adducit hunc ipsum 'Justini l. Sed et sententia videtur elegantior. Cum, inquit, Lacedæmonii facti essent securi, bello per regem Persarum sublato, non potuerunt manere quieti, sed speculati sunt, quos aderirentur ; ceterum exhausti, cum aperte magnaque vi agere non possent, per insidias hoc faciunt. Estque hoc id ipsum plane, quod Oros. ait : ' Lacedæmonii inquieti magis, quam strenui, et furore potius quam virtute intolerabiles, post bella posita tentant furta bellorum.' Sane ipse Noster ostendit invasionis causam Lacedæmoniis non fuisse Arcadum securitatem, sed absentiam, quia tenebantur bello cum Eleis. Absentes autem propter bellum non possunt dici *securi.* Quia tamen vix invenies *insidianter* ap. alios scriptores probos, nolo certi quid hic definire. *Schef.* Securi, quibus insidiabantur Lacedæmonii, non soli erant Arcades, sed omnes finitimi populi, qui, sibi non metuentes, securi erant. Primos autem invaserunt Arcades, tum absentes. Et h. e. quod dicit Oros. quod ' post bella posita tentarint furta bellorum,' h. e. quod insidiati sint securis, et absentes invaserint. *Grav.*

Castellum] Κρῶμνον Xen. H. G. VI. Civitas est Peloponnesi Steph. De h. bello vid. Xen. *Bong.*

§ 7 *Amissa bello*] Locus suspectus. Mss. habent *amisso b.* vel *amissum bellum.* Credo Just. scripsisse *amissum, bello,* ut *amissum* referatur ad ' castellum,' *bello* autem significet, prælio ; nam sequitur *in eo prælio ;* quod ostendit de prælio ante locutum. Et sunt Mss. qui hic quoque *bello* habent ; id quod rectius videtur. *Schef.*

§ 9 *Qui cum cædi suos jam ut victos*]

Qui cæduntur, nil novi est si cædantur ut victi, neque enim ut victores, puto. Lego itaque : *qui cum jam cedere suos ut victos videret, &c.* *Cedere,* i. e. terga vertere, non ut interdum facere illi solent, qui ex arte militari fugam simulant, quo gravius incautos et exsultantes successu persecutores impetant ; sed ut ii faciunt, qui ex animo fugiunt, et qui, se nisi victos fatentur, tales certe ex validissima et strenuissima cursura se ostendunt, dum totis fugiunt viribus. *Fab.* Angli *cædi suos jam et victos*, sc. esse. Proba lect. Vulgata *victos jam* dicit *cæsos,* quasi primum sit victoria prælio, post cædes. *Schef.* Potest defendi vulg. lect. cujus est sententia : Cum cædi suos pro victis videret, s. tanquam jam plane victos. Cæduntur in præliis multi etiam, si acrius pugnatur, in victorum exercitu. Verum qui cæduntur ut victi, s. ut Cæsar loquitur, pro victis, non pugnantes cæduntur, sed aut terga dantes, aut ordinibus perruptis jam incompositi, ut adversarios victores esse plane appareat. Verior est lect. librorum Angl. *cum cædi suos jam et victos videret,* quibus suffragatur ed. Junt. *Grav.*

§ 10 *Hoc est enim signum*] Diod. XVII. 68. αἴτησιν τῶν νεκρῶν ait περιέχειν ἥττης ὁμολόγησιν. *Bong.* Id. XIX. 31. ' Eumenes ad cæsos regredi proposuerat, tollere eos maturans, ut ancipitem hactenus victoriam certo sibi assereret.' Unde laudandi Niciæ sumpta materia Plutarcho in ejus Vita cap. 18. Nam licet in more positum esset, ut, qui cæsorum corpora per inducias recepissent, renuntiare victoriæ viderentur, adeoque ne tropæum quidem erigere rite possent : (victores enim sunt, qui prævalent : nec prævalere videntur, qui petunt quod suis viribus capere non possunt :) maluisse tamen Niciam profundere lauream et decus, quam duos cives inhumatos relinquere. Quale quid etiam de Atheniensibus memorat Thucyd. IV. 9. 18. *Bern.*

CAP. VII. § 1 *Tacito consensu induciæ*] Quæ 'induciæ tacitæ' dicuntur Livio II. 18. 24. et XXIII. 46. 5. *Bong.* Eæ sunt quæ, sine pacto, mutuo velut consensu fiunt. *Bern.*

§ 2 *Principio noctis*] Vid. Plut. Agesilao: Frontin. I. Strat. 11. *Bong.*

§ 4 *Et adversus, &c.*] Lector cogitet, num bene habet numerus *centum effata ætatis virorum*, qui XV. M. Thebanorum a Spartæ mœnibus arcuerint. *Glar.*

§ 7 *Ante diem*] Ms. Bong. *dies.* Quod malo; nam aic Jul. Capitol. in Pertin. 15. 'Stellæ etiam juxta solem per diem visæ sunt clarissimæ ante dies, quam obiret:' et Julian. JCtus in L. 17. D. de Manum. Testam. § 1. 'Post annos liber esse jussus.' Noster XX. 5. 'Ante menses:' et XXXVI. 1. 'Interjectis mensibus:' et XLIV. 4. 'Post dies.' Ut et I. Reg. XVII. 74. Ἐγένετο μεθ᾽ ἡμέρας, et D. Lucas in Evang. XXI. 11. Κατὰ τόπους. *Gron.*

§ 9 *Nec bellum diu dilatum*] Prælium ad Mantineam, de quo Xen. VII. Diod. XV. 84. Plut. Agesilao, et Apoph. Lacon. Probus Epaminonda: Paus. Bœoticis: Strab. VIII. Præter quos de Epaminondæ morte legendus Cic. Fam. V. 12. Val. M. III. 2. Ælian. XII. V. H. 3. Paus. Atticis et Arcadicis, quem sequitur Oros. III. 2. Huc usque Xen. cujus historiam prosequitur Diod. XV. et Gemistus Pletho. *Bong.*

§ 10 *Teneri non potuit*] Pro, tenere se non potuit. Passivum pro activo cum pronomine reciproco: ut 'exerceri luctando,' pro, exercere se: 'lavari,' pro, lavare se. Cic. XVI. ad Fam. 24. 'Vix teneor quin accurram.' Ov. IV. Pont. 1. 'Non potuit mea mens, esset quin grata, teneri.' *Vor.*

§ 12 *His ex dolore metus, et, &c.*] Dele istud *et*; nam inelegans est, ac præter usum honestæ Latinitatis. *Fab.* Rectiss. Faber, cui adstipulatur

Delph. et Var. Clas. *Justin.*

Justina. *Græv.*

Ex placito consensu] F. *tacito*, ut est et hoc ipso cap. n. 1. *Bern.* Mihi secus videtur, atque illud *placito* tanquam glossa τοῦ 'consensu' penitus ejiciend. 'Placitum' pro, consensu frequens ap. novissimi ævi scriptores. *Schef.*

CAP. VIII. § 1 *Post paucos deinde dies, &c.*] Imo non post paucos dies, sed statim ut e prælio ad castra relatus est animam efflavit. Quod ex omnium consensu constat. *Voss.* Leg. *Post paulo deinde Epam. &c.* Nec ullus erit Auctoris nostri ab aliis dissensus. Eademque locutione utitur Liv. XXII. 60. 'Annibalem post paulo audistis.' *Gron.* Nepos et alii significant statim a prælio, et quam primum renunciatum esset vicisse Bœotios, animam exspirasse. *Vor.*

Cum quo vires, &c.] Adeo vere Tac. G. cap. 30. 'Plus reponendum in duce quam exercitu.' Curt. X. 6. 13. 'Militaris sine duce turba corpus est sine anima.' Flor. II. 18. 15. 'Tanti est exercitus, quanti imperator.' Vid. Val. M. III. 2. 5. Ext. *Bern.*

§ 2 *Præfregeris*] Ita Ms. rectius, opinor, quam hactenus editi, *perfr.* Ita Liv. VIII. 10. 4. et XXXII. 17. 11. 'hastas præfringere.' *Id.*

Reliquo ferro] In Ms. est *ferrum*, quod efficit, ut hoc quoque suspicer ex glossa natum. Sane 'reliquo' intelligend. est de 'telo,' at id non est ferrum totum, sed mucro solum. Igitur *reliquo ferro* Justinus scribere non potuit, cum demto mucrone teli reliquum sit lignum. *Schef.*

Sic illo, velut mucrone teli, &c.] Idem translationis genus Tullio placuit, ut pro Cæcina 29. 'Hic est mucro defensionis tuæ:' et pro Cluent. 44. 'Ne censorium stilum, cujus mucronem multis remediis majores nostri retuderunt, æque posthac atque illum dictatorium stilum pertimescamus.' *Gron.* Demades in Orat. p. 180. Τῷ Ἐπαμινόνδου σώματι συνέθαψε τὴν δύνα-

3 A

μιν τῶν Θηβαίων ὁ καιρός. Hæc Jennius. Saxo x. p. 200. 35. 'Hebetatis pristinæ militiæ nervis.' xvi. p. 376. f. 'Militaris roboris nervos otio hebetari.'

Sic illo velut mucrone teli ablato duce Thebanorum, rei quoque publicæ] Distingue: *sic illo, v. m. teli, ablato duce, Thebanorum rei q. p. v. h. sunt.* Græv. Isthæc verba *v. m. teli* hinc exturbanda, non modo quia non sunt necessaria, sed quod et insulse addita, cum in prima parte periodi dixerit Just. 'Secuti telo si primam aciem præfregeris, reliquo ferro,' &c. Quare legend. est: *sic, illo abl. duce, Th. quoque reipublicæ vires heb. sunt.* Fab. *Duce* nescio an sit Justini; deinde 'Thebanorum' pato cum seqq. non præcedd. jungend. Schef. Notabat Angl. docet verba hæc [*vel. muc. tel.*] a Fabro expungi, tanquam nata per glossemata ex superioribus. Non improbo. *Id.*

Cum illo interiisse] 'Unus homo pluris quam civitas fuit:' Probus Epam. fin. *Bern.*

§ 4 *Vir melior, an dux*] Quæ duo juncta non nimis frequenter invenias. 'Antonius Primus, pace pessimus, bello non spernendus,' inquit Tac. II. H. 86. 'Tarquinius injustus in pace rex; dux belli non pravus.' Liv. I. 53. 1. 'C. Marius, vir, si examinentur cum virtutibus vitia, haud facile sit dictu, utrum bello melior an pace perniciosior fuerit.' Id. Epist. LXXX. Et quidem Aristot. Politic. v. 9. in legendo duce, militaris peritiæ majorem quam virtutis aut morum rationem habendam esse tradit. *Idem.*

§ 5 *Nam et imperium non sibi semper*] Sebis. *semper non sibi*, alio et vero sensu. *Idem.*

Nam et imperium non sibi semper, sed patriæ quæsivit] Vult Sebis. *semper non sibi.* Possumus sententiam juvare sola distinctione mutata, commateque non post 'semper,' sed post 'sibi,' collocato. Nec trajectio hujusmodi Nos-

tro plane incognita; præcedit quippe paulo ante, 'hunc ante ducem,' pro, ante hunc ducem, simili ratione. *Schef.* Vitiosiss. est et corruptiss. quoque hoc, *imp. non sibi semper, sed patriæ, &c.* ut multa alia in hoc Scriptore. Si enim *non semper* sibi imperium quæsivit, ergo 'interdam' sibi quæsivit, quod tanto viro indignum est ac planissime culpandum, et id tamen Justini consilium non esse intelligimus. Sebis. quidem, vir acri ingenio et acuto, conjecit legend. *sibi non semper;* quæ lect. Berneccero placet, mihi autem minime. Quid enim mox addit Justinus? 'Recusanti omnia imperia ingesta sunt.' Si recusavit omnia, nunquam igitur omnino quæsivit; quamobrem sic a Just. hunc l. conceptum fuisse mihi persuasum est: *Nec sibi imp. unquam sed patriæ semper q.* Nihil a me verius excogitatum arbitror, ex quo has literas, pessimo meo fato, tractare cœpi. *Faber.* L. hunc esse contaminatum recte monuit acutiss. vir, T. Faber, et ante illum Sebis. qui pulchre vidit *semper* esse trajectam, conjecitque legend. esse: *Nam et imp. semper non sibi,* (non ut amicus noster scribebat, *sibi non semper:* hæc enim longe alius sunt sententiæ) *sed patriæ q.* Quorum verborum ead. mens est, quæ emendationis viri docti, qui contra librorum fidem intrusit *unquam.* Sed vera huj. l. lect. est in Junt. in qua venuste: *Nam et imp. non sibi sed patriæ semper q.* Vides voculam hanc excidisse suo loco, quæ nunc in illum reposita omnes nebulas discussit. Facile enim, qui Latine docti sunt, vident hanc ejus esse sedem genuinam. *Græv.*

§ 6 *Et pecuniæ adeo parcus*] I. e. adeo non cupidus, adeo acquirendæ non studiosus. Sequitur mox: 'Gloriæ non cupidior, quam pecuniæ.' Ita 'Parcus somni,' qui parum dormit, xi. 13. 2. 'Parcus in cibum,' pro, parcus cibi, i. e. qui modico cibo con-

tentus est XLI. 3. 9. ' Parcus vini,'
ap. Suet. Caes. 53. 1. et Aug. 77. 1.
Vor.

Ut sumtus funeri defuerit] Id. de
Aristide Plut. in ejus Vita, c. 52. et
de P. Valerio Liv. II. 16. 7. deque
Menenio II. 33. 13. *Bern.*

§ 7 *Recusanti omnia imperia, &c.*]
Imp. Trajan. ' Praefectum praetorii
non ex ingerentibus sed ex subtra-
hentibus legit.' Plin. Paneg. c. 86.
Sed et de ipso Trajano c. 5. ' Recusabas enim imperare; recusabas,
quod bene erat imperaturi.' Add.
Lamprid. in Alex. Severo c. 19. Item
L. 31. Cod. de Episc. et Cler. ' Sae-
pius' tamen ' recusare ambiguam ac
potius illam interpretationem habet,
tanquam minorem [h. e. muneri im-
parem] te putes,' Plin. ib. c. 59. *Id.*

§ 8 *Sed dare ipsi dignitati videretur*]
Angl. *ipsis dignitatem.* Liquet ex di-
versitate lectionis vocem *dignitati* ex
glossa irrepsisse. Scripsit Just. ut
existimo, *ut ornamentum non accipere
sed dare ipsis vid.* Dare ipsis sc. honoribus. *Schef.*

§ 9 *Litterarum studium*] In quo prae-
ceptorem habuit Lysidem Tarentinum
Pythagoreum. Cic. de Orat. III. 34.
Diod. XVI. 2. Diogenes Laërt. in Pythagora: Probus in Epam. *Bern.*

§ 10 *Hoc vitae proposito*] *Propositum*
auctoribus certa vivendi ratio est.
Phaedr. praef. lib. III. ' Mutandum
tibi propositum est et vitae genus.'
Sen. Ep. 68. ' Aliud proposito tuo
nomen impone.' Ubi ' propositum'
vocat institutum Lucilii in secessu
vivendi. *Vor.*

§ 11 *Id unum a circumstantibus re-
quisivit*] De Philopoemene non dissimilia Liv. XXXIX. 50. 9. *Berneccor.*
Ita, ut Just. cett. quoque omnes id
narrant. Aelian. tamen longe aliter
XII. V. H. cap. 3. cujus verba emendata apponam: Ἐπαμεινώνδας, ὅτε ἐτρώ-
θη ἐν Μαντινείᾳ καιρίως, εἰς τὴν σκηνὴν
κομισθεὶς ἐπὶ ἡμέρους Δαΐφαντον ἐκάλει,
ἵνα ἀποδείξῃ στρατηγόν· οἱ δὲ ἔφασαν

τεθνάναι τὸν ἄνδρα· ὅτε Ἰολλίδαν ἐκάλει
διὰ ταχέων ἥξειν. Ἐπεὶ δὲ καὶ αὐτὸς
ἐλέχθη τεθνάναι, συνεβούλευσε διαλύεσ-
θαι πρὸς τοὺς πολεμίους, καὶ φίλα
θέσθαι, ὡς μηκέτι στρατηγοῦ καταλιμπα-
νομένου ἐν Θήβαις. Vulgo, ὃς μ. στ.
καταλαμβανομένου ἐν Θ. Male. Vid.
quoque Plut. in Apoph. Epaminondae, qui Ἰολλάδαν, perperam, et puto,
vocat Ἰολλίδαν. *Voss.*

§ 12 *Allatumque velut laborum, &c.*]
Magis placet, quod in antiquioribus
typis expressis est, *allatum v. l. soc.
occ. est*; omissa sc. *que.* Vor.

CAP. IX. § 2 *Amisso, cui aemulari
consueverat*] Alii libri quem *ae. c.* et
utroque modo loquitur Cic. illo II.
Tusc. inquiens: ' Obtrectare alteri,
aut illa vitiosa aemulatione, quae riva-
litatis similis est, aemulari, quid habet utilitatis ?' isto pro Flacco, dum
ait: ' Omnes ejus urbis instituta laudare facilius possumus, quam aemulari.' Volunt autem litteratores inter
utramque locutionem hanc esse differentiam, quod cum accusativo in bonam partem, in malam cum dativo,
accipiatur. Grammaticum acumen
mihi vide. *Mod.* Ea nimirum de causa
Scip. Nasica Carthaginem servandam,
nec ex sententia Catonis excidendam,
pronuntiavit, ' ne, metu ablato aemu-
lae urbis, luxuriari felicitas Urbis inciperet.' Flor. II. 15. 9. *Bern.*

§ 3. 4. 5] Junge Plut. de Gloria
Atheniens. cap. 10. et 11. *Idem.*

Non ut olim classem] Has delicias
tam arcte sunt amplexi, ut capitis
poenam indicerent, si quis de pecunia
publica ad militiae priscum usum revocanda verba facere unquam auderet: quod Liban. refert in Argumento
Olynth. 1. Demosth. Conatum tamen
esse Demosthenem apparet ex prima
ejus tertiaque Olynth. *Idem.*

§ 4 *Cum auctoribus nobilissimis poëtis-
que*] Junt. cum act. *nobilissimisque poëtis.* Mox iid. cum aliis edd. *versificatores oratoresque meliores.* Graev.

Theatra celebrant] Pro, saepe ad

theatra eunt. Cic. pro Mur. ' A quibus si domus nostra celebratur, diligenter adiri videmur.' Et pro Sext. ' Viæ multitudine legatorum undique missorum celebrabantur.' Sic et ' celebris via,' ' celebris locus,' proque eo ' celebritas' dicunt. *Vor.*

Versificatoresque meliores] I. e. qui meliores versificatores quam duces essent. *Idem.*

§ 5 *Cum urbano populo dividi*] Sebis. *urbano populo dividi*, in casu dandi. Bene. Cic. ad Attic. i. ' Nummos vobis dividere solebat,' h. e. distribuere. Διενέμοντο τὰ χρήματα, inquit Liban. in modo citato loco Demosth. Sic inf. xii. 1. 1. et xiv. 4. 20. *Berneccer.* Illud frustillum vocis *cum* delend. esse putat Sebis. idem et ipse puto. Intelligit autem Just. quod popello dabatur ex ærario ad cicercula frixa, nuces, ficus aridas, et alia id genus obrodenda, ut in ædilitiis ludis fieri Romæ solebat. Horat. Cic. et Plut. in Vita Catonis Uticensis, &c. *Faber.* Sebis. malit

urbano populo, casu tertio. Idque probat Bernecc. et aliud verbi cum casu tertio constructi exemplum profert. Verum nihil mutant. Minime insolens est *dividere cum aliquo.* Inf. xxv. 2. 11. ' Regnum cum eo diviserunt.' Et xxxvii. 4. 3. ' Paphlagoniam cum socio dividit.' Sic et *partiri aliquid cum aliquo* dicunt. Val. M. iv. 7. Ext. 2. ' Tam paucis verbis se cum comite suo partitus est.' Vid. et Librum de Latinitat. falso susp. p. 233. Quid quod plane aliud est ' dividere populo,' aliud ' dividere cum populo?' Illud dicitur, si populus id quod dividitur capiat totum : hoc vero, si ejus modo partem capiat. *Vorst.* Angl. *est* non exhibet. Et abest elegantius, quoniam mox sequitur, ' effectum est.' *Schef.* Sic et Junt. *Græv.*

§ 7 *Philippus obses*] Thebis ab Alexandro fratre datus. Oros. iii. 12. *Ber.*

Epaminondæ] Diod. xvi. 2. Aliter Plut. in Pelop. cap. 47. *Idem.*

Asiæ cervicibus] Ita Curt. vii. 7. 1. *Idem.*

LIBER VII.

CAP. i. § 1 *Macedonia*] Dicta a Macedone Osiridis fil. Diod. i. alias Jovis filio et Deucalionis nepote. Steph. de Urb. Solin. cap. 14. Eustath. in Dionys. ap. quem et Hesychium ' Macetia' dicitur, et Maccab. i. 1. 1. ' terra Cethim.' Est autem Cethim Genes. x. 4. filius Javan, et Danielis xi. per ' Javan' Græci intelliguntur. Inde ' Macetæ' sunt Macedones. Auson. in Clar. Urb. ' Macetumque attollite nomen.' *Bongars.* Macedoniæ descriptionem ampliorem vid. ap. Plinium iv. Nat. Hist. 10. quo auctore illa olim complexa fuit populos 150. Add. Liv. xlv. 29. *Bern.*

Ante nomine] Mss. *antea* n. quod Sebis. recte dividit : *ante a n.* Idem.

Nomine]Legend. f. *a nom.* vel *ex nom.* Vorst. Posses legere *ante e nom.* cum *e* videatur absumpta per litteram præced. *Schef.* Angli *ante a nom.* rectiss. Nam si ipso Emathionis nomine fuisset dicta, non ' Emathia,' sed ' Emathion,' debuisset nominari. *Idem.*

Emathionis] Ita Probus in i. G. Virgilii : ' Emathium' vocat Solin. cap. 9. quem facit ' genuinum terræ,' i. e. αὐτόχθονα. *Bong.*

Emathia] Antonin. Liberal. 9. ex Nicandro : Ὑπὸ δὲ τὸν χρόνον τοῦτον ἐβασίλευσε Πίερος αὐτόχθων Ἡμαθίας.

Periegetes anonymus, qui sub Nicomede vixit: Μετὰ δὲ ταῦτα Μακεδόνων
ἀπὸ τῆς Μακδόνης Ἠμαθίας τε λεγομένης.
Ex Nostro emendandus est Rabanus
Maurus XVI. de Serm. Propr. 2. ubi
vitiose editum est: ' Macedones a
nomine·Macionis regis antea Emarci
nuncupati sunt: postea Macedones
dicti.' Ap. Val. M. IX. 11. 4. et Marcian. Capell. VI. p. 211. Emathia quoque legend. pro Æmath. Ptolemæus
III. Geog. 13. ΜΑΤΙΑ͂ Εὔρωτος. ΉΜΑ-
ΘΙΑΣ Τόρισσα. Leg. ex Ms. Flor. et
Coislin. ΉΜΑΘΙΑΣ Εὔρωπος, Τόρισσα.

§ 3 Regio Bæotia dicebatur] Peyrared. vir doctus, putabat legend. Pæonia, non Bæotia. Optime. Confirmant
ejus lectionem Polybii Excerpta et
Livius XL. 3. Voss.

Pæonia] Sic scribi jussi, non, ut
alii, Bæotia. Est autem emendatio
Peyraredi, quæ vel ex ipso Just.
potest confirmari, qui mox scribat:
' In regione Pæonia, quæ nunc portio Macedoniæ est:' Portio, inquit,
quia successu temporis longe latiores
fines habuit Emathia, quam quos a
primordio habuerat. Deinde et Homerus, omnis literaturæ princeps,
Macedonas sæpe vocat Pæonas, quæ
res ab Interpp. Græcis observata fuit
et notata. Præcipue autem vid. Il.
XX. ubi Asteropæus loquitur. Faber.
Adstipulor Peyraredo pro Bæotia legend. esse Pæonia. Quod paulo post
sequitur, ' in regione Pæonia,' id
non ita nude positum fuisset, nisi
mentio Pæoniæ ab Auctore jam ante
facta esset. Ver.

§ 4 Subactis primo finitimis] Ita Ninus supr. I. 1. 8. et Romani Flor. I.
9. 11. Bern.

§ 5 Pæonia] A qua olim Macedo-
nia Pæonia dicebatur. Liv. XL. 3. 1.
Bongars. Antiquiores typis expressi
In regione Pæoniæ, qualia et ipsa non
rara. Foret enim dictum, ut ' urbs
Antiochiæ.' Verst. Recte; sic et
Junt. Græv.

Telegonus pater Asteropæi] In utro-

que nomine error est vulgatis codd.
Πηλεγὼν est et ᾿Αστεροπαῖος in Græcis.
Teiegonus Ulyssis fil. errori ansam
dedit. Sed adducamus Homeri locum ex Iliad. Φ. ubi Achilles Astero-
pæum aggreditur: Τόφρα δὲ Πηλέος
υἱὸς ἔχων δολιχόσκιον ἔγχος ᾿Αστερο-
παίῳ ἐπᾶλτο κατακτάμεναι μενεαίνων Τλῆ
Πηλεγόνος, &c. Fieri tamen potest ut
Just. ex genitivo Πηλεγόνος fecerit
nominandi casum Pelegonus auctoritate Latinorum, qui multa alia ad
eund. modum corruperunt. Glar.

Telegonus] Πηλέγων Homero Iliad.
Φ. ut notavit Glareanus. Vett. omnes
Telegonus, quod est Ulyssis filii no-
men,.ab h. l. alienum. Bong.

Pelegon] Vel Pelegonus. Monitu
Pauli Leopardi XVII. Emendation.
10. et Joan. Hartungi Locor. Memo-
rabil. Decur. II. 2. 3. reddidi Auctori
suam vocem. Is enim est ' pater
Asteropæi,' teste Homero Il. XXI.
140. et Strab. Epit. VIII. Vett. Mss.
omnes (teste Bong.) et hactenus
editi Telegonus habent, quod est Ulyssis filii nomen, alienum ab h. l. Bernecccer. Hunc l. pridem restituit P.
Leopardus, vir doctiss. Emendat.
XVII. 10. legens Pelegon. Sed diu
ante Leopardum Juntæ ediderunt
Pelegonus, cum · tamen Bong. omnes
codd. manu exaratos et vett. edd.
Telegonus habere testetur. Ex quo
bonitas et præstantia editionis Junt.
facile poterit æstimari. Græv. In
Mss. omnibus teste Bongarsio, itemque in antiquioribus typis expressis,
est Telegonus. Sola vetus Junt. ed.
teste Grævio habet Pelegonus: quomodo legend. esse pridem Leopard.
et Hartung. monuerant ex Homeri
Il. XXI. Malo autem Pelegonus, quam
quod Berneccerus edidit Pelegon;
quia prior ista vocis terminatio in
omnibus codd. et in ipsa quoque ed.
Junt. observata est. Ver.

§ 6 In Europa regnum Europus, &c.]
Macedonis filius, a quo ' Europus'
Macedonica urbs. Steph. Bongars.

Europa est pars Thraciæ ad Hæmum montem. Sed illa nihil huc facit, cum de Macedonia sola loquatur. Puto legend. *in Europia.* Europia est portio Macedoniæ, in qua Europus civitas; ubi Europam, Macedonis filiam, regnum tenuisse penes auctores fides est. *Voss.* Geographorum quidam hanc regiunculam in Thracia statuunt, alii in Macedonia. Et res hodie pervulgata et contrita est. Tamen malim scribere *Europia,* ut cl. Voss. quam *Europa.* Faber.

Europus nomine] Sic amat loqui Noster, ut II. 9. 2. XIII. 2. 7. XXI. L. 1. Veil. II. 5. 2. Ita 'naves ducentæ numero,' sup. II. 10. 20. Ceterum Europus ille Macedonis fil. fuit, a quo 'Europus' Macedoniæ urbs. Steph. in Urb. et Thucyd. II. 21. 36. At Eustath. in Lycophronem, eund. cujusd. Himeri facit filium, a quo nominatam Europam credibile est. Quanquam etymon Europæ mortalium nemini compertum tradit Herod. IV. 45. *Bern.*

§ 7 *Caranus*] Solin. cap. 9. et ita emendandus Euseb. ex Mss. *Bongars.* Ap. quem est *Cranaus.* Veil. L. 6. 5. hunc 'generis regii' fuisse dicit: Suid. tantum 'unum ex Herculis posteris.' Ausen. Ep. XIX. 'Et Caranum, Pellæa dedit qui nomina regum.' Vid. Scalig. Canon. Isagog. p. 334. f. *Bern.*

§ 8 *Regni sedem statuit*] Lego, una parvula vocala addita, *ibi reg. s. st.* Faber. Nihil inculcand. cont. librorum fidem, sed repetend. ἀπὸ κοινοῦ *Edessam: Edessam reg. s. st.* h. e. regiam facit sedem Edessam. *Grav.*

§ 10 *Edessam*] Ptolemæus III. 13. Ἀλθόεσαν commemorat. *Bong.*

Ædessam] Et hic Juntæ rectius scribunt *Edessam.* Græcis enim Ἔδεσσα dicitur non Ἀλθεσσα, quod Is. Voss. ad Melam II. 3. docuit, qui et ibi ostendit bene in Mss. esse *Ægeades.* Ἀλγεάδης enim dici dialecto Macedonica pro Ἀλγεάδης. *Grav.*

Ægeas] 'Ægas' vocat Plin. IV. N. H. 9. et Solin. cap. 9. Ptolem. III. 13. Ἀλγεάς. *Bongars.* Salmas. ad Solin. 156. A. 1. tradit, in Plinii libris Mss. haberi 'Ægiæ,' quod est Græcum Αἴγεαι: nam utroque modo dici, et Ἀλγαὶ, et Αἴγεαι. Latine 'Ægiæ' vel 'Ægen,' quasi 'Caprarias' dixeris: et a dissyllabo quidem esse gentile Ἀλγαῖος, a trisyllabo Ἀλγεάτης, quomodo et hic rescripsimus, *Ægeatas* (quomodo et Tac. A. II. 47.) cum hactenus editi omn. *Ægeades* habeant. *Bernecer.* Antiquiores typis expressi et Mss. *Ægeades:* Bernecc. tamen maluit *Ægeatas.* Sed rectum esse *Ægeades,* idque dialecto Macedonica dici pro *Ægeatas,* docet Is. Voss. in Notis ad Melam. *Ver.*

§ 11 *Pulso deinde Mida, nam, &c.*] Brygorum Midam regem fuisse testatur Herod. Βρύγοι autem, et Βρύγες, et Φρύγες, sunt iid. Strabo XIII. Ὁμοίως δὲ καὶ Βρύγοι, καὶ Βρύγες, καὶ Φρύγες, οἱ αὐτοί. Male vulgo Βρύγοι et Βρύγες. Vid. quoque Eustath. ad Dionys. Macedones enim τὸ φ mutant in β. Non autem pulsum esse Macedonia a Carano, Conon ap. Phot. inquit, sed, ὅπως αὐτῷ χρυσὸς ἐγίνετο τὰ εἰς τροφὴν παρατιθέμενα ἅπαντα, καὶ ὡς, διὰ τούτων πείσας τὸ στρατιωτικὸν ἀπ᾽ Εὐφράτης διαβῆναι τὸν Ἑλλήσποντον, ὑπὲρ Μυσίαν ᾤκησε, Φρύγας ἀντὶ Βρύγων βραχύ τι παραλλαγούσης τῆς λέξεως μετονομασθέντας. *Vos.*

Pulsis] Abundare videtur. *Bernecer.* Bernecc. putat hoc *pulsis* abundare, quoniam præcedit 'Pulso deinde Mida.' Sed hoc *pulsis* agnoscunt Mss. non item alterum *Pulso.* Itaque illud potius delend. *Schef.* Angl. hoc *pulsis* non agnoscit. Itid. bene, quoniam proxime præcessit 'Pulso deinde Mida.' *Idem.* Sic quidem unus cod. Angl. ceteri tamen cum Junt. aliisque pro vulgata stant. Ille tamen unicus ceteris præferendus. *Grav.*

§ 12 *Adunatis gentibus variorum populorum*] Mela I. 19. 'Una gens, aliquot populi.' 'Gens' enim notat

ipsam regionem, ' populus ' vero fre-
quentiorem vicum. Vid. Not. ad Liv.
v. 34. *Gronov.* Vid. Avum ad Liv.
v. 34.

Veluti unum corpus] Flor. I. 1. 16.
Bern.

CAP. II. § 1 *Perdicca*] Herod. VIII.
139. Περδίκκης, ὁ κτησάμενος τὴν ἀρχὴν,
inquit, quia primus rex in Macedonia
nominatus est. Solin. cap. 9. Euseb.
hunc quartum facit. Quomodo hic
ad regnum pervenerit, vid. Herod.
VIII. 37. Meminit et Thucyd. II. 21.
8. *Bong.*

Mortis] F. *morientis.* Fr.

§ 2 *Argaeo*] Eusebio 'Archeus' est:
Herod. VIII. 139. 'Αρχᾶος. *Bongars.*
Recte Justino dicitur 'Argeus.' Unde
in Nummis exstat ΑΡΓΕΙΟΥ ΒΑΣΙ-
ΛΕΩΣ. Vid. Jos. Scalig. ad Euseb.
p. 122. *Gron.*

§ 3 *Regnum in familia mansurum*]
Mss. multi habent *reg. familiae.* F.
scripsit Just. *reg. ei familiae mans.* h. e.
ipsam servaturam, habituram, reg-
num. *Schef.*

§ 4 *Hac superstitione*] Mss. multi habent *hanc superstitionem*, quod facit ut
putem in aliquibus fuisse *per* vel *ob
hanc superstitionem.* Videtur autem
ex hac ipsa variatione liquere, quod
sit neutrum Justini, verum glossatorum. Sane superstitionem appellare
hoc, Christiano magis convenit, quam
ethnico aut Justino, quam praesertim
paulo ante cum oraculo comparave-
rit. *Idem.*

In Alexandro stirpem] Praefero, quod
habent quidam scripti, *in Alexandri
stirpe.* Habuit enim, sed qui patri
succedere non potuit. *Schef.* Nihil
muta. Nam quamvis Alexander filius
filium habuerit, non tamen rex fuit
Macedoniae. Stirps itaque regia Macedonum familiae in Alexandro fuit
deleta. *Grav.*

§ 5 *Philippum, qui immatura morte
raptus*] Euseb. ait hunc Philippum 38.
regnasse annos: non igitur ' immatura morte raptus' videri potest. Porro ejus filium Herod. VIII. ' Aëropum'

vocat, non *Europum.* Hoc etiam lector perpendat, quam ἀκολούθως dicat
Auctor: cum Macedones ob assidua
cum Thracibus et Illyriis certamina
indurati essent, ut gloria bellicae
laudis finitimos terrerent; igitur Illyrii, qui infantiam regis pupilli con-
temnerent, movisse Macedonibus bellum. *Glarean.* Quomodo ' immatura
morte raptus,' cum annos 38. regnarit? *Voss.*

Europum] Herod. VIII. 139. 'Αέρωπον
vocat, ut Diod. XIV. 38. Et ita in
Euseb. legend. ex vestigiis veteris
scripturae, non *Europ.* Bongars. Junt.
Aëropum, ut Herod. et Diod. quibus
dicitur 'Αέρωπος. *Grav.* Bong. ex
Herod. et Diod. *Aëropum*; optime.
Faber. Editur vulgo *Europum.* Sed
Herod. VIII. 'Αέρωπον vocat. Et ed.
Junt. ut Grav. testatur, itid. *Aëropum*
habet. Quare non dubito genuinam
hanc nominis scriptionem esse: quam
et Panegyrico Nazarii reddenda sit,
ubi vulgo legitur: ' Illyrici quondam
despicientes Eropi regis infantiam
Macedones bello lacesserunt.' *Vor.*

Parvul. adm.] Saxo VIII. p. 154. 20.
' Jarmericus cum sororibus adm. par-
vulis:' XIV. p. 275. 15. ' Filia adm.
parvula:' p. 331. 57. ' Waldemarus
adm. parvulus.'

§ 6 *Quorum armis*] Ita Flor. verum
longe venustius, II. 3. 5. *Bern.*

§ 8 *Rege suo in cunis prolato*] Marcellin. XXVI. 26. *Bongars.* Paneg. Nazarii cap. 20. ' Illyrici quondam, despicientes Eropi [scrib. *Europi*] regis
infantiam, Macedones bello lacesserunt. Et prima quidem congressio
secundum illos fuit: verum Macedones, cum bellum reficerent, regem
suum in cunis ad aciem detulerunt.
Cum illos ira, hos miseratio, illos signorum cantus, hos pueri vagitus, ac-
cenderet, mutata est ratio certaminis:
vicerunt, qui amore pugnabant.' Eod.
exemplo Franci pro Clothario contra
Childebertum strenue pugnarunt, cum
viderent Clotharium adhuc in cunis,
et a matris Fredegundis uberibus

pendentem, agmen præcedere. Ai-
moin. de Gestis Francor. lib. III. cap.
81. Limnæi Notitia Franciæ I. 8. *Bern.*

§ 9 *Antea*] Omittit Saresb.

§ 10 *Ex superst. &c.*] Saresb. ' quod
ex sup. vel fide animum v. c.'

§ 11 *Simul de*] Id. ' Nam et miseratio infantis eos tenebat: quoniam,
si victi essent,' &c.

Captivum de rege facturi] Ita Flor.
II. 6. 50. ' Fecerant de servitute
Romanos.' *Freinsh.*

§ 13 *Huic Amyntas*] ' Alcetam' interponit Herod. VIII. 139. et Euseb.
in Chron. *Bongars.* Mira est auctorum dissensio super successione regum Macedonum. Vid. omnino Scaligeri Canon. Isagog. lib. III. *Bern.*

§ 14 *Tanta omnium virtutum natura
ornamenta data sunt*] Lego orn. a nat.
d. s. Hoc tamen scio legi ap. Cic.
Dial. de Orat. ' Natura datum,' sed
eum l. in vitio esse arbitror. Recte
enim, fateor, et Latine dixeris: ' Titius et Mævius natura boni sunt et
modesti;' sed non itid. dicere possis:
Hoc mihi datum natura est, sed, a
natura. *Fab.*

Vario ludicrorum genere] Puta cursu,
saltu, jactu disci, jaculatione, et luc-
tatione. Πένταθλον ' quinquertium' vocant. *Bern.*

CAP. III. § 1 *Turpi ab Scythia fuga
summotus*] Sic de eod. Dario et sup.
II. 3. 2. ' Darium turpi ab Scythia
summoverant fuga.' *Vorst.*

Megabazum] Herod. V. 17. est ' Megabyzus,' a quo hæc narratio petenda
est. *Bongars.* Junt. *Megabyzum* cum
Herod. *Græv.* Herod. est Μεγάβυξος.
Quare suspicor lect. veram Justini
esse *Megabuzum.* Nisi malis *Megabyzum* cum Junt. *Schef.*

§ 2 *In pignus*] Præp. ista videtur
abundare, quam ipse etiam Auctor
omisit, XI. 15. ' In quam rem, unicam
pignus fidei regiæ, dextram se ferendam Alexandro dare:' et Liv. XXXVI.
40. ' A quibus obsides abduxerit pacis
futuræ pignus.' Id. XLIII. 10. ' Ut
nec ex iis, qui venerant, quemquam

retineret, nec obsides, pignus futuros
furto et fraude agendæ rei, posce-
ret.' *Gron.*

§ 3 *Adhibitis in convivium suum filiis et uxoribus*] *Filiis* dixit pro, filiabus. Ennius: ' Filiis propter te ob-
jecta, sam innocens Nerei.' Legitur
et ' Diis,' pro, Deabus. Vid. Priscian.
VII. *Bongars.* Hic ego ut non nega-
verim ap. scriptores quoad. inveniri
' filiis' pro, filiabus, quemadmodum
' Diis' pro, Deabus; ita hic legend.
omnino existimo *adh. in conv. suis ac
filii ux.* quo pacto et disertim in duobus opt. meis Mss. legitur, et vero
legend. conjecit ex Ms. scriptura,
quæ referebat *suis hæc filii ux.* Bong.
Mod.

*Adhibitis in convivium suis ac filii
uxoribus*] Ita disertim in duobus opt.
suis Mss. legi scribit Mod. et vero
legend. conjecit in libello Var. Lect.
Bongarsius, qui tamen edidit *adh. in
conv. suum filiis et ux.* et *filiis* ait esse
pro, filiabus: sicut et ' Diis' pro;
Deabus, legitur. Priscian. VII. Sed
quod est in seq. n. 5. et 6. ' mulieres'
et ' matronali habitu' ad filias virgines aptari non potest. *Bernec.* Junt.
adh. in conv. suis ac filii ux. ac filiabus.
Græv.

Id apud Persas, &c.] Contrarium
Plut. adstruere videtur I. Sympos.
cap. 1. ' Persas' sc. ' non cum uxoribus, sed pellicibus, inire convivia
solere.' Noster ipse XLI. 3. 2. de
Partho-Persarum moribus: ' Feminis
non convivia tantum virorum, verum
etiam conspectum, interdicunt.' Ita
Vaste, ab Ahasuero ad cœnam proceribus Persicis instructam evocata,
venire detrectavit, Persicum morem
causata, quo mulieres virilibus conviviis arcebantur, unisque se conju-
gum oculis conspiciendas præbebant.
Joseph. Ant. Jud. XI. sub init. cap. 6.
Vid. Curt. V. 1. 67. *Bernec.* Libentius legerim *id enim apud Persas.* Fab.

§ 4 *Temperaturum jocos*] Hinc ap.
Sen. Vit. Beat. 14. ' Temperatores
voluptatis:' et Varr. ' Modimperator

convivii:' et Plaut. Stich. v. 4. 2.
'Omnibus modis temperare certum
est nostrum hodie convivium:' et
Martial. IV. 8. Temperat ambrosias
cum tua cura dapes.' *Gron.*

§ 5 *Cultius exornaturus, gratioresque
reducturus*] Angl. *c. exornatas g. rediturus.* Hic illud *exornatas* puto genuinum. Nec enim verisimile Alexandrum promisisse ipsum, se exornatu-
rum eas, quod vult lect. vulg. At in
voce *redituras* haereo, quanquam f.
melius ut credamus, promisisse eas
redituras, quam se reducturum. *Sch.*

§ 8 *Tum faedae gentis*] Angl. *t. sor-
didae g.* quae mea sententia lect. est
genuina, cum altera sit ex glossa.
Ubique Noster ita amat loqui: de
ipsis hisce Macedonibus VI. 9. 'Sordidum et obscurum antea Macedonum
nomen.' *Schef.*

§ 9 *Bubares*] Βουβάρης. Herod. filiam Amyntae vocat Γυγαίην v. et VIII.
Bong.

CAP. IV. § 1 *Successori Alexandro*]
Solin. cap. 9. tamen Perdiccae successisse vult hunc Alexandrum: cujus
errorem convincit in absolutissimis
ad illum Auctorem Exercitationibus
cl. Salmasius 156. A. 2. *Bern.*

§ 3 *Per ordinem*] Eum ordinem vid.
ap. Euseb. Legendus ad h. l. Solinus
cap. 9. et inprimis Diod. XIV. et XV.
quorum varietatem explicare non est
huj. l. *Bong.*

Menelai] Euseb. 'Archelai.' *Bernec.* Μενέλαος ὁ Φιλίππου πάντος, Ælian.
XII. V. H. 43. *Gron.*

§ 5 *Tres filios*] Duorum, Perdiccae
et Philippi, meminit Probus Iphi-
crate: legendus Georg. Gemistus.
Bong.

Alexandri Magni Macedonis] Dele
istud *Macedonis;* putidum enim est,
puerile, et ex oscitantia ac dormita-
tione scriptoris librarii natum. *Fab.*

Eurynomen] Junt. *Eurynoem:* leg.
Eurynoen. Mox in ead. ed. pro *Cygnæa*
legitur *Gygæa,* ut scribend. censuit
Is. Voss. et pro *Archidæum,* uti et
Euseb. ac Oros. *Aridæum.* Confirmat

editio Vind. nisi quod scribat *Aridæum.*
Græv.

Cygnæa] Præclare Is. Voss. *Gygæa.*
In quibusd. impressis, quod non longe
a vero est, legitur *Cygæa.* Paulo
ante leg. ut in ed. Junt. *Eurynoen,*
Græv. monente, nisi f. legend. *Eurynomen,* quod ego verissimum puto;
nam hoc nomen in puellis Græcis
frequens est. *Fab.*

Cygnæa] Scrib. *Gygæa.* Voss. Ipsumque illud in vetere ed. Junt. reperit deinde Græv. Sed et Bong.
observarat, codd. quosd. typis expressos *Cygæa* habere. Herod. VIII. et
'.Gygæam,' Amyntæ filiam, quæ Bu-
bari Persæ nupserit, commemorat,
Vors.

Archidæum] 'Aridæum' legunt Euseb. et Oros. *Bernec.* Græcum non
est; legend. itaque vel *Aridæum* (nomen est Macedonicum) vel *Aridæum;*
sed ego suspicor Macedonas dixisse
Arridæum, et verum est. *Faber.* Euseb.
Oros. Junt. probante Græv. *Aridæum.*
Puto in aliis fuisse *Arrhidæum:* sed r
unum, adspectum pro c, peperisse
Archidæum. Schef.

§ 7 *Insidiis, &c.*] Saxo XIV. p. 259.
42. 'Invictum foro insidiis occupant.'

Pellicatum] Hanc vocem usurpavit
Saxo IV. p. 58. 20. 'Indiguum tamen
alebat maritali gratiæ pellicatus odium
anteferri.' Vetus Interp. Levitici
XVIII. 18. 'Sororem uxoris tuæ in
pellicatum non accipies.' Adhelm.
de Laud. Virg. 63. 'Perfidi pellicatus stupro deceptus.'

CAP. v. § 3 *Prima pueritiæ rudimenta deposuit*] Sic inf. IX. 1. 8. 'Ut
sub militia patris tirocinii rudimenta
deponeret.' Et XII. 4. 6. 'Si non
solum tirocinia, verum et incunabula,
in ipsis castris posuissent.' Est autem 'ponere' et 'deponere rudimenta' et 'tirocinia' nihil aliud quam,
exnere et finire, ut deinde ad majora
adspirare possis. Deinde 'prima rudimenta' dictum, ut paulo ante 'prima initia;' per pleonasmum quendam.
Vorst.

In demo Epaminondae] Diod. XVI. 2. Thebani, inquit, τῷ Ἐπαμινώνδου περὶ παρέδωτο τὸν νεανίσκον. A quo dissentit Plut. in Pelopida cap. 47. Vid. præter hos Gemistum. *Bong.*

§ 4 *Insidiis Eurydices*] Interfectus a Ptolemæo Alorite, qui post eum regnavit annos 3. Diodorus XV. 77. mendose habet ἔτη τριάκοντα, legend. enim ἔτη τρία. Eum deinde interemit Perdicca: cui, cum adversus Illyrios cecidisset, successit Philippus, cum adhuc Thebis esset, ut Diodorus. Just. enim, quem sequitur Oros. III. 12. triennium tantum obsidem fuisse scribit. Accurate hæc Gemistus. *Ben.*

§ 7 *Scelerum*] Sebis. emendavit, *a scelerum*. Bene quidem; sed nihil necesse fuit mutare quidquam. Qui enim dicunt 'liberari supplicio' et 'liberari a supplicio,' tam bene illi, quam illi, loquuntur. *Faber.* Probe Sebisii conjecturam, quoniam et alias sic Scriptor noster solet. *Scheff.* Angl. *a scelerum*. Rectius. Atque sic conjiciebat quondam Sebis. *Id.*

§ 9 *Non regem, sed tutorem, pupilli egit*] Impressus quidam habet *non se regem*. Suspicor Just. scripsisse *non regem se, sed*, idque *se* per similitudinem litterarum subseqq. tanquam supervacuum, deletum. *Scheff.* Male. 'Regem,' 'patrem,' 'principem agere,' frequentissima sunt Tac. Suet. Just. aliisque. *Grœv.*

CAP. VI. § 1 *Ut est ingressus imperium*] *Ingredi* pro, incipere, frequenter Cic. fuit in usu, ut Orat. pro Cœcin. 28. 'Cum istam disputationem mecum ingressus esset:' et Topic. I. 'Majores nos res scribere ingressos:' et Suet. Octav. 92. 'Ingrediente se longinquam peregrinationem:' quam tamen Auctor B. Afr. 22. addita præp. dixerit 'ingredi in rempublicam.' *Grœv.*

§ 2 *Cui spei, &c.*] Saxo V. p. 93. 48. 'Quem solum ex tanto sociorum agmine fortuna residuum fecit.'

§ 3 & 4] Planus intellectu locus, quem in vulg. edd. interstinctio prava,

et *bellaque* pro *bella quæ* positam, obscuravit. *Bern.*

Regni] Mss. *rerum*. Ergo alterutrum est glossatoris, non Justini. Magis autem inclino eo, ut lect. veram putem *rerum*. *Schef.*

Inopia continui belli] F. legend. *continuis bellis exhausti regni, immaturam ætatem tyronis urgerent, et bella quæ, &c.* *Bong.*

§ 4 *Dispensanda*] Sup. Not. ad VI. 1. 2. *Berner.* Ut non omnia bella uno impetu ac momento, sed per partes ac vices, gereret. Proprie enim hoc verbum usurpatur de patrefamilias, qui, ut sibi constaret ratio accepti et expensi, sumtus dispensare solet, nec omnia uno tempore simul et semel effundit. Liv. XXVII. 5. 'Dispensarique lætitia inter impotentes ejus animos potuit:' et Ov. VI. M. 279. 'Ordine nullo Oscula dispensat natis:' et Stat. VI. Th. 766. 'Doctior hic differt animum, metuensque futuri Cunctatus vires dispensat.' Sen. Ep. 88. 'Temperantia voluptatibus imperat; alias edit atque abigit, alias dispensat.' Id. VI. Benef. 16. 'Tum ingenium latens et pigrum, injecta (ut ita dicam) manu, extraxit: nec, quæ sciebat, maligne dispensavit:' et III. N. Q. 27. 'Ad originem rerum parce utitur viribus, dispensatque se incrementis fallentibus.' *Grœv.* 'Dispensare' pro, partiri, distribuere: ut bella alia gerenda suscipias, alia quocunque modo declines. Quæ verbi significatio et præcipua est. *Vors.*

§ 5 *Alia, &c.*] Saxo VI. p. 104. 14. 'Nuper se ejus societati, interp. p. subduxerat:' X. p. 187. 45. 'Ter regem a piratis captivum, interp. munerum p. receperat.'

Contemtum sibi, &c.] Malim *cont. sui hostibus dem.* Bongars. Ad quem modum Liv. XXV. 37. 'Ultro inferendo arma contemtam sui demturum.' *Vor. & Bern.*

§ 6 *Cum Atheniensibus certamen*] Diod. XVI. 2. Regem Macedoniæ Argæum facere volebant Athenienses, misso Mantia duce cum exercitu. De victis Illyriis vid. eund. sub anno secundo Philippi. *Bong.*

§ 7 *Multa millia*] Ultra 7 M. Diod. XVI. 4. *Bern.*

Urbem nobilissimam Larissam capit. Hinc Thessaliam] Just. ita Larissam Illyriis subjungit, quasi Larissa Illyriorum, non Thessalorum, urbs fuerit; rursus Thessaliam Larissæ subnectens, quasi Larissa non sit Thessalorum urbs: sed duo hi errores eod. fonte manant, quod pro *Lyceo* legerunt *Larissa*. Est autem Lyceus prima Dalmatiæ urbe post Dyrrhachium ad Mare Adriaticum, cujus ap. magnos auctores frequens est mentio. *Glar.*

Larissam] Vatt. *Larissam.* 'Larissas' plures recensent IX. et XXII. Strabo et Steph. de Urb. nullam, quæ huic l. conveniat, nisi legas *Larissam in Thessalia:* et ea lect. una Ms. confirmatur: habet is *Larissam hinc in Thessaliam.* Ceteri *Larissam capit, hic in Thessaliam.* Glareanus *Lissum* legit, quæ est urbs Illyriæ. Ptolem. Steph. Thessaliam aggressus est Philippus, cent. tyrannos vocatus. Diod. XVI. 14. *Bongers.* Junt. at pridem conjecit Bong. *Larissam in Thessalia non præda cupiditate.* Quæ lect. non est sollicitanda. Nam, Larissa capite Thessaliæ subjugata, ceteri cogebantur nolentes volentes jugum servitutis subire, et equites, quos imperabat Philippus, præstare. Paullo post iid. Juntæ, itid. ut conjiciebat Bong. *tutore virginis Arrymba.* *Græv.* Scio quid ad hæc docti dixerint, et in primis Bong. V. cl. sed hoc mihi persuasisse. est, Glareanum, hominem Helvetium, cujus ego libros Musicos et Animadvv. in Livium pene puer legi, virum acutissimum fuisse. Ille non *Larissam* legit, sed *Lissum.* Opt. si quid in his sapio. Erat enim *Lissus* inter primarias Illyriæ urbes, ad mare se. Scio et hoc, multa quoque contra posse afferri. Sed uno verbo, dico iterum, Glareanus homo bonæ mentis fuit; et legend. *Lissum;* cetera plana sunt. Bong. mihi non satisfacit, h. in l. sc. nam alibi vir mihi magnus et præstantiss. videtur. 'Hinc' autem, i. e. postquam Lissum ad Mare Adriaticum cepit, in Thessaliam se confert, &c. Si de Larissa vellem aliquid, hoc dicerem, Larissam Thessaliæ nobilissimam urbem fuisse, vel hoc nomine tantum, quod Achilles dicitur Larissæus, vel quod Larissa a Livio caput Thessaliæ fuisse dicatur. Sed hæc nil ad Lissum Glareani, qui meo judicio valde sapiebat. *Faber.* Unus Cod. Ms. quem Bong. vidit, *Larissam hinc in Thessaliam.* Unde ille legend. censet *Larissam in Thessalia.* Atque ita manifeste ed. Junt. habere testatur Gravius. *Vorst.* Lect. vitiosa; nulla enim Larissa in Illyrico, nec videtur emendatio Bongarsii juvare, legentis, *urbem nobilissimam Larissam in Thessalia, &c.* An enim verisimile, Philippum ex una illa urbe tantum exspectasse equitatum? Quare plus propendeo in sententiam Glareani, qui existimat corruptum esse nomen urbis non Thessaliæ, sed Illyrici. Et quid, si Just. scripsit, *urbem nobilissimam Illyrici, Issam capit?* Potest vitium esse ortum, quod pro *Illyrici* vetusta ratione scriptum esset litteris minusculis et per compendium *ialiri.* Sic enim primæ duæ litteræ in abeuntæ per præc. m totidem lineolis constans. Ceteræ connexæ vocabulo seq. unde factum *lirIssam,* ex quo peritior geographiæ sc. fecit *Larissam.* De Issa, Illyrici urbe, videndus est Plin. II. 21. et Steph. de Urb. in ea voce. *Schef.*

§ 8 *Hinc Thessaliam*] Mss. habent, *Hinc in Th.* quæ lect. videtur proba, sed repudiata ab illis, qui non observabant ex superioribus hic quoque verba 'bello translato' esse intelligenda. Liquet autem simul, emendationem Bongarsii recte a nobis in præcedentibus rejectam esse. *Schef.*

Robur, &c.] Sen. Phœn. 627. 'Licet omne tecum Græciæ robur trahas.' Saxo I. p. 12. f. 'Orientalium robore debellato :' ıv. p. 60. 30. 'Omne virtutis Sneticæ robur :' xɪv. p. 280. f. 'In eam classem Danicum penitus coisse robur.'

Metuentem improvisus] Legend. distinguendumque : *metuentem. Eam improvisus expugnat, unumque, &c.* Pronomen abstulere litteræ similes ante et post ipsam. *Schef.*

§ 9 *Exercitus facit*] Sic Angl. quod præfero, quia præcedit ' expugnat.' *Id.*

§ 10 *Quibus, &c.*] Saxo xɪv. p. 252. 16. ' Rebus in Scania parum f. p.'

Olympiada Neoptolemi regis Molossorum] 'Olympias' etiam lib. xvɪɪ. sub finem Neoptolemi filia dicitur. Ceterum eod. in l. Arymba Neoptolemi pater nominatur, ac proinde avus Olympiados ac Alexandri Epirensis. Atqui h. l. Olympiados patruelis frater vocatur. Rursus sub finem lib. vɪɪɪ. Alexander Epirensis Arymbæ privignus proditur : duos igitur Arymbas intelligere oportet, avum Olympiados, ut lib. xvɪɪ. alterum sororis Olympiados, nempe Troados, maritum, Nec tamen satis claret, quomodo Alexander Epirensis fuerit Arymbæ privignus, ut lib. vɪɪɪ. sub finem habetur. Sed lector tres hosce locos secum etiam atque etiam comparet. *Glar.*

Neoptolemi] ' Eeruchæ ' habet Oros. ɪɪɪ. 12. *Bern.*

§ 11 *Altore*] Vett. *auctore*, f. *tutore.* De h. l. dicam xvɪɪ. 3. 9. *Bongars.* Angl. *tutore virginis.* Alterum horum est ex glossa. Puto tamen in vulgato nihil mutand. ut quod docet, non modo tutelam ejus habuisse, quod glossator innebat, sed et educasse ipsam domi suæ. *Schef.*

Arruba, rege Molossorum] Hunc vɪɪɪ. 6. 4. ' Arrybam regem Epiri ' vocat Auctor : quomodo ' Suila ' et ' Sylla,' ' Purrhus ' et ' Pyrrhus,' indifferenter dixerunt. *Bernec.* Græcis promiscue appellatur Ἀρύββας et Ἀρύμβας. Sæpe enim inseritur τὸ μ, ut, ' Sybaris' 'Symbaris,' Thynias' 'Thymnias,'

' Senones ' ' Semnones,' et 600. alia. Ap. Frontin. male vocatur *Harridas*, pro *Arubas*, aliquoties ɪɪ. 5. *Voss.* Inf. ' regem Epiri ' vocat : quod et rectius videtur. Nam qui ei successit Alexander, Olympiadis frater, itid. rex Epiri fuit. Scribitur autem *Arruba* pro, Arryba; ut inf. vocatur : quomodo ' Suila ' pro, Sylla. *Bech.* tamen et hic *Arryba* habet. *Vorst.* Vorst. putat rectius *rege Epiri*, ut inf. Sed hoc nimis abit, nec necesse est, cum Molossi pars sint Epiri. *Schef.*

Troadam in matrimonium habebat] *Troadem* potest ferri, sed tamen *Troada* prætulerim inflexione Græca sc. Ita alibi ' Olympiada ' pro, Olympiadem. Sed tamen, cum in memoriam redeo, nunquam memini me legere *Olympiadam*; legi tamen ' Crotonam ;' sed mihi dubium est. *Faber.* Ab accusativo Græco Τρωάδα fit ejusd. terminationis nominativus : unde deinceps accusativus *Troadam* formatur. *In matrimonium habebat* non quidem sine exemplo; sed testatur tamen Bong. codd. suos Mss. habere *in matrimonio.* Vorst. Opt. Faber *Troada*, et paullo post *acquisiturum se sperat* legend. esse contendit, applaudente Junt. *Græv.*

Quæ causa illi exitii malorumque omnium fuit] Manu exaratorum codd. alii, ut quidam profitentur, habent *Illi exitium malorumque omn. causa f;* alii *Illi malorum omn. exitium f.* quibus vitiosis quamvis scripturis confirmor magis, ut probem lectionem duorum Fuld. libr. membran. in quibus absque ulla litura est *quæ causa illi exitii malorumque omn. initium f.* Mod. Ea lect. non longe discedit a vestigiis aliorum Mss. quos variantium libellus exhibet. Bongarsii et aliorum edd. omn. f. Bernec. *Initium* adjecit Bernec. quod duos Codd. Fuld. ita habere testatus esset Modius. Antiquiores edd. et ipsa quoque Bongarsii vocem non habent. *Ver.*

§ 12 *Acquisiturum sperat*] Lego *acq. se sp.* Et ita in quibusd. impressis scriptum. Istud *se* omissum est ob initium vocis seq. 'sperat.' *Faber.* Antiquiores edd. *acq. se sp.* Ceterum pronomen reciprocum omitti, ac subaudiend. relinqui, nihil novi. *Vor.*

§ 14 *Methonam*] Vett. *Methanam.* 'Methana' Straboni VIII. Aliter est *Μεθώνη.* Praeter Diod. sub anno VIII. vid. et Solin. cap. 14. et Plin. VII. 37. 'Sagittam autem jecerat Aster oppidanus inscriptam suo nomine, locoque vulneris, et nomine [i. e. nomine Philippi] quem petebat:' ut est ap. Solin. *Bongars.* In Prologo lib. VII. Historiae Trogi 'Mothone' est, atque ita Latinos huj. urbis nomen scripsisse, plane sibi constare dicit Salmas. ad Solin. 153. A. 2. Quomodo quae Graecis Κέρκυρα et Βερενίκη Latinis

'Corcyra' et 'Beronice' dicitur. *Bern.*

Sagitta jacta] Ab Astere Olynthio, teste Plut. Parall. min. c. 8. et Solin. c. 8. Hunc vs. inscriptum habuit sagitta: 'Αστὴρ Φιλίππῳ θανάσιμον πέμπει βέλος. *Aster letale Philippo mittit spiculum.* Plut. in Alexandro cap. 3. tradit, ab oraculo Delphico Philippo nuntiatum, ideo ipsum amisisse oculum alterum, quod, eum rimae ostii admovens, Jovem Ammonem conspexisset serpentis figura cum Olympiade uxore sua concubantem. Commemorabilis hic adulatio Clisophi, qui in Philippi gratiam, altero privati oculo, ipse etiam alterum de suis oculum deligare voluit. *Aelian. IX.* H. Animal. 7. Athenaeus VI. 12. *Id.*

LIBER VIII.

LIB. VIII. Justini omnium optimus et castigatiss. *Fr.*

CAP. I. § 2 *In mutuum, &c.*] Saxo XIV. p. 310. 49. 'In exitium suum ruentes.'

Omnibus perire quod] Ita Vett. omnes et Oros. nullo sensu, ut mihi quidem videtur. P. Pithœus sagaci corde. et ingenio unico conjecit legend. *omn. pervia*, proxime ad antiquam scripturam: nam, quod vulgo legitur, *ab omn. victa perire*, nugae. De hac civili Graecorum discordia Callisthenes ap. Plut. in Alexand. cap. 95. 'Ἐν δὲ διχοστασίῃ καὶ ὁ πάγκακος ἔλλαχε τιμῆς· *At per dissidium vel pessimus est in honore:* cum diceret, illam Philippo magnitudinis et potentiae occasionem et causam exstitisse. *Bong.*

Omnibus perire quod] Prava distinctio, et *quid* pro *quod* positum, fecit, ut hunc l. (planum utique, modo syntaxin attendas) infelici curiositate viri magni tentarent. Nam quod

pridem Grut. Suspicion. II. 12. monuit, hoc dicit Auctor, Graeciae civitates non ante persensisse omnes amittere quod singulis peribat, quam cum jam oppressae essent. Id. de Britannis Tac. affirmat Agr. c. 12. 'In commune non consulunt: rarus duabus tribusve civitatibus ad propulsandum commune periculum conventus. Ita, dum singuli pugnant, universi vincuntur.' Hinc monitum Hermocratis ad Siculos suos ap. Thucyd. IV. 12. 31. 'Alienigenas arma nobis intentantes universi, si sanae mentis sumus, communi consensu propulsabimus. Quippe, dum singuli cladibus afficiuntur, universi in periculo sumus.' Add. Nostr. XV. 2. 15. Acumen Senecae in re dissimili simillimum Ep. 90. 11. 8. 'Societatem avaritia distraxit, et paupertatis causa etiam his, quos fecit locupletissimos, fuit. Desierunt enim omnia possidere, dum volunt propria.' Et n. 81. 'Avaritia, dum seducere aliquid cupit, atque in suum vertere, omnia fecit aliena: et, multa concupiscendo, omnia amisit.' *Bern.*

§ 3 *E specula quadam*] I. e. e loco alto, ut totum agrum detegere oculis posset, unde occasiones peterent. Quomodo hæc loquutio etiam aliis placuit, ut Cic. IX. ad Att. 10. 'In speculis esse.' Id. pro Deiot. c. 8. 'Reliqua pars accusationis duplex fuit: una, regem semper in speculis fuisse, cum a te animo esset alieno.' Liv. XXXIV. 26. 'Diem deinde usum in speculis fuit.' Quintil. Decl. CCLXXXI. 'In aliqua vos positos specula putate: illa quæ facta sunt videte.' Claud. B. Get. 570. 'Gentes pendere paratas In speculis.' *Gron.*

Auxilium inferioribus ferendo] Ita sup. v. 2. 12. et Philippus III. ap. Liv. XXXIX. 23. 11. *Bern.*

§ 4 *Thebani*] Hoc est initium belli Sacri seu Phocici, quod in annum 9. duravit. Diod. XVI. 21. sub anno 6. Philippi: decennium durasse scribit Paus. in Bœoticis et Phocicis. Vid. et Gemist. *Bongars.* Initium ejus incidit in Olymp. 105. annum quartum. *Bern.*

Secundam fortunam, &c.] Thucyd. III. 6. 25. 'Prope facilius esse dixerim propulsare adversa, quam tutari secunda.' Tac. H. I. 15. 7. 'Secundæ res acrioribus stimulis animum explorant; quia miseriæ tolerantur, felicitate corrumpimur.' Ov. II. de Arte 433. 'Non facile est æqua commoda mente pati.' Add. Sall. Cat. 10. 2. Sen. Ep. 51. 8. Probus pr. Timol. 'Id quod difficilius putatur, multo sapientius tulit secundam quam adversam fortunam.' Id. de Conone sub fin. 'Accidit huic quod ceteris mortalibus, ut inconsiderantior in secunda quam in adversa esset fortuna.' *Idem.* Liv. IX. 'Loquimur de Alexandro nondum merso secundis rebus, quarum nemo intolerantior fuit.' Vocantur tales et *impotentes.* Cic. in Epp. 'Victoria, quæ, etiamsi ad me-

liores venit, tamen eos ferociores impotentioresque facit.' *Vor.*

Græcia concilium] Amphictyonum. Diod. XVI. 60. 61. Paus. Phocicis. Ælian. XII. V. H. *Bong.*

§ 5 *Arcem Thebanam*] Lib. VI. hic Auctor 'Arcadum' castellum vocavit. Hic ejus rei oblitus 'Thebanam' vocat 'arcem.' *Glar.*

§ 6 *Post arma*] Pro, postquam arma jam sunt sumta. Sic sup. I. 6. 12. 'Post necessitatem pugnandi.' Vid. et Notas. Cic. IV. Fam. 4. 'Sic fac existimes, post has miserias, id est, postquam armis disceptari cœptum est de jure publico, nihil esse actum aliud cum dignitate.' Ubi 'post has miserias' concise dictum pro, postquam in has miserias incidimus: idque verbis deinde pluribus exponitur sic: 'postquam armis disceptari cœptum est de jure publico.' *Vor.*

Legibus] C. Marii dictum, 'se præ armorum strepitu leges exaudire non posse.' Plut. Apoph. Rom. c. 29. Et Cæsaris: 'Non idem armorum ac legum esse tempus.' Id. in Cæs. c. 52. *Bern.*

§ 8 *Philomelo quodam duce*] Ap. Polyæn. v. male appellatur Φιλόμηλος pro Φιλόμηλος. *Voss.* Philomelus iste Theotimi fil. vir sine dubio fortiss. ac patriæ amantiss. nemine inter suos Phocenses dignitate inferior, ut ait, sed Græce, Paus. Quæ res facit ut eo magis mirer istud 'quodam,' quasi de opinione aliquo aut capsario ageretur. *Fab.*

§ 12 *Thebanos, &c.*] Saxo VI. p. 99. 26. 'Cum se gemina strage, omnibus propemodum copiis exutum viderat.'

§ 13 *Dimicans cecidit*] Diod. XVI. 31. et Paus. Phocicis, præcipitem se e rupe dedisse referunt, anno Philippi septimo. *Bong.*

§ 14 *Onomarchus*] Ita Græci. In Vett. est Œnomenus, aut Œnomaus, ut in Orosio Ms. *Idem.* Sichardus Œnomanus ad oram libri notavit. *Bernec.* Junt. Œnomaus cum Orosio

Ms. et aliis edd. vetustioribus. Sed rectius recentiores. *Grav.* H. l. pro *Onomarchus* Junt. ed. habet *Œnomaus*, cum Oros. et cum editoribus Justini. Sed et Oros. et Junt. errant. Nam a Paus. planissime dicitur 'Onomarchus,' idque duobus locis, p. 818. in Phocicis. Œnomaus autem, quem isti in animo habebant, bello Servili Romano cum Chryso et Spartaco inclaruit. *Fab.*

CAP. II. § 1 *Thessalique*] Non video, quid hic 'Thessali' faciant, qui jam ante victi erant a Philippo. Nec eorum ulla vel in præcedd. vel in seqq. fit mentio. An huc tractam ex sequenti cap. 4. Sed et ibi legunt 'Thebani.' *Schef.*

Non ex civibus suis, ne victoris potentiam ferre non possent] 'Non ex civibus suis,' subaudi, aliquem. Et 'victoris' est pro, si is victor fuisset. Sic Liv. IX. 18. 'Etiam victis Macedonibus graves, nedum victoribus,' i. e. etiamsi victi fuissent. Et v. 'Itaque, ne penes ipsos culpa esset cladis forte Gallico bello acceptæ, cognitionem de postulatis Gallorum ad populum rejiciunt,' i. e. si clades acciperetur, vel si accepta fuisset, Vid. et Gronov. ad Liv. IX. 18. *Ver.*

§ 2 *Externæ dominationi*] In discordia civili, 'pars, quæ domestico certamine inferior est, externe potius se applicat, quam civi cedit:' Liv. XXXIV. 49. 11. *Bern.*

Timuerunt] Leg. *timuerant.* Fab.

§ 4 *Insignibus Def*] Quia laurus Apollini sacra. Plin. XII. 1. pr. Ov. M. I. Fab. 14. &c. *Bern.*

§ 6 *Ultorem religionum*] De magno quodam principe, qui colore religionis, quam omnibus actionibus suis semper prætexebat, ad ambitionem et inexplebilem propagandi imperii cupiditatem, mira et huic Philippicæ simillima calliditate fuit abusus, omnino videndi Thuanus I. Guicciardin. XII. Machiavelli Princeps cap. 21. *Id.*

Solum, qui piacula, &c.] Angl. sic

distinguit et legit: *extitisse. Dignum itaque, qui Diis proximus haberetur, per quem.* Quam lect. puto veriss. cunctisque præferendam. *Schef.* Certiss. est lect. et interpunctio libri Angl. quam merito probarunt Oxonn. et ei. Schef. cujus obitus rei litterariæ plagam ingentem inflixit. Quis enim in vulgatis intelligit, qui Latinam Linguam intelligit, *dignum extitisse, qui piacula exigeret?* Quid enim est: Ille dignus existit, qui scelera puniat? cum *dignus* nihil hic loci est. Sed si interpungas cum Angl. codice, nihil superest quod quenquam possit morari. Hoc enim dicit Just. Philippum solum extitisse, qui exigeret piacula, quæ orbis viribus debebant expiari; s. ad quæ vindicanda totus orbis debebat conspirare, ea solum Philippum puniisse. Nondum tamen perpurgatum hunc l. esse puto. Scribend. videtur *solum qui piaculum exigeret.* Id ostendunt verba præcedd. 'quod orbis viribus expiari debuit.' Nam si *piacula* scripsisset Justinus, scribend. etiam fuisset *quæ orbis viribus expiari debuerunt.* 'Piaculum' autem est, piaculare scelus, sacrilegium sc. illud. Si quis se vulgatam existimet posse tueri, ellipsi vocis, criminis, sceleris, facti, aut si quod aliud huic l. appositum intelligi queat, is, si rationem et consuetudinem emendate loquentium in consilium adhibuerit, facile suam damnabit sententiam. Fac scripsisse non neminem : Ille vindex est religionis, ille majestatis divinæ et sacrilegorum ultor, ille, quod orbis viribus expiari debuit, solus impietatem punit. Qui Latine sciunt, dicent illico scribendum. fuisse: 'quæ orbis viribus expiari debuit.' Non alia est ratio huj. l. in Just. Aut scribend. *piaculum*, aut *quæ orbis viribus expiari debuerunt.* Grav. Saxo XII. init. 'Parricidii justa exegit piacula.'

§ 8 *Angustias Thermopylarum*] Ad quas occupandas Philippus contendebat. Diod. *Bong.*

Sicuti antea] Sup. ii. 11. 2. Diod. xi. 4. *Bern.*

§ 10 *Cujus turpe erat alios vindices fuisse*] Quia quondam Athenienses ad se potissimum putabant pertinere, ut vindicarent scelera commissa in Deos. Videtur antem scripsisse Just. *cujus turpe erat alias, alios vindices fuisse.* Schef.

§ 11 *Illo Deo*] Apolline, cujus oraculum consuluerunt; sup. ii. 12. 13. *Ber.*

Quod illo, &c.] Vid. Spanh. ad Callim. in Apoll. 55.

Tot bella victores inierant] Hoc non capio; quomodo enim victores inire possunt bella? ' Inire bella' est, ordiri, incipere. At nemo victor intelligitur, cum bellum incipit. Lego igitur *finierant*, sensu optimo. ' Finire bella' Noster alibi quoque usurpat. *Schef.* Non est interpolanda librorum omn. scriptura. Sententia est liquida : Illo nimirum Deo duce sæpe se bella suscepisse, in quibus fuissent victores. Si enim Deus auctor fuit belli, quis de victoria dubitet? *Græv.*

CAP. III. § 1 *Sed nec Philippus melioris fidei*] Philippi scelera egregie suis coloribus depingit Demosth. Olynth. ii. *Bern.*

§ 2 *Civitates*] Vid. sup. iv. 3. 5. Notam. *Id.*

§ 3 *Conjuges liberosque omnium sub corona vendidit*] I. e. coronatos vendidit. Solebant enim, qui bello capti essent, coronati venire. Vid. et Gell. vii. 4. Eand. phrasin vid. et inf. xi. 4. 7. et xxxiv. 2. 6. *Vor.*

§ 4 *Hospitaliter*] Tanquam hospes et amicus; qua notione hoc adverbium valde amatum fuit Livio, ut vi. 26. ' Moti extemplo patres, vocari eos jam tum hospitaliter magis quam hostiliter jussere :' et xxii. 30. ' A notis ignotisque benigne atque hospitaliter invitati.' Item 54. ' Cetera publice ac privatim hospitaliter facta.' *Gron.*

§ 6 *In Cappadociam*] Nomen *Cappadocia* h. l. suspectum mihi est. Nimis

enim distat ea natio a Macedonia. Sed vid. num *Eubœa* pro eo legend. Et quamvis, quod subjungit, ' occisis finitimis regibus,' aliquem commoveat : tamen, cum recordor Alexandrum, cum exercitum in Asiam duceret, jaculum velut in hostilem terram jecisse, ut postea xi. ostendit Auctor, et Cappadocia longe ultra sita sit, non videtur mihi verisimile Cappadociam a Philippo hoc saltem tempore petitam. Certe Diod. anno Philippi xii. sub finem scribit Chalcidensium urbes bello a Philippo petitas ac vi occupatas. Est antem Chalcis in Eubœa velut caput. Tempus in Diodoro nobiscum est, nec minus et antea et postea facta. *Glarean.*

In Cappadociam] Hellesponti urbes Micybernam et Toronem Philippum anno xiii. occupasse refert Diod. xvi. 54. Putavi aliquando legend. *Chalcidem*, ex eod. Diod. xvi. 53. *Bongars.* Omnino ex Diod. leg. *Chalcidicam*, nempe Thraciæ partem, ubi olim floruit Diomedes. *Cappadocia* enim in Asia Minore sita est, quo nunquam penetravit Philippus. *Gronov.* Junt. *Thraciam.* Mox iid. *locare muros per civitates.* Græv. Hoc falsum est, et vidit Bongarsius : unde enim tam facile in Cappadociam Philippus, quæ fere in ultima parte maris Pontici posita est ? Quare legit ipse *Chalcidem*, quæ Thraciæ portiuncula est ad mare Ægæum ; at ego propius ad vestigia corruptæ lect. *Chalcidicam* lego ; ita enim et illa regiuncula dicitur, quæ Macedoniæ confinis est. *Faber.* Junt. ed. uti Græv. testatur, *in Thraciam.* Quod rescriberem, nisi de regibus Thraciæ oppressis in fine demum huj. cap. actum viderem. Vellem et *in Chersonesum*, nisi de Chersonensium multis urbibus expugnatis initio demum seq. libri mentio fieret. Bong. legend. putat *in Chalcidem :* quoniam Diod. xvi. 53. scribit, Philippum urbes Chalcidicas subegisse. Et juvat con-

jecturam hanc, quod in vetere quoque
Prol. lib. viii. Trogi mentio fit belli
quod Philippus cum Chalcidoniis seu
Chalcidicis urbibus, et inter ceteras
Olyntho, gesserit. *Vorst.* Vocabulum corruptum, pro quo *Thraciam* et
Chersonesum alii substituunt, sed recte
a cl. Vorst. refelluntur. Quanquam
nec placere possit *Chalcis*, quam ipse
cum Bong. substituit, cum, quæ de
Olyntho pro firmamento huj⁹ lect.
adducit, ap. Nostr. prodantur demum
in seqq. Locus hic est emendatu admodum difficilis, quia nec historiæ,
nec libri vett. nos multum juvant,
quantum hactenus cognovimus. *Schef.*

§ 7 *Iuvidiæ famam*] Aut *perfidiæ famam* aut *invidiam famæ* scribend. judicio Freinshemii. Sic ' invidiam
obtrectationis' dixit Auctor Præf.
n. 6. *Bernec.* Freinshemio assentior
legend. esse *invidiam famæ:* quomodo
in Præf. 'iuvidiam obtrectationis'
vocat. *Vorst.* Suspectum habent hunc
l. sed f. sine causa, cum *fama invidiæ*
possit explicari, fama de invidia, qua
nempe dicebatur flagrare ap. civitates
omnes. *Schef.* Merito præstantius.
Schef. nihil censet invitiis libris novand. esse. *Ad abolendam invidiæ
famam* est, ad famam odiosarum rerum, quas commiserat: ut in xii. 6.
' Reputabat deinde, quantum in exercitu suo, quantum apud devictas
gentes fabularum atque invidiæ, quantum apud ceteros amicos metum et
odium sui fecerit:' ' quantum fabularum atque invidiæ' est, quantum
odiosorum sermonum. *Græv.*

§ 8 *Et fana et templa*] Angli *et fora
et t.* Lectio, mea sententia, verisa.
Nam ' fana' et ' templa' non sic differunt, ut tanquam in diversis illud
' et' debuerit repeti. Aliter se res
habet cum ' foris.' Et fuit horum
cura magna ap. Vett. Suet. Jul. 36.
' Forum de manubiis inchoavisti.'
Item Aug. 29. 'Publica opera plurima exstruxit: forum cum æde Martis
Ultoris.' *Schef.*

Susceptores] Qui et ' redemptores ;'
et in L. Un. Cod. de Monop. ' ergo-
labi' dicuntur. ' Magistri Comacini'
esse videntur in legg. Longobardicis.
Vid. Plin. xxxvi. 15. 23. *Berneccer.*
Ov. xi. M. 200. ' Susceptaque magna
labore Crescere difficili.' Vid. Henr.
Vales. ad Amm. Marcell. xvii. 11.
Gronov.

§ 9 *Proficiscebantur*] Angli *profugiebant.* Præfero vulgatam, cujus hoc
existimo esse glossam. Vid. Nostr.
v. 4. 8. *Schef.*

§ 10 *Olynthios*] Vid. præter Diod.
xvi. 54. Demosth. Olynth. et Libanii
Argumenta. *Bongars.*

§ 11 *Urbem antiquam et nobilem ex-
scindit*] Non quidem vi captam, sed
venditam et proditam sibi a Lasthene
nescio quo. Vid. Serv. ad illa Virgil.
vi. Æn. 621. ' Vendidit hic auro
patriam, dominumque potentem Imposuit.' *Mod.* Diod. xvi. 54. proditam a Lasthene et Euthycrate ait.
Unde ' callidus emptor Olynthi'
Philippus dictus Juv. xii. 47. *Bern.*

§ 12 *Quasi omnia, &c.*] Vienn. ed.
Camertis *quasi, quæ agit. omnia.* Id.

Auraria in Thessalia] Circa Pydnam
fuisse χρύσεια μέταλλα, auctor est
Diod. xvi. 8. e quibus Philippus annua talenta M. colligebat. De iis et
Gemist. *Bongars.* Mss. *auri in Th.*
Non multum pugnem, utro modo
legas. *Mod.* Ceterum confirmat Modius esse in suis Mss. *auri in Th.* ut
sequenti respondeat ' argenti;' me
quidem judice, rectius. Quanquam
' auraria metalla' dixit et Plin.
xxxvii. 12. 1. et ' argentaria ferra-
riaque' Liv. xxxiv. 21. 6. *Berneccer.*
' Auraria metalla' etiam dixit Plin.
vii. N. H. 57. Hinc autem Philippus
sibi nummos percussit, quos ' Philip-
pos' vocat, Plaut. Pœn. i. 1. 38. et
iii. 5. 36. Ceterum etiam Bellonius i.
Observat. 50. testatur Turcarum Imperatorem, deductis operarum impensis, hinc quotannis decies octies
M. ducatos, nonnunquam 30. M. acci-

pere. *Gronov.* Quia Mod. in Mss. suis invenit *auri in Thess.* et hoc ei, quod sequitur, ' argenti metalla,' magis congruit : ita omnino legend. arbitror. Ceterum per se spectatum τὸ *auraria metalla* satis probum est : diciturque similiter ' argentaria,' ' ferraria metalla.' *Vorst.*

§ 14 *Duo reges*] Cotys Thraciæ rex filios 3. Berisaden, Amadocum, et Cersobleptem reliquit : Berisades mature obiit. Videtur igitur Just. de duobus illis loqui. Vid. Demosth. in Aristocratem. Diod. sub anno 5. refert, Philippum reges Thraciæ, Illyriæ, et Pæoniæ, imparatos oppressisse : et de Cersoblepte sub anno 8. et 18. *Bong.*

§ 15 *Non judicis more, &c.*] Philippus in dirimenda lite similis leoni Æsopico in partienda præda. ' Quadruplatorem' et ' interceptorem litis alienæ' vocat Liv. III. 72. 6. Ubi simile populi Rom. de Aricinorum Ardeatiumque controversis finibus judicium. ' Infame judicium' id vocat Liv. IV. 11. 8. *Bern.*

Spoliarit] Etiam vita privatos scribit Oros. III. 12. *Id.* Oros. III. 12. et Frec. I. 4. 19. ' Inscios juvenes vita regnoque privavit.'

CAP. IV. § 1 *Legati*] De legatione hac Atheniensium ad Philippum pro Pace petenda, Demosth. in Orat. περὶ Ἐιρφδνου. *Bern.*

§ 2 *Pax facta*] De qua passim in Oratt. Demosth. *Bong.*

§ 4 *Crudescente*] Junt. *recrud.* Et statim : *ut professum se adversum Phocenses ducem Græciæ exhibeat.* Græv.

Thebani Bœotiique] Quidam codd. habent *Thessali B.* Sunt enim Thebani Bœotii ; paulo ante in hoc adeo libro Thessali Bœotiique simul Philippum ducem elegisse dicuntur. Verisimile igitur est, et h. l. hosce duos populos a Philippo petisse, ut Phocenses perderet. Sane anno 15. Philippi ap. Diod. hi duo populi etiam conjunguntur. *Glar.*

Thessali Bœotiique] Anno Philippi 14. Vid. Diod. XVI. qui hæc latius persequitur. *Bong.*

§ 6 *Adhib. &c.*] Oros. ' adh. secum Ath. et Lac.' ubi duo Florr. *adh. sibi.*

§ 7 *Græciam etiam nunc*] Sebis. *tunc.* Nam de Græcia, Justini quidem ævo, ista prædicari non possunt. Cic. jam tum suo tempore ' Græcos diuturna servitute ad nimiam assentationem eruditos' ait, ad Q. Fr. I. c. 5. Nisi forte *nunc* eand. hic vim habet, quam, tunc : ut etiam inf. n. 9. *Bern.*

Græciam etiam nunc et viribus et dignitate terrarum orbis principem] Falsum id Justini ætate. Nec de sua ætate Auctor loquitur ; adeo ut malo exemplo *nunc* in *tunc* mutaverint eruditi. Ego expungo τὸ *etiam*, ex præced. ' Græciam' sine dubio natum, servato τῷ *nunc. Nunc* idem est quod, illo tempore. Mirum est, inquit, Græciam illo tempore, cum jam magnitudine virium par omnibus esset aut major, ad tam abjecta devenisse. *Boxhorn.* Sebis. vulg. lect. improbat, sed male ; nam, ut Auctor noster, ita et loquitur Cic. in Bruto II. ' Regnante jam Græcia.' *Gronov.* Boxh. *etiam* expungi vellet ; sed sine causa. Utitur Auctor voce *etiamnunc*, quasi de re suo tempore adhuc obtinente ageret. Sic et *adhuc*, quod est pro, ad hoc usque tempus, usurpat in eo quod sequitur, ' multarum adhuc urbium dominam.' Inepti fuerunt qui ex his talibus collegerunt Just. scripsisse tum demum, cum imperium Rom. Constantinopolim translatum fuit. Nec audiendus Sebis. qui legi vellet *etiam tunc*; quasi non et de tempore præt. usurpari *etiam nunc* posset. Sic et ' in præsenti' et ' in præsentia' usurpantur. Vid. Ind. in Nep. v. *Præsens. Vorst.* Recte illud *etiam nunc* vitiosam putant, cum Justini, add. etiam Trogi, ætate falsum fuerit, quod hic dicitur. Sed et mox sequitur, ' multarum adhuc urbium dominam,' quod non convenit, si

prior lect. retineatur. Docet enim id
' adhuc' Justinum in præcedd. locutum de vetustiori tempore. Neque
tamen probo, quod scribend. censent
etiam tunc, nam ne in Philippi quidem
ætatem convenire potest hoc elogium de Græcia. Mallem penitus ex-
pungere. *Schef.* *Etiam nunc* intelligend. de tempore, quo hæc ageban-
tur. Sic Historici nonnunquam loquuntur quasi scriberent illo tempore,
cujus gesta narrant. *Græv.*

§ 8 *Ut adulentur ultro sordidam paullo*
ante clientelæ sua partem] Mss. mei
hic plane antiquarii habent: *ut adulent*
u. sordidæ p. a. c. s. parti: ut dixit
Lucret. ' Gannitu vocis adulant.' Accius Prometh. ' Sublime advolans
Pennata cauda nostrum adulat sanguinem:' quo tamen l. posteriore
non significat, blandiri, sed lambere
instar canis. *Mod.* Quin et recentiores ita: Auson. Gratiar. Act. ad
Gratian. ' Centurias non adulavi.'
Bernec. Philippus ' clientelæ Thebanorum pars' dicitur, quia a fratre
Alexandro Thebanis obses datus, atque ita inter Thebanorum clientes,
fuerat. ' Clientelæ' pro clientibus
satis notum. ' Sordidum' idem hic
quod, humile, vile : quomodo et ' sordes' pro vilibus vestimentis dicitur.
Sup. ii. 11. 1. Macedones ' gens
foeda' dicuntur. In codd. Mss. Modii
fuit *adulent sordidæ c. s. parti.* Et dicunt sane et ' adulare:' ipseque Cic.
i. de Off. *adulari* ut passivum usurpat,
quod scribit, ' Nec adulari nos sina-
mus.' *Vorst.*

Sordidam paulo, &c.] Unde et illos
vocat Barbaros Demosth. neque aliter
putavit Homerus, qui Pæonas, i. e.
Macedonas, ut paulo ante dictum est,
inter auxiliares Barbarorum copias
numeravit. *Faber.* Saxo xiii. p. 234.
33. ' Sordidissimæ clientelæ frequentia.'

§ 9 *Antea inter se imperti, nunc*
Græcia, &c.] Latet hic *βούλον* aliquod ulcusculum, alio indigens Æs-
culapio. Hispanicus interp. cauto
silentio transmisit. *Bernecer.* Hunc
l. perditum restituit præclare Menso
Alting. vir ampliss. levi mutatione:
nunc gratia imp. æ. Qui antea de
imperio contendebant, nunc de gratia
Philippi certant, utri primum locum
ejus gratiæ teneant. *Græv.* Ad h. l.
scribit Bernecc. aliquid occulti ul-
ceris latere ; et verum est; sed, quodnam illud sit, non expedivit. Ego sic
existimo, esse hic oppositionem debere, quæ sit hujusmodi: Antea Lacedæmonii et Thebani certabant inter
se, utri Græciæ imperarent; nunc
contra certare videntur, utri Græciam priores, jugo servitutis imposito,
possint opprimere. Itaque, etiamsi
nihil subsidii in Mss. codd. reperiatur,
nec in libris impressis, legend. putem
nunc Græcia servitutis æ. Sed et
operæ pretium est videre quod ap.
amicum nostr. Græv. legitur: [vid.
supr.] Ingeniosa quidem conjectura,
fateor; hoc tamen fit ut mihi pro-
betur minus, quod ea tempestate
Philippus nondum imperitaret Græciæ, sed in animo tantum imperitandi
consilium haberet. Dein mihi vox
illa *Græcia* necessaria videtur, pro
qua substituit *gratiæ.* Faber, Non
videtur *χαριέσταroς* Faber hunc l. bene
perpendisse et meam cepisse mentem.
Etsi nondum Græciam subjugasset
plane, tanta tamen Philippi erat auctoritas, ut ejus gratiam quærerent
Græcarum civitatum legati, et tam
contemtim haberentur in ejus aula,
ac si essent vilissimi aut civium Philippi aut clientium. Itaque merito
dicuntur æmuli esse gratiæ impe-
rantis, qui certant, qui priores gratiæ
ferat ap. Philippum, cum ante fuissent imperii Græciæ æmuli, h. e. de
principatu certassent. *Græv.* Audacter amplissimi Altingii emendationem in textum recepimus. Est enim
nimis evidens illa : *rò Græciæ* vero,
quod adhuc toleratum fuit, nimis ineptum. Sic et supr. Sebisii *remigum*

propter evidentiam in textum reci-
piebamus. *Vorst.*

Gratiæ] Ante legebatur *Græciæ*.
Schef.

§ 10 *Fastidium*] Impressi *fastigium*:
recte. Nam hoc confirmant seqq.
'utros potius dignetur, æstimat:' item
illud ' tantarum.' Vid. Freinshemii
Ind. in *Agitare*. Berneccer. Etiam
Junt. cum aliis edd. *fastig.* Sed lect.
quam ex Mss. Bong. restituit, docte
asserit Gronov. Obs. IV. 10. quem vid.
Græv. Ita omnino legend. cum Bong.
e Mss. Et mirum, Bernecc. in Notis
posterioribus, et Freinsh. in Ind.
præferre quod in antiq. typis expressis est, *fastig.* Vorst.

CAP. V.. § 3 *Pacta salute se dedide-
runt*] Ita huic decennali bello impositus est finis. Diod. XVI. 60. Paus.
Phocicis, anno quarto Olymp. 108.
quo anno Demosth. orationem de
Falsa Legatione scripsit, sed non
habuit : in qua suadet, ut Athenienses
patiantur Philippum victorem locum
Phocensium occupare in conventa
Amphictyonico : id quod evenit.
Cangis.

§ 7 *Ut pecora pastores*] Hac similitudine utitur et Flor. III. 10. 4. *Bern.*

Populos et urbes] Mss. multi habent
pop. *ad u.* quam lect. puto esse veram.
Est enim comparatio inter pecora et
populos, inter saltus et urbes, et
transferre populos ad urbes ita dicitur ut
' trajicere pecora in saltus.' *Schef.*

Transfert] Ad subtrahendam sc. re-
bellionis materiam. Id. de Philippo
III. Liv. XL. 3. 2. affirmat : de Hel-
lene ejusque liberis Thucyd. 1. 1. 13.
de Romanis Tac. A. IV. 46. 4. et XII.
39. 5. de Carolo M. Cranzius II.
Saxon. c. 4. Add. Lips. Admirand. I.
7. et eruditas Chr. Forstneri ad Tac.
Notas p. 324. ubi plura trajectionis
et quasi transplantationis populorum
exempla. *Bern.*

§ 8 *Miseranda, &c.*] Saxo IV. p. 88.
49. 'Stupenda siquidem illa facies
erat, cum extincti raperentur ad

prælia :' XIII. p. 246. 39. ' Calami-
tosa nimirum illa facies erat, cum,'
&c.

§ 9 *Non quidem pavor, &c.*] Comparetur tota hæc periodus cum ea, quæ
est ap. Liv. I. 29. de Albanis Romam
migrare jussis : ' Non quidem fuit
tumultus ille, nec pavor, qualis captarum esse urbium solet : cum effractis
portis, stratisve ariete muris, aut arce
vi capta, clamor hostilis et cursus per
urbem armatorum omnia ferro flam-
maque miscet, sed silentium triste,
ac tacita mœstitia, ut præ metu obliti
quid relinquerent, quid,' &c. *Mod.*
Locus hic ex Liv. I. 29. expressus, et
partim ἀβραλέι descriptus, ubi de
Albanis Romam traductis. Similem
imaginem in re simili proponit Ammian. XXV. 30. fin. *Bernec.*

§ 10 *Verentibus*] Sebis. conjicit legend. esse *verentium.* Sed nihil opus.
Non novum est Nostro ablativos par-
ticipiorum solos ponere, et alios sub-
audiendos relinquere. Aliud exemplum ejus est XXX. 3. 2. Aliud XVIII.
1. 1. Vid. et sup. Notas ad II. 3. 16.
Vorst.

Ne ipsæ lacrimæ] ' Nulla flendi major est causa, quam flere non posse :'
Sen. IV. Controv. 1. *Bernec.*

§ 11 *Crescit dissimulatione*] Vell. II.
130. 3. de Tiberio : ' Abstruso, quod
miserrimum est, pectus ejus flagravit
incendio :' et Latin. Pacat. c. 25. m.
' Est aliquod calamitatum delinimentum dedisse lacrymas malis, et pectus
laxasse suspiriis,' &c. *Id.*

CAP. VI. § 1 *In supplementis*] F. *in
supplementa.* Freinsh. Recte Freinsh.
in supplementa. Faber. Lego *supplementis urbium.* Est autem *supplementis
urbium* pro, in supplementa ; quomodo XII. 4. loquitur. Sæpe tertius
casus pro quarto ponitur. Virgil. II.
Æn. ' Ferri acies Stricta, parata neci.'
Vid. et Nostr. XXV. 5. 2. et XXVI. 3. 4.
Vorst. Mutant, *in supplementa,* vel
supplementis. Sed f. non necesse est.
Nam et alibi Noster præpositioni

'in' adjungere solet ablativum, ubi accusativum alii, et contr. Vid. quæ notavi ad II. 15. *Schæf. Regni term.* uncinis includit Ed. *Bong.*

§ 3 *Captos*] An scripsit *deceptos?* Saltem illud *captos* ita debet intelligi, nec ad sequens trahi. *Schæf.*

§ 4 *Arrybam*] Juntæ et hic et XVII. 3. *Arrymbam.* Hoc Plut. in Alexandro fratris Olympiadis nomen fuisse tradit. *Græv.* Vid. de hoc sup. VII. 6. 11. ex quo l. apparet nuptias Philippi cum Olympiade eum conciliasse. *Vorst.*

§ 5 *Alexandrum privignum*] Quomodo Arrybæ privignus sit Alexander, non video. Leg. quæ notavi ad XVII. 3. 9. et Diod. sub anno XIX. *Bongars.* Olympiadis uxoris Philippi fratrem vocat Oros. III. 14. *Bernec.*

§ 6. *Omnique studio sollicitatum spe regni, simulato amore ad stupri consuetudinem perpulit*] Hæc non videntur recte distingui. Nam verborum istorum sensus, sicut nunc se habent, is est: Quasi Philippus simulaverit amorem. Atqui nulla in Philippo fuit simulatio, sed re vera perditeque ipsum amavit. Itaque l. totus ita distinguendus: *o. s. sollicitatum, spe regni sim. amore, ad s. c. p.* Sententia: Perpulit eum sollicitatum omni studio ad consuetudinem stupri, qui et ipse simulaverat se amare Philippum, quia speraverat hoc modo regnum sese adepturum; eam enim spem Philippus ipsi fecerat. Nisi malis ex Ms. pro *simulato* legere *stimulato,* quasi Philippus stimulaverit et accenderit eum ad amorem, dum spem ei facit regni, quod fortasse optimum.

Quanquam ne sic quidem distinctio non sit immutanda. *Schæf.* Angli *in spem regni.* Præfero vulgatam. Nec enim cohærent bene, *sollicitatum in spem, perpulit ad consuetudinem.* Aliud 'sollicitare in spem,' et rursum aliud 'perpellere ad consuetudinem.' Posterius tantum fecit Philippus. Altero usus est tantum ut instrumento et medio perveniendi ad propositam scopum. *Id.*

§ 7 *Arrybæ regnum puero admodum tradit*] 'In mercedem perpetrati stupri,' Oros. III. 14. *Bernecoer.* Dissentit a Justino Diod. qui XVI. scribit, Philippum non Arrybæ, sed filio ejus Æacidæ, (hic pater Pyrrhi fuit,) regnam abstulisse. Sed f. hic l. ita erit restituendus: *ereptum regnum Arrybæ filio, p. adm. Alexandro t.* Gron.

Puero admodum] Hoc *adm.* mihi est suspectum. Nec enim admodum puer, qui est 20. annorum, ut Alexander ille fuit. *Schæf. Puero adm.* est, qui fere puer erat, qui vix pueritiæ annos erat egressus: ut inferius, 'Bimus admodum.' Justino *adm.* est, circiter, præter propter. Sic Augustus 'puer' dicebatur post cædem Cæsaris, jam rebus gerendis admotus, cum ejusd. fere esset ætatis, qua hic Arrybas. *Græv.*

In utroque] Rectius *in utrumque.* Sebis. Verum *in utroque* est pro, in utraque re. *Vorst.*

§ 8 *Impudicum*] H. e. pathicum, muliebria passum, Tac. A. XI. 36. moliem, verbo D. Pauli I. ad Cor. VI. 10. Vid. Suet. Vespas. cap. 13. 3. Nisi f. satius est hæc ignorari penitus. *Bern.*

LIBER IX.

olim familiaris consuetudo, nunc memoria, delectat, censebat reponend.

molimentum; neque ignoro hanc vocem aliis scriptoribus etiam ita usurpatam, dixisseque præter alios laudatos Ovidium : ' Magna tenent illud numen molimina rerum.' Quod pro eod. est. Scio, inquam, hæc : contr. libros tamen omnes omnino tam typis quam manu expressos nihil ausim hic mutare: maxime, cum *emolumenti* vox apprime huc conveniat, neque aliter dixerit Cic. ' Si id tibi esse emolumento sciam.' *Mod.* J. Mellerus Palmer. Spicil. fol. 220. b. hic reponend. censet *molimentum,* qua voce utuntur etiam Liv. xxxvii. 14. 8. Cæs. i. B. G. Sisenna. ap. Non. Verum contr. libros omnes [V. reliqua sup. usque ad ' conveniat ']. *Bern.*

Byzantium] Id tentavit Philippus, quod Perinthiis, quos obsessos tenebat, Byzantini auxilia misissent. Cum ergo arbitrarentur optimos quosque Perinthum missos, cum parte copiarum προσέπεσεν *ὕπτια τῇ Βυζαντίῳ.* Diod. anno 20. et 21. De Byzantii appellatione vid. Eustath. in Dionys. et Steph. de Urb. Ante ' Lygos' dictum, Plin. iv. Cassiodorus in Chron. Tulli Hostilii temporibus conditum scribit. Vid. et Tac. A. xii. 3. *Beng.*

Receptaculum] Ita sup. ii. 15. 3. Græcis apposite dicitur ὁρμητήριον, qua voce Diod. xx. 105. et alii utuntur. ' Urbem caput belli' vocat Flor. iii. 10. 40. *Bern.*

Obsidione cinxit] Ad opem Byzantiis ferendam Demosthenes hortatur Athenienses Oratione Philippica iv. *Id.*

§ 3 *Hæc namque urbs, &c.*] Euseb. in Chronicis ait Byzantium conditum Olymp. 30. Lacedæmoniorum autem reges defecisse ante primam Olymp. Tu vid. ut hæc cum Just. congruant. Sed omnino puto vel semel lectori de hujusmodi Chronicis nostram aperire sententiam. Opus ipsum a D. Hieronymo versum proditur, dira præmissa execratione in eos, qui ipsius

editionem describendo corrumperent. Verum, quam religiose id a describentibus observatum, res ipsa clamat. Vix enim est ullus codex hodie corruptior illo, in quo sæpe una res acta narratur, quæ plus 100. deinde annis rursus acta refertur. Quæ si alicui dubia sint, is videat, quæ de Perseo ac gestis ejus diversis locis narrat, ita de Europæ raptu. Urbes primum conditæ, ac post multos annos rursus primum condita Corinthus, Catana, Syracusæ. Vidi ego hercle codicem quemd. ex Fuld. Bibliotheca, ut puto, surreptum, ubi longe alius ordo erat. Multa omissa, quæ in nostris codd. sunt, post Eusebii præf. ea inquam omnia, quæ tempora promittunt totius seculi, regesque omnium gentium. Nam ita incipit eam commendationem, quisquis fuit ille : ' Multi sane Bedam aut Bedæ similem fuisse existimant.' Cæterum manca ea et egregie corrupta. Mirum vero neminem hac ætate nostra dignatum medicas adhibere manus tam sancto, tam utili, operi. Atqui non sunt πρὸς τέλφετα; alioqui jam pridem aliquis ei adfuisset. Hoc etiam eo in opere admonendum, numerum annorum mundi dubium esse, nec certum, Eusebiusne ipsum apposuerit, ut catenam omnium historiarum decadica illa ratione. In codice Fuld. non erat; f. quia de illo numero a mundi initio etiamnum disceptant docti, nec quicquam adhuc certi proditur, nec ab iis quidem, qui Hebraica tractant: cum tamen ejus numeri veritas ex Pentateucho pendeat. Sed admonitionis est plus satis. Deus pro nobis in sua clementia excitet aliquem ad hunc utilissimum, honestissimum, ac sanctissimum laborem, ut videamus hoc opus dignum authore suo, dignum interprete, sanctissimo eruditissimoque viro, D. Hieronymo. *Glar.*

Namque] Sebis. delet. Puto non id solum, sed et duo reliqua delenda. Scripserat Just. *condita primo;* ad hoc notaverat quisquam *hæc nempe urbs.* Quod cum receptum esset in textum, illudque *nempe* liqueret esse ineptum, fuit alius, qui pro eo fecit *namque.* Schef.

Condita primo a Pausania] Alii non conditam a Paus. sed saltem expugnatam, tradiderunt, inter quos est, inquit Lips. ad illud Tac. A. XII. 'Byzantium in extrema Europa posuere Græci,' Æmilius Probus: quidquid id est. Spartanis adscribit originem huj. nobiliss. urbis in De Nugis Curialium Joannes Sarisberiensis, ubi ait: ' Infecto itaque negotio reversus est, dicens se nolle gloriam Spartanorum, quorum virtus constructo Byzantio clarescebat, hac maculare infamia, ut,' &c. Claudianus a Byzante nescio quo exstructam et denominatam innuere videtur, dum ait lib. II. in Eutrop. ' Hoc Byzas· Constantinusque videbunt ?' *Mod.* Consentit Isidorus Origin. XV. 1. Alii non conditam a Paus. sed solum expugnatam, tradunt: inter quos est Thucyd. I. 15. 29. Æm. Probus in Paus. At Tac. generatim A. XII. 63. 'Byzantium' [&c. V. sup.] J. Saresber. N. Cur. I. ·5. 'Spartanorum virtus constructo Byzantio clarescebat.' Claudian. a Byzante quodam exstructam non obscure vult, in Eutrop. II. 43. Hæc fere Lips. Not. CXLIX. ad Tac. XII. A. Amm. Marc. XXII. 12. Atticorum coloniam facit Constant. Porphyrog. de Them. p. 82. f. Megarensium, ac Lacedæmoniorum, et Bœotorum. Vid. Hesych. libro singulari de Rebus Patriæ Constantinopoleos. *Bern.* Pausanias Byzantium condidit, s. coloniam fecit Spartanorum. Primo vero ab illo conditam esse, ut inquit Just. falsum est. Jam diu enim ante a Byzante exstructam, sutoribus et tonsoribus notum. Deinceps condita a Megarensibus Olymp. 30. anno 2. Inde a Milesiis deducta colonia. Tandem a Pausania. Atticorum quoque fuisse coloniam, probat quidam ex

Ammiano, et Nepote, cujus verba ita legebat: ' Alcibiades, ubi hoc audivit, domum reverti noluit, et se Perinthum contulit, ibique tria castella communivit, Bornos, Byzantium, Macronticos,' cum vulgo legeretur, *Bornos, Byziam, Themeonticos.* Sed male. Legend. enim *Bornos, Byzanthen, Neontichos.* Βυδνθη oppidulum hoc l. Ptolemæo. Νέον τείχος Scylaci. *Voss.*

Hæc namque urbs, &c.] Falsum est, ut Lips. et IN. Voss. ostenderunt. *Fab.*

Nunc Atheniensium juris habita est] Semel quidem ab Alcibiade ejusque collegis Byzantium expugnatum fuit, ut ex Nep. VII. 5. 6. apparet. *Vor.*

§ 4 *Nemine quasi suam auxiliis juvante*] 'Nemo suum dicere potest, quem pereuntem contemsit:' L. Unusquisque Cod. de Infant. expos.&c. Add. Thucyd. I. 8. 10. *Bern.*

§ 5 *Pecuniæ commercium de piratica mutuatur*] Hoc mihi quidem admodum suspectum. Nam commercium esse pecuniæ alibi non recordor me legere. Potius existimo Just. scripsisse atque distinxisse ista hoc modo: *longa obsidionis mora exhaustus pecunia commercium de piratica mutuatur.* Est autem 'mutuari commercium de piratica,' ope piraticæ efficere, ut quis exercere commercia possit. Convenit, quod mox dicitur, merces navium 170. captarum distraxisse, atque sic exercuisse commercia. *Schef.*

§ 7 *Tereretur*] Leg. cum Junt. *teneretur,* h. e. detineretur, occuparetur. Superius III. 4. ' Itaque cum contra præsumptionem suam annis decem in obsidione urbis tenerentur:' et II. 5. 'Quippe conjuges eorum longa expectatione virorum fessæ, nec jam teneri bello, sed deletos ratæ.' Cic. XV. Fam. 1. 'Septimum jam diem Corcyræ tenebamur.' *Græv.*

Ne unius urbis oppugnatione tantus exercitus teneretur] Bong. et eum secutus Bernecc. maluere *tereretur.* Sed magis placet quod antiquiores edd. et inter has, ut Græv. testatur, Junt. habent *teneretur:* idque est pro, detineretur. Sup. ii. 5. 2. similiter scripsit ' teneri bello,' et iii. 4. 3. ' annis decem in obsidione⁔urbis teneri.' *Vorst. Tereretur,* ex antiquioribus et Junt. probante Vorstio restituit Græv. *Schef.* Angli, *ne in u. u. o. t. e. tereretur.* Recte se habere puto verbum *teneretur,* licet *tereretur* habeat ed. Berneceriana quoque, eamque secutus sit Vorst. in Ind. Noster sup. iii. 4. ' Cum contra præsumptionem suam annis decem obsidione urbis tenerentur.' Sane non perpetuum est, ut teratur qui obsessam habet, nunquam vero non tenetur. *Id.*

Multas Chersonensium urbes] Ms. *Chersonensi.* Leg. *Chersonesi:* aut cum Junt. *Cherronesi.* Græv. Malim legere *Chersonesi:* quoniam unus Ms. quem Bong. vidit, *Chersonnensi;* et vetus typis expressus Junt. ut Græv. testatur, prorsus recte *Cherronesi* habet. *Vor.*

§ 8 *Alexandrum, decem et octo*] 16. annos natum fuisse Alexandrum, cum Byzantium oppugnaret Philippus, scribit Plut. in Alexandro c. 14. *Bong.*

Ut sub, &c.] Saxo iv. p. 61. 26. ' Qui tirocinii rudimenta bellorum auspiciis ornari contendant.'

Rudimenta deponeret] Ita vii. 5. 3. *Bern.* Liv. xxxi. 11. ' Et enim ipsum rudimentum adolescentiæ bello lacessentem Romanos posuisse:' et Quintil. Decl. iii. ' Ut sub te ponere rudimenta militiæ contingeret.' *Gron.*

Cap. ii. § 1 *Atheas*] Ita e Mss. unus, et Oros. Ms. iii. 13. et Frontin. ii. 4. 20. Ceteri partim *Metheas,* partim *Mattheas,* vitio librariorum; qui literam *m* ex vocis ' Scytharum ' extremo addiderunt. Straboni vii. est 'Aτέας, et Plut. in Apoph. c. 18. et de Fort. Alexandri Orat. ii. 2. *Bong.* Et rursus in Commentat. Non posse suaviter vivi sec. Epicur. c. 29. ubi

refertur, illum Scytharum regem jurasse, hinnitum equi cantu præstantissimi tibicinis Ismeniæ sibi jucundiorem videri. *Bern.*

Istrianorum] Quos Μιλησίων ἀποίκους fuisse testatur Herod. ii. 33. Et 'Ιστριανῶν πόλιν memorat Dion xxxviii. p. 64. Aliis etiam ' Istropolitani' dicuntur. *Gron.*

§ 2 *Rex decedens*] Vett. *rex recedens.* Vulg. lect. et seqq. comprobant, et Oros. iii. 13. sequitur. ' Istrianorum rege mortuo,' inquit, &c. *Bong.*

§ 4 *Meliores*] H. e. fortiores. Horat. i. Od. 15. ' Tydides melior patre.' Lucan. i. 128. Sall. H. i. 3. 31. ' Fortuna meliores sequitur.' Et Ju. 92. 10. ' Optumus quisque cadere, aut sauciari.' Græci eod. modo suum ἀγαθὸς et κρείσσων usurpant. *Bern.*

§ 5 *Ne inopia deserere bellum*] Ita v. 2. 10. et vi. 2. 14. *Id.*

§ 6 *Ne sumptum quidem viæ, non modo officii pretia, dederit*] Pro, non modo officii pretia, sed ne sumtum quidem viæ dederit. Deinde *non modo officii pretia* est pro, non modo non officii pretia. Ita enim unum ' non ' omittitur, si ' ne quidem ' sequatur. Cujus rei duo quoque alia exempla in hoc Auctore sunt. Vid. sup. ii. 1. 6. et inf. xi. 8. 4. Denique *pretia* pro mercede est. *Vorst.* Junt. *non modo off. præmia ded.* quod incautior arriperet facile. Sed *pretium* ejusd. notionis est nonnunquam. Phædr. i. 8. ' Qui pretium meriti ab improbis desiderat, Bis peccat.' Flor. iv. 11. ' Hæc mulier Ægyptia ab ebrio Imperatore pretium libidinum Romanum imperium petit.' Id. i. 1. ' Puella pretium rem, quam gerebant in sinistris, petierat.' *Græv.*

Non modo] Pro, non modo non. Vid. Notam ad ii. 1. 6. *Bern.*

§ 7 *Causatus*] Saxo ii. p. 38. 20. ' Fortunam quoque causabatur:' iii. p. 42. 49. ' Occultantis se regis inertiam causantur:' xiv. p. 272. 41.

'Competentiam alimentorum causabatur inopiam.'

Alimentis exhibeat] 'Exhibere' est, alere, et alimenta præstare. Inf. XI. 10. 9. et XXII. 1. 2. L. 1. § 1. D. de Offic. Præf. Urb. L. 86. de Negot. Gest. L. 5. de Liber. agnosc. *Bong.* Vid. Giphan. Obs. p. 87. f. *Bernec.* Antiquiores quæd. edd. habent *alimenta.* Sed Bong. edidit *alimentis:* eumque Bernecc. est secutus. Et credo Bong. in plurimis quos vidit codd. Mss. ita reperisse. Sane et Gifan. in Obs. L. L. libros Mss. ita habere confirmat. Esset autem 'exhibere' ita pro, sustentare, alere, tolerare. Quæ significatio sane XI. 10. 9. et XXII. 1. 3. observatur in phrasi 'vitam exhibere.' Reperitur quoque in antiquorum JCtorum verbis, quæ in Digestis sunt asservata. Ut in verbis Ulpiani 25. 3. 'Siquis a liberis ali desideret, vel si liberi, ut a parente exhibeantur,' i. e. alantur. Cujus generis ibid. et plura videas. Usus ita vocabulo et Cyprian. ut Gifan. in L. L. monuit. *Vor.*

§ 9 *Non opibus censeri*] Des. Heraldus ad Martial. I. 62. notat 'censeri' heic non vulgata sed elegantiori significatione accipi. Censebantur Romani ope sua, ut ait ille, quibus facultates suppetebant: quibus contra nihil præter paupertatem inerat, capite censebantur. Unde vox ad alia transfertur: ut Val. M. v. 3. 'Aristides, quo totius Græciæ justitia censetur.' L. I. D. de Just. et Jur. 'Videmus cetera quoque animalia istius juris peritia censeri.'· Pulchre Sen. Benef. VII. 8. 'Quum animum sapientis intuemur potentem omnium et per universa dimissum, omnia illius esse dicimus: quum ad hoc jus quotidianum, si ita res tulerit, capite censebitur:' h. e. Sapiens ille, secundum philosophos, rerum omnium dominus, si jus commune respicimus, nihil in censum f. præter caput adferet, et inter proletarios censebitur. Errant,

qui hunc l. aliter exponunt. Add. Tac. Ag. 45. 2. Nostr. XI. 11. 8. *Ber.* Plaut. Captiv. Prol. 15. 'Vos qui potestis ope vestra censerier:' et Plin. XXXVI. N. H. 5. 'Non vitibus tantum censeri Chium, sed operibus Anthermi filiorum :' et Min. Fel. in Octavo 37. 'Nos igitur qui moribus et pudore censemur,' &c. *Gron.* Saxo VII. p. 123. 14. 'Virtutum, non rerum, æstimatione censeri.'

§ 10 *Derisus*] Angl. *irrisus*, quod puto esse glossatoris. Vid. Phædr. passim. *Schef.*

§ 12 *Non modo ut, &c.*] Pro, non modo positum iri, verum etiam inviolatam mansuram. Sic sup. v. 3. 3. 'Sperans ut dux belli legeretur :' ad quem l. id genus plura notavimus. *Vor.*

§ 14 *Cum virtute et numero præstarent Scythæ*] Bech. ed. habet *v. et animo p.* Quod idem retinuerat et Bong. Sed Bernecc. cum sciret in uno eorum Mss. quos Bong. vidit, esse *numero animo præstatur*, et nonnullos quoque typis expressos habere *numero*, idem hoc resumend. putavit. *Id.*

Astu Philippi] Qui πανοῦργος, veterator, ex eo dictus a Demosth. Olynth. I. pr. *Bern.*

§ 15 *Fides inopiæ Scythicæ*] Propter quam 'Abii' dicti Scythæ. *Bios* enim ut vitam, ita victum facultatesque, significat. *Idem.* Ergo ante Philippi ætatem Scythis non creditum, quando inopes se ferebant? At ego vix opinor tam diu hanc eorum latere alios conditionem potuisse, in tam diuturna eorum claritate. Et diversum vel ex Herod. potest constare. In Ms. pro *Scythicæ* legitur *Atheæ.* Suspicor scripsisse Just. *Eo p. f. i. Atheæ f. Schef. Fides* hic notat indicium vel argumentum, ut XXIV. 4. 4. 'Cui [Herculi] ea res virtutis admirationem et immortalitatis fidem dedit.' Liv. I. 15. 'Quorum nihil absonum fidei divinæ originis divinitatisque post mortem creditæ

fuit.' vii. 13. 'Pars maxima captivorum, ex Latinis atque Hernicis fuit:
nec hominum de plebe, ut credi posset mercede militasse, sed principes
quidam juventutis inventi : manifesta
fides publica ope Volscos hostes adjutos.' xlii. 45. 'Ut crimina delata
ab Eumene fide rerum refellerent.'
Tac. iv. H. 85. 'Præcipua victoriæ
fides dux hostium Valentinus.' Saxo
vii. p. 141. 13. 'Ad vulgandam victoriæ suæ fidem ipsa latronum cadavera patibulis ingesta latius inspec-
tanda constituit.' Eodemque sensu
πίστιν usurpant Græci. Soph. El.
893. Tὴν ἃ τάλαιν᾽ βοῦσα πίστιν; D.
Luc. Act. Ap. xvii. 31. Πίστιν πάρασ-
χὼν πᾶσιν. Vetus Interp. *Fidem præ-
bens omnibus.* Jos. B. Jud. i. 20. Ἐπὶ
τούτοις καὶ Βάθυλλος εἰς τοὺς ἐλέγχους
συνέδραμεν, ἡ τελευταία πίστις τῷ Ἀντι-
πάτρῳ βεβουλευμένων.

§ 16 *Equorum*] His enim uti per
bella Scythæ malunt, quoniam urinam
cursu non impedito reddunt. Plin.
viii. 42. 25. *Bern.* Atqui in procrean-
da sobole major vis putatur maris,
quam feminæ, unde hodieque ap.
Turcas generosorum equorum originem ex solis maribus demonstrant.
Itaque ignoro annon rectius legatur
equorum, cum præsertim 'facere genus' equi dicantur accommodate
proprieque magis quam equæ. *Schef.*

Ad genus faciendum] Γονῆς χάριν,
(h. e. genituræ fœtusque suscipiendi
gratia) ut est in L. 52. § 20. D. de
Furtis. *Bern.*

CAP. iii. § 4 *Bellum Atheniensi-
bus*] Anno 22. Diod. Junxerunt se
Atheniensibus Thebani, Demosthenis
eloquentia persuasi. Diod. xvi. 86.
Plut. in Demosth. c. 25. Gemistus ii.
Bong.

§ 5 *Ne victis Atheniensibus bellum,
veluti vicinum incendium, ad se transiret*]
Sic rescripsi cum Oxonn. ex libro Britann. Vulgata est ineptissima. *Græv.*

*Ne, victis Atheniensibus, veluti vi-
cinum incendium belli ad se transiret*]

Cod. aliquis Ms. τὸ *belli* non habet. Mihi videtur abesse non posse ; sed mutatum tamen in *bellum.*
Ut sensus sit : Ne bellum, veluti vicinum incendium, ad se transiret. Ipsum bellum utique ab aliquibus ad
aliquos transire, veluti vicinum incendium, potest. Si legeretur *incendium belli*, ipsa comparatio non satis
concinna videtur ; cum, quid quomodo transiturum fuerit non satis
intelligi possit. Simile est quod xiv.
10. 6. legitur : 'Quarum excidio veluti vicino incendio territi Spartani.'
Τὸ 'victis Atheniensibus,' pro, si A-
thenienses victi essent, simile est his
quæ ad viii. 2. 1. notavimus. *Ver.*
Illud *belli* abest in quibusd. Et f.
potest abesse, si verba 'ad se transiret' intelligamus de Philippo, qui
incendio et igni, omnia vastanti,
comparatur, non ineleganter, ut opinor. Quanquam et si servetur, locutio non videatur inconcinna : metuebant, inquit, ne incendium belli,
h. e. fax, flamma belli ad se transiret, veluti vicinum, h. e. velut
quod incendium vicinum esset, tanquam quod vicinum esset. Nam
'veluti' hic est idem atque, tanquam, quippe, neque comparatio-
nis notam continet. *Schef.* Angl.
Atheniensibus bellum, v. v. i. ad se.
Lect. elegantissima. Lect. vulgaris
incommoda et mutila. Quid enim ?
transit ad eos incendium belli, velut vicinum. Potest quidem illud
'veluti' explicari per, tanquam
s. quia. Verum magis est, ut credamus indicare similitudinem et referri non ad 'vicinum,' sed 'incendium,' quia optimi scriptores bellum comparare solent cum incendio.
Ipse Noster xiv. 5. 'Quorum excidio, veluti vicino incendio, territi
Spartani.' Locus huic simillimus. *Id.*

§ 6 *Legationibus, &c.*] Saxo xiv. p.
358. 43. 'Nec minus Absalon et
Roskildienses leg. curiam fatigant:'
xvi. p. 374. 25. 'Dubiis Absalonem

leg. fatigant.'

Communem hostem] Thucyd. VI. 6.
12. et 13. ' Belli pericula cum vicinis communia nobis sunt: et pro
certo habendum est, si nos vicini neg-
ligant, extemplo, postquam nos con-
flagraverimus, ad eos id incendium
trajecturum.' Tac. Ag. c. 29. '.Com-
mune periculum concordia propulsandum.' *Bern.* Saxo XIV. p. 263.
38. ' Publicum ruborem communibus
armis summovendum existimans.'

§ 8 *Atheniensibus, &c.*] Saxo XIV.
p. 256. 1. ' Waldemarus Suenoni se
jungit:' et p. 277. 45. 'Ex Suenonis
militia complures Waldemaro se jun-
gunt.'

§ 9 *Praelio commisso*] Ad Chaero-
neam, quo victor Philippus κατέστη
τῆς Ἑλλάδος κύριος. Praeter Diod.
XVI. 87. et Plut. in Alex. c. 14. ac
Gemist. vid. Strab. IX. Paus. Achaicis et Boeoticis. Ælian. V. H. VI. 1.
Bongars. Hac clade cognita, Isocrates inedia quatridui se ipse necavit,
cum Athenas quartum ab hoste occupatas adspicere se posse negaret.
Plut. in Vit. Rhet. *Bern.*

Bellis indurata virtute] Ita de ead.
pugna Frontin. II. 1. 9. Noster VI.
4. 13. et VII. 2. 6. Flor. II. 3. 5. *Id.*

§ 10 *Adversis vulneribus*] Sall. Cat.
61. 3. Lucan. VI. 132. Tac. H. III.
84. 7. Sil. v. 669. *Id.*

§ 11 *Hic dies, &c.*] Elegans hic est
loquendi modus, quo ' dies' usurpatur pro re, quae illo die facta est: nec
aliter loqui solet Cic. ut I. ad Att. 14.
' Hic dies me valde Crasso adjunxit.'
Et x. Fam. 28. ' Hic dies, meaque
contentio, atque actio spem primum
populo Romano attulit libertatis re-
cuperandae:' et Tac. XII. A. 34.
' Enimvero Caractacus huc illuc vo-
litans, illum diem, illam aciem, testa-
batur.' *Gron.*

CAP. IV. § 1 *Dissimulata laetitia*]
Leg. Ælian. V. H. VIII. 15. *Bongars.*
Sic Epaminondas, Leuctrica victoria
potitus, postridie processit squalidus

et humilis ; quod diceret, castigare se
immoderatum ex victoria gaudium.
Plut. Apoph. c. 97. qui nec dissimilia de Annibale in Vita Marcelli c.
53. refert. Praecipit hanc moderationem Onosander Strateg. cap. ult. *Ber.*

Denique] Τοῦ 'Denique' usus non
vulgaris: ut idem sit quod, breviter. Vid. Ind. in Nep. Flor. Curt. *Ver.*

Non coronas aut unguenta sumsit]
Ita disertim habent Mss. nostri, sicque indubie legendum: quod enim in
quibusd. est, *non coronam suam aut u.
s.* fugit illos ratio, estque ea interpo-
latio boni patris alicujus, qui hoc
solum videbat, dici haec de rege.
Caeterum coronas eas dicit, quas non
tantum capiti inter vina Vett. impo-
nebant, sed bibebant etiam, ut locu-
ples testis mihi Plinius, cujus sunt
haec ex N. H. XXI. 3. ' Et apud
Graecos quidem,' inquit, ' de coronis
privatim scripsere Mnestheus atque
Callimachus medici, quae nocerent
capiti, quoniam et in hoc est aliqua
valetudinis portio, in potu atque hilaritate praecipue odorum vi surre-
pente fallaciter, scelerata Cleopatrae
solertia. Namque apparatu belli Ac-
tiaci gratificationem ipsius reginae
Antonio timente, nec nisi praegusta-
tos cibos sumente, fertur pavore ejus
lusisse, extremis coronae floribus veneno illitis, ipsaque capiti imposita,
mox procedente hilaritate invitavit
Antonium, ut coronas biberent. Quis
ita timeret insidias ? Ergo concerp-
ta in scyphum incipienti haurire opposita manu, En ego sum, inquit illa,
care Antoni, quam tu nova praegus-
tantium diligentia caves : adeo mihi,
si possim sine te vivere, occasio aut
ratio deest. Inde eductum custodia
bibere jussit, illico eo exspirante.'
Mod.

Coronas] Convivales intellige, de
quibus Car. Paschal. Coron. II. 3. et
passim. Nam quod in Mss. quibusd.
extat, *coronam suam,* haud dubie a
manu interpolatoris est, qui veteris

ritus ignarus hoc solum videbat, ista de rege dici. *Berneccer.* Nimirum convivia Vett. coronati celebrabant, ut ex Plaut. Horat. aliisque notum. *Ver.*

§ 2 *Sed nec regem, &c.*] Ista Sosthenes inf. xxiv. 5. 14. Factum id invidiæ minuendæ caussa. Quo fine etiam Imp. Augustus, 'non regno, neque dictatura, sed principis nomine, constituit Rempub.' Tac. A. l. 9. 12. Et Imp. Fredericus i. teste Gunthero; 'Verba remittebat cartis odiosa superbis.' *Bern.*

§ 3 *Tacitam lætitiam*] Ms. *tantam,* quod præfero. Illud *tacitam* non est aptum, quia tacitæ lætitiæ non est moderatio, quoniam per id, quod tacita est, jam est moderata. *Schef.*

§ 4 *Bello consumptorum*] H. e. prælio: sic ii. 12. 23. 'Inter primos duces bellum acerrime ciebat.' Qui tamen accuratius loquuntur, ista distinguunt. Liv. ix. 18. 8. 'Populus Romanus etsi nullo bello, multis tamen præliis, victus.' Et cap. 19. 10. 'Unde prælio victus Alexander bello victus esset.' Et xxx. 35. 8. 'Non prælio modo, sed bello, victus Annibal.' Tac. A. ii. 88. 5. 'Arminius præliis ambiguus, bello non victus.' Curt. iv. 14. 25. 'Bello vicerimus, si vincimus prælio.' *Bern.*

Corpora sepulturæ reddidit] In Ms. legitur *corporum,* unde verosimile Just. scripsisse *bello consumtorum corporum sepulturam dedit.* Sane de Atheniensibus est sermo, quid nimirum concesserit ipsis, et in verbis præcedd. proxime, et proxime seqq. At verba *reddere corpora sepulturæ,* sicut nunc leguntur, de Philippo sunt accipienda; quod non convenit. *Schef.*

Bello consumptorum corpora reliquiasque funerum] *Corpus* et *reliquias* conjunxit ita et alibi. Ut xii. 15. 15. 'Corpus regio more sepeliri, et reliquias ejus majorum tumulis inferri, jussit.' Item ix. 7. 11. 'Refixum corpus interfectoris super reliquias

mariti cremavit.' *Ver.*

§ 6 *Porro*] F. *vero,* ut sit antithesis Athen. Vid. tamen xiv. 3. 7. et xliv. 4. 22. *Bern.*

Sepulturam vendidit] Emendandus est Oros. iii. 14. ex Ms. 'Mortuorum mortes, venditiones captivitatesque vivorum, unius regis fraus, ferocia, dominatus, agitavit:' a Ms. abest vox *mortes:* mortuorum venditionem hanc intelligit. *Bongars.* Vide sis adagium Erasmi, 'A mortuo tributum exigere.' *Bern.*

§ 7 *In exsilium redegit*] Dicend. est *in exs. egit;* nemo enim in exsilium redigi dicitur, nisi qui prius exsul fuerit, et inde ultro ante tempus reversus sit. *Faber.* Angl. *egit,* quod est glossatoris, qui notabat compositum usurpatum pro simplici. *Schef.* Sed recte Angli ex cod. suo rescripserunt *egit;* rationem reddidit Faber. *Græv.*

§ 8 *Pulsos, &c.*] Oros. et Frec. 'Pulsos dudum ['deinde' Frec.] a civibus per inj. rest.'

§ 9 *Quod se*] Pro *se* mallem scribere *ipsos.* Fab.

§ 10 *Quoniam rebus nequeunt ulcisci, &c.*] Melius Junt. *quam r. n. u.* Græv. Quod dicam, scio a multis minus probatum iri, sed mihi JCti favebunt; hoc igitur aio, verbum illud *ulcisci* non posse hic l. suum tueri; dicend. enim fuerat *vindicare;* quod quid valeat, nulli melius dicere possunt quam Juris interpp. Itaque meam ut sententiam aperiam, sic lego: *et quam rebus nequeunt, verbis us. lib.* ita ut verbum bis sumatur, quod, puto, elegantiæ est non vulgaris. *Faber.* Notarum Anglicarum Auctor docet Fabrum hic delere vocem *ulcisci,* quod valde placet. *Schef.* Assentior et ipse Fabro, quippe cui ad hanc emendationem præivit ed. Juntinæ scriptura, quæ pro *quoniam* exaratum habet *quam.* Græv.

Cap. v. § 3 *Et regem et leges c.*] Malo, ut est in nostris scriptis Codd.

et legem et regem cont. nescio enim
quomodo concinnior ea lect. videtur:
et dixit supr. proxime: ' Ibi pacis
legem universæ Græciæ pro meritis
singularum civitatum statuit.' *Modius.* Bong. *et regem et leges.* Prætuli
quod et vett. edd. habent, et in suis
Mss. extare confirmat Modius: cum
sit nescio quomodo concinnior ea
lectio, dixeritque n. 2. ' pacis legem,'
non *leges.* Bern.

Quæ non ipsis civitatibus conveniret]
H. e. de qua non inter ipsas civitates
conveniret. Sichardus enim aliter
hæc accipere videtur; unde mox *pro
victore* legit pro *a victore:* non bene.
Idem. Cic. pro Cluent. 43. ' Judex
qui inter adversarios convenisset.'
Liv. I. 24. ' Tempus et locus convenit.' Id. xxiii. 9. ' Septunces auri
in singulos pretium convenit.' Inf.
xxx. 3. 10. ' Pax in Macedonia non
conveniebat.' *Gron.*

§ 4 *Auxilia, &c.*] xvi. 8. 9. ' Cum
rerum potirentur Athenienses, victisque Persis Græciæ et Asiæ tributum in tutelam classis descripsissent.'
Liv. xxx. 37. ' Decem millia talentum
argenti descripta pensionibus æquis
in annos quinquaginta solverent.'

Duce illo] Erat enim declaratus
στρατηγὸς αὐτοκράτωρ τῆς Ἑλλάδος,
Diod. xvi. 90. - G. Gemist. 11. *Bong.*

§ 6 *Summa auxiliorum*] Filius A-
lexander cum multo paucioribus ad
subvertendum imperium Persicum
est profectus: inf. xi. 6. 2. *Bern.*

§ 7 *Barbaries*] Quid hoc ad exercitus? In Ms. legitur nunc *barbari-
cæ*, nunc *barbarorum*, nunc *barbarium.*
Unde suspicor, hoc glossatoris esse,
non Justini. *Confinis* autem scribit
antique pro, confines, cum præsertim *confines* etiam in Ms. reperiatur.
*Schef. Confinis domitarum gentium
barbaries* sunt copiæ ex vicinis barbaris gentibus, quas subegerat, con-
scriptæ. Hæc vox non est repudianda omnino. *Grav.*

§ 8 *Amyntam*] Ejus Gemistus nul

lam mentionem facit, neque Diod.
De Philippi morte vid. Diod. Cic. de
Fato. Ælian. V. H. iii. ext. Val. M.
1. Ext. f. et Plut. Alex. et Paus.
Arcad. *Bong.*

§ 9 *Cujus sororem*] Attalum Cleopatræ θεῖον, i. e. avunculum aut pa-
truum vocat Plut. Alex. c. 15. Diod.
xvi. 94. et Gemist. ἀδελφιδοῦν, i. e.
ἀδελφοῦ υἱὸν, pro quo f. Just. aut Trog.
ap. Græcum Auctorem legerat ἀδελ-
φόν. *Idem.* Nomen ei Cleopatræ,
ut ex ix. 7. 2. et 12. apparet. Quam,
sublato Philippo, suspendio vitam
finire coëgit Olympias. Ante hanc
Philippus etiam alias superinduxe-
rat, et inter ceteras quidem Medam,
Thraciæ regis filiam, ut ex Athenæi
lib. xiii. constat. *Vor.*

Nuper expulsa, &c.] Ead. Cæsari
uxoris repudiatæ causa; quod diceret, ' suos tam suspicione, quam crimine, carere oportere:' Suet. c. 74.
'Multis illustribus dedecori fuit, aut
inconsultius uxor assumta, aut re-
tenta patientius: ita foris claros domestica destruebat infamia: et ne
maximi cives haberentur, hoc effice-
bat, quod mariti minores erant:'
Plin. Paneg. c. 48. *Berneccer.* Jam
ante repudiarat Olympiada, superinducta Meda, Cithelæ, Thraciæ regis,
filia. Postrema autem e 7. Philippi
conjugibus fuit hæc Cleopatra, Attali soror. Vid. Athenæum xiii. *Voss.*

In matrimonium receperat] Antiquiores edd. *acceperat.* Sed ' recipere
in matrimonium' et x. 2. 2. et alibi
dixit. *Vorst. Acceperat* exstat quoque in Junt. *Græv.*

CAP. vi. § 1 *Nuptias Cleopatræ filiæ*] Cleopatram susceperat Philippus ex Olympiade; eamque Olympiadis fratri Alexandro, quem, cum
satis eo abusus esset, expulso Arryba,
regem Epiri fecerat, in matrimonium collocavit. *Vor.*

§ 2 *Collocantis filiam*] Cic. ii. Off.
20. 'Utrum bono viro pauperi, an
minus probato diviti, filiam colloca-

766 NOTÆ VARIORUM IN

ret :' et Lucas Euang. xx. 84. Oἱ υἱοὶ
τοῦ αἰῶνος τούτου γαμοῦσι, καὶ ἐκγαμίσ-
κονται. Hanc Philippi tragœdiam
ex Clitomacho refert qnoque Sto-
bæus Serm. ccxlviii. p. 814. Gron.
§ 3 *Ad quorum spectaculum Philippus*] Angl. *sp. cum Ph.* Docet hæc
varietas vocem *Philippus* insertam
hic esse ex glossa. Ita enim alii ante,
alii post conjunctionem posuere, incerti sc. ubi esset collocanda. Sane
Philippus hic et mox ingrate repetitur. *Schef.* Junt. *ad q. sp. Ph. sine.*
Græv.
§ 4 *Pausanias*] De Philippi morte
vid. Arist. v. Polit. 10. Diod. xxi.
(qui nonnihil a Nostro variat) Cic. de
Fato 3. Ælian. V. H. iii. ext. Val. M.
i. 8. Plut. Alex. c. 17. et Paus. Arcad. *Bongars.* Jos. xi. Ant. Jud. 8.
Κατὰ δὲ τοῦτον τὸν καιρὸν καὶ Φίλιππος
ὁ τῶν Μακεδόνων βασιλεὺς ἐν Αἰγαίαις
[Ms. Busbeq. Αἰγαῖς] ὑπὸ Παυσανίου
τοῦ Κεραστοῦ, ἐκ δὲ τῶν Ὀρεστῶν γένους,
δολοφονηθεὶς ἀπέθανε. Nep. de Regg.
2. ʻ Philippus Ægis a Pausania, cum
spectatum ludos iret, juxta theatrum
occisus est.'
Diemque, &c.] Tac. xvi. A. 13.
ʻ Tot facinoribus fœdum annum tempestatibus et morbis insignivere.
§ 5 *Hic Pausanias*] Angli non habent *Paus.* rectiss. Nam et hoc ex
glossa. *Schef.*
Cujus] An legend. *sui?* Gron.
§ 6 *Perductum*] Ms. *productum :*
verbum ad rem accommodatissimum :
constat ex Plaut. et Petron. *Bongars.*
Imo vero ego *perductum* longe esse
accommodatius contendo ; hinc enim
ʻ perductores,' προαγωγεῖς, qui hoc
differunt a lenonibus, quodʻ lenones'
sunt scortorum, ʻ perductores' etiam
invitarum personarum, ut tradit As-
conius in illud Cic. Verr. i. 12. ʻ Le-
nonum, perductorum :' in quo lepide
lusit Plautus Most. iii. 2. 157.: nam,
cum senex senem inspecturientem
ædes suas interrogasset : ʻ Vin' qui
perductet?' respondet alter : ʻ Erra-

bo potius qnam perductet quispiam.'
Modius. Add. Torrent. ad Suet. Vespas. 22. Pithœi Adv. ii. 17. *Bern.*
*Convivarum libidini, velut scortum
vile subjecerat*] Paulo nasutior viderit,
hanc esse deformatam lect. In omnibus fere scriptis codd. legebatur
verum scortorum jure. Unde ego veram lect. expiscatus sum : *conv. libidini ebrium scortorum jure subj.* Scortorum jure, h. e. more. Flor. i. 17.
de Fabio Max. ʻ Captis superioribus
jugis, in subjectos suo jure detonuit.'
Iterum iii. 17. ʻ Peculabantur suo
jure remp.' Hanc lect. confirmat
Diod. Ἄτταλος, εἷς ἂν τῶν ἐξ αὐλῆς καὶ
πολὺ δυναμένων παρὰ τῷ βασιλεῖ, ἐκάλε-
σεν ἐπὶ δεῖπνον τὸν Παυσανίαν, καὶ, πολὺν ἐμφορήσας ἄκρατον, παρέδωκεν αὐτοῦ
τὸ σῶμα τοῖς ὀρεοκόμοις, εἰς ὕβριν καὶ
παροινίαν ἑταιρικήν. Voss.
Æquales] Antiquiores edd. cœq.
quomodo xxxvii. 4. 1. Bong. et
Bernecc. edidere. Sed *æq.* elegantius est : itaque rursus in l. altero
ipsæ illæ antiquiores edd. habent.
Ver.
§ 7 *Hanc rem, &c.*] Saresb. viii. 5.
p. 545. ʻ Pausanias cum Hermoclea
percunctatus esset quonam modo su-
bito clarus posset evadere, atque is
respondisset, ʻ si occidisset aliquem
virum illustrem, futurum ut in gloriam ejus id ipsum redundaret,' continuo Philippum interemit ; et quidem quod petierat assecutus est.
Nam et se parricidio notum posteris
tradidit, et celebri supplicio patibuli,
cui affixus est, corona aurea, quam
Myrtalis, quæ et Olympias dicta est,
capiti ejus pendentis imposuit, nullum dante solatium. In vindictam
tamen pudicitiæ per injuriam prosti-
tutæ, Philippo non puniente sed
deridente injuriam, potest, auctore
Trogo, aliquatenus sacrilegii crimen
excusari.' Priora descripsit ex Val.
M. viii. 14. ext. 4. ap. quem legitur
ʻ perconctatus :' et ʻ ut gloria ejus ad
ipsum redundaret :' et ʻ tam enim se

parricidio, quam Philippus virtute, notum posteris reddidit.'

§ 8 *Cum variis frustrationibus differretur*] H. e. in aliud tempus rejiceretur. Ita Plin. Paneg. c. 26. 'Infantes ignari quid rogassent, donec plane scirent, differebantur.' **Man hat fie heiffen warten.** *Bernecer.* Sup. VIII. 3. 8. inverso vocum ordine, 'Frustratus variis dilationibus.' Notand. autem quod non tantum res, sed et personae, 'differri' dicuntur. *Vor.*

Honoratum] Sup. IX. 5. 8. *Bern.*

Ducatu] Utitur Auctor hac voce II. 15. 14. et XXX. 2. 5. Suet. Tib. 19. 2. et Ner. 35. 13. Utitur et Suetonio antiquior Curtius, et in Gloss. veteri 'Ducatus' est ἡγεμονία. *Bongars.* Add. Liv. Epit. XCVI. et CXIII. Alio fere sensu Flor. III. 21. 2. 'Ducatum sceleri praebuisse.' *Bern.*

Iram in ipsum] Simile infortunium ex causa non dissimili Phalaris parum abfuit quin incurreret: de quo insigniter bene Ælian. II. V. H. 4. Lycurgi dictum est in Orat. cont. Leocrat. 'Delicta tantisper, dum judicata fuerint, apud auctores suos manent: simulatque sententia ac judicium de iis factum fuit, apud eos manent, qui ipsa jure non ulciscuntur ac vindicant.' *Id.*

CAP. VII. § 1 *Immissum ab Olympiade*] Sic et XXVI. 3. 6. in subsessorem alieni matrimonii percussores immissi. Ea vis nimirum est muliebris zelotypiae: quam furori leonino recte comparat Ov. de Arte II. 373. Et instar miraculi sunt habenda, quae Plut. Virt. Mul. c. 42. de Stratonica: Val. M. VI. 7. de Africani prioris uxore Æmilia: Suet. Aug. 71. 3. de Augusti Livia: Saxo lib. XII. de Erici II. Danorum regis Botilda, maritorum extraneos amores juvantibus, tantum abest ut impedientibus, memorant. *Id.*

Nec ipsum Alexandrum] Mss. mei non agnoscunt τὸ *Alex.* et videtur

posse abesse citra sententiae interimentum. *Mod.*

§ 3 *Regni, &c.*] Saxo I. init. 'Regni aemulos ratus, quos dignitate pares habuerat.'

Ex noverca, &c.] Haec usque ad verba *praeparatos habuit* absunt ab opt. libris: habentur tamen in uno Cujacii codice, neque videntur rejicienda. Ad ea vid. Plut. Alex. *Bongars.* Ead. quoque absunt a Cod. I. Voss. *Gronov.* [Et uncinis includuntur in Ed. Bong.] Ex Cleopatra puta, Attali, cum quo in convivio Alexandrum jurgasse mox addit, sorore. *Vor.*

Actum] Iid. Mss. mei *fact.* quod prae vulgato placet. Sane etiam Bong. in Ms. *factam* pro *actum* se reperisse fatetur, quo magis confirmatur etiam nostrum illud. *Modius.* Rectius est *factum.* Sebis. Cod. aliquis Ms. *factam.* Und. legend. videtur *factum.* Vor.

Cum Attalo] Plut. Alex. c. 15. refert Alexandrum in ista contentione scyphum in Attalum conjecisse. *Bern.*

§ 6 *Precibusque*] Mallem illud *que* vel delere, cum praecedat proxime, vel mutare in *quoque.* Schef.

§ 7 *Subornabat*] Hic l. mihi valde suspectus est. Exponunt quidem *subornare* verbum per, instigare; verum an sic boni loquantur auctores, quaero adhuc, nec invenio. Considerent doctiores. *Id.*

§ 8 *Utrique*] Et hic Junt. non male *uterque.* Graev. Ed. Junt. teste Graev. *uterque*: id quod Graevio et placet. Verum nihil novi vocem pluralis numeri *utrique* de duabus personis singulis usurpari. Nepos XX. 2. 2. 'Utrique Dionysii,' pro, uterque Dionysius. Vid. et Indd. in Nep. et in Flor. *Vorst.* Nemo hic quicquam movisset, nisi ed. Junt. ex praestantiss. codd. expressa, et ex qua tot loca Justini pessime habita sunt emendata, lect. elegantiorem objecisset. *Graev.*

§ 10 *Titulo officii*] Inf. XXIII. 2. 8.
est ' Exequiarum officium implere.'
Tacitus absolute Annal. III. 32. ' Officio fungi:' *zur Leich dienen.*
Alias *officii* vox generatim ea significat, quæ cultus, honoris, et studii
causa superioribus aut amicis exhibe-
mus. Ejus generis Tertullian. lib.
de Idololat. plura simul enumerans,
' Circa officia,' inquit, ' privatarum
et communium solennitatum, ut to-
gæ puræ, ut sponsalium, ut nomina-
lium, nullum putem periculum.' Et
post inter officia refert ' deductio-
nem magistratuum,' ' candidatorum,'
' funeris :' ' salutationes :' item ' re-
citationes,' et alia. *Bern.*

Superstite Philippi filio] Quippe in-
quisituro et vindicaturo. *Id.*

§ 12 *Cleopatram*] Pausaniæ Arcad.
non convenit cum hac narratione.
Bong.

Filia interfecta] Legend. f. *filio interfecto.* Certe ex IX. 7. 3. apparet,
Philippum ex Cleopatra et filium
suscepisse ; quem ut regni æmulum
Alexander timuerit. *Vorst.* Mallet
Vorst. *filio interfecto.* Et sane filium
cum ipsa interfectum ait et Pausanias, licet in aliis dissentiat. *Schef.*

Ultionem] Ita quidem ex Mss. edidit Bong. Antiquiores edd. *ultione.*
Et perinde sane est : et utraque constructio satis usitata. *Vor.*

Parricidium] H. e. Philippi cædem. *Fr.*

§ 13 *Gladium quo rex percussus est*]
Percutere pro, occidere, non infrequens. Suet. Calig. 3. ' Hostem cominus sæpe percussit.' Epit. lib.
LXXXIII. Livii : ' Ipse se percussit.'
Aur. Victor Tarquin. Pr. ' Quod in
prælio hostem percussisset.' Inde
' percussores ' dicti, qui ad aliquem
obtruncandum immittuntur. *Vor.*

Sub nomine Myrtalis consecravit] Sic
et Alexander Pheræus, (ut est ap.
Plut. in Pelopida c. 53.) tyrannus ille
omnium immanissimus, cum avunculum suum Polyphrona peremisset,

hastam, qua facinus patraverat, coro-
natam sacravit, eique ut Deo rem
divinam fecit, ' Tychona ' appellans,
f. quod ictu non fuisset frustratus,
παρὰ τὸ τυγχάνειν. Atque hic mos a
Græcis ad Romanos transiit : Suet.
Calig. 24. 10. ' Tres gladios in necem
suam præparatos Marti ultori, addito
elogio, consecravit.' Id. Auctor Vitell. 10. 8. ' Pugionem, quo se Otho
occiderat, in Agrippinensem Coloniam misit Marti dedicandum.' Dio
in Antonino Caracalla sub fin. Καὶ τὸ
ξίφος, δι' οὗ τὸν ἀδελφὸν ἀπεκτόνει, ἀνα-
θεῖναι τῷ Θεῷ ἐτόλμησε. Huc igitur
respexit gravis scriptor Tertullian.
dum ait in De Resurrect. Carnis :
' Gladius bene de bello cruentus, et
melior homicida, laudem suam conse-
cratione pensabit.' Vid. eruditiss.
Lips. ad Tac. XV. A. Not. 160. *Medius.* Leg. *Sub nomine Myrtales consecravit. Hoc enim nomen ante Olympiadi parvulæ fuit.* Nam Μυρτάλη prius
appellata est Olympias. *Voss.* Omnino scribend. *Myrtales.* Unde MTP-
ΤΑΛΗ in Inscript. Grut. p. 794. 4.
Gron.

§ 14 *Ne facinus ab ea commissum
non probaretur*] Ex interpunctione,
quam post vocem ' commissum ' inserunt edd. pleræque, paucis intellectum hunc l. apparet. Verbum *probare* huj. obscuritatis causa est, quod
Just. pro, convincere, accepit, h. sensu : omnia ita palam egisse, quasi
metueret, ne non ab ea commissum
appareret. Ceteri *probare* pro, ap-
probare, intellexerunt. *Freinsh.* H.
e. non convinceretur, inquit Freinsh.
Sed et hoc loquendi genus nescio, an
occurrat alibi. Et quid ? si Just.
scripsit *proderetur*, i. e. divulgaretur,
enunciaretur, sed contr. maneret in
occulto. Sententia longe aptior toti
loco. *Schef.*

CAP. VIII. § 2. *Genuit, &c.*] Saresb.
IV. 12. ' Quis Alexandro major in
Græcia ? Ei tamen non suus legitur
successisse, sed filius saltatricis.'

'Saltatricem' fidicinam scenicam interpretatur Avus in notis ad Sen. Ep. 121. eamque Φιλίνναν appellatam fuisse refert Athenæus XIII. 5. p. 578. Φιλίνην Arrian. de Rebus gestis post Alex. ap. Phot. cod. XCII. init. *Oς ['Αφφιδαῖος] ἐκ Φιλίνης τῆς Θεσσαλῆς Φιλίππῳ τῷ 'Αλεξάνδρου πατρὶ ἐγεγόνητο.

§ 3 *Partim fato, &c.*] Sic XXXIX. 4. 7. 'Spiritum non fato, sed parricidio, dedit.' Ita Tac. A. II. 71. 2. ' Fato concedere' et 'intercipi' inter se opponit : quorum illud ' sua morte defungi' est Suet. Cæs. 89. 1. h. e. ex naturæ communi lege obire. Alio quam noster Auctor sensu Liv. IX. 18. 13. ' suo fato mori' de eo dixit, qui quidem in prælio, proindeque violenta morte, sed sine reipubl. discrimine occumbit. *Bern.*

§ 4 *Fuit rex*] Locum h. adducit Sarisheriens. Policratici v. 12. et Mss. lectionem comprobat. *Bong.* Ms. F. tam r. Quare credo Just. scripsisse F. autem r. Conjunctionem autem compendiose am scriptam, et mox ex præcedentis vocis fine præfixam illi litteram t, errorem peperisse. *Schef.*

Apparatibus studiosior] Casu dandi, quomodo et Plaut. Mil. III. 1. 205. ' Adulterio studiosus.' Et Amphit. I. 1. 12. 'Servitus opulento homini,' h. e. quam quis servit opulento. Sall. H. III. 5. 10. ' Facta consultaque Alexandri æmulus.' Casus verbi tribuitur nomini, ut notat Turneb. Adv. XXX. 34. Vid. Vechner. Hellenolex. 141. f. *Berneccer.* *Studiosior* omittit Saresb. v. 12.

§ 7 *Perfidia*] Notat Paus. Arcad. et Plut. Pelopid. *Bong.*

§ 8 *Qui plura promitteret*] Plut. in Æmilio c. 11. tradit, Antigonum regem populari joco dictum fuisse ' Dosonem,' (quasi ' Dabonem' dicas) eo quod esset promissor quidem, at non effector, pollicitorum. Sed et ob eand. caussam cum Atheniensium

ducis ' Charetis pollicitationes ' in proverbium abiere, tum etiam Imp. Pertinax ' Chrestologus,' h. e. verbis munificus, est appellatus, teste Capitolino in ejus Vita cap. 13. Titus tamen a domesticis admonitus, quasi plura polliceretur, quam præstare posset, ' Non oportere,' ait, ' quemquam a sermone Principis tristem discedere.' Suet. Tit. 8. 3. *Bern.*

In seria et jocos] Quod et in artibus Sallæ numerat Sall. Ju. 9. 6. 3. *Id.*

§ 9 *Amicitias utilitate*] Ov. Pont. II. 3. 8. ' Vulgus amicitias utilitate probat.' Addendi Cic. de Amicit. cap. 21. m. Sall. Cat. 10. 5. Noster XXII. 7. 3. *Id.*

Gratiam fingere in odio, instruere inter concordantes odia] Junt. G. f. in o. in gratia offensam simulare, inst. i. c. o. Quod non temere spreverim, si Mss. accedat anctoritas. In aliis vetustioribus edd. hæc verba *in gratia offensam simulare* paullo superius post ' insidiosus' leguntur. Ibi vero C. Barth. ad Claudian. ex Ms. legit *Blandus per iram et in gratia.* Græv. Ed. Junt. teste Græv. additum hic habet *in gratia offensam simulare :* id quod huic l. apprime et quadrat. Habentque id. et Bech. aliæque edd. vett. sed alieno tamen l. i. e. paulo ante, post verba *Blandus pariter.* Vorst.

Concord.] Ap. Saresb. vitiose editum est *cord.*

§ 10 *Eloquentia insignis, &c.*] Demosth. ipse Philippum ' sub sole hominum eloquentissimum' appellat in Orat. de Fals. Legat. et Polyæn. IV. Strategem. non minores eum res oratione quam prælio confecisse scribit, et pluris æstimasse verbis quam armis partas victorias. Harum enim partem sibi vendicare milites existimabat : illas ad suam unius laudem pertinere. Add. Notam ad VI. 5. 5. Plut. Alex. 6. m. 'Sophistarum more facundiam suam ostentasse,' ait. *Ber.*

Eloquentia, et insignis oratio] Angl.

el. insignis, or. acuminis et solertia plena. Longe melius, quam quod vulgatur. *Schef.* Hæc et seqq. longe correctius et plenius ex antiquo cod. iid. Oxonn. ediderunt, nimirum: *Inter hæc el. insignis, or. ac. et sol. pl. ut nec ornatui facilitas, nec facilitati inventio, nec inventionibus deesset ornatus.* Opt. et certiss. Priora *Inter hæc el. insignis, or. ac. et sol. pl.* firmat quoque Junt. Mallem tamen *nec inventioni d. o.* Mox expunxi eod. cod. jubente in his verbis *Itaque vincendi ratio* τὸ *Itaque.* Græv.

Inventionum] Saresberiensis, ubi hæc citat, i. e. v. 12. numero singulari, *inventionis,* quod et concinnius videtur; quia aliquot ejusd. numeri voces antecedunt. *Vorst.*

§ 12 *Hic aperte, ille artibus, bella tractabat*] Antiquiores edd. *aperta vi.* Cui consonat quod codd. quidam Mss. quos Bong. vidit et Saresberiensis, habent, *aperta.* Vorst. Vorst. etiam hic ex eod. mallet *aperta vi.* Ego suspicor illud *vi* esse glossam vocis *aperte.* Schef. Angl. *Hic aperta vi.* Suspicor Just. scripsisse *Hic vi, ille artibus, b. t.* Hæc enim oppositio idonea, quæ est inter vim et artes. Postea venisse, qui per glossam *aperte* illud *vi* exponeret. Qua transsumta in textum, cum liqueret *aperte vi* non cohærere, accessisse correctorem, ac fecisse *aperta vi,* quod in Anglicanam est derivatum. *Idem.* Juntinæ, ut aliæ vetustiores, nec non codd. Britann. et Sarisburiensis: *Hic aperta vi, ille artibus, b. t.* Unde Scheff. non male colligit Just. scripsisse: *Hic vi, ille artibus, bella tract.* Sed non frustra in tot libris *aperta* legitur. Mihi videtur Justini manus .esse *Hic aperte et vi, ille artibus, bella tract.* ' Artes' sunt strategemata, quæ ' furta belli' dicuntur. Hinc ' furtiva victoria' XI. 6. est artibus et strategemate parta: cui opponitur, quæ aperte et vi est parta. Plaut. Amphit. ' Id vi atque virtute militum victum atque

expugnatum est oppidum.' Seqq. Justini verba hæc explicant: cum decipiuntur hostes, artibus bellum tractatur, s. ut l. XI. loquitur, ' astu agitur,' cui bello convenire ibid. dicit occulta consilia; cum palam funduntur hostes, aperte et vi bellum geritur. *Græv.*

§ 14 *Hic ubi*] Probo et hic Junt. lect. *huic u.* Græv.

Nec dilatio ultionis nec modus erat] Angl. *non dilationem ult. nec modum adhibere.* Etiam hoc tribuo glossatori. *Schef.*

§ 15 *Patri mos erat etiam de convivio in hostem procurrere*] Angl. *Pater de conv. in h. pr.* Præfero hanc lect. vulgatæ, *Patri mos erat etiam de, &c.* quam puto natam, ex eo, quod quis crederet mutilum illud ' procurrere,' et explend. per *mos erat.* Idem. Fœdum centonem, quem hic scioli assuerant Justino, resecuerunt Oxonn. optimarum membranarum subsidio, quos ego sequor, et merito laudat Scheff. Sic autem illi: *Pater de conv. in h. pr.* Mox iid. *Alexander in amicos hostium more sævire.* Sed quia in seq. periodo habetur ' in amicos regna exercebat,' non est vero simile eand. vocem in tam paucis versibus iterari a scriptore cultissimo. Itaque ab aliorum codd. scriptura hic minime discedend. mihi esse putavi. *Sævire* tamen recepi ex Angl. libris cum Oxonn. *Græv.* Saxo XIV. p. 342. 51. ' Avide in hostem procurrunt.'

Periculis, &c.] Hegesipp. II. 11. ' Nam præ ceteris sese offerre solebat periculis:' v. 12. ' Cum ipse toties pro exercitu periculis offerre se non dubitavisset.'

§ 16 *Amicorum interfector*] Angl. *amicis interfectis.* Videtur hoc rectius respondere præcedenti, ' vulneratum.' *Græv.*

§ 17 *Cum amicis, &c.*] Est hæc ea species amicitiæ, quam Aristot. Eth. VIII. 7. φιλίαν καθ' ὑπεροχὴν appellat, qualis inter imperantem ac subdi-

tum. De his Plin. Paneg. c. 85.
' Cum plurimis amicitiis fortuna principis indigeat, præcipuum est principis opus amicos parare.' Et Tac. H.
IV. 7. ' Nullum majus boni imperii
instrumentum, quam boni amici. Non
enim exercitus, neque thesauri, præsidia regni sunt, verum amici,' Mic-
ipsa judice ap. Sall. Ju. 10. 5. Alia
regiæ amicitiæ exempla sunt, inf.
XXX. 1. 8. et XXXIV. 3. 3. Porro de
his ' amicis comitibusque' Principum
exactissime, ut omnia, Salmas. ad
Spartiani Hadrian. cap. 18. Junge
Lips. Not. 29. ad VI. A. Taciti. Ber.
   Nolebat] Sebis. vult volebat, ut sibi
constet antithesis. Berneccer. Optime.
Philippus consiliariis et ducibus suis
multum tribuebat, illorumque consilium et auctoritatem in gerenda republica sæpe sequebatur ; Alexander
vero solus omnia administrabat, superbeque ac crudeliter in eos, ut
Clitum, Parmenionem, Philotam, aliosque, consulebat. Græv.
   Volebat] Hic sensus Justini est per
oppositionem : Philippus, qui civilis
princeps esset, cum amicis potestatem participabat ; Alexander contra,
qui comitatis Macedonicæ oblitus
esset, merus rex erat, durus homo, et
qui apologum illum Æsopi de leone
nimis studiose legerat. Aliter hunc
l. legebat Sebis. vir, ut pluries dixi,
ingeniosus ; sed explicatio nostra omnem mutationem excludit. Legebat
ille nolebat. Faber. Sebis. legend.
putat volebat : idque adeo probat

Græv. ut receperit in textum. Nimirum sensus ipsis est visus hic esse,
quod Philippus non solus, sed una
cum amicis, regnare voluerit, et amicos in regni quasi societatem susce-
perit. Mihi tamen rectius videtur
nolebat, quod in antiquioribus est, et
ab ipso Bong. ut in Mss. quoque observatum, retentum est. Vult sane
Auctor Philippi et Alexandri morum
diversitatem exponere. Cum ergo de
Alexandro per affirmationem scribere
vellet, ' Hic in amicos regna exercebat,' de Philippo videtur scribere
voluisse per negationem, Regnare ille
cum amicis nolebat. Sed observand.
' cum amicis' esse pro, apud amicos ;
et sensum esse, quod Philippus ap.
amicos, i. e. consiliarios suos, regnare
noluerit, neque potentiam suam regiam ap. eosd. ostentaverit, aut quemquam eorum interfecerit. Cum pro,
apud, usitatiss. Ut ' queri cum aliquo' pro, queri apud aliquem. Vorst.
Volebat Angli quoque probant. Græv,
   § 20 Parcendi victis filio animus et
promtior et honestior] Sich. et Colon.
edd. additum habent, Ille nec sociis
abstinebat : ut adeo hic quoque patri
et filio diversa tributa sint. Vorst.
Junt. Parcendi victis filio animus et
promtior et honestior, ille nec sociis abstinebat : quod et in Sich. et Colon.
ed. legi auctor est Vorst. Et sane
requirunt hoc patris et filii virtutes
et vitia perpetuo sibi collata et opposita. Græv.

LIBER X.

CAP. I. § 1 Artaxerxi] Qui ' Mnemon' dictus est. Ejus vitam scripsit
Plut. quem vid. et Ælianum fin. lib.
IX. Justitiæ eum fama floruisse Probus et id. Plut. auctores sunt. Bon.

Ex pellicibus] Quarum 360. Artaxerxi tribuit Plut. in ejus Vita cap.
43. Totidem Dario Curt. III. 3. 36.
ipsique Alexandro Persicis moribus
corrupto, id. VI. 6. 8. ut et Diod.

XVII. 77. qui addit, hunc tantum numerum (Curt. VI. 2. 2. ' gregem' appellat) eos ideo affectasse, ut accederent ad numerum dierum anni. Ceterum Ioniam regi Persico tot pellices suppeditasse tradit Maximus Tyr. Serm. 33. *Bern.*

Darius, Ariarates, et Ochus] Tres hosce filios justo matrimonio susceptos asserit Auctor: cum Plut. quartum adjiciat ' Arsamem,' ultimi Darii patrem. Porro Just. ultimum Darium Codomannum quendam vocatum ait, et regem postea factum ob pristinæ virtutis memoriam; Darium antem vocatum, ne quid regiæ majestati deesset. Quid aliud voluit quam obscurum genere fuisse, et proxime post regem Ochum rexisse? cum Diodorus, post Ochum veneno sublatum, Arsen aliquot annos regem fuisse scribat, ac post eum Darium Arsamis filium, de quo singulare certamen in Cadusiis factum refert, nihil de Codomanno memorans. *Glar.*

Ariarates] Vett. *Aralratus.* Plut. in Artax. cap. 48. ' Ariaspes.' *Bongars.* Junt. *Ariarchus.* Non longe abeunt Mss. in quibus *Aralractus* et *Aratratus.* Vindob. *Ariaractos.* Græv. In ed. Junt. *Ariarchus.* Ed. Vienn. *Ariaractos.* Mss. quidam *Aralratus, Aralractus.* Nugæ. Barbara nomina sunt, et non tanti ut examinentur in statera aurificis, sed in trutina populari. *Ariarathes* quidem mihi Cappadocicum nomen videtur, sed tamen et Persicum esse potest. *Fab.*

§ 2 *Per indulgentiam*] Simul etiam ne se mortuo regnum novis bellis fratrumque certaminibus implicaretur. Plut. in Artax. cap. 41. Cohibentur pravæ aliorum spes, si successor non in incerto sit. Tac. A. III. 56. *Bern.*

Pater regem, &c.] Hoc *pater* mihi est suspectum, glossatorisque, non Justini, videtur. *Schef.*

Regem virus fecit] Inconsulte. Vid. sapientiss. Syracidem XXXIII. 20. et

seqq. Feliciore tamen successu Ptolemæus, inf. XVI. 2. 8. *Bern.*

§ 3 *Existimans*] Mss. habent *æstimans*, quod notandum. Solent quippe alii quoque ita loqui, ipseque Noster alicubi. Vid. sup. IV. 7. *Schef.*

Gaudium ex procreatione, &c.] Apoll. Rhod. I. 973. Παίδεσσιν ἀγαλλόμενος μεμόρητο. Et Cic. v. de Fin. 23. ' A procreatoribus diliguntur nati.' ' Procreatio' Platoni de Legg. est ἐντελέχωσις παίδων. *Gron.*

§ 6 *Ostenti prorsus genus, ubi in tanto populo sileri parricidium potuit*] Freinshemius in Notis ad Curt. VIII. 6. 12. legend. putat *uti potuerit.* Vulgaris loquendi ratio esset: Ostenti genus est, quod parricidium sileri potuit. Jam notum quidem est, ' ut' poni interdum pro, quod; ejusque rei exempla sup. ad v. 3. 3. ex ipso Nostro congesta sunt: sed nescio tamen, an retinend. hic potius sit *ubi*: quia et omnes codd. ita habent, et verbum non conjunctivi sed indicativi modi subjunctum est, et ipsum denique ' ut' sequitur. Ceterum *ubi* .pro, si aut quia, non insolens. Cæcina in Ep. ad Cic. quæ est 7. lib. VI. ' Ubi hoc tu omnium patronus facis, quid me sentire oportet?' Val. M. v. 3. Ext. 2. ' Quid aliæ faciant urbes, ubi etiam illa tam ingrata extitit?' *Voss.* Illud *ubi* explicant per, si vel quia. Mihi tamen locus videtur corruptus, cumque Freinsh. scribo *uti*, vel potius *ut*, cum illud *i* ex seq. voce huic adhæserit. Ceterum illud *ut* non puto positum pro, quod, sed usurpatum pro, quomodo, qua ratione. Ut sup. I. 5. ' Scribit ei, ut ablegatus in Persas ab avo fuerit, ut occidi eum parvulum avus jusserit, ut beneficio suo servatus sit.' Qui locus huic est prorsus similis, cujus exemplo etiam mox *potuerit* pro *potuit* scribend. *Schef.*

In tanto populo] H. e. in tanta multitudine filiorum, audaci satis metaphora, qualis est etiam ap. Gregorum

III. 1. Ὁ δῆμος μειραιδων. Ita Sen.
Benef. VI. 33. ' Populus amicorum.'
Flor. I. 1. 17. ' Populus virorum.'
Audacius Manil. ' Aërei populi,' de
avibus : et ' Populos exponere captos,' de piscibus. Colum. IX. 13. ' Duo
populi conjungi debeat,' de apibus.
Apul. VI. ' Sepedum populorum undæ,' de formicis : de quibus et Proverb. XXX. 25. ' Formicæ populus
infirmus.' Audacissime Sidonius VI. 1.
' Scelerum populus,' pro, copia pec-
catorum : ubi plura id genus exempla
notavit Savaro. *Berneccer*. Ov. XI.
M. 635. ' At pater e populo natorum
mille suorum Excitat,' &c. Et Sen.
Ep. 105. ' Habet unusquisque aliquem cui tantum credit, quantum
ipsi creditum est : ut garrulitatem
suam custodiat, et contentus sit unus
auribus, populum faciet.' Id. I. N.
Q. 5. ' Sunt quædam specula ex multis minutisque composita : quibus si
unum ostenderis hominem, populus
apparet.' Et Plin. XXXV. N. H. 2.
' Semper defuncto aliquo, totus aderat familiæ ejus, qui unquam fuerat,
populus.' *Gron.*

§ 7 *Adeone*] Angli sine interrogatione *Adeo*. Probo. *Schef.*

CAP. II. § 2 *Fraterno bello*] I. e.
fratris, Artaxerxis, bello. Est autem
' fratris bellum,' id quod cum fratre
geritur ; quemadmodum ' bellum A-
theniensium' dicitur id quod geritur
cum Atheniensibus III. 6. 10. et
' Alexandri,' quod cum Alexandro
XIII. 5. 9. Sic et paulo post ' jurgia
patris' sunt jurgia cum patre, vel in
patrem. *Vorst.*

Supra] Fine lib. V. *Bern.*

§ 3 *Cedere*] Sich. mallet *credere*.
Non bene. Vid. Notam ad I. 10. 12.
Id.

Darius postulaverat] Lex erat ap.
Persas, δωρεὰν αἰτεῖν τὸν ἀναδειχθέντα,
καὶ διδόναι τὸν ἀναδείξαντα πᾶν τὸ αἰτη-
θὲν, ὅντερ ᾖ δυνατόν. Plut. Artax.
c. 42. *Bong.*

Pro indulgentia sua in liberos] Post-

rema duo vocabula pro glossematis
habeo, ac propterea puto delenda.
Schef.

§ 4 *Solis eam sacerdotio præfecit*]
Plut. Artax. c. 43. Dianæ quæ est
Ecbatanis, ἣν Ἀνεῖτιν καλοῦσιν. Bongars. Simillima ratione in India occi-
dentali, toto Pervano tractu, priusquam sacris Christianis imbuerentur,
' crebra et magna templa dicata Soli,
et in iis virgines sæpe ducentas fuisse,' Lips. Syntagm. de Vesta cap.
15. refert : ' e quibus si qua corpus
polluisset, morte luebat, nisi tamen e
Sole se concepisse [vide superstitiosam
credulitatem] sancte adjurasset.' *Ber.*

§ 5 *In jurgia*] Quidam Mss. in in-
juriam. ' Injuria' etiam verbis fit, ut
JCti docent. Tertull. ' Omnis injuria,
s. lingua, s. manu, incussa.' *Bong.*

Deprehensus] Conjurationem pro-
dente quodam eunucho. Plut. Artax.
c. 45. *Bern.*

§ 6 *Conjuges quoque omnium cum liberis*] Marcellin. XXIII. 81. ' Leges
apud Persas impendio formidatæ, inter quas diritate exuperant latæ contra ingratos et desertores, et abomi-
nandæ aliæ, per quas ob noxam unius
omnis propinquitas perit.' Exempla
sunt ap. Herod. III. 119. et in Epist.
Artaxerxis ap. LXX. Interpp. cap.
VIII. 11. Esther. Neque mitior lex
Macedonum, ' qua cautum erat, ut
propinqui eorum, qui regi insidiati
essent, cum ipsis necarentur.' Curtius VI. 11. 28. Quomodo et Impp.
Arcadii et Honorii constitutione
pœna in partem ad filios extenditur,
quorum parentes læsæ majestatis
reatum incurrerunt. L. 5. Cod. ad
L. Jul. Maj. *Id.*

§ 7 *Morbo ex dolore contracto*] Ὑπὸ
λυπῆς καὶ δυσθυμίας, Plut. Artax. In
libello περὶ Φιλαδελφίας mendose legitur Ξέρξης pro Ἀρταξέρξης. *Bongars.*
Inf. XXXII. 3. 4. ' Morbo ex ægritudine animi contracto :' et XXXVIII.
2. 2. ' Ex ægritudine collecta infir-
mitate.' Nam ' ægritudo' et ' ægri-

tudo animi' nihil aliud quam, dolor. *Vorst.* Saxo II. p. 28. 43. 'Snanhuita parvo post et ipsa morbo ex mœstitia contracto decedit:' XIV. p. 288. 6. ' Languore ex molestia contracto.'

Rex quam pater felicior] Ita de Augusto Suet. et Tac. III. A. 24. 2. *Bern.*

CAP. III. § 1 *Ocho*] Qui et ipse ' Artaxerxes' dictus est. Diod. XV. est. *Bong.*

Cognatorum] Barn. Brisson. 1. de Regno Persico, censet, Auctori sermonem hic esse de cognatis Regis honorariis, qui hoc sine re nomen tenuerunt. Et sane tributum ap. Persas id nomen iis quoque, qui nulla sanguinis cognatione regem attingerent, apparet ex III. Esdr. IV. 42. et Josepho XI. Antiq. 4. Ubi rex Darius, inter cetera victoriæ præmia, tribus satellitibus hoc quoque proposuit : ' Et cognatus meus vocaberis.' Alexandrum etiam hoc honore Persas qnosd. affecisse, Arrianus VII. p. 153. f. memorat. Add. Diod. XVII. 20. &c. Curt. III. 3. 20. et IV. 11. 1. Instar moris huj. et in aulam Imperatorum Orientis postea translatum est, ut quidam honoris causa Βασιλεωσυγγενεις, *Imperatoris patres*, dicerentur, quo de Meursii Glossarium. Verumtamen h. l. de ' cognatis' proprie dictis esse sermonem apparet cum e subjecta voce ' sanguinis,' tum quod addit Auctor, ' Ochum innocentiorem fratribus parricidiis non fuisse, paremque conjurationem timuisse.' Hæc enim ad honorarios illos cognatos referri non possunt : quales cum fere plurimi fuerint, (' decem et quinque millia cognatorum' Dario tribuit Curt. III. 3. 20.) quis tantam multitudinem, in quam conjuratio cadere nulla potest, ab Ocho sublatam credat? Qui tamen eorum sublati, hos addita vox ' principum' complectitur. *Bern.*

Et strage principum] Hic quoque metuo, ne vox *principum* glossatoris

sit, non Justini, qui cum ' cognatos' de principalibus viris usurpari ap. Persas legisset alicubi, præcedens ' cognatorum' ita putavit explicand. quanquam ea explicatio h. l. sit inepta. *Schef.*

§ 2 *Veluti purificato regno*] Allusio ad morem castrorum, post cædem ducum et militum. Hom. 1. Il. et alii, tum et Just. ipse, post mortem Alexandri M. *Fab.*

Cadusiis] Ita Ms. unus : ceteri *Adusis:* alii *adversis.* Vulgo male *Armeniis*, quia in seqq. legerant Codomannum Armeniis præfectum. Sed *Cadusiis* legend. constat ex Diod. XVII. 6. a quo hæc petenda. *Bong.*

§ 3 *In eo cum adversus provocatorem hostium Codomannus quidem omnium favore processisset, hoste cæso*] Freinsh. exigua mutatione multo concinniora hæc facit : *In eo adv. pr. h. C. quidem cum omn. f. processit, et h. c.* Bern.

Provocatorem hostium] Seb. non male *hostem.* Idem. Aut *hostem* cum Sebis. legend. aut *hostium* prorsus delend. quod f. melius. Sane *provocator hostium* esset, qui hostes provocat, ad certamen puta singulare. Jam vero etiam sine illo *hostium* hoc intelligitur. *Schef.*

Omnium favore processisset] Antiquiores edd. *cum omn. f. p.* quod magis placet. *Ver.*

§ 5 *Post mortem Ochi*] Ab ennucho Bagoa veneno necati, Diod. XVII. 5. Cadaver ipsius Bagoas felibus objecit, et ossa quædam illius exprobrandæ crudelitatis causa convertit in manubria gladiorum. Ælian. VI. V. H. 8. *Bern.*

Post mortem Ochi regis rex a populo constituitur] Codomannus puta. Præteritur autem Ochi filius Arses, qui et ipse aliquandiu rex fuit. Ochum nimirum ob crudelitatem Bagoas veneno sustulit, inque ejus solio filium Arsen collocavit. Arses vero tribus modo annis imperium tenuit, ab eodemque Bagoa una cum prole et ipse

interemptus est. Cumque ita stirps
regia prorsus exstincta esset, in fastigium istud idem Bagoas evexit Codomannum. Videsis Diodorum Siculum
XVII. 5. *Ver.*

Rex a populo] Cum prius fuisset
'Ασrάνδης, s. 'Ασκάνδης, i. e. ἡμερόδρο-
μος, ut Hesychius interpretatur. Plutarchus Alexandro c. 29. et de Fortun. Alex. Orat. ι. 1. et ιι. 18. *Bong.*

Darii, &c.] Tac. ιι. H. 89. 'Sic
Capitolium ingressus atque ibi matrem amplexus Augustæ nomine honoravit.'

Honoratus] Mss. habent *ornatus*,
quod præfero; alterum puto esse
glossatoris. *Schef.*

§ 6 *Alexandro Magno*] Cur Alexander, cur Pompeius, Magni potius
dicti sint, quam Maximi, docere et
causam dicere videtur ad illud Virgilii ex divina Æneide Servius; non
ignobilis ille, qui vulgo circumfertur,
sed membranaceus noster longe doc-

tissimus; his verbis: 'A Magno demissum nomen Iulo:' 'Sicut Alexander; sicut Pompeius. Græci enim
omne magnificum magnum vocant;
ut, 'mater magna,' 'Dii magni.''
Mod. Senec. Epist. 91. 40. 'Alexander, Macedonum rex, discere Geo-
metriam infelix cœperat, sciturus
quam pusilla terra esset, ex qua
minimum occupaverat. Ita dico, infelix, ob hoc, quod intelligere debebat, falsum se gerere cognomen: quis
enim esse MAGNUS in pusillo potest?'
Vid. eund. Brevit. Vit. cap. 14. et
Modium b. l. *Bern.*

Diu variante fortuna] Imo fere semper adversa. *Idem.* Mallem illud
'diu' ad præcedd. referre, et a seqq.
commate distinguere. Sic enim omnia melius convenirent historiæ, cum
bellum quidem gesserit diu, fortuna
vero cito cœperit variare, ac in Alexandri inclinare partes. *Schef.*

LIBER XI.

CAP. ι. § 1 *In exercitu Philippi,
sicuti variæ gentes*] Duobus lib. XI. et
XII. Alexandri Magni, Philippi F.
res gestæ continentur: quas libris 8.
Arrianus Nicomediensis complexus
est. Exstat de iis etiam Q. Curtii
Rufi Historia manca et lacera: eam
emendatam, et quantum potest ex
Vett. Codd. restitutam, edere in animo est. Ero ideo in horum 2. libr.
explicatione brevior. Legend. præter illos Diod. XVII. et Plut. Alex.
et Oratt. duæ de Fort. vel Virt. Alexandri, et Ælian. V. H. III. *Bongars.*
Præter commemoratos, Cicero, Plin.
Val. M. Zosimus, Apul. Oros. aliique
multi, hinc inde de Alexandro Magno
alius alia in litteras retulerunt. Gualterus etiam, poëta non contemnen-

dus, hoc argumentum peculiari poëmate tractavit, quod ad exemplum
Maronis et Statii 'Alexandreida' nominat. *Bern.*

§ 4 *Nonnulli facem, &c.*] Simili al-
legoria sed inversa usus Val. M. IX.
1. 9. 'Ex rogo filii maritalem facem
accendit.' *Vorst.* Ov. Ep. VI. 41.
'Heu! ubi pacta fides? ubi connubia-
lia jura? Faxque sub arsuros dignior
ire rogos?'

§ 6 *Et Thracas*] Angl. non agnoscit *et.* Schef.

Barbaras gentes, &c.] Liv. XXII.
22. 7. 'Talia sunt barbarorum ingenia: cum fortuna mutant fidem.' Et
XXVIII. 17. 5. 'Barbaris ex fortuna
pendet fides.' *Bern.*

Resisti nullo modo posse] Mss. sint

n. m. p. h. e. salvos esse non posse.
Probat hoc dicendi genus et vindicat
Gronov. ad Liv. iv. 12. quem vid.
Græv. Sisti in collectione Mss. Codd.
legitur, non autem resisti. Quam lect.
acriter et copiose probat doct. ille
Gronov. ad Liv. Sisti non potest idem
valet, ac si dicas : Nullus saluti locus
est : tanta clades, tanta calamitas,
non potest sisti. Faber. Codd. quidam Mss. teste Bong. sisti n. m. p.
Quod probat Gronov. ad Liv. iv. 12.
et bene Latinum esse adductis variis
Livii et aliorum locis demonstrat. Liv.
ii. 'Totam plebem ære alieno de-
mersam esse, nec sisti posse, nisi omnibus consulatur.' Ubi ' nec sisti
posse' idem est quod, nec rem salvam
esse posse. Item : ' Qualicumque urbis statu, manente disciplina militari, sisti potuisse,' i. e. rem servari,
rem salvam esse, potuisse. Rursus
iii. 'Si quem similem ejus priore
anno inter morbum bellumque irati
Dii tribunum dedissent, non potuisse
sisti,' i. e. actum fuisse, pereundum
fuisse. Plura id genus prædicto Notarum Gronovii ad Liv. loco vid.
Vorst. Ms. sisti nullo m. quod probant Gronov. Græv. Vorst. Mihi
Just. scripsisse videtur, si pariter
deficiant, res sisti nullo modo posse. Sic
rem sistere Virgil. vi. Æ. 858. ' Hic
rem Romanam, magno turbante tumultu, Sistet eques.' Schef. Angl.
sisti, quod Notator non sine ratione
probat. Hoc voluit: Futurum ut
undique impetum faciant. Tac. H. v.
21. 'Vadam Civilis, Grinnes Classi-
cus oppugnabant : nec jam sisti poterant.' Idem. Rectius hunc l. exposuit Gronov. et eum secuti Vorst. et
Faber. Græv.

§ 7 Queis rebus] Angl. His r. ex
glossa. Schef.

Veluti medela] Adspectum principis in calamitate populo solatium
esse, fuse Grut. Diss. 21. ostendit, ad
illud Taciti A. xv. 36. 'Sueti adversus fortuita adspectu Principis refo-

veri.' Bern.

§ 8 Pro conc. &c.] Saxo xiv. p.
277. 28. ' Suenonisque dolum pro concione causatus.'

Vulgus omne consolatus hortatusque
pro tempore est] 'Hortari,' pro, bonum animum habere jubere. Quod
apparet ex eo quod sequitur, ' spe
omnes impleret.' Ita fere et xi. 3. 1.
' In transitu hortatus Thessalos fuerat.' Et xi. 9. 13. ' Ad quas visen-
das hortandasque eam Alexander
venisset.' Deinde ' pro tempore'
idem quod, ut tempus fert et postulat, et ut Cic. vi. Fam. 12. loquitur,
' pro ratione temporis ;' vel, ut Suet.
in Cæsare, ' pro conditione temporis ;' vel denique, ut Plancus in Ep.
quæ est 10. lib. ix. Epp. Cic. ' ad
tempus.' Vid. et Lib. de Latinit.
mer. Susp. cap. 11. Vor.

Pro tempore] H. e. ' pro conditione
temporum,' ut inquit Suet. Cæs. 16.
2. Ita Sall. Cat. 30. 5. ' Pro tempore atque periculo exercitum comparare.' Tac. A. xii. 49. 4. ' Pro
tempore rebus turbidis consulere :'
longe alio sensu, quam hodie doctos
etiam hac uti phrasi videas. Ita Liv.
xxx. 10. 6. Bern.

Et spe omnes impleret] Bong. edidit
et in spem o. impelleret. Sequor scriptos libros. Venustior est oppositio,
demere, implere. Et ' spe implere'
phrasis est Justino familiaris. Impressi quidam etiam addunt spe sui.
Idem. Juntæ non abeunt a Mss. et
edd. aliarum lectione : in spem sui
o. impelleret. Sui tamen non agnoscunt Mss. sed assentior Berneccero.
Græv.

§ 9 Moderate] De Agricola Tac. in
ejus Vita cap. 18. 10. ' Ipsa dissimulatione famæ, famam auxit, æstiman-
tibus, quanta futuri spe tam magna
tacuisset.' Berneccer. Hoc ' moderate' non ad proximum ' multa,' sed
sequens ' pollicitus est,' referend.
Dicitur autem ' moderate polliceri,'
qui hoc facit verbis paucis, citra jac-

tantiam et ostentationem sui. *Schef.*

CAP. ii. § 1 *Prima illi cura*] Diod.
XVII. 2. Πρῶτον μὲν τοὺς φονεῖς τοῦ
πατρὸς τῆς ἁρμοζούσης τιμωρίας ἠξίωσε,
&c. *Bongar.* Causa traditur inf.
XI. 15. 12. *Bern.*

Ad tumulum patris occidi] Imp. Augustus 'trecentos ex dedititiis elec-
tos, ad aram D. Julio [patri] extruc-
tam, Idibus Martiis [qua patrata cædes ejus] hostiarum more mactavit.'
Sueton. Aug. 15. 2. Quo l. plura huc
pertinentia Casaubon. Add. Grut.
ad Hist. Aug. tom. i. p. 72. f. 1.
Bern.

§ 2 *Lyncistarum*] Populus est Macedoniæ, qui Λυγκῆσται dicitur Thucyd. ii. 21. 26. Plin. iv. N. H. 10.
Ptolem. iii. 13. Strab. vero vii. Λυγ-
κεσταί, quomodo habent hic vett. libri.
Bongars. Leg. *Lyncestæ pepercit.* A-
lexander enim ille, qui ex Lyncestia
regione vicina Macedoniæ erat, 'Lyncestes' dicebatur. Unde ap. Ov. xv.
M. 329. ' Lyncestius amnis.' *Gron.*

Soli Alexandro Lyncistarum] Nihil
est hæc lect. Scrib. cum Junt. et
aliis antiquis libris et hic et inferius
Lyncistæ. Græv. Leg. *S. A. Lyncestæ* G. *Antipatri pepercit.* Iste Alexander Lyncestas, s. Lyncistes, a regione Macedoniæ dicebatur, quæ Lyncestia sive Lyncistis a Geographis
vocatur. Sed quid isthuc, G. *Antipatri?* Id vero est, *Genero Antipatri.*
Nam quemadmodum F. ponitur pro,
Filius, P. pro, Pater, A. pro, Avus,
ita et G. pro, Gener. At hæc nihil
sunt, dices, nisi hibernæ somnia. Imo
autem; nam Alexander iste Lyncista
re vera Antipatri gener erat, ut apparet ex cap. 7. ' Insidias ei ab Alexandro Lyncista, genero Antipatri, qui
præpositus Macedoniæ erat.' I nunc,
et nega nos bene legere. Et tamen isthæc ridendo dicimus, quanquam ridendo et paucis vera præloqui licet, ut
ait Magister ille noster. *Faber.* Editur vulgo *Lyncistarum fratri.* Solus cl.
Græv. cum in vetere ed. Junt. legis-

set *Lyncistæ fratri*, ita omnino et rescribend. putavit. Jam non video quidem, cur Alexander ille *frater*, et cujus frater, dicatur: sed rectius tamen
videtur *Lyncistæ fratri*, quam *Lyncistarum fratri.* At librarii, quod et
ipsi non caperent, cur Alexander iste
frater, et cujus frater dicatur, siquidem *Lyncestæ* legatur, pro *Lyncistæ* videntur scribere voluisse *Lyncestarum:*
parique modo 7. 1. et xii. 14. 1. ubi
τὸ *frater* non est additum. Sed *Lyncistarum frater* quid tamen erit? Λυγ-
κηστὰς vel Λυγκιστὰς, *Lyncestas* vel
Lyncistas, populum fuisse Macedoniæ,
ipsamque illorum terram Λυγκηστίδα,
Lyncestidem, vocatam, ex Thucyd.
Strab. Plin. et Ptolem. scire licet.
Sed non video, qui totius alicujus populi, Lyncestarum exempli gratia,
aut Thessalorum, frater dici aliquis
possit. Potius nomine gentili ap-
pellandus aliquis fuerit, dicendusque
Lyncestes, Thessalus. Et sane Alexandrum istum, cui Alexander rex
pepercisse dicitur, ab auctoribus
Λυγκηστὴς, *Lyncistes* vel *Lyncestes*,
vocatur. Videsis Diod. Arrian. et
Curt. Quidni igitur et a Nostro sic
appellatus credi possit? Præsertim
cum Junt. ed. ut dixi, manifeste sic
habeat *Alexandro Lyncistæ fratri*, et
alteris item locis, *ab Alexandro Lyncista* et *Alexandrum Lyncistam.* Ipse
quoque Bong. in var. lectt. monet,
quosd. typis expressos codd. habere
Lyncesta. Qui codd. cum ex codd.
Mss. et ipsi expressi sine dubio sint,
perinde id est, ac si in ipsis codd.
Mss. sic legeretur. *Vorst.* Emendant, *Alexandro Lyncista.* Atqui sic
et cap. 7. 1. et xii. 14. 1. Non potuit tot locis idem vocabulum esse
depravatum. Itaque nil muto; tantum post *Lyncistarum* pono comma.
Nec enim cohærent *fratri Lyncistarum*, sed *Alexandro Lyncistarum:* i. e.
Alexandro illi, qui fuit ex familia sic
dicta. Nisi malumus ita vocatum,
quod f. præfectus esset Lyncistis,

regioni sic dictæ, ut appellat Strabo, urbique Macedoniæ Lyncææ, cujus mentionem facit Hesychius, a Philippo patre. Fratri tamen simul Alexandri. *Schef.*

§ 4 *Gentes rebellantes compescuit*] Τὰ μὲν οὖν βαρβαρικὰ κινήματα καὶ τοὺς ἐκεῖ πολέμους κατέπαυσεν. Plut. Alex. cap. 19. Multa sunt in h. Auctore, quæ justum commentarium scribenti cum Græcis comparare operæ pretium esset. Ea hic annotare non est instituti nostri. *Bong.*

§ 5 *Exemplo patris*] Sup. IX. 5. 1. *Bern.*

§ 7 *Athenienses et Lacedæmonios*] Hæc est vett. libb. lect. Ex historia et seqq. pro *Laced.* legend. *Thebanos.* Non enim defecerunt Lacedæmonii, qui Philippi et Alexandri pacem semper spreverant. Sup. IX. 5. 3. et inf. XII. 1. 7. *Bongars.* In edd. priscis est *Athenienses et Thebanos:* quod certissimum ; et ita in opt. illa Junt. ed. qua usus est Græv. noster, aperte legere est. Et hoc notissimum est, Thebanos male inter Græciæ populos audisse, quod Persis faverent ; et ipse Just. alibi indicat. *Fab.*

Lacedæmonios] Just. *Thebanos.* Nec aliter legend. esse seqq. declarant. *Græv.* Bong. eumque secutus Bernecc. edidere *Athenienses et Lacedæmonios;* quod ita in codd. Mss. legeretur. Sed monet tamen Bong. pro *Laced.* legend. *Thebanos.* Deinde in var. lectt. et hoc notavit, quod codd. quidam typis expressi habeant *Athenienses, Thebanos, et Lacedæmonios :* id quod de antiquis etiam edd. Bech. Maj. et Sich. testari licet. Græv. autem testatur ed. Junt. habere planissime *Athenienses et Thebanos.* Quid ergo amplius tergiversaremur, neque *Thebanos* hic pro Lacedæmoniis substitueremus? *Vor.*

Athenienses et Thebanos] Sic ex Junt. et vett. edidit Vorst. probante Grævio. *Schef.* Angl. *Athenienses, Theba-*

nos, et Lacedæmonios. Nihil in vulg. mutand. *Græv.*

Magno auri pondere] Δωροδοκία et ἀργυράγχη Demosthenis ex Plut. in ejus Vit. cap. 35. Diod. XVII. 4. Agell. XI. 9. Dinarchi et Æschinis Oration. cont. Demosth. et aliunde nota est. Excusat tamen eum Paus. Corinthiacis. *Bern.*

§ 8 *A Triballis*] Ab *Illyriis* habet Arrian. I. *Bongars.* A Nostro stat Plut. in Vit. Alex. cap. 19. *Bern.*

Affirmaverit] Angl. *affirmaverat.* Servo vulg. *Schef.*

§ 9 *Præsidia*] Leg. *et pr.* Fab.

CAP. III. § 1 *Hortatus*] Peculiari notione pro, excitare : cui quodammodo affinis est XI. 9. 13. ubi ' hortari' pro, consolari, sumitur. Utramque nostris est, Einem zuſprechen. *Bern.*

Sub Æacidarum gente] Diod. XVII. 4. ἀφ' Ἡρακλέους. Erat autem Alexander paterno genere Ἡρακλείδης ; materno Αἰακίδης. Plutarchus, alii. Erat Hercules Thebanus, non Thessalus. In eund. lapidem impingit Just. cum paulo post cap. 4. 5. ait, ab Hercule Æacidarum gentem originem trahere. *Bong.*

Sub Æacidarum gente] Ms. Junt. et vett. edd. aliæ *ab.* Hanc lect. postulat Latinæ linguæ genius. Quid enim est *necessitudo sub Æacidarum gente?* inepte quoque interpreteris, sub Æacidarum imperio. Mox Junt. *increpitis.* Græv. Impressi pro *sub* habent *ab* Æacidarum gente, vera lectione ; sensus est : Vel usque ab ultima gente Æacidarum necessitudinem inter eos fuisse. *Faber.* Antiquiores edd. Bech. Maj. et, ut Græv. testatur, Junt. *ab.* Sed et Ms. quidam teste Bong. ita habet. Atque eam lect. genium Lat. linguæ plane postulare censet Grævius. *Vorst.* Rectius *ab.* Littera *s* ex fine præc. vocis male huic adglutinata est. Nescio tamen, annon scripserit Just. *ab* Æ. *gentem.* Potuit ultimæ litteræ

vocis *gentem* accidisse contrarium, et
absumta esse per a subsequens. *Schef.*
Angl. *ab Æ.* Videtur lect. hæc præferenda vulgatæ. Nam *necessitudo ab
aliqua gente* intelligitur ea, quæ ab ea
gente oritur, quod vult Noster. Non
sic *necessitudo sub gente.* Possunt
enim necessitudines inter se plurimum
existere etiam sub gente peregrina.
Ita *ab* adhæsit littera *s* a voce præc.
Ita natum *sub.* Schef.

§ 2 *Exemplo patris*] Sup. VIII. 2. 1.
Bern.

§ 4 *Pueritiamque Alexandri spre-
tam*] Demosth. Alexandrum ' puerum et margiten,' h. e. fatuum, iner-
tem, vocabat. Plut. in Demosth.
cap. 32. et Alexand. cap. 19. *Id.*

§ 7 *Nec deprecatione*] Anglicanus
hæc omittit. *Schef.*

§ 8 *Socii*] Diod. XVII. 14. Σύνεδροι.
Bong.

§ 10 *Odium*] Sich. *odio* mallet. Sed
illud rectum est: sicut contr. 'amor
deliciæque' pro homine amato. Ita
formosas 'dolores oculorum' dixit
Alexander, Plut. in ejus Vit. c. 36.
Uxor 'desiderium oculorum' Eze-
chiel, XXIV. 16. *Bern.*

Jurejurando se obstrinxerint, ut, &c.]
Pro, victis Persis Thebas se diruturos
esse. Cujus generis plura ad v. 3. 3.
et IX. 2. 12. notavimus. *Ver.*

CAP. IV. § 1 *Cleadas*] Liber ἀνώνυ-
μος de Vita Alexandri, quem mihi ex
bibliotheca reginæ matris utendum
dedit doctiss. Fr. Pithœus, refert
Ismeniam quend. Thebanum, τῆς ἀδ-
λομελοδίας ἔμπειρον ἄνθρωπον καὶ σοφὸν
τῇ γνώμῃ τυγχάνοντα, in Thebanorum
gratiam ap. Alexandrum dixisse. *Bongars.* Junt. *Eleadas.* Græv.

Non a rege se defecisse] Leg. *defecisse SE, quem, &c.* Faber. Istud *se*
in 4. codd. invenerunt Oxonn. merito-
que probante Schef. reposuerunt, adstipulante Junt. *Græv.*

§ 3 *Credulitatis*] 'Quæ error est
magis, quam culpa; et quidem in

optimi cujusque mentem facillime ir-
repit:' Planc. ad Cic. Fam. x. 23.
Vid. et Polyb. VIII. 2. *Bern.*

§ 3 *Ut nihil amarius unquam sint
passi*] Angl. *amarius, quam sint passi,
deprecentur, nec jam.* Valde placet.
Pulchre quippe respondet sequens
' orare,' quod alias non haberet, quo
satis commode referatur. Illud *deprecari* Noster quoque alibi sic usurpat, ut II. 6. ' Dum Darii corpus se-
peliant, dilationem mortis deprecantur.' Sic alibi. *Schef.* Non possum
h. l. probare codicis Angl. et qui eam
laudant, scripturam. Plane hæc adversantur sententiæ huj. orationis,
quæ hæc est: Fæminas et senes ita
stupris et contumeliis vexatos esse,
ut nihil ullo tempore acerbius sint
passi, nec jam pro civibus se tam paucis orare qui supersint, ut illis par-
catur, sed pro patriæ solo. Hæc liquida sunt: illa non obscura solum,
sed aliena cum ab h. l. tum ab ipsa
Lat. lingua. Quis enim sic loquitur:
Ita vexatus sum, ut nihil amarius,
quam sum passus, deprecer? Aut, si
quis ita loqueretur, a quo intelligeretur? *Græv.*

§ 4 *Quæ non viros tantum, verum et
Deos, genuerit*] Bacchum nimirum, et
Herculem. Hinc explica vv. illos
Sophoclis, qui ap. Dicæarchum exstant: Θήβας λέγεις μοι, τὰς πύλας
ἑπταστόμους, Οὗ δὴ μόνον τίκτουσιν αἱ
θνηταὶ Θεούς. Quos vv. perperam corrigunt. Statim post leg. ex Ms. Biblioth. Lugd. *actæque Thebis a patre
ejus Philippo pueritia.* Voss.

§ 5 *Actaque Thebis*] Sup. VII. 5. 3.
Berneccer. Cum sc. a fratre Alexandro Thebanis obses datus in domo
Epaminondæ vitam egit. Vid. VII. 5.
Pro *acta pueritia* quidam codd. testibus Bong. atque Voss. habent *acta
pueritiæ:* quam lect. iid. et probant.
Mihi tamen altera lect. magis placet:
ut *acta Thebis a patre ejus pueritia* sit,
propter actam Thebis pueritiam, vel

quod pueritiam Thebis pater egisset; quemadmodum ' deprecatur superstitione' est pro, deprecatur per vel propter superstitionem. Si legatur *aute pueritia*, oportebit id referri ad vocem, quæ præcedit, ' superstitione.' Atqui hoc non potest: non enim pro superstitione haberi potuit quod pueritiam Philippus Thebis egerat, quemadmodum quod Hercules, quem pro Deo colebant, ap. Thebanos genitus fuerat, pro superstitione haberi poterat. *Vor.*

§ 7 *Urbe diruitur*] Præter Arrian. i. Diod. XVII. 13. et 14. Plut. in Alex. c. 19. et 20. vid. Ælian. V. H. XIII. 7. Paus. Arcad. et Strab. IX. qui Thebas suo tempore vix tueri scribit, οὐδὲ κώμης ἀξιολόγου τύπων. *Bong.*

Captivi] Quorum erant 30. M. Ceciderant autem 90. M. Plut. Alex. c. 20. Ælian. V. H. XIII. 7. *Idem.* Ælian. de captivis consentit: occisorum autem circiter 90. M. corrupto f. numero, refert. Iid. et Arrianus I. addunt Pindari domum, ejusque stirpem, ab Alexandro, poëtæ nobilissimi reverentia ducto, sartam tectam conservatam : sacerdotibus item utriusque sexus et Macedonum hospitibus parcitum fuisse. De Pindari familia consentit etiam Plin. VII. 29. *Bern.*

Sub corona venduntur] Non quod corona militum, custodiæ causa, captivorum venalium greges circumstaret : sed quia jure belli captos coronatos vænire mos erat. Vidend. Agell. VII. 4. *Bern.*

§ 8 *Extenditur*] Ut tanto pluris sc. vænirent, quanto cupidius ab inimicis emerentur. Hisp. interp. exiguo pretio venditos ait, quasi per contemptum. Sed verbum ' extenditur' hanc significationem non admittit. Diod. XVII. 14. e captivorum distractione talenta 440. redacta scribit, opinor Attica ; quæ si singula 600. coronatis æstimentur, uni captivo a 30000. illis evenerint coronati prope 9. *Idem.*

§ 9 *Aperuere*] Reddentes vicem beneficii, quale et ipsi acceperant. Sup. v. 9. 4. et 5. *Idem.*

§ 10 *Ut oratores, &c.*] Quorum nomina referunt Arrian. I. et Plut. Alex. c. 32. *Idem.*

§ 11 *Ne cogantur*] Ms. Bong. *ne hæc cog.* Optime. Porro sic distingue : *paratisque Ath., ne hæc cogantur, subire bellum, eo res, &c.* Gron.

Retentis oratoribus] Demosthenes recitato in concione, de lupis ab ovibus deditionem canum postulantibus, Apologo, obtinuit ne dederentur : Plut. in Alex. cap. 33. excepto tamen Charidemo, qui, ex oratoribus unus exulare jussus, in Asiam ad Darium profugit. Arrian. I. *Bern.*

§ 12 *Ad Darium profecti*] Arrian. solum Charidemum nominat. *Bong.*

CAP. V. § 3 *Et*] Hoc *et* ex præc. vocabulo repetitum nullius usus videtur. *Fr.*

Reges stipendiarios] In exercitu Alexandri ' Pythagoram regem Cypriorum' memorat Curt. IV. 3. 19. an et alios, jam non occurrit. Frontin. Strat. II. 11. 3. scribit ' Alexandrum, devicta perdomitaque Thracia, reges eorum præfectosque secum in militiam Asiaticam velut honoris causa traxisse.' Hi tales fuerint, quales Romanorum auspiciis et arbitrio regnarunt, precarii et vix reges. Freinshemium add. ad Surium p. 515. *Ber.*

Conspectioris ingenii] ' Quibus videbatur inesse cura detractæ libertatis,' ait Frontin. ib. Exempla plura Principum, qui suspectos aut æmulos per speciem honoris abstraxerunt, referuntur a Grut. Diss. 36. ad Tac. Add. inf. XII. 14. 5. *Idem.*

Ad commilitium secum trahit] Tibullus I. 11. ' Nunc ad bella trahor.' Ceterum *trahere* sæpe id. est quod, ducere. Val. M. v. 4. 1. ' Volumniam uxorem ejus et liberos secum trahens castra Volscorum petiit.' *Vor.*

§ 4 *Adunato*] Ita Ms. et quidam

impressi, rectius, opinor, quam quomodo Bong. edidit, *Adornato:* maxime cum et alibi sic loquatur Auctor
iis locis, quæ Freinshemii monstrat
Index. *Bern.*

Duodecim aras Deorum] Scribi volui,
Duodecim aras Deorum, per literas ma-
jusculas; neque id temere, (in hac
enim ed. nihil somniculose executi sumus,) non autem sunt duodecim aræ,
sed aræ 'Duodecim Deorum.' Qui autem illi Duodecim Dii sint, facile ex
his duobus Ennii vv. discas: ' Juno,
Vesta, Minerva, Ceres, Diana, Venus, Mars, Saturnus, Jovis, Mercurius, Neptunus, Apollo.' Hi 12. Dii
ab Ovidio dicuntur *Dii nobiles,* ad
distinctionem Semideorum, Nympha-
rum, Faunorum, Satyrorum, et Syl-
vanorum: i. M. ' Dextra lævaque
Deorum Atria nobilium valvis celebrantur apertis.' Alibi vocat, ple-
beios Deos, s. de plebe Deos. Notiss.
autem est et decretum illud Lacedæmoniorum super Alexandro, qui se
inter 12. Deos referri volebat; ita
illud genus, ubi se hominem esse ob-
liviscitur, ridiculum est et ineptum.
Verum Arrian. 3. tantum Deos h. l.
commemorat, queis Alexander rem
sacram fecerit. Ita est; sed nunc
non ad Arrian. scribimus, imo, ad
Just. *Faber.* Singulis nimirum majorum gentium Diis unam. Duodecim
Deorum nomina disticho inclusit Ennius hoc modo; ' June, Vesta, Minerva, Ceres, Diana, Venus, Mars,
Mercurius, Jovis, Neptunus, Vulcanus, Apollo.' Vid. Commentarium
Merulæ ad lib. i. Annal. Ennii. A-
thenis Euphranor, nobilis pictor, 12.
Deos. pingere conatus est; sed in
ipso opere defecit. Vid. Plin. xxxv.
11. Paus. Atticis et Val. M. viii. 11.
Ext. 5. Herod. quoque in Erato 12.
Atheniensium Deos nominat; et in
Euterpe scribit, Ægyptios primos 12.
Deorum nomina in usu habuisse, et
ab illis Græcos fuisse mutuatos. *Ver.*

Aras Deorum] Jovi Descensori, et

Minervæ, et Herculi structas aras ait
Arrian. i. *Bern.*

§ 6 *Littore excederet*] Junt. *cederet.*
F. *littori accederet.* Mox iid. et Ms.
longinqua a domo militiæ. Græv. Suspicantur viri doctiss. *litore accederet.*
Sed puto, agi h. l. de abitu Alexandri
ex Europa, in quo pariter, ut in adita
ad Asiam, sacrificia fecit. Arrian. i.
' Ferunt altaria struxisse Jovi descensori, et Minervæ, et Herculi ibi,
unde ex Europa solvit, et in eo Asiæ
loco, in quem descendit.' Sane et
quæ proxime præcedunt de divisione
patrimonii inter amicos, non in Asia,
sed Europa, facta sunt. *Schef.*

§ 7 *Quibus longæ, &c.*] Sed quot annorum illa ratio est? Crederes enim,
12. aut 13. seculorum. At nil tale
est; nam a Cyro imperii Persici con-
ditore ad Darii mortem anni sunt 230.
non plures. Sic Nereus, ap. Horat.
regnum Priami *vetus* appellat: ' Con-
jurata tuas rumpere nuptias, Et regnum Priami vetus:' et tamen a Dar-
dano et Teucro ad finem Priami non
possunt esse plus quam 300. *Fab.*

§ 8 *Præsumptio*] I. e. persuasio,
fides, fiducia, opinio. Sic iii. 4.
' Itaque cum, contra præsumtionem
suam, annis decem in obsidione urbis
tenerentur;' i. e. contra quam sibi
proposuerant, vel præter animi opinionem. Cum autem ' præsumere' et
' præcipere' sint fere idem, huc quoque sine machinatione istam Virgilii
vs. trahas: ' Omnia præcepi, atque
animo mecum ante peregi.' *Faber.*
Plin. ix. Ep. 3. ' Alium ego beatissi-
mum existimo, qui bonæ mansuræque
famæ præsumtione perfruitur:' vid.
ibi Buckner. *Græv.*

§ 9 *Longinqua domo militiæ*] Ms. a
domo, quod præfero, habetque sic
Junt. *Schef.*

§ 10 *Jaculum*] Δόρυ. Diod. xviii.
17. *Bong.*

Tripudianti similis] Membranæ meæ
tripudiantis: quo modo dixit Plaut.
Asinar. ' Hic quæstus noster aucupii

est simillimus :' et Plin. H. N. xii. 17. ' Mastiche tertia in Ponto bituminia similior.' *Mod.*

§ 11 *Precatur*] Leg. *precatus.* Fab. *Ne se regem, &c.*] Virgil. fine Georg. de Imp. Augusto : ' Victorque volentes Per populos dat jura.' Ita Demosth. in Philipp. ἐκόντων ἦρξαν 'Ελλήνων, quam summam laudem gubernatoris esse, Xen. ait in Œconom. Videsis Ælian. xii. V. H. 9. de Timesia, ultro imperium abdicante, quod omnibus odio se esse videret. At non hodie tantum aut heri, ' ostentandæ per terrores potentiæ dira, sed frequens magnis imperiis, gloria.' Sen. de Clem. i. 1. *Bern.*

§ 12 *Heroum*] Palmaria correctio, cujus inventæ laudem ingenio Sebisii transcribo : temeritatis, si qua est, culpam, qui nulla Mstorum auctoritate comprobatam in textum ausus sum admittere, mihi servo. Faciebat audacem et vocum affinitas, cum ex *eorum*, quomodo hactenus omnes edd. habebant, in *heroum* facilis sit transitus : et vero consensus auctorum. Nam et Plut. in Alex. c. 24. et Diod. xvii. 7. Alexandrum Ilii *heroum* tumulos in transitu veneratum scribunt. *Berneccer.* Nunc præfero vetus *eorum.* Nam non tantum ad heroum tumulos parentavit Alexander ; sed et ceterorum Trojano bello cæsorum, uti citato l. diserte addit Diod. *Idem.* Admisi conjecturam Sebisii, qui legit *heroum.* Notiss. autem est illa tempora dicta fuisse heroica. In omnibus tamen libris scriptum est *eorum.* Faber. Illud *heroum* in posterioribus edd. Ultrajectina, Lugdunensi, ipsaque Argentoratensi servatum video. Merito autem Bernecc. repudiavit rursus. Nam nec in ullo cod. Ms. aut antiquiore typis expresso repertum illud fuit ; et Diod. xvii. 17. scribit, Alexandrum non ad tumulos heroum tantum, sed et ceterorum, qui Trojano bello perierunt, parentasse. *Vorst.* Merito Bernecc. hanc emendationem

Sebisii probavit, sequentesque editores, ut et recentissimi Faber et Oxoniensia, quia nihil certius non tam bello Trojano cæsorum (quot enim homines nihili ceciderunt ?) quam eximiorum heroum manibus parentasse Alexandrum. *Grav.*

CAP. vi. § 1 *Milites*] Ms. *militem*, quod est elegantius, et f. alterum glossatoris est, non Justinj. *Schef.*

Parcendum suis rebus] Ita Crœsus Cyro suadens, ne Lydiam populandam militi daret, ' Non meam,' inquit, ' urbem, non res meas, diripies, nihil enim ad me jam ista pertinent : tua sunt : tua illi perdent.' Herod. i. 88. Add. monitum Quintii Flaminii ap. Plut. in ejus Vita c. 7. Alexandri Ætolorum principis ap. Liv. xxxii. 33. 11. Athenionis in Excerpt. Diodori xxxvi. p. 847. pr. Nam, ut inquit Jocasta ad Polynicem, Sen. Theb. act. iv. ' Quæ corripi igne, quæ meti gladio, jubes, Aliena credis.' ' Nullum desperationis [Persarum] majus indicium [Alexandro fuit] quam quod urbes, quod agros suos, urerent : quicquid non corrupissent, hostium esse confessi :' Curt. iv. 14. 2. Add. Plut. Demetr. c. 8. f. Pertinet huc expositio Freinshemii ad Curt. v. 6. 12. *Bern.*

§ 2 *In exercitu ejus*] Plut. in Alex. c. 28. scribit, quosd. Alexandro tribuere τρισμυρίους πεζούς, (et tot edit Diod. xvii. 17. et Arrian. i.) alios τετρακισχιλίους καὶ τρισμυρίους.. Equitum autem illi 5. M. hi 4. fuisse tradiderunt. Diod. in numero equitum consentit cum Justino : navibus autem longis 60. trajecisse Hellespontum refert. Frontin. iv. 2. 4. solis hominum 40. M. orbem terrarum aggressum scribit. *Bong.*

§ 3 *Utrum admirabilius vicerit, an aggredi ausus fuerit, incertum est*] Legitur vulgo *utr. sit admirabilius, vicerit, an.* Putarunt enim librarii ' admirabilius ' esse nomen, eique necessario verbum substantiv. addi oportere. Ve

rum verba ' vicerit' et ' ausus fuerit,'
quæ conjunctivi modi sunt, et propter voculas ' utrum' et ' an,' quæ talem modum requirunt, posita ita sunt,
satis declarant *sit* hic locum non habere. ' Admirabilius' est adverbium
comp. gradus : cujus positivo *admirabiliter* usus Auctor est I. 8. 14. quod
scripsit ' admirabiliter insignis.' Ceterum toti structuræ periodi similis
est illa, quæ v. 4. 13. apparet : ' Certant secum ipsi, utrum contumelio-
sius ipsum expulerint, an revocarint
honoratius.' *Vor.*

· *Utrum admirabilius vicerit, an aggredi ausus fuerit, incertum est*] Sic
rectissime Junt. ut ante legend. esse
viderat doctiss. Vorst. Vulg. est in-
sulsissima. *Græv.*

§ 6 *Principia castrorum*] De militia
Macedonica loquitur Auctor more
Romanorum, quibus ' principia' locus castrorum princeps et sacer, et
quia in iis aquilæ et signa, i. e. Dii
militares : item in iis, aut juxta illa,
Tribuni, Præfecti, honestissimi De-
curionum et Centurionum. Plut. in
Galb. c. 17. Ἀρχαῖα, ἃ πρυτανεῖα Ῥωμαῖοι καλοῦσι. Statius etsi in re Græca
circumscribit x. 171. ' Ventum ad
concilii penetrale, domumque veren-
dam Signorum.' *Initia* vocat Sidon.
Apollin. I. 11. si recte locum capio :
' Quem inter initia cognosci, claritas
vitrici magis quam patris fecit.' *Berneccer.* ' Principia' h. l. metonymice
usurpavit Auctor pro ipsis principibus, qui alias ' optimates castrorum'
dicuntur. Vid. IV. Obs. 10. *Gronov.*
Quæ sint principia in castris, diligentissime ostendit Lips. in Libb. de
Militia. *Fab.*

§ 8 *Affirmans suis, occulta consilia
victoriæ furtivæ convenire*] Sapor ap.
Marcellin. XVII. ' Illud apud nos nunquam acceptum fuit, quod adseritis
vos exsultantes, nullo discrimine virtutis ac doli prosperos omnes laudari
debere bellorum eventus.' Diod.
ἀκέξιον id ait τῆς Περσῶν μεγαλοψυχίας.

Bongars. Secuti sumus Gruteri judicium in Notis ad Liv. I. 11. 8. cen-
sentis locum ita restituend. auctoritate Mss. ejecta *non.* Id. enim Darius
dicit, quod Alexander ap. Curt. IV.
13. 8. ' Latrunculorum et furum
ista solertia est, quam præcipitis mihi, quippe illorum votum unicum est
fallere.' De Parthis rex eorum Sapor ap. Ammian. XVII. 10. ' Illud
apud,' [&c. V. sup.] Quanquam et
Romanis, nimirum antiquis, hanc animi magnitudinem tribuit Liv. XLII.
47. 5. &c. Tac. A. II. 88. 2. Atheniensibus Thucyd. II. 8. 24. Achæis
Polyb. XIII. 11. Helvetiis Cæs. B.
G. I. 13. Verum ista plerumque jactantius dicuntur, quam fiunt. *Berneccer.* Recte Bernecc. negativam
voculam expunxit, neque, ut Bong.
edidit, *victoriæ furtivæ non convenire.*
Voculam eam et ab ed. Becharii abesse video. *Vor.*

Victoriæ furtivæ] Thucyd. v. 2. 5.
strategemata vocat apposite κλέμμα-
τα, h. e. interprete Sall. H. I. 4. 13.
' furta belli.' Huc respicit et Tac. A.
III. 74. 2. ' Tacfarinas furandi bonus.'
Alexandri celebre dictum est ap. Plut.
in ejus Vit. cap. 57. Οὐ κλέπτω τὴν
νίκην, *Non furor victoriam.* Bern.

§ 9 *Hostem regni finibus arcere*] An
præstet, bellum domi excipere, an
vero in hostilem agrum inferre, disputatur in Liv. XXXI. 7. Add. Nostr.
I. 8. 2. XXII. 5. 4. et 5. *Idem.*

§ 10 *In campis Adrastiis*] Steph. de
Urb. Ἀδράστειας πεδίον, per quod fluit
Granicus fl. a quo hoc prælium dicitur ' ad Granicum.' Strab. XIII. *Bongars.* Ms. *Adrastiis.* Junt. *Adrastia :*
ut Græcis, Ἀδράστειας πεδίον. *Græv.*
Legend. *Adrastiis,* nam urbs · ipsa
dicebatur ' Adrastia.' *Faber.* Junt.
teste Græv. *Adrastia.* Quod magis
congruit cum Græco Ἀδράστειας πεδίον, quod habet Steph. *Vor.*

§ 11 *In acie Persarum sexcenta millia militum fuere*] Quis non miretur
tam impudens mendum a nemine hac-

tenus quod sciam reprehensum? Quis non credat duplo majorem exercitum ducum Darii fuisse, quam ipsius regis, quando ad Amanicas Pylas pugnaturus cum Alexandro venisset, ubi a Just. 300. M. peditum narrantur? Hic vero, si Diis placet, 600. M. Atqui quomodo hunc l. emendemus, non est certum, cum nec aliud in exemplaribus legatur, et ap. huj. historiæ scriptores tam varius prodatur numerus, ut pudor sit legentibus. Diod. verisimiliter 100. M. peditum, 10. M. equitum, habuisse Persarum duces scribit. Arrianus, cum Alexandri milites non multo pauciores quam Just. scripsisset, hostium peditatum minorem fuisse Macedonum peditatu inquit. Fuere autem Macedonum peditum 32. M. ut Just. paulo ante dixit. Quænam igitur erit huj. l. emendandi ratio? Ego, si conjectura satis sit, Just. arbitror scripsisse *In acie Persarum c. millia fuere*. Sicut et Diodorus. Lector quod placuerit sequatur. Mox *novem pedites de Alexandri exercitu occidisse* leguntur, ubi quidam codd. *noningenti* habent. Quid si *nonaginta* legamus? Cum Arrianus primo impetu 25. deinde 30. cecidisse dicat. Verum enim vero si pergam ostendere, quoties in talibus varient inter se auctores, res nunquam finem reperiet. Multa hic nobis transilienda ac dissimulanda. *Glar.*

In acie Persarum] Diod. XVII. 19. peditum 100. M. equitum 10. qui hoc prælio Persarum peditum 10. M. equitum 2. M. cecidisse auctor est: Plut. c. 26. peditum 30. M. *Bongars.* 'Sed quis aut in victoria, aut in fuga, copias numerat?' Curt. III. 11. 30. *Bernec.* Cl. Blancard. in Notis ad Arriani lib. I. existimat in grandi illo 600. M. numero grandem errorem commissum, et scribend. esse *sexaginta millia.* Nam si in primo certamine, quod absente Dario cum ejus ducibus fuit, 600. M. fuissent, nullam idoneam afferri rationem, cur Darius in præ-

lium Issicum cum 400. M. peditum ac 100. M. equitum processerit, ut ipse Just. huj. ejusd. lib. cap. 9. scripserit; et ingenio Darii institutisque gentis id refragari. Deinde esse et aliam causam, cur non legi hic possit *sexcenta:* quia nimirum Auctor inf. cum Darium 500. M. in aciem eduxisse scribit, addat, ' movisse hanc multitudinem hostium respectu paucitatis suæ Alexandrum:' nunc vero, ubi de primo prælio agit, nihil hujusmodi adjiciat. Agnosco sane et ipse, numerum *sexcentorum millium* huic l. minime convenire: an vero *sexaginta millium* scripserit Just. adhuc dubitari posse videtur. Quid si dicamus pro *sexcentorum* legend. esse *centum* aut *ducentorum?* Diod. certe XVII. 19. 100. M. peditum, et supra 10. M. equitum, in acie Persarum tunc fuisse scribit. *Vorst.*

§ 12 *Novem pedites*] Id. ex Aristobulo refert Plut. c. 26. et confirmat Oros. III. 16. et IV. 1. ne quis cum Glareano mendum hic esse suspicetur. Arrianus ex Macedonum auxiliis 25. cecidisse: ex reliquis equites 60. pedites 30. Plut. ex Aristobulo c. 26. τριάκοντα νεκροὺς γενέσθαι τοὺς πάντας. *Bongars.* Matthæus: ' In exercitu vero Alexandri 900. cecidere pedites et 120. equites.'

§ 13 *Impense ad ceterorum exemplum humatos*] Diod. μεγαλοπρεπῶς. *Bong.* Diod. XVII. 21. ' Rex suos magnifice sepulturæ tradit, excitatiores ad discrimina pugnarum reddere cupiens milites ejusmodi honestamentis.' Nostris moribus, nemo conqueri poterit, paucos esse viros fortes, qui impigre et intrepide in hostem vadant: quando nec vivi meritis præmiis, nec mortui dignis honoribus, afficiuntur. Add. inf. XII. 1. 1. *Bern.*

Ad ceterorum exemplum humatos] Antiquiores edd. Bech. et Maj. *ad cet. solatia.* Vorst.

Statuis equestribus] Τόβρων χαλκαῖ εἰκόνες ἐν Δίῳ ἑστῶσιν. Arrian. *Bongars.*

Æneas statuas in templo Jovis erectas, quas Lysippus statuarius Alexandri finxit, refert Arrian. I. *Bern.*

§ 14 *Post v.*] Vincent. IV. 27. 'Post
hanc vict.'

Major pars Asiæ] 'Η ἐντὸς τοῦ Ταύρου
καὶ Εὐφράτου. Strab. *Bong.*

§ 15 *Terrore nominis, &c.*] Sic Dola-
bella 'terrore nominis Romani' solvit
Numidarum obsidium. Tac. A. IV.
24. 2. Pro belli initiis ducem aut
timeri aut sperni, prolixe Grut. ostendit ad Tac. Diss. 8. *Bernec.* Saxo
VII. p. 139. 40. 'Regnorum omnium
motus nominis sui terrore cohibuit.'

CAP. VII. 1 *Indicio, &c.*] Id. XIV.
p. 359. 39. 'Quod Absalon captivi
cujusdam indicio expertus.'

Lyncistis] Secutus rursus sum ed.
Junt. quæ teste Græv. sic habet.
Vulgo editur *Lyncistarum.* De quo
quid sentiend. videatur, dixi supr. XI.
2. 2. *Vors.*

§ 2 *Post hæc*] Aliter Curt. III. 1.
16. &c. qui ante prælium hæc facta
memorat. *Bern.*

Gordien] Ita vett. omnes: Græci
Γόρδιον: et ita f. librarius scripserat,
ut inf. multis locis *Crateron:* τοῦ ο
facilis est in ε mutatio. Stephanus
vocat Γορδίειον. Hic initium habent
quæ ad nos pervenerant Q. Curtii
Fragmenta. *Bongars.* Videtur Auctor
scripsisse *Gordium.* Ut Liv. XXXVIII.
19. 'Postero die ad Gordium pervenit:' et Curt. III. 1. 'Gordium
nomen est urbi.' *Gronov.* Junt. *Gordieum.* Steph. Γορδίειον, aliis Γόρδιον.
Dein *jugum plaustri Gordii* ap. eosd.
Græv. Alii *Gordieum;* alii *Gordien,*
quod minus probem. *Faber.* Omnes
Mss. quos Bong. vidit, habent *Gordien.* Sed agnoscit id. scriptionem
eam minus recte se habere. Neque
novum est unum idemque mendum in
omnes, aut in plurimos, libros Mss.
irrepere. Mirum igitur quod Bong.
et secutus eum Bernec. ita edidere.
Est autem legend. vel, ut Bong. conjicit, *Gordion,* ex Græco Γόρδιον; vel,

at ed. Junt. teste Græv. habet, *Gordieum,* ex Græco Γορδίειον; quod habet
Steph. vel denique, ut quidam typis
expressi habent, et nunc nos edimus,
Gordium. Vors.

*Quæ posita est inter Phrygiam Ma-
jorem et Minorem*] Falsum. Non enim
inter Phrygiam Majorem et Minorem
sita urbs Gordium, sed inter Phrygiam
Majorem et Cappadociam. Stephanus: Γορδίειον πόλις τῆς μεγάλης Φρυ-
γίας, πρὸς τῇ Καππαδοκίᾳ, ἀπὸ Γορδίου
τοῦ πατρὸς Μίδου. Alii tamen similiter
in Phrygia Minore ad Sangarium ponunt. Sed inepte. Ineptiunt quoque
illi, qui eand. ac Sardes faciunt. Ce-
lænas enim Alexander jam ceperat.
Neque quisquam prodidit eum regressum in Phrygiam Hellesponti-
acam. *Voss.*

§ 4 *Non tam propter prædam*] Illud
tam, quod prius positum est, satis probat legi debere *quam quod,* pro *sed
quod.* Faber.

Jugum Gordii] Malim quod in quibusd. impressis est *jugum plaustri
Gordii,* sicut etiam inf. n. 15. *Bern.*

Jugum plaustri Gordii] Ita antiquiores typis expressi, Junt. puta teste
Grævio, Becharii, Majoris. Et mirum
Bong. τὸ *plaustri* expunxisse, eamque
alios esse secutos. Certe XI. 7. 15.
diserte legitur 'jugum plaustri.' Arrian. quoque II. scribit, Alexandrum
videre voluisse τὴν ἅμαξαν τοῦ Γορδίου,
καὶ τοῦ ζυγοῦ τῆς ἁμάξης τὸν δεσμόν.
Vors.

§ 6 *Vicinæ urbis*] Omnino scribe
Telmisinæ, non *vicinæ.* Nihil enim
minus quam vicina fuit hæc urbs
Phrygiæ. Telmisenses autem fuisse
σοφοὺς τὰ θεῖα καὶ τὴν οἰωνοσκοπικὴν
ἐξηγεῖσθαι, nec bardi et bambaliones
ignorant. Confirmat hanc conjecturam Arrian. II. quem consule. Abit
ille paullulum ab Justino in hac narratione. Sed non possum omittere,
quid sit quod maxime hic mirer. Cum
enim supr. dixerit, et nos etiam *ex
aliis ostenderimus,* Midam cum Phry-

gibus ex Europa in Asiam trajecisse,
quomodo pater ejus Gordius in Phrygia Asiatica regnare potuerit? Aut
quomodo Phryges ante Midam in
Asia? Non tamen hoc unus Justinus,
sed et Arrianus et alii prodant. Voss.
Voss. legend. censet *Telmisinæ*. Nec
multo aliter Blancard. *Telmissi urb.*
Hanc enim lect. firmare Arrianum,
qui Telmissensium vatum hic meminerit, et puellæ, quæ ex vatum pro-
genie, et oppidi in quo Jovi sacrifi-
cari jusserit. Verba Arriani ii. sunt:
Ἰέναι [τὸν Γόρδιον] κοινόσοντα ὑπὲρ τοῦ
θείου παρὰ τοὺς Τελμισσέας τοὺς μάντεις·
εἶναι γὰρ τοὺς Τελμισσέας σοφοὺς τὰ θεῖα
ἐξηγεῖσθαι. Ceterum Telmissus non
vicina Gordio, ut secundum vulgarem
lect. Nostri statuendum esset; sed
in extremis Lyciæ ad mare posita
fuit, ut ex Ptolemæo et Mela demonstrat Blancardus. *Vors.*

§ 8 *Tam pulcra conditio, &c.*] 'Conditio' hic usurpatur pro matrimonio,
ut Plaut. Stych. i. 2. 81. 'Quin vos
capitis conditionem ex pessuma primariam?' Id. Truc. iv. 3. 75. 'Dicam
ut aliam conditionem filio inveniat
suo:' et Triuum. i. 2. 122. 'Habeo
dotem unde dem, Ut eam in se dignam conditionem collocem.' *Gronov.*
Proprie loquitur. Inde formula perpetua renuntiandi sponsalibus, CON-
DITIONE TUA NON UTOR. Est igitur
' conditio' nil aliud quam nuptiarum
pactio. *Faber.*

§ 10 *Regem discordiis opus esse*] Cic.
ad Att. xv. 20. ' Video mihi opus esse
viaticum.' Vid. Non. Hic vulgo *rege.*
Bongars. Vulgo *rege*, non protritæ
phraseos ignorantia. Plaut. Truc.
' Quid isti suppositum puerum opus
pessimæ?' Lucret. v. 235. ' Nec crepitacula eis opus est.' Vid. Non. Ad
rem facit illud Tac. A. i. 9. 11. ' Non
aliud discordantis patriæ remedium,
quam ut ab uno regatur.' Et Hist. i.
1. 2. ' Ad unum omnia referri, pacis
interest.' *Bernec.* Antiquiores quidam
typis expressi, et aliquis item Ms.

rege. Sed Bong. ex codd. credo
Mss. edidit *regem.* Bernecc. porro et
Freinsh. aliquid phraseos non protritæ hic esse credunt; quod videl. *opus*
non modo dativum, sed et accusativum, adsciscat. Mihi vero ex his
quidem Justini id probari posse non
videtur, sed *regem* esse accusativum,
qui verbum *esse* antecedat. Quomodo
dicitur: ' Dux et auctor opus est,'
ita plane et *Rex opus est.* Deinde
quia ap. Just. præcedit ' responderunt,' non mirum quod loco nomina-
tivi ponitur accusativus, diciturque,
responderunt regem esse opus. Nimirum
post verbum dicendi, quomodo alias,
ita nunc quoque, ponitur accusativus
cum infinitivo. Ad *discordiis* subaudi,
tollendis, vel simile quippiam. *Vorst.*
Quid vult illud *discordiis?* an, quod
discordiæ postularent, tanquam sibi
necessarium? Hunc sane sensum alias
habet hæc locutio, ut cum dicitur,
Opus mihi pecunia, Opus tibi est consilio. At vero hæc Justini mens non
potest esse. Itaque vir doct. putat
illud *discordiis* explicand. ita, ut subaudiatur, tollendis, vel quid simile.
Sed in tali formula hujusmodi quid
omitti, quod subaudiri debeat, non
puto posse ullo alio exemplo confirmari. Quare certus sum illud *discordiis* non Justini esse, verum glossatoris. *Scheff. Regem discordiis opus
esse* nihil aliud est quam, discordias
requirere regem, quod idem est ac,
discordias sopiri non posse sine rege;
sicuti dicimus, Reipublicæ dictato-
rem opus esse, s. desiderare dictato-
rem. *Græv.*

§ 11 *De persona regis*] Ms. habet
rege: unde colligo vocem *regis* quoque
irrepsisse ex glossa. Just. scripserat:
Iterato quærentibus de persona. Post
voci ' persona' adjecta est glossa *rege*
in capite, quasi vellet, quærentibus
de rege. Tum cum alius recepisset
hoc in textum, scripsissetque *quærentibus de persona rege*, alius putavit
emendand. in *de persona regis.* Glos-

sam esse id etiam docuerit, quod mox
sequitur, 'jubentur eum regem observare.' Nam hic voce *regem* non
fuisset opus, si præcessisset *regis*.
Schef. Nunquam 'persona' simpliciter sic usurpatur bonis scriptoribus.
Sed 'de persona regis consulentibus'
est, quærentibus cui personam regis
sint imposituri. Sicut 'persona consulis' est, consulis dignitas et munus.
Græv.

Euntem plaustro] Sic XLI. 3. 4. 'equis
incedere,' 'super equos ire.' *Vors.*

§ 13 *Vehenti*] Passive hoc est accipiend. eod. sc. sensu, quo Cic. dixit
de Cl. Orator. cap. 97. 'Adolescen-
tia per medias laudes quasi quadrigis
vehens:' et de N. D. I. 28. 'Mariti-
mus Triton pingitur natantibus in-
vehens belluis,' pro, invectus, $\mathfrak{hercin}$
$\mathfrak{fahrend}$. Add. Liv. XXII. 49. 7. Suet.
Cæs. 37. 3. et 78. 3. et Claud. 28. 3.
et notata Rubenio Elect. I. 4. *Bern.*

Regnum delatum] Ms. quidam habet
r. *ei* d. unde possit suspicari aliquis
Just. scripsisse *quo vehente;* nam et
vehicula vehere dicebantur, ut ex
Ovid. pridem docui lib. I. Rei Vehic.
cap. 17. *Schef.*

Majestati Regiæ consecravit] Quæ
veluti Dea ap. illos Vett. erat, unde
et tam frequens Deorum Regalium
mentio. Æschylus autem assessores
Jovi facit BIAN et KPATOΣ, *Vim* et
Robur, s. *Potestatem*. Faber.

§ 14 *Post hunc filius Mida regnavit*]
Atqui VII. 1. 11. scribit, Midam in
Europa partem Macedoniæ tenuisse,
indeque pulsum fuisse. Quæ quomodo non repugnent, cum Vossio non
intelligere me fateor. Arrianus quoque lib. II. Midam Gordio in Phrygia
procreatum scribit, et a Phrygibus,
cum hi seditione laborarent, et ab
oraculo moniti essent currum illis
regem allaturum qui seditionem tol-
leret, regem constitutum esse. *Vors.*

- *Ab Orpheo sacrorum solemnibus initiatus*] Fuit enim theologus Orpheus.

Unde Horat. Epist. II. 3. 'Silvestres
homines sacer interpresque Deorum
Cædibus et victu fœdo deterruit Orpheus: Dictus ab hoc lenire tigres
rabidosque leones.' Vid. Servium ad
illud Virgil. Æn. VI. 645. 'Nec non
Threicius longa cum veste sacerdos.'
Med. Conon ap. Phot. Narrat. I. refert, quod Midas Ὀρφέως κατὰ Πιέρειαν
τὸ ὄρος ἀκροατὴς γενόμενος, πολλαῖς τέχ-
ναις Βρυγῶν βασιλεύει. *Voss.*

Religionibus implevit, quibus, &c.]
Lactant. de Ira I. 12. 'Religio et
timor Dei solus est, qui custodit hominum inter se societatem.' Cic. de
N. D. I. 2. 'Pietate adversus Deos
sublata, fides etiam et societas humani generis, et una excellentissima
virtus justitia tollitur.' Causam aperit Liv. I. 21. 1. et 2. item I. 19. 4.
Unde Plut. adv. Colotem 47. 'Urbem
citius sine solo, quam rempubl. sine
opinione de Diis, aut constitui aut
constitutam servari posse' scribit: et
48. 'Religionem vinculum sive coagulum' vocat 'omnis societatis, et
justitiæ firmamentum.' De falsa ille
quidem: sed quanto magis id verum
de vera? *Bern.*

§ 16 *Violentius oraculo usus*] Vix
persuadeo mihi sic Just. scripsisse.
Quodnam hoc loquendi genus, *violenter uti oraculo?* quid est *uti oraculo?*
Pro *usus gladio* libri Mss. habent *universa uris* gl. Unde puto scriptum a
prima manu fuisse: *violentius oraculo
universa, usus gladio, loramenta cædit*.
Ut *violentius oraculo* sit idem, ac violentius, quam oraculum, puta exigebat, vel dicebat. *Schef.*

CAP. VIII. § 2 *Quingenta, &c.*] Liv,
XXVII. 45. 'Postquam jam tantum
intervalli ab hoste fecerat.'

3 *Cydni*] Ψυχρὸν δέ φασι καὶ ταχὺ
τὸ ῥεῦμα τοῦ Κύδνου. Eustath. Vid.
præter Plut. Alex. cap. 29. Val. M.
III. ult. Diodorus XVII, 31. causam
morbi nullam affert. *Bong.*

In præfrigidam undam] Malim *in*

præfrigidam, nudum. Id.

§ 4 *Interclusa voce*] XII. 15. 12. 'præclusa voce.' Deinde 'non spes modo remedii' est pro, non modo non spes remedii. Vid. Not. ad II. 1. 6. *Vorst.*

§ 5 *Remedium polliceretur*] Mallem *pollicetur.* Schef.

Parmenionis epistolæ] Sen. II. de Ira c. 23. 'Alexandrum epistola matris admonitum fuisse, ut a veneno Philippi medici caveret,' sed tamen 'acceptam potionem non deterritum bibisse' scribit. *Vorst.*

§ 6 *Ingenti pecunia*] Et promissis filiæ nuptiis. Plut. Alex. c. 30. *Bern.*

§ 7 *Indubitato morbo*] Sebis. *indubitata morte:* vix dubia correctio. Sic enim et XII. 15. 1. *Bernec.* Amplector emendationem Sebisii. Sic XII. 15. 1. 'Indubitatam mortem sentiens.' *Vorst.* Sebis. *indubitata morte,* quod viri doctiss. vehementer probant. Mihi tamen nulla opus emendatione videtur, quia illud *indubitato* non est adjectivum h. l. sed adverbium, nec cohæret cum *morbo,* sed 'perire.' Porro *perire indubitato* est, certo et citra dubium mori. Si quis tamen mallet *indubitate,* adversum me non haberet. *Schef.*

§ 8 *Epistolas medico tradidit*] Rectius *epistolam;* unica enim tantum fuit, nec plures legere potuit interea, dum Alexander bibebat. *Schef.* Cave quicquam mutes. Nam *epistolæ* Justino sæpius accipitur, ut litteræ, pro, epistola. In cap. 12. ter occurrit: 'Darius, cum Babyloniam profugisset, per epistolas Alexandrum deprecatur.' Loquitur autem de epistola prima. Mox: 'Interjecto tempore aliæ epistolæ Darii Alexandro redduntur.' Dein: 'Scribit itaque et tertias, et gratias egit,' h. e. tertiam epistolam. Lib. I. c. 7. 'Lectis ille epistolis.' Atqui unam tantum fuisse epistolam caput præc. ostendit. *Græv.*

Inter bibendum, &c.] Cogitand. an

non scripserit Just. *inter bibendum, dum oc. in v. leg. intendit, ut s. c.* Ita melius videntur cohærere. *Schef.*

Oculos in vultum legentis intendit] Tac. A. III. 3. 1. 'vultum scrutari' dixit. *Bern.*

§ 9 *Ut, &c.*] Dissentit a Just. Zonaras IV. 9. Καὶ ὁ μὲν ἔπινεν, ὁ δὲ ἀνεγίνωσκεν, ἐνορῶντες ἀλλήλοις, ὁ μὲν 'Αλέξανδρος ἐν ὄψει χαριέσσῃ καὶ ἱλαρᾷ, ὁ δὲ Φίλιππος περιδεεῖ καὶ τεθορυβημένῃ. Curt. III. 6. de Philippo refert: 'Ille, epistola perlecta, plus indignationis quam pavoris ostendit.'

CAP. IX. § 1 *Cum quadringentis millibus*] 600. M. habet Arrianus I. quem numerum Persas prima congressione habuisse scripsit Just. h. lib. cap. 6. 11. vereor ut recte: qui enim jam moveretur Alexander, 600. M. primo prælio superatis? Vulgo hic legitur CCCtis *mill.* quod probat Oros. III. 16. *Bongars.* Atque ita etiam expressit interp. Hisp. *Bern.*

In aciem procedit] Mss. plures, *in acie,* quod f. non est negligend. 'In acie' vel, omissa præp. 'acie procedere,' est, procedere copiis instructis ordinatisque, ad conflictum certo modo dispositis. Ita *suggredi acie* usurpavit Tac. IV. A. 47. 'Quos dux Romanus, acie suggressus, haud ægre pepulit.' *Schef.*

§ 2 *Respectu, &c.*] Saxo XVI. p. 374. 37. 'Ut absque p. s. r. in hostem contenderent.'

Interdum] H. e. interim, ut ap. Vell. II. 74. 2. et in Apuleio sæpius. *Bern.*

§ 3 *Ne desperatio suis cresceret*] Locus hic nonnihil est suspectus mihi Certe si timebat Alexander, ne desperatio cresceret, necesse est, ut jam aliqua fuerit ap. ejus milites. At diversum ex historia colligitur. Deinde ne oratio quidem satis decens, quia illud *suis* et mox *suos* repetitur ingrate. Mallem ergo pro *suis cresceret* legere *succresceret.* Dicitur 'succrescere desperatio,' quando paulatim oritur. Ita Plaut. *mores succrescere* dixit Trin. 1. 1. 'Sed, dum illi ægrotant, interim mores mali Quasi herba irrigua succreverunt uberrime.' *Schef.* Num igitur jam in desperationem inciderant? Nam, si tum nulla fuit desperatio, quomodo potuit crescere? Præterea valde ingrata est istbæc repetitio *suis*, *suos*, in tam paucis verbis. Adstipulor igitur præstantiss. Scheffero. *Græv.*

Singulas] Est geminus huic l. locus ap. Liv. xxx. 33. 8. in bæc verba: 'Varia adhortatio erat in exercitu inter tot homines, quibus non lingua, non mores, non lex, non arma, non vestitus habitusque, non causa militandi eadem esset. Auxiliaribus et præsens et multiplicata merces ex præda ostentatur. Galli proprio atque insito in Romanos odio accenduntur. Liguribus campi uberes Italiæ deductis ex asperrimis montibus in spem victoriæ ostentantur. Mauros Numidasque Masanissæ impotenti futuro dominatu terret: aliis aliæ spes ac metus jactantur. Carthagiuiensibus mœnia patriæ, Dii penates, sepulchra majorum,' &c. *Mod.*

§ 5 *Nec inventos illis toto orbe pares viros*] Ita jam pridem hic emendand. docui ad illa Curtii mei ex lib. iv. 'Macedones virtute assecutos, ne quis toto orbe locus esset, qui tales viros ignoraret.' *Mod.* Opt. in antiquis edd. legitur *inventas ... vires*. At sic non modo Auctor xxxi. 1. 'Ne uno tempore duplici bello vires Romanæ detinerentur,' sed et Liv. i. 30. 'Ut omnium ordinum viribus aliquid ex novo populo adjiceretur.' Sed x. 14. 'Ibi integræ vires sistunt invehentem se jam Samnitem:' et Val. M. i. 1. 15. 'Majore Romanarum virium parte:' (ubi Pigbius legi vult *Romanorum virorum*. Sed contr. libros script.) et Frontin. iv. Strat. 7. 6. ' Naturam Romanarum virium

per hoc vobis exemplum ostendi:' et Euseb. in Chron. p. 184. 'Romanæ vires.' *Gronov.* Junt. ante Modium *inventos ... viros*. Sed probat Gronov. aliarum edd. scriptionem: *inventas ... pares vires:* h. e. exercitum, qui illis par sit: ut superius: 'Ne Lacedæmoniis illæ vires accederent,' h. e. copiæ. Nec infrequenter ead. notione in aliis locis usus est Noster. Postea *haberi et salutari ut reginas* Ms. Junt. et aliæ edd. *Græv.*

Nec inventos ... viros] Ita ex Mss. edidit Bong. Et habet quoque ita Junt. At aliæ vett. edd. Bech. puta et Maj. habent *inventas vires:* quam lect. Gronov. alteri præfert. Mihi tamen *inventos viros* magis placet. *Vorst.* Gronov. verissime. Sensus est: Nullum exercitum, quantumvis magnum, parem esse illis. 'Vires' vero in h. sensu ap. Just. frequenter admodum occurrit. *Græv.*

§ 7 *Consuescant oculis, &c.*] Est huj. l. nota fabula de vulpe ad primum leonis conspectum exterrita, eund. postea minus minusque formidante. 'Quæ ex usu sunt, non timentur,' Vegetius iii. 12. fin. 'Subita conterrent hostes: usitata vilescunt,' Id. iii. 26. *Bern.*

§ 8 *Nec Darii segnis opera in ordinanda acie fuit*] Ita antiquiores typis expressi. Et retinuit eam lect. Bong. At Bernecc. quod a Bong. in Mss. quibusd. observatum sciret, *Nec D. regis o. in ord. acie defuit*, hoc ipsum pro altero substituit. Mihi τὸ *regis* tanquam supervacuum suspectum est ; et per hoc ipsum quoque τὸ *defuit.* Quid opus erat addi *regis*, cum toties tum Darius, tum Alexander, nominatus, neque tamen quod reges fuissent additum esset ? *Vorst.* Optime Junt. *Nec Darii segnis opera*, cum Bong. Vorst. et Schef. *Græv.*

Imperiique perpetuæ a Diis immortalibus datæ possessionis admonere] Quomodo et sedem quondam Imperii

Romam 'Urbem æternam' jactant, præter Inscriptiones antiquas et Impp. Constitutiones, Ammian. xiv. 14. Liv. xxviii. 28. 12. Flor. 1. 7. 10. &c. immemores, 'omnia mortalium opera mortalitate damnata esse, et inter peritura nos vivere:' Sen. Ep. 91. 'Urbium, imperiorum, gentium, nunc floret fortuna, nunc senescit, nunc interit:' Vell. ii. 11. 6. Τὸ εἱμαρμένον ὥσπερ ἐμψύχοις, οὕτω καὶ πόλεσιν ἄφυκτον. Pachymer. Hist. Byzant. ii. 27. *Bernec.* Scrib. *dati possessionis.* Ait imperium perpetuæ datum possessionis. *Voss.* Perpetuam possessionem vocat, quæ nullam interruptionem passa fuerat. Vir doctiss. aliquid in hoc loco vitii esse putavit, quod non video, nec quidquam esse arbitror. *Fab.*

§ 9 *Prælium ingentibus animis committitur*] Ἐν Ἰσσῷ τῆς Κιλικίας. Diod. xvii. 32. et seqq. M. Cic. Fam. ii. 10. Hoc prælio 110. M. cæsa. Plut. ut Diod. xvii. 36. peditum 12. myriades, equitum 10. M. *Bong.*

In eo, &c.] Matthæus: 'In eo prælio uterque vulneratus est, et tam diu c. a. fuit, quoad aufugeret Darius.'

§ 10 *Pedestres centum triginta*] Miror Fr. Fabricium diligentiss. hominem notare ad Oros. cum Justino facere Diodorum, quia τριακοσίους habet, i. e. trecentos. *Bong.* •

§ 13 *Hortandasque*] H. e. consolandas: quo sensu 'alloqui' et 'alloquium' usurpari notavit Varro vi. de L. L. sicuti παρηγορεῖν et παρηγορία Græcis: add. sup. Not. ad xi. 3. 1. *Bernec.* 'Hortari' quid hic sit, intelligitur optime ex eo, quod Curt. iii. 12. 26. scribit: 'Rex bonum animum eas habere jussit.' Vid. et sup. xi. 1. 8. et inf. xiv. 3. 4. *Vor.*

§ 14 *Non mortem, sed dilationem mortis, deprecantur*] Malim *vitam*, ut quidam ediderunt contr. librorum Mss. fidem. 'Deprecari' enim h. l.

est, valde precari. Vid. Gell. vi. 16. inf. xii. 2. 'Auxilia adversus Bruttios deprecantibus.' Quamvis et ap. h. Auctorem diversam significationem habeat. *Bongars.* Commune verbum 'deprecari' ad duo ista, *mortem*, et *dilationem mortis*, diverso plane sensu refertur: illam, ne inferatur; hanc, ut concedatur: quomodo etiam iii. 1. 9. *vindicare* duplici simul significatione sumitur: 'Et cædem patris, et se ab insidiis, vindicavit.' Exempla duo regulæ, quam Schol. Soph. ad Elect. 138. refert: Πολλάκις τὸ κατὰ κοινοῦ λαμβανόμενον διαφόρως νοεῖται: *Sæpe verbum, quod ad communionem assumitur,* (ut loquitur Papinian. in L. 77. §. 22. D. de Legat. 2.) *diversa significatione accipiendum est:* et in exemplum adducit ex Homeri Il. xi. 328. cui fere simile est illud Ciceronis pro Murena cap. 10. 'Tu caves ne tui consultores, ille ne urbes aut castra, capiantur.' Ita Terent. Eunuch. iv. 7. 19. 'Omnia prius experiri, quam armis, sapientem decet.' Ov. Tr. i. 2. 77. 'Non peto, quas quondam petii studiosus, Athenas,'&c. Sidon. Apoll. iv. 1. 'Nisi cui ingenium sibique quis defuit.' Huj. l. crediderim illud esse Plinii Paneg. cap. 20. 'Adsuescat Imperator cum imperio calculum ponere,' h. e. seposita imperatoria dignitate, rationem expensarum reddere. Den Kaiser auff ein seit setzen und Rechnung thun. Ubi 'ponere' habet utramque significationem, et apponendi, respectu calculi; et deponendi, respectu imperii. Sicut eod. Paneg. cap. 65. opponuntur, 'hic suscipere, hic ponere, magistratum,' h. e. deponere. Qui me nunquam nisi doctiorem ab se dimittit, vir et in sua Jurisprudentia et in his quoque litteris eximie magnus, Casp. Bitschius, Antecessor Acad. quem honoris et observantiæ causa nomino, docuit me, observationem hanc ad multa etiam loca Juris

civilis utilem esse. Juris enim auctores frequenter ita loqui, ut simul et
negligentiam s. culpam, et diligentiam vel custodiam, ' praestandam '
esse dicunt; illam quidem ut absit,
hanc ut adsit: illam, ut de ea s. ob
eam quis teneatur; hanc ut ad eam
quis teneatur; vel certe ob hanc
omissam, et illam admissam. Ut L. 5.
§. 2. D. Commodati, L. 1. D. de Tu-
tel. et Rat. distrah. L. 17. D. de
Jure dot. &c. Sic L. 25. D. de V. S.
' pars,' relatum ad ' servitutem,' intelligitur de parte generis: ad ' do-
minium ' vero, de parte integri.
Item L. 1. C. Ubi de Crim. ag. oport.
vocabulum ' criminis,' relatum quidem
ad verbum ' commissum,' significat
delictum, aut ipsum factum crimino-
sum: ad ' inchoatum ' vero, accusa-
tionem criminis. *Bernec.* Id h. l. potest
observari, istud ' deprecantur ' in diversa significatione sumtum esse.
Qui enim mortem deprecatur, orat
NE sibi mors afferatur; qui deprecatur dilationem, orat, UT sibi concedatur dilatio. Ita deprecatur bellum, qui bellum timet; deprecatur
pacem, qui pacem cupit. Sed in eod.
unius alicujus periodi membro si quis
ita loquatur, vitiosum puto, et ab
hujusmodi imitatione refugiendum.
Quamvis itaque in sensu diverso recte dicatur, ' ulcisci patrem,' et ' ulcisci inimicum patris,' non ideo tamen, si de filio loquaris, qui, dum
patrem defendere studet, illius inimicum interficit, non, inquam, recte
feceris, si dices, ' Ille et patrem et
illius hostem ultus est ; ' quia sc.
geminam eid. verbo significationem,
idque in eod. membro orationis, tri-
bueres, quod non modo obscuritatem
affert, sed et contr. judicium est.
Faber. Edd. Bech. et Sich. habent
*non vitam, sed dilationem mortis, depre-
cantur:* ut verbi ' deprecari ' ad diversa relati una eademque notio sit.
Et sane ' deprecari vitam ' dicit Auc-

tor XVI. 1. 1. Sed praefero tamen
lect. alteram. Nec est adeo insolens,
ut uni eidemque verbo, prout ad diversa refertur, duplex subjecta sit
notio. Estque manifestum ejus exemplum I. 9. 12. s. ibi *remittunt,* s.
permittunt, legas. Vid. Notas ad eum
l. *Vor.*

§ 15 *Haberi ut reginas*] Add. XXXVI.
1. 6. et XXXVIII. 9. 8. *Haberi et salutari* ex fide cod. Maffaeani legit Just.
Rycquius Centur. 11. Epist. 43. *Bernec.* Antiquiores Junt. Bech. et Maj.
edd. una voce auctius habent *haberi
et salutari ut reginas.* Sed et codd.
quidam Mss. ut Bong. et Rycq. testantur, ita habent. *Vorst.*

CAP. X. § 2 *Barsinen captivam di-
ligere*] Mirum est etiam in Alexandri
uxoribus nomina variata. Tres ejus
numerantur uxores. 'Barsine' Darii filia, de qua h. l. et lib. XIII. Ejus
filius Hercules, qui una cum matre a
Cassandro Macedonum rege occiditur, ut postea lib. XV. narrat Auctor:
Diod. 'Statyram' hanc vocasse videtur, et nisi codd. fallant, etiam
Just. XII. postquam Babyloniam re-
dierat ex India Alexander. Altera
'Rhoxane' Oxyartis Bactriani filia, de
qua etiam libro XIII. Tertia 'Pary-
satis' Ochi filia, quam Susis duxerat,
ut initio fere lib. VII. narrat Arrianus.
Lector ipse cogitet quid sequend.
Glar.

Barsenen] Barsinen Darii filiam
commemorat Arrianus VII. quam devicto Dario Alexander in uxorem
duxit: de ea inf. XIII. 2. 7. *Bongars.*
Add. Plut. Alex. c. 36. *Bernec.* Junt.
Barsinen cum Arrian. et Plut. De-
hinc *Abdolonymus.* Mox *applicito,* ut
supra, iid. *Graev.* Bong. et Bernecc.
edidere *Barsenen ;* cum tamen XIII.
2. 8. scripserint *Barsine.* Vetus Junt.
ed. teste Graev. et hic *Barsinen* habet. Fuit non Darii, ut ex Arriano
constare posse Bernecc. putat; sed
Artabazi filia, et Memnonis dum vi-

veret conjux : quæ Damasci capta
ante nuptias consuetudinem cum rege
habuit. Vid. Notas Blancardi ad
lib. vii. Arriani. *Vor.*

§ 3 *A qua*] F. *e q.* Gron.

§ 6 *Obvios cum infulis, &c.*] Regiæ
dignitatis insignibus. Ita Pollio in
Gallienis duobus cap. 10. ' Odenatus
rex obtinuit totius Orientis imperium,
quod se fortibus factis dignum tantæ
majestatis infulis declaravit.' *Infulæ*
proprie quidem sacerdotibus, victi-
mis, rebusque sacris tribuuntur, quanquam et regum persona sacra habetur: et alioquin etiam ea vox gene-
ralius accipitur. Ut ap. Spartian. in
Adriano cap. 6. ' infulis ornatus Pan-
noniæ,' h. e. titulo præfecturæ Pan-
nonicæ. Sen. ad Helv. 13. ' Vir constans ipsas miserias infularum loco
habet.' Et Ep. 14. ' Literæ etiam
apud mediocriter malos infularum
loco sunt,' h. e. dignitatis. Quædam
edd. non bene *cum infulis.* ' Infulæ'
supplicum insigne sunt ap. Liv. xlv.
26. 2. Eæd. dicuntur ' velamenta supplicum' Curtio vii. 5. 51. Cæs. B.
C. ii. 12. nec alio sensu accipiendus
h. l. Justinus. *Freinsh.* Puto respicere Justinum ad memorabilem illam
historiam, quam Josephus de Jaddo,
summo Judæorum sacerdote, narrat.
Vid. eum xi. Antiq. 8. *Voss.* ' Infulæ ' hic non insignia dignitatis regiæ ;
sed insignia supplicum sunt, velatis
manibus orantium: unde et ' velamenta supplicum' ab auctoribus dicuntur: ipsaque vocabula *infularum*
et *velamentorum* etiam conjuncta reperiuntur. Liv. xxxvii. ' Teil, cum
in oculis populatio esset, oratores
cum infulis et velamentis ad Romanum miserunt.' Tac. i. H. ' Velamenta et infulas præferentes.' Rursus Liv. xlv. 26. ' Tota multitudine
cum infulis obviam effusa.' *Infulæ*
victimarum itidem velamenta fuere,
ut vel ex his Varronis vi. de L. L.
apparet: ' Infulas dictas apparet in

hostiis, quod velamenta e lana.' *Vor.*
Hunc l. illustrat Avus Obs. in Script.
Eccles. 6.

§ 8 *Abdalonimus*] Diod. xvii. 46.
Βαλλώνυμον vocat, non Sidonis, sed
Tyri regem constitutum. Vid. Curt.
iv. 1. 28. Vett. nostri mire variant.
Bong.

Sidoniæ] Puta, urbis. Sidoniam
urbem dixit etiam Virgilius. Quia
tamen Mss. habent *Sidona* vel *Sidone,*
cogitandum, an non id, quod aliis est
Sidon, terminatione Latina nominare
voluerit *Sidonam.* Quanquam, cum
ipse Noster xviii. 3. nominet *Sidona,*
non *Sidonam,* aut *Sidoniam,* f. optimum sit hic etiam legere non *Sidoniæ,*
sed *Sidonis.* Schef.

§ 9 *Oblocare*] Impressi quondam
habuerunt *ablocare,* quod est rectius
opinione mea. Nam ' ablocare' ac
' elocare ' idem. *Ablocare* sensu simili usurpavit Suet. Vitell. 7. ' Domum in reliquam anni partem ablo-
caret.' *Id.*

Misere vitam exhibentem] Putabam
exigentem, sed hoc rectum est. Ita
Noster xxii. 1. 3. ' Vitam stupri patientiam exhibuit :' add. notam ad ix.
2. 7. *Bernec.* xxii. 1. 3. ' Vitam
stupri,' &c. Ex quo apparet, ' vitam
exhibere ' id. esse quod, tolerare,
sustentare.' Nec tantum dicunt ' vitam exhibere ;' sed et ' exhibere aliquem,' pro, tolerare, alère. Vid.
Not. ad ix. 2. 7. *Vor.*

§ 10 *Coronam auream*] Athenæus
xii. ex Charete refert, ' post victum
Darium, missas Alexandro coronas
partim a legatis gentium, aliisque,
æstimatas decem millibus ac quingen-
tis talentis.' Obvia talia gratulationis exempla sunt et in Romana
historia. Ut in Liv. xxxviii. 37. 4.
cum Cn. Manlius Gallogræcos vicisset, eoque terrore Asiam liberasset :
' Missæ undique legationes non gra-
tulatum modo venerunt : sed coronas
etiam aureas pro suis quæque facul-

tatibus attulerunt.' Videndus omnino
Lips. de Magnit. Rom. II. 9. *Bern.*

In titulum gratulationis] Illud etiam
Romanis usitatum, neque coronæ solum ipsæ mittebantur, sed aurum ut
pecunia ad coronas, atque id proprie
aurum coronarium. *Idem.*

Grato munere accepto] XXXI. 7. 6.
'Gratum se munus accipere.' Et XII.
11.2. ' Nec a debitoribus magis quam
a creditoribus gratius excepta munificentia.' *Vorst.*

§ 11 *Id cum in Tyro vetere*] Vett.
deum Tyro: legend. arbitror *id cum
in Tyro vetere, antiquiore templo:* sine
copula. Dicebatur enim locus ille
Παλαίτυρος. Vid. Curt. v. 2. Arrian.
II. Diod. XVII. 40. et Plut. in Alex.
41. *Bongars.* Scribi curavi *in Tyro
vetere,* utraque voce per lineolam co-
pulata ; ut intelligeretur esse compo-
sitam. Hæc Tyrus, Palætyros, i. e.
Tyros Vetusta, a Græcis dicebatur ;
distabat autem ab altera Tyro stadiis 30. teste Strabone ; eratque in
continenti ; at altera, celebratissi-
ma illa et decantatissima Tyros, insula erat, cum obsideri ab Alexandro cœpta est. Ceterum, ubi mox
dicitur *et antiquiore templo,* recte vidit Bernecc. expungend. esse illud
et, hoc sensu, per ablativum abstractum : Rectius id in Vetere Tyro facturum, antiquiore templo, i. e. cum
Palætyri templum multo esset antiquius quam id quod in Nova Tyro
conspiciebatur. *Faber.* In continenti
fuit Παλαίτυρος, *Antiqua Tyrus,* ubi
Herculi sacra facere Alexander potuisset. Ap. Curt. legati respondent,
' esse templum Herculis extra urbem
in eam sedem quam Palætyron ipsi
vocant : ibi regem Deo sacrum rite
facturum.' In antiquiore illo Palætyri templo occisus fuit Sichæus a
Pygmalione : quod ex eo colligitur,
quod Dido, cum ad Pygmalionem in
regiam se venturam simularet, naves
conscendit, atque ita aufugit. *Vorst.*

§ 12 *Non minus animosis*] Mss. habent *animosos Tyrios,* et mox *excipit,*
quod f. non est negligend. Quia tamen illud genus Nostro alibi quoque
passive magis, quam active usurpatur,
ideo suspicor scripsisse Nostrum :
*confestimque exercitu insulæ applicato,
a non minus animosis Tyriis fiducia, &c.*
Nisi malis ista verba, *non minus animosis, &c.* putare seorsum posita significare causam, quare .bello fuerit
exceptus. Cum præsertim alibi que-
que illud *excipi* sic absolute ponat.
Ut II. 5. 1. 'Scythæ servili bello domi
excipiuntur ;' non dicit, ' a quo,' sed
simpliciter, ' excipiuntur bello.' Sic
XLIII. 1. de Ænea : 'Statimque bello
exceptus.' *Schef.*

§ 13 *Ducentes*] Scrib. *ducentibus ;*
ut referatur ad præcedens ' *Tyriis,*'
non ad ' animos.' *Gron.*

§ 14 *Non magno*] Imo satis magno,
si ætatem Alexandri spectes, et cæte-
ras res ab eo gestas : septem quippe
menses in hac obsidione consumti.
Plut. in Alex. 41. Curt. IV. 4. 30. *Fr.*

Per proditionem capiuntur] Nemo
dixerit, per proditionem esse captam
Tyrum. *Voss.* Bis peccat Justinus ;
nam et tempus obsidionis longum
fuit ; et per proditionem capti non
fuerunt Tyrii. *Faber.* Septem tamen
menses in obsidione Tyri consumti,
ut ex Curtio notum. De ' proditione,'
qua capta sit Tyrus, nihil prodidere
alii. Ipse Noster XVIII. 3. scribit,
' expugnata urbe.' *Vorst.*

CAP. XI. § 1 *Inde Rhodum*] Oros.
III. 16. et 17. hanc lect. sequitur,
quæ mihi propter Mss. varietatem
suspecta est : eorum plerique habent
*Inter hæc dum Alexander Æg. Cil. a.
cer. recipit, ad Jovem Hammonem, &c.*
Bong.

Ciliciamque] Ciliciam ? non opinor.
hanc enim inter primas habuit. F.
Cyrenen. Fr.

Ciliciamque] Atqui Cilicia jam diu
erat capta. Scrib. itaque *Syriamque.*

Sic quoque nonnulli inter Justini compilatores legerunt. *Voss.* Istud *Ciliciam* vitiosum esse jam alii videruut :
nam pridem perdomita fuerat hæc
provincia. Universum hunc locum
sibi suspectum ait esse Bongarsius.
Quidam ap. Bernecc. legebat *Cyrenen; Is.* Vossius *Syriam;* vere, ni
fallor. *Faber. Ciliciam* Alexander
occuparat jam ante. Quam ob causam pro *Ciliciam* Freinsh. legend. putat *Cyrenen.* Sed neque hoc potest.
Nam Cyrenen obtinuit demum Ptolemæus, ut ex xiii. 6. 10. videre est.
Rectius igitur videtur, quod Vossius
legend. putat, *Syriamque.* Vorst.

　§ 3 *Ex serpente*] Liv. xxvi. 19. 6.
'P. Corn. Scipio rettulit famam in
Alexandro Magno prius vulgatam, et
vanitate et fabula parem, anguis immanis concubitu conceptum,' &c.
Ead. fere Agell. vii. 1. Similia de
Augusto Suetonius 94. 8. Fabula illa
de Scipionis ortu peperit aliam fabulam de specu in Linternino, ubi manes ejus custodire draco traditur,
Plin. xvi. 44. pr. *Bern.*

　§ 5 *Stupri compertam*] Ita Liv. vii.
4. 4. ' Nullius probri compertus.' Et
f. ejus imitatione Tac. A. i. 3. 6.
' Nullius tamen flagitii compertus.'
Bernec. Liv. xxii. 57. ' Dum Ves-
tales stupri compertæ.' Aliud est
' stupro comperta ;' quo Sulp. Severus utitur Hist. S. 1. 38. Vid. nostras
in illum Notas. *Vorst.*

　§ 6 *Originem divinitatis*] F. *originis
divinitatem.* Gron.

　§ 7 *Ingred. &c.*] Ælian. xii. de Nat.
Anim. 6. Καὶ Ὀλυμπιὰς δὲ ἔκειτο γυμνὴ,
ἡ τεκοῦσα τὸν τοῦ Διὸς, ὡς ἐκόμπαζεν
αὐτὴ, καὶ ἐκεῖνος ἔλεγε.

　Ut Hammonis filium] Τὸ *ut* videtur
expungend. *Selvis. Hammon,* rectius
Ammon, Jovis in Libya cognomentum
est, ab arenis ei inditum, quarum ingens isthic copia. Mela i. 8. Olympiadis festivum rescriptum, quo filii
jactantiam, 'genitum se Jove,' retu-

dit, Agellius xiii. 4. refert. Corin-
thios Alexandro statuam Jovis ornata
intra Altim dedicasse, tradit Paus. v.
longius a fin. *Bernec.*

　§ 8 *Censeri*] Vid. notata ad ix. 2.
9. *Id.*

　§ 9 *An omnes interfectores parentis*]
Homo insigniter fatuus, qui se bipa-
trem haberi postulet. At boni illi
nugivenduli, Hammonis Antistites,
magis sapiebant, et, si quid bonæ
mentis in cerebro Alexandri fuisset,
hominem ad sanitatem revocassent,
qui intimas Africæ solitudines pene-
trasset ut se lactandum et deluden-
dum somniorum venditoribus propi-
naret. *Fab.*

　§ 10 *Tertiam interrogationem posoen-
ti*] Est qui *Tertia interrogatione* legend. ex Ms. censet: quomodo fere
Tac. An. iii. 16. 4. Alius et sequentia
mutat ita : *Tertia interrogatione poscenti victoriam omnium bellorum, possessionem terrarum dari respondetur :* ne
phrasis ista non offendat. ' Interrogatio ' namque non hic ἐρώτησις, sed
ἐρώτημα, h. e. non actus interrogandi,
sed caput interrogationis est. Τὸ ζη-
τούμενον appellat Diod. xvii. 51. ubi
fusius hæc explicatur historia. Ceterum Atticismus est, cum verba regunt
accusativos vel suæ originis, ut ' cœnare cœnam,' ' pugnare pugnam,'
' somniare somnium,' Plaut. ' jurare
jusjurandum,' Cic. &c. vel cognatæ
significationis, ut 'lucere facem,' ' ce-
reum :' ' garrire nugas,' Plaut. 'pugnare prælia,' ' garrire libellos,' Horat. 'quiescere somnum,' ' substre-
pere verba,' Apul. Sic ἐρωτᾷν ἐρωτή-
ματα, h. e. *interrogare* (s. cum Nostro
poscere) *interrogationes,* dixit Æschines
in Ctesiph. et Plut. in Colot. Add.
Vechneri Hellenolex. p. 154. *Bernec.*
Videtur Auctor scripsisse *Tertiam interrogationem ponenti,* ut Cic. i. de
Orat. 22. ' Mihi nunc vos, inquit
Crassus, ... quæstiunculam, de qua
meo arbitratu loquar, ponitis?' Id.

IX. Fam. 26. 'Quod tu nnum ζήτημα Dioni philosopho posuisti:' et Phædr. Fab. 53. 'Nec quæstionis positæ causam intelligit.' *Gronov.* *Tertiam interrogationem poscenti*, pro, tertiam interrogationem interroganti. Verbis adjiciuntur non raro nomina ejusd. originis; ut 'ridere risum,' 'pugnare pugnam:' interdum et cognatæ modo significationis; ut 'pugnare prælia,' 'garrire nugas.' Quæ Latina, et ejusd. generis Græca, quid discrepent a phrasi N. T. χαίρειν χαρὰν μεγάλην, et id genus aliis, in cap. 35. libri de Hebraismis N. T. docuimus. *Vorst.* In Ms. legitur *Tertia interrogatione*, quod sine dubio rectissimum. Sed sic mutanda etiam distinctio, locusque totus ita scribendus: *Tertia interrogatione poscenti victoriam omnium bellorum possessionemque terrarum, dari respondetur.* Eleganter. Non poscebat interrogationem, sed interrogatione poscebat victoriam bellorum. Est autem *interrogatione poscere* id. ac, quærere utrum non sis habiturus victoriam. Curtius sic extulit: 'An totius orbis imperium fatis sibi destinaret pater.' *Schef.*

§ 11 *Comitibus quoque suis responsum*] Leg. *ipsius* pro *suis.* Fab. Pro, Comitibus ejus. Cujus generis varia in cap. 5. de Lat. fals. susp. congessimus. *Vor.*

§ 13 *Alexandriam condidit*] Eodemque tempore Parætonium. Adi Scalig. Animadv. in Euseb. p. 117. b. Annum Alexandriæ conditæ prodit Liv. VIII. 24. 1. *Bern.*

Et coloniam Macedonum] *Coloniam Macedoniam* est in Mss. et recte. Vid. Vechneri Hellenolex. p. 54. m. et 86. m. *Bernec.* Mss. omnes quos Bong. vidit, excepto uno, *coloniam Macedoniam.* Idque Bernecc. in Notis posterioribus rectum putat. Foret autem simile ei quod Salustius dicit, 'mulieres Galliæ,' et multis id genus aliis, quæ Vechner. Hellenol. I. 8.

collegit. *Vor.*

Caput Ægypti] Sic XI. 14. 10. Liv. XLII. 47. 11. 'Caput Thessaliæ· Larissa.' Curt. v. 8. 1. 'Ecbatana caput Mediæ.' *Bern.*

CAP. XII. § 1 *Babyloniam profugisset*] Mss. habent *perfug.* quod videtur rectius, quoniam 'profugere' magis respicit locum ex quo, contra 'perfugere' locum ad quem. *Schef.*

§ 2 *In pretium*] Ms. Bongarsii præp. ignorat, quam et melius abesse opinor. *Gron.*

§ 4 *Sua sibi dari*] Xen. v. de Inst. Cyr. 'Lex est sempiterna inter homines, capta hostium urbe, eorundem res atque pecunias victori cedere.' Aristot. Polit. I. 4. pr. 'Lex velut pactum quoddam commune est, quo bello capta capientium fiunt.' *Bern.*

§ 5 *Cum quadraginta millibus peditum, et centum millibus equitum*] Quis credat equitum numerum sesquialterum fuisse ad peditum numerum? Ego pro XL. legam CCCC. quod est longe verisimilius: cum Arrianus peditum numerum faciat decies centenum millium, πεζοὺς δὲ ἐς ἑκατὸν μυριάδας. Curtius autem duplum ad eum, qui fuit ad Issum. *Glar.*

Quadringentis millibus] Ita Vett. omnes: antea mendose legebatur *quadraginta m.* Et in hoc numero dissentiunt scriptores. Videndus Curtius. *Bongars.* Nam Plutarchus in Alexandro, 54. m. 'millena millia militum' habet: probabilius quam Noster. Nam et Curtius IV. 9. 5. dimidio ferme majorem Darii fuisse ait exercitum, quam in Cilicia fuerat: (de quo sup. XI. 9. 1.) et vero credibile non est, minoribus copiis instauraturum fuisse pugnam, qui majoribus victus erat. *Bern.*

§ 6 *Ejusque mortem illacrymatum Alexandrum*] *Morti* f. rectius. Ita Suet. Vespas. 15. 4. 'Suppliciis illacrymavit et ingemuit,' et Curt. III. 12. 8. 'Pietati earum illacrymasse.'

Bern.

Mortem illacrymatum] Alii construunt cum casu tertio, dicuntque ' morti illacrymare.' Unde Bernecc. conjicit et hic f. rectius ita legi. Nobis nihil mutand. videtur; est enim constructio facta vi præpositionis, ex qua verbum est compositum, quæque casum quartum requirit: diciturque *illacrymare mortem*, pro, illacrymare in mortem. Inf. xi. 15. 4. dicit, ' mortem lacrymis prosequi.' *Vor.*

Humanitatis causa] Jure τῆς φιλαν-θρωπίας et pro necessitudine illa societateque, quæ inter homines intercedit. ' Communis humanitatis jus' Ciceroni dicitur pro Flac. 11. pr. ' Humanitatis negotium gerere' dicitur, qui cadaver sepelit: L. 14. §. 7. D. de Religios. quia memoria humanæ conditionis id facit. L. 27. D. de Condit. instit. Inde Quintilian. Decl. vi. corporis projecti ' Cadaver,' inquit, ' ab incursu avium ferarumque tantum miserantium corona custodit. Convenerunt etiam alicui complorantes: totus in spectaculum populus effusus est, et ignoto quoque corpori publica humanitas quasi quasdam fecit exequias.' Vid. et Sen. Benef. v. 20. m. Lactant. Inst. vi. 12. Hanc humanitatem ut auctores alii ' misericordiæ' ac ' pietatis,' ita Capitolinus in M. Antonino Philosopho cap. 13. ' clementiæ' vocabulo designat: ' Tantaque clementia fuit,' inquit, ' ut et sumpta publico vulgaria funera juberet efferri.' *Bern.*

§ 7 *Filiasque ejus parvulas*] Qui *parvulæ* potuerant dici, cum ' adultas' dicat Curtius, Plutarchus θυγατέρας παρθένους, quarum alterutram, quam nimirum eligeret ipse, Alexandro Darius obtulit, ut observavit ampliss. vir Gisbertus Cuperus Obs. iv. 10. Censet is, aut Justinum errasse, aut librarios oscitasse, et fœdam mendam huic loco adspersisse, Justinum vero scripsisse: *cum matrem, filias, filium-*

que ejus parvulum frequenter consolaretur. Hunc Curtius nondum sextum ætatis annum, cum caperetur, egressum esse scribit, iv. 14. eique Ocho nomen fuisse: vid. in landatis illis Obs. plura, quibus hic locus illustratur. Inter alia ostendit Curtium sentire cum Justino, cum Darii uxorem visam semel tantum ab Alexandro tradit, quamvis in alia sit sententia Plutarchus et Appion Plistonices, qui tradant ex Epistola Alexandri, nunquam ab Alexandro visam fuisse Darii uxorem; quæ Epistola si genuina sit, merito ei potius credendum esse quam aliis auctoribus, vere ait Cuperus. Sed alii viro summo non possum adstipulari, qui ' frequenter' hic positum existimat pro, multis præsentibus, cum τῷ ' frequenter' hic non opponatur ' solus,' sed ' semel.' *Græv.*

Frequenter consolaretur] ' Frequenter,' pro, præsentibus multis, præsente turba regia. Liv. i. ' Romam inde frequenter migratum est, a parentibus maxime ac propinquis raptarum.' *Vorst.* Minime gentium. Hic ' frequenter' est, sæpe, ut constat ex oppositione τοῦ ' semel.' *Semel tantum eam Alexandro visam, cum matrem filiasque ejus parvulas frequenter consolaretur.* Græv. ' Neq.' idem valet quod, multis præsentibus, ut interpretantur Avus cap. 41. Obs. in Script. Eccl. p. 147. et Tennulius ad Frontin. Strat. iii. 9. 2. vel, cum ingenti frequentia, quomodo loquitur Petron. 65. ' Inter hæc triclini valvas lictor percussit, amictusque veste alba cum ing. freq. comissator intravit.' Id. etiam *cum modica frequentia* dixit, 97. ' Intrat stabulum præco cum servo publico aliaque sane mod. fr.'

§ 8 *Gratumque sibi esse*] Quonam ista referenda? num ad superius ' ratus?' sic sane postulat ratio sermonis: at sententia est nulla. Quid

enim, *ratus est, sibi gratum esse?* Nescio igitur, an non hic scripserit Justinus, *gratum, inquit, sibi esse.* Cum
praesertim Curtius testetur, in hujusmodi voces Darium, tensis ad coelum
manibus, prorupisse, IV. 10. Et ex
voce *inquit* perire duae primae litterae
potuerunt facile propter praecedens
m, totidem lineolis constans; post
reliquum *quit*, quod sensum habebat
nullum, mutari in *que.* Schef.

Gratumque, &c.] Accius in Armorum Judicio: ' Si autem vincas, vinci
a tali nullum est probrum.'

§ 10 *Offert deinde*] De oblatis
hisce conditionibus cum consultare-
tur, et Parmenio diceret: ' Ego, si
Alexander essem, acciperem oblata;'
subjecit Alexander: ' Et ego, si Parmenio essem.' Diod. XVII. 54. Plut.
Alex. 51. Sc. juxta Pedonem: ' Non
eadem vulgusque decent, et culmina
rerum.' *Bern.*

Pro reliquis captivis XXX. *millia talentorum*] In nostris Annotationibus
in Q. Curtium de hoc numero multa
scripsimus, quam mire sit ap. auctores variatus. Diodorus 3. M. talentum: Plut. et Arrian. 10. M. talentum (quamquam eam rem ab Arriano
omissam, quia ante Gazae oppugna-
tionem ab eo descripta fuit, falso
opinatus eram): Valerius VI. 4. ' centena millia,' sed codex errat. Legend. enim X. *millia.* In Curtio summae omnino corruptae, maxime oppositione auri, quando duodecuplo sic
augeatur. Ego 10. M. malim quam
30. M. mortua jam uxore. Verum,
ut jam diximus, non est nostri negotii, tot ac tam diversas narrare auctorum opiniones. *Glar.*

§ 11 *Ad haec Alexander, gratiarum,
&c.*] Id. Curt. ' Nuntiate Dario,'
Alexandri verba sunt, ' me, quae
fecerim clementer et liberaliter, non
amicitiae ejus tribuisse, sed naturae
meae. Bellum cum captivis et feminis gerere non soleo. Armatus sit

oportet, quem oderim.' Ita enim
eum locum ante multos annos emen-
davimus turpiter ex Justino et inepte
interpolatum: ut et alia multa quae
ap. eund. scriptorem proxime sequuntur, de quibus tum dixi. *Mod.*

§ 12 *Nec quod in dubiis belli exitus,
aut in leges pacis sibi lenocinia quaere-
ret*] Quomodo ' Vitellius, respectu
suarum necessitudinum, nihil in Do-
mitianum atrox parabat,' Tac. H. III.
59. 10. Add. quae habet Gruter. in
Notis ad Panegyr. p. 601. f. item
notata ad Tac. I. H. 7. 2. 5. *Bern.*

§ 13 *Adversus vires hostium, non adversus calamitates*] Pro *calamitates*
putabam legend. *caritates*, sc. matrem, uxorem, filiasque Darii. ' Caritates' pro liberis dixit etiam Marcellin. XXII. 19. pr. ' Liberos et
affectus' ait Valcatius Gallicanus in
Avidio Cassio cap. 7. ' necessitudines' Tac. III. H. 59. 10. Curt. IV. 10.
30. ipseque Noster XII. 15. 9. Sed
Freinsh. meus pertendit, rectum esse
calamitates, et locum explicat: Adversus hostem validum et potentem,
non adversus fractum et calamito-
sum. Te, lector, amicae litis arbitrum
constituimus. Meam conjecturam
juvat non dissimilis locus Livii V. 27.
8. ' Arma habemus non adversum
eam aetatem, cui etiam captis urbibus
parcitur: sed adversus armatos,' &c.
A Freinsh. stat id. Auctor XLII. 8. 7.
' Claram victoriam vincendo oppugnantes, non saeviendo in afflictos
fieri.' Et magis Curt. IV. 11. 28. qui
tamen e Nostro, aut Noster forsan
ex illo, et hic et alibi a mala manu
interpolatus esse videtur. Itaque
mens Alexandri fuerit: Non aggres-
surus sum hostem ea parte, qua
calamitas et infortunium obnoxium
eum injuriae fecit, ut saevitiam, libidinem, et si quid aliud victori licet,
in captos exerceam; hoc enim vilis
est et degeneris animi; sed unde
arma et aciem ostentat. *Bern.*

§ 14 *Præstaturum se ea Dario*] Mss. *præsentaturum.* Unde Gronov. *pollicteturque repræsentaturum.* Vid. lib. I. de Pecnn. Vet. c. 8. *Græv.* Codd. Mss. qnos Bong. vidit, *præsentaturum se ea Dario.* Unde Gronov. in lib. de Pec. Vet. conjicit legend. esse, *repræsentaturum se ea Dario.* Est autem verbum elegans *repræsentare,* pro, statim facere: neque adeo rarum ap. auctores. Suet. Aug. ' Quam summam repræsentari jussit.' Sen. Ep. 95. ' Petis ut, quod in diem suum dixeram debere differri, repræsentem, et scribam tibi.' Cic. v. Fam. 16. ' Quod est dies allatura, id consilio anteferre debemus, neque expectare temporis medicinam, quam repræsentare ratione possimus.' Cujus generis plura in lib. de Latinit. vulgo fere neglecta. *Vor.*

§ 15 *Ceterum neque mundum posse duobus solibus regi*] Plut. in Apoph. 88. Diod. XVII. 54. Curt. IV. 11. 89. Ita Serinus ap. Stob. Serm. XLV. ' Omnium in terra bonorum auctor Sol: at, si gemini Soles forent, periculum immineret, ne omnia conflagrantia pessum irent. Ita et regem unum quidem accipiunt Lydi, et servatorem esse credunt; duos vero simul tolerare non possent.' Hausit Alexander hanc sententiam ex Homero suo, quem semper cum pugione sub pulvino repositum eum habuisse scribit Plut. in Vit. 18. Sic enim ille Iliad. II. 204. ' Nec multos regnare bonum: rex unicus esto.' *Bern.* Hæc et proxime seqq. adeo gemina sunt his quæ Curt. IV. 11. 22. habet, ut alteruter imitatus videri possit alterum. *Vor.*

Neque orbem, &c.] Eurip. Andr. 471. Οὐδὲ γὰρ ἐν πόλεσι Δίπτυχοι τυραννίδες Μιᾶς ἀμείνονες φέρειν 'Αχθος δ' ἐπ' ἄχθει, καὶ στάσις πολίταις. Tac. XIII. A. 17. ' Plerique hominum insociabile regnum æstimantes.' Lucan. I. 92. ' Nulla fides regni sociis, omnisque potestas Impatiens consortis erit.' Pro *regni* Heinsio legend. videbatur *regnis,* ut ap. Stat. I. Th. 189. ' Sociisque comes discordia regnis:' ubi Avus malebat *regni,* idemque exhibent Ed. Roth. a. 1713. et Paris. 1618. Barth. quoque margini editionis Bernartii ascripsit : ' *Regni* Ms.' Scholiastes Ms. Statii hunc l. ita interpretatur : ' Quia duo in uno et eodem regno nunquam potuerunt esse concordes.' Unde Sen. (Thyest. 444.) ' Non capit regnum duos:' et Ovid. (III. Art. 564.) ' Non bene cum sociis regna Venusque manent.'

CAP. XIII. § 1 *Tum repente*] Mss. quos vidit Bong. habebant *Cum repente.* Neque mihi dubium, quin sic scripserit Justinus. Ita enim solent optimi auctores. Cic. I. de Orat. ' Vix annus intercesserat ab hoc sermone, cum iste accusavit Norbanum.' Curt. VI. 16. ' Jamque non pugna, sed cædes erat, cum Darius quoque currum suum in fugam vertit.' Ipse Noster XIV. 1. fin. ' Omnes igitur operam suam certatim ad custodiam salutis ejus offerunt. Cum igitur Antigonus cum exercitu supervenit.' *Schef.*

Somnus arripuit] Ita Suet. Aug. 16. 3. *Bern.*

§ 2 *Cum etiam in otio semper parcior fuerit*] Legend. f. *cujus.* Bong. Rescripsi cum Junt. *cujus,* uti et legend. conjecerat Bong. Suet. Cæs. ' Vini parcissimus.' *Græv.* Optima lect. a Bong. est; antea scribebatur *cum,* pro *cujus.* Faber. *Cujus* legend. conjecit Bong. Et in Junt. manifeste ita scriptum reperit Græv. Unde et rescribere ita nulla mihi religio fuit. *Parcus somni* dictum, ut ' parcus pecuniæ,' VI. 8. 6. pro non adeo appetente seu cupido pecuniæ; et ' vini parcissimus' a Suet. Cæs. 53. et Aug. 77. *Vor.*

§ 3 *Æstu*] Alii *metu,* male. *Æstum* vocat animi fluctuationem, ducta

metaphora a motu et agitatione fluctuum, qui proprie *æstus.* Virgil. *Æn.* viii. 19. ' Vario curarum fluctuat æstu.' Et Plin. Ep. ' Explica æstum meum.' *Mod.* Noster i. 10. 15. *Æstuante rege.*' *Bern.*
Veritum] Leg. *Veritumque.* Fab.
§ 4 *Utraque acies hostibus spectaculo fuit*] *Ostendere aciem* dicuntur imperatores, terrendi hostis causa. Liv. xxix. ' Ad terrorem hostium aciem ostendisset.' Vid. et Gifan. in Obs. L. L. *Vor.*
§ 9 *Cum iisdem se, &c.*] Veget. i. 13. f. ' In fugam versi, victoribus ultra pares esse non audent.' Et iii. 1. m. ' Qui effugerint, ut semel territi, postea formidant conflictum.' Add. sup. Notam ad vi. 4. 12. *Bern.*
Nec meliores factos putarent fuga] ' Meliores' pro, fortiores: at ix. 2. 4. et, ut Græci dicunt, κρείσσονες. Notum illud Hesiodi: Ἄφρων ὃς κ' ἐθέλοι πρὸς κρείσσονας ἀντιφερίζειν. Et, Ἔχει τό σε πολλὸν ἀρείων. Latinorum quoque alii sic locuti: ut Vechner. in Hellenol. notavit. *Vorst.* Ms. quidam habet *tunc semel.* Cogitand. utrum non Justinus scripserit *num se meliores f. p. fuga?* Figura interrogationis valde est emphatica h. l. ad arguendam timoris absurditatem. Illud *se* de Macedonibus est intelligend. Et sic solet usurpari etiam aliis. *Schef.*
Cædium suarum] F. *cædis suorum.* Gronov. Lego *cladium,* ut viii. 4. 5. ' Obliti cladium suarum, perire ipsi, quam non perdere eos præoptarent.' *Fab.*
Tantum sanguinis] Legend. f. *tanti s.* ut referri possit ad vocem, quæ præcedit, ' memoriam.' Non enim ipsum sanguinem duobus prœliis fusum secum in aciem ferre potuerunt; sed sanguinis ejus memoriam. Est autem *memoria tanti sanguinis fusi,* pro, memoria tot interfectorum. Ceterum, casu primo si utendum sit, dicitur potius *tantum sanguinis fusum*

est, quam *tantus sanguis fusus est.* Vid. xi. 14. 2. Quod si *tantum sanguinis* retinend. hic videatur, oportebit tamen id. per metonymiam quandam intelligi de memoria tanti sanguinis, quam, ut dixi, secum in aciem ferre potuerunt. *Vor.*
§ 10 *Turbam hominum*] Sen. Benef. vi. 31. de Xerxis copiis : ' Demaratus Lacedæmonius dixit, ipsam illam qua sibi placeret multitudinem, indigestam et gravem, metuendam esse ducenti : non enim vires, sed pondus habere : immodica nunquam regi posse.' Videndi Veget. iii. 1. Piccart. Obs. ii. 2. *Bern.*
Sic vivorum sibi] Recte non minus hic quam xi. 9. 5. judicasse videtur Bong. quod videl. legend. sit *virorum;* non ut edd. quædam vett. habeat, *virium.* Præcedit enim ' majorem turbam hominum.' *Vir* pro homine forti notum. Tac. vi. A. ' Hinc viros, inde prædam ostendere.' *Vor.*
§ 11 *Hortatur, spernant illam aciem*] Notator Angl. docet in quibusd. Mss. legi *spectent.* Verum nil mutand. Nam, quia victoria non paratur armorum decore, quod ut caussa hujus dicti subjicitur, ideo non spectanda illa acies auro fulgens, sed spernenda. *Schef.*
Auro et argento fulgentem] Macrob Sat. ii. 2. ex Agell. v. 5. refert, Annibalem Antiocho exercitum auro argentoque politum ostentanti, quærentique, ' sufficerent ne hæc Romanis?' respondisse: ' Hercle vero sufficiunt, etiamsi avarissimi sint Romani.' Quo dicterio vanitatem hominis irrisit, qui non animadverteret ista hosti plus animi additura ad prædam, quam suis ad pugnam. Ejusmodi monita sunt ap. Liv. ix. 40. 5. Curt. iii. 2. 22. et iii. 10. 15. Tac. Ag. 32. 7. *Bern.*
Armorum] Leg. *ornamentorum.* Gron. CAP. xiv. § 1 *Post, &c.*] Zonar. xi. 14. Τῇ δ' ἐπιούσῃ τῆς μάχης συγκροτη-

θελόσης, ὡς μὲν τινὲς φασιν, ἐν Ἀρβήλοις, ὡς δ᾽ ἕτεροι, ἐν Γαυγαμήλοις, οἱ βάρβαροι ἐνέκλιναν, καὶ ἦν αὐτῶν διωγμός. Add. Strab. xv. p. 737. et Fabricium ad Oros. iii. 17. init.

Prælium committitur] Ἐν Γαυγαμήλοις πρὸς ποταμῷ Βουμήδῳ, ἀπέχων Ἀρβήλων τῆς πόλεως ὅσον ἑξακοσίους σταδίους. Arrian. iii. 'Inde dicta pugna ad Arbela. Oros. iii. 17. nescio quo auctore ap. Tarsum pugnatum scribit. Tac. A. xii. 13. 3. vocat ' castellum insigne fama,' suppresso nomine. *Bongars.* Amni ' Boumello' nomen esse tradit Curt. iv. 9. 20. Non ap. Arbela, ut multi tradiderunt, sed *ap. Gaugamela* commissum hoc prælium ait Plut. in Alex. 56. eamque vocem denotare ' domum cameli,' quod rex quidam olim, qui hostes effugerat camelo dromade, eum h. l. locaverit, certis vicis vectigalibusque ad curam ejus attributis. *Bernec.*

In ferrum cum contemtu toties a se ticti hostis ruebant] Sumtum fere ad verbum ex Marone, cujus est illud Æ. viii. 648. ' Æneadæ in ferrum pro libertate ruebant.' *Mod.* Ov. ii. Art. 333. ' In ferrum flammasque ruit.' Liv. xxviii. 22. ' Cum cœci furore in vulnera ac ferrum vecordi audacia ruerent.'

§ 4 *Ut pons Cydni fluminis interrumperetur*] Habet Curt. iv. 9. 19. et præcipue iv. 16. 8. quod magis placet. *Bernec.*

Ut pons Cydni] Non puto mutand. quidpiam: quamvis Arrian. et Curt. ' Lycum' hic habeant. Cydnus et Lycus vicina sunt flumina; utraque in Tigrim labuntur. Ut credam eund. esse Cydnum ac Gyndem, facit Tibullus in Paneg. ad Messalam : ' Nec qua vel Nilus, vel regia lympha Diaspes Profluit, aut rapidus, Cyri dementia, Cydnus.' Nihil hic mutand. ' Diaspes' pro, Idaspes. Idaspem vero Romani appellarunt etiam Choaspem. Virgil. iv. G. ' Aut Medus

Idaspes.' Quem locum male interpretatur Junius Philargyrus de Idaspe Indiæ. Curt. v. ' Benigne juvenem excepit rex, et eo duce ad Idaspem amnem pervenit, delicatam, ut fama est, vehentem aquam.' De Choaspe loqui, nemo non viderit. Adi quoque Lactant. i. et Ammian. xviii. Ex huj. alveo quidam veterum prodiderunt Cydnum s. Gyndem profluere. Unde error Solini emanasse videtur, dicentis, Cydnum Ciliciæ e Choaspe derivari. Ubi confundit Cydnum Ciliciæ cum hoc Persiæ. *Voss.* Acidal. pro *Cydni* legend. putat *Lyci;* quia Arrian. et Curt. hic de Lyco prodiderunt. At Voss. nihil mutand. censet: quia Lycus et Cydnus vicina flumina sint, utraque in Tigrim labentia. Porro pro *intercluderetur* Acidal. legend. censet *intercid.* Et sane vel sic, vel *interscind.* nobis quoque legend. videtur. ' Reditum intercludi ' sup. ii. 5. 10. et 13. 5. dicit; quod h. l. ' iter impediri.' Verum ipsum *pontem,* per quem iter et reditus faciendus, *intercludi,* dici posse vix videtur. Prædictis locis ipse Noster ' pontem interrumpi' dicit: et alii, ' pontem rescindi,' ' interscindi,' ' recidi,' ' intercidi.' *Vorst.*

Intercluderetur] Acidal. pulchre vidit hanc lect. ferri non posse, et acute conjecit legend. esse *intercideretur:* quod, cum in Junt. nunc repererim, nullus dubitavi recipere in ipsum context. Pro *Cydno* legend. esse *Lyco* docti quoque viri præceperunt. *Græv.*

Ut tot millia sociorum] Et hic conjectura Acidalii placet pro *sociorum* legentis *suorum.* Reges et imperatores militem sunm, ' suos' vocare notissimum. Vid. xii. 5. 2. *Vorst.* Emendant, *tot millia suorum.* Sed videntur socii hic accipiendi de sociis fugæ. Quomodo nempe ap. Cic. aliosque ' socii consiliorum,' ' periculorum,' et ejusmodi leguntur. Sic

' societas fugæ' est ap. Suet. Vit.
Neronis. Adi inf. XII. 11. *Schef.*

§ 5 *Ingerebat*] Ita antiquiores edd.
Bong. maluit *immergebat:* quem ta-
men Bernecc. hic secutus non est.
Vorst.

§ 6 *Asiæ, &c.*] Saxo IV. p. 60. 30.
' Totius Daniæ imperium rapturus,'
et XIV. p. 250. 32. ' Jamque vacantem Daniæ possessionem nemo aut
petere aut rapere præsumebat.'

§ 8 *Recognovit*] Sen. Ep. 83. ' Et,
quod est utilissimum, diem meum re-
cognoscam :' et 110. ' Et alia quæ
res suas recognoscens summi imperii
fortuna protulerat.' *Gron.*

§ 9 *In urbe clausa*] Lego *Susa* ex
Diod. princ. posterioris partis l. XVII.
ubi agnoscit eund. pecuniæ numerum. *Bong.*

Susa] Pro *clausa*, quod omnes edd.
habent, ita legend. hariolatus est
Bong. idque propter evidentiam cor-
rectionis in textum admisi, maxime
subscribente Curtio v. 2. 13. Plut.
Alex. 66. et Diod. XVII. 65. *Berneccer.*
Leg. *Susis.* Propert. ' Non tot A-
chæmeniis armantur Susa sagittis.'
Gronov. Junt. *Susis.* Optime. Sic
enim meliores scriptores Græci et
Latini. *Græv.*

In urbe deinde Susa] Huj. loci emendatio auctorem sui habet illustrem
illum Bongarsium ; nam in Mss. legebatur *clusa.* Pessime. In ed. quidem
Junt. qua usus est summus meus
Græv. aperte legitur *Susis*, sed, ut
opinor, ab aliquo emendatore, qui
crederet non posse dici *Susa, Susæ*,
cum ex Græca inflexione *Susa, Suso-
rum*, dicend. esset. Sed hoc nihil est,
cum frequentissimi sint hujusmodi
metaplasmi, ut a Grammaticis dicantur. Igitur, *Susa, Susæ* ; *Hierosolyma, Hierosolymæ* ; *Hierosolyma,
Hierosolymorum*, ut *Megara Megaræ*,
quantumvis Græci dicant, *Megara,
Megaron.* Faber. Antiquiores edd.
in urbe clausa. Sed Bong. ex Diod.
XVII. conjecit legend. esse *Susa :*

quod Bernecc. deinde in textum recepit. Sed rectius fecisset, si plane
Susis scripsisset, ut manifeste in vet.
ed. Junt. esse testatur Græv. Sic
enim scriptores quoque alii loquuntur. *Vorst.*

Quadraginta millia talentum] Totidem Diod. XVII. 66. et Plut. 66. At
Curt. v. 2. 18. et Arrian. III. ' quinquaginta millia' habent. *Bernec.*

§ 10 *Persepolin caput Persici regni*]
Ita et Stephanus. Straboni XV. Περ-
σαίπολις. ἦν δὲ ἡ Περσαίπολις ἔχουσα
βασίλεια ἐκπρεπῆ, καὶ μάλιστα τῇ πολυ-
τελείᾳ τῶν κειμένων. *Bongars.* Ita
Curt. IV. 5. 13. Plin. VI. 26. pr.
' Metropolin' vocat Diod. XVII. 70.
Bernec.

Refertamque, &c.] Urbem hanc omnium sub sole ditissimam prædicat,
ejusque regiam egregie describit
Diod. XVII. 70. et 71. Add. Curt. v.
6. 5. *Id.*

§ 11 *Octingenti*] ' Ad quatuor fere
millia' Curt. v. 5. 8. fuisse refert.
Nostri numerum confirmat Diod.
XVII. 69. *Id.*

Admodum] H. e. propemodum, fere,
circiter. Sic XVII. 2. 4. XXIV. 1. 6.
et 7. Liv. XXXI. 39. 10. ' Phalanx
nullius admodum usus.' Et XLIII. 11.
8. ' Exacto admodum mense Febru-
ario.' Curt. IV. 12. 8. ' Equites mille
admodum.' *Id.*

Qui pœnam captivitatis, &c.] Supplicii genus ap. Asiaticos usitatum, de
quo sæpe vett. historici. Ex more
tam crudelis Ianienæ nuper locum
insignem emendavi in Epistola ad
Hebræos, ubi pro ἐπειράσθησαν, i. e.
tentati fuere, ostendi legend. esse
ἐπρίσθησαν, quod est, *mutilati et trun-
cati fuere.* Sed liber exstat. *Faber.*

Truncata corporis parte] Ita ut aliis
manus, aliis pedes, nonnullis aures et
nares amputatæ essent, inquit Diod.
XVII. 69. Add. Curt. v. 5. 9. Frequens Persis hoc fuisse supplicii
genus, patet ex Sen. de Ira II. 20.
Tac. A. XII. 14. 8. Curt. III. 8. 26. et

VII. 5. 62. Ammian. XXX. 227. Facit
huc historia Zopyri sup. L. 10. 15.
Bernec.

CAP. XV. § 1 *A cognatis suis*] Besso
et Nabarzane. Curt. v. 10. *Id.*

Aureis compedibus] Vid. notam ad
v. 11. 4. *Idem.*

In vico Parthorum Tanea vincitur]
Curt. VI. ait Darium post ad Gaugamela pugnam Ecbatana venisse : deinde iter molitum in Bactra. Arrian.
ait per Caspias portas in Parthiam
venisse eum : Justinus in Parthorum
vico Tanea vinctum. Alexander autem cum audisset Darium Ecbatanis
esse, ex Persepoli primum in Mediam
motum, mox iter mutasse ad famam
fugæ Darii, ac venisse Rhagas, cum
Arriano scribit Curtius. Addit Curt.
Rhagas oppidum esse in Paraetacene
Ultima, sed locus Curtii corruptissime
legitur. Nos in annotationibus nostris
satis luculenter errorem aperuimus.
De *Tanea vico* nihil dicere possumus
ap. alios lectum auctores. *Glarean.*

In vico Parthorum Thara] *Dara*
omnino scribend. est. Etymol. Magnum : Δάρας παρὰ τὸ ἐν τῷ αὐτῷ χωρίῳ
συλληφθῆναι Δαρεῖον ὑπὸ Ἀλεξάνδρου
ὑπὸ δὲ Ἀναστασίου κτισθὲν, ἐκλήθη Ἀνα-
στασιόπολις. 'Darieum' Plinio et
aliis. Sed errat Etymologus, quod
hanc Anastasiopolim dictam putet,
cum illa sit alia. *Voss.* Memini me
aliquando legere ap. Petr. Vallensem
Nobilem Romanum, hunc vicum hodieque nomen retinere ; dicitur enim
Darabghierd ; Darab vero ap. Persas
ille ipse est, qui nobis Darius vocatur.
Ait autem id. scriptor hanc vocem
Darabghierd significare *Darius condidit.* Abhinc uno et altero seculo
dicebatur *Darab-Kera, urbe,* aut *vicus,
Darii.* Ipse viderit, nam scire Persice debuit. Vol. III. Epist. XVI. et
XVII. Hæc non invitus leget cl. Voss.
Illius enim sententiam confirmant,
cum dicit *Thara* corruptum esse,
legend. enim *Dara.* Faber.

§ 2 *Judicantibus*] Ita Mss. omnes,
ipso teste Bong. qui tamen cum aliis
edidit *vindicantibus.* Sed istud verbum omini de successuris in imperio
Persis magis convenit. Freinsh. *indicantibus.* Bernec. F. Trogus scripsit *indicantibus, qui successuri imperio
essent, cum in terra eorum, &c.* Ut Liv.
I. 55. ' Inter principia condendi hujus operis, movisse numen ad indi-
candam tanti imperii molem traditur
Deos.' *Gronov.* Lego ita *indicantibus.*
I. e. Ea re satis ostendebant, et indicio satis claro significabant, Parthos,
in quorum finibus Darius rex Persarum perierat, post Persas esse regna-
turos. *Faber.* Hoc *judicantibus* mihi
valde suspectum est. Vult certe
Noster ostendere, quare Darius
vinctus fuerit in Parthis, et non alibi
locorum. At hoc non efficit vox *judicii ;* deinde addendum fuisset, quid
Dii judicaverint ; nec enim sensus in
his : Dii ita judicabant, ergo vinctus
est in Parthis. Quare mallem *dictitan-
tibus,* vel *incitantibus.* Dii *incitare*
crebro dicuntur ap. Vett. Porro æ et
u, item c et t, in Mss. literæ simillimæ,
ut, qui legit *jucicantibus,* facile id
emendando -sc. formare potuerit in
judicantibus. Schef. Varie hic locus
sollicitatur a viris doctis. Nolim tamen Mss. fidem impugnari. Sententia
hæc est : Ita Dii immortales judica-
verunt s. decreverunt, ut finiretur
Persicum regnum in terra eorum,
qui successuri erant imperio. Fuisse
sc. hoc singulare Dei judicium et decretum, ut Darius in Parthorum agro
interficeretur. *Grævo.*

§ 5 *Multa millia*] Mss. quos vidit
Bong. habent *plura millia,* quod præfero, quia præcedit ' multa,' quod hic
ingrate repetitur. Et *plura,* pro multis, frequens ap. bonos scriptores.
Plin. IX. c. 2. ' Aquatilium tegmenta
plura sunt.' Sic *plures* pro multis est
ap. Phædr. nostrum IV. 19. ' Vulpis
cubile *fodiens,* dum terram eruit,
Agitque plures altius cuniculos.'
Schef.

Respirandi] Gronov. in Notis ad Sen. Herc. Œt. A. v. pro *respirandi* legend. conjicit *strigandi*, l. e. interquiescendi. Mihi tamen hic non liquet. *Vorst.*

Unus ex militibus] Cui Polystrato nomen fuit. Curt. v. 13. 32. Plut. Alex. 77. qui nonnihil variat. *Bernec.*

§ 6 *Applicito captivo*] Locus absque dubio mendosus: legend. arbitrabar *applicito capite*. Vett. cum vulgatis consentiunt. *Bongars.* Credo sanum esse locum. Ille miles Macedo fuit, ut scribit Curt. v. 13. 32. itaque captivorum quendam applicuit, Darii civem, quo interprete Darium loquentem perciperet. *Bernec.* I. e. admoto, adducto captivo. Adductus autem ille fuit a milite Macedone, cujus in superioribus mentio fit verbis, ' unus ex militibus.' Quod ipse miles, qui Darium invenit, Macedo fuerit, ex Curt. v. 13. 32. scire licet. *Vorst.*

§ 7 *Maximorum illi debitorem mori*] Mss. Bongarsio visi habent *illi se deb.* quæ lect. firmatur per alios, qui habent *illi*, cum illud baud dubie ex voce *se* præc. accreverit. Quod si lect. hæc vera, dubitari potest de pronomine *se*, quod præcedit. Ego sane mallem totum locum ita legere: *Perferri hæc Alexandro jubet; sine ullis in cum meritorum officiis, maximorum illi se debitorem mori.* Et esset conquerentis oratio paulo efficacior, cum plus sit *sine ullis*, quam *se nullis*. *Schef.*

§ 8 *Quibus et vitam et regna dederit*] Per ''vitam' Freinsh. ut ex Indice apparet, intelligit, victum: quomodo eand. vocem xxviii. 2. in phrasi, ' vitam sectari,' intelligit Gronov. *Vorst.*

§ 9 *Quam ipse victor volet*] Legend. f. *vellet*: ut magis congruat orationi quam format indirectæ. Sed non insolens Nostro, ut in oratione quoque indirecta verbum indicativi modi usurpet. Exempli causa mox, ' quam

solam moriens potest,' pro, possit. *Id.*

§ 10 *Referre se, quam solam moriens potest, gratiam*] Similis locutio in his Ov. Pont. ii. 10. ' Te tamen intueor, quo solo pectore possum.' Ita Virginius, filiam transfigens, ap. Liv. iii. 48. 6. ' Hoc te uno, quo possum,' ait, ' modo, filia, in libertatem vindico.' *Bernec.* Qualem gratiam referre se posse judicaverit Darius, apparet ex seqq. quibus ipsius quædam precatio continetur. Nimirum sola precatione gratiam referre posse credidit, et, ut Sen. iv. Benef. 11. loquitur, ' debitores Deos Alexandro delegando, precandoque ut illi pro se gratiam referrent.' *Vorst.*

Gratiam] Hoc *gratiam* mihi a glossatore hic intrusum videtur. Deliberent alii. *Schef.*

Regales Deos] Θεοὺς βασιλείους, καὶ γενεθλίους. Plut. Alex. c. 54. pr. *Bongars.* Imo regiæ Majestatis vindices et tutores. *Græv.*

§ 11 *Justam magis, quam gravem*] F. *justæ* m. q. *gravis.* ' Gravis,' i. e. sumptuosæ. Ita legerunt medii ævi scriptores. *Voss.*

§ 12 *Jam non suam, sed exempli, communemque, &c.*] Œdipus, regis Laii cædem vindicaturus, ap. Soph. sic ait: ' Nam, quisquis ille est, Laium qui occiderit, Is dextra eadem me quoque ausit aggredi. Cum vindico igitur hunc, me ipsum munio.' Et ap. Sen. in ejusd. argumenti Tragœdia: ' Regi tuenda est maxime regum salus.' Unde Vitellius interfectores Galbæ, quantumvis hostis sui, conquiri omnes et interfici jussit, ' non honore Galbæ, sed tradito Principibus more, munimentum in præsens, in posterum ultionem,' ut inquit Tac. H. i. 44. Adi Clapmar. de Arcan. Imper. iii. 17. Amirat. Dissert. in Tac. xvii. 7. *Bernec.* Scrib. *eam non suam, sed exempli, &c.* Gronov.

§ 13 *Pignus fidei regia dexteram*] Probus in Datame: ' Fidemque ea de re more Persarum dextra dedisset.' Diod. XVI. 48. Καὶ τὴν δεξιὰν ἔδωκε τῷ Θετταλιῶνι· ἔστι δὲ ἡ πίστις αὐτὴ βεβαιωτάτη παρὰ τοῖς Πέρσαις. Gemistus lib. II. *Bongars.* Diod. XVI. 48. ' Hæc certissima fidei apud Persas arrha est.' Unde lumen accipit quod Curt. VI. 4. 23. scribit, Alexandrum ' fidem, quo Persæ more accipiebant, Nabarzani dedisse.' Similiter et ap. Parthos, Josephus Antiq. XVIII. 12. tradit, ' id esse fiduciæ certissimum argumentum. Nam post datam dextram apud eos nec fallere fas esse, nec diffidere, cessantibus omnino suspicionibus.' Add. Virgil. Æ. III. 610. Plin. H. N. II. 45. m. Tac. XV. A. 23. Camerar. Hor. Subs. II. 46. *Bernec.*

Se ferendam Alexandro dare] Nescio an satis apte hoc dicatur. Dextram sane ad Alexandrum ferre non debuit, sed pignus aliquod fidei. Malo igitur legere *ferendum*, ut sit ordo : Dare se dextram, pignus fidei, ferendum Alexandro. *Pignus ferre ad aliquem* usu est receptum, non ita *ferre dextram.* Schef.

Porrecta] Plut. Alex. 77. Λαμβανόμενος τῆς τοῦ Πολυστράτου χειρὸς, ἐξέλιπεν. Pene fugerat me notare in Mss. Δαρεῖον esse Dareum, ei in e, ut ap. Horat. et Auctorem nostrum ' Alexandrea,' et inf. ' Cassandrea' XXIV. 2. 1. Græcis Ἀλεξάνδρεια et Κασσάνδρεια. Et ' balneum' iisd. est βαλανεῖον. *Bong.*

§ 15 *Corpusque, &c.*] Plut. Alex. p. 1266. Τότε δὲ τοῦ Δαρείου τὸ μὲν σῶμα κεκοσμημένον βασιλικῶς πρὸς τὴν μητέρα ἀπέστειλεν.

Reliquias ejus majorum tumulis inferri jussit] *Reliquias ejus* Blancard. inducend. existimat, ' quia apud Persas moris fuerit cadavera cera oblita humari, non rogo imponi et cremari.' Vid. Notas ejus ad Arrian. III. Addit item, ' aut παρόραμα fuisse Justini, aut certe librariorum ejus, Persarum sepeliendi morem e ritu externæ gentis perperam interpretari cupientium.' Credidit nimirum Vir cl. per *reliquias*, non ipsum corpus, sed, quæ ap. Romanos post cremationem legebantur, ossa intelligenda esse. Verum per *reliquias* Justinum nihil aliud quam ipsum corpus denotare, intelligi potest ex eo quod præcedit, ' corpus regio more sepeliri jussit.' Quoniam ipsum corpus sepultum fuisse significat, non potest *reliquiarum* voce, quæ sequitur, designare sola ossa, quæ post cremationem remanserint ; sed necesse est vocem eam superiori ' corporis' ἰσοδύναμον esse. Et ne insolens hoc videatur, repetetur illud, quod sup. IX. 4. 4. *corpus* et *reliquias* itid. conjunxit, scripsitque, ' Bello consumtorum corpora sepulturæ reddidit, reliquiasque funerum ut ad sepulcra majorum deferrent, ultro hortatus est.' Ad quem l. itid. Notas vid. *Vorst.*

LIBER XII.

CAP. I. § 1 *Magnis funerum impensis extulit*] Hoc postea fecit et Philippus ap. Liv. XXXI. 34. 1. ubi etiam causa facti redditur. Add. Notas ad XI. 6. 13. *Bern.*

§ 2 *Qui superfuerant*] Mss. Bongarsio visi habebant *supera fuerant.* Inde colligo, vulgatam glossatoris, veram Justini lect. esse *superaverant.* De verbo ' superare' pro, superesse, nota omnia. *Schef.*

§ 3 *Pecunia omnis* CLIII. *millia talentorum ex victoria nuper congesta*] Nimis magnus hic videtur numerus.

Curt. non ita longe ab init. lib. VII. de hac re loquens, ita scribit: ' XXVI. millia talentum proxima præda redacta erant, e queis XII. millia in congiarium militum absumta sunt. Par huic pecuniæ summa custodum fraude subtracta est.' In Diod. triplo minor summa. Hæc ideo adduco, ut videamus quam nihil pensi habuerint Romani scriptores quid narrarent. Nam init. huj. lib. nec loci meminit, ubi hæc acta, nec ubi ea pecunia inventa, ubi divisa, quo reposita. Ego in Parthis hæc acta puto. *Glarean.*

Ecbatana] Ex vestigiis scripturæ veteris odoratus sum leg. *Ecbatana congesta.* Vett. enim habent *et batanu congesta:* quidam *ex ebatanu:* alii aliter. Diod. XVII. 10. Parmenioni commissos refert τοὺς βασιλέως θησαυροὺς ἐν Ἐκβατάνοις, ἔχοντας ταλάντων ἐκτακαίδεκα μυριάδας. Vid. et Strab. XV. *Bongars.*

Ecbatana nuper congesta] ' Ex vestigiis scripturæ veteris odoratus sum,' inquit Bong. 'leg. *Ecbatana congesta.* Vett. enim habent *et batanu congesta:* quidam *ex ebatanu:* alii aliter.' Ita, inquam, de h. l. Bong. cui persagaci hic ne quis dubitet credere; scire licet nostras membranas disertim ejus conjecturam confirmare; neque in hoc tantum, sed in illo etiam quod τὸ *nuper* delend. omnino censet: nusquam enim ejus vocis aut vola aut vestigium in nostris Mss. comparet. *Mod.* Persagacem Bongarsii conjecturam Modii membranæ disertim confirmant. Vid. et Curt. v. 8. 1. Freinsh. ostendit mihi locum Plin. VI. 14. ' Ecbatana a Seleuco rege condita;' qui gestis hisce multo posterior fuit. Alterutrum igitur esse falsum oportet: nisi ' condere' Plinio idem sit quod, instaurare. Sic Auctor XVIII. 4. 1. *Bernec.* Nam θησαυροφυλάκιον regum Mediæ et Persiæ ait fuisse Batanis Isidorus Chatacenus. Batana autem vocat Ecbatana, ut et Curt. IV. ' Se quoque, cum transisset mare,

non Ciliciam, aut Lydiam (quippe tanti belli exiguam hanc esse mercedem), sed Persepolim, caput regni ejus, Bactra, deinde Batana, ultimique Orientis oram, imperio suo destinasse.' Sic leg. Nam Ms. habebat *Batava.* Et sic f. et alibi scripsit Curt. Sane Pseudo-Callisthenes de Rebus gestis Alexandri (quem utendum habeo ex Bibliotheca Lugd.) Βάτανα semper vocat. Sed de eo ad Ptolemæum. *Voss.* *Ecbatana* legend. odoratus est Bong. e vestigiis scripturæ veteris, cum ante lectum pro eo esset *ex victoria nuper.* Post autem Modius in suis membranis τὸ *Ecbatana* manifeste scriptum reperit. Plin. VI. 24. ' Ecbatana' a Seleuco demum condita scribit. Verum antiquiorem urbem eam esse vel ex Tob. III. 7. colligi posse videtur. *Vorst.*

Congesta] Hactenus editi *nuper congesta.* Sed delend. *nuper* et Bong. in variantibus censuit, et Modius nec vestigium ejus in suis Mss. comparere dicit. *Bernec.*

§ 4 *Bellum Sopyrionis præfecti ejus, in Scythia*] Junt. Zopyrionis præfecti ejus in Scythia mors continebatur. Græcis Ζωπυρίων appellatur. *Græv.* F. *Scythia ac mors.* Conjunctionem abstulit similitudo litterarum. *Schef.*

§ 5 *Exercitus suscepit*] Quidam codicum Mss. pro *suscepit* habet *cepit;* quod puto revocand. Nam *capere dolorem, lætitiam,* receptum usu est. Noster ipse simillima ratione VI. 5. ' Plus tamen tristitiæ ipse ex incensa et diruta a Lacedæmoniis patria, quam lætitiæ ex recuperata post tantum temporis cepit.' At *suscipere dolorem,* nescio an legatur alibi. Et videtur plane illud *sus* adhæsisse vocabulo, *cepit,* ex ultima *tus* vocabuli, quod proxime præcedit. *Schef.*

§ 6 *Græcia*] Diod. XVII. 62. Curt. VI. 1. *Bongars.*

Recuperanda] Mss. *recip.* de qua voce cum dixerim, parcam ulterius admonere. *Mod.*

Auctoritatem, &c.] ' Auctoritas' h. l.
notat consilium, ut ap. Cæs. i. B. C.
85. ' Debere eos Italiæ totius auctoritatem sequi potius, quam unius hominis voluntati obtemperare.' Id. B.
Afr. 40. ' Animadvertit mirifica corpora Gallorum Germanorumque, qui
partim ejus auctoritatem erant ex
Gallis secuti.' Liv. xxxvii. 12.
' Multis nobilibus secutis inter cetera
auctoritatem Pausistrati, quæ inter
suos merito maxima erat.' Cic. x.
Fam. 10. ' Legionesque duæ de exercitu Antonii ad ejus se auctoritatem contulissent.' Id. xiii. 12. ' Secutus auctoritatem.' M. Sen. Controv. ix. f. ' Ego te genui, ego di-
vitias docui contemnere; sequere
auctoritatem meam.' Curt. ix. 7.
' Non tam imperii cupidine, quam in
patriam revertendi cum iis, qui auctoritatem ipsius sequebantur.' Ceterum paulio post legend. videtur *et
pacem, &c.* Gronov.
§ 7 *Pacem*] Angl. *et pacem*, cum
emphasi. *Schef.*
Soli spreverant] Sup. ix. 5. 3. *Ber.*
§ 8 *In ipso ortu*] Liv. xxix. 31. 4.
' Nisi orientem ignem opprimamus,
ingenti mox incendio, cum jam nullam opem ferre possumus, ardebimus.'
Curt. vi. 3. 17. ' Parva sæpe scintilla
contemta magnum excitavit incendium.' *Idem.*
§ 10 *Agis rex*] De huj. militari
robore Diod. xvii. 63. et Curt. vi. 1.
ubi scribit cecidisse Lacedæmoniorum 5. M. et 350. ex Macedonibus
haud amplius 3. M. Quo de numero
variat nonnihil Diod. ib. *Idem.*
*Ut Alexandro felicitate, non virtute
inferior*] Angl. *Ut Al. si non felicitate
par, virt. non inf.* Vulgatam lect. puto
genuinam. *Schef.*
CAP. ii. § 1 *Alexander rex Epiri*]
Vid. Liv. viii. 24. Strabo vi. contra
Messapios et Lucanos evocatum scribit. *Bongars.* Eid. cognomentum
fuisse Molosso, tradit Agell. xvii. 21.
et addit, in Italiam transeuntem dix-

isse, ' se quidem ad Romanos ire quasi
in ἀνδρωνῖτιν, h. e. *virorum domicilium:*
' Alexandrum Magnum iisse ad Persas
quasi in *γυναικωνῖτιν,' domicilium mulierum.* Fuerit igitur Alexandri Molossi expeditio posterior expeditione
Alexandri Magni. At Plut. priorem
facit in Comment. de Fortun. Rom.
cap. ult. *Bernec.*
§ 2 *Quam ille in Asia et in Persis
habiturus*] Diodorus, quo tempore in
Italiam trajecit Alexander, quem
Molossum vocat Agellius, sive Aulus
Gellius est, ubi de ead. hac re agit,
Philippum Alexandri M. patrem adhuc in vivis fuisse, et adhuc Græciam
bello arsisse, nondum in Asiam translato, scribit. *Mod.*
§ 3 *Huic responsum Dodonæi Jovis
urbem Pandosiam amnemque Acherusium prædixerat*] Liv. viii. ' Accito ab
Tarentinis in Italiam data dictio erat,
caveret Acherusiam aquam Pandosiamque urbem; ibi fatis ejus terminum
dari:' responsum autem oraculi, s. ut
Liv. ait, dictio, his duobus Græcis
versibus continetur: Αἰακίδη, προφύ-
λαξο μολεῖν Ἀχερούσιον ὕδωρ, Πανδοσί-
αντε, ὅτι τοι θάνατος πεπρωμένος ἐστί.
Mod. Modius h. l. oraculum producit, haud scio, an *γνήσιον.* Diversum
ab hoc oraculum referunt Strab. vi.
et Steph. in Πανδοσία. *Bernec.* Error
est, ut mihi quidem videtur, plane
manifestissimus, neque is tamen a
quoquam antehac animadversus. Verba ipsa, et sententia verborum, si non
negligenter spectentur, rem brevi
probaverint: Ut oracula Delphica
insidias Alexandro M. in Macedonia
prædixerant, ita huic alteri Alexandro Jovis Dodonæi oracula prædixerant Acheronta amnem et Pandosiam
urbem. Hoc, si quid unquam fuit,
plane ridiculum est, quod in puerum
magis conveniat, quam in virum. Itaque sic, ut dicam, totus iste locus
emendandus est; dein correctionem
singulatim probabo: *sicut Alexandro
Magno Delphica oracula insidias in Ma-*

cedonia, ita huic responsum Dodonæi
Jovis circa urbem Pandosiam amnemque
Acherusium cavendum prædixerant.
Sed dno, inquies, a te addita verba
fuere ; circa et cavendum. Fateor ;
sed et sic quidem, hoc fidenter dicam : Qui me temeritatis in hac emendatione accusabunt, eos ego negli-
gentiæ accusavero, et reos ad prætorem peregero ; qui, sc. id minus ani-
madverterint, in Collectione Variantium Lectt. planissime scriptum esse
CAVENDUM. At quod ad illam alteram voculam attinet, CIRCA, ibi
vero non mecum, sed cum Ratione
ipsa pugnandum; partes enim partibus
non respondebunt, nisi ita legas : Ut
huic in Macedonia, ita et huic CIRCA
Pandosiam, &c. At unum superest
tamen, CAVENDUM, sc. quod e codice
Ms. Pelerini a me eductum fuit, non
convenire cum ' insidias,' si bellam
orationis Latinæ consuetudinem sequi velimus. Imo autem, nam ita
optimus quisque Veterum loquebatur,
ut Plaut. Terent. Lucret. et Cic.
interdum. Quis autem non debet
observasse illud Lucretii ? ' Æternas
quoniam pœnas in morte timendum.'
Ad quem l. multa a nobis exempla
congesta sunt, et plura, si memini,
ap. Popmam reperies. Faber. Sequor Anglos, qui hic ex codd. antiquis
reposuerunt : ita huic responsum Dodonæi Jovis circa urbem Pandosiam amnemque Acherusium prædixerat, sc. insidias, quod ἀπὸ κοινοῦ repetend. In
vulgata nullus est sensus, quod et
elegantissimus Faber animadvertit,
et acute circa inserendum esse conjecit, quod postea Angli in suis membranis invenerunt. Græv. Angl.
Dodonæi Jovis, circa urbem Pandosiam.
Placet, quoniam illud circa respondet
præcedenti ' in.' Schef.

Amnemque Acherusium] Strabo II.
τὸν Ἀχέροντα: et ita in seqq. Mss.
Plin. III. 11. Oraculum exstat ap.
Strab. et Steph. Bongars. Adjective,
quomodo et Liv. VIII. 24. 3. ' Ache-

rusiam aquam.' Statim inf. n. 14.
' Acheron' est, ex quo accolæ dicti
' Acherontini,' Plinio III. 5. sub finem cap. Bernec. ' Amnem Acherusium' pro, amnem Acheronta, ut XII.
2. 14. ' flumen Acheronta.' Dictum
ut ' Parnassia rupes,' pro, rupes
Parnassus ; et ' urbs Romana,' pro,
urbs Roma. Nimirum ex nominibus
propriis fiunt adjectiva, et hæc deinde vocabulis latioribus adjiciuntur.
Vor. Quid est prædixerant amnem?
Non puto illud prædicere sic absolute
usurpari ap. alios scriptores, verum
hic deesse quidpiam. Et vidit Bongarsius Ms. cod. in quo fuit Acherusium cavendum. Convenitque Livius,
quando VIII. 24. ait hac de re : ' Accito ab Tarentinis in Italiam data dictio erat; caveret Acherusiam aquam,
Pandosiamque urbem.' Schef.

§ 4 & 14] Simili ambiguitate præ-
dictæ mortis exempla habent Thucyd. III. 15. 12. de Hesiodo : Paus.
in Arcad. et Suid. de Epaminonda :
Herod. III. 64. de Cambyse: Plut.
Pyth. Orac. 26. de Lysandro: et in
Flaminio 34. de Annibale: Ælian.
III. V. H. 45. de Philippo Macedone:
Joseph. XIII. Antiq. 19. de Antigono : Zonar. tom. III. de Impp. Con-
stante, Juliano, et Valente: Pontifi-
cam Rom. Suetonius de Sylvestro II.
in ejus Vita. Sc. ' mos oraculis, per
ambages respondere,' inquit Tac. II.
A. 54. 8. quorum de fallaci vanitate
vere Thucyd. v. 16. 30. Add. Th.
Zwing. XIV. 11. et seqq. Similia re-
censent de Satyro et Eumelo Diod.
XX. 26. de Seleuco Appian. p. 129.
B. de Valente Marcellin. XXXI. 42.
Collegit etiam quædam exempla Gar-
sonius nella Piazza Universale. Bern.

§ 7 Brundusium] Vett. Brundisium:
Græci, Βρεντέσιον: unde a poëtis
' Brenda' dictum, (Festus,) aut potius ' Brenta,' η in α: voce duabus
syllabis truncata, quod est Ennio familiare. De eo Strab. VI. et Steph.
In Mss. pro Ætoli legitur Æsouli, aut

Estuli, aut etiam *Eteoli.* Habitatum a Cretensibus Brundusium auctor est Strabo, et Lucan. II. et V. *Bong.*

Tum fama rerum] Pro *tum* legend. est ex Mss. *dudum.* Faber. Recte: sic et Junt. *Græv.*

§ 8 *Locum quem repetissent*] ' Repetissent' pro, repeterent, vel repetituri essent. Plusquam perfectum pro imperfecto non insolens; ut contra inperfectum pro plusquam perfecto. Vid. et Notas ad XIII. 2. 11. et XIII. 2. 14. *Vor.*

§ 9 *Cum belli comminatione*] Antiquiores typis expressi *sub b. c.* ut XVII. 3. 20. At Bong. e Mss. credo, edidit *cum* pro *sub.* Idem.

§ 10 *Interfectos legatos in urbe sepelierunt*] Quám inhumanitatem prædixit Cassandra ap. Lycophr. 1056. et seqq. *Bern.*   *

Sepelierant] Freinsh. *sepelierunt.* Id.

Atque ita defuncti responso] Imo autem defuncti responso non erant, sed Deum illuserunt, cujus illud responsum erat, quod ipsi cæde facta interpretati fuerant. Legi itaque debet *utque, ita,* hoc sensu: Utque defuncti responso, (i. e. et quasi responso defuncti essent) ita (dum legatos cæsos sepellunt, &c.) *Fab.*

§ 12 *Pediculis*] Italiæ populi. Plin. III. 5. Strab. VI. Ποιδίκλους vocat. In Mss. legitur *Pedituli.* Inde, qui libros impressos emendarunt, fecerunt *Rutuli,* longe petita conjectura. *Bongers.* Ap. Appian. etiam Civ. I. p. 381. corrupte legitur Ποιδίκλους pro Ποιδίκλους. Et ap. Val. M. VII. 6. 1. pro *Fidiculis* esse scribend. *Pædiculis* bene monuit Ph. Cluverius Ital. Ant. IV. 10. Ceterum *Pædiculorum* (hæc enim vera scriptura est) oppida enumerat Plin. III. 11. m. *Bern.*

§ 14 *Flumen Acheronta*] Bechar. et alii edidere *flumen Acherusiam;* ut paulo ante ' amnem Acherusium' dixit. *Vor.*

Fuisse sibi periculosam mortem] Periculosa *mors* quid, sit nemo dixerit. ·

Mortui omnibus periculis sumus defuncti. Quod morte nos afficit, aut propius admovet morti, periculosum est, ut Cæsar, iter, expeditio, prælium, lucta, morbus, et quæ sunt mille alia. Sed ipsa mors non potest dici periculosa. Unius litteræ perversio hunc locum turbavit, qui restitutus erit, si legas : *moriensque non in patria fuisse sibi periculosam sortem,* h. e. periculosum oraculum, periculum quod cecinerat oraculum, non in patria sibi impendere. In principio capitis dixit *fatorum pericula.* ' Ad declinanda,' inquit, ' fatorum pericula peregrinam militiam cupidus elegerat.' Jam vero in Italia didicit, non in patria fuisse illa fatorum pericula, sed in Brutiis sortem illam sibi fuisse periculosam. ' Sors ' est oraculum : proprie tabula in cista condita, cui litteræ erant inscriptæ, quæ a consulentibus extrahebatur, quales erant Prænestinæ sortes, de quibus Cic. II. de Divin. 41. ' Ex illa olea arcam esse factam, in eaque conditas sortes, quæ hodie Fortunæ monitu tolluntur.' Dein *sors* pro quovis oraculo, s. responso oraculi. Cic. eod. lib. ' Sors illa edita est Cræso : ' Cræsus Halyn penetrans magnam pervertet opum vim.'' Suet. Vespas. ' Apud Judæam Carmeli Dei oraculum ita confirmavere sortes.' Claud. de B. Getico : ' O semper tacita sortes ambage malignæ.' Tò *sors* autem in aliis quoque locis in *mors* transisse vitio et inscitia librariorum docuit summus noster Heins. ad Fastos Ovid. magno rei litterariæ detrimento menses ante aliquos nobis ereptus, quem merito luget orbis eruditus. Ei hanc emendationem me probasse memini, qui etiam in notis ad Ovidii Fastos ostendit in antiquis membranis confundi *mors* et *sors.* *Græv.*

§ 16 *Zopyrion*] De quo et XXXVII. 3. 2. *Bern.*

§ 17 *Pœnas temere illati belli*] Lucan. VII. 343. ' Causa jubet Superos

melior sperare secundos.' Id quod
justa dissertatione confirmat Gruterus, quæ est ad Tac. quinquagesima
tertia. *Id.*

CAP. III. § 1 *Triduum*] Sebis. *tridui.* Vid. notam ad II. 10. 12. *Bern.*
Junt. cum Ms. aliisque edd. *triduo:*
cap. 4. ' Ob hæc illi quatriduo perseverata inedia est.' Sed nec *triduum*
improbandum. *Græv.* Antiquiores
edd. Bechar. Maj. et, ut Græv. testatur, Junt. *triduo:* ut II. 11. 4. ' Triduo ibi dimicatum:' et XII. 6. 15.
' Illi quatriduo perseverata inedia
est.' *Vor.*

§ 2 *Exspectantibus*] Cod. Ms. ut
Bong. testatur, *spectantibus.* XIII. 1.
8. ' Regnum et imperia spectare,'
' thesauros spectare.' Sed putant
quidam *exspectare* poni etiam pro,
spectare. Vid. Notas ad XIII. 1.
10. *Id.*

Liberos suos animo jam quodammodo
complectentibus] Codex Ms. ut id.
Bong. testatur, *animo* omittit: et
recte meo judicio. Quia ' quodammodo' sequitur, non opus erat addere *animo:* videturque ex marg.
ubi explicandi causa adscriptum fuit,
irrepsisse in textum. Ipse Auctor,
si *animo* addere voluisset, omittere
potuisset ' quodammodo.' Addunt et
alii *animo*, cum cogitationem et desiderium denotare volunt: ut Nepos
XXIII. 1. 3. ' Animo bellare cum Romanis:' et Sall. Jug. ' Totum ejus
regnum animo jam invaserat:' sed
non addunt illi et ' quodammodo.'
Vorst. Illud *animo* delet Vorst. ut natum ex glossa. F. additum *quodammodo*
ad mitigationem verbi ' complecti,' hoc
enim proprie fit ulnis et brachiis. *Schef.*

§ 4 *Mardosque*] Quidam h. l. legerunt *Medos*, quomodo et in Eusebio
editum est, contra libros. *Bong.*

§ 5 *Thalestris*] Straboni lib. XI. est
Θαλέστρια. *Bongars.* De ea II. 4. 33.
XIII. 3. 9. Add. Plut. Alex. 81.
Bern. Non videtur Justinus, ut alii,
Amazonum gentem in Hyrcania po-

nere, sed ad Mæotim et Tanaim.
Nam, inquit, 25. dierum itinere confecto in Hyrcania occurrisse Alexandro. Rectius sane. Neque enim ullus Geographorum Amazones alibi
collocare, quam ad Mæotim, unquam
dubitavit. Eaque etiam de causa
Mæotidas et Tanaitidas appellari nemo nescit. Sen. Hippol. ' Qualis relictis frigidi Ponti plagis Egit catervas, Atticum pulsans solum, Tanaitis,
aut Mæotis, et nodo comas Coëgit
emisitque, lunata latus Protecta pel-
ta; talis in silvas ferar.' Ita leg.
ex Ms. Vulgo pessime *Aut Tanais,*
aut Mæotis. Curt. tamen lib. VI.
Hyrcaniæ finitimam facit Amazonum
gentem. Sed male. ' Erat (ut supra
dictum est) Hyrcaniæ finitima gens
Amazonum, quondam circa Thermodonta amnem Themiscyræ incolentium campos. Reginam habebant
Thalestrim, omnibus inter Caucasum
montem et Phasim amnem imperi-
tantem.' Ita leg. Vid. quoque Diod.
ad An. 4. Olymp. 112. Causa erroris
hæc est: quod Iaxartem s. Orxan-
tem, Tanaim esse crederent milites
Alexandri. Adi Arrian. VII. *Voss.*

Thalestris sive Minithea] Dele cum
Junt. s. *M.* Eod. modo Junt. II. 4.
' Harum Thalestris regina.' *Græv.*
Sive *Minithea*, sive *Minithæa*, sive
etiam *Minythea* scribatur, additamentum esse videtur. In Mss. Codd.
tamen apparet, at non in optima illa
ed. Junt. qua nuper usus est Grævius. *Fab.* II. 4. 33. ' Minithya sive
Thalestris.' Junt. ed. nomen *Mini-
thæ* utrobique omittit. *Ver.*

Amazonum regina cum ccc. millibus
mulierum] Luculentum mendacium in
numero, quanquam et historia fabulosa est, ut inquit Strab. XI. Error
inde venit, quod Tanain et Iaxartem
eund. fl. crediderunt, et Sogdianam
continuatam terram Sarmatiæ Europæ: cum distent plus 8. M. stadiorum. Tantum refert scire Geogra-
phice. Quidam aiunt in aliis codd.

legi *ccc. mulieribus:* sed res in fabula non est tanti. *Glar.*

Cum trecentis mulieribus] Sic edidi, unius Cod. fidem sequutus; et Diod. XVII. 77. *Bongars.* Ita et hunc l. emendavi ante plures annos, quum prius passim legeretur *cum trecentis millibus mulierum,* ad illa Curtii mei ex VI. 5. 26. ' Protinus facta potestate veniendi, cæteris jussis subsistere, CCC. feminarum comitata processit.' *Mod.* Firmat et Curt. VI. 5. 26. Prius passim legebatur *cum trecentis millibus mulierum,* absurde. *Bern.*

Confertissimas] Edd. quædam, *infestissimas:* quod probabilius est. *Id.*

Inter infestissimas gentes] Ita ex edd. antiquioribus legere malo, quam ut Boug. edidit, *confertissimas gentes.* Quod idem probabilius et Berneccero visum. *Ver.*

§ 6 *Propter insolitum feminis habitum*] Mss. multi habent, *insolitus regibus Macedonicis habitum.* Quæ, quia nimirum ab editis recedunt, efficiunt apud me, ut et ipsa, et quod est in vulgatis *feminis,* pro adjectamentis glossatorum habeam. Et ista, *insolitus regibus Macedonicis,* manifeste hæc sunt tracta ex seqq. *Schef.*

§ 7 *A rege*] Alii hoc omittunt; nec est necessarium. *Bern.*

§ 8 *Post hæc, &c.*] Lucian. Dial. Mort. p. 294. Σὺ δὲ καὶ τὴν Μακεδονικὴν χλαμύδα καταβαλὼν, κάνδυν, ὥς φασι, μεταενδὺς, καὶ τιάραν ὀρθὴν ἐπίθου, καὶ προσκυνεῖσθαι ὑπὸ Μακεδόνων ὑπ' ἐλευθέρων ἀνδρῶν ἠξίους, καὶ τὸ πάντων γελοιότατον ἐμιμοῦ τὰ τῶν νενικημένων.

Habitum regum Persarum] Sic et Curt. VI. 6. 4. At medium inter Persicum et Medicum habitum sumsisse, auctor est Plut. Alex. 79. *Id.*

Diadema] ' Diadema' fascia alba s. candicans fuit, ut allatis plurimis auctorum locis Lips. ad VI. A. Tac. docet. Alexandri tamen diadema ' purpureum distinctum 'albo' fuit, ut ex lib. VI. Curtii apparet: quale

sc. ipse Darius habuerat. *Ver.*

§ 9 *Longam vestem curatam*] Quam Curt. III. 3. 28. ' pallam auro distinctam:' Plut. ibid. ' stolam barbaricam' appellat. *Bern.*

§ 10 *Ut luxum*] Bene monente Freinsh. puncto hæc a præcedd. separavi, quibus commate hactenus adnexa male hærebant. *Idem.* Ante ' ut' f. excidit partic. *et.* Gron.

Inter, &c.] Vincent. v. 42. ' inter pellicum regium gregem.'

§ 11 *Ne jejuna et destructa luxuria videretur*] Interpp. hic silent. Vellem tamen quod docuissent quid sit *destructa luxuria.* Magnus is mihi erit Apollo, qui tam abstrusam notionem eruerit. Sed erui non potest, quæ non est. Interpolarunt hanc vocem. Justinus aut Trogus scripsit: *ne jejuna et restricta luxuria videretur.* *Restricta* est, parca, cum nulli sumtus fiant in voluptates, epulas, delicias. Tac. XV. 48. ' Sed procul gravitas morum, aut voluptatum parsimonia; lenitati, ac magnificentiæ, et aliquando luxui indulgebat. Idque pluribus probabatur, qui in tanta voluptatum dulcedine summum imperium non restrictum nec perseverum volunt.' ' Imperium non restrictum' est, voluptatum abstinens, quod nullos sumtus facit in voluptates. Cic. III. Fam. 8. ' Si de tua prolixa beneficaque natura limavit aliquid posterior annus propter quandam tristitiam temporum, non debent mirari homines: cum et natura semper ad largiendum ex alieno fuerim restrictior, et temporibus, quibus alii moventur, iisdem ego movear.' Ubi vides ' restrictior' esse, parcior. In hoc sensu legitur et *adstrictus* ap. Just. XLIV. 1. ' Dura omnibus et adstricta parsimonia.' Propert. II. El. 23. ' Differet hæc nunquam, nec poscet garrula, quæ te Adstrictus ploret sæpe dedisse pater.' ' Adstrictus pater' est, attentus ad rem, nimis diligens. *Grav.*

CAP. IV. § 1 *Patriæ nomen ejura-*
ret] Quomodo patriæ nomen ejurarit
Alexander, non capio: a moribus
quidem patriis discessisse manifestum
est: non ideo tamen Persa haberi
voluit. Quid si legamus *patris nomen?*
Jovis enim filium se, non Philippi,
dicebat. Plerique Mss. *patria no-*
mine juraret. Simili mendo infectus
Gellius I. 2. ' Sanctissimæ disciplinæ
nomine mentirentur.' Leg. *nomen*
ementirentur. Bongars. Contra Acidal. ad Vell. II. 68. 4. *patriæ nomen*
rectum esse contendit. Nam certum,
de luxu regis et mollitie tantum, non
de superbia, querelam hic esse, ut
qui, quos armis subegerat, eorum vitiis succumberet. Adstipulatur Noster mox XII. 5. 2. Hoc igitur ægre
exercitus ferebat, masculum Macedonum nomen, belli fama orbe toto
celebre et terribile, moribus effœmi-
natis Persarum corrumpi, et ipsum
velut effœminari. Cæterum *nomen*
patriæ dixit Autor pro, patriam: sicut Liv. I. 10. 4. ' nomen Ceninum'
pro, Ceninenses: et Agell. I. 2. pas-
simque Liv. ' nomen Latinum' pro,
Latinos. Quod loquendi genus de
Græcorum fontibus profluxisse docet
Guil. Canterus Nov. Lect. II. 10.
Bern. Lego *patriæ morem.* Nihil
planius, aut cum historia convenientius. Ipse Just. paullo post eod. modo:
' Maxime indignabatur carpi se sermonibus suorum, Philippi patris patriæque. mores subvertisse.' Proxime sequentia, *quæ propter tales mores*
vicerat, quin a mala Glossatoris manu
sint, noli dubitare. *Boxhorn.* Boxhorn. legend. putat *patriæ morem eju-*
raret. Sed non est verisimile hoc
propter id, quod sequitur, ' mores-
que Persarum.' Quid autem sit
nomen patriæ ejurare, intelligitur fere
ex ipso illo quod sequitur, ' mores
Persarum assumere:' nimirum nihil
fere aliud quam quod XII. 5. 2. dicitur ' patriæ mores subvertere.' *Eju-*
rare quidem vel *ejerare* dicunt pro,

non agnoscere, rejicere, detestari.
Cic. II. de Orat. ' Cum ei M. Flac-
cus multis probris objectis P. Mu-
tium judicem tulisset, Ejero, inquit, iniquus est.' *Vor. Ejurare*
nomen patriæ id. est quod Tac. dicit
IV. H. 29. ' ejurare patriam;' sic et
' ejurare liberos ac parentem' Sen.
dixit ad Marc. *Nomen patriæ* est
patria, ut ' nomen agelli' ap. Valer.
Cat. in Diris, et inferius XIII. 6.
' Philippi Alexandrique nomina' est,
Philippus et Alexander: et multa
sunt huj. generis alia exempla. *Græv.*

§ 4 *Laborem militiæ*] Tac. III. 24.
5. ' Bella plane accinctis obeunda:
sed revertentibus post laborem, quod
honestius quam uxorium levamen-
tum?' Disputatur eo loco, An magistratum in provinciam euntem co-
mitari uxor debeat. *Bong.*

§ 6 *Posuisset*] ' Ponere' pro, deponere. Quod vel ex eo intelligitur,
quod alibi ipso composito in talibus
utitur: ut VII. 5. 2. ' pueritiæ rudimenta deponere;' et IX. 1. 8. ' tirocinii rudimenta deponere.' *Ver.*

§ 7 *Quæ consuetudo in successores*
quoque Alexandri mansit] Mihi vehemens suspicio est legi debere *in suc-*
cessores USQUE *Alexandri mansit,* et
ita scripsisse Justinum puto. Nam
illud ' mansit in successores' durius
est et insolentius, nisi addas *usque.*
Latini homines judicabunt. *Faber.*
Bong. ex Mss. edidit *in successoribus.*
Sed Bernecc. maluit *in successores:*
quomodo in antiquioribus typis expressis est; et in aliquo item Ms.
observavit Bongarsius. *Ver.*

§ 8 *Præmia statuta*] Liv. I. 20. ' Stipendium de publico statuit:' et Tac.
XIII. 24. ' Aurelio Cottæ et Haterio
Antonino annuam pecuniam statuit
princeps:' et Apul. VII. M. ' Nec
mihi misero statuta cibaria pro tantis
præstabantur laboribus:' et Matth.
Euang. XXVI. 15. 'Εστησαν αυτῷ τρια-
κοντα αργυρια. *Gron.*

§ 11 *Epigoni*] Quo nomine et eo-

rum, qui ad Thebas cum Polynice
occubuerant, posteri censebantur.
Bongers. Vid. Diod. iv. 68. pr. item
Cælium Rhodig. iis locis, quæ monstrat Index. *Bern.*

§ 12 *Parthis, &c.*] Frec. ' Post hæc
Parthorum pugnam aggressus, quos
diu obtinentes delevit.' Leg. *obni-
tentes* ex Leid. 1. et Oros.
Andragoras] Conferend. hæc cum
xli. 4. 9. *Bern.*

Cap. v. § 1 *Hostili odio*] Angl. *hostili more*. Placet mirum præ vulg.
lect. Nec enim sat commode *regium
odium* dicitur. Probat quidem vulgatum cl. Vorst. per locum Livii ii. 5.
4. Nostri xvii. 1. 4. sed exempla
illa non satis videntur convenire.
Nam est oppositio inter patres et
plebem, quæ inter regem et cives
nulla, et Justinus de more patrio agit,
non de odio. *Schef.*

§ 2 *Carpi se sermonibus suorum*]
Viennensis ed. vetus *se* omittit. Sebis. trajiciend. censet ita, *carpi sermonibus suorum, se patris*. Bernec.
Junt. æque ut Vindobonensis omittunt *se*, et rectius abest. *Grav.* Vett.
edd. Junt. Bechar. et Vindob. *se*
omittunt : quod Græv. rectum putat.
Vorst. Libri quidam illud *se* non
agnoscunt, quod putant esse rectum.
At in Mss. quos vidit Bong. legebatur *carpere*, unde illud *carpi se* videtur ortum. Quod si *carpere* Justini
est, cogitandum, an non scripserit,
*maxime indignabatur, carpere sermoni-
bus, suorum mores subvertisse*. Mihi
sane *Philippi patris patriæque* huc
translata ex superioribus a glossatore videntur. *Schef.*

§ 3 *Parmenio*] Parmenion annorum
70. vir militiæ domique clarus necatur cum filio Philota, cujus de cæde
Curtius eleganter et copiose vii. 2.
Bernec. Codex Ms. teste Bong. *Parmenio*: quomodo istiusmodi Græca
nomina Latinos scripsisse Pithœus ii.
Advers. 13. et Gronov. Notis in Liv.
monent. *Vor.*

§ 5 *In Macedoniam*] Mss. multi habent *Macedonia*, quod præfero, quia
verbum ' divulgare' significat id,
quod fit in loco, non vero, quod pertinet ad locum. *Schef.*

§ 7 *Fasces epistolarum*] Non absimili commento Glos, in Cypro bellum gerens, militum in se animos deprehendit. Polyæn. Strateg. vii.
p. 504. et seq. *Bern.*

§ 8 *Durius opinati*] H. e. maledice
locuti. Ita verbum hoc usurpat et
Suet. Aug. 51. 4. ' Inter cætera crimina objiciebatur, quod male opinari
de Cæsare soleret.' Et 67. 2. ' Servum gravissime de se opinantem compedibus coërcuit.' Eod. sensu *existimare* usurpat Sen. de Ira iii. 22.
' Quod homines et periculosissime et
libentissime faciunt, de rege suo male
existimabant.' Et Nazarius Paneg.
5. ' Existimare de Principibus, nemini fas est.' Id. Sen. Ep. 71. 16.
' Aderunt qui de facto tuo male existiment.' ' Clandestinæ existima-
tiones,' obtrectationes, Plin. Pan. 62.
f. Sen. Ep. 31. 12. ' Multi de Deo
male existimant et impune.' Id. Ep.
107. 13. ' De ordine mundi male existimant.' ' De ingeniis nostris male
existimare,' Quintil. Dial. de Orat.
1. 3. *Idem.* ' Durius opinari' hic id.
est quod, durius scribere. Et potest
quoque id. esse quod durius loqui.
Nimirum ' opinari' et ' existimare,'
quæ verba proprie aliquid internum
et absconditum notant, transferuntur
etiam ad externa significanda. Nepos x. 7. 3. ' Non æquo animo ferebat de se ab iis male existimari, quorum paulo ante in cælum fuerat elatus laudibus.' *Vor.*

§ 9 *Inde Dracas, Euergetas, Pary-
mas, Paropamisadas*] Pro *Dracis* legend. puto *Deas*, quorum meminit
Ptolemæus in Margiana, et Strabo
item, qui eos Medis vicinos facit.
' Evergetum' meminit Diod. ad fin.
anni 7. et Curt. viii. Pro *Parymis*,
Arios legerim ; in hoc enim tractu

sunt, nec postea uspiam eorum meminit. Quod autem subjungit, ' cæterosque populos, qui in radice Caucasi morabantur, subegit,' non est de Caucaso, qui Colchis, Iberis, et Albanis est ad septentrionem, intelligendum. ' Macedones enim,' inquit Strab. xi. ' omnes montes, qui post Arios sequuntur, Caucasum vocaverunt.' Et, quanquam fere Alexandri historici Tanaim putarunt Jaxarten, tamen h. l. paullo post, ubi Author dicit ' urbem Alexandriam super amnem Tanain Alexandrum condidisse,' ego legend. puto *super amnem Arium.* Nam eam ita etiam Ptolemæus in Aria descripsit, et Arrian. in III. Octo autem in his regionibus condidisse urbes scribit Strabo jam dicto lib. quasdam etiam diruisse: sed Justinus in Bactrianis et Sogdianis 12. eum urbes condidisse mox subjungit. *Glar.*

Euergetas] Qui dicti ante Agriaspæ. Arrian. III. 'Αφικνεῖται ἐς τοὺς πάλαι μὲν 'Αγριάσπας καλουμένους, ὕστερον δὲ Εὐεργέτας ἐπονομασθέντας, ὅτι Κύρῳ τῷ Καμβύσου ξυνελάβοντο τῆς ἐς Σκύθας ἐλάσεως. Curt. vII. 3. ' Iter pronuntiari jubet in Agriaspas, quos jam tunc mutato nomine Euergetas appellabant; ex quo frigore victusque penuria Cyri exercitum affectum tectis et commeatibus juverant.' Utrobique tamen legend. *Ariaspas* non male judicabat Blancard. Notis in III. Arriani. Atque ita magis nomen congruet cum eo quod Diod. illis tribuit, τῶν 'Αριμασπῶν puta. Verba huj. XVII. 71. sunt: 'Ανέξευξε μετὰ τῆς δυνάμεως ἐπὶ τοὺς πρότερον μὲν 'Αριμασπούς, νῦν δὲ Εὐεργέτας ὀνομαζομένους. Addit quoque Diod. eand. appellationis rationem, quam Arrian. et Curt. prodidere. Non tamen putem ipso Græco vocabulo ' Euergetas' dictos fuisse a Persis; sed Persico potius ejusd. significationis ' Orosangas.' Herod. VIII. Φύλακος δὲ εὐεργέτης βασιλῆος ἀνεγράφη, καὶ χώρῃ οἱ ἐδωρήθη

πολλή. Οἱ δὲ εὐεργέται τοῦ βασιλῆος 'Οροσάγγαι καλέονται Περσιστί. Ver.

Parimas, Parapammenos, Adaspios] Ex Diod. XVII. 81. et aliis legend. arbitror *Paropamisadas. Adaspii* qui sint, non invenio; quod vulgo legitur *Hydaspii*, nomen est ab Hydaspe Indiæ fl. confictum. Nec placet, quod *Caspios* quidam ediderunt. Quid si *Arios* legamus? Omnino arbitror, duas syllabas priores τοῦ *Adaspios* ex voce *Paropamisadas* adhæsisse sequenti vocabulo, unde factum sit *Adasarios.* Inde *Adaspios.* Sed his vocibus restituendis divino est opus. *Bongars.* Ego me divinatorem non profiteor: ausim tamen affirmare, pro *Parimas* legend. *Arimaspos,* idque copulandum (aut f. a glossatore aliquo copulatum) cum præc. vocabulo ' Euergetas.' Asserit enim Diod. XVII. 81. Cyrum ' Arimaspos,' quod exercitum suum, fame graviter adfectum, commeatibus juvissent, cum aliis muneribus affecisse, tum, abrogato nomine pristino, ' Euergetas' eos nuncupasse, h. e. *Beneficos,* s. Persica lingua ' Orosangas.' Quod cognomentum ap. Persas iis tribui solitum esse, qui regem regnumve insigni aliquo beneficio demeruissent, et ne cujusquam meriti memoria intercideret, Orosangarum seu Beneficorum nomina in regios commentarios relata fuisse, clarum est ex Estheræ lib. vI. 2. et 3. Joseph. Antiq. XI. 6. Herod. III. 140. et VIII. 85. Xen. vIII. Pæd. Æliano H. V. XII. 40. Huc refero locum ex Epistola Xerxis ad Pausaniam, ab interpp. non bene intellectum, ap. Thucyd. I. 22. 8. *Bern.*

Parapammenos] Sic et XIII. 4. 21. Diod. tamen XVII. 81. Arrian. v. et Curt. vII. 3. ' Parapamisadas' vocant. Et hoc quidem rectius. Dicti enim sunt ita a ' Parapamiso.' monte, ut ex Arriani lib. v. manifeste apparet. *Ver.*

§ 10 *Perducitur*] Tac. I. H. 25. ' E

libertis Onomastum futuro sceleri præfecit, a quo Barbium Proculum tesserarium speculatorum, et Veturium optionem eorundem, perductos pretio et promissis onerat.' Cæs. VIII. B. G. 38. ' Guturvatus, omnium cura quæsitus, in castra perducitur:' et Curt. III. 3. ' Quod Alexandrum, deposita regia veste, in Persico et vulgari habitu perductum esse vidisset.' Id. VIII. 13. ' Triginta elephanti simul capti perducuntur.' Liv. Epit. CXXXI. ' Antonius Artuasdem, fide data perductum, in vincula conjici jussit.' Cod. Theod. VIII. Tit. v. L. 53. ' Nisi animalia perducta fuerint.' Gron.

§ 11 *Quem, &c.*] Vincent. v. 44. ' Quem Alexander in ult. proditionis fr. D. dedit cruciandum.'

Excruciandum fratri Darii tradidit] Exemplo simili, nobilissimi Pœnorum captivi liberis Regali a Senatu Rom. traditi sunt ad supplicium : Agell. VI. 4. ultioni simul et solatio. De supplicii Bessi genere variant auctores. *Bern.*

Fratri] Quem ' Exathrem' Plut. Alex. 78. Curt. autem VII. 5. 62. et Diod. XVII. 77. ' Oxatrem' vocant. *Id.*

§ 12 *Alexandriam*] Add. Curt. VII. 6. 46. *Id.*

Tanain] *Tanaim* Leid. 1. Freculphi pro vulg. *Denaim: 2. Thanaim.*

Eo trium civitatium] Mss. habent *earum civ.* id quod puto rectius. Arrian. nominat unam Cyropolin a Cyro conditam, caput gentis; ei adjungit alias sex minores, quæ fortassis illius alterius coloniæ fuerunt, omnes captas ab Alexandro. *Schef.*

CAP. VI. § 1 *Solenni die amicos in convivium vocat*] Curt. IX. ait Clitum Sogdianæ Bactrianæque prætorem ab Alexandro creatum, ac ei convivium præparatum Maracandæ, urbe Bactrianæ, cujus etiam Ptolemæus meminit, quamvis Arrian. eam Sogdianæ regiam dicat lib. III. sub finem.

Ibi occisus est ab Alexandro Clitus; in Græcis est Κλεῖτος, quanquam quidam per y scribunt. *Glar.*

Amicos in convivium vocat] Mss. mei in *c. convocat:* neque aliter unus Bongarsii : ego tamen nihil muto, qui memini sollemnem esse illam vocem et præcipuam conviviis. Doctissimus Catullus : ' Mei sodales Quærunt in triviis vocationes.' Cic. Verr. VI. ' Deinde ipsum regem ad cœnam vocavit.' Unde ' vocatores,' κλήτορες, dicti sunt, quibus invitandi datum est negotium; s. qui per se vocant ad cœnas. Plinius avunculus XXXV. 14. ' Non fuerat ei [Apelli puta] gratia in comitatu Alexandri cum Ptolemæo : quo regnante, Alexandriam vi tempestatis expulsus, subornato fraude æmulorum plano regio invitatus, ad regis cœnam venit : indignantique Ptolemæo, et vocatores suos ostendenti, ut diceret a quo eorum invitatus esset, arrepto carbone exstincto e foculo, imaginem in pariete delineavit, agnoscente vultum plani rege, ex inchoato protinus.' *Mod.* Mss. Modiani *convocat:* neque aliter unus Bongarsii. Modius tamen nihil mutand. censet, cum solemnis sit illa vox et præcipua conviviis. Cic. Fam. IX. 20. ' Ut Verriam vocare sæpius audeamus,' h. e. ad cœnam invitare. Catull. Epig. 48. ' Mei sodales,' &c. Ita Plin. H. N. Ptolemæus rex Apelli, a plano quodam per ludibrium ad regiam cœnam invitato, ' vocatores suos ostendit, ut diceret, a quo eorum invitatus esset.' Suet. Calig. 39. 5. Videnda Guilielmi Verisimilia I. 13. et Plautin. Quæstion. in Amphitr. 8. *Bern.*

§ 2 *Præferre se patri*] De Alexandri jactantia Plut. 40. *Id.*

§ 3 *Ut telo, &c.*] Sen. III. de Ira 17. ' Dabo tibi ex Aristotelis sinu regem Alexandrum, qui Clitum carissimum sibi et una educatum inter epulas transfodit, et manu quidem sua, pa-

rum adulantem et pigre ex Macedone
ac libero in Persicam servitutem
transeuntem.'

§ 5 *Postquam satiatus eæde animus
conquievit*] Sic a Nerone, ' perfecto
demum scelere [matris occisæ], magnitudo ejus intellecta est.' Tac. XI.
26. x. 1. ' Scelus, inter ancipitia
probatum, veris mox pretiis æstima-
tur.' Id. II. 26. 5. ' Cum scelus ad-
mittunt, superest constantia : quid
fas Atque nefas, tandem incipiunt
sentire, peractis Criminibus.' Juv.
XIII. 237. Similia Menander ap. Stob.
Serm. IV. post pr. *Bern.*

Æstimatio] Ex vett. edd. restituit
existimatio Gronov. Vid. eum ad Liv.
XXXIV. 2. *Grav.*

Existimatis] Ita antiquiores typis
expressi. Nec mutavit Bong. At
Bernecc. quod a Bong. monitum videret codd. quosdam Mss. habere
æstimatio, ita omnino scribend. putavit. Rursus Gronov. contendit τὸ
existimatio genuinum esse. Terent.
Heaut. Prol. ' Arbitrium vostrum,
vostra existimatio valebit.' Liv.
XXXIV. 2. ' Utrum e rep. sit, nec ne,
id quod ad vos fertur, vestra existimatio est.' Ad quem l. Notas quoque Gronovii vid. *Vor.*

Existimatis] Sic veteribus, Gronovio, et Grævio volentibus, restituit
.Vorstius. Bernecc. malebat *æstimatio*. Vid. quæ notavi III. alt. in fine.
Schef.

§ 6 *Iracunde*] Non male Vienn. *ira-
cundum*. Bern.

Occisum, &c.] Hegesipp. II. 12.
' Inter mensas et pocula circumven-
tus.'

§ 7 *Quo pridem*] Mss. quidam *pridie*, quod præfero. *Pridem* sane nescio, an reperiatur usurpatum de tam
brevi temporis intervallo ; et paucas
intercessisse horas etiam ex Curt. est
notum. Vid. eum VIII. 2. Arrianus
ταραχρίκα, i. e. *statim*, post confectam
cædem, secutam ait pœnitentiam.
Schef.

In iram versus] Liv. XXV. 36. ' To-

ti a patiendo exspectandoque eventum in impetum atque iram versi :'
et Liv. Epit. L. ' Versus in senectam :' et ipse Auctor XXVI. 2. ' Non
in timorem, sed in furorem versi :' et
XXVII. 2. ' Versi in misericordiam
naufragii.' *Gron.*

Vulnera tractare] Id enim cense-
bant officium esse erga defunctos et
vulneratos. Stat. III. Th. 154. ' Quæ
vulnera tractem, Quæ prius ore pre-
mam ?' Id. XI. 624. ' Hei mibi quos
nexus fratrum, quæ vulnera tracto?'
Idem.

§ 10 *Accesserat enim ad pænitentiam*]
Ita antiquiores typis expressi. Bong.
maluit *Accesserat pænitentia*. Vor.

*Nutricis suæ et sororis Cliti recorda-
tio*] Duæ personæ videntur esse, nu-
trix ac soror Cliti, quod falsum est ;
quare aut delend. istud ET, aut, quod
magis probem, ita legend. *Accesserat
pænitentia et nutricis suæ, sororis Cliti,
recordatio*. Fab. In nonnullis edd.
abest *et* recte. *Grav.*

§ 11 *Tum, &c.*] Saxo XV. p. 270. 6.
' Tam fœdam educationis suæ mercedem exsolvit.'

§ 12 *Fabularum*] Rumoris et sermonum. Ita Suet. Aug. 70. 1. ' Cœna ejus secretior in fabulis fuit,' h.
e. hominum sermone traducebatur.
Tibull. I. 4. fin. ' Ne turbis fabula
fiam.' Propert. I. Eleg. 15. dixit
' historiam fieri,' Juv. X. 167. ' decla-
mationem.' *Bern.*

§ 14 *Tunc Am. cons.*] Filius Perdiccæ.
Vid. Freinsh. ad Curt. VII. 2. 9.

Eurylochus] Ita quoque legend. ap.
Frec. pro vulg. *Eutilochus.*

§ 15 *Perseverata*] *Perseverare* active etiam usurpavit Liv. XXII. 58.
' Quo id constantius perseveraret.'
Add. notam Avi. Sen. VI. Benef. 23.
' Quia, quicquid desinere non possunt, perseverare voluerunt.' Symmach. I. Ep. 37. ' Qui amicitiam sta-
bili diligentia perseveras.'

Ne ita mortem unius doleat] Codd.
quidam Mss. teste Bong. *morte unius
doleat* : quod æque recte dicitur. *Vor.*

Plerique Mss. Bongarsio visi habent *morte*. Unde ergo illud *mortem?* Suspicor Justinum scripsisse *ne ita morte in unius doleat.* Cic. Bruto: ' In tam gravi vulnere dolendum est.' *Schef.*

Perdat] F. *prodat.* Ut xix. 3. ' Sed ne hos, quibus nefanda lues pepercerat, inter hostium exercitus relictos, morte sua proderet:' et Musonius ap. Stob. Serm. CLVIII. Τοῖς μέντοι φίλοις καὶ νῦν συνείημεν ἂν τοῖς γε ἀληθινοῖς, καὶ ἂν προσήκει ποιεῖσθαί τινα λόγον· οὐ γὰρ ἂν οὗτοι προδοῖεν ποτὲ ἡμᾶς. *Gron.*

§ 17 *Callisthenis*] Anaxarchum addit Plut. 93. *Bern.*

Condiscipulatu apud Aristotelem] Plerique Mss. habent *quondam discipulatu.* Puto utrumque scribendum, *quondam condiscipulatu*; nam vocem *quondam* exigit quod sequitur ' et tunc,' tanquam relativum: *condiscipulatu* autem agnoscunt etiam alii codd. Vitium ex eo natum, quia pro *quondam* ratione veteri scriptum fuit *condam*, et quia mox sequebatur *cond* in voce *condiscipulatu*; ideo hæ litteræ perperam videbantur repetitæ. *Schef.*

Familiaris illi [Alexandro] *et tunc ab ipso rege ad, &c.*] Dele istud *rege*: est enim glossema, cum dicat Justinus, in ead. linea, *familiaris illi*, Alexandro. Quare nihil relinquitur. *Fab.*

Acta] Pro rebus gestis. Sic XII. 7. 13. ' Herculis acta superare.' Notat et Grotius ad principium Actorum Apostolicorum, Ciceronem, quidquid quisquam egit, id modo ' acta,' modo ' actus ' vocare; et leges Sempronias dicere esse ' acta Gracchorum.' *Ver.*

§ 18 *Chorasmios et Dracas*] Ego h. l. pro *Dracis, Sacos* legerim. Sunt enim ' Chorasmii ' vicini Sacis. *Dracæ* si uspiam est populus, quod non memini, Indorum erit longius ab hoc tractu. Unde f. *Oxydracæ.* Ceterum in corruptis codd. fere pro *Dacis Dracas* legitur. Item sæpe *Datæ*, quod *Bern.*

magis mirum. ' Daæ ' sunt celebres in Margiana populi : ' Daci ' in Europa ad Danubium ; Dracas non memini, ut jam dixi, usquam me legisse. *Glar.*

Chorasmos] Arrian. IV. Χωρασμῖνοι. Strab. XI. Χωρασμουσῖνοι. Plin. IV. 16. ' Chorasmii.' *Dahæ* Græcis sunt Δάαι, pro quo hic quidam *Sacæ* reposuerunt. Curt. VII. 4. 6. Chorasmios, Dahas, et Sacas conjungit, ut Solin. 51. *Bong.*

Dahas] Ita quoque legend. *sp.* Frec. pro *Dachas.* Vincent. ' Daas.'

CAP. VII. § 1 *Primo*] In Mss. esse notarunt *in primo*, quod scrib. junctim, *inprimo.* Vetus adverbium, nec dubium, quin a Trogo usurpatum : e quo, ' priscæ,' ut ipsemet ait Præf. n. 1. ' eloquentiæ viro,' Autor desumta antiquaria verba sparsim Epitomæ suæ inseruit. Eand. vocem in Sallustio et Plauto alicubi Palmer. reposuit. Hæc Acidal. ad Vell. II. 68. 4. *Bernec.* Recte Mss. *in primo.* Vid. Not. ad Liv. X. 14. *Gronov. In primo* recte legi in Mss. Gronovius contendit, exemplisque affirmat. *Græv.*

Ne omnia pariter invidiosiora essent] Aut deest aliquid huic l. aut scribend. est *invidiosa*, quod in quodam et Bongarsius reperit. Nam *pariter invidiosiora* nec consuetudini, nec rationi sermonis Latini respondet. *Schef.* ' Pariter ' non pertinet ad *invidiosiora*, sed ad ' omnia.' Ne omnia, si mul s. eod. tempore immutata in moribus patriis, majus erga Alexandrum concitarent odium. *Græv.*

§ 2 *Callisthenes*] Cujus adversus adorationem Alexandri verba graviter libereque facta commemorant Arrian. IV. p. 85. et Curt. VIII. 5. Non fuit præcepti memor ab Aristotele sibi dati, ' ut cum rege, aut rarissime, aut quam jucundissime loqueretur :' Val. M. VII. 2. ' Contumacia non facit ad aulam,' Sen. de Tranquil. 4. *Bern.*

Sub specie insidiarum] Hoc *insidiarum* non concoquo. Quid enim *species insidiarum*, et quæ insidiæ hic intelligendæ? nam quas facit aliquis, an quas patitur? Res in se quidem clara, sed oratio admodum ambigua. Itaque vix dubito, quin Justinus scripserit *sub specie insidiatorum*, postea vocabulum *insidiatorum* compendiose scriptum exhibuerit lectionem quæ nunc vulgatur. Equidem et I. 5. 'sub specie venationis' habeat pro, sub sp. venatoris, et v. 8. 'sub obtentu liberationis' pro, sub obt. liberatoris: sed in illis locis nulla ambiguitas, quæ non evitatur hic, si receptam lect. servamus. *Schef.* Nec hic quicquam ambiguitatis et obscuritatis. *Sub specie insidiarum* est, sub falso prætextu insidiarum, quas fingebantur struxisse Alexandro. Hoc crimen ipsis impingebatur. *Græv.*

Interfecti] Dissentit Antor a se ipso xv. 3. 6. et a Plnt. Alex. 96. De morte Callisthenis add. Diogen. Laert. in Vita Aristot. *Bern.*

§ 3 *Explosa*] Pro *explosa* in quodam vet. est *exfossa*. Mallem legere *expulsa*, vel, ut hodie scribunt, *expulsa.* Schef.

§ 4 *Ultimo Oriente finiret imperium*] 'Finire' pro, terminare. Virgil. I. Æn. 'Imperium Oceano, famam qui terminet astris.' Ita ille de Cæsare. At de Alexandro Sen. vi. Q. N. 23. 'Imperium ex angulo Thraciæ usque ad Orientis terminos protulit.' *Vor.*

§ 5 *Induxit*] Vincent. 'obduxit.'

Ab argenteis clypeis] Curt. viii. 5. 4. 'Scutis argenteas laminas addidit.' Quod id. paulo ante Noster 'argento inducere' dixit: Ammianus vero xvi. 'auro imbracteare.' *Vor.*

Argyraspidas] H. e. argenteis parmis insignes, quorum meminere præter alios Curt. iv. 13. 41. et Liv. xxxvii. 40. 7. Imp. Alex. Severus, Alexandrum Magnum imitandi, imo vincendi studio, cum Argyraspidas, tum

etiam Chrysoaspidas instituit: Lamprid. in Vita, 50. Quale quid jam priscis reip. Rom. temporibus factum tradit Liv. ix. 40. 2. ubi de Samnitibus cum Romanis pugnam instruentibus inquit: 'Duo exercitus erant: scuta alterius auro, alterius argento cælaverunt.' *Bern.*

Appellarit] Sebis. *appellat.* Id.

§ 6 *Cum ad Nysam urbem*] 'Nysa' Indiæ urbs est frequens in ore omnium, sed locum ejus commonstrat nemo. Ego puto eam 'Nagaram' dici Ptolemæo, quippe qui et 'Dionysopolim' appellatam tradit. In Indiæ cis Gangem descriptione, in hoc sane tractu, ubi felix hic prædo heluatus est, 'sita est Nysa' (inquit Curt. ix.) 'sub radicibus montis, quem Meron incolæ appellant.' Hæc Curt. Meminit utriusque et Strabo xv. non ita longe ab init. Ubi interpres *femur* traduxit, quod non oportuit, cum sit proprium. Nec Plinius vi. 21. vertit, sed 'Merum' appellat; ubi et 'Nysæ' meminit. *Glar.*

Nysam] Ita Steph. et Strab. xiv. Arrian. Νύσσαν. *Bong.* Sic quoque Arrian. v. cuj tamen adversatur Curtius. Statim post puto legend. *Cleophis.* Voss.

§ 7 *Sacri montis*] Qui 'Meros' dicitur Curtio viii. 10. 20. ubi Bacchum enutritum fabulatur antiquitas. Plinio viii. 39. 'Nysa' vocatur, exscriptorum f. vitio. Nam Plin. ipse vi. 21. 'Merum montem Libero patri sacrum' a 'Nysa' vicina urbe distinguit. *Bern.*

Vite hederaque non aliter vestiti] Cic. pro Dom. 38. 'Ager vestitus frumento:' et II. N. D. 39. 'Terra floribus vestita.' Ib. 53. 'Montes vestiti atque sylvestres.' Hinc 'Vestitus montium densissimi,' ib. 64. et Sall. Ju. 48. 'Collis vestitus oleastro, ac myrtetis, aliisque generibus arborum:' et Sen. III. Benef. 29. 'Tolle radicem, nemora non surgent; nec tanti montes vestientur.' *Gron.*

§ 8 *Impetu*] In Ms. legebatur *instinctu*, non *impetu*. Quod facit subdubitare, latuisse hic aliquod verbum miqns ab librariis intellectum, vel quod insolitum quid ipsorum auribus sonaret. F. scriptum fuit *repentino incitu mentis, &c.* *Incitu* pro incitatione dixerit Justinus. Sic Plin. 11. 45. ' Qui sive assiduo mundi incitu et contrario siderum occursu nascuntur, sive hic est ille generabilis rerum naturæ spiritus,' &c. *Voss.* Vossius, quod in Cod. quodam Ms. pro *impetu* est *instinctu*, conjicit legend. esse *incitu*. Verum ipsum *impetu* satis commodum. Ipse Cic. ' Impetu quodam animi potius quam cogitatione facere,' itemque, ' Impetu quodam mentis et voluntate,' dicit. *Vor.*

Non tam oppidanis se parcendo] Recepi hanc lect. ex Mss. et Junt. ed. in qua tamen desideratur *se*. Liquet ex præcedd. ' Cum ad Nysam urbem venisset oppidanis non repugnantibus, fiducia religionis Liberi patris, a quo condita urbs erat, parci jussit.' *Græv.*

Non tam oppidanis parcendo quam exercitui suo se consuluisse] Ita antiquiores edd. Bechar. Junt. et aliæ. Bong. maluit *non tam oppido se p. q. ex. suo cons.* Paulo ante dixerat ' oppidanis non repugnantibus.' *Vor.*

Oppido se] Oppidanis, ex vett. et Junt. volente Grævio, Vorstius. Et Mss. et impressi quidam habent *oppidanis; quod, quia convenit superioribus, et rectius opponitur sequenti ' exercitus,' idcirco præfero vulgatæ lect. *Schef.*

§ 9 *Dedisset*] Ita quidam Mss. sed scribi oportuit *dedidisset*, ut in quibusd. impressis. *Faber.* Vincent. ' dèdisset.'

Potuerat] Mss. plerique Bong. habent *poterat*, quod, ut convenientius, f. repudiari non debuit. *Schef.*

§ 11 *Propter, &c.*] Vincent. ' Prostrata pudicitia sc. r. ab I. deinceps e. a.'

§ 12 *Peragrata India, cum ad saxum*

miræ asperitatis] Annotationibus nostris in Q. Curt. quinque aut sex Petras, quas aliquando Rupes vocat, et Curtio descriptas ostendimus. Quapropter hic de iis multum dicere noluimus. *Glar.*

Saxum] Πέτρα Ἄορνος, s. Ἄορνις, ut habet Diod. xvii. 85. et Curtii Mss. viii. 11. 2. *Bongars.* Inde dicta, quod præ altitudine ad eam aves evolare non possent. Add. Strab. xv. Plnt. de Fort. Alex. i. 2. Lucian. Hermotimo, sub init. *Bern.*

Miræ asperitatis et altitudinis] Antiquiores edd. *miræ magnitudinis et asp.* Petra illa Ἄορνος dicta, quod præ altitudine aves evolare ad eam haud possent. *Vor.*

CAP. VIII. § 1 *Unus, &c.*] Hellad. Crestomat. Πῶρος δὲ ὁ βασιλεὺς Ἰνδῶν κουρέως υἱός.

Viribus corporis] Erat enim statura 4. cubitorum et palmi, sic ut corporis eminentiam et molem elephanto, cui insidebat, equitis proportione responderet. Plut. Alex. 106. *Bern.*

§ 3 *Privatum hostem*] Exponunt, unum eum separatim. Recte quidem ; sed, num vox ' privatus ' alibi occurrat ita usurpata, ego dubitem plurimum. Quare pro *pritatum* censeo legend. *privatim.* Plin. xxiv. N. H. 7. de pice : ' Adversatur privatim cerastæ moribus.' *Schef.*

§ 4 *Cum præceps ad terram decidisset, concursu satellitum servatur*] Curt. aliter, viii. Inquit enim, equum Alexandri multis vulneribus confossum procubuisse, posito magis rege, quam excusso. Historiam fusius narrat Agell. ex Charete (ita legend.) v. 2. Adi quoque Arrian. Plut. et alios. Persæ historiam hanc de Poro et Alexandro longe aliter narrant. Vid. Petrum Teixeram 1. 22. *Voss.*

In terram cecidisset] Ita rursus antiquiores edd. At Bongarsius *ad t. decid.* Vor.

§ 5 *Porus, &c.*] Cedren. p. 152. Ὃς [Πῶρος] καὶ εἰς χεῖρας ἐλθὼν Ἀλεξάνδρου πολλούς τε τῶν Ἰνδῶν ζημιωθεὶς, καὶ τρωθεὸς τὸν ὀγκῶνα, σὺν τῷ ἐλέφαντι κατέπεσε, πολλῆς τε θεραπείας τυχὸν σύμμαχος Ἀλεξάνδρου γέγονεν.

§ 6 *Cum veniam ab hoste invenisset*] Admisi hoc ex Junt. et edd. pristinis, pro vulg. *accepisset. Invenire* enim eleganter sæpe sic usurpatur. III. 7. ' Atque, unde periculum quæsitum fuerat, ibi maximam gloriam invenit.' Terent. Andr. ' Ita facillime sine invidia laudem invenias.' Heauton. ' Labore inventa mea cui dem bona.' Similiter ap. Græcos, cum sacros, cum τοὺς ἔξω scriptores εὑρίσκων. *Græv.* Optime et Latinissime *ab hoste invenisset*, ex edd. pristinis, et Junt. etiam. Itaque ex Grævii nostri judicio, eam lect. quæ germanissima est, in context. recepi. *Faber.* Junt. et aliæ vett. edd. pro *accepisset* habent *invenisset.* Quod adeo placet Grævio, ut id rursus in textum receperit. Assentirer et ipse, si pro *ab hoste* legeretur *apud hostem.* Ita enim *invenire veniam apud aliquem* dictum esset, ut ' quærere gratiam apud aliquem' IV. II. 7. *Vor.*

Ægreque, &c.] Non ergo semper illud Petronii verum: ' Nemo invitus audit, cum cogitur aut cibum sumere aut vivere.' *Bern.*

§ 7 *Quem, &c.*] Mamertin. Paneg. 10. ' Nam ille quidem Magnus Alexander jam mihi humilis videtur, Indo regi sua regna reddendo, cum tam multi reges, Imperatores, vestri clientes sint.'

Ob honorem virtutis] Erat Alexander ' virtutis etiam in hoste mirator:' Curt. IV. 6. 38. et VIII. 14. 75. ' Habet hoc virtus, ut viros forteis species ejus et pulchritudo etiam in hoste posita delectet.' Cic. in L. Pisonem 32. *Berneccer.* [Vid. Ov. Tr. I. 4. 39. 40.]

§ 8 *Nicæam*] A victoria illic parta sic dictam. Diod. XVII. 95. *Idem.* Junt. *Niceam:* et pro *Bucephalen* iid. ut Plut. *Bucephaliam.* Græv.

Bucephalen] ' Bucephalon' vocat

Curt. IX. 3. 27. ut et Agell. v. 2. ' Bucephalam' Plin. VI. 20. et Diod. XVI. 95. ' Bucephaliam' Plut. Alex. 107. qui addit Alexandrum et in memoriam canis sui, ' Peritæ' nomine, cognominem urbem erexisse. Consulatur omnino Phil. Camerar. Hor. Subc. I. 21. et Kirchmann. de Fun. Rom. 707. pr. *Idem.* Junt. teste Græv. *Bucephaliam:* quomodo et Plut. Alex. appellat. Cui proximum quod Plin. VI. 20. ' Bucephalam' vocat. Curt. IX. 3. 23. eand. urbem ' Bucephalon' dicit. *Vor.*

§ 9 *Inde Adrestas, Strathenos, Passidas, Gangaridas*] Hæc nomina suspecta sunt omnia. Ap. Diod. ' Andrastæ ' nominantur; Arrianus ' Assacenos,' qui hic ' Stratheni.' ' Pasidas' ap. neminem invenio. ' Gangaritas' adire voluit, sed militum lacrymæ eum detinuerunt, ut est ap. Diodorum. *Euphitæ* qui sunt, mihi non est notum. Nec puto facile hos locos emendari posse absque vetusto aliquo exemplari. Tanta est non modo nominum, sed temporis in hac historia variatio, ut quid cui præponendum, quid subjiciendum, nemo satis dispicere queat. *Glar.*

Adrestas, Gesteanos, Præsidas, &c.] Mss. plerique *Arestas.* Arrian. v. Ἀδραίστας vocat: Diod. XVII. 91. Ἀνδρίστας, ut hic quidam ediderunt. *Gesteani* (ita habent Mss. aut *Gestani*) in Ms. Orosio sunt ' Catheni.' Fabricius ex Arrian. edidit *Cathæi*, eos Καθαροὺς vocat Diod. XVII. 91. *Præsidæ* s. *Præsidiæ* Curtio IX. 2. 4. sunt ' Parrhasii. Id. ib. habet ' Gangaridas,' ut hic edidi ex Mss. Græcis Γανδαρίτας, et Γανδαρίδας, de quibus ad Curt. plenius. *Bongars.* Plenissime Salmas. ad Solin. 992. *Bernec.* Mss. omnes *Arestas.* Et sic quoque Lucan. III. ' Tunc furor extremos movit Romanus Arestas.' ' Præstos' vocat Curtius, male. Sed variis modis Indicæ illæ gentes ab auctoribus appellantur. Sic, quos Aristobulus

Γλαυκανίκας vocat, Ptolemæus Γλαύ-
σας: et trecenta ejuscemodi, in quibus verum nomen nullus *al μὴ ὁ θεὸς
εἰδείη. Voss.* In Junt. scribitur *Andrasteas, Assacenos, Prasios, Gandarias.*
' Assaceni ' populus Indiæ inter Co-
phem et Indum fluvios, teste Strab.
et Arrian. Τὰ ἔξω 'Ινδου ποταμοῦ, inquit hic, τὰ πρὸς ἰσπέραν ἐπὶ τὸν ποτα-
μὸν Κωφῆνα 'Αστακηνοὶ καὶ 'Ασσακηνοὶ
ἔθνεα 'Ινδικὰ ἐποικέουσιν. Assacenorum
caput erat Massaga. Pro *Prasios*
scribend. *Prasios.* Sic a Plut. appellantur. Pro *Gandarias* vero *Gandaritas.* Græcis Γανδαρίτας. *Grav.*
*Adrestas, Gesteanos, Præsidas, Gan-
garidas*] Junt. sic, *Andrasteas, Assacenos, Prasios, Gandarias.* Et Bechar.
*Adrestas, Stathenos, Passidas, Ganga-
ritas.* Et primum quidem horum vocabulorum in ed. Junt. congruit cum
eo quod Diod. XVII. 91. eoad. 'Αν-
δρέστας vocat. Deinde qui in ead. ed.
Assaceni dicuntur, populus sunt Indiæ, Straboni et Arriano memoratus.
Porro quos ead. ed. *Prasios,* Plutarchus Πραισίους et Πραισιαίους appellat.
Postremum denique *Gandaridas,* aut
Gandaritas, legend. videtur: quippe
Diod. Γανδαρίδας, et Plut. Γανδαρίτας
eos vocat. *Vorst.* Junt. *Andrasteas,
Assacenos, Prasios, Gandarias.* Non
displicet Vorstio, nisi quod, pro *Gandarias, Gandaritas* putet scribend. F.
et pro *Andrasteas, Andrestas* rectius,
propius certe a vulgato. *Schef.*
*Gangaridas, cæsis eorum exercitibus,
&c.*] De Gangaridis, s. Gandaridis,
negat Diodorus, Olympiad. 114. An.
. Μέγιστον τὸ τῶν Γανδαριδῶν ἔθνος,
ἐφ' οὓς, διὰ τὸ πλῆθος τῶν παρ' αὐτοῖς
ἐλεφάντων, οὐκ ἐπεστράτευσεν ὁ 'Αλέξανδρος. Vid. quoque Plut. qui Γανδαρίτας, et alibi Γανδρίδας perperam vocat.
Præsidas vero Πραισίους et Πραισιαίους.
Voss.
§ 10. 11. 12. &c.] Judicio Sebisii,
desumpsit hæc Autor ex Lucan. v.
274. &c. similia certe quidem, ac
prope gemina sunt. *Bern.*

§ 10 *Cuphites*] Hic, ut ceteris locis
omnibus, Mss. librorum secutus sum
lectionem. Orosius Ms. *Cofides,* quo
loco Fr. Fabricius arbitratur accipienda hæc esse de Sophite, de quo
Curt. IX. 1. 39. sed Sophiten Strabo,
quem Σωπείτην ille vocat, Cathæo
præfuisse lib. XV. scribit, quam jam
ante devictam esse ab Alexandro,
patet ex superioribus, si pro *Gesteanos* legamus *Cathenos,* aut *Cathæos,*
ut in Orosio Fabricius. Ista ad Curt.
pluribus. *Bong.*
*Ubi eum hostium ducenta millia equi-
tum*] Hoc *equitum* mihi admodum suspectum est. Et vix est verosimile,
omnes equites fuisse. Suspicor vel
deesse quippiam, vel alterutrum horum, *equitum* aut *hostium,* delendum.
Schef. Odoratus est Schefferus vitium huj. loci inveteratum. Id vero
Juntinæ subsidio tolles, si cum illa
legeris *ubi eum CC. millibus equitum
hostes operiebantur.* Sane *hostium* et
equitum non possunt hic in ead. l. morari recte. In fine capitis blanditur
quidem conjectura Schefferi, *quorum
munitionibus* legentis pro vulg. *q. molitionibus;* id tamen rescribend. non
est, verum exponendum: Quorum
castrorum structura, vel, ut Latinius
dicam, operibus. ' Moliri castra' pro,
ponere, metari, non insolens veteribus: sicut ' moliri urbem' ap. Virg.
pro, condere. *Grav.*
Finem tandem bellis faceret] Exstat
ap. Curt. Alexandri ad milites oratio.
Et rursus Pœni, qui militum nomine
expeditionem, ad quam contra Gangaritas rex eos ante fuerat hortatus,
deprecatur. Et hæc e Lucan. v. 274.
desumta. *Bernec.* Codex Ms. teste
Bong. *finem bellis faceret,* non male.
Liv. I. 44. ' Is censendo finis factus
est.' Val. M. v. 6. Ext. 1. ' Ita finem
ei fore.' *Vor.*
§ 12 *Ostendere alius canitiem, &c.*]
Tac. I. 18. 1. ' Hi verberum notas,
illi canitiem, plurimi detrita tegmina
et nudum corpus exprobrantes.' *Ben-*

gars. Add. ib. 1. 34. 4. *Berneccer.*
Non potest dici : Alius ostendebat
'corpora sua' aetate consumta; nemo enim plus uno corpore habet;
ergo legend. *membra*, non *corpora.*
Mox, *cicatricibus exhausta; nescio an*
dici possit aliquis cicatricibus exhaustus. Puto legend. *distincta cicatricibus*, quod est valde Latinum;
'distinctus' enim est, interpunctus,
ut alicubi in libris oratoriis loquitur
Tullius. *Faber.* 'Alius' hic intelligend. perinde ac si 'alii' scriptum
esset, ut 'miles' pro militibus, et
mille talia. Alii igitur ostendebant
canos, alii vulnera, alii senilia, alii
vulneribus, quorum signa cicatrices
erant, exhausta corpora. Sic hic locus explicandus, ne ab omnium scriptorum editorumque librorum lectione
recedamus. Posset etiam auctoritate firmari aliorum scriptorum, si
res exigeret. *Grav.*

§ 14 *Quorum non tam studiis deficiatur, quam annis*] Mss. nostri omisso
τῷ *tam; quorum non studiis deficiatur,
quam annis;* phrasi non solum aliis
scriptoribus, ut optimus quisque est,
solenti, sed etiam JCtis nostris familiari, ut docui et exemplis adductis
confirmavi in Novantiquis meis:
praeter quas videatur et Bong. ad h.
l. in Variis Lectt. *Mod.* Hactenus
editi *non tam studiis*, sed et Modiani
Mss. et Bongarsiani praeter unum
omnes *tam* omittunt, phrasi optimis
quibusque scriptoribus familiari. Tac.
I. 58. 3. 'Pacem quam bellum proba-
bam.' Curt. VII. 7. 89. 'Nec me ars
mea, quam benevolentia perturbat.'
Val. M. I. 1. 'Masanissa animo, quam
Punico sanguine conveniens.' Liv.
XLII. 3. 'Non plebis, quam patrum.'
Noster iterum XXVII. 3. 11. et VI. 1.
4. ubi vid. Not. *Bernec.* De ista dicendi ratione, 'defici studio et amore
alicujus,' dixi aliquid ad Phaedrum.
Qui autem existimarint deesse *tam*,
errant, nam ita alii scriptores. Graeci
quoque in suo sermone ita loqui so-

lent. *Fab.*

Quorum non studiis] Pro, *q. non tam
st.* Voculam *tam* codd. Mss. quos
Bong. et Modius inspexerunt, praeter
unum omnes omittunt. Et putant
viri docti ellipseos ejus exempla et
ap. alios reperiri. Abest et ab antiquioribus typis expressis Becharii et
Majoris; sed in illis sequitur *sed annis*: ut nulla voculae *tam* sit ellipsis.
'Defici studiis, annis' est pro, destitui. 'Defectus annis' habet et Phae-
drus: pro quo male Sciopp. *Defessis
annis* reponend. putat. *Vor.* Particulam *s.* conjunctionem *quam* et impressi vett. et Mss. omnes omittunt.
Editi nonnulli pro ea habent *sed.*
Unde colligo, neutrum esse Justini,
sed glossatorum. Justinus mea sententia sic scripsit: *quorum non studiis
deficiatur, ut annis.* Conjunctionem *ut*
absumsit antecedens syllaba *tur*: eam
postea alii per *quam*, alii per *sed*, conati sunt explere. Respicit autem
ut omissum 'ita' ante 'deficiatur,' de
qua ellipsi et aliunde notum et docuit
Sanctius jam olim in Minerva sua.
Schef. Angl. *non tam studiis*, supple-
mentum glossatoris. Omittunt enim
illud *tam* etiam optimi scriptores.
Plant. Rud. IV. 3. 'Non aedepol pis-
ces expeto, quam tui sermonis sum
expetens.' *Idem.* 'Commeatibus defici' etiam dixit Saxo XIV. p. 280.
50. et 'pane defecti' XIII. p. 161. 4.
Cf. notam Avi ad Sen. Ep. 30.

§ 15 *Ac si*] Junt. *At si.* Graev.

Vel ipsi sibi parcat] Ita malo e Mss.
quos Bong. vidit, quam *vel ipse sibi:*
quia praecedit 'si non militibus' alius
dativus puta. *Vor. Vel ipsi sibi* emendavit ex Mss. Bongarsianis Vorstius.
Schef. Cave hic viros doctissimos
audias. *Ipse sibi parcat* minime est
interpolandum. Sic enim semper
fere Cic. optimique scriptores loquuntur, ut ad ipsum Tullium pluribus
ostendi, et ante me alii quoque, pro
quo vulgus dicit *ipsi sibi parcat.*
Graev.

Ne fortunam, &c.] Prudens consilium, quod et Scipioni Hannibal inculcat ap. Liv. xxx. 30. 25. ' Non sta-
tuentes tandem felicitati suæ modum,
nec cohibentes efferentem se fortunam; quanto altius elati erant, eo
fœdius corruunt.' Add. Curt. iii. 8.
34. Vell. ii. 70. 2. Suet. Cæs. 60. 2.
et maxime Plut. Lucull. 80. Add.
Flor. iv. 2. 79. et not. l. *Berneccer.*
Ead. ratione Lactaut. ad Stat. ii. Th.
689. ' Parce Deis. Nam, qui immoderate sua felicitate utitur, faventes
sibi Deos fatigat.' M. Sen. Controv.
i. 8. ' Quid fatigatæ felicitati moles-
tus es ?' et Quintil. Decl. cclxi.
' Fortuna solet fatigari :' et Curt. v.
3. ' Ne victoriæ indulgentiam fatiga-
ret :' et Eurip. Rhes. 584. Ἡμῖν δ᾽ οὐ
βιαστέον τύχην. *Gron.*

§ 16 *Castr solito magnificentiora*]
Curt. ix. 3. 30. Plut. Alex. 108. *Berneccer.* Mirum quod Justinus nihil hic
de 12. aris addit, quas Alexander
tum erexerit; quarum tamen Curt.
ix. 3. 19. et Arrian. v. mentionem
faciunt: et παρόραμα hoc Justini esse
censet Blancard. Inf. tamen xii.
10. 6. separatim ' ararum ' mentionem facit. *Vor.*

Quorum molitionibus] Quænam h. l.
molitiones castrorum, et quomodo eæ
terrent hostem? Scio ' terrenam
molitionem' ap. Colum. xi. 2. et ' moliri terram,' in ejusd. operis præf.
ubi et ' agrorum solique molitionem'
usurpat. Verum castra plurimum a
terra, solo, agris differunt, nec ulla
inter hæc similitudo. Quare mihi
quidem vix est dubium, quin scribend. sit *munitionibus.* Curt. de re
ead. ix. 3. ' Munimenta quoque castrorum jussit extendi.' Vitium ex eo
natum, quia ratione veteri, pro *munitionibus*, *monitionibus* fuit scriptum,
quod deinde in *molitionibus* mutarunt.
Schef.

§ 17 *Cæsis hostibus, cum gratulatione, &c.*] Vix omitto rescribere *cæsis hostiis*, quomodo nobiliss. Sebis.

emendand. censet hunc locum, volentibus etiam Curt. ix. 3. 29. Arrian.
sub finem libri et Plut. Alex. 109.
Verum quia Mss. non addicunt, et
vero *hostibus* etiam qualitercumque
consistere potest, abstineo manum.
Berneccer. Credo ego cum Sebis. et
Bernecc. legend. esse *cæsis hostiis*;
quoniam, ut dixi, aras quoque 12.
tum temporis erectas esse ex aliis
sciri potest, et ipsarum hostiarum
cæsarum alii diserte mentionem faciunt. Ipsa phrasi ' hostias cædere'
sup. xi. 5. 6. et 11. utitur. *Vorst.*
Inclinant omnes eo, quod pro *hostibus*
legend. sit *hostiis*: at repugnant Mss.
omnes. Et videtur aliud voluisse
Justinus, quam quod censent, respexisse nempe gratulationem, de qua sequitur, ac, qualis illa fuerit, verbis
hisce explicasse, nimirum qualis victorum esse consuevit. Solebant enim
cæsis hostibus ac profligatis a pugna
redire cum gratulatione, i. e. faustis
clamoribus. Suet. Galb. 19. ' Oppressos, qui tumultuarentur, advenire
frequentes ceteros gratulabundos et
in omne obsequium paratos.' Vulgo
gratulantes hi sunt ovantes. Festus:
' Ovantes, lætantes, ab eo clamore,
quem faciunt redeuntes ex pugna
victores milites.' Habes ecce consuetudinem solemnem militum victorum ex pugna revertentium claman-
di, quem clamorem alii ' ovationem,'
alii ' gratulationem' appellant. Cum
ejusmodi ergo gratulatione dicit Justinus reversos in castra milites Alexandri, tanquam re confecta, profligatis omnibus hostibus, et nunc rever-
suri domum. Legend. ergo ap. eum:
*Itaque, ut cæsis hostibus, cum gratula-
tione in eadem castra revertuntur.* Conjunctio *ut* periit, per similitudinem
litterarum duarum in vocabulo proxime præc. *que.* Schef.

In eadem reverterunt] Sebis. *via eadem*: recte, aut valde fallor: ita enim
et Curt. ix. 2. 31. ' Repetens qua
emensus erat.' *Berneccer.* Vulgata

proba, jnvatqne caput seqnens. *Fr.*
Puto verius, *indidem reverterunt.* Voss.
Istud, *in eadem,* nullo modo placere
potest. Sebis. legend. putabat *eadem
via;* qnod nec placet; sed nihil videre
hic qnidem possnm; nisi *in eadem*
plane delend. sit, quod puto; est
enim et falsnm et ineptnm. Pro
hostibus autem, idem libenter cnm
Sebisio sentio, legend. *hostiis;* qui
enim in illa castrorum molitione hostes erant? nulli. *Faber.* In molitione
castrorum nulli erant hostes; sed,
cnm jam moliti essent castra, ex illis
in hostem prodiernnt, et post victoriam, hostibus cæsis, cnm magna gratulatione in illa reverterant. Qui
poterant dici *in castra revertisse,* nisi
ex iis in hostem moventes prodiissent?
Acuti Sebisii conjectura, quæ multos
in suspicionem corruptionis addnxit,
non est admittenda. *Græv.*

CAP. IX. § 2 *Ibi Gessonas Asibos-
que, quos Hercules condidit*] Et hic
locus non minus corruptus est, quem
tamen ex Strab. Curt. ac Diod. hoc
pacto legend. puto: *Ibi Agalassas Sibasque, quos Hercules condidit, in deditionem accepit. Hinc ad Mallos et Oxydracas navigat.* Idque ex varia locorum et tempornm conditione in hac
historia diligenti adhibita cura colligi
potest, salva semper melius sentien-
tium opinione. Ceternm mox dicit
Alexandr. solum, saltn de muro facto, ab hostibus conspectnm, cum tamen urbs esset a defensoribus deserta. Mirum unde eum tam cito
cognoverint. Et mox Alexander in
deserta urbe cum tot millibus nnns
pugnat. Suspicor mendam in codicibus esse; maxime cum dicit, urbem
a defensoribus desertam. *Glar.*

Hiacensanas Sileosque] Quidam Ms.
Agesinas Syrosque. F. *Acesinas Sibos-
que,* ut illi sunt fluvii Acesinis acco-
læ: hi sint, quos ' Sobos' vocat Curt.
IX. 4. 1. Strab. XVI. et Steph. et
Arrian. in Indicis 'Sibas:' Diod.
XVII. 96. mendose Ἴβους. *Bongars.*

Junt. cum Ms. *Gessonas Sibasque.*
Græv. Antiqniores edd. Junt. Bechar. Maj. *Gessonas Sibasque,* aut *Asy-
bosque.* Et Bong. testatnr cod. quendam Ms. habere *Agesinas Syrosque.*
Conjicit autem id. legend. esse *Acesinas Sibosque.* Curt. quoque IX. 4. 2.
'Sobiorum' mentionem hic facit.
Vor.

§ 3 *In Ambros et Sugambros*] *Man-
dros et Subagras* habet Orosius Ms.
Fabricius emendavit, *Mallos et Oxydracas,* ut h. l. quidam ediderunt.
Plin. XII. 6. 'Sydracas' vocat expe-
ditionum Alexandri terminum. Curt.
IX. 'Sudracas:' quomodo et Justinus, et Orosius, et Diodorus emendandi. *Bongars. Mallos et Oxydracas* in hac historia memorant et Arrian. VI. init. et Curt. IX. 4. 24. Et
quidem urbem illam Alexandro pœne
fatalem 'Mallorum' fuisse præter
eosd. confirmat quoque Plut. Alex.
110. *Bern.*

Ambros] Diod. *Ambritas.* Voss.

In Ambros et Sugambros] Hi sunt,
credo, quos Arrian. VI. et Curt. IX.
4. 15. 'Mallos' et 'Oxydracas' vocant. Quæ nomina Fabricius et ap.
Oros. qui Nostrum excerpsit, III. 9.
audacter restituit; secutns, ut ipse
ait, vestigia depravatæ lect. antiquæ
in Orosii et Justini libris. *Vor.*

§ 5 *Quam, &c.*] Hunc l. illustrat
Freinsh. ad Curt. IX. 4. 2.

§ 6 *Si possint*] Mss. *si possent,* quod
magis est ex usu sermonis Latini.
Schef.

In uno capite] Panegyrista Constantino Constantii filio: 'Cladem
suam, quamvis multi pereant, vulgus
ignorat: compendium est devincen-
dorum hostium, duces sustulisse.'
Facit huc Iphicratis comparatio exercitus cum humano corpore ap.
Polyæn. III. et Sil. X. vs. 309. *Bern.*

§ 7 *Resistit*] Lego *resistit* pro vulg.
restitit. Faber. Sic plane, ut Faber
conjecit, optima Juntina. *Græv.*

§ 9 *Ubi, &c.*] Oros. et Frec. ' Ubi

10 obrui a circumfusa multitudine persensit.' Duo Mss. Flor. Orosii *obrui circumf.*

'Qui propter murum] Expunxi *tum,* quod Bong. ante *propter* posuerat, utpote supervacuum et in antiquioribus edd. non apparens. Pro *propter* antiquiores edd. habent *prope.* Vor.

§ 10 *Amici*] Peucestes, Timæus, Leonatus, Aristonus, aliique. Vid. Curt. IX. 5. qui hæc eleganter et copiose narrat. *Bern.*

§ 11 *Dejectis*] Est qui *dejectus* mallet. Quomodo Liv. quoque v. 21. 10. 'Dejectis ex muro undique armatis.' Sed illud rectum est. Nam et Curt. IX. 5. 30. 'Dolabris perfregere murum,' &c. Sic etiam Oros. III. 19. *Berneccer.* Junt. *dejectus.* Quod mihi arridet, quamvis alii tradant muros fuisse perfractos dolabris. *Grev.*

§ 12 *Sagitta*] 2. cubitorum, Curt. IX. 5. 12. *Bern.*

CAP. X. § 1 *Polyperchonta*] Nuper a me per epistolam quæsitum est, unde isthuc nomen formatum esset, et quæ ratio compositionis foret. Id autem, quia non ita multis cognitum, hic paucis dicendum arbitror; et res digna est quam audias. Primum, quamquam ex Paus. didici, Ætolum quemdam fuisse qui Polysperchon diceretur, id ego scio nihil ad Polyperchontis originationem pertinere; nam σπέρχω suum sigma amitteret, quod non potest. Deinde, nec ab ὑπάρχω oriri potuit, cum illud Alpha non mutetur in E. At f. ab ὑπερέχω est. Imo etiam, Græce enim non dicitur ὑπάρχω, sed ὑπάρχομαι. Ex nullo igitur trium illorum natum est τὸ 'Polyperchon.' Sed unde? Et tibi, 'Polyperchon' nomen est concisum, et quod syncopen passum fuit. Prius enim dicebatur Πολυσπέρχων; mox dixere Πολυσπέρχων. Quanquam autem, ex quo Græce cœpi legere, isthuc verbum σπέρχω in iis scriptoribus non legerim qui hodie supersunt;

fuisse tamen olim usitatum, mihi certissimum est, cum etiamnum in Glossis Hesychii et occurrat, et explicetur. Περρέχειν, inquit, est ὑπερέχειν. Itaque περρέχων est *excellere, præstare;* quare Polyperchon, *Excellens* et *Eximius.* Sed nova quæstio exoritur; unde isthuc περρέχων? nam novum quiddam auribus nostris affert. Nihil apertius; περρέχων est περιέχων, ut Πέρφιλα, nomen mulieris, olim ap. Sosibium, pro Περίφιλα, *Amabilis,* ut Pamphila illa Terentiana. Ita et περρέθηκατο dicebant pro περιέθηκατο, nam pro περί illis erat περρί; aliquando autem dimidiam vocis partem exterebant, et pro περί dicebant περ, ut in πέρ σε, quod ab Hesych. explicatur πρός σε; mendosa tamen scriptura; nam scribi oportet περί σε. Sed qua Dialecto? Macedonica, ut opinor; quamquam et geminatio τοῦ P apud Græcos Æolici generis frequens erat. *Fab.*

Polyperchon] Ita sane scribitur hoc nomen, non tantum in hoc opere, sed et in Curt. et Nep. Tantum Bechar. ed. h. l. habet *Polysperchon.* Et sic sane scribend. merito esset. Græce enim ab Arrian. et aliis scribitur Πολυσπέρχων. Et notum est, quæ nominis vis sit, et unde sit compositum; nimirum a πολὺ et σπέρχων: quorum hoc idem est, quod *urgens, premens, festinans.* Mentio Viri et XII. 12. 8. et alibi. *Vor.*

§ 2 *Urbem*] Cui nomen Hamatelia. Diod. XVII. 109. *Bern.*

Ambigeri] F. is est, quem 'Sambum' vocat Diod. XVII. 102. 'Samum' Curt. IX. 1. 20. 'Ambyram' Oros. III. 19. *Bongars.* Vid. Reinecc. P. III. p. 192. *Berneccer.* F. rescribend. *Ambisari.* De quo vid. Arrian. v. Voss. Blancard. in Notis ad Arrian. suspicatur legend. esse *Ambi,* vel *Sambi regis;* et τὸ *geri* transpositis literis fabricatum e voce subsequente: quæ enim de veneno, de Ptolemæo vulnerato, et remedio regi per quietem monstrato Justinus subjungit, ea a Diod. et Curt. in historia 'Sambi' memorari; quamvis prior-horum 'Sabum' vocet. 'Sambum' vocat et Arrian. VI. Ceterum literam S multis nominibus modo praemitti, modo non praemitti, dicique exempli gratia 'Androcottus' et 'Sandrocottus,' 'Indica' et 'Sindica,' monet Voss. in Notis ad lib. I. et XV. Justini. Conjecturam Blancardi, quod τὸ geri eliminandum, legendumque sit *Ambi*, et illud firmat, quod, ut Bong. in V. L. monet, unus Cod. Ms. habet *Ambiregis* pro *Ambigeri regis*, et quidam typis expressi *Ambiani regis*. Vor.

Gemino mortis vulnere] Acidal. ad Vell. II. 68. 4. locum ita censet emendand. *geminæ m. v.* Non enim duplex vulnus erat, inquit; sed in vulnere vis geminæ mortis, qua ab ipsis sagittis, qua ab superindito veneno. Juvat Lucanus III. 751. ubi de eo, qui et gladio confossus, et postea in mare præcipitatus periit : 'Festinantem animam morti non tradidit uni ;' sed nimirum geminæ: quomodo 'simplicem mortem' dixerunt etiam Suet. Cæs. 74. 3. Sall. v. Hist. Curt. VIII. 7. 8. ipseque Noster XLIV. 4. 6. Ego vulgatam lect. retineo, tueorque tum consensu Mss. tum vero gemino exemplo Claudiani Stil. I. 351. ' Æthiopum geminata venenis Vulnera.' Ov. Pont. I. 2. Ita de Getis : 'Qui, mortis sævo geminent ut vulnere causas, Omnia vipereo spicula felle linunt.' Ceterum, an veneno grassari liceat in hostem, eam quæstionem Alb. Gentilis de J. B. II. 6. copiose H. Grotius in ejusd. argumenti opere III. 4. 15. et 16. breviter ac nervose discutiunt. *Berneccer.* Acidal. mallet *geminæ.* Mihi *gemino*, quod est in Mss. omnibus, ortum primo ex compendio scripturæ videtur, quo quis vocem geminato expresserat. Et huc facit illud Claudiani, quod a Bernecc. laudatur. *Schef.*

§ 3 *Per quietem monstrata herba*] Medicinæ per quietem ostensæ nobile exemplum est in Vespasiano Xiphilini et Suetonii cap. 7. 5. Quo fine ægrotos olim in templis somnum captasse, patet ex Plaut. Curcul. II. 1. 1. et Cic. de Divin. I. 43. Plura Jan. Wowerius ad illud Petronii : ' Medicinam somno petii,' &c. *Bern.*

Per quietem, &c.] Oros. ' Ac post herba per somnium sibi ostensa et in potum sauciis data cum reliquis subveniretur, urbem expugnavit et cepit.' Ita etiam uterque Ms. Leid. Freculphi, ap. quem vulgo legitur *Ae post herbam...ostensam....datam.* Strab. XV. p. 723. Ἐν δὲ τοῖς Ὡρείταις τὰ τοξεύματα χρίεσθαι θανασίμοις φαρμάκοις ἔφασαν, ξύλινα ὄντα καὶ πεπυρακτωμένα· τρωθέντα δὲ Πτολεμαῖον κινδυνεύειν ἐν ὕπνῳ δὲ ταραχθέντα τινὰ τῷ Ἀλεξάνδρῳ δεῖξαι ῥίζαν αὐτόπρεμνον, ἣν κελεῦσαι τρίβοντα ἐπιτιθέναι τῷ τρωθέντι· ἐκ δὲ τοῦ ὕπνου γενόμενον, μεμνημένον τῆς ὄψεως, εὑρεῖν ζητοῦντα τὴν ῥίζαν πολλὴν πεφυκυῖαν, καὶ χρήσασθαι καὶ αὐτὸν καὶ τοὺς ἄλλους.

§ 4 *Oceano, &c.*] Saxo XVI. p. 377. 19. ' Armis, non precibus, Deo libamenta daturus.'

§ 5 *Curru circa metam acto*] Quod solebant qui ad metam pervenerant; inde Horat. I. Od. 1. ' Metaque fervidis Evitata rotis.' Vett. plerique *curru certamine jam acto*, aut *peracto*. Sed et Oros. III. 20. et unus Ms. vulgatam lect. tuentur. *Bongers.* Vid. Gebhard. in Catull. p. 211. m. *Bern.*

Quatenus] S. antique, *quatinus*, h. e. quousque. Ab ingenio Freinshemii est hæc, aut omnia me fallunt, omnino certa emendatio : quam proinde non sum veritus in textum admittere. Hactenus omnes editi *qua sinus* absurde. *Berneccer.* Antiquiores typis expressi pro *quatenus* habent *qua sinus.* Nec indicavit Bong. in Codd. Mss. se quicquam aliud reperisse. Freinsh. demum conjecit legend. esse *quatenus* aut *quatinus.* Idque propter evidentiam primus in context. recepit Berneccerus. *Vor.*

§ 6 *In monumenta*] Scrib. *monum.* omissa præp. Plaut. Curcul. III. 69. ' Ibi nunc statuam volt dare auream Solidam faciundam ex auro Philippæo, qnæ siet Septempedalis, factis monnmentum suis ;' et Liv. I. 55. 'Ut Jovis templum in monte Tarpeio monumentum regni sui nominisqne relinqueret.' *Gronov.*

Barcen condidit] Nulla *Barce* ab Alexandro in ostio Indi condita. Βαρδκην ibi invenio ; et sic rescribend. *Salm.*

Relicto, &c.] Vincent. ' vel uno ex amicis lit. Ind.' omissa voce *præf.*

§ 7 *Cum, &c.*] Vincent. ' cum ar. l. in itinere invenienda dic.'

Babyloniam redit] Μνημονικὸν Justini ἀμάρτημα. Inquit enim panlo post cap. 13. 3. ' Hac ex causa Babyloniam festinanti.' Et, qnæ sequuntur, Susis magnam partem acta esse ex Diod. Arrian. et ceteris constat. *Bong.*

§ 8 *Præfectos suos*] Ex his fuere Cleander, Sitalces, Agathon, et Eracon. Curt. init. lib. x. *Bern.*

§ 9 *Filiam post hæc Darii regis Statiram*] Hanc pater Darius adhuc superstes Alexandro collocare voluerat. Imo petierat ab eo ut nuptiis sibi illam adjungeret, uti Curt. III. 5. 1. scribit. Verum tum quidem temporis Alexander recusavit. Arrian. VII. filiam Darii, quam Alexander matrimonio sibi junxit, 'Arsinen' aut ' Arsinoën' vocat. 'Αρσίνην enim vel 'Αρσινόην legend. ibi esse, non ut editum est Βαρσίνην, bene docuit Blancard. *Vor.* Στάτειραν eand. quoque appellant Plut. Alex. p. 703. et Zonar. IV. 14.

§ 10 *Sed et, &c.*] Ælian. VIII. V. H. 7. 'Αλέξανδρος ὅτε Δαρεῖον εἷλε, γάμους ἱστορία καὶ ἑαυτοῦ καὶ τῶν φίλων.

Optimatibus Macedonum] Διαγάμων τὰς ἀρίστας τοῖς ἀρίστοις. Plut. Alex. 120. *Bong.*

Crimen regis] ' Crimen' h. l. non est quod in lingua nostra significat ; sed id simpliciter, quod dicimus, un *reproche*, un *blâme*, opprobrium. *Fab.*

Levaretur] Ut XII. 3. 9. Ita de Semiramide Oros. I. 4. de Claudio Suet. 26. 9. *Bern.*

CAP. XI. § 1 *Se æs, &c.*] Vincent. ' se æs al. ad omnia imp. pr. sol.'

Domum] Ita antiquiores typia expressi. Bong. maluit *demos.* Vorst.

§ 2 *Non summa tantum*] Angli una voce auctius *non summa tantum commendata.* Schef.

Nec a debitoribus magis, quam a creditoribus gratius excepta] ' Magis' comparativo junctum. Priscian. lib. III. Plaut. ' magis majores nugas' dixit. *Bongars.* Add. Notam sup. III. 2. 27. *Berneccer.* ' Magis gratius' pro, gratius. Abundat enim ' magis' ad comparativum. Nec est res sine exemplo. Noster III. 2. 7. ' Magis clarior.' Multa item id genus Vechner. in Hellenolex. congessit. ' Grate munus accipere' dixit sup. XI. 10. 10. *Vor.*

§ 3 *Viginti millia talentum*] Alii *tria et viginti millia talentorum.* Curtius IX. 2. de decem millibus talentum tradit, qnæ quidem ipsa non tota expensa fuerint. *Modius.* Curtio consentit omnino Plut. Alex. 120. *Bern.*

§ 5 *Nec annos, sed stipendia sua numerari*] I. e. non annos ætatis, sed annos stipendiorum factorum. ' Vicena stipendia meriti' dicuntur, qui viginti annorum stipendia meriti sunt. *Vor.*

§ 6 *Nec, &c.*] Saxo XIV. p. 262. 16. ' Non tam redargutione sed convicio agebat.' Vincent. ' Nec hoc jam prec. sed c. agebant, dicentes.'

Cum patre inire bella] Dixit, ut Arrian. VII. μετὰ τοῦ πατρὸς στρατεύεσθαι. Vulgo *finire,* minus recte. *Bong.*

Jubentes eum solum cum patre suo Hammone inire bella] Ita locum jam olim emendavi ad illa Curtii mei IV.

16. 24. ' Qnippe non 'universæ acies, quam hæ tumoltuariæ manus vehementius iniere certamen.' *Mod.*

Quatinus] Ita Vett. Est antem *quatinus*, quoniam. Festo et Frontino. *Bongars.* Sic et elegantissimo Floro II. 15. 28. III. 8. 1. IV. 11. 1. et IV. 12. 29. *Id.*

Quatinus] Ita in Codd. Mss. extare testatur Bong. Antiquiores typis expressi nullo sensu *ut milites suos fastidiat. Quatinus* est pro, quia, quando. Festus: ' Quatenus significat, qua fine, ut *hactenus*, hac fine: *quatinus* vero, quoniam.' *Vor.*

§ 8 *Ad postremum cum verbis nihil proficeret*] Junge Curt. X. 2. et 3. Lucanus de Cæsare militarem seditionem cohibente v. 316. ' Stetit aggere fulti Cespitis intrepidus Vultu, meruitque timeri Non metuens.' Quod locum adspicit in referendo simili Avidii Cassii facto Vulcatius Gallicanus cap. 4. *Bern.*

Ad supplicia] Mss. quos vidit Bong. habuerunt *in supplicium*, quod rectius videtur. Puto enim ista plurimum differre; quoniam, qui ducitur *ad supplicium*, is ita ducitur, ut eat illuc, ubi de eo sumendum est supplicium, quod statim cogitat subire. At vero *duci in supplicium* est, duci eo fine, hoc proposito, ut de eo aliquando supplicium sumatur, licet fiat post temporis aliquod intervallum. Id quod magis convenit historiæ. Nec enim Alexander ipse manu sua eos adducebat ad carnificem, qui tum statim capitali eos afficeret pœna, sed tantum adduxit, ut servarentur. Curt. manifeste X. 2. ' Notatos quoque, qui ferocissime oblocuti erant, singulos manu corripuit; nec ausos repugnare, tredecim adservandos custodibus corporis tradidit.' *Schef.*

CAP. XII. § 4 *Formatam in disciplinam Macedonum*] Mss. Bong. habebant *disciplina*. Ita legend. fuerit *formatam disciplina Macedonum*, quod convenientius videtur. Disciplina e-

tiam est, quæ format, non ob quam quis formatur, vel informatur. *Id.*

§ 5 *Jactantes, hostes suos in officium suum subjectos*] ' Jactare' non modo idem quod, gloriari, sed et idem quod, dicere. Virg. ' Ibi hæc incondita solus Montibus et silvis studio jactabat inani.' Ipsum quoque primitivum ' jacere' idem est quod, dicere. Pro *subjectos* alius *sublectos*, alius *subactos* mavult. Verum *subjectos* ipsum satis commodum. I. 9. 9. ' Prostrato Mergide fratrem suum subjecit Oropasten.' *Vor.*

Subjectos] H. e. suppositos. Freinsh. mallet *sublectos*, quæ vox comparet et III. 3. 2. Prætulerim quod est in ed. Vienn. *subactos*, quod et Hispanicus interp. expressit: *suffectos* aut *subfectos* legit Gronov. *Bern.*

6 *Orant suppliciis suis potius saturet se, quam contumeliis*] Mss. quidam mei orant *suppliciis suis saturet se, quam contumeliis:* ut dixit Plaut. ' Tacita mulier bona est, quam loquens.' Vid. et hic Novantiquas meas. *Modius.* Modius *potius* a Mss. quibusd. suis abesse scribit; nec requiram. Vid. Notam ad XII. 8. 14. *Bern.*

§ 7 *Undecim millia militum veteranorum*] Arrian. VII. Ἐγένοντο ἐς τοὺς μυρίους, decem circiter millia fuere. Cui consentit Diod. Ἀπέλυσε τῆς στρατείας ὄντας ὡς μυρίους. *Vor.*

§ 8 *Polydamas, Amadas*] Omnino *Amyntas* legend. non *Amadas*. Voss. Isaeus ille Voss. legit *Amyntas*, optime; quanquam sæpe in nominibus Macedonicis Thracia sæpe barbaries est, quia utraque regio confinis. *Fab.* Ab antiquioribus edd. nomen hoc *Amadas* abest. Voss. pro eo legend. putat *Amyntas.* Blancard. autem ex præc. ' Polydamas' incepisse credit, vitio librariis familiarissimo. Vid. Notas huj. ad VII. Arriani. *Vor.*

§ 10 *Revertentibus*] Sc. in patriam. *Bern.*

§ 11 *Ephæstion decedit*] Ecbatanis. Præter sæpe citatos auctores, vid.

Ælian. V. H. vii. 8. Eum ut heroem coluit Alexander. Arrian. vii. *Bong.* Et Curt. x. 4. 24. et Plut. Alex. 123. *Bern.*

Obsequiis] Si Viennensem Camert. ed. secuti distinguamus ita, *dotibus primæ formæ, pueritiæque mox obsequiis*, ad obsequia impudica pertinuerit oratio. Sed hæc potius de obsequiosis aulæ ministeriis accipienda videntur. Vid. Curt. iii. 12. 23. ' Bassus Silvanum specie obsequii regebat' ap. Tac. iii. H. 50. *Id.*

§ 12 *Tumulumque ei duodecim millium talentorum*] Sic et Curt. x. 4. 25. sed Plut. Alex. 124. ' decem millia' habet, usus sc. rotunditate numeri ' myriadis,' parum excedentia rejiciens. *Idem.*

Tumulumque, &c.] Lucian. in Calumn. non temere cred. tom. ii. p. 419. Ἐπεὶ γὰρ ἀπέθανεν Ἡφαιστίων, ὑπὸ τοῦ ἔρωτος Ἀλέξανδρος ἐβουλήθη προσθεῖναι καὶ τοῦτο τῇ λοίπῃ μεγαλουργίᾳ, καὶ Θεὸν χειροτονῆσαι τὸν τετελευτηκότα· εὐθὺς οὖν ναός τε ἀνέστησαν αἱ πόλεις, καὶ τεμένη καθιδρύετο, καὶ βωμοὶ, καὶ θυσίαι, καὶ ἑορταὶ τῷ καινῷ τούτῳ Θεῷ ἐπετελοῦντο. Zonar. iv. Annal. 14. Ἐν Ἐκβατάνοις δὲ γενομένου αὐτοῦ ὁ Ἡφαιστίων ἀπύρεττε, καὶ ἐξ ἀκολάστου διαίτης τῆς νόσου κρατυνθείσης ἐξέλιπεν. Οὐκ ἤνεγκεν οὖν λογισμῷ τὸ πάθος Ἀλέξανδρος, ἀλλὰ τὸν μὲν ἰατρὸν ἀνεσταύρωσεν· ἵππους δὲ κείρας καὶ ἡμιόνους προσέταξε, καὶ τὰς ἐπάλξεις περιεῖλε τῶν πόλεων, καὶ μουσικὴν καὶ αὐλοὺς ἐν τῷ στρατοπέδῳ πολὺν χρόνον κατέπαυσεν. Cf. Plut. in Pelopid. p. 296.

Eumque post mortem coli ut Deum jussit] Arrian. vii. scribit a plerisque proditum esse, Alexandrum Hephæstioni ὡς ἥρωϊ, ut heroi, parentari jussisse: item, venisse ab Jove Ammone, qui ad eum missi essent, dicentes, Ammonem dixisse, ὡς ἥρωϊ ὅτι θύειν θέμις, quod ut heroi sacrificare ipsi fas esset. Tantundem et Plut. prodidit. Heroës autem ut ἡμίθεοι, semidei, habiti, ita et cultus

illorum a divinis nonnihil discrepavit. Vid. et Notas Blancardi ad lib. vii. Arriani. *Vor.*

Cap. xiii. § 1 *Hispaniarum*] Notat in variantibus Bongarsius esse in uno Ms. *Spaniarum*, atque ita in optimis exemplaribus Curtii (forte x. 1. 22.) scriptum se repperisse. Certe D. Hieronymus ad Esaiæ caput 64. ' Spaniam' vocat: et vetus in Juvenalem Glossographus Tagum ' Spaniæ' facit fluvium: et Galenus vi. Simplic. 4. ' Spanum' vocat oleum ex Iberia (sic Hispaniam nuncupat) advectum. Consonat denique hodierna appellatio nostratium Italorumque: nec abeunt Hispani Galliquе. Nam *Espana* et *Spania* scriptione tantum differunt; cum illi vocibus Latinis, quibus ab S litera initium, E præponere, suasque facere consueverint. Vid. Gruter. in Capitolini Antoninum cap. 1. et Merulæ Cosmogr. p. 275. A. Ita *Spaniensis* xlii. 5. 11. in Variantibus. *Bern.*

Ex Italia] Erant in his Bruttii, Lucani, Tusci. Num et Romani? Asserunt hoc aliqui: diserte negat Arrian. vii. Imo dicit Liv. ix. 18. 5. ' Alexandrum Magnum ne fama quidem populo Rom. cognitum fuisse:' quod vix credi queat. Legationis a Romanis ad Alexandrum missæ meminit Plin. iii. 5. 30. *Bern.*

§ 3 *Quidam ex magis*] Vid. Sen. Suasoriam iv. In ea censeo legend. ' Babylone excluditur, cui patuit Oceanus.' Vulg. *Babylone cluditur:* nisi mavis *Babylon ei cluditur.* Bong.

Hunc, &c.] Vincent. ' hoc ei fatale f.'

§ 4 *Ob hoc omissa Babylonia in Byrsiam urbem*] Birthæ meminit Ptolemæus ad Tigrim supra Babyloniam. Byrsiam haud scio an idem locus. Arrianus Alexandrum ait, egressum Babylone, per Euphratem venisse ad Pallacopam fl. 800. stadiis a Babylonia distantem, inde Babylonem regressum. *Glar.*

Byrsiam] Huj. loci nemo præter hunc meminit. *Bongars.* Non puto locum hunc esse sanum. Mss. aliqui præferebant *Burbesiam.* Arbitror scribend. esse *Borsippam.* Locus ille non videtur usque adeo celebris fuisse ævo Alexandri. Persæ hoc oppidum vocant *Kermes.* Sed errant, cum dicunt, in eo Alexandrum mortuum esse. *Voss.* Is. Vossius ὁ πάνυ conjecit ἐυστόχως corrigend. *Borsippam.* Sic sane legitur ap. Junt. *Græv.* Præclare Voss. *Borsippam.* Neque enim, eo quidem in loco, ulla *Bursia* erat. *Faber.* Mss. quidam pro *Bursiam* habent *Burbesiam.* Voss. legend. conjecit *Borsippam.* Ipsumque illud in ed. Junt. reperit deinde Græv. *Vor.*

Immutabilia] Tac. H. I. 18. 2. ' Quæ fato manent, quamvis significata, non vitantur.' Val. M. I. 6. 10. ' Dirum omen, quemadmodum timemus, ita vitare non possumus.' Liv. XXV. 16. 3. ' Nulla providentia fatum imminens movere potest.' *Bern.*

§ 7. 8. 9.] In his et seqq. dissentit aliquantum a Nostro Plutarchus Alex. 127. et deinceps. *Idem.*

§ 7 *Medicus Thessalus*] In omnibus libris etiam scriptis mendum est: legend. enim *Medius; Μήδιος ὁ Θετταλὸς* Arrian. VII. Diod. extr. lib. VII. Plut. Alex. 127. *Bongars.* Hæc Bong. et pridem Paulus Leopard. Emendation. XVII. 10. m. *Bern.*

Medius Thessalus] Ita Athenæus X. p. 434. 'Ὅτι παρὰ Μηδείῳ τῷ Θεσσαλῷ δαιπνῶν Ἀλέξανδρος, εἴκοσιν οὖσιν ἐν τῷ συμποσίῳ, πᾶσιν προὔπιεν, &c. et Plut. Demet. p. 896. Μήδιος Ἀντιγόνου φίλος. Id. de Discr. Adnl. et Amici p. 65. Ὁ Μήδιος τοῦ περὶ τὸν Ἀλέξανδρον χοροῦ τῶν κολάκων οἷον ἔξαρχος. Vid. eund. de Animi Tranq. p. 472. *Gronov.* Pridem Leopard. et Bong. hunc l. emendarunt, approbantibus Juntis, qui scribunt *Medius.* Sic enim Arriano, Plut. et Diod. dicitur.

Græv. Bong. ut erat homo doctus, facile vidit legend. esse *Medius,* non *medicus.* Hic antem *Medius* ille ipse est, quo cum, paucis ante mortem diebus, alea lusitabat Alexander; eratque ille Medius genere Thessalus, et inter principes cohortis regiæ. Plut. Hic vero facile est probare Justinum errasse, et exemplar Trogi Pompeii perperam legisse. Nam *Thessalus,* quod gentis nomen est, putavit esse hominis proprium cap. 14. ' Præmonito filio, ne alii, quam Thessalo crederet.' Et mox : ' Hac igitur ex causa apud Thessalum paratum repetitumque convivium est.' Sed et alibi sæpius erravit Justinus ; id quod hactenus satis patuit, et inferius patebit. *Faber.* Perperam vulgo editur *medicus Thessalus.* Legend. enim *Medius.* Et manifeste hoc rursus Græv. in ed. Junt. reperit. Græce est Μήδιος. Et scribit Arrian. VII. eum τῶν ἑταίρων τοῦ Ἀλεξάνδρου πιθανώτατον fuisse. ' Thessalus ' vocatur a gente, ex qua oriundus fuit : atque inf. XII. 14. 7. simpliciter dicitur ' Thessalus.' Fuit et *Medius* Larissæ in Thessalia princeps, qui cum Lycophrone Pheræorum tyranno bellum gessit, ut ex Diod. XIV. 83. constat. *Vor.*

Instaur. &c.] Saxo XIII. p. 245. 37. ' l. c. crebris custodes poculis attentabat.'

Invitat] Firmat hoc notam nostram ad I. 6. 5. *Bern.*

§ 8 *Veluti telo*] Ὥσπερ λόγχῃ πεπληγὼς. Plut. Alex. 127. qui hæc conficta scribit, neque Alexandrum veneno interiisse : quod et Arrian. VII. *Bong.*

§ 10 *Re, &c.*] Saxo XIV. p. 267. init. ' Re antem v. Canuto Suenonis filiæ postulandæ negotium fuit.'

Oppressit] F. *suppressit.* Gron.

CAP. XIV. § 1 *Qui cum carissimos*] Illud *qui* hic plane supervacuum est : vel certe non est plena oratio. *Vorst.*

Pro *Auctor ins.* habet Vincent. 'Actor insidiarum.'

Antipater fuit, qui cum, &c.] Delent
illud *qui*, ut otiosum. Mihi Justinus
sic scripsisse videtur: *Antipater fuit,
idque cum.* In vocabulo *idque* duæ
primæ litteræ perierunt propter similitudinem proxime præcedentium;
post *que* mutatum est in *qui*. Schef.
In Junt. desideratur *cum*. Sed præstat *qui* delere cum Vorst. Pendet
alioqui oratio. *Græv.*

Alexandrum Lyncistarum] Rescripsi
ex Juntis *Alexandrum Lyncistam.* Ap.
quos tamen *Lyncisten* hic conspicitur
formatione Græca. *Græv.* Scripsi
rursus, ut in Junt. esse testatur
Græv. Vulgo inepte *Alexandrum
Lyncistarum:* de quo quid habend.
dixi ad xi. 2. *Vor.*

§ 2 *Non tam gratum apud regem,
quam invidiosum*] Ita v. 2. 4. Eod.
animo fuisse patrem Alexandri patet
ex hisce Demosth. in Orat. contr.
Epist. Phil. ' Eum ita gloriæ cupiditate inflammatum dicunt, ut omnia
præclara facinora sua esse videri velit: et magis indignetur ducibus atque præfectis qui aliquid laude dignum gesserunt, quam illis qui prorsus
infeliciter rem administrant.' Et in
universum Sall. Cat. 7. ' Regibus
boni quam mali suspectiores sunt:
semperque his aliena virtus formido-
losa est.' Quod dictum pluribus explicatur a Grutero Diss. 34. ad Tac.
Bern.

§ 3 *Variis se criminationibus*] Illud
se factum ex littera finali præcedentis, et initiali sequentis vocabuli, ac
delendum. Præcedit enim ' se magnis rebus,' &c. *Schef.*

§ 4 *Supplicia*] De quibus xii. 10.
8. *Bernec.*

§ 5 *Ad pœnam*] Vid. xi. 5. 8. et
ibi notam. *Idem.*

§ 6 *Ad occ. r.*] Ita quoque legend.
ap. Vincent. pro *Ad occ. regnum.*

§ 7 *Cujus veneni*] Mallet Bong.

ejus v. Mihi propius vulgatæ videtur,
si legamus *hujus v.* Schef.

Ut non, &c.] Vincent. ' nec ferro
nec t.'

Ungula equi] Sic et Paus. in Arcadicis. Plut. autem Alex. 129. et
Ælian. H. An. x. 40. ' ungulam asi-
ninam.' Arrian. vii. Plin. xxx. fin.
et Vitruv. viii. 8. ' mulinam' habent.
Curt. x. 10. 25. ' jumenti ungulam'
dicens, rem in medio reliquit. De
veneno illo (*Stygos hydor* appellant)
indicatis modo locis add. Herod. vi.
74. Sen. iii. N. Q. 25. Plut. de Prim.
Frig. 25. et Strab. sub finem lib.
viii. Add. Philandr. in Vitr. p. 332.
pr. *Bernec.* Alii in ungula mulæ venenum illud servatum scribunt. Arrian. vii. ἐν ἡμιόνου ὁπλῇ. Plin. xxx.
16. ' Ungulas tantum mularum re-
pertas, neque aliam ullam materiam
quæ non perroderetur a veneno sty-
gis aquæ, cum id dandum Alexandro
M. Antipater mitteret, memoria dignum est, magna Aristotelis infamia
excogitatum.' Vitruv. viii. 8. ' Est
in Arcadia Nonacris nominata terræ
regio, quæ habet in montibus e saxo
stillantes frigidissimos humores. Hæc
autem aqua στυγὸς ὕδωρ nominatur,
quam neque argenteum, neque æ-
neum, neque ferreum vas potest sustinere, sed dissilit et dissipatur. Con-
servare autem eam et continere nihil
aliud potest, nisi mulina ungula.
Quæ etiam memoratur ab Antipatro
in provinciam, ubi erat Alexander,
per Jollam filium perlata esse, et ab
eo ea aqua regem esse necatum.'
Vor.

§ 9 *Prægustare ac temperare potum
regis soliti*] Plut. Alex. 125. vocat
ἀρχιοινοχόον. Hieronymo οἰνοχόος dicitur ' minister vinarius.' *Bongars.*
Qui mos a Persis est; Xen. i. Παι-
δείας. Οἱ τῶν βασιλέων οἰνοχόοι, ἐπειδὰν
ἐνδιδῶσι τὴν φιάλην, ἀρύσαντες ἀπ' αὐτῆς
τῷ κυάθῳ, εἰς τὴν ἀριστερὰν χεῖρα ἐγχεά-
μενοι, καταρροφοῦσι, τοῦ δὴ, εἰ φάρμακα

ἐγχέουν, μὴ λυσιτελεῖν αὐτοῖς. Trans-
iitque mox ad Romanos, simul unus
omnia apud illos posse cœpit. Tac.
XIII. ' Quia cibos potusque ejus di-
lectus ex ministris explorabat.' Plin.
XXI. 3. ' Antonio timente nec nisi
præ31gustatos cibos sumente.' ' Præ-
gustatos' dixit, ut Noster ' prægustare,' proprie plane: qui enim hoc
faciebant, ' prægustatores' dicebantur. Lapis Romæ, teste Lipsio ad
Tac.

GENIO
CAELI. HERODIAN
PRAEGVSTATOR
DIVI. AVGVSTI
IDEM. POSTEA. VILLICVS. IN
HORTIS. SALLVSTIANIS
DECESSIT. NONIS. AVGVSTIS
M. COCCEIO NERVA
C. VIBIO RVFINO COSS.

Et alia item Inscriptio: TI. CLAVDIVS.
FLAMMA. CLAVSVS. TI. AVG. PRAE-
GVSTATOR. *Modius.* De prægustato-
ribus veterum, Lipsius ad Tac. XII.
Not. 162. et plura Meurs. Exerc.
Critic. part. 2. c. 3. *Bern.*

In aqua frigida] Ita factum et Britannico, ab ead. causa et cautione.
Tac. XIII. 16. *Idem.* Imo aqua frigida, et frigidissima, venenum ipsum
fuit, ut ex Vitruvii modo allatis apparet. Pari modo scribit Plut. τὸ
φάρμακον ὕδωρ εἶναι ψυχρὸν, *venenum
aquam esse frigidam.* Vorst. Nil mutand. hic. Nam, licet venenum ipsum aqua esset frigida, tamen ad-
denda fuit alia frigida, saltem ut
serviretur speciei externæ. Nam
veneni quidem per se copia non potuit esse tanta, quanta poculis vulgo
admisceri de aqua frigida solebat.
Schef.

CAP. XV. § 1 *Quarto die*] Quia
' impletæ cibis vinoque venæ minus
efficacem in maturanda morte vim
veneni fecerunt,' ut Liv. XXVI. 14. 5.
de Campanis loquitur. Exemplo est
et Claudius ap. Tac. XII. 67. At
vitalia citius petit, quicquid vacuis

venis immittitur. *Bern.*

Indub. &c.] Saxo III. p. 43. 38.
' Qui cum indubitatum fatum sibi
imminere sentiret.'

*Agnoscere se fatum domus majorum
suorum ait: nam plerosque, &c.*] Hic
quoque vitium est, quod ostendisse
sit satis. Lego *agnoscere se fatum domus suæ; nam plerosque, &c.* Illud
autem, *majorum suorum,* nihil aliud
est quam glossema, ut vocant, superadditum huic voci, ' Æacidarum,'
qui revera Alexandri Magni majores
fuerant. *Faber.* Vincent. v. 65. ' agn.
se f. d. suæ, ait, et m. s.'

Æacidarum] Fuit Alexandri mater
Olympias, filia Neoptolemi regis Molossorum; qui genus a Pyrrho Neop-
tolemo, Achillis filio, duxit. Achilles
' Æaci' ex Pelope nepos. *Bern.*

§ 2 *Perisse*] Sic in uno Ms. haberi
scribit in Var. Lect. Bongarsius;
rectius opinor, quam quod id. edidit,
perire. Facit Curtius X. fin. cap. 4.
Idem.

§ 3 *Quibusdam,* et mox, *dederit*] Ita
Camertis ed. rectius quam alii *quibus,*
et, *dedit.* Idem.

§ 4 *Invictus animus*] Vix dubito
scribend. *invictus animi.* Tac. ita
sæpicule: ut A. I. 32. 6. ' Ferox animi.' Et I. 69. 3. ' Ingens animi,'
&c. Virg. Æn. IV. 529. ' Infelix animi.' Statius, ' Eximius animi.' *Idem.*

§ 5 *Videanturne, &c.*] Curt. X. 5.
3. Hæc interrogatio non extat in
Græcis Scriptoribus: ex iis desum-
tam apparet, quorum scripta cum
tempore interierunt. *Idem.*

§ 6 *Sibi parentatura*] Diod. XVII.
117. et XVIII. 1. ἀγῶνα ἐπιτάφιον vocat. *Bongars.* Sicut et Arrianus lib.
VII. Allusio metaphorica. Defunctis
enim gladiatorum sanguine parentare
mos erat, ludosque funebres ex antiquissimo ritu fieri: sicut ex Virgil.
de Anchisæ parentalibus, et ex Sta-
tio de Archemori exsequiis, tum
etiam ex Homero Patrocli inferias
prosequente, &c. notum est. Ob-

servat Jac. Nicol. Loënsis Miscell. Epiphil. v. 18. Eunapium, in lib. de Vitis Sophistarum, dictum hoc ridicule satis ad Julianum Sophistam transtulisse, de cujus exitu sic scribit: ' Vitam finiit Athenis, magnum certamen funebre (μέγαν ἐπιτάφιον ἀγῶνα) sodalibus suis relinquens,' præclare mehercule imitatione maximi regis, et loquacis rhetorculi, cum paribus nugatoribus. Intelligit autem per ἀγῶνα, commissiones, quas ita vocat Plin. Paneg. 54. et Suet. Aug. 89. 8. ἀγῶνα τῶν ῥητόρων Thucyd. III. 6. 35. Berneccer. ' Parentare ' est in honorem parentum, aut aliorum, justa celebrare. Fiebatque illud variis rebus; et inter cetera ludis quoque funebribus et munere gladiatorio. Nam, ut Tertullian. lib. de Spectac. scribit, ' olim, quoniam animas defunctorum humano sanguine propitiari creditum erat, captivos vel malo ingenio servos mercati in exequiis immolabant: postea placuit impietatem voluptate adumbrare. Itaque quos paraverant armis, quibus tunc et qualiter poterant eruditos tantum ut occidi discerent, mox edicto die inferiarum apud tumulos erogabant.' Dio XXXIX. ἀγῶνας ἐπιταφίους, certamina sepulcralia, appellat. Et quomodo Noster, ubi cædes, quæ mortem Alexandri consecuturæ essent, ipsum hunc prædicentem inducit, verbo ' parentare' usus est; ita Diod. ibi ead. de re agit, l. e. XVII. 117. et XVIII. 1. ἀγῶνα ἐπιτάφιον eam vocat. Vor.

§ 7 Templo] Mss. omnes, quos vidit Bong. habent templum. Nec repudio, quia pluribus in locis similia occurrunt, quæ alibi notata. Schef.

§ 8 Dignissimum] Diod. XVII. 117. τὸν κράτιστον. Bong. Et XVIII. 1. τὸν ἄριστον. J. N. Loënsis eo quem modo dixi loco non perfunctorie perstringit Trogum, vel nostrum potius Epitomatorem, quod non bene sententiam Alexandri hic expresserit. Non enim illud volebat dicere, se heredem constituere, qui maxime dignus imperio foret: sed regnum suum fore in potestate occupantis, ' fortioris' sc. quod et eventus docuit. Neutra enim vox, s. κράτιστος, s. ἄριστος, ' dignissimo' convenit. Nam κράτιστος potentiam significat, s. violentiam, ut ex Æschyli Vinct. Prometh. liquet: ἄριστος autem, ut nominis etymon ostendit, proprie Marte præstantissimus est: unde ἀριστεύειν, omnium fortissime se gerere: ἀριστεύς, omnium fortissimus: ἀριστεία, forte facinus: ἀριστεῖον, fortitudinis præmium. Id. ergo dixerit Alexander, quod Pyrrhus, alioqui etiam Alexandro comparatus a Plut. Vitæ cap. 14. a filiis interrogatus, ' cuinam relicturus esset regnum?' respondit, ' Ei qui vestrum acutissimum habuerit gladium.' Ib. 17. Eo pertinet, quod prævidere se dixit Alexander, grave de regno certamen inter illos oriturum, ut proinde sit necesse, rem ad eum inclinare, qui plus possit. Aliquanto melius hoc expressit Curtius X. 5. 7. ' Ei relinquere se regnum, qui esset optimus:' quam vocem ad fortitudinem quoque refert Sall. Ju. 92. 10. ' Optumus quisque cadere aut sauciari.' Junge huic Notam ad IX. 2. 4. Ἀγαθὸς τὰ πολέμια, Thucyd. IV. 25. 84. ' Bonus militia,' Tac. I. Berneccer. Eod. quoque modo ap. Stob. Serm. CXLIX. Κότυς δ τῶν Θρακῶν βασιλεὺς ἐρωτηθεὶς, Τίνι καταλιμπάνεις τὸ βασίλειον; ἔφη, Τῷ δυναμένῳ. Gronov. Non placet J. N. Loënsi, quod sententiam Alexandri Justinus sic expressit: non enim hoc voluisse Alexandrum, heredem regni se constituere qui maxime dignus eo esset; sed qui esset fortissimus ac potentissimus: idque sibi velle vocabula κράτιστος et ἄριστος, quibus auctores Græci, Diod. XVII. 117. et XVIII. 1. et Arrian. VII. in hac historia usi sint. Consentit quoque Blancardus Notis in Arrian. VII. Sciendum tamen Justinum, etsi non ' for-

tissimum,' aut 'potentissimum,' sed
'dignissimum' scripserit, ad fortitudinem tamen et potentiam, quam
Alexander designatum iverit, et ipsum respexisse. Subdit enim : 'Prorsus quasi nefas esset viro forti alium
quam virum fortem succedere.' *Ver.*

§ 9 *Roxanen*] Filiam Cohortani Satrapæ. Curt. VIII. 4. 31. Sed Arriano VII. Oxyartis Bactrii, quem
Diod. XVIII. 3. regem appellat. Quin
ipse Curt. alibi, sc. X. 3. 13. Oxatris
Persæ filiam eam appellat. *Bern.*

§ 11 *Malum discordiæ*] Pomum Eri-
dis. *Idem.* Alluditur ad fabulam τοῦ
μήλου τῆς Ἔριδος, *mali a Discordia
missi.* Et 'malum' hic est per me-
taph. At XVI. 3. 1. 'discordiæ malum' dicitur, ut 'pervigilii malum'
XXIV. 8. *Ver.*

Ita omnes] Pro *ita* aliquando *iræ*
legend. arbitrabar. Judicent alii, an
recte. Paulo post, pro *ambitione
vulgi*, quod sine dubio aut transposi-
tum aut corruptum, vid. an non legend. *a. multi.* Boxh.

*Et ambitione vulgi tacitum favorem
militum quærunt*] Sebis. ita : *et amb.
tacita vul. mil. fav. q.* Berneccer. Quid
si legamus, *amb. vul. mil. tacitum fav.
quærunt?* sane 'vulgus' et 'milites'
hic uni iidemque. Et XIII. 1. 8. duo
ista conjunguntur, legiturque, 'Vulgus militum thesauros spectabant.'
Verat. Emendant, *amb. tacita vul. mil.
fav.* vel *amb. vul. mil. tacitum fav.* In
Ms. quodam pro *tacitum* legitur *tanti
eum.* Unde videbatur scribend. *et
amb. vulgari tanti tum fav. mil. q.*
Possis quoque retinere *vulgi*, et *ambitionem vulgi* explicare eam, qualis est
in vulgo, qualem vulgus adhibet.
Hanc ambitionem tanquam rem in-
decentissimam notat in *tantis*, i. e.
tantæ dignitatis viris. Sententia, nisi
fallor, eleganti. *Schef.* Non capiunt,
quid sit *ambitio vulgi.* In libro seq.
cap. 3. vocatur 'adulatio vulgi,' qua
sc. vulgi favorem s. popularem auram
captant proceres, qui prensant et

ambiunt dignitates : cujus et meminit
I. 1. cum ait antiquissimis temporibus bonos ad regiam dignitatem non
evexisse popularem ambitionem, sed
spectatam moderationem. Quid au-
tem hic sit *tacitus favor*, non intelligo.
F. scripsit Just. *tacite.* Adulabantur
vulgo principes, nec tamen præ se
ferebant verbis, regiam dignitatem
ac successionem se ambire, sed blan-
dis verbis ac donis quoque tacite, vel
taciti, favorem militum quærebant,
qui desiderabatur ad id consequen-
dum, quod postea palam essent osten-
suri. Id. est, ac si scripsisset Justinus : Omni studio nituntur militum
favorem sibi comparare clam et tacite, h. e. sine professione illius caussæ, cur tantopere illorum animos sibi
velint conciliari. *Græv.*

§ 12 *Anulum*] Quem una traditi
imperii vel heredis instituti tesseram
esse, non tamen nimis certam, hoc
ipso et aliis exemplis confirmat eruditiss. Kirchmann. in De Annulis,
22. *Bern.*

§ 13 *Nuncupatus*] Nuncupativum
testamentum quid sit, explicant JCti.
Eo utebantur, cum urgente vi valetudinis non sufficerent ad obsignan-
das testamenti tabulas. Suet. in Vita
Horatii, in qua nomen Consulis emendand. est, ut pro *C. Mario Censorino*
legamus *C. Marcio Censorino*, ex Cassiod. et Dione. *Bong.*

Judicio] Vid. Not. ad v. 11. 3.
Sebis. *indicio* mallet, quod id 'voci'
opponatur. *Berneccer.* Mihi pro *judicio, indicio*, quod malebat Sebis. et
exhibent impressi quidam, legend.
certo videtur. *Schef.* Sebisii conjecturam hic minime possum laudare.
Nam *judicium* hic est, extremum judicium, extrema voluntas. Sententia
hæc est : Etsi voce non esset heres
declaratus, videbatur tamen hæc esse
voluntas extrema Alexandri, Perdic-
cam suum debere heredem esse, cui an-
nulum regium tradiderat. Sic v. 11. 3.
'Cyro judicium patris injuria videba-

tur,' h. e. extrema patris voluntas, s. tabulis scriptis, s. voce, s. signo data. Hunc l. jam dudum attulit Bernecc. et alia ad eum notavit, ut mirer postea quoque Viros doctos hic hæsitasse. *Græv.*

CAP. XVI. §1 *Annos tres et triginta*] Cic. Phil. v. 17. Ceteri annos 32. menses 8. *Bong.*

Mensem unum, annos tres et triginta natus] Rectius scripsisset *annos duos et triginta,* uti Blancard. Notis in lib. VII. Arriani demonstrat. Ipse Arrian. scribit vixisse Alexandrum annos 32. menses 8. ut auctor fit Aristobulus. Cic. Phil. v. ' tertio et trigesimo anno mortem obiisse' ait. *Vorst.* Non totum illos tres et triginta explevisse annos, constans omnium est sententia. In MSS. legitur non *mensem unum,* sed *mense uno.* Cogitand. igitur an non scripserit Just. *Dec. Al. demto mense uno annos.* Et sane per syllabam *der* in 'Alexander' facile perdi potuit syllaba *dem* in *demto,* post illud *to* ut nullius sensus ac precii deleri. *Schef.*

§ 2 *Cum ingenti serpente*] Qua causa Sidon. Apollinar. C. II. 80. Alexandrum ' draconigenam' appellat. Add. sup. XI. 11. 3. *Bern.*

Volutari] Mss. *voluptari,* unde Freinsh. *voluptuari.* Berneccer. Mss. æque ut Junt. *voluptari.* Sic et Quintil. Decl. III. quæ inscribitur Miles Marianus: ' Tribunus inter scorta voluptabitur.' Sic Ms. Lipsii ; vulg. *volutabitur.* Et Apul. IX. M. ' Cum suis adulteris voluptatur.' Sic Mss. et primæ edd. ut notarunt viri eruditi, ubi quoque in vulgatis *volutabitur.* Probo tamen ubique lectionem editorum librorum. Nam ' volutari' sæpe de rebus Venereis dicitur, ut exempla docent ap. Cuper. IV. Obs. 10. *Græv.* Mss. habent *voluptari,* quod id. est ac, oblectare se, et amori operam dare : vox est invidiosa, et in probri loco posita. Sed *volutari* longe mihi arridet magis, cum agatur de

serpente, quo se bona illa et frugi mulier Olympias implicitam prædicabat, per jmaginariam Venerem, cum abesset Philippus. Hoc autem non abs re fuerit meminisse, (nam ex nihilo, ut aiunt, nihil,) reperiri in Macedonia serpentes, qui tam facile mansuefieri possint, ut ex iis olim et puellæ et matronæ sibi armillas, sibi monilia facerent, vel ut animulas suas oblectarent, vel ad corpusculum frigerandum. Huj. rei auctorem ciere possum Lucianum in Alex. s. Pseudomanti. *Faber.* Ms. *voluptari,* quod est rectum, nec in *voluptuari,* quod Freinsh. volebat, mutand. Docent Fabius et Apul. quos pro lect. ista vir cl. Græv. laudavit. *Schef.*

Opus] Scrib. *onus.* *Onus* enim dicitur sæpissime onus uteri, fœtus. Ovid. ' Tendit onus matrem.' Exempla sunt obvia, et vel sexcenta ap. solum Ovid. reperias. *Græv.* Præclare vero ap. Græv. nostrum *onus.* Nil melius poterat. *Onus uteri* est, fœtus. Ita ap. Phædr. ' Onus naturæ melius quo deponeret.' *Faber.* Græv. emendat, *onus,* quod probo. *Schef.*

§ 3 *Regna patris, &c.*] Talis Archedice regina, cujus monumentum Thucyd. VII. 9. 36. tale refert. ' Extulit hæc animum nunquam, patremque virumque Fratresque et gnatos imperitare videns.' Minus ergo caute Tac. XII. 42. Agrippinam ' Imperatore genitam, et sororem ejus, qui rerum potitus sit, et conjugem, et matrem fuisse, unicum ad hunc diem exemplum esse' scribit. Nec vere Plin. VII. 41. ' Una feminarum in omni ævo Lampido Lacedæmonia reperitur, quæ regis filia, regis uxor, regis mater fuit.' *Bern.*

§ 4 *Prodigia*] De quibus Plut. in ejus Vita, 4. *Bongars.* Dianæ Ephesiæ templum nascente Alexandro conflagrasse referunt Cic. I. de Divin. 25. et Plut. Alex. p. 665. ubi ait : 'Εγεννήθη δ' οὖν 'Αλέξανδρος ἱσταμένου μηνὸς 'Εκατομβαιῶνος, ὃν Μακεδόνες Λῷον καλοῦσιν, ἱκτῇ, καθ' ἣν ἡμέραν ὁ τῆς Ἐφεσίας Ἀρτέμιδος ἐνεπρήσθη νεώς· et paulo post: Φιλίππῳ δὲ ἄρτι Ποτιδαίαν ᾑρηκότι τρεῖς ἧκον ἀγγελίαι κατὰ τὸν αὐτὸν χρόνον· ἡ μὲν, Ἰλλυρίους ἡττᾶσθαι μάχῃ μεγάλῃ διὰ Παρμενίωνος· ἡ δὲ, Ὀλυμπιάσιν ἵππῳ κέλητι νενικηκέναι· τρίτη δὲ, περὶ τῆς Ἀλεξάνδρου γενέσεως· ἐφ' οἷς ἡδόμενον, ὡς εἰκὸς, ἔτι μᾶλλον οἱ μάντεις ἐπῆραν, ἀποφαινόμενοι τὸν παῖδα τρισὶ νίκαις συγγεγεννημένον ἀνίκητον ἔσεσθαι.

§ 5 *Præpetes*] Scio tradere Hyginum 'præpetes' eas aves dici ab auguribus, quæ opportune prævolant, aut idoneas sedes capiunt: non possum tamen, maxime cum Bong. in uno suo Ms. repererit *perpedes* pro *præpetes*, contemnere plane et extra numerum habere scripturam Fuld. membranarum, in quibus disertim est *perpetes*, ut dictum est a Plaut. Amph. i. 1. 124. 'Quievi in navi noctem perpetem.' *Modius.* Optime membranæ Fuld. *perpetes.* Sup. lib. v. ' perpeti nocte.' Cum tamen viri docti tuentur vulgatam, velim mihi explicent, quid sibi velint hic *præpetes.* Sed *tota die perpetes* est: Tota die perpetuo sederunt in illo culmine, ut nusquam se hinc moverent. Plaut. Amph. i. 1. ' Neque ego hac nocte longiorem me vidisse censeo, Nisi item unam, verberatus quam pependi perpetem.' *Græv.* Bong. in uno Cod. Ms. observavit *perpedes*; et Modius in Mss. Fuld. manifeste *perpetes:* quod id, hic non plane contemnend. judicat. Sed et Grævio mirifice illud placet; cum ipse Noster lib. v. dixerit ' perpeti nocte.' Nobis tamen non liquet; ideo quidem quod præcedit ' tota die:' quod id. est quod, perpeti die. *Ver.*

§ 6 *Alterius, belli Illyrici*] F. legend. *nuntios pater ejus d. vict. accepit;* *alterum* b. *Illyrici, alterum, &c.* Gronov. Mss. quidam habent *alteræ,* quam lect. firmant alii multi, in quibus est *altera.* Porro *alteræ* pro, alterius, non est repudiand. in Nostro,

qui secutus est Trogum, priscæ eloquentiæ virum, ut ipse eum nominat, vestigiaque plurima in Nostro testantur. Sane Vett. *altera, alteræ, alteræ* inflexisse, argumento Plauti locus est in Rud. iii. 4. ubi ait: ' Nam, huic alteræ patria quæ sit, profecto nescio.' Atque sic et ap. Terent. legitur. Ut autem ' alteræ ' in tertio, ita et in secundo casu dixisse per naturam inflexionum necesse est. Ut adeo id hic sit notand. *Schef.*

§ 7 *Puer acerrimis*] Junt. *acerrimus,* optime. Flor. iv. 4. ' Antonius, prælatum sibi Octavium furens, inexpiabile contra adoptionem acerrimi juvenis susceperat bellum :' h. e. sollertissimi. *Græv.* Junt. *acerrimus:* nec displicet: vulgatum sane vix Latinum est. *Schef.*

§ 8 *Sub Aristotele*] Plut. Alex. 11. qui et 8. præceptores Alexandro tribuit Leonidam et Lysimachum Acarnana. De doctrina et studiis Alexandri locus insignis est Orat. 1. de Fort. Alex. 4. et 5. ejusd. Plut. *Ber.*

Doctore inclyto omnium philosophorum] Ridicule, neque isthuc a Justino est, quod legis. An Aristoteles doctor fuit omnium philosophorum? sit satis, suæ familiæ; aliarum, minime. An docuit Anaximenem, Anaximandrum, Thaletem, Democritum, Pythagoram, Parmenidem, Archelaum, Socratem, Platonem, &c. qui ante ipsum fuerunt? An etiam eos docuit qui postea vixere, Epicurum, et totam illius domum? &c. Unde igitur isthæc intrusa? Ab inepto aliquo discipulo Alberti Magni, qui ad oram Justini sui hoc adscripserat, admirans sc. angelum Naturæ; sed hoc parum est; Deum ipsum Naturæ, volueram dicere. *Faber.* Hoc *omnium philosophorum,* quomodo cum ' inclyto' cohæreat, non video. Puto glossatoris esse, non Justini. *Schef.*

§ 10 *Ut illo, &c.*] Vincent. v. 65. ' Ut i. p. nullos hostes nec arma etiam inermes timerent.'

§ 12 *Victus, &c.*] Tac. II. A. 73. de Germanico : ' Et erant qui formam, ætatem, genus mortis, ob propinquitatem etiam locorum, in quibus interiit, Magni Alexandri fatis adæquarent. Nam utrumque corpore decoro, genere insigni, haud multum triginta annos egressum, suorum insidiis externas inter gentes occidisse.' Vincent. ' Victus tamen ad extremum est.'

LIBER XIII.

CAP. I. § 2 *Sed nec . . . . . crediderant*] Hic Noster (et jam antea dictum a me fuit) habet stylum sæpe rhetoricum, et, ubi se materia offert, ostendit satis quid illo genere possit. Lego itaque, nam hoc dicere voluit : *ut invictum regem* senserant (vel experti fuerant), *ita immortalem esse crediderant.* Cur ita existimem, hæc ratio est, quod nunquam Alexandrum invictum (i. e. ut hodie loquimur, invincibilem) crediderant : si enim talem esse illum credidissent, nunquam, profecto, contra illum arma sumpsissent. Hoc ad judicii exercitationem facere poterit. *Fab.*

Quod ut invictum regem, ita immortalem esse crediderant] Nihil poterat dici rotundius, nil venustius. Illæ devictæ gentes, cum Alexandrum ex omnibus prœliis et periculis victorem ac sospitem evasisse audirent, crediderant utique invictum esse regem, et nulla humana vi posse superari : et quia illum invictum esse persuasum habebant, putabant quoque immortalem esse, et ne a morte quidem subigi posse. Non hoc credebant gentes, cum illis bellum inferret Alexander ; alioquin manus cum eo non conseruissent ; sed postquam ab illo devictæ audierant eum ubique invictum esse, nusquam offendisse. Nihil in hoc acumine quod reprehendant vel κριτικώτατοι Rhetores reperient. *Grav.*

§ 3 *Præsenti morte*] Antiquiores typis expressi *præsenti morti*. Et dicitur sane utrumque. Altera constructio fit vi præpositionis ; quemadmodum sup. ' illacrymare mortem.' *Vor.*

§ 5 *Mater quoque Darii*] Sysigambis mater Darii inedia mortua quinto, postquam mori statuerat, die. Curt. X. 5. 39. *Bern.*

Sibi ipsa conscivit] Vulgus diceret ' sibi ipsi.' Sed ut Trogus, ita et optimi quique locuti fuerunt : Cic. in Bruto 12. ' Cum se ipse defenderet :' et de Opt. Gen. Orat. 3. ' Quoniam se ipse consulto ad minutarum genera causarum limaverit.' Cæs. VII. B. G. 70. ' Se ipsi multitudine impediunt :' et Liv. VI. 2. ' Ut vallo se ipsi, vallum congestis arboribus sepirent.' Id. XXX. 15. ' Sibi ipsa consuleret.' *Gron.*

§ 7 *Contra Macedones versa vice*] Vides hæc duo, *contra* et *versa vice.* Alterutrum glossema esse dico ; alterum enim alterius explicatio est. Ipse quidem h. l. *contra* amplecterer, at *versa vice* rejicerem, et hinc amolirer. *Faber.* Nescio an non illud *contra* glossatoris sit habendum. Id. enim *contra* et *versa vice.* Schef. Testatur hic Notator Anglicanus Fabrum *versa vice* tanquam otiosa delere. Mallem illud *contra* glossatoris credere. Sed vid. XXXVII. 1. 9. *Grav.*

§ 9 *Et in annuo vectigali tributo* CCC. *millia*] Legend. XXX. *millia* pro CCC. *millia*, auctore Budæo lib. IV. de Asse. Ubi non convenit, inquit, ut 300. millia annua essent, et 100. millia in conditis pecuniis. *Glarean*. Hanc loquendi modum illustrat Perrenonius II. Animadv. 30.

Quinquaginta millia talentum] Nostra voce et ratione numerandi fuerint milliones triginta. Illa vero *tricena*, s. ut Budæus lib. IV. de Asse p. 165. m. legit, *triginta millia vectigalis annui*, constituunt milliones octodecim. Vid. Agricolam de Pond. et Mens. p. 116. f. et p. 318. *Berneccer*. Junt. ut placebat Budæo, *triginta millia*. Græv. Budæus, ut aiunt, legit *triginta*, sed nil necesse; nam 'tricena' et 'triginta' idem efficiunt; at 'trecena,' ter centum; quæ summa omnem fidem longe exsuperare videtur. *Faber*. Budæus in lib. de Asse citat *triginta millia*: quomodo et Junt. habere testatur Græv. Sed perinde rursus est; quod quidem ad sensum attinet. Nam *triceni* dicunt pro, triginta. Plinius, 'tricenos pedes,' 'tricenis diebus.' Aliud autem est 'treceni.' Porro *tributa* supervacuum videtur, et ex marg. ubi explicationis causa scriptum fuerit, irrepsisse in textum. Sane *vectigal* et *tributum* unum et id. sunt. Et XVIII. 5. 14. dicit modo, 'statuto annuo vectigali;' non, statuto annuo vectigali tributo. *Vor.*

Et in annuo vectigali tributo] Etiam hic metus, ne glossa irrepserit. Quis enim *vectigal tributum* junxit ex scriptoribus probatis? *Schef.*

§ 10 *Sed amici*] Vulgo legitur *Sed nec amici*. *Nec*, quod in uno tantum Ms. reperi, inducend. curavi. Frustra exspectabant regnum, cum omnes pares essent, et æqualitas discordiam angeret, ut paulo post XIII. 2. 3. et XVI. 3. 1. dicet. Æquales enim æqualibus imperare contra naturam est: et, qui in alios regnum exercere vult, ὡς Θεὸς ἐν ἀνθρώποις esse debet, ut Aristot. loquitur. *Bong.*

Sed nec amici] '*Nec*, quod in uno tantum Ms. reperi,' inquit Vir doc-

tus, et de hoc ipso Auctore optime meritus, 'inducendum curavi. Frustra exspectabant regnum, cum omnes pares essent,' &c. Hæc ille: a quo plane dissentio. Quid enim? annon et I. 10. 2. de Magorum interfectoribus legimus? 'Erant enim virtute et nobilitate ita pares, ut difficilem ex his populo electionem æqualitas faceret:' et tamen ex septem ita æqualibus unus sublatus in regnum fuit; unus cæteris rebus omnibus sibi paribus imperavit. Retineo igitur omnino τὸ *nec*, in quinque Mss. a me constanter inventum, hac sententia: Non frustra aut improbe spectasse et sperasse illos regnum, in quibus artes regiæ et omnia rege digna inessent; formæ pulchritudo, proceritas corporis, et virium ac sapientiæ magnitudo, quæque alia Justinus commemorat. *Modius*. In altero Voss. Ms. etiam τὸ *nec* apparebat. *Gron.*

Spectabant] Vulgo *exspectabant*. II. 12, 22. 'Rex velut spectator pugnæ.' Vett. plerique *exspectata pugna*. Cic. Ep. ad Cassium ea, quæ est 16. lib. XV. 'Longiores enim exspectabo, vel potius exigam.' Nonius in *Exigere* citat hoc modo: 'Longiores enim spectabo, vel potius exigam, quando hercle ego temere exigam.' Locum eo adscripsi, quia postrema verba in Ciceronis edd. nulla sunt: quæ Nonius tamen, ut Ciceronis, adfert. *Bongars*. Ácidal. ad Vell. II. 14. 5. *exspectabant* hic legend. suspicatus: ut et sup. II. 12. 22. 'expectatæ pugnæ.' *Berneccer*. Becharii et aliæ antiquiores edd. *expectabant*; quod Acidal. et rectum putat. Scribit et Glfan. in Obs. L. L. 'expectare' ap. Vett. multis in locis in usu fuisse, vulgo fere depravatis. Vetus denique ed. Junt. teste Græv. pro *spectabant* habet *sperabant*: id quod omnium commodissimum hic videtur. *Vor.*

§ 11 *Eos ignoraret*] Verbum 'ignorare' hic respicit qualitates animi et

virtutes. Terent. Eun. v. 8. 59.
'Isti te ignorabant:' et Cic. iv.
Acad. Q. 2. 'Majore enim studio
Lucullus, cum omni literarum generi, tum philosophiæ deditus fuit,
quam qui illum ignorabant:' et Liv.
xxvi. 12. 'Productus primo satis
constanter ignorare se mulierem simulabat.' Hinc et illustris noster
Grotius in Proleg. ad Lib. de J. B.
et P. eand. loquendi formulam respiciens ait : 'In carcerem conjectus
sum ab iis, qui me ignorabant.' *Gron.*

§ 12 *Clarorum virorum proventu*] Ita
Sen. de Tranquill. An. 7. 'Si inter
Platonas, et Xenophontas, et illum
Socratici cœtus proventum bonos
quæreres.' 'Ανδρῶν σοφῶν φορὰν vocat
Herodian. 1. 1. 'Proventus filiorum'
11. 10. 4. xliv. 4. 3. *Bernecer.* Plin.
1. Ep. 13. 'Magnum proventum poëtarum annus hic attulit :' et Quintil.
xii. Inst. Orat. 10. 'Tum deinde
efflorescat non multum inter se dis-
tantium temporum ingens oratorum
proventus.' *Gron.*

§ 15 *Si non inter se concurrissent*]
'Concurrere' pro, pugnare, prælium
committere, ut iii. 5. 14. Vid. et quæ
Freinsh. de hoc verbo in Ind. scripsit.
Vorst. Saxo iv. p. 60. 15. 'Accidit
ipsos agminum duces inter se ferro
concurrere.'

. Cap. ii. § 2 *Nec minus milites quam
invicem se timebant*] Antiquiores typis
expressi pro *quam invicem se* habent
inter se. Et puto ego hanc veram
lect. esse ; modo *quam* adjiciatur, le-
gaturque, *quam inter se timebant. Inter se timere* dicitur, ut 'inter se amare,' 'inter se complecti,' 'inter se obtrectare.' Suntque talia elegantiora
quam 'invicem se amare.' Vide Ind.
in Nepotem a nobis locuplet. v. *Inter.*
Vorst. Miror qui potuerit tam insul-
sa lect. tam diu ferri. Quid enim est:
Duces non erant securi, nec minus
milites, *quam* invicem se timebant?
Illud *quam* quid ad rem facit? Merito itaque et cum Junt. veteribusque

edd. aliis, nec non Ms. quem vidit
Bong. illud *quam* expunxi. Digitum
autem non verterim cum antiquioribus editis legas *inter se*, an cum Mss.
invicem se timebant. Græv.

§ 3 *Æqualitas discordiam augebat*]
xvi. 3. 1. 'Assiduum inter pares discordiæ malum.' Contrariam vocem
Soloni tribuit in ejus Vita Plut. 18.
Τὸ ἴσον πόλεμον οὐ ποιεῖ, 'Æqualia non
faciunt bella.' Plin. Paneg. 45. 'In
alio sua quemque natura delectat.'
Sed nimirum, nisi sibi mutuo obstent.
Nam, cum idem competunt, illud Senecæ valet de Ira iii. 34. 'Quod
vinculum amoris esse debebat, seditionis atque odii causa est, IDEM VEL-
LE.' *Bern.*

Ut ei aliquis se summitteret] Mss.
mei *ut ei se alius summ.* quod mihi nescio quomodo concinnius videtur. *Med.*
Antiquiores typis expressi pro *se sub-
mitteret* habent *submitteretur:* quod
rursus genuinum puto. Solemne est
Latinis pro verbo activo et pronomine reciproco uti verbo passivo. Sic
dicunt 'lavari' pro, lavare se, 'exerceri' pro, exercere se, 'provolvi'
pro, provolvere se ; et infinita id genus alia, quæ dedita opera in Lib. de
Latinit. vulgo fere neglecta congessimus. Jam si in Codd. quibusd. protrita sese offerant, in aliis vero abs-
trusiora observentur, priora fere
suspecta nobis sunt, ac primo explicationis causa in margine posita fuisse, deinde vero in textum irrepsisse
videntur. Græci quoque ὑποτάσσεσθαι
forma passiva dicunt pro ὑποτάσσειν
ἑαυτόν. Dicitque Grotius ad Eph. v.
21. sono passivum, sed sensu reciprocum illud esse. *Vorst.* Mss. Modii,
ut ei se alius summitteret, quod concinnius Berneccero videtur. Ego nescio,
an non utraque lect. debeat conjungi,
hoc modo : *ut ei aliquis se alius sub-
mitteret.* Saltem omnia sic planiora
evaderent. *Schef.*

§ 5 *Perdicca censet*] 'Censere' non
tantum ad judicium, sed et ad volun-

tatem pertinet, (aliter enim dicendum
fuisset, 'censet Roxanis expectan-
dum esse partum,') estque etiam idem
quod, suadere, decernere, praecipere.
Salust. Ju. 'Velle et censere [Sena-
tum populumque Rom.] eos ab armis
discedere.' Cic. VII. 13. Fam. 'Tre-
viros vites censeo.' Sed de hoc plura
in Lib. de Lat. vulgo fere negl. *Ver.*

Roxanes] Ea erat Oxyartis Bactriani filia. Arrian. VII. Vid. Curt. IX.
Bong.

Quae exacto mense octavo] Valde
suspectus mihi hic l. 'Maturam'
certe sic absolute poni pro, vicinam
partui, haud reperio. Quare puto,
pro *quae, cui* scribend. Vitium videtur
ortum ex ignorantia scripturae veteris; olim namque *quoi* pro *cui* scribebant, quod deinde mutatum est in
quae. Schef.

§ 11 *Maternas modo sordes*] Vid.
Plut. ext. Vitae Alex. *Bong.*

Larissaeo scorto] Ex Philinna Laris-
saea, quam Ptolemaeus ap. Athenaeum
saltatricem fuisse refert. *Bern.*

Nasceretur] 'Nasceretur' pro, natus esset. Imperf. pro plusquamp.
Aur. Victor in Octav. 'Cunctis vulgo
jactantibus, Utinam aut non nasceretur, aut non moreretur.' Val. M. VII.
2. Ext. 6. 'Nullam partem defensionis odio obseratae aures reciperent,'
pro, recepissent. Vid. nostras ad
eum l. Notas. *Verst.*

Propter valetudinem majorem] Sic
Cic. in malam partem ea voce usus
est in De Offic. 'Aesculapius potest
praescribere per somnum curationem
valetudinis:' et in Epist. 'Scripsit
ad me te moleste ferre, quod me
propter valetudinem tuam non vidis-
ses.' Alii tamen malunt hic legere
propter invaletudinem maj. quam lect.
stabiliunt testimonio et exemplo ex
eod. Cic. petito, quem scribere aiunt
in Laelio, s. de Amicitia: 'Quod autem his nonis in collegio nostro non
affuisses, invaletudinem respondeo
caussam, non moestitiam fuisse:' quo

tamen ipso loco plures et meliores
Mss. habere etiam *valetudinem* pro *in-
val.* et alii monuerunt, et ego hisce
oculis vidi. *Mod.* H. e. morbum comitialem, quem et Herculeum et sacrum appellant. Festo est 'morbus
major,' in voce *Prohibere:* quem l.
indicio Freinshemii nostri debeo.
Plut. Alex. 16. et 130. 'mentis im-
potem' Aridaeum fuisse tradit, non
natura, sed pharmaco ab Olympiade
propinato. Porro 'valetudinem'
pro morbo dixit Autor etiam XIV. 5.
2. et XXI. 2. 1. Ita Cic. de Divin. II.
59. 'Curatio valetudinis.' Quintil.
II. 16. 'Cibi attulerunt saepe valetudinis causas.' Suet. Caes. 49. 'Valetudine mentis liberius dicax.' Et 72.
'Subita valetudine correptus.' Vid.
H. Steph. Thes. Gr. tom. I. col. 1644.
b. c. *Bernec.* Antiquiores typis expressi *invaletudinem.* Dicitur utrumque: estque *valetudo* quoque id. quod
invaletudo: idque ap. ipsum Nostr.
XIV. 5. 2. et XXI. 2. 1. Deinde 'major'
dicunt pro, magna: quomodo de cetero quoque gradus comparativus
saepe pro positivo usurpatur. Festus
item in *Prohibere* 'morbus major'
dicit pro, morbus magnus: designat-
que eund. illum quem Noster, i. e.
quem comitialem, Herculeum, et sacrum appellant. *Vor.*

§ 12 *Subjiciantur*] Pro, subjiciant
se, submittant se. Nimirum 'subjici'
est hic pro, subjicere se, ut paulo ante 'submitti' pro, submittere se. *Id.*

§ 14 *Si puer natus fuisset*] Pro, si
puer nasceretur. Ut paulo ante imperf. pro plusquam perfecto, ita
nunc rursus plusquamp. pro imperfecto ponitur. Val. M. VIII. 7. Ext.
4. 'Quo magis vacuo animo studiis
literarum esset operatus,' pro, ope-
raretur. *Verst.* Ergo constitutio tu-
torum fuit non in praesens, sed eventum, si natus esset puer. Quomodo
igitur in tutores incertos et futuros
juramento se obligant? Suspicor
scripsisse Nostrum *Pl. it. Roxanis*

ex. partum. Tamen ut si puer natus fuisset. Vocem *Tamen* facile absumere potuit syllaba *tum* in fine vocis præcedentia : *et* vero pro *ut* est frequens in libris antiquis. *Schef.*

Tutorem] Id. factum XVII. 3. 10. et 21. Item XXXIV. 3. 6. *Bern.*

CAP. III. § 1 *Pedites indignati*] Tac. I. 47. 'Postpositi, contumelia accenduntur.' Plut. in Nicia 5. 'Hic habetur a majoribus honos plebi maximus, quum non contemnitur.' *Bern.*

Aridæum, Alexandri fratrem, regem] Legend. Diod. init. lib. XVIII. et Curt. x. 7. Sen. Benef. IV. 31. 'Quid sibi voluit providentia, quæ Aridæum regno imposuit? Illi putas hoc datum? patri ejus datum est, et fratri.' *Bong.*

Tribu] Quæ est tandem ista *tribus*, ex qua hic satelles lectus? omnino legend. ut est in tribus meis Mss. melioribus, *turba*, quod inventum in uno Ms. etiam jure Bong. probat. *Mod.*

Turba] Hoc inventum in uno Ms. jure Bong. in variantibus probat: atque ita etiam esse in tribus suis Mss. melioribus affirmat Modius ; quo magis religio fuit Auctori suum non restituere. Hactenus edebatur *tribu.* Bernec. Antiquiores typis expressi *tribu:* quod et Bong. retinuit. Ait autem unum eorum Codd. quos ipse complures vidit, habere *turba ;* idque se probare. Bernecc. deinde plane in textum recepit. Sed minime id probat Gronov. quia, ut ab aliis, ita et a Just. res exterorum vocabulis, quæ rebus Romanis dicata erant, propter τὸ ἀνάλογον sæpe vocitentur; cujus rei mox et alia exempla subjungit. Vid. IV. Obs. 10. *Vor.*

Nomine Philippi patris vocari jubent] Inde auctores, cum Aridæum designant, subinde 'Philippum' dicunt. Vid. Diod. XVIII. 16. et XIX. 4. Curt. x. 9. 18. Sulpic. Severus II. Hist. 8. 17. utrumque nomen conjungit, et 'Arridæum Philippum' vocat. *Vor.*

§ 2 *Ad mitigandum eorum animos*]

Sic Junt. cum aliis editis. Male mutarunt qui hanc syntaxin, de qua vid. Sanctium in Minerva, et Voss. in Aristarcho, ignorarunt. XXIII. 8. 'Ad persequendum belli reliquias.' *Græv.* Antiquiores edd. *ad mitigandum,* æque bene. Sic XXIII. 8. *Vor.*

Omissa legatione, militibus consentiunt] Non possum non legere *peditibus;* cum init. cap. dixerit 'Equites,' &c. 'Pedites indignati.' Et mox : 'Equites trepidi ab urbe discedunt, castrisque positis et ipsi pedites terrere cœperunt.' Nec quidquam attinet discrimen statui posse inter equites et pedites, a nobilitate aut alia quavis præstantia; nam utrique militant, et illos suo nomine appellat Justinus, equites, pedites. Quin paulo quoque inferius in hoc ipso cap. ita a Nostro scriptum fuit : 'Perdicca ultro ad pedites veniret.' *Faber.* Cave hic auscultes viro politissimo, qui pro *militibus* substituend. contendit *peditibus. Miles* sæpius accipitur pro pedite, et opponitur equiti. Cæsar : 'Tripartito milites equitesque in expeditionem misit.' Vid. Gronov. ad Liv. XXVIII. 1. et Hermann. Rhabodum Schelium ad Hygin. de Castrametatione Rom. p. 88. qui annotavit pulchre 'militem' poni pro *pedite,* quia in pedite præcipuum robur fuerit exercituum Romanorum, sicut contra posterioribus seculis sub Constantino et illis Imperatoribus, cum omnis vis exercitus in equitatu, 'equites' milites appellatos fuisse. *Græv.*

§ 3 *Statim, &c.*] Saxo XI. p. 220. init. 'Statimque impetus crevit, ubi caput et consilium habere cœpit.'

§ 4 *Ad delendum equitatum*] Hoc vero propositum peditibus fuisse vix crediderim, neque ulla docet historia. Imo sequitur 'et ipsi pedites terrere cœperunt,' per vicem sc. et quasi pedites ante terrorem incusserint equitibus. In Mss. est *ad deligandum,* vel *atalicandum.* Unde conjicias Just.

scripsisse f. *ad territandum*. Nisi putes ipsum illud *deligandum* accipiendum pro, ligandum, vinciendum, captum sc. Ac fuit longe major copia
peditum ibi, quam equitum. Vid.
Curt. x. 7. 16. *Schef.*

§ 5 *Terrere*] Ita Mss. H. e. mutuum
metum incutere. Bong. *terreri*, sed
illud haud dubie rectius est. *Bern.*
Terrere] Sic Tac. I. de militibus:
'Nisi paveant, terrere.' *Bex.*

§ 7 *Attalus ad interficiendum*] Meleagro id tribuit Curt. x. 8. 1. *Bong.*

§ 10 *Egregium hostibus*] Eand. hanc
movendi rationem ab hostium affectu
et voto decenter usurpat Homer. Il.
I. 255. et ex eo Virgil. II. Æn. 104.
'Hoc Ithacus velit, et magno mer-
centur Atridæ.' Videsis Ov. Ep. IX.
7. et Tac. G. 38. Add. Joseph. XIII.
24. *Bern.*

*Parentaturosque sanguine suo mani-
bus hostium*] Vid. quæ ad XII. 15. 6.
notavimus. *Vorst.* Saxo XIV. p. 260.
5. 'Sanguine Ulvonis, ducis sui manibus parentandum putantes:' et p.
294. 11. 'Fratres mei paternis manibus nostro sanguine parentabunt.'

CAP. IV. § 5 *Castrorum, exercitus,
et rerum cura*] 'Rerum cura' est,
præfectura militiæ, s. imperium in
bello. 'Res' enim *rer'* ἐξοχὴν notat
bellum, unde 'Dictator rei gerendæ.'
Cura quoque vocabulum imperii est.
Suet. Tib. 16. 'Sed nuntiata Illyrici
defectione transiit ad curam novi
belli.' Id. Vit. 2. 'Curam quoque
imperii sustinuit, absente eo expeditione Britannica.' Hinc *curare* pro,
imperare, præesse in bello ap. Sall.
'Marius ibi curabat.' *Gronov.* Existimo, neque necesse est proloqui, quæ
me ratio impellat ut ita sentiam,
scriptum a Just. fuisse, *castrensium
rerum et exercitus cura, &c.* Quid enim
hoc *Meleager curabat castra, exercitum,
et res?* Dices per 'curam rerum'
intelligi summam rerum administrationem et potestatem: posset, alibi,
fateor; hic, non puto. Verum hoc

abierit. *Faber.* Mallet et hic vir
doctus ille *castrensium rerum et exercitus cura:* invitis sane Musis. *Res*
ap. Nostr. aliosque Nostro meliores
non infrequenter est, bellum. Superius XII. 2. 'Non minorum rerum
materiam in Italia, Africa, Siciliaque,
quam ille in Asia et in Persis habiturus.' Sic *res gerere:* Horat. 'Res
gerere et victos ostendere civibus
hostes.' Noster XIX. 2. 'Per hos res
Carthaginiensium ea tempestate gerebantur:' h. e. bella: hinc mox Imperatores vocantur. Hoc igitur vult
Justinus: Castrorum, exercitus, et
rerum h. e. bellorum, earumque rerum, quæ ad bellum gerendum desiderantur, curam Meleagro et Perdiccæ fuisse assignatam. *Græv.*

§ 6 *Corpus Alexandri*] Quod ad id
tempus insepultum fuerat. Ælian.
ext. lib. XII. Alexandriam autem de-
portatum a Ptolemæo id. auctor est,
et Strab. XVII. et Diod. XVIII. 28.
Bong.

§ 7 *Lustrationem castrorum*] Lus-
trabantur milites cane discissa et ab
utraque parte projecta. Curt. x. 9.
18. et Liv. XL. 6. 1. *Bernec.* Facta
sine dubio lustratio sic fuit, ut discis-
sæ canis viscera ultimo in campo, in
quem exercitus deductus fuit, ab
utraque parte abjicerentur: inter id
spatium armati omnes starent, hinc
equites, illinc phalanx. Sic enim reges Macedonum lustrare milites solitos fuisse prodidit Curt. x. 9. 12.
Nec multum discrepat Liv. XL. 6. et
13. Lustrationem Curt. generali vocabulo 'sacrum,' Liv. 'solemne' appellat. At ex Hesych. constare potest peculiari nomine dictam fuisse
Ξανθικά, quod fere mense Xanthico
fieri soleret. *Ver.*

§ 8 *Consentientibus universis*]Freinsh.
non consentit, mavultque, *non sentientibus universis,* quod evincit etiam subjunctum *occulte.* Vid. tamen Curt.
x. 9. *Bernec.* Acute Freinsh. *non
sentientibus universis.* Sed potest f.

illud *consentientibus universis* accipi de
constitutione exercitus in illo campo,
non evocatione singulari seditiosorum. Quanquam et consensisse in
evocationem necemque seditiosorum
Curtius doceat, ut nil mutari debeat.
Schef.

Transit] Ut in lustratione fieri solet.
Nam ad exercitum hoc referendum,
non ducem. *Bern.*

Dum transit] Exercitus armatus,
puta. *Vor.*

Supplicio tradi] Elephantis objici.
Trecenti fere sic obtriti. Curt. x. 9.
26. *Bern.*

§ 9 *Inter principes provincias dividit*]
Dissentit lib. i. Machab. 1. 6. &c.
ubi refertur Alexandrum ante mortem
regna distribuisse inter suos nobiles,
omnesque sibi diademata post mortem illius imposuisse. Quem locum
historicæ veritati conciliaturus Rabanus commentator 'distribuisse' interpretatur, diripiendas reliquisse.
Acumen hominis mihi vide. De hac
provinciarum distributione, legatur
Appian. B. Syr. p. 120. f. et seq.
Bern.

Ut et removeret, &c.] S. verbis Livii
xxxv. 15. 5. 'Ut procul ab se per
honorem eos ablegaret.' *Id.*

Munus imperii, beneficii sui faceret]
Ita xxiv. 2. 4. *Beneficium* proprie
est, ad altiora promotio. Tac. xv. 52.
5. 'Dilecto imperatore, sui muneris
remp. facere.' Suet. Tib. 12. 4. 'Per
quosdam beneficii sui centuriones.'
Add. eund. in Cæs. 28. 3. Liv. i. 35.
10. Ammian. xxv. 27. fin. Lipsii notam 78. ad Tac. H. iv. Gruteri Suspicion. i. 13. Idem.

§ 10 *Primo*] Gronov. ex Mss. *Pri-
ma.* Græv. *Prima*] Ita editum ex
Mss. approbante Gronov. In aliis
Edd. *Primo.* Fab.

Arabiæque pars] Ms. unum et Orosium iii. 23. expressi. Mss. enim ceteri *Asiæ Libyæque pars.* Bong.

Sorte venit] Lego *s. evenit*, sicut
etiam mox seq. n. 16. et xiii. 5. 8.

Bernec. Paulo post 'Leonato Minor
Phrygia evenit.' Et xiii. 5. 8. 'Cui
Græcia sorte evenerat.' Legend. igi-
tur f. et hic est *sorte evenit.* Vorst.
Vorst. mallet *evenit*, quia sic alibi
Noster: placet. *Schef.* Bernecc.
Vorst. Scheff. nobis volunt persuadere, libris omnibus adversantibus,
scribend. esse *s. evenit*, quia alibi sic
Just. loquatur. Sed nihil inde efficies.
Nam et aliter potuit loqui secutus
præstantissimorum scriptorum auctoritatem, quibus *venire* eleganter dicuntur bona, quæ aut heredes cernimus, aut sorte accipimus. Cic. pro
Cluent. 'Res mihi venit hereditate.'
Id. iii. Verr. 'Hereditas mihi venit
a patre.' Mart. 'Hereditatis tibi
trecenta venit.' Flor. ii. 20. 'Relic-
tæ regiis hereditatibus opes, et tota
insimul regna veniebant.' *Græv.*

§ 11 *Cui ad tradendam provinciam*]
In his verbis non est sensus idoneus.
Habuit quidem in Africa et Ægypto
potestatem Cleomenes, sed vectiga-
lium, non imperii. Alexandriam autem non ædificavit ipse, verum Dinocrates. Unde suspicor, deesse aliqua
in his verbis. *Schef.*

Cleomenes] 'Dinocrates' dicitur
Valerio M. i. 5. et Solin. 40. Cleomenes autem Africæ et Ægypti vectigalibus fuerat præpositus. Curt. iv.
8. 9. *Bong.*

§ 12 *Laumedon*] xv. 4. 3. 'Laudice'
pro, Laodice. Vett. Latinos 'Lau-
mento' pro, Laomedonte, dixisse,
docuit nos J. Scaliger in Festum,
quem vid. In Annal. Taciti xiv. 31.
quæ 'Boodicea,' ead. statim 'Boudicea' dicitur, in Vita Ag. 'Voadica,'
vitiose f. et ap. Petron. 'Laucoon'
pro, Laocoon. *Bong.*

*Ciliciam Philotas, Philo Illyrios ac-
cipiunt*] Legend. *Ciliciam Philotas cum
filio Illyrio accipiunt.* Fuit enim Phi-
lotæ filius, cujus mentio est ad huj.
lib. fin. *Glar.* Corrupta hæc sunt.
Lego ex mente Glareani *Philotas cum
filio Illyrio.* Vid. Var. Lect. Bon-

garsii. Ibid. pro *Atropatos* e Græcis lege *Acropatus*, ut visum aliis: pro *Scyno* Scaliger legebat *Cæno*. Fab.

§ 13 *Mediæ majori Acropatos, minori Alceta, Perdiccæ frater, præponitur*] Mihi hæc prorsus suspecta: pro *Mediæ* ego legerem *Armeniæ*. Ducis huj. nomen non memini me legere. Ceterum h. l. regiones in occasum numerat; paullo post, quæ in ortu sunt. Quare pro *Medis* hic *Armenios* dixi legendum : in seqq. vero *Medos* pro *Armeniis*, sub Phrataferne. *Syni* ducis nulla mentio in hac historia, quantum memini. *Glarean.* Legend. ex Arriani VII. *Atropates:* lib. VI. 'Ατροβάτης. Is Diodoro 'Ατράτης mendose pro 'Ατροτάτης. Diligenter hic l. comparandus est cum pr. lib. XVIII. Diodori. Vidend. et Curt. x. 10. et Applan. Συριακῇ. Bongars. Junt. *Atropatus*, quod propius accedit ad veram scriptionem. Legend. enim *Atropates* ex Arrian. ut bene monuit Bong. *Græv.* Vulgo editur *Acropatos*. Sed quia Arrian. 'Ατροβάτην, et Diod. 'Ατράτην, vel, ut Bong. emendand. putat, 'Ατροτάτην vocat ; et in quibusd. item Codd. Mss. uti Bong. testatur, est *Adtropatos;* itemque in typis expresso Juntarum, ut Græv. testatur, *Atropatus;* omnino *Atropatos* vel *Adtropatus* legend.·censeo. *Vor.*

Minori socer Perdiccæ præponitur] Freinsh. in Notis ad Curt. x. 10. 1. existimat τὸ *minori* plane expungend. esse ; quia Atropatos ille, de quo prædictum, ipse Perdiccæ socer fuerit, ut ex Arriani lib. VII. constare possit. Verum, quia in antiquioribus typis expressis pro *socer* est *Alceta frater*, τὸ *minori* non expungend. sed τὸ *socer* potius transponend. totusque locus legendus sic videtur : *Mediæ majori Atropatos socer, minori Alceta frater Perdiccæ præponitur.* Vor.

§ 14 *Scyno*] Auctore magno Scaligero Auimadv. Euseb. ad An. 1693. scribend. *Cæno.* Fuit autem iste *Cænus* Polemocratis fil. unus ex ducibus

Alexandri, Diod. XVII. 57. Arrian. v. Curt. IX. 3. Est purum nomen Macedonicum. Ita enim vocabatur et secundus a Carano, auctore stirpis regiæ Macedonum. Apparet vetustissimum mendum fuisse in Justino, quum in ejus descriptore Orosio III. 23. idem extet. Hæc ille. Videtur tamen aliud potius nomen reponendum, cum Cœnus ille prior Alexandro diem obierit. Curt. IX. 3. 32. *Bernec.* Junt. *Cyno.* Quod propius abest ab emendatione Scaligeri. Sed *Cyno* tuetur cl. Perizon. Animadv. Hist. 10. ubi ostendit scriptoribus posterioribus *æ* sæpe mutari in *y;* sic pro, Mœsia, scribi ' Mysia ;' pro, Ræmetalces,' inveniri ' Rymetalces;' pro, Pœticus, quod est Sulpitiæ gentis cognomen, ' Pyticus.' *Græv.*

Phrygia major] Omnino emendand. *Phrygia major Ant. Phil. filio assignatur, cum Lycia et Pamphylia: Cariam, &c.* ex Diod. Appian. Curt. Tὸ *cum* mutarunt in *Nearco,* cum uni tot regiones assignari ægre ferrent. Inverso inde ordine legerunt *Lyciam et Pamphyliam* Nearco. Et mihi quidem ita videtur. *Bong.*

§ 16 *Leonato, &c.*] Diod. Λεοννάτῳ τὴν ἐφ' Ἑλλησπόντῳ Φρυγίαν.

Cappadocia, &c.] Nep. Vit. Eumenis 2. ' Hoc tempore Eumeni data est Cappadocia, sive potius dicta.'

Eumeni] Vid. mox XIII. 6. 14. *Bern.*

§ 18 *Stipat. &c.*] Dexipp. ap. Syncell. p. 265. Κάσανδρος ὁ 'Αντιπάτρου σὺν τῷ πατρὶ τὴν 'Αριδαίου καὶ 'Αλεξάνδρου διοικεῖ βασιλείαν ἐν Μακεδονίᾳ καὶ Ἑλλάδος κρατεῖ.

§ 20 *Terras inter*] *Seras* edidit in Orosio Fabricius, quomodo habet e Mss. nostris unus: ceteri *Terras*, quod malo. Nam et urbs Taxila, cui imperabat Taxiles, s. Taxilus, ut eum Strabo vocat, inter Hydaspem et Indum sita est, Arrian. v. Strab. XV. et Taxili regnum suum relictum Diodorus XVII. 86. refert. *Bong.* Junt. quoque cum Ms. *Seres:* alii *Sed res:* f.

scripserit Just. *Sedes.* Ut superius
'Ad novas sedes quærendas:' et sic
frequenter in aliis locis. *Græv.*

§ 21 *Pithon*] Mediam ei datam,
Diod. XVIII. 39. et Curt. x. 10. 7.
auctores sunt. *Bong.*

*Parapomenos fines Caucasi montis
Axiarthes accepit*] Vid. num legend.
*Paropamisadas fines Caucasi montis
Oxyartes accepit, Daas et Arios Sata-
genos.* Sic enim lib. XLI. hic Auctor
hunc ducem nominat. *Scythæus* dux
ignotus. Mox cum inquit *Arthous Pelasgos,* utrumque nomen corruptum
puto: ut autem emendandum, hercle
nescio; destitutus exemplaribus illi-
benter gravo lectorem. *Glar.*

Parapammenos fines] Omnino legend. *Parapamisios, et fines Caucasi
montis, Oxyarches accepit.* Ex Dex-
ippo et Arrian. Statim post in Mss.
legitur *Cedrosique.* Recte: nam et
Græci non Γεδρώσσους tantum, sed et
Κεδρώσσους vocant. Steph. Κέδρωσοι
έθνος Περσικόν, &c. *Voss.* Junt. *Parapamisadas et fines.* Unde Voss. *Paropamisios.* Gronov. probat quod in
Ms. reperit Bongarsius, *et finem,* h. e.
qui in ultimo Caucasi fine degebant.
Græv. Optime Voss. *Paropamisios,
et fines Caucasi montis.* Pro *Extarches* vidit Bong. legend. *Oxyartes* ex .
Diod. unde hæc petenda et conferenda. Mox *Aracosii:* al. *Arachosii,* ut
Græci. Pro *Archos, Archon;* sed istos *Pelasgos* ubi terrarum ponemus?
In quibusd. Mss. est *Pellagas.* Opus
est Œdipo. *Fab.*

*Parapammenos fines Caucasi montis
Extarches accepit*] 'Parapammenos'
sane et XII. 5. 9. legitur. Sed putat
tamen Voss. legend. esse *Parapamisios.*
Et in Junt. uti Græv. testatur, est
Parapamisadas, quomodo Diod. Arrian. et Curt. eos vocant. Sed et
ipsum montis nomen 'Parapamisus'
in auctoribus istis apparet. Fuitque
mons idem qui et Caucasus appellatur, ut ex lib. v. Arriani apparet.
Et optime proinde congruit quod ap.

Nostr. sequitur, 'fines Caucasi montis;' vel addita copulativa, ut Junt.
habet, *et fines Caucasi montis.* Pro
Extarches Voss. legend. censet *Oxyarches;* credo quod a Diod. vocatur
'Oxyartes.' Et affine ei est quod in
antiquioribus typis expr. est *Axiar-
ches.* Vor.

Extarches] Όξυάρτης, Roxanis pater, habet Diod. XVIII. 3. *Bongars.*
Voss. *Oxyarches.* Diodoro convenientius foret *Oxiarthes.* Schef.

§ 22 *Aracossi*] Deerant hæc in impressis, quæ Mss. agnoscunt et Diod.
Plutarchus in Eumene ext. habet
Ἰσβυρίψ mendose, pro Σιβυρτίψ. Sed,
qui hic 'Statanor,' Diod. XVIII. 3. et
Arrian. VI. est Στασάνωρ. Quæ sequuntur, variant ab iis, quæ Diod.
scribit. Sed de istis plura ad Curt.
Bongars. Abr. Ortelius in Thes.
Geogr. pro *Aracossi* hic legend. censet *Arachosii,* suffragante Diod. XVIII.
3. Polyænus Strateg. IV. in Antigono n. 15. 'Sigyrtium' habet pro
Sibyrtio. *Bernec.* Junt. *Arachosii,* uti
legend. olim Ortelius statuit ex Diod.
Quod firmatur et a Polyæno. *Græv.*
Legend. sine dubio *Arachosii,* ut Cod.
Ms. quem Franc. Fabricius in Notis
in Oros. se vidisse testatur, et vetus
ed. Junt. teste Græv. habent. Sane
et Curt. 'Arachosios' appellat non
semel. At Arrian. Ἀραχωτούς. *Vorst.*
Legend. *Arachosii,* firmante Junt. et
Ms. Fabriciano, ut est ap. Diod. et
Polyæn. Vid. Græv. et Vorst. qui et
de ceteris consulendum suadet Frein-
shemium in Notis ad Curt. x. 10. 1.
Schef.

Stasanori] Editur vulgo *Statanori.*
Et mirum non mutasse Bongarsium,
aut Bernecc. cum scirent non modo
ceteros tam Latinos quam Græcos,
qui hac de re scripsere, 'Stasano-
rem' vocare, sed et vett. quosdam
typis expressos codd. sic habere, et
cod. item Ms. optimæ notæ, quem
habuit Franc. Fabricius. *Vorst.* Sane
Stasanor præ se fert Junt. *Græv.*

§ 23 *Bactrianos Amyntas sortitur*]
Adscribam, quomodo locum hunc le-
gend. censeat Freinsh. in Notis ad
Curt. x. 10. 1. *Bactrianos Amyntas
sortitur; Sogdianos Philippus; Stagnor
Parthos; Hyrcanos Phratafernes; Ar-
menios Tlepolemus: Persas Peucestes;
Babylonios Archon Pellæus; Arcesilaus
Mesopotamiam.* Causæ vero huj. lect.
ex ipsius ejus Notis cognoscantur.
Vor.

Sogdianos Scythæus, &c.] Ms. Voss.
1. *Sordianus sulceos stagnos parcos.*
Alter *Socdianos sulceos stagnos parthos.* Leg. *Sogdianos Solius Stasanor,
Parthos, &c.* Hanc lect. confirmat
Diod. XVIII. p. 648. Τὴν Βακτριανὴν
καὶ Σογδιανὴν Στασάνορι τῷ Σολίῳ, &c.
Et Phot. Biblioth. LXXXII. ex Dexip-
po, Στασάνωρ ὁ Σόλιος. Ceterum paulo post Palmer. in Exercit. p. 139.
ex Arrian. et Diod. legit *Phrata-
phernes Armenios, Tlepolemus Carmanos, Persas Peucestes, Babylonios Archon Pellæus.* Gron.

Tlepolemus Persas] Junt. *Neoptolemus Persas: cap. 6. huj. lib. ' Adju-
tores ei dantur eum exercitibus frater
Perdiccæ Alcetas, et Neoptolemus.'
Græv.* Antiquiores typis expr. inque
his Juntinus, uti Græv. testatur,
Neoptolemum vocant. Neque aliter
in cod. aliquo Ms. est, quem Bong.
vidit. *Vor.*

Archos] Diod. XVIII. 3. Ἀρχών. Et
pro *Arcesilaus,* quod et Diod. et Vett.
uno excepto omnes agnoscunt, Fabricius in Orosio legit *Arcelaus.* Bongars.
Ms. *Archous.* Junt. *Arthous:* et pro *Arcesilaus,* iid. *Arcelaus,* ut Fabricius ad
Oros. *Græv.* Pro *Archos,* non dubito
legend. esse *Archon,* ut est ap. Diod.
Sed et pro *Pelæus* legend. esse *Pellæus,* uti vult Freinsh. perquam verisimile id. reddidit in Notis ad prædictum locum Curtii. *Vor.*

§ 24 *Hæc divisio*] F. legend. *hac
divisione.* Gron.

Incrementorum materia] Miror vett.
omnes pro *materia* habere *memoria.*

' *Præfecturas* ' vocat Satrapias. Σατ-
ράπης Persis, Latinis ' præfectus'
dicitur. *Bong.*

CAP. v. § 1 *Athenienses et Ætoli*]
Lamiacum bellum, de quo Diod. XVII.
87. et XVIII. 8. et Strab. IX. Meminit et Plut. in Pyrrho cap. 1. et 10.
et in Demosth. 38. et Pausanias Atticis. Ita appellatum, quod ad La-
miam, in quam se receperat Antipater, gestum sit. Justinus, aut memoria lapsus aut alios sequutus auctores, ' Heracleam ' pro Lamia vocat.
Bong.

§ 2 *Epistolas*] Quarum exemplum
est in Diod. XVIII. 8. *Bern.*

Præter cædis damnati] Ita Sall. Cat.
' præter ' pro, nisi. *Fab.* Antiquiores
typis expr. *damnatos.* Sed mutavit
Bongarsius; credo, quod in Mss. aliter reperiret. Ita vero ' præter ' non
pro præpositione, sed pro adverbio
habendum, et pro, præterquam, positum fuerit. *Vor.* Mss. habent *damnatis,* quæ lect. f. videri potest vera,
hicque reponenda. Locus certe Sallustii, qui affertur a Freinsh. pro
lect. vulgata, eam nihil juvat, quoniam et ipse in nonnullis corruptus.
Optimæ edd. ita habent: ' Cæteræ
multitudini diem statuit, ante quam
liceret sine fraude ab armis discedere, præter rerum capitalium condemnatis.' Quia tamen in his verbis
Sallustii τὸ ' condemnatis ' regitur a
verbo ' liceret,' non a ' præter,' quod,
cum sit adverbium, casum regit nullum; ap. Nostr. vero verbum est
' restituebantur;' itaque aut in respectu illius servanda lect. vulg.
quoniam primum casum postulat, aut
facta præpositione ex adverbio legend. non *damnatis,* sed *damnatos,*
quod. et vett. impressi quidam habent. *Schef.* Nullum plane discrimen inter Sallustii et Justini locutionem. Nam ' condemnatis ' ibi neque
pendet a ' præter,' ut hic ' damnati.'
Si licet dicere: Nulli licet hoc facere præter condemnato: licet uti-

que et dicere : ' Omnes restituuntur præter damnati.' Ead. est ratio. Nimirum ' præter' ponitur nonnunquam pro, præterquam, ut cap. seq. ' Ut nihil hostis victor suarum rerum præter incendii spectaculo frueretur.' *Græv.*

Cædis damnati] Et ἱερόσυλοι. Diod. *Bong.*

§ 8 *Heracleæ urbis*] Cum multæ sint Heracleæ, ne uno quidem verbo huj. urbis locum indicat. Ego quidem credo eum loqui de ea Heraclea, quæ ad Œtæ montis radices est, non ita longe a Thermopylis, quam oppido eleganter describit Liv. vi. dec. iv. Et, nisi fallor, eam Ptolemæus Phthiotidis Heracleam facit. Eand. M. Attilius Glabrio e manibus Ætolorum ceperat olim, post 136. annos, aut circiter. *Glar.*

Heracleæ] Imo Lamiæ, quæ Thessaliæ urbs est. *Bern.*

§ 9 *Harpalo*] Mss. *Harpago.* Librarios in errorem induxit Astyagis Harpagus, de quo i. 4. 6. De hoc leg. sup. notatos: et emenda Eusebii Chronicum, in quo legitur ' Harpalus fugit in Asiam;' scribe *ex Asia.* De Demosthenis exsilio vidend. Plut. in Vit. 36. et Paus. in Corinth. *Bong.*

Quod civitatem] Legend. *quo*, h. e. ut. Causam enim largitionis Auctor exponit. *Freinsh.* Vix dubitand. quin cum Freinsh. legend. sit *quo:* ut notetur finis propter quem aurum receperit ab Harpalo. *Verst.* Mallet Freinsh. legere *quo.* Sed f. nil mutand. Terent. in Phorm. v. 8. ' Vin' primum hodie facere, quod ego gaudeam, Nausistrata, Et quod tuo viro oculi doleant?' Hic *facere, quod* est, facere id, ob quod: quomodo et ap. Nostr. ' auri, quod' est, auri ejus, ob quod. Add. Scioppii et Marianguli Auct. ad Sanct. p. m. 45. *Schef.*

§ 12 *Telo*] ' Telum' pro lapide h. l. usurpat Auctor more JCtorum. Vid. L. 33. § 2. D. de Verb. Signif. et Institut. iv. tit. 18. § 2. Suid. Λεωσθέ-

νης στρατηγὸς τῶν 'Αθηναίων. Οὗτος ἐν τῷ πρὸς Μακεδόνας πολέμῳ προθυμίᾳ χρησάμενος τοῦ καιροῦ προθυμοτέρᾳ, καὶ τῇ παραπεσούσῃ εὐπραξίᾳ (Ms. Leid. εὐπραγίᾳ) κατὰ τῶν πολεμίων ἐπεξιὼν, τήν τε ἐμβολὴν ἀφειδῆ ποιεῖται, καὶ λίθῳ πληγεὶς κατὰ τὴν κεφαλὴν ἀφυλάκτως ἐπὶ τῆς παρατάξεως πίπτει. Diod. XVIII. 13. 'Ο μὲν Λεωσθένης παραβοηθῶν τοῖς ἰδίοις, καὶ πληγεὶς εἰς τὴν κεφαλὴν λίθῳ, παραχρῆμα ἔπεσε, καὶ λειποψυχήσας εἰς τὴν παρεμβολὴν ἀπεκομίσθη. Τῇ τρίτῃ δὲ ἡμέρᾳ τελευτήσαντος αὐτοῦ καὶ ταφέντος ἡρωϊκῶς, διὰ τὴν ἐν τῷ πολέμῳ δόξαν, ὁ μὲν δῆμος τῶν 'Αθηναίων τὸν ἐπιτάφιον ἔπαινον εἰπεῖν προσέταξεν 'Υπερείδῃ τῷ πρωτεύοντι τῶν ῥητόρων τῇ τοῦ λόγου δεινότητι καὶ τῇ κατὰ τῶν Μακεδόνων ἀλλοτριότητι.

§ 14 *Equestri prælio*] Ducibus Antiphilo et Menone Thessalo. Plut. in Phocion. 33. Diod. XVIII. 15. *Bong.*

CAP. VI. § 1 *Ariarathi*] Regnabat is in Cappadocia: Diod. XVIII. 16. Plut. in Eumene 7. Erat enim Cappadocia Eumeni dicta, non data. Probus. Quæ hic de Cappadocibus narrantur, ea Diod. XVIII. 22. de Isauriis refert: a quo et eorum, quæ sequuntur, plenior narratio petenda est. *Bongars.* Angl. una voce auctius, *bello innexio Ariarathi.* *Schef.* Just. confundit hic bellum Cappadocium cum Isaurico. Hoc enim Isauricum fuit, ut constat ex Diod. XVIII. 22. *Innexio* Justino quoque legitur. *Græv.*

§ 2 *Quippe hostes, &c.*] Non absimilia desperatæ rabiei huj. et inhumanæ necessitatis exempla referunt Xen. iv. Exp. Cyri, de Taochoris: Polyb. XVI. 16. de Abydenis: Liv. XLI. 11. 4. de Istris: Plut. Bruto 46. de Xanthiis in Lycia: Appian. in Illyric. de Metulliis: Liv. XXI. 14. de Saguntinis: et XXVIII. 22. de Astapensibus: Flor. II. 15. 28. de Carthaginiensibus: et II. 18. 26. de Numantinis. Judæos quoque templum

Hierosol. et flagrantem urbem laetis vultibus adspexisse, quod ita nihil essent hostibus relicturi, scribit Joseph. VI. B. Jud. 38. *Bern.*

Copiis] H. e. annona s. commeatu. Tac. XV. 16. ' Parthi inopes copiarum.' Et G. 30. ' Catti militem supra arma ferramentis quoque et copiis onerant.' Caes. II. B. G. 10. ' Domesticis copiis rei frumentariae uti.' *Bern.*

§ 3 *Eodem congestis etiam servitiis et semet ipsos praecipitant*] Elegantius et rotundius Junt. *serv. semet ipsi praec.* Sic malunt Vett. loqui, quam, quod vulgo nunc placet, *semet ipsos.* Bene quoque Junt. XVI. 4. ' Proinde consulant sibi ipsi.' Ubi vulgati libri *sibi ipsis.* Graev.

Eodem congestis etiam servitiis] Hoc non intelligo. Quid enim hic *congerere servitia?* num servos et mancipia eo modo, ut aliam suppellectilem, gestare, ac in ignem conjicere potuerunt? At quomodo fieri hoc potuit? In quibusd. impressis pro *servitiis* legitur *opibus.* Num scribend. *Eod. cong. etiam opibus, servitia et semet ipsos praecipitant?* Nam ' copiae,' de quibus praecedit, annonam significant. *Schef.*

Spectaculo frueretur] Plerique Mss. mei, ut etiam in uno exstare profitetur Bong. *spectaculum*, ut IX. 7. 12. de Olympiade dixit, si Mss. credimus, ' Ultionem potita:' et XII. 7. 10. ' Regnum Indorum potitus.' Vid. notas Bongarsii ad I. 2. 10. *Mod.* Modius plerosque Mss. suos dicit habere *spectaculum:* ut etiam in uno profitetur extare Bong. et congruit praecedenti ' nihil.' *Bernec.* Quia codd. quidam Mss. ut Bong. et Modius testantur, habent *spectaculum;* et alia quarti casus vox antecedit; puto *spectaculum* et legend. esse. Neque vero ista verbi *frui* cum casu quarto constructio sine exemplo est. Plaut. Asin. ' Fruitur hanc alternas noctes.' Et verbum similis construc-

tionis ' vesci ' ipse Noster XLIV. 4. 11. cum casu quarto construit. Sed et propter τὸ ' praeter,' nisi pro adverbio habendum hoc sit, sic ut dixi legi possit. *Ver.*

§ 4 *Auctoritatem regiam*] Vid. notam ad I. 10. 14. *Bern.*

§ 10 *Alienatis rebus*] I. e. mutato priori rerum statu, inquiunt. Verum ego vellem exemplum similis locutionis videre ap. alium aliquem probatum scriptorem. Suspicor scripsisse potius Just. *alienatis reliquis;* scriptioni vulgatae autem praebuisse occasionem compendium, quo vocabulum *reliquis* fuit notatum. *Schef. Alienatis rebus* est, remotis omnibus aliis curis et negotiis, pro quo Terent. dixit *relictis rebus,* Andr. ' Herus operam rebus relictis dari jussit.' Sic Just. XVIII. 3. ' Cum velut occisos alienasset,' h. e. removisset e medio. *Graev.*

§ 14 *Paphlagonia, et Caria, et Lycia, et Phrygia*] Ex his nominibus duo in accusandi casu legenda sunt, reliqua tria nominandi casu, expuncta conjunctione *et* ante ' Caria.' Ut totus contextus ita legatur: *Eumeni praeter provincias, quas acceperat, Paphlagoniam ac Cappadociam, Caria, Lycia, et Phrygia adjiciuntur.* Nam superius ipse Just. dixit, ' Cappadocia cum Paphlagonia Eumeni datur.' Pro *Phrygia* tamen *Pamphylia* malim. *Glar.*

§ 15 *Frater, &c.*] Ἀλέκτας ὑποστρατηγὸς Ἀλεξάνδρου.

§ 17 *Discurrentibus ducibus*] Etiam hoc suspectum mihi est, mallemque *distrahentibus.* Ita Tac. IV. 40. ' Si matrimonium Liviae, velut in partes, domum Caesarum distraxisset:' et I. 4. ' Qui rempublicam interim premant, quandoque distrahant. *Schef.*

§ 19 *Aegyptios insigni*] Τοῖς μὲν ἐγχωρίοις φιλανθρώπως προσεφέρετο, &c. συνέτρεχε δὲ καὶ φίλων πλῆθος πρὸς αὐτὸν διὰ τὴν ἐπιείκειαν. Diod. XVIII. 14. ap. quem leg. qua ratione Cyrenem acquisierit Ptolemaeus. *Bong.*

§ 20 *Non tam timeret, &c.*] Liv. II.
12. 8. ' Metuendus magis quam metuens.' *Bern.*
CAP. VII. § 1 *Cyrene autem condita*]
Vid. Herod. IV. 150. Paus. Laconicis et Phocicis, Strab. I. et XVII.
Excerpta ex Heraclide περὶ Πολιτειῶν,
Ammian. XXII. 40. Callimachi Hym-
nos, Eusebium, Solin. 30. Sail. Jug.
19. 4. et Pindar. IV. Pyth. *Bongars.*
Add. Steph. de Urb. Eustath. in
Dionys. p. 32. b. et maxime Diod.
IV. 63. *Bernec.* Dionys. Perieg. 214.
Κυρήνη τ᾽ εὔιππος, Ἀμυκλαίων γένος ἀνδρῶν. Eustath. Ἀποικία δέ ἐστιν ἡ Κυρήνη νησιωτῶν Θηβαίων (leg. Θηρ.) τῶν
ἐκ Λακεδαίμονος ἀπέκαθεν μετοικησάντων·
ὁ Θήρας γὰρ ἐκεῖνος ὁ στείλας (leg. ἡ
Θήρα γὰρ ἐκείνη ἡ στείλασα) εἰς αὐτὴν
ἀποικίαν Λάκων (leg. Λακωνική) ἔνωθεν
ἦν, ὡς καὶ Πίνδαρος. Respicit ad
Pythia v. 99. Τὸ δ᾽ ἐ-Μὲν γαρδοιτ᾽
ἀπὸ Σπάρ-Τας ἐπήρατον κλέος· Ὅθεν γε-
γεννμάνοι Ἵκοντο Θήρωνδε φῶ-Τες Αἰ-
γεῖδαι. Strab. X. p. 484. Θήρα ἡ τῶν
Κυρηναίων μητρόπολις, ἄποικος Λακεδαιμονίων: et XVII. p. 837. Ἔστι δὲ [ἡ
Κυρήνη] Θηραίων κτίσμα, Λακωνικῆς νή-
σου.

Aristæo] Hic a Callimacho Hymno
in Apollinem ' Aristoteles ' dicitur, et
ab Heraclide, et in Mss. Eusebii libris. *Bongars.* Etiam a Schol. Apollonii ad IV. 1750. *Bernec.* Legend.
*Aristotele,*monentibus Bong. Bochart.
Græv. et aliis. *Schef.*

Battos] Mss. *Bactos,* ut XIII. 6. 1.
' Ariaractes,' et XV. 4. 13. ' Sandrococtus.' Duplex *t* in *et* frequens in
vernacula Italorum lingua mutatio.
Bongars. Non est tamen credibile,
Italismum in hoc quidem nomine
committi. Nam et Græcis auctoribus Cyrenarum iste conditor *Βάττος*
dicitur. Ovid. in Ibin *Blæsum* interpretatur, disticho 270. ' Conditor ut
tarde Blæsus cognomine Cyrrhæ.'
Sic enim Paulus Leopard. Emend.
III. 11. versum correxit, pro quo
vulgares edd. *Cognitor ut tarde læsus
cognomine Myrrhæ.* Bernec. Non vi-

deo cur Græcam terminationem retineat, cum paullo post recte ' Battus' scribatur. Vera est lect. Juntinæ, in qua habetur *cui nomen Batto*
fuit. Vid. quæ notavi ad XXIX. 1.
Græv.

§ 2 *Cirnus*] Herod. IV. 150. transpositis litteris Γρίνος. Facit autem
non regis, sed Polymnesti, filium
Battum IV. 155. *Bongars.* Ut et
Pindar. IV. Pyth. *Bernec.* Legend.
puto *Crinus,* propterea quod Herod.
IV. Γρίνος appellat. *Vor.*

Theramenis] Nomen huj. insulæ ceteris omnibus est ' Thera,' Spartanorum colonia : quo omnium auctorum
consensu moveor, ut pro *Theramenis*
legam *Thera:* unde negligentes librarii primum fecerunt *Theræ,* inde
Therame, tandem *Theramenis.* Bongars. Et Ortelius Thes. Geogr. in
Thera. Meminit Auctor iterum XXX.
4. 1. *Bernec.* Vidit Bong. et Ortel.
legend. *Theræ insula.* Quod ipsum
extat in Junt. ut nullus in posterum
scrupulus sit ulli relictus. Pro *Cir-*
nus vero legend. esse *Grinus,* qui tamen non ejus pater, sed cognatus
fuit, et, pro *Aristæo, Aristotele,* ostenderunt viri doctiss. Bong. in notis
ad h. l. Bochart. in Geogr. Sacra, et
Jonsius de Scriptoribus Historiæ
Philosoph. *Græv. Theræ insulæ,* lectio ab omnibus probata et recepta.
Mox *Cirnus* pro *Grinus* positum. Dein *Speo* pro *Hypseo* Vossius, et ita
edit. quædam vett. Sed vid. omnino
Schol. Callimachi. *Faber.* Pro *Theræ*
editur vulgo *Theramenis.* Verum, quia
Theramenis, ut nomen insulæ (nam ut
viri nomen satis notum est) per se
ineptum est; *Thera* vero, ut Bongarsius fatetur, vett. quidam typis
expr. interque hos teste Græv. Juntinus habet, et ceteri item omnes
' Theram ' eam insulam vocant; cum
Bong. atque Gron. ita et legend.
censeo. *Vorst. Thera* edidit Vorst.
volentibus Ortel. Bong. Græv. et
aliis. *Schef.*

Cyrenen] Glossa est : nomen enim

urbis non ab oraculo, sed a monte Cyra, aut fabula illa, originem habuit. Hæc Sebis. *Bernec.* Istud *Cyrenen* glossa est, ut acute vidit Sebisius; non enim ab oraculo nomen urbi impositum est; sed a monte Cyra, aut a fabula Cyrenes puellæ. Jussus itaque est Battus urbem condere in Africa; hoc tantum; de nomine, nihil respondet oraculum. *Fab.*

§ 3 *Propter similitudinem Theramenis insulæ*] Nihil dicam de varia huj. s. fabulæ s. historiæ traditione, ut videre est ap. Herod. IV. et Strab. ult. Certe hunc l. corruptum puto, nec, quo pacto emendetur, facile dixerim. Boccatius Florentinus lib. v. Geneal. Deorum cap. 13. legit *propter solitudinem Coramis insulæ*, non minus in obscuro manente sensu. 'Theramenis insulæ' rursus ap. hunc Auctorem mentio est lib. XXX. ubi de terræ motu in mari facto. At eo in loco ex Strab. et Plin. *Thera* legend. non *Theramene.* Nos lectorem duntaxat admonitum volumus, si vel ap. Græcos vel Latinos aliquid invenerit, quod hunc l. juvare queat, diligenter consideret. *Glar.*

§ 4 *Velut contumaces*] Similia Liv. II. 36. *Bern.*

Quorum, &c.] Saxo XVI. p. 376. 27. ' Quarum [navium] insignis paucitas,' &c.

§ 5 *Cyram*] Non ignoro nonnullos casus accusandi huj. inflexionis sic formari, ut ostendi ad Suet. Sed hic sequor jure Juntinam, quæ *Cyram* scribit, ut et statim *fontium ubertatem.* *Græv.*

Fontium ubertatem] Angl. similiter. Observat tamen Notator in Ms. uno legi *uberem copiam.* An scribend. *fontium uberem copiam?* *Schef.*

§ 7 *Ab Apolline raptam*] Vid. Callimach. et ejus Schol. *Bong.*

Quatuor pueros peperisse, Nomium, Aristæum, Authocum, Argæum] Aliter Pindar. IX. Pyth. et Diod. IV. 83. Qui Cyrenes filium unum referunt

Aristæum: Nomium vero et Agrium (ita enim legend. non *Argæum*, ut hic) Aristæi cognomina faciunt, ideo sic dicti, quod venationi et pascendo pecori esset addictus. Nam ἀγρεὺς est *venator*, et νόμιος a νέμειν, *pascere*, dicitur. *Bern.*

Aristæum] Cujus Sallustium mentionem fecisse indicat Servius in Virgil. I. G. Quare ap. Probum Catholicis Sallustii fragmentum ita leg. arbitror: *Apollinis F.* (i. e. *filius*; vulgo *filia*) *et Cyrenes*; ut Aristæum intelligat. *Bong.*

§ 8 *A patre Speo*] E Diod. IV. et Apollonii Schol. patebit legend. esse *Hypseo*, non *Speo*. Apum quoque et mellis usum invenisse, testatur id. Scholiastes. Videsis etiam Heraclidem Ponticum in Ceorum Republica. *Voss. Junt. Hypseo.* Et sic legend. esse ex Diod. et Apollonii Scholiaste pridem observavit Isaac. Voss. *Græv.* Mirum quod Bong. maluit *Speo*, cum sciret antiquiores typis expr. Junt. Bech. aliosque habere *Hypseo*, ut a Diod. et Scholiaste Apollonii is vocatur. Si maxime in codd. Mss. repererit *Speo*, non video tamen cur istos codd. hic debuerit sequi. Siquidem vett. illi typis expr. qui aliter habent, codd. Mss. utique referunt. Notum quoque, quam codd. Mss. in manifestis mendis non raro congruant. Quæ etiam causa fuit, quod non paucis locis ipse Bong. non codicum Mss. sed typis expressorum auctoritatem secutus est. *Vor.*

§ 9 *Recepisse*] Ita Mss. referente in Var. Lect. et probante Bong. Sed editi *cepisse.* *Bern.*

§ 10 *Aristæum in Arcadia*] Virgil. G. IV. 283. 'Arcadici memoranda inventa magistri.' Hic ob tot merita generi humano præstita in numerum Deorum receptus est: quem proinde Virgil. inter ceteros invocat, G. I. 14. Ceterum auctorem colligendi mellis alium, Gargorem Curetum regem, ipse Just. XLIV. 4. 2. refert.

De inventis Aristæi Paus. x. 4. 59.
m. Add. Plin. xiv. 4. 10. *Bern.*
Lactis ad coagula] Acidal. ad Vell.
ii. 130. 8. rescribit *lactis adeo coagula:*
quod verius, dubitare nemo potest,
qui et sensum et litteras intentius
aspicit. *Bern.* Ms. *ac coaguli*, male;
eum enim docuisse lactis usum non
dicit Justinus, quippe esset falsum et
contra omnem antiquitatem: sed ostendisse hominibus, qua arte coagulum ex lacte confici conformarique
posset. Addere et hoc visum est ad
superiora. Non docuit usum lactis,
non docuit usum mellis; nam Jupiter, pater ille hominumque Deum-
que, melle nutritus est ac lacte; sic
enim Theologi, i. e. Poëtæ Græcorum, canunt; ergo aliud docuit Aris-
tæus, sc. coagulum fieri ex mixtura, s.
ut Græci vocant, eramate mellis et
lactis. Hunc l. a nemine hactenus
intellectum arbitror. *Faber.* Emendant, *et lactis adeo coagula.* Sed par-
ticulæ *adeo* hic locus vix conveniens
videtur, s. per, etiam, s. alio modo
explices. In Mss. est *ac coaguli*, in
editis quibusd. *et coaguli*, quare arbitror Just. scripsisse *ut lactis et
coaguli.* Subandiend. autem, usum
tradidisse. *Schef.* Olei quoque usum
reperisse Aristæum auctor est Aristot. ap. Schol. Theocriti ad Idyll. v.
53. ubi narrat nymphas nutriisse
Aristæum, et docuisse olei et mellis
colligendi usum, Aristotele teste.
Ceterum pro *lactis ad coagula* scribitur
in Junt. *lactis coagulandi*, quod longius
recedit a vestigiis ceterorum libr.
quos sequuntur merito editores. *Lactis usus ad coagula* est, ratio lactis
coagulandi, et ex coagulo cuteos pre-
mendi. Nam butyrum veteribus Græcis et Romanis fuit ignotum, ut constat ex scriptoribus Rei Rusticæ, qui
illius conficiendi nullam faciunt mentionem, et vetustissimis Græcorum
scriptoribus, qui Scythas lac hac ratione coagulare tradunt, et, quod
ejus nomen ignorabant, butyrum vo-

cant ἔλαιον γάλακτος, *oleum lactis*, de
quo alibi plura. *Græv.*
Solstitialesque ortus sideris, &c.] Atqui nusquam mihi lectum est, solstitia invenisse Aristæum. Quod si
esset, ne sic quidem ita recte ex-
primeretur. Solstitia enim invenisse
ac primum observasse diceretur.
Aristæum reperio primum observasse
ortus sirii s. caniculæ, et Ceos docuisse, ad ejus ortum attendentes, ei
sacrificare. De hoc inter omnes convenit. Ut id. narretur a Justino,
puto in eo corrigend. *et solstitialis ortus sideris.* Per *solstitiale sidus* putem
intelligi sirium, quia non longe post
solstitium oritur: et 'solstitium'
Vett. non pro puncto ipso quo committitur, interdum acceperunt: sed
et totum mensem ei tempori dede-
runt. Poterat etiam legi *solstitiales
ortus sirii.* Salm.
Sideris] H. e. solis, ἰξαμβρυος: quo
significatu Plin. Paneg. 29. 'Quod
terra genuit, quod sidus aluit, quod
annus tulit.' Et 80. 'Velocissimi sideris more, omnia invisere,' &c. Add.
Lips. ii. Physiol. Stoic. Diss. 12.
Bern. Salmas. olim Grotio dixit existimare se scriptum a Just. fuisse
solstitialisque ortus sideris, et per *sidus
solstitiale* intelligi Sirium, qui non
longe post se solstitium oritur; itaque
et posse legi etiam *Sirii* pro *sideris.*
Fab.

§ 11 *Quibus auditis, Battus, virginis
nomine ex responsis agnito, urbem Cyrenen condidit*] Hunc vero l. esse corruptum nemo usque adhuc suspicatus
fuit, et sic est tamen. Primum, illud
falsum, Battum puellæ nomen ex
responsis cognovisse; idque satis ostendunt hæc verba, 'Quibus auditis.'
Ergo hæc vetus fama in ore Afrorum
erat. Dein apertissime 'dixit Just.
'Cum venissent in Africam,' &c. 'opinionem veteris fabulæ accipiunt;'
(quænam illa fabula erat?) 'Cyrenen
eximiæ pulcritudinis virginem,' &c.
Itaque error h. in l. sit necesse est;

at non ille quidem Justini, sed eorum qui, cum sensum Scriptoris minus intelligerent, et mancam ac mu-
tilam esse sententiam existimarent,
hanc vocem, *agnite*, necessariam esse
putarunt, illamque bellissime addiderunt; quæ tamen hinc prorsus de-
turbanda est, et locus sic legendus,
sic explicandus: *Battus virginis nomine ex responsis urbem Cyrenen condidit*. Condidit urbem ex responsis, i. e.
ut oraculum jusserat, urbem exstruxit; neque hoc melius et magis Latine
possis dicere, *ex responsis*, ut ' ex
senatus consulto,' ' ex sententia se-
num,' et alia id genus ap. bonos
scriptores. Urbem autem illam condidit, sed quo, aut cujus nomine?
Virginis nomine. Illud itaque *agnite*
funditus delend. est. *Faber*. Faber
delet vocem *agnite*. Suspicor in illo
esse mendum, et pro eo scribend.
aliud quid, quod nunc non occurrit.
Schef.

Battus] Cujus posteri per 200. annos ibi regnum tenuerunt, quod semper a patre descendit ad filium, sic
tamen ut Batti et Arcesilai alternis
dicerentur. Vid. Vales. ad Excerpta
Peiresc. Diodori p. 40. *Gron*.

CAP. VIII. § 2 *Odium arrogantiæ*]
Cic. Divin. in Cæcil. 18. ' Omnis arrogantia odiosa est;' in tantum quidem, ut ea unica ' contubernalis' sit
' solitudinis,' (ἡ αὐθάδεια ἐρημία ξύνοι-
κος,) ut cum Platone censet Imp. Ma-
nuel Præcepto educat. reg. 52. Pulchre Latinus Pacatus Paneg. 20. m.
Ap. Thucyd. I. 22. 18. nostro simili-
mum est exemplum Pausaniæ, cujus
arrogantia socii Spartanorum offensi,
plerique ad Athenienses transierunt.
De Prisco item Enagrius VI. Eccles.
Hist. 4. *Bern*. In Mss. legitur *odium
et arrogantia*, unde adducor ut lect.
veram ap. Just. putem esse *odium ex
arrogantia*. *Schef*.

Gregatim profugiebant] Leg. *certatim*, non *gregatim*. Sic XI. 6. 14.

' Cert. ad Seleucum deficiunt :' XXII.
8. ' Cert. ei se tradunt.' Sic optimi
quique loquuntur. *Fab*.

§ 3 *Prodere partium exercitum voluit*] Nob. Peyrared. legebat *partem
exercitus*, idque a seqq. confirmari
aiebat. Judicet lector. *Voss*.

§ 5 *Polyperchonta*] `Imo *Crateron*.
Vid. mox notam ad n. 7. *Bern*.

Mansionibus] G. Major in ed. Colon. *transitionibus* mallet : non bene.
'Mansiones' Plinio XII. 14. Suet.
Tit. 10. 3. Lamprid. in Alex. Sev. 48.
&c. sunt habitationes, ad quas viato-
res intervenu noctis se recipiunt.
Σταθμοὺς τῆς ὁδοιπορίας appellat Herodian. in fine lib. II. Außzlpann,
Nachtlager. Hinc ' mansionariæ '
ap. Hincmarum, qui Græcobarbare
ὁδιπρευομενὸς, quasi τὰς μονὰς, h. e.
mansiones dirigens, nobis ein Führer,
metator. Sunt qui has ætate posteriori *mutationes* (ἀλλαγὰς) dictas putant. Sed differunt, quod isthic quiescitur et pernoctatur : hic equi aut
jumenta mutantur, ut ostendit V. C.
Casp. Barthius Advers. XLV. 5. pr.
Ead. est hæc phrasis Auctoris cum
istis Liv. XXVIII. 19. 5. ' Quintis castris ad Illiturgim pervenit.' Curt.
IV. 9. 24. ' Undecimis castris pervenit ad Euphratem.' Lucan. V. 374.
' Decimis castris.' *Id*.

§ 6 *Sed res Eumenen non latuit*]
Nescio an præferri debeat, quod in
Ms. reperitur, *Eumeni*. Vid. Voss.
de Constr. 35. *Schef*. Sane, si ceteri
libri consentirent, aut hic ceteris esset vetustior, *Eumeni* præferend. esset *Eumenem*. Sicut enim Latine dicitur : Hæc res patet mihi, sic et :
Hæc res latet mihi. Et sic Tullius
et optimi quique sunt locuti. Cum
vero legitur ' hæc res latet me,' est
Græciamus : τοῦτο λανθάνει με. *Grav*.

*Securis in itinere, et pervigilio noctis
fatigatis occursum est*] Hic quoque
maculam eluendam habeo. Leg. *securis iis, et itinere et pervigilio noctis*

fatigatis, occursum est. Faber; Ratio orationis postulat qnid tale. Mallem *iis securis in itinere.* Schef.

Et pervigilio noctis] Est ex impressis, qui habent *et pervigilia.* Unde cogitand. num legend. fuerit *et per vigilia.* Nam Vett. 'vigilium' dixere. Unde 'pervigilium,' quod occurrit sæpe. *Id.*

§ 7 *In eo prælio Polyperchon occiditur*] H. l. Polyperchon occiditur; seq. vero libro Macedoniam redire scribitur. Nisi igitur sit hysteron proteron, quo pacto locus excusari queat, nescio. Ad fin. autem huj. lib. Eumenes hostis declaratur cum tribus hisce, Phytone, Illyrio, et Alceta fratre Perdiccæ, idem postquam Perdicca ab exercitu cæsus est; Argyraspides enim occiderant eum, ut Eumenes seq. lib. ipsis exprobrat. Distinguend. igitur est post 'exercitum,' et totus locus ita legendus est: *Ad postremum tamen, Perdicca occiso ab exercitu, hostis cum Phytone, Illyrio, ac Alceta fratre Perdiccæ appellatur* (sc. Eumenes), *bellumque adversus eos Antigono decernitur.* Glar.

Polyperchon] *Crateros* legend. esse, præterquam ex Diod. XVIII. 30. Plut. in Eumene c. 9. et Probo in Eumene, etiam ex XIV. 5. 1. constat : ' Ut Polyperchonta a Græcia redire in Macedoniam cognovit:' non igitur hoc prælio ceciderat, quamvis eand. illam lect. sequutus sit Oros. III. 23. *Bongars.* 'Craterum' etiam huj. libri

Prologus habet: quo minus est de hac emendatione dubitand. *Bernecer.* Ipsum Trogum non de *Polyperchonte,* sed de *Cratero* tunc occiso scripsisse ex vetere Prologo huj. lib. scire licet. Habet enim sic, 'Bellum quo Eumenes Neptolemum et Craterum occidit.' Vix tamen adducor ut credam in ipso Just. mendum esse, et pro *Polyperchon* legend. esse *Craterus.* Video enim *Polyperchontis* nomen et antecedere, atque ita in cap. hoc bis apparere; et Orosium quôque, qui, ut notum, Justinum exscripsit, non aliter habere. Fuerit igitur lapsus memoriæ, et quidem crassior. Proxime enim seq. libri c. 5. de Polyperchonte tanquam adhuc vivo scribit;· eum videl. a Græcia rediisse in Macedoniam. *Vor.*

§ 10 *Perdicca occiso*] De huj. morte dissentientes opiniones Diodori XVIII. 36. et Probi in Eumene, vid. ap. ipsos Auctores. Vid. et Paus. Atticis, et Oros. III. 23. *Bong.*

Phitone et Illyrio] Horum non meminit Diod. Plut. vero et Appian. in Syriaca Hist. Eumenem solum commemorat. 'Phiton' is est, qui XIII. 4. 21. 'Pithon,' Diod. XIX. 95. Πίθων. *Bong.*

Pithone] Ita scribend. non *Phitone,* aut *Phytone,* ut vulgo editur. Legitur ita et XIII. 4. 21. nec non et ap. Curt. X. 10. 7. Et Diodoro item XIX. 95. est Πίθων. *Vor.*

LIBER XIV.

CAP. I. § 1 *Eumenes*] Legenda ejus vita ap. Plut. et Probum. Historiæ autem series petenda est e Diod. *Bong.*

Ultro ea militibus suis, &c.] Ita Gal-

ba quasdam defecisse legiones ultro suis asseverat, 'ne dissimulata seditio in majus crederetur.' Tac. I. H. 18. qui et III. H. 54. Vitellium arguit, quod fractis ap. Cremonam rebus, stulte cladem dissimulando, et læta omnia fingendo, ' remedia potius malorum, quam mala distulerit: cum confitenti consultantique superfuturæ adhuc fuerint spes viresque.' Add. exemplum Niciæ ap. Tbucyd. VII. 2. 17. Cæsaris ap. Suet. 66. 1. Sen. Œd. act. III. vs. 7. 'Iners malorum remedium ignorantia est.' Et in ejusd. Agamem. III. 28. Clytæmnestra : ' Clades scire qui refugit suas, Gravat timorem : dubia plus torquent mala.' Quomodo Martial. III. Epig. 42. ' Quod tegitur, majus creditur esse malum.' Bern.

§ 2 Fama aut rem in majus extolleret] Tac. III. 44. ' Cuncta, ut mos famæ, in majus credita.' Et H. IV. 50. 'Vera et falsa, more famæ, in majus innotuere.' Id.

§ 3 Simul ut circa se animati essent] Angl. simul ut quomodo circa se animati essent cognosceret. Rectissima : nec potest aliter per rationem sermonis. Nisi putamus scripsisse Just. simul ut, ut circa, alterumque ut tanquam superfluum esse omissum, et illud quomodo esse glossam. Solet sane illo ut alibi sic uti. Sic v. ' Scribit ei, ut ablegatus in Persas ab avo fuerit, ut occidi eum parvulum jusserit,' &c. Vid. simile quid XXXVIII. 6. 8. Schef.

§ 4 Habere eum discedendi potestatem] Sic XXII. 4. 5. Bern.

§ 5 Ut ultro bellum omnes hortarentur] Assentior Gronovio, qui ad Epist. Senecæ 12. hanc Mss. lect. probat ; quem vid. Ov. ' Cupio non persuadere quod hortor.' Græv.

Ut ultro omnes illum hortarentur] Gronov. pro illum legend. censet bellum, ut in codd. quibusd. Mss. esse testatur Bong. Et adsciscit sane τὸ hortari non accusativum personæ tantum, sed et rei. Cic. I. Cat. ' Quod te jamdiu hortor.' Et pro C. Corn. ' Legem dedit, an tulit, an rogavit, an hortatus est ?' Vor.

§ 6 In Ætoliam] Impudens mendum. Legend. in Æoliam, non in Æ-

toliam. Hæc enim omnia acta sunt in Asia, ubi Æolia est, cum Ætolia sit in Europa ; ac mox Sardes proficiscitur ad Cleopatram. Quæ sequuntur per aliquot versus multam accipiunt cavillationem, sed nos alia agimus. Glarean. In Ætoliam] Inepte. In Cappadocia enim hæc gesta esse, patet cum ex Diod. XLIX. tum etiam ex aliis. Hanc difficultatem viderunt alii, qui Æoliam conati sunt reponere. Frustra. Scrib. in Ætuliam. Ætuliam vocat, quam alii ' Ætulanen.' Ea est Armeniæ minoris portio, in Cappadocia. Ptolemæus : Ἀρμενίας μικρᾶς ἡ μὲν ἀρκτικωτάτη καλεῖται Ὀρβαλισηνή· ἡ δὲ ὑπ' αὐτὴν Αἰτουλανή. Εἶτα Αἰρετική, καὶ ὑπ' αὐτὴν Ὀρσηνή, καὶ μεσημβρινωτάτη μετὰ τὴν Ὀρσηνήν, Ὀρβισηνή. Sic leg. Voss. Quomodo in Ætoliam, cum hæc in Asia Minori agantur ? Præclare igitur Is. Voss. qui Ætulanam s. Ætuliam, ex Ptolemæo emendavit. Est autem Armeniæ Minoris portio Ætulana. Itaque bene ad Cappadociam, in qua tunc erat exercitus. Addo hoc etiam, Ætuliam in Ms. Cod. aperte legi, quod ad fulturam emendationis non parum facit. Faber. Non intelligenda Ætolia in Europa, sed in Asia ; quæ est pars Cappadociæ. Et quia in quibusd. Mss. ut Bong. testatur, est Ætuliam, ita prorsus et legend. Ptolemæus enim, ut Is. Voss. observat, Αἰτουλανὴν appellat. Vor.

§ 7 Inde Sardis] Mss. habent Sardes, quod non video, cur repudiaverint. Saltem illud Sardis habend. est pro Sardes vel Sardeis, antiqua scriptione, qua idem innuitur, ea tantum differentia ; quod in altero Græca, in altero terminatio sit Latina. Schef. Sed Vett. scribebant ' Sardis' pro, Sardes, ut Sall. ' omnis' pro, omnes ; ' tris' pro, tres ; et mille talia. Græv.

Ut ejus voce centuriones principesque confirmarentur, &c.] Plane solæcismus est. Leg. *confirmaret*; Eumenes ac. Ita et in Ms. legas. Quod cur ab aliis præteritum fuerit, non video, nisi si non viderunt. *Faber*. Deprehendit hic turpem mendam ab editoribus prætermissam T. Faber, et verissime vidit legend. esse *confirmaret*, et sic plane olim Junt. *Grav.*

Unde soror Alexandri staret] H. e. quibuscum sentiebat Alexandri soror Cleopatra. Liv. XXI. 10. 'Eventus belli, velut æquus judex, unde jus stabat, ei victoriam dedit.' XXIV. 45. ' Qui aliunde stet semper, aliunde sentiat, infidus socius :' et XXV. 15. ' Nec satis fido animo unde pugnabat stantem extemplo in fugam averterunt :' et Auctor v. 4. ' Unde stetisset Alcibiades, eo se victoria transferebat.' *Gron.*

§ 9 *Ad Antigonum*] In Mss. est *Antigono*. Sequitur ergo alterum horum glossatoris esse, non Justini. Mihi vera lect. Mss. videtur. *Schef.*

§ 10 *Fidei sacramento*] Mss. mei *fidei sacramenti:* atque ita etiam habere suos Mss. Bong. testatur. Ego tamen, etsi ita commodo sensu legi posse video, nihil demuto. *Mod.* Mss. omnes Modii et Bongarsii *fidei sacramento.* Quod merito Gronov. IV. Obs. 17. amplectitur hoc sensu : Qui propter spem præmiorum mallet sanguine ducis se cruentare, quam fidem sacramenti servare. *Fides sacramenti* dicitur, ut ' religio sacramenti,' ' religio jurisjurandi.' *Grav.* Al. edit. *fidei sacramenti.* Faber. Non *sacramento*, sed *sacramenti*, legend. esse assentior Gronovio. Habent ita Mss. Modiani, et quidam etiam e Bongarsianis. Ipseque positus verborum ita legend. arguit. Si enim *sacramento* legeretur, ' fidei' esset secundi casus; duoque ejus casus vocabula concurrerent. Sed et per se rectius videtur ' fides sacramenti,' i. e. jurisjurandi, quam ' sacramentum fidei.' Cic. III. Off. ' Est autem jus bellicum, fidesque jurisjurandi sæpe cum

hoste servanda.' Dicitur quoque ' religio sacramenti,' ' religio jurisjurandi.' Vid. Gronov. IV. 17. Obs. *Ver.*

§ 11 *Callide*] Hujusmodi calliditatis exempla nonnulla Frontinus habet Strateg. II. 7. *Bern.*

§ 12 *Exemplum pessimum*] Vid. notam ad XI. 15. 12. *Id.*

§ 13 *In præsenti labantium animos deterruit*] Nolim hoc *in præsenti* damnare, nam Latinum est, ut ' in præsentia;' tamen aliter scripsisse Just. credo; *in præsens*, sc. quum mox addat ' in futurum.' *Faber.* Junt. *retinuit.* Quod sane vulgato prætulerim. Suet. Jul. 4. ' Nutantes et dubias civitates retinuit in fide:' et cap. 17. ' Ad retinendam Pompeii necessitudinem ac voluntatem.' Cic. I. Fam. 7. ' Virum excellentem, et tibi tua præstanti in eum liberalitate devinctum, non nihil suspicantem propter aliquorum opinionem cupiditatis suæ te ab se alienatum, illa epistola retinuisti.' In ead. Ep. ' Quos favendo in eadem causa retinere potuerunt, invidendo abalienaverunt.' Terent. Adelph. ' Liberalitate retinere liberos.' Potest tamen et *deterruit* ferri, ut sit, in aliam sententiam perduxit, fidos sibi reddidit. *Deterrere* enim sæpe est, sine ullius terroris et minarum respectu dehortari, dissuadere, rationibus compellere et perducere ne quid facias. Plaut. Mil. II. 3. ' Me homo nemo deterruerit, quin ea sit in ædibus:' h. e. mihi nemo hoc persuaserit. Cic. II. de Orat. ' Nam neque is, qui optime potest, deserendus est ullo modo a cohortatione nostra, neque, qui aliquid potest, deterrendus.' Plura exempla sunt in promptu, sed jam modum excessimus harum notularum. Id tamen, quod ap. Junt. extat, hic est efficacius et aptius. *Grav.*

Deterruit] In Junt. *retinuit.* Bene illud quidem, sed nec *deterruit* malum est, ut ' ceteros a scribendo deterrere,' Cic. de Cæs. et alia infinita. *Faber.* Fateor retineri posse *deterruit.* Sed illud *retinuit* longe hic est efficacius: est enim proprium in hac re verbum, cum se. amicum a me alieniorem, et jam amicitiæ renuntiaturum, aliquo officii genere mihi reconcilio. Vid. notas meas. Præterea qui poterat hæc vox in mentem venire editoribus Italis, nisi eam in optimis suis membranis invenissent? Sane, si in iis lectum fuisset *deterruit,* nunquam repudiassent. *Græv.*

CAP. II. § 2 *Qui victus*] Longe melius, opinione mea, *quo v.* Schef.

Victus in munitum quoddam castellum] Victus proditione Apollonidæ Eumenes Noram confugit, quod est castellum Phrygiæ, ut Probus; situm in Cappadociæ et Lycaoniæ finibus, ut Plut. Eum. 18. *Bongars.* Strab. XII. non longe a pr. Eumenis hanc Noram suo tempore 'Neroassum' appellatam ait. Add. Diod. XVIII. 48. *Bern.*

§ 4 *Quod solus per Antigono*] Angli *qui solus.* Probo, et vulgatum *quod* habeo pro glossemate. *Schef.*

Auxilio Eumeni] Plutarchus, Antigono Noram obsidente, vita excessisse Antipatrum testatur, aliamque ob causam hanc fuisse dimissam obsidionem. *Id.*

§ 6 *Optimum visum est*] J. Pricæus ad Apul. I. M. p. 37. legit *optimum factum visum est.* Gron.

§ 8 *Commilitones suos*] Alexander ipse militum suorum 'alumnum' se 'commilitonemque' dicere non est veritus. Curt. IX. 2. 44. Ejusmodi blanditias tribuit Suetonius Cæsari quoque 67. 3. et Galbæ 20. 1. Nec ipsum adeo Augustum, antequam imperium adeptus esset, iis abstinuisse, patet ex Appian. IV. et V. B. Civ. 'Sed post bella civilia nullos militum commilitones appellabat, sed milites: ambitiosius [h. e. blandius] id existimans, quam aut ratio militaris, aut temporum quies, aut sua domusque

suæ majestas postularet,' Suet. Aug. 25. 1. *Bern.*

Nunc periculorum et operum Orientalium] Ms. Bong. *periculi et opum.* Impressi *periculorum et operum.* Placet *periculi et operum.* Ex *operum* per compendium in Ms. *opum.* Cæterum non possunt *opera* hic commode omitti, quoniam vel præcipue ad laudem Argyraspidarum, et sic obtinendam gratiam eorum pertinebant. *Schef.* Cur, cum sæpius 'nunc' et ante et post repetatur, omissum hoc est ante *periculorum Orientalium socios?* Reposui id ex Juntina, addito ex ead. vocabulo *operum,* quod in nonnullis quoque Mss. habetur, ut Scheff. quoque vidit et probavit. *Græv.*

§ 12 *Paulatim imperium, &c.*] Tacito I. 2. hoc est 'paulatim insurgere.' *Bern.*

Usurpat: nihil] Mss. habent *usuriam nihil,* vel *usuri an,* vel *uspiam.* Ex quibus omnibus constare potest veram huj. lectionem esse *blande corrigendo usurpat. Jam nihil in castris.* Illud *jam* valde elegans et oportunum est. *Schef.*

CAP. III. § 1 *Esset, compellit eos in aciem*] Plerique Mss. ex eis, quos tractavit Bong. habent *pellit.* Vix dubito quin vera lect. sic se habuerit: *sunt. esset, etiam pellit in aciem descendere.* Valde emphatica hic est conjunctio *etiam,* ut appareat Eumenis summa auctoritas ap. Argyraspidas, locumque hunc egregie illustrat. Perierunt autem ex ea primo litteræ initiales duæ propter similitudinem præcedentium, post ex *jam pellit* temere junctis ab emendatore factum est *compellit.* Schef.

2 § *Dum ducis imperia contemnunt*] 'Nam non parere se ducibus, sed imperare postulabant:' Probus. De hac pugna vid. Diod. XIX. 42. Plut. et Probum. Victus est autem Eumenes solo equitatu, cum ceteris copiis superior esset. *Bong.*

§ 3 *Longa militia*] Præfero, quod

et impressi quidam et Ms. habent, *longæ militiæ*, moxque illud ' parta ' refero ad omnia, præmia inquam et gloriam. Ita mox, ' cum præmiis tot bellorum.' *Schef.*

§ 4 *Sed Eumenes*] Ita Mss. Edit. habent *Sed et Eumenes.* Bern.

Victos hortabatur] I. e. bonum animum eos habere jubebat; ut XI. 9.13, ad quem l. et Notas vid. *Vorst.*

§ 7 *Post damna matrimoniorum, et post conjuges amissas*] Nihil ambigo hæc, *et post conjuges amissas*, esse a manu interpolatoris, explicantis præcedentia, ' post damna matrimoniorum.' Vid. quæ notavi ad III. 3. 8. *Berneccer. Post damna patrimoniorum*] Ita omnino legend. Vell. II. 120. ' Sunt tamen, qui, ut vivos ab eo vindicatos, ita jugulatorum sub Varo occupata crediderint patrimonia:' et Quintil. Decl. CCCVIII. ' Alioquin potest grave videri etiam ipsum patrimonium, si non integram legem habet.' *Gronov. Post damna matrimoniorum, et post conjuges amissas*] Hæc inepta est ταυτολογία. Itaque *et post conjuges amissas* tanquam interpretationem præcedentium exscindendam censet Bernecc. Sed legend. cum Junt. *post damna patrimoniorum.* Hæc sunt, quæ paulo ante dixit ' præmia longa militia parta,' et paulo post ' præmia tot bellorum,' et ' felicis militiæ quæstus.' Quid enim aliud militibus patrimonium? *Græv. Post damna patrimoniorum*] In optima illa Junt. ed. quam huic Auctori emendando adhibuit Græv. legitur *patrimoniorum.* Itaque *patrimonium* in latissima significatione sumptum fuerit pro bonis. Quod Juris interpp. ostenderint. *Faber.* Ita e Junt. legend. assentior Grævio. Si legatur, ut vulgo editur, *matrimoniorum*, erit inepta ταυτολογία. Sequitur enim ' post conjuges amissas;' et *matrimonium* hic non aliter quam de conjuge intelligi posset. *Patrimonia* autem quæ hic dicuntur sunt ipsa, quæ post

vocantur ' præmia bellorum ' et quæstus militiæ.' Nec modo, quæ hereditate ad aliquem devolvuntur, *patrimonium* ejus sunt, sed et quæ ipse sua opera et labore sibi quærit. IX. 2. 7. ' Terra non patrimoniis ditat Scythas.' *Vorst. Damna patrimoniorum* edidit, volentibus Junt. et Græv., Vorstius. *Schef.*

§ 8 *Post tot annos emeritorum stipendiorum*] Pro, tot annis post emerita stipendia, ut XXXVIII. 8. 1. ' Post annos tres et vig. sumpti regni,' pro, annis XXIII. post sumptum regnum. ' Emeritus miles ' est, qui stipendia mereri desiit: diciturque ita active. At ' emerita stipendia ' dicuntur passive pro stipendiis finitis. Sic et ' emeritam militiam ' dixit Suet. Calig. 44. *Vorst.*

CAP. IV. § 1 *Ostendit*] Mss. ἐμφαρυσθρεπον *ostentat.* Bern.

§ 2 *Cernitis, milites*] Cf. hanc orationem cum ea, quæ ap. Plut. exstat in Eum. 32. *Bong.*

Hoc etiam solatio foret] Plerique Mss. *etiam in solatio foret*, quod puto non esse contemnend. Plaut. Amphit. II. 2. ' Et domum Laudis compos revenit; in solatio est.' Ita enim habent ibi vett. edd. Saltem ablativum non regi, nisi a præp. probarunt dudum viri docti, ut mirum esse non debeat, si alicubi apponatur. *Schef.*

§ 3 *Vos, &c.*] Saxo X. p. 192. init. ' Captivus ex rege factus.'

Quater] ' Ter ' habet Probus Eum. *Bongars.* F. et hic legend. *qui ter.* Bern.

Obstricti estis] Pro, obstrinxistis vos; verbo passivo posito pro activo cum pronom. recipr. Sic et v. 10. 11. At XI. 3. 10. ipso activo usus dicit ' obstringere se.' *Vor.*

§ 4 *Sed ista*] Acidal. ad Vell. II. 130. 8. monuit ita scribend. Abrumpitur enim hic oratio. Hactenus editi *Et ista.* Bern.

§ 7 *Solvo vos jurejurando, quo toties vos sacramento mihi devovistis*] Gronov.

legit *qui toties*. Græv. Expungend. puto *sacramento*, aut hoc in locum τοῦ *jurejurando* substituend. At Gronov. ut utrumque servari possit, mallet *qui toties*; ut ipse per literas aliquando mihi significavit. *Vorst.* Vox *jurejurando* per glossatorem huc ex seqq. traducta, et delenda. Quæ alii huic l. afferunt remedia, duriora videntur. *Schef.*

§ 10 *At vos*] Particulam *at* Vett. usurpare solent, si irati inchoënt orationem, idque præsertim amant Poëtæ; ut Virgil. II. Æn. 535. ' At tibi pro scelere (exclamat), pro talibus ausis, Dii, si qua est cœli pietas, quæ talia curet, Persolvant grates dignas :' et Ov. Ep. Heroid. XII. ' At tibi Colchorum, memini, regina vacavi :' et III. Amor. 6. 105. ' At tibi pro meritis opto,' &c. et VIII. M. 279. ' At non impune feremus :' et Horat. Epod. v. ' At o Deorum quicquid in cœlo regit Terras et humanum genus.' *Gronov.*

Talesque vobis] In Mss. pœne omnibus Bongarsio visis legebatur *vilesque vobis*. An scripsit Just. *similesque vobis?* Ita puto. Illud *tales* glossatoris esse videtur. *Schef.*

§ 12 *Ipsum, &c.*] Saxo XIV. p. 349. 17. ' Horum itaque eventuum miraculis liquere, mortali manu regem perire non posse.'

Quod maximum erat] Freinsh. ad Flor. emendat, *q. proximum e.* Græv. Freinsh. ad Flor. II. 6. 8. legend. putat *q. prox. e.* id quod sane per est verosimile. Ita Liv. XXXIII. 15. ' Ad rebellandum neque vires neque ducem habebant : proximum bello quod erat, in latrocinium versi.' Ut hic dicitur ' seditionibus agitare,' ita Flor. I. 8. 7. 'Injuriis agitatus populus.' *Vor.*

§ 13 *Has vobis diras*] Nec illas irritas. Nam, ut Plut. in Eum. 34. et Polyæn. IV. Strateg. tradunt, Argyraspidas Antigonus ipse, cui maxime profuerant, ob perfidiam exsecratus, Sibyrtio Arachosiæ præfecto (de quo

sup. XIII. 4. 22.) tradidit, omnibus modis atterendos conficiendosque. Sed et ducem eorum Antigenem, in caveam æneam inclusum, vivum combussit, ut est ap. Diod. XIX. 44. Præclare Cic. Verr. I. 15. ' Omnium est communis inimicus, qui fuit hostis suorum. Nemo unquam sapiens proditori credendum putavit.' Plut. in Romulo 29. refert ejusd. Antigoni dictum, ' amare se prodentes; odisse cum prodiderint :' et subjungit, ' eo fere in sceleratos animo esse illos, qui eorum operam requirunt, ut veneno et felle maleficarum bestiarum qui opus habent. Quippe operam eorum, dum ex usu est, amplectuntur : exsecrantur scelus, ubi voto potiti sunt.' Add. Thucyd. III. 2. 3. Tac. I. 85. 3. et II. H. 101. 2. et III. 31. 10. Val. M. IX. 6. Claudian. de Gild. 260. &c. *Bern.*

§ 14 *Agatis*] Mss. *agitetis*, quod perorantis calori magis convenit. *Ber.*

Arma vestra] Angl. *arma ista*. Etiam hoc probo tanquam elegantius, et emphasin demonstrationis exhibens. *Schef.*

§ 15 *Plenus iræ*] Mss. mei et unus item Bongarsii *Plenus ira*, ut Plinius junior dixit in Epist. ' Plenus annis obiit.' *Mod.* Sed tamen et Liv. VI. 18. 3. ' Animorum irarumque plenior :' et III. 25. 5. ' Plenus prædæ.' *Bern.*

§ 16 *Sequitur exercitus prodito imperatore suo, et ipse captivus*] Istud *captivus* satis ostendit, ei saltem, qui sensum vel mediocrem rhetoricæ habuerit, hic vitium esse; et re ipsa est; legend. enim : *Sequitur exercitus proditor imperatoris sui, et ipse captivus*. Nonne vides? *proditor*, et *captivus?* Ita XXII. 8. ' Exemplum flagitii singulare, rex exercitus sui desertor, filiorumque pater proditor.' *Faber.* Faber, ut Notator Anglicanus ait, putabat legend. *proditor imperatoris sui;* non inconcinne. Vix tamen persuadeor Just. sic scripsisse. Puto

tantum mutandam distinctionem hoc
modo : *Sequitur exercitus prodito imperatore suo et ipse captivus;* ut in
verbis *prodito imperatore suo* intelligatur caussa, quare non imperator
magis, quam exercitus captivus fuerint. *Schef.*

§ 17 *Una secum victori tradentes*]
Imo *tradens.* Nam præcedit ' Sequitur exercitus,' item ' ducit;' omnia in singulari. Syllaba *es* adhæsit
ex sequenti ' et.' *Schef. Tradens* sane
in Junt. quoque reperitur. Potest
tamen vulgata defendi. Sensus re-
spicitur, ut in illo, ' Pars in frusta
secant.' *Græv.*

§ 19 *Tanto pulcrior hæc*] Ipsa ratio
linguæ postulat, ut scribatur *pulcriora,*
ut impressi quidam habent. Miror
in recentioribus edd. omnibus hoc
neglectum esse. Nam, qui refere-
bant ad, pompam, debebant observare, verba, ' ne quid deesset pom-
pæ,' per epicrisin et in parenthesi
velut interseri, ac propterea non ut
principale posse attendi. *Schef.* Nescio quid hic viro doctissimo mentem
obnubilarit. Quid enim clarius vulgata? *Tanto pulcrior hæc Antigono &c.*
victoria fuit, *quam tot Alexandro victoriæ fuerunt.* Rationem addit cur hæc
unica victoria Antigono fuerit pulcrior et gloriosior, quam tot victoriæ
Alexandro. Quia nimirum illos vicit,
quibus illas victorias consecutus erat
Alexander. *Grav.*

§ 20 *Exercitui suo dividit*] ' Quo tu-
tissimo remedio consensus multitudinis extenuatur,' Tac. iv. H. 46.
' Rumor incesserat fore, ut Thraces
(qui montium editis inculti atque eo
ferocius agitabant) disjecti, aliiusque
nationibus permixti, diversas in terras traherentur;' Id. iv. A. 46.
Porro de Argyraspidarum ferocia,
non alio modo domanda, Probus in
Eum. *Bern.*

*Redditis eorum quæ in victoria ce-
perat*] Optime Junt. cum aliis edd.
redditis q. in v. c. Grav. Emendavi

ex impressis, *redditis q. in v. c.* Faber.
Redditis eorum, quæ, &c.] Antiquiores edd. ut Junt. et aliæ, omittunt
eorum. Adjecit Bongarsius; e Mss.
credo. Et potest sane tolerari. Subaudiend. autem alterum pronom. de-
monstr. *illis,* quod sane relativum non
raro subauditur. Vid. Ind. in Nep. v.
Ellipsis. Vorst.

§ 21 *Eumenen, &c.*] Saxo xiv. p. 254.
45. ' Quem rex præteritæ amicitiæ
verecundia consurgere jussum,' &c.

Assignari custodibus præcepit] A quibus jugulatus est. Plut. Probus.
Bongars. Mira locutio, *præcepit assignari,* quasi non ipse assignaverit.
Cogitand. an non scripserit Just. *as-
servari custodibus præcepit.* Non multum dissimile illud Cic. x. ad Att. 18.
' Majore impedimento fuerunt quam
custodiæ, quibus asservor.' *Schef.*

CAP. v. § 1 *Ut Polyperchonta*] Hic
Polyperchon in Græciam redit, qui
sub finem præc. libri occiditur : nisi
igitur sit ὕστερον πρότερον, non ex-
cusabitur hic locus. Sed, ut jam
diximus, multa nobis hoc in libro et
in aliis dissimulanda sunt. *Glarean.*

Arcessitam Olympiada] Diod. xviii.
57. *Bong.*

§ 2 *Muliebri æmulatione perculsa*]
Val. M. diceret ' æmulatione in-
stincta.' Ita enim ille ix. 2. Ext. 8.
Et alibi pari modo, ' arrogantia instinctus,' ' errore instinctus.' Vid. i.
5. Ext. 1. et iii. 8. Ext. 2. *Vorst.*

Valetudine] H. e. morbo, de quo
Nota ad xiii. 2. 11. *Bern.*

§ 6 *Vicino incendio*] ix. 2. 5. *Id.*

Armis, non muris] Hinc illud Senecæ rhetoris Suas. 11. ' Ibi muros
habet [Sparta], ubi muros non habet.'
Ita vett. Romani existimaverunt,
' Romanum esse, non munitionibus,
sed armis suaque virtute securitatem
sibi et opes parare, neque viros muris, sed muros viris defendere,' teste
Strab. v. p. 162. 20. *Id.*

Veterem] Ita Ms. Editi *veterum,*
non recte. *Id.*

Murorum praesidio] Liv. xxxiv. 87.
' Fuerat quondam sine muro Sparta :
tyranni nuper locis patentibus pla-
nisque objecerant murum.' Paus.
Achaicis. *Bong.*

§ 8 *Cassandrum*] Diod. xix. haec
late persequitur. *Id.*

§ 9 *Mater Alexandri Magni regis*]
Rem putidam ! Totum isthuc dele ;
neque enim a Justino est. *Fab.*

Epiro] Ita Mss. cum editi habeant
ab Epiro. Familiare Auctori nomina
regionum ut propria urbium construere : ut iii. 8. 12. vi. 1. 7. xv. 2. 7.
xxiii. 2. 6. xxiv. 8. 9. xxxiii. 2. 6.
xliv. 8. 4. Ita Liv. xlii. 44. 9.
' Peloponnesum proficisci.' Suet.
Aug. 17. ' Recepit se Samum insulam.' *Bern.*

Prohiberique, &c.] Vincent. ' Pro-
hibita est a finibus Macedoniae ab
Eur.'

§ 10 *Magnitudine filii*] Τῶν εὐεργε-
σιῶν ἀναμιμνησκόμενοι τῶν 'Αλεξάνδρου,
Diod. xix. 11. *Bong.*

Indignatione, &c.] Saxo vi. p. 98.
46. ' Hujus rei ind. permoti.'

Olympiadem] Junt. *Olympiada.* Mox
iid. *cujus j. et E. occiditur, et rex
Aridaeus sex annis post Al. potitur regno.*
Graev.

CAP. VI. § 1 *Muliebri magis*] Τὴν
εὐτυχίαν οὐκ ἤνεγκεν ἀνθρωπίνως. Ideo
Antipater καθάπερ χρησμῳδῶν, ἐπὶ τῆς
τελευτῆς παρεκελεύσατο, μηδέποτε συγ-
χωρῆσαι γυναικὶ τῆς βασιλείας προστα-
τῆσαι. Diod. xix. 11. Vid. Paus. in
Att. *Bong.*

§ 2 *Audito Cassandri adventu, diffisa
Macedonibus*] In Macedoniam Olympias accita erat a Polyperchonte, ut
ex xiv. 5. 1. apparet. At Polyperchontem a Cassandro in Macedonia
tunc victum, ex vetere huj. lib. Prol.
sciri potest. Habet enim sic, ' In
Macedonia Cassander victo Polyperchonte.' *Vor.*

*Cum nuru Rhoxane et nepote Hercule
in Pictuam*] *Pictuam* urbem nescio :
vid. num legend. *Pythaum*, quod est

*Pelasgorum oppidum ap. Ptolem.
Et hic ' nurum' vocat Rhoxanen
Herculis matrem, ut etiam prorsus
ad fin. huj. lib. Cum Herculis mater
Barsine fuerit, non Rhoxane, ipso
Just. bis appellante. *Glar.*

Nepote Hercule] Barsines hic filius
erat : Roxanes Alexander vocabatur,
Paus. Att. et Boeot. quo de hic agitur,
ut patet ex Diod. xix. 52. Videtur
ergo hic Just. lapsus memoria.
Bongars. Hercules non ex Roxane,
sed ex Barsine nepos Olympiadis
fuit, ut ex xiii. 2. 8. et xv. 2. 3. apparet. F. ergo pro *Hercule* legend.
Alexandro ; quod nepotis ex Roxane
nomen fuisse ex Pausania scitur.
Vorst. Mihi *Hercule* inepti glossatoris videtur, et propterea delend.
Schef.

Pydnam] Macedoniae urbem in
Pieria regione. Quidam editi *Pyc-
tuam*, pro quo est qui *Pactyam* malit,
refragante historia. ' Pydnam' Olympiade mactata nobilem asserit et
Diodorus xix. 35. *Bern.*

§ 3 *Deidamia, Aeacidae regis filia*]
Pyrrhi soror, Demetrii uxor. Plut.
Demet. 1. et 30. qui etiam 42. scribit,
morbo eand. extinctam. Quo minus
assentiri possum Jano Parrhasio lib.
de Rebus per Epistolam quaesitis
Epist. 48. statuenti hanc esse eand.
cum ea Deidamia, de qua Paus. in
Messen. et Polyaen. Strateg. viii.
Nec enim istae aliaeque circumstantiae
huic aptari possunt. *Berneccer.* Aea-
cides ille rex fuit Epirotarum, et
pater Pyrrhi, ejus qui cum Romanis
bellum gessit, ut ex Diod. xix. 35.
intelligitur. *Vor.*

*Thessalonice privigna, et ipsa clara
Philippi, &c.*] Mss. et Junt. *Thessalo-
nica.* Graev. Diodorus, quia Aridaeum
quoque Philippum vocat, ne Thessalonice filia Aridaei regis fuisse
putaretur, Philippum Amyntae vocat
eum cujus filiam comitem fuisse
Olympiadis Noster scribit. *Vor.*

§ 4 *Statim*] Hoc *statim* glossam

mihi sapere sequentis, ' citato cursu,'
videtur. Examinent sagaciores.
Schef. Saxo xiv. p. 314. 10. ' Ad
locum, cui nomen Ostrozno, citata
navigatione profectus.'

§ 5 *Tradidit*] Vincent. ' reddidit.'

§ 9 *Sed Olympias*] Conjunctio ad-
versativa mihi plane otiosa hic videtur; nihil certe habet, ad quod
commode possit referri. Suspicor
autem natam ex postrema syllaba
vocis præc. *Schef.*

Veste regali] Hoc exemplo Cleopatra ' maximos induta cultus' ad
mortem se paravit: Flor. iv. 11. 20.
Sed et Romani proceres, urbe a Gallis
occupata, ' augustissime vestiti, hostium adventum obstinato ad mortem
animo exspectant :' Liv. v. 41. 2. Et
Varus, ' cum se insignibus honorum
velasset, jugulatus est :' Paterc. ii.
71. 5. Ita de Philocle Atheniensi
Plut. in Lysand. 23. Quin etiam viri
militares in aciem ad extremum discrimen ituri morem hunc observarunt, ut olim Persæ, de quibus Curt.
v. 9. 2. et patrum memoria Serinius
heros fortissime ad Sigethum oc-
cumbens : Thuan. xxxix. p. 382.
Socrates tamen, hausturus cicutam,
oblatum ab Apollodoro talem cultum
animo magno vereque philosophico
respuit : Ælian. V. H. i. 16. *Berneccer.*
Morituros curavisse ut honeste cade-
rent, pluribus exemplis ostendit Magius Miscell. ii. 21. *Vor.*

§ 10 *Percussores attoniti*] Similia
Noster xxxii. 1. 7. de Philopœmene.
Plut. in Artax. c. 47. de Dario. Curt.
x. 8. 6. de Perdicca. Val. M. ii. 10.
6. de Mario. Suet. 79. 2. de Augusto.
Quibus ex historia recentiori non-
nulla Piccartus adstruit Obs. vi. 1.
Bern.

§ 11 *Non refugientem gladium, &c.*]
Οὐδεμίαν ἀγεννῆ καὶ γυναικεῖαν προεμένην
ἀξίωσιν : Diod. xii. 51. cum quo hæc
comparanda, et quasi ex adverso
ponenda sunt. *Bongars.* Utrique
contrarius Paus. in Bœot. p. 558. 30.

lapidibus obrutam tradit Olympiadem. Constantiæ similis exemplum
observavit in Troade Sen. act. v.
Sebisius. Horat. i. Od. 37. de Cleopatra : ' Quæ generosius Perire
quærens, nec muliebriter Expavit
ensem.' *Bern.*

*Nec vulnera, aut muliebriter voci-
ferantem*] Junt. *nec ante vuln. mul. v.*
Græv. Concinne Junt. *Vorst.* Ms.
sed et vulnera haud. Mallem *sed nec ad
vulnera muliebriter.* Non enim non
ante vulnera tantum, sed et dum
vulneratur, inque ipsa morte, fortiter
se gessit. *Schef.*

*Ut Alexandrum posses etiam in mo-
riente matre cognoscere*] In Mss. legebatur *in moriente patre, et matre.* Unde
nescio, an vere conjecerim *ut Alexandrum posses etiam in moriente, ut
pariente, matre cognoscere.* Sensu
optimo et verissimo. *Voss.* Ov. Ep.
99. 151. ' Tu quoque cognosces in
me, Meleagre, sororem :' et xii. M.
620. ' Ipse etiam, ut cujus fuerit
cognoscere possis, Bella movet cly-
peus.' *Gron.*

§ 12 *Insuper exspirans capillis et veste
crura, &c.*] Mss. *Composisse insuper, &c.*
Inde Sebis. rescribit : *Composuisse insuper exspirans capillos, &c.* ingeniose,
et, ut puto, vere. De Augusto Suet.
99. ' Supremo die, petito speculo,
capillum sibi comi, ac malas labentes
corrigi præcepit.' Notus Euripidis
de Polyxena versus, quem refert
Plin. iv. Ep. 11. Corneliæ virginis
Vestalis supplicium narrans : Πολλὴν
πρόνοιαν εἶχεν εὐσχημόνως πεσεῖν. Ov.
F. ii. 833. de Lucretia : ' Tunc quoque jam moriens, ne non procumbat
honeste, Respicit : hæc etiam cura
cadentis erat.' Quod genus exempla
plura collegit Hieron. Magius Miscell. ii. 21. Add. Plut. Cleomene
53. *Berneccer.* Quis dubitet legend.
esse, ut in Mss. quibusd. esse testatur
Bong. *Composisse insuper exspirans
capillos?* Certe capillis crura tegere
non potuit. *Vorst.* Mss. quidam

habent: *Compsisse insuper exspirans,*
id quod probant. Sed an ista truci-
datione tempus habuerit comendi
capillos, ego nescio, multum certe
dubito. Alii libri habent *conpresse,*
alii *coperuisse.* Mibi vera lect. videtur:
*Cooperuisse insuper exspirans capillis os,
et veste.* Capillis non crura texit,
verum os et vultum, ne in eo tristior
morientis habitus conspiceretur contra decus mascule occumbere volentis.
Ita plane Julius ap. Suet. 82. ' Toga
caput obvolvit, simul sinistra manu
sinum ad ima crura deduxit, quo
honestius caderet, etiam inferiore corporis parte velata.' Ut honeste
caderet, duas partes putavit velandas,
inferiores et superiores, s. quod idem
est, crura atque caput. Similiter
Pompeius ap. Lucan. ' Ubi vidit
cominus enses, Involvit vultus.' Vett.
ap. Nostr. habuisse *os* constat, quod
in quibusd. legitur, non *capillis,* sed
capillos: id enim factum, quia junctim
scripserant imperiti librarii *capillisos,*
quod alii per emendationem factum
credidere, ac pro *capillis* scribend.
capillos. Schef. Quomodo capillis
crura teguntur? Mss. *capillos.* Unde
Schef. *exspirans capillis os, et veste.*

Nescio, cur os texerit. F. scripsit
Just. *exspirans papillas veste et crura.*
Græv.

§ 13 *Thessalonicen, regis Aridæi filiam*] Thessalonice erat Philippi τοῦ
'Αμύντου filia, et Alexandri ἀδελφὴ
ὁμοπάτριος: Diod. xix. 35. Paus. in
Bœot. et Auctor eam xiv. 6. 3.
' Olympiadis privignam' vocavit.
Justino imposuit, quod Trogus f.
'regis Philippi filiam' scripserat: et
Aridæus ' Philippus' post mortem
Alexandri cognominatus est. *Bongars.
Thess. &c.*] Falsum hoc vel illud arguit, quod paulo ante ' claram Philippi patris nomine' fuisse scribit;
quodque Diod. filiam Philippi Amyntæ xix. 35. et Alexandri sororem xix.
52. vocat. Error igitur non ipsius
Justini, sed eorum qui expositionis
causa aliquid in margine adjecerunt,
fuisse videtur. Cum Just. ut sup.
scripsisset ' regis Philippi filiam,'
commentatoresque scirent Aridæum
et Philippum vocatum fuisse, Aridæum hic designari crediderunt;
cumque id in marg. primum notatum
esset, irrepsit tandem in context.
Vor.

=====

LIBER XV.

CAP. I. § 1 *Perdicca et fratre ejus*]
Antiquiores edd. addunt *Alceta:* nec
male, ut videtur. Sequitur enim mox
' Eumene.' Et, nisi *Alceta* diserte
adjectum fuerit, frater Perdiccæ fuisse videri possit Eumenes. Alcetæ
mentio et xiii. 6. 16. et 8. 10. *Vor.*

Eumene et Polyperchonte, &c.] Victum fuisse Polyperchontem a Cassandro, cum hic in Macedoniam venit, ex vetere Prol. proximi superioris
libri sciri posse paulo ante diximus.

Diod. xix. 36. scribit majorem ejus
militum partem largitionibus corruptam fuisse, cum Callas a Cassandro
missus proxime eum castra in Per-
rhæbia posuisset, et xix. 52. cognito
interitu Olympiadis cum exiguo comitatu in Ætoliam concessisse; et
xx. 28. Herculem Alexandri M. ex
Batsine filium Pergamo in regnum
Macedoniæ reducere voluisse, verum
a Cassandro solicitatum et spe magna
impletum interfecisse eum, cumque

Cassandro amicitiam ac societatem iniisse, cujus beneficio aliquot millium exercitum ab eo obtinuerit. Quia tamen Noster occisum scribit, conjicere licet, tandem rursus offensum Cassandro, atque ita ab eod. interfectum fuisse. *Vor.*

§ 2 *Postulantibus*] Legatione missa, de qua Appian. B. Syr. p. 121. E. *Bern.*

Capta] Hoc suspectum mihi. An enim pecunia in præda esse potest non capta? Puto plane vocem *capta* glossatoris esse, quæ explicabat antecedentes ' pecunia in præda.' *Schef.*

Antigonus negavit, &c.] Fabius, ' quam arborem conseruisset, sub ea fructum alios legere, indignum esse' dixit: Liv. x. 24. 8. Nec aliter Pompeius ap. Strab. xii. p. 384. 30. *Bern.*

In cujus periculum] Angl. *pericula*, quod respondet elegantius præcedenti ' præmia.' *Schef.*

§ 3 *Et ut honestum, &c.*] Lepidus ap. Sall. Hist. iii. 4. 17. ' Dicta alia : sed certatum utrinque de dominatione.' Polyb. egregie iii. 6. m. *Bern.*

Alexandri filium cum matre obsidione Amphipolitana liberare] Filius ille Alexandri et ipse Alexander vocatus fuit : et primo cum Olympiade avia et Roxane matre Pydnam delatus ; deinde occisa avia cum matre Roxane in arcem Amphipolitanam custodiendus missus fuit a Cassandro, ut ex xiv. 6. 2. et 13. intelligi licet. Ea igitur custodia et captivitate liberare Antigonus eum voluit. Ipsam captivitatem et custodiam Noster ' obsidionem' dicit : quomodo et xxxix. 1. 1. *Vor.*

§ 6 *Asiam et partem*] Mss. mei *et partes:* quomodo amat loqui Justinus : sic enim et i. 7. 7. ' Crœso et vita, et patrimonii partes, et urbs Barce concessa sunt.' *Modius.* Mss. Modiani et unus Bongarsii *et partes;* quod placet præ hactenus edito, *partem.* Sic enim Auctor etiam i. 7. 7. et alibi loquitur. *Bern.*

Apud Gamalam] Legend. *Gazam* ex Diod. xix. 94. Plut. in Demetr. c. 6. Appian. in Syriaca, et huj. lib. Periocha. Meminit huj. prœlii Paus. in Att. quo l. Ptolemæi res gestas breviter et accurate recenset. *Bongars.* Bong. legit *Gazam* ex Diod. et aliis. Puto tamen Just. scripsisse *Gamalan.* Proxima enim est urbs hæc Gazæ. Quippe in Idumæa est. Noli hanc confundere cum Gamala Phœniciæ. Etiam Gabala s. Gebala appellatur, ut testatur Steph. Unde portio Idumææ dicta est Gabalene. Sexcentis autem nominibus τὸ μ in β mutatum est, et contra : ut ' Amantes' ' Abantes,' μύρμηξ βύρμηξ, τέρμινθος τερέβινθος. Sic quoque e Græco βουνὸς Latini fecere ' mons.' *Voss.* Præclare Voss. *Gamalam* emendavit. Quod stabilitur a Juntis, in quibus plane *Gamalam.* Græv. Bong. *Gazam.* Voss. *Gamalan*, quæ olim ad Gazam erat. Id firmat ed. Junt. quam clariss. ille Voss. non viderat, cum Notas suas scriberet. Tamen in minori Epitome plane legitur 'Gazam.' Minorem Epitomen voco Prologos illos, s. periochas Trogi Pompeii. *Faber.* Editur vulgo *Gazanan.* Vorst. *Gamalam* Vorst. recepit in textum. *Schef.*

§ 7 *Major Ptolemæi moderationis gloria*] Thrasybulus ' insignem victoriam clariorem aliquanto moderationis laude fecit:' Val. M. iv. 1. Acilius Cos. ' multo modestia post victoriam, quam ipsa victoria laudabilior :' Liv. xxxvi. 21. 3. Quia præsertim alias ' victoria natura insolens et superba est :' Cic. pro Marcell. 3. ' Regi frænis nequit Et ira, et ardens hostis, et Victoria, Gladiusque felix, cujus infecti semel Vecors libido est :' Sen. Troad. 278. &c. *Bern.*

§ 8 *Non solum cum suis rebus dimisit, verum etiam s. i. m. honoravit*] Ita rectissime antiquiores typis expr. Bongarsius τὸ *honoravit* expunxerat, inque ejus locum τὸ *dimisit* transtu-

lit: eumque secuti sunt alii. Illud
'non solum' argumento est non unum,
sed duo verba oportere sequi. *Vorst.*
Dimisit non est in Junt. sed *honoravit.*
Verum cum nec in suis membranis
Bong. nec Angli id vocabulum inve-
nerint, vereor ne sit pannus male ad-
sutus. *Græv.*

Privatum omne instrumentum] Τὴν
βασιλικὴν ἀποσκευὴν, Diod. xix. 26.
Bong.

Adjecto, &c.] Cic. x. Fam. 13. ' Nihil prætermisi in ornando, quod positum est aut in præmiis virtutis aut in
h. v.' Liv. xxviii. 4. ' Scipio, collau-
dato fratre cum quanto poterat h. v.'
&c. xxxvii. 37. 'Iliensibus in omni
rerum verborumque honore ab se
oriundos Romanos præferentibus.'
Suet. Aug. 66. 'Amicorum suprema
judicia morosissime pensitavit, neque
dolore dissimulato, si parcius, aut
ultra honorem verborum ; neque,'
&c.

§ 9 *Præmia corripuisset*] ' Corripere' h. l. notat, malis artibus inter-
vertere. Cic. pro Balbo 25. 'Pecuniam
L. Cornelii, quæ neque invidiosa est,
et, quantacunque est, ejusmodi est, ut
conservata magis quam correpta esse
videatur:' et Suet. Ner. 6. ' Correp-
tis per coheredem Caium universis
bonis :' et Domit. 12. ' Bona vivorum
et mortuorum usquequaque quolibet
et accusatore et crimine corripieban-
tur.' *Gronov.* Val. M. ix. 4. Ext.
'Anxiis sordibus magnas opes corripere.' Et iv. 8. Ext. 2. 'In eroga-
da potius, quam corripienda pecunia
occupatus.' Sic enim legend. ibi in
Notis ad eum l. docuimus. Tac. quoque viii. 'corripere pecunias' dicit.
Ver.

Cap. ii. § 1 *Cassander ab Apollonia*] Mirum quam multa in h. lib. ca-
villationibus pateant, si quis studiosus
reprehensor existat; cum paullo superius prædæ meminerit, et dividen-
darum provinciarum, nec addit de
qua præda loquatur, nec de quibus

regionibus; hic vero, cum tot sint
Apolloniæ, non dignatur dicere, a
qua Apollonia redierit, aut ubi Abde-
ritæ ei obviam venerint. Nec minus
mirum, quomodo Cassander unam
civitatem a ranis devictam, ne Macedoniam occuparet, timuerit, cum tantus ipse terror Græciæ esset, ut Lacedæmonii Spartam muro cinxerint,
ut superiore scripsit lib. Item hic
Herculem ac Barsinen, quam superiore lib. Roxanem nominavit, terra
obruerit Cassander, ne ' cædes sepultura proderetur,' inquit, quasi sepultura non sit. *Glar.*

Ab, &c.] Saxo ii. p. 21. 25. 'Inde
profectus in Trannonem Ruten æ gentis tyrannum incidit.'

Abderitas] Hi videntur esse, quos
Diod. xx. 19. pr. 'Autariatas' vocat,
a Perdicca juxta Orbitium Pæoniæ
montem collocatos. *Freinsh.* Vid.
Phot. 1358. Appian. pr. Illyr. *Bern.*

Abderitas] Sic quidem et Oros. corruptis Justini codd. deceptus. Sed
legend. cum Freinsh. *Autariatas.* De
iis enim hoc refert non solum Diod.
sed et Phænias, Aristotelis discipu-
lus, amicus Theophrasti, ap. Eustath.
ad Iliad. i. et Heraclides Lembus ap.
Athen. viii. 2. Autariatarum sedes
fuit in finibus Dardaniæ et Pæoniæ :
vid. Strab. xvii. Abderitas vero
coactos fuisse ranarum vi migrare,
patriamque relinquere, nemo veterum
tradidit. Quin Abdera diu post floruit, veteribus incolis, imprimis De-
mocrito, illustris. *Grav.*

Ranarum muriumque multitudinem]
Plin. viii. 29. ab ranis civitatem in
Gallia pulsam memorat, si modo locus mendo caret. De muribus x. 65.
Bongars. Id. Plin. viii. 57. ex insula Gyaro fugatos a muribus incolas,
ex Theophr. refert. Pontan. Progymn. iv. 26. Scalig. Exercit. 188.
2. *Bern.*

§ 3 *Hercules*] Quem reducere in
regnum tentabat Polyperchon : eum
tamen a Cassandro corruptus intere-

mit, annos natum *ἐπτακαίδεκα*: Diod.
xx. 20. et 28. quomodo hic reponend.
arbitror. Jam enim annos quindecim desierat esse Alexander M. et ex
xvii. quinarii nota male juncta, aut
negligenter expressa, levi errore fit
xiii. Paus. in Bœot. Herculem et
Alexandrum, Alexandri M. filios, a
Cassandro veneno sublatos refert.
Bong.

*Occidi eum tacite cum matre Barsine
jubet*] Alter Alexandri M. filius, et
ipse Alexander, ut cum matre Roxane obtruncaretur, Glauciæ præfecto custodiæ Cassander imperavit, ut
ex Diod. xix. 105. scire licet. At
Herculem cum matre Barsine occidi
jubere non potuit; sed, ut hoc fieret,
prius magnis pollicitationibus Polyperchontem, qui Herculem in regnum Macedoniæ restituere studebat,
solicitare atque inducere necesse habuit: ut ex Diod. xx. 28. constare
potest. *Vor.*

Cædes sepultura proderetur] Hæsit
hic aqua Glareano, sed per 'sepulturam' hic intelligitur exustio cadaveris
in rogo, ut pluribus ostendit ampliss.
et clariss. Cuper. Obs. i. 7. *Græv.*

§ 5 *Alterum quoque filium cum matre
Roxane*] Factum hoc jam ante fuerat,
ut ex serie historiæ, quam modo ex
Diod. ostendimus, constare potest.
Vor.

§ 6 *Navali prælio iterato*] Fuit ergo
et superius prœlium navale. At hoc
Noster non dicebat, et contrarium
testatur Diod. xix. Corruptus igitur locus et distinctione sanandus,
hoc modo: *prælio, iterato congreditur.*
'Iterato' non ad 'prælio,' sed 'congreditur' referendum. Est autem
'iterato congredi,' secunda vice, altero prœlio pugnare. Ita sæpe Noster, ut v. 4. 'Cum bellum Lacedæmonii a mari in terram transtulissent,
iterato vincuntur.' *Schef.*

Amissa classe] Plut. in Demetr. 18.
Diod. xx. 50. et seqq. *Bong.*

§ 7 *Filium, &c.*] Athenæus xiii. 5.

p. 576. Αὕτη ἡ Θαῒς καὶ μετὰ τὸν Ἀλεξάνδρου θάνατον καὶ Πτολεμαίῳ ἐγαμήθη
τῷ πρώτῳ βασιλεύσαντι Αἰγύπτου, καὶ
ἐγέννησεν αὐτῷ τέκνον Λεοντίσκον καὶ
Λάγον, θυγατέρα δὲ Εἰρήνην.

§ 8 *Et ut appareret*] Mss. et non
agnoscunt. Sed et in ceteris distinctio videtur parum apta. Vellem eam
fieri hoc modo: *Ægyptum remittit, ut
appareret, eos non odio, sed dignitatis
gloria accensos. Donis muneribusque
inter ipsa bella contendebant, tanto honestius, &c.* Schef.

§ 9 *Tanto honestius tunc, &c.*] Epi-
phonema simile ii. 10. 11. *Bern.*

§ 10. 11. 12.] Probus in Eum. fin.
'Nemo Eumene vivo rex appellatus
est, sed præfectus: iidem post hujus
occasum statim regium nomen no-
menque sumserunt.' Leg. Plut. in
Demetr. 20. Diod. xx. 54. et Appian. Syriac. p. 122. m. *Bongars.*
Horum exemplo Agathocles se quoque ultro Regem nominavit, quod
potentiæ suæ præter eum titulum
nihil deesse videret: Diod. xx. 55.
Is quippe jure gentium Rex est, qui
superiorem non agnoscit. Quod autem jure communi obtineri potest,
frustra ab alio petitur. Quod qui
faciunt, male consulunt suæ majestati, fascesque submittunt alienæ potentiæ, ut apparet ex Tac. ii. 2. et
xi. 16. et xii. 14. *Bern.*

§ 15 *Carpi se singulos*] Vid. Notam
ad viii. 1. 2. *Id.*

*Non commune universorum bellum du-
cunt*] Hic 'bellum ducere' simpliciter est pro, bellum gerere: ut in illo
Virgil. ix. Æn. 'Qui bellum assidue
ducunt cum gente Latina.' Vid. et
libellum nostrum de Latinit. f. susp.
14. Sæpius tamen id. est quod, bellum extrahere; et quidem ap. optimos Latinitatis auctores. *Vorst.* Explicant, bellum gerunt. At mihi
'ducere' hic id. videtur ac, putare,
credere. Ut sit sententia: Carpi ab
Antigono, quia singuli perperam habeant persuasum, bellum, quod gerit

cum altero, ad se nil pertinere, ideo nec necessum esse ut auxilium alteri ferat. *Schef.*

§ 16 *Tempus, locum*] Angl. *tempus et locum.* Placet. *Id.*

CAP. III. § 1 *Lysimachus*] Agathoclis fil. unus e custodibus Alexandri. Vid. Paus. in Att. Plin. VIII. 16. Curtius VIII. 1. 22. qnæ hic (n. 8.) de Lysimacho leoni objecto referuntur, ' fabulam' vocat. *Bongars.* Plinius tamen d. l. verisimilia putat: ac pro veris narrat Sen. de Ira III. 17. et de Clement. I. 25. Anno certe Chr. 1262. Hermannus Grun, Consul Coloniensis, leoni per insidias a Canoniäs objectus, eod. fere modo salvus evasit. Munst. Cosm. *Bern.*

Illustri, &c.] Saxo I. p. 8. ' Ringo splendido Sialandiæ l. a.' XIV. p. 293. 42. ' Quidam claro Saxonum l. n.'

§ 2 *Philosophia ipsa*] Prætulerim, quod habent Mss. Bong. *philosophiam ipsam:* non infrequente bonis auctoribus hyperbole. *Bern.* Ego quoque cum cl. Bernecc. e Mss. *philosophiam ipsam* puto scribendum; intelligend. autem de Callisthene, qui ferre calamitatem suam adeo non potuit, ut præbitum sibi a Lysimacho venenum mallet sumere, quam diutius cum tanta miseria vivere. *Schef.*

§ 3 *Conscium fuisse iratus finxisset*] Gronov. in lib. III. Obs. mallet *ratus vincisset*, i. e. in vincula conjecisset: id quod vero nec absimile est. *Vor.*

§ 3. 4. 5. 6.] De morte Callisthenis variat Plut. Alex. 96. et Arrian. IV. itemque Diogenes Laërt. in Aristot. *Bern.*

§ 4 *Abscisioque*] Ita vett. libros habere confirmat Ob. Giphanius in Obs. L. L. pro quo vulgati *abscissioque.* Liv. XXXI. 34. 4. ' Brachiis abscisis.' Val. M. VIII. 3. fin. ' Hereditas abscisa.' *Bern.*

§ 5 *Insuper, &c.*] Suid. Καλλισθένης Δημοτίμου, οἱ δὲ Καλλισθένους, 'Ολύνθιος, μαθητὴς 'Αριστοτέλους καὶ ἀναψιαδοῦς, ὃν ὥσπερ ἔσεσθαι 'Αλεξάνδρῳ τῷ

Μακεδόνι· ὁ δὲ ἐν γαλεάγρᾳ σιδηρᾷ βαλὼν ἅμα Νεάρχῳ τῷ τραγικῷ, διότι αὐτῷ συνεβούλευε μὴ ἐπιζητεῖν ὑπὸ 'Αθηναίων καλεῖσθαι δεσπότης. De morte Callisthenis alii alia tradant. Vid. Freinsh. ad Curt. VIII. 8. 21.

§ 6 *Tunc Lysimachus audire*] Post ' Lysimachus' ponend. comma. Non enim tunc audiebat eum, cum esset clausus cavea, sed jam olim liberum adhuc, et in exercitu versantem. *Schef.*

Libertatis pœnas pendentis] ' Libertas' pro libertate loquendi. Sic sæpe et alii. Vid. Notas in Val. M. VI. 1. *Vor.*

§ 7 *Ferocissimo*] In Mss. est *perfecissimo.* Num Just. scripsit *perferoci*, aliusque id dein per, ferocissimo, exposuit? Ita mihi quidem videtur. *Schef.*

§ 8 *Arreptaque*] Cod. uterque Voss. *abreptaque.* Gron.

§ 9 *Admiratio in satisfactionem*] Nihil temere muto. Dicam tamen, videri verba ' tantæ virtutis,' qnæ post sequuntur, h. l. collocanda, cum præsertim *constantia virtutis* non satis commode dicatur, quia constantia ipsa virtus est, nec pro virtute habendum, in quo nulla est constantia. *Schef.*

§ 10 *Veluti parentis*] ' Ut parentum sævitiam, sic patriæ, patiendo ac ferendo leniendam esse,' dixit Marcus Liv. ap. Liv. XXVII. 36. 12. Pub. Syrus: ' Ames parentem, si æquus est: si aliter, feras.' Quod præceptum pulchre diffundit Epictetus Enchirid. 37. Vid. Arnisæum de Republ. I. p. 276. f. *Bern.*

§ 11 *Exturbata*] Bene Ms. *extirpata.* Idem. Placet lect. vulg. Liv. VI. 21. ' Hæc nova injuria exturbavit omnem spem pacis:' et Sen. Hippol. 129. ' Nefanda casto pectore exturba ocyus.' *Gronov.* Magis placet quod in Cod. quodam Ms. esse testatur Bong. *extirpata.* Vorst. Præferunt *extirpata*, me invito; est enim Plautinum genus hoc loquendi, quod Jus-

.tinus utitur. Plaut. ita habet Curcul. II. 1. 'Auscultes mihi, Atque
istam exturbes ex animo ægritudi-
nem.' *Schef.*

Cursus comes] Fallor, aut Just.
scripsit *cursu comes.* Hoc enim singulare in Lysimacho, et simile fratri
Philippo: pedum celeritate æquabat
equum Alexandri. De Philippo clare
Curt. VIII. 2. ubi habet historiam,
quam Just. tangit: 'Is pedes, incredibile dictu, per D. stadia vectum
regem comitatus est: sæpe equum
suum offerente Lysimacho.' Lysimachum peditem fuisse docent et sequentia. Nam, si fuisset in equo,
quid ita eum vulnerare potuisset rex
in fronte, cum desiliret equo demum,
et non ante?' 'Hastæ cuspidem' enim
intelligere non ferramentum debemus quod est in capite, et quo pug-
nari solet, verum quod in imo manu-
brii, ut, cum necesse est, erecta possit defigi in terra. *Id.*

§ 12 *Quod idem, &c.*] Conferenda
hæc sunt cum Appiani narratione de
B. Syr. p. 129. et seq. *Bern.*

Expiraverat] Vincent. 'expiravit:'
et paulo post: 'claudi non posset,
quam ut diadema sibi d. r. a. vulneris cura capiti,' &c. et: 'Quod
a. p. futuræ regiæ m. L. f.'

§ 13 *Cludi, &c.*] Pro, claudi: au
in u, ut 'defraudo,' 'defrudo,' ap.
Terentium: a 'causa' 'excuso' et
'accuso.' *Bongars.* Videtur Auctor
scripsisse *ut sanguis ante cludi non posset.* Gron.

Quam diadema] Legend. f. *quam si
diad.* Vorst. Propius abiret *quam ut
diadema:* potuit *m*, totidem constans
lineolis, *ut* absumsisse. *Schef.*

Diadema] Regium insigne. Id fuisse, contra quam vulgo persuasum,
non nisi fasciam e panno linteove,
cum originatio nominis arguit, παρὰ
τὸ διαδεῖν, a *nestendo, ligando*, s. *obli-
gando* dicti: tum allatis et hoc nostro et pluribus aliis auctorum locis
ostendunt viri in literis magni, Bris-

son. de Regno Pers. I. Lips. not. 99.
ad Tac. VI. Paschal. de Coronis IX. 3.
Bern.

Alligandi vulneris] 'Alligare vulnus'
pro, obligare. Cic. II. Tusc. Q. 'Qui-
esce igitur et vulnus alliga.' Liv. VII.
24. 'Consul vulnere alligato revectus
ad prima signa.' Ad quem l. et Notas Gronovii vid. Scribonius Largus
dicit quoque 'alligata pyxis,' 'alliga-
tum vas.' Vid. Lex. Scribonianum
Rhodii. *Vor.*

§ 14 *Auspicium primum*] Commate
hæc duo male dividuntur, quæ per se
connexa sunt. Habuit enim et alia
auspicia futuræ magnitudinis: quod
ex seqq. apparet; sed hoc fuit primum. *Schef.*

§ 15 *Ferocissimæ gentes*] Thraces
et Pontici Maris accolæ: XIII. 4. 16.
Bern.

CAP. IV. § 4 *Anulum*] Qui esset
instar gnorismatis ac monumenti, de
quo genere vidend. omnino Meurs.
Exerc. Crit. I. 3. *Bern.*

Jussaque] Mendum: leg. *jussanque.*
Fab.

§ 5 *Figura anchoræ*] Leg. Appian.
in Syriaca Hist. Auson. de Antiochia:
'Illa Seleucum Nuncupat, ingenuum
cujus fuit anchora signum: Qualis
inusta solet generis nota certa, per
omnem Nam subolis seriem nativa
cucurrit imago.' Hic Seleucus, cum
esset in bellis ἐπιτυχέστατος, 'Nicator' dictus est. Appian. Syr. 124.
Bong. Sic et Ammian. XXIII. 16.
'Nicatori Seleuco victoriarum cre-
britas hoc indiderat cognomentum.'
Unde intelligitur quid id. sibi velit
XIV. 26. 'Seleucus efficaciæ impetrabilis rex, ut indicat cognomentum.'
Nam 'impetrabilis' ἐνεργητικῶς hic
est, omnia impetrans ac pervincens.
Sicut 'impetrabilis orator' Plaut.
Mostell. v. 2. 40. Hinc fanum s.
ἡρῶον, Seleuco a filio Antigono con-
secratum, dictum fuit Νικατόρειον.
Appian. in Syriac. 129. d. In numis-
matis tamen et alibi 'Nicanor' Se-

leucus hic cognominatus. Alius est inf. XXVII. 1. 1. *Bern.*

§ 6 *Edocto, &c.*] Saxo XIV. p. 278. 32. ' De hostium insecutione edocti.'

§ 8 *Antiochiam*] Non unam, sed ipsas sedecim a patre denominatas ' Antiochias' Seleucum condidisse scribit Appian. Syriac. 124. d. ex quibus ætate sua adhuc extare eam, quæ est sub Libano monte, super Oronte fl. Syriæ metropolis, de qua Nostro hic haud dubie sermo. *Bern.*

Campos vicinos urbi Apollini dicavit] Inde, credo, ' Daphne' appellati fuerunt campi isti ; a Daphne videlicet, Apollini adamata, et in laurum conversa. XXVII. 1. 4. ' Daphne se claudit.' *Vorst.*

§ 9 *Notam generis naturalem*] ' Ingenuum signum' vocat Auson. allato paullo ante loco : ' genitivam notam' Suet. Aug. 80. 1. σημεῖον σύμφυτον Aristot. in Art. Poët. De quibus haud protrita quædam observavit Mich. Piccartus dec. 1. cap. 7. Ita Marcellin. XVI. 7. fin. dicit ' genuinam lenitudinem,' h. e. ingenitam ; **ange= bohrne milte.** *Bern.*

§ 11 *Babyloniam cepit*] Diod. XIX. 101. Appian. Syriac. *Bong.*

Auctis ex vict. vir.] I. 1. 9. *Bern.*

§ 13 *Sandrocottus*] Vett. *Sandrococtus.* Arrian. v. Σανδρόκοττος. Plut. Alex. 'Ανδρόκοττος. Appian. 'Ανδρόκοτος. Oros. Ms. *Andracoto.* Fabricius *Sadrocottus* edidit ex Strab. XV. *Bong.* Judicio Freinshemii, Just. *Androcottus* scripsisse videtur, eique voci, ex præc. ' libertatis,' literam *s* adjectam errore librariorum : veluti multis in auctorum locis animadvertere est. Exempli causa, Sisenna lib. II. quem l. citat Macrob. VI. 4. ' Scutis projectis, tectis, saxa certatim manibus conjiciunt in hostes,' pro *Scutis objectis tecti, saxa, &c.* Sic ap. Nonium in *Focillatur,* ex secundo Varronis de Vita P. R. corrupte legitur *' propter secundas sublato metu,'* pro *p. secunda s. m.* Bern. Nihil mutand.

Sæpe enim prior illa litera demitur. Ita [dicitur 'Αλμυθησσòς et Σαλμυθησσòς, 'Ελμάντικα Σαλμάντικα, 'Εξιτανία Σεξιτανία, 'Ινδικὴ Σινδικὴ, 'Αρδιαῖοι Σαρδιαῖοι, 'Ακχηνοὶ Σακχηνοὶ, et alia plura. *Voss.* Freinsb. mallet *Androcottus,* ex Plut. et Appian. Vossius nihil mutand. censet : multa enim hujusmodi esse, quibus S ab initio modo præponatur, modo non præponatur. Arrian. quoque lib. v. Σανδρόκοτον vocat. *Vor.* Ita Saxo X. p. 103. 8. ' Haraldus domesticæ libertatis auctor.'

Titulum libertatis, &c.] Tac. H. IV. 73. 9. ' Libertas et speciosa nomina prætexuntur, nec quisquam alienum servitium et dominationem sibi concupivit, ut non eadem ista vocabula usurparet.' In quam sententiam egregie de Corcyræorum seditione Thucyd. III. 13. 14. *Bern.*

§ 14 *Vindicaverat*] Vincent. ' liberaverat.' Et pro ' detersit' § 17. habet ' abstersit.'

§ 18 *Hoc, &c.*] Saresb. ' H. p. p. ad s. r. majestate (marg. *majestatemque*) ominis impulsus est.' Vincent. ' contracta manu latronum ;' qui in § 19. pro ' Molienti' habet ' Moventi.' Saresb. omittit ' ferus,' pro ' excepit' habet ' cepit' male, et inter ' præliator' et ' insignis' interponit ' postmodum.'

Ad novitatem regni] Hoc admodum suspectum est. Supra certe dicebat, Sandrocottum hunc auctorem Indis extitisse libertatis ; quomodo ergo hic eos sollicitat ad regnum ? Ego non dubito, quin vocula *regnum* hic a glossatore sit intrusa, quam ex præcedd. desumsit, in quibus legitur ' ad spem regni impulsus.' Putavit enim ' novitatem' istam de regno intelligendam, quod Sandrocottus affectabat : cum ' novitas' hic significet res novas. Sic Noster ipse XXIII. 6. ' Etiam urbes nobilissimæ novitatem secutæ.' *Schef.*

§ 19 *Veluti domita mansuetudine*] Mirum epitheton. Num enim man-

snetudo etiam indomita? Suspicor
soripsisse Nostrum *domitus a mansuetudine.* Post librarium per compendium fecisse *domit a mansuetudine.*
Atque ita natam lect. vulg. *Id.*

Duxque belli et prœliator insignis]
De elephantorum arte bellica vidend.
Plin. viii. 7. Ælian. de Animal. vii.
26. xiii. 22. *Bern.*

§ 21 *Factaque pactione*] Strab. xv.
p. 498. 20. scribit, Seleucum adsitas
Indo fl. regiones Sandrocotto, contracta cum eo affinitate, dedisse, ac
pro iis quingentos elephantos accepisse. A quo nonnihil discrepat Plut.
Alex. 108. *Id.*

Bellum Antigoni] Leg. Plut. in
Demetr. 35. &c. Paus. in Att. Dimicatum autem est ad Ipsum. Appian. *Bong.*

§ 23 *In duas factiones diducuntur*]

Ita omnino scribend. Petron. 67.
' Totiusque navigii turbam diducit in
partes :' et Tac. ii. H. 66. ' Iis, qui
ad spectandum convenerant, in studia diductis :' et Plin. ii. Ep. 19.
' Diductum in partes audientium studium :' et Noster xli. 4. ' Diductis
Macedonibus in bellum civile.' *Gron.*

Deducuntur] Ms. et Junt. *diducuntur*, h. e. dividuntur, scinduntur. H.
e. *diducere, non deducere.* Tac. iv. 2.
' Instabat quippe Sejanus, incusabat-
que, diductam civitatem, ut civili
bello :' h. e. in duas partes s. factiones divisam. In eod. lib. *diductus
miles.* Probavit hanc lect. Gronov.
Grœv. Vulg. *deducuntur.* Sed Junt.
teste Grœv. *diducuntur :* quod alteri
et prœfero. *Vorst. Diducuntur* ex
Junt. Grœv. quod recepit Vorst.
Schef.

LIBER XVI.

CAP. I. § 1 *Post Cassandri*] Legend. Pausan. Bœot. Plut. in Demetr.
et Pyrrho. *Bong.*

§ 2 *Propensior fuisse pro Alexandro*]
Meo judicio barbarismus hic est, *propensus pro Alexandro*; legend. *propen-
siorque in Alexandrum.* Ab aliis edd.
abest *pro.* Faber. Ab antiquioribus
typis expr. abest *pro.* Et recte meo
judicio. Dicitur autem *propensus A-
lexandro*, pro, propensior in Alexandrum. Subinde casus 3. pro 4. cum
prœp. usurpatur. Ita dicunt ' invitare
aliquem tecto,' ' domo,' ' hospitio,'
' poculis,' pro, in domum, in tectum, in
hospitium, ad pocula. Item ' paratus
neci,' pro, ad necem ; et multa id
genus alia. *Vorst.* Vorst. delend.
putat *pro*, suadentibus antiquioribus.
Ego nolim, quia alias subintelligi debet. *Schef.*

§ 4 *In parricidio nulla, &c.*] Spar-

tianus refert, Bassianum, occiso fratre, Papiniano mandasse, ut in Senatu pro se et apud populum facinus
dilueret. Illum respondisse : ' Non
tam facile parricidium excusari, quam
fieri.' Fuit illa Principis JCti Cyg-
nea vox : quam miror hominem, si
Diis placet, politicum et JCtum, et
Christianum, in libris suis de Republica, reprehendere pessimo exemplo. Recte enim et ordine fecit
Papinianus, et viri boni officium functus est, qui mori prœoptavit, quam
tyranno impia et iniqua imperanti
parere. Idem ille in eo peccat, quod
Papinianum Imperatoris consangui-
neum facit, contra quam Spartianus,
quem ille auctorem laudat. JCtus
cognationem et affinitatem nescit distinguere. Facit quod rhetores solent, quibus concessum est in historiis ementiri aliquid, ut dicere vi-

deantur argutius. *Bong.* Récte sane
et ordine fecit [&c. Vid. sup. usque
ad ' parere.'] *Berneccer.* Antiquiores
typis expr. rursum præpositionem
omittunt, habentque *parricidio præ-
texi.* Estque ea plane vulgaris verbi
constructio. Virgil. iv. Æn. ' Novis
prætexere funera sacris.' *Vorst.* Vorst.
etiam hic ex dicta causa illud in vult
expungi. Sed, cum regula sit certissima non regi ablativum, nisi a præpositione vel tacita, vel expressa, cur
reperta deleri debeat? Omittit sane
consuetudo, sed ea non est perpetua.
Schef. Hic Junt. et ex Ms. Britanni
rectius quam vulgatæ, quæ *satis* præ-
termittunt. *Græv.*

§ 5 *Ob hæc igitur Alexander*] Mss.
omnes habent *Post hæc,* quotquot
Bong. vidit. Videturque longe melior hæc lect. vulgari. Nempe sequitur ' in ultionem maternæ necis,' cui
non recte præmittitur *Ob hæc,* quia
dicit Idem, atque adeo est otiosum.
Quid enim *Ob hæc* quam, ob factum
parricidium, ne sc. impunitum maneret? *Schef.*

6 *Demetrius*] Qui et ' Poliorcetes'
dictus, h. e. *urbium obsessor:* cujus
cognominis vanitatem arguit Plut. in
Demetr. 52. *Bern.*

§ 8 *Interfecit*] Leg. *interficit.* Fab.
Sic et Junt. *Græv.*

§ 9 *In concionem*] Dele *in.* Fab.

§ 10 *Occupasse insidias*] Juxta illud
Tyronis ap. Agell. vii. 5. ' Beneficia
promissa opperiri oportet, neque ante
remunerari quam facta sunt. Injurias autem imminentes præcavisse
justum est magis, quam expectavisse.
Summa enim professio stultitiæ est,
non ire obviam sceleribus cogitatis,
sed manere opperirique, ut, cum ad-
missa et perpetrata fuerint, tum denique, ubi, quæ facta sunt, infecta fieri
non possunt, puniantur.' Quod paucis Thucyd. i. 7. 11. Δεῖ προεπιβου-
λεύειν μᾶλλον ἢ ἀντεπιβουλεύειν. Unde
Jugurtha, æque tamen simulate ac
Noster, ' Adherbalem dolis vitæ suæ

insidiatum' ait: ' quod ubi comperis-
set, se ejus sceleri obviam isse, ac
proinde populum Rom. neque recte
neque pro bono facturum, si ab jure
gentium sese prohibuerit:' Sall. Ju.
22. 5. *Bern.*

§ 12 *Sociam in omni militia fuisse*]
Alii *socium domi militiæque fuisse:* sed
contra mentem Auctoris, qui hoc dicere vult: Antipatrum affluentem
delitiis, otiosumque, et socordem domi sedisse, et Macedoniæ gravem fuisse; interea dum sub Philippo et
Alexandro Magno ejus filio graves
militiæ labores pertulit Demetrii pater Antigonus. *Mod.*

§ 15 *Nec cessasse, quoad omnem stirpem regia subolis deleret*] ' Deleret'
pro, delevisset. Imperfectum pro
plusquamperfecto subinde poni notavimus ad xiii. 2. 11. *Ver.*

§ 17 *Si quis manium sensus est*] Nota
formulam, ' si quis manium sensus
est,' qua aut simili fere usi Veteres
in memoria defunctorum. Serv. Sulpitius iv. Ep. 5. ' Quod si quis etiam
inferis sensus est, qui illius amor in
te fuit,' &c. Cic. Phil. x. ' Si quis
in morte sensus est.' Id. pro Sext.
' Quod certe, si est aliquis sensus in
morte præclarorum virorum, cum omnibus Metellis,' &c. Sen. in De Consol. ad Polyb. ' Quid itaque juvat
dolori intabescere, quem, si quis defuncti sensus est, finiri frater tuus
cupit?' Quintil. Decl. cccxxxii. ' Si
quid inferi sentiunt, cognosce animum
meum.' Inscriptio vetus Hispanien-
sis: SI MANES POST FATA ALIQUID
SENTIUNT. Et in Epigrammate antiquo: ' Suscipe nunc, conjunx, si quis
post funera sensus.' Cui geminum
illud Ov. de Pont. ' Et ne, si superest aliquis post funera sensus, Terreat
ut manes Sarmatis umbra meos.' Id.
alibi: ' Hoc pater ille tuus prime
mihi cultus ab ævo, Si quid habet sensus umbra diserta, petit.' Plura vid.
ap. ampliss. Brisson. lib. de Formul.
viii. p. 840, *Mod.* Ita Serv. Sulpi-

tius in Epist. quæ est inter familiares
Ciceronis iv. 5. 'Quod si quis etiam
inferis sensus est, hoc certe illa te facere non vult.' Quem ad l. observat
P. Manutius, hac aut simili fere formula in memoria defunctorum usos
et Græcos esse. Latinorum exempla
plura collegit Briss. de Formul. viii.
p. 840. ' Si quis mortuis inest sensus,'
Polyb. viii. 9. ' Si quis inferis sensus
est,' Sen. de Brev. Vit. 18. ' Si est
aliquis defunctis sensus,' Id. Consol.
ad Polyb. 27. 6. Propert. iv. 6. 83.
' Gaude, Crasse, nigras, si quid sapis,
inter arenas.' Val. M. iv. 6. 2. 'Si
quid modo exstinctis sensus inest.'
Lucan. viii. 749. ' Si quid sensus
post fata relictum est.' Cic. Phil.
ix. 6. *Berneccer*. Malim *si quis manium sensus esset*. Faber. Cic. v. Fam.
16. ' In morte si resideat sensus.' Et
vi. 2. ' Si non ero, sensu omnino ca-
rebo.' *Vor*.

§ 19 *Doricetis*] *Dromichatis* legit
Fabricius in Oros. ex Plut. Demetr.
52. Paus. in Att. Strab. vii. qui eum
Getarum regem faciunt. Ego contra
libros nihil muto: neque novum est
Historiarum scriptores in barbaris
nominibus variare. *Bongars*. Notavit
Bong. quosdam typis express. habere
Dromichatis, ut Strab. et Plut. eum
vocant. Quia tamen in codd. Mss.
reperit *Doricetis*, nihil mutand. putavit. Mihi cum Gronov. in lib. iv.
Obs. τὸ *Doricetis* suspectum est;
quod videam, veterem quoque Prol.
huj. lib. habere ' Dromichete,' ipsumque Trogum sic scripsisse arguere.
Vor.

Adversus eum] Ms. et I. bene *adv.*
Demetrium. Add. vi. 1. 2. Not. *Bern*.

CAP. ii. § 1 *Cum Asiam occupare*
statuisset, iterato, &c.] Vereor, ne huic
f. loco acciderit, quod illi, qui est
xv. 2. Equidem et hanc Ptolomæi
cum cæteris conjunctionem non fuisse
primam, verum. At nimis longe abest, quod huic ' Iterato' debet respondere secundum lect. vulg. ' pacta so-

cietate.' Mallem ego comma scribere post ' iterato,' ut sententia sit :
Asiam denuo voluisse occupare, quam
sc. possessam antea amiserat prælio
cum Seleuco, de quo Noster xv. 5. 4.
Schef.

Ptolomæus, Seleucus, et Lysimachus]
Plut. in Demetr. et Pyrrho: Paus.
in Att. quos in hac historia consule.
Bong.

§ 4 *Interfecit*] Leg. *interficit*. Faber. Angl. *interficit*, quod rectius
respondet sequenti ' tradit.' *Schef*.
Sic et Junt. *Græv*.

Querelarum] Codd. Mss. ut Bong.
testatur, *querellarum*: prorsus ut in
antiquis lapidibus est. *Vorst*.

§ 7 *Ptolemæus*] Regum Ægypti seriem vid. ap. Strab. xvii. Quædam
ap. Paus. in Att. *Bong*.

Moriturus, contra] Sebis. præfert,
quod editi quidam habent, *moritur*.
Is contra. Suadet quod mox sequitur, ' ante infirmitatem.' *Berneccer*.
Antiquiores typis expr. *moritur*. *Is*
contra. Et cum Sebis. præfero hoc
ei quod Bong. maluit, *moriturus, con-*
tra. Suadet id quod sequitur, ' ante
infirmitatem.' Quia fecit ante infirmitatem, non fecit moriturus. *Vorst*.
Moritur. Is, restituit ex antiquioribus
Vorst. *Schef*. Adstipulantur Juntæ.
Græv.

Contra jus gentium, &c.] Unde Perseus ap. Liv. xl. 9. 8. fratrem inces-
sens : ' Regnare utique vis,' inquit,
' huic spei tuæ obstat ætas mea, obstat GENTIUM JUS : obstat vetustus
Macedoniæ mos,' &c. Vid. quoque
notata superius ad ii. 10. 2. et v. 11.
2. *Bern*.

Minimo natu ex filiis] Ptolemæo
Philadelpho, nato ex Berenice. Nati
antem ex Eurydice regno exclude-
bantur, vehementer dissuadente Demetrio Phalereo, ut scribit in ejus
Vita Diogenes Laërt. *Idem*. Lucian.
Macrobiis p. 470. Πτολεμαῖος δὲ ὁ
Λάγου, ὁ τῶν καθ᾽ ἑαυτὸν εὐδαιμονέστατος
βασιλέων, Αἰγύπτου μὲν ἐβασίλευσε τέσ-

σαρα καὶ ὀγδοήκοντα βιώσας ἔτη· ζῶν
δὲ παρέδωκε τὴν ἀρχὴν πρὸ δυοῖν ἐτοῖν τῆς
τελευτῆς τῷ Πτολεμαίῳ τῷ υἱῷ, Φιλαδέλ-
φῳ δὲ ἐπίκλησιν, ὅστις διεδέξατο τὴν πα-
τρῴαν βασιλείαν ἀδελφῶν. Leg. ἀδελφῶν νεώτερος. Istum enim comparativum absorbuisse videtur sequens
nomen Φιλαίτερος in easd. literas de-
sinens, pro quo Φιλεταῖρος legend. esse
recte monuerunt viri docti.
§ 9 *Officium regi inter satellites fecerat*] Ov. II. A. A. 388. ' Officium faciat nulla puella mihi.' Horat. I. Ep.
17. 21. ' Officium facio.' Propert. IV.
9. 47. ' Idem ego Sidonia feci servilia
palla Officia, et Lyda pensa diurna
colo.' Et M. Sen. Controv. Præf. 4.
' Non facis mihi officium.' Hinc et
emendanda est Historia Apollonii
Tyrii : ' Nam dulcis juvenis iste naufragus est, et gymnasio mihi officio
gratissime fecit :' leg. *gymnasii mihi
officium.* Gron.

CAP. III. § 1 *Inter pares discordiæ*]
Vid. notata ad XIII. 2. 3. *Bern.*

§ 3 *Ac deinceps Heracleæ*] Hanc
Heracleam Ptolem. Plin. ac Strab.
Ponticam vocant : et a Milesiis, non
a Bœotiis, conditam asserit Strabo.
Glar.

§ 4, 5, 6] XIII. 7. 4. &c. *Bern.*

§ 7 *In Pontum*] Ita omnino legend.
est ex uno Cujacii codd. Est enim
Heraclea h. l. πόλις Θρῄκης ἐν τῷ Πόντῳ,
Stephanus : de qua Strab. XII. et
Eustath. in Dionys. Ceteri omnes
et impressi et scripti *Metapontum*,
turpi errore. ' Metapontum' et ' Heraclea,' Italiæ urbes, librarios in errorem induxerunt. Ex eod. lib. scripsi *Lamachus*, non *Malachus*, quomodo
alii vett. habent. *Bong.*

In Pontum] Ita optime Bong. ex
uno Cod. Ms. restituit, cum alii tam
Mss. quam typis expr. haberent *Metapontum.* Et congruum id est ei
quod antecedit, ' coloniam in Ponti
regione sacram Herculi conderent.'
In Metapontum] Impudens mendum.
Cum hæc Heraclea sit in Asia, Me-

tapontum in Italia ; sed legend. in
Dextra Ponti. Sunt autem Ponti
Dextra a Chalcedone per Bithynos,
Mariandynos, Paphlagonas, Halym,
ac Cappadocas, et reliquos in Colchi-
dem usque, ut inquit Strab. XII. *Glar.*

In eas sedes delati] Mss. habent inter eas, quod efficit, ut suspicer, in
antiquis libris fuisse in terras eas delati, post vocabulum sedes irrepsisse
ex glossa. Certe in sedes deferri haud
ita commode videtur dictum, cum
non sint sedes, ante quam quis delatus jam occupaverit, domiciliumque
ibi constituerit. *Schef.*

§ 8 *Multæ etiam domesticæ dissensiones fuere*] Antiquarum edd. ut et
Junt. lectio est : *Multa enim d. d.
mala fuere:* non damnaverim. Alludit
Ms. *dissensionis multa belli fuere.* Pro
mala scriptum est *multa. Belli* ex
præcedd. irrepsit. *Græv.* Antiquiores typis expr. *Multa etiam d. d. mala
fuere. Vorst.* Editi vetustiores optimi
habent *Multa etiam d. seditionis mala
fuere ;* quod viri docti amplectuntur.
Id vero si concedimus, rejiciend.
haud videtur, quod præcedit in Ms.
belli, locusque totus sic legendus :
*Multa deinde hujus urbis adversus finiti-
mos belli, multa etiam domesticæ seditionis mala fuere.* Schef.

§ 9 *In tutelam classis*] Tueri domum,
tueri classem dicitur pro, sartam tectam servare. Plin. Paneg. ' Tam
parcus in ædificando, quam diligens
in tuendo.' Pari modo igitur dicunt
' tutela classis.' *Vor.*

Descripsissent] Hegesipp. I. 9. ' Tributa quoque Moabitis et Galaditis
jure victoriæ ascripta :' ubi *descripta*
legit Avns 6. Obs. in Script. Eccles.

Collationem abnuerant] Et res et vox
ead. in Suet. Ner. c. 44. ' Omnem
collationem palam recusarent.' *Bern.*

§ 10 *Lamachus*] Cognominem huic
Atheniensium ducem memorat Plut.
in Pericle c. 39. et Noster IV. 4. 3.
Mss. tamen et quidam impr. *Malachus*
hic habent, ex quo, per contractio-

nem, Syrorum 'Malchus' natum suspicatur Gevart. in Papinian. Lect. III. 4. ' Malachus' autem et 'Malchus' regem Syriæ notat. *Bern.*

CAP. IV. § 1 *Passi sunt inter plurima, &c.*] 'Ετυραννήθη χρόνους τινὰς, Strab. De Clearcho tyranno Diod. XV. et XVI. Plut. II. de Fort. Alex. *Bong.*

§ 2 *Cum plebs et novas tabulas, et divisionem agrorum divitum*] Liv. XXXII. 38. duas hasce leges, alteram novarum tabularum, qua debitores ære alieno liberantur (χρεωκοπίαν et σεισάχθειαν appellant), alteram agrorum viritim ex æquo dividendorum, ait esse 'duas faces novantibus res ad plebem in optimates accendendam.' Videatur et Sall. Cat. 21. *Berneccer.* Dele *etiam* et *divitum.* Faber. Faber, teste Notatore Anglicano, vocem *divitum* expungit. Quod existimo recte fieri. Plebs enim suorum postulare divisionem non poterat, quos habebat nullos. *Schef.* Junt. *cum plebe et novas tabulas, et divisionem agrorum divitum:* recte. Non omnium agrorum divisionem, sed illorum qui latifundia possidebant, plebs flagitabat. Quasi vero non multi ex plebe agros possederint. *Græv.*

Divitum, &c.] F. *divites.* Nam *flagitare* utrumque accusativum tam rei quam personæ adsciscit. Cic. pro Planc. 2, ' Dicendum est id, quod ille me flagitat.' *Gron.*

§ 3 *Diu re in senatu tractata*] Mss. mei *tracta,* ut dixit Sall. Jug. 22. 2. ' Adherbal, ubi intelligit penuria rerum necessariarum bellum trahi non posse.' Sed nihil muto. *Mod.* Sed hæc similia non sunt. Nam ' bellum trahere' est, bello moras addere: hic vero *rem trahere* est, rem tractare, s. de re disputare. Convenientius est exemplum Sallustii Jug. 93. 1. ' Trahere cum animo suo, omitteretae inceptum,' pro, tractare, deliberare. Sicuti ' tractus' pro tractatu, ' affectio' pro affectatione, ' osten-

sio' pro ostentatione, &c. bonis auctoribus dicitur, indice cl. Salmas. ad Hist. Aug. p. 109. D. 2. *Berneccer.* F. *diuque re in sen. tractata, exitus rei non inv.* Gron. *Tractata*] Sic optimi libri, et quidem recte. In membranis, quas Modius vidit, ultima syllaba earund. literarum perierat, ut sæpe factum. *Tractare in senatu* est, deliberare. Suet. ' Cepit amicos, cum quibus de rep. tractaret.' *Græv.*

Otio lascivientem] Sen. Ep. 56. ' Nunquam vacat lascivire districtis: nihilque tam certum est, quam otii vitia negotio discuti.' Quæ posteriora verba ipsa habet et Curt. VII. 1. 5. *Bern.*

§ 4 *Quem ipsi in exilium, &c.*] Ita de Coriolano et Camillo Liv. II. et V. *Bern.*

§ 5 *Calamitatium*] Hoc suspectam mihi est. In Ms. quodam legitur *aulamantium.* Num scripsit Noster *auxilia vocantium,* idque deinde per compendiosam scripturam factum primo *aula vocantium,* et mox junctis vocabulis duobus id, quod legitur in Ms.? An, pro *aulamantium, lamentantium* scribendum? Potest enim in vocabulo *aulamantium* initialis littera ex præced. vocabulo adhæsisse, *lamentantium* autem compendium esse vocis *lamentantium.* Schef.

10 *Ex defens. &c.*] Saxo I. p. 5. 27. VIII. p. 155. 42. ' Ex rege privatus evasit:' et p. 8. ' Ex hoste praus evasit:' XI. p. 220. 13. ' Blacco ex speculatore sceleris hortator evasit.'

§ 13 *Pares*] Validos satis ad resistendum. Sup. VII. 6. 4. ' Pares bellis.' *Bern.*

Arbitrarentur] Scribe *arbitrentur.* Faber.

§ 15 *Proinde consulant sibi ipsi: jubeant abire se, si malint, vel causa popularis socium remanere*] Hic l. est contaminatus. Quid hic *si malint?* Cod. manu exaratus Bongarsii *an sibi malint.* Rescrib. cum Junt. *Proinde consulant sibi ipsi. Jubeant abire se, an*

malint socium causa popularis remanere.
Si natum eat ex præced. ' se.' Cum
et an in aliis libris reperiretur, mutatum est in sibi, sed, cum hiaret oratio,
additum vel. Græv. Multum debemus optimæ illi Junt. ed. quam studiose legit Græv. noster. In ea ed.
ita conceptus hic locus est: Proinde
consulant sibi ipsi (bene) jubeantne abire
se, an causa populari socium remanere.
Nil melius, nil rotundius. Fab.
Consulant sibi ipsi] Ita antiquiores
typis expr. Bechar. et, ut Græv. testatur, Junt. Alii consulant sibi ipsis.
Sed alterum elegantius. Vorst. Locum pro contaminato habent, quod f.
non necesse est. Nam illud si malint
facile intelligitur. Dicit enim Clearchus: Si sic malint, si hoc putent
rebus suis conducibilius, debere eos
jubere se abire, vel, si malint illud,
remanere. Quod si tamen quid mutandum, quia legitur in Bongarsiano
an sibi malint, et in Junt. est vel, puto
locum sic formandum: Proinde consulant sibi ipsi. Jubeant abire se, aut, si
malint, causa populari socium remanere.
Schef. Jubeant legitur in Junt. non
jubeantne. Sed ne commode intelligitur, ut alibi non infrequenter. Græv.

Jubeant abire se, si malint, vel causa
populari socium remanere] Grævius locum h. contaminatum putat, et ex
ed. Junt. sic legend. Proinde consulant
sibi ipsi, jubeant abire se, an malint causa populari socium remanere. Sed et
Cod. quidam Ms. Bongarsii habuit an
sibi malint. Ita ergo ante 'jubeant'
subaudiend. erit, utram. Et minus
ego hæsitarem, si sibi plane abesset,
legereturque, Proinde consulant, utrum
jubeant abire se, an malint. Ita enim
' consulant' esset pro, consultent, deliberent. Nunc, quia pronomen adjectum est, nondum satis liquet.
' Consulere sibi' notum idem esse
quod, prospicere sibi. Quid si voce,
utrum, non subaudita legatur sic:
Jubeant abire se; vel, si malint, causa
populari socium remanere? Vor.

§ 17 In fugam dilapsi] Codd. quidam Mss. quos Bong. vidit, fuga di-
lapsi: quod magis placet. Idem.
§ 18 Potissimum] G. Major potissi-
mo vult. Non placet. Bern.
Conversum esse] Scrib. esset. Et
ita in quibusd. Editt. Faber. Malim
legere esset, ut in antiquioribus typis
exp. est: ut ad voculam ' quod,' quæ
præcedit, et hoc referatur. Vorst.
Imp. quidam habent esset, quod hic
plane videtur necessarium, propter
antecedens ' quod.' Idem Vorstio est
visum. Schef. Sic sane Junt. Græv.
§ 19 Cariora eorum pretia] Quibus
sese studebant a morte liberare. Sed
illud eorum mihi admodum suspectum
est; videtur enim, si hoc dicere voluisset, scribere sua pretia debuisse.
Cogitent, qui ingenio plus valent.
Schef.
CAP. V. § 5 Per ora civium trahit]
In publica quasi pompa, ut omnibus
conspicuus esset. Ennius ita de se
dixit, ' Volito vivus per ora virum.'
Sall. Ju. 31. 12. ' Incedunt per ora
vestra magnifici.' Tac. III. H. 36.
' In ore vulgi agere:' ubi pluscula
Lipsius Nota 46. Noster iterum
XXXVI. 1. 5. ' Traductus per ora civitatium, populis in ludibrium favoris
ostenditur.' Berneccer. Inf. XXXVI.
1. 5. ' Traductus per ora civium.'
Ubi ' ora' pro oculis, conspectu. Trahere idem quoque quod, ducere. Virgil. II. Æn. ' Avo puerum Astyanacta
trahebat.' Curt. III. ' Feminæ pleræque parvos trahentes liberos ibant.'
Ver.
§ 6 Nullus, &c.] Tertull. de Carn.
Chr. 5. ' An ideo passiones a Christo
non recidisti, quia ut phantasma vacabat a sensu earum?' Ita Ed. Fran.
Rhenanus male ediderat vocab. Hegesipp. I. 32. ' Judæa ab hostili tumultu
vacabat,' et 88. ' Vacare enim mentem Herodis ab odio filiorum Antipatri non patiebatur.'
§ 8 Interdum enim ex successu, &c.]
Angl. enim non agnoscit. Non probo.

Locus alias est vitiosus. Repetitio namque vocis ' interdum' requirit membra rerum diversarum. At hominem se oblivisci, et dicere se filium Jovis, sunt eadem. Mallem ita legere et distinguere: *Accedit sævitiæ insolentia, crudelitati arrogantia interdum. Dum enim ex successu.* Schef. Angli et Junt. recte omittunt *enim.* Aliud est sane nimia felicitate oblivisci fragilitatis humanæ, aliud jactare se Deorum filium. *Græv.*

Ex successu] Curt. IV. 14. 34. ' Fragilitatis humanæ nimia in prosperis oblivio est.' Sen. Suas. II. ' Nunquam in solido stetit superba felicitas : et ingentium imperiorum magna fastigia oblivione fragilitatis humanæ collapsa sunt.' *Bern.*

§ 9 *Exenti per publicum....utebatur*] Horum pleraque fuere principatus insignia posterioribus temporibus etiam ap. Romanos : nisi quod Imperatoribus eorum, exemplo Regum Persicorum, non aquila aurea, sed ignis præferebatur, ut luculenter docet elegantiss. Lips. ad Tac. Annales Excurs. I. *Mod.*

§ 11 *Ceraunos*] H. e. *Tonitru.* Plut. de Fort. Alex. II. 13. ' Clearchus Heracleæ tyrannus gestavit fulmen : unumque filiorum Tonitru appellavit.' Fulmen, sc. ut ipse Jovem referret, cujus personam ridicule sumebat. Ita namque Budæus illum l. est interpretatus : cum in Græcis vulgo impressis pro σκηπτὸν, *fulmen,* mendose legatur exponaturque σκῆπτρον, *sceptrum.* Talium cognomentorum stultitiam ridet Plut. ad Princ. indoct. 5. *Bern.*

§ 12 *Duo nobilissimi juvenes Chion et Leonides*] Vid. Memnonis Eclogas de Historia Pontica : unde apparebit, legend. esse *Leon*, non *Leonides.* Voss. Unius horum, et prioris quidem, epistolæ adhuc extant. Inter quas una est ad ipsum Clearchum scripta : et una item ad Platonem, præceptorem, qua quasi ad cædem

tyranni sese parat. Μετὰ ταῦτος ἦν, inquit, καὶ νικητηρίων ἀπολείτοιμι τὸν βίον, εἰ καταλύσας τὴν τυραννίδα ἐξ ἀνθρώπων ἀπελεύσομαι. Pro *Leonides* legend. esse *Leon*, ex Eclogis Memnonis intelligi posse monet Voss. *Vorst.* Voss. scribit *Leon*, et potest adhærens *ides* natum esse ex seq. ' eadem.' *Schef.*

§ 13 *Discipuli Platonis*] Præter hos nostros alii plures enumerantur a Diog. Laërt. in Vita Plat. et Athenæo XI. fin. quo l. satis maligne de discipulis institutisque Platonis judicat Athenæus. Quin ipsum Platonem ob ἔρωτα τυραννίδος haud obscure perstringit Xen. Epist. ad Æschinem fin. p. 1000. d. Ut mirum sit, quare hos Platonis ex doctrina factos tyrannidis osores dicat Auctor. *Bern.*

Veluti clientes, et mox, *veluti ad regem*] Glossemata sunt, Sebisii judicio et meo. *Idem.*

§ 14. 15. 16] Simillima referuntur a Liv. I. 40. *Idem.*

§ 14 *More j.*] Saxo XIV. p. 274. 15. ' Subornat ex suis qui j. m. rem in strepitum seditionemque converterent.'

§ 15 *Qui jure familiaritatis admissi*] F. *quibus j. f. admissis.* Gron.

§ 18 *Frater Clearchi Satyrus*] Diod. XVI. 36. filium Timotheum ei successisse refert : qui et eum interfectum ait, Διονυσίων ὄντων, ἐπὶ θέαν βαδίζοντα. Consule Memnonis Excerpt. *Bongars.* Item Athenæum III. 7. et XII. 12. et rursus Diod. XX. 78. Quibus auctoribus inter se collatis pensitatisque, Freinshemii nostri sententia verisimilis mihi redditur, Auctorem ista suo more confundere, et duos Clearchos, avum atque nepotem, in unum conflare. Res ita habet. Clearcho, qui tyrannidem Heracleæ primus invasit, successere filii, Timotheus primo, deinde Dionysius : Dionysio item filii Zathras, (qui f. Justino ' Saturus' s. ' Satyrus' est,) et Clearchus alter. De Satyro Pontico Dionys. in fine Isocratis. *Bern.*

Eadem via] Qua? qua Clearchus invaserat. Jam vero is invaserat juvando primum Senatum, mox plebem contra eum, et faciendo cetera, quæ ap. Nostr. leguntur. Qualia nec fecit Satyrus, nec necesse habuit, pridem cæsis hisce omnibus, aut in exsilium ejectis. Quare puto ap. Nostr. *eadem vi* legend. esse, ac intelligendam vim satellitum, qua Chion et Leonides erant obtruncati. *Schef.* Eadem via est, æque ut frater. Non quidem eod. modo. *Græv.*

Multisque annis] In Memnonis Excerpt. legimus Heracleotas partim a tyrannis, partim a Lysimacho, privatos libertate fuisse annos 84. *Bern.*

Heraclienses sub regno tyrannorum fuere] Ms. *H. regnum t. f.* Ita loquuntur optimi quique scriptores, et ipse quoque Just. Sic XVII. 3. ' Quæ et ipsa genus Æacidarum erat.' Ita enim ex Mss. legend. *Voss.* Recte

Mss. *H. regnum t. f.* Virgil. Æn. I. ' Hoc regnum Dea gentibus esse, Si qua fata sinant.' Liv. I. f. ' Gabios regnum Tarquinii' vocat. Id. XXIX. 32. ' Massæsylorum fines, id Syphacis regnum erat :' et XXX. 11. ' Massæsyli regnum paternum Masinissæ.' *Gronov.* Angl. *H. regnum f.* Unde Is. Voss. [At vid. Voss. sup. et Græv. inf.] *H. sub regnum f.* Scio quartum casum aliquando jungi præpositioni huic pro ultimo. Sed nil tale suetum Nostro. Mallem retinere *sub regno*, quod est in vulgatis, et delere *tyrannorum*, tanquam quod adjectum fuerit ex glossa. Nec illud *regnum* in Anglicano aliud quam alterius *sub regno* glossa et interpretatio. *Schef.* Voss. legit *H. regnum t. f.* Angli vero in suis libris invenerunt *H. sub regnum t. f.* Sic et in Junt. legitur. Sed aut Vossii emendatio amplectenda, aut a vulg. non discedend. *Græv.*

LIBER XVII.

CAP. I. § 2 *Lysimachia*] Prius Cardia dicta. Steph. Paus. in Att. Eam suo tempore deletam fuisse scribit Strab. x. *Bongars.* Strab. x. p. 460. Ἴχνη δὲ αὐτῆς ['Ωλένου] λείπεται μόνον ἐγγὺς τῆς Πλευρῶνος ὑπὸ τῷ 'Αρακύνθῳ· ἦν δὲ καὶ Λυσιμαχία πλησίον ἠφανισμένη καὶ αὐτή, κειμένη πρὸς τῇ λίμνῃ τῇ νῦν μὲν Λυσιμαχίᾳ, πρότερον δ' Ὕδρᾳ.

§ 3 *Quod portentum....portendebat*] Vix dubium, quin Auctor scripserit *prodigium, &c.* eod. plane modo, ut XL. 2. ' Quod prodigium mutationem rerum portendere auspices responderunt.' *Gronov.* Non possum isthuc ferre, hec a Just. esse puto. Legi potest *portentum....significabat;* ut alibi. *Fab.*

Ac regni ruinam] Mss. multi habent *ad regni ruinam,* quod non puto con-

temnend. *Ad est*, una cum ruina. Terent. Andr. ' Ad hæc mala hoc mihi accedit etiam.' *Schef.*

§ 4 *Agathoclem*] Leg. Paus. in Att. et Strab. XIII. qui Lysimachum ait, κακοῖς οἰκείοις περιπεσόντα, filium necasse. Per κακὰ οἰκεῖα domesticas calamitates intelligit, quæ hic et ap. Paus. recensentur, non improbos familiares, quod putavit doctiss. Fabricius. *Bongars.* De Agathoclis ipsiusque Lysimachi cæde addendus Appian. Syriac. p. 130. *Bern.*

Perosus] Sunt hæc firmanda nostratium adagio : ' Novercam habens, habet et vitricum :' adeo blanditiæ muliebres, amorque novellus supervenienis, naturales etiam affectus evertunt. Simile exemplum extat XXXIV. 4. 1. *Bern.*

§ 6 *Quod occisum juvenem, &c.*] Tac.
Ag. c. 45. ' Præcipua sub Domitiano
miseriarum pars erat, videre et aspi-
ci : eum suspiria nostra subscriberen-
tur : cum denotandis tot hominum
palloribus sufficeret sævus ille vultus.'
Quem ad l. egregie, ut solet, vir et
amicus magnus Mich. Virdungus.
Bern.

§ 7 *Superfuerant*] Pro, supererant.
Quod apparet ex eo quod sequitur,
' qui exercitibus præerant.' Plusquam perfectum poni pro imperfecto
non insolens est : quomodo contra
imperfectum ponitur pro plusquam
perfecto. Vid. Notas ad XIII. 2. 11.
itemque Gronovii ad Liv. XXXIV. 11.
Vorst.

16 *Lysimachus quatuor et septuaginta
annos natus erat*] 80. annorum facit
Lysimachum Hieronymus, cum oc-
cumberet in prælio adversus Seleucum. Vid. Lucian. de Longævis. *Voss.*

§ 11 *Juveniles*] Mss. *juvenales:* quod
reperi multis etiam locis in membranis Livii et Senecæ ; et dixit Horat.
in Arte : ' Nec nimium teneris juve-
nentur versibus umquam.' Sed de
hac re plura cum Deo ad ipsum Livium. *Mod.*

§ 12 *Angustiis sibimet*] Junt. *angus-
tis sibi metis.* Græv. Juntina non
displicet. *Schef.*

CAP. II. § 1 *In eo bello Lysimachus*]
Præter Paus. et Strab. vid. Appian.
Syriac. *Bong.*

Non instrenue] Mss. omnes, ut et
Junt. *non strenus.* Ab omnibus tamen
dicitur in prælio oecubuisse in campis Cori. Sic paulo post rursus Junt.
cum omnibus Mss. *ambitiosus ad populares esset.* Quod mirum cur spreve-
rint. *Ad* enim pro, apud, infinitis
locis ap. priscos scriptores ponitur.
Liv. XXIV. 48. ' Q. Statorio nomen
fuit, qui ad regem romansit.' Cic. v.
Fam. 10. ' Ad Cæsarem meam causam agas.' Id. x. ad Att. ' Ad me
bene mane Dionysius fuit.' Et sic
Terent. Cæs. aliique maxime idonei

Latinæ linguæ auctores. *Græv.*

§ 2 *Lætus, &c.*] Memnon 13. *μέ-
λευκος δὲ, τοῖς κατωρθωμένοις κατὰ Λυσι-
μάχου ἐπαρθείς, εἰς τὴν Μακεδονίαν δια-
βαίνειν ὥρμητο, πόθον ἔχων τῆς πατρίδος,
ἐξ ἧς σὺν 'Αλεξάνδρῳ ἐστρατεύετο, κἀκεῖ
τοῦ βίου τὸ λεῖπον διανύσαι, γηραιὸς ἤδη
ὤν, ἐκκαιοσούμενος, τὴν δὲ 'Ασίαν 'Αντιγόνῳ
(leg. 'Αντιόχῳ) παραθέσθαι τῷ παιδί.*

De cohorte Alexandri] Ea ' cohors
regia.' fuit, ut v. 11. 9. appellatur.
Vorst. ' De c.' i. e. ex proximis, fami-
liaribus, ut interpretatur Avus IV.
Obs. 10. p. 158.

§ 3 *Fragilitatis humanæ*] Cujus admonens Cyrum Cræsus : ' Humana-
rum rerum circulus est,' inquit, ' qui
rotatus, semper eosdem fortunatos
esse non sinit.' Herodot. I. 207. *Ber.*

§ 4 *A Ptolemæo*] Cerauno. Erat
hic filius Ptolemæi Soteris, et Eurydices Antipatri filiæ. Appianus, qui Seleucum 73. annos vixisse scribit, quod
cum iis, quæ Just. sup. retulit, non
congruit. *Bongars.* Seleuci Nicatoris
a Ptolemæo Cerauno occisi meminit
et Plin. VI. H. N. 11. *Bern.*

In matrimonio habuerat] Antiquiores
typis expr. *in matrimonium h.* De
quo genere antiptoseos agit Gell. I.
17. itemque Vechner. Hellenol. I. 16.
Vor.

§ 6 *Cum et in gratiam, &c.*] Mallem
legere *cum et gratia m. m. P. patris,
tum favore ult., &c.* Gron.

Apud populares] Etiam hic Mss.
plures habent *ad pop.* genere loquendi
optimis scriptoribus sueto ac recepto.
Cic. Phil. ' Etiam ad inferos pœnas
parricidii luent.' Quare suspicor illud
apud in vulgatis non Justini esse, verum glossatoris. Hæc scripseram,
cum vidi postea, etiam Grævium esse
in hac sententia. *Schef.*

§ 7 *Ptolemæus nuptias Arsinoës sororis suæ*] De Ptolemæo isto, cognomine Cerauno, deque nuptiis ejus
cum sorore Arsinoë, pluribus agit inf.
XXIV. 1. et 2. *Vor.*

§ 10 *Omnique arte adulatur Eumeni*

et Antigono] Oppido obscurus est hic l. quem ego ita puto legend. *Omnique e. a. E. et A. Demetrii filiis, quibuscum bellum habiturus erat. Antiocho item Seleuci filio, ne tertius hostium accederet.* Mirum vero quam regionem Eumenes atque Antigonus habuerint post patris Demetrii deditionem Seleuco factam, cum Ptolemæus Ceraunos Macedonum regnum invaserit. Sed et init. lib. XXIV. ubi postea hæc historia hic interpolata repetitur, Antigonus, Ptolemæus, et Antiochus bello inter se dissident. Porro in eod. lib. XXIV. Antigonus a Ptolemæo pulsus dicitur, nec additur, unde pulsus. Suspicor Eumenem ac Antigonum aliquam Macedoniæ partem obtinuisse post turpem patris deditionem; Cassandreiæ certe imperium obtinuisse Arsinoën, Ptolemæi Cerauni sororem ejusdemque uxorem, ut antea Lysimachi, eod. libro proditur. *Glar.*

Adulatur Eumeni, &c.] Sebis. hæc ita transponenda censet: *adulatur Antiocho filio Sel. ne Eum.* (cujus tamen Plut. in Demetr. nullam mentionem facit) *et Antig. D. f. cum quibus, &c. tertius, &c.* Berneccer. Locus vehementer corruptus; cujus haud scio an verba ipsa, sententiam f. repræsentavero. Scribend. est: *Omnique a. a. Nicomedi, ne cum Antigono Demetrii, Antiocho Seleuci filiis bellum habituro tertius sibi hostis accederet.* Nullum circa hæc tempora invenio Eumenem, quem vereri poterat Ptolemæus. Sed Nicomedem Bithynum, Antigoni amicum, hostem Antiochi invenio ap. Memnonem in Excerptis Photianis: cujus illi haud dubie potuit utilis esse gratia, si nihil aliud, ad morandum Antiochum. Nam cum duobus istis simultates erant inexpiabiles, quorum alter Macedoniam, velut paternum regnum, vindicabat, alterius patrem ipse interfecerat. [Fuit hic Antiochus Soter, Seleuci Nicatoris filius. *Græv.*] Et *Eumenes* pro *Ni-*

comede bis etiam habetur in vulgatis exemplaribus XXVII. 3. Sic et XXXIII. 1. ' Et Eumeni regi Bithyniæ denuntiatum.' Immo, vel Eumeni regi Pergami, vel Prusiæ regi Bithyniæ. Nec melius XXXII. 4. Eumenis Pergameni, qui cum Prusia Bithyno bellum gessit, milites *Pontici* vocantur. ' Id ridiculum Ponticis visum,' immo Pergamenis. *Gron.*

Omnique arte adulatur Eumeni et Antigono, Demetrii filiis, Antiocho filio Seleuci] Locum h. conclamatum mihi *ἀδοτόχως* pro solertia sui ingenii restituisse videtur Gronov. cui tot alia loca restituta debet omnis antiquitas. *Grævius.* Nemo ita in veteri historia peregrinus est, quin facile hæc corrupta esse videat. Sebis. quidem hoc, quod sentio, ut acuto homine dignum est, olfecerat; sed unus Gronovius rem constituit. Emendationem probo. *Faber.* Inf. XXIV. 1. scribit Ptolemæum Cerainum, Antiochum, et Antigonum reges in Græcia bello dissedisse. Quare non apparet, quomodo id. Ptolemæus Antigono et Antiocho adulatus fuerit; et sunt sine dubio hic menda quædam. Gronovius igitur restituit. *Vorst.*

§ 11 *Ingens momentum*] Taciti illud simile est H. I. 59. ' Batavorum cohortes, prout inclinassent, grande momentum, sociæ aut adversæ.' Lucan. IV. 819. ' Momentumque fuit, mutatus Curio, rerum.' Add. sup. v. 4. 12. de Alcibiade. *Bern.*

§ 13 *Naves ad exercitum in Italiam deportandum mutuo petit*] Melioris temporis scriptores dicerent, ' naves mutuas petit:' et id postulat Latinæ linguæ genius. Posterioris tamen ætatis scriptores hic recesserunt a via, majoribus et priscæ eloquentiæ viris trita. *Græv.*

Qui, &c.] Saxo VI. p. 98. 10. ' Ne alienis quam propriis viribus instructior videretur.'

§ 14 *Cui nulla*] F. *cum nulla.* Sebis. *Berneccer.* Mallet Sebis. *cum*

nulla. Requirit sane quid hujusmodi
sequens *esset.* Et quid si scripsit
Ptolemæus ut cui nulla? potuit illud
ut excidisse propter proxime præcedens *us.* Schef.

§ 15 *Vindicem regni reliquit; ne,
abducta in Italiam juventute, prædam
hostibus regnum relinqueret*] Auctius
membranæ meæ dictionibus aliquot
hoc modo: *vindicem eum regni reliquit:
pacificatus cum omnibus finitimis, ne,
abducta in Italiam juventute, &c.* mea
sententia non male. Sed doctorum
esto judicium. *Modius.* Junt. non
secus ac Modii membranæ vocibus
aliquot auctis legunt *vindicem, &c.*
Inferius xxiii. ' Agathocles rex Siciliæ pacificatus eum Carthaginiensibus.' Et vi. 2. ' Pacificari cum altero
statuit.' *Græv.*

Cap. iii. § 1 *Quoniam ad Epiri
mentionem ventum est, de origine regni
pauca, &c.*] Similis excursus totidem
prope verbis inchoatur xviii. 3. 1.
Bern.

*Quoniam ad Epiri mentionem ventum
est*] Ubi? sup. (cap. præc. ii.) iis
verbis : ' Sed nec Pyrrhus, rex Epiri,
omissus.' F. tamen non est contemnend. quod in quodam Ms. legitur,
ad Pyrrhi ment. Schef.

§ 2 *Molossorum primum in ea re-
gione regnum fuit*] Chaones primum,
Molossos deinde regnasse refert
Strab. vii. quem lege. *Bong.*

§ 3 *Troj. temp.*] Hæc uncinis includit Ed. Bong.

§ 4 *Cum in templum*] Mss. habent
in templo, quod tanquam incongruum
repudiarunt. Solent tamen optimi
scriptores casus hosce ita permutare,
ac similia ii. 13. observavimus. *Schef.*

Lanassam, neptem Herculis] Sic Vett.
et Plut. in Pyrrho 1. qui eam facit
filiam τοῦ Κλεοδίου τοῦ Ὕλλου, qui
filius erat Herculis. *Bong.*

§ 6 *Et Andromachen Hectoris, quam
et ipse matrimonio suo in divisione Trojanæ prædæ acceperat, uxorem tradidit*]
Sic Virgil. Æn. iii. 319. ' Hectoris

Andromache, Pyrrhin' connubia ser-
vas?' Ubi Servius, ' Consuetudinis
regiæ fuit,' inquit, ' ut, legitimam
uxorem non habentes, aliquam, licet
captivam, tamen pro legitima haberent : adeo ut liberi ex ipsa nati succederent. Pyrrhus hanc quasi legitimam habuit, et ex ea filium Molossum suscepit : postea, cum vellet
Hermionem, Menelai et Helenæ filiam, Oresti jam ante desponsatam,
ducere uxorem, Orestis insidiis in
templo Delphici Apollinis occisus
est. Verum moriens præcepit, ut
Andromache, quæ apud eum conjugis
locum tennerat, Heleno daretur ;
propter supra dictum beneficium, quo
eum a navigatione prohibuerat. Inde
factum est, ut teneret regnum pri-
vigni, qui successerat patri, a quo
Molossia dicta est pars Epiri, quam
Helenus postea a fratre Chaone,
quem in venatu per ignorantiam dicitur occidisse, Chaoniam nominavit,
quasi ad solatium fratris extincti.'
Modius. Hunc 1. sic restituas oportet: *Andromachen Hectoris e matrimonio suo, quo* (Helenum sc. et Andromachen) *in divisione Trojanæ prædæ
acceperat, uxorem tradidit.* Sensus est:
Pyrrhum Heleno filio Priami regnum
Chaonum, ac Andromachen Hectoris
uxorem, quam ipse in matrimonium
receperat, in uxorem dedisse ; Helenus enim et Andromache in Trojanæ
prædæ divisione Pyrrho obtigerant.
Vid. Sen. Troad. *Grono.* Quid est
matrimonio accipere? Quis sic loquitur ? Mss. *Andromachen Hectoris et
matrimonio suo, quos in divisionem.* In
uno pro *quos* legitur *quam.* Et sic
plane Junt. uti omnino legend. est:
*Andromachen Hectoris e matrimonio suo,
quam ipse in divisione Trojanæ prædæ
acceperat :* Andromachen, quam in
matrimonio habuerat, Pyrrhus elo-
cat Heleno Priami filio. *Græv.* In
Junt. sic legitur : *Andromachen Hectoris e matrimonio suo, quam ipse in divisione Trojanæ prædæ acceperat.* Sed

mihi h. quidem in l. Juntæ non satis-
faciunt. Sic ego scriptum a Just.
fuisse arbitror, *Andromachen Hectoris,*
quam ipse in matrimonium post divisio-
nem Trojanæ prædæ acceperat, uxorem
tradidit. Hæc conjectura mea est, de
qua liberum sit judicare. *Faber.*
Græv. nihil esse putat *matrimonio ac-*
cipere; ideoque amplectendam lect.
Junt. Et congruunt nonnihil Mss.
quidam, qui sic habent, *Andromachen*
Hectoris et matrimonio suo. Sensus
igitur fuerit, quod Pyrrhus Andromachen Hectoris, quam in divisione
Trojanæ prædæ acceperat, e matrimonio suo Heleno Priami filio uxorem tradiderit. *Vorst.* Lectio Junt.
non est mala. Quia tamen quæ vul-
gantur, non temere, sed ex lect. vetusta veraque orta videntur, mallem
junctis omnibus sic legere : *et An-*
dromachen Hectoris e matrimonio suo
(in divisione Trojanæ prædæ acceperat)
uxorem tradidit. Parentheses istæ
sæpe fuerunt causæ turbatæ lectionis, quod exemplis aliis alibi a me
demonstratum. *Schef.*

§ 7 *Insidiis Oresta*] Μαχαιρέως Δελ-
φοῦ ἀνδρὸς ἀναλόντος αὐτόν. Strab. IX.
Regum Epiri genus vid. ap. Paus. in
Att. et Plut. in Pyrrho. *Bongars.*
Idem Virgil. Æn. III. 331. ' Scelerum
furiis agitatus Orestes Excipit incau-
tum, patriasque obtruncat ad aras.'
Ubi iterum Servius, ' Alii,' inquit,
' Achilleas intelligunt; nam Pyrrhus
(ut in historia legimus) occiso patre
in templo Apollinis Tymbræi, reversus in patriam, in numinis insulta-
tionem, in templo ejus Delphico aras
patri constituit, et illic ei cœpit sacrificare. *Mod.* Consentit Velleius I.
1. 8. Strab. tamen. IX. p. 290. 22.
' a Machæreo sublatum' tradit. Conciliare videtur Eusebius Chron. ad
ann. 854. ' Pyrrhum Delphis in templo Apollinis occisum ab Oreste,'
sed nimirum ' proditione Macarei
sacerdotis.' Ipse autem fecisse putandus est, quod per alium quis fe-

cerit. Add. Paus. 140. 10. *Bern.*

§ 8 *Pialis*] Pielum vocat Paus.
Pylades hic imperiti librarii substi-
tuerant, Orestis nomine inducti. Erat
hic Andromaches filius; Paus. *Bong.*
Recte Junt. *Pielus.* Sic Pausaniæ
dicitur. *Græv.*

§ 9 *Arrybam*] Ita ex veteri scriptura legend. judicavi, habent enim
vett. *thribam,* alii *htribam:* nisi quis
malit ex Plut. Pyrrh. 1. *Tharrytam,*
quod accedit ad *Tarriba,* quod in uno
veteri legitur. Et, quæ de eo Plut.
refert, cum Auctore nostro conveniunt : Θαρρύταν πρῶτον ἱστορεῦσιν Ἑλ-
ληνικοῖς ἔθεσι, καὶ γράμμασι, καὶ νόμοις
φιλανθρώποις διακοσμήσαντα τὰς πόλεις,
ὀνομαστὸν γενέσθαι. Tharypum hunc
vocat Paus. in Atticis: ejus filius Alcetas, pater Arrybbæ, s. Arybæ, ut Plut.
s. Aryrubæ, ut Diod. XVI. et Neoptolemi. Arrybæ filius Æacides, a quo
Pyrrhus. Neoptolemi filiæ, Troas,
Olympias Alexandri Magni mater, et
Alexander filius, de quo sup. XII. 1.
et 2. Hæc ex Plut. et Paus. Hinc
sup. VII. 6. 11. legend. arbitror,
' Conciliante nuptias patruo, tutore
virginis, Arryba, rege Molossorum :'
et VIII. 6. 4. ' Siquidem. Arrybam,
regem Epiri, &c. atque Alexandrum pupillum ejus, uxoris Olympiadis fratrem,' &c. Lector sagax et
eruditus judicet. *Bongars.* Plut. in
Alex. 2. fratrem Olympiadis Arym-
bam vocat, quod id. cum Aryba crediderim : sicuti ' Selymbria' et ' Se-
lybria,' ' Lampsana' et ' Lapsana,'
σκαμανδώνη et σκανδώνη, &c. promiscue
dicitur. *Bern.*

§ 16 *Frater Æacides*] Frater patruelis, ut ex iis constat, quæ sup. notavi.
Bongars. Cic. XV. Fam. 7. 1. *Bern.*

Populum, &c.] Saxo XVIII. p. 159.
17. ' Civium offensam contrahere
maluit.' XI. p. 214. f. ' Eoque studio gravissimas majorum offensas
contraxit.'

§ 17 *Virum, admodum parvulum*]
Plut. Pyrrho 2. νήπιον ὄντα. Lego

bimum admodum, ut *parvulum* ex glossa sit. *Bongars.* Ego *parvulum* non libenter abjicio, dictionem Auctori familiarem, ut xviii. 3. 1. &c. Magis probo Freinsh. pro *vivum* rescribentem *suum.* Bernec. Ms. *suum.* F. *unicum.* Nullos namque filios habuit Æacides, præter Pyrrhum. *Voss.* Vidit Bong. legend. *bimum admodum.* Et recte vidisse virum excellentem illa præstantiss. ed. confirmat, in qua sic, ut ille conjecerat, legitur. *Bimum admodum* est, circiter, præter propter bimam: in hac enim notione sæpe legitur: cap. præc. huj. lib. ' Post menses admodum septem.' Et lib. xi. ' Inter hæc octingenti admodum Græci occurrunt.' Curt. ' Equites mille admodum.' Pro quo et alibi ' quasi ' ponit; ut Græci *&osé.* *Græv.* Antea legebatur *vivum,* male. Sed in quibusd. impr. ante Bong. scriptum fuerat *bimum,* quod ipse probavit. Recte. Sic autem et Liv. LII. de alio principe locutus fuerat: nam in Epit. illius legitur ' Filio bimulo admodum regnum asserebat.' Atque ita illud *parvulum* mutari debet in *puerulum,* aut omnino delend. est. Nam, si *bimus admodum* erat, *parvulum* addere nil quidquam attinet. *Fab.*

Pyrrhum bimum admodum parvulum] Bong. et secutus eum Bernec. edidere *Pyrrhum vivum.* Sed fatetur tamen Bong. se malle legere *Pyrrhum bimum admodum; ut parvulum* ex glossa sit. Quidni ergo τὸ *bimum* retinuit, cum in antiquioribus typis expr. Junt. Bechar. et aliis id reperiret? Alii, cum et ipsis τὸ *vivum* non placeret, aliud pro eo legend. conjecerunt: et Voss. quidem *unum,* Freinsh. vero *suum.* Illud *parvulum,* quod Bong. expunctum volebat, abesse vix potest. Et loquitur ita Noster xviii. 3. 1. et 4. 4. Erit autem τὸ *admodum parvulum* τοῦ *bimum* ἐξήγησις quædam; quasi diceret, ' bimum, i. e. admodum parvulum.' *Vorst.* Omnino le-

gend. *bimum admodum,* expuncto *parvulum; et admodum* pro, circiter, accipiendum. Nam *admodum parvulus* non potest jungi, sed *admodum parvus,* sicut dicitur ' admodum puer.' *Schef.*

§ 18 *Subtractus*] Ab Androclide et Angelo. Plut. in Pyrrho 2. *Bern.*

§ 19 *Glauci*] Γλαυκίαν Plut. vocat. *Bongars.* Alii libri *Glaucia;* quam scripturam firmat Plut. in Pyrrho 4. *Mod.* *Glaucia* pridem G. Major edidit, et firmat eam scripturam Plut. in Pyrrho 4. et Diod. xix. 80. *Bernec.* Legend. omnino, ut Junt. et G. Majoris edd. habent, *Glauciæ,* confirmante Plut. Post Junt. *usque in adultam ætatem.* Græv. Bong. et Bernecc. edidere *Glauci.* Sed notarunt tamen Majorem edidisse *Glauciæ.* Vor.

Quæ et ipsa genus Æacidarum erat] In Ms. *genus.* Quod elegantissimum est, et Vossio arridet, atque adeo mihi. *Faber.* In Ms. legitur *genus Æacidarum,* quod ignoro, quare contempserint, cum sic Noster loqui soleat et alibi: ut ii. 4. ubi de Orithia: ' Auxilium deinde a Sagillo rege Scythiæ petit: genus se Scytharum esse ostendit.' *Schef.*

§ 20 *Addito in auxilium*] Malim *ad aux.* quam *in aux.* Neque enim temere sic loquuntur boni scriptores. *Fab.*

§ 21 *Annorum undecim*] Δυσκαίδεκα ἐτῶν, Plut. *Bong.*

Usque ad adultam] Mss. mei *usque adultam:* quod probo: amat enim sic loqui Just. In eisd. meis Mss. deest *dicam,* an abest, in seqq. quoque illis, *ut Tarentinos solus adversus, &c.* vox *solus.* Mod.

Usque adultam] Ita Mss. Modiani, et amat sic loqui Noster, ut ostendit in Ind. Freinshemius. Editi *usque ad adultam.* Bernec.

§ 22 *Tantusque, &c.*] Saxo vii. p. 122. 38. ' Igitur apud Sueones tantus haberi cœpit, ut magni Thor filius existimaretur.'

LIBER XVIII.

CAP. I. § 1 *Igitur Pyrrhus*] De Pyrrhi in Italiam expeditione, Plut. in Pyrrho, Paus. I. Flor. I. 18. Oros. IV. 1. et Epit. Liv. *Bong.*
Et ipsis auxilium adversus Romanos indigentibus] Optime Ms. Bong. *aux. adv. Rom. pollicentibus;* ut Tac. I. 60. ' Chauci, cum auxilia pollicerentur, in commilitium adsciti sunt.' *Gronov.* Ms. quidam teste Bong. *aux. adv. Rom. pollicentibus.* Utrobique casus sexti est; cum præcedat ' Samnitium' et ' Lucanorum.' Refero igitur hoc ad illa quæ in Notis ad II. 3. 16. et VIII. 5. 10. congessimus. *Vorst.* In Ms. quodam reperitur *aux. adv. Rom. pollicentibus:* quod nescio an convenientius sit historiæ. Florus I. 16. ubi de bello Tarentino agit : ' Sed apparatus horribilis, quum tot simul populi pro Tarentinis consurgerent, omnibusque vehementior Pyrrhus.' Sed et quod ap. Nostr. sequitur de sociis, firmare lect. hanc videtur: ' Valerius Lævinus festinans, ut prius cum eo congrederetur, quam auxilia sociorum convenirent.' Socii profecto alii intelligi non possunt, quam Samnites illi et Lucani. *Schef.*
Spe invadendi] Vid. notata ad IV. 3. 5. *Bern.*
§ 2 *Exempla majorum*] Virgil. III. Æn. 342. ' Ecquid in antiquam virtutem animosque viriles Et pater Æneas et avunculus excitat Hector?' Ita XII. Æn. 439. *Bern.*
Subegit] Scrib. *subegisset.* Fab.
§ 3 *In solatia*] Mss. plures habent *solatio,* quod non puto temere repudiand. Ita XVII. 3. pro *in templum* vett. habent *in templo,* ubi vid. quæ notavi. Firmaret quoque Phædrus noster, si lectio esset integra I. 10. ubi ait: ' Lepus semianimus mortis in solatio.' Sed præfero, quod habet

Heins. *mortis en solatia.* Sic enim edend. fuerat in mea ed. pro quo vitiose legitur nunc *in solatia.* Schef.
Adductis] Legend. *abductis.* Bongars. Quid opus est? *Fr.*
§ 4 *Valerius Lævinus*] Plutarcho in Pyrrho 34. 'Αλβῖνος, litteris transpositis, et ι interjecto, legend. Λαιβῖνος. Pugna commissa est ἐν τῷ μεταξὺ πεδίῳ Πανδοσίας πόλεως καὶ Ἡρακλείας, Plut. ib. Heraclea autem auctore Plinio III. N. H. 11. pr. inter Sirin est et Acirin fluvios. Unde in Oros. IV. 1. legere audeo ' apud Heracleam, et Pandosiam urbem, fluviumque Sirin:' quamvis Ms. habeat *Heracleam Campaniæ urbem, fluviumque Liris,* cum nulla sit Campaniæ Heraclea, et Liris fl. ab h. l. alienus sit. Sequutus est autem Orosius Flori corruptum exemplar. Ideo ut Oros. ita et Flor. I. 18. 10. emendandus. *Bong.*
§ 6 *Inusitata*] Plin. VIII. 6. *Bongars.* Plin. scribit Italiam non visos hactenus elephantos ' boves Lucas' appellasse, quippe in Lucanis primum visos. Add. Varr. VI. L. L. Flor. I. 18. 11. Solin. 25. Frontin. II. Strat. 4. 13. *Bernec.* Scrib. *invisitata.* Liv. IV. 33. ' Quum repente patefactis Fidenarum portis nova erupit acies, inaudita ante id tempus invisitataque.' Et XXVII. 39. ' Invisitati namque antea alienigenis, nec videre ipsi advenam in sua terra assueti.' Curt. IX. 1. ' Magnitudinis invisitatæ repere serpentes.' Ubi vulgo editur *invisitata,* sed male. *Gronov.* Optime Gronov. *invisitata,* i. e. non ante visa Romanis. *Faber.* Scrib. cum Gronov. *invisitata,* h. e. bestiæ nunquam antehac visæ. Hoc enim Latinis est ' invisus' et ' invisitatus.' Quod sæpe corruptum est in *inusitatus.* Græv.
§ 7 *Nec host. &c.*] Saxo VIII. 149. 18.

' Incruentam victoriam retulit.' XIII. 246. 26. ' Incruentam victoriam habuit.'

§ 10 *Ducentos captivos*] De quibus versus Ennii elegantes sunt ap. Cic. Off. I. 11. *Bong.*

§ 11 *In quo par fortuna priori bello fuit*] Istud *bello* glossema est puerile. Huic l. alius i. est plane germanus, XXII. 3. ' Sed secundi certaminis eadem fortuna, quæ et prioris fuit.' *Faber.* Priori *bello* pro, prioris belli, i. e. prælii fortunæ. Solent auctores ita concise loqui. Vid. Notas ad I. 7. 14. *Vorst.* Faber illud *bello* delet. Puto non necesse esse. *Schef.*

Iterato prælium cum Rom. facit] Ad Asculum urbem. *Bern.*

CAP. II. § 1 *Cum centum viginti navibus*] Centum triginta habet Val. M. III. 7. *Bongars.* Ita cautum videtur fœdere, de quo Polyb. III. 25. agit. *Vorst.*

A peregrino rege] Mss. *rege* non cognoscunt. Et quid? si non rex, sed populus peregrinus Romanis intulisset bellum, Carthaginienses ægre id ferre non potuissent? Sed non modo illud *rege* mihi a glossatore intrusum videtur, verum et *a peregrino*, cum non magis causa ægre ferendi sit in hoc, quam in altero. Hoc enim Carthaginienses tantum dicebant ægre se ferre, quod, cum populus Romanus multa feliciter et gloriose gesserit bella in terris peregrinis, nunc ne in Italia quidem possit esse tutus et tranquillus. *Schef.*

§ 2 *Externo hoste oppugnarentur*] Prætulerim *ab ext. h.* Fab.

§ 4 *Speculaturus consilia*] Ut solebant Carthaginienses. Vid. Frontin. Strat. I. 2. 3. et 4. Ars magnis Principibus etiamnum familiaris, de qua Piccart. Obs. Dec. VII. 4. Add. Fam. Stradam in Actis anni 1581. p. 486. *Bern.*

Arcessiri] Scrib. *arcessi.* Gronov. Mss. *arcessi.* Græv.

§ 5 *Nam Romanis eadem causa mittendi auxilii Carthaginiensibus fuerat*] Propositio vera, ut dialectici dicere solent in sensu diviso, non sensu composito. Vult enim dicere, Carthaginiensibus eand. causam fuisse mittendi auxilia Romanis : iunuit autem occulte Carthaginienses non Romanorum gratia hæc auxilia misisse, sed sua causa ; nempe ut Pyrrhum in Italia retinerent, nec Siciliam ingrederetur, quam ipsi armis vexabant. Cæterum, quod ait Justinus, Fabricium a senatu ad Pyrrhum missum pacem composuisse, secus a Plut. traditur : sed Cyneam a Pyrrho Romam missum pro impetranda pace etiam Cic. docet ; ibi vero obstitisse Appium Claudium cæcum, ne cum rege pax fieret. Notior est historia, quam ut multis verbis indigeat. *Glar.*

Nam Romanis eadem causa mittendi auxilii, &c.] Mens Auctoris legi postulat *Nam Carthaginiensibus eadem causa mittendi auxilii Romanis fuerat.* Sebis. Mihi *Romanis* glossemati simile videtur. *Bernec.* Ego omnia recte se habere existimo, et voces modo trajectas esse : id quod in scriptis Veterum est perfrequens. Sensus quidem est : Eand. causam Carthaginiensibus fuisse, vel eand. causam Carthaginienses habuisse auxilii Romanis mittendi. *Vorst.* Locus hic non sanus viris doctis videtur. Mihi ne integer quidem. Et puto post *Romanis* deesse aliqua, quibus ostendebatur, cur Romani Carthaginiensium auxilia haberent suspecta, sicut sequitur, cur Carthaginienses ea Romanis voluerint obtrudere. Docet vox ' eadem,' quæ semper respicit quid antecedens simile, quale h. in l. nihil extat. *Schef.*

§ 6 *Fabricius Luscinus*] Alii hunc missum ferant, ut de captivis redimendis ageret. De Romanorum continentia leg. Valerium IV. 3. Hoc voluit Varro II. de Vita Pop. Rom. ' Qua abstinentia viri mulieresque

Romæ fuerint, quod a rege munera
eorum voluerit nemo accipere.' *Bong.*

§ 7 *Cyneas*] Fuit hic Demosthenis
auditor, cujus eloquentia plures urbes, quam suis armis, subactas esse
dicebat Pyrrhus. Plut. Pyrrh. c. 28.
Add. Liv. xxxiv. 45. *Bern.* Scribend. *Cineas* ex melioribus libris.
Græv. Alii *Cineas.* Arbitror tamen
veram scripturam esse *Cyneas,* idque
eo magis quod hoc nomen ita scriptum ap. Paus. est, ubi de quodam
Eretriæ proditore agit, Philabro F.
Cyneæ. p. 215. Add. quod origo
vocis notissima est, a galea sc. quam
Græci 'Cynen' vocant. *Fab.*

§ 9 *Munera sprevissent, interjectis,
&c.*] Etiam hic l. mihi mutilus videtur. Oratio certe non cohæret, cum
legati sprevissent, invitatis missa sunt.
Debebat enim scripsisse *invitati sunt
ad cœnam, eisque missa aurea corona.*
Puto post 'sprevissent' aliquid excidisse. *Schef.*

Aurea corona] De aureis coronis
vid. quæ Freinsh. in Ind. ad v. *Corona* congessit. Et add. quod Diod.
xvi. 92. Philippum regem Maced.
coronis aureis donatum scribit; et
Nepos xxiii. 7. 2. Romanos corona aurea donatos a Carthaginiensibus. *Ver.*

Honoris causa] H. e. ne liberalita-
tem regis aspernari viderentur. Mss.
tamen *hominis* habent: unde Freinsh.
ominis facit: quippe mali ominis fuisse, hospitalia munera non admittere. *Bernec.* Mss. *hominis causa,*
unde bene Freinsh. conjecit legend.
esse *ominis causa.* Sed male interpretatur: Tanquam mali ominis fuisset hospitalia munera non admittere: imo quia victoriæ indicium
erat corona. Triumphantes enim co-
ronabantur. Sic ap. Liv. xxii. 37.
de aurea victoria ab Hierone senatui
missa, ' victoriam omenque se accipere,' dixit senatus, cum alia munera
respuisset. *Græv.*

Statuis regis imposuerunt] Muneribus sc. regis in ipsius regis honorem

verais: quæ certe non adulatio, sed
Romana moderatio potius dici debuit. Narrat Athenæus x. 10. Æ-
lian. ii. V. H. 41. et Laërtius in Xen.
haud multum dissimile factum Xeno-
cratis philosophi, qui muneri sibi datam a Dionysio rege coronam auream, domum a cœna rediens, Mer-
curio, qui stabat ante regias ædes,
injecit. Add. Lipsii Notam 167. ad
Tac. ii. *Bern.*

§ 10 *Ab Appio Claudio*] ' Cum de
Pyrrhi pace ageretur, ad eam causam
Appium illum et cæcum et senem
delatum, memoriæ proditum est:'
Cic. Phil. i. 5. Add. L. i. § 5. D. de
Postulando : et L. 2. § 36. de Orig.
Jur. *Id.*

Regum urbem] Plut. in Pyrrho 42.
de Senatu tantum: βασιλέων πολλῶν
συνέδριον. *Bongars.* Flor. i. 18. 20.
' Urbem templum sibi visam, senatum regum esse.' *Bern.*

§ 12 *Firmatisque, &c.*] Saxo xiv. p.
248. 46. ' Urbem Arobam adversum se
valido præsidio firmatam inveniunt.'

CAP. iii. § 2 *Tyriorum gens*] In
Ms. Bongarsieno legitur T. *res,* quod
probo, et vocem *gens* pro glossa habeo alterius. *Rem* tali sensu alibi
quoque solet usurpare. Vid. quæ notavi v. 2. *Schef.*

A Phœnicibus] Curt. iv. 4. 25. ab
Agenore Tyrum conditam scribit.
Hanc postea Romanorum coloniam
Ulpianus L. 1. D. de Censib. cele-
brat, inde sibi originem fuisse me-
morans. *Bern.*

§ 3 *Terræ motu*] Strab. i. et xvi.
Bong.

Assyrium stagnum] ' Assyrium' pro,
Syrium, dixit, quod sæpe Vett. consueverunt. Vid. autem, num Gene-
sarum lacum velit, de quo Plin. v.
15. Nullus enim propior Tyro.
Glar. Lacum intelligit Γεννησαρῖτιν,
de quo Strab. xvi. De Sidone et
Tyro vid. eund. Strab. et Curt.
Bongars. Add. Melam i. 12. Alterius Tyri, Phœnicum coloniæ,

quam præstringit fl. Tyras, meminit Marcellin. xxii. 18. Vid. Fabrum Semest. iii. p. 8. *Bern.* ' Assyrium stagnum' in libris Sacris ' mare Galilææ' dicitur. Ita autem vocabatur, quod illa loca Assyrii tenuerant. *Fab.*

§ 4 *A piscium ubertate*] Sed D. Hieron. in Quæstion. s. Tradit. Heb. in Genesin tom. iii. 206. d. ' De Chanaan primus natus est Sidon,' inquit, ' a quo urbs in Phœnice Sidon vocatur.' *Bern.*

Nam piscem Phœnices Sidon vocant] Philo Byblionsis: Χρόνοις δὲ ὕστερον πολλοῖς ἀπὸ τῆς Ὑψουραίου γενεᾶς γενέσθαι ᾿Αγρέα καὶ ᾿Αλιέα, τοὺς ἁλιείας καὶ ἀγρείας εὑρετὰς, ἐξ ὧν κληθῆναι ἀγρευτὰς καὶ ἁλιεῖς. Nam צִיר *piscator.* Ita credebant Phœnices. *Voss.*

§ 5 *Navibus appulsi, Tyron urbem*] F. *appulsis.* Liv. xxx. 19. ' Ibi eum [Magonem] legati ab Carthagine paucis ante diebus in sinum Gallicum appulsis navibus adjecerunt.' Suet. Oct. 98. ' Vectores nautæque de navi Alexandrina, quæ tantum quod appulerat,' &c. *Gronov.* Vulg. distinctio bona non videtur. Quid enim *navibus appulsi?* Non dicis: Ubi fuerint appulsi; quod tamen necesse est, ut integer sit sensus. Comma igitur post ' Tyron' collocand. Nempe ' Tyros' insulam hic notat, non urbem, quod non observarunt editores. Steph. Τύρος, νῆσος ἐν Φοινίκῃ, ἀπὸ Τύρου τοῦ Φοίνικος. Strab. xvi. Τύρος δ᾿ ἐστὶν ὅλη νῆσος. *Schef.*

Ante annum Trojanæ cladis] Hinc factum est, quod ego in primis animadvertend. puto, ut, cum Homerus toties meminerit Sidoniorum, nullam tamen Tyriorum mentionem fecerit; neque enim illud nomen ap. Principem poëtarum memini legere. Quomodo enim in expositione rerum ad Trojam gestarum Tyrios commemorasset, qui aut nulli aut obscuri erant? Prudenter igitur ab Homero factum. Etsi scio errare hic Justinum, nam

Tyrus haud dubie antiquior est, duabus aut tribus ferme generationibus. Sed illa tempestate nullum sibi apud Græcos nomen pepererat; nisi quod de Cadmo Tyrio, &c. Sed hæc recentiores scriptores. Uno verbo, illa tempora impeditissima sunt. *Faber.*

Pro, anno ante Trojanam cladem. Estque talis loquendi forma qualis illa Joh. xii. 1. Πρὸ ἓξ ἡμερῶν τοῦ πάσχα : et illa versionis Amos 1. 1. Πρὸ δύο ἐτῶν τοῦ σεισμοῦ. Oros. quoque sæpe ita loquitur. Ut i. 5. ' Ante annos urbis conditæ mclx.' Et ipse Noster vocula *post* prorsus similiter utitur. Ut xxxviii. 8. 1. ' Post annos tres et viginti sumpti regni.' Vid. et Notas ad xiv. 3. 8. *Vorst.*

§ 6 *Persarum bellis diu varieque fatigati*] Errorem hunc esse puto, eumque pudendum maxime. Unde enim Persæ illis temporibus, qui annis admodum 600. post Trojæ excidium principatum Asiæ, duce Cyro, invaserunt? Itaque duorum alterum verum est, aut turpiter lapsum esse Justinum, si ita scripsit; aut, si minus scripsit, veram scripturam esse *Assyriorum,* non *Persarum.* Fab.

A servis suis multitudine abundantibus] Flor. iii. 12. 15. ' Quid bella servilia? unde nobis, nisi ex abundantia familiarum? Tac. iv. 27. ' Urbs trepidat ob multitudinem familiarum, quæ gliscebat immensum, minore indies plebe ingenua.' Junge Thucyd. iv. 16. 12. ae Spartanorum Helotis: Liv. iii. 16. 3. Sen. de Clem. i. 24. pr. *Bern.*

§ 7 *Atque ita potiti urbe, lares dominorum occupant, rempublicam invadunt, conjuges ducunt, &c.*] Hæc perturbata sunt, et confusa. Sic autem, meo judicio, disponenda: *Atque ita remp. invadunt, lares dom. occupant, conj. eorum ducunt, et, quod ipsi non erant, liberos creant.* Fab.

§ 8 *Qui miti ingenio senis domini, &c.*] Quædam edd. post τὸ ' ingenio' habent distinctionem, quæ omnino

delenda est. Sensus est: Qui misere-
retur domini sui ob clementiam ejus
pristinam, et sub quo ei mitis ac libe-
ralis fuerat servitus. *Gron.*

§ 9 *Cum velut occisos alienasset*] Notanda significatio est, pro, e conspectu removisset, celasset, &c. *Faber.*
' Alienasset,' h. e. occuluisset, ut ex-
ponant. At vellem mihi locum alterius alicujus monstrari, ubi 'alienare'
positum sit pro, occultare. Putabam
scripsisse *ali curassent*, at hoc non
videtur convenire præcedenti, ' velut
occisos.' Deliberand. igitur est amplius, et videtur aliquid hic dici de
loco, ubi eos servaverit. *Schef.*

Quasi acceptissimum Diis] Mss. pla-
citissimum. Quod merito probat Gronov. Val. Fl. ' Placitosque Deis ne
deserat actus.' *Græv.*

§ 11 *Id primum*] F. *Is. pr.* Gron.

§ 13 *Non servilis, &c.*] Plato VI. de
Leg. sub finem ex Homero producit
hos vv. qui nobis tamen Odyss. XVII.
822. paulo aliter leguntur: "Ἥμισυ γάρ
τε νόου ἀπαμείρεται εὐρύοπα Ζεὺς 'Ανέρῶν,
οὓς ἂν δὴ κατὰ δούλιον ἧμαρ ἕλησι. ' Dimidio mentis deprivat Juppiter illos,
Servilis quoscunque viros sors ceperit
unquam.' Contra ea Dionys. Cato III.
Distich. 11. ' Utile consilium,' &c.
Et maxime Sen. Ep. 47. *Bern.*

§ 14 *Quantum ingenua servilibus ingenia præstarent*] Anglicanus Ms. q.
dominorum ingenia serv. pr. Sed illud
dominorum manifeste est ex glossa.
Schef. .

§ 17 *Metuendum exemplum, &c.*] Eod.
usus argumento Marcellin. XVII. 28.
' Ad servos rebelles,' inquit, ' ocius
signa transferri, utilitas publica flagitabat.' *Bern.*

§ 18 *Crucibus*] Quippe proprio servorum supplicio. Plaut. in Milite II.
4. 19. Tac. H. II. 72. 4. et IV. 11. 9.
Vulcatius in Avidio Cassio 4. Capitolin. in Macrino 12. *Bern.*

§ 19 *Genus tantum Stratonis inviola-
tum servavit*] Diod. quarto Alexandri
anno ait Stratonem ob Darii amici-

tiam principatu ejectum, et Ballony-
mum factum regem. Q. Curt. init.
lib. IV. eand. narrat historiam, regem
ex hortulano factum Abdalonimum
nominat, atque etiam ita hic Auctor.
Diod. tamen Tyriorum, non Sidoniorum; Curt. contra Sidoniorum, non
Tyriorum. *Glar.*

CAP. IV. § 1 *Conditi*] I. e. instau-
rati, reformati. II. 15. 1. ' Urbem ex
integro condere.' Sic et Græcum
κτίζειν non tantum est, ab initio instituere aut exstruere, sed et, instaurare, reficere. *Vorst.*

Convaluere] Legend. f. *coaluere.*
Bongars. Est qui mutat *coaluere*, minime ad Justini genium: cui *convalescere* significat, crescere, s. potentia
angescere. Sic III. 4. 1. et XXXVI.
2. 18. Sen. Ep. 18. 4. Pauca sunt,
quæ dicuntur: sed, si illa animus
bene exceperit, convalescunt et ex-
surgunt.' *Bern.*

§ 2 *Uticam condidere*] Græcis 'Ιτύ-
κη. *Bongars.* Ead. Vell. I. 2. 9. et
Mela I. 7. *Bern.*

§ 3 *Rex Tyro*] Malim *Tyri.* Didonis autem pater Agenor, fil. Beli.
Bongars. Silius I. init. de Bello Punico, ubi de fano Didonis s. Elissæ:
' Stant marmore mœstæ Effigies,
Belusque parens, omnisque nepotum
A Belo series: stat gloria gentis Agenor: Et qui longa dedit terris cognomina Phœnix.' Lucem huic historiæ
toti fœnerabuntur scitissimi illius Mu-
sarum Fabri Semestria III. 2. & 18.
Bernec. In Ms. legebatur *rex multo
Tyro.* Et Joannes Gerundensis Episcopus in Paralip. Hist. Hispanicæ
citat *interim rex multo Tyro decedit.*
Vix itaque crediderim sanum hunc
esse locum. Puto scribend. *interim
rex Mutgo Tyro decedit. Mutgo* appellatur hic pater Pygmalionis, quem
alii ' Mutgonum' et 'Matgenum' vocant. *Μέτρην* is est Theophilo lib. III.
ad Autolycum. ' Methres' vero est
Servio. Alii et ' Belum' vocant.
Non recte. *Voss. Rex Mutgo* Joseph.

cont. Apion. i. p. 927. est *Mórynes*,
et 'Mutines' Liv. xxvi. 21. *Gronov.*
In Ms. est *rex mulcto Tyro decedit.*
Ut fere ap. Gerundensem Episcopum
legitur: *interim rex mulcto Tyro decedit* (quod ex Nostro sumptum est);
unde suspicatur cl. Voss. pro *mulcto*
scribend. *Mutgo*, qui Pygmalionis
pater fuit, s. *Matgenos* ex Sanchunia-
thone. Sed in aliis regibus Tyriorum
appellandis, obiter moneo, mihi suspecta est fides Philonis Biblii, qui
Sanchuniathonem Græce vertit. Nam
Agreus, Haliens, Pygmalion, nonne
nomina sunt mere Græca? *Faber.*
Bong. mallet *Tyri.* Sed quid opus?
ii. 13. 5. 'Pons quem ille Abydo
fecerat.' Et xx. 3. 9. 'Corintho
nuntiata est victoria.' *Vorst.* Plane
verum puto, quod censet Voss. excidisse hic nomen regis *Mutgo.* Schef.
Hic fuit Mettinus, fil. Badezori. Vid.
insigne fragmentum Menandri Ephe-
sii de Regibus Tyriis, qui ab Hiramo
usque ad Pygmalionem et Didonem
ap. Joseph. ii. cont. Appion. *Græv.*

Elissa filia] Dido Agenoris vel
Beli filia fuisse dicitur Eustathio ad
Dionys. Perieg. 197. Διὸ ἡ τοῦ Πυγ-
μαλίωνος ἀδελφὴ, 'Αγήνορος θυγάτηρ ἢ
Βήλου βασιλέως Τυρίων, ἡ καὶ Ἔλισσα
καλουμένη καὶ Ἄνα, Ζυγχαίῳ (leg. Συ-
χαίῳ) γενομένη γυνὴ ἀνδρὶ Φοίνικι, Τύρου
φκει· τοῦτον δὴ τὸν ἄνδρα Πυγμαλίων σὺν
αὐτῷ ἀποδημοῦντα τοῦ Σολοφοντι ἔρωτι
χρημάτων. 'Ο δὲ δι' ὀνείρου σημάνας τὸ
πάθος τῇ γυναικὶ κελεύει φεύγειν· οὐκέτι
γὰρ εἶναι πιστὰ τῷ Πυγμαλίωνι, ὁ δευτέρῳ
χρημάτων τὰ φυσικὰ τιθεμένῳ θεσμά.
'Η δὲ προσλαβομένη τινὰς τῶν Τυρίων,
συναραμένη δὲ καὶ τὰ χρήματα, ἔρχεται
ἐπὶ Λιβύην.

§ 5 *Acerbæ*] Qui vulgo et a Marone
Sichæus dicitur. In ora Mss. aliquot
adscriptum est: '*Hiarbæ* legendum:'
falso Mauritanorum principem cum
Didonis marito confundentes. Alii
Acervas habent, v pro b. Servius in
Virgil. notat Sicharbam eund. appel-
latum, et fragmentum de Didone,

quod mihi ex veteri libro transcrip-
tum communicavit popularis meus P.
Daniel: in quo totus hic locus adducitur ex Trogo in Epitomis. *Bongars.*
Add. Salmas. in Solin. 323. d. 1.
Bernec. Leg. *Sicharbæ*, ex Servio et
observatione Bongarsii. *Faber.* Suspicor ap. Just. fuisse *Aterbæ*, vel
Atherbæ, quod aliis 'Atherba.' *Schef.*

*Sacerdoti Herculis, qui honos secun-
dus, &c.*] Sic xviii. 6. 12. 'Impuberes, quæ ætas etiam hostium misericordiam provocat, aris admovebant.'
Multa hujusmodi et ap. alios sunt.
Liv. xxiii. 11. 'Magistrum equitum,
quæ consularis potestas sit.' Quem
locum sic emendat, et plura id genus
ad eum congerit Gronov. *Vorst.* Cic.
iv. Verr. 61. 'Homo nobilis, qui sacerdos Jovis fuisset, qui honos apud
Syracusanos est amplissimus, agit mecum,' &c.

§ 8 *Generum*] I. e. sororis maritum, ut ex Soph. Œd. T. et Probi
Pausania notavit vir incomparab. Jac.
Cujacius Obs. vi. 17. Quomodo et
Ditmarus, et Witichindus Saxo lib. i.
loquuti sunt. Sed et Cedrenus Je-
thor socerum Moysis vocat πενθερὸν ἢ
γαμβρόν. Ut, quicunque uxorem alteri dat, aut filiam, aut sororem, ejus
'gener' dicatur. F. et, qui ducit,
'gener' dicitur, quo sensu ἐπιγαμ-
βρεύειν legimus Matth. xxii. 24. *Bongars.* Zonaras in Stauracio generale
vocabulum restringit, γαμβρὸς ἐπὶ τῇ
ἀδελφῇ. Ceterum istiusmodi nomina
cognationum et affinitatum ·ab auctoribus non Jurisconsultis confundi
sæpe corrumpique, demonstrat præter alios Alb. Gentilis lib. v. de Nuptiis p. 448. et seq. *Bernec.* Quia
mortuo patre Mutgone illi quasi socer
erat. Ita Homerus. *Fab.*

Sine, &c.] 'Absque p. r.' etiam
dixit Saxo i. p. 19. init.

§ 10 *Cupidæ oblivionis*] Plerique
Mss. habent *oblivionem* vel *oblivione.*
An vera lect. *oblivionum?* num *cupidæ
oblivionem* dixit, secutus in verbali con-

structionem verbi, quod nonnunquam
faciunt etiam Latinissimi scriptores?
Schef.

Renovaret] Junt. *renovet.* Ut respondeat, quod sequitur, τῷ 'occurrat.'
Grav. Quia sequitur mox 'occurrat,'
malim, nt Junt. habet, *renovet.* Vorst.

Oculis ejus, &c.] Cic. vi. Fam. 1.
'Oculi augent dolorem, nec avertere
a miseriis cogitationem sinunt.' *Bern.*

§ 12 *Elissa ministros migrationis a
rege missos navibus*] Nimirum templum Herculis, ad quod Acerbas sacerdos fuit, Palætyri et in continente
fuit : ut, cum Elissa ad fratrem se
migrare vellet simularet, navem conscendere necesse habuerit. Vid. xi.
10. 11. et ad eum l. Notas. *Vor.*

Involucris involuta] Puto *involucris*
esse glossam, et scriptum a Just.
segestribus, aut *segestriis.* Faber. F.
potest totum abesse. *Schef.*

§ 13 *Acerbam*] Gronov. iv. 10. Obs.
ipsam Trogum *Adherbam* dixisse conjicit : id enim nomen Punicum esse,
Græca terminatione. *Vorst.*

. *Ciet*] F. *ciens.* Bernec. Scrib. *ciens.*
Faber. Bernecc. suspicatur *ciens;* quia
præcedit ' deflens,' credo. Ego mallem *ciet et erat*, ut significentur duo,
quod et compellarit eum nomine, et
preces ad eum fuderit. *Schef.*

§ 15 *Sacris Herculis*] Institutis primum ab Iromo, Tyri rege, (qui in sacris
Regum libris ' Chiram' vocatur,) sub
id tempus, quo Salomon Hierosolymis
imperabat. Joseph. Antiq. viii. 2.
Sed tamen sacra Herculis et manserunt Tyri : et inde postea translata
sunt Gades. Strab. iii. Just. xLiv. 5.
2. *Bernec.* Intellige, non sacrificia,
quod ridiculum est, sed sacramenta,
symbola, mysteria, &c. *Fab.*

Cap. v. § 2 *Sacerdos Jovis*] Sacerdotem Junonis ait fuisse Servius ad
l. Æn. 447. id quod et ex ipso Virgilio colligitur. Unde puto ap. Nostrum
quoque scribend. *Junonis* pro *Jovis,*
vitiumque ortum ex compendiosa
scriptione. *Schef.*

Deorum monitu] In impr. quodam
legitur *Dei.* Et sane fuit Sacerdos
unius Jovis, vel Junonis, ut ab ipsa
unica monitus fuisse videatur. Quid
ergo si Noster scripsit *Dea commonitu?* Id.

Comitem se Elissæ sociamque fortunæ præbuit] Vett. edd. cum Junt.
fortunæ offert. Quod et Britanni in
duobus codd. repertum merito receperunt. Inferius iidem : ' Hortatique
sunt, ut urbem ibi conderent.' *Grav.*
In Junt. *sociamque fortunæ;* quod
mihi valde placet. [Sc. *fortunæ* antea
abfuerat.] *Faber.* Angli una voce
sanctius, *sociamque fortunæ præbuit.*
Quam lect. puto genuinam. Certe
cur synonymia uti h. l. et *comitem*
sociamque scribere Justinus debuerit,
ratio est nulla. At vero *sociam fortunæ* elegantissime vocabat eum sacerdotem. Sic i. 5. habet ' socium
cœptis.' *Schef.*

§ 4 *Mos erat Cypriis, virgines ante
nuptias, &c.*] Lactant. Divin. Inst. i.
17. ' Venus auctor mulieribus in Cypro moris illius fuit, ne sola præter
alias mulieres impudica et virorum
appetens videretur.' Armeniis similem fere morem tribuit Strab. xi. f.
et Lydis Herod. i. 93. item Ælian.
iv. V. H. 1. Punicis Val. M. ii. 6. 15.
Phœnicibus D. Aug. Civ. iv. 10.
Theodor. Hist. Eccl. i. 8. *Bernec.*
Morem hunc in ipsa Africa eas ad
posteros transmisisse apparet ex eo,
quod Val. M. ii. 6. 15. scribit, Siccæ
in Africa fanum esse Veneris, in quod
se matronæ contulerint, atque inde
procedentes ad quæstum dotes corporis injuria contraxerint. *Vor.*

Statuta] F. *statis.* Gron.

Libamenta, &c.] Saxo iii. p. 42. 18.
' Fœda superis libamenta persolvit.'

§ 6 *Ægre, &c.*] Id. vi. p. 99. 43.
' Perseverantissimis omnium precibus
victus.'

§ 7 *Interpellasset*] Sic Auctor iterum xv. 8. 3. et xLiv. 4. 20. Eleganter Curt. vi. 6. 14. ' Ne in sedi-

tionem res verteretur, otium inter-
pellandum erat bello.' Et iv. 6. 11.
' Saxa cotesque interpellant specum.'
Capitolin. in M. Ant. Philos. 8. ' In-
terpellavit istam felicitatem securi-
tatemque imperii Tiberis inundatio.'
Vid. de hac voce Freinshemii Ind.
et Burdelotium in Petron. p. 288. pr.
Bern.

§ 8 *Mutuarumque rerum commercio*]
Quod Spartanis quoque tribuit Auctor iii. 2. 1. et Germanis Tac. 5.
idemque cum Aristoteles Polit. i. 6.
tum Plinius xxxiii. 1. pr. ut antiquissimum, et maxime conveniens
naturæ, commendat. *Bernec.* Livio
dicitur *mutuus usus:* xxxiv. ' Commercio Græcorum Hispani gaudebant. Hujus mutui usus desiderium,
ut Hispana urbs Græcis pareret, fecit.' Et xxxviii. ' Id oppidum multarum gentium fines contingit, quarum commercium in eum maxime
locum mutui usus contraxere.' *Gron.*

§ 9 *Deinde empto loco*] Virgil. i.
Æn. Strab. xvii. Appian. Λιβυκῇ,
Eustath. in Dionys. et ceteri passim
auctores de Carthagine multa: de
qua silere rectius putat Sall. Ju. 19.
3. quam parum dicere. *Bongars.* Ms.
Bong. habet *deincepto.* Unde colligo
lect. veram esse *dein capto.* Posuit
autem *capto* pro, accepto. Sane, ut
hoc modo legamus, ratio requirit.
Simulabat Elissa brevi se abituram
cum suis. Quid igitur emeret sibi
locum? Et docent manifesta verba
petiisse tantum ' ut suos posset reficere.' Hoc ergo fine dabant incolæ,
ipsa capiebat locum. Equidem et
Virgil. habet ' Mœrentique solum,' et
Servius, ' Ut emeret tantum terræ.'
Sed illi causam hanc non addunt,
quam habet Noster. Consule et Appian. qui nonnihil facit ad nostram
emendationem. *Schef.*

*Qui corio bovis tegi posset, in quo
fessos . . . . reficere posset*] Posterius
isthuc *posset* delerem, et pro *reficere*
legerem *reficeret.* Faber. Faber re-

ficeret. Nempe præcedit ' tegi posset,' ut hic *posset* ingrate repetatur.
Occurrunt tamen similia etiam alios
ap. scriptores, ut nihil temere videatur immutand. Vid. nostrum Ind. ad
Hygin. *Schef.*

Tegi] Male utitur Auctor hoc verbo: rectius Appian. de B. Pun. p. 1.
Ὅσον βύρσα ταύρου περιλάβῃ: et Liv.
xxxiv. 61. 10. ' Quantum loci bovis
tergo amplecti potuerunt.' Nec aliter Virgil. Æn. i. 372. ' Taurino
quantum possent circumdare tergo.'
Vid. Voss. de Idolol. i. p. 243. *Bernec.* Observat Servius, notanter scripsisse Virgilium non ' tegi,' sed ' cir-
cumdari,' quia sc. alterum manifeste
falsum est. Nescio igitur, an hoc
verbo uti Noster voluerit, et non potius scripserit *cingi.* Schef.

Byrsæ] Strab. xvii. p. 522. 45.
' Byrsam,' h. e. tergus, ait, arcem
fuisse in media urbe Carthagine, loco
edito, in cujus vertice templum Æs-
culapii fuerit, quod Asdrubalis uxor,
urbe capta, secum concremarit. *Bern.*

§ 11 *Ex frequentia hominum velut
instar civitatis effectum est*] *Velut* videtur otiosum esse, et ex marg. ubi
explicationis causa scriptum fuerit,
irrepsisse in textum. ' Instar civitatis' nihil aliud est quam, similitudo
civitatis, aliquid quod civitati simile
est. Quid ergo opus erat *velut* addi?
Vor.

Carth. conditur] Conditæ a Didone
Carthaginis memoriam propagarunt
Tyrii in nummo Helagabali, qui Didonem stolatam, dextra scipionem,
læva sceptrum, tenentem, stantem
ante portam urbis, cui instaurandæ
incumbit faber, et ante pedes Didonis
figuram virilem ligone terram aperi-
entem, et a tergo purpuræ Tyriæ
concham, repræsentat. In superiore
ambitu TYRIORVM et in imo ΔΕΙΔΩΝ.
Eundemque typum adhibuerunt iid.
in nummis Otaciliæ Severæ et Vale-
riani senioris cum hac inscriptione
COL TYRO METRO, quorum postremum

ad Stratonis historiam, quam narrat
Auctor sup. cap. 3. refert Tristanus
tom. iii. Comment. p. 8. sed eruditius, istum virum in eo nummo consi-
derando et describendo mire halluci-
natum fuisse ostendit Vaillant. tom.
ii. Numism. tr. Imp. Rom. in Col.
perc. p. 338.

Pro solo] Ita xix. 1. 3. Antiquitatem observa moris illius pendendi
vectigalis, quod ' solarium' Ulpianus,
nostri 𝕭𝖔𝖉𝖊𝖓𝖟𝖎𝖓𝖌 appellant. Inf.
xix. 3. 4. ' Stipendium urbis cond.'
dicitur Scip. Gentilis Orig. p. 344.
m. Vinet. in Auson. p. 49. *Bern.*

§ 15 *In primis fundamentis*] Num
legend. *imis f.?* Sed f. *prima fundamenta* sunt, summa, s. suprema pars
fundamentorum: sicut ' prima platea'
dicitur, ut sit sensus: Statim cum
inciperent fundamenta effodere. Quomodo et de Capitolio Livius: ' Caput humanum integra facie aperientibus fundamenta templi dicitur ap-
paruisse.' Pro ' aperientibus fundamenta' Noster *in primis fundamentis*
dixisse videtur. *Schef.* Eustath. ad
Dionys. Perieg. 197. Οἱ δὲ καὶ τοῦτο
περὶ Καρχηδόνος φασὶν, ὡς ἅρα οἱ περὶ
τὴν Ἔλισσαν, ἤγουν οἱ μετὰ τῆς Διδοῦς,
ὀρύσσοντες εἰς τόλεως κτίσιν καὶ βοὸς
εὑρόντες κεφαλὴν, ἀπέσχοντο τοῦ ὀρύσ-
σειν, οἷα ἐπιτευσόμενοι μόχθους καὶ δου-
λείαν συνεχῆ, ὃ καὶ οἱ βόες πάσχουσιν·
ὀρύξαντες δὲ περὶ του φοίνικα πεφυτευμέ-
νον, εὗρον κεφαλὴν ἵππου, καὶ συμβαλόν-
τες σημαίνεσθαι σχολὴν αὐτοῖς, καὶ παρ'
ἄλλων δόσιν τροφῆς, καθὰ καὶ τοῖς ἵπποις,
ἔκτισαν ἐν τῷ τοιούτῳ τόπῳ τὴν Καρχη-
δόνα, καὶ ταῦτα (leg. κἂν ἐνταῦθα) πότι-
μον ὕδωρ μὴ ἔχοντι. Καὶ τάχα διὰ τοῦτο
καὶ Κακκάβη ἐκλήθη.

Servæ urbis] Liv. xxxiv. 81. ' Ser-
væ et vectigales urbes:' et Ulpian.
L. 20. § 1. D. de Adquir. rerum dom.
' Servus fundus.' *Gron.*

§ 16 *Equi caput*] Ideo Κακκάβη
dicta, quod ipsorum lingua est *caput
equinum;* Steph. *Bongars.* Add. Virgil. Æn. i. vs. 448. Ejusmodi auspi-

cia priscis in condendis urbibus curiose observata, præter alia exemplo
est Roma ap. Liv. i. 55. 7. *Bern.*

§ 17 *Ad opinionem novæ urbis*] xxiii.
2. 12. *Idem.*

CAP. VI. § 1 *Maxitanorum*] Vett.
quidam *Muxitanorum;* vulgo *Mauritanorum:* eum Eustath. in Dionys. p.
30. a. regem facit Μαξύων. Ap. Steph.
de Urb. Μάξυες sunt οἱ Λιβόης νομάδες·
εἰσὶ δὲ καὶ ἕτεροι Μάξυες, καὶ ἕτεροι
Μάχμες. Docte lectori judicium relinquo. *Bongars.* ' Mazyces' Lybi-
cos populos habet etiam Marcellin.
xxix. 25. et 27. De his Auctori sermonem hic esse, sentit etiam in Exerc. Plin. p. 322. c. magnus ille Salmas. *Bern.*

Hiarbas] Melius sine aspiratione
Iarbas, quomodo Græci et Virgil.
Idem.

§ 2 *Cultiores victus eum, &c.*] Junt.
etiam cum aliis edd. *cultiores mores
victusque.* Deinde in iisd. est *ituram
se, quo sua et urbis fata vocarent.* Quod
male repudiarunt recentiores editores. Mox [n. 11.] Junt. *Cum inter
cætera mala peste laborarent.* Græv.
Aliæ edd. *cultiores mores victusque.*
Faber. Antiquiores edd. interque
ceteras Junt. una voce plenius, *cultiores mores victusque.* Vorst.

§ 4 *Pro salute patriæ*] ' Neque cives idonei aliquid habent antiquius
salute communi:' Varr. Rer. Hum.
xx. citante Nonio in v. *Antiquius.*
Bernec. *Si pro salute patriæ,* h. e.
quod recusarent. At vero tali modo
particulam *si* usurpare Nostrum non
opinor. Quare mallem *qui* pro ea
substituere. *Schef.*

*Ipsi facienda esse, si velit urbi consul-
tum esse*] Si me audies, illud prius *esse*
delebis. *Fab.*

§ 5 *Quo sua urbis*] Junt. teste Græv.
elegantius *quo sua et urb.* Vorst.

§ 6 *Inferiæque, &c.*] Tabula mar-
morea Pisana: QVI PRIVATIM VELINT
MANIBVS EIVS INFERIAS MITTERE.

Sumto gladio pyram ascendit] Servius non vulgo vulgatus, sed meus manu exaratus ad illud Virgilii Æn. I. 344. ' Imperium Dido Tyria regit urbe profecta:' 'Dido,' inquit, 'vero nomine Elissa antea dicta est: sed post interitum a Pœnis Dido appellata fuit, id est, virago, Punica lingua: quod, cum a suis civibus cogeretur cuidam de Afris regibus nubere; et prioris mariti amore teneretur; forti se animo et interfecerit, et in pyram injecerit, quam se ad expiandos prioris mariti manes extruxisse fingebat.' *Mod.*

§ 9 *Septuaginta duobus annis*] Hic plurimum variant auctores: quidam ante Trojam captam conditam volunt, inter quos Philistus ap. Euseb. et Appianus: quidam post captam Trojam, antequam Roma conderetur: neque hi in numero annorum consentiunt. Paterculus I. 6. 4. annos 65. ante Romam: Livii Epit. lib. LI. annos 700. stetisse Carthaginem refert: eversa autem est anno Urbis 607. Fuerat ergo ante urbem conditam annos 98. Solinus cap. 30. annos 737. vel ut in veteri cod. Vineti legitur 677. Eusebius venisse in potestatem Romanorum anno a conditione sui 673. (ita est in Ms.) vel ut alii affirmant 748. Prior numerus uno anno plus habet, quam Paterculi ratio. Cic. I. de Republica: 'Nec tantum Carthago habuisset opum sexcentos fere annos, sine consiliis et disciplina.' Sed hæc accuratius explicabunt Bochelli mei ad Euseb. Obss. Chronicæ. *Bongars.* Consulendus et Scaliger Animadv. Euseb. ad ann. 1167. et 1871. maxime vero Canonibus Isagogicis. Cum Auctore nostro congruit traditio Catonis ap. Serv. ad Virgil. Æn. I. 271. et IV. 459. Vid. Cluver. Sicil. p. 43. f. et 46. f. et 485. *Bern.*

§ 11 *Et scelere pro remedio*] In Mss. plusculis legitur *scelerum*. Sed *religio scelerum* commode non videtur dici. An scripsit *et scelere tum pro remedio*? Schef.

§ 12 *Homines ut victimas*] Vid. Curt. IV. 3. 38. *Bongars.* Et Sil. IV. 767. Quanquam, præter Carthaginienses, hoc immanitatis diræ sacrificium Dionys. I. 38. Gallos etiam aliasque gentes occidentales sua etiamdum ætate, sub Augusti principatu, tenuisse scribit, consentiente Cæs. B. G. VI. 16. et Plin. XXX. 1. fin. Sed et de majoribus nostris Tac. G. 9. Quo vero ritu Pœni liberos immolarint, refert Plut. in lib. de Superstitione 21. et Diod. XX. 14. Rationem habet Varro XVI. Divin. Rer. citante August. VII. 19. Civ. 'Ideo a quibusdam pueri Saturno soliti sunt immolari, sicut a Pœnis, et a quibusdam etiam majores, sicut a Gallis: quia omnium seminum optimum est genus humanum.' Ceterum humana sacrificia facunde exsecratur Lactantius I. 21. Add. Joan. Wierum de Præstig. Dæm. I. 7. et Freinshemii Florum III. 4. 2. d. *Bern.*

Impuberes aris admovebant] Morem hunc Pœni sine dubio Tyro et ex Phœnicia secum attulerunt. Certe Phœnices aliasque finitimas gentes ea in re ipsi quoque Israëlitæ æmulati fuerunt. *Vorst.*

Etiam hostium] Ita fere XXVI. 2. 5. *Bern.*

Pacem Deorum] Proprie verbum est Pontificale: Nonius propitiationem interpretatur. Ita Liv. VII. 2. 1. 'Pacis Deum exposcendæ causa, lectisternium fuit.' Plaut. Amphitr. v. 1. 75. 'Ut Jovis supremi, multis hostiis, pacem expetam.' Sil. XV. 439. 'Gramineas pacem Superum poscebat ad aras.' *Bern.*

CAP. VII. §1 *Adversis*] Melius primæ edd. *aversis.* Virgil. 'Aversa Deæ mens.' Inde 'aversari facinus,' &c. *Fab.*

Diu feliciter] Duo Mss. et vulgati, et Oros. IV. 6. *infeliciter:* quod non probo: sequitur enim 'Siciliæ partem domuerant.' *Bongars.* Facit præcipue sequens num. 7. et 13. ubi de

præda victoriaque Siciliensi. *Bern.*
Grævi, &c.] Vincent. IV. 70. 'g.
bello v. s.'

§ 2 *Maleum*] 'Maxeum' edidit in
Orosio Fabricius, quomodo habet unus
Ms. *Bongars.* In aliis codd. erat *Ma-
cheum.* Quod non potest esse nomen
Punicum. F. verum est *Malchus* vel
Malcus. Id etiam nominis est regi
Nabathæorum ap. Hirt. de B. Alex.
'Malchum' vero *regem* significare
etiam pueri norunt. *Voss.* Puto legend. esse *Malchum.* Id enim est
nomen Phœnicium et Hebraicum, uti
non solum ex Sacro Codice, sed et
aliis constat. Nam Porphyrio Philosopho, qui Phœnix fuit, nomen fuit
ut et patri ejus, Malcho. 칠칠 *Melech*
autem, unde 'Malchus,' Hebræis *regem* significat. *Græv.*

§ 3 *Quod precibus nequeant*] Ejusmodi preces armatas παθαπλγκην Cic.
ad Att. IX. 16. eleganter appellat, h.
e. interprete Platone Ep. 7. δεήσεις
μεμιγμένας ἀνάγκαις: *preces cum necessitate ac vi conjunctas.* 'Preces erant,
sed quibus contradici non posset,'
inquit Tac. H. IV. 46. de militibus
stipendia orantibus. 'Quod rogant,
cogere possunt:' Liv. XXXII. 21. Hæc
pertinet vox illa centurionis in Senatu Romano, qui gladii capulum
ostendens, 'Si vos non feceritis,' inquit, 'hic faciet.' Suet. Aug. 26.
Bern.

§ 5 *Deos hominesque testari*] Junt.
cum aliis *testati.* Inferius [n. 18.] iid.
Nec multo post affectati regni accusatus.
Græv.

Deos hominesque testati] Ita recte
antiquiores typis expr. Quod in editione Bongarsii et Bernecc. est, *testari*, id adeo ineptum est, ut sphalma
typographicum esse videatur. *Vorst.*

Hominesque testari] Non puto ineptum hoc esse, certe nil frequentius
bonis scriptoribus, quam infinitivum
ponere pro imperfecto. Et in Mss.
pro eo legitur *testantur*, quod sine
dubio ex glossa est. Junt. *testati*

habet, quod amplectuntur alii. *Schef.*
Non se, &c.] Vincent. 'recup. p.
venisse,' et pro 'non virt. sibi pr. b.
...def.' habet 'non sibi virt. in pr.
b....def.' In §. 9. pro 'deinde'
habet 'autem,' et pro 'sacerdotii'
habet 'sacerdotis.'

§ 7 *A Tyro, quo decimas Herculis*]
Carthaginienses, quod ex Tyro in coloniam essent deducti, decimam omnium, quæ in proventuum rationem
cadebant, Herculi coloniæ suæ pa-
trono Tyrum transmittere solitos scribit Diod. XX. 14. *Bern.*

Decimas Herculis] Lego *Herculi;* et
magis Latinum est. *Fab.*

Prius, &c.] Saxo præf. p. 1. f. 'Privatis curis publicæ religionis officia
anteponere.'

§ 9 *Petito commeatu*] H. e. abeundi
licentia. Vulgo 'salvum conductum'
appellant. *Bern.*

§ 14 *Statuam, &c.*] 'Exemplum'
h. l. idem valet quod, pœna. Gell.
VI. 14. 'Veteres quoque nostri 'exempla' pro maximis gravissimisque
pœnis dicebant.' Cf. Avum IV. Obs.
11.

§ 15 *Altissimam crucem*] Ut solebat
in noxio aliquo insigni. Sicut Pœni
factitarunt in Regulo ap. Sil. 'Vidi
cum robore pendens Italiam cruce
sublimis spectaret ab alta.' Quo
pertinuit irrisio Galbæ, qui cuidam
'imploranti leges, et civem Rom.
se testificanti, quasi solatio et honore aliquo pœnam levaturus, multo
præter ceteras altiorem statui crucem
jussit.' Suet. Galb. 9. *Bern.*

§ 16 *Belli necessitatem excusat*] Bene Latine. Sic Liv. XXVI. 22. 4.
'Valetudinem oculorum excusavit,'
h. e. in sui excusationem adduxit. 'Excusare magnitudinem negotiorum:'
Tac. V. 1. 'Diversa excusare,' h. e.
diversas recusati patrocinii causas
prætendere: ib. III. 11. *Idem.* 'Belli
necessitatem excusat,' i. e. eo se excusat quod bellum contra patriam
gerere necesse habuerit. Liv. XXIII.

8. 'Ipse valetudinem excusans.' Suet. Aug. ult. 'Excusata rei familiaris mediocritate.' Curt. IV. 10. 8. 'Excusare consternationem suam.' Et III. 12. 17. 'Excusare ignorationem suam nunquam visi regis.' Inde et per nomen dicunt 'excusatio honoris,' 'ætatis,' 'adolescentiæ,' 'oculorum.' Cic. pro Cœl. 'Defendere vitia alicujus excusatione adolescentiæ.' Vorst.

Contentumque victoria sua, punitis auctoribus miserorum, &c.] Doctiss. Peyrared. ita legit et distinguit, contentumque victoria sua, punitis auctoribus, misertum civium, &c. Quam conj. veriss. esse puto. Voss. Antequam Vossii Editionem vidissem, hoc ad oram libelli mei adscripseram, contentumque victoria, punitis auctoribus miseriarum civilium, injuriosi exilii omnibus se veniam dare dicit. Hanc conj. Ciceronis auctoritate confirmare possem. Faber. Peyrared. misertum civium. Verum auctoribus omnino casum quendam secundum requirere videtur. Quid si legatur auctoribus miseriæ civium? Vel certe miserorum civium est pro eo quod tam miseri cives essent. Vorst. Sunt qui misertum civium vel miseria civium mallent. Mihi sic et corrigend. et distinguend. locus videtur: auctoribus miseriarum, civium injuriosi exilii. Schef.

LIBER XIX.

CAP. I. § 1 Mago Carthageniensium] Is Mago se ipsum interfecerat ob rem male gestam contra Syracusanos: ob quam causam in crucem sublatum est corpus mortui a Carthaginiensibus. Plut. in Vita Timoleontis 33. Bern.

§ 2 Per vestigia, &c.] Saxo I. p. 6. m. 'Cujus mirifica indoles ita paternas virtutes redoluit, ut prorsus per earum vestigia decurrere putaretur.' XI. p. 177. f. 'Per aviti negotii vestigia decurrit.'

Magnitudini patris successerunt] XXII. 1. 1. 'Qui magnitudini prioris Dionysii successit.' Vor.

§ 3 Afros vectigal pro solo urbis multorum annorum] XVIII. 5. 14. 'Statuto annuo vectigali pro solo urbis.' Et XIX. 2. 4. 'Afri compulsi stipendium urbis conditæ Carthaginiensibus remittere.' Id.

§ 7 Dictaturæ] Romano more loquitur, et vim potius ejus potestatis similitudinemque cum Romana, quam proprium vocabulum respicit. Indicem Freinshemii vid. ubi plures qui ita locuti. Simili ratione Curt. v. 2. 11. et Noster II. 11. 15. 'prætorium' nominant, et inf. XXXI. 2. 9. 'consulem;' et XXI. 5. 7. 'ædiles.' Bern.

Triumphi] Serv. ad illud Virgil. Æn. IV. 37. 'Ductoresque alii, quos Africa terra triumphis Dives alit.' 'Quidam dicunt,' inquit, 'Afros nunquam triumphasse.' Plinius autem secundo Hist. Nat. et Pompeius Trogus Afros dicunt pompam triumphi primos invenisse, quam sibi Romani postea vindicaverunt. Livius autem Andronicus refert, eos sæpius de Romanis triumphasse, suasque porticus Romanis spoliis adornasse.' Bern.

§ 8 Veluti cum duce, &c.] Similis locus VI. 8. 1. Idem. Junt. melius concidissent. Græv.

§ 9 Leonidam] Diod. XIX. 80. Acrotatum Cleomenis regis filium appellat; et videtur ead. esse historia, nisi quod f. ex errato Justini temporum ratio minus congruit. Freinsh.

Concurrentibus] Censeo Just. scrip-

aisse ad *Leonidam fratrem regis Spar-*
tanorum decurrentibus. H. e. ejus
opem implorantibus. Sicut enim
' succurrere' est, opem ferre; sic
' decurrere,' opem implorare, non
infrequenter ap. Nostrum: XIV. 2.
' Optimum visum est ad Alexandri
Magni Argyraspidas, invictum exercitum, et tot victoriarum praefulgen-
tem gloria decurrere.' Quin et Cic.
pro Quint. 15. ' Ad haec extrema et
inimicissima jura tam cupide decur-
rebas :' inf. XXVIII. 1. ' Ad regem
Macedoniae Demetrium decurrit.'
Gron.

Varia victoria praeliatum fuit] Verbum deponens impersonaliter usurpatum. Ad quem modum Liv. ' Tu-
multuatum est,' ' Vociferatum est.'
Vor.

§ 10 *Quo Pœni humanas hostias im-*
molare, &c.] Porphyrius de Abstinentia lib. II. dicit Iphicratem finem
imposuisse τῇ ἀνθρωποθυσίῃ. Καὶ οἱ
ἐν Λιβύῃ Καρχηδόνιοι ἐποίουν τὴν θυσίαν,
ἣν Ἰφικράτης ἔπαυσεν. Pindari Schol.
in Pyth. Od. II. hoc Geloni tribuit.
Τὸ γοῦν ἀνθρωποθυτεῖν φησὶν ὁ Θεό-
φραστος ἐν τῷ περὶ Τυρσηνῶν παύσασθαι
αὐτοὺς, Γέλωνος προστάξαντος· ὅτε δὲ καὶ
ἐκέλευσεν αὐτοὺς χρήματα εἰσφέρειν, Τίμαιος Διαγραφῆς τεσσαρεσκαιδεκάτῃ ἀνα-
γέγραφε. Ita scribendus ille l. *Voss.*
Sup. XVIII. 6. 12. ' Homines ut victimas immolabant.' Cui mori non modo
Darius, sed et alii offensi ; interque
hos Iphicrates Atheniensis, et Gelo
Siculus, ut ex lib. II. Porphyrii de
Abstin. et Schol. Pindari notavit
Voss. Tradit et Plut. in Apoph. inter
conditiones pacis, quas Carthaginiensibus ad Himeram devictis Gelo
tulerit, et hanc fuisse, ne liberos in
posterum Saturno immolarent. *Vor.*

§ 11 *Mortuorumque corpora cremare*
potius, quam, &c.] ' Ipsum cremare
non fuit apud Romanos veteris instituti: terra condebantur:' Plin.
VII. 54. et Judaeorum morem notat
Tac. H. v. 5. *Bongers.* Id vero mi-

rum alicui videatur (quod et Barn.
Briss. II. de Regno Pers. observat)
Persarum Regem Carthaginiensibus
humandi consuetudinem ut abomina-
bilem interdixisse, quae Persis tamen
ipsis in usu fuerit, ut apparet ex
Herod. III. 16. et Xen. VIII. Cyrip.
sub finem. Ut proinde non ab re
Joan. Kirchmann. I. de Fun. Rom. 2.
suspicetur hunc Justini l. trajectione
corruptum, et ita rescribend. esse:
mortuorum corp. terra potius obruere,
quam cremare, a r. j. Quae transposi-
tio cum veteri Persarum consuetudine
ad amussim convenit: nec aliena est
a ritu ipsorum Carthaginiensium, quibus τὴν νεκροκαυστίαν, s. cremationem
cadaverum, etiam ante Darii istius
aetatem in usu fuisse legimus. Et
potuerunt illi jussu Persae aliquantisper a crematione abstinuisse : ad
quam tamen, ut fuit illorum ingenium, paulo post redierunt. Quamquam id quidem certum est, seculis
posterioribus cremationem Persis
etiam usitatam fuisse : quod cum ex
Marcellin. XIX. 8. pr. tum Procopio
I. de B. Persico p. 17. 12. est manifestum, ubi Seasosi praeter cetera crimini datur, quod uxorem contra fas
legesque Persarum humaverit potius,
quam cremaverit. Contra Ctesias,
56. *Bernecger.* Leg. *mortuorumque*
corpora cremare (subintellige, prohibebantur, quod proxime praecedit) *quae*
potius terra obruere a rege jubebantur.
Et sic contrarius existit sensus. Persae enim cremare cadavera vetabant
Carthaginiensibus, quod ignem, quem
pro Deo colebant, pollui summopere
cadaveribus existimarent: pretiosis-
sima vero quaeque in ignem immitte-
re non verebantur, additis hisce verbis
sua lingua Κύριε πῦρ, ἔσθιε, ut refert
Max. Tyr. *Gronov.* Kirchmann. legend. putat *mortuorumque c. t. p. ob.*
q. cremare: quia ex Herod. constet
Persas non cremasse, sed terra ob-
ruisse cadavera. At Freinshemio, ut
ead. sententia obtineatur, postrema

illa verba, *a rege jubebantur*, ut inop-
tum glossema expungenda videntur,
legendumque, *Pani humanas hostias
immolare, et canina vesci prohibebantur,
mortuorumque corpora cremare potius,
quam terra, obruere.* Vid. notas ejus
ad Curt. III. 12. 15. *Vorst.*

§ 13 *Cupide paruere*] De humanis
tamen sacrificiis id negat Curt. IV. 3.
39. ubi ' sacrilegium hoc,' inquit,
' verius quam sacrum Carthaginienses, a conditoribus [Tyriis] traditum,
usque ad excidium urbis suæ fecisse
dicuntur.' Nisi f. idem, quod modo
de crematione suspicabamur, hic dici
possit, illud intermissum ad tempus,
et in usum postea revocatum: quod
ipsum etiam fere Tyriis accidisse
Curt. ibid. affirmat. Tertullian.
Apolog. 8. scribit, Carthaginienses
principatu Tiberii fuisse prohibitos
id facere, crucifixis etiam sacerdotibus: nihilominus tamen perseverasse
in eo sacrificio, etiam sua ætate, sed
occulte. Plut. Apoph. 20. Gelonem
tradit Carthaginienses, ad Himeram
devictos, coëgisse inter conditiones
pacis hanc etiam adscribere: ' Ipsos
in posterum liberos Saturno nunquam
immolaturos.' Ceterum in orbe Romano desitas ἀνθρωποθυσίας lege lata
ab Imp. Hadriano, narrat Porphyrius
lib. II. de Abstinentia ab Esu Animalium ex Pallante. *Bernecer.* Hoc,
cupide, suspectum mihi est; pugnat
certe cum eo, quod præcedit, ' ne
per omnia contumaces viderentur:'
docet enim fuisse simulatum potius
obsequium, quam verum. At in tali
quæ cupido? An scripsit, *ut cupidi?*
h. e. tanquam libenter hoc facerent.
Schef.

CAP. II. § 1 *Hamilcar bello Siciliensi*]
Sup. IV. 2. 7. Diod. XX. 30. *Bong.*

§ 2 *Hannibal, et Hasdrubal, et Sappho*] Miror quid venerit in mentem
Auctori, quod ' Asdrubalem ' Annibalis patrem facit: cum ' Amilcarem '
omnis faciat historia. F. fuerit hic
Annibal senior, Annibalis magni

patruus: nam et tempus congruere
videtur. *Bernecer.* Meminerunt huj.
Annibalis Xen. I. H. Græc. et Diod.
XIII. Mortuus est hic in Sicilia anno
1. Olymp. 92. Inter huj. obitum et
alterius Annibalis nativitatem inter-
sunt anni plus minus 160. Non potest
itaque patruus fuisse magni illius Annibalis. *Sapphonem* alii auctores non
norunt: et f. corruptum est nomen.
In Ms. erat *Sappho.* An *Psapho?*
Certe hoc est nomen Punicum. Vid.
Apostolii Paræmias, et Arsenii A-
pophthegmata. *Voss.* Voss. putat
legend. *Psapho.* Vere. *Faber.* Ms. et
Junt. *Sapho.* Bene Voss. *Psapho.*
Græv.

§ 3 *Ea tempestate gerebantur*] Mss.
plures habent *regebantur.* Consentiunt et impr. quidam, nisi quod *re-
gebatur* exhibeant. Nec f. aliter
Justino fuit scriptum. Nam et alibi
sic solet. Ut v. 10. ' Substitutis decem, qui remp. regerent.' *Schef.*

§ 5 *Centum ex numero senatorum judices deliguntur*] Vides hic, quando
judices sint instituti, et quæ fuerint
eorum partes. Illorum potentia
postea valde crevit, ut ap. Romanos
Gracchanis temporibus. Nunquam
tamen penes illos fuit summa imperii,
ut penes judices Hebræorum; ut
putavit vir magnus, Samuel Bochart.
in Geogr. Sacræ tom. II. Sed semper
penes Suffetes et Senatum; quamvis
Suffetes significet *judices.* Ap. Carthaginienses tamen sic proprie dicebantur summi magistratus, qui Romæ
consules erant; ii cum senatu rege-
bant remp. Ab his distinctus erat
judicum ordo hic institutus: licet
Suffetes etiam dicerentur, ut ex Liv.
constat. Sed non præerat reipublicæ,
non minus sane quam Romæ equester
ordo, cum in eum translata esset judicandi potestas, quamvis et ii ' fata
fortunasque principum haberent in
manu,' ut Flor. loquitur III. 17. Quia
et illos cap. 12. lib. ejusd. ' regnasse '
dixit, ut Liv. XXXIII. ' Judicum Car-

thaginiensium ordinem dominatum esse,' h. e. magna fuisse potentia, qua immoderate sint usi. *Grav.*

§ 6 *Imperia cogitarent*] G. Major in ed. veteri, probante in Variis Lectt. Bongarsio, mallet *agitarent:* quomodo Noster I. 5. 5. dixit 'agitare regnum,' h. e. regnare: et Sen. Ep. 120. 'agitare publicum,' h. e. vectigal exercere, publicanum esse. Mihi non displicet *cogitarent*, eo sensu quo Tac. XII. 11. 2. ' Non dominationem et servos, sed rectorem et cives cogitaret.' Noster iterum XLII. 4. 4. ' Plus hostem quam fratrem cogitans.' *Berneccer.* Rectius videtur *agitarent.* Nam in præc. quoque num. 5. ' Omniaque ipsi agerent,' &c. *Idem.* Aliæ Editt. *agitarent.* Melius. *Faber.* Ait Bong. quosdam emendare, *imperia agitarent;* idque non male ab illis fieri judicat. Et probat quoque Bernecc. in Notis posterioribus. Esset ergo id simile ei quod I. 5. 5. legitur ' agitato regno.' *Vor.*

§ 7 *Imilco*] Diodoro XIV. 51. 'Ιμίλκων. Is totam ferme Siciliam, exceptis Syracusis, occupaverat. *Bong.*

Pestilentiæ sideris vi] Pestem eam describit Diod. XIV. 71. et 72. ·*Bern.*

§ 8. 9. 10.] Similem publici luctus hypotyposin vid. v. 7. 4. &c. *Id.*

§ 9 *Omnia, &c.*] Oros. ' Cuncta privata publicaque officia damnata:' nec aliter Prec. IV. 2. ap. quem ex Oros. et Ms. Leid. *cuncta* pro *cuncto* reponend. Vincent. ' Cuncta publica privataque officia damnata sunt.' Iid. in § 10. pro ' e navibus' habent ' de n.'

§ 10 *Portum*] Editi plerique *portam,* quod mendosum esse tota narrationis series arguit. *Bern.*

§ 11 *Ut vero dubia*] Simillima Tac. IV. 68. 3. Liv. XXII. 54. 8. *Id.*

CAP. III. § 1 *Sordida servilique tunica discinctus*] Vocabulum *discinctus* commate separari debet a præcedd. nec enim cohærent *discinctus tunica,* sed *discinctus procedit*, quod de eo

dicitur, qui cinctus non est, quod in luctu ingenti, per neglectum omnis ornatus, fieri solebat. *Schef.*

Ad cujus, &c.] Frec. ' Plangentia junguntur agm.' Verum ' Plangentium j. a.' rectius legitur ap. Oros. et Vincent.

§ 4 *Deferre*] Rectius f. *ref.* Bern.

§ 6 *Quam possessione vacua, &c.*] Scrib. *vacuam f. d. m. sicuti caducam occuparint:* et paulo post *pertineat* pro *pertinet.* Gron.

§ 10 *Relictos*] Mss. quidam habent *legatos.* An lect. vera fuit *relegatos?* Sic *relictos* glossatoris foret. Nec mihi displicet. *Schef.*

Proderet] H. e. desereret, destitueret. Sic XXII. 8. 14. ' Pater filiorum proditor.' Martial. IX. 73. ' Proditor Helles,' emendante Grutero, cum legatur vulgo *Portitor.* Liv. XXVI. 26. 9. ' Publica prodendo, tua nequicquam serves.' Hoc sensu Virgil. Æn. X. 598. Græci quoque ita προδιδόναι: ut Herodian. VI. p. 138. Τὰ ὑπὸ ταῖς ἀνατολαῖς δι' ἀμέλειαν προδεδωκώς. Quod Politianus, ut solet, optime vertit: ' Qui res in oriente per negligentiam prodidit.' Ubi *perdidit* rescribend. male censent emendatores, qui et eruditissimi Xylandri versionem in Dione XXXVIII. non bene castigant: ' Præstiterit nunquam suscipere bellum, quam susceptum prodere,' substituuntque *deserere.* Nobis proprie hoc dicitur verwahrlofen, verliederlichen. *Berneccer.* ' Prodere' hic est, deserere, periculo exponere, perdere. Ut in illo Terentii Heaut. III. 1. 69. ' Prius te proditurum tuam vitam et potius pecuniam omnem.' Et in illo ejusd. Adelph. IV. 5. 58. ' Prodidisti et te, et illam miseram, et gnatum, quod quidem in te fuit.' Cæsar quoque sic usurpat B. Civ. I. 30. quod scribit, ' Queritur in concione sese projectum ac proditum a Pompeio,' &c. *Vor.*

§ 11 *Prosecutam, &c.*] Oros. ' Cunctos, qui lacrymantes prosequebantur,

ultimo dimisit alloquio.' Novissima
ed. *dimisit*, male.

§ 12 *Obseratisque, &c.*] Oros. Frec.
atqne Vincent. ' Ac deinde (*demum*
Vinc.) obseratis januis, exclusisque

etiam filiis, gladio dolorem vitamque
finivit.'

Mortem sibi conscivit] 'Εαυτοῦ κατα-
γνοὺς θάνατον, ἀπεκαρτέρησε, Diod. XIV.
77. *Bong.*

LIBER XX.

CAP. 1. § 1 *Dionysius*] Quo pacto
hic Sicilia devicta Italiam aggressus
sit, leg. Diod. XIV. *Bong.*

Grave otium] XXXV. 1. 1. Vell. II.
78. 4. ' Cæsar, ne res disciplinæ inimicissima otium corrumperet militem, crebris expeditionibus, patientia
periculorum, bellique experientia
durabat exercitum.' Sen. Ep. 56.
' Magni imperatores, cum male parere
militem vident, aliquo labore compes-
cunt, et expeditionibus detinent.
Nunquam vacat lascivire districtis :
nihilque tam certum est, quam otii
vitia negotio discuti.' Add. Curt. VI.
6. 14. et VIII. 9. 1. Victor de Cæsar.
36. ' Otium militum suspectum Reip.'
Bern.

§ 2 *Acuerentur*] Utitur eo simili
Florus II. 3. 3. ' Nec aliter utraque
gente, quasi cote quadam, Populus
Rom. ferrum suæ virtutis acuebat.'
Sebis.

§ 3. 4. 5.] Hi dicti non Itali, quomodo prisci et germani Italiæ populi :
sed Italiotæ, quod essent e Græcia in
Italiam adventitii : sicuti Siciliotas
et Phthiotas a Siculis et Phthiis dis-
criminamus. Hinc appellatum Philosophiæ quoddam genus Italicum,
quod auctore Pythagora Samio a
Græcis in Italia coli cœpisset. Horum
item erant ' Italicæ mensæ ' luxu
infames, de quibus Plat. Ep. 7. et ex
eo Cic. Tusc. V. 35. *Bern.*

§ 6 *Vestigia Græci moris*] Vid.
Gruteri Diss. 45. ad Tac. *Id.*

§ 7 *Tuscorum populi*] Tyrrheni, a
Tyrrheno Atys fil. Herculis nepote.
Strabo V. ceteri. Sen. ad Albinam 6.
' Tuscos Asia sibi vendicat.' Cf. hunc
l. cum Solini cap. 8. Vid. et Virgil.
I. VII. et XI. Æn. et Tac. IV. 65.
Bong.

A Lydia] Sic et Vell. I. 1. 9. et
10. Appian. Punic. p. 35. e. et alii.
Dionys. tamen I. 26. Tuscos non
advenam, sed indigenam gentem,
nec vanis argumentis, facit. *Bern.*

§ 8 *Venetos*] Hos a devictis Tro-
janis ortos (et quæ non gens originem
inde mentitur?) auctores plerique
cum Nostro tradunt : ut Cato ap.
Plin. III. 19. Livius 1. 1. 2. et 3.
Virgil. Æn. I. 246. Sil. VIII. 604. &c.
Strab. tamen IV. p. 134. f. eosd. ab
Enetis, Galliæ populis, Oceano ac-
colis, descendisse verisimilius putat.
Ab Enetis porro dicti Veneti, sicut
ab οἶνος ' vinum,' et similia. Add.
Dionys. 1. 20. *Id.*

§ 9 *Adria*] Quæ Ptolemæo et
emendatioribus Plinii codd. Hermol.
Barbaro in Castig. teste, ' Atria.'
Ἀτθρίαν quoque dictam et a Diomede
fuisse conditam, notat Stephanus :
Romanorum coloniam facit Liv. Epit.
XI. *Id.*

Adriatico mari nomen dedit] Id. affirmant Polyb. II. 14. Liv. V. 33. 8.
Strab. V. p. 148. Plin. III. 16. Eustath.
in Dionys. p. 19. pr. quorum cont.
consensum nihil valet unus Aurel.
Victor in Æl. Adriano, hunc hono-

rem 'Adriæ Marucinorum agri Piceni oppido,' quod a nostro diversum est, tribnem. *Id.*

§ 10 *Et Arpos*] Prins Argiripa dicta. Virgil. xi. Æn. 264. quo l. leg. Serv. *Bongars.* Add. Appian. in Annibalic. p. 331. c. Plin. iii. H. N. 11. Steph. in 'Αργυρίππα, et Schol. Lycophronis. De hoc oppido accipiendus Horatius r. S. 5. 86: *Berneccer.* Ex antiquioribus typis expr. adjeci *et*, quæ abesse posse non videtur, postquam præcessit 'Adria quoque.' *Vor.*

§ 11 *Græcos auctores*] Pisam, s. Pissam, s. Pisas (nam varie scribunt auctores) a Pisis, Elidis in Peloponneso urbe, deducit Strabo v. p. 154. 12. Plin. iii. 5. Itinerarium Rutilii i. 573. ' Elide deductas suscepit Etruria Pisas.' *Bern.*

Et in Thuscis Tarquini a Thessalis et Spinambris] Spinæ potentia quondam urbis meminit Strab. v. prope Ravennam, et Plin. iii. 16. Strabo Ravennam a Thessalis conditam eod. l. scribit; unde h. l. legend. puto *et in Thuscis Tarquinii a Thessalis, et Spina, et Ravenna.* Nam Spinambris inauditum verbum est ap. geographos. *Glarean.*

Tarquinii a Thessalis, et Spinambris] Probatur mihi Glareani conjectura, ut legamus *Tarquinii a Thessalis, et Spina, et Ravenna.* Ravennam enim a Thessalis conditam docet Strabo. Malim tamen *et Spina urbe,* quod a veteri lect. propius abest. Spina autem πάλαι 'Ελληνὶς πόλις ἔνδοξος: Strab. v. *Bongars.* Mss. habent *Inspinambris.* Leg. *Spina in Umbris.* Plurimi enim Veterum confundunt Umbrorum et Tusciæ terminos. *Voss.* Recepi insignem emendationem Vossii. Paulo ante ex Junt. *et Arpos,* Mox lid. *Care* scribunt, et *Phalisci.* Græv. Illust. Vossii conj. in textum recepi; tam enim illa et certa est et docta, quam vulg. lectio, *Spinambris,* antehac ridicula fuit. *Faber.*

Spinambris] Nulla est civitas Græ-

ca sic vocata, a qua Italiæ urbs quædam originem ducere potuerit. Conjecerunt igitur viri docti aliter legend. esse. Et novissime quidem felicissimeque Voss. conjecisse videtur, quod legend. sit, *Spina in Umbris.* Et juvit conj. eam, quod cod. quidam Ms. habet *Inspinambris.* Fuit sane Italiæ urbs Spina nomine: eamque Græcam fuisse et Strabo prodidit. Porro ut dicitur *Spina in Umbris,* sic præcessit ' Pisæ in Liguribus,' et ' in Tuscis Tarquinii:' ut hoc item conjecturam Vossii juvet. *Vor.*

Perusini quoque originem ab Achæis, &c.] Appian. autem v. B. Civ. Perusiam a Tyrrhenis in Italia conditam, et ob id Junonem Tyrrhenorum more in ea urbe coli solitam tradit. Add. quæ Serv. adnotavit ad Virgil. x. Æn. 198. *Bern.*

§ 12 *Ceren*] *Caren* alii scribunt: quam a Pelasgis conditam refert Strab. De urbium conditoribus, auctorum dissensiones hic notare non est mei propositi: et tanta est inter eos varietas, ut ne urbis quidem Romæ origo constet. *Bongars.* Bechar. et aliæ antiquiores edd. *Care.* Et est sane *Care* indeclinabile quoque. Liv. v. ' Cære pervexit.' Ceterum dicitur quoque *Cares, itis,* et *Cares, ētis.* Vid. quoque Notas nostras in Val. M. i. 1. 10. *Vor.*

§ 13 *Falisci, Nolani*] Serv. ad Virgil. Æn. vii. 695. *Berneccer.* Inter hos nonnulli Mss. inserunt *Iapygios.* Et sunt Iapygii Magnæ Græciæ populus; Messapii alias vocati, quod ex Polyb. iii. apparet, ut f. omitti non debuerint. *Schef.*

Nolani] Solinus cap. 2. Nolam a Tyriis, s. potins, emendante Salmasio, Thuriis, qui mox Thurini Nostro sunt, conditam scribit: Vell. i. 7. 5. a Tuscis. Cum Auctore nostro consentit Silius xii. 16. ' Hinc ad Chalcidicam transfert citos agmina Nolam.' *Bern.*

Abellani] De Abella, quæ et Avel-

la (unde 'nuces Avellanas' deducit
Macrob. Sat. I. 14.) vid. Serv. ad
Virgil. Æn. vii. 740. Coloniam posterioribus temporibus factam, auctor
est Frontin. *Id.*

§ 15 *Tarentini*] Memorabilem historiam conditæ urbis Tarenti vid.
ap. Strab. vi. Paus. in Phocicis, Statium ad Virgil. Æn. iii. 551. aliosque. *Id.*

Spurios] De quibus ad iii. 4. 7.
Idem. Lacedæmone profectos, qui
Tarentum condidere iii. 4. 7. Parthenias, ἀπὸ τῆς παρθένου sc. vocatos
fuisse scribit. Quæ tamen appellatio ad id. illud pertinet, ut eos 'spurios' fuisse intelligeretur. Additur
enim Parthenias vocatos esse 'ob notam materni pudoris.' *Vor.*

§ 16 *Thurinorum urbem*] Quæ antea
Sybaris; inde Thurium, et Thurii, et
Thuriæ: denique Copiæ dicta. Liv.
xxv. 15. 12. 'Thurini Tarentinis Me-
tapontinisque, indidem ex Achaia
oriundi, etiam cognatione juncti
erant.' *Bern.*

Herculis sagittæ] Aristot. περὶ Θαυ-
μασίων Ἀκουσμάτων. *Bong.*

CAP. ii. § 1 *Metapontini*] Metapontum Steph. aliique Metabum nominant. Strab. vi. conditum tradit
a Pyliis, qui cum Nestore ab Ilio na-
vigarunt. *Bern.*

Epeus] Virgil. Æn. ii. 264. 'Et ipse
doli fabricator Epeus.' Huj. instrumenta in templo Minervæ consecra-
ta memorat et Aristot. in Admiran-
dis 94. *Id.*

§ 2 *Major Græcia*] Vid. Festum in
Major Græcia, et quæ ad eum Jos.
Scaliger, et Strabonem vi. Seneca
ad Helv. 6. 'Totum Italiæ latus, quod
Infero mari alluitur, Major Græcia
fuit.' *Bongars.* Ad huj. Græciæ dif-
ferentiam nominat Liv. vii. 26. 19.
'Græciam ulteriorem,' h. e. vere
Græciam; ut hæc sit Citerior. Quæ
nobilis Italiæ portio, una cum Brut-
tiis, hodie Calabriæ nomine censetur.
Vid. etiam Rittershusii not. ad Mal-

chum p. 134. *Bern.*

§ 3 *Principio originum*] Hoc *originum* suspectum mihi est, neque enim
sensus ejus aliquis sat idoneus. Deliberent, qui rectius judicio valent.
Schef.

§ 4 *Cum primum*] Gronov. Obs. i.
7. legit *Cum primam.* Græv.

Sirin] Siris Italiæ civitas πλησίον
τοῦ Μετατοντίου: Steph. Deinde Heraclea dicta: Plin. iii. N. H. 11.
Σειρῖτιν vocat Strab. vi. *Bong.*

Minervæ simulacrum] Palladium, ad
imitationem illius Trojani factum,
quod erat argumento Sirin profugorum Trojanorum esse coloniam.
Bern.

§ 7 *Deæ pacem*] Liv. xxx. 13. 3.
'Ab Diis pars utraque, hostiis mac-
tandis, pacem petiit,' ut mala sc.
averterent et parcerent. Nam hoc
ipso verbo utebantur precantes.
Plaut. Merc. iv. 1. 12. 'Apollo,
quæso te, ut des pacem propitius,'
&c. 'Meoque ut parcas gnato: parce
propitius.' Add. sup. xviii. 6. 12.
Idem.

Panificiis] Plin. Præf. ad Vesp.
'Et Diis lacte rustici multæque gentes supplicant: et mola tantum salsa
litant, qui non habent thura: nec ulli
fuit vitio Deos colere, quoquo modo
posset.' *Id.*

§ 12 *Longinqua militia gravati*]
Leg. *longinquam militiam gravati.*
Vid. Diatrib. Stat. 24. *Gronov.* Gronov. *longinquam militiam gravati.* Optime: differunt enim inter se 'gravari militia,' et 'gravari militiam.'
Gravantur militia, quibus militiæ o-
nus, labores, et pericula gravia sunt et
molesta. Militiam illi gravantur, qui
illam refugiunt. *Faber.* Gronov. legi
mallet *longinquam militiam.* Et sane
gravari, cum significat, grave ducere
et recusare, casum quartum adsciscit. Horat. iv. Od. 11. 'Pegasus terrenum equitem gravatus.' Lucan. vii.
284. 'Romanos odere omnes, domi-
nosque gravantur.' Sen. i. 12. de

Clem. ' At illum acerbum et sangui-
narium necesse est graventur stipa-
tores sui.' *Vor.*

§ 14 *Advecturi*] Mss. mei Fuld.
avecturi: ut lubet saue. *Modius.* U-
trumlibet certo respectu bene: sicut
XVIII. 1. 3. *adductis*, vel *abductis*.
Bernecc. Omnino recipiend. *avecturi.*
Paulo ante scrib. cum Gronov. *longinquam militiam gravati.* Nolebant suscipere expeditionem in tam longe a
patria remotam gentem. Aliud est
' gravari militia,' aliud ' gravari militiam.' ' Gravatur militia,' cui militia gravis est, qui molestias ex ea
capit; ' gravatur militiam,' qui eam
recusat, non vult subire. Horat. IV.
Od. 11. ' Pegasus terrenum equitem
gravatus;' non est, ut exponit vir
doctiss. et disertissimus : Cui grave
molestumque erat ferre ; tunc enim
dicend. fuisset ' terreno equite gravatus :' sed : Nolebat pati, suscipere
ferendum, equitem terrenum. *Græv.*
Emendaveram, *avecturi;* quod Bernecc. in Mss. Modii reperiri affirmat.
Faber. Commodius videtur, *avecturi.*
Vor.

Faustis profecti ominibus] Omen illud quod Locrenses acceperunt, cum
auxilium a Castore et Polluce eos petere juberent Spartani, mirum quod
non et Val. M. inter cetera recensuit.
Sane perquam simile illud est quibusd. eorum, quæ ipse I. 5. commemorat. *Vor.*

CAP. III. § 4 *Cum in aciem processissent*] Ad Sagram fl. Strab. VI. Cic.
de N. D. I. 2. et III. 5. Plut. in Æmil.
41. Locrensium cum Rheginis fuisse
10. M., Crotoniensium 130. M. Strabo refert; et ortum inde proverbium πρὸς τοὺς ἀπιστοῦντας : 'Αληθέσ-
τερα τῶν ἐπὶ Σάγρα : cujus meminit et
Cic. de N. D. III. 5. *Bongars.* Meminit etiam Eustath. in Bœotiam Homeri p. 210. 28. *Bern.*

§ 5 *Tantusque ardor, &c.*] Vell. II.
5. 2. Q. Metellus, cum in hostem
suos ire periculoso loco juberet, ' fa-

cientibus omnibus in procinctu testamenta, velut ad certam mortem eun-
dum foret, non deterritus proposito,
quem moriturum miserat, militem
victorem recepit : tantum effecit mis-
tus timori pudor, spesque desperatione quæsita.' Vid. Veget. de Re
Mil. III. 21. et IV. 25. Virg. Æn. II.
354. ' Una salus victis, nullam sperare salutem.' *Bernecer.* Saxo XVI.
p. 374. 34. ' Quos [milites] tantus
pugnandi ardor ceperat.'

§ 6 *Sed, &c.*] Hunc l. imitatur Saresb. VI. Policr. p. 363. ' Sæpe alii,
dum honeste viriliterque mori cupiunt, feliciter vincunt :' ubi ' cupiunt '
est ex interpretatione τοῦ ' quærunt.'
Quærere etiam pro, cupere, conari,
usurpavit Auctor II. 11. 3. ' Dum
ulcisci suos quærunt.' Val. Fl. VI.
450. ' Juno duci sociam conjungere
quærit Achivo.' Saxo XIV. p. 268.
46. ' Dum patriæ rebus consulere
quærit.' D. Joann. Evang. VII. 1.
'Ότι ἐζήτουν αὐτὸν οἱ 'Ιουδαῖοι ἀποκτεῖναι. 19. Τί με ζητεῖτε ἀποκτεῖναι ; 20.
Τίς σε ζητεῖ ἀποκτεῖναι; 30. et X. 39.
'Εζήτουν οὖν αὐτὸν πιάσαι. Add. VIII.
37. et 40. D. Lucas Act. Ap. XIII. 8.
Ζητῶν διαστρέψαι τὸν ἀνθύπατον ἀπὸ τῆς
πίστεως. Quibus locis Latinus Interpres verbum ' quærere ' quoque adhibuit.

§ 8 *Duo juvenes*] Similia Flor. I. 11.
5. et Frontin. I. 11. 3. *Bern.*

Apparuerunt] Vineent. ' compar.'

§ 9 *Incred. &c.*] Saxo XVI. p. 379.
16. ' Incredibili f. velocitate.'

Fama velocitas] Add. II. 14. 9. item
Plin. H. N. VII. 22. Flor. III. 3. fin.
Bern.

Corintho] Scrib. *Corinthi.* Gron.

Nuntiata est victoria] Ludis Olym-
piæ auditam scribit Cic. de N. D. I.
2. et ceteri. Strab. pro fabula id habet. *Bern.*

CAP. IV. § 1 *Crotoniensibus nulla
virtutis*] De eorum pristina virtute
præter Strab. leg. Cic. Rhet. II. 1.
De luxuria autem et vitæ genere

post attritas bellis frequentibus vires,
vid. Petron. in Satyrico, ap. quem
pro *scenas*, ne idem-bis dicat, legend.
arbitror *cœnas*. ' Quisquis suos hæredes habet,' inquit, ' nec ad cœnas,
nec ad spectacula admittitur.' *Bongars*. Dubitanti de hac emendatione
Petroniana Freinsh. noster ostendit
locum Livii, scenam a-spectaculo dis-
tinguentis, VII. 2. 2. ' Ludi quoque
scenici, nova res bellicoso populo
(nam circi modo spectaculum fuerat), instituti dicuntur.' *Bern*.

§ 2 *Oderant, &c*.] Saresb. ' Fortunæ siquidem indignantes oderant arma, quæ adversus Locrenses infeliciter sumserant.'

Pythagoras] Vid. Laërtium in ejus
Vit. Cic. Tusc. v. 4. *Bongars*. Add.
Cic. de Oratore III. 34. Liv. I. 18.
Jamblichum, Apul. pr. Florid. *Bern*.

§ 3 *Demarato*] Certe non magis
Pythagoras Demarati filius, quam
Tarquinius Mnesarchi. F. scripsit
Just. *Marmaco* pro *Demarato*. Mar-
macum namque aliqui dixerunt appellatum fuisse Pythagoræ patrem.
Diog. Laërt. Πυθαγόραν ἔνιοι μὲν φασιν
υἱὸν εἶναι Μαρμάκου τοῦ Ἱππάσου, τοῦ
Εὐθύφρονος, τοῦ Κλεωνύμου, φυγάδος ἐκ
Φλιοῦντος. *Voss*. Atqui Mnesarchus
dicebatur, non Demaratus. Quare
ill. Vossii conj. mihi vehementer probatur ; nam, Diogene Laërt. teste,
fuere qui Pythagoræ patrem Marma-
cum vocarunt. Quin et scio me legisse in Veterum scriptis eod. nomine
Pythagoræ filium appellatum fuisse.
At ap. Græcos avi nomen nepoti fere
plerumque imponebatur. Quæ utraque res conj. Vossii omnino confirmat. *Fab*.

*Magnisque sapientiæ incrementis or-
natus*] Quid est *sapientiæ incrementis
ornari?* Abhorrent ab hoc loquendi
genere Latinæ aures. Leg. ex Mss.
cum Gronov. *magnis sap. inc. formatus*, h. e. cum sic esset institutus et
formatus a magistris, ut magnos in
sapientiæstudiis fecisset progressus ;

XVIII. 3. ' Ab eo formatus, cum medio noctis omnes in unum campum
processissent.' VIII. 2. ' Ingenia omni doctrina exculta, pulcherrimis legibus institutisque formata.' Ov. III.
M. ' Talibus ignaram Juno Cadmeïda
dictis Formarat.' Horat. ' Teneræ
Mentes Formandæ studiis.' *Græv*. In
Ms. Bong. legebatur *magnisque s. i.
formatus;* atque ita scribi curavi.
Nam vulg. lect. *ornatus* vitiosa est et
inepta. In quibusd. Impr. legitur
firmatus, non longe a Mati auctoritate. *Faber*. Codd. quidam Mss. teste
Bong. pro *ornatus* habent *formatus*.
Estque ita et in antiquioribus typis
expr. Bechar. et Maj. Amplector
ergo illud cum Gronovio ; præsertim
cum et XVIII. 3. 10. eand. vocem ead.
fere significatione usurpatam videam.
Vorst. Bong. Mss. et Junt. proban-
tibus doctis *s. i. formatus*. Schef.

Ad perdiscendos] Φιλομαθίας χάριν
tyrannidem fugiens. Strab. XIV. *Bong*.

§ 4 *Cretam*] Quam priscis temporibus legibus optimis fuisse compo-
sitam, ideoque ad sui imitationem
traxisse Græcorum præstantissimos,
ait Strab. X. p. 328. 50. Add. Tac.
III. 26. 5. *Bern*.

§ 5 *Crotonam*] Elegantius esset
Crotona; quanquam alibi ' Salami-
nam' pro, Salamina. *Fab*.

§ 7 *Tantumque studium ad frugalitatem multitudinis concitavit*] Transposita esse verba puto. Sic legerem :
tantumque st. mult. ad f. c. Id.

§ 9 *Docebat*] ' D. autem ' Vincent.

§ 10 *Frugalitatem*] Commendatam
Senecæ de Tranquill. Animi 1. et 9.
et Ep. 17. Plinio Ep. II. 4. et VI. 8.
Bern.

Ingerebat] Saxo VIII. p. 165. 46.
' Regi cognoscendæ legationis avidi-
tatem ingessit.' Saresb. VII. 5. p.
419. ' Nisi Socrates veræ laudis gloriam ei curasset ingerere.' Vincent.
' Frug. om. disserebat.'

§ 11 *Consecutusque, &c*.] Vincent.

' C. disp. assiduitatem, orat ut matr.'
Velut instrumenta luxuriæ] Tertullian. vi. 2. de Habitu Mulieb. ' instrumenta muliebris gloriæ' vocat.
Eo l. ubi legitur, 'Medicamenta ex
fuco, quibus lanæ colorantur,' emendand. videtur *malæ*. Bongars. Saresb.
' quasi lux. instr. d.' Ap. Gualter. *vel*
male editum est pro *velut*.   ▪
Eaque, &c.] Gualter. ' Et in J. æd.
delata ipsi D. c.' Mox margo Saresb.
' Al. *præferentes*. Al. *præferens*.' Prius etiam dat Vincent. posterius Pe-
rizonianus. Gualter. ' Docens vera
matronarum orn. pudicitiam esse, non
vestes.'

§ 14 *Sodalitii jure sacramento quodam nexi*] Mss. *sod. juris*. Quod ex-
osculatur merito Gronov. Obs. iv.
17. præfatus sodalitii juris sacramentum esse illud vinculum, quo continebatur societas illorum, qui coierant.
Græv. In Mss. Codd. aliquot scriptum est *sodalitii juris, &c.* Quod probat Gronov. Mihi autem credibile
fit verbum aliquod hinc excidisse.
Libenter certe legerim *cum sod. jure
velut sac. q. n.* Fab.
Sodalitii juris sacr.] Ita omnino legend. censeo cum Gronov. non *jure*,
ut Bong. et Bernecc. edidere. Illud
juris in codd. Mss. esse ipse testatur
Bong. Mirum igitur quod non et
ipse in textum recepit. Ceterum τὸ
juris pleonasmum hic sapit. Posset
etiam dici ' sodalitii sacramento quodam nexi.' Sic xxix. 4. 9. ' In societatis jure retinere ' est pro, societate retinere. *Vor.* Angli *jure*. Atque ita Mss. alii. Unde penitus persuasum habeo esse glossam sequentis
' sacramento,' ac idcirco delend. 'Sacramentum sodalitii,' ut ap. Veget.
et alios, ' sacramentum militiæ.'. Faber legit *sodalitii jure velut sacramento*.
Frustra, cum de interposito jurejn-
rando sit certum. *Id.*
Separatam, &c.] Sen. Ep. 5. ' Id
agamus, ut meliorem vitam sequamur

quam vulgus, non ut contrariam : alioqui, quos emendari volumus, fuga-
mus, et a nobis avertimus, &c. Hoc
primum Philosophia promittit, sensum communem, humanitatem, et con-
gregationem : a qua professione dis-
similitudo separabit.' Cic. citatus a
Lactant. iii. 15. ' Philosophiæ quidem præcepta noscenda : vivendum
autem civiliter.' *Bern.*
Vitam exercerent] Saresb. ubi hunc
l. citat, i. e. vii. 4. Policr. pro ' exercerent ' habet ' agerent.' *Vor.*
Civitatem in se converterunt] Nec
immerito. Liv. xxxiv. 2. 4. ' Ab hoc
genere summum periculum est, si
cœtus, et concilia, et secretas consul-
tationes esse sinas.' Vid. Rittersh.
in Malch. p. 36. *Bern.*

§ 17 *Decessit*] Decessit vel inedia :
vel interfectus a Syracusanis, dum
agrum fabaceum circuit. Laërtius
in Pythag. Tzetz. Chil. xi. 366. *Bern.*

§ 18 *Cujus, &c.*] Gualter. 'Cujus
tanta in populo fuit opinio ut ex d. e.
t. facerent, et ipsum pro D. c.' Saresb. ' ipsumque pro D. c.'' Diod. in
Excerpt. Porphyrog. p. 246. Ἴσα
θεοῖς παρὰ τοῖς Κροτωνιάταις ἐτιμᾶτο.
Templum] Cereris delubrum vocabant, vicumque Musis sacratum, ut
id. ex Phavorin. refert. Firmat Val.
M. viii. 15. 1. Ext. p. 291. m. Vid.
Casaub. ad Laërt. p. 103. f. 1. *Bern.*
CAP. v. § 1 *Supra*] Sc. huj. lib. pr.
Idem.

§ 4 *Ante menses*] Puto scripsisse
ante mensem. Voss. Hæc locutio non
est integra ; quid enim *ante menses*?
debet adesse numerus, vel saltem
verbo aliquo ostendi, eum certum
non nominari, e. g. *ante menses aliquot*,
vel *paucos*. Nunc tale nil occurrit.
In Mss. legitur *menses*. Unde nescio
annon videri Noster possit scripsisse
menses sex. Et est ratio, quia post
incensam urbem Capitolium tenuerant obsessum per sex menses Galli,
et post pacem fecerant, quo verisi-

mile est tempore misisse, qui auxilia sua Dionysio offerrent, cum nimirum bellum cum Romanis esset finitum. De sex mensibus quod dixi, docet Flor. i. 13. 'Sex mensibus barbari circa montem unum pependerunt.' *Schef.*

Romam incenderant] De Roma a Gallis capta et incensa pleni sunt auctorum libri. *Bongars.* Instar omnium esto Livius, v. 41. et seqq. *Ber.*

§ 6 *Auxiliis Gallorum auctus, bellum velut ex integro restaurat*] Hæc ita correxere, cum in Mss. legeretur: *bellum velut ex integro reliquit: restauratis autem.* Quod non frustra est. Ita enim emendand. erat: *aux. G. auctus, belli, velut ex integro, reliquias restaurat. Iis autem.* Voss.

§ 7 *Intestina discordia*] Sen. ad Helviam 6. 'Non omnibus eadem causa relinquendi quærendique patriam fuit. Alios excidia urbium suarum, hostilibus armis elapsos, in aliena, spoliatos suis, expulerunt: alios domestica seditio submovit: quosdam fertilis oræ et in majus laudatæ fama corrupit: alios alia canssa excivit domibus suis.' Add. **Liv.** ii. 16. 3. Sall. Jug. c. 78. 1. Tac. G. 29. 1. *Bern.*

§ 8 *Mediolanum*] Quod aliis auctoribus Mediolanium, et hæc Mediolanus, et Mediolana pluraliter. Urbis originem exponit et Liv. v. 34. 9. *Idem.*

Veronam] Huj. originem et Liv. v. 35. 1. ad Gallos cum Nostro referre videtur: at Plin. iii. 19. ad Rhætos Euganeosque. *Id.*

Vergamum] Pro *Bergomum*, more posterioris ævi usitatissimo, *B* in *V* converso. *Id.*

Vergamum] Hæc barbari sæculi scriptura est. Recte Junt. *Bergomum.* Sicut et superius *Abellani* pro *Avellani.* Græv. Antiquiores typis expr. *Bergomum.* Quod mirum cur Bong. mutarit; præsertim cum ipse

notaverit, *Vergamum* more posterioris ævi formatum esse. *Vor.*

Tridentum] Plin. iii. 19. Rhætorum hoc, non Gallorum, facit oppidum. *Bern.*

Vicentiam] Memoratam Tacito H. iii. 8. Plinio, aliisque, 'Vicetia' est, imitatione Græcorum, qui ex, Albenses, Veronenses, Clemens, et talibus, extruno n, 'Αλβήσιοι, Οὐερωνήσιοι, Κλήμης faciunt. Quomodo et Græcobarbaris κασρέσιον est, castrense: κιρκέσια, circensia: ἔρμηρα, armenta, &c. De h. toto l. vid. Saresb. Policr. vi. 17. *Bern.*

§ 9 *Gentes Rhætorum*] Steph. 'Ραιτοὶ Τυῤῥηνικὸν ἔθνος. *Bong.*

§ 12 *Segnitiem ducis*] Mss. mei constanter *segnitiam ducis:* quod pro eod. est: Terent. And. i. 3. 1. 'Nihil loci est segnitiæ, neque socordiæ:' alii dixerunt etiam *segnitas* pro eod. Accius Æneadis, s. Decio: 'Eo nunc quod eorum segnitate ardet focus.' Item Andromeda: 'Namque, ut dicam te metu aut segnitate addubitare, haud meum est.' Ipse denique Cic. ii. de Orat. 41. 'Et, quoniam de imprudentia diximus, castigemus etiam segnitatem.' *Modius.* Pro 'familiariter' Vincent. habet 'familiari secreto.'

§ 14 *Insidiis ad postremum suorum interficitur*] Cic. de N. D. iii. 35. 'Atque [mallem *Namque*] in suo lectulo mortuus in tympanidiis in rogum illatus est.' Diod. xv. 74. refert, eum epulantem et largius bibentem in morbum incidisse: fieri autem potest, ut, cum insidiis suorum periret, id ebrietati tribueretur: quod Alexandro M. evenit. Vid. Plut. et Probum in Dione. *Bongars.* Plin. vii. 53. gaudio exstinctum scribit, accepto tragicæ victoriæ nuntio. *Bern.*

Insidiis suorum interficitur] Quod tamen nullibi scriptum arbitror. *Fab.* Verba *non Italia* uncinis includit Ed. Bong. Helladius in Chrestomath. de Dionysio refert, ὅτι ἀσηλάτου μὲν ὑπὲ

Διονύσιος ἦν, ὁ τῆς Σικελίας ἄρξας ἔτη
μ' δυοῖν ἀποδέοντα. Syncell. Chron.

p. 258. Διονύσιος Σικελίας τύραννος ἀπέθανε κρατήσας ἔτη μή'. Leg. λή'.

LIBER XXI.

CAP. 1. § 1 *Maximum natu ex filiis
ejus, nomine Dionysium*] Alii scriptores dicerent 'nomine et ipsum Dionysium ;' qui et ipse, ut pater, Dionysius dicebatur. Et ita Just. alibi,
'Fratremque regis et ipsum Aria-
rathem nomine.' Et XLI. 5. 'Hujus
filius et successor regni, Arsaces et
ipse nomine.' Sic XLI. 4. 'Morte
Theodoti, metu liberatus, cum filio
ejus, et ipso Theodoto, foedus ac pacem fecit.' Ubi 'et ipso Theodoto'
id. valet ac, qui etiam Theodotus dicebatur. Et XLII. 4. 'Et ipse Phrahates nomine.' *Fab.*

§ 2 *Naturam ejus*] Plerique vett.
naturam ejus ex quo *naturæ jus* fecit
Doctor meus Jac. Cujacius ad L. 5. D.
de Pactis, quem vid. Error hinc natus
est. In vett. libris diphthongus scribitur litteris separatis *æ.* Cum ergo
in veteri esset *naturæ jus*, negligens
exscriptor *naturæ ejus* exscripsit, quod
deinde audax corrector supraducta
linea emendavit, ut legeretur *naturam ejus.* Id et alii postea majori etiam audacia mutarunt in *maturam ætatem ejus.* Similibus mendis infectum Senecam, ostendit mihi cl. et doctiss. Vir Nic. Faber
lib. de Ira II. 30. ubi legitur: 'Pater est; tantum profuit, ut illi do-
nanda injuria ejus sit:' cum in libris Mss. sit *ut illi etiam injuria ejus
sit*, nemo non doctiss. viro assentia-
tur leg. *injuriæ jus sit.* Et I. de Clement. 19. 'Cum liceat innoxium aliis,
et ob hoc securum, salutarem potentiam ejus tractare.' Vett. Codd. *sa-*

lutare potentia ejus? Quis non videat
leg. *potentiæ jus?* Sed Cujacii emendationem probat Auctor ipse II. 10.
2. 'ætatis privilegium' dicit, 'quod
jus, et ordo nascendi, et natura ipsa
gentibus dedit.' Et XXXV. 3. 7. vocat 'jus gentium.' Unde libenter
emendarem locum lib. XLI. 5. 9.
'Quorum major Phraates, more gentis, heres regni :' ut legeremus *more
gentium*, vel *jure gentium:* imperitus
librarius pro *jore*, ut scribebant Vett.
conjecit leg. *more:* inde *more gentium:* tandem *more gentis.* XVI. 2, 8. de
Ptolemæo: 'Is contra jus gentium,
minimo natu ex filiis, ante infirmitatem, regnum tradiderat, ejusque rei
populo rationem reddiderat:' quæ
postrema verba notanda sunt, ut intelligamus, regem contra jus et receptos mores nihil absque consensu
populi innovare posse. Nam et
XXXIX. 3. 3. cum Ægypti regina minorem filium regem facere vellet, a
populo compellitur majorem eligere.
Herod. VII. 2. ait, νομίζόμενον εἶναι
πρὸς πάντων ἀνθρώπων, τὸν πρεσβύτατον
τὴν ἀρχὴν ἔχειν. Neque lex divina
quicquam patitur primogenito dero-
gari: Deuteron. XXI. 14. Jus autem naturæ esse jus gentium, notum
est ex JCtorum libris (§ 11. Instit. de
Rer. Divis. et § 42. d. t. 'Jure gentium, id est, jure naturali :' quia sc.
'naturalis ratio id inter omnes homines constituit:' § 1. Instit. de Jure
Nat. Gent. et Civ.) Cic. III. 5. Off.
'Neque vero hoc solum natura, id
est, jure gentium,' &c. De Dionys.

juniore leg. Plut. et Probum in Dione, et Diod. xvi. 5. cum seqq. et
Gemistum. *Bong.*

Si penes unum remansisset] Unde
Stratius Attalo prudenter ingerit ap.
Liv. xlv. 19. 14. 'Si partem regni
fraterni peteret, ambo infirmos dis-
tractis viribus, et omnibus injuriis ob-
noxios fore.' *Berneccer.* Usitatissi-
mum Nostro est tempora imperfectum et plusquamperfectum permutare. Ita ergo et nunc 'remansisset' scripsit pro, remaneret. Sequitur mox, 'quam si portionibus inter
plures fil. divideretur.' *Vor.*

§ 4 *Quare*] F. *Quem.* Gron.

§ 5 *Igitur nexorum*] Tac. H. iv. 68.
'Novum imperium inchoantibus utilis clementiæ fama.' *Bern.*

§ 6 *Non cognatos tantum, &c.*] Plut,
in Demetr. 5. 'Familiæ Regum [A-
lexandro M. succedentium] pæne
omnes frequentes habent liberorum,
frequentes etiam matrum neces, et
uxorum. Nam fratrum parricidia, ut
POSTULATA geometræ sumunt, sic
concedebantur habebanturque commune quoddam Postulatum et regium
ad securitatem.' Quo exemplo Turcarum quoque Principes imperium a
parricidiis auspicantur. *Id.*

§ 7 *Ne spiritus quidem consortium
relinqueret*] Si quis ita loqueretur,
'Titius mihi vitæ societatem reliquit,'
is male loqueretur. Possumus dicere,
'Ille mihi societatem honoris reliquit,' quia societas ejusmodi donum
est illius hominis; at de vita non itidem sentias. Quare consortium istud spiritus, s. vitæ, nequaquam placet. Scripserat Just. *ne spiritum quidem*, i. e. animam, *relinqueret.* Faber.
Hoc vocabulum *consortium* glossatoris
mihi esse, non Justini videtur. Non
enim solet alibi temere hoc plebeio
genere sermonis uti. *Schef.* Controversiam movent huic lect. viri docti.
Fateor *consortium* posse sine sententiæ detrimento semel deleri; sed nec
incommode, quin ἐν δευδμοι, repetitur.

Sic xxiii. 2. 'Nec invitam periculo
spiritus sui empturam, ut extremos
viri spiritus exciperet.' Potuisset
scribere : 'Nec invitam periculo spiritus sui empturam, ut extremum viri
exciperet.' Sed sic maluit. Et hæc vocum iteratio cum ap. poëtas, tum ap.
oratores et historicos sæpe vi singulari est. Sed, τῷ *consortium* expuncto,
legendum esse *spiritum*, viris doctis
minime possum assentiri. 'Consortium' est, cohereditas. 'Consortes'
sunt coheredes. Hoc igitur dixit
Justinus : Qui debebant esse cum eo
heredes regni, illos ne communis huj.
vitæ usura secum frui patiebatur : s.
qui cum illo debebant regnare, eos
ne secum quidem vivere sinebat. Ap.
Ov. in Epist. 'consortes generis'
dicuntur ejusd. generis participes, s.
consanguinei. Quidni ergo et 'vitæ
consortes' dici possint ii, qui ejusd.
vitæ sunt participes? *Græv.*

*Tyrannidem in suos prius quam in ex-
teros auspicatus*] Leg. ex Ms. in *suos,
quam in exteros.* Quomodo loquuntur
optimi scriptores. *Vos.*

CAP. ii. § 1 *Saginam*] Add. xxxiv.
2. 7. et xxxviii. 8. 14. præcipue de
Ptolemæi prodigiosa obesitate Athenæum longule a fin. lib. xii. cum Æ-
liano V. H. ix. 13. *Bern.*

*Ex nimia luxuria, oculorumque vale-
tudinem contraxit*] Nihil enim est,
quod certiorem aut citiorem inducat
caliginem jugi ingluvie : quia, ut ait
Portunianus, 'edacitas cibos terit,
sed oculos vorat.' Hæc Saresb. Policr. viii. 6. m. ubi locus hic Trogi
laudatur. *Idem.* Val. M. vi. 4. Ext.
2. 'adversam valetudinem oculorum'
dicit. Sed *valetudo oculorum* tantundem esse potest. Liv. xxvi. 22. 'Valetudinem oculorum excusavit.' Nimirum 'valetudo' pro invaletudine
quoque s. valetudine adversa sæpiss.
ponitur. *Vor.*

Oculorumque valetudinem] Ita Liv.
xxxii. 34. 2. Vid. sup. notam ad
xii. 2. 11. *Bern.*

Adeo ut non solem, non pulverem, non denique splendorem ferre lucis ipsius posset] Merito mihi suspectus est hic l. Quid enim sibi vult *pulvis*, quem etiam oculi recte se habentes ferre non possunt? Ms. Leyd. pro *pulverem* disertim habet *fulgorem*. Unde *fulgorem* legend. esse quivis facile videt. Nec obstat huic lect. quod statim Just. subjiciat *splendorem*. Aliud enim *fulgorem*, aliud *splendorem* esse Philosophi docent. Et, qui accurate loquuntur, pariter etiam distinguunt. *Box.* Veget. i. 3. ' Solem pulveremque ferre condiscant.'

§ 2 *Nec, ut pater, carcerem*] Verba, *ut pater*, reliquis secernenda commatibus : debent enim intelligi de Dionysii huj. patre, i. e. Dionysio seniore. *Schef.*

§ 8 *Dionysius pellitur*] Opera Dionis inprimis. *Berg.*

§ 9 *A Locrensibus*] Vid. Strab. vi. et Ælian. ix. 8. V. H. *Id.*

Velut jure regnaret, &c.] Demosth. Philip. ii. m. ' Rex et tyrannus omnis est libertatis inimicus et legibus infestus.' Liv. xliv. 24. l. ' Natura inimica inter se sunt libera civitas et rex.' Otanes ap. Herod. iii. 80. ' Vir tyrannus jura patriæ labefactat; feminis vim adfert; indemnatos interimit.' *Berneccer.* Hoc *jure* mihi valde suspectum est. Nec enim de eo agitur, jurene an injuria regnaverit Dionysius, sed quomodo ubique, quoquo concessisset, regnare voluerit. Suspicor autem scripsisse *velut ubique regnaret*. In voce *ubique* primæ duæ litteræ per præcedentes pœne similes absumptæ sunt. *Schef.*

§ 10 *Sponsis*] Mss. habent vel *procis*, vel *sponsis procis*. Unde colligo τὸ *procis* esse lect. veram, *sponsis* autem glossam, cum præsertim aliis in libris occurrat *proceribus*, quod sine dubio ex *procis* factum. *Id.*

Locupletissimos, &c.] Aristot. Polit. v. 11. tradit, proprium Tyrannorum

esse, cives reddere pauperes, ut Nero dixit ap. Suet. 32. ' Hoc agere, ne quis quidquam habeat :' tum ut exhaustis civibus facultatem adimant nocendi : tum etiam, quia ipsis in luxum et libidinem perenni sumptu est opus. *Bern.*

CAP. iii. § 2. *Die festo Veneris*] Ἀφροδίσια sunt Athenæo iii. et iv. ' Veneralia' quidam interpretantur, sicut Bacchanalia, Saturnalia, &c. *Id.*

Voverant ut virgines suas prostituerent] Pro, voverant se prostituturos, vel, quod prostituere vellent. ' Ut' pro, quod, non rarum, ap. Nostr. quoque. Vid. Notas ad v. 3. 3. ac Lib. de Latinit. f. susp. cap. 24. *Vor.*

§ 5 *Illæ maritis traderentur*] In Mss. est *viris* pro *maribus*, quod præfero, et hoc posterius glossatoris puto. *Viros* certe sic usurpat etiam in seqq. Sententia hæc est : Decretum faciendum, ne qua virgo nuberet, priusquam illæ centum, quæ prostitissent in lupanari, invenissent viros, eisque fuissent nuptæ. *Schef.*

§ 10 *Securis omnibus*] Vell. ii. 118. ' Nemo celerius opprimitur, quam qui nihil timet ; et frequentissimum initium est calamitatis SECURITAS.' *Bern.*

CAP. iv. § 1 *Princeps Carthaginiensium Hanno*] Oros. iv. 6. *Berg.*

§ 2 *Solemnem nuptiarum diem*] Nec enim Eoæ illæ Par. primum infandi sceleris exemplum sunt. Quadrat Hispanorum adagium : ' Nullibi magis panopliam requiri, quam in nuptiis et publicis ludis.' Vid. Camerar. Oper. Subcisiv. i. 83. et iii. 69. *Bern.*

§ 3 *Orbam*] Senatu, quasi parentibus, destitutam. *Id.*

§ 4 *Res cognita*] Sæpe ' solum insidiarum remedium est, si non intelligantur :' Tac. xiv. 6. Tali consilio militum conspirationem declinare co-

natus est Vocula ap. eund. H. iv. 56.
et declinavit Eteonicus ap. Xen. H.
Græc. ii. pr. *Id.*

Cogitata] Conjurationi et insidiis
hoc verbi competit. Suet. Tib. 19.
'Tormentis expressa confessio cogi-
tati facinoris.' Et in Calig. c. 12.
'Etsi non de perfecto, at certe de
cogitato parricidio professus.' Ita
Curt. vi. 10. 18. et viii. 7. 18. *Id.*

§ 5 *Ne persona designata, non vitia
correcta viderentur*] Junt. nonnullique
alii editi libri *ne p. designata, sed v.
correpta v.* Sensus necessario requirit
sed. Leg. itaque *ne p. designata, sed
v. correcta v.* Posset et *correpta* ferri.
Ut 'Correptus voce magistri,' ap.
Horat. Sed præferenda veterum
codd. scriptura. *Græv.*

*Ne persona designata, sed vitia cor-
recta viderentur*] Lect. hæc ex edd.
antiquis retracta est, ut ex collectione Var. Lectionum Bongarsii apparet, et ex Junt. Est autem optima
scriptura, et Grævio nostro probatur.
S. autem *correcta* legas, s. *correpta,*
nihil interduim. *Faber.* Antiquiores
typis expr. Bechar. Maj. et teste
Grævio Junt. habent *sed vitia correpta.*
Quod mirum a Bong. mutatum esse.
'Corripere' pro, reprehendere, in-
crepare, satis notum. Vocula *sed*
quoque abesse hinc non posse videtur. *Vorst.* Junt. *persona designata,
sed vitia correpta.* Probant viri docti.
Sed f. non necesse est, ut pro *non*
substituatur *sed:* cum, si vocabulum
non jungamus cum 'viderentur,' omnia sint clara. Ordo : *Ne videretur
designata persona, at non viderentur
correpta vitia.* Schef.

§ 6 *Iterum servitia concitat*] Quomodo *iterum?* Num ea ante concita-
verat? Atqui nil de eo ap. Nostr.
Latet in vocabulo hoc mendum, quod
tamen, quomodo corrigi debeat, nunc
non excogito. *Schef.*

§ 7 *Velut a singulis membris pœna
exigerentur*] In simili casu, simili acu-

mine Flor. iii. 21. 45. 'Ut per singula membra moreretur.' Plin. tamen
viii. 16. sub finem, diversam causam
mortis Hannonis adfert. Add. inf.
xxii. 7. 10. Sen. de Ira iii. 18. 1.
Bern.

In crucem figitur] Bechar. et aliæ
antiquiores edd. *in cruce figitur:* quomodo dicunt 'in loco ponere,' vel
'reponere.' Sed et ipsum τὸ 'figere
in aliquo' habent alii. *Vorst.* Vetustiores *in cruce figitur.* Schef. Sic
et Junt. *Græv.*

§ 8 *Ad imitandum scelus*] Hæc una
est ex rationibus Legis 5. Cod. ad
Leg. Jul. Majest. cujus sanctio alias
iniqua videri possit : quia sc. in posteris exempla paterni, h. e. heredi-
tarii criminis metuuntur. Nota Cas-
siorum, Corneliorum, Brutorum, &c.
historia. *Bern.*

CAP. v. § 2 *Deposito imperio, arcem Syracusanis*] Timoleonti et Corin-
thiis παραδίδους αὐτὴν καὶ τὴν ἀκρόπολιν.
Legend. Plut. 17. et Probus in Timo-
leonte. Diod. xvi. 17. *Bong.*

Tradidit] Puto *tradit,* ob verbum
seq. 'proficiscitur.' *Faber.* Sic recte
Junt. *Græv.*

Recepto privato instrumento] 'Recipere' hic Id. est quod, excipere, vel
retinere, quomodo etiam hoc verbum
usurpatur ab JCtis. Unde 'servus
receptitius' ap. Gell. xvii. 6. et Cic.
Top. 26. 'Cum ædes fundumve ven-
diderint, rutis cæsis receptis:' et ii.
de Orat. 55. 'Cum ædes venderes,
ne in rutis quidem et cæsis tibi paternum solum recepisti.' Vid. Not.
ad Sen. ad Marc. 10. *Gron.*

Corinthum in exsilium] Περίβλεπτον
ἔχων τὴν τῆς μεταβολῆς ὑπερβολήν.
Diod. 71. Inde natum proverb. 'Dionysius Corinthi.' *Bong.* Quod extat in Cic. ix. ad Att. 9. Quintil.
viii. 6. Laërtii Platone. Originem
adagii tradit Plut. de Garrul. c. 23.
Add. Cic. Tusc. iii. 12. Val. M. vi.
9. *Bern.*

§ 3 *Humillima quæque tutissima*] Sen.
Ep. 105. pr. 'Multi in contemptu
remedii causa delituerunt,' &c. Ut
Brutus ap. Liv. I. 56. 9. Archelaus
ap. Dionem LVII. Claudius ap. Suet.
in ejus Vita 38. *Id.*

§ 5 *Pannosusque et squalidus*] Angli
pannosus et squalidus: placet. *Schef.*

§ 6 *Oculis devorare*] H. e. avide
spectare. Ita Martial. I. 97. et ' oculis comedere,' IX. 60. Add. Val. M.
IX. 2. 1. *Bern.*

§ 7 *Apud ædiles adversus lenones
jurgari*] Ædilibus enim cura forni-
cum popinarumque fuit: quæ propterea ' loca Ædilem metuentia' vocat Sen. Vit. Beat. 7. Vid. Lips. ad
Tac. II. Excursu O. Add. notata superius ad XIX. 1. 7. *Id.*

Jurgari] Mss. mei *jurgare*, ut Cic.
dixit IV. de Repub. ' Si jurgant, beni-
volorum concertatio est.' Horat. tamen maluit illo uti, dum ait S. II.
2. 99. ' Jure, inquis, Thrasius istis Jur-
gatur verbis.' *Mod.*

*Omniaque ita facere, ut contemnen-
dus, &c.*] Mallem *omniaque ista facere*,
quod habent quidam Mss. Non enim
tam de modo hic est sermo, quam de
fine ac proposito, quo fecerit. Itaque et paulo post, ' ut a timentibus
semper in publico videretur, aut a
non timentibus facilius contemnere-
tur:' quia nempe nunquam putabat
satis contemptibilem se facere, qui
nunquam satis credebat se securum.
Schef. Adstipulantur Juntæ. *Græv.*

§ 8 *Pueros in trivio docebat*] Nihil
novi, de loco ad docendum ; nam, ut
ex Comœdiis veterum discere est,
pueri ap. Græcos in triviis doceban-
tur. *Faber.*

§ 9 *Naturâ*] Freinsh. *natura* mavult. *Bern.*

§ 10 *Neque honesta, sed tuta, &c.*]
' Honesta utilibus cedunt in rebus extremis :' Liv. XXIII. 14.- 4. ' Cedit
interdum generosus spiritus utilitati,
et fortunæ viribus succumbit, ubi,

nisi tutiora legerit consilia, speciosa
sequenti concidendum est :' Val. M.
VII. 6. 1. *Id.*

CAP. VI. § 1 *Rhodanum*] Quidam
Mss. *Rodonum*, alii *Rodonem*. Frontin. Strat. I. 2. 3. ' Rodinum.' *Bongars.* Nescio quomodo mihi ' Rho-
dinum' Frontini magis arrideat. Et
suspicor id ei cognomentum datum a
Rhodo ins. *Schef.*

§ 2 *Auctor originis*] Vid. XVIII. 3.
1. &c. *Bern.*

§ 3 *Alexandria*] XI. 11. 13. *Id.*

§ 4 *Nec cupiditas*] Sen. de Clem.
I. 1. ' Facit avidos nimia felicitas :
nec tam temperatæ cupiditates sunt
unquam, ut in eo, quod contigit, desi-
nant ; gradus a magnis ad majora fit :
et spes improbissimas complectuntur
insperata assecuti.' Similia Thucyd.
IV. 4. 4. et IV. 12. 87. Diod. XIX. 1.
Noster XXIII. 1. 2. *Id.*

§ 6 *In tabellis ligneis*] Imitatione
Demarati, de quo II. 10. 13. Æneas
in Poliorcet. 31. præter alios occulte
scribendi modos, hunc ipsum quoque
memorat : nisi quod creta similive
terra, non infusa cera, scripturam
deletam ait. Unde etiam modus re-
tegendi litteras diversus : Noster ait,
erasa cera lectas esse tabellas : Æ-
neas, ligneam tabellam in aqua positam, eluta creta, scripturam ostendi-
disse. Agell. XVII. 9. *Id.*

§ 7 *Venditasset*] Ita Vett. quomodo etiam legend. in Oros. IV. 6. cujus Ms. habet *indicasset*. Bongars.
Hoc præplacet utroque sensu. Cic.
pro Arch. 11. ' Jam me vobis indica-
bo.' Plaut. Pers. IV. 4. 32. ' Indica,
fac precium.' Do. Tua merx est, tua
indicatio est.' *Bern.*

Verum etiam et crudeli animo] Vix
est dubium, quin vel *etiam* vel *et* hic
sit intrusum a glossa. Mallem *etiam*
delere. *Schef.* Aut *etiam* aut *et* abundare bene monet Scheff. Excidisse
autem vocem hic reponendam Junt.
nobis ostendit, in qua legitur *verum*

etiam invido et crudeli animo. Invide-
bant Hamilcari hanc laudem, quam

ex legatione tam pulchre pro re patriæ gesta sibi pepererat. *Græv.*

LIBER XXII.

CAP. I. § 1 *Agathocles*] Leg. Diod.
XIX. *Bongars.* Itemque Polyb. XII.
6. &c. et Suid. cujus illa verba, Τί δ'
οὐκ ἐγὼ σέ; τί δ' οὐκ ἐμὰ σύ; non est
assecutus interpres. Nam hoc haud
dubie sibi volunt, quod ista Ciceronis, Cæsari mutuum cùm Nicomede
stuprum objectantis, ap. Suet. Cæs.
49. 7. ' Notum est, et quid ille tibi,
et quid illi tu dederis.' *Bern.*

§ 2 *Quippe in Sicilia patre figulo natus*] Plut. Apoph. 26. *Bongars.* Hinc
elegans illud Ausonii doctiss. poëtæ
Epigr. VIII. cujus lemma est, ' Ex-
hortatio ad modestiam,' his verbis :
' Fama est fictilibus cœnasse Aga-
thoclea regem, Atque abacum Samio
sæpe onerasse luto : Fercula gemmatis cum poneret horrida vasis ; Et
misceret opes pauperiemque simul :
Quærenti causam, respondit, Rex
ego qui sum Sicaniæ, figulo sum geni-
tore satus. Fortunam reverenter
habe, quicumque repente Dives ab
exili progrediere loco.' *Mod.*

§ 3 *Forma*] Τήν τε ὄψιν εὐπρεπὴς καὶ
τὸ σῶμα εὔρωστος : Diod. XIX. 2. *Bong.*

Exhibuit] Vid. Notas ad IX. 2. 7.
et XI. 10. 9. *Berneccer.* XI. 10. 9.
' Misere vitam exhibere.' Et ' exhibere' id. quod, sustentare, tolerare.
Dicunt et ' exhibere aliquem' pro,
alere, sustentare. Vid. Notas ad IX.
2. 7. *Vor.*

§ 6 *Adscitusque in civitatem*] Ita
leg. pro vulg. *accitus.* Liv. XXIII. 51.
' Vetere patria relicta, in eam, in
quam redierant, nondum adsciti.'
' Adscitus in civitatem' Græcis dicitur δημοποιητός : vel ut ap. Lucian.
Bis. Accus. p. 814. εἰς τὸ μετοικικὸν

συντελῶν. *Gronov.* Quis illum acci-
vit ? Optime Junt. *ascitusque in civitatem,* h. e. cum civium numero et
albo adscriptus esset. *Græv.* Vulg.
lect. vix potest esse vera. Is enim
' accitus' dicitur, qui evocatus est in
civitatem. At paulo ante dicitur
' concessisse' eo, quod ad ultro et
sponte sua venientem pertinet. Sed
nec ulla causa est, cur accitus credi
possit, qui neque rem neque famam
bonam habeat. Quare pro *accitus*
sine dubio *ascitus* est scribend. *Ascitus* vel *adscitus* est, assumtus, et sic
alibi Noster usus est h. verbo. Hæc
scripseram olim, cum video lect: hanc
firmari per Junt. probarique a cl.
Græv. Schef. Pro ' concessisset' habet ' access.' Vincent. v. 11.

§ 11 *Ætnæos*] Ms. *Æthineos.* In
vetusta ed., quam Lugdunensem ex
insigni typographico suspicor, *Æn-
næos.* Quid si *Enneos,* aut *Ennenses*
legas ? *Berneccer.* Nihil mutand. Ætna est oppidum id. ac mons, cui impositum, unde nomen sortitum ; ut
patet ex Strab. Plin. Ptolem. et aliis.
Ea ante Inessa appellabatur. *Voss.*
Urbem Ætnam ab Hierone conditam
cantat Pindarus circa tempora Darii
Hystaspidæ et Xerxis. Tamen re-
stauratam tantum arbitror. Campani
autem, de quibus mox Justinus, erant
Siculi, non Itali. Vid. librum admi-
rabilem P. Cluverii de Sicilia. *Faber.*
Ætnæos scribend. non *Ætneos,* ut vulgo editur : Ætna non mons tantum,
sed et oppidum Siciliæ dicitur. *Vor.*

Sui Syracusanis] Hæc usque ad locum absunt a bonis libris : quia tamen
sine iis manca esset oratio, et in uno

Ms. reperiuntur, nihil mutare ausus sum: quamvis ea mihi valde suspecta sint. Belli in Agrigentinos et Crotoniatas meminit Diodorus: de Ætnæis et Campanis nullum verbum, et Damasco illi est Ἀδύας. Plurimum autem in ·tota hac narratione ab Auctore nostro discrepat Diod. ut quivis ex lib. xix. et xx. videre potest. *Bongars.* [Qui verba dicta uncinis in sua Ed. includit.]

§ 12 *Sequenti Camponarum*] Valde vereor hunc l. corruptum esse. Suspicor legend. *Catæneorum:* nimis enim et terra et mari Campania a Syracusis distat. Multa hic de conventione inter Agathoclem et Hamilcarem cavillari liceret. *Glar.*

Campanorum] Nam hos in Sicilia loca quædam tenuisse Diod. xvi. 68. indicat. *Berneccer.* Scrib. *Campano,* nempe, bello. *Gron.*

CAP. II. § 4. *Ita uno eodemque tempore*] Ita fere vi. 5. 11. *Bern.*

§ 8 *Expositis ignibus cereis, &c.*] Nam in rebus sacris, qualis illa jurisjurandi, cereos adhibitos constat. *Sebis.* tamen *ignibus Cereris* legendum: certe vitii quid subesse putat. Sebisii conj. stabilit Plutarchus in Dione 70. ubi de Calippo in templo Cereris, sumta ardenti tæda, jurante. Add. notam ad xxiv. 2. 8. *Berneccer.* Locus corruptiss. Ego, vestigia lect. vulgatæ sequutus, corrigo ac lego : *Tunc Hamilcari, expositis conditionibus fœderis pactisque, in obsequia Panorum jurat.* Vel melius pro *pactisque* fuerit *pacisque.* Sic xxx. 8. ' Deinde cum expositæ conditiones pacis a Romanis essent.' Certe melius se habet ita emendatus hic locus. *Bexhorn.* Peyraredi conj. est *expositis ignibus sacris, tactisque, &c.* Liv. ita de Hannib. xx. ' Fama etiam est, Hannibalem annorum ferme novem pueriliter blandientem patri Amilcari, ut duceretur in Hispaniam, cum perfecto Africo bello, exercitum eo trajecturus, sacrificaret, altaribus admotum, tactis

sacris jurejurando adactum se, cum primum posset, hostem fore populi Romani.' *Voss.* Quam placet conjectura Sebisii! Legit ille *ignibus Cereris;* nihil ingeniosius. Nam et res in Sicilia geritur, ubi præcipua veneratione celebrabatur Ceres; et illa Dea ' dadouchos' erat. Nil itaque melius potuit excogitari. *Faber.* Sebis. legend. conjecit *ignibus Cereris.* Quod probat Gronov. iv. 4. Obs. et *ignes Cereris* dicit esse altaria, in quibus foculus accensus fuerit. Tactis altaribus quod jurare soliti fuerint, ex Liv. Nep. et aliis scire licet. Sed et quod in templo et ad aram Cereris illud factum fuerit, constat. Juv. xiv. ' Vendet perjuria summa Exigua Cereris tangens aramque pedemque.' Deque ipso Agathocle, de quo Noster agit, Diod. xix. sic : Παραχθεὶς εἰς τὸ τῆς Δήμητρος ἱερὸν ὑπὸ τῶν πολιτῶν ἐπώμνυσε : ' Adductus in Cereris templum a civibus juravit.' Sed et Noster xxiv. 2. 8. Ptolemæum ' sumptis in manus altaribus adjurasse' scribit. Quid si dicamus nihil mutandum, et *ignes cereos* esse, faces et tædas, quæ expositæ tactæque fuerint, cum juraretur? Sane Plut. in Dione de Calippo in templo Cereris sumpta ardenti tæda jurante scribit. *Vorst.* Non possum *cereis* hic probare. Qui enim cohæreant, et quæ sit locutio, *ignes cerei?* magis placet *Cereris,* cum præsertim conveniat historia. Neque tamen sic videtur sanus locus. Quomodo enim explicabimus *tactis ignibus?* ignes utique non tangebantur : ignea vero altaria explicare nescio an non durum sit, præsertim in hoc genere loquendi. Leg. igitur sic ap. Nostrum: *Tunc Hamilcari aris, positis ignibus Cereris, tactisque.* Illud *aris* excidit, quia præcesserat in voce *Hamilcari* τὸ *ari,* quod proinde ut superfluum maleque repetitum delebant, sola litera *s* servata et annexa subsequenti *positis,* unde *expos.* est factum. Porro *aris positis ignibus*

Cereris accipio de illis, quæ erant positæ non cum ignibus *s.* foculo accenso, sed ad ignes Cereris, s. propter ignes Cereris, ut nimirum iis Cereri fierent sacrificia. Quæ explicatio planior, simplicior, locoque præsenti accommodatior videtur. *Schef.* Sebis. corrigit, *Cereris ignibus*, quod probat et firmat Gronov. IV. Obs. 4. Probarunt hanc emendationem postea quoque viri doctiss. Vorst. et Faber. Sed Heinsius, vir et amicus summus, putat hic gravius librariorum crimen latere, fœdeque interpolatum esse h. locum, qui sic possit restitui, si scribamus *Tunc Hamilcari aris rex positis insigni ceremonia tactisque in obsequia Pœnorum jurat. Ignes* hic ferri non posse putat. *Aris* hic excidisse vidit et Scheff. Mihi non videtur nimis longe a libris omnibus esse discedend. Quod fiet, si legeris *Tunc Hamilcari aris positis, et ignibus Cereris, tactisque in obsequia Pœnorum jurat.* Sic aræ et ignes junguntur a Virgil. in versu, quem laudat Bernecc. *Græv.*

Tactisque] Virgil. Æn. XII. 201. ' Tango aras, mediosque ignes et numina testor.' *Bern.*

§ 9 *Potentissimos*] Mss. Fuld. (ut et Bongarsiani) *potissimos*, quod pro eod. est. Significat enim, præcipuos et primæ notæ. Quintil. X. 3. ' Ut semel quod est potissimum dicam.' *Mod.*

§ 10 *In theatrum ad concionem*] Nam Græcis et Græciensibus plerisque Theatrum fuisse pro curia, foro, comitio, patet etiam ex Cic. pro L. Flacco 7. Diod. XVI. 85. Liv. XXIV. 39. 1. Tac. H. II. 80. 6. Val. M. II. 2. 5. Frontin. III. 2. 6. Auson. in prologo Ludi VII. Sapient. Plut. in Dione 53. *Bern.*

Contracto in gymnasio] Scrib. *in gymnasium.* Fab.

§ 12 *Promtissimos*] H. e. maxime excellentes, et omnibus rebus instructos. Cic. IV. Verr. 17. ' C. Cacurius

promtissimus homo, et experiens, et imprimis gratiosus.' Vid. Not. ad Tac. IV. 17. *Gron.*

CAP. III. § 2 *Fœde vexat*] Angli *fœdis injuriis*, quæ manifesta glossa est. *Schef.* Junt. *fœde injuriis vexat.* Græv.

§ 4 *Syracusæ in pignus societatis sint traditæ*] Posset etiam legi absque præp. *Syr. pignus, &c.* Gron.

§ 5 *Quantum malum*] Scrib. *mali.* Idem.

§ 6 *In imperio esset*] ' Tum temporis consul,' ut XXXI. 2. 9. de Hannib. loquitur Auctor. Ita Cic. de Arusp. Respons. 17. ' Sacrificium Bonæ Deæ fit in ea domo, quæ est in imperio,' h. e. in domo Consulis, *des regie- renden Ammeisters.* Plut. Cæs. 13. *Bern.*

Tacita de eo suffragia] XXII. 7. 10. Capitolinus in Gordianis cap. 12. tradit, quale fuerit ap. Romanos ' senatusconsultum tacitum,' et quare sic appellatum. Sed illud ab hoc nostro diversum est. *Idem.*

A Sicilia] *In Siciliam* legit Freinsh. Diodorus IX. 106. *Idem.*

§ 7 *Sed hæc callida commenta Pœnorum et sententias inauditas*] Quidam ' inauditas ' per admirationem accipiunt, quales nemo antea audierit. Alii ' inauditas,' i. e. non dictas, ut dicere solemus indicta causa quempiam damnatum, et sic etiam ' callida commenta,' quod præcedit, pro occultis damnationibus intelligend. Verum sic etiam oportebat seq. mox versu legere *per injuriam cives inauditum damnaverunt,* genere masculino, quod *inauditam* genere fæminino legitur. Illud etiam merito quis mirabitur, quod ad calcem huj. lib. legitur, Agathoclem exercitus sui desertorem, filiorum proditorem, ac ex Africa profugum tantum potuisse, ut cum Pœnorum ducibus æquis conditionibus pacem fecerit. *Glar.*

Hæc callida commenta Pœnorum et sententias inaudita mors Hamilcaris præ-

venit] L. hic, enm depravate legeretur, Glareano negotium fecit : ego Mss. lectionem expressi, in qua nihil est, quod lectorem morari possit. *Bongers.* Cum Juntis scrib. *inauditas sententias. Inaudita sententiæ* sunt suffragia tacita illa, quorum paulo ante meminit. *Græv.* Eum haud magnopere nauutum esse oportet, qui huj. l. vitium olfaciet, neque mirum quod ait Bong. Glareanum circa hæc verba multum negotii habuisse. Et id verum esse arbitror. Sed quod addit id. Bong. id vero tale non est, ut verum esse possim credere ; ait enim : ' Ego Mss. lectionem expressi, in qua nihil est quod lectorem morari possit.' Huic autem assentitur Bernecc. qui sic edidit, *inaudita mors.* At h. l. *inaudita mors* quid tandem erit ? Verba modo, nihil aliud. Add. quod in uno Ms. legitur *audita*, quod ipse Bong. agnoscit in collectione, s. recensione Codd. Mss. et Impressorum. Cujus scripturæ, quantumvis corrupta illa sit, si quis vestigia sequi voluerit, pro *audita* legere poterit *haud ita*, (quanquam alia mihi mens est,) et ex judicii norma locum integrum ita concipere, *Sed hæc callida Pænorum commenta haud ita multo post mors Hamilcaris prævenit, &c.* Verum, ut modo dicebam, alia mihi mens est ; nam ita existimo, isthæc verba, *sententias inauditas*, esse mera glossemata, eaque etiam corrupta et barbara, quæ illi voci, ' inauditum,' superposita fuerint ad illius expositionem, sic : *sententia inaudita.* Quamobrem ita scriptum fuisse a Just. mihi plus etiam quam suspicio est : *Sed callida Pænorum commenta mors Hamilcaris prævenit.* Hoc addi posset, Just. in periodo proxime superiori posuisse ' tacita suffragia et sententias non recitatas.' Itaque bis idem diceret. Sed, ut finem faciam, corrupta illa sunt quæ sup. examinavimus. *Faber.* Ita locum h. reformavit Bongarsius et quidem ex Mss. ut ait. Mihi tamen magis placet anti-

quiorum typis expressorum lectio, quæ et ipsa sine dubio e Mss. hausta, *sententias inauditas mors Hamilc. præv.* Ut *sententiæ inauditæ* sint ipsa illa tacita suffragia, de quibus prædixerat ; dictæ ita quod nondum auditæ et cognitæ essent. *Vorst.* Mss. alii habent *inauditas*, quod probant viri docti, et de *tacitis sententiis* exponunt Et est Ms. in quo legitur *audita.* Unde prope venio in hanc opinionem, quod Justinus scripserit *et sententias inauditas audita mors Hamilcaris prævenit.* Locutio est plane elegans, ut quilibet intelligit. *Schef.*

Liberatus est fati munere] ' Fatum ' pro morte naturali nec violenta, ut II. 2. 13. ad quem l. Notas vid. *Ver.*

Inaud. damn.] Apul. x. M. p. 214. ' Nec damnaretur aliquis inauditus.' L. 2. C. ad Leg. Corn. de Sic. ' Inauditum filium pater occidere non potest.'

§ 9 *A quo victus*] Diod. ext. libro XIX. ap. quem de Syracusarum obsidione nihil. *Bong.*

CAP. IV. § 1 *Cum igitur, &c.*] ' Multum interest,' ait Scipio ap. Liv. XXVIII. 44. 2. ' alienos populere fines, an tuos uri exscindique videas. Plus animi est inferenti periculum, quam propulsanti,' &c. Vid. Amirati Diss. in Tac. XVIII. 2. Add. Notam XL. 6. 9. *Bern.*

Agathoclesque cum se nec viribus, &c.] In Mss. est *Agathocles quod se*, longe melius, quam quod legitur in vulgatis, quia *cum* occurrit etiam in præcedd. Impr. quidam habent *Agathoclesque*, quod ex *Agathocles quod* mutatum videtur. *Schef.* Cum hic repetitur inscite, et contra morem castæ Latinitatis. Nonnulli Mss. *quod*, idque placet Scheffero. Sed rotunda est Junt. scriptura : *Cum igitur victores Pæni Syracusas obsidione cinxissent, Agathoclesque se nec viribus parem.* Idque monui jam olim in ed. mea prima. *Græv.*

Statuit bellum in Africam transferre]

Cf. hæc cum Diod. xx. 8. et seqq. *Bongars.* Val. M. vii. 4. Idem consilii Antiocho Regi ab Annibale datum est, ut bellum in Italiam trajiceret. Liv. xxxiv. 59. Ita Frontin. i. 3. 8. ' Scipio, manente in Italia Hannibale, transmisso in Africam exercitu, necessitatem Carthaginiensibus imposuit revocandi Hannibalem: sicque a domesticis finibus in hostiles [sic emendat Freinsh.] transtulit bellum.' *Bern.*

§ 2 *Qui sua tueri non poterat*] Codex Ms. teste Bong. pro *tueri* habet *statuere*: quod non spernend. videtur. Notum ' statuere' quoque id. esse quod, sistere; dicique ' statuere navem,' ' equum,' ' aquas.' Deinde ipsum ' sisti' id. quoque est quod, salvum esse: ut sup. ad xi. 1. 6. ex Obss. Gronovii docuimus. Quid si igitur statuamus, Justinum *sua statuere* dixisse pro, sua servare, ne sc. diffluant aut dilabantur; quodque vulgo legitur *sua tueri*, id alterius interpretamentum esse, quod ex marg. in textum irrepserit? *Verst.* Sunt quibus placet *statuere* pro *tueri*: quod in Ms. uno reperitur. Ego putem a vulgata haud recedendum, quia melior oppositio inter *impugnare* et *tueri*, quam inter *impugnare* et *statuere*. Schef. Add. *statuere* sua esse loquendi genus insolens, et a nullo usurpatum. *Græv.*

§ 3 *Status præsentis fortunæ*] F. *fortuna.* Gron.

§ 4 *Ad obsidionis necessitatem*] Præferend. videbatur quod habent impr. veteres et Ms. unus. Bong. edidit *obsidionis necessitate.* Bern.

§ 5 *Servos militaris ætatis*] Ita iii. 5. 6. Liv. xxii. 57. 11. Flor. ii. 6. 50. *Idem.*

Eosque et majorem partem] Mss. plures habent *eos ex majore parte*, quam lect. puto esse veram. Certe secundum lect. receptam servos omnes secum sumserit, necesse est. At hoc vix vero consentaneum. Quæ enim

possit dari ratio, quæ huc eum impulerit? Non ergo hoc fecit, verum dedit operam, ut et domi et foris exercitus constaret partim ex liberis, partim ex servis libertate donatis, ut utrobique æmulatione ad virtutem accenderetur. Majorem tamen partem servorum secum abduxit. *Schef.*

Ceteros omnes ad tutelam] Cum fratre Antandro. Ne quid autem se absente Syracusani moverent, διεξ-ήγυυε τὰς συγγενείας ἀπ' ἀλλήλων, καὶ μάλιστα ἀδελφοὺς ἀπ' ἀδελφῶν, καὶ πατέρας ἀπὸ παίδων, ut, qui domi manebant, de amicis et propinquis, qui cum Agathocle erant, soliciti, quiescerent. Diod. xx. 4. *Bong.*

CAP. v. § 1 *Septimo igitur*] Restituend. est numerus in Diod. init. lib. xix. Cum enim xx. 21. dicat, a Troja capta ad Agathoclis in Africam expeditionem esse annos τρισὶ πλείω τῶν ὀκτακοσίων ὀγδοήκοντα, i. e. 883. et in Africam profectus sit 7 anno imperii sui: ut et ex ipso Diod. constat: a capta Troja ad ejus tyrannidem erunt anni 876. Male igitur in Diod. legitur ὀκτακόσια ἑβήκοντα ἕξ, i. e. 866. cum sit legend. ἑπτάκοντα ἕξ. Nisi superior numerus emendandus videatur, ut legamus ἑπτακοσίων pro ὀκτακοσίων. Et hoc verius. *Bong.*

Archag.] Ἀρχάγαθος fil. Agathoclis vocatur a Diod. xx. 10. 33. 57. et seqq. verum in Excerpt. Porphyrog. p. 258. et a Polyb. Legat. i. Ἀγάθαρχος. Quod nomen alteri præfert Valesius, quia propius accedit ad patris nomen.

Quo veherentur] Ita Junt. et postea *victique victores insecuti sint*: Ms. *utroque*: hinc bene Junt. *ultroque victores ins. sint.* Græv.

§ 3 *Superesset*] F. *superesse.* Gron.

§ 4 *Deficientibus sociis*] Tac. H. ii. 97. ' Prosperis tuis rebus certaturi ad obsequium, adversam fortunam ex æquo detractant.' Thucyd. de Atheniensium sociis i. 20. 20. et i. 34. 35.

et v. 3. 4. itemque de Lacedaemoniorum iv. 11. 10. *Bern.*

Odio diuturni imperii] Βαρυνομένους
τοῖς προστάγμασιν ἐκ πολλῶν χρόνων,
λήψεσθαι καιρὸν τῆς ἀποστάσεως: Diod.
x. 3. *Bongars.* ' Spes cuique, no-
vandi res suas, omni praesenti statu
blandior est :' Liv. xxxv. 17. 8. ' Multi odio praesentium, et cupidine mu-
tationis, suis quoque periculis laetan-
tur.' Tac. iii. 44. *Bern.*

§ 5 *Non muris cincta*] In Mss. legitur *cincta*, item *posita:* quod videtur
melius. Sed ita mox pro *quas* scribend. fuerit *quae*, nec f. aliter fuit in
vetustioribus, cum in iis diphthongi
litteris separatis interdum scribantur,
quae scriptio facile illud *quas*, acce-
dente correctoris industria, potuit
generare. *Schef.*

Urbes in planis campis jaceant] Ita
loquuntur optimi quique. Virgil. vii.
Æn. ' Qua Saturae jacet atra palus.'
Nep. Eum. ' Asiae pars quae inter
Taurum jacet.' Brutus in Ep. ad Cic.
' Jacet locus inter Apenninum et Al-
pes.' Vid. et lib. de Latinit. F. Susp.
p. 151. *Vorst.*

§ 7 *In repentino Poenorum metu*]
' Subita conterrent hostes, usitata
vilescunt:' Veget. iii. 16. Hujusmodi exempla collegit Piccartus Obs.
Hist. vi. 9. *Bern.*

§ 9 *Sentient*] Leg. *sensuros.* Tota
enim haec oratio per infinitivos procedit. Cap. 3. ' Propediem sensuros
quantum,' &c. Et Liv. xxxv. 33.
' Nec ullos prius cladem ejus belli
sensuros.' *Gron.*

§ 11 *Capta Carthagine*] Hoc argumento Severus ap. Herodian. ii. milites hortatus, ' Occupemus,' inquit,
' quam primum Romam, Larem ipsum
Imperii, reliqua dein facile expedi-
turi.' Add. Liv. xxi. 5. 3. et xxxiv.
26. 3. Tac. Ag. 17. 2. Flor. ii. 9. 3.
Bern.

§ 12 *Terminari nullo tempore oblivione*] Leg. et ita ex imitatione Ciceronis scripsit Justinus, *nulla temporis*

oblivione. Faber. *Terminari oblivione*
est, oblivione deleri, oblivione perire. *Vorst.*

Ut dicatur] Leg. *et dic.* nam ' ut '
jam antea positum. *Faber.* Mallem
et dic. Schef. Junt. retinet *ut*, sed
aliter interpungit, et rectius posita
τελείᾳ στιγμῇ post τὸ ' possit.' *Grav.*

Victique victores insecuti sint] Mss.
utroque victores. Liv. xxv. 26. ' Ut
ultro undique oppugnarentur Romani.' *Gronov.* Magis placet quod antiquiores typis expr. habent, *utroque
vict.* Atque ita in codd. quoque Mss.
esse testatur Bong. *Vorst.* In Mss.
plerisque legitur *utroque:* id quod
probant viri docti. Putem utrumque
posuisse Justinum, ac scripsisse *utroque victi victores ins. sunt.* Oratio sane
ita longe elegantior propter oppositionem ; et vicinitas litterarum facile
potuit efficere, ut alterutrum omitte-
retur. *Schef.*

CAP. VI. § 1 *His quidem, &c.*] Hoc
ipso exemplo et similibus aliis ostendunt Frontinus i. 12. et Piccart. Obs.
x. 3. boni ducis esse, metum militum
ex adversis ominibus conceptum prudenter eludere, et in contrarium vertere. Huic nostro geminum quid est
in Curt. iv. 10. *Bern.*

§ 2 *Crediturum adversum profecturos
prodigium esse*] Scrib. *cred. adv. profecturis prodigium*, ut ' adversum ' h. l.
sit nomen, non praepositio. *Gronov.*
Nullum hic in libris praesidium. Vix
tamen dubito legend. esse *adversum
profecturis.* Nam *prodigium adversum
profecturos* sapit pessimorum temporum consuetudinem et illorum hominum, qui meliores scriptores aut non
viderant, aut non legerant attente.
Hinc et in seqq. dicit, ' nunc quia
egressis acciderit, illis ad quos eatur
portendere,' sc. adversa: hoc enim
ἀπὸ κοινοῦ repetend. Nam ' portendere ' sine adjecto nomine, quid significet, non potest intelligi, cum tam
laeta quam infausta et tristia ' por-
tendi ' dicantur. Porro in Junt. paullo

ante pro *portenti religio* non bene legitur p. *visis.* *Religio* est hic, superstitio, ut XVIII. 6. ' Cruenta sacrorum
religio.' Unde *religiosus* pro, super-
stitiosus, in illo vetere versu : ' Reli-
gentem esse oportet, religiosum nefas :' h. e. superstitiosum. Sic vicissim *superstitio* in bonam partem pro
religione XXXIX. 4. ' His tot necessitudinibus sanguinis adjicit superstitionem templi, quo abdita profugerit :'
pro quo in eod. lib. cap. 1. *religionem
templi* dixit : ' Cum Tyrum religione
templi se defensurus petisset.' XLI.
3. de Parthis : ' In superstitionibus
ac cura Deorum præcipua omnibus
veneratio :' h. e. in iis quæ religiose
colunt, ac pro Diis habent et venerantur, præcipue sunt fluvii. Sed alia
quoque huj. notionis exempla sunt in
promtu. *Græv.*

§ 3 *Naturalium siderum*] Solis et
Lunæ, ita f. dictorum, quod rerum
naturam maxime fovere credantur.
Berneccer. *Naturalia sidera* quæ sint,
nemo, credo, explicabit ; neque enim
alia astra sunt, quæ non naturalia vocare possis. Lego *defectus naturales,*
i. e. qui causis naturalibus nituntur.
Faber. Hoc *naturalium* mihi valde suspectum, quasi sint et sidera non naturalia. Num scripsit Noster *naturæ
luminum,* aliusque id exposuit per, siderum, et potest illud *luminum* contracte scriptum fuisse *luum,* post ad-
junctum esse voci *naturæ?* Certe, si
est retinend. *naturalium,* putem ita
dicta in opposito ad cometas, et id
genus, ipsos quoque soles lunasque
apparentes, quales hactenus intelligi
possunt non naturales, non quod fo-
veant naturam. *Schef.*

Certumque esse] Leg. *certum itaque
esse.* Nam argumentatio est. *Fab.*

Adversisque rebus suis] Juntæ una
voce auctiores : *laboribus adversisque
rebus suis.* *Laboribus* est, malis, ærum-
nis. Cic. I. Fam. 9. ' Cujus erga me
singularem benevolentiam vel in labore meo vel in honore perspexi.' Id.

III. 10. ' Multaque mihi veniebant in
mentem, quamobrem istum laborem
tibi etiam honori putarem fore.' Terent. Audr. v. 2. ' Nonne te miseret
mei tantum laborem capere ob talem
filium ?' Vid. ibi Donatum. Virg.
Æn. IV. ' Iliaci labores' sunt calamitates Trojanorum. Horat. III. C. 14.
' Defunctus laboribus.' *Græv.*

§ 4 *Naves incendi jubet*] Id. eod.
consilio fecere Corcyræi ap. Thucyd.
III. 13. 22. Nec dissimilia Liv. IX.
23. item XXI. 43. et 44. item XLIV.
10. 8. Britanni, ' obseptis effugiis,
multa et clara facinora edidere.' Tac.
XII. 31. Nimirum ' Una salus victis,
nullam sperare salutem :' Virgil. Æn.
II. 354. Add. sup. I. 6. 10. et XX. 3.
4. *Bern.*

§ 5 *Prosternerent*] Scribend. videtur *protererent.* XXIV. 4. ' Alii Macedoniam, omnia ferro proterentes, pe-
tivere.' *Græv.*

Hanno] Et Βομίλκας : Diod. XX.
10. qui Auctori nostro dicitur Bomilcar, aut Vomilcar. Habuerunt autem in exercitu 40. M. peditum, equites mille. Diod. ib. Oros. Ms. pro
XXX. M. habet *viginti,* et ita unus e
nostris. Nec magis in cæsorum numero conveniunt. Orosius, qui cetera hinc transcripsisse videtur, duo
M. Pœnorum, Siculos duos : Diod.
XX. 13. illorum mille, horum ducentos
cecidisse scribit. *Bong.*

§ 8 *Prædas ingentes agit*] Plaut.
Aulul. IV. 2. 3. ' Edepol næ illic pul-
chram prædam agat.' Liv. I. 22.
' Forte evenit, ut agrestes Romani ex
Albano agro, Albani ex Romano prædas invicem agerent :' et XXIII. 36.
' Exercitus tyronum spolians victos
prædasque agens.' *Gronov.* Saxo VI.
p. 97. f. ' Ingentes prædas agere ho-
nestatis loco curatum est.' Leg. *pu-
tatum est.*

§ 9 *Castra quinto lapide*] Assentior
Gronovio, qui ex Mss. probat *in quinto
lapide.* Vid. I. de Pecun. Vet. 3. Adstipulantur Juntæ. *Græv.* Antiquio-

res typis expr. Bechar. et teste Græv.
Juntarum *in quinto lapide:* quomodo
rursus et in Mss. esse Bong. testatur.
Mirum igitur quod id. præpositionem
expunxit: id quod nec Gronovio placere ex libro huj. ds Pec. Vet. videre
est. Si maxime vocula *in* non adsit,
est tamen ead. subaudiend. Est autem *in quinto lapide* pro, ad quintum
lapidem. *Vorst.* Probant docti viri,
quod in Mss. reperitur, *in quinto lapide.* Mihi adhuc melius videtur, si
ex Ms. alio legamus *in quintum lapidem,*
ut *in quintum* positum sit pro, ad quintum, sicut sæpe 'in' pro, ad, occurrit.
Schef.

· *Ut damna carissimarum rerum*] Eod.
respiciens Antonius ap. Tac. H. III.
30. 'Rapi ignes, inferrique amœnis-
simis extra urbem ædificiis jubet; si
damno rerum suarum Cremonenses
ad mutandam fidem traherentur.'
Quod ipsum tamen comminandum
potius quam faciendum, nec ad desperationem hostes adigendos, præcipit
eum Onosandro Strat. c. 6. Thucydides I. 13. 7. et II. 6. 5. *Bern.*

§ 11 *Omnes admiratio incessit*] Liv.
I. 56. 'Incessit omnes cupido:' et
VII. 39. 'Haud dubius timor incessit
animos.' Tac. I. 16. 'Pannonicas legiones seditio incessit.' *Gron.*

§ 12 *Verum etiam urbes nobilissimæ*]
Junt. v. e. *tributariæ urb. nob.* Veram
puto hanc lect. esse sequens caput
ostendit: 'Cum domi forisque eadem
fortuna Carthaginiensium esset, jam
non tributariæ tantum ab his urbes,
verum etiam socii reges deficiebant.'
Græv. Junt. teste Græv. una voce
amplius, *tributariæ urbes nob.* Inf.
XXII. 7. 8. *Vorst.* In quibusd. legitur *urbes tributariæ nob.* quod probant
viri docti, quia mox fit mentio urbium
tributariarum in seq. capite. Nec
improbo. Sed, si hæ fuerint *tributariæ,* quid ita hic vocantur *nobilissimæ,* aut quid omnino ad rem facit illud *nobilissimæ?* Fallor multum, aut
scriptura vera Justini est *urbes mobi-*

lissimæ. Sensus elegantissimus; quia
fuerunt tributariæ, ideo valde mobiles
et cupidæ novitatis, si f. mutare conditionem suam possent. *Schef. Urbes
nobilissimæ* sunt, celeberrimæ et flo-
rentissimæ inter tributarias. *Nobilis*
enim Latinis proprie est, celebris.
Phædr. 'Nec artis ulla medicum se
prudentia, Verum stupore vulgi factum nobilem.' *Græv.*

CAP. VII. 2. *Antandro*] Ita quoque Diod. Mendose Oros. IV. 6. *An-
drone.* Bern.

§ 3 *Domi forisque, &c.*] Curt. IV. 1.
54. 'Eadem ubique fortuna partium.'
Flor. IV. 2. 43. 'Omnia felicitatem
Cæsaris sequebantur.' *Idem.*

Non fide, sed successu] 'Adversis
enim rebus rarior fides est,' ait Veget. III. 9. m. 'Quo se fortuna, eodem
etiam favor hominum inclinat:' Noster v. 1. 11. *Bern.*

§ 4 *Aphellas*] Diodoro XX. 41. Ὀφέλ-
λας dicitur: is περιεβδλετο, inquit,
ταῖς ἐλπίσι μείζονα δυναστείαν, 'animo
principatum complexus fuerat.' *Bongars.* Paulus tamen Leopard. Emend.
XVII. 10. *Opheltas* legend. contendit, firmante Plutarcho in Demetr.
16. et Paus. in Corinthiacis. 'Ophellam' vocat et 'Ολυμπιάδων ἀναγραφὴ
ΟΛ. ΡΙΔ. et Phot. 218. f. *Berneccer.*
Non dubitand. de lect. Bongarsii,
Ophellas. Nam, præter Diodorum,
ita quoque habent Theophrast. de
Plantis IV. 4. et Polyæn. atque alii.
Voss. Junt. *Opheltas.* Unde liquet
recte Leopard. ex Plut. et Paus.
emendasse, *Opheltas.* Græv. Alii
Aphellas; alii *Opheltas,* quod ego cum
Leopard. viro doctiss. verum puto.
Est autem nomen Laconicum. Cyre-
næi vero origine Lacones erant. Tamen in minori Epitoma legitur 'O-
phellas.' *Faber.* Antiquiores typis
expr. *Ophellam* vel *Opheltam* vocant:
quomodo vett. quoque auctores Græcos, Diodorum, Plut. et Paus. vocare
viri docti monuerunt. In vetere item
Prologo huj. lib. est *Opellam.* Vor.

§ 7 *Bomilcar, rex Pœnorum*] Carthaginiensium duces etiam reges dicuntur. Hannonis Periplus inscribitur, Ἀννωνος Καρχηδονίων βασιλέως: et Imilco, de quo sup. xix. 2. et 3. ' rex Carthaginiensium ' ab Oros. iv. 6. dicitur. Ideo, opinor, quia plerumque perpetuam auctoritatem obtinebant. Procop. i. de B. Goth. barbaros ait duces suos, reges, vocare. Vid. quæ notavi ad xxxi. 2. 9. *Bong.*

§ 8 *Ut idem locus, &c.*] Ita Manlius Capitolii servator, affectati regni condemnatus, ' de saxo Tarpeio dejicitur; locusque idem in uno homine et eximiæ gloriæ monimentum, et pœnæ ultimæ fuit.' Liv. vi. 20. 26. *Bern.*

§ 10 *Tacita suffragia*] De quibus xxii. 3. 6. *Idem.*

CAP. VIII. § 1 *Profligatis in Africa rebus*] *Profligatæ res* pro afflictis et perditis. Cic. iii. de Orat. ' Cum Philippus suis consiliis remp. profligasset.' Atque inde est quod hominem perditum et ' profligatum' dicunt. *Vorst.* Hoc *rebus*, quicquid explicent, suspectum mihi manet. Quomodo enim tandem necesse est, ut de adversariorum rebus magis, quam propriis Agathoclis accipiatur? Res quidem exigit, at verba contrarium potius requirunt. Sic enim ' rebus integris,' ' rebus perditis,' intelligimus de nostris, nisi quid addatur. Itaque omnino credo Justinum scripsisse *profligatis in Africa regibus*, ac intellexisse Bomilcarem Carthaginiensium et Aphellam Cyrenarum reges. *Schef.* Hæc non ceperunt viri docti. Non enim est *rebus profligatis*, ut Vorst. exponit, rebus perditis, et afflictis; sed plane contrarium, rebus felicissime gestis in Africa, cum res felicissime cessisset in Africa, cum multum profecisset in bello, quod agebat in Africa, ut fere pro confecto haberetur. *Profligare* enim est multum proficere in aliqua re, ita ut pæne ad exitum deducatur. Noster xx. 4 ' In juventute quantum profligatum

sit, victi fœminarum contumaces animi manifestant :' h. e. quantum in erudienda juventute profecerit Pythagoras. Cic. v. Tusc. ' Profligata jam hæc et pene ad exitum adducta est quæstio :' h. e. de hac quæstione tantum jam egimus, ut pauca de illa supersint dicenda. Sen. de Brev. Vit. i. 1. ' Intellecturi in ipso itinere, si modo rectum erit, quantum quotidie profligetur, quantoque propius ab eo simus, ad quod nos cupiditas naturalis impellit.' Frontin. Strat. ii. ex. 20. ' Quo genere cum profligari nihil videret.' Ancyranum monumentum : ' Forum Julium, et basilicam, quæ fuit inter ædem Castoris et ædem Saturni, cœpta profligataque opera a patre meo perfeci.' Vid. Lips. ad II. H. Tac. contra Gellium disputantem de hac istius vocis significatione. *Grav.*

§ 6 *Belli reliquia peraguntur*] Nimis mihi insolens hæc locutio videtur. Mallem *b. reliqua p.* Schef.

§ 8 *Versanque in se invidiam*] H. e. malam existimationem, et quasi infamiam (**Unglimpff Nachred**). Hac notione Tac. iv. 70. ait, Tiberium, quod ipsis Januarii Calendis supplicia mandasset, ' magnam invidiam adiisse.' Liv. xxiv. 25. 2. ' Tutores regis sub aliena invidia regnant.' Flor. iii. 6. 2. ' Cilices sub exteri regis invidia prædantur.' Ita Noster xii. 6. 12. xxi. 5. 10. et ii. 8. 9. *Bern.*

Cum Archagatho] Diod. xx. 70. deseruisse filios scribit, qui a militibus, fuga cognita, interfecti sint. Quam crudeliter autem in Sicilia versatus sit post reditum Agathocles, leg. ap. Diod. xx. 72. 73. *Bongars.* A Græcis varie appellatur Ἀρχάγαθος, Ἀγάθαρχος. *Voss.*

§ 10 *A Numidis excepti*] H. e. insidias Numidarum passi. Cic. vii. ad Att. 22. ' De Pompeio suo nihil, eumque, nisi in navim se contulerit, exceptum iri puto.' Auctor B. Alex. 10. ' Nonnulli ab equitibus hostium sunt excepti,' et Suet. Tib. 3. ' Quasi exemptos supprimerent non solum via-tores,' &c. Virgil. Ecl. III. 17. ' Non ego te vidi Damonis, pessime, caprum Excipere insidiis ?' Gron.

§ 11 *Quibus reversus a Sicilia fuerat*] Melius Junt. q. *regressus a S. f.* Latini enim dicerent ' quibus reverterat.' *Grav.*

§ 12 *Exemplum, &c.*] Liv. XXXI. 12. ' Et ne Pleminium quidem tam clarum recensque noxæ simul ac pœnæ exemplum homines deterrere.' Vell. II. 100. ' Julius Antonius singulare exemplum clementiæ.'

Proditor] Vid. Notam ad XIX. 8. 10. *Berneccer.* Præcedit ' rex exercitus sui desertor.' Et ' proditor' id. fere est quod, desertor. ' Prodere' quoque id. quod, deserere et periculo exponere. Vid. Notas ad XIX. 8. 11. *Vorst.*

§ 14 *Ab Archesilao*] Scrib. *Arcesilao.* Faber. Opt. Sic et Junt. *Grav.*

Huj. cædis etiam alii participes fuerunt. Polyb. Legat. I. Συνέβαινε δὲ τούτους τοὺς ἄνδρας ('Ιπποκράτη καὶ τὸν ἀδελφὸν αὐτοῦ τὸν νεώτερον 'Επικύδη) καὶ πλείω χρόνον ἤδη στρατεύεσθαι μετ' 'Αννίβου, πολιτευομένους παρὰ Καρχηδονίους, διὰ τὸ φεύγειν αὐτῶν τὸν πάππον ἐκ Συρακουσῶν, δόξαντα προσενηνοχέναι τὰς χεῖρας ἐπὶ τῶν 'Αγαθοκλέους υἱῶν 'Αγαθάρχῳ.

Amico autem patris] Impr. quidam *amico Antipatri*, unde liquet veterem scripturam fuisse *amico ante patri*, quod nescio, an non lectioni vulg. debeat præferri. *Schef. Antea* legitur in omnibus melioribus edd. non *autem.* Grav.

Satis habere, &c.] Hoc modo ap. Barclaium, novitii commatis, genii veteris auctorem, Argenid. lib. II. Eristhenes damnandus: ' Satis est gaudii, quod post Poliarchum Siciliæ hostem vixi.' *Bern.*

LIBER XXIII.

CAP. I. § 1 *Partem civitatium a se dissidentem*] Vett. edd. ut et Junt. *dissidentium.* Grav. Rectius videtur, quod et Sichard. secutus est, *dissidentium.* Vor.

§ 2 *Cujus imperii partem, &c.*] Cupiditates mortalium, ubi semel exorbitare cœperunt, οὐδαμοῦ τῆς εἰς τὸ πρόσω φορᾶς ἵστανται, ' semper ulterius progrediendo, nunquam sistunt,' inquit Basilius Magnus. Add. sup. XXI. 6. 4. *Bern.*

§ 7 *Quibus et Spartani*] De quibus II. 3. 5. et 6. *Idem.*

§ 8 *Sine veste quam induerent*] Codex Ms. teste Bong. *qua induerentur.* Quod rectum f., certe elegans est. Esset autem *induerentur* pro, induerent se; passivum pro activo cum

pron. recip. *Vorst.* Atqui Noster III. 3. de Spartanis: ' Juvenibus non amplius una veste uti toto anno permisit.' Non ergo erant sine veste, quorum tamen hic dicuntur secuti leges. Puto vestem Græca consuetudine usurpatam pro ea, quæ interiori injicitur, atque ita et verbum *induere* accipi hic oportere. Modo integer sit locus, de quo deliberent eruditiores. *Schef.* Aut legend. *una veste* pro *sine veste*, aut sic capiend. est, ut Scheff. monuit; sic et ' nudi' ap. Latinos dicuntur, qui tunica tantum erant induti, ut docuit Gisbert. Cuper. Obs. I. 7. *Grav.*

Sine ullo usu urbis] Urbes effœminando, castra masculando militi facere, Gruterus ad Tac. cap. 38. justa dissertatione demonstrat. *Bern.*

§ 12 *Concurrentibus ad opinionem, &c.*] Ut factum quoque XVIII. 5. 17. *Id.*

Bruttiosque se ex nomine] Strab. VI. Bruttios dictos ait a Lucanis, Βρεττίους γὰρ καλοῦσι τοὺς ἀποστάτας. Cum eorum essent pastores, rebus tempore Dionysii turbatis, ab iis defecerunt. Steph. a Bretto, Herculis fil. dictos vult. Vid. Eustath. in Dionys. qui eos Βρεττίους vocat, et Diod. XVI. 15. *Bongars.* Βροέττιοι nominantur Ptolemæo : ‘ Brettii’ leguntur in Numismatibus : ‘ Brutates’ ap. Festum. Ipsa regio (quæ ‘ Calabria Inferior’ hodie) Polybio XI. Βρεττανία, Strab. VI. Βρεττία nominatur. A Steph. Schol. Theocr. aliisque Siciliam vocari patet ex eo, quod fluvios oppidaque non pauca hujus tractus Siciliæ adscribant, prout etiamnum in titulis Regum Hispaniæ ‘ Sicilia cis Pharum’ appellatur, ad differentiam Insulæ, quæ ‘ ultra Pharum.’ Add. Lans. Consult. p. 789. *Bern.*

§ 14 *Qua victoria erecti*] Hoc *qua* necessario referri debet ad certam aliquam, de qua prius dictum. At hic nulla mentio fit victoriæ in præcedd. sed tantum belli. Quare puto hic scribend. *quo vict. Quo* refertur ad bellum, et ponitur pro, in quo. Non intellexerunt scribæ, et, quia putaverunt *quo vict.* vitiosum esse, nec adjectivum substantivo respondere, ideo *qua vict.* fecere. *Schef.*

CAP. II. § 1 *Principio adventus opinionis ejus*] ‘ Opinio’ huic Auctori est, fama et rumor. Nonius significationem notavit : sed exempla, ut ipsius est mos, adscripsit parum accommodata. Tac. Ag. 9. ‘ Comitante opinione Britanniam ei provinciam dari.’ Cic. XI. ad Att. 16. et 18. *Bongars.* Ceterum structuram orationis vix hic expedio. Legerim *Principio, adventus ejus opinione conc.* vel potius : *Principio adventus, opinione ejus concussi,* h. e. fama territi. Sicut XX. 2. 3. ‘ principio originum.’ *Berneccer.* Optime

Gronov. ex vett. impr. libris legend. censet *adventus ejus opinione concussi,* h. est, fama, ut sæpe ap. Noltr. Græv.

Principio adventus opinionis ejus concussi] Ex libris impr. emendat Gronovius, *adventus ejus opinione ;* quod tam verum est quam facile ad emendand. fuit ; ut et quod mox sequitur ex Junt. *vindicantes* pro *vindicantibus.* Ita etiam locutus est Just. XXIV. 7. 6. ‘ Prima namque opinione adventus Gallorum,’ &c. *Faber.* Bong. et Bernecc. edidere *Principio adventus opinionis ejus concussi.* Sed notavit Bong. typis expressos habere *opinione.* Et fatetur Bernecc. sibi omnino sic legend. videri. Sed et Gronov. libros typis expressos hic sequendos existimat. Est autem ‘ opinio’ hic pro, fama, ut frequentissime. *Vorst.*

§ 2 *Quos Agathocles, &c.*] Sic ab Tullo Hostilio os sublitum est legatis C. Cluilii. Liv. I. 22. 7. Sic legatis ipsis Romanis ab gente Achæorum, Paus. VII. p. 423. m. Add. Frontin. I. 4. 6. *Bern.*

Conscensis navibus] Mss. omnes habent *conscensa nave,* quod non video, quare noluerint servare. Oratio sane ipsa requirebat, nam frustratus eos est Agathocles *conscensa nave,* non *navibus,* nec enim plures poterat conscendere. Fefellit correctores, quod præcedit de exercitu. At debebant animadvertere, duo divisa hic proponi. Exercitus conscendebat naves et trajiciebat, dum Agathocles legatos habet in cœna. Deinde sequebatur ipse Agathocles, cœna finita : id quod fiebat uno et peculiari navigio. *Schef.*

§ 4 *Per omnes, &c.*] Saxo XI. p. 212. 17. ‘ Qui cum, pestifero humore grassante, fatalem cordi dolorem imminere cognosceret.’

Velut intestino singulorum bello impugnabatur] Angli ex tribus Mss. reposuerunt *sing. membrorum bello :* hoc quoque vocabulum in vulgatis perpe-

ram omissum conspicitur etiam in
Junt. Græv.

§ 5 *Bellum inter filium nepotemque
ejus oritur*] Mirum h. l. neque filium,
neque nepotem nominatum; et filios
in Africa amiserat. Paulo post, cum
inquit, ' Igitur Agathocles, cum morbi cura et ægritudo graviores essent,'
legend. suspicor *cum belli cura.* Sic
enim seqq. melius intelligentur. *Glar.*

*Inter filium nepotemque ejus regnum
jam quasi mortui vindicantibus*] Non
fert hoc Prisciani doctrina. Scrib.
cum Junt. *vindicantes:* et cum iisd.
statim *occisoque filio.* Græv. Junt.
vindicantes, quod Græv. putat exigi
a Prisciano. Vorst. existimat non
esse necessarium, ut liquet ex nota
ejus ad II. 3. 16. et VIII. 5. 10.
Schef.

§ 6 *Cum morbi cura et ægritudo graviores essent*] Hæc planiora fuerint,
si Freinsh. rescribentem sequare,
morbo. Gravis morbus: sed animi
ægritudo curaque gravior. *Bern.*
Lego *cum morbus cura et ægritudine
ingravesceret.* Terent. Hecyr. III. 2.
' Male metuo, ne Philumenæ magis
morbus adgravescat.' Liv. XLI. 16.
' Ingravescente morbo.' Suet. Tib.
73. ' Tempestatibus et ingravescente
vi morbi retentus paulo post obiit.'
Gronov. Freinsh. putabat hic legend.
morbo: ut sit comparatio inter morbum corporis, et curam animi, pro-
batque Bernecc. Ego potius existimem scripsisse Just. *cum orbi cura,*
quia *morbi* legitur in libris omnibus,
et *m* in eo adjectum ex littera finali
vocis præc. videtur. Porro *orbus* eleganter hic dicitur Agathocles, non
modo propter amissum filium, sed et
multo magis, propter amissum regnum, quod carius rebus omnibus habuerat. Nisi f. quis existimet jungend. utrumque, ac scribend. *cum
morbo orbi cura,* sed alterum præferrem, quia illud *morbo* facile hic intelligitur. *Schef.* Varie hic l. corri-
gitur. Mihi, si quid mutandum,

scribend. videtur *Cum morbus, cura,
et ægritudo graviores essent:* aut, si
librorum scriptura non est sollicitanda, dicend. non uno modo morbo
impugnatum fuisse Agathoclem, qui
omnes ingravescebant curis et ægritudine, quæ senem macerabant. Morbus sane et cura ac ægritudo tanquam ·duo mala, quibus Agathocles
eod. tempore infestabatur sævissime,
hic commemorantur, ut ex verbis
statim seqq. ' Et inter se alterum alterius malo' (cura nimirum s. ægritudo et morbi) ' cresceret,' constat,
Græv. Historiam morbi atque mortis
Agathoclis descripsit Diod. Ecl. XXI.
12. Ὁ δὲ βασιλεὺς, εἰωθὼς μετὰ τὸ δεῖπνον ἀεὶ πτερῷ διακαθαίρεσθαι τοὺς ὀδόντας, ἀπολυθεὶς τοῦ πότου, τὸν Μαίνωνα
τὸ πτερὸν ᾔτησεν· εἶτα ὁ μὲν φαρμάκῳ
σηπτικῷ χρίσας ἀπέδωκεν. Ὁ δὲ χρησάμενος αὐτῷ φιλοτιμότερον, διὰ τὴν ἄγνοι-
αν, ἥψατο πανταχόθεν τῆς περὶ τῆς ὀδόντας σαρκός· καὶ πρῶτον μὲν πόνοι συνεχεῖς
ἐγένοντο, καὶ καθ' ἡμέραν ἐπιτάσεις ἀλγη-
δόνων· ἔπειτα σηπεδόνες ἀνίατον τἀντη
τοὺς ὀδόντας περιεῖχον. Et paulo post:
Μετὰ δὲ ταῦτα τὸν βασιλέα διακείμενον
ἐσχάτως ἤδη κατέθηκεν ἐπὶ τῆς πυρᾶς
Ὀξύθεμις ὁ πεμφθεὶς ὑπὸ Δημητρίου τοῦ
βασιλέως, καὶ κατέκαυσεν ὄντα μὲν ἔμπ-
νουν ἔτι, διὰ δὲ τὴν ἰδιότητα τῆς περὶ τὴν
σηπεδόνα συμφορᾶς οὐ δυνάμενον φωνὴν
προίεσθαι.

Texenam] Unus e Mss. *Teonexam:*
f. *Theoxenam.* Bongars. Junt. *Theo-
genam.* Græv. Vel tu *Theænam* scrib.
vel *Theuxenam:* est autem nomen
Doricum pro, Theoxenam. *Fab.*

§ 7 *Uxor diu, ne ab ægro divellere-
tur*] Id genus egregium fidei conju-
galis exemplum est in Plut. Erotico
49. quod etiam Tac. H. IV. 67. 4.
tangit, et in iis quæ desiderantur,
perscripsit. Plura Val. M. VI. 7. Ph.
Camerar. Op. Subcis. Centur. I. 51.
Certe Vell. II. 67. id notand. tradit,
' fuisse in proscriptos fidem, ut filiorum nullam, servorum aliquam, li-
bertorum mediam, sic uxorum sum-

mam.' *Bern.*

Ne discessus suus adjungi parricidio posset] Qnid est quæso *discessus adjungitur parricidio?* et ad quem debet referri id *adjungi posset?* a quo non debet posse adjungi? num ab aliis per sermones et convitia, si dicerent, eam sic deseruisse maritum, sicut nepos occidit filium ejus? Non videtur tantopere sollicita fuisse de fama. Et tamen aliter exponi verba ista nequeunt. In Mss. est *discessu suo*, quam lect. puto veram. Sensus: Precata est uxor, ne abire se compelleret, quia vereretur, discessu suo, s. per discessum suum, futurum ut ipse æger adjungatur filio per parricidium nepotis, h. e. ut Agathocles pari modo interficiatur a nepote suo, sicut ab eo interfectus fuit filius. *Schef.* Nihil hic novand. Sententia est: Ne discessus suus tam detestabilis esset et haberetur ac parricidium nepotis. Hæc ipsa verba seqq. explicant, ' et tam cruente,' &c. *Græv.*

§ 8 *Non prosperæ tantum, sed omnis fortunæ*] Qua causa ' consortia rerum secundarum adversarumque' conjugia dicuntur Tacito III. 34. 6. Quomodo Porcia Bruto ' se datam,' inquit, ' non sicuti pellices, ad lecti tantum et mensæ consortium: sed etiam ad prosperorum adversorumque societatem:' Plut. in Bruto c. 19. Aliter Plancina, ' segregata a marito' periclitante: Tac. III. 15. 2. *Bern.*

Et exsequiarum officium] Mss. plures habent *ut exs.* quod, quia rationes emphatice proponit, et seorsum singulas insinuat, puto accommodatius huic negotio, et præferend. Vult enim uxor causas remanendi graves et multas dare. *Schef.*

§ 9 *Senis*] Nempe 95. annos nati, juxta Lucian. in Macrobiis sub init.: 72. annos tribuit ei Diod. XXI. 12, exercitissimis auctoribus Timæo et Callia Syracusanis, et fratre Agatho-

clis Antandro. *Bern.*

§ 10 *Ægri senis*] Plane post *ægri* comma est ponendum, quod et absentia conjunctionis ostendit, et emphasis h. l. reqnirit. *Schef.* Junt. *senis ægri.* Græv.

CAP. III. § 1 *Pyrrhus adversus*] Vid. Plut. in ejus Vit. 45. et Paus. in Att. qui eum primum Carthaginienses insula fugasse referunt; tandem, cum ob crudele imperium a sociis desereretur, ob δυσμενος κρατειν Σικελιας, ωσπερ νεως ταραχθεισης, vocatus a suis, Italiam repetiit, navali prœlio in itinere a Carthaginiensibus superatus. *Bougars.*

§ 2 *Sicuti dictum est*] XXVIII. 2. 11. *Bern.*

§ 3 *Heleno filio*] Plut. in Pyrrho 17. non hunc, sed Alexandrum, ait ex Lanassa Agathoclis filia susceptum. *Bong.*

§ 5 *Ab Italicis sociis venere*] A Tarentinis et Samnitibus. Plut. Pyrrho 52. *Bern.*

§ 6 *Incertusque, &c.*] Saxo XIV. p. 344. 89. ' Rex quidnam potissimum ageret incertus.'

§ 8 *Æstu periculorum*] Vid. notam ad XI. 13. 3. Ita Petron. ' Dum in hoc dictorum æstu totus incedo.' Ammian. XV. ' In hoc æstu mentis ancipitis.' *Bern.*

§ 9 *A Sicilia abiret*] Cum, ad insulam respectans, comitibus suis dixisset: ' O qualem, amici, palæstram Carthaginiensibus et Romanis relinquimus!' Plut. Pyrrh. 52. *Idem.* In Mss. est *abire et.* Suspicor lect. veram esse *abierat.* Schef.

Pro victo fugere] ' Qui recedit, fugere creditur:' Curt. III. 8. 12. ' Pro victo,' h. e. tanquam victus. Ita XXIV. 7. 5. ' Milites ad occupanda omnia pro victoribus vagabantur,' h. e. tanquam si essent victores. Sen. Vit. Beat. 16. f. ' Laxam catenam trahit, non jam liber, sed tamen pro libero.' Œo viel alſ frep. Suet. Aug. 24. 4. ' Ut equitem, relegatum

in agros, pro libero esse sineret.' *Bern.*
Plaut. Merc. iv. 3. 26. ' Urges quasi
pro noxio.' Liv. ii. 62. ' Cur pro
victo relinqueret hostem.' *Cas.* v.
B. G. 8. ' Nihil hunc, se absente, pro
sano facturum arbitratus.' *Gron.*

§ 10 *Socii ab eo defecerunt*] Partim
ad Carthaginienses, partim ad Ma-
mertinos. Plut. Pyrrh. 52. *Bern.*

§ 11 *Nec in Italia*] Praeter Plut.
leg. Flor. i. 18. Oros. iv. 2. et Frontin. iv. 1. 13. ap. quem pro *Statuen-
tum*, quod et Mss. agnoscunt, ex
Plut. Pyrrh. 54. legend. *Beneventum.*
Victus autem magno proelio a Manio
Curio consule. *Bong.*

In exemplum] F. *inter exempla.* Plin.
xxviii. N. H. 9. ' Sunt inter exempla, qui asininum bibendo liberati
sunt podagra chiragrave.' *Gron.*

§ 12 *Rebus, &c.*] Sall. Hist. Fragm.
vi. 13. ' Rebus supra votum fluenti-
bus.' Symmach. i. Ep. 21. ' Supra votum fortuna fluxit.' Menand. Fragm.
172. Ἀβρόματα γάρ τὰ πράγματ' ἐπὶ τὸ
συμφέρον 'Ρεῖ.

Adstruxerat] Vulg. *attraxerat*, et ita
Mss. quidam. Illud malo, statim
enim, ' destruens,' inquit, ' quae cu-
mulaverat.' Tac. Ag. 44. 5. ' Et
consularibus ac triumphalibus ornamentis praedito quid aliud adstruere
fortuna poterat?' *Bongars.* Ita Vell.
ii. 55. ' Victus a Caesare Pharnaces
vix quicquam gloriae ejus adstruxit.'
Plin. Paneg. 62. ' Sibi accrescere
putat, quod cuique adstruatur:' et
74. ' Nihil felicitati suae putat adstrui posse.' *Bernec.* Antiquiores typis expr. *attraxerat.* Sed Bong. rescripsit *adstruxerat.* Quod etsi in
Mss. reperisse se non profitetur, illud
tamen non repudiaverim; vel hanc
ob caussam, quod aliquis cod. Ms. eod.
teste habet *struxerat. Adstruere* pro,
adjungere, elegans est. Vid. Notas
Bernecceri. *Vor.*

CAP. iv. § 4 *Quippe genitus*] Quae
hic de Hierone referuntur, citat Saresb. Policr. i. 13. De eo Plaut.

Menaec. ii. 3. 59. *Bong.*

Hieroclyto] Paul. Leopardus, E-
mend. xvii. 10. monet legend. *Hierocle*: et ita Paus. vi. p. 365. 12. *Bernec.* Leopard. et Casaub. *Hierocle
nobili.* Veram scripturam credo *Hierocle inclyto*, et *nobili* esse glossam.
Schef.

Hierocle. Gelone. Pudendum] In primo, et secundo, secutus sum sententiam Leopardi et auctoritatem Pau-
saniae. In tertio, mihi praeivit Bernecc. *Pudibundum* enim h. l. vitiosum. *Faber.* Faber et Angli receperunt merito *Hierocle*, quamvis adver-
sentur libri. *Grav.*

A Gelo] Rectius *a Gelone.* Bernec.
Quis dubitet legend. esse *a Gelone?*
Vorst. Vorst. *a Gelone*, neque du-
bitand. Ex Casaub. *Schef.*

§ 5 *Maternum, &c.*] Zonar. viii.
Annal. 6. 'Ο δέ γε 'Ιέρων οὔτε πατρόθεν
ἐπιφάνειαν ἔχων τινά, μητρόθεν δὲ καὶ δου-
λείᾳ προσήκων, Σικελίας ἁπάσης ἦρξε μι-
κροῦ.

Pudibundum] Malim *pudendum.* Sed
in hoc librorum consensu nihil mutand. Sic Lucan. Eclog. ad Pison.
vs. 114. ' pudibundos sales' vocat,
quorum pudere aliquem debeat. Alia
notione xxxviii. 8. 15. ' Quae omni
studio occultanda pudibundo viro
erant.' *Bernec.* Melius Junt. ut conjecerat cl. Bernecc. *pudendum fuit.*
Graev.

§ 7 *Apes, congesto, &c.*] Id. de Pin-
daro refert Aelian. V. H. xii. 45. et
de Jove Serv. ad Virg. Aen. iii. 104.
Bern.

§ 8 *Parvulum recolligit*] Junt. *colle-
git.* Paulo ante pro *Hieroclyto* recte
Leopard. in Emend. et Casaub. ad
Dionys. emendarunt, *Hierocle*: qui
et *a Gelone* legend. censuit. Vulgo *a
Gelo.* Graev. Simile illud in Graecis:
Matth. xxv. 35. Ξένος ἤμην καὶ συνη-
γάγετέ με. Ubi συνάγεω est *recipere,
suscipere*: quomodo et in versione ii.
Sam. xi. 27. *Vor.*

§ 9 *Eidem, &c.*] Eand. historiam

narrat Ælian. XIII. Nat. Anim. 1.
Saresb. I. 13. ' Hiero Siculus litera-
torio insistens ludo inter coæquales
stylo operam dabat: eique lupus in
turba puerorum repente conspectus
tabellam eripuit, successus hominis
firmans inaudita forma prodigii.'
Inter coæquales] x. 6. 6. Bong. et
Bernecc. edidere *æquales*. Quod elegantius quidem est; sed et ibi tamen
Becharii aliæque vett. edd. habent
coæquales. Vor.
In turba] Mss. habent *in turbam*,
quod locutionis genus etiam alibi exhibent in similibus, sicut jam aliquoties a me annotatum est. *Schef.*
Repente conspectus] Non videntur
ista satis convenientia et sana. Quid
enim sibi vult hoc *repente conspectus*,
et quo fine adfertur? Suspicor potius scripsisse Just. *repente e conspec-*
tu, sed quia illud *e* absumsit littera
proxime præcedens, factum esse id,
quod legitur in vulgatis. *Id.*
§ 10 *Prima bella*] Hic quoque vidend. an non melius fuerit, si legamus *primo bella ineunte.* Id.
Noctua in hasta] Potest hoc accidisse, cum Agathocles, bello Punico,
noctuas compluribus per castra locis
clam emisit, quæ per agmen voli-
tantes, dum clypeis galeisque insi-

dent, animos militum confirmabant,
pro felici id augurio accipientibus
singulis, propterea quod Minervæ
sacrum id animal habetur. Diod. xx.
11. Videatur adagium ' Noctua vo-
lat.' *Bern.*
§ 11 *Manu pr.*] Saxo VIII. p. 144.
53. ' manu promti.' Hegesipp. VI.
10. et 19. ' manu promtus.'
§ 14 *Vires quoque in homine admira-*
biles] Hinc excidit *ut*, quod ii, qui
acutum Latinitatis sensum habent,
non inviti concedent. Leg. igitur
vires quoque, ut in homine, admi. fuere;
i. e. tantæ in illo vires erant, quan-
tæ maximæ in homine esse possunt.
Faber. Notator Anglicanus verba *in*
homine delet. Faber scribit *ut in ho-*
mine. Mallem sequi Fabrum, quanquam dubitem Just. sic scripsisse.
Schef.
Ut nihil ei regium, &c.] Ex hoc 1.
doctissimus Adversariorum scriptor
XLVI. 7. explicat illud Senecæ Thyest. 470. ' Immane regnum est, posse
sine regno pati.' Rectius admirandi
judicii vir H. Grotius ad Lucan. v.
314. *Bernec.* Septem annis Hiero
magistratum gessit Syracusis, antequam rex crearetur, uti Casaub. in
Commentario in Polyb. demonstrat.
Vor.

LIBER XXIV.

CAP. I. § 1 *Dissidentibus inter se bello*
Ptolemæo Cerauno, et Antiocho, et An-
tigono] Vestigia huj. belli jam XVII.
2. 10. apparuerunt. Videsis l. istum,
inque Notis emendationem ejus. In
textu perperam omissum video *et*
Antigono. Vor.
§ 2 *Ad spem, &c.*] Saxo XVI. p. 375.
30. ' Quo exemplo ceteri ad spem
veniæ erecti,' &c.
§ 3 *Causas, &c.*] Tac. II. A. 59.

' Germanicus Ægyptum proficiscitur
cognoscendæ antiquitatis: sed cura
provinciæ prætendebatur.' Hegesipp. I. 41. ' Et facti pœnitentiam
prætendebat.'
§ 4 *Cirræum campum*] De quo Paus.
in Phocicis. Diod. XVI. et Plin. §IV.
3. *Bongars.* Scribe *Cirrhæum.* Martial. I. Ep. 77. ' Quid tibi cum
Cirrha,' &c. Stat. Epic. in Patrem v.
Sil. 3. 4. ' Nec solitam fas est impel-

lere Cirrbam.' Lactant. in Stat. Th.
VII. 832. ' Parnassus in duo juga
dividitur, in Cirrham et Nysam.'
Gron.

§ 5 *Arean*] Ita Vett. Plnt. in
Pyrrho 58. et Paus. Att. Rex Lacedæmoniorum est 'Apevs. Bongars.
Spartanorum ille rex fuit: ut non
tantum ex eo colligi licet quod dux et
imperator electus est, sed et quod in
vet. Prologo lib. XVI. Trogi diserte
' Lacedæmoniorum rex' appellatur,
quem Antigonus Gonatas Corinthi interfecerit. Vor.

Urbes sataque] Mss. tres, quos vidit
Bong. habent *urbem*. Miror, quod
neglexerint, Nam et alii nisi unam
urbem iis in campis ignorant. Plin.
IV. 8. ' Ultra Cirrhæi Phocidis campi,
oppidum Cirrhæ.' Add. Paus. in
Phoc. *Schef.*

§ 6 *Sparsos hostes, ignorantesque
quanta manus esset*] Oppido obscurus
locus est; si enim ' ignorantes' in
accusandi casu legatur, intelliguntur
Græci, qui quot essent pastorum ignorabant; sin nominandi casu, Ætoli: quippe qui nesciebant, quot Græcorum essent. Quid si Auctor f. ita
posuit, ut de utrisque intelligatur?
Glarean.

Admodum novem millibus] Hoc *admodum* a sciolo hic puto intrusum ex
supp. Non enim, cum conjunguntur
major minorque numerus, id majori
quoque solet jungi, quia id. significat
ac, non amplius, quod inepte majori
numero apponeretur. Liv. XXII. 24.
' Sex millia hostium cæsa, quinque
admodum Romanorum.' *Schef.* Imo
admodum est, quasi, circiter, præter
propter, sæpe ap. Just. aliosque.
Græv.

§ 8 *Filia sua*] Antigone, quæ tamen
Ptolemæi privigna verius. Plnt. in
Pyrrho 6. *Bern.*

CAP. II. § 1 *Cassandrea*] Hæc urbs
antea Phlegra et Potidæa dicta fuit;
verum, quia Cassander Antipatri fil.
novos ibi posuerat colonos, et urbem

instauraverat, Cassandrea appellata
est. Leg. Strab. Excerpt. VII. et Liv.
XLIV. 11. *Gronov.* Junt. semper
Cassandriæ urbis; sic ' Alexandrea,'
' Alexandria.' *Græv.*

§ 2 *Simulato amore*] Gunther. Li-
gurin. x. 291. ' Nulla quidem pestis
magis est operosa nocendi, Quam si-
mulatus amor, nimiumque domesticus
hostis.' *Bern.*

Quam concordiæ fraude] Flor. I. 16.
de gente Samnitum: ' Saltibus fere
et montium fraude grassantem.' Sil.
VII. ' Spargentem in vulnera sævos
Fraude fugæ calamos.' Quod noto,
quia genus loquendi insolentius posset suspectum esse. *Schef.*

§ 4 *Id facere sui muneris*] Vid. notam
ad XIII. 4. 9. *Berneccer.* Ad h. modum et XIII. 4. 9. dixit ' munus imperii beneficii sui facere.' Et Sen.
III. Benef. 18. ' Adeoque dominis
servi beneficia possunt dare, ut ipsos
sæpe beneficii sui fecerint.' Sic enim
legend. Gronov. IV. Obs. 9. docet.
Tac. XV. 52. ' Ne delecto imperatore
alio sui muneris remp. faceret.' Pari
modo dicunt ' alienæ potestatis aliquid facere.' Vid. Liv. VII. 31. Dicitur autem ' sui muneris facere,'
' sui beneficii facere aliquid,' concise
pro, facere ut aliquid sit sui muneris
s. beneficii. Phrasi *esse muneris alicujus* usus Ov. XIV. M. ' Numinis instar
eris semper mihi, meque fatebor
Muneris esse tui.' *Vor.*

§ 5 *Obsecrationibus*] F. exsec. ut
Suet. Claudio 12. ' Senatum quasi
parricidam diris exsecrationibus in-
cessere non ante destitit, quam,' &c.
Gron.

§ 7 *Chodionem*] Junt. *Dionem.*
Græv. Mss. *Quodionem,* Impr. *Dio-
nem.* Utrique vitiose : scribend. enim
Codionem, ob originem Græcam, quasi
Latine ' Pellionem' diceres. *Fab.*

§ 8 *Sumptis in manus altaribus*] Ita
enim fieri mos ; unde Virgil. ' Talibus orabat dictis, arasque tenebat.'
Plaut. Rud. v. 2. ' G. Tange aram

hanc Veneris. L. Tango. G. Per Venerem hanc jurandum est tibi. L. Quid jurem tibi? G. Quod jubeo. L. Præi verbis quidvis: id, quod domi est, nunquam ulli supplicabo. G. Tene aram hanc. L. Teneo. G. Adjura te mihi argentum daturam Eodem ipso die, viduli ubi sis potitus. L. Fiat. G. Venus Cyrenensis Dea, te testor mihi, Si vidulum illum,' &c.' Cic. pro Flacc. ' Is si aram tenens juraret, crederet nemo:' et Juv. S. XIII. ' Atque adeo intrepidi quæcunque altaria tangunt.' Ac rursus S. XIV. ' Falsus erit testis, vendet perjuria summa Exigua, Cereris tangens aramque pedemque.' *Mod.* Quod moris fuisse veteribus in jurejurando, Brisson. Form. VIII. probat ex Planti Rudente v. 2. 49. et ex illo Juv. S. XIV. 218. ' Falsus erit,' &c. Qui versus conjecturam Sebisii sup. XXII. 2. 8. nonnihil juvare videtur. Add. eund. Sat. XIII. 89. Virgil. Æn. IV. 219. et VI. 124. et XII. 201. Cic. pro Balb. 5. et pro Flacc. 36. Macrob. III. 2. Euseb. III. 388. *Bern.*

§ 10 *Reclam. &c.*] Saresb. VII. Policr. 14. p. 307. ' Ipsa tamen reclamante, nec mihi nec tibi sit, sed dividatur.' Saxo VIII. p. 153. 27. ' Percussor tamen promissis fraudem subesse veritus.'

Ptolemæo filio] Quis ille Ptolemæus filius fuerit, dubitari potest. Nam Lysimachi filiorum mox produntur nomina, Lysimachus ac Philippus. *Glarean.* Lysimachum et Philippum paulo post commemorat, Ptolemæi non meminit. Id movit quosdam, ut h. l. pro *Ptolemæo Lysimachum* reponerent. Ego nihil muto, cum præsertim in Prologo huj. Lib. Ptolemæum quendam Lysimachi filium nominet. *Bong.*

CAP. III. § 2 *Diadema imponit*] De coronatione reginarum operæ pretium est inspicere C. Paschalinm Coron. x. 8. *Bern.*

§ 3 *Fraus, &c.*] Sen. Herc. Œt. 118.

' Nescio quid animus timuit et fraudem struit.'

§ 4 *Domos, templa*] Mss. Bong. habent *de more templa*, quod puto non temere contemnend. Ut enim primo l. *domos* nominet, mox iterum addat ' cæteraque omnia,' f. nulla est idonea causa. *De more* autem eleganter dicitur, ut appareat, fieri id omne voluisse, quod in maximis festorum solemnitatibus solebat. Et potuit syllaba *re* in vocabulo *more* extrita esse ob sequentem *te* in *templa.* Relicto igitur *de mo*, quid poterat scriba solers, quam *domos* facere? *Schef.*

Aras ubique hostiasque disponi] Fædam hanc adulationem in adventu virorum principum antiquitus usurpatam, Lips. Not. 77. ad Tac. H. docuit ex Val. M. IX. 1. 5. Cæs. B. G. VIII. 51. Suet. Calig. 13. 2. et Galb. 18. 2. et Plin. Paneg. 28. Quibus add. Curt. v. 1. 33. Plut. in Dione 37. rursusque Suet. Aug. 98. 3. *Bern.*

§ 5 *Jubet*] Inepte repetitum videtur ex præc. tmematio. *Id.*

§ 6 *Ultra modum*] Tac. I. H. 45. ' Quanto magis falsa sunt quæ fiunt, tanto plura faciunt.' Sic II. An. 77. ' Periisse Germanicum nulli jactantius mœrent, quam qui maxime lætantur.' *Id.*

8 *Proclamante Arsinoë*] Portentum erroris. Leg. *proclamans.* Fab. Non opus mutatione. L. hic prave interpungitur. Sic autem distingue: *trucidantur, proclamante Arsinoë, quod tantum nefas aut nubendo aut post nuptias contraxisset. Pro filiis sæpe, &c.* Græv.

Quod tantum nefas] Mss. Bong. habent *quid tantum*, unde suspicor lect. veram esse *qui tant.* Schef.

Contraxisset, pro filiis] Distinctio non placet; est enim sine emphasi aut vigore, quem postulat hic l. Scribo eum totum hoc modo: *proclamante Arsinoë, qui tantum nefas aut nubendo aut post nuptias contraxisset? Et pro filiis, &c.* Id.

§ 9 *Scissa veste*] Mss. et *scissa*, quod

longe majorem habet emphasin, quia
injuriarum partes singulas cum pondere insinuat repetitio conjunctionis,
quam ut vulgo editur, et ideo puto
revocandum, cum praesertim probent
Mss. alii, in quibus legitur *exscissa*.
Id.

Crinibus sparsis] Latinis auribus
hoc loquendi genus non posse placere
puto. Eae enim norunt ' passos
crines,' non *sparsos:* et sic Just. scripsit, sicut et XXIV. 8. 3. *Grav.*

§ 10 *Tot perjuria*] Etiam hic Mss.
habent *et tot perj.* quod longe rectius
videtur. *Schef.*

CAP. IV. § 1 *Abundanti multitudine*]
Cujus causam adducit Strab. sub initium lib. IV. quia sc. mulieres Gallicae
et fecundae sunt, et educatrices bo-
nae. *Bern.*

Cum eos non caperent terrae] Strab.
IV. p. 189. f. verisimile esse, ait,
Gallos [*Tectosages*] δυναστεῦσαί ποτε
καὶ εὐανδρῆσαι τοσοῦτον, ὥστε στάσεως
ἐμπεσούσης ἐξελάσαι πολὺ πλῆθος ἐξ
ἑαυτῶν ἐκ τῆς οἰκείας, &c. *Bong.*

Ver sacrum] Primus hunc l. ex
vett. Libris emendavit P. Pithœus
Adv. I. 6. Quid sit ' ver sacrum,'
docent Festus in *Ver sacrum*, et in
Mamertini. Liv. XXII. 9. 7. et XXXIV.
43. 1. Sisenna IV. Hist. ap. Nonium
in *Ver sacrum*, et in *Damnare:* nam
duo illa fragmenta conjungenda esse
notarunt alii: Euseb. in Chronico:
' Lacedæmonii, ver sacrum desti-
nantes, Heracleam urbem condunt.'
Idem. Serv. ad illud Virgilii, ' Auri
sacra fames:' ' Id est,' inquit, ' execrabilis, ut : ' Sacræ panduntur por-
tæ.' Tractus est autem sermo ex
more Gallorum; nam, Massilienses
quoties pestilentia laborabant, unus
se ex pauperibus offerebat, alendus
anno integro publicis et purioribus
cibis. Hic postea ornatus verbenis
et vestibus sacris circumducebatur
per totam civitatem cum execrationi-
bus, ut in ipsum reciderent mala to-

tius civitatis, et sic præcipitabatur
[male hic habent edd. *projiciebatur*].
Hoc in Petronio,' &c. Dicam enim
plura ad Liv. *Med.* Addendus Plin.
III. 13. pr. Strab. V. p. 172. f. et præcipue Dionys. qui II. 15. ' More quodam,' inquit, ' antiquitus a multis
tam Græcis quam barbaris recepto,
quoties vulgi multitudo in aliqua civitate nimium excresceret, nec alimenta domi omnibus sufficerent, aut
aliqua calamitas cogeret minui multitudinem, Deo cuipiam sacrantes
quantum hominum annus pareret,
emittebant armis instructos e suis
finibus. Illi vero ut posthac carituri
patria, nisi aliam pararent, quæ se
reciperet, quicquid terrarum armis
acquisissent aut gratia, habebant vice
patriæ: creditumque est, eis adesse
Deum cui dicabantur, et supra humanam spem prosperare hujusmodi
colonias.' Id. II. init. de Aborigini-
bus: ' Hi fuerunt quædam Diis sa-
crata juventus, patrio ritu a parentibus missa ad incolendas sedes, quas
fortuna datura esset.' Ex quibus apparet ' ver sacrum ' (*ἱερὸν* Straboni) non ideo sic dici, quod emissa
tali voto juventus execrabilis esset,
ut vult vir doctus, hæc explicans ex
Serv. ad illud Virgilii, ' Auri sacra
fames.' Unde et Sisenna Hist. lib.
IV. citante Nonio, Ver hoc ' religiosum ' appellat. *Berneccer.* Hunc l.
optime restituit Pithœus I. Adv. 6.
cum ante pro *ver sacrum* legeretur
peregrinatum. ' Ver sacrum ' dictum
proprie de pecore, quod certo anni
tempore, et quidem vere proximo,
nasceretur, ut ex Festo v. *Mamertini*
apparet. Recte ergo Noster *velut*
ver sacrum. Vocula ' velut ' enim et
alias notari metaphoræ solent. *Vor.*

§ 3 *Augurandi studio Galli*] Exemplo Deiotarus Gallorum in Asia rex
est, ' quem nihil unquam nisi auspi-
cato gessisse,' Cic. refert de Divin. I.
15. Sed et consanguineos Gallorum

'Germanos auspicia sortesque ut quos maxime observasse' scribit Tac. G. 10. *Bern.*

Callent] Mallem *clarent.* Bongars. Sed pro vulg. stat Val. M. VIII. 12. 'Ab his id negotium aptius explicari posse confitendo, qui cotidiano ejus usu callebant.' *Græv. Callent* rectum est, estque id. quod, solertes, periti sunt. Val. M. VIII. 12. similiter. *Vorst.* Vulgatum defendunt viri docti per illud Val. M. VIII. 12. Sed opinione mea est diversa locutionis utriusque ratio; ex usu quippe artis potest effici, ut quis eam calleat, non vero statim ex studio: quidam studium frustra in artem impendunt. Quare puto ap. Nostr. pro *callent* scribend. esse *calent.* 'Calere studio augurandi' elegantissime dicuntur, qui id cupidissime sectantur, sicut *calere studio scribendi,* qui cupidissime quærunt scribere : Horat. II. Ep. 1. 'Et calet uno Scribendi studio.' *Schef.*

§ 4 *Audax, bellicosa*] Strab. IV. p. 135. 12. genus Gallorum ait esse θυμικὸν καὶ ταχὺ πρὸς μάχην, ἄλλως δὲ ἁπλοῦν καὶ οὐ κακόηθες. Et Gallos 'natura bellicosam gentem' vocat Sall. Cat. 40. 2. et Cat. 53. 3. 'Et gloria belli ante Romanos fuisse :' sic enim est in vet. Codice. 'Qui [Romani] sic habuere, alia omnia virtuti suæ prona esse; cum Gallis pro salute, non pro gloria certare.' Ju. 114. 2. *Bongars.* Addendi Cic. de Prov. Cons. 13. Cæs. B. G. VI. 24. Tac. G. 28. et Ag. 11. *Berneccer.* Auctor de Gest. Treverorum 'audax et bellicosa,' et paulo post : 'cui res ea virtutis.'

Prima post Herculem] De quo Sil. III. 496. 'Primus inexpertas adiit Tyrinthius arces,' &c. Et Marcellin. XV. 26. 'Primam [per Alpes viam] Thebanus Hercules, ad Geryonem extinguendum et Tauriscum lenius gradiens, prope maritimas composuit

Alpes,' &c. De eod. Diod. IV. 19. Claud. Mamertinus in Genethliaco Maximiani 9. f. *Berneccer.* Liv. v. 34. ' Alpes inde oppositæ erant, quas inexsuperabiles visas haud equidem miror, nulla dum via (quod quidem continens memoria sit, nisi de Hercule fabulis credere libet) superatas.'

Invicta] F. *invia* rectius est. *Bern.* F. *invia.* Faber. Faber, et ante illum Bernecc. *invia.* Sane *invicta juga,* quæ non victa, non superata. Jam vero Noster ipse ait, quod Hercules ea superaverit. Non ergo fuere *invicta,* sed *invia.* Græv.

Intractabilia loca] Virgil. I. G. 211: 'Usque sub extremum brumæ intractabilis imbrem.' *Gron.*

§ 6 *Hortante successu*] Pro quo venuste Suet. Ner. 20. 4. 'blandiente profectu.' Virgil. Æn. v. 210. 'Successuque acrior ipso.' *Bern.*

Omnia ferro proterentes] Plaut. Amphit. I. 1. 91. 'Fœdant et proterunt hostium copias jure injustas.' *Gronov.* Mss. habent *prosternentes,* quod magis ferro convenit. Horat. ante laudatus Serm. II. 2. 'Quid enim Ajax Fecit, cum stravit ferro pecus ?' Sil. VII. 'Quippe egregium, prosternere ferro Hostem.' *Schef.*

§ 7 *Mercarentur*] Scrib. *ab iis merc.* Faber.

§ 8 *Ptolemæus*] Paus. in Att. et Phocicis, quem leg. de hac Gallorum in Græciam irruptione, et Delphorum obsidione. *Bong.*

§ 11 *Juvenis temeritate casurum*] Cic. de Invent. I. 3. 'Cum ad gubernacula reipubl. temerarii atque audaces homines accedunt, maxima ac miserrima naufragia fiunt.' *Bern.*

CAP. V. § 1 *Igitur Galli, duce Belgio*] Pausaniæ hic est Βόλγιος. Sed male, ut puto. *Voss.*

§ 3 *Nec minus ferociter se legatis, &c.*] Simillima vecordia Imp. Diogenes legationem Sultani, pacis conditiones

offerentem, contemptim rejicit, et
timorem interpretatur, quæ confi-
dentia ac lenitas erat. Zonar. tom.
III. Sapienter Aristhænus ap. Liv.
XXXII. 21. 27. Achæos suos hortatur, ' ne Romanos amicitiam ultro
petentes fastidiant, nec enim eos id
metu facere : sed, quod rogant, cogere
posse.' *Bern.*

Obsides dederint, &c.] F. *obsides darent, et arma traderent.* Gron.

§ 6 *Ptolemæus, &c.*] Memnon cap.
15. de eod. Ptolemæo : 'Αξίως τῆς
ὠμότητος καταστρέφει τὸν βίον, διασπα-
ραχθεὶς ὑπὸ τῶν Γαλατῶν· ζῶν γὰρ
ἐλήφθη, τοῦ ἐλέφαντος ἐν ᾧ ἤχεῖτο
τρωθέντος καὶ καταβαλόντος αὐτόν.

§ 12 *Non votis agendum*] Sall. Cat.
52. 26. ' Non votis, neque suppliciis,'
&c. et 1. H. ' Non votis paranda
auxilia.' Restituenda hæc vox Afra-
nio ap. Nonium : ' Nullam profecto
accessi ad aram, quin Deos suppliciis, sumptu vatis, donis, precibus,
plorans, obsecrans, nequicquam fati-
garem : leg. *suppliciis, sumptu, votis.*'
Bong.

Sosthenes, &c.] Georg. Syncell.
Chronogr. p. 270. Βέρνου [leg. Βρέννου]
τοῦ Γαλάτου ἐπιόντος αὐτοῖς [Μακεδόσιν]
ὃν Σωσθένης ἐκβιάξας κρατεῖ καὶ αὐτὸς ἔτη
δύο τῶν Μακεδόνων.

*Unus de Macedonum principibus ra-
tus*] Non rejicio, tantum moneo, videri melius, si legatur *fatus.* Vix
enim contra desperationem omnium
efficere quid potuit privata ista sua
sententia, nisi enim prius explicaret,
et allatis rationibus firmaret despera-
tos ; quod oratione factum, necesse
est, ad quam illud *fatus* pertinet. Argumentum porro orationis fuit, quod
præcedit, ' non votis agendum,' quod
proinde in textu litteris cursivis scribend. videtur. *Schef.*

§ 13 *Ignobilis ipse*] Non regio sanguine cretus : sed tamen unus principum procerumve regui, sicut modo
n. 12. dictum. *Bern.*

Multis nobilibus, regnum affectanti-
bus, ignobilis ipse] Hic dormitabat
Justinus, qui dicat multis nobilibus
regnum competentibus prælatum fuisse Sosthenem, cum esset tamen ipse
ignobilis. Oblitus fuit quod antea
scripserat, ' Sosthenes unus de Macedonum principibus.' Non cohærent. Certe enim principes imperii
non possunt haberi pro ignobilibus.
Sed rem tractavit rhetorice Justinus,
ut per comparationem cresceret Sosthenes, et tanto plus in eo virtutis
fuisse crederemus, quanto minus nobilitatis habebat, s. ex genere, s. ex
rebus gestis, quæ vera nobilitas est.
Faber.

§ 14 *Non in regis, sed, &c.*] Ita fere
Mezetulus ap. Liv. XXIX. 29. 7. Vid.
sup. Notam ad IX. 4. 2. et Amirat.
Diss. I. in Tac. *Bern.*

CAP. VI. § 1 *Brennus*] De Brenno
Saresb. VI. Policr. 17. scribit : ' Tradunt historiæ Brennum ducem Seno-
num, qui exercitum Romanorum ad
fl. Alliam confecit, ipsam urbem Romam irrupit, cepit ; et cæsis patribus
et subacta Italia invasit Græciam,
vastans omnia universisque terribilis,
usque ad Delphici Apollinis templum,
quod situm est in monte Parnasso,
processit, ipsiusque Apollinis appetens spolia, scurriliter jocatus, ait locupletes Deos largiri hominibus oportere. Hunc, inquam, tradunt de Majori Britannia, quæ ab adventu Saxonum in insulam appellatur Anglia,
oriundum.' Phrasin, quam h. l. adhibet Auctor, imitatur Saxo VIII.
p. 167. 41. ' In ulteriores se Germaniæ provincias effundere statuisset.'
x. p. 187. 7. ' Qui cum se mox in
Sclavorum effusurus provinciam videretur,' et p. 103. 30. ' In Jutiam se
repente Sclavicus effudit exercitus.'
XIV. p. 265. 26. ' In omnem se Sue-
tiam effundere statuit :' p. 339. 39.
' Quo se hostes effusuri essent, præ-
discere cupiens.'

Onustam tam facile relictam esse]
Istud ' facile' vitium in hac scriptura

arguit. Nam tam opulenta præda
a Brenno non facile relicta erat;
quippe qui illi expeditioni Macedonicæ non interfuisset; non igitur de
Brenno id intelligi potest, sed de
Belgio, qui tam facile Macedonas
vicisset. Quare legend. puto *tam fac.
quæsitam*, i. e. comparatam, partam.
Faber. Faber, sicut docet Notator
Anglicanus: *tam fac. partam* vel *comparatam*, imo *quæsitam*. Miror. Annon enim relicta facile, interventu
unius Sosthenis, adorti incautos?
Historia nimis clara est. Itaque alibi
animum habuit Faber, cum hæc no-
taret. *Schef.*

Quindecim millibus equitum] Μυρίους
ἱππέας tantum recenset Diod. in Epit.
lib. XXII. *Voss.*

§ 2 *Valentibus*] H. e. robustissimis.
Valens enim non tantum dicitur, qui
valetudine frnitur bona, sed et qui
viribus et robore præstat. Cic. v.
Verr. 55. ' Valentissimi lictores :' et
VII. Fam. 18. ' Quum aut homo im-
becillus a valentissima bestia lania-
tur.' Suet. Octav. 35. ' Decem va-
lentissimis senatorii ordinis amicis
sellam suam circumstantibus.' *Gron.*

§ 4 *Locupletes Deos, &c.*] Qua scur-
rili cavillatione Dionysius etiam usus,
' mensas argenteas de omnibus delu-
bris jussit anferri: in quibus quod
more veteris Græciæ inscriptum esset, BONORUM DEORUM, uti se eorum
bonitate velle dicebat. Idem victo-
riolas aureas, et pateras, coronasque,
quæ simulacrorum porrectis manibus
sustinebantur, sine dubitatione tolle-
bat, eaque se accipere, non anferre
dicebat. Esse enim stultitiam, a quibus bona precaremur, ab iis porri-
gentibus et dantibus nolle sumere :'
Cic. de N. D. III. 34. *Bernecer.* Hic
et in §. 5. nescit ' immortalium' Vin-
centius.

§ 5 *Prædam, &c.*] Vincent. ' aurum
religioni, prædam off. D. pr.' et
dein : ' utpote qui eas hominibus largiri solent :' et in § 8. pro ' recessit'

habet ' cessit.'

Qui eas largiri hominibus soleant]
Hæc mihi a glossatore intrusa ex
supp. videntur. Certe illud *soleant*
non convenit ei, quod antea dixerat,
' oportere.' Nec enim admoneri debet officii sui, qui id solitus est ipse
observare. *Schef.*

§ 6 *Templum autem Apollinis*] Præter Paus. vid. et Strab. IX. p. 288.
Bongars. Originem Oraculi Delphici
refert Diod. XVI. 26. *Bernec.*

In rupe] Qua causa Theocritus
Epig. I. Δελφίδα πέτραν, similiter Orpheus in Argon. Παρνασίδα πέτρην appellat. *Bern.*

Civitatem frequentia hominum fecit]
Sic scripsi cum Junt. ut et *admiratione
majestatis* pro vulgato *ad affirmationem
m.* Græv. Ita emendaveram ; sed
monet nos Græv. sic in Junt. scriptum esse, non *facit.* Faber.

Ad affirmationem majestatis] Junt.
teste Græv. pro *affirmationem* habet
admirationem : idque multo conciu-
nius est et consentaneum ei quod sequitur, ' an majestas Dei plus admirationis habeat.' *Vorst. Undique, &c.*
ad usque *majestatis* uncinis includit
Ed. Bong.

§ 7 *Ut incertum, &c.*] Saxo IV. p. 64.
10. ' Ut, utrum voci ejus an fiduciæ
plus admirationis tributum sit, incertum extiterit.'

§ 8 *In formam theatri*] Strab. IX.
p. 389. m. θεατροειδές. *Bongars.* Lycophr. Cassandr. 600. locum ejusmodi
θεατρόμορφον, h. e. *theatriformem* appellat. Capella lib. VI. in descriptione Thessaliæ : ' Hi omnes montes
theatrali more curvantur.' *Berneccer.*
[*A woody theatre* habet Miltonus
nostras, dum arborum amœnitatem
Paradisiacarum suavissime pingit.]

*Quæ res m. m. t. ign. rei, et admira-
tionem stup. pl. aff.*] Sic emendo, *ign.
rei et admiratione stup.* Paulo autem
superius, ubi legitur ' ad affirmationem majestatis,' nil esse puto quod
mutari oporteat. Respexit Justinus

Virgilii locum de Capitolio et Arca-
dibus, quod observasse decuit. Versus sunt in VIII. Æn. ' Hoc nemus,
hunc, inquit, frondoso vertice collem,
(Quis Deus, incertum est,) habitat
Deus; Arcades ipsum Credunt se
vidisse Jovem, quum sæpe nigrantem
Ægida concuteret dextra, nimbosque
cieret.' Est etiam exemplum aliquod
ap. Liv. quod illam affirmationem numinis firmare possit. *Fab.*

§ 9 *Profundum terræ foramen*] A
Mss. duobus Fuldd. abest τὸ *foramen*,
et puto eleganter dici posse ' profundum terræ' absolute: cum ' profundum' nihil aliud sit, quam, quod ' por-
' ro,' i. e. longe, habet ' fundum.'
Unde ridicule et more suo Plaut.
Captiv. I. 2. 79. parasiti ventrem
' profundum' vocabat. Sed de hac
re etiam alias. *Mod.*

*Ex quo frigidus in quodam velut ven-
to*] Sulpitius Verulanus, homo apprime doctus, in v. lib. Pharsaliæ legit
*ex quo spiritus vi quadam velut vento in
sublime expulsus.* Quæ lect. placet:
sed operæ pretium est considerare,
quam illuserit hisce oraculis humano
generi Diabolus, adjutus nonnunquam
naturæ secretis. Miratur autem Cicero suo tempore obticuisse hoc oraculum, nimirum quia veritatis præses,
mendacii patrem oppugnaturus, jam
jam imminebat, Leo de tribu Judæ,
Christus Servator noster. *Glar.*

§ 10 *Gratam voluntatem*] ' Gratam
voluntatem' et ' gratum animum'
dicunt, quod vulgo perperam ' grati-
tudinem.' Vid. lib. de Latinit. mer.
susp. 7. *Vor.*

CAP. VII. § 1 *An conf.*] Del. an.
Gron.

§ 2 *Recens adventus sui terrori esset*]
F. laborat h. locus, scribendumque
terror. Freinshem. Sed hoc non satis
cohæret præcedenti ' imparati hostes.' Mallem r. *adventu sui territi
essent.* Schef.

§ 4 *Gallorum vulgus ex longa inopia*]
Tac. H. IV. 78. ' Obstat vincentibus

pravum inter ipsos certamen, hoste
omisso, spolia consectandi.' Quod
genus exempla monitaque collegerunt Amiratus in Tac. XVII. 9. Camerar. Hor. Subeis. III. 29. Piccart. Obs. X. 8. Prædæ objectu hostem sustinentium exempla alia sunt
in Plut. Lucull. 34. Polyæn. Strat.
VII. ubi de Mithridate: Frontin. II.
13. pr. et aliis. *Bern.*

§ 5 *Pro victoribus*] Vid. Notam ad
XXIII. 3. 9. *Id.*

§ 6 *Messes vinaque villis efferre*]
' Messes' pro frugibus, frumento.
Virgil. I. G. ' Illius immensæ rupe-
runt horrea messes.' Ov. VIII. M.
' Gravidis onerati messibus agri.' *Vor.*

§ 8 *Vino, &c.*] Saxo r. p. 18. 35.
' Spoliorum reliquiis avidius incuban-
tem adortus :' et XIV. p. 909. 25.
' Hostes prædæ incubantes.'

§ 9 *Non nisi quatuor millia militum*]
Pro *militum* Mss. Bong. habent *milites.* Unde adducor, ut credam hoc
vocab. glossatoris esse, non Justini.
Et docet totus, non tam hic sermonem esse de certis quibusd. militibus,
quam omni multitudine, quæ Delphis
commorabatur. *Schef.*

§ 10 *Statuas cum quadrigis*] ' Qua-
drigæ' ornamenta fuerunt fastigio-
rum, quorum figuræ in antiquis nu-
mismatis et gemmis adhuc visuntur.
Liv. X. ' Ænea in Capitolio limina,
Jovemque in culmine cum quadrigis.'
Propert. II. 31. ' Auro Solis erat supra
fastigia currus.' *Vorst.* Quadrigarum,
quæ in fastigio templi Delphici erant,
mentionem fieri ap. Eurip. Ion. 82.
observavit Jensius : Ἅρματα μὲν τάδε
λαμπρὰ τεθρίππων Ἥλιος ἤδη λάμπει κατὰ
γῆν : *Splendentes hosce currus quadri-
gurios Illustrat sol jam versus terram
demittens radios.*

CAP. VIII. § 1 *Mero sauoii*] Οἰνο-
πλῆγες et μεθυπλῆγες apposite dicuntur Græcis : vid. Gruter. Suspicion.
VIII. 13. et sup. Not. ad I. 8. 8. *Bern.*

Sine, &c. et § 8 *certatim, &c.*] Saxo
x. p. 208. f. ' Ut absque r. p. cert. in

prælium prosilirent.'

§ 2 *Plus in Deo quam in viribus reponentes*] Junt. *ponentes*. Alii male intrusere *spem*. Græv. Antiquiores edd. Bechar. et Muj. pro *reponentes* habent *spem ponentes*: Junt. vero solum *ponentes*. Sed *plus reponentes* sine dubio rectum est. Ita Tac. G. 30. ' Plus reponere in duce, quam in exercitu.' *Vor.*

Cum contemtu hostium] Quomodo contemnebant hostem, qui spem omnem ob paucitatem et infirmitatem suam cogebantur reponere in Deo? Solet hæc spes gignere quidem fiduciam et exspectationem læti eventus, contemptum vero hostium gignere non solet. Cogitand. itaque, annon alieno l. hæc sint posita, verbaque male trajecta ita ordinari debeant: *plus in Deo, q. in v. reponentes resistebant, scandentesque cum cont. h. Gallos e s. v. &c.* ' Contemptus' Gallis convenit, non Delphicis. Docet ipse Noster in supp. ubi de Brenno: ' Quorum [quatuor millium Delphicorum] contemptu Brennus, ad acuendos suorum animos, prædæ ubertatem omnibus ostendebat.' *Schef.* Contemnebant hostes Delphi, cum tam pauci tantæ multitudini fiducia Dei resistere auderent fortiter, nihili facientes illam hominum copiam, quam ope Apollinis se victuros non dubitabant. *Græv.*

§ 3 *Simul et ipsi vates*] Mss. Fuld. *ipsæ*: quod convenit satis cum eo quod sequitur, ' sparsis crinibus:' et erant omnino pleræque feminæ Apollinis sacerdotes, ejusque instinctu responsa consulentibus dantes. Virgil. Æn. vi. 65. ' Tuque, o sanctissima vates, Præscia venturi.' Delphis inprimis, ubi ' Phœbades' vocabantur hæ vates, s. ' Pythiæ.' Vid. Strab. si vacat, ix. *Mod.*

Sparsis crinibus] H. e. solutis, revinctis; hic enim sacrificantium mos erat, ut capillos spargerent. Sen. Œd. 230. ' Incipit Lethæa vates spar-

gere horrentes comas :' et Propert. ii. El. 1. ' Ad frontem sparsos errare capillos.' *Gron.*

§ 4 *Clamant*] Vincent. vi. 21. ' clamantes :' ap. quem in § 5 male omittitur ' ex.'

Per culminis aperta fastigia: dum omnes] Distinctio huj. l. non est idonea. Nam ' juvenem,' quod sequitur, non habet, quo possit referri, si eam servamus. L. totus ita distinguend. *eumque se v. d. in t. per c. a. fastigia, dum o. o. Dei s. implorant ; juvenem supra h. m. i. pulchritudinis. Comitesque ei d. a. v. &c.* Ordo et connexio vocabulorum est : Se vidisse eum desilientem, juvenem insignis pulchritudinis, h. e. vidisse eum desilientem, specie juvenili, vel qui fuerit juvenis. *Schef.*

§ 5 *Duas, &c.*] Eand. historiam referunt scriptores laudati a Davis. ad Cic. ii. de Divin. 27.

§ 6 *Audisse etiam stridorem arcus*] Virgil. Æn. ix. 659. ' Agnovere Deum proceres, divinaque tela Dardanidæ, pharetramque fuga sensere sonantem.' Vid. de hoc Auctoris l. Saresb. Policr. vi. 17. *Bern.*

§ 7 *Victoria, &c.*] Virgil. ix. Æ. 199. ' Mene igitur socium tantis adjungere rebus, Nise, fugis?'

§ 9 *Et terræ motu portio*] Compara cum h. l. Gallicæ cladis descriptionem, quæ est in Phocicis Pausaniæ. Is xxvi. M. Gallorum, partim ferro, partim tempestate, et metu Panico, partim fame scribit in Phocide cecidisse. De Brenni morte vid. præterea Val. M. i. 11. 18. *Bong.*

§ 11 *Cum dolorem vulnerum ferre non posset, pugione vitam finivit*] Atqui Paus. inquit illum, vulneratum, veneno vitam finivisse, pudore &c. acceptæ in Græcia cladis. Sed conciliat hos Diodorus : Βρέννος δὲ, ἄκρατον πολὺν ἐμφορησάμενος, ἑαυτὸν ἀπέσφαξε. *Voss.*

§ 13 *Paridis nulla sub tectis, &c.*] ' Neque enim ulla metuentibus quies,' ii. 13. 11. s. ut loquitur P. Syrus,

'Metus cum venit, rarum habet somnus locum.' Onosand. Strat. 42. ' Qui in periculis versantur, ii, ne si permittatur quidem, somno frui velint. Nam metu periculi, etiam quo tempore licet quiescere, velut urbe jam jam capienda, vigilare coguntur.' Add. Marcell. xxv. pr. *Bern.*

§ 14 *Assidui imbres et gelu, nix concreta*] Etiam hæc distinctio est vitiosa, quam servarunt tamen in novissima ed. quoque ; cohærent enim ' nix concreta gelu,' estque ' gelu ' non primi, verum sexti casus. Non multum aliter Curt. viii. 4. ' Imbrem vis frigoris concreto gelu adstrinxerat.' *Schef.*

Maximum pervigiliæ malum] Junt. *pervigilii.* Mox iid. *Deos contemnebat* pro *adversus Deos contendebat.* Græv. Vulgo *pervigiliæ malum* editur : sed quia Noster xiii. 8. 6. scribit ' pervigilio noctis fatigatis,' et h. quoque l. Junt. manifeste habet *pervigilii malum,* ita omnino rescribend. putavimus. *Vorst.* Mss. habent *maxime,* quod præfero vulgatis. Non enim ' super hæc' et *maximum* bene connectuntur. Præterea nec *pervigilium* vere *maximum malum* dicitur. Contra *pervigilium maxime* eos obterebat, h. e. præcipue, potissimum. *Pervigilium* dico, non *pervigilia,* quod insolentius, et Junt. hic *pervigilii,* quod Vorst. recepit in textum. Ego tamen alterum non temere rejecerim. *Schef.*

§ 15 *Per quas iter habebant*] Plaut. Asinar. 11. 36. ' Huc quia habebas

iter.' *Gron.*

§ 16 *Nemo ex tanto exercitu*] Polyb. iv. 46. eos, qui superaverint, circa Byzantium constitisse, ibique imperium condidisse scribit. *Bongars.* Quin etiam Auctor xxxii. 3. 6. ipse sibi contrarius, ' partem' horum Gallorum ' in Asiam, partem in Thraciam extorres fugisse' scribit. Item Flor. ii. 11. 3. Consentit tamen ei Diodorus xxii. 13. *Bern.* Exiguam Gallici exercitus partem cladi superfuisse et in Ægyptum pervenisse refert Schol. Callim. in Delum 175. Βρέννος ὁ τῶν Γάλλων βασιλεὺς συναγαγὼν τοὺς Κελτοὺς ἦλθεν ἐπὶ Πύθωνα, βουλόμενος τοῦ θεοῦ τὰ χρήματα διαρπάσαι· πλησίον δὲ γενομένων, ὁ Ἀπόλλων χαλάζῃ χρησάμενος ἀπόλεσε τοὺς πλείους αὐτῶν. Ὀλίγων οὖν περιλειφθέντων Ἀντίγονός τις φίλος τοῦ Φιλαδέλφου Πτολεμαίου προξενεῖ αὐτοὺς αὐτῷ ὥστε ἐπὶ μισθῷ στρατεύεσθαι· καὶ γὰρ ἔχρῃζεν ὁ Πτολεμαῖος τούτου στρατεύματος· οἱ δὲ ὁμοίως ἠβουλήθησαν καὶ τοῦ Πτολεμαίου διαρπάσαι τὰ χρήματα· γνοὺς οὖν συλλαμβάνει αὐτοὺς, καὶ ἀπάγει πρὸς τὸ στόμιον τοῦ Νείλου τὸ λεγόμενον Σεβεννυτικὸν [leg. Σεβενν.] καὶ κατέλυσεν αὐτοὺς ἐκεῖσε. Eorund. Gallorum mentio occurrit ap. Pausan. in Atticis p. 18. Ἡνίκα [Πτολεμαῖος] παρεσκευάζετο ἐπιόντα ἀμύνεσθαι Μάγαν, ξένους ἐπήγετο καὶ ἄλλους καὶ Γαλάτας ἐς τετρακισχιλίους· τούτους λαβὼν ἐπιβουλεύοντας κατασχεῖν Αἴγυπτον, ἀνήγαγε σφᾶς ἐς νῆσον ἐρήμην διὰ τοῦ ποταμοῦ· καὶ οἱ μὲν ἐνταῦθα ἀπώλοντο ὑπό τε ἀλλήλων καὶ τοῦ λιμοῦ.

LIBER XXV.

CAP. i. § 2 *Cum in Græciam proficiscerentur*] Legend. esse puto *proficisceretur,* ut ad Brennum referatur, non ad Gallos, qui relicti essent ad

tuendos gentis terminos, i. e. Pannoniam et loca finitima Dardanis, Triballis, Getis, quæ ipsi insederant. *Faber.* Qui ? Galli reliqui. At de his nil præcedit. Mallem ergo *profi-cisceretur*, et ad Brennum referre. *Schef.* Fuit error typogr. Nam correctiores edd. non solum vetustiores, ut Junt. sed et recentiores, ut Elsevir. An. 1659. aliæque præferunt *profisceretur*. Græv.

§ 3 *Fugatisque Getarum Triballorumque, &c.*] Simillima referuntur a Niceta Choniate sub finem lib. 1. de Alexio Angelo, Principe Byzantino, qui legatos Imp. Henrici, pacem venalem offerentes, ostentatione diviarum tam non terruit, ut dicerent, 'nihil capi aut affici Germanos muliebribus istis spectaculis aut ornamentis : atque adeo jam tempus esse, ut, his sepositis, Græculi ferro aurum commutarent. Nam, si irriti legationis suæ redirent, pugnandum iis cum viris esse, qui non, ut prata, lapillis niteant, neque vestibus variegatis, ut pavones, glorientur ; sed qui veri Martis alumni flammas nitoremque ex oculis jaciant, et quorum sudor splendidis guttis defluens referat margaritas.' *Bern.*

Castra specularentur] De speculatricibus hoc genus legationibus, in ejus argumenti libro cap. 41. Car. Paschalius et alii. Vid. Diod. xxii. 11. *Idem.*

§ 5 *Prædæ ubertate solicitati*] Hinc dicuntur 'avidissima rapiendi gens' Livio xxxviii. 27. 2. ' Nemini satis mites, ni subinde auro, cujus avidissima gens est, principum animi concilientur:' Id. xxi. 20. 8. *Bong.*

§ 6 *Inusitatas*] Scrib. *invisitatas.* Gronov. Gron. quomodo sup. ita et hic legend. censet *invis.* Vorst. Gron. *invis.* ut xviii. 1. *Schef.*

§ 8 *Opes pariter et negligentiam regis*] Hoc vocab. *regis* habeo pro glossemate. Nam quæ sequuntur, 'haberent,' ' eos,' ' abundarent,' ostendunt, Justinum non tam regem habuisse in animo, cum ista scriberet, quam in universum hostes. *Schef.*

Opes, &c.] Vincent. vi. 22. ' Op.

reg. et neg. mentiant.'

CAP. ii. § 4 *Omnia vacantia, &c.*] Quod id. olim iid. fecere capta Roma. Liv. v. 41. 6. Flor. i. 13. 19. *Bern.*

§ 6 *Convertuntur. Ibi*] Vincent. ' revertuntur. Ubi.' Qui pro ' eo ' habet ' illo.'

Quæ eo cum conj. et lib. confugerant] F. qui eo. Gronov. Nescio annon rectius sit *confugerat.* Schef.

§ 7 *Opinio hujus victoriæ*] H. e. existimatio ex victoria parta. Tac. G. 13. 'Germani ipsa plerumque fama bella profligant.' Veget. Præf. iii. ' Nemo provocare, nemo audet offendere, quem intelligit superiorem esse pugnaturum.' *Bern.*

§ 8 *Asiam omnem*] Vid. Strab. xiii. Oraculum de eorum in Asiam transitu exstat in Paus. Phocicis. *Bong.*

§ 10 *Majestatem suam tutam*] Quid si *tutari?* et ita quidam olim impr. *Bongars.* Præstat cum Bongarsio, Junt. et aliis impr. legere *tutari.* Mox melius Mss. *vocati* pro *invocati:* et cap. seq. Junt. *amissi regni speculaturus eventum*, pro *eventus.* Græv. Emendavit Bong. *tutari*: res plana fuit, imo et proclivis. *Faber.* Junt. habet *tutari.* Et congruit id magis ei quod sequitur, ' neque amissam reciperare.' *Vorst.*

§ 11 *In auxilium a Bithyniæ, &c.*] Strabo Gallos scribit Attalicorum regum terras diu populasse: tandem ab iis Bithyniam obtinuisse, quæ et Gallogræcia. *Bongars.* Invocare solum est etiam pro, in auxilium vocare. Tac. iv. H. 78. ' Ingressi sunt duces imperatoresque Romani nulla cupiditate, sed majoribus vestris invocantibus.' Et 79. ' Unde metus et justæ preces invocantium.' Sed plena locutio est quam Noster habet ' invocare in auxilium.' Sunt etiam codd. Mss. qui simplex *vocati* hic habent: ut in V. L. notavit Bong. Quod tamen cur alteri præferend. sit, ut vult Grævius, nos quidem non videmus. *Vorst.* Mallet hoc Græv. quia meliores Mss. et edd. *vocati* scribunt, deteriores *invocati*: dein quia Latinis est *vocare in auxilium*, ut v. 2. ' vocare in portionem muneris,' et plura talia, quam *invocare in auxilium*, quamvis locutionem hanc non damnet Grævius. Quoniam Bong. Mss. quoque habent *vocati*; mallem hoc, quam *invocati*, licet non sit infrequens compositi pro simplice usus, etiam in talibus. *Schef.*

Cognom.] Vincent. 'nominav.' Albertus: ' Ibi habitantes in Asia regionem Gallogræciam vocant, a quibus Galatæ.' Gesta Treverorum : ' Eamque regionem ex Gallia et Græcia composito nomine Gallo-Græciam agnominaverunt.'

CAP. III. § 1 *Pyrrhus*] Quomodo Pyrrhus Italia et Sicilia excesserit, et, in Græciam reversus, Antigonum et Gallos strenue pugnantes vicerit, legendus in ejus Vita Plut. et Paus. in Att. *Bong.*

§ 3 *Repentinam fingit profectionem*] Quid hoc est? 'fingere profectionem' significat, simulare se profecturum, ut ' fingere somnum' IX. 9. fingere s. simulare se dormire. Atqui sequitur ' reversus in Epirum.' Non ergo fingebat, sed re vera suscipiebat profectionem. Quare suspicor scripsisse Nostrum vel *indicat*, vel *instituit profectionem*. *Schef.* *Fingit* hic non est, *simulat*, ut vult cl. Scheff. sed adornat, parat; ut, *fingere fugam*, ap. Plaut. Captiv. II. 1. ' At fugam fingitis, sentio quam rem agitis:' et Lucilium : ' Sed fuga fingitur : timido vadit pede percitus,' h. e. fugam molitur, ut recte politius. Gulielmus exponit. Sic et, parricidia fingere, pro, struere, parare, ap. Sen. ad Marc. 26. ' Quid dicam? nulla hic arma mutuis furere concursibus, nec classes classibus frangi, nec parricidia aut fingi aut cogitari, nec fora litibus strepere?' *Græv.*

§ 6 *In deditionem accipit*] Ait Grævius Gronov. legend. putare *in ditionem*: quod nobis non videtur. Est

enim *in deditionem accipere* usitatius. Nostro phrasis. *Vorst.* Non hic in dubium vocatur loquendi ratio, quæ est usitatissima, sed res : num Macedonia se dederit Pyrrho, an armis ab eo subacta in ditionem ejus venerit; quod ignorare non possunt, qui Pyrrhi vitam legerunt. *Græv.*

Veluti damna, &c.] Saxo XIV. p. 264. init. ' Se ereptæ Norvagiæ damna Suetici primatus munere pensaturum :' XIV. p. 268. 34. ' Incolarum fortitudine parvitatis damna pensabat.'

§ 7 *Eventus*] Junt. teste Græv. *eventum*: quod rectius videtur. *Vor.*

§ 8 *Funditus victus*] Saxo X. p. 204. 1. ' Cæduntur f. Sclavi.'

Salutis, &c.] Id. XII. p. 42. 44. ' Obscuros externosque secessus captent.'

Fugæ solitudines captat] Quid est captare solitudines fugæ? ut quis fugere possit solus? at id jam faciebat Antigonus. Itaque locus mihi neque integer, neque sic ut oportet distinctus videtur. In Mss. Bong. legitur *solitudinesque*. Hinc colligo sic legenda distinguendaque omnia : *non jam recup. r. spem, sed s. latebras ac fugas, solitudinesque* c. Eleganter. Ordo est : Captat latebras salutis et fugæ, captat solitudines, quæ nempe salutis et fugæ latebræ ipsi erant futuræ. *Schef.* *Fugæ solitudines captare* est, loca sola et deserta quærere, per quæ tuto fugias, et a nullo obvio deprehendaris. *Græv.*

CAP. IV. § 1 *Ad quod votis, &c.*] Consulendi Gruter. Suspicion. VI. 14. et Brisson. Form. I. p. 82. *Bern.*

§ 2 *Qua tulisset impetum*] Hoc vero nescio an sit Latinum. *Facere impetum* dicimus, non *ferre*, cum hoc sit passivæ potius significationis. In Mss. legitur *imperium*. Quod ap. me efficit, ut veram lect. credam fuisse olim, *qua tulisset impetus eum*. Ex impetus eum, quod conjunctim velut unam vocab. primo scriptum, deinde fecerunt *imperium*. *Schef.*

§ 3 *Ut ad devincenda regna*] Ideo eum Antigonus comparabat κυβευτῇ πολλὰ βάλλοντι καὶ καλὰ, χρῆσθαι δὲ οὐκ ἐπισταμένῳ τοῖς πεσοῦσι. *Bong.*

Melius studebat acquirere imperia quam retinere] Ea de causa Pyrrhum Antigonus aleatori similem esse dixit, qui spe lucri proprias opes prodigit: nec unquam contentus est eo, quod in alea vicerit, sed, quæcunque collusoribus supersunt, aviditate magna cupit, inque ea relictis omnibus solum inhians, quæcunque ante quæsierat, profundit. Simili ingenio fuit Alexander M. cujus res in Oriente gestas cum legeret Imp. Augustus, admiratum ferunt, non induxisse eum in animum, quomodo quæsita servaret : sed tantum, ut alia quæsitis adjiceret. Plut. Apoph. Rom. 46. Bene Thucyd. VI. 2. 15. ' Amentis est illos aggredi, quos, licet vincas, non tamen retinere possis.' Et Cassiodor. I. Var. Epist. 25. ' Nihil prodest initia rei solidare, si valebit præsumtio, ordinata destruere. Illa sunt enim robusta, illa diuturna, quæ prudentia incipit, et cura custodit,' &c. *Bern.*

§ 4 *Cherronneso*] Quod hic *Cherronesi* sit mentio, admodum miror; cum mox Spartam oppugnet. Ego omnino legend. puto *Peloponneso*. Ineptum autem, quod quidam annotarat, Xerxem quoque h. l. trajecisse exercitum, neque enim hic Pyrrhus in Asia erat. *Glarean.* Glareanus ex historia legit *Peloponneso*, et seqq. comprobant. Vett. alii *cerroneso:* alii *cerronesto.* Vid. Plut. et Paus. in Att. et Lacon. *Bongars.* Lego *Cherroneson transposuisset.* Et sensus hic est: Cum Pyrrhus copias in Peloponnesum per Isthmum Corinthiacum traduxisset. ' Cherronesos' enim quævis peninsula dicitur. *Gronov. Cherroneso*, i. e. in Chersonesum. Optime autem, ex fide veteris historiæ, acutus ille Helvetius, Glareanus, legit *Peloponneso.* Et id quidem cum judicio. Quid enim tantopere commoti fuissent Mes-

senii, Achæique, si res in Cherroneso Thraciæ acta fuisset ? Dein facile probes legend. esse *Peloponneso*, cum dicat Justinus ' Primum illi bellum adversus Spartanos ;' qui fere principes Peloponnesi erant. *Faber. Cherroneso* sane editum adhuc fuit. Sed Gronovium ad Epit. Liv. XLVIII. locum sic citare video : *cum copias Cherroneson transp.* ut sit accusativus Græcus, qui motum ad locum significet. Fuit cum crederem *Cherroneso* posse esse pro, in Cherronesum : quomodo dicitur, ' It clamor cælo,' et ' invitare tecto,' ' hospitio,' et ' paratus neci.' Glareanus pro *Cherroneso* ex historia legend. putat *Peloponneso*. Et verum sane est in Peloponnesum tunc temporis copias transposuisse Pyrrhum. Quia tamen Peloponnesus chersonesus s. peninsula est, credi possit, nomen commune positum hic pro proprio, per synecdochen quandam. *Vorst.* Gronov. legit *Cherroneson*,quod est rectius. *Schef.* Notator Anglicanus emendat, *Peloponneso*, aitque probari per seqq. Pridem hoc fecerat Glareanus, sed haud necesse est. Vid. notas cl. Vorstii h. l. *Idem.* ' Transponere Lugduno ' pro, Lugdunum, nemo, credo, Latine sciens probaverit. Sic nec recte dixeris *transponere* aut *trajicere Peloponneso* pro, in Peloponnesum. Gronovii acutissimi emendatio probanda utique. *Græv.*

§ 7 *Ut non fortius victus, quam verecundius recederet*] Non placet hæc distinctio, nam comma post ' verecundius ' ponend. Nec enim cohæret ' verecundius recederet,' sed ' verecundius victus,' quomodo dicebatur victus, quia mulieres eum vicerant. *Schef.*

§ 8 *Urbem Corcyram*] Urbem primariam Phæacum s. Corcyræ insulæ. Vid. Paus. in Att. ubi hanc rem attigit, p. 10. n. 31. 32., &c. Ed. illa optima Sylburgii utor. *Faber.*

Cum sexaginta] Mss. *cum sexagesimo*, et paulo post *cum septimo.* Ita Plin.

XII. H. N. 1. ' Epulatus intra spelun-
cam cum duodevicesimo comite :' et
Oros. VI. 16. ' Sex. Pompeius cum
centesimo equite aufugit.' Vid. Obs.
in Script. Eccles. 3. *Gron.*
    Item prælio n.] Junt. *idem.* Græv.
    CAP. V. § 1 *Expugnare conatur*] Di-
versa lect. est *exp. cogitat* : quam Sichardus in textu, alii in margine col-
locarunt. Sed et in editione Becharii
lectionis ejus vestigium est. Habet
enim illa *cogit* pro *cogitat*. Et f. *cogitat* rectum est, et, quia falso suspectum, rejectum fuit. Vid. de eo
verbo lib. de Latinit. f. susp. p. 180.
Vorst. Vett. quidam *cogitat.* Quam
lect. Vorst. putat esse veram. *Schef.*
    Saxo de muris] Probus, ' lapide ic-
tus.' Plut. et Paus. et Strab. VIII.
κεραμίδα, i. e. tegulam, vocant. *Bongars.* Quomodo etiam Ov. in Ibin

808. ' Aut ut Achilleidem cognato nomine clarum Opprimat hostili tegula
jacta manu.' *Bern.*
    § 2 *Caput ejus*] Val. M. v. 1. *Bong.*
    § 3 *Comparandum Pyrrho*] Νομισθείς
ἐμπειρίᾳ μὲν πολεμικῇ, καὶ χειρί, καὶ τόλ-
μῃ πολὺ πρῶτος εἶναι τῶν καθ᾽ αὑτὸν βασιλέων : Plut. *Idem.*
    § 4 *Ut cum Lysimacho, Demetrio, An-
tigono, tantis regibus bella gerens, invictus semper fuerit*] Mss. mei *bella gesserit*: quomodo cum habeant omnes
vett. scripti codd. Bongarsii, puto
geminata ead. voce et syllaba reponendum : *ut cum cum L. D. A. t. r. b.
gesserit, invictus s. f.* Mod. Antiquiores typis expr. Imo et Mss. tam Modiani, quam Bongarsiani, pro *gerens*
habent *gesserit.* Mirum igitur quod
Bong. id mutavit. *Vor.*

LIBER XXVI.

CAP. I. § 2 *Peloponnesii*] Et quidem, ut ex vetere huj. lib. Prologo
apparet, Spartanorum rex Areus, cujus et XXIV. 1. 5. fit mentio, ab Antigono Corinthi interfectus est. *Vor.*
    § 3 *Variante hominum partim dolore,
partim gaudio*] F. *var. homines.* Liv.
XXVI. 1. ' Variabant secundæ adver-
sæque res non fortunam magis, quam
animos hominum.' *Gronov.* Hoc *hominum* glossatoris, non Justini esse
videtur. Sermo enim est de civitatibus, ut patet ex seqq. *Schef.*
    § 4 *Epirorum*] Quæ est illa urbs,
aut quis ita loquitur? Superiore libro
Helenus Pyrrhi fil. ab Antigono rege,
qui Pyrrhum vicerat, cum parentis
sui cadavere mittitur, ut regni hæres,
haud dubie in Epirum. Vid. num
legend. *Epidauriorum.* Glar.
    Epirorum] Locus manifesto men-

dosus : nec Vett. auxilio sunt. Glareanus, nescio quo auctore, *Epidauriorum* legit. Ex Pausaniæ Eliacis et
Plutarchi libello de Virtutibus Mulierum 24. omnino legend. *Eliorum.*
Bong.
    Epirorum] Ita sane magno con-
sensu codd. tam Mss. quam typis
expr. Sed monuit Bong. ex Paus.
Eliacis et Plut. de Virt. Mul. legend.
Eliorum. Quod id. et Gronov. IV.
Obs. verum esse judicat. *Vorst.*
    Aristotimo, &c.] Vel pueri sciunt
hunc Aristotimum Eleorum tyrannum
fuisse : idque ex Plut. et Paus. Sed
unde illud *Epirorum* pro, Eleorum?
Mss. autem habent *Epiroteorum,* alii
Epyrrorum, Impressi *Epirotarum,* alii
Epirorum. Hoc dicam tantum, territorii Eliensis incolas, ut urbis ipsius
cives, dictos olim Epios s. Epeos fu-

isse. Itaque scripserit Just. *Epio-rum.* Res constat ex Homero, plus decem in locis, et ex Dionys. *Faber.* Præfero hanc emendationem aliorum. Vid. Steph. de Urb. in *'Ereúds. Schef.*

§ 7 *Direptis*] Scrib. *abreptis.* ' Di-ripere' enim notat, spoliare; ' abri-pere' vero, detrahere. *Gron.*

§ 8 *Hellanicus*] Ita Vett. et Paus. et Plut. quos lege : vulgo *Helematus.* Bong..

Senex et liberis orbus] A. Cæsellius, cum multa de temporibus Cæsaris li-berius loqueretur, amicique, ne id faceret, monerent : ' Duas res, quæ hominibus amarissimæ videntur, mag-nam sibi licentiam præbere,' respon-dit, ' Senectutem et Orbitatem :' Val. M. vi. 2. 12. Ita Solon Pisistrato ty-ranno quærenti, ' qua tandem spe fretus, sibi tam audacter resisteret,' respondisse fertur ' Senectute :' Cic. de Senect. 20. ' Suillius extrema se-necta liber :' Tac. XIII. 42. Add. Statium Th. III. 214. iterumque Val. M. III. 8. 5. Rationem reddit in Plut. Cæsare 21. Considius : ' Nam quod superest vitæ, quia parum est, haud magnam cautionem desiderat.' Quod ipsum de orbitate dici potest.' *Ber-neccer.* Saresb. vii. Policr. 25. p. 520. ' Paschelius Junius interrogatus, quid sibi tantam daret quæ vellet di-cendi licentiam? duo, respondit, quæ homines horrent, senectutem et orbi-tatem; quid enim timeret senex or-bus ?'

Pigneris] Sic edidi ex Vett. omni-bus. Vid. Priscian. lib. vi. Fre-quens est *o* in *e* mutatio. Inde ' A-pellinem' dicebant Vett. pro, Apol-linem : Festus : et ' amplocti' pro, amplecti, ap. Sallustium, et a tegen-do ' toga' dicta, Prisc. lib. i. et a, pendeo, ' pondus.' Inde quod in Vett. Mss. semper legitur, ' Ptole-mæus,' rectum arbitror : est enim Græcis Πτολεμαῖος. Ut, quæ iis est Κέρκυρα, Latinis est ' Corcyra :' et Βερονίκη est ' Beronice.' ' Pignus'

autem hic vocat natos. *Bong.* Duo-bus filiis orbatum Hellanicum scribit Plut. de Virt. Mul. 24. unde *pigne-rum* hic legi f. rectius sit. Add. no-tata ad Suet. Aug. 21. 4. *Berncc. Pigneris* numero singulari, et per E literam, legi vult Bong. · Antiquiores typis expr. tamen habent *pignorum.* Et consentaneum huic est quod Plut. de Virt. Mul. 24. scribit, Hellanicum duobus filiis orbatum esse. *Vorst.* In Vett. legitur *pignorum,* quod Vorst. existimat consentaneum vero, quia Plut. scribit Hellanicum orbatum li-beris duobus. Ego præfero illud *pig-neris,* quia puto poni hic indefinite, ac citra respectum ad ullum nume-rum. Sensus : Non timebat, quia et senex erat ipse, nec filium habebat ullum, pro quo posset esse sollicitus, s. unum s. plures prius habuisset. *Schef.*

§ 9 *Cunctantibus privato periculo pub-licum finire, &c.*] Simile quid a Plut. refertur fine Pelopidæ. *Bern.*

Arcessitis servis jubet obserari, &c.] Leg. *arcessitos servos jubet obserare fores, tyrannoque nuntiare.* Gronov. In Ms. quodam reperitur *observari,* quod præfero. Certe ap. Vett. ut fit hodie, non exterius, sed intus januæ obsera-bantur; nec tam cohibebantur eo con-stituti intra domum, quam exclude-bantur, qui foris adveniebant. Ita-que hæc obseratio supervacua hic fuerat. At observatio, i. e. custodia a tot servitiis conveniens proposito. Estque hoc plane *observare.* Plauto quoque in Asinar. 11. 2. 7. ubi ait: ' Væ illi qui tam indiligenter obser-vavit januam.' Quo L viri docti si-mul notant, proprium hoc servitio-rum munus ap. Vett. fuisse, quod egregie cum nostris convenit. *Schef.*

Se, quia liberandæ patriæ] Junt. *se qui.* Græv. *Liberanda patria* non re-pudio; præferrem tamen *liberatæ,* si qui Mss. lect. eam firmarent. *Schef.*

§ 10 *Ancipti, &c.*] Saxo II. p. 21. et XIV. p. 328. f. ' Anc. p. c.' XVI. p.

382. 39. ' Anc. malo circumventum
se dixit.'

Quinto postquam] Sex menses tyrannidem tenuisse refert Paus. *Bong.*

CAP. II. § 1 *Gallogræcia exercitus*]
Insolens hoc et durius videtur. Mallem *Gallogræcia*, ut sit pro, ex Gallogræcia, per ellipsin præpositionis,
quæ et alias Nostro usitata. Sic enim
et verbum seq. ' affluxisset' convenientius se habere videtur. *Schef.*
Leg. *Gallogræcus exercitus*: quia nulla
Gallogræcia in Europa, neque Galli
regressi sunt ex Asia ad bellum Antigono inferendum vel cladem sociorum ulciscendam. Videatur autem
Galli ab Antigono victi, uti constat
ex lib. xxv. 1. qui in Græcia et Macedonia remanserant, pace facta imperium ejus coacti fuisse accipere.
Nam alio mox bello orto illos ap. Megara delevit, et ' defectores' appellavit Auctor Prologi, *Cuperus.* Obs.
IV. 11.

§ 2 *Et ipsi se prælio pararent*] Antiquiores typis expr. *prælia.* Si *prælio* legatur, est illud pro, ad præliam:
quomodo Virgil. M. Æn. dicit ' paratus neci.' *Vor.*

A parricidio] Mss. omnes Bong.
præp. hic omittunt, quod quia fit et
alibi ap. Nostr. etiam hic puto omit-
tendam. *Schef.*

§ 3 *Ætati, cui etiam, &c.*] Ita fere
XVIII. 6. 12. et Liv. XXIV. 26. 9.
Humaniter ergo Pausanias Spartanorum princeps, eum Attaginus urbe
Thebis profugisset, qui dedi debebat,
' ejus liberos ad se adductos culpa
absolvit, negans pueros factionis Me-
dicæ esse participes,' inquit Herod.
IX. 87. ' Num quis irascitur pueris,
quorum ætas nondum novit rerum
discrimina?' Senec. de Ira 11. 9.
Bern.

Internecivum] Duobus præterea locis vocem hanc huic Auctori restitui,
quæ et hic et VI. 6. 2. et XI. 9. 4
varie corrupta erat. Alii *internecinum*

scribunt: sed Festus ' internecivum'
dicit, et ita plerisque Marcellini locis
editum est. *Bong.*

§ 4 *Sicut, &c.*] Ita XIV. 4. 1. ' Prolatam, sicut erat catenatus, manum
ostendit.'

§ 5 *Obvers. &c.*] Saxo I. p. 18. f.
' Hadingo defunctæ conjugis species
per quietem obversata.'

§ 8 *Bellum Atheniensibus infert*]
Ejus meminit Paus. in Att. *Bongars.*
In Mss. legebatur *belli bellum Atheniensibus infert.* Unde auspicor Just. scripsisse *ardore bellandi, bellum A. i.* Voss.

§ 10 *Transitione militum destitutus*]
' Transfugiis nudatus,' inquit Tac.
II. 46. *Bern.*

CAP. III. § 2 *Agas*] Hic Pausaniæ
est Magas. *Bongars.* Atque ita legend. h. l. pridem monuit Paul. Leopard. Emend. XVII. 10. *Bern.* Ma-
gam quoque vocant Polyæn. et Athenæus. *Voss.* Optime Bongarsius *Magas.* De illo aliquid nuper, debui
certe, ad Aristippi versionem Galli-
cam ex Diog. Laërt. Liber editus
Lutetiæ est. *Faber.* Editur vulgo
Agas. Sed verum nomen regis fuisse
Magas, Leopard. Emend. XVII. 10.
et Voss. in Notis ad h. l. ex Paus.
Polyæn. et Athenæo docuerunt. Prima litera nominis occasione proxime
præcedentis M excidit: qualia sphal-
mata librariis perfamiliaria fuere.
Vorst. Recte Vorst. *Magas,* secutus
Vossium. *Schef.*

Filiam ad finienda, &c.] Fere sol-
lemne, principum discordias sopiri,
interveniente affinitate. Quomodo
Augustus ' reconciliatus post primam
discordiam Antonio, postulantibus
utriusque militibus, ut et necessitudine aliqua jungerentur, privignam
ejus Claudiam duxit uxorem:' Suet.
Aug. c. 62. *Bern.*

Filio ejus, &c.] Leg. ex Ms. *filio
ejus, qui vocatus est Callinicus.* Gron.

§ 4 *Fiducia pulchritudinis*] Propert.
III. 28. 1. ' Falsa est ista tua, mulier,

fiducia formæ, Olim oculis nimium
facta superba meis.' Aristænet. i.
Epist. 1. ὅσει τὸ κάλλος ἐστὶν ὑπερή-
φανον: ' Natura forma superbior esse

amat.' Bern.

§ 6 Comparantur] Ms. Voss. compo-
nuntur: quomodo i. 8. ' Compositis in
montibus insidiis.' Gron:

LIBER XXVII.

CAP. I. § 1 Mortuo] Nempe dolo
conjugis. Is enim est, de quo Plin.
VII. 12. m. et Val. IX. 14. Ext. l.
Hieronym. ad cap. 11. Daniel. Bern.

Rege Antiocho] Is Θεὸs dicebatur;
Appian. Σνριακῇ, qui eum ab uxore
Laudice interfectum scribit, quod do-
leret sibi adjunctam Berenicem, vel,
ut est in nostris Mss., Beronicem.
Bong.

Seleucus] Cognomento Callinicus,
h. e. egregius victor: quod cognomentum et Herculi tribuit cum Luciano Plutarchus, et Martyribus Zonaras. Nepos hic fuit Seleuci Nica-
noris, de quo Auctor XV. 4. 1. et alibi. Bern.

Hortante matre] Appian. Syriac. p.
130. f. ipsi matri hæc tribuit. An
hæc idem valent, et, quæ jubeas,
ipse fecisse putandus es? Quomodo
Tac. I. 6. Agrippam a tribuno confectum scribit, quem Suet. Tib. 22.
a centurione, sc. jussu tribuni. Id.

Auspicia regni a parricidio cœpit]
XXVI. 2. 2. ' Auspicia belli a parricidio incipientes.' Vor.

§ 2 Beronicen novercam suam] Scribend. cum Junt. Berenicen. Græcis
Βερενίκη. Græv. Junt. Berenicen, plane
convenienter Græco Βερενίκη. Sed
contendit tamen Bong. in notis ad
XXVI. 1. 8. Βερενίκην Latinis esse Beronicen. Vor.

§ 3 Maculam subiit] Cic. III. Off.
13. ' Vitiorum subire nomina:' et XI.

ad Att. 17. ' Odium subire.' Plin.
III. Ep. 9. ' Offensam subire.' Gron.

§ 4 Daphnæ] Daphne Stephano est
προαστεῖον τῆς ἐν Ἀντιοχείας μητροπό-
λεως. Strab. XVI. oppidum mediocre
dicit esse. Bongars. Situm ejus et
formam tradit Sozomenus V. 1. Bernecer. Daphne suburbanum fuit Antiochiæ, quæ et Epidaphnes inde dicitur. Nomen sine dubio inditum
fuit a Seleuco Nicanore. De hoc
enim XV. 4. 8. scribit Noster, quod
campos vicinos Antiochiæ Apollini
dicaverit. Huic autem, ut notum,
adamata Daphne fuit. Vor.

§ 5 Casum tam indignæ, &c.] Scrib.
c. indignum. Casus enim tanquam effectus fortunæ ponitur; Liv. XXX.
30. ' Hoc ludibrium casus edidit fortuna:' Cæs. VI. B. G. 35. ' Quantum
in bello fortuna possit, et quantos
afferat casus, cognosci potuit.' Vid.
Flor. II. 8. Gron.

CAP. II. § 2 In naufragii miseri-
cordiam, &c.] Cic. pro L. Manil. 9.
' Sic fieri solet,' inquit, ' ut regum
afflictæ fortunæ facile multorum opes
alliciant ad misericordiam.' Val. M.
V. 2. 2. ' Etiam, quos injuriæ invisos
faciunt, gratiosos miseriæ reddunt.'
Nam, ut inquit Sen. de Clem. II. 5.
' Misericordia non causam, sed fortu-
nam spectat.' Add. Liv. XLII. 63. 2.
Tac. XV. 44. 10. et H. II. 10. 6. Suet.
Cæs. 12. 1. Flor. III. 21. 17. Æschyl.
Suppl. 497. Flacc. Argon. VI. 74.

Berneccer. Lego *naufragi,* i. e. qui naufragium passus fuerat. *Faber.* Puto Just. *naufragi* scripsisse. Nam vulgatum durius est. *Schef.*

§ 4 *Damnis ditior*] Ita 'Marius clade major:' Flor. III. 21. 16. De Mithridate similia Noster XXXVII. 1. 8. *Bern.*

§ 5 *Quasi, &c.*] Saxo XIII. p. 247. 1. 'Tanquam ad l. f. reservatus.' *Comitatior*] Id. VII. p. 143. 5. 'Quo inferos c. peteret.' XIV. p. 314. 39. 'Cum Erlingus uno c. affuisset:' et paulo post: 'Condicto c.'

§ 6 *Inter fines Tauri montis*] Omnes Bong. Mss. habent *finem,* neque video quare debebat repudiari, cum de uno Tauro monte hic sit sermo. Tac. XVI. 15. 'Ostorius longinquis in agris apud finem Ligurum id temporis erat.' Add. Livii loca a Rhenano ibi laudata. *Schef.*

§ 8 *Accipitris ritu in alienis eripiendis vitam, &c.*] Corruptae voces integro sensu. Quid est enim *accipitris ritu in alienis eripiendis vitam sectari?* nisi hoc pro, sustentare, tolerare, positum sit. F. legi posset *ritum alienis erip. sectari,* ut *vitam* omittatur. *Freinsh. Accipitris ritu* dictum, ut 'pecudum ritu' ab ipso Cic. in Laelio. *In alienis eripiendis* dictum plene pro eo quod usitatius, alienis eripiendis; et hoc porro pro, aliena eripiendo: ut 'legendis nostris' a Cic. I. Off. pro, legendo nostra. Porro *vitam sectari* Gronov. esse putat pro, victum sectari: quomodo Ennius dicat, 'Nautisque mari quaerentibus vitam;' et Plautus Sticho de mustela quae murem cepit, 'Ut illa vitam hodie repperit sibi.' Et imposita voci significatio exemplo Graecae βίος, quae utrumque, et vitam, et victum, significat. Vid. librum de Pec. Vet. p. 280. Freinsh. *sectari vitam* dictum putat pro, tolerare vitam; atque ita vulgarem significationem vocis hic retinet. Sed XI. 15. tamen *vitam* de victu ipse quoque Freinsh. accipit;

ut ex Indice apparet. *Verst.* Alii aliter de h. l. judicant. Mihi videtur illud *ritu* glossatoris esse, natum f. ex seq. *vitam,* quod tanquam longius distans aliquis hic adscripserat. *Sectari vitam hominis* vel *hieracis* puto eleganter dici pro, tali modo vivere. Quomodo ap. Pacatum habemus sectam vitae principis, cap. 12. 'Sed, qui vitae tuae sectam cognoverit, fidei incunctanter accedat.' *Schef.*

§ 9 *Interea Ptolemaeus*] Codd. quidam Mss. teste Bong. additum habent *Euergetes:* idque recte judicio Gronovii IV. Obs. 10. id enim seriem Aegypti Syriaeque regum et temporum demonstrare. *Vor.*

Ne cum duobus uno tempore, &c.] Vid. Notam ad VI. 1. 2. *Bern.*

§ 10 *Interpellatur a fratre*] Belli inter Seleucum Callinicum et Antiochum Hieracem meminit Strab. XVI. *Bong.*

§ 11 *In ipsum Antiochum, &c.*] Cato IV. Orig. citante Agell. v. 21. 'Milites mercenarii compluries in imperatorem impetum fecere:' atque ita factum, quod e Vespis Aristophanis inter proverbia refertur, Ἐξηπάτησεν ἡ χάραξ τὴν ἄμπελον: 'Pedamentum vitem decepit.' Bene Liv. XXV. 33. 5. 'non ita credendum externis auxiliis' monet, 'ut non plus tui roboris tuarumque proprie virium in castris habeas.' Quod ipsum inculcat Veget. III. 1. fin. Imp. Leo Tactic. XX. 62. De Gallis auxiliaribus cum Annibale conspirantibus, et Romanos prodentibus, vid. Polyb. III. 66. et 67. Add. Liv. XLII. 31. 8. et XLIV. 26. 13. Nostr. IV. 2. 5. ibique notam. *Bern.*

CAP. III. § 1 *Interea rex Bithyniae Eumenes*] Regum Bithyniae originem et successionem leg. Strabonis lib. XIII. *Bongars.* Gronov. ut XVII. 2. 10. pro *Eumeni* legend. putat *Nicomedi,* ita et hic teste Graev. pro *Eumenes* supponend. *Nicomedes* existimat. Ego tamen, si quid erratum hic sit, non a librariis, sed ab ipso Auctore illud factum putem. *Eumenis* enim nomen non semel, sed ter in hoc cap. apparet. *Vorst.* Graviter hic hallucinatus est Justinus, nec potest emendatione juvari, ut et Vorst. vidit, et pluribus adstruit eruditiss. et amiciss. Perizonius in Animadv. Hist. 11. ubi ostendit nullum Eumenem fuisse inter Bithyniæ reges: Nicomedem vero nunquam cum Gallis pugnasse, sed contra, ipso adjuvante Gallos in Asiam primum pervenisse, et arctissimam cum eo societatem et amicitiam iniisse, et perpetuo deinceps servasse: nec illum æqualem fuisse Seleuco Callinico, et Antiocho Hieraci, de quibus hic agat Justinus, sed illorum avo Antiocho Soteri. Bithyniæ regem tam fuisse Zielam Nicomedis F. ut non solum ex temporum ratione, sed et Prologis librorum Trogi pateat. Nam in huj. lib. Prologo legi ex emendatione Valesii: ' Utque Galli Pergamo victi ab Attalo Zielam Bithynum occiderint.' Gallos itaque non cæsos esse a rege Bithyniæ, sed ab Attalo Pergami dynasta, de quo Liv. quoque XXXVIII. 16. Plurifariam igitur peccare Justinum, dum pro Attalo Eumenem decessorem illius nominat; deinde eum Bithyniæ regem et Bithynum dicit, cum Pergami dynastam deberet dicere. *Græv.*

Bello, &c.] Saxo XI. p. 213. 45. ' Ne regnum domesticæ atque intestinæ discordiæ bello corrumpat.'

Vacantem, &c.] Cf. locum Saxonis lib. XIV. landatum supra XI. 14. 6.

Victorem Antiochum, &c.] Ita fieri amat: et hoc ipso argumento dictator Albanus Tullo Rom. regi prælium dissuadens, ' Memor esto,' inquit, ' jam cum signum pugnæ dabis, has duas acies spectaculo fore, ut fessos confectosque simul victorem ac victum Etrusci [vicini potentes] aggrediantur.' Hinc præsagium Sallustii de excidio Imperii Romani (an ap-

tandum huic nostro seculo ?) in Orat. 1. ad Cæs. ' Ego sic existimo, quoniam orta omnia intereunt, qua tempestate urbi Romanæ fatum excidii adventarit, cives cum civibus manus conserturos: ita defessos et exsangues regi aut nationi prædæ futuros.' Add. XXXIX. 5. 5. *Bern.*

§ 4 *Sub specie sororiæ ultionis*] Quomodo et Mithridates XXXVIII. 1. 3. Vid. Notam IV. 3. 5. *Idem.*

§ 5 *Hinc Bithynus Eumenes*] Mss. Bong. habent *Bithynius*, cui adstipulantur vett. editi. Sed vulg. lect. retinenda. Steph. in *Βιθυνία*: Τὸ ἐθνικὸν, *Βιθυνός.* Juv. VII. ' Equitesque Bithyni.' Horat. I. C. 3. ' Carina Bithyna.' Pro *Eumenes* Gronov. vult *Nicomedes*, et exigit historiæ fides. At Vorst. hunc lapsum putat Justini, non librarii. *Schef.*

Humiliorum semper mercenaria manus] Nihili est lect. vulg. Nec enim humiliorum, sed superiorum mercenaria manus semper erant Galli, nunc horum, nunc illorum prosperam fortunam sequuti. Satis id indicant verba postrema capitis præc. Itaque legend. arbitror *horum omnium s. m. m.* Box.

§ 7 *Ad socerum suum Ariamenem*] Ms. habebat *Arimenem.* Puto verum esse *Ariamenem.* Nam Diodori Epit. habet 'Αριάμνης. Huj. Antiochi sororem Stratonicen uxorem duxerat Ariarathes, fil. Ariamenis. Socerum itaque ejus laxius vocat Justinus. *Voss.*

Provehitur] Scribo *perv.* Fab.

§ 8 *Salutem, &c.*] Saxo XVI. p. 383. 13. ' Celeritate pedum salutem quæsiturus.'

§ 10 *Sed Ptolemæus non tam amicus ei deditus, quam hostis factus*] Vid. num potius *dedito* sit legend. in dandi casu. *Glar.*

Sed Pt. non amici debito quam hostis factus] Ea est bonorum libr. scriptura, ex qua legend. arbitror *non amicus dedito quam hostis factus*, i. e. non tam amicus, &c. Similes locationes

notavi ad VI. 1. 4. *Bongars.* Quædam etiam ad XII. 8. 14. *Berneccer.*
Doctiss. Gronov. in *Obs.* suis ita
hunc l. emendabat, *non tam amicus
dedito, quam hostis fratri*: quod quidam codd. præferrent *non tam amicus
ei deditus.* Verum, nisi me animus
fallit, omnino pro *factus* scribend.
functus; hoc modo: *Ptolemæus non
amici debito, quam hostis functus, &c.*
Subintelligitur vero τὸ *tam.* Certo
certior hæc conjectura. *Voss.* Hæc
sunt contaminatissima, ut recte viderunt viri docti. Sed in Junt. optime legitur *non amicior dedito q. hosti
factus.* Quo nihil est verius. *Græv.*

*Non amicior dedito, quam hosti fac-
tus*] Antea quidem in Impressis ita
legebatur, *non amici debito q. hostis
factus:* quæ lect. corruptissima est,
et a nemine potest intelligi. Doctus
autem ille Gronovius, qui id facile
animadverteret, emendavit, ut est
ap. Voss. *non tam amicus dedito, quam
hostis fratri;* quod optimum est: sed
ed. Junt. quam nos quasi ducem hic
secuti sumus, longe melius id præsta-
bit quam conjectura, et certius. Quod
Grævii diligentiæ referri acceptum
debet, qui in Notis suis hoc monuit.
Faber. Ita hunc l. legend. esse ex ed.
Junt. docuit Grævius, cum viri docti
varias super eo conjecturas prodi-
dissent, quas recensere nihil attinet.
Deditus est pro eo qui dedidit se, ut
XXV. 5. 2. Et vult Auctor Ptolemæum non amiciorem factum fuisse Antiocho, cum is se dedidit, quam cum
hostis fuit. *Vorst.* *Non amicior dedito, quam hosti factus* ex Junt. Vorstius
volente Græv. recepit in textum.
Schef.

§ 11 *Familiarius*] Familiaritate sc.

illa turpi, nec dicenda. Similis verborum ' consuevisse' et ' solere' notio est. *Bern.*

§ 12 *Finitur*] Nihil ambigo scribend. *finit.* Sic enim et Græci τελευ-
τᾷ: et præter alios Tac. VI. 50. 16.
' Tiberius finivit,' h. e. mortuus est.
Neque tamen, non addicentibus libris, aliquid mutare sustineo. *Idem.*
Optimi libri editi juxta et manu
exarati *finitur.* Nec est quod cum
viro doctiss. rescribamus *finit.* Oraculum vetus ap. Cic. ex ejus versione: ' Euthynous potitur fatorum
munere leto; Sic fuit utilius finiri
ipsique tibique.' Sen. Ep. 74. ' Sive
illi senectus longa contigit, sive citra
senectutem finitus est.' Val. M. IX.
12. *Græv.* Bernecc. nihil ambigit
legend. esse *finit.* Sed *finitur* rectum est: loquunturque ita et alii.
Val. M. III. 2. Ext. 6. ' Suo judicio
finitus.' Et IX. 12. Ext. 4. ' Atro-
cius aliquanto Euripides finitus est.'
Vorst.

Germanis] Mallem *germani,* ut germanos fratres fuisse intelligat non
natura tantum, sed casibus etiam, et
fortuna. *Bongars.* Ingeniose et acu-
tissime sane Bongarsius, primus ille
Justini servator, *germani,* i. e. qui ita
fratres, ita germani fuerunt, ut ex
similitudine casuum et fortunarum,
quibus uterque conflictatus est, si
minus aliunde, facile tamen hinc posset probari. *Faber.* Distinctionem
puto supervacuam, et reddere locum
obscurum. Cohærent enim : Sic germanis casibus quasi fratres, i. e. ii,
quos non ratio nascendi solum, sed et
similitudo casuum fratres quasi fecerat. *Schef.*

LIBER XXVIII.

CAP. I. § 1 *Olympias Pyrrhi, &c.*]
In unico verbo, quod ipsum monosyl-
labum tantum est, ingens error. Crederes enim Olympiadem Pyrrhi filiam in fide et quasi in clientela Ætolorum fuisse, quod tamen minime
verum est. Sed ita res se habet.
Pyrrhus in partem prædæ communis
belli portionem Acarnaniæ acceperat. Nunc Ætoli, postquam Pyrrhus nullus est, eam esse suam postulant; quod ubi videt Olympias, cui
facile esset bellum præsentire, ad
Demetrium Macedoniæ regem confugit. Itaque isthuc *ab*, quod omnia
perturbat, delend. est. *Faber.*

Ab Ætolis] Mss. Bong. non agnoscunt illud *ab*. Et miror sane viros
doctos potuisse ferre. An enim ista
sensum habent convenientem, *ab Æ-
tolis decurrit ad regem Macedoniæ?* ubi
autem ap. Ætolos istos fuit, aut quo
fuit modo? Lect. verius. *Æ....erip.
vol....decurrit:* i. e. cum Ætoli vellent
eripere, eamque impeterent. *Schef.*

§ 2 *Ptiam*] Scribend. *Phthiam*, quomodo ap. Plut. in Pyrr. 1. vocatur
Pyrrhi mater. *Bongars.* Ms. *Bithi-
am.* Junt. *Pythiam.* Leg. *Phtiam*, uti
legend. docuit Bong. *Grav. Phthiam* scribend. Viderat Bong. *Faber.*
Editur vulgo *Ptiam.* Sed agnoscit
tamen Bong. legend. *Phthiam.* Et
juvant nonnihil edd. vett. quæ habent *Pithiam* vel *Pythiam.* Vor.

§ 6 *Qui soli quondam adversus Tro-
janos*] Strab. x. id ex Ephoro docet.
Bong.

CAP. II. § 1 *Ætoli legationem Romanorum superbe audivere*] De universa
natione Liv. VIII. 22. 9. 'Relatum a
Græcis, gente lingua magis strenua
quam factis, ferox responsum.' Hæc
istorum hominum natura in canes
quoque regionis ejus transgressa est.
Unde Gratius Cyneg. 186. 'At clan-

gore citat quos nondum conspicit
apros Ætola quæcunque canis de
stirpe (malignum Officium), sive illa
metus convitia rupit, Seu frustra nimius properat furor.' *Bern.*

Audivere] Mss. mei *audire.* Mod.

*A quibus tot bellis occidione cæsi
sint*] Junt. a q. *tot b. vexati, toties occ.
cæsi sint.* Sed hæc interpolata credo,
nec recedend. esse ab aliorum codd.
lectione. 'Bella' enim hic sunt, prælia, ut infinitis aliis in locis.' IX. 4.
'Bello consumptorum corpora sepulturæ reddidit.' Sed hæc obvia sunt.
Grav.

§ 2 *Prius illis portas adversus Carthaginienses aperiendas*] Hæc verba
ego non intelligo. Quid enim *aperire portas adversus aliquem?* Non,
contra aliquem, quia contra quem non
aperiuntur, sed clauduntur. Nec
etiam *aperire alicui*, quia, si Romani
portas aperuissent Carthaginiensibus,
hoc eis ad bellum contra Græcos
prodesse adeo non poterat, ut obfu-
isset potius. Nullam ergo habet cum
ceteris conjunctionem; sed inepti
glossatoris est, qui verba 'metus
belli Punici' explicaverat, intrusum
postea in textum loco alieno, ac
propterea delend. Sensus enim optimus sine illis: Aperiendas Romanis portas, i. e. efficiendum submotis
Pœnis s. Carthaginiensibus profliga-
tisque, ut aperire portas queant, nec
metu impetus hostilis claudere eas
cogantur. *Schef.*

§ 4 *Captamque non ferro defendisse*]
Etiam hoc ineptum. Quomodo enim
capta urbs defenditur ferro? Si capta, jam defensio est supervacua.
Plane igitur hoc *defendisse* glossa est
superioris 'tueri potuisse.' Et stat
per se 'captam redimere ferro' pro,
virtute recipere. *Id.*

§ 5. *Viribus*] Mss. mei *urbibus*, quo

pacto cum etiam legatur in Bong. Codd. non dubitem eam scripturam in context. recipere. *Mod.*

Urbibus] Non dubitavi hanc scripturam, et Fuldensibus et Bongarsii codicibus affirmatam, in context. recipere. Hactenus editi *viribus.* Berneccer. Junt. quoque cum Mss. Fuld. *urbibus.* Sed pro *proposuerant* legunt Juntæ *præp.* Græv. *Urbibus* in Mss. Modianis et quibusd. Bong. repertum. *Vor.*

§ 7 *Priusque sua defendenda*] Hiulca oratio est, et aliquid defit. Add. *quem aliena appetenda*: ex libb. impr. in quibus, mendose tamen, legitur *quam aliena (defendi) appetenda.* Illud *defendi* nullum hic l. habet. Cetera recte, et commode, ac necessario huc revocanda. *Faber.*

Priusque sua defendenda, quam aliena appetenda] Horum posteriora restitui ex antiquioribus typis expressis, qui habent una voce superflua, *quam al. defendi app.* Bong. et Bernecc. nescio qua de causa prorsus eliminarunt. *Idem.* Pulchre hunc l. ex vett. codd. doctissimi viri restituerunt, adstipulantibus duobus codd. Britannicis. *Græv.*

§ 8 *Pastores, qui latrocinio*] Hieron.'in Chronico, ' pastorum et latronum manum' dicit: inde forte Gallica dictio, *pastres*, pro latronibus. *Bongars.* De primordiis urbis: de raptu Sabinarum: de Remi cæde, Liv. i. et alii. *Bernec.*

10 *Fraterno sanguine*] Lucan. i. 95. ' Fraterno primi maduerunt sanguine muri.' *Bern.*

§ 11 *Ætolos autem, &c.*] Strab. ex Ephoro, x. p. 319. 14. Τοὺς Αἰτώλους ἔθνος εἶναι μηδεπώποτε γεγενημένον ὑφ' ἑτέροις, ἀλλὰ πάντα τὸν μνημονευόμενον χρόνον μεμενηκὸς ἀπόρθητον, ' propter locorum asperitatem, et difficilem aditum, et belli usum:' a quo, Homero μενεχάρμαι dicuntur. *Bongars.* H. e. prælium forti animo sustinentes. Il. ix. 525. *Bern.*

§ 12 *Nomen ejus horrerent*] Ov. ix. M. 440. de Minoë : ' Terruerat magnas ipso quoque nomine gentes.' Et i. Maccab. 8. 12. Καὶ, ὅσοι ἤκουον τὸ ὄνομα αὐτῶν, ἐφοβοῦντο ἀπ' αὐτῶν. *Gron.*

§ 14 *Epiri regni*] Del. *reg.* Faber. CAP. III. § 3 *Non magno post tempore*] Bong. testatur hæc in Mss. omissa esse. Nempe sequitur statim ' non diu,' quod id. est. Neque potest utrumque scripsisse Justinus, sed alterutrum necesse est ut sit glossatoris. *Schef.*

§ 4 *Laudamia*] Jan. Parrhasius de Rebus per Epistolam quæsitis, Epist. 41. nomen hoc, ut alia in Auctore plura, depravatum existimat, scribendumque *Deidamia.* Vid. notam ad xiv. 6. 4. *Bernec.* Parrhasius Ep. 48. legend. putat *Deidamia:* ut sit ead. de qua sup. xiv. 6. 4. dixit. Sed fallitur. Nam *Deidamia* filia fuit Æacidæ et soror Pyrrhi ; ut ex loco illo altero intelligitur : at *Laudamia*, quia soror Nereidis, filia Pyrrhi fuit. Scribit enim Paus. vi. Pyrrhi filiam Nereidem, cujus et Justinus paulo ante mentionem fecit, Hieronis regis Siciliæ filio Geloni nuptam fuisse. *Vorst.*

Siciliæ regis] Sc. Hieronis. De hoc ita Paus. vi. p. 365. 19. ' Fuit Hieroni cum Pyrrho Æacidæ filio hospitium prius, deinde affinitas, quod Pyrrhi filia Nereis ejus filio Geloni nupserat.' *Bern.*

§ 11 *Interjecto deinde tempore cum seditione, &c.*] Sic Avidius Cassius. Is, cum ingens seditio in exercitu exorta esset, processit nudus, campestri solo tectus, et, ' Percutite me,' inquit, ' si audetis, et corruptæ disciplinæ facinus addite.' Tunc, conquiescentibus cunctis, meruit timeri, quia non timuit, ut scribit Vulcatius Gallicanus in Avid. Cass. c. 4. respiciens, opinor, ad verba Lucani v. 316. de Cæsare: 'Stetit aggere fulti Cespitis, intrepidus vultu, meruitque timeri Nil metuens.' . Quomodo Menius etiam adversum seditiosos ' præsi-

dium ab audacia mutuatus est:' Tac.
1. 38. *Bern.*

Clausus in regia teneretur] ' Clausus'
est pro, claudens se, et ' teneretur'
pro, teneret se. Non enim ab aliis
clausum fuisse apparet ex eo quod
sequitur, ' in publicum sine satellitibus procedit.' Verba passiva poni
pro activis et pronomine reciproco
sexcentis exemplis ostendi potest.
Et facit observatio ea ad multa loca
auctorum rectius intelligenda. *Vorst.*

§ 12 *Qui aut imperare illis sciat*]
Sciat legend. puto ex antiquioribus
typis expressis; non, quod Bong. et
Bernecc. edidere, *nesciat.* Apparet
autem εἰρωνικῶς ab Antigono id dictum esse. *Id.*

Qui aut imperare illis nesciat] Cur
qui nesciat? An hoc modo melius sibi
consulturi erant Macedones? Contrarium videtur verum, et ideo in
impr. quodam legitur *sciat.* Ex quo
ipso tamen, quod contraria reperiuntur, suspicor, scripsisse neutrum Justinum, sed esse glossatoris, qui illud
ex seq. 'sciant' post 'imperare illis'
ostendebat intelligend. Locus ita debet habere: *qui aut imperare illis, aut
cui parere ipsi sciant.* Schef.

§ 15 *Quorum si illos pœniteat*] I. e.
quæ si parum et non sufficere ipsis
videantur: ut in illo Cic. VI. Fam. 1.
' Suæ quemque fortunæ maxime pœ-
nitet.' Vid. et Gifanii Obs. L. L.
Vorst.

Deponere imperium] Scribo *dep. se
imp.* Faber. Ingenio Fabri applau-
dit Juntina, in qua *se* legitur recte.
Grav.

Ipsi regem quærant] Vett. omnes
quia: f. *quare reg. q.* Bongars. Rex
igitur Antigonus: quod negare videtur Livius XL. 54. 8. *Bernec.* Mss.
habebant *quia* pro *ipsi.* Noli dubitare, quin Just. scripserit *quia.* Voss.
Testatur Bong. in Mss. omnibus reperiri *quia.* Miror, quod non sequi
voluerit hanc consensum, cum sententia longe sit melior, quam quæ in

vulgatis. Hoc enim aiebat Antigonus: Quia vos quæritis Regem, sicut
video, non qui imperet vobis, sed cui
imperetis vos, ideo nolo ego esse rex
vester, sed depono imperium, liben-
terque reddo vobis vestrum munus.
Schef. Quia est etiam ap. Junt. *Grav.*

CAP. IV. § 1 *Bellum Spartanis infert*] Vid. Plut. in Cleomene et Arato,
et Paus. Corinth. *Bong.*

§ 3 *Magno animo*] Ex præcepto
Periclis ap. Thucyd. II. 11. 23. ' Oportet divinitus immissa, necessario; ab
hostibus illata, forti animo pati.' *Ber.*

§ 4 *Saluti pepercit*] 'Saluti,' suæ
puta. Et ' salus' pro, vita, est, ut
sæpe. *Vorst.*

§ 5 *Patentibus*] Ita ex uno Ms. legendum: ceteri *Pet.* Tac. IV. 63.
' Ceterum sub recentem cladem pa-
tuere procerum domus, fomenta et
medici passim præbiti.' *Bongars.* Sic
Liv. II. 47. 16. *Bern.*

§ 6 *Inter hæc nullus*] Hoc *Int. h.*
videtur ex seqq. huc translatum. Nullus certe sensus aptus ei h. loco, multoque elegantius abest. Cum præsertim verisimile haud sit, Justinum
id. bis eod. pæne l. voluisse repetere,
modo penitus ingrato. *Schef.*

Magisque omnes publicam, &c.] Nec
immerito. Rationem reddit Liv. XXVI.
36. 9. ' Respublica incolumis etiam
privatas res facile salvas præstat:
publica prodendo, tua nequicquam
serves.' Ita Cæsar ap. Dion. XXXVIII.
' Privatim quidem nemo omnium ita
potest lætis rebus uti, ut non idem
cum Republ. corruente pereat: at
Respubl. si prospero successu utatur,
etiam privatorum omnes calamitates
potest sublevare.' Add. Thucyd. II.
11. 2. Sall. Cat. 52. 5. Cic. ad Att.
I. 17. fin. et pro L. Manil. 7. *Bernec.*
Copulam omittunt Juntæ. Efficacius
sane hic abest, ut in præcedd. *Grav.*

§ 7 *Cleomenes rex*] Tyrannum vocat Liv. XXXIV. 26. 9. et 28. 1. Paus.
p. 501. 10. *Bern.*

§ 9 *Acclinis*] Impr. ceteri *acclivis,*

quomodo sæplus hæc vox depravatur, cum *acclivis* proprie de inanimatis, *acclinis* de animatis dicatur, ut placet Ob. Gifanio in Obs. L. L. Virgil. Æn. x. 835. ' Arboris acclinis trunco.' Tac. xiii. 16. ' Ille ut erat reclinis et nescio similis.' *Bern.*

Hortatur, ut se ad meliora, &c.] Legend. videtur *hortatus, ut se ad m. r. t. reservarent, cum conjuge, et, &c.* Gron.

Ut se ad meliora, &c.] Hoc ipsum Leonidas suos hortatur sup. ii. 11. 5. itemque rex Agis suos, ap. Diod. xvii. 63. Antigonus rex aliquando cedens hostibus imminentibus, ' non se fugere' dixit: ' sed opportunitatem a tergo sitam persequi.' Plut. Apoph. 48. et Stob. Serm. 52. *Bern.*

§ 10 *Dignatione*] I. e. dignitate. Utitur Tacitus passim, Cic. ad Att. x. 10. Curt. Sen. alii. Cleomenem autem sibi ipsi attulisse manus Paus. et Plut. sunt auctores. *Bongars.* Vidend. omnino Casaub. ad Suet. Cæs. 4. 2. *Bernec.* Antiquiores typis expr. *dignitate.* Sed Bong. e Mss. credo, rescripsit *dignatione.* Sed ipsum tamen hoc quoque pro dignitate positum Bong. existimat. At Freinsh. *dignationem* hic pro gratia positam putat; et intelligi hoc ex eo quod additum est ' regis,' Ptolemæi puta. Et sane ita est: Ptolemæus honore dignatus est Cleomenem, ipsiusque Ptolemæi ea dignatio fuit. Et in ipsa illa regis Ptolemæi dignatione fuisse dicitur Cleomenes, quod eand. expertus est. Ponitur tamen *dignatio* pro ipsa quoque dignitate: Cic. x. ad Att. 10. ' Etsi meus quidem [animus] est fortior, eoque ipso vehementius commovet, nec quidquam nisi de dignatione laborat.' Festus: ' Maximæ dignationis Flamen Dialis est.' *Vorst.* Bong. *dignatione.* Vett. *dignitate:* quod ex glossa natum videtur. Quanquam *dignatio* potius sit, gratia, Freinshemio interprete, h. l. *Schef.* Hegesipp. i. 34. ' Qua dignatione

Cæsaris invitatus Alexander.' Saxo vi. p. 115. 27. ' Videns autem Stercatherus eos, qui Frothonem oppresserant, in summa regis dign. versari.' Add. notam Stephanii ad i. p. 13. 8.

§ 11 *Interficitur*] Polyb. v. 39. de Cleomene et conjuratis scribit: Προσήνεγκαν αὐτοῖς τὰς χεῖρας ἐμψύχως τῶν καὶ Λακωνικῶς. Κλεομένης μὲν οὖν οὗτω μετήλλαξε τὸν βίον.

§ 12 *Antigonus, &c.*] Propterea Energetes, et post mortem Soter cognominatus fuit, teste Polyb. v. 9. Ἀντίγονος ἐκ παρατάξεως νικήσας μάχῃ Κλεομένην, φυγαδεύσας τὸν βασιλέα, τῶν Λακεδαιμονίων ἐγκρατὴς ἐγένετο καὶ τῆς Σπάρτης, αὐτός τε ἂν κύριος, ὃ βούλοιτο, χρῆσθαι καὶ τῇ πόλει καὶ τοῖς ἐμπολιτευομένοις, τοσοῦτον ἀπεῖχε τοῦ κακῶς ποιεῖν τοὺς γεγονότας ὑποχειρίους, ὥστ' ἐκ τῶν ἐναντίων ἀποδοὺς τὸ πάτριον πολίτευμα, καὶ τὴν ἐλευθερίαν, καὶ τῶν μεγίστων ἀγαθῶν αἴτιος γενόμενος καὶ κοινῇ καὶ κατ' ἰδίαν Λακεδαιμονίοις, οὕτως εἰς τὴν οἰκείαν ἀπηλλάγη. τοιγαροῦν οὐ μόνον ἐκρίθη παρ' αὐτὸν τὸν καιρὸν Εὐεργέτης, ἀλλὰ καὶ, μεταλλάξας, Σωτήρ. οὐδὲ παρὰ μόνοις Λακεδαιμονίοις ἀλλὰ παρὰ τοῖς Ἕλλησιν ἀθανάτου τέτευχε τιμῆς καὶ δόξης ἐπὶ τοῖς προειρημένοις. Φυγαδεύσας h. l. abundare videtur, idemque abest a Ms. Med. et ap. Suid. v. Ἀντίγονος. Pro ὥστ' ἐκ iid. atque cod. Augustanus dant ὡς ἐκ. Pro πάτριον ap. Suid. est πατρικόν. At præferend. prius. Auctor ii. Maccab. 7. 37. Ἐγὼ δὲ σῶμα καὶ ψυχὴν προδίδωμι περὶ τῶν πατρίων νόμων. Ælian. vii. V. H. 19. Κατὰ τὸ πάτριον αὐτοῖς ἔθος. Thomas Mag. Πατρῷα, τὰ ἐκ πατέρων εἰς υἱοὺς χωροῦντα· καὶ πατρῷοι φίλοι· πάτρια δὲ, τὰ τῆς πόλεως ἔθη.

§ 13 *Omnis ira ejus*] An hoc *ejus* glossa est? Justinus sane videtur *sua* pro eo fuisse scripturus, maxime cum præcedat ' se.' Nam alias interdum alterum pro altero poni, non plane inusitatum. *Schef.*

§ 14 *Proderetur*] H. e. memoriæ proderetur, ut plenius loquitur Anctot XII. 6. 17. 'Posteris prodi' est Plinio Paneg. 75. *Bern.*

§ 15 *Parcere se solo urbis ac tectis*] Flor. IV. 12. 81. 'Cum in captam urbem Lanciam faces poscerentur, ægre dux impetravit, ut victoriæ Romanæ stans potius esset, quam incensa monumentum.' Sulp. Severus II. Hist. Sacræ: Deliberante Tito, an urbe capta templum Hierosolymita-

num everteretur, nonnullis visum est 'ædem sacratam ultra omnia mortalia illustrem non debere deleri, quæ servata modestiæ Romanæ testimonium, diruta perennem crudelitatis notam præberet.' *Bern.*

§ 16 *Decedit*] De morte Antigoni variantes sententias refert Plut. in Ag. et Cleom. 42. *Id.*

LIBER XXIX.

CAP. I. § 3 *Interfecto Seleuco*] Callinici fil. qui pharmaco ab amicis sublatus est, relicto fratre Antiocho successore, qui Magnus dictus est. Appian. Syriaca. *Bong.*

§ 5 *Philopator*] H. e. parentis amans, per antiphrasin. *Bernec.* Junt. *Philopatori.* Quæ syntaxis nostris temporibus inusitatior, ideoque a sciolis mutata, Veteribus perfamiliaris fuit. Plaut. Prolog. Rudent. 'Nomen Arcturo est mihi.' In Trinum. II. 2. 'Lesbonico est nomen.' In Prol. ejusd. Fab. 'Huic nomen Græce est Thesauro fabulæ.' Ib. 'Nomen Trinummo fecit.' Menechm. I. 1. 'Nomen fecit Peniculo mihi.' Plura cum ap. hunc, tum alios optimæ notæ scriptores exempla sunt in promptu. *Grav.* Junt. *Philopatori.* Latinissime. *Fab.*

§ 7 *Ætate immatura*] Minor 25. annis, cum 9. annos natus odium Romanorum patri jurasset. *Probus. Bong.*

Sciebant. Fatale, &c.] Del. τελεϊον ορογμον, et distingue hoc modo, *sciebant, fatale, &c.* Ut hæc dicantur per appositionem. *Gron.*

Fatale n. t. R. q. i. A. m.] Ead. verba extant ap. Matthæum Westmonast. Æt. v. 14.

§ 8 *His regibus pueris*] Potest defendi hæc lectio, quia in verbo 'eni-

tuit' est præpositio, quæ hic intelligenda, quia item Virgil. sic loquitur IV. Æn. ubi ait: 'Tantum egregio decus enitet ore.' Mihi tamen Justinus videtur scripsisse *In his regibus*, præp. vero *In* esse interceptam per litteram *m*, quæ proxime præcedit. Certe durior est ellipsis, quam ut ceteræ consuetudini scribendi, quæ est ap. Nostrum, respondeat. *Schef.*

In suorum quisque majorum vestigia intentis] Cassiod. IX. Var. Ep. 1. 'Magnus verecundiæ stimulus est laus parentum; dum illis non patimur esse impares, quos gaudemus auctores.' Nazarius Paneg. Constant. 2. 'Rapitur ad similitudinem suorum excellens quæque natura: nec sensim ac lente judicium promit boni, quum involucra infantiæ vividum rupit ingenium.' Imp. Julianus in Misopog. 'Quemadmodum in plantis verisimile est diffundi qualitates quam latissime, ac fortasse in totam similia nasci, quæ gignuntur, iis, quibus orta sunt: sic etiam in hominibus credibile est, nepotum mores avitis affines esse.' Add. inf. XLII. 2. 3. *Bernec.* Suspicor legend. *tamen in iis, in suorum quisque majorum vestigia intentis.* Gronov. H. l. *quisque* vitium est orationis; scribend. vel *cuique*, vel *queisque*, vel *cujusque.* Libera optio datur.

Mox pro *intentis* in Junt. est *nitenti-*
bus: quam ego lect. huic anteponam
libentissime. *Faber.* Junt. *in suorum*
quibusque majorum vestigia nitentibus.
Acute hic quoque doctiss. Faber vidit
quisque corruptum esse. Angli supposuerunt *cujusque.* Sed sequor Junt.
In priore mearum notarum editione
typographorum vitio scriptum quoque fuit in Juntina etiam legi *quisque,*
cum tamen in illa habeatur *quibusque.*
In codd. autem antiquis *quisque* scriptum fuit pro *quisque.* Græv. Junt.
vestigia nitentibus. Sic Ovid. 'Niti
in aëra.' *Schef.*

CAP. II. § 1 *Demetrius*] De quo
Appian. in Illyr. Polyb. Liv. Fuit
autem L. Æmilius Paulus consul
cum M. Livio Salinatore. *Bongars.*
Vid. Dion. ap. Vales. 593. *Bern.*

§ 2 *Imperium spe improba totius orbis*
amplexi] 'Avida ulteriorum semper
gens Romana:' Liv. IX. 28. 6. 'Mithridates elatus animis ingentibus,
Asiæ totius, et si posset Europæ cupiditate flagrabat:' Flor. III. 5. 5. 'Antiochus rex, secunda fortuna ac potentia elatus, Orbis terræ imperio
adjecit oculos:' Plut. in Flamin. 15.
Quod ipsum Alexandrum quoque conatum esse tradit Id. Orat. I. de Fort.
Alex. 11. Atque adeo in universum
'hic mortalibus mos est, ex magnis
majora capiendi:' Sen. Benef. III. 3.
Idem. Ita XXII. 7. 'Qui spe improba regnum totius Africæ amplexus.'
Saxo II. p. 22. 4. 'Frotho spe orientis imperium complexus.' X. p. 202.
f. 'Haraldus spe improba totius An-
gliæ regnum complexus.' Add. XIV.
p. 264. 32. et p. 337. 32.

Spe improba] H. e. impudente,
nimis avida et audace: Flor. III. 10.
32. 'Improba classis, naufragio castigata.' Auson. Ep. XI. 'Palmes audacior in hibernas adhuc auras impro-
bum germen agit.' Martial. VIII.
24. 'Improba non fuerit si mea charta, dato.' Sic quod ap. Homer. Od.
XI. 597. est ἀναιδὴς (impudens) illud

est 'improbus' ap. Virgil. Æn. XII.
687. Sicut 'probus' ap. Festum,
quasi 'prohibus,' qui se a delinquendo
prohibet, sic 'improbus,' qui non
inhibetur, ἀπαρόδωτος. Isidor. X.
'Improbus dictus, quod instat etiam
prohibenti.' Cui respondet vernaculum ungehalten, quod tamen in
malam partem sumitur, illud etiam
in bonam. Virgil. G. I. 145. 'Labor
omnia vincit improbus.' Quod id.
fere cum isto Petronii: 'Nihil est
tam arduum, quod non improbitas
extorqueat.' *Bern.*

Bellum cum omnibus regibus gerant]
Ita Mithridates: 'Romani omnia non
serva, et maxime regna, hostilia ducunt:' Sall. Hist. IV. Sic Perseus
ap. Liv. XLIV. 24. *Id.*

§ 5 *Promptius*] Existimat Freinsh.
legend. *proximius.* Facit præcedens
versiculus. *Bernec.* Loquitur de Macedonia. In Impressis est *propius.*
Freinsh. autem emendabat, *proximius,*
quod id. est. Dices: Quid tandem?
Macedonia, quæ supra Thessaliam
est, eritne Italiæ propior quam ceteræ
Græciæ partes meridionales? Erit,
inquam, quia Macedonia quodammodo limen Italiæ est ad mare Ionium,
utpote Epiro contermina. Fateor
cap. 3. hujusce lib. Macedoniam dici
remotiorem. Sed, cum eo perveneri-
mus, locum illum esse vitiatum osten-
demus. *Faber.* In Ms. erat *proprius.*
Malim *propius,* ut quoque est in Vett.
edit. *Voss. Propius* antiquiores sane
typis expr. habent: placetque idem
Vossio. Convenientius tamen nunc
videtur quod substituit Bongarsius,
τὸ *promtius* puta; etsi, unde id hau-
serit, non profiteatur. *Vorst.* Bong.
promptius. Sed *promptum regnum* an
Latine dicatur, ignoro, nec invenio
exemplum. In Mss. legitur *proprius,*
quod suspicor esse compendium vocabuli *prosperius.* Eleganter *prosperum*
regnum Philippi appellat, propter sum-
motos hostes et virium incrementa.
Et rectius prosperitas illa fingebatur

suspecta Romanis ac invisa, quam
quantacunque promtitudo. Ut vix
dubitare possim, ita scripsisse Justinum. *Propius* maluerunt alii, de quibus Vorstius. *Schef.*

§ 6 *Gratius habiturus*] F. *gratius ha-
biturum.* Gronov. Mss. habent *gratias,*
quod rectius videtur. Nam illud
gratius comparative potest intelligi
de eo, quod minus est ingratum. At
hoc non convenit ceteris huj. loci,
aut sententiæ Demetrii. Hoc dicit
potius, se non modo donare illi hoc
regnum, sed insuper et acturum esse
gratias, si id ereptum Romanis possit
videre. *Schef.*

§ 8 *Ne eodem tempore, &c.*] Sup. Not.
VI. 1. 2. et Livius XXIX. 30. 11.
Bern.

Multis bellis detineretur] Magis probem *dist.* In quibusd. impress. tamen legas *gravaretur,* quod et ipsum
non malum est, et a manu Justini esse
crediderim, ita ut illud *det.* sit illius
glossema. Unde enim tanta discrepantia scripturæ nata esset? *Faber.*
Junt. *ne multis bellis eod. t. gravaretur.*
Sed præstat cum Fabro *distineretur.*
Sic et legend. XXXI. 1. 'Ne uno
tempore duplici bello Romanæ vires
distinerentur,' h. e. distraherentur.
Aliud est ' detineri,' aliud ' distineri.'
Detinemur longo bello aut obsidione,
distinemur duobus pluribusve bellis.
Græv.

CAP. III. § 2 *Omnia illa levia fuisse*]
Ita habent disertim etiam Mss. mei,
ut verum fatear : labor tamen ut vulgatam olim scripturam recipiendam
videri censeam, *sed omnia illa ludum
fuisse,* ut dixit in Eunucho sua II. 3. 7.
Terentius : ' Ludum jocumque Dices
fuisse illum alterum, præut hujus
rabies quæ dabit.' *Mod.* Nobis *levia*
præ comico illo placet. *Bernec.* Merito Modius probavit veterum edd.
lectionem, quam et Junt. præ se fert:
omnia illa ludum fuisse: et pluribus
asseruit Gronovius Obs. IV. 10. ex
Cic. Liv. aliis. *Græv.* In aliis Impr.

præsertim in Junt. legitur *omnia illa
ludum fuisse,* quæ veriss. lect. est ;
eaque, nisi jam a Gronov. probata
esset, exemplis Græcorum et Latinorum probaretur. *Faber. Ludum* habent antiquiores typis expr. interque
ceteros Juntinus quoque teste Græv.
Sed Bong. pro eo substituit *levia:*
placetque idem et Berneccero; quod
vox ' ludi' in talibus a solis Comicis
usurpata ipsi videatur. Locuti tamen ita et Cic. ut pro Flacc. ' Quibus
jusjurandum jocus est, testimonium
ludus.' Item Liv. XXXVIII. ' Næ tibi,
P. Corneli, cum ex alto Africam con-
spexeris, ludus et jocus fuisse Hispaniæ tuæ videbantur.' Et Val. M. v. 1.
' Nisi vinum nos defecisset, ista quæ
tibi relata sunt, præ iis quæ de te
locuturi eramus, lusus ac jocus fuissent.' Illud *levia,* quod in quibusd.
codd. Mss. Justini est, habend. pro
interpretamento, quod ex marg. in
textum irrepserit. *Vorst.* Saresb. VII.
25. p. 520. ' Illa, quæ tibi relata
sunt, præ his, quæ dixeramus, ludus
ac jocus fuissent.'

In Italia concurrat] Mss. *Italiam con-
cursat.* Leg. *Italiam concutiat.* Gron.

§ 4 *Feros igitur animos, &c.*] Hoc
ad illam notam pertinebit, quæ est ad
cap. 2. scripta. Sic autem dico, Macedoniam non modo non remotiorem
esse, sed et propiorem. Nonne Dyrrhachium Macedoniæ urbs est in
conspectu Italiæ? Nonne Apollonia? At utraque urbs navium Romanarum appulsus s. portus erant.
Nonne ibi et Aulon? Itaque non
remotior ; nam et ex Virgil. et historia veteri facile conjicias non totas
6. horas illius freti trajectum postulare. Ergo hic legend. *promptior,*
i. e. animosior, fortior, &c. *Fab.*

§ 8 *Vetus Macedonum devicti Orientis gloria*] Junt. et aliæ vetustæ edd.
vetus Macedonum virtus, quod, cum et
Angli in optimo cod. repererunt, merito cum illis recipio. *Græv.* Antiquiores edd. una voce pleniores sic

habent, *vetus Macedonum virtus et devicti Or. gl.* Vor.

CAP. IV. § 2 *Legatum deinde ad Annibalem*] Vid. Liv. XXIII. 31. qui in vincula conditos Philippi legatos scribit. *Bong.*

Incolumis dimissus, non in honorem regis] De Xenophane Philippi legato ac suis Liv. XXIII. ita ait: ' Captivis in vincula conditis, comitibusque eorum sub hasta venditis :' &c. De dimissione eorum nihil : sed id variatum puto in historia, quia Xenophanes paulo ante M. Valerium, in cujus manus inciderat, deceperat. *Glar.*

§ 4 *Lavinum prætorem*] M. Valerius Lævinus prætor M. Marcello et Q. Fabio Maximo Coss. a Romanis, precibus Apolloniatum, contra Philippum missus. Liv. XXIV. 40. *Bong.*

§ 8 *Nec non et ab Illyriorum rege lateri ejus inhærentes*] In verbo *hærentes* amphibolon est. Num *hærentes lateri regis Illyricorum*, an *hærente* legendum? ut sit sensus : Exigebant promissa ab Illyriorum rege Demetrio, hærenti lateri ejus, sc. Philippi. Quippe qui Demetrius in bellum Romanum Philippum impulerat. Sed *hærentes* malim de civitatum legatis intelligere. *Glarean.* Junt. rectius *nec non Ill. rex, l. e. hærens, ass. pr. pr. exigebat.* Sane unius Demetrii meminit in cap. 2. qui Philippum in bella Romanorum impulerit. Junt. secuti sunt Angli. Paulo ante : ' juncta cum rege Attalo societate.' Junt. *inita cum r. A. s.* Græv. Optime Junt. Neque enim plures, solus Demetrius erat. *Faber.* Mirum quinam plures illi Illyriorum reges fuerint, qui Philippi lateri hæserunt. Paulo ante sane unus tantum Illyriorum rex memoratur, qui Philippum in bellum Romanorum impulerit, nomine Demetrius. Cui plane convenienter Junt. et hic habet numero singulari. *Vorst.* Recte illud *reges* suspectum habent, cum Illyrii non habuerint, nisi regem unum, Demetrium. Nec tamen con-

cesserim, lect. veram esse ed. Juntinæ, tot mutantis vocabula, quæ in codd. Mss. aliis leguntur, et, pro *reges, rex;* pro *hærentes, hærens;* pro *exigebant, exigebat* præferentis. Potius emendatoris alicujus ista sunt quam Justini. Ipsum puto *Illyriorum legationes* scripsisse, verum τὸ *legationes* postea contracte formatum in *leges*, quod cum scribæ nullum videretur habere sensum, qui codicem istum tractabat, ex eo fecisse *reges.* *Schef.*

§ 9 *Non quia facere posset, &c.*] Liv. XXXI. 46. 4. ' Ætoli cum spe magis, Romanis omnia pollicentibus, quam cum auxilio dimissi.' Et XXXIV. 12. 2. Cato auxilia rogantibus ' sociis spem pro re ostentandam censet; sæpe vana pro veris, maxime in bello, valuisse; et credentem se aliquid auxilii habere, perinde atque haberet, ipsa fiducia, et sperando, atque audendo servatum.' Add. eund. XXXIV. 59. 6. et Tac. H. III. 25. *Bern.*

§ 10 *Absentiam ejus aucupantes*] Cic. pro Flacc. 39. ' Cur epistolis et sororis et matris imbecillitatem aucupatur ?' *Gron.* Lactant. de Mort. Persec. 9. ' Ancupans exitus rerum.' Hegesipp. I. 9. ' Ejus absentiam aucupatus Alexander.' Saxo III. p. 51. 43. ' Rerum occasiones aucupor.' XIV. p. 287. 46. ' Opportunitatem occupandæ gentis aucupatus.' *Imminere* etiam ead. notione occurrit ap. eund. VII. p. 123. 1. ' Circumpositis imminere provinciis:' ubi vid. Stephanium : et XIII. p. 230. f. ' Danis infatigabiliter imminens.'

§ 11 *Pacem facit*] Publio Sempronio in provincia proconsule : Liv. XXIX. 12. *Bern.*

Contentus interim bellum Macedonicum distulisse] Contra mentem Auctoris hæc sunt; et contra libros etiam omnes notæ melioris, in quibus est *contentis*: recte : de Romanis enim hæc accipienda, non de Philippo : qui Romani cum distinerentur bello Punico secundo, etsi injurias sibi illatas a Philippo putabant, tamen satisfieri sibi passi sunt, ne ille quoque ad Annibalem hostis accederet; in tempore et per occasionem de Macedonum rege vindictam sumpturi. Porro etiam ultima huj. lib. sic, si mei judicii res sit, legerim: *Quibus illi cognitis vitatisque, desciscere ab eo Achæos auctoritate sua cogit:* quomodo fere etiam suos Mss. habere Bong. fatetur. *Med.*

Contentis] Ita scripsi de sententia Modii, ipsiusque in variantibus Bongarsii, ex fide Mss. omnium notæ melioris: cum edd. quas viderim omnes *contentus* habeant, contra mentem Auctoris. De Romanis enim hæc accipienda, non [&c. ad usque 'sumpturi :' vid. sup.] *Bern.*

Discedere] Modius *desciscere* mavult, quomodo e Mss. Bong. unus habet. *Idem.*

LIBER XXX.

Cap. I. § 2 *Adjuncta*] Parum abfuit quin Mss. omnium lectionem, *adstructa*, in contextum admiserim; quam vocem Nostro supra quoque XXIII. 3. 12. ex bonis auctoribus adstruximus. *Berneccer.* Quoniam Mss. quidam, ut Bong. testatur, pro *adjuncta* habent *adstructa*, genuinum hoc ipsum judico; quia enim rarius hoc quam illud est, non verisimile est a librariis id profectum esse. Plin. Paneg. 'Sibi accrescere putat quod cuique adstruatur.' Item: 'Nihil felicitati suæ putat adstrui posse.' Vid. et Nostr. XXIII. 3. 12. *Vor.*

Regis mores omnis secuta, &c.] Cic. Fam. I. 9. ex Plat. IV. de Leg. hoc dictum refert: 'Quales in repub. Principes essent, tales reliquos solere esse cives.' Cujus dicti veritatem pluribus et testimoniis et exemplis confirmat Gruter. Diss. VI. ad Tac. *Bern.*

Omnis secuta regia] Præfero quod impr. quidam habent, *regio.* Sane, quod subjicitur de exercitu omni, non ad *regiam*, sed *regionem* pertinet. *Schef.*

§ 4 *Antiochus rex Syriæ*] Appian. Syr. D. Hieron. in Daniel. XI. *Bong.*

§ 7 *Materiam, &c.*] Saxo VII. p.

143. 6. 'Futuræ cladis materiam ultronea belli instructione molitus.' XIV. p. 358. 52. 'Cum neque trahendi diutius belli materiam circumspiceret,' et p. 359. 44. 'Sclavos nusquam dilabendi materiam habituros.' Sup. XXII. 4. 8. ex Periz. 'Invenisse se victoriæ materiam.'

Agathocliæ] Meminit Plut. in Erotico 10. Vulgo *Agathocleæ:* quomodo habet et Hieron. in Daniel. *Bong.* Quomodo promiscue *Darius* et *Dareus*, *Media* et *Medea* in Mss. invenias. Nam ε Græcorum utralibet vocali Latinis effertur. *Bern.*

§ 8 *Majestatis oblitus*] Ov. M. II. 846. 'Non bene conveniunt, nec eadem sede morantur, Majestas et amor.' *Id.*

§ 9 *Crepundia*] Vulg. *tripudia:* lect. veterem in tanto librorum consensu si non amplectar, impudens sim. Nimis basilicum est, et Alexandreum, quod solvere non possis, rescindere. *Crepundia* videntur his esse κρόταλα, crepitacula, sistra Ægyptiaca, crotala, quibus in saltationibus utebantur Veteres, maxime orientales populi: ut ap. Maronem Syra, 'Crispum sub crotalo docta movere latus.' *Crepundia* Plauto Mil.

Gl. v. 1. 6. sunt instrumenta puerilia:
' Ut faciam quasi puero in collo pen-
deant crepundia.' Martial. Apophor.
Ep. 54. ' crepitacula' vocat. Vulg.
lect. confirmari potest loco Sallustii,
qui est in Cat. 26. 3. ' Psallere, sal-
tare elegantius quam necesse est pro-
bæ; multa alia, quæ sunt instrumenta luxuriæ. Sed ei cariora quam decus atque pudicitia semper omnia
fuere.' Ita in Mss. libris Sallustii
legi. Bongars. Vidend. omnino Scaliger p. 255. Comment. in Copam incerti Autoris, quæ extat in Append.
Virgil. itemque notata ad Suet. Calig.
54. 4. Bern.
§ 10 Hæc primo laborantis regiæ tacita pestes et occulta fuerunt] F. Ha.
XVIII. 3. ' Is primum aliis videri furor :' ubi etiam vulgo editur Id.
Gronov. Ms. Juntæ cum aliis vett.
ed. Hæc primo labentis regia tacita
pestis et occulta mala fuerunt. Leg.
Hæc prima labantis. Labans regia est,
minans ruinam. Sic ' labans disciplina' Liv. I. 30. Græv. Hæc inertia
sunt et languida, atque, ut optnor,
mutila. In Impr. et in uno Ms. est
et occulta mala fuere. sed mala glossema est alicuj. vocis, quæ hinc effinx-
erit, ut solet. Ratio est, quia pestes
est aliquid validius multo et vehementius quam mala, quod et tenue est
et debile. Credo Just. scripsisse et
occulta venena fuere. Fab.
Tacitæ pestes et occultæ] Synonymia
prorsus otiosa. Impr. quidam habent et occulta mala, una voce auctius.
Sed et hoc suspectum. Cur enim
pestibus mala subjiciat? Puto plane
verba et occulta mala irrepsisse in textum ex glossa, qua quis illas ' tacitas
pestes' explicare voluerat. Schef.
CAP. II. § 2 Accedebat et mater]
Videtur convenientius, quod habetur
in Ms. quodam, Accendebat, ut referatur ad illam meretricis audaciam, de
qua præcessit. Certe illud accedebat
non satis explicat sententiam loci. Id.
Œnanthe] Huj. meminerunt Plut.

Cleomene 46. Polyb. xv. 27. et 31.
Athenæus VI. 13. In vulgatis edd.
Euanthe corrupte legitur. Bern.
§ 4 Itaque non contenta rege, &c.]
Ptolemæi mores Claudius egregie retulit ap. Suet. 29. qui ' libertis uxo-
ribusque addictus, non principem se,
sed ministrum egit, compendio cujusque horum, vel etiam studio ac li-
bidine, honores, exercitus, impuni-
tates, supplicia largitus est, et quidem inscius plerumque et ignarus.'
Talis et Imp. Arcadius ap. Zonar. in
ejus Vita. Id.
Regnum possident] ' Quid enim interest, utrum feminæ gubernent, an,
qui gubernant, gubernentur a feminis?' inquit Aristot. Polit. II. 7. Id.
Jam comitantur] Verbum ' comita-
ri' passivo sensu legi alibi quoque
scio ap. bonos scriptores. Hic tamen
suspectum mihi est, quasi natum sit
ex glossa sequentium, ' Agathocles
regis lateri junctus.' Schef.
§ 5 Ducatus mulieres ordinabant]
Suet. Aug. 46. ' Equestrem militiam
ex commendatione publica cujusque
oppidi ordinabat.' Capitolin. in Per-
tinace 9. ' Dum aulicum famulitium
ordinaret.' Gron.
§ 7 Re tamen cognita] Mallem tandem, quomodo habetur in Ms. quodam
Bongarsiano; nam illi ' diu,' quod
præcedit, rectius respondet. Schef.
In ultionem Eurydicis] Junt. bene
Eurydices. Eurydice enim Εὐρυδίκη
Græcis est. Græv. Editur vulgo Eury-
dicis. Sed rectius Junt. teste Græv.
Eurydices. Est enim Græce Εὐρυδίκης.
Vor.
§ 8 Tuerenturque regnum] ' Quippe jam gentium reges, duces, populi,
nationes, præsidia sibi ab hac urbe
petebant.' Flor. II. 7. 5. Bern.
CAP. III. § 1 Causam belli adversus, &c.] Intelligebant nimirum Romani, quantum interesset famæ, et
per hanc potentiæ, iniqua bella non
gerere. Vid. et Freinsh. ad Flor. II.
8. 1. Vor.

§ 2 *Reputantibus*] Præcedit 'metuebant,' sc. Romani: et tamen sequitur 'reputantibus :' quod quidem
ad eosd. illos Romanos pertinet. Huj.
igitur generis plura ad II. 13. 6. et
VIII. 50. 10. vid. *Id.*

§ 4 *Mittitur et M. Lepidus in Æ-
gyptum, qui, &c.*] Qua de re ita Val.
M. VI. 6. 1. 'Cum Ptolemæus,' inquit, 'rex tutorem populum Romanum filio reliquisset, Senatus Marcum Æmilium Lepidum, Pontificem
Max. bis Consulem ad pueri tutelam
gerendam Alexandream misit; am-
plissimique et integerrimi viri sancti-
tatem, reipub. usibus et sacris comparatam, externæ procurationi vacare voluit, ne fides civitatis nostræ
frustra petita existimaretur :' et exstant hodieque denarii argentei cum
inscriptione M. LEPIDVS. PONT. MAX.
TVTOR. REG. in quorum parte versa
capiti turrito subscriptum est, ALEX-
ANDREA. *Mod.*

M. Lepidus, &c.] Pompeium insulæ
habet L. Ampellus. Hoc exemplum
est imitatus Tiberius, referente Tac.
II. 67. 6. De Lepido ita Val. M. VI.
6. 1. [Locum, ut supra, exscribit,
nisi quod pro *comparatam* dat *opera-
tam.*] Huic narrationi suffragantur
antiqui denarii argentei, repræsen-
tantes in uno latere urbis Alexandriæ
faciem, cum corona murali turrita,
cui subscriptum antique ALEXAN-
DREA : in altero M. Lepidum toga-
tum senem calvum, qui a dextris
stantem adolescentulum, cum scep-
tro in manu, diademate regio coro-
nat, hoc adscripto titulo: s. C. M.
LEPIDVS PONT. MAX. TVTOR REG. ut
testatur Steph. Vin. Pighius Annal.
Rom. Tom. II. p.404. ubi tamen Nostro prochronismi litem movet. Vid.
locum, et expende. *Bern.*

§ 6 *Legionesque cum consule*] Ita
Mss. duo : ceteri omnes *legionesque
cum conditionibus pacis.* Error ex notarum compendio : *cum CONS.* interpretati sunt *cum conditionibus,* et ad

id sequentia invitabant, ' Deinde
cum expositæ conditiones pacis a
Rom. essent.' Missus autem est consul post P. Sulpitium Galbam et P.
Villium Tappulum ' T. Quinctius Flamininus :' ita Vett. libri : et recte,
ne Flamininos patricios cum plebeiis
Flaminiis confundamus. Hoc, non
animadversum, Auctorem libelli de
Viris Illustribus, s. is Aur. Victor, s.
quis alius, in fœdum errorem induxit,
ut hunc Flaminii ejus, qui ad Thrasi-
mennm lacum occubuit, filium arbi-
traretur, ut alii docuerunt inepte.
Hic tamen Plutarcho ubique Φλαμί-
νιος dicitur. *Bong.*

§ 8 *Conditiones pacis*] Quas vid. ap.
Liv. XXXII. 33. 2. &c. *Bern.*

§ 9 *Philippus, &c.*] Saxo XIV. p.
253. 32. 'Olavus adduci se posse negabat ut in hanc vocem, inconsulta
patriæ majestate, procurreret.' p. 313.
5. ' Præfatus se, extante eo, cui primam militiæ fidem dederit, alius militem non futurum, nec adduci posse,
ut pristinum obsequium recenti per-
mutet.'

Concedebat] Putida oratio, *concedebat se adduci posse.* Quin scribend.
contendebat. Hæc Acidal. ad Vell. II.
130. 8. quem vix tamen est ut sequamur. *Id.*

CAP. IV. § 1 *Eodem anno inter insulas Theram et Therasiam*] *Theram* h.
l. legend. non *Theramenem.* Tractat
eund. l. Strab. I. et Plin. II. 87. Ubi
ait factum hoc Olymp. CXXXV. an.
quarto: ibi ego legend. puto *Olympiadis* CXXXX. *anno quarto:* idque ex
supputatione retrograda ab anno
quinto Tiberii, quando Thia enata
narratur fine huj. cap. *Glarean.* Imo
jam multis annis, antequam hæc gesta
sunt, fuit motus ille terræ. Contigit
enim Olymp. 139. an. 1. ut constat
ex Polyb. et Eusebii Chronico. Plin.
tamen II. N. H. 87. inquit, Automa-
tam s. Hieram (de qua omnino capienda verba Justini) enatam esse inter Theram et Therasiam insulas, O-

lymp. 156. an. 2. Quod quomodo
fieri potuerit, non video. *Voss.*

Theramenem et Therasiam] Theramenis insula hic, ut et XIII. 7. 2. pro
Thera accipitur. Strab. I. p. 36. f.
'Ανὰ μέσον Θήρας καὶ Θηρασίας. Vid. et
Plin. II. 87. et Euseb. in Chronico,
et Sen. N. Q. VI. 21. cujus locus
mendosus est, nec satis explicatus
ab annotatore. *Bongars.* Add. Liv.
XXXIX. 56. 6. Plin. IV. 12. m. Ammian. XVII. 16. Munster. Cosm. 1. 3.
Bernec. Scripsi *Theram* pro *Theramenem,* quomodo XIII. 7. 2. *Theræ*
pro *Theramenis;* quoniam Junt. sup.
manifeste *Theræ* habet, ceterique
omnes, qui ejus insulæ mentionem
faciunt, 'Theram' eam vocant. *Vor.*

Terræ mot. f.] Vincent. VI. 53. ' T.
m. factus est.' In § 4. 'Or. R. imp.
mansurum, vet. autem ac M. vacata-
rum.'

· § 2 *Navigantium*] An *habitantium?*
Freinsh. Lect. vulg. retinenda. Sen.
VI. Q. N. 22. 'Theram nostræ æta-
tis insulam, spectantibus nautis, in
Ægæo mari enatam.' *Schef.*

Insula emersit] Dicebatur Thia teste
Mela II. cap. ult. *Græv.*

§ 3 *Rhodum*] Quam ins. tamen Eu-
ropæ Diodorus XVIII. 8. annumerat.
Sed Asiæ contribuit etiam Epitome
Liv. LXXVIII. *Bern.*

Labe] A 'labendo' 'labem' dixit,
ut et XVII. 1. 5. et Cic. de Leg. II.
15. 'Quamobrem ille quidem sapien-
tissimus Græciæ vir, longeque doctissimus, valde hanc labem veretur.'
'Labem' etiam χάσμα esse, et hia-
tum, notatum est ex JCtorum libris,
et Cic. de Divin. I. 35. et 43. Hæc
vox, cum librariis esset insolens, vertit in *mole.* Hoc terræ motu Rhodium colossum ruisse Euseb. refert.
Bong.

§ 6 *Cum, &c.*] Saxo VII. p. 122. 23.
'Quem cum, productis e diverso copiis, militum numero præstare videret.' Hegesipp. v. 20. 'Quibus e diverso Joannes, princeps seditionum,

cuniculum suffodit.'

Omnem Asiam, Orientis finem] Id
ita legitur in multis, sed in quibusd.
Impr. et Mss. etiam est *Or. fine,* quod
id. valet atque, Orientem usque. Ex
Sallustio Bongarsiua. Hinc est quod
in sermone Italico *Fin* et *Fino* pro,
usque, sumuntur. *Faber.* Plane lect.
hæc prava. Quomodo enim Asia finis Orientis? Scriptum quondam fuit
Asiam in Or. finem, sed præp. *in* præcedens littera *m,* totidem constans
lineis, intercepit. Nisi malumus *Or.
fine,* quia Ms. et impressus quidam
probant. Et plane suspicor alterum
in Or. finem huj. explicationem esse,
quæ in textum est transsumta. *Schef.*

§ 11 *Devicerat*] Scrib. *devicerit:* et
paulo ante *qui invictus audierit* pro
vulg. *quem invictum audierant.* Gron.

§ 12 *Puero immatura ætatis*] Quid
hoc est? num et pueri maturæ ætatis dantur? Cur ergo hoc adjectum? Mihi non est dubium, quin illud *puero* glossatoris sit, non Justini.
Schef.

Prædæ Dardaniis fuerunt] Fuerint.
Freinsh. Et firmant emendationem
istam, præter rationem sermonis Latini, etiam Mss. et impr. quidam.
Porrc in iisd. legitur *prædæ iisdem
Dardaniis.* Unde colligo lect. veram
esse, *prædæ iisdem fuerunt,* ut referatur ad præcedens 'finitimos,' omissa
voce *Dardaniis,* quam puto trans-
sumptam in textum ex glossa. *Schef.*

§ 15 *Antiquam et obsoletam gloriam*]
Plut. in Præceptis Reip. gerend. 45.
'Cum videmus puerulos parentum
crepidas conari sublignare sibi, aut coronas eorum capitibus suis imponere,
per jocum ridemus: at urbani magistratus, majorum opera, arduos conatus, et facta præsentibus temporibus ac rebus non congruentia stulte
jubentes imitari, multitudinem con-
citant; et, cum ridicula sunt moliti,
non risu jam digna patiuntur, nisi
plane sint contemti.' *Bern.*

§ 16 *Romana fortuna vicit*] Ad Cynoscephalas. Vid. Liv. xxxiii. 7. 8. Plut. in Titi Flaminini Vita 11. Flor. ii. 15. 17. qui locum illum Cynocephalas vocat: Paus. in Att. et Achaicis, et Strab. ix. ext. *Bong.*

§ 17 *Græciæ urbibus*] Debetur hæc lect. Codici Cujaciano: nam ceteri optimæ notæ *Thraciæ*, contra historiam. Plut. in Flaminino 4. Τὴν μὲν Μακεδονίην ἀπέδωκεν αὐτῷ βασιλείαν τῆς δὲ Ἑλλάδος προστάτην ἀποστῆναι. *Idem.*

§ 18 *Legatos ad Antiochum*] Asiaticum bellum Romanis suscitavit Thoas Ætoliæ princeps, et Annibal. Flor. ii. 8. 6. *Idem.*

Adulationis magnitudinis] Curt. iii. 2. 1. ' Purpurati solita vanitate Darii spem inflant.' Sen. Benef. vi. 30. ' Principes, dum ignorant vires suas, et dum se tam magnos, quam audiunt, credunt, attraxere supervacua et in discrimen omnium perventura bella.' *Bern.*

LIBER XXXI

CAP. i. § 1 *Mortuo Ptolemæo*] Hæc latius, et accuratius persequitur Appian. Syriaca. *Bong.*

Contemptaque parvuli ætate] Prout amat fieri. Qua causa ' Romani audita morte Hieronis, anxii ne quid, ex contemptu ætatis relicti pueri, rerum novarum moveretur Syracusis,' &c. Polyb. Excerpto Legat. primo. Consulatur Sall. Ju. 6. 7. Flor. iv. 4. 3. Polyb. v. 34. et 41. Herodian. i. 7. Zonar. tom. iii. [sub imperio Constantini Leonis filii. Hinc intelligitur, quantum laudet Stiliconem Claudian. ii. 64. ' Vitæque et lucis in ipso Limite contemptus nunquam, dat jura subactis Gentibus, et secum sentit crevisse triumphos.' *Bernec.* Leg. *contemtia parvuli filii ejus ætate.* Sc. antequam Lepidus veniret. *Gron.*

Præda] Prætulerim *præda*, quod e Ms. Bongarsius inter variantes retulit. Ita Liv. ' Præda futura legio.' Sall. Cat. 21. 5. ' Quibus victoria prædæ fuerat.' *Bernec.* Mss. *præda*, quos merito censet sequendos Bernecc. *Græv. Præda* est in Mss. non *præda*, optime. *Faber.* Codd. quidam Mss. quos Bong. vidit, *præda.* Sed utramque videtur recte dici. *Vor.*

§ 2 *Phœnicem*] Legend. omnino *Phœnicem, Φοίνικην. Phœnicem* est a,

Phœnix. Sic autem nunquam dicta fuit regio. Hoc vitium, ab omnibus editoribus prætermissum, superius quoque correxi. Statim scribend. ut Schef. monuit, *juris Ægyptii. Græv.*

Juris Ægypti] Puto *Ægyptii* scribendum, quomodo ap. Cic. ' rex Ægyptius' occurrit. Vulgata inde ita sese habet, quoniam in Mss. littera i ultima fuit longa, i. e. duo notavit, quod scriba transmisit inobservatum. *Schef.*

§ 5 *Nabis tyrannus*] Liv. xxxiv. Plut. in Flaminino et Philopœm. Paus. in Messen. Achaic. et Arcad. *Bong.*

§ 6 *Detinerentur*] Scribend. *distin.* hic etiam ut superius. *Græv.*

§ 7 *Annibalis*] Appian. et Liv. xxxiv. *Bong.*

Occultis mandatis] Hæc currentibus litteris edunt, ac si regantur a sequenti ' imisse societatem.' At res aliter se habet; pertinent enim ad verbum ' criminabantur.' Hoc dicit: Criminabantur occultis mandatis, s. per occulta mandata, iis nempe tradita, qui has criminationes ap. Romanos debebant proponere. Certe *societatem inire mandatis* nullum habet sensum. *Schef.*

§ 8 *Assuetum imperio*] Ita Liv. ii. 2. 4. ' Nimium Tarquinios regno as-

suesse,' &c. ' nescire Tarquinios privatos vivere.' Suet. Cæs. 80. 8.
' Captus imperii consuetudine Cæsar.' De Miltiade Probus in ejus
Vita : ' Multum in imperiis magistra-
tibusque versatus, non videbatur
posse esse privatus : præsertim cum
consuetudine ad imperii cupiditatem
trahi videretur.' *Bern.*

Immoderata licentia militari] Ita
sane ex antiquioribus edd. ea quam
curavit Major. Et retinuerunt lect.
eam Bong. et Bernecc. Notavit tamen Major in margine diversam lect.
esse *militare*; et Bong. quoque in V.
L. monet codd. quosdam typis expressos sic habere. Ego tamen non
dubitem legend. esse *immoderatæ li-
centiæ militari*; eo casu vinirum quem
præcedens ' assuetum' requirit. *Vor.*
Nil patior hic mutari. Non enim
magis Latinum est ' assuetus licen-
tiæ,' quam ' assuetus licentia.' Cic.
III. de Orat. ' Homines labore assiduo et quotidiano assueti.' Virgil.
' Bellis assuetus Opheltes.' *Schef.*

§ 9 *Quæ etsi falsa nuntiata fuissent*]
Vix est, ut et lectio habeatur proba.
Puto Just. scripsisse vel, Q. e. *falso*
n. f. vel Q. e. *falsa, apud timentes*
tamen, &c. Id.

Falsa apud timentes pro veris, &c.]
Sen. II. de Ira 22. ' Quæ inviti au-
dimus, libenter credimus.' Tac. IV.
H. 38. 8. *Bern.*

CAP. II. § 1 *Tacitis, &c.*] Saxo XIV.
p. 810. 6. ' Absalon t. m. præcepit.'

§ 2 *Peritum*] Malim *paratum*, quod
in Mss. omnibus esse testatur Bong.
Bernec. Omnino servand. quod habent Mss. omnes, *paratum.* Nam
peritus ad prospiciendum ne Latinum
quidem puto. *Schef.*

Paratum] Non solum hanc lect.
Mss. Bongarsianorum probarunt Bernecc. et Schef. sed Britanni in tribus
codd. repertam merito receperunt.
Græv. Angl. *paratum.* Quæ lect.
mea sententia est optima. Et dubito
num in usu fuerit Latinis *peritus ad*

cavendum. Potius ' cavendi peritum'
dixissent, ut ' peritus regendæ civitatis,' ' peritus arguendi,' ' nandi,'
et id genus. At ' paratus ad cavendum,' ut ap. Cic. in Orat. ' Paratus
ad dicendum,' et in Pro Milon. ' Non
satis paratus ad cavendum fuit,' hæc
ipsa phrasi. *Schef.*

In secundis adversa] Id. Romanæ
constantiæ mos erat, ' in adversis
vultum secundæ fortunæ gerere : moderari animos in secundis :' Liv. XLII.
62. 9. Add. inf. XXXI. 8. 9. *Bern.*

§ 8 *Principum*] Procerum, et populi primorum, i. e. senatorum. Ita
Sen. ad Helv. 11. pr. et 12. m. Item
Benef. II. 12. et alibi. Capitolinus in
Gordianis 13. Ceterum Senatores ab
Augustæ Historiæ scriptoribus appellatos etiam ' optimates,' ' sum-
mates,' ' optimos nobilium,' ' proceres,' ipsumque Senatum ' Nobilitatem,' docet ad illos scriptores p.
98. Salmasius. *Id.*

In supremum] Lego *in supremam.*
Censorinus de Die Natali 28. ' Inde
de meridie, hinc suprema, quanquam
plurimi supremam post occasum solis
esse existimant, quia est in duodecim
tabulis scriptum : Sol occasus suprema.' Vid. ad Plaut. Asin. III. 3. 4.
Gronov. Legend. *in supremam f. sc.*
diei horam. Sic enim Latini loquebantur. Lex XII. Tabularum ap.
Gell. ' Sol occasus diei suprema tempestas esto.' Varr. IV. de LL. ' Suprema summum diei ; hoc tempus
duodecim tabulæ dicunt occasum solis.' Sic olim conjeci ; postea didici
celeberrimum Gronov. in ead. esse
sententia, fuisseque dudum, cujus
sane consensu vehementer lætor.
Græv. Gronov. *in supremam*, ex auctoritate Varronis pro, in supremam
horam, s. tempestatem ; quod melius.
Ita et Græv. conjecerat. *Faber.*
Gronov. atque Græv. legend. putant
in supremam. Facitque huc quod Varr.
IV. de LL. scribit. Item quod Gell.
XVII. 2. ex XII. tabulis citat, ' Sol

occasus suprema tempestas esto.'
De eo tamen quod subaudiri vult
Grævius, diei horam, non satis liquet.
Quid si subaudiatur modo, diem; idque sit pro, diei partem? Quod dictum esset ut ' ultima platea' a Terentio pro ultima parte plateæ, et sexcenta id genus alia. *Vorst.* Verum sic *supremum* quoque rectum fuerit. Et sane puto nil mutandum: *supremum* enim pro, supremnm tempus diei. *Schef.* Obversari ead. notione usurpavit Liv. xxxiv. 61. .' Hunc Aristonem Carthagine obversantem non prius amici quam inimici Hannibalis, qua de causa venisset, cognoverunt.'

Rus urbanum] F. *suburbanum.* Fr. Leg. *rus suburb.* De quo nemo adversabitur; idem Freinshemio in mentem venerat. *Faber.* Assentior Freinshemio, pro his *suburbanum* scribenti, nisi f. malimus *rus suburbanum,* quod magis conveniret cum editis, et frequens est bonis scriptoribus. *Schef.*

§ 4 *Nec facultas fugam, nec inopia moraretur*] Quomodo facultas fugam potest morari? quin facultas fugiendi promovet fugam. Videtur Just. scripsisse *nec difficultas fugam:* difficultas sc. navigandi, si nulla navis esset parata et in promptu. *Græv.* Quomodo *facultas* morari fugam possit, equidem non intelligo. Et latet hic f. aliquid mendi. *Vorst.* Putat Vorst. latere mendum, cum facultas non possit morari fugam. Et sane non moratur, si adest; moratur tamen, si abest, quod haud dubie Just. intellexit. *Schef.*

§ 5 *Italicorum captivorum*] Atqui Liv. xxx. 37. 2. scribit inter conditiones pacis et hanc fuisse, Carthaginienses Romanis captivos omnes traderent. Quomodo ergo hi numerum servorum Annibalis auxerunt? *Freinsh.*

Navem conscendit] An legend. *naves?* quia præcedit ' habebat ibi naves.' Sane, ad complendam navem, tanta servorum et captivorum copia opus

fuisse non videtur. *Schef.*

Cursumque, &c.] Saxo xiii. p. 285. 41. ' Ad locum, in quo Henricum diversari didicerat, cursum direxit.' xiv. p. 267. 41. ' Cursum ad cultiores agros dirigere cœpit.' Hegesipp. i. 9. ' Inde in Arabiam iter direxit:' et 11. f. ' Rectum autem in Arabas iter direxit.'

§ 6 *Consulem*] ' Suffetes' Carthaginiensibus erant, qui Romæ ' Consules;' Liv. xxx. 7. 5. quos Æmilius Probus in Annibale ' binos Reges' vocat. Erat et ap. illos Dictatoris imperium, Liv. xxiii. 13. 11. et Quæstorum dignitas: habebantur hi proximi Judicibus, idem Liv. xxxiv. 82. 4. Judices erant 100. sup. xix. 2. 5. et Senatus erat 30. seniorum consessus, Liv. xxx. 16. 3. Erant ap. eos et Prætores. Probus Annib. Livius xxxiii. 32. 3. *Bongars.*. Add. sup. notam ad xix. 1. 7. *Bernec.* Fere enim easd. dignitates eosdemque magistratus Pœni habebant ac Romani. *Faber.*

§ 8 *Trepidum nuntium*] Romani enim Annibalem, etsi senio et exilio fractum, pro igni habebant, cui abesset nihil, nisi qui eum excitaret. Plut. Flaminio 37. *Bern.*

CAP. iii. § 1 *In Græcia Flamininus*] De h. bello copiose Liv. xxxiv. 22. et seqq. *Id.*

Et graviter fractum, velut exanguem in regno reliquit] In Mss. est *et gravibus fractum, &c.* Et ita leg. Hoc quod non intelligerent librarii, rescripserant *gravibus vulneribus.* Inepte. *Voss.* Quid hoc, *graviter fractum velut exanguem?* Certe aliquod vinculum, quo connectatur oratio, hic desiderari videtur. Sed aliud suspicor. Habebat in animo Justinus egregiam istam Virgilii comparationem: ' Qualis sæpe viæ deprensus in aggere serpens, Ærea quem obliquum rota transiit, aut gravis ictu Seminecem liquit saxo lacerumque viator.' Ita, inquam, suspicor; nam præterquam quod, ut dice-

bam, aliquid deest orationi, hoc
etiam sentire possis, istud ' velut'
comparationem aliquam resipere;
tum hoc videas quoque, verba ipsa
imitationem ostendere. ' Graviter'
Justini ex ' gravis' ap. Virgil. natum
est. ' Fractum' ex ' lacerum.' ' Reliquit' ex ' liquit.' Quamobrem lego
*et graviter fractum, velut anguem, reli-
quit.* Faber. Hæc nimis arguta sunt.
Librorum omnium scriptura hic perperam impugnatur, cujus hæc est
sententia: Nabis multis prœliis victus est: sed tamen non exutus est
regno, sed in illo relictus tanquam
homo exsanguis, h. e. sic debilitatus,
et viribus destitutus, ut ab illo nihil
inposterum sibi metuendum haberent
Romani. xxxix.5. ' Magnum nomen
viribus finitimorum exsanguibus fecerat.' *Græv.* Codd. quidam Mss.
teste Bong. *et gravibus fractum.* Alii
gravibus vulneribus fractum. Et sane
' vulnera' Noster non semel dixit
pro cladibus. Vid. i. 8. 10. et cetera
in hanc sententiam in Indice notata.
Vorst. Mss. Bong. plerique habent
gravibus. Bene, sed mutanda est
distinctio, et sic legendum: *duobus
continuis prœliis subegit, et gravibus
fractum, velut exsanguem, in regno reliquit.* Oratio elegans et apta. Quod
autem libri quidam addunt, *gravibus
vulneribus,* factum est a glossatore,
qui deesse quid τῷ *gravibus* putavit.
Sane *frangi vulneribus* an recte dicatur, nescio: exempla saltem scio
nulla. *Schef.*

Velut exsanguem] Faber legend.
censet *velut anguem.* Vossius ex Mss.
fide *et gravibus fractum* mavult: sed
vera recepta lectio est, et inferius
repetita. *Angli.* Verba, quæ respiciunt, extant xli. 3. ' Ab invalidioribus Parthis, velut exsangues, oppressi sunt.' *Schef.*

§ 4 *Flaminino Rom. imp. comparatur*] Quod Flamininum male habebat:
et Plutarchus (Philopœm. 25. Flamin. 23.) inter causas finiti cum Na-

bide belli recenset Flaminini φιλονει-
κίαν καὶ ζηλοτυπίαν τῶν φιλοτιμένος τι-
μᾶν. *Bongars.*

§ 5 *Hannibal, &c.*] Cic. ii. de Orat.
18. de Hannibale: ' Ephesum ad Antiochum confugit.'

§ 6 *Tantusque adventu ejus ardor animis regis accessit*] Junt. *animo regis.*
Sed nihil muta. vii. 3. ' Depositisque
hostilibus animis, in affinitatis jura
succedit:' ubi male emendant, *host.
armis.* Et xxi. 6. ' Mittunt ad spe-
culandos ejus animos Hamilcarem.'
Sic et ' epistolæ' pro, epistola, frequens Nostro, et ' causæ' pro, causa. *Græv.* ' Animi' et unius sunt.
vii. 8. 9. et xxi. 6. 1. *Vor.*

§ 7 *Annibal, cui nota Romana virtus
erat, negabat opprimi Romanos, &c.*] Ita
Liv. xxxiv. 59. ' Sententia ejus [An-
nibalis] una atque eadem semper
erat, ut in Italia bellum gereretur.
Italiam et commeatus et militem
præbituram externo hosti: si nihil
ibi moveatur, liceatque populo Rom.
viribus et copiis Italiæ extra Italiam
bellum gerere; neque regem, neque
gentem ullam parem Romanis esse.
Sibi centum tectas naves, sedecim millia peditum, mille equites deposcebat:
&c. *Mod.* Hoc ipsum fusius demon-
straturinf. cap. 5. Ap. Vell. ii. 27. Pontius Telesinus, Samnitium dux, ' vo-
ciferabatur eruendam delendamque
Romam; adjiciens, nunquam defu-
turos raptores alienæ libertatis lupos,
nisi silva, in quam refugere solerent,
esset excisa.' *Bern.*

§ 8 *Ad hoc sibi centum naves et decem millia peditum*] Liv. dec. iv. lib.
iv. sub finem, id, consilium descri-
bens, dicit ' sedecim millia peditum'
Hannibalem postulasse, quod est verisimilius, videl. ut æquaret consula-
rem exercitum, qui binis legionibus
erat civium ac Latini nominis. Suspicor in Justini codice hoc corruptum, ideoque emendandum. Quanquam non sum nescius multa in h.
lib. a Livii traditione dissentire, ut

paulo post de Tyrio Aristone; item de legatis ad Antiochum missis, ac eorum cum Hannibale conversatione: sed ea omnia persequi, ut jam sæpe testati sumus, non est nostri propositi negotii. Sane prorsus ad fin. huj. lib. legend. *possessiones voluptarias,* pro quibus *voluntarias* perperam legitur. Vult enim Romanos malle gloriam quam voluptatem, quod mox seqq. verba clarius indicant. *Glar.*

Mille equites] Vett. plerique *equitum:* unde mendosum locum esse suspicor: et sane in Jo. Pelerini vet. Cod. legitur *tria millia equitum.* Bongars. Vulgatam affirmat Liv. xxxiv. 59. 5. ' Sibi centum tectas naves, sedecim millia peditum, mille equites deposcebat.' Illud vero *mille equitum,* pro, mille equites, Latine dici, et ' mille' hic esse substantivum singulare, sicuti ' chilias,' docet e bonis auctoribus Agellius i. 16. ut mihi vix temperaverim, quin id. in Justinum reciperem. *Bern.*

Non minus bellum, quam gesserit, &c.] Videtur mutilus hic l. Quo enim pertinet illud ' non minus?' Nil tamen mutand. ' Minus' enim hic est adjectivum, non adverbium, et cohæret cum voce ' bellum.' ' Restaurare bellum non minus,' est, æque magnum restaurare. *Schef.*

§ 9 *In Asiam*] Scrib. *in Asia.* Gron. *Regi sedenti*] I. e. otioso. Cic. ad Att. x. 8. et 12. *Bongars.* Ita Sen. Ep. 8. 1. *Bernec.* Varr. i. de R. R. 2. ' Romanus sedendo vincit.' Liv. ix. 3. ' Sedens bellum conficiet:' et xxxl. 38. ' Sedentem Romanum debellaturum credi poterat.' *Gron.*

§ 10 *Hispaniis*] Leg. *Hispaniis.* Fr. *Nunc, quam pridem, fuisse*] Scribend. prorsus *fuisset,* quod monuisse satis est. *Faber.* Receperunt Angli merito. *Græv.*

CAP. IV. § 1 *Unus ex comitibus*] Aristonem, mercatorem Tyrium, προφάσει τῆς ἐμπορίας missum scribit Appian. p. 90. quem leg. et Liv. xxxiv.

60. *Bongars.* Hoc ipso astu Pelopidas usus, ad Sphodriam Spartanum misit quemdam mercatorem cum pecunia et mandatis magna de re: Plut. Pelop. 24. Prudenter ergo cautum est Honorii ac Theodosii rescripto, L. 4. Cod. de Commerc. et Merc. ' Ne mercatores tam Imperio Rom. quam Persarum regi subjecti, ultra ea loca, in quibus fœderis tempore cum memorata natione Imperatoribus convenit, nundinas exerceant; ne scil. alieni regni scrutentur arcana.' *Bern.*

§ 2 *Hæc cum relata*] Mss. alii habent *perlata.* Puto utrumque glossatoris esse, legendumque simpliciter *lata.* Sic colligo ex Ms. alio, in quo est *lara,* vitio scriptoria, ut apparet. Porro *lata* exposuerunt alii *relata,* alii *perlata,* atque inde hæc diversitas. *Schef.* ' Perlata' sane Cic. ejusque æquales dicerent, quibus familiarissimum ' ad nos perfertur,' pro, nobis nunciatur. *Græv.*

§ 3 *Ad purg. &c.*] Gell. vii. 1. ' Legatosque Romam miserunt, qui temeritatem quorundam popularium suorum deprecarentur, et fidem consiliumque publicum expurgarent.' Ep. ad Hebr. ix. 14. Καθαριεῖν συνείδησιν.

§ 4 *Ad Antiochum legatos*] Inter quos erat P. Scipio, qui Annibalem devicerat. Præter Liv. xxxv. 14. et Appian. p. 91. et 92. vid. Lucian. in Dialogis Νεκρικοῖς, et Plut. in Flaminino sub finem. Consilium autem legatorum explicat et Frontinus i. 8. 7. *Bong.*

§ 5 *Cum Ephesi convenissent ad Antiochum*] Scrib. *conv. Ant.* Freinshem. Legend. puto cum Freinsh. *conv. Ant.* Additur sane præpositio et nomini: sed ea fere quæ et in verbo continetur. *Vorst.* Freinsh. illud *ad* putat delend. Contra servant id libri omnes Mss.; at pro *Ephesi* quidam habent *Ephesum.* Unde adducor, ut scripturam veram putem: *cum Ephesum venissent ad Ant.* Literæ ultimæ

ia 'Ephesum,' perperam adsociatæ
verbo *vatissent*, pepererunt *convenissunt*, Schef.

§ 6 *Assidui circa Annibalem fuere*]
Antiquiores typis exp. *cum Annibale:*
idque pro, apud Annibalem. 'Cum'
pro, apud, satis notum. Ut 'queri
cum aliquo.' *Vorst.* Antiquiores *cum
Annibale*, quod probat Vorst. Mihi
glossa alterius videtur. *Schef.*

CAP. V. § 1. *Omnibusque perrogatis*]
Appian. p. 93. Annibalem primum
sententiam rogatum scribit. *Bongars.*
Sicuti 'perspectare' Suetonio Dom.
4. 7. est, a principio ad finem usque
spectare: ita 'perrogare' est, omnes
peragere sententias. Eo verbo utuntur et Liv. XXIX. 19. 10. Tac. H. IV.
9. 3. Suet. Aug. 35. 9. (ubi *prorogare* vitiose legitur) Plin. VI. Ep.
22. et Paneg. 60. Lamprid. in Commodo 21. *Bernecc.* Ita 'perrogare'
de personis, quæ rogantur omnes. Dicunt autem et 'legem perrogare.' Val.
M. I. 2. Ext. 1. 'Traditas sibi leges
perrogabat.' Sic enim ibi legend.
sine dubio, non, ut ipsi alios secuti
edidimus, *prærogabat.* Idem VIII. 6.
4. 'Tribunus pl. legem adversus, intercessionem collegarum perrogavit.'
Vorst.

§ 3 *Ad suppl. &c.*] Saxo XV. p. 364.
f. 'Ad a. arbitrorum n. etiam Thodonem nuntio vocatum.'

§ 5 *Etiam cum victo, &c.*] Herennius Pontius ap. Liv. IX. 3. 13. 'Ea
est gens Romana, quæ victa quiescere nesciat,' &c. *Bernecc.* Dubito
valde Just. sic scripsisse. Ingrata
sane conjunctionis *cum* hic repetitio:
cum Romano cum victo. Sed nec particula *tum* hic necessaria. Mallem:
cum Romano, seu o. p. aliqua, seu victoris tu, etiam victo et j. l. esse, vel *etiam
tunc victo.* Schef. Ap. Liv. XXVII.
14. Hannibal inquit: 'Cum eo nimirum hoste res est, qui nec bonam nec
malam ferre fortunam potest. Seu
vicit, ferociter instat victis; seu vic-

tus est, instaurat cum victoribus certamen.'

§ 6 *Suis eos opibus*] Quod in Africa
contra Carthaginienses jam antea
fecerat Agathocles. Eleganter Appian. Τοὺς πολέμους ἅπασι χαλεποὺς μὲν
οἴκοι διὰ λίμον τὸν ἐπιγιγνόμενον, ἔξω δὲ
κουφοτέρους. *Bong.*

§ 8 *Ministerium*] Ita Mss. ut XXIV.
2. 5. 'arbitrium' pro, arbitrum. Et
VI. 2. 15. 'Postulat sibi dari ministerium impensæ,' ut est in vulgatis
libris: nam ibi Mss. *ministrum.* Idem.

CAP. VI. § 1 *Huic, &c.*] Saxo XIII.
p. 241. 44. 'Hujus pactionis obtr. am.
r. fuere.'

Verentes, ne, &c.] 'Laco consilii
quamvis egregii, quod non ipse afferret, inimicus, et adversus peritos pervicax.' Tac. I. H. 26. *Bern.*

§ 3 *Assentationum adulationibus*] Assentantium, quod est in vet. Cod. Pelerini, rectum puto. *Bongars.* At
ego illud rectius. Ita Liv. VIII. 24.
13. 'discrimen periculi' dixit. Noster XXIX. 1. 5. 'facinoris crimen:'
et VII. 1. 12. 'gentes populorum.'
Flor. I. 16. 7. 'fallacias insidiarum.'
Suet. Cæs. 67. 2. 'munus officiorum.'
Idem Domitian. 3. 3. 'animadversionem supplicii.' *Bernecccr.* Junt.
assentatorum. Sed propius ab aliorum cod. lectione abest, quod in Pelerini codice fuit: *assentantium.* Hoc
et Bongarsio arrisit. *Græv.* Melius,
ut Bongarsius, *assentantium.* Faber.
Mallem *assentantium* cum Bongarsio,
vel propterea, quoniam in Junt. codice legitur *assentatorum:* haud dubie
ex glossa alterius. *Schef.* Assentantium probarunt Angli. *Græv.*

Novis, &c.] H. phrasin illustrat
eruditiss. Spanh. ad Callim. in Del.
240.

§ 4 *Acilius Romanus*] Manius Acilius Glabrio. Ap. Appian. mendose
legitur Ἄκυιος inverso Λ pro Ἄκλιος.
Erat hic Consul cum P. Corn. Scip.
Nasica. Vulgo *Attilium*, inepte, ut

ap. Auctorem de Viris Illustr. Vid.
Liv. xxxvi. 1. 1. Flor. ii. 8. 14.
Frontin. ii. 4. 4. *Bong.*

Bello necessaria] In Mss. plusculis
est *belli.* An diversitas hæc arguit,
glossatorum istam esse voculam, non
Justini? *Schef.*

Summa industria] Junt. *sum. ope et
ind.* Græv.

§ 5 *Prima belli congressione*] Omnes
omnino Mss. *conditione.* F. legend.
coitione, ut dixit Terent. Phorm. ii.
2. 34. ' Prima coitio est acerrima.'
Mod. Victus est Antiochus ad Ther-
mopylas. Liv. xxxvi. 19. *Berneccer.*
Mss. omnes Modiani habent *conditione.* Id. in suis reperit Bong. Hinc
Modius putat *coitione* legend. Mihi
propius ad ductum literarum venire
videtur, si scribamus *conlisione.* Et
est *conlidere* vel *collidere* verbum usitatum in tali negotio Horat. i. Ep. 2.
' Græcia Barbariæ lento collisa duel-
lo.' *Schef.*

Castraque ditia] Credo deesse aliquid. F. *castraque præda ditia.* Faber.

§ 6 *Pœnitere neglecti consilii*] Nimirum hoc habet mortalitas : ' tunc demum sentit se male de rebus suis
statuisse, cum id nihil jam prodest,'
ut ait Cic. ap. Dion. xliv. Add.
Ausonii Epig. xii. in Simulacrum
Occasionis. *Bern.*

§ 7 *Æmilium*] Ita vet. Cod. Pelerini. Cujacianus *Eimilium, E* pro *A.*
Vett. enim *Aimilius* scribebant. Cett.
varie corrupti : quidam *ei vivium :*
alii *ei Livium.* Scripsisse Auctorem
arbitror *nuntiatur ei Lucium Æmilium,*
pro quo impresserunt quidam *Livium
Nevium :* quidam *Livium Menenium.*
Est autem hic L. Æmilius Regillus
Livio xxxvii. 58. 1. et Floro ii. 8.
12. Appiano Syriac. p. 102. d. Λεύ-
κιος Αἰμίλιος Ῥηγοῦλος, pro Ῥηγύλλος.
Bong. .

CAP. VII. § 1 *Sed adversus Annibalem ducem, &c.*] Legend. puto *Sed a.
A. dux quis.* Gron.

§ 2 *Consul L. Scipio*] Et cum eo
C. Lælius : præter citatos Gell. xvi.
4. Scipio hoc bello confecto ' Asiati-
cus' dictus. *Bong.*   .

§ 4 *Ipsius filium*] P. Æmilii, qui
Perseum vicit, natura filium; P. Scipionis, adoptione, inquit Appianus,
Syriac. p. 105. contr. quam ceteri :
non enim ipse Africanus, sed ejus
filius, Paulli Æmilii filium, eum qui
Carthaginem evertit, adoptavit. Plut.
Æmilio 7. Cic. alii. *Bongars.* Add.
Liv. xliv. 44. 1. Id. auctor xxxvii.
37. 6. nonnihil a Nostro discrepans
ait, Antiochum Scipioni Elææ ægro-
tanti, post istam demum legationem,
filium captum misisse : neque solum
patrio animo gratum munus, sed corpori quoque salubre gaudium fuisse.
Bern.

§ 5 *Privata beneficia, &c.*] Vid. Camerar. Oper. Succis. cent. 1. 32.
Idem.

§ 6 *Gratum se munus accipere*] Sup.
xi. 10. 10. ' Grate munere accepto.'
Et f. *grate* etiam hic legend. *Vorst.*
Vir doctus suspicatur *grate.* Si quid
mutand. mallem *privatum* scribere.
Ac potest fieri, ut compendium ejus
pratum pepererit vocem *gratum.* Sane, quia sequitur ' privatoque,' videtur *privatum* præcessisse, quoniam
alias non habet, quo satis commode
referatur. *Schef.*

§ 7 *Neque de redimendo filio tractavit*] ' Tractare' pro eo, quod mox
sequitur, agere. Inf. xxxvii. 3. 4. et
pro, consultare, deliberare, positum
apparet. *Vorst.*

CAP. VIII. § 1 *Il. ac R. f.*] Uncis
includit Ed. Bong.

3 *Juvabat Ilienses nepotes, &c.*] Iterum Liv. xxxvii. 37. 2. ' Inde Iliam
[Scipio] processit, castrisque in campo, qui est subjectus mœnibus, positis,
in urbem arcemque cum ascendisset,
sacrificavit Minervæ præsidi arcis, et
Iliensibus in omni rerum verborumque honore ab se oriundos Romanos

præferentibus, et Romanis lætis origine sua.' Et propter creditam hanc cognationem multis et magnis beneficiis a Romanis affecti sunt Ilienses. Suet. Claud. 25. 14. ' Iliensibus quasi Romanæ gentis auctoribus tributa in perpetuum remisit.' Callistratus JCtus L. 17. § 1. de Excus. Tut. ' Iliensibus,' inquit, ' et propter inclytam nobilitatem civitatis, et propter conjunctionem originis Romanæ, jam antiquitus et Senatusconsultis et principum constitutionibus plenissima immunitas tributa est, ut etiam tutelæ excusationem habeant.' Quin ipse etiam Alexander M. post pugnam ad Granicum eand. hanc urbem ἐλευθέραν καὶ ἄφορον pronunciavit, auctore Strab. XIII. p. 408. Mod. Tac. XII. 58. ' Nero, ut eloquentiæ gloria nitesceret, causa Iliensium suscepta, Romanum Troja demissum, et Juliæ stirpis auctorem Æneam, aliaque haud procul fabulis vetera facunde exsecutus, impetrat ut Ilienses omni publico munere solverentur.' Bern.

Optabilem Trojæ ruinam, &c.] Sen. Ep. 91. m. ' Sæpe majori fortunæ locum fecit injuria: multa ceciderunt, ut altius surgerent et in majus.' Bern.

Ut tam feliciter renasceretur] Horat. III. Od. 3. de ead. Troja: ' Trojæ renascens alite lugubri Fortuna tristi clade iterabitur.' Vorst.

§ 5 Prælium cum Antiocho] Ad montem Sipylum, absente Africano, qui Eleæ ægrotabat. Appian. Syriac. p. 106. Bongars. Huj. prælii circa Magnesiam, quæ ad Sipylum est, instructi commissique luculenta descriptio extat in Liv. XXXVII. 37. et seqq. Ber.

§ 6 Armare se milites suos jubet] Junt. teste Græv. armari milites, quod f. et rectum. Pro, armare se, dicunt sane et ' armari;' quomodo pro, lavare se, ' lavari,' et pro, exercere se, ' exerceri,' et sexcenta id genus alia. Vorst. Junt. armari mil. Sed videtur aliud subesse malum huic l. An enim putamus tum, cum maxime

committebatur pugna, inermes fuisse in castris? Mihi sane verisimile haud videtur. An scribend. animare milites suos? Schef. Castris præsidio relicti armati utique non erant, nisi in stationibus et excubiis positi. Græv.

Fugientibus minari] Hoc genus exempla sunt ap. Tac. H. II. 41. 6. Frontin. II. 8. 11. et 14. item IV. 1. 29. Add. sup. I. 6. 10. ibique notata. Bern.

Morituros dicens] Hoc dicens sine dubio est stulti glossatoris. Nec enim M. Æmilius hoc dicebat ipse solus, sed jubebat suos dicere fugientibus. Itaque vel delend. penitus, vel scribend. dicentes. Quanquam rectius mea quidem sententia deleatur. Schef.

§ 7 Attonita, &c.] Saxo XIV. p. 343. init. ' Oppidani improviso periculo attoniti.'

§ 8 Cæsa, &c.] Liv. XXXVIII. 45. ' Ad quinquaginta millia peditum cæsa ea die dicuntur, equitum quatuor millia : mille et quadringenti capti et quindecim cum rectoribus elephanti.'

Neque si vincant, &c.] Οὐχ ὑβρίζομεν ταῖς εὐπραξίαις, οὐδ᾽ ἐπιβαροῦμεν τοῖς ἑτέρων ἀτυχήμασι, inquit Africanus ap. Appian. Syriac. p. 112. Bong. Liv. XLII. 52. 9. Romanam constantiam celebrans: ' Ita tum moris erat,' inquit, ' in adversis vultum secundæ fortunæ gerere, moderari animos in secundis.' Et ap. eund. Autorem XLV. 8. 6. Paulus Cos. ' In secundis rebus nihil in quemquam superbe ac violenter consulere decet, nec præsenti credere fortunæ : cum, quid vesper ferat, incertum. Is demum vir erit, cujus animum nec prospera flatu suo efferet, nec adversa infringet.' Add. sup. XXXI. 2. 2. Berneccer. Hic latet solœcismus, Romanis....insolescere. Cum hoc olfecissem, quæsivi in excerptis Mss. Codd. ubi quid esset mutand. reperi. Sic autem ibi scriptum est: neque Romanos, si vincantur, animis minui, &c. Quæ sana, et vera scriptura est, quamque adeo omnino revocendam judico. *Fab.*

Neque Romanis, si vincantur, animos minui] Sic vulgo legitur. Longe elegantior est lect. quorund. Mss. Bongarsii, *Romanos neque, si vincantur, animis minui.* Schef.

§ 9 *Captas civitates inter socios divisere Romani, aptiorem gloriam quam possessiones voluptarias judicantes*] Ea est duorum tautum Mss. lectio: ceteri vulgatam confirmant, nisi quod vulgo *voluntarias* legitur. *Bongars.* Est locus ὄσκυλος. Ms. et Junt. veteresque aliæ edd. *C. c. i. s. divisere, muneris Romani apt. gl. q. p. v. j.* Censeo scribend. *C. c. i. s. divisere, Romanis apt. gl. q. p. v. j.* Sensus enim postulat, ut exprimatur quibus aptior fuerit gloria, quam possessiones voluptariæ; et confirmatur sequentibus: 'quippe victoriæ gloriam Romano nomini vindicandam, opum luxuriam sociis relinquendam.' In antiquo libro scriptum fuit *Romani,* quod cum ab alio correctum esset superscripto *Romanis,* natum inde est ap. alios descriptores, non exputantes quid *Romani* et *Romanis* sibi velit, *muneris.* Græv. Lego *apt. sibi gloriam, &c.* Faber. Græv. codd. Mss. et Juntas, veteresque alias edd. omnes habere ait sic; [v. sup.] Unde ille voce *muneris* expuncta legend. censet: [v. sup.] Jam editionem Junt. sic, ut ille ait, habere

accredo. At aliæ vett. edd. Bechar., puta, Maj. et aliorum, sic habent: *muneris Romani apt. Asiam:* quomodo et in uno cod. Ms. esse testatur Bongarsius. Unde legeud. f. *muneri Romanis apt. Asiam;* ut sensus ait: Asiam Romanis in munus aptiorem fuisse: vel, si *gloriam* retinere malis, *muneris Romanis aptiorem gloriam,* ut sensus sit: Muneris gloriam Romanis aptiorem fuisse quam possessiones voluptarias. Trajectiones vocum tam Nostro quam aliis satis usitatæ. Illud de *munere* consentaneum quoque ei quod antecedit, ' captas civit. inter socios divisere.' *Vorst.* Mss. plerique *divisere, muneris Romani.* Mihi sic scripsisse distinxisseque Just. videtur: *C. c. i. s. d. muneri Romani, potiorem gloriam, q. p. v. j.* Illud *muneri divisere* sic est dictum, ut ' Donarunt victum memoriæ patris ' ap. eund. Nostr. xxxviii. 6. et alia huj. generis ap. alios scriptores, pro, diviserunt in munus, ut esset munus, ut haberent pro munere. *Schef.*

Possessiones voluptarias] Manlius ad milites suos ap. Liv. xxxviii. 17. 18. ' Vobis mehercule Martis viris cavenda ac fugienda quamprimum amœnitas est Asiæ: tantum hæ peregrinæ voluptates ad extinguendum vigorem animorum possunt: tantum contagio disciplinæ morisque accolarum valet.' Ut factum inf. xxxvi. 4. 12. *Bern.*

LIBER XXXII.

Cap. i. § 1 *Ætoli*] De Ætolico bello, quod gessit M. Fulvius Nobilior Cos. cum Gn. Manlio Vulsone, leg. Liv. xxxviii. 3. &c. Flor. ii. 9. *Bong.*

3 *Majus desiderium*] Leg. *majorum* d. Gron.

Majus desiderium] Hanc lect. vix

opinor esse probam. Quis enim La. tinum putet, *augere majus desiderium?* Nam, quod majus est, jam augmentum suum habet. Itaque non angetur desiderium majus, sed desiderium simplex angetur magis. Mihi non est dubium, quin Just. scripserit *in majus des.* Sic enim illud *in majus* usurpat et alibi. Ut II. 13. 2. ' Fama in majus, sicuti mos est, omnia extolleas.' Præp. autem *in* abstulit sequens litera *m* in voce *majus*, totidem constans lineis, quod et alibi jam observavimus esse factum. *Schef.* Omnino cum Junt. legend. *magis des. In majus augeri* nemo Veterum dixit, ut ' in majus extolli.' *Græv.*

§ 5 *In ea Philopœmen capitur*] Error est. Scrib. *In eo.* Neque enim in illa nascenti dissensione captus est Philopœmen, sed in bello. Ceterum hæc verba, *nobilis Achæorum Philopœmen imperator*, transposita fuerunt, et ita disponenda: *In eo nobilis Achæorum imperator Philopœmen capitur.* Faber. Sic planissime Junt. ut Faber conjecerat. *Græv.*

Philopœmenes] Præter Liv. XXXIX. 49. et Plut. leg. Paus. Arcadicis. *Bongars.* Optime Mss. *Philopœmen*, quibus adsentiuntur Juntæ. Sic enim dicitur, non *Philopœmenes*, Græcis. *Græv.*

Nobilis Achæorum Philopœmenes imperator] Codd. quidam Mss. teste Bongarsio *nob. Ach. imperator Philopœmen.* Sed et Junt. *Philopœmen* habet: idque rectius videtur. *Vorst.* Mss. Bong. et *Philopœmen* scribunt pro *Philopœmenes*, et trajecte habent *imperator Philopœmen.* Et profecto ita postulat ratio sermonis Latini. Facit tamen ipsa hæc diversitas, ut putem nomen *Philopœmen* aut *Philopœmenes* non Justini esse, verum glossatoris. *Schef.*

§ 6 *Seu metu virtutis, vel verecundia dignitatis*] Junt. *seu m. v. seu v. d.* Mox iid. *Itaque læti, velut in illo. Læti* vulgo desideratur. *Græv.* Junt. pro *vel* habet *seu:* id quod concinnius rursus videtur. *Vorst.* Junt. *seu ver.* quod a doctis probatur. *Schef.*

Verecundia dignitatis] Vid. notam ad XIV. 6. 10. *Bern.*

§ 7 *Velut in illo omne bellum, &c.*] Tantum instar sc. est in uno belli duce. Cic. pro L. Muræna 16. de

Mithridate : ' Ipse Pompeius, regno ejus possesso, tamen tantum in unius anima posuit, ut, cum omnia, quæ ille tenuerat, victoria possideret, tamen non ante, quam illum vita expulit, bellum confectum judicarit.' Tac. IV. 25. ' Differtur per manipulos, Taefrinatem omnes notum tot præliis consectarentur; non, nisi duce interfecto, requiem belli fore.' Quo ipso argumento Plutarchus in Flamin. 88. qualitercunque Romanos Annibalem, quamvis decrepitum et exulem, ad mortem usque persequentes excusat. Add. Liv. XLV. 7. 1. Flor. IV. 2. 29. Curt. V. 13. 4. *Idem.*

§ 8 *Quem, &c.*] Vincent. ' Q. capi pot. inc. vid.'

§ 9 *In carc. ducto*] Junt. *educto:* leg. *deducto.* *Græv.*

Lygortas] Mss. *Lygorias,* facili lapsu i pro *t.* Græci Λυκόρτας. *Bong.* Et hic Junt. rectius *Lycortas.* Λυκόρτας Græcis. *Græv.* *Lycortas* pater fuit Polybii, Scriptoris nobilissimi, qui veri studio ipsum patrem notavit. *Vorst.*

§ 10 *Pœnasque interfecti Philopœmenis pependerunt*] Quicumque autores fuerunt interficiendi Philopœmenis, ipsi sibi ultro mortem conscivere. Plut. *Bern.*

CAP. II. § 1 *Cum gravi tributo pacis a Romanis victus oneratusque esset*] Hoc nihil est, *gravi tributo pacis victus oneratusque.* Leg. et ita distingue: *e. g. t. pacis, a R. victus, oneratus esset.* Res est et plana et certa. *Faber.* ' Tributum pacis' est id, sub cujus promissione Antiochus pacem obtinuit. Pro *victus* legend. f. *vinctus.* Et videntur hæc de Antiocho Magno, non de Antiocho Epiphane, intelligenda. Quod si ita sit, non ei conveniunt, quæ de templo Jovis Elymæi tentato ipsoque rege interfecto sequuntur: hæc enim Antiocho Epiphani competunt. *Vorst.* Mallet *vinctus* vir doctus. Ego quoque *victus tributo* non intelligo. Sed puto verba hæc sic esse scribenda: *c. g. t. p. a Romanis victus, oneratus esset,* deleto illo *que* post ' oneratus;' quod adjecerat qui ista duo putabat juncta, cum tamen *victus* stet per se: *victus est oneratus,* i. e. cum victus esset, aut postquam victus esset, oneratus est. *Schef.* Non aliter Junt. quam ut legend. videre sagacissime Schefferus et Faber, quorum conjecturam vel sine libris amplexi sunt editores Angli, qui addunt consulend. esse Diod. in Excerpt. Vales. p. 292. *Græv.*

Jovis] Vides sensum requirere, ut legatur *quia sper.* Dein scribend. cum Junt. *Elymæi.* Ut et legend. statuit Voss. Confirmat et Sulp. Severus præter Polyb. et Diod. in Excerpt. Porphyrog. lib. II. ' Interea Antiochus, quem in Persidem profectum supra memoravimus, oppidum Elymam, regionis illius opulentissimum, fanumque ibi situm multo auro refertum diripere conatus, confluente undique ad defensionem loci multitudine, fugatus.' Non confuderunt Veteres Antiochos, ut Berneccerus ex Strab. Hieron. Josepho, et I. Maccab. 6. ad Justini hunc locum, et Drusius ad Sulpitium notarunt; sed docuerunt potius, et patrem Antiochum, Magnum nimirum, et filium Antiochum Epiphanem fuisse sacrilegos: patrem Jovis s. Beli Elymæi, filium Dianæ Elymææ templum compilasse, ut recte vidit Rupert. Obs. ad Hist. Univers. cap. 10. *Græv.*

Dodonæi Jovis] Legend. puto *Elymæi J.* i. e. Beli. Nam, quod Jupiter Cretæ rex ap. suos consecutus est, nempe divinitatis opinionem, stulto gentilium errore, hoc Belus ap. Elymæos. Verum I. Machab. 6. de Antiocho Epiphane hoc sacrilegium refertur. Unde hoc variatum historia puto tum in homine, cum in Deo, de duobus Antiochis et de Jove vario. *Glar.*

Didymæi] Strab. xvi. p. 512. 40.

interfectum a barbaris, cum templum Beli spoliare conaretur: Auctor de Viris Illustr. a sodalibus, quos temulentus in convivio pulsaverat, occisum esse refert: D. Hieron. in XI. Daniel. cum adversus Elymæos pugnaret, cum omni exercitu deletum. *Bongars.* Joseph. Ant. XII. 13. narrat Antiochum, templum Dianæ in Elymaide spoliare conantem, magna clade accepta, Babylonem recessisse: ubi, cum paulo post accepisset nuntium de altera clade a suis accepta in Judæa, dolore sit confectus. Consonat I. Machab. 6. Hæc auctorum diversitas a non distinctis Antiochorum cognomentis orta videtur. Antiochi Soteris interitum reperies ap. Nostr. XXXVIII. 10. 14. *Bern. Mss. Dodonæi,* Impr. *Dindymæi* et *Didymæi.* Omnia falsa. Legend. omnino est *Elymæi;* quam lect. miror a Bong. constabilitam non fuisse, ante cl. Vossium, nam omnia legerat unde id fieret. Firmior itaque Vossius, qui rem indubitatam ponit, legend. sc. *Elymæi,* quod liquido apparet in Junt. ut affirmat Græv. Oppidum autem illud, unde Jupiter dicitur Elymæus, in Perside erat. *Faber.* Scribend. omnino *Elymæi.* Strab. XVI. p. 744. Ἐλυμαῖοι δὲ καὶ μεῖζω τούτων κέκτηνται χώραν, &c. Ἀντίοχον μὲν οὖν τὸν Μέγαν τὸ τοῦ Βήλου συλᾶν ἱερὸν ἐπιχειρήσαντα ἀνεῖλον ἐπιθέμενοι καθ' αὑτοὺς οἱ πλησίον βάρβαροι. Neque mirum est Belum vocari Straboni, qui Justino Jupiter. Diod. II. p. 97. Τὸν Δία καλοῦσιν οἱ Βαβυλώνιοι Βῆλον. *Gronov.* Editur vulgo *Didymæi:* sed legend. esse *Elymæi* ex Polyb. et Diod. monet Voss. Atque ita manifeste in Junt. esse testis est Græv. Scribit et Hieron. in XI. Daniel. Antiochum, cum adversus Elymæos pugnaret, cum omni exercitu deletum fuisse. Facit huc item quod I. Macc. 6. legitur ἐν Ἐλυμαίδι, ' Elymaide,' templum fuisse admodum opulentum, quod Antiochus spoliare conatus fuerit. *Vorst.*

§ 2 *Concursu insularum*] Impr. *incolarum*, quod placet. *Berneccer.* Narrat quoque hanc rem Polyb. in Excerpt. Porphyrog. et Diodorus. Unde patebit legend. esse *Elymæi*. *Insulares* autem vocat templi custodes et accolas. Templa enim, et fana, locaque secreta 'insulas' appellari, nemo nescit. Sic Delphi 'insula' a quibusd. dicuntur. *Voss.* Insignis est et certiss. emendatio Vossii, *insularium.* Sicut hic insulares sunt, ædilui, custodes, et incolæ templorum; sic Pomponio dicuntur, *insularii,* Leg. XVI. de Usu et Habitat. ' Dominus proprietatis, etiam invito usufructuario vel usuario, fundum vel ædes per saltuarium vel insularium custodire potest. Interest enim ejus fines prædii tueri.' Confirmatur hæc lect. in cod. manu exarato, quem Bong. in variis testatur habuisse *insularium.* Sunt autem in Asia talia templa, ad quæ habitant plurimi hominés, qui sacerdoti parent. Talis fuit Cumanus sacerdos, in cujus potestate et ditione erant ad 6. M. hominum. Interdum arma corripiebant, et, qui iis injuriam inferebant, ulciscebantur et propulsabant. Vid. Cic. XV. Fam. 4. *Græv.* Præclara est Vossii emendatio. Sciunt autem docti qui sint insulani et insulares, et quid sit insula in genere ædificiorum. Illum vid. et Juris interpretes. In libris quidem impr. legitur *incolarum:* sed id ab ignoratione significationis factum arbitror. Dein, dicend. fuerat *accolarum.* Sed, mihi crede, Vossii tuta fides ; illum ducem sequere. *Faber.* Bong. edidit *insularum.* Præ quo Berneccero placet, quod antiquiores typis expr. habent, *incolarum.* Mirum autem quod, cum Bong. unam cod. Ms. viderit, in quo *insularium* fuit, id. tamen ipsum illud non rescripsit, sed potius *insularum,* ut dixi. Non *insularum* concursus fieri potuit, sed *insularium.* Suntque *insulares* dicti hic ejus de quo prædictum templi custodes et accolæ. Fes-

tus : ' Insulæ dictæ proprie quæ non junguntur communibus parietibus.' Et facit huc quod Hieron. in Comm. in XI. Daniel. ex Polyb. et Diod. refert, Antiochum, cum templum Dianæ Elymaide spoliaret, a custodibus templi et vicinis gentibus oppressum esse. Porro 'militia' hic est pro exercitu: qua de significatione vocabuli in lib. de Latinit. mer. susp. egimus contr. Sciopp. *Vorst.*

§ 3 *Questum de injuriis*] Junt. q. *injurias.* Ita I. 10. 17. ' Queritur crudelitatem regis.' Cic. de Amic. ' Quorum plerique queruntur semper aliquid.' *Schef.*

Discrepatio] Antiquiores typis expr. *disceptatio.* Vorst. *Discrep.* Vorst. publicavit, nescio quem secutus. *Schef.*

Confusus] 'Confusus' pro perturbato, ut sæpe ap. Val. M. et alios. *Vorst.*

§ 4 *Modestia sua*] Non satis hoc cohæret cum seqq. *modestia sua, patrocinio pudoris obtinuit.* Saltem id. bis repetitur. Unde credo verba *modestia sua* irrepsisse hic ex glossa. *Schef.*

§ 7 *Nam apud fratrem Persæum*] Junt. teste Græv. additum *et* habet hoc modo : *Nam et ap. fr. Persæm.* Estque id concinnius ; quia alternum ' et' mox sequitur. *Vorst. Perses* est ubique, etiam in seqq. *Schef.*

Nota absolutionis causa offensæ fuit] Non nego hanc lect. posse ferri : nec, si renuant vett. libri, quicquam hic tentem. ' Nota' enim ' absolutionis ' est, infamis absolutio. Ut XXXIX. ' infamia mortis' est, ignominiosa mors. Et XLI. ' varia' periculorum certamina' sunt, varia periculosa certamina. Blanditur tamen vehementer Junt. lectio, tanquam longe elegantior et huic l. aptior : *apud p. abs. c. o. f.* Causa enim absolutionis fuit modestia filii, et ex ea senatus in illum studia et amor, qui offendit patrem, uti et seqq. arguunt : ' Indignante

Philippo plus momenti apud senatum
personam filii, quam auctoritatem patris ac dignitatem regiæ majestatis
habuisse.' ' Offensæ esse,' ut ' laudi
esse,' 'opprobrio esse,' ' bono esse,'
et mille talia. Præstare ausim et in
me recipere Trogum ita scripsisse.
Græv. Planissime et verissime Junt.
Nil vidi melius; neque vero injuria
tam bona scriptura a Græv. probatur.
Faber. Ab antiqua ed. Becharii et
aliis abest causa. Vorst. Vox nota
abest a Junt. quod a Græv. probatur. Videtur tamen stare posse, si
conjungatur cum seq. causa, ut nota
causa sit, quæ innotuit, exsistatque
hæc sententia: Quia causa absolutionis, modestia sc. filii, innotuit, publi-
ceque circumlatum est ob eam solam
patrem liberatum; ideo id offendit
patrem. Schef.

§ 8 Igitur Perseus] Orationes utriusque pulcherrimæ et cetera huc pertinentia extant ap. Liv. XL. Bern.

Perseus perspecta patris ægritudine]
Junt. Perses. Paulo ante: apud fratrem Persem: cap. seq. Non minus
scelere Persæ. Dicebant ' Perseus,'
' Perses,' et ' Persa.' Græv. Junt.
Perses: ut et paulo ante apud fratrem
Persem. Sed et XXXIII. 2. est usque
Persen. Et dicitur sane utrumque
' Perseus' et ' Perses.' 'Ægritudo'
dicitur hic quod XXXII. 3. 4. ' ægritudo animi:' qua de significatione
vocis in lib. de Latinit. mer. susp. 14.
egimus. Vor.

CAP. III. § 1 Occiso Demetrio] De
Persei in fratrem Demetrium fraude,
et Philippi morte, vid. Liv. XL. et
Paus. in Corinthiacis. Bongars. Zonar. IX. 22. Φίλιππος δὲ ὁ Μακεδόνων
βασιλεὺς τὸν υἱὸν Δημήτριον ἀποκτείνας,
καὶ τὸν ἕτερον υἱὸν τὸν Περσέα μαλλήσας
φονεύειν, ἀπέθανεν. Ἐπεὶ γὰρ προσφιλὴς
ἐκ τῆς ὁμηρείας τοῖς 'Ρωμαίοις ἐγένετο ὁ
Δημήτριος, καὶ αὐτός τε καὶ οἱ λοιποὶ τῶν
Μακεδόνων ἥπιζον ὅτι μετὰ τὸν Φίλιππον
τὴν βασιλείαν λήψεται, ἐφοβήθησεν αὐτῷ
ὁ Περσεὺς, ἅτε καὶ πρεσβύτερος αὐτοῦ

ὤν, καὶ διέβαλεν αὐτὸν ὡς ἐπιβουλεύοντα
τῷ πατρί. Καὶ ὁ μὲν φάρμακον πιεῖν
ἀναγκασθεὶς ἐτελεύτησεν· ὁ δὲ Φίλιππος
οὐ πολλῷ ὕστερον τὸ ἀληθὲς γνοὺς ἀμύνασθαι τὸν Περσέα ἠθέλησεν, οὐ μέντοι
καὶ ἴσχυσεν· ἀλλ' αὐτός τε ἀπέθανε, καὶ
τὴν βασιλείαν ὁ Περσεὺς διεδέξατο.

Non negligentior tantum Perseus] In
Ms. legitur neglectimentior. Vetus
lect. proculdubio fuit neglectior. Voss.
Lego non irreverentior. Id postulat
sententia. Alius aliud quæret. In
Mss. nonne clementior, quod, corruptum licet, ad conj. meam facit. Faber.
Codd. Mss. quos Bong. vidit, pro
negligentior habent neglectimentior: de
quo cogitare ob consensum codicum
operæ pretium videtur Vossio. Quid
si igitur credamus Just. scripsisse neglectim habentior? Vorst. An negligens
in aliquem Latinum sit, ignoro, certe
dubito. In quibusd. est neglectimentior, unde Vorst. neglectim habentior.
Sed nec neglectim habens in aliquem
procedere videtur. Aliis in libris est
nonne clementior, unde facillime fieret
non inclementior. Sed fuisse hanc
scripturam veram, non contenderim.
Quid? si pro neglectimentior legeretur
æqui timentior. Schef.

§ 2 Insidiis circumventum] Junt. ins.
se circ. Græv. Bene; ita et in aliis
Impr. Faber. Recte meo judicio.
Frequens quidem ellipsis pronominis
reciproci est; sed hic tamen paulo
durior ea videtur. Vor.

§ 3 Innoxia Demetrii morte] Legend.
innoxii. Et ita Ms. Faber. Sic et
Junt. Græv.

§ 5 Scordiscos] Hos ad Istrum ha-
bitasse, etiam Strab. VII. auctor est.
Beng.

§ 6 Namque Galli] Videtur hic de-
meminisse Justinus eorum, quæ dixerat XXIV. 8. 16. Berneccer. Eum re-
fellit Jensius, qui ad vocem ' Galli '
notavit: ' Sc. qui non fuerant in expeditione Delphica. Nam sexaginta
illa quinque M. quæ elegerat Brennus ex omni exercitu, una cum Bren-

no perierunt. xxiv. 7. 6. ' Habebat
Brennus lecta ex omni exercitu peditum sexaginta millia.' '

§ 8 *Sabi*] Ita ex Vett. edidi. Fluvius is Straboni est Σάος, et Plinio iii.
3. 25. *Saus*. Bongars. Bene Junt. *Savi*.
Est hic librariorum posterioris ætatis
error, qni ubique est expungendus.
Stulte enim quis ap. Catull. scripserit
hodie, quod in multis antiquis libris
legitur, ' bibamus, mea Lesbia,' pro
vivamus. Græv. *Sabi* pro *Savi* fre-
quenti temporum illorum scriptione.
Ita habemus in glossis ' bacca' pro,
vacca; ' berbex' pro, vervex; ' bicis-
sim' pro, vicissim; et id genus alia.
Nam verum nomen *Savus*, quomodo
et ap. Pacatum nostrum scribitur, ubi
vid. quæ notavi. Atque ita mox § 14.
in Mss. legitur, ubi *Sabi* est in editis.
Sed et *Savi* Junt. habet in superioribus. *Schef.*

§ 9 *Tect.*] Τεκτόσαγες Straboni xii.
566.

Aurum argentumque] Leg. Strab.
iv. Fuit] autem Q. Servilius Cæpio
Cos. cum Attilio Serrano, et inse-
quenti anno a Cimbris victus; Epit.
Liv. lxvii. Oros. v. 16. Sall. ext.
Jugurth. ubi pro *C. Manlio* vet. Cod.
legit *M. Mallio*. De ejus morte
Strab. et Valer. vi. 11. 13. qui inter
se variant: et ipse Valerius secum
pugnat iv. 7. 3. *Bongars*. De adagio
' Aurum Tolosanum' Agell. iii. 9.
De huj. auri raptu quæstionem aliquando habitam Romæ scribant Cic.
de N. D. iii. 30. Oros. v. 15. et alii.
Porro sacram pecuniam non impune
temerari, ostendit præter alios Livius
xxix. 8. 9. item xxix. 18. 3. et 4.
Bern.

§ 10 *Fuere auri pondo* cx. *millia,
argenti pondo quinquies decies* c. *millia*}
Mira ap. auctores variatio de h. auro.
Strab. ex Posidonio refert 15000. ta-
lentum fuisse; quanti damnatus mag-
nus Antiochus in belli expensas a
Romanis, ut lib. vii. dec. iv. tradit
Livius, summa 9000000. coronatorum.

Verum, si hæ summæ Justini bene
habent, summa in immensum major
fuerit: quod ut Lectori clarum facia-
mus, redigere placet ad nostræ ætatis
aurum ac argentum. Primum enim
dicit auri pondo 110. millia. Pondo
ea si multiplicentur per 112. (tot
enim libra pecuniaria coronatos
habet) erit summa coronatorum
12320000. Deinde subjungit ' argenti pondo quinquies decies c. millia,' quod Budæus, iv. de Asse, putat
dictum pro, quindecies centena millia: ea multiplicata per 10. produ-
cent aurumam coronatorum 15000000.
Quæ duæ summæ a Justino proditæ
simul additæ facerent summam
27320000. coronatorum, plus triplo
majorem quam 15. M. talentum.
Lector ipse, quantum his numeris
confidendum, dispiciat. Porro, quod
post aliquot versus de Colchis subjungit, in plerisque codd. regis Colchorum nomen depravate legitur
Aceta, cum sit Græce Αἰήτης, *Æetas.
Glarean.* Oros. v. 15. ' Cæpio proconsul, capta urbe Gallorum, cui
nomen est Tolosæ, centum mille
pondo auri, et argenti centum et decem mille e templo Apollinis sustulit.'

Argenti pondo, &c.] De h. l. ita
Budæus iv. de Asse p. 152. Hæc
summa vix dicere ausim quanti æsti-
manda sit. Auri singula pondo minoris æstimari centum aureis solatis
non possunt, etiam ut undecima pars
æris in eo mixta fuerit. Qua ratione
aurum illud Tolosanum centies et
decies centenis millibus aureorum
valuit: quod si obryzum fuerit, i. e.
centenis et duodenis solatis in libras
æstimabile, centies vicies ter centenis
et viginti millibus valuit. Quod autem ad argentum pertinet, Trogum
existimarim non *quinquies decies centena millia pondo* scripsisse, quæ summa
quinquagies millies mille aureos valet: sed *quindecies centena millia*, quæ
quindecies millies mille aureis coronatis æstimantur a nobis, i. e. centies

et quinquagies centenis millibus.
Quod si quis Trogum *quinquies decies*
scripsisse malit, tamen pro, quindecies, intelligam, quomodo ap. Suet.
Aug. 101. 6. ' quaterdecies millies,'
pro, bis septies, i. e. quatuor decies.
Strab. ex Posidonio quindecim millibus talentum argenti æstimasse aurum argentumque simul videtur : quæ
summa minor est minima prædicta-
rum, i. e. nonagies centena millia
aureorum. Hæc Budæus : sed usus
editione veteri, quæ, nostræ contraria, summam argenti tribuit auro.
Constabit tamen ratio, sed inversa.
Bern.

§ 11 *Ultor*] F. leg. *ultio.* Gron.

§ 13 *Missos ab Æeta*] Leg. *missis :*
sc. qui missi fuerant ad persequendos
Argonautas. *Faber.* Hic etiam rem
acu tetigit Faber, planeque jam olim
in Junt. sic scriptum est. *Græv.*

Æeta] Græcis est Αἰήτης. Quod
autem statim dicit, Argonautas navem humeris tulisse, vid. Apollonium
IV. Argon. 1383. Τμῆας, ὃ πέρι δὴ
μέγα φέρτατοι υἷες ἀνάκτων, Ἡ βίῃ ἢ
ἀρετῇ Λιβύης ἀνὰ θῖνας ἐρήμους Νῆα
μεταχρονίην, ὅσα τ' ἔνδοθι νηὸς ἄγοντο,
Ἀνθέμενοι ὤμοισι, φέρειν δυοκαίδεκα
πάντα Ἤματ' ὁμοῦ νύκτας τε, &c. *Vos o*
supra modum optimi filii regum, Qua vi,
qua virtute, Libya per cumulos arenæ
desertos Navem sublimem, quæque in
navi fertis, Suscipientes humeris, ferre
duodecim integros Dies simulque noctes,
&c. Bongars.

§ 14 *Magnitudinem navis*] Vulgo
longitudinem navis. Navis pro, navigationis, dixit. *Bongars.* Non videtur. *Bernecer. Navis* Bong. interpretatur, navigationis. Non recte.
Simpliciter ita capiendum, quod fl.
Sabus triremem illam Argonautarum
non caperet, propter magnitudinem.
Adeo ut illis necesse fuerit illam
fluvio elatam humeris suis in littus
Adriaticum deportare. Nota est
historia. *Voss.* Bong. notat vocem
navis positam hic pro voce, naviga-

tionis, quod recte displicet Berneccero. Re vera enim *navis* hic compendium est vocis *navigationis,* ac
legend. *magnitudinem navigationis.*
Magnitudo notat longitudinem s. lon-
ginquitatem, unde in impr. aliquibus
longitudinem navis, ex glossa videl.
Nam *magnitudinem* rectum puto, nec
magis contemnend. quam quod habetur ap. Suet. Aug. 28. ' Itinera
minuta.' *Schef.*

§ 15 *Istrique ex vocabulo amnis*]
Diod. IV. 51. Strab. I. p. 39. m. ut
et Plin. III. 18. confutant eorum errorem, qui putaverant esse quendam
fluvium Istro cognominem, qui in
Adriam exeat ab illo divulsus, ab
eoque denominari gentem Istros, per
quos defluit. Quo in errore hæsit
etiam Aristot. in Hist. Animal. VIII.
13. *Bern.*

Quo a mari concesserant] Phil. Cluver. Ital. Antiq. I. 21. rectius censet
recesserant : i. e. quo amne a mari
Pontico recesserant, sc. Istrum sub-
cuntes. Nam ad mare Hadriaticum
accesserant ; ubi Polam urbem condidisse feruntur. Et ita s. ex Justino
s. ex ipso Trogo transcripsit Isidorus
Orig. IX. 2. ' Histrorum,' inquit,
' gens originem a locis [leg. ut ap.
Just. *a Colchis*] ducit : qui, missi ad
Argonautas persequendos, ut a Ponto
intraverunt Histrum fluvium, a vocabulo amnis, quo a mari recesserant,
appellati sunt.' Ergo non ab Histria
aliquo fluvio, sed ab ipso Danubio id
nominis eos adsumsisse voluit Justinus. *Istria* porro et *Ister,* etsi sine
aspiratione plerumque legitur, ex
antiquis tamen aliquot lapidum in-
scriptionibus, itemque Cassiodori libro de Orthographia patet, Veteres
adspirationem adscripsisse. *Id.*

Quo a mari concesserant] Non possum persuaderi hanc esse veram lectionem : neque illam, quam ex Isidoro
Cluverius exposuit. Solenne enim
Isidoro, ut, quicquid non intelligeret,
aut deleret, aut prave corrigeret. In

Mss. erat *qua e mari concesserant.*
Unde conjicio scriptum fuisse *quo a
Narico concesserant. Naricum* s. *Na-
racum* est ostium Istri, quod tradide-
runt Apsyrtum ingressum esse, cum
Argonautas persequeretur. Νάρηκος
στόμα est Apollonio IV. 'Αμφὶ δὲ δοιαὶ
Σχίζονται προχοαί· τὴν μὲν καλέουσι
Νάρηκος, Τὴν δ᾽ ὑπὸ τῇ νεάτῃ καλὸν στό-
μα, &c. Meminere ejus ostii omnes
Geographi. Alii tamen per Pul-
chrum ostium in Istrum vectos esse
Colchos aiunt. *Voss.*

§ 16 *Daci*] De Dacis et Getis leg.
Strab. VII. *Beng.*

*Qui cum, Orole rege, adversus Baster-
nas male pugnassent*] Mirum quam
turpiter depravatum sit nomen hoc
Dacici regis. In minori Epitome
Trogi dicitur ' Rubobostes.' Et hoc
male. Legend. *cum Barebista rege,
&c.* Vid. Strab. VII. cui est Βοιρεβίστας.
Voss. Junt. Orode. Græv. Notator
Anglicanus legit *Barabista* ex Strabone, quod jam ante Vossius fecerat.
Videtur juvare conj. hanc, quod Ba-
ræbistes dicatur suos Orobris afflictos bellis refecisse exercitatione, so-
brietate, et diligentia. · Verum obstat, quod Getarum potius, quam Da-
corum rex dicatur. Deinde successores habuisse fertur temporibus
Augusti, ut non dici ante videatur
vixisse. Et revera Syllæ, Julii Cæsaris floruit ætate, ut ex ipso Strab.
et Jornande cognoscitur. Vid. quæ
de eo tradidi in Upsaliæ Antiquæ
cap. 10. Non potest igitur in locum
Orolis substitui, cum, quibus imperavit quondam Oroles, illi deinde cum
aliis gentibus militarint Perseo, qui
vixit diu ante Bœrebistam. *Schef.*

Ad ultionem segnitiæ] Non dissimi-
les in disciplina militari animadver-
siones, plus ignominiæ quam crucia-
tus habentes, est observare ap. Diod.
XII. 16. Plut. Agesilao 51. Liv.
XXVII. 15. 8. Tac. XIII. 36. 5. Suet.
Aug. 24. Val. M. II. 7. 9. et 15.
Frontin. IV. 1. Plato quoque IX. sub

init. de Leg. inter leviores pœnas numerat ἀμόρφους θρας καὶ στάσεις, ' ses-
siones stationesve deformes et igno-
miniosas :' quales etiam Augusto suo
Livia commendat ap. Dion. LV. p.642.
Bern.

Quæ ipsis antea fieri] Malim *ab ipsis.*
Faber.

CAP. IV. § 3 *Inf. v.*] Vincent. ' ver-
susque in f.'

Cretam desertur] Vid. Probum in
Annib. Vit. Quo commento Eumenem vicerit, refert et Frontinus IV.
7. 12. Et de ejus morte Plut. in
Flaminino 35. Appian. Syriac. Liv.
XXXIX. 51. ubi et Africani mortem
commemorat. Val. M. IX. 2. 2.
Varro περὶ 'Εξαγωγῆς ap. Nonium :
' Quærit ibidem ab Annibale, cur
biberit medicamentum : Quia Romanis, inquit, me Prusiades tradere
volebat.' *Beng.*

§ 5 *Velut pignus opes ejus tenebat*]
Agell. XVI. 10. ' Quoniam res pecuniaque familiaris obsidis vicem pigne-
risque esse apud Rempub. videbatur ;
amorisque in patriam fides quædam
in ea firmamentumque erat : neque
proletarii, neque capite censi, milites
nisi in tumultu maximo scribebantur ;
quia familia pecuniaque his aut tenuis
aut nulla esset.' Ita Veget. II. 20.
' Miles, qui sumtus suos scit apud
signa depositos, de deserendo nihil
cogitat : magis diligit signa : pro illis
in acie fortius dimicat : more humani
ingenii, ut pro illis habeat maximam
curam, in quibus suam videt positam
esse substantiam.' Unde callidi Principes, a sibi suspectis mutuam pecuniam accipientes, eorum sibi fidem
obstringunt. Id quod feliciter expertus est Eumenes, narrante Diod.
XIX. 24. et Plut. Eum. 24. itemque
Leucon ap. Polyæn. VI. Fecit hoc
Eduardus II. Anglus, teste Comineo ;
itemque Reges Hispaniæ faciunt. Rationem explicat Aristot. in Ethicis in
Nicom. IX. 7. *Bern.*

Auro suo in statuis, quas secum por-

tabat, infuso] Ita sane edd. tam vett. quam recentiores. Ego tamen vix dubitem, quin legend. sit vel *statuis inf.* vel *in statuas inf.* Vorst. Libri omnes habent *in statuis*, neque quidquam est mutand. Dixi alibi de hac constructione præp. *in*, quæ legitur sæpe in Mss. etiam ap. Nostrum, sed dein mutata in editis per sciolos. *Schef.*

§ 6 *Novo commento*] Stratagema hoc imitati Atreni, cum obsiderentur a Severianis, vasa fictilia, volucribus quibusdam venenatisque bestiolis oppleta, dejecerunt in oppugnantes, quæ, cum aut oculis involitarent, aut in apertas corporis partes sensim obreperent, graviter eos sauciabant. Herodian. III. 28. *Bern.*

Mittit] Non dubito, quin Just. scripserit *mitti*, et retulerit ad antecedens ' jussit.' Factum autem est *mittit*, propter sequens ' id,' quod ei

adglutinaverunt. *Schef.*   Schefferi conj. firmat Junt. in qua *mitti* extat. *Græv.*

§ 9 *Insignis hic annus*] Add. Liv. XXXIX. 50. 10.   Similia id. XL. 37. 1. Tac. XII. 64. 3.   Dio LX. fin. *Bern.*

§ 10 *Nec tum cum Romano tonantem bello Italia contremuit*] Scrib. cum Junt. *nec cum It. R. tonante b. cont.* Bellum enim tonat, non imperatores, qui fulmina quidem belli dicuntur. XXIX. 3. ' Videre tonantem ac fulminantem ab occasu procellam.' Flor. II. ' Prima belli tempestas detonuit.' *Græv.* Junt. *nec cum It. R. tonante b. c.* Nobis altera illa lect. præferend. videtur. *Vor.*

§ 12 *Neque insidiis suorum*] Ead. Liv. XXVIII. 12. 3.   Rationem reddit Tac. H. II. 37.   Quia ' exercitus linguis moribusque dissoni,' quales Hannibali fuerunt, ' in consensum non facile coalescunt.' *Bern.*

LIBER XXXIII.

CAP. I. § 1 *Macedonicum*] De h. bello Plut. in Paull. Æmil. Liv. XLI. et seqq. Flor. II. 12. Paterc. I. 9. Paus. Achaicis, Diod. XXXI. cujus habemus tantum excerpta. *Bong.*

Tanto clarius] Id. Livii judicium XXXI. 1. 5. *Bern.*

Auxiliis omnium regum] Liv. lib. II. dec. V. ait Eumenem, Antiochum, et Ptolemæum a Perseo sollicitatos, sed cum Romanis mansisse in fide. Id. de Ariarathe et Masanissa; quapropter rectius dixisset *aliquot*, aut *paucorum*, pro *omnium*, Justinus. *Glarean.*

§ 2 *Legiones plures numero*] Non plures numero legionem, sed quatuor tantum conscripserant Romani, numerum autem militum in singulis legionibus anxerant. Nam, cum 5200. pedites ex veteri instituto legere so-

lerent, in has legiones sena M. peditum conscripsere, ut ex Liv. XLII. 31. tradidit Perizonius, qui oscitantiæ hic accusat Justinum Hist. Animadv. 11. Mallem h. in l. negligentiam hanc in librarios derivare, qui corrupere locutionem, quam non intellexerunt. Puto enim Justinum reliquisse *legionis plures numeros.* Sæpe enim, numeri, sunt, cohortes. Tac. I. H. 6. ' Multi ad hoc numeri e Germania, ac Britannia, et Illyrico,' &c. ubi vid. Lips. Nam et ibi hanc vocem corruperant scioli. *Græv.*

§ 2 *Acciverunt*] Bong. codd. *acceperunt.* Quam lect. puto rectiorem, ut convenientiorem veritati et historiæ. Masinissæ profecto non fuit ea tum conditio, ut Romani talia imperare illi possent aut vellent, quæ

tamen respicit verbum *acciverunt*. Et
Liv. xlii. 29. tantum sie de eo.:
' Masinissa et frumento juvabat Romanos, et auxilia cum elephantis Mi-
sagenenque filium mittere ad bellum
parabat.' Quibus verbis liquet ultro
hoc factum a Masinissa, non quod
exegissent Romani. Quorum ne magnitudo quidem animi hoc facile per-
misisset. *Schef.*
Eumeni regi Bithyniæ] Scrib. *E. r.*
Pergami. Gronov. Non apparet, qui
Eumenes rex Bithyniæ esse potuerit,
cum Prusias,-ejus aliquando hostis,
rex Bithyniæ ; ipse vero rex Pergamenus fuerit. *Vorst.* Hoc *Bithyniæ*
suspectum habet Voratius, cum Eumenes rex fuit Pergamenus, ex Gronov. *Schef.* Præstantiss. Perizon.
Animadv. Hist. 11. docet Justinum
hic errasse, non librarios, ut xxvii.
3. dum hunc Eumenem Bithyniæ regem appellat, qui fuerit Pergami rex,
Attali filius, socius atque amicus
Romanorum præcipuus. Vid. Liv.
xxxvii. 39. 41. 43. *Græv.*
Denuntiatum] Malim *denuntiarunt.*
Bong.
§ 3 *Decennis*] Ita legend. ex vestigiis antiquæ lectionis; ea est *decentis.*
Bongars. Firmat hanc Bongarsii correctionem Junt. *Græv.*
§ 4 *In favorem sui*] Liv. xxix. 30. 6.
' Fama modicæ rei, in principio rerum prospere actæ, couvertit ad nos
hominum studia.' Tac. H. ii. 20.
' Ut initia belli provenerint, fama erit
in cetera.' Fama fallax, quia ' Mars
communis sæpe spoliantem jam et
exsultantem evertit et perculit ab ab-
jecto :' Cic. pro Mil. 21. *Bernec.*
§ 5 *Consul Sulpitius*] Non est mihi
dubium, quin h. l. legend. *L. Licinius*
pro *Sulpitius.* Deceptio evenisse videtur, quod initio belli Macedonici
cum Philippo consul Sulpitius fuerit.
Verum id bellum plus 25. annis præcessit. Nec de Sulpitio Gallo Astro-
logo intelligi potest, qui post devic-
tum Perséa consul factus est. Ut

nihil dicam de numero regum ad fin.
huj. lib. qui sumptus est ex v. lib.
Liv. dec. v. In utroque nimis exiguus, si Eusebio credimus : in Liv.
20. hic 30. ap. Euseb. 38. *Glarean.* *Cos. Sulpitius*] Huj. consulis
nemo præter h. Auctorem meminit.
Aut igitur fœdum mendum est in
libris : aut Just. turpiter lapsus est.
Est enim hic *P. Licinius*, qui Cos. fuit
cum C. Cassio Longino. Liv. xlii.
28. 3. et Plut. Apoph. 13. quod notavit Glareanus ; nescio tamen quo
auctore eum *L. Licinium* vocet.
Bongars. Bong. etiam in V. L. monet
Sulpitii nomen huc ex ora libri irrepsisse, quod Studiosus notaverat et
illa quæ statim sequuntur, ' Luna
nocte defecit.' *Bernec.* Notator
Anglus putat *Sulpictus* delend. ut ex
marg. transsumtum in textum. Atque sic jam pridem judicarunt alii.
Vid. Not. cl. Bernec. Mihi subesse
huic vocabulo videtur aliquod quod
respondere debeat sequenti ' victo.'
An *supplici*, quia præcedit ' misit, qui
pacem peterent ?' Num potius *superiori*; quia præcedit ' victor Perseus ?' *Schef.* Errasse hic Justinum,
cum non Sulpicius, sed P. Licinius
Crassus missus fuit ad hoc bellum
contra Persen, olim notavit Glareanus, et pluribus adstruit Perizonius
Animadv. Hist. ii. testatas duo bella
Macedonica, Philippicum et Persicum, confudisse Justinum, consulem-
que P. Sulpicium Galbam, qui prius
inchoavit, fallente memoria in posterius contulisse; præsertim cum ap.
ipsum Trogum, ab isto consule et
imperatore superius Macedonicum
bellum cœptum, lib. xxxv. ut ex
Prolog. constat, legisset: vid. ibi
plura. *Græv.*
§ 7 *Prælium consereretur*] Antiquiores typis expr. *cons. bellum :* id quod
a stylo Justini nec abhorret, ut qui
subinde ' bellum' pro prœlio ponit.
Vorst. *Bellum* merito præfert Vorst.
Schef.

CAP. II. § 1 *M. Cato*] M. Cic. de Senect. Ex ejus I. 11. de Off. constat Catonem filium in Macedonia Persico bello militasse. Totus is locus Ciceronis adducitur a Saresb. VI. Policr. 7. a quo abest glossa illa, *Adeo summa erat observatio in bello movendo*, quæ in textum Ciceronis impudenter irrepsit. *Bongars.* Frontin. Strat. IV. 5. 7. *Bern.*

§ 2 *Corpore collecto*] Nescio an vera sit hæc lect. Sane *corpus colligere* pro, surgere, num dicatur de prolapso, quæro adhuc, nec invenio. Mallem *c. correcto*, aut *c. recorrecto*, quomodo habemus in Fragmento Petronii Dalmatico: 'Sed recorrexit costas ipsius prima vindemia.' Ubi vid. quæ a nobis sunt notata. *Schef. Corpus colligere* eod. modo dicitur, ut paulo post 'gladium recolligere.' Sic et 'colligere vires' Cic. *Græv.*

§ 3 *Cum ad unum*] 'C. ad illum un.' Vincent.

Gladius ei e manu elapsus] Sen. Ep. 120. de Horatio Coclite: 'Non minus sollicitus ut armatus, quam ut salvus exiret.' Nam ut ait Diod. XIV. 115. 'Fortes arma et vitam eodem æstimant pretio.' Unde P. Furius maluit cum millenaria cohorte perire, quam redimere salutem traditis armis. Dionys. IX. 80. *Berneccer.* Junt. *gladius manu elapsus.* Mox ead. ed. *ad suos cum clamore omnium revertitur.* Probo *ad suos.* Græv. Junt. *glad. manu elapsus.* Et perinde est, quod quidem ad Latinitatem attinet. Val. Max. II. 16. 2. 'E vagina gladius ejus elapsus decidit.' *Vorst.* Plut. Cat. maj. p. 349. Τοῦ ξίφους ἐκκρουσθέντος ὑπὸ πληγῆς, καὶ δι' ὑγρότητα τῆς χειρὸς ἐξολισθέντος, ἀχθεσθεὶς τρέπεται πρός τινας τῶν συνήθων, καὶ παραλαβὼν ἐκείνους αὖθις εἰς τοὺς πολεμίους ἐνέβαλε· πολλῷ δ' ἀγῶνι καὶ βίᾳ μεγάλῃ διαφωτίσας τὸν τόπον, εὗρε μόλις ἐν πολλοῖς σώγμασιν ὅπλων καὶ σώμασι νεκρῶν ὁμοῦ φίλων τε καὶ πολεμίων κατασεσωρευμένων.

§ 4 *Inspectante, &c.*] Saxo I. p. 6. 12. 'Teutonum Danorumque ex. insp.' IX. p. 172. 11. 'Utroque ex. insp. congressus.'

Ad socios cum clamore hostium revertitur] *Ad suos* optime, in Junt. In al. male, *ad socios.* Faber. Antiquiores typis expr. et inter ceteros, quem Juntæ curarunt, *cum cl. omnium.* Vorst. Vett. *cl. omnium*, atque sic et Junt. quod puto esse rectum, cum hic clamor gratulantium sit intelligend. *Schef.*

§ 5 *Decem millibus talentum*] In Mss. est *tantum*, quasi sermo sit de militibus. Et equitatum totum eum e prælio secutum sunt auctores. Sed re vera illud *tantum* est compendium τοῦ *talentum.* Docet Liv. XLIV. 45. ubi tamen 'duo millia talentum,' non *decem*, leguntur; ut vidend. sit, an non lectio Nostri sit depravata per eos, qui II. pro X. acceperunt. *Schef.*

Quem, &c.] Liv. XLV. 6. ait Persen sese et filium Octavio tradidisse. 'Liberos quoque parvos regios Ion Thessalonicensis Octavio tradidit: nec quisquam præter Philippum, maximum natu e filiis, cum rege relictus. Tum sese filiumque Octavio tradidit.' Filiam quoque Persis ab Æmilio captam fuisse refert Georg. Syncellus in Chronog. p. 282. Οὗτος [M. Αἰμίλιος] Περσέα λαβὼν ζῶντα ἅμα δυσὶν υἱοῖς καὶ μιᾷ θυγατρί. Zonar. IX. 24. Persen cum uxore et tribus liberis captivorum habitu in triumpho ductum fuisse scribit, et paulo post addit: Περσεὺς δὲ εἰς Ἄλβαν σὺν τοῖς παισὶ καὶ τῇ θεραπείᾳ κατετέθη· κἀκεῖ μὲν, ἕως ἤλπιζε τὴν βασιλείαν κομίσασθαι, ἀντεῖχεν· ἔπει δ' ἀπέγνω, ἑαυτὸν διεχειρίσατο· καὶ ὁ Φίλιππος ὁ υἱὸς αὐτοῦ ἥ τε θυγάτηρ αὐτοῦ οὐκ εἰς μακρὰν ἀπέθανον· μόνος δ' ὁ νεώτατος τοῖς τῶν Ἀλβανῶν ἄρχουσιν ὑπογραμματεύων ἐπί τινα χρόνον διήρκεσεν. Carcerem autem, in quem reclusus fuit Perses, describit Diod. Ecl. 2. lib. XXXI.

§ 6 *Triginta reges*] Liv. XLV. 9. 3. tantum 'viginti' numerat. Eusebius Persen tricesimum nonum facit. *Bern.*

Rerum non nisi centum nonaginta duobus annis potita] Liv. XLV. putat regnum Macedonum, inde a morte Alexandri distractum in multa regna, a summo culmine fortunæ ad ultimum finem stetisse 150. annos. *Vor.*

§ 7 *Ita cum*] Quid sibi velit *Ita* h. quidem l. non intelligo. In Mss. legitur *Itaque*, quod nihilo videtur melius, cum causalitatis nulla hic sit

ratio. Legend. sine dubio *duobus annis potita. Quæ cum, &c.* Vocula *Ita* perperam est repetita ex præc. vocis ultimis literis 'potita.' Dein cum *Quæ* scriptum esset per *e* simplex, ut fit in Mss. conjunxerunt utrumque, ac fecerunt *Itaque.* Schef.

§ 8 *Diu detentus*] Mss. Bong. omnes habent *diu tentus*, quod nescio, quare noluerint recipere in textum. Nam 'tenere' pro, retinere vel detinere, frequens ap. optimos scriptores. *Id.*

LIBER XXXIV.

CAP. I. § 1 *Achæi*] Bellum Acbaicum, et ejus originem multis describit Paus. Achaicis. Vid. Liv. LII. et Flor. II. 16. Paterc. I. 12. Oros. v. 3. *Bong.*

§ 2 *Unum corpus*] Polyb. II 38. Achæos ut optimum exemplar bene constitutæ Reipub. commendat, cum quo Belgico-Germania in multis convenire videtur. *Bern.*

§ 5 *Frangerentur*] Non displiceat, quod in Mss. esse testatur Bong. *trajicerentur:* ut sc. trajectione populorum contumaciam eorum frangendam Romani censuerint: quod fecit Philippus VIII. 5. 7. *Berneccer.* In libris Bong. fuit *trajicerentur*, quod Bernecc. putat probum. Mihi aliter videtur, cum quia istiusmodi trajectio, tum quidem, et ibi locorum, factu videtur fuisse impossibilis, tum quia non admittit verbum *frangerentur*, quod mihi glossa lect. veræ esse certo videtur. Puto tamen in *trajicerentur* latere vestigia veræ scripturæ. Ac primum quidem censeo delend. literam *t* a capite, quæ ei adhæserit ex fine vocis præcedentis; supererit

rahicerentur; ita enim fuit in Mss. Hoc quoque puto dividend. in duo, *ra hicerentur:* priori *ra* si imponas virgulam in summo, facile colligas legend. pro eo *ruina.* Jam ex *hicerentur* quid facilius quam formare *dicerentur?* i. e. *dijicerentur* vel *disjicerentur.* Ita lect. integra erit : *et, si quæ urbes contumaces essent, ruina dijicerentur*, quod plane illud *frangerentur* est, quod in editis hodie occurrit. *Schef.*

§ 9 *Legatos quoque ipsos*] Flor. II. 16. de Critolao concitore huj. belli : 'Legatosque Romanos, dubium an et manu, certe oratione violavit.' Et Cic. pro L. Manil. 5. propter legatos superbius appellatos Corinthum eversam dicit. Vid. et de Off. I. 11. *Bong.*

CAP. II. § 1 *Mummio consuli*] L. Mummius cum Cn. Corn. Lentulo Cos. fuit: et ab Achaia devicta 'Achaicus' dictus. Oros. Paterc. ceteri. Corinthum captam esse anno 3. Olymp. 156. scribit Plin. XXXIV. 2. Paus. Olymp. 160. *Bong.*

§ 2 *Sed Achæi, velut*] Hermocrates

ad Syracusanos in Thucyd. vi. 34.
'Id unicuique fixum certumque in
animo esto, quod contemptum hostium ipsis factis et viribus declarare,
in re vero præsenti cum metu apparatum firmissimum, tanquam in haud
dubio periculo, comparare, longe sit
utilissimum.' Nam, ut inquit Archi-
damus ap. eund. ii. 3. 6. ' Haud rare
parva manus magnam multitudinem
hostium, qui contemptim et imparati
certamen inierant, profligavit.' Curt.
vi. 3. 11. ' Nihil tuto in hoste despi-
citur ; quem spreveris, valentiorem
negligentia facies.' Quomodo in Floro ii. 14. ' Macedo, aliquanto quam
ante gravior, dum contemnitur.' *Bern.*

§ 6 *Ut hoc exemplo*] Mss. Bong.
ut ex h. e. quod non debuit contemni.
Plena enim est locutio, quæ vulgo
per præpositionis ellipsin effertur.
Sane sic legend. etiam hinc colligas,
quod in quibusd. reperitur *ut et h. e.*
quod sine dubio ex altero, errore
scribæ, sic formatum est. Similia et
alibi notavimus ap. Nostr. *Schef.*

§ 7 *Rex Syriæ Antiochus Ptolemæo*]
Cum tot sint Antiochi ap. scriptores,
non dignatur Justinus vel uno verbo
innuere, de quonam Antiocho hic loquatur, de Ptolemæo ad idem. Ego
quidem pnto eum loqui de Antiocho
Epiphane, Seleuci vii. regis Syriæ
fratre. Vid. Flor. xli. in Livii Epitome. Item de Ptolemæo Philoma-
tre sexto post Alexandrum, hactenus
perpetuo a patre suscipiente imperium, ut inquit Strab. lib. ult. *Glarean.*

Antiochus] Epiphanes dictus, Magni filius: ejus sororis Cleopatræ hic
Ptolemæus filius erat. *Bong.*

Nimia sagina] Add. xxi. 2. 1. et
xxxviii. 8. 14. *Bern.*

Regiæ, &c.] Saxo vi. p. 106. 42.
' Intermissisque regiæ majestatis officiis.'

§ 8 *Particip. &c.*] Hegesipp. i. 40.
' Nam, accepto diademate, prope uni-
versi regni potentiam cum fratre suo
[Pherora] Herodes participaverat :'

ubi ex Ms. et Josepho i. de B. J. 24.
reponend. *excepto.* Ita enim ille :
῾Ος πάσης μὲν ἐκοινώνει τῆς βασιλείας
πλὴν διαδήματος. Saxo xiv. p. 312.
43. ' Rex regni majestatem cum sanguine suo participare non damnum
honoris, sed claritatis incrementum
putavit.'

CAP. iii. § 1 *Legatus P. Popilius
ad Antiochum*] Huj. legati et prænomen et nomen varie legitur, ut ap.
Val. M. vi. 4. et ap. alios. Ego credo *Caium*, non *Publium:* item *Popilium* absque *m* in prima syllaba, non
Pompilium nominatum. Certe Liv. v.
dec. v. ubique vocat *C. Popilium
Lenatem.* Glar.

Legatus Popillius] De eo vid. Liv.
xlv. 12. Plut. Apoph. 32. Val. M.
vi. 4. 3. a quibus *C. Popillius* dicitur.
Paterc. i. 10. 1. est Marcus, et Hieronymo in xi. Daniel. Hic vulgo est
P. Popilius. Bong. Add. Plin. xxxiv.
6. ubi tamen errore manifesto Cn.
Octavius pro Popilio ponitur : itemque Cic. Phil. viii. 8. et Appian.
Syriac. p. 131. m. *Bern.*

§ 2 *Facessere privatam amicitiam*]
Ita Timotheus, adversus Jasonem,
' patriæ sanctiora jura, quam hospitii,
esse duxit :' Probus Timoth. ext.
Quomodo Demosthenes dixit, ' se anteponere salem civitatis hospitali
mensæ,' quod ei tamen maledicti loco
objicit Æschines in Orat. de Fals.
Legat. *Berneccer.* Saxo xiv. p. 335.
f. ' Quin potius, ubi publicæ necessi-
tati consulitur, privatas lites facessere oportere.'

§ 3 *Ut et amicos caperet*] Est qui
languere hæc verba, et ita rescriben-
da censet, *ut ut a. c.* quæ quid sibi
velit emendatio, non video. Justini
mens : Eam fuisse circulo capacita-
tem, ut intra eum stare possent etiam
amici Antiocho advocandi, et in consilium adhibendi. Vox ' amici' sumitur hic eo significatu, ut ix. 8. 16.
xii. 12. 8. xxxi. 6. 1. et passim ap.
auctores : clarissime vero ap. Suet.

Tib. 55. 1. 'Super veteres amicos et familiares, viginti sibi e numero principum civitatis depoposcerat, velut consiliarios in negotiis publicis.' *Berneccer.* Post 'prolatoque' addit 'ei' Vincent.

Inclusum, ut et amicos caperet, consulere] Junt. *inclusum amicos capere, et cons.* Quod mibi arridet. Sic 'capere arbitros,' 'generum,' ap. Terent. et alios. *Græv.*

§ 4 *Austeritas*] Ms. Junt. veteresque edd. aliæ *asperitas*. Græv. Vett. et Junt. *asp.* Alterum glossatoris est. *Schef.*

§ 5 *Antiochus decedit*] Appian. Syriac. p. 131. 'Spoliato in Elymæis templo Veneris, tabe periit relicto novenni filio Antiocho Eupatore.' Hieron. in Dan. ex Polyb. et Diod. bibliothecarum scriptoribus refert, eum, cum templum Dianæ in Elymaide spoliare conaretur, oppressum a custodibus templi et vicinis gentibus, quibusd. phantasiis in amentiam versum, morbo interiisse, in Tabes oppido Persidis. *Bongars.* Præterit ergo Auctor quod Antiochus reversus in regnum Judæos vexavit, quodque Elymaida profectus templum ibi spoliare voluit. Judæos a regibus Syriæ vexatos significat demum lib. xxxvi. et primum quidem a Demetrio, qui, sublato Antiochi Epiphanis filio Antiocho Eupatore, regnum occupavit. Quæ sup. xxxii. 2. 1. de templo Jovis Elymæi oppugnato scribit, ea huc referenda fuissent. *Vor.* Margini Leid. 4. ascriptum erat: 'Hic Antiochus Epiphanes, cum quo Judas bella gessit, templi exspoliator, qui lateris vermibus obiit.'

· *Relicto p. a. filio*] Gronov. e Mss. adjiciend. censet *nomine Eupatore*. Vorst. Addunt Mss. *nomine Eupatore*, quod Gronov. putat rectum. *Schef.* Angli quoque id repererunt in tribus Mss. sed ex marg. irrepsisse id contendunt. *Græv.*

· § 6 *Patruus ejus Demetrius*] Appi-

an. Syriac. p. 117. Demetrium hunc dicit Σελεύκου μὲν υἱὸν, ᾿Αντιόχου δὲ ᾿Επιφανοῦς ἀδελφιδοῦν, υἱωνὸν δὲ τοῦ μεγάλου ᾿Αντιόχου, ἀνέψιον ὄντα τῷδε τῷ παιδίῳ. Non ergo patruus, sed patruelis: erant enim ambo duorum fratrum filii. Leg. Appian. et Epit. Livii xlvi. *Bongars.* Et sic Diod. ap. Vales. 322. *Bern.*

Obsidemque se] Legend. videri possit *obsidem inquiens se*, ut cohæreat oratio. Sed Auctori non insolens est hæc ellipsis. Exempli causa v. 7. 12. Idem. Obsidem *inquiens se* mihi persuasissimum esse scribend. Nam illud *que* in *obsidemque* prorsus hic est otiosum, neque habet quidquam, quo referatur, et *in* in *inquiens* intercidit præcedens *m* in voce 'obsidem.' Nisi plane sequi malumus Mss. Bong. et legere *obsidem se*, omisso illo *que.* Tunc enim valebit, quod de ellipsi a Bernecc. notatum est. *Schef.*

§ 7 *Dimitti igitur se ad regnum, &c.*] Postulatum non iniquum. Qui obses datus est tantum, ut alterum captivum aut obsidem redimat, eo mortuo liberatur. Nam in illo, dum moritur, jus pignoris extinctum est, ut in captivo redempto dixit Ulpianus L. 5. D. de Captivis. Quare, sicut in Ulpiani quæstione pretium non debetur, quod in personæ locum successit, ita nec hic persona manebit obligata, quæ personæ vicaria facta est. Hæc Grotius de J. B. ac P. iii. 20. 56. *Bern.*

Deberi] Add. *dicebas*. Faber. Notator Anglicanus putat hic addend. *dicebat* (ex Fabro) vel quid simile. Ac profecto mutila est hæc oratio. Sed mallem eam superius juvari, ubi legitur *obsidemque*. Quæ est enim connexio: Senatum adiit obsidemque se venisse? Legend. igitur existimo *senatum adit, obsidem inquit se venisse.* Schef.

§ 9 *Regnumque ei occiso pupillo a tutoribus traditur*] Tutor fuit Lysias. Is regnum non tradidit Demetrio, sed a militibus interfectus est uterque, Lysias et Antiochus, ut tradunt auctor Maccab. i. 7. et Joseph. Antiq. xiii. 16. Liv. Epit. xlvi. ' Hunc Antiochum puerum cum Lysia tutore ejus Demetrius, Seleuci filius, qui Romam obses missus fuerat, clam [sc. elapsus], quia non dimittebatur a Romanis, interemit, et ipse in regnum receptus.' Itaque hic legend. statuo *pupillo et tutoribus*. Græv. Ex historia veteri optime emendavit Græv. *Faber.* Græv. *et tutoribus;* quia aliunde sciri potest tam tutorem Lysiam, quam pupillum Antiochum Eupatora occisum fuisse tum, cum Demetrio regnum traderetur. *Vorst.* Græv. *et tutoribus.* Probo, exigente sic historia; tantum mallem *ac tutoribus,* ut abesset propius a veteri scriptura. *Schef.*

CAP. IV. § 1 *Prusias*] Strab. xiii. scribit interfectum ab Attalo: alii a

filio, adjuvante Attalo. Epit. Liv. l. Appian. *Bongars.* Porro de adfectu paterno, novercalibus odiis extincto, vid. Notam xvii. 1. 4. Add. Liv. xxxix. 9. 4. Tac. i. 8. 6. &c. *Bern.*

Et Romæ, &c.] Usque ad *susceperant* uncinis includit Ed. Bong.

4 *In auct. &c.*] Saxo i. p. 19. 44. ' Dolum in auct. retorsit :' xiv. p. 350. 7. ' Ceterum insidiarum periculis patere malle, quam in auctores facinus retorquere.' Saresb. ii. Policr. 20. f. ' Alioquin hominem nulla justitia condemnabit, cum culpa non in eum, sed in ipsius retorqueatur auctorem.'

§ 5 *In latebris*] ' Religione fani Jovis se tutantem confoderunt quidam immissi a filio,' inquit Appian. Mithrid. p. 175. *Bern.*

Quam filium] Melius si rescribas *quam que fil.* Fab.

LIBER XXXV.

CAP. I. § 1 *Ocium*] xx. 1. 1. ' Grave ocium regno suo.' Catull. C. 52. ' Ocium reges prius et beatas Perdidit urbes.' Vulgo *odium* hic legitur pro *ocium:* quod et quæ sequuntur, et quæ superiore lib. dixit, impugnant. *Bong.*

§ 2 *Fastiditas sororis nuptias*] Exempla bellorum, ob petitæ repulsam inter reges exortorum, extant in Herod. iii. 1. Diod. xiv. 107. Dionys. iv. 52. Nostro ii. 5. 9. Addend. Apul. sub initium viii. M. *Bern.*

Orofernem] Ita Vett. Appian. Syriac. p. 118. Ὀλοφέρνην, et Diod. xxxi. *Bongars.* Ælian. H. V. ii. 41. 18. Polyb. ap. Vales. 170. *Bern.* Ὀροφέρνης quoque vocatur in Excerpt. Porphyrog. e Diod. Quamvis alii aliter vocent. *Vos.*

§ 6 *Lacessiti*] Impr. *lacessitis,* rec-

tius, ut opinor. *Bern.*

Subornant] De h. Alexandro, incertæ stirpis et ignoto homine, Liv. Epit. lii. et Appian. Syriac. p. 131. *Bongars.* Ejusd. Demetrii filio, item Demetrio dicto, itid. submissus fuit Pseudo-Alexander alius, de quo Noster xxxix. 1. 5. Hujusmodi scenicos et obrepetitios principes aliquam multos contraxit Lipsius in Monitis et Exemplis Politicis ii. 5. Quibus add. Pseudo-Drusum ex Tac. v. 10. Pseudo-Neronem, Suet. Ner. fin. Pseudo-Ariarathen, Val. M. ix. 16. Pseudo-Johannem, Pachymer. iii. 12. et 13. et plures. *Bern.*

Propalam quendam] Ampliss. Lingelshem. ostendit mihi locum in doctoris sui Ob. Gifanii plenis bonæ frugis Obss. in L. L. ubi ' propalam' ait ' Latine dici eum qui propalam,

velut ante-palum et de-palo, penden-
tes merces habet et vendit : eamque
vocem·ubique fere per errorem esse
mutatam in *propola*, quæ vox tamen
Græca est, et proxenetam seu vendi-
tionis conciliatorem significat, teste
Polluce VII. 2.' Consimilia Turneb.
Advers. I. 1. Ostendit etiam epistolam a Bongarsio, ante hos 20. annos
ad se scriptam, et huic expositioni
subscribentem, cum antea putarit
Justino *propalam* hic adverbialiter accipi. Scaliger tamen in Culicem
Virgil. p. 42. statuit·*propala* non ety-
mologiæ, sed pravæ librariorum consuetudinis esse scripturam, pro *propola*: hoc autem non esset ortum a
mere Græco τροπόλης, qui est proxe-
neta et pararius Senecæ ; sed esse ex
Græco πωλεῖν et Latina præp. conflatum, duplici argumento: tum quia
producit primam syllabam, cum alioqui, si Græca esset, corriperetur:
tum etiam quia diversam a τροπόλης
significationem habet. Dictus enim,
quod primus vendat merces, quas in
portu primus anticipat, et, ut Persius
ait, 'primus tollit piper a sitiente
camelo,' ut prior vendat. Quod manifeste innuit Lucillius, citatus a Nonio, voce *Primitus*: 'Sienti cum primus ficos propola recentes Protulit ;
et pretio ingenti dat primitu' paucos.'
Quanquam etiam in his Lucillianis
propala nonnulli libri habent: item
in Varr. de R. R. III. 14. Quin in
illis quoque Cic. in Pison. 27. 'Panis
et vinum propala, atque de cupa.'
Mss. Palatinorum et edd. vett. hanc
esse scripturam, testatur Gruterus.
Pro hoc item *propula* in opt. Glossa-
rio scriptum invenisse se Scaliger
asserit. Porro similem huic in Nostro locum vid. XXXIX. 1. 5. *Berneccer.*
Celeberr. vir Fr. Gronovius optime
conjecit scribend. hic esse, *sub. Balam q.* Josepho enim 'Αλέξανδρος ὁ Βά-
λας dicitur III. 8. uti habent libri meliores. *Voss.* Præclara Gronovii emendatio est ; ita namque ille Alexander

dicebatur. In Mss. et Impressis nihil
subsidii. In iis omnia sunt fœdissime
inquinata ; alii enim habent *propalam*,
alii *propolam*, &c. Faber. Gronov.
Obs. IV. 10. et Rupert. Obs. ad Hist.
Univers. 10. legunt *Balam quendam*.
Constat enim ex Strab. Joseph. Euseb. hunc regem dictum esse Alexandrum Balam. Ap. Euseb. corrupte
scribitur 'Αλέξανδρος ὁ τοῦ Βαλᾶ, pro
'Αλέξανδρος ὁ Βαλᾶς, ut Rupert. docuit.
Græv. Frustra sunt qui *propalam* nomen appellativum esse putant. Quoniam ex historia notum est, ipsum
hunc, de quo hic agitur, nomine proprio Balam vocatum, quidni cum
Gronov. credamus legend. esse *Balam quendam?* Nominibus propriis
addi solere *quidam* notum est. Nep.
IV. 4. 1. 'Argilius quidam :' et XX.
5. 2. 'Lamestius quidam.' Vid. et
Ind. in eam Auctorem : ubi Boecle-
rus observat, 'pronomen hoc nominibus propriis addi, interdum desig-
nandi causa : interdum contemtim :
aliquando quasi de ignotiore, obscuro,
aut obiter memorato.' Dicitur autem
Balam quendam pro, quemdam nomine
Balam ; ut ap. Nep. 'Argilius quidam' pro, quidam nomine Argilius.
Vorst. Probe illi, qui pro isto *propalam*, quod est nihil, substituunt *Balam*: sed, quia hoc tantum potest
succedere τῷ *palam*, reliqua manet
syllaba *pro* in *propalam*. Quæ cum
non temere putari possit a librario
adjecta, venio in eam sententiam,
quasi hic desit nomen aliquod proprium, atque sic hæc verba scribi
debeant : *subornant pro....Balam quendam*. Putem autem deesse nomen
pupilli, aut filii Antiochi, a Demetrio
occisi, quod fuit *Eupatoris*, et sic
restitui posse omnia : *subornant pro
Eupatore Balam quendam*. Nisi plane
alia et plura desint, quia sequitur,
indidisse et nomen non Eupatoris,
sed Alexandri. Et finxerunt forte,
præter Eupatorem, adhuc alium filium, Antiochum, ut sic in lacuna ista

potius videatur legend. *pro filio An-tiochi Balam quendam*, vel *pro pupillo Balam quendam.* Nam et supra 'pupilli' vox in re simili. *Schef.*

§ 7 *Nomen ei Alexandri inditur*] Nec h. l. Auctor uno verbo indicat, cujus Antiochi filius dictus hic Alex-ander. Eusebius Antiochi Epiphanis ait: quidam Balam putant. Talem etiam Ptolemæus Physcon Demetrio decimo quarto Syriæ regi postea subornasse dicitur, ut hic Auctor tradit xxxix. Ceterum de hoc Alexandro hosteDemetrii Soteris videtur mentio 1. Macchab. 10. Cæterum, si quis conetur in hisce aliquot libris explicare, quoties alii aliis imposuerint, matrimonia junxerint, ac mox rursus ruperint, res nullum finem invenerit. *Glar.*

. § 8 *Tantum odium, &c.*] Sæpe accidere, ut homines quemlibet sibi malint imperare, etiam indignissimum, quam eum a quo læsi sunt, ' documento Vitellius est, nullis stipendiis, nulla militari fama, Galbæ odio promotus:' Tac. H. ii. 76. Sic Opilium Macrinum Senatus, odio Antonini Bassiani, libenter Imperatorem accepit, cum in Senatu omnibus una vox esset: 'quemvis magis quam parricidam, quemvis magis quam incestum,' &c. Capitolinus in ejus Vit. 2. *Bern.*

§ 9 *Pristinarum sordium oblitus*] Juxta Claudian. illud in Eutrop. i. 18. 1. 'Asperius nihil est humili, cum surgit in altum.' Et sane insperato felices omnium pessime ferre fortunam apparet etiam ex Proverb. xxx. 22. et 23. Eurip. Supplic. v. 741. Thucyd. iii. 6. 25. Curt. ix. 2. 8. Dion. lviii. ubi de Sejano: Marcellin. xiv. 1. Aristide sub initium Orationis prioris de Pace, &c. *Idem.*

Cap. ii. § 1 *Gnidium*] Scrib. *Cn.* Gron.

Commendaverat] Ita est in Vett. 'Commendare' est, deponere, L. 14. D. de Religiosis, L. 186. de Verb. Signif. Cic. de Leg. ii. 9. Lar familiaris in Querolo: 'Mihi thesaurum commendavit,' i. e. concredidit thesaurum auri, ut id servarem sibi: at est in Plaut. Aulul. Prolog. 6. *Bong.* Junt. *demand.* perperam. Est enim, commendare, non nunquam, deponere, servandum et custodiendum mandare. Hygin. Fab. 3. 'Cujus beneficio ad sororem Medeam est commendatus.' Medeæ servandus fuit commissus: vid. ap. Gronov. Obs. iii. 23. Alia Scheff. ac Rittershus. ad Phædr. i. 16. in hanc rem. Mox Junt. *velut captivum*, pro vulg. *v. captum*, non male. *Græv.*

§ 2 *Velut captum, inter*] Distinctio prava: debet enim comma rejici post vocem 'greges.' Non enim est sententia, fuisse desidem inter greges scortorum, sed captum. Habebant scorta eum captum, atque inde sequebatur desidia, de qua Justinus. *Schef.*

Auxiliantibus, &c.] Et Ptolemæo Euergete, rege Ægypti, Georgius Syncellus Chronog. p. 292. Τῷ αὐτῷ Δημητρίῳ Σωτῆρι ἐπιλεγομένῳ καὶ Νικάνορι Πτολεμαῖος δίδωσιν ἀφελόμενος Ἀλέξανδρῳ τὴν θυγατέρα Κλεοπάτραν, ὁμοῦ καὶ τῆς Συρίας ἀρχήν. Leg. Δημητρίῳ τῷ τοῦ Δημητρίου Σωτῆρος, ἐπιλεγομένῳ τῷ Νικάνορι, Πτολεμαῖος δίδωσιν.

§ 4 *Deditque, &c.*] Hunc l. imitari Saxonem i. p. 19. 51. monuit Stephanius. Add. vii. p. 124. 24. 'Deditque pœnas et Haldeno quem provocaverat, et regibus quorum sanguine per vim potitus fuerat.'

LIBER XXXVI.

Cap. i. § 1 *Demetrius*] Nicator
dictus: vid. Appian. Livii lii. Epitoma hæc paulo aliter: 'Demetrius,'
inquit, 'ob crudelitatem, quam per
tormenta in suos exercebat, a Diodoto
quodam, uno ex subjectis, qui Alexandri filio, bimulo admodum, regnum
asserebat, bello superatus, Seleuciam
fugit.' *Bong.*

*Quantum odium ex superbia pater ha-
buerat*] *Habere odium* quis ferat Latine doctus? Delend. *habuerat*, et subandiend. contraxerat. *Græv.*

§ 3 *Arsacidæ*] Arsacides pro, Arsace. Arsaces dicebantur omnes Parthorum reges; xli. 5. 6. Sed et ii.
6. 9. *Amphictyon* in Mss. est *Amphictyonides:* Prusiades est Prusias ap.
Varronem, cujus locum supra notavimus: et Callias, sub quo Athenas
Xerxes incendit, Diodoro dicitur Cal-
liades: et, quod mirius est, Auctor
noster ii. 12. 11. pro, Thespias, posuit Thespiadas: ita enim vett. libri
Mss. omnes. *Bong.*

§ 5 *Pacis simulatione deceptus capitur*] De liberatione Demetrii e captivitate ista Parthica agitur demum
xxxix. 1. *Vorst.*

Traductusque, &c.] Liv. ii. 38. 'Ves-
tros liberos traductos p. o. hominum.'

§ 6 *Juxta cultum*] Ita xi. 9. 15. et
xxxviii. 9. 3. *Bern.*

Benigne, &c.] Saxo viii. p. 156. 21.
'Apud quem beniguius habitus.'

§ 7 *Trypho*] Dictus Diodotus. Strab.
xiv. et xvi. Appian. Syriac. p. 132.
et Liv. Epit. lv. *Bong.*

Antiocho privigno] Alexandrum A-
lexandri nothi filium vocant Appianus, Livius Epit. lii. et lv. quos leg.
Idem.

§ 8 *Diu potius*] Triennium habet
Josephus xiii. 12. fin. *Bern.*

§ 9 *Civitates quæ initio fraterni imperii defecerant*] Non dubitavi recipere lect. elegantissimam et certissimam ed. Junt. *c. q. vitio f.* Quia
nimirum in luxuriam lapsus male
regnum administravit: *vitio*, i. e.
culpa imperii. Plaut. Aulul. iv. 10.
'Quia vini vitio et amoris feci.' Horat. i. C. 3. 'Audiet pugnas vitio
parentum Rara juventus.' *Græv.* Vi-
tio non contemnend. Præcedit enim,
'Frater propter segnitiam contem-
tus fuit.' *Vorst.* Putant *vitio* legend.
Mihi secus videtur, vel propter hoc
ipsum, quia de vitio fratris proxime
præcessit. Otiosa enim esset ista
repetitio. *Schef.*

§ 10 *Jud. quoque qui in Macedonico
imperio sub Demetrio patre*] Legend.
puto *qui sub M. bello sub D. patre:*
ut intelligatur bellum Macedonicum,
quod Romani adversus Persea gesserunt. Biennio enim antequam Demetrius Soter, hujus Antiochi pater,
in regnum venit, Judas Machabæus
Judæos in pristinam libertatem asseruit, ut tradit Euseb. *Glar.*

Judæosque] Tac. H. v. Vid. historiam Macchabæorum. Statim, malim legere *a Macedonico.* Bongars.
Add. inf. xxxvi. 3. 9. *Bern.*

Judæos quoque] Ita legere malo ex
antiquioribus typis expr. quam *Judæosque.* De Judæis nunc demum
agere incipit; cum jam xxxiv. 3. ubi
de Antiocho Epiphane agit, de illis
agend. fuisset. *Vor.*

Cap. ii. § 1 *Origo Damascena*] 'Damascena' pro, Damascus. *Faber.*

*Unde et Assyriis regibus genus ex
regina Semirami fuit*] Quid si ita legatur: *unde et Syriis regibus genus, et
regina Semiramidi fuit?* Glarean. Ms.
et Junt. *unde et Assyriis regibus genus
et regina Semiramidi fuit.* Constat ex

1. 2. Syros pro Assyriis accepisse
Veteres et cum iis confudisse, non
Semiramidem solam ; quamvis et hanc
Syram fuisse, et ap. Syros postea
divinis honoribus affectam quam plurimi tradant. *Græv.* Forte vera lect.
'est *ex regina Semiramide:* sed et illa
vera esse potest quæ in Junt. est, *et
reginæ Semiramidi.* Faber. Antiquiores typis expr. *Semiramide,* aut *Semiramidi,* et Junt. quidem casu tertio sie, *Et reginæ Semiramidi.* Vorst.
Verum puto, quod in multis legitur,
et reginæ Semiramidi. Nam reges Assyrios genus suum habuisse ex Semiramide non existimo. Saltem unius
fuisse stirpis omnes verisimile haud
videtur. *Schef.*

§ 2 *Nomen urbi a Damasco rege inditum*] Nemo potest ignorare, quan-
topere semper in usu fuerit ap. librarios nomina eorum, a quibus urbes et
regiones denominatæ et conditæ traderentur, corrumpere, et inflectere
ad ipsiusmet loci appellationem. Id.
quoque hic factum esse, non injuria
quis dubitare possit. Is enim, qui
hic nomen urbi dedisse, quique Athares uxoris cultum instituisse dicitur,
ab aliis non Damascus, sed Damas
vocatur. Etymol. M. Δαμασκὸς πόλις
Συρίας, περὶ τὸν Ἀντιλίβανον· εἴρηται
ὅτι Δαμᾶς στρατεύων μετὰ Διονύσου,
ἐκεῖσε σκηνὴν πηξάμενος, ἱδρύσατο τὸ
ἐκεῖ Συρίας Θεοῦ ξόανον. Ἡ οὖν Δαμασ-
κηνή, Δάμασκος. Scio quidem alios
mentionem facere Damasci cujusdam, qui a Baccho excoriatus esse
traditur, unde Δερμασκὸς, et postea
κατὰ παραφθορὰν Damascus dicta sit.
Sed eum quidquam cum Athare, aut
Atargati, commune habuisse, nemo
dixit. De appellatione autem huj.
urbis tantum a sese abeunt Veteres,
quantum a veritate. Vid. Damas-
cium ap. Photium, Phil. Judæum,
Steph. Verum hæc alibi. *Voss.*

Arathis] Hermolaus in Plin. v. 28.
dubitat, an h. l. permutatis litteris
legend. sit *Atharæn,* quæ est Syrio-

rum Dea, etiam Atargatis dicta ;
Strab. fin. lib. xvi. cujus meminit
et Macrobius I. Sat. *Bongars.* Dis-
cutit hæc exactissime, more suo, Salmas. ad Solin. p. 574. *Berneccer.*
Leg. *Athares,* et alii viderunt ita scribend. esse. *Faber.* Notatur Anglicanus ex Strab. et Macrob. existimat
scribend. *Athares.* Sed vitium hic est
typographi: legend. enim *Astara* vel
Athara. Nec res ipsa convenit. Nam
Athara vel Asthara mater Semiramidis : vid. Rupert. ad Besoldi Synop-
sin cap. 3. *Græv.*

*Sepulcrum Athares uxoris ejus pro
templo coluere*] Vix equidem possum
amplecti hanc lectionem, præsertim
cum Mss. præferant *ejus extemplo.*
Puto itaque scribend. *ejus exemplo.*
Ait, Syros, æstimatione Damasci,
Athares conjugis sepulchrum (quam
ipse, dum viveret, impensissime ama-
rat, mortuam plus quam debita pietate prosecutus erat) coluisse, regis
sui, quamdiu superstes esset uxori,
exemplum secutos. *Voss.* Non displicet: cum *colere quid pro templo* insolentius videatur dici, quia potius
coluntur numina in templis. *Schef.*

§ 4 *Decem filiorum proventus*] Ad
veritatem historiæ sacræ rescribend.
fuerit *duodecim.* Simile in Notis Lipsii
ad Val. M. I. 1. 1. Quanquam nihil
mirum, Auctorem hic impingere, cum
multo graviorum errorum in hac tota
sit historia manifestus. Et sane res
Judaicas valde Romanis incognitas
fuisse, facile intelliget, qui cum Mosis libris, præter hunc Autoris, etiam
Taciti librum v. H. Strabonis xvi.
et Dionis xxxvii. contulerit. Sed
et Græcorum commentis multa, a
fide historiæ abhorrentia, de Judæis
prodita fuisse, Josephus lib. I. adversus Apionem auctor est, et fidem
facit Ecloga ex Diod. xL. *Bern.*

§ 5 *Ejus portio*] F. *cujus portio,*
aut, *nam ejus port.* Videtur enim in
his verbis consistere ratio, propter
quam coli ipsum voluerit Israel : ali-

ter, quomodo hæc explicari possint,
non video. *Freinsh.* Mihi verosimilius
videtur scripsisse Just. *ut ejus portio.*
Particulam *ut* litteræ *it* postremæ in
voce *jussit* intercepere. *Schef.* Leg.
cujus portio. Faber. Lectio rectissima, et in textum ubique transfe-
renda, nisi malis sequi, quod nos attulimus in notis. *Græv.*

§ 6 *Joseph*] De toto h. l. vidend.
Oros. I. 8. *Bern.*

Clam] Nesciunt Oros. Frec. et
Otto Frising. I. Chron. I4.

§ 7 *Brevi*] Oros. ex Mss. Leid.
Freculphus atque Otto Frising. ' in
b.' Vid. Var. Lect. ad XXIII. 1. 14.

§ 9 *Steril. pr.*] Saxo XIV. p. 270.
39. ' Eskillus defectionem provi-
dens.'

§ 10 *Duri*] Desideratur ap. Frec.
Ottonem Frising. atque in plerisque
Mss. Orosii.

§ 11 *Paterna scientia*] Sc. artis
magicæ. Quomodo Plin. XXX. 1. ' Est
et alia magicæ factio, a Mose et
Jamne et Jodape Judæis pendens,'
&c. Mosen inter magos numerat et
Apuleius in Apol. Sed Strabo XVI.
p. 524. Mosen non tam fuisse magum
dicit, quam oraculis deditum, quales
Minos, Lycurgus, aliique legumla-
tores, item Amphiaraus, et Orpheus,
et Musæus fuisse leguntur. Indicio
eruditissimi juxta et optimi Viri, D.
Nic. Vedelii, cum anno superiore in
transitu perhumaniter ad me viseret,
e Suida didici, Alexandrum Milesium,
cognomine Polyhistora, qui Syllæ
temporibus vixit, præter alia scripsisse de Roma libros 5. in quibus ait:
' Hebræam fuisse mulierem, Moso
nomine : a qua perscripta sit lex
Hebræorum :' depravato et sexu et
nomine nostri legislatoris. Ita sc. in
tenebris illis aliquas tamen veri stric-
turas *ol ξω* viderunt. *Bern.*

§ 12 *Vitiliginem*] Ita ex Ms. legend. et Orosio I. 8. et 10. Vitiligo
Arnobio est, lepra, ut me docuit doctorum princeps Jac. Cujacius : ' Ille

notas albicantium vitiliginum manu
admota detersit.' Et Sen. N. Q. III.
25. vitiliginem vocat ' fœdam ex albo
varietatem.' Græcis λευκή. Exodi IV.
6. et Numer. XII. 20. lepra dicitur
candens *ὡσεὶ χιών.* Hæc debeo, sæpius a me commemorato, nunquam
tamen satis laudato doctori meo ;
cujus de humanitate et doctrina numquam quisquam ita magnifice dicet,
quin id virtus ejus exsuperet. Sed
clarissimi viri gloriæ neque mea præ-
dicatione accedere quidquam potest :
neque tenebrionum quorundam ob-
trectatione decedere. Illuc revertor.
Vitiliginem hanc Tac. H. v. 3. tabem
vocat, quæ corpora fœdaret. De
Mose aliter Strab. XVI. *Bongars.*
Etiam Mss. nostri habent *uliginem.*
Turnebus tamen, magnus ille Galliæ
sol, *scabiem et pruriginem* probavit.
' Est enim,' ait ex Isidoro Etymol.
IV. 8. ' prurigo vocata a perurendo et
ardendo,' legendumque censet etiam
ap. Juv. ' Unius scabie cadit et pru-
rigine porci :' nam *porrigo,* quam vocem etiam h. l. quidam reponunt,
capitis videtur morbus esse, furfuri-
bus et farina quadam obsiti. Sere-
nus 3. ' Cum caput immensa pexum
porrigine ningit.' Et Lucil. ap. Nonium : ' Tristem et corruptum scabie,
et porriginis plenum.' *Modius.* Plin.
XXXI. 2. ex Varrone narrat, Titium
quendam, prætura functum, ' mar-
morei signi faciem habuisse propter
vitiliginem.' Ap. Photium Biblioth.
279. nugatur Helladius, Mosem ' Alpha ' vocari, quod corpus habuerit
ἀλφοῖς, i. e. vitiligine distinctum : et
ad mendacium Philonem testem adhibet. Ceterum Adr. Turnebus Advers. XIV. 17. adstruit vulgatarum
edd. scripturam, *pruriginem,* quem
vid. Modius in Fuldensibus esse dicit
uliginem. Sed haud dubie Bongarsii
correctio *vitiliginem* est bona : certe
Lipsio Not. 4. ad v. H. Tac. probata.
Bern.

Cum scabiem et vitiliginem pateren-

tur] Non reprehendo hanc incomparabilis JCti Jacobi Cujacii emendationem, fide antiquorum librorum fultam. Non tamen frustra in antiquis edd. legitur *pruriginem*. In Junt. vero et nonnullis aliis optime, si quid video, *porriginem*. Sic scabiem et porriginem jungit Juv. vi. ' Grex totus in agris Unius scabie cadit et porrigine porci.' Et Lucil. 'Tristem et corruptum scabie et porrigine plenum.' Est autem *porrigo* secundum Celsum proprie : ' ubi inter pilos quædam quasi squamulæ surgunt, eæque a cute resolvuntur, et interdum madent, interdum siccæ sunt.' Tribuitur tamen et iis porrigo, quorum totum corpus squamulis et scabie obsitum est, ut ex iis patet exemplis, quæ attulimus. *Grav.* Bechar. et alii pro *vitiliginem* edidere *pruriginem*. Sed voluere, aut debuere, ut in Junt. est, *porriginem*. Vorst. Junt. et nonnullæ aliæ edd. *porriginem*. Liquet alterutrum glossatoris esse. *Schef.*

§ 14 *Montem Synan*] Junt. *Synæ*, ut ' mons Soractis,' ' Vergelli torrens,' ' flumen Arethusæ,' et sexcenta huj. notæ ap. optimos L. L. auctores. *Grav.* Bechar. rursus et alii edidere *Synæum*. Voluere, credo, aut debuere, ut in Junt. est, *Synæ*. Quod est ejus formæ, cujus sunt ' urbs Antiochiæ,' ' mons Soractis.' Nimirum nomini communi jungitur proprium casu secundo : ut rectio quam vocant sit pro appositione. *Vorst.* Placet *Synæ*. Sed puto alia quoque hic esse vitiosa. Quomodo enim occupat primum montem Synæ, dein iter facit per deserta Arabiæ, et tandem venit Damascum? Hæc omnia mediocriter locorum perito sunt absurda. Vitium latere in *occupat quo* videtur, sed, quid pro eo substitui debeat, non invenio. *Schef.*

Sabbatum, &c. jejunio sacravit] Eund. errat errorem Augustus ap. Suet. 76. ' Ne Judæus quidem, mi Tiberi, tam diligenter Sabbatis jejunium servat.'

Nimirum Romani, cum scirent a Judæis crebra jejunia usurpari, et Sabbatum ab iisd. præcipua castimonia celebrari, Sabbatis eos jejunare temere sibi persuaserunt : quod falsum, nisi Sabbatum, non pro septimo die hebdomadis, sed pro tota hebdomade accipiamus, quo sensu Pharisæus, Lucæ xviii. 12. ' Jejuno bis in Sabbato.' Hæc fere Casaub. ad Suet. *Bern.*

§ 15 *Eadem causa*] ' Causam ' vocat Auctor, quam ante dixit ' scabiem et vitiliginem.' Causa sæpius pro morbo usurpatur. Celsus : ' Partes quæ in causa sunt.' Unde et causarius pro ægroto. Plin. xxiii. 3. ' Causarii dentes :' et xxv. 6. ' Causarii vel latere vel faucibus.' Sen. ' causarium corpus ' vocat infirmum. ' Causaria missio ' ap. Romanos erat, cum quis ob adversam valetudinem a militia dimitteretur. Aretæo quoque dicitur *ἐν αἰτίᾳ εἶναι*, pro, morbo laborare. *Gron.*

Cum peregrinis communicarent] Mss. Fuld. optimi *cum p. conviverent :* quod amplectend. puto : maxime cum ita etiam in suis Mss. repererit Bongarsius : ut sit hic *convivere*, conjunctione vitæ mutua uti, frui. Unde ' convivium :' de quo ita Cic. de Senect. 13. ' Bene majores nostri accubationem epularem amicorum, quæ vitæ conjunctionem haberet, convivium nominarunt.' Plautus : ' Misisti ad navim Sosiam, ut hodie tecum conviveret :' quod supra quoque allegare memini, quo l. vid. plura de h. verbo. *Modius.* Constructio verbi sic se habet ut ap. optimos ; cum ablativo puta intercedente præpositione *cum.* Sed significatio, quæ hic non activa, sed neutralis est, ap. eosd. illos nondum, credo, est observata. Ap. Sulp. Severum aliosque scriptores ecclesiasticos satis frequens est. An ipse Just. ita scripserit, ambiguum facit illud quod codd. Mss. Fuld. et Bongg. quidam pro *communicarent* habent *conviverent :* Id quod Modius pro altero et rescribend. putat. *Vorst.* *Quod ex causa factum*] Just. arbitror ita scripsisse, *q. ea c.* Faber. Imo ' causa' hic est, morbus : *quod ex causa factum* est : Propter illum morbum, vitiliginem sc. propter quam expulsi ex Ægypto fingebantur a Judæis, factum est, ut ab aliarum gentium commercio abhorrerent. *Græv.*

Convertit] Absolute, pro, conversum est. Ita Sall. Cat. 6. ' Regium imperium in superbiam dominationemque convertit.' Sic Cic. in Bruto 88. 2. Hoc modo Liv. II. 8. 1. ' Leges in contrarium vertunt.' Tac. XII. 29. ' Diuturnitate in superbiam mutans,' h. e. mutatus. Flor. II. 15. 6. ' Quum bellum sederet :' ubi meliores edd. *sederet*, h. e. sedaretur : quod rectum est. Sic enim et Propert. III. El. 18. ' Flamma per incensas citius sedaret aristas :' ut in Animadv. ad illum poëtam e cod. Pal. eruit V. C. Janus Gebhardus : Agel. XVIII. 12. ex Vell. ' Tempestas sedavit.' Nec aliter Marcellin. XXIX. fin. ' Tempestas mollivit.' Add. sup. Notam ad III. 3. 5. *Bern.*

§ 16 *Aruas sacerdos*] In Ms. quodam Bongarsii legebatur *Arruans.* Mihi non est dubium, quin litera *s* huic voci adglutinata sit ex sequenti vocabuli initiali, legique debeat *Arnas.* Sic enim Aronis nomen corrupisse barbari videntur. *Schef.*

Semperque exinde hic mos] Aliter veriusque Joseph. Antiq. XIII. 19. ' Ut quidam principes simul et pontifices essent, tempore Maccabæorum primo fieri cœpit, præsertim principatu Aristobuli, qui primus principatum summo pontificatui conjunxit, et diadema sibi imposuit, annis post captivitatem Babylonicam 481.' *Ber.*

Ut eosdem, reges et sacerdotes, &c.] Non tantum ap. Judæos mos hic fuit : sed etiam, si quid Servio credimus, ap. alias gentes. Qua de re sic ille

ad istum Virgilii versum Æn. III. 80. ' Rex Anius, rex idem hominum Phœbique sacerdos ;' ' Majorum enim hæc erat consuetudo,' inquit, ' ut rex esset etiam sacerdos, vel pontifex. Unde hodieque [sic enim l. huuc corrigo ex membranis vulgo corruptum, et inepte interpolatum] Imperatores Pontifices dicimus.' *Modius.* Add. Liv. I. 20. 1. Diod. III. 5. Nostr. XI. 7. 14. Casaub. ad Suet. Aug. 31. 1. *Bern.*

Justitia religione permixta] Strab. δικαιοπραγοῦντες, καὶ θεοσεβεῖς ὄντες. *Bong.*

Coaluere] F. scribend. *convaluere*, h. e. potentiam acquisivere, quo significatu verbum hoc Auctori usitatum esse, supr. not. ad XVIII. 4. 1. ostensum est. *Berneccer.* Certiss. est conj. Bernecceri legentis *convaluere.* *Coalescere* hic locus nullus est. *Græv.*

CAP. III. § 1 *Opes genti ex vectigalibus opobalsami crevere*] De balsamo, opobalsamo, ac xylobalsamo multa præclare Plin. XII. 25. Lector cogitet, utii Auctori plus tribuend. Nam in multis nimis dissident hic Trogus ac Plinius. Trogo posterior Plinius, Plinio Justinus ; ' Spatium loci,' inquit Justinus, ' ducenta millia jugera ;' Plinius, ' Duobus hortis, altero jugerum non amplius XX. altero pauciorum.' Hæc Plin. In Justino errorem putant, cum etiam Latinitas male habeat, ' ducenta millia jugera,' pro, ducenta millia jugerum. Iterum Justinus : ' Et arbores opobalsami formam similem piceis arboribus habent.' Plinius, ' Quippe viti similior est quam myrto.' Unde pro *piceis* f. *myrteis* legend. quis censuerit, quod alii *pineis* emendarunt. Strab. XVI. Cythiso et Termintho persimilem dicit. *Glar.*

Opes genti ex vectigalibus opobalsami crevere] Balsamum in Judæa provenisse unquam sunt qui negent, eamque mercem aliunde importatam credant. Sed, ut in Ægypto et Arabia provenisse olim scimus, ita et in Judæa, at vetustioribus paulo temporibus: id quod ex Genesi probare possis in historia Jacobi, ubi de muneribus ad Josephum mittendis agitur. Unde apparet tunc in Judæa crevisse balsamum, in Ægypto non crevisse. At, quum balsamum Galaaditicum memoratur in Scripturis Sacris, hoc meminisse potes, prophetam illum, qui mihi in animo est, multis post Jacobum seculis scripsisse; tunc autem, ut valde verisimile est, in Judæa Propria defecerat Balsamum. De h. argumento libellum egregium Prosperi Alpini legimus. *Faber.*

In his tantum regionibus] Ita sane tunc fuerit. Postea non dubium, stirpem eam in Ægyptum transisse, atque illic crevisse. Claudian. in Epithalamie Palladii: ' Gemmatis alii per totum balsama tectum Effudere cadis, duro quæ sancius ungue Niliacus pingui desudat vulnere cortex.' Perseverare etiam illic nostro ævo, qui peregrinati sunt, affirmant. Lipsius Not. 15. ad Tac. v. H. *Bern.*

§ 2 *Ducenta jugera, nomine arcus dicitur*] Vulg. *ducenta millia jugera:* immanis et sup. fidem numerus. Vett. plerique *ducenta jugera nomine arcus dicitur.* Quid si legamus *viginti jugerum Hierichus dicitur?* Et id Plin. XII. 25. et Solin. 38. confirmat: et Strab. XVI. p. 525. 10. 'Ιεριχοῦς ἐστι πεδίον κύκλῳ περιεχόμενον ὀρεινῇ τινι καὶ του καὶ θεατροειδῶς πρὸς αὐτὸ κεκλιμένῃ. Is tamen spatium loci facit centum stadiorum. *Bongars.* Ex hoc Strabonis loco considerandum monuit Freinshemius, an f. Noster ad formam loci potius quam nomen respiciat. Theatrum enim cum arcu similitudinem quandam habet. Sed potius est ut Salmasium audiamus, in Exerc. ad Solin. p. 583. c. 1. locum h. ita restituentem: *Spatium loci ducentum jugerum Jericus dicitur.* Nam quod Bongarsio ex Plin. XII. 25. pr.

visum est *viginti jugerum*, id ad unum tantum balsametum, partem vallis non magnam, a Plinio refertur. At Auctori nostro de totius vallis Jericuntis longitudine sermo est, quam non plus spatii habuisse quam viginti jugerum, non est credibile. *Berneccer.* Junt. *Spatium loci ducenta millia jugera nomine Hyericho dicitur.* Præclare Salmas. ad Solin. *Spatium loci ducentum jugerum Jerichus dicitur.* Græv. Ex Strab. Bongarsius pro *arcus* legit *Hierichus;* locus est celeberrimus in lib. Sacris, ut et urbs ibi olim. Sed profecto nihil mutand. puto, quamvis etiam in quibusd. Impr. ante Bongarsium legatur *Hiericho.* Formam enim loci, non proprium nomen, respexisse Justinum credibile est. In ead. sententia Freinsh. fuisse comperio. Ceterum videtur ignorasse Justinus, aut Trogus, opobalsamum non esse arborem ipsam, sed succum expressum et deciduum ex balsamo. *Faber.* Sed, cum in Anglicano quoque Ms. habeatur *Hiericho,* non video cur Salmasiana correctio sit respuenda, præsertim cum nullus a quoquam commemoretur locus, qui ' arcus' fuerit appellatus. Non enim de forma loci hic agit, sed de nomine. *Nomine*, inquit, *arcus dicitur.* Græv.

Spatium loci ducenta jugera, nomine Hierichus dicitur] Quoniam in antiquioribus typis expr. etiam Junt. est *Hiericho*, et in plerisque Mss. quos Bong. vidit, *arcus:* quidni Salmasium sequamur, et legend. statuamus *Hierichus* aut *Jericus:* ut Plin. et alii appellant? *Vor.*

§ 3 *In ea silva est*] Scrib. *In eo*, nempe spatio. *Gronov.* Major sic, *In ea valle silva est.* Et sane *valle* videtur vix abesse posse; quod in proximis superioribus ead. non apparet. *Vorst.* Junt. quoque *In ea valle silva est.* Græv.

Opobalsamo] Balsamum proprie de arbore, opobalsamum vero (quasi ὀπὸς τοῦ βαλσάμου, sicut ὀποπάναξ est

ὑπὸ τοῦ πάσχειν) de succo, xylobal-
samon denique de ligno dicitur. Justinus tamen inversa vice, contra usum
auctorum, opobalsamum pro arbore
posuit, balsamum pro lacrima s. succo arboris. Salmas. ad Solin. 582.
E. 1. Berneccer. Mss. opobalsameta.
Junt. opobalsameto. Nimirum arboribus opobalsami et palmis ea planities
est consita. Græv: Junt. opobalsameto. Probo cum cl. Græv. et opobalsamo per compendium cum linea
in capite pro eo scriptum puto. Schef.

§ 4 Piscis arboribus] Vett. plerique
specie, transpositis literis. Strabo
cytiso et terebintho similes facit.
Vid. Plin. et Solin. Bongars. Ex isto
veteri specie Salmas. ad Solin. 579.
E. 2. eruit hanc indubitato meliorem
scripturam piceæ arboribus. Sic enim
Auctor ipse modo dixerat ' opobalsami arbor:' et Cic. pro Flacc. 8.
' fici arbor:' et Liv. xxiv. 3. 4. ' abie-
tis arbores.' Bern.

§ 5 Opacitatis] In Mss. manifesto
errore legitur apricitatis. Bongars.
Non dubitavi reddere Justino vocem
suam, in Mss. omnibus extantem,
attestante Bongarsio: qui tamen er-
roneum hoc, et edend. censuit opaci-
tatis, et mox hoc versu perpetua opa-
citas, quod crederet, opinor, arden-
tissimum Solem, nisi opacitate, non
potuisse ab Hierichuntis valle defendi. Atqui, quod Salmas. ad Solin.
p. 990. docet, non omnis locus Soli
expositus, sed is demum ex Latine
loquentium usu dicitur ' apricus,' qui
Soli tepido, leni, temperato, non tor-
rentissimo, patet. Hinc ' aprici colles' Virgil. Ecl. ix. 49. qui obversi
sunt orienti Soli, qui, quoniam non
est intemperate calidus, coquendis
uvis maxime est accommodatus. Huj.
vocis vim clarius aperit Solinus 54.
' Attacis temperiei prærogativa miram aëris clementiam subministrat.
Arcent afflatum noxium colles, qui
salubri apricitate undique secus ob-
jecti prohibent auras pestilentes.'

Plin. vi. 17. ' Gens apricis ab omni
noxio afflatu seclusa collibus.' Bern.

§ 6 In ea regione lacus] Mss. quidam latus lacus: alii Non longe est
lacus Asph. Postremam hanc lect.
non rejicio: loquitur enim h. l. de
Asphaltite lacu, quem cum Sirbone
eund. facere videtur Strabo xvi. p.
525. 27. cum eos distinguat Plinius
v. 13. 15. 16. Bongars. Add. Tac.
H. v. 6. Diod. xix. 98. Joseph. Jud.
v. 5. Bernec. Mss. et Junt. In ea
regione lacus est Asph. Quos sequor.
In nonnullis Mss. est Non longe est
lacus Asph. Græv. Codd. quidam
Mss. quos Bong. vidit, et typis expressus Juntarum, ipsum lacus nomen additum habent, Asphaltites puta. Vorst. Addunt Mss. et Junt.
Asph., quod Grævio probatur. Schef.

§ 7 Stagnatur] H. e. munitur, firmatur, induraturque, a στεγανῶσαι vel
στεγνῶσαι, ut placet Salmasio ad Solin. p. 577. Bernec. Græcum est
στεγανόω. Faber.

Illinatur] Mss. illustratur. Junt. cum
nonnullis vett. edd. illutatur. Quod
non damnem temere. Eod. sensu,
lutare, pro, illinere, Pers. S. iii. 104.
' Compositus lecto, crassisque luta-
tus amomis.' Et, ' delutare,' Catoni de
R. R. 128. ' Si habitationem delutare
vis, terram quam maxime lutosam vel
rubricosam sumito; eo amurcam in-
fundito, paleas indito, sinitoque qua-
triduum fracescat; ubi bene fracue-
rit, rutro concidito; ubi concideris,
delutato.' Græv. Codd. quidam Mss.
teste Bong. illustratur. Et vetus typis expr. Becharii illustretur. Utrumque perperam scriptum videtur pro
illutatur, quod in Junt. est, et a Maj.
item atque Sichardo adscriptum in
marg. Vorst. In Mss. legitur inlus-
tratur, de quo ipso quoque f. non
male sentiend. ' Lustro ' enim est
a, luo, quod prima significatione sua
id. esse ac, lavo, constat vel ex compositis ipsius ' abluo,' ' eluo,' et similibus. Hinc ' inlustro,' imbuo, et fre-

quenter lavo, quæ significatio non est
aliena ab h. l. *Schef.*

§ 8 *Primum Xerxes*] Atqui Xerxes
nunquam bellum movit Judæis,· utpote qui a Cyro, primo Persarum
rege, Persico imperio semper fuerant subjecti : et, plus 150. annis
ante Xerxem, Chaldæorum rex Na-
buchodonosor ter domuerat Judæos,
et in servitutem redegerat. *Bernec.*
Leg. cum Junt. *Primus rex Persarum.*
Græv.

Primus Xerxes rex P. J. d.] Hoc
falsum ex ipsamet historia Judæorum (ita tamen in Junt. est): al.
Primum ..... quod non minus a vero
remotum est, quam illud alterum.
Faber.

Diuque, &c.] Africanus ap. Georg.
Syncell. Chronog. p. 276. Ἀπὸ τοῦ
Ἀλεξάνδρου τοῦ κτίστου χρόνου ὑποδύν-
τες Ἰουδαῖοι τῇ Μακεδόνων ἀρχῇ, ποτὲ
μὲν Πτολεμαίοις, ποτὲ δὲ Ἀντιόχοις ἐτέ-
λουν ὑπόφοροι.

§ 9 *Amicitia Romanorum petita*] Joseph. Antiq. XII. 17. refert Judam
Pontificem, postquam accepisset partas a Romanis de regibus victorias,
legatos Romam ad amicitiam societa-
temque jungendam misisse ; Sena-
tumque dedisse quod petebant. Postea etiam, ad renovandam cum Rom.
amicitiam, a populo Judaico, et rursum ab Hircano Pontifice, post Antiochi regis obitum, legatos Romam
missos scribit, ipsaque Senatuscon-
sulta de postulatis eorum facta recitat id. Auctor XIII. 17. et XIV. 16.
Bern.

CAP. IV. § 1 *Et ab Eumene patruo*]
Aut *ab Eumene patre*, aut *ab Attalo*
patruo legendum : idque ex Strab.
ap. quem lib. XIII. Attalorum progenies ita habet. Philetærus spado
Lysimachi quæstor 2. habuit fratres,
Eumenem natu majorem, et Attalum
natu minorem. Ex Eumene natus
Eumenes, ex Attalo Attalus; qui Attalus filius 4. habuit filios, Eumenem,
Attalum, Philetærum, ac Athenæum :
ex primo filio Eumene fuit hic ultimus Attalus, de quo h. l. Justinus.
Sed ea omnia in typum sub uno aspectu sic ponere placuit.

Tres fratres Strab. XIII.

I. Philetærus spado.	Eumenes, qui genuit Eumenem.	Attalus, qui genuit Attalum.	
	II. Eumenes. Hic Pergami successionem habuit ; Antiochum Soterem apud Sardes vicit, obiit eum regnasset annis 22.	II. Attalus rex. Hic Galatas vicit, ac secundo bello Punico pro Romanis contra Philippum Macedonum regem bellavit. Regnavit annis 43. Hic 4. habuit filios, quorum primus Eumenes ei successit.	
	III. Eumenes. Hic contra Magnum Antiochum et Persea reges pro Romanis pugnavit : regnavit annis 49. relicto regno Attalo filio.	III. Attalus. Hic tutor parvi relicti Attali 31. annis administravit regnum, multaque alia gessit contra Demetrium Sotera, Psendophilippum, ac Prusiam.	Philetærus, Athenæus. Hi duo privati vixerunt, sicut et frater eorum Attalus, vivente Eumene.

IV. Attalus ultimus. Hic, Philometor dictus, cum 5. annis
regnasset, mortuus est, et populum Romanum reliquit
hæredem. *Glar.*

Ab Eumene patruo] Ex Strab. xiii. constat Eumenem huj. Attali patrem fuisse, et ita quidam hic ediderunt contra libros. Dictus est hic Attalus ' Philometor :' et morbo interiit, populo Rom. herede instituto. Strabo, Epit. Livii LVIII. Flor. extr. ii. Oros. v. 8. alii. *Bongars*. Puto fuisse tantum *a patruo*: nomen *Eumenis* insertum postea fuisse. *Freinsh*. Pro 'acceptum' Vincent. habet 'suscept.'

Matrem anum] In quibusd. Mss. quos habuit Bong. legebatur *m. manu*, quod videtur rectius, ut sit oppositum sequentis ' maleficiis.' *Schef*.

§ 2 *In modum reorum*] De h. more reorum, utendi veste squalida, barbam capillumque producendi, ut sc. eo habitu suffragatores conciliarent, inimicos permulcerent, et judices temperarent, his quæ Cujacius Obs. vi. 5. et Rad. Fornerius Rer. quotidian. iv. 5. habent, addendi Sisenna ap. Nonium in ' Vicatim :' Cic. Verr. ii. 8. Liv. vi. 16. 4. vi. 20. 1. xliv. 19. 5. Sen. ad Polyb. 36. Val. M. vi. 4. 4. Suet. Ner. 47. 6. Plin. vii. Ep. 27. fin. Plut. Quæst. Rom. 14. Agell. iii. 4. Oros. v. 17. fin. Hinc Tertulliano de Anima 39. ' caput reatui vovere' est, comam reorum more promittere. Sic ap. Sen. Benef. ii. ult. et iv. 12. ' detrahere sordes' est, reum liberare. Vidend. et adagium, ' Quasi dies dicta sit.' *Bern*.

Latiora convivia] Pro *latiora* in Mss. est *latitia*. Unde suspicor non satis commode hunc l. se habere in vulgatis; certe mirum, quod sola convivia hic inter omnia, quæ tractantur domi, memorentur. Mallem itaque sic l. istum totum legere, ac distinguere: *non in p. prodire, non p. se ostendere. Non domi latitia, convivia inire, aut, &c.* Hoc vult: Non tantum publice tristem sese exhibuisse, sed ne domi quidem ejus ullam fuisse lætitiam, abstinuisse quoque ab omnibus conviviis, et convictu cum aliis. *Schef*.

§ 3 *Seminabat*] Mss. duo *serebat;*

quod æque convenit. *Mod*.

§ 5 *Matri deinde sepulchrum*] Hinc et similia propter facta videtur acquisisse Philometoris nomen, quod ipsi tribuit præter alios Appianus Mithrid. p. 212. b. et Strab. xiii. p. 429. 50. *Bernecc*. Huj. Attali mater erat Stratonice Ariarathis Cappadocum regis filia, ut refert Strabo xiii. p. 624.

Heres populus Rom.] Vid. Liv. Epit. LVIII. Vell. ii. 4. 1. Aug. Civ. xiii. 11. Flor. ii. 20. Oros. v. 8. alios. Id. factum a Nicomede, Bithyniæ rege, tradit Epitome Livii xciii. et ab Appione, rege Cyrenæ, Appian. Mithrid. fin. ipseque Noster xxxix. 5. 2. Liv. Epit. lxx. 2. itemque ab Archelao Cappadociæ, et Pylæmene Paphlagoniæ regibus, Jornandes de Success. Regnor. 55. Ceterum in adeunda hac Attali hereditate Romanos doli mali accusat Mithridates ap. Sall. iv. H. et Horat. ii. Od. 18. ' Neque Attali Ignotus heres regiam occupavi.' *Bern*.

§ 6 *Aristonicus*] De bello Aristonici præter Liv. Epit. lix. Flor. ii. 20. Vell. ii. 4. leg. Strab. xiv. p. 444. fin. Licinius Crassus, qui a Nostro Consul dicitur, Floro est Prætor, Paterculo Proconsul: qui eum juris scientissimum vocat. A nostro Auctore sunt Liv. Oros. Cic. Phil. xi. 8. *Bongars*. Mox pro ' paternum' Vincent. habet ' avitum.'

§ 7 *Adversus civitates*] Mindum, Samum, et Colophonem. Flor. ii. 20. 5. *Bern*.

§ 8 *Inconsultæ avaritiæ*] Vid. notam ad xxiv. 7. 4. *Bernecc*. Saxo ii. p. 27. 14. ' Poenituit tunc oneris Britannos sanguine poenas avaritiæ dantes.'

§ 9 *Perpenna*] In Fastis Perperna. Vid. auctores sup. notatos. *Bongars*. *Perpenna* constanter omnes edd. Sup. citatis auctoribus M. Perperna dicitur. De eo vidend. quoque Val. M. iii. 4. 5. *Bernecer*. In Capitolinis

aliisque monumentis vocatur Perperna: itaque et in Val. M. III. 4. 5.
edidimus. *Vorst.* Rectius *Perperna*
legitur ex Capitolinis, ut observat
Vorst. *Schef.*

§ 10 *M. Aquilius*] Rescripsi *Manius
Aq.* ex Fastis Capitolin. *Græv. Manius Aquilius* est in notis doctissimi
Grævii. Et recte sane. Sic enim
dicitur ab omnibus Latinis. Error
natus est ex compendio scripturæ.
Cum enim Manium volebant scribere,
sic scribebant, M'. cum Marcum, per
M. simpliciter. *Faber.* Vulgo plena
voce *Marcus* editur. Sed prænomen
fuisse *Manius*, e monumentis rursus
Capitolinis sciri potest. *Vorst.* In-
tegre *Manius Aquilius*, ut ex Fastis
Cap. docet Græv. *Schef.*

§ 11 *Contentionem, &c.*] Saxo II. p.
21. 36. 'Medium pugnæ certamen
nova facti diremit occasio.'

§ 12 *Asia, &c.*] Dio in Excerpt.
Constantini Porphyrog. p. 609. Ὅτι
οἱ Ῥωμαῖοι τῆς τρυφῆς τῆς Ἀσιανῆς γευ-
σάμενοι, καὶ μετὰ τῆς τῶν λαφύρων περι-
ουσίας τῆς τε παρὰ τῶν ὅπλων ἐξουσίας,
ἐν τοῖς τῶν ἡττηθέντων κτήμασιν ἐγχρο-
νίσαντες, καὶ τὴν τε (leg. γε) ἀσωτίαν
αὐτῶν διὰ βραχέος ἐξήλωσαν, καὶ τὰ πάτρια ἤδη οὐ διὰ μακροῦ κατεκάτησαν.
Οὕτω τὸ δεινὸν τοῦτ' ἐκεῖθεν ἀρξάμενον
καὶ ἐς τὸ ἄστυ ἔπεσε.

Cum opibus vitia, &c.] Flor. III. 12.
'Syria prima nos victa corrupit: mox
Asiatica Pergameni regis hereditas.'
Add. Liv. XXXIX. 6. fin. Sall. Cat.
11. Plin. XXXIII. 11. fin. Nostr. II.
14. 6. et Notam ad XXXI. 8. 9. Prudenter ergo, 'Spartana civitas, seve-
rissimis Lycurgi legibus obtempe-
rans, aliquamdiu civium suorum oculos a contemplanda Asia retraxit; ne,
illecebris ejus capti, ad delicatius
vitæ genus prolaberentur. Quod eos
non frustra timuisse, dux ipsorum
Pausanias patefecit, qui maximis operibus editis, ut primum se Asiæ moribus permisit, fortitudinem suam
effeminato ejus cultu mollire non eru-
buit,' ut ait Val. M. II. 6. 1. *Bern.*

LIBER XXXVII.

CAP. I. § 1 *Phocensibus*] Scrib. *Pho-
cæens.* Phocæenses enim, a Phocæa,
quæ urbs est Asiæ Minoris in Ionia,
unde et oriundi Massilienses: Phocenses vero dicti a Phocide vicina
Bœotiæ in Græcia. Eod. modo et
XLIII. 5. legend. *Phocæensium* pro
vulg. *Phocensium.* Gronov.

§ 2 *Regibus....pr. pers.*] Suet. Aug.
15. 'Ut promissa veteranis pr. per-
solverentur.'

Syria major] Quidam impr. Codd.
Phrygia major: quod probo. Inf.
XXXVIII. 5. 3. Vid. Appian. Mithridat. p. 208. *Bongars.* Quænam *Syria
major?* Optime Junt. et alii impr.

Phrygia major, quod et Boug. vidit.
Græv. Excudi jussi *Phrygia Major.*
Faber. Editur vulgo *Syria major:*
sed contra historiam. Inf. XXXVIII.
5. 3. ipse Mithridates, huj. filius, sic
loquens inducitur: 'Sibi pupillo majorem Phrygiam ademerint, quam patri suo, præmium dati adversus Aris-
tonicum auxilii, concesserant.' Quoniam ergo in Junt. teste Græv. manifeste et historiæ convenienter est
Phrygia major, idemque de codd. typis expressis et Bongarsius testatur,
quidni ipsum illud recipiamus? *Vorst.*
Phrygia major exigente historia restituit Vorst. Grævium secutus. *Schef.*

§ 4 *Namque Laodice*] Feminee regnandi cupiditatis, nec filiis parcentis, simile exemplum est XXXIX. 2. 9. et luculentum aliud ap. Zonar. in Vita Irenes filiique Constantini. *Bern.*

Ne non diutinam regni administrationem adultis quibusdam potiretur] Hoc *potiretur* suspectum mihi, non propter casum appositum, sed significationem non satis aptam huic l. Nam 'potiri' de futuris usurpatur ; jam regni adminstratio res erat non futura ap. Laudicem, sed praesens, quia eam jam tunc habebat in manibus, nec tam potiebatur ea seqq. temporibus, quam continuabat. In Mss. extat *pateretur*. Quare suspicor lect. veram esse *paterentur*, ut sit ordo: Necavit quinque, timens ne non paterentur administrationem regni diutinam, adultis quibusdam, i. e. quia erant adulti. *Schef.* Num, qui rerum potitur, futuram rem agit? Atqui in hac locutione, ' rerum potiri,' semper omittitur *administrationem.* Nihil h. l. sanius. *Græv.*

§ 6 *Mithridates*] Hic Energetes dictus: filius autem ejus, quem 11. annos natum regni successorem reliquit, Eupator. Strab. x. Vid. Appian. Mithridat. *Mithridates* est in nostris Mss. In uno *Methridatis.* Quod quidam *Mithradates* scribend. censent, ex numismatibus antiquis, non probo. *Μιθραδάτης* enim Græcum est, ' Mithridates' Latinum ; *a* in *i*: ut *Μασσαλία*, 'Massilia:' *Κατίνη*, ' Catina:' *Νομάδες*, ' Numidæ:' *Ἀκράγας*, ' Agrigentum :' et f. etiam *Μασανίσσης*, qui in Eclogis Diodori vitiose dicitur *Μανασσῆς*, 'Masinissa.' Sed et in Latinis vocibus τὸ a in i vertitur: ' sapiens,' ' insipiens:' ' cano,' ' tibicines,' &c. *Bongars.* Add. notam ad IV. 3. 4. *Bern.*

Repentina morte interceptus] Amicorum dolo necatum tradit Strab. x. p. 329. 15. *Idem.* Mithridates Euergetes familiarium insidiis occisus fuit teste Strab. x. p. 447.

§ 7 *Bellaque cum Romanis per qua-*

draginta sex annos] De annis Mithridatici belli nihil convenit ap. auctores. Flor. in sua Epit. III. ait 40. annis Mithridatem obstitisse Romanis ; hic 46. anni produntur. In Liv. Epit. 30. anni produntur. De regionibus, quas possederat, ex Latinis auctoribus nihil certi propemodum habetur, cum Pontum et Bithyniam confundunt; jam sinistra, jam dextra Ponti possedisse memorant ex Strabone; dextra Ponti et vicinæ nationes Cappadociæ ac Armeniæ minoris partes ad Colchidem usque sub ejus imperio esse colliguntur. Sed id alterius considerationis est, quam ut ea latius prosequamur. *Glar.*

Per quadraginta sex annos] Oros. VI. 1. fin. ' Triginta gerendi belli inveniuntur anni. Qualiter autem XL. a plerisque dicti sint, non facile discernitur.' Florus III. 5. 3. annos 40. Appianus 42. Si rationem inieris, 39. annos invenies ab ortu ipso Mithridatici belli ad Pompeii triumphum. *Bong.*

§ 8 *Damnisque terribilior*] Ita ' Samnites cladibus ipsis animosiores :' Flor. I. 16. 15. Sed multo maxime prisca illa Roma, quæ, secundum Horat. IV. Od. 4. ' Duris ut ilex tonsa bipennibus, Nigræ feraci frondis in Algido, Per damna, per cædeis, ab ipso Ducit opes, animamque ferro.' Et, ut ait Claudian. Laud. Stilicon. III. 144. ' Nunquam succubuit damnis, et territa nullo Vulnere, post Cannas major Trebiamque fremebat.' Add. Notas ad XXVII. 2. 4. *Bern.*

§ 9 *Denique ad postremum*] Libenter deleam isthuc, *Denique.* Faber. At vero Noster ad eund. modum XII. 16. ' Victus denique ad postremum est non virtute hostili, sed insidiis suorum.' Qui locus Fabro transmissus est sine censura. Et solent huj. generis jungi alia. Cic. pro Mil. ' Deinde postea se gladio perculsum esse.' Apul. III. Asini : ' Tandem denique reversus ad sensum præsentiam.' F.

huc referend. et quod legitur ap. Nostr. XIII. 1. 'Contra Macedones versa vice,' in quo similiter illud *versa vice* Faber delet. *Schef.*

Victus] Præstaret abesse, sicuti in Junt. recte abest. *Græv.* Ab Junt. abest; recte, ex judicio Grævii et mea. *Faber.* Ab Junt. abest: nec male. *Vorst.* De morte Mithridatis inter se dissentiunt auctores. Dio Cass. XXXVIII. 12. illum a Pharnace filio interfectum fuisse scribit: Τόν τε πατέρα ἐς τὸ βασίλειον καταφυγόντα ἀπέκτεινεν. Et Dionem sequitur Zonar. X. 5. Ἡγγέλη μέν τοι αὐτῷ [Πομπήϊῳ] τεθνεὼς καὶ ὁ Μιθριδάτης, Φαρνάκου τοῦ υἱοῦ διαχρησαμένου αὐτόν. Oros. vero VI. 5. Mithridatem Gallum quendam militem invitasse, eique jugulum præbuisse, refert: idemque tradunt Livii Epit. CII. et Auctor de Viris illustr. cap. 76. atque Appian. de B. Mithr. p. 410. ubi de Mithridate ait: Βίτοιτον οὖν τινα ἰδών, ἡγεμόνα Κελτῶν, Πολλὰ μὲν ἐκ τῆς σῆς, ἔφη, δεξιᾶς ἐς πολεμίους ὠνάμην· ὠνήσομαι (leg. ὀνήσομαι) δὲ μέγιστον, εἰ νῦν με κατεργάσαιο, ἐς πομπὴν ἀπαχθῆναι κινδυνεύοντα θριάμβου, τὸν μέχρι πολλοῦ τοσῆσδε ἀρχῆς αὐτοκράτορα καὶ βασιλέα....Ὁ μὲν δὴ Βίτοιτος ἐπικλασθεὶς ἐπεκούρησε χρῄζοντι βασιλεῖ.

CAP. II. § 2 *Nam et quo*] Mss. *Nam et eo quo*, rectius haud dubie, quam quod editur; quia mox similiter, 'et eo quo regnare primum cœpit.' *Schef.* Sic et tres libri Angl. *Græv.* Vincent. VI. 100. 'Nam eo etiam quo g. e. anno, etiam et eo quo regnum pr. capit.'

Et quo genitus est, &c.] Totum h. locum reperias, paulo aliter scriptum, ap. Lupum, Abbatem Ferrariæ in Senonibus. Eum, si voles, si tempus erit, conferre poteris cum hodierna lectione; nam in quibusd. melior Lupi lectio erat quam quæ in impressis est. (Vixit ille Lupus abhinc ferme nongentis annis.) *Nam et eo quo genitus est anno, et eo quo regnare primum cœpit, stella cometes per utrum-*

que tempus septuaginta diebus ita eluxit, ut cœlum omne flagrare videretur.... quartam cœli partem occupaverat, et fulguris sui radiis nitorem Solis vicerat, &c. Istud *fulguris*, pro *fulgoris*, Lucretii est; sed, quod mox sequitur, *radiis*, verum est, et longe optimum. *Faber.*

Stella cometes] Quæ Ovidio in fine Met. 'Stella comans,' Plinio II. 23. 'Sidus crinitum.' Est enim cometæ vox adjectiva, qua, cum etiam absolute utuntur auctores, ἀστέρα s. stellam subintelligunt. *Berneccer.* Quam describit L. Seneca VII. N. Q. 15. Artemidorus II. 38. Οἱ λεγόμενοι κομῆται ἀστέρες.

Per utrumque tempus] Noctu sc. et interdiu. Quod autem cometes ille cœli s. superioris hemisphærii quartam partem, h. e. gradus 45. occupasse, et 4. horarum spatium ortu occasuque consumsisse dicitur, id de cauda ipsius in tantam porrecta longitudinem, et Solis radiis illustrata, non de capite ipsoque corpore est intelligend. Similis Cometa an. ant. Nat. Chr. 372. quem Aristot. Meteor. I. 6. 'magnum cometam' appellat, et splendorem (caudæ) ad tertiam usque cœli partem, i. e. ad gradus 60. extendisse perhibet: Diodorus XV. 50. lumen æmulum Lunæ prætulisse. Pontanus scribit Cometam anni 1456. amplius quam 2. cœli signa (gr. 60.) comæ suæ tractu occupasse. Vid. Keppleri Paralipom. ad Vitell. p. 266. *Bern.*

Septuaginta diebus] Plin. II. 25. Brevissimum, quo cometæ cernuntur, spatium 7. dierum annotatum est: longissimum, 80. *Id.*

Omne conflagrare] In Mss. legitur *flagrare*. Num Justinus scripsit *omne eo flagrare?* Sic Noster alibi, 'flagrare belli cupiditate,' nec temere aliter ceteri scriptores. *Schef.*

§ 4 *Fero equo*] *Equo* glossema mihi videtur, annotatum explicandi non protriti vocabuli caussa. Nam 'fe-

rus' per se et substantive sumtum,
equus est: ut ap. Virgil. Æn. 11. 51.
et Manil. Astron. v. 77. 348. et 643.
ex emendatione Scaligeri: f. etiam
IV. 795. Sic Accius in Medea: ' Pe-
rite in stabulis immittens frenos feris.' Nazarius Paneg. Constantin. 29.
' Quos insultans ferus proterit.' Arnob. adv. G. IV. p. 181. ' Saturnus
induit formam feri.' Hinc vernaculum nostrum 𝔓𝔣𝔢𝔯𝔡 ortum putatur.
Ita ' ferinus' Virgil. Æn. XI. 571. est,
equinus : et poëtæ passim ' semiferos'
vocant Centauros : non quidem a ' feritate' vocabuli ejus etymologia petita ; sed a forma ipsa, qua ' feros,'
h. e. equos dimidiata sui parte repræsentare finguntur. Add. quod putida phrasis hic fuerit *equo equitare*:
nec sane Mithridati periculum erat
ab equi feritate; sed ab imperita
regendi pueritia. *Bern.*

§ 5 *Veneno, &c.*] Lactant. v. 9.
' Qui cœlum quoque ipsum vene-
ficiis appetant.' Helmold. I. Chron.
Slav. 48 ' Ne obsidentes jaculis appetant.'

§ 6 *Quod, &c.*] Helinand. ap. Vincent. ' In quibusdam quoque experimentis legisse me memini quod Mithridates timens ne a fratre suo inve-
nenaretur, rutæ folia XX. cum duabus
nucibus et totidem caricis, admixto
sale, quotidie jejunus edebat.'

Antidota, &c.] Plin. XXIII. 8. et
XXV. pr. 2. et XXIX. l. f. *Bong.*

*Adversus insidias exquisitioribus re-
mediis stagnavit*] Exquisitioribus est in
antiquioribus typis expr. Pro quo
Bong. maluit *exquisitis tutioribus:* ut
exquisitis sit participium. Sed est
illud plerumque ex participio factum
nomen : diciturque exempli gratia
' exquisita ars,' ' exquisita doctrina.'
Deinde ' exquisitior adulatio' affertur ex Tac. XI. Et denique superla-
tivi gradus vox ' exquisitissimus' est
itid. satis nota. ' Stagnare' est hic
pro, munire. Sup. XXXVI. 4. 7. ' aqua
stagnari,' i. e. densari ac firmari dici-

tur. *Vorst.* Vorst. ex antiquioribus
restituit *exquisitioribus remediis;* et
tutioribus, quod addit Bong. ex glossa
natum videtur. *Schef.*

Stagnavit] H. e. munivit, ut XXXVI.
8. 7. *Berneccer.* Legend. *stannavit*
pro *stagnavit*, quod est in Mss. Solent
enim literæ G et N confundi a scribis, ut ap. Liv. XXI. 27. in Ms. Vos-
siano *ignare* pro *innare.* Gronov. Jam
sup. occurrit ; hic pro, induravit,
præparavit, muniit, corroboravit. A-
libi ' stagnare sanguinem,' pro, sup-
primere ; Gall. *arrêter le sang.* Faber. Stagnari potest dici aqua, sanguis, et liquor, cum quasi stagnum
fit. Sed stagnari homo contra venenum pro, muniri, absurde sane diceretur : nec quisquam hanc trans-
lationem aut capere potest, aut probare. Assentior itaque viris doctis,
qui legend. censent *stannavit*, h. e.
pectus obmuniit, et quasi obduxit an-
tidotis contra veneni vim. Est quidem translatio durior, sed tamen non
inepta et aliena a re, quam expri-
mere voluit. *Grav.*

§ 7 *Quo per*] Mallem *quapropter*,
quod est in quibusd. editis. *Schef.*

§ 8 *Fugere*] Freinsh. *fugere* legit, ut
opponatur mox subjuncto ' persequi.'
Berneccer. Sicut conjecerat legend.
esse Freinsh. sic olim legitur in optima Juntina, *fugere.* Nihil verius. Quid
enim discriminis inter ' fugare' et
' persequi ?' *Grav.* Assentior Freinshemio, scribenti *fugere*, quia nulla
alias est oppositio, quam conjunctio
' aut' hic postulare videtur. Nam,
ut pro, et, accipiamus, quod aliquando fit, nulla ratio est, cum hoc fiat
saltem in diversis, qualia non sunt
' fugare' et ' persequi.' Et probat
quoque Junt. *Schef.*

§ 9 *Virtutis*] H. e. fortitudinis.
Unde Xen. I. Cyripæd. venationem
verissimam esse rerum bellicarum
exercitationem ostendit. De Trajano Plin. Paneg. 81. ' Olim hæc experientia juventutis, hæc voluptas

erat, his artibus futuri duces imbue-
bantur : certare cum fugacibus feris
cursu, cum audacibus robore, cum
callidis astu,' &c. Addendi Plato
non uno loco, præcipue VII. de Leg.
Aristot. Polit. I. 5. Plutarchi Ser-
torius 19. Veget. I. 7. Chrysost.
Orat. III. de Regno, sub finem. Pollux Præf. lib. v. *Bern.*

Virtutis patientiam] Mira locutio,
etiamsi *virtutem* pro fortitudine accipias. An enim *pati virtutem* recte dicimur? Ergo vereor, ne ex glossa hoc
virtutis irrepserit in textum. *Schef.*

CAP. III. § 2 *Itaque Scythas*] Strab.
VII. Id. I. et II. refert Mithridatem
hunc barbaros ad Mæotidem palu-
dem, et inde Colchos usque devicisse.
Vid. Memnonis Excerpta. *Bong.*

Sopyriona] De quo XII. 2. 16. *Bern.*

Philippum] Auctor ipse sibi contrarius esse videtur IX. 2. 14. *Idem.*
Rectius hic de Dario Hystaspis dixisset: hunc enim a Scythis fugatum
constat. At de Philippo ipse Auctor IX. 2. 14. aliud prodidit. *Vorst.*
Mihi nil mutand. videtur. Liquet
enim ex oratione Mithridatis, quam
ipsius Trogi verbis Noster adfert in
sequentibus, fuisse, qui et Darium
fugatum a Scythis scriberent. Verba
clara sunt XXXVIII. 7. 'Scythiam duos
unquam ante se reges non pacare,
sed tantum intrare ausos, Darium et
Philippum, ægre inde fugam sibi ex-
pedisse.' *Schef.*

§ 4 *Regno*] Junt. e r. F. e r. Sed
nihil muto. *Græv.*

§ 7 *Veneno, &c.*] Oros. VI. 5. ' Cum
unaquæque civitas tantis concursibus
periclitaretur.' Saxo v. p. 73. 37. ' Ant
enim levanda esuries, aut fame peri-
clitandum erat :' p. 88. 38. ' Huni
passim inedia periclitari cœperunt :'
VIII. p. 163. 51. ' Periclitatis inedia
sociis.'

§ 8 *In auctores*] Quomodo *in auctores*, cum de unica præcesserit Laodice? puto igitur *in auctore* scribendum, nisi malis *in auctore ejus*. Et

potest fieri, ut ex *auctore ejus* junctim
scripto, ut sæpe solet in libris vett.
formaretur illud *auctores*. Schef.

CAP. IV. § 1 *Hieme deinde*] Etiam
hibernis diebus exercendos milites,
ne intermissa consuetudo et animos
eorum debilitet et corpora, monet
Veget. II. 28. *Bern.*

Appetente] Pro *imminente* Angli
app. Alterum horum est ex glossa.
Et quia illud *app.* doctius, quam ut
Glossatori conveniat, idcirco genuinum esse censeo Justini. Liv. v. ' Co-
mitiorum consularium jam appetebat
tempus.' *Schef.* Secutus sum Britannos, qui hanc lect. ex duobus
codd. eruerunt. Vulg. *imm.* Græv.

Non in vacationibus] Bong. edidit
advocation. Janus Guillielm. I. Veri-
simil. 18. a Palmerio se monitum
scribit, et contendit Modius, omnino
hic legend. *vocation.* h. e. invitationi-
bus, conviviis, de quo significatu sup.
ad XII. 6. 1. diximus. Verum Lips.
Not. 90. ad Tac. H. I. pertendit rectum esse *vacation.* et interpretatur de
vacationibus militarium operum, quas
recte proprieque Noster exercitationibus hic opponit. ' Vacationes munerum' appellat Tac. I. 17. 7. et
Quintil. pro Milite. ' Militare otium' est eid. Tac. H. I. 46. 5. de quo
Liv. etiam VII. 7. 8. accipiendus. Itaque veterem impressorum lect. revocare non dubitavi. Sed omnino rectum est *advocation.* Vid. Gruteri notas in Panegyricos p. 577. fin. et seq.
Bern.

Sed in ex.] Uncinis includit Ed.
Bong.

*Sed inter coæquales aut equo, aut
cursu, aut viribus contendebat*] Sic de
Pompeio, cui res gestæ Magni nomen
peperere, Sallustius: ' Equitare, jacu-
lari, cursu cum æqualibus certare.'
Porro in præcedd. *non in advocationibus, sed in exercitationibus,* fuit cum legend. existimarem *non in vocationibus,*
quæ est, ut sup. docui, vox conviviorum peculiaris, et convenit insane

bene cum eo quod sequitur, 'nec inter sodales.' Erat enim 'sodalitium,' quod Græci ἑταιρείαν dicunt, teste Gaio JCto L. ult. Dig. de Colleg. et Corp. Tertullianus II. ad Uxorem 6. 'Discumbet cum marito in sodalitiis, sæpe in popinis.' Cic. de Senect. 13, 'sodalitates' appellat: quem vide, cum ibi, tum pro Planc. 15. ubi legem quandam Liciniam de his latam refert. Mod.

Coæquales] Latinius Junt. et alii impr. æquales. Æquales enim melioris ætatis scriptoribus sunt, ejusd. ætatis homines, non coæquales, quod postea inolevit; ut et 'concivis' pro, civis; 'contribulis' pro, tribulis. Vid. si tanti est, quæ notavi ad Luciani Solœcist. Græv.

Coæquales] Hanc vocem non ausim reprehendere, cum jam antea usus illa fuerit Justinus, ubi de Hierone hæc dicit: 'Eidem, in ludo inter coæquales discenti, lupus tabulam.... eripuit.' Add. auctoritatem Columellæ, qui ex optimis scriptoribus est. Is de pullo anserino agens sic ait: 'Ubi se paululum confirmavit, in gregem coæqualium compellitur.' Quod in lib. de Vitiis Sermonis meminisse poterat doctiss. ille Gerard. Voss. Faber. Æquales Bechar. Maj. et ipsi Junt. edidere. Bong. tamen maluit coæquales. Sed alterum elegantius est. Contra IX. 6. 6. ubi Bong. æquales edidit, antiquiores edd. habent coæquales. Vorst. Sane non damno h. vocem. Verum tamen est eam jam esse inclinantis Latinitatis, Terentio, Tullio, et omnibus illius ætatis scriptoribus ignotam, ap. quos semper æquales legitur; quod, cum in optima reperiatur editione, non video cur rejici debeat. Græv.

§ 2 Quotidiana exercitatione] Veget. II. 1. 'Exercitus ex re ipsa atque opere exercitii nomen accepit, ut

ei nunquam liceret oblivisci quod vocatur.' Bern.

§ 5 Se quod ei] Ms. se quoque cum ei. Glareani editio se quæ ei. Scrib. se quod quæ ei. Adstipulantur Juntæ. Græv. Assentior Grævio. Faber. Optime Juntina. Bongarsii et Bernecc. edd. quæ; at Becharii aliæque antiquiores edd. quod omittunt. Sed neutrum abesse potest, ut facile intelligitur. Vorst. Quod quæ ei in textum recepit Vorst. Schef.

§ 7 Potuerat] Scribo poterat. Fab.

§ 8 Mutato nomine] Hoc non Justini, sed glossatoris esse videtur. Est enim totum otiosum, et mox 'nomine' sequitur, ingrata prorsus repetitione. Schef.

Philiamenem] Pylæmenem legend. est. Πυλαιμένης Paphlagonum regum nomen est, et ap. Liv. I. ab init. et ap. Homer. (unde Livius habet) ad fin. Bœotiæ: Il. II. 851. Παφλαγόνων δ' ἡγεῖτο Πυλαιμένεος λάσιον κῆρ 'Εξ 'Ενετῶν. Occiditur a Menelao Iliad. v. Glarean. Pylæmenem ex Homero legend. docuit Glareanus. Ejusd. meminit Eustath. in Dionys. et Strabo XII. et Probus in Datame, qui eum, memoria lapsus, a Patroclo interfectum ait: cum ex Homeri Il. v. 578. constet, Menelaum eum hasta confodisse. Ab hoc Paphlagonia aliquando Pylæmenia dicta: Plin. VI. 2. Nicomedem autem et Pylæmenem reges commemorat Oros. VI. 2. Bong. Non procul recedunt a vera lect. Juntæ: Philæmenem. Extrita enim unica litera scribend. Pylæmenem, ex Homero aliisque ostenderunt Glareanus in notis ad h. l. et Thom. Reines. in V. L. Græv. Non est dubium quin legend. sit Pylæmenem. Hoc enim Paphlagonum regum nomen fuisse ex Homero et aliis constare potest. Nec procul inde abit Junt. quippe quæ Philæmenem habet. Vor.

LIBER XXXVIII.

CAP. I. § 1 *Mithridates*] θαυνόβρα-
τος ἐκ ταιδὸς ὁ Μιθριδάτης ἦν. Vid.
'Εκλογὰς Memnonia. In iis filius sororis Mithridatis Arathes dicitur, ut
et in Prol. huj. lib. *Bong.*

Nece] Scribend. *a n.* Faber. Edidere Bong. Berneec. et alii *nece.* Sed
perperam. Antiquiores edd. recte *a*
n. Plin. VII. procem. 'A supplicis
vitam auspicatur.' Et Noster v. 8.
12. 'Cædes ab Alcibiade auspicantur.' *Ver.*

Laodices filios, &c.] Vid. XXXVII. 1.
4. Aut enim contradicit sibi Auctor, aut historiam mire confundit.
Freinsh.

Per Gordium insidiis occiderat] ' Per
Gordium ' inquit, quasi omnibus notum, cum nullum omnino verbum de
eo ante dictum sit. Mox ' Mithridatem Cappadociæ cupiditate flagrare,'
cum priore lib. dicat eam occupasse.
Capit f. excusationem per hysteron
proteron. Sed videtur Auctoris incuria accidisse: tres nomine Ariarathes viros, tres mulieres sub Laodices nomine in unam Mithridatis
ætatem incidentes, nunquam ne uno
quidem verbulo distinguere dignatus
est. Item, inter legatorum Romanorum a Mithridate devictorum nomina,
Malthini nomen haud scio an uspiam
legerim. Verum hæc, ac ea omnia,
quæ in prolixa illa Mithridatis oratione, qua probe Romanos pinxit, continentur, facile ex historia corrigi
possunt. *Glar.*

Nihil, &c.] Ita XII. 2. 2. ' Ibi n. a.
tot egregiis prœliis ait.' Saxo XIV.
p. 306. 25. ' N. a se a. existimantes,
si,' &c. Saresb. VI. Policr. 20. p.
405. ' Qui sibi nil a. credunt, dum
aliquis,' &c.

§ 2 *Ad expellendum Cappadocia Ni-*
comedem] Alii *N. C.* Liquet τὸ *Capp.*
glossatoris esse, non Justini; et ideo

id in plerisque suis Bongarsius non
reperit. *Schef.*

§ 7 *Quod ubi Ariarathes junior molli-*
ri cognovit] ' Moliri ' passive: nisi
vocula f. exciderit, aut subintelligen-
da sit, eum moliri. Composito sic
utitur et Liv. XXXIX. 44. 3. ' Quæ in
loca publica inædificata immolituve
privati habebant.' *Bernec.* F. scrib.
Quem ubi. Cic. XII. Fam. 12. ' Dein,
cum suspicarere nos moliri, quod te
sollicitum esse et de salute nostra, et
de rerum eventu putabam.' *Gronov.*
Mss. Bong. illud *quod* non agnoscunt.
Et puto rectius abesse. ' Moliri '
plane active accipiend. F. scripserat Just. *Quem id ubi;* deinde dum
voculæ *Quem id* conjunctim scriptæ
Quid cum lineola sup. literam *e,* post
factum *Quod.* Schef.

§ 8 *Incertum belli*] Malim *incerta*
belli: sicut Liv. XXX. 30. 12. ' Incerta
casuum:' et Tac. H. I. 26. ' Incerta
noctis.' Nam ita quoque vetus dictum habet, relatum a Philone de Fortitud. m. Τὰ κατὰ πολέμους ἄδηλα, h. e.
interprete Cic. ad Att. VII. 7. *fin.*
' Nemini est exploratum, cum ad
arma ventum est, quid futurum sit.'
Quemodo Annibal ap. Liv. XXX. 30.
32. ' Nusquam minus, quam in belle,
eventus respondet.' Egregie Sen.
Theb. 625. ' Nunc belli mala Pro-
pone, dubias Martis incerti vices.
Licet omne tecum Græciæ robur trahas ; Licet arma longe miles ac late
explicet; Fortuna belli semper ancipiti in loco est.' *Bernec.* Berneec.
mallet *incerta belli.* Sed nihil mutand.
Incertum dicit Auctor quod vulgo perperam, incertitudinem. Vid. libri
nostri de Latinit. mer. susp. c. 7.
Ver.

§ 9 *Inter fascias*] Feminales fascias
accipe, de quibus Casaub. ad Suet.
Aug. 82. 1. ubi tamen has de braccis

etiam accipi posse conjicit, non dis-
sentiente Salm. ad Hist. August. 228.
E. 1. *Bernec.* Intelligit subligar, quod
ex fasciis constabat. *Faber.*

Scrutatori] Scrutatores in officiis
principum fuere. Vid. Suet. Claud.
85. et Vesp. 12. *Vorst.*

Regio more] Qui patet ex Plut. Timol. 21. et Dione 28. Regiam deinde
hanc salutantes scrutandi consuetudinem Romae primus usurpavit Augustus, Senatum legens, Suet. 85. Postea
Claudius, Id. 85. Sed eam omisit
Vespasianus, Id. 12. Post alii repe-
tivere, ut Severus ap. Spartian. 6.
Bern.

Curiosius, &c.] Saxo IV. p. 64. 16.
'Corpore deinde ejus cur. contrec-
tato.'

Aliud telum] Sc. quod salva lege
Cornelia gestare licet: nec tamen honeste nominari potest. Simili metaphora Catull. C. 68. 'siculam' dicit:
Propert. I. 3. et III. 19. 'arma.' Catull. Hymnide: 'Nihil agit in amore
humus.' Nec aliter Graecis, ὅπλον,
μέντρον, στόρθυγξ. Hinc jocus ap.
Quintil. VI. 3. 81. *Bern.*

§ 10 *Evocatum ab amicis*] Leg. sevocatum. Cic. II. Phil. 14. 'Cum interficeretur Caesar, tum te a Trebonio
vidimus sevocari.' *Gronov.* Olim vidi
legend. esse *sevocatum.* Non enim
evocabatur ab amicis, sed ab illis se-
vocabatur. Sevocare est, seorsum
vocare; quod ii faciunt, qui soli cum
aliquo sunt collocuturi; ut seducere
est, seorsim ducere, secubare, seorsim,
solum cubare. Plaut. Menaec. v. 9.
'Sevocabo herum, Menaechme.' Men.
So. Ambo. Quid vis? Men. Non ambos
volo.' Ov. 'Sevocat hunc genitor,
nec causam fassus amoris.' Suet.
Cal. 86. 'Egressus triclinio, cum
maxime placitam sevocasset.' Cic.
pro Muraen. 'Facit ut rursus plebs
in Aventinum sevocanda videatur.'
Id. I. Fam. 9. 'Quoniam quidam nobiles homines inimicum meum me inspectante saepe in senatu modo severe

seducerent, modo familiariter amplex-
arentur.' Hanc emendationem cum
communicassem cum celeberrimo et
unico doctore nostro Gronovio, ostendit sibi id. dudum venisse in mentem.
Postea, cum adhiberem Justinam,
cognovi sic dudum in illa fuisse lectum, uti et in aliis impr. quod ex V.
L. Bongarsii liquet. Sane in Glareani
editione legitur *sevocatum.* Nec puto
in posterum quenquam futurum, qui
vulgati *evocatum* sit patrocinium sus-
cepturus. Nihil enim eo h. l. est
absurdius. *Graev.* Bong. edidit *evocatum.* *Sevocatum* vero antiquiores
typis expr. 'Sevocare' formatum, ut
'seponere,' 'seducere,' 'secubare;'
et ab aliis item usurpatum. *Vorst.*

CAP. II. § 1 *Sed Cappadoces*] Strab.
XII. p. 373. 85. Romani, inquit, θαυ-
μάσαντες δ' τινες οὗτως εἶεν ἀπειρηκότες
πρὸς τὴν ἐλευθερίαν, ἐπέτρεψαν αὐτοῖς ἐξ
ἑαυτῶν ἑλέσθαι κατὰ χειροτονίαν ὃν ἂν
βούλωντο, &c. *Bongars.*

Praefectorum] Hoc suspectum est.
Qui enim sunt praefecti illi, quos hic
nominat, et cujus? Ariarathis? Quid
ergo faciebat Gordius? Num Mithridatis? At in filium octo annorum
libido non cadit. In impr. quodam
est *praefatorum.* Sed hoc glossatoris
videtur, qui volebat praefectos illos
de Gordio et filio Mithridatis accipi.
Ego censeo, unum Gordium hic in-
nui; de lectione loci nondum possum
quid statuere. *Schef.*

Revocant] Mallem *evocant.* Nam
'revocare' proprie illius, qui ante
dimisit. At hoc non fecere Cappadoces, verum pater Ariarathis huj.
Verbo 'evocare' alibi etiam hoc
sensu utitur. Estque eo verosimilius
sic hic legend. quia adhaesisse a fine
vocis praec. videtur huic vocabulo.
Idem.

§ 2 *Ne Mithridates accessione Cappadociae etiam, &c.*] F. leg. *ne M. velut ac-
cessionem Cappadociae, etiam.* Sensus
est: Ne Mithridates Bithyniam faceret tanquam additamentum Cappa-

dociæ. Val. M. ix. 1. ' Ptolemæus
accessione vitiorum suorum vixit :' et
Flor. ii. 11. 9. ' Quidquid insularum
in eo mari inter Ceraunios montes
jugumque Maleum, Ætolici belli accessio fuerunt.' *Gron.*

§ 5 *Qui senatui assereret*] Legend.
asseveret. Cic. Bruto 57. ' Quemadmodum adversarius de quaque re asseveret.' *Gronov.* ' Asserere' pro, affirmare, notum usurpari a Veteribus ;
at *asserere quid alicui* an reperiatur
dubito. In Mss. Bong. est *asseveret.*
Unde putem Nostrum *asseveraret*
scripsisse. *Schef.* Veriss. est scriptura
librorum Bong. qui *asseveret* legunt
pro *assereret.* Nam ' asserere' pro,
affirmare, nusquam ap. meliores scriptores veteriores reperitur. ' Asserere
in libertatem' frequens est. Sed
' asserit hoc hic aut ille' deterioris
temporis. *Græv.*

§ 8 *Negant vivere gentem sine rege
posse*] ' Gentem,' subaudi, suam, sc.
Cappadocum: quomodo Auctor ea
voce speciatim etiam utitur xxxvi. 2.
14. Hoc non monerem, nisi magni
nominis Politicus Auctoris ista de
omni gente pronuntiari censeret.
Quod non est ita. Nam, etsi de sententia Mithridatis ap. Sall. H. iv.
' Pauci libertatem, pars magna justos
dominos volunt :' hoc tamen iis solum
accidit, qui ' libertatis dulcedinem
nondum sunt experti,' Liv. i. 17. 3.
Sicuti ap. Tac. xiii. 34. ' Armenii,
libertate ignota, magis ad servitium
inclinant.' Add. de Ægyptiis Herod.
ii. 147. Ceteroqui sane ' nihil omnino
bonorum multitudini gratius, quam
libertas,' Liv. xxxiii. 18. 6. *Bern.*

Ariobarzanes] Hunc postea regno
expulsum refert Cic. pro L. Manil.
5. et Auctor ipse cap. seq. 3. *Idem.*

CAP. iii. § 1 *Tigranes*] Leg. Strab.
xi. ext. ex quo et ex uno Ms. scripsi
obses Parthis, cum in ceteris sit *obses a
P.* inepte. Appian. Mithr. p. 176. d.
Ariobarzanem a Mithraa et Bagoa
Cappad cia pulsum scribit, et in ejus

locum Ariarathen constitutum : Nicomedem vero Bithynia a Socrate
fratre ejectum. *Bong.*

Ante multum temporis] Ita Bong. et
post eum alii edidere, Sed antiquiores typis expr. habent *ante non m.
tempus :* quod ego quidem rectum
putem. *Multum tempus* pro, multum
temporis, dicitur, ut ' multum oleum,' ' exiguum vinum' a Scribonio
Largo. Vid. Indicem in hunc Rhodii.
Vorst. Pro *temporis* in editis quibusd.
tempus legitur, quod non repudiem.
At, quod iid. adjiciunt *non*, sensumque
faciunt contrarium, vix puto admittendum, cum repugnent Mss. E quibus mox pro *sed olim* sunt qui *nec olim*
malunt. Mihi omnia examinanti locus
totus ita videtur scribendus : *obses
Parthis ante multum tempus datus, sed
nec olim ab iisd. in r. p. r.* Schef.

Sed olim] Pro hoc malim *nec ol.* ut
Bechar. edidit ; ut hoc sit pro, non
ita pridem. *Vorst.* Junt. quoque
ante non multum tempus, nec olim. Græv.

Quod olim] *Olim* abest a Becharii.
aliisque antiquioribus edd. et recte
meo judicio. Non Mithridates *olim,*
sed jam tum meditabatur : nec potest
quisquam aliquid olim meditari : repugnant enim hæc inter se, ut quæ
tempora diversa, præteritum et futurum, aut præsens et futurum, com-
prehendunt. Meditari aliquis potest
quod olim demum sit gerendum, sed
non potest olim meditari. *Vorst.*

§ 2 *Et ne quis dolus, &c.*] Quia nullus est contractuum, qui videatur fieri
meliore fide : quippe ' generi soceris
sunt loco filiorum : et hi vicissim in
loco parentum suis generis,' ut ait
Philo Jud. ii. de Monarchia. ' Hoc
sacrum est, quod nulla permittitur
commotione violari : nam quibus ob-
sidibus habeatur fides, si non credatur
affectibus ?' Cassiod. Var. iii. Ep. 4.
pr. *Bern.*

Filiam suam Cleopatram] Inde Appian. Mithr. p. 180. c. Τογβάνης
[legend. Τιγράνης] ὁ Ἀρμένιος αὐτῷ

κηδεστής ἐστι. 'Socer' vertit Interpres: cum h. l. κηδεστής sit 'gener.' De Nicomede filio pulso vid. Strab. XII. *Bong.*

§ 4 *Aquilius et Manlius Maltinus*] Legend. arbitror *Manius Aquilius et M. Attilius.* Vett. quidam *Aquilius et Marcus Altinius.* Appian. Mithr. p. 276. c. missos legatos ait, *ὃν Μάνιος 'Ἀκύλιος ἡγεῖτο:* quem superatum a Mithridate, docet Epit. Liv. LXXVII. *Idem.* Vir summus Thomas Reines. in Epist. XXIII. ad Rupert. legit *Aquilius et M. Acilius* ex Vincentii Bellovacensis VI. Spec. Hist. 101. quem vid. Junt. *Aquilius Manlius, et Manius Attilius.* Græv. Inf. XXXVIII. 4. 4. 'Aquilium et Maltinum.' Nec dubium illud *Manlius* nihili, et pro *Manius* esse, s. jam Aquilii, s. Maltini prænomen hoc sit. Bechar. et Maj. *Aquilius Mallius et Maltinus.* Bong. legend. arbitratur *Manius Aquilius et M. Attilius.* Certe Appianus principem eorum, qui missi tum ad Mithridatem fuerunt, Manium Aquilium vocat. *Vorst.*

§ 6 *Intelligens*] Junt. *intellecto.* Optime. Nihil frequentius Nostro est hac ratione loquendi. *Græv.* Junt. *intellecto,* quod elegantius, et magis e consuetudine Justini. *Faber.*

Ad Cimbros] Freinsh. legend. putat *Cimmerios,* ex XXXVIII. 7. 10. Nam quomodo huc Cimbri? licet ab illis ortum traxisse quidam fabulentur. Pro *Cimbros* legit *Iberos* Jo. Isacius Pontanus. Vid. de situ harum regionum Marcellin. XXII. 11. et seqq. *Bern.*

§ 7 *Romanum, &c.*] Saxo XIV. p. 264. 14. 'Sueno Suetica med. bella.'

§ 8 *Non magno, &c.*] Qua ratione Mithridates Aquilium et C. Cassium Romanos duces vicerit, leg. Appian. Mithr. p. 181. et seqq. *Bong.*

§ 9 *Vacationem quinquennii*] Ita Cappadocibus in formam provinciæ redactis a Romanis, 'quædam ex regiis tributis deminuta, quo mitius Roma-

num imperium speraretur:' Tac. II. 56. De Macedonibus similia Liv. XLV. 18. Add. Sc. Amirat. XX. 7. *Berneccer.* Antiquiores typis expr. *quinquennio;* ut, quantum in tempus concessa vacatio fuerit, casu sexto notetur: id quod sane nec insolens est. Sup. I. 9. 'Militiæ vacationem in triennium permittunt.' *Vorst.*

§ 11 *Quod conciones directas*] De iis qui ὑπερμήκεις δημηγορίας historiæ inserunt, et ita historiam concionum προσθήκην faciunt, vid. init. XX. Diodori. *Bongars.* Quod Liv. Sall. et alii oratione directa usi sunt, id minime reprehendendum. Et concinnius fecisset Noster, si et ipse orationem directam usurpasset, cum tam longam formare vellet. Placet hac super re judicium Freinshemii, quod is ad Curt. III. 2. 11. exposuit his verbis: 'Ut largiar in brevioribus concionibus decentius hoc fieri [ut oratio obliqua sit]: hoc certe concedere non possim, in prolixioribus idem obtinere, cum toties inculcanda sint ista 'se,' 'sibi,' et 'inquam,' 'inquit,' quæ verba vitanda Cicero sibi censuit, ne sæpius interponerentur. Adde quod vix caveri possit, quin alia quoque hac ratione indecora committantur, verbi gratia in oratione Trogi XXXVIII. 7. 8. 'Tantumque se avida expectat Asia, ut etiam vocibus vocet: adeo illis odium Romanorum incussit rapacitas proconsulum,' &c. hæc enim directæ orationi congruerent, obliquæ minus conveniunt.' Observo ipsum quoque Nostrum oratione directa alicubi usum; et quidem XIV. 4. ubi Eumenem, et XVII. 7. ubi Maleum loquentem inducit. *Vorst.*

CAP. IV. § 1 *Optandum sibi, &c.*] Simillime Pericles ap. Thucyd. II. 11. 7. 'Qui arbitrium belli pacique habent, dementes fuerint, si bellum malint. At, quibus ea necessitas injungitur, ut aut cedendo finitimorum ferre dominatum, aut pro victoria belli discrimen adire cogantur; hic,

qui periculis se subducit, multo majorem, quam qui ea sustinet, repre-
hensionem meretur.' Ita Sulpitius
ap. Liv. xxxi. 7. 2. et rursus ipse
Mithridates init. Epist. ad Arsacen,
ap. Sall. H. iv. *Bern.*

§ 2 *Nec eos quidem dubitare*] Scribend. *ne eos; et mox agatur* pro *agitur.*
Gronov.

§ 3 *Agitur*] Ut multa alia in oratione hac indirecta sunt, quæ magis
orationi directæ conveniunt, ita et τὸ
'agitur' non tam ad indirectam,
quam ad directam orationem pertinere videtur. *Vorst.*

Prælio congressis] Ms. Leydensis
prælii congressu. Ita et alii. Nec
male. *Boxhorn.*

§ 7 *Solum finium*] Hoc *finium* non
videtur Justini esse, aut sub eo corrupto aliud latere vocabulum, quod
difficile divinare. - *Schef.*

Eosdem Gallos occupasse] Præfero
quod habent Mss. Bong. *iidem Galli
occupassent.* Idem.

§ 9 *In partem virium suarum ipse
numeret*] Mallem legere *in parte v. s.
ipsum numerare*; i. e. inter suæ potentiæ assertores et propugnatores se
habere. Et mox, pro *occupaverunt, occupaverint.* Gronov. Constructionem
hic non video. Debebat, nisi fallor,
scripsisse *in partem v. s. se numerare.*
An verba, *semper Romanos terruit,*
delenda? Fieret profecto melior
oratio: *G. autem nomen* (supple, esse),
quod in partem v. s. ipse numeret. Schef.
Non facile hæc refingam omnibus
libris invitis, sed potius referam inter
illa vitia, quibus hanc orationem obli-
quam laborare Freinshemius doctissimus superius observavit. *Grav.*

Hos qui Asiam incolunt] Caussæ suæ
potius, quam vero servit h. l. Mithridates. Verius de iisd. Flor. ii. 11.
' Gens Gallogræcorum, sicut ipsum
nomen indicio est, mixta, et adulte-
ratæ reliquiæ Gallorum, qui Brenno
duce, &c. Itaque ut frugum semina
mutato solo degenerant: sic illa ge-

nuina feritas eorum Asiatica amœnitate mollita est.' Add. Liv. xxxviii.
17. *Bern.*

§ 10 *Sagaciora*] In Mss. legitur
acriora, quod miror omisisse sumere
in textum. Est enim alterum glossatoris, et quidem prorsus inepti.
Ecquid enim hic sagacitas faciat, cum
de virtute fortitudineque manifeste
præcedat, operositasque itineris du-
ros potius, quam sagaces faciat?
Schef. Nec hic viro doctissimo possum subscribere. Sagacitas an non
requiritur in bello? Cur barbari viribus et impetu potentiores victi sunt
a Romanis, quam quia hi prudenter
secundum artem militarem bella gerebant? Acres erant omnes Galli:
h. e. intrepidi, bellicosi, sed non sagaces: sed non ratione bellum gerebant, quæ non potest esse sine saga-
citate. Pulchre Sen. i. de Ira 11.
' Germanis quid est animosius? quid
ad incursum acrius? quid armorum
cupidius? quibus innascuntur insu-
triunturque,' et quæ sequuntur.
Dein: ' Agedum, illis corporibus,
illis animis, delicias, luxum, opes ig-
norantibus da rationem, da disciplinam, ut nihil amplius dicam, necesse erit nobis certe Romanos
mores repetere.' Hos itaque Gallos,
qui virtutem pristinam retineant, dif-
ficultates, labores, (nam παθήματα
μαθήματα) et loca ipsa cultiora, in quibus consederant, sagaciores reddide-
rant, ut illorum vis magis esset ti-
menda, quam ceterorum. Acuerant
ratione virtutem, ut Florus loquitur.
Plurima possent in hanc rem afferri,
nisi res esset in aperto. *Grav.*

§ 11 *Jure imperii*] Mss. *vice imp.*
quæ lect. omnino præferenda est.
Intelligit enim alteram imperii, et
senatus, et consulum partem, ut ipsis
essent vices imperii et partes: cum
peterent populi Latii jus civitatis, et
alterum consulem, et dimidiam senatus partem. Flor. i. 14. ' Quum jus
civitatis, partem imperii ac magistra-

tuum poscerent.' *Grav.*

§ 12 *Sub jugum missos*] Sc. a Samnitibus ad Caudinas furcas. Liv. ix. 6. *Bern.*

§ 13 *Immoretur*] Mallem immoretur. Sed sunt alia quoque huj. generis orationi directæ propria in hac oratione, de quibus pridem viri docti moaqere. Ut f. Justini potius, quam librarii hæc sit culpa. *Schef.* Cujus emendationem confirmat Junt. in qua legitur *immoretur*. Græv. Saxo xiv. p. 348. 11. 'Ne peregrinis diutius immorer, stylum ad propria referam.'

Bello Marsico] Dictum a Marsis belli auctoribus, Strab. v. Dictum etiam Italicum et Sociale: de eo leg. Appian. et Flor. et alios: ap. quos et ap. Plut. vid. historiam belli civilis Mariani et Cimbrici, quorum mox meminit. Oros. v. 19. eod. anno bellum Civile commotum et Mithridaticum cœptum scribit. *Beng.*

§ 14 *Vicino Italia*] Junt. *vicina:* et mox lid. *peric. accessisse Ital.* Quod præferend. vulgato *esse.* Græv.

Esse] Antiquiores typis expr. habent *accessisse:* nec male meo judicio. *Ver.*

CAP. v. § 1 *Utendum occasione*] ' Valet in omnibus rebus humanis et pollet occasio, sed maxime in bellicis,' Polyb. ix. 14. et x. 39. *Bern.*

Rapienda incrementa] Verbi emphasin exprimit illud Senecæ ad Marciam 10. ' Quicquid a fortuna datum est, tanquam extemplo abiturum possideat animus. Rapite ex liberis voluptates: fruendos vos invicem liberis date, et sine dilatione omne gaudium haurite: nihil de hodierna die promittitur, imo nihil de hac hora. Festinandum est: instat a tergo mors,' &c. Et alibi: in re subita ' rapienda, non capienda consilia.' Eonius ap. Cic. de Orat. iii. 40. ' Vive, Ulysses, dum licet: Oculis postremum lumen radiatum rape.' *Berneccer.* Liv. xxvii. 17. ' Eam velut

primam occasionem raptam.' *Lucan.* x. 506. ' Cæsar semper feliciter usus Præcipiti cursu bellorum, et tempore rapto:' et Stat. v. Th. iii. ' Rapuit gavisa Polyxo Fortunam:' et Paulus JCtus L. 168. D. de Reg. Juris. ' Rapienda occasio est, quæ præbet benignius responsum.' *Græv.*

Rapienda incrementa virium] Quis Latine dixerit *rapere incrementa virium*? Nemo, quod sciam. Ms. Leydensis r. *marnica v.* Ex quo quid elicere possint, videant eruditi. *Boxh.*

§ 3 *Dati auxilii*] Legend. puto *lati.* Nam *dare auxilium* non memini legi ap. Latinos scriptores. *Græv.*

§ 4 *Adoptione testamenti*] Mira locutio. Quid enim *adoptia testamenti*? F. quæ fit per testamentum. At hoc nemo ista formula exponit. Dein unde constat, factum id per testamentum? Nisi omnia me fallunt, scripsit Just. *sed adoptione, testamento,* et. Schef.

§ 5 *Parendo non tamen*] Id. questi de Romanis Britanni, ' Nihil,' inquiunt, ' profici patientia, nisi ut graviora tamquam ex facili tolerantibus imperentur.' Pub. Syrus: ' Patiendo multa veniunt, quæ nequeas pati.' Add. Thucyd. i. 24. 13. Liv. xxxv. 17. 6. et xlii. 1. 8. *Bern.*

Cum inter hanc decretorum amaritudinem parendo non tamen eos mitigaret, quin acerbius se in dies gerent, non obtinuisse] Ms. et Junt. *cum hac decr. amaritudine parendo.* Junt. quoque *mitigarit.* Totus locus sic est scribendus: *cum interea, huic decr. amaritudini parendo, non tamen eos mitigarit.* ' Decr. amaritudo' sunt amara decreta: de quo loquendi genere plura supra notavi. *Græv.* Rectius videtur *mitigarit.* Vorst. Vorst. cum Græv. mallet *mitigarit.* Nec repugno. Illud quæro potius, quomodo cohæreant *parendo non mitigarit, non obtinuisse.* Manifeste hæc mendosa sunt, quæ videntur posse sanari, si verba illa, *non tamen eos mitigaret,* penitus de-

leantur. Et existimo ab eo esse, qui
sequentia explicare volebat. *Schef.*
Facile videas l. hunc vitiose scriptum
esse. Sic emendari potest, et ex
mente ac stylo Justini : *cum inter
hanc decr. amaritudinem parendo, non
tantum eos non mitigasset, quin, ne
acerbius se in dies gerant, non obtinu-
isset.* Aliter conjecit amicus noster,
alii aliter conjiclent, queis plus otii,
plus ingenii, plus felicitatis in hoc
genere fuerit. *Faber.* Non contemno
hanc emendationem. Videtur tamen
propius a lect. veteri abire, si legamus, *non tamen eos mitigarit. Quin
acerbius se gerant non obtinuisse.* Nisi
malis sequi quod in notis jam ante
monui. *Schef.*

Non obtinuisse] Hæc f. delenda
sunt, utpote transposita ex seqq. §. 9.
Gron.

§ 7 *Raptam tamen sibi esse victoriam
ejus ab illis*] Junt. non invenuste *Rap-
tum t. s. e. victoriæ jus.* Græv. Quod
non contemnend. Præcedit enim
' Quam jure gentium victor occupaverat.' *Vor.*

Quorum nihil] Similia Minio legatis
Romanis objicit ap. Liv. xxxv. 16.
Bern.

§ 8 *Regem, &c.*] Memnon 32. Μιθριδάτης τὸν Χρηστὸν ἐπικληθέντα Νικο-
μήδην ἀντικαθίστη.

§ 9 *Populo Cappadocum pro libertate
oblata Gordium regem orante, &c. ideo
non obtinuisse*] Non ferunt aures Latinæ *populo orante non obtinuisse.* Junt.
populos: alii *orantem.* Leg. *populos
Cappadocum pro l. o. G. r. orantes, &c.
non obtinuisse:* cap. 7. iid. Junt. ' Seu
populis eorum conferat suos.' Sic
' Latini populi,' ' Æqui Volscique populi,' ' Samnitium populi' ap. Liv.
De quo vid. multa exempla ap. Gronov. ad Liv. v. 34. *Græv.* Recte
Græv. *populos.* Faber. In Junt. est
populos. Ideo cl. Græv. mox scribit
orantes. Ego, quoniam in libris aliis
est *orantem,* malim alterum mutare,
ac scribere *populum.* Vitium ex eo

natum, quoniam librarius antiqua ratione *populo* cum lineola supra *o* finali
scripserat pro *populum.* Inde alii
populo simpliciter, neglecta lineola,
alii *populos* fecere, ut facile colligitur.
Schef.

§ 10 *Ultum ierit se*] Ita ex Vett.
emendavi : quomodo et ap. Tac. legend. docuit me P. Pithœus, vi. 36. 1.
' Mox Artabanus tota mole regni
ultimi id peritia locorum.' Leg. *ultum iit,* ut doctissimus et diligentiss.
Lips. annotavit. *Bongars.* Amat ita
loqui Tacitus : ut xiii. 44. 7. ' Injurias ultum isse.' F. imitatione Sallustii Ju. 6. 8. 1. ' Ultum ire injurias
festinat.' Ita Curt. x. 8. ' Temeritatem armis ultum ivit.' *Bernecœr.*
Ultum ierit recte rescripsit Bong. e
Mss. Et loquuntur ita et alii. *In eo*
ab antiquioribus typis expr. et inter
hos Juntino abest; adjectumque non
æque bene est a Bongarsio. *Vor.*

Ventum obviam in eo, et nunc] Juntæ
non agnoscunt *in eo:* rectius abesset.
Græv. Error manifestus ; pro *in eo*
legend. *tunc,* cum mox addat ' et
nunc.' *Faber.* Recte censent posse
τὸ *in eo* abesse. Quod si tamen probis
in codd. reperit Bongarsius, putem
Just. sic scripsisse, *ab ipsis ventum
obviam. Eo et nunc,* ut illud *eo* referatur ad ' quod' subsequens, et potest
in ante eo factum esse ab m, quod
præcedit proxime in fine vocis ' obviam.' *Schef.*

Saltatr.] Quæ Νύση fuit appellata.
Vid. Memnonem, 33.

CAP. VI. § 1 *Non delicta regum*]
Sall. in Epist. Mithr. ad Arsacem :
' Namque Romanis cum nationibus,
populis, regibus cunctis, una et vetus
causa bellandi est, cupido profunda
imperii et divitiarum,' &c. Id. et
Jugurtha ap. eund. Sall. 81. 2. *Bongars.* Id. Britanni ap. Tac. Ag. 30.
Nec diversus abit Appianus in fine
lib. de B. Mithr. *Bern.*

Neque in se uno, sed] Cic. iii. Fam. 8.
' Quod in te bene merito grati essent.'

Liv. xxx. 26. 'Se nihil nec institutis populi Romani nec moribus suis indignum in iis facturam.' Plin. xxxv. 10. ' Apelles et in æmulis benignus.' Virgil. ii. Æn. 541. ' At non ille, satum quo te mentiris, Achilles Talis in hoste fuit.' Vid. Not. ad Sen. N. Q. iv. Præf. *Grön.*

In se uno] Non rejicio penitus. Suspicor tamen evenisse hic, quod in superioribus, ut pro *suum* librarius scriberet *uno* cum lineola in littera finali *o*, antiqua ratione. Noster certe alibi semper quartum casum apponit verbo ' grassari' et præpositioni ' in,' non ultimum. *Schef.*

§ 5 *Imputari*] Non mala tantum, sed et bona imputari dicunt: estque ' imputari' hic id. quod, acceptum referri. Tac. i. H. 38. ' Hoc erit solum certamen, quis mihi plurimum imputet,' i. e. quis plurimum mihi tribuat, et me sibi devinciat. Plin. xxix. H. N. 1. 'Stertinius imputavit principibus, quod ns. quingenis annis contentus esset.' Sæpe casus tertius omittitur. Plin. Paneg. 'Copiam tui, non ut imputes, facis.' Suet. Tib. 53. ' Imputavit etiam quod non laqueo strangulatam in Gemonias abjecerit.' Sed discrepant nonnihil ab eo quod Noster dicebat. Cum enim illud, ut dixi, per τὸ, acceptum referri, explicari possit, hæc per τὸ, expensum ferre, explicanda. potius fuerint. *Ver.*

· § 6 *Modo*] I. e. ante annos 16. Nam *ἐν πλάτει*, s. *ταρατατῶς*, hoc accipiend. est. Ita Cic. in Bruto de annis 30. dixit ' nuper,' et Val. M. i. 1.13. agens de supplicio Tullii Duumviri, quem Tarquinius rex culleo insutum in mare abjici jussit: ' Idque,' inquit, ' supplicii genus non multo post parricidis lege inrogatum est,' i. e. annis a regifugio circiter 60. ubi nonnullos, contra membranarum fidem, extrita negandi particula vitiose legere *multo post*, ostendit Theod. Marcilius. Interpretam. Legis xii. Tabularum, p.

285. Sic Plinius xxxv. 10. fin. ' Fuit et nuper,' &c. Nempe Neronis tempore, cum scriberet Plinius sub Tito. Liv. ix. 17. 6. ' Sicut magnum modo Pompeium,' id fuit spatium annorum minimum 20. Cic. Off. ii. 21. 9. 'Modo hoc malum in Reinp. invasit,' &c. ' nondum centum et decem anni sunt,' &c. *Bern.*

Ut ne victum quidem memoriæ patris donarent] Junt. *memoriæ avi.* Et hoc ratio postulat. Patris nulla hic fit mentio, sed avi et nepotis. *Græv.* *Avi* verum est, et jure a Græv. probatur. Avus erat Masinissa. *Faber.* *Avi* ratio postulare videtur; quia non de filio, sed de nepote prædictum fuerat. 'Memoriæ alicujus aliquem donare' est, parcere alicui propter aliquem. Sic xxxii. 2. 5. ' Non tam absolutum regem, quam donatum filio patrem.' *Vorst.* Junt. *memoriæ avi,* quod historiam postulare dicit Græv. *Schef.*

§ 7 *Tales reges, &c.*] Regii nominis odium quantum Romæ fuerit, aliquot Livii locis perspicitur: ut ii. 1. 10. iii. 38. 2. xxvii. 21. 4. &c. Add. Latini Pacati Paneg. Theodos. 20. *Bern.*

Inter hæc] Junt. et aliæ vett. edd. *inter hos.* Græv.

Atque ut ipsi ferunt] An: scribend. *atque ut, ut i. ferunt?* Debet enim sequens ' sic' habere, quo referatur. *Schef.*

§ 8 *Luporum animos*] Hinc 'lupi' convitio dicti ab hostibus Romani: ut a Volscis Æquisque ducibus ap. Liv. iii. 66. 5.. a Telesino Samnitium duce ap. Vell. ii. 27. 3. *Bern.*

Inexplebiles] ' Romani raptores Orbis, quos non Oriens, non Occidens satiaverit,' &c. inquit Britannicus ille Galgacus in Tac. Ag. 30. *Idem.*

· CAP. vii. § 1 *Majores suos a Cyro*] Appian. de Mithridate originis huj. auctore, *ἀνὴρ γένος βασιλείου Περσικοῦ.* Flor. iii. *Beng.*

. *Seu populus eorum conferatur suo*]

Antiquiores typis expr. Becharii, et
teste Grævio Junt. *seu populis illorum*
conferat suos; quod rectius videtur.
Sane Romani varios in ditione sua
populos habebant: neque minus Mithridates. *Ver.*

Nicatore Seleuco] Appian. Syriac.
p. 124. c. Seleucum a victoriis potius, quam ab occiso Nicatore, cognomentum hoc traxisse scribit. Liv.
XLIII. 19. 9. Cohortis regiæ meminit,
quos Nicatoras appellabant. *Bern.*

Earum se gentium esse] Add. necessario *regem: earum se gentium regem*
esse, &c. Faber. Sc. regem vel ducem.

§ 4 *Bella, &c.*] Saxo XIV. p. 262.
f. ' Qua fide præsens bellum ingredi
vellent.'

Solitudinibus] Plin. Paneg. 14. Ger-
maniam veterem prope infinita vas-
titate interjacentis soli muniri diri-
mique dicit. Herodian. II. scribit
Imp. Angustum munivisse imperium,
cum aliis rationibus, tum ἐρήμῳ γῇ
καὶ δυσβάτῳ, ' terra deserta et ægre
pervia.' *Bern.*

Scythia præter arma, &c. vel frigori-
bus instructa] Vides hæc non congruere cum oratione obliqua: itaque
aut legend. *Scythiam instructam;* aut
cum Junt. *Scythas instructos.* Græv.

Scythas .... instructos, &c.] Cum
oratio sit obliqua, necessario admittenda est scriptura Junt. Longe optima lect. est, et quæ in dubium vocari haud possit. Vulgata autem
vitiosa est, *Scythias, &c.* Faber.
Scythia instructa quo referri possit,
non apparet. Legend. ergo *Scythiam*
instructam: vel, ut Junt. *Scythas in-*
structos. Vorst. Recte Vorst. observat
illud *Scythia instructa* non habere,
quo possit referri; et jam Græv. hoc
monuerat. Mallem tamen legere non
Scythiam instructam, ut ipse, verum
Scythia instructa; postremo locum
totum sic distinguere, ac legere:
Multoque se t. ac d. b. P. ingressum:
cum ipse r. ac t. esset, Scythia p. a. v.

animi, locorum quoque s. vel f. instructa;
per quæ, &c. Scythia instructa regitur
ab, esset, quod ex prrc. ' esset ' intelligend. atque huc trahend. *Schef.*

§ 8 *Tantumque se avida expectat*]
Lego tanque se a. expectat. Faber.

Tantumque se avida expectat Asia]
Hæc et proxime seqq. orationi indirectæ, qua Auctor usurum se professus fuerat, minime omnium congruunt. *Ver.*

Odium Romanorum incussit] Scrib.
incussit. Cic. I. Cat. 6. ' Qua nota domesticæ turpitudinis non inusta vitæ
tuæ est?' et II. 9. ' Tantus enim illorum temporum dolor inustus est civitati.' *Gron.*

§ 9 *Quam nemo ante transire tuto*
atque adire] Mallem qua nemo, ut
illud quæ referretur et ad 'Scythiam'
et ad ' Pontum.' Nam alias non
video, quomodo conveniant duæ illa
verba sequentia, ' transire' et ' adire;'
nisi alterum ad ' Pontum,' alterum
ad ' Scythiam' referatur. De sola
quippe Scythia præposterum esset
dicere primo ' transire,' post ' adire.'
Schef.

§ 10 *Ne ipsos milites*] In exiguo
verbulo magnus error; leg. nec, i. e.
ne quidem. *Fab.*

Colchos] Strab. XII. *Bong.*

Bosphorum] Nempe Cimmerium.
Berneccer. Hic agitur de faucibus
Cimmerii freti, non de angustiis freti
Byzantini. Sed vellem hunc errorem
ex omnibus libris sublatum esse.
Scribi enim debet *Bosporus, non Bos-*
phorus. Fab.

CAP. VIII. § 1 *Post annos tres et*
viginti] Pro, annis tribus et vig. post
sumptum regnum. Simile illi quod
XVIII. 3. 5. observatum, ' ante annum
Trojanæ cladis.' *Ver.*

§ 2 *Mortuo rege Ptolemæo*] Post
Ptolemæum Philometorem ordo suc-
cessionis regum Ægypti mutatus est:
huc usque enim patri filius successerat. At Philometori frater successit
Evergetes II. dictus, et Physcon.

Strab. xvii. Vid. Epit. Liv. lix. et
Oros. v. 10. *Bong.*

§ 6. 7 *Quibus rebus, &c.*] Tertullian.
Apolog. 37. ' Si tanta vis hominum
in aliquem orbis remoti sinum ab-
rupissemus a vobis, suffudisset utique
dominationem vestram tot qualium-
cunque amissio civium: imo etiam et
ipsa destitutione punisset; proculdubio expavissetis ad solitudinem
vestram, ad silentium rerum et stuporem quendam quasi mortuæ urbis:
quæsissetis quibus in ea imperassetis.'
Bern.

§ 8 *Legatis Romanorum*] Meminit
huj. legationis Strab. xiv. *Bongars.*
Val. M. iv. 3. 13. Scipionis conti-
nentiam laudat, quod hanc legationem,
septem tantum servis comitatus, obierit. Plut. Apoph. Rom. 28. *Bern.*

Inspicienda] Ap. Vincent. corrupte
editur *aspic.*

§ 9 *Sagina ventris*] A qua Ptolemæus hic ' Physcon ' est appellatus,
h. e. ventricosus, obesus. *Bern.*

§ 10 *Subtilitas perlucida vestis*] De
his vestibus Ceis s. Cois Plin. xi. 22.
' In Ceo mulier Pamphila excogitat
rationem, ut denudet feminas vestis.'
Et cap. seq. ' Nec puduit has vestes
usurpare etiam viros, levitatem propter æstivam. In tantum a lorica gerenda discessere mores, ut oneri sint
etiam vestes.' In eas graviter inve-
hitur Sen. Benef. vii. 9. et Epist. 90.
et Consol. Helviæ 16. Pellucidis vestibus Tarentinos amictos refert Athenæus xii. 5. p. 522. Ælian. vii. 9.
Hieron. adv. Helvid. sub fin. Dio
ap. Vales. iii. 98. *Idem.*

§ 11 *Dum, &c.*] ' Inspicit urbem,'
ut ap. Spartian. Sever. 17. ' Nam et
Memphim et Memnonem, et pyra-
mides et labyrinthum diligenter in-
spexit.' Vincent. ' dum inspiceret u.'

§ 12 *Detrahit*] Detrahere est, de
loco superiore dejicere aut amovere.
Imagines autem sublimes dedicari
solitas, est notum. Aptum ergo verbum, quo in re simili utitur Suet.

Domitian. 13. 4. Et inter senatus
acclamationes, extincto Commodo,
fuit hæc: ' Gladiatoris statuæ detra-
hantur:' Lamprid. 19. *Bern.*

§ 13 *Filium*] Nomine Menephitem,
referente Val. M. ix. 2. Ext. 5.
Truculentum, hoc facinus memoratur
etiam in Epit. Liv. lix. Legend.
Memphitem ex Diod. ap. Vales. 354.
et 874. *Idem.*

In cista compositum] Antiquiores
typis expr. *impos.* Legend. ergo si
in cistam impos. Vorst.

Die natalis] Subintell. lucis. Plin.
xxxvii. N. H. 2. ' Tertio triumpho,
quem pridie Calend. Octob. die natalis sui egit, transtulit alveum' &c.
Lamprid. in Commodo 10. ' Eum
etiam, qui Tranquilli librum Vitam
Caligulæ continentem legerat, feris
objici jussit, quia eandem diem natalis habuerat, quam et Caligula.'
Cod. Theodos. vi. Tit. xxix. L. 6.
' Felicis natalis nostri die.' *Gronov.*
Bong. edidit *die natalis ejus;* idque
Bernecc. et alii retinuere: quod miror. Et sane τὸ *natalis* nomen adjectivum, cumque altero convenire hoc
oportet casu. Quod ' natalem,' subaudito, diem, dicunt, id sæpissime
quoque plene ' diem natalem ' appellant. *Vorst.*

§ 14 *Luctu incenderetur*] Ita et Græci loquuntur, et, si satis commemini,
Virg. Exemplum Græcum est ap.
Simonidem, et alios. Sed hic cha-
racteres Græcos non habeo. *Faber.*
Pro ' Quæ res' Vincent. habet ' Hæc
res.'

CAP. IX. § 1 *Cujus, &c.*] Saxo ii.
p. 20. 1. ' Cujus [Frothonis] varii
insignesque casus fuere.'

§ 2 *Ut supra dictum est*] Sc. xxxvi.
1. *Bern.*

§ 3 *Cui, &c.*} Appian. de B. Syr.
p. 213. de Demetrio scribit: Ἐπὶ δὲ
Παρθυαίους καὶ ὅδε μετὰ Σέλευκον ἐστρά-
τευσε, καὶ γενόμενος αἰχμάλωτος, διῆγεν
εἶχεν ἐν Φραάτου βασιληΐῳ (ed. Steph.
βασιλέως) καὶ Ῥοδογούνην ἦ ἔνιοι αὐτῷ

τὴν ἀδελφὴν ὁ βασιλεύς.

Arsacides] Error pudendus; leg.
Arsaces. Ita alibi Justinus, et res
notissima est. Unde XLI. 5. 'Cujus
memoriæ hunc honorem Parthi tri-
buerunt, ut omnes exinde reges suos
Arsacis nomine nuncupent.' Faber.

Parth. r. m. et r. a. m.] Uncinis includit Ed. Bong.

Misso in r caniam] XXXVI. 1. 6.
Similis magnanimitas Alexandri XI.
9. 15. Bern.

§ 4 Vitam, &c.] Saxo XV. p. 368.
28. 'Flouiensium Jutorumque comi-
tatum pertæsus.' Id. XIV. p. 270. 49.
'Fugam meditans.'

§ 5 Gallimander] Hic Josepho Καλ-
λίμανδρος dicitur. Gronov. Scribend.
Callim. Fab.

Ducibus] Sc. viæ s. itineris ὁδηγούς.
Ea voce simpliciter utitur quoque
Liv. XXII. 13. 6. et Suet. Cæs. 31. 3.
Recentiores Græci pro ὁδηγεῖν dixe-
runt διασώζειν, et duces viæ vocarunt
διασώστας, item ἀνασώστας. Utuntur
et in Latinum corrupta voce δουκάτωρ.
Meurs. Glossar. Græcobarb. Bern.

§ 6 Arsacidæ] Legend. Arsaci. Fab.

§ 7 Præmium fidei] Simile exemplum de Mithridate et Attilii libertis
habet Appian. Mithrid. 233. pr. et
plura in hanc rem Gruterus Diss. 48.
ad Tac. Bern.

§ 8 Deprehenditur] Acidal. ad Vell.
II. 180. 8. monet hic legend. repr.
quod proprium de fugiente verbum.
Ita Curt. IV. 14. 3. 'Reprehensi ex
fuga Persæ,' h. e. retracti. Liv. aliquoties: ut II. 10. 3. XXXIV. 14. 6.
&c. Suet. Calig. 45. 5. Idem. Recepi
ex Mss. et Junt. repr. Quomodo legend. divinaverat Acidal. Curt. 'Reprehensi ex fuga Persæ.' Phædr.
'Elapsum semel Non ipse possit Jupiter reprehendere.' Græv. Recte
Græv. repr. Est enim proprium eorum
quos certi homines reducunt ex fuga.
Id etiam, retrahere, dicebant. Salust.
'Quem pater ex fuga retractum,' in
Catil. et Terent. 'Retraham herole

fugitivum argentum.' Sed et ita Just.
XXXVIII. 10. 11. 'Ad quem retrahen-
dum cum turmas equitum festinato
misisset,' &c. Quin et hoc lib. cap.
9. 6. 'Per compendiosos tramites
occupatum retrahit.' Faber. Bong.
et alii ediderunt depr. Sed legend.
sine dubio repr. 'Reprehendere' est,
rursus prehendere: quæ significatio
maxime quoque propria est. Vid. et
Lib. de Latinit. F. Susp. p. 180. Vor.

§ 9 Civitatem] Ut alibi, provinciam,
remp. 'Civitatem' vocat totam Hyrcaniam, non aliquam urbem. Fab.

Talis aureis ad exprobrationem puerilis levitatis, &c.] Puerilis enim talorum
ludus est. Hinc illud Lysandri ap.
Plut. Apoph. 94. 'Pueros talis, viros
jurejurando decipi debere.' De talorum tesserarumque jactu plura collegit Hadr. Junius Animadv. II. 4.
Bern.

§ 10 Tam mitem in Demetrium cle-
mentiam] Valde metuo, ne in vitio
cubet hic l. Ecquid enim mitis clementia? cui fini hoc epitheton adjicitur? num quæ non mitis clementia?
Ergo plane suspicor Just. scripsisse
tam miram. Schef.

Non misericordia gentis, &c.] Eod.
respectu 'Arminii conjux et filius
non hostiliter habiti' a Romanis:
Tac. I. 10. Sic 'Maroboduus Ra-
vennæ habitus, si quando insolesce-
rent Suevi, quasi rediturus in regnum
ostentabatur.' Id. I. 36. Bern.

Resp. cogn.] Saxo XIV. p. 280. 14.
'Sub respectu cognat.'

Adversus Antiochum fratrem] Qui
Sidetes dictus est. Ejus in Parthos
expeditionis meminit Livii Epit. LIX.
et Orosius V. 10. et Appian. Syr. qui
Antiochum victum sibi ipsi manus
attulisse refert. Bong.

CAP. X. § 2 LXXX. millia armato-
rum] Oros. V. 10. 'Centum millia
armatorum, ducenta millia amplius
calonum atque lixarum, immixta scor-
tis et histrionibus.' Idem. Tac. H.
III. 33. 1. 'Quadraginta armatorum

millia irrupere: calonum lixarumque amplior numerus.' *Bern.*

Scenicorumque] Hoc Mss. Bong. non agnoscunt. Et videtur rectius abesse. *Schef.*

§ 3 *Caligas auro figerent*] Caligas inter calceamenta fuisse, vel ex h. l. manifestum est: et imperite 'braccas' sic appellari vulgo censemus, quarum tamen usum vett. Romanos, Graecos, Hebraeos penitus ignorasse, Casaub. demonstrat ad Suet. Aug. 82. Ceterum de hoc calceamentorum luxu multa collegit ex antiquitate Phil. Rubenius in Electis II. 14. Add. quaedam ex Brisson. Antiq. II. 5. et Pancirolli Deperditis p. 888. et seqq. *Bernec.* Ms. *suerent.* Festus in voce, *Mustricola:* 'Mustricola est machinula ex regulis, in qua calceus novus suitur.' *Gronov.* 'Caligae' hic munimenta pedum: ut vel ex verbo 'proculcare' quod sequitur apparet. Val. M. IX. 1. Ext. 4. ead. de re agens, 'aureos clavos crepidis subjectos' ait. Ubi, quod Noster 'aurum' dicit, 'aureus clavus;' quodque 'caligam' vocat, 'crepida' appellatur. Vid. et Nigronium in lib. de Caliga Veterum, et Casaub. in Suet. August. *Vorst.* Hoc *figerent* suspectum est. Ut enim fulmenta solearum figuntur, aut suffiguntur, ita non soleae ipsae, aut caligae. Mss. habent *facerent, fierent,* a quo posteriori proxime abest *suerent,* quod itid. in quodam reperitur. Et puto rectissime de caligis usurpari. Suuntur auro, quando fulmenta clavis aureis suffiguntur. Sed f. nil in Nostro est mutand. Nam et Plin. ad h. ipsum fere modum XXXIII. 3. 'Agnonem Teium Alexandri Magni praefectum aureis clavis suffigere crepidas' solitum ferunt, quanquam libri vett. ibi habeant *configere,* quod rectius videtur. Neque aliter accipiend. *figere* ap. Nostrum, quam ut simplex pro composito, configere, quod frequenter in talibus usurpant. Sic

Colum. VII. 8. 'Robustam tabulam configunt aculeis.' Nisi quis plane censeat ap. Nost. primitus fuisse *auro configerent;* post librarium compendiose scripsisse *cofigerent,* cum lineola in *o,* postremo illud *eo* a praec. *ro* absumptum esse. *Scheff.* Mox 'dimicant' ignorat Saresb.

§ 8 *Copiarum praebitione*] In Ms. legitur *exhibitione,* quod praefero, vulgatumque huj. habeo pro glossemate: 'copiae' de rebus necessariis intelligendae cum ad victum, tum ad alia. *Schef.*

Et die statuta] De vesperis Siculis, et ejusmodi lanienis improvisis, vid. collectanea Camerar. Hor. Subcis. I. 88. *Bern.*

Divisum exercitum] Frontin. Strat. I. 8. 11. Polyb. ap. Vales. 87. *Idem.*

§ 10 *Vincerent*] F. *vinceret.* Freinsh. Probo conj. Freinsh. et lego *vinceret.* Schef.

Occiditur] Appian. Syr. p. 132. b. ipsum sibi manus intulisse scribit. *Bernec.* Verba haec sunt: Καὶ στράτευσι καὶ ὅδε ['Αντίοχος] ἐπὶ τὸν Φραάτην, τὸν ἀδελφὸν αὐτῶν. ὁ μὲν δὴ Φραάτης αὐτὸν ἔδεισε καὶ τὸν Δημήτριον ἐξέπεμψεν· ὁ δ' 'Αντίοχος, καὶ ὃς συνέβαλλέ τε τοῖς Παρθυαίοις, καὶ ἡσσώμενος, ἑαυτὸν ἔκτεινεν. Pro καὶ ὃς in Med. codice scriptum est καὶ ὅς. Hinc f. legend. ὁ δ' 'Αντίοχος κακῶς. Κακῶς, *infeliciter,* ut ap. Herod. IV. 205. de Pharetima: 'Απέθανε κακῶς· ζῶσα γὰρ εὐλέων ἐξέζεσεν: et Ælian. XIII. V. H. 31. Κακῶς ἀπαλλάξας. Id. quoque X. de Nat. Auim. 34. violenta morte Antiochum periisse tradit: Καὶ 'Αντιόχῳ δὲ νεοττεύουσα [χελιδὼν] ἐν αὐτοῦ [σκηνῇ] τὰ μέλλοντά οἱ ἀπαντήσεσθαι ὑπηνίξατο· ἀνελθὼν γὰρ εἰς τοὺς Μήδους, εἶτα μέντοι οὐκ ἐπανῆλθεν εἰς τοὺς Σύρους, ἀλλ' ἑαυτὸν κατά τινα ἔωσε κρημνόν.

§ 11 *Festinato*] Saxo XI. p. 218. 5. 'Sleavicum f. contendit.' XIV. p. 252. 39. 'F. post ipsum pervehitur.'

LIBER XXXIX.

CAP. I. § 1 *Obsidione*] 'Obsidio' pro captivitate, ut supra non semel. De initio captivitatis ejus Demetrii dixit XXXVI. *Vorst.*

§ 2 *Prospere gessisset*] Omnino scribend. *cessisset*. Voss. Num ille fratris bella gessit? Mss. *gessissent*. Leg. *cessissent*, cum Junt. Ita et in Mss. XL. 2. 'Quod gesserit Tigrani non daturum,' pro vulg. *Quo cess. T.* Ut I. 10. 'Tanta patientia cessisse eo [regno Persarum], quod, ut eriperent Magis, mori non recusaverint,' et XXXIX. 2. 'Cedere se illi regno, quod Romani occupaverint.' *Grav.* Cessissent etiam emendaverat Bongarsius ante Voss. in V. L. In vulgatis corrupte legitur *gessisset*. Faber. Vidit Voss. legend. esse *cessissent*, idemque in Junt. reperit Græv. Juvat item conjecturam, quod codd. quidam Mss. numero plurali *gessissent* habent. *Vor.*

Ita Ægypto] Tò *ita* supervacuum videtur. *Gron.*

§ 3 *Dum aliena, &c.*] Loci hnj. est fabula de camelo, qui cornua affectans etiam aures perdidit. *Bern.*

Apamenii] Scriberem *Apameni*. V. tamen Steph. de Urb. *Fab.*

Per absentiam regis] Ms. habet *per a. ejus*: rectius opinione mea, quia Demetrius intelligitur, de quo non satis apte præmittitur vox *regis*, quippe quæ facilius de alio, quam ipso accipitur. Et persuasum mihi successisse hanc in locum veræ ex glossa. *Schef.*

§ 4 *Immittit*] Vid. Notam XXXV. 1. 6. *Bern.*

Armis peteret. Et composita fabula] Lectio et distinctio hæc vitiosa videtur. Datur utique hic ratio, qua subornare illum mercatoris filium potuerit ad petendum regnum. Debet ergo illud *Et* deleri, quod haud dubie

factum est ex syllaba proxime præcedente; pro puncto quoque comma scribi, ut 'composita' sit non primus, verum sextus casus, modumque significet. *Schef.* Recte Junt. Et ignorant. *Græv.* Vincent. VI. 87. 'qui r. 6. et armis p. et comp.' ac dein: 'Et ne Dem. sup. pat . . . . . auxilia que ei ab Æg. ing. mitt.'

§ 5 *Quemlibet regem*] Exemplum referend. ad Notam XXXV. 1. 8. *Bern.*

Nec Syriis quemlibet] In Ms. quodam legitur *quidem libet*. F. junxit utrumque Justinus, et scripsit *nec Syriis quidem quemlibet*. Solent sane illud 'quidem' sic libenter usurpare Latini. *Schef.*

Nomen Alexandri imponitur] Zebinam cognominatum scribit Joseph. Antiq. XIII. 17. Et Porphyrius subjunctus Eusebio p. 227. quo nomine fuit martyr quidam ap. Euseb. Hist. Eccles. VIII. 19. *Berneo.* Scrib. nomen juveni Alexandro imp. *Gron.*

§ 6 *Pervenit*] Præstat Junt. lect. *supervenit.* Inopinato venit et peropportune in illo mimo. Hæc vis verbi. 'Grata superveniet, quæ non sperabitur hora.' Sed ap. Just. sæpius occurrit. *Græv.*

Quæ res, &c.] Saxo X. p. 204. f. 'Quippe spectata patris sanctitas pop. ei fav. conciliaverat.' Mox Vincent. ' non fictas in eo lacrymas :' et ' cum undique a circumstantibus.'

§ 7 *Demetrius autem victus*] Applan. Syr. p. 132. b. 'interfectum,' ait, ' ab uxore Cleopatra διὰ ζῆλον τοῦ γάμου Ῥοδογούνης, et post ejus mortem Seleucum filium ab ea veneno sublatum.' Vid. et Epit. Liv. LX. *Bongars.* De Demetrii cæde cum Nostro magis consentit Joseph. Antiq. XIII. 17. Seleucum vero sagitta confossum a matre Cleopatra, modo indicato loco,

confirmat Appian. Nam, quod de
veneno Bong. habet, decepum crediderim voce ἀπατεύσασα, et pro ea
ἀπατηκεύσασα legisse. Bern.

§ 9 Cui propter nasi magnitudinem
cognomen Grypo fuit] Male: nam, qui
a Graecis ' Grypos' dicitur, non ea
causa ita dicitur, quod nasum magnum habest, sed quod altum, atque
adeo incurvum. Inde est quod Lexi-
cographi veteres, ut Hesychius et
alii, vertunt, καμπυλόφριν, i. e. ad
verbum, homo nasi incurvi, ut gry-
phes, psittaci, et aquilae. Itaque
legend. omnino est cui p. n. altitudi-
nem, &c. Hanc nasi formam amabant
Persae. Xen. Faber. Verum quaeri
posset an hoc doceat vox altitudinis,
ut significet nasum formae aduncae.
Sed nec altum nasum ap. Latinos temere reperias. Et magnitudinis voce
potest intelligi, quod aduncum dicitur. Schef.

Grypo] Ita Vett. et Appian. Γρυπός.
Est autem ' Grypus' καμπυλόφριν, ὁ
ἐπικαμπῆ τὴν ῥῖνα ἔχων, Hesych. De
his cognominibus leg. elegantem locum Plut. Coriolano 14. et 15. Huj.
frater uterinus Antiochus, Κυζικηνὸς
dictus, quod Cyzici esset educatus.
Leg. Appian. ext. Syr. Bong.

Jus autem] Dubitari queat, an non
rectius sit vis, quod magis proprie
nomini regis opponi videtur. Ita Tac.
VI. 43. 5. ' Neque penes Arsacidem
imperium, sed inane nomen apud im-
bellem: vim in Abdagesis domo.'
Item H. IV. 11. 4. ' Vim Principis
amplecti: nomen remittere.' Nec
aliter id. Auctor A. II. 87. 1. III. 60.
1. XV. 14. 4. et 60. 1. et H. II. 39. 1.
Poesis tamen et vulgatam indidem
tueri, ut XV. 31. 2. ' Apud Romanos
jus imperii valet: inania transmit-
tuntur.' Nisi f. hic quoque vis legere
praestat. Berneccer. Quam acute con-
jecerit Bernecc. vis ostendere Juntae,
ap. quos sic extat, ut et in cod. manu
descripto. Graev. Magno cum judicio Bernecc. legit vis, non jus; op-

time. Sed et illum Mss. monere poterant; quos tamen, ut est homo in-
genuus, ab ipso minime h. l. consultos
puto. Faber. Non dubito rectum
esse vis. Et conjecerat ita Berneoc.
Sed et cod. quidam Ms. quem Bong.
vidit, habet vis. Ver.

CAP. II. § 1 Jam etiam] ' Etiam'
nescit Vincent. VI. 88. Id. habet ' a
quo subora. f.' et ' reconcil. sibi sorore,' et ' Gryphinam Grypo sub spe
nuptiarum.' In § 6. habet 'in fugam
versus est, et magna,' et 7. ' appe-
titur.'

§ 3 Tryphaenam] Leg. Tryphaenam,
postulante et analogia, sicut ' leaena,'
et usu ap. Petronium: ' Lycam Tarentinum esse dominam hujusce navigii, qui Tryphaenam exulem Tarentum ferat.' Graev.

§ 5 Templo Jovis] Ms. et Junt. in
temp. J. Quod non intellexerant, qui
repudiarunt. In, saepe ponitur pro,
ex. Flor. III. 4. ' Bibere in ossibus
capitum,' h. e. ex ossibus. Sen. Agam.
868. ' Merumque in auro veteris As-
saraci trahunt.' Cic. I. Fam. 6. ' Me
in summo dolore quem in tuis rebus
capio.' Inscriptio antiqua: ' Statuam
in aere auratam posuere.' Graev.

Facetis jocis sacrilegium circumscri-
bens] Exempla talia vid. XIV. 64. Ceterum an et quatenus templorum opes
in bellicas necessitates conferre liceat, docent bene secusve dicta et
facta ap. Thucyd. II. 4. 7. cum seqq.
et IV. 20. 9. Liv. V. 50. V. et XXII. 57.
10. Tac. XV. 45. 2. Val. M. VII. 6. 4.
&c. Berneccer. Joci illi faceti, quos
nemo explicavit, sic intelligendi sunt.
Ex veterum monumentis, praesertim
autem ex Numismatibus, constat, Jovem saepe ita sculptum aut fusum fuisse, ut Victoriae simulacrum vola manus sustineret, porrecto brachio. Ille
autem Alexander, de quo Justinus,
rem facete ad jocum traducens, Ecquid videtis, inquiebat, Jovem ipsum
Opt. Max. Victoriam mihi ultro offerre, ac me prope invitare, ut eam e

manu ipsius tollam, quæ sc. nimio oneri est, eumque in sudorem dare posset; ita grave ac ponderosum est solidum illud ex auro Victoriæ simulacrum. Hic jocus, hæc irrisio sacrilegi principis fuit. *Faber.*

§ 6 *Jovis aureum simulacrum*] Arnob. vi. adv. G. p. 257. hoc sacrilegium tribuit Antiocho Cyziceno, ' quem ferunt decem cubitorum Jovem ex delubro aureum sustulisse, et ex ære bracteolis substituisse fucatum.' *Bern.*

A latronibus capitur] Cl. Bochart. ii. 16. Phaleg. putat hanc historiam pertinere ad Alexandrum Balam, quum Justinus hic agat de Alexandro, cui cognomen fuit Zabinæ. *Gron.*

§ 7 *Quæ cum, &c.*] Simillimum exemplum est ap. Liv. viii. 18. cujus meminit quoque Val. M. ii. 5. 3. et Orosius iii. 10. Plura collegit Ph. Camerar. Centur. i. 9. quibus add. Paul.-Diac. ii. 15. *Bern.*

Cupiditate dominationis] Ita xxxvii. 1. 4. *Idem.*

Venienti ab exercitatione] Cl. Usser. in Annal. Ætat. vi. p. 124. mallet *ab exercitu.* At nihil mutand. Exercitatio enim luctam notat. xxxvii. 4. ' Non in advocationibus sed in exercitationibus.' Plut. in Pomp. p. 640. Καὶ γυμνάζοντος ἑαυτὸν ἵππῳ περὶ τὸ στρατόπεδον. Liv. x. 11. ' T. Manlius, vix dum ingressus hostium fines, quum exerceretur inter equites, ab rapido cursu circumagendo equo effusus, extemplo prope exspiravit.' *Gron.*

§ 8 *Prædictis*] Non placet hic *prædictis*, et vitiosum esse liquet vel ex eo, quia sequitur ' jam ante,' quod τῷ *prædictis* otiose apponitur. Malo scribere *proditis.* *Schef.*

CAP. iii. § 1 *Quam Syriæ regnum esset*] F. leg. q. *S. futurus ess.* Gron.

§ 3 *Cyzic.*] Antiochus hic Cyzicenus cognominatus fuit, quia Cyzici ap. Craterum hospitem fuit educatus. Vid. Vales. ad Excerpt. Porphyrog.

ex Diod. p. 19.

Exercitum Cypri sollicitatum] Mss. et Junt. *Grypi.* Et hoc verum censeo. Sollicitantur enim exercitus aliorum, ut in nostras transeant partes; non vero qui nostris sumtibus colliguntur in aliis regionibus. *Græv.* In Mss. est *Grippi*, unde facile intelligas scribend. esse *Grypi.* Quod et in ed. illa optima Junt. apparet. *Faber.* Grævio placet *Grypi.* Mihi vero *Cypri* rectum videtur. Paulo post enim eund. illum exercitum, ' peregrinos exercitus qui in certamina fratrum adducti sint,' vocat. *Vorst.* Recte Faber. Nam sollicitantur aliorum exercitus. Si scripsisset *Cypri collectum*, aut *conscriptum*, et libri vett. nihil moverent, vulgatæ scripturæ non adversaremur. *Græp.*

Velut dotalem] Virgil. Æn. iv. 104. ' Liceat Phrygio servire marito, Dotalesque tuæ Tyrios permittere dextræ.' Et ix. 737. ' Non hæc dotalis regia Amatæ.' *Gron.*

§ 5 *Requiri jussit*] Prætulerim Junt. scriptionem, *req. duxit.* Græv. Junt. *duxit*, i. e. putavit, judicavit. Male. Neque enim dicimus *duxit illam requiri*, sed *requirendam esse.* Memoriæ certe nulla exempla occurrunt, quæ id suadeant. *Faber.* Editur vulgo *jussit.* Sed mihi placet *duxit.* Sensus manifestus est: Tryphænam nihil antiquius duxisse quam sororem Cleopatram requiri: estque ita ' antiquius,' ut alias, adjectivum nomen comparativi gradus. Si autem *jussit* legas, non pro nomine adjectivo, sed pro adverbio habendum erit: idque sine exemplo fere. *Vorst.* *Nihil antiquius*] Huic non recte jungitur verbum *jussit*, quod est in vulgatis. Itaque Juntæ ediderunt *duxit* pro eo, quod probarunt viri docti. Ego præfero lectionem Ms. in quo habetur *nihil ante, quam.* Nimirum illi *ante* adscripserat aliquis vocalem *prius*, quæ deinde juncta priori, factumque *anteprius*, ita natum *antiquius* ex inge-

nio emendatoris. Certe verbum *jussit*
Mss. servant omnes. *Schef.* Tritius
est hoc loquendi genus, ' duxit requi-
rendum.' Sed et illud ferri potest,
quod liquebit, si refinxeris infinitum
in verbum finitum, ' nihil antiquius
duxit quam ut requiratur.' Verum
non minus insolens est *nihil antiquius
jussit,* quam *duxit requiri.* Græv.

§ 8 *Quippe ipsius, quæ tam cruente
sæviat, sororem equidem germanam esse*]
Malim ego interpungere et scribere
*q. ipsius, q. t. c. sæviat, sororem; et
quidem g. esse,* quomodo erit oratio non
paulo vehementior. Neque enim soror
uterina tantum, aut eod. patre sed
matre diversa erat edita: sed utroque
parente eod. nata. Dicitur enim a
germine ' germanus.' Festus: ' Germen est, quod ex arborum surculis
nascitur: unde et germani, quasi
eadem stirpe geniti.' *Mod.*

§ 9 *His tot necessitudinibus sanguinis*] Antiquiores typis expr. *necessita-
tibus.* Nec est hoc insolens ' necessitatem' pro necessitudine poni, ut in
Notis ad Val. M. docuimus. *Vor.*

§ 10 *Sed quanto G. a. t. soror muliebri pertinacia*] XXII. 4. 13. ' Feminarum contumaces animi.' Elliptice
dictum ' quanto' pro, quanto magis.
Berneccer. Statuendum potius ' quanto' et ' tanto' esse posita pro, quantum et tantum. Sæpe enim talia permutantur. Vid.Sciopp.Ep. 5. Parad.
Literar. *Vorst.*

Vocatis ipsa militibus] F. leg. *vocatos
i. milites mittit.* Gron.

§ 11 *Evellere*] Scribend. *avellere;*
et mox *cum exsecratione parricidarum.*
Idem.

§ 12 *Tryphænam quæ*] Mss. una
voce auctius legunt vel *impie namque,*
vel *impiam quæ;* quod posterius rectum, nec f. hic omittend. *Schef.*

CAP. IV. § 1 *Cum gravaretur socio
regni*] Leg. cum Gron. *socium.* Græv.
Emendavit sup. Gronov. *socium.* Faber. Gronov. leg. censet *socium,* quomodo XX. 2. 11. ' longinquam mili-

Delph. et Var. Clas.

tiam gravati,' pro, longinqua mil.
grav. ad quem l. Notas vid. *Vor.*

Arcessito minore filio Alexandro]
Contra jus gentium, et nominatim
Ægyptiorum. Nam etiam ap. hos
viguisse jus primogenituræ, nec a
Ptolemæis introductum, sed ab ultima Pharaonum memoria observatum
fuisse, patet ex his quæ leguntur Exodi XI. 5. ' Occidam omne primogeni-
tum, a primogenito Pharaonis, qui
sedet in solio ejus, neque,' &c. *Bern.*

§ 2 *Nec fil., &c.*] Vincent. VI. 94.
' Sed nec filium ... persequitur. Unde
eo pulso interficit.'

§ 5 *Occup. &c.*] Saxo VI. p. 106. 35.
' Ab eodem occupatus occiditur.'

CAP. V. · § 1 *Qui neque*] In Ms.
quodam legitur *quod neque,* unde suspicor lect. veram esse *quia n.* Schef.

§ 2 *Frater ejus ex pellice*] Ptolemæus Apio dictus populum Rom. testamento heredem reliquit; Euseb.
in Chronicis. *Bongars.* Item Appian.
in fine Mithrid. *Berneccer.* Vid. Tac.
XII. 18. et Henr. Vales. ad Marcell.
p. 248. *Gron.*

§ 3 *Provincia facta*] Ejus regni civitates liberas esse senatus voluit,
Liv. Epit. LXX. contra Auctorem nostrum. *Bongars.* Sigonius de Antiquo
Jure Provinciar. VIII. 16. contradic-
tionem hanc ita conciliat: Cyrenæos,
liberos a senatu relictos, post a tyrannis oppressos esse: atque inde populum Rom. Cyrenaicæ in provinciam
redigendæ occasionem arripuisse.
Bern.

Creta Ciliciaque] Bellum piraticum
et maritimum, a P. Servilio, qui, ex-
pugnato Isauro arce Ciliciæ, Isaurici
cognomen reportavit, cœptum Pompeius confecit, mira felicitate et celeritate, intra 40. diem nimirum, aut,
ut alii 49. Vid. Plut. Appian. Cic.
pro L. Manil. Cretam Q. Cæcil. Metellus debellavit, qui inde Creticus :·
Flor. III. 7. *Bong.*

§ 4 *Quo facto*] Ms. quidam Q. *pacto,*
quod videtur rectius. Mallem tamen

Justin.   3 S

scribere Q. *fato*, quia sup. de fortuna Romanorum cœpit loqui. *Schef.*

Bellis quærere] F. *bello* q. Gron.

§ 5 *Assiduis prœliis consumpti*] Atqui.præcedit 'et Syriæ et Ægypti regna,' quo hoc referend. Num ergo Noster rem, quam verba, magis habuit in animo, cum ista scriberet, et, pro regnis, incolas regnorum intellexit? an potius scripsit *consumpta*,

idque post mutatum est in *consumpti* propter sequens 'in,' quod ab i initium habet? *Schef.*

§ 6 *Erotimus*] Non dubito quin hic sit Aretas, ut ab aliis vocatur. Meminit ejus sæpe Josephus: erat autem hic fil. Obodæ, ut testatur Steph. in Ἀβαρα. *Voss.*

Divisis] Præfero, quod in multis Mss. legitur, *diversis*. Schef.

LIBER XL.

CAP. I. § 1 *Filiis inimicitiis parentum succedentibus*] More priscorum Germanorum, ap. quos 'suscipere tam inimicitias seu patris seu propinqui, quam amicitias, necesse est.' Tac. G. 21. Quomodo Cato major, quum in adolescentem, qui defuncti patris inimicum involverat infamia, in foro post judicium ambulantem incidisset, dextera data dixit : 'Ita parentibus esse parentandum : non agnis, non hædis, sed inimicorum lacrimis damnationibusque :' Plut. in Cat. Maj. 28. Sen. tamen de Ira II. 34. pronuntiat ' nihil iniquius, quam aliquem heredem paterni odii fieri.' *Bernec.* Antiquiores typis expr. *filiorum* : ut ' inimicitiis,' quod expressum est, sit sexti casus ; et, inimicitiis, tertii casus sit subaudiendum. Si legatur *filiis inimicitiis p. s.* est hoc concise dictum pro, filiorum inimicitiis inimicitiis p. s. et simile illis quæ ad I. 7. 14. et II. 14. 10. notavimus. *Vorst.* Impr. Vett. habent *filiorum*, quod nonnulli probant. Atqui *filiorum succedentibus* non congruit. Puto Just. scripsisse *et mox filiorum, iis inimicitiis p. s.* Librarius rudis illud *iis* emendationis gratia putavit adjectum, quasi, pro *filiorum, filiis* esset scribendum, atque sic, mutato illo, hoc *iis* penitus exclusit. *Scheff.* Cum in antiquioribus

edd. legatur *filiorum*, laborarunt viri docti in h. l. constituendo et explicando. Discutientur omnes nebulæ, si cum Junt. legas *et mox filiorum inimicitiis succedentibus*. Ex marg. irrepsit *parentum*. Facile enim intelligebatur filios hos esse eorum fratrum, qui mutuis odiis flagrarant. *Grœv.*

Et reges et regnum Syriæ consumtum esset] Existebat adhuc Antiochus, Antiochi Cyziceni filius: quem regem sumere, eique tutorem dare, donec adolevisset, utique potuissent. *Vor.*

§ 2 *In Tigranen*] Tigranes, Syria ultra Euphratem et Cilicia potitus, ' rex regum' dictus est : Appian. Syr. p. 118. Strab. XI. f. Eo a Lucullo superato, Antiochus, Εὐσεβὴς, h. e. Pius, dictus, Cyziceni filius, ἦρχε τῶν Σύρων ἑκόντων. Duxerat is patris uxorem Selenem, quam deinde Tigranes interfecit. Strab. XVI. *Bong.*

CAP. II. § 3 *Ademit Pompeius*] Ὅτι τοὺς Σελευκίδας ὑπὸ Τρυφῶνος ἐκπεσόντας οὐκ εἰκὸς ἦν ἔτι Συρίας ἄρχειν μᾶλλον, ἢ 'Ρωμαίους Τρυφῶνα νενικηκότας, Appian. Syr. p. 119. b. De Luculli autem et Pompeii rebus in Syria contra Mithridatem et Tigranem gestis, leg. præter Appianum, Plut. in utriusque Vita, et Dion. *Bong.*

Alieni operis prœmia] Fabius ap. Liv. x. 24. 8. ' Quam arborem con-

sernisset, sub ea legere alios fructum,
indignum esse' dixit. *Bern.*

§ 4 *Ut habenti regnum non ademe-
rit*] Quomodo hæc stare possunt cum
superioribus, ubi dicit a Lucullo ' regem Syriæ appellatum ?' An hoc
proprie et stricte accipiend. de appellatione nuda, non immissione simul
in regnum ? Videtur: sed sic legerem, *adimeret.* Schef.

Quo cesserit] Non improbo; quia
tamen quidam Mss. habent *quod gesserit*, suspicor scripturam veram esse,
quod cesserit, regnum sc. *Schef.*

§ 5 *Redigit*] An *redegit ?* ut respondeat superioribus 'ademit,' ' respondit,' propter insertam conjunctionem 'Atque.' *Schef.* Consentit Juntina. *Græv.*

LIBER XLI.

CAP. I. § 1 *Parthi*] Vid. Strab. XI.
et Diónys. et quæ in eum notavit Eustathius, et Agathiam II. et Jornandem, qui hunc l. citat ex Trogo.
Strabo eos dicit ἀντιπάλους τῶν 'Ρωμαί-
ων κατὰ μέγεθος τῆς ἀρχῆς. *Bongars.*
Add. cum primis Marcellinum XXIII.
16. *Bernec.*

§ 2 *Scythico sermone Parthi exules*]
Cum Parthi Scythicæ, s. ut Jornandes
de Reb. Get. 6. specialius exprimit,
Gothicæ, h. e. Germanicæ sint originis, a vero non abludere videtur amici mei veteris, Casp. Simonis Franci,
linguarum et politioris litteraturæ sci-
entissimi, conjectura, dictos Parthos,
quasi **die fahrter**, sive **fahrende**,
h. e. vagabundos, errones, non inusitata litterarum p et f commutatione.
Quomodo dicimus **die fahrende**
Schuler. Affinis eid. originationi
vox Hispanica *farandulero.* Certe minus absurdum hoc etymon, quam
commentitium illud Græcorum, Parthos dictos ἀπὸ τοῦ πορθεῖν, quod vas-
tando omnia perdant. Habuit autem
Parthica lingua multa communia cum
Germanica: vid. Reineccii partem
III. p. 213. m. *Bern.* Suid. v. Σάσυρις.
Καὶ κατῴκισεν ἐν τῇ 'Ασσυρίων χώρᾳ.
Σκυθῶν ἄνδρας μυριάδας φ', οἵτινες ἐκλή-
θησαν Πάρθοι, ὅ ἐστι Περσικῇ γλώσσῃ

Σκύθαι, καὶ μέχρι σήμερον ἔχουσι τὴν στο-
λὴν καὶ τὴν λαλίαν καὶ τοὺς νόμους τῶν
Σκυθῶν.

§ 4 *Cum imperium Orientis, &c.*]
' Sic omnia verti Cernimus, atque
alias assumere pondera gentes, Con-
cidere has,' Ov. M. XV. 420. *Bern.*

§ 6 *Per virtutem*] Per *v.* desideratur in Juntis, et posset non incommode abesse. Dein [n. 11.] iid. cum
aliis impressis *ut non immensa tantum
jam ac profunda camporum.* Græv. Ex
ratione debent hæc verba *per v.* deleri. *Faber. Per v.* videtur sane glossema esse, quod ex marg. irrepserit in
textum. *Vor.*

§ 7 *Trinis bellis per maximos duces*]
Crassum et Antonium: tertium adhuc
quæro. An Cesennium Pætum ? Sed
is inferior ætate Trogi. Itaque *binis*
f. rectius legas. *Bern.*

§ 8 *Et opulentissimum illud urbium*]
Scrib. ut est in aliis, *et op. illud urb.
mille.* Bong.

Et opulentissimum mille urbium, &c.]
Strab. xv. p. 686. ex Apollod. Εὐκρα-
τίδαν γοῦν πόλεις χιλίους ὑφ' ἑαυτῷ ἔχειν.
Sed inter has pleræque Indiæ. *Gronov.* Mss. *op. illud*, unde Bongarsius
op. illud urbium mille, ut legi ait in
quibusd. Mallem tamen credere
Just. transposite scripsisse *op. illud*

mille urbium, vel ob hanc solam causam, quoniam alias vocabulum *illud* non fuisset abolitum, si simillimum ei 'mille' non arctissime habuisset sibi conjunctum, per quod extinctum est. *Schef.*

Longinqua bella vicisse] Multum dubito Justinum sic scripsisse; certe, vincere bella, num reperiatur alibi usurpatum ignoro. Nec est oppositio, quam hic facere Justinus videtur, inter 'imperium Bactrianum' et *longinqua bella.* Itaque crediderim fuisse olim *bello:* ut 'longinqua' referatur ad, imperia, vel regna, de quibus præcedit. Ita enim elegans existit oppositio inter, emergere inter regna, in quibus constituti erant Parthi, et, vincere longinqua, a quibus procul aberant. *Bello* quoque *vincere* convenientissimum et receptiss. loquendi genus, Nostro etiam alibi usitatum. *Idem.*

§ 9 *Præterea*] Hoc vitiosum esse, mihi non est dubium, cum significatio hic ejus nulla sit. Rectius scriberetur *Præsertim:* verum ita scripsisse Justinum haud contenderim. *Schef.*

Cum gravibus Scythicis et vicinalibus bellis assidue vexati] Mss. *Scythis:* h. e. cum vexarentur a Scythis, qui iis graves erant, et vicinalibus bellis. IV. 3. 'Catinienses quoque, cum Syracusanos graves paterentur.' Horat. III. 5. 'Adjectis Britannis Imperio, gravibusque Persis.' Et I. 9. 'Quo graves Persæ melius perirent.' *Græv.*

§ 10 *Et Dacas et Areos et Spartanos et Maianos*] Ut nihil pudet hæc tam manifesta errata in libris publicare, cum nemo nesciat esse falsa. Legend. est *et Daas et A. et Carmanos et Margianos.* Quis unquam Spartanos in Asia posuit? *Maianos* autem gentis nomen non facile reperias ap. Geographos. In Margiana autem Ptolomæus et Daas et Tapuros et Massagetas ponit. *Glar.*

Et Dahas, et Arcos, et Spartanos, et Maggianos] Vett. librorum Mss. lec-

tionem exhibui. Legend. autem *et D. et Arios, et Arianos, et Margianos,* ex Strab. Ptolem. et Plin. VI. 25. ubi Parthi, inquit, 'habent ab ortu Arios, a meridie Carmaniam et Arianos.' *Bongars.* Hanc emendationem Bongarsii confirmat et Salmasius in Solin. p. 1198. A. 2. *Bernec.* Codd. Mss. teste Bong. habent *et Dahas, et Arcos, et Spartanos, et Maggianos.* Putat autem Bong. pro *Arcos* legend. esse *Arios.* Verum, si hic ita legend. sit, sup. quoque XIII. 4. 22. legend. ita erit. Quia vero supra *Arei* sunt tolerati, et hic tolerari, 'credo, possunt. Græce dicuntur Ἄρειοι. Unde Latine æque *Arei* atque *Arii* dici possunt. Porro *Arianos et Margianos* pro *Spartanos et Maggianos* legend. esse facile accredo. *Vorst.*

Spartanos] Sic alicubi memini legere. Barbarum nomen; sed hic nulli esse Spartani possunt. Ortelius putabat legend. esse *Arianos,* qui populi Cadusiis finitimi sunt. *Faber.*

§ 11 *Intercedentibus*] H. e. vetantibus; vox tribunitia. Intercedimus verbo: prohibemus manu et opere. *Bern.*

In tantum] 'In tantum' plena locutio pro, tantum. Sic et XLIII. 3. 13. 'In tantum enituerunt.' Et judicat Sciopp. ' quantum,' ' tantum,' et id genus alia regulariter cum præpositione; figurate vero sine præpositione dici. Liv. XXII. 27. 'In tantum suam virtutem enituisse.' Virgil. Æn. VI. ' Nec puer Iliaca quisquam de gente Latinos In tantum spe tollet avos.' Vid. Sciopp. Parad. Literar. Ep. 5. quam sub nomine Paschasii Grosippi edidit. *Vorst.*

Profunda camporum] Vid. Flori Indicem, quem brevi dabit Freinshemins, in ' Diversa terrarum.' Ita XXXVIII. 1. 8. legend. videbatur *incerta belli;* quod ipsum est in Tac. IV. 23. 6. *Bernec.* Cl. Priceus ad Apul. M. I. legit *immensa tantum jam ac porrecta camporum.* Porro ' im-

mensa camporum' Auctor dixit, ut
Cic. II. de N. D. 39. ' Immensitates
camporum :' et 64. ' Immensa camporum.' *Gron.*

Ardua montium] Tac. XI. 9. ' ardua
castellorum :' et Varr. II. de R. R.
' montium arduitatem' dixit. *Idem.*

§ 12 *Pleraque finium*] Vocem *finium*
glossatoris puto esse, tractam huc ex
superioribus, ' Fines deinde.' *Schef.*
Nix uncinis includit Ed. Bong.
CAP. II. § 1 *Administr. &c.*] Saxo
XIV. p. 260. 41. ' Adm. deinde pro-
vinciae sub nostris reg. esse coepit.'

Populorum ordo est] Scrib. *optimatum o. est.* I. 9. ' Ostanes optimatibus
Persarum rem indicat :' et XLII. 5.
de Phrahate : ' Cum infestos sibi optimates propter assidua scelera videret.' Vid. Strab. XI. p. 515. *Gronov.*
Mihi nihil certius, quam vocem *populorum* esse vitiosam. Quales enim
illi populi, et quis unquam ' ordinis'
vocabulum usurpavit de populo? Quid
vero substitui pro eo debeat, in hoc
defectu historiae Parthicae, nondum
potui videre. Nisi *optimatum* velis,
ex XLII. 5. 2. *Schef.*

§ 3 *Et utrisque*] F. *ex utr.* Freinsh.
Mallem *utrimque.* Gron.

Et utrisque mixtus] Ita Bong. et
post eum alii edidere. Maj. et St.-
chard. ediderant *et ex utroque.* At
Bechar. *utriusque :* quod ad τὸ *utrisque*
propius accedit. Ego eam Freinsh.
legend. puto *ex utrisque.* Solent enim
' utrique' plurali numero dicere pro,
uterque. Exempli gratia ' utrique
Dionysii' pro, uterque Dionysius.
Vid. Ind. in Nep. *Vorst.* Legunt
alii *ex utrisque.* Puto junxisse Justinum, et scripsisse *et ex utrisque.*
Schef.

§ 4 *Vestis olim, &c.*] Julianus ὁ παραβάτης, in Oratione de Constantii
Gestis : Διασώζουσι καὶ ἀποσιμοῦνται τὰ
Περσικὰ, οὐκ ἀξιοῦντες, ἐμοὶ δοκεῖ, Παρ-
θυαῖοι νομίζεσθαι, Πέρσαι δὲ εἶναι προσ-
ποιούμενοι, ταῦτά τοι καὶ στολῇ Μηδικῇ
χαίρουσι. Statim post ap. Just. se-

quitur : ' Armorum patrius ac Scythicus mos.' Quod f. Trogi aevo
verum fuit, sed Juliani non item. Ait
enim ille, quod Parthi ἐς μάχας ἔρχον-
ται, ὅμοιοι Μήδοις, ὅπλοις τε ἀγαλλόμενοι
τοιούτοις, καὶ ἐσθήμασι ἐπιχρύσοις, καὶ
ἁλουργέσι. *Voss.* Hinc Apuleio Flor.
5. dicuntur ' fluxi vestium Arsacidae.'
' Posteaquam accessere opes,' sc. iis,
quod eleganter subintelligi solet. Vid.
Avum ad Liv. XXXVIII. 17.

Fluida] Tac. G. 17. ' Veste distin-
guuntur, non fluitante, sicut Sarmatae
ac Parthi, sed stricta.' Herodian. IV.
20. de Parthis Antonini dolo oppressis : ' Nec evadere fuga poterant, im-
pediente cursum fluxa veste ad pedes
deducta.' Lucan. VIII. 367. ' Illic et
laxas vestes, et fluxa virorum Velamenta vides.' De vestitu Persarum
ac Medorum, unde Parthi suum ac-
cepere, multa Brisson. Regn. Pers.
II. *Bern.*

§ 5 *Servorum*] Mss. praeferunt *servitiorum.* Quod probo. Ita enim semper solet Just. Junt. et Ms.
servitiorum. Sic scripsit Just. XXII.
6. ' Eodem congestis etiam servitiis,'
h. e. servis. Ita et ' ministeria,' pro
ministris, Tac. XIII. Opera, pro ope-
rariis, Horat. ' Accedas opera agro
nona Sabino.' ' Famulatio,' pro famu-
lis, Apul. VI. M. et Graecis θεραπεία,
Matth. XXIV. 45. pro θεράποντες. ' Matrimonia' Just. XII. 3. pro uxoribus,
et mille talia. *Graev.* Mss. *servitio-
rum:* familiaris Justino loquendi ratio. Et docti viderunt. *Faber.* Codd.
quidam Mss. quos Bong. vidit, et
Junt. *servitiorum:* id quod a stylo
Justini minime abhorret. *Vorst.*

Equitare et sagittare] Et hoc ex instituto Persarum hausere, de quibus
Herod. I. 136. ' Liberos suos, a quinto anno incipientes usque ad vicesi-
mum, tribus tantum instituunt, equitare, arcu sagittas excutere, vera loqui.' Porro, ne quis de Latinitate
verbi ' sagittare' dubitet, utitur eo
quoque Curt. VII. 5. 64. *Bern.*

§ 7 *Obsessas expugnare urbes*] Lucan. VIII. 377. ' Non aries illis, non ulla est machina belli: Haud fossas implere valent: Parthoque sequente Murus erit, quodcunque potest obstare sagittæ.' Tac. XII. 45. 4. ' Nihil tam ignarum barbaris, quam machinamenta et astus oppugnationum.' Add. de Gothis Marcellin. XXI. 18. et 22. *Idem.*

Pugnant autem proc.] Præstat Juntas sequi, qui legunt *P. aut p.* Græv. Junt. *aut:* idque convenientiuter τῷ ' aut,' quod sequitur. *Vorst.*

Fugam simulant] Tac. VI. 35. 2. ' Cum Parthus, sequi vel fugere pari arte suetus, distraheret turmas, spatium ictibus quæreret.' Atque de hac fugæ simulatione capiend. illud Propertii III. 8. 54. ' Parthorum astutæ tela remissa fugæ.' Quem ad l. vid. notata ab eruditiss. Gebhardo: quibus add. Lucan. VIII. 376. Plut. Crasso 46. Appian. Parth. p. 144. c. Ceterum hoc astutæ fugæ genus tribuit etiam Ætolis Thucyd. III. 15. 18. Persis Xen. III. Exp. Cyr. p. 306. d. Thessalis Curt. III. 11. 26. Germanis, et præcipue Cattis, Tac. I. 56. 8. et G. 6. 8. Sed et Plato in Lachete Scytharum exemplum, qui fugientes, non stantes, cum hoste pugnant, adducit contra fortitudinis imperfectam illam descriptionem, quod sit ea vis, qua quis in acie stans-fortiter pugnat. Homerus item Il. VIII. 108. Æneam hoc nomine commendans, μήστωρα φόβοιο, ' fugiendi rite peritum,' appellat. *Bern.*

§ 8 *Nec pugnare diu possunt*] Facit tales et Germanos Germanicus ap. Tac. II. 14. 8. ipseque Tacitus G. 4. 2. Par elogium Gallorum in Liv. X. 28. 4. et Flor. II. 4. 2. *Idem.*

9 *Ut, cum, &c.*] Saxo V. p. 95. 21. ' Quo fit, ut, cum victoriam tibi cessisse putes, discrimen immineat.'

§ 10 *Loricis plumatæ*] H. e. ex laminis ferreis in modum plumæ factis consertæ. Virg. Æn. XI. 770. ' Spu-

mantemque agitabat equum, quem pellis ahenis In plumam squammis auro conserta tegebat.' Ubi Serv. vide: præterea Turneb. Advers. XI. 25. Lips. de Mil. Rom. III. 6. et Stewech. in Veget. III. 23. *Bern.* Incertus Auctor ap. Suid. v. Θώραξ· Θώραξ δὲ Ἱππέως Πάρθου τοιόσδε ἐστί· τὸ μὲν γὰρ αὐτοῦ πρόσω στέρνα (Ms. Leid. στέρνον) τε καὶ μηροὺς καὶ χεῖρας ἄκρας καὶ κνήμας καλύπτει· τὸ δὲ ὅπισθεν νῶτά τε καὶ τὸν αὐχένα καὶ τὴν κεφαλὴν ἅπασαν· τερόναι δέ εἰσι πρὸς ταῖς πλευραῖς πεποιημέναι, αἷς ἑκάτερον τῶν μερῶν συμπορπηθὲν ὅλον σιδηροῦν ποιεῖ φαίνεσθαι τὸν ἱππέα. κωλύει δὲ οὐδὲν ὁ σίδηρος οὔτε τὰς ἐκτάσεις τῶν μελῶν οὔτε τὰς συστολάς· οὕτως ἀκριβῶς πρὸς τὴν τῶν μελῶν φύσιν πεποίηται. ὁπλίζουσι δὲ καὶ τὸν ἵππον ὁμοίως σιδήρῳ πάντα μέχρι τῶν ὀνύχων, διότι οὐδὲν αὐτοῖς ὄφελος ἂν εἴη τῶν ἰδίων ὅπλων, εἰ ὁ ἵππος αὐτοῖς προσπόλλοιτο.

CAP. III. § 2 *Feminis non convivia, &c.*] Vid. Notam VII. 3. 3. *Bern.*

§ 3 *Venatibus*] De Parthorum acri studio venandi meminit et Herodian. VI. Unde Vononem ap. Augustum, cui a Phrahate obses datus fuerat, educatum, petitum Roma acceptumque regem, quamvis gentis Arsacidarum, ut externum tamen aspernatos Parthos Tac. II. 1. narrans, addit : ' Accendebat dedignantes et ipse, diversus a majorum institutis, raro venatu, segni equorum cura.' Suet. Calig. 2. ait, ' Regum regem [h. e. Parthicum] ad indicium maximi luctus, exercitatione venandi abstinuisse.' *Idem.*

§ 5 *Sepultura, &c.*] Etiam inhumanus hic humandi ritus ad Parthos defluxit a Persia, de quibus Herod. I. 140. eumque postremis quoque Persarum temporibus in usu fuisse patet ex Procop. I. Pers. et Agathia II. Consulendi Cic. Tusc. I. 44. et 45. Kirchman. in Append. ad lib. de Fun. Rom. 2. C. Barth. Advers. XLIX. 10. *Idem.*

Sepultura vulgo aut avium aut canum laniatus est] Perperam puto hunc morem Parthis attribui, cum is Hyrcanorum proprius sit. Scio quidem id. fere Herod. asserere de Persis: οὐ πρότερον θάπτεται ἀνδρὸς Πέρσου ὁ νέκυς, πρὶν ἂν ὑπ' ὄρνιθος ἢ κυνὸς ἑλκυσθῇ. De canibus nescio an verum sit. De avibus constat. Quamvis id. habent et alii. Moris enim semper fuit Persis, s. Parthis, ut immatura morte defunctis os oculosque lacte oblinerent: inde equo impositos, instigatoque eo, corvorum prædæ exponerent. Quod si ab iis, quibus ejus rei negotium incumberet, animadversum fuisset, dextrum ejus oculum prius a corvis maceratum, felicem judicabant: sin sinistram, contra. Cum senibus aliter agebatur. Eos enim ad montana deferebant, fameque enecabant: et omnes, qui hoc fato defungerentur, felices existimabantur. Strabo, qui Caspiis illud tribuit, videtur hæc duo mortis genera confudisse. Ait enim XI. Κάσπιοι δὲ τοὺς ὑπὲρ ἑβδομήκοντα ἔτη λιμοκτονήσαντες εἰς τὴν ἐρημίαν ἐκτιθέασιν. ἄποθεν δὲ σκοπεύοντες, ἐὰν μὲν ὑπ' ὀρνίθων κατασπωμένους ἀπὸ τῆς κλίνης ἴδωσιν, εὐδαιμονίζουσιν· ἐὰν δὲ ὑπὸ θηρίων ἢ κυνῶν, ἧττον· ἐὰν δ' ὑπὸ μηδενὸς, κακοδαιμονίζουσι. Videsis Petrum Teicheram in Compendio Mircondi. *Voss.*

§ 6 *Præcipua omnibus*] Insigniter hunc l. restituit Gronovius, qui legit *pr. omnibus*, h. e. præcipue religiose amnes et fluvios venerantur; quod ex Herod. Plin. Tac. Arnob. et aliis probat scriptoribus IV. Obs. 10. *Grav.* Præclara Gronovii emendatio ap. *Voss.*; nam et Parthi et Scythæ et omnes ferme Septentrionales populi fluvios venerabantur. *Faber.* Certiss. est emendatio Gronovii. Persas et Parthos veneratos fuisse fluvios variis Veterum testimoniis ostendit ille IV. Obs. 10. Ceterum inepta quoque locutio esset, si dixisset, præcipuam

omnibus venerationem esse, i. e. præcipuam omnes venerationem habere in superstitionibus et cura Deorum. Quid illud est, venerationem esse alicui in superstitionibus, in cura Deorum? Veneratio Deorum enim, superstitio, et cura Deorum, unum et id. sunt. At recte et concinne dictum fuerit, *in superstitionibus et cura Deorum præcipuam omnibus venerationem esse*, i. e. inter superstitiones et culturas Deorum ap. Parthos, præcipuam amnes s. fluvios venerationem habere, s. præcipua veneratione eos frui. *Vorst.* Veriss. lect. est *amnibus*, quod cl. Gronov. primus ostendit. *Schef.*

§ 8 *Ad faciendum, quam, &c.*] Sall. Cat. 8. 6. de Romanis: ' Optumus quisque facere quam dicere malebat.' Marcellin. XXI. 8; ' Plus audire quam loqui militem decet, actibus coalitum gloriosa.' Add. notam II. 10. 28. *Bern.*

§ 9 *Principibus, &c.*] Sarisb. ' Princ. m. n. p. vel religione par.'

In libidinem projecit] Quo argumento dissuaserunt amici Pompeio fugienti Corneliam uxorem formosam ad Parthos ducere. Plut. Pomp. 126. et Appian. Civ. II. *Bern.*

§ 10 *Quatenus expedit*] Pestilens Lysandri dictum ap. Plut. Apoph. Lacon. 94. ' Veritatem nihilo meliorem esse mendacio: sed utriusque dignitatem et pretium usu definiri.' *Idem.*

CAP. IV. § 1 *Stagnori*] Legend. *Statanori*, ut XIII. 4. 22. cui tamen Drancas et Areos tribuit, (ut et Diod. XVIII. 8.) Parthos autem Nicanori assignavit. Diodorus Parthiam et Hyrcaniam Phratafærni evenisse refert: et Strabo a Macedonibus Hyrcaniam Parthiæ junctam scribit. *Bongars.* Ms. *Staganori.* Junt. *Stasanori:* optime, ut XIII. 4. *Grav.* *Statanori* emendavit Bong. pro *Stagan.* sed et *Stasanori* probum est, et ex analogia linguæ Græcæ, ut ' Phthisanor,' et alia ejus formæ. *Faber.* Rescripsi audacter *Stasanori* ex ed. Junt. Bong. edidit *Stagnori.* Sed addit tamen legend. esse *Statanori*, ut xiii. 4. 22. legitur. Sed et Græv. pro *Stasanori*, quod in ed. Junt. ipsa reperit, cum Bongarsio *Statanori* legend. putat. Verum quidni ipsum *Stasanori* reponamus, postquam editionem Junt. sic habere, ceterosque omnes tum Latinos tum Græcos, qui ejus hominis mentionem fecere, sic eum appellare scimus? Vid. et sup. Notas ad xiii. 4. 22. *Vorst.*

Externo socio] Vocabulum *externo* mihi suspectum est, cum omnes socii sint externi, sic accepto externorum vocabulo. Num apposuit glossatorum aliquis, quia præcedit ' nullo Macedonum?' *Schef.*

§ 2 *Deductis*] F. *did.* Freinsh. Placet mihi quoque *did.* Noster ipse xv. 4. 22. ' Et, cum de præda non convenirent, iterum in duas factiones diducuntur.' *Schef.*

§ 3 *Pronepote Seleuco*] Male : nepos enim fuit, ipso Justino teste. Hic enim Seleucus Antiochi filius est xxvii. 1. 1. hic vero Seleuci primi s. Nicatoris xvii. 2. 10. *Freinsh.*

Bulsone, M. Attilio] Vett. plerique *Bulsione*. Legend. *Vulsone.* In Fastis est C. Attilius, non M. Attilius. [In fastis Capitolinis a Pighio suppletis est M. Attilius.] Constitutum est Parthorum imperium, et conditum, Seleuco Callinico Asiam obtinente. Strab. xi. Euseb. Chronico. Lubet adscribere ortum regni Parthici ex Georgii Monachi Chronico, cujus mihi copiam fecit præstantiss. vir Fr. Pithœus. Συρίας καὶ Ἀσίας δ' ἐβασίλευσεν Ἀντίοχος ἐπικληθεὶς Καλλίνικος, ὁ αὐτὸς καὶ Σέλευκος. Et paulo post: Ἐπὶ τούτου τοῦ Ἀντιόχου Πέρσαι τῆς Μακεδόνων καὶ Ἀντιόχων ἀρχῆς ἀπέστησαν ἐπ' αὐτοὺς τελεύτως ἀπὸ Ἀλεξάνδρου τοῦ κτίστου· διὰ τοιαύτην αἰτίαν. Ἀρσάκης τις καὶ Τηριδάτης ἀδελφοί, τὸ

γένος ἕλκοντες ἀπὸ τοῦ Περσῶν Ἀρταξέρξου, ἰσστράτευον Βακτρίαν, ἐπὶ Ἀγαθοκλέους Μακεδόνος ἐπάρχου τῆς Περσικῆς· ὃς Ἀγαθοκλῆς ἐρασθεὶς Τηριδάτῃ, ὡς Ἀριανὸς φησιν, ἑνὸς τῶν ἀδελφῶν, καὶ τὸν νεάνισκον σπουδάζων ἐπιβουλεῦσαι, διαμαρτήσας ἀνῃρέθη παρ' αὐτοῦ καὶ Ἀρσάκου ἀδελφοῦ αὐτοῦ καὶ βασιλεύει Περσῶν Ἀρσάκης, ἀφ' οὗ οἱ Περσῶν βασιλεῖς Ἀρσακίδαι ἐχρημάτισαν, ἔτη β', καὶ ἀναιρεῖται καὶ μετ' αὐτὸν Τηριδάτης ἀδελφὸς ἔτη λζ'. Integrum locum adscripsi, quia editus non est, et narrationem continet memoria dignam. *Bongars.* Hisce Suidas obstrigillat, qui scribit, ' Arsacem Parthum, imperio Persarum potitum anno 293. [sc. ab initio Cyri] ejectis Macedonibus, regnum Parthis tradidisse.' Atque ille annus 293. abest a Consulatu Vulsonis et Reguli (quem Noster terminum statuit) annis 17. Major discrepantia ap. Marcellin. xxiii. 16. qui Seleucum Nicatora ab hoc Arsace debellatum perhibet, ac tum Arsacidarum imperium iniisse. Tac. H. v. 8. 4. sub Antiocho Epiphane hoc contigisse refert. *Bern.*

§ 5 *Theodotus*] Straboni xi. p. 255. 20. Διόδοτος. *Bong.*

§ 6 *Arsaces, vir, sicut incertæ originis, ita virtutis expertæ*] Georg. Monachus in allato jam modo l. dicit Arsacem et fratrem Tiridatem ab Artaxerxe, Persarum rege, genus ducere. *Berneccer.* Doctissimus Schicard. in Tarich Regum Persiæ, putabat originem trahere Arsacem a Dario Codomanno : quod tamen non videtur. Nam in Chronico Persico, quod penes cl. Elichmannum est, dicitur esse ex semine Chaichosrou, qui est Cyrus. Pater vero ejus vocatur Darius quidam. Quæ potuit erroris causa fuisse. *Voss.*

§ 7 *Parthos ingressus*] Credo legend. *P. aggr.* Fab.

Andragoram] Unum ex Andragoræ posteris, de quo sup. xii. 4. 12. quem Arrian. iii. Ammynapen vocat. Georgius hunc vocat Agathoclem. *Beng.*

§ 8 *Ita duarum civitatium*] ' Civitates,' h. l. sunt, regiones; ut sup. ' pœnalem civitatem,' i. e. Hyrcanos. *Fab.*

Imperio præditus] Sallustiana phrasis : Cat. 51. l. ' Qui, imperio præditi, in excelso ætatem agunt.' *Bern.*

CAP. V. § 2 *Urbem quoque nomine Daram in monte Taborteno*] Hæc nomina mihi plane suspecta. Strab. XI. Parthorum optima inquit loca Aria et Mariana. Ptolemæus Dornam in Niphate monte ponit supra Assyriam : item in ipsa Assyria Dartheno, in Susiana Deram ad montem. F. de hac nunc loquitur. *Glar.*

Daram in monte Zapaortenon] Scripturam veterem expressi, ut ex ea veram lect. quilibet assequi conetur. Pro *Daram* putavi aliquando legend. *Choaram* ex Plinii VI. 15. sed videat lector, an ex cap. 16. facilius possit erui vera lectio. ' A Caspiis,' inquit, ' orientem versus regio est Zapavortene dicta, et in ea fertilitatis inclytæ locus Darieum dictus.' Ibi Hermolaus *Dasan* h. l. legit, non *Daram.* Bongars. Vid. Salmas. in Solin. 982. b. Quem refutat Petavius in Misc. Exercit. p. 382. *Bern.*

Daram in monte Apavarticeno condit] Sup. quoque meminit Daræ, ut nos ostendimus. H. vero l. pro *Dara* doctiss. Schicardus ex sua Tarich Persica putabat rescribend. *Asca*, quod reperisset Arsacem urbem condidisse, quam de suo nomine appellarit ۲۵ۺ‍‍ٯ۬. Sed hæc alia est. Dara enim ad Caspias Pylas, hæc vero in Hyrcania. Videtur huj. meminisse Isidorus Characenus : Ἐντεῦθεν Ἀστ-ραυηρὴ σχοῦνοι ζʹ. ἐν ᾗ κῶμαι ιβʹ. ἐν αἷς σταθμοὶ ιβʹ. πόλις δὲ Ἀσαὰκ, ἐν ᾗ Ἀρσάκης πρῶτος βασιλεὺς ἀπεδείχθη· καὶ φυλάττεται ἐνταῦθα πῦρ ἀθάνατον. Ita enim legend. est ille l. Alii tamen Arsaciam vocant urbem illam, et

eand. ac Ragas, Europum, Daram faciunt. Sed plures suo nomine insignitas urbes constat Arsacem condidisse. Verum hæc confusissima. Alibi de iis erit fusior dicendi locus. *Voss.*

In monte Zapaortenon] Legend. videtur *Zapaorteno.* Regio Zapaortena vocatur a Plin. VI. N. H. 16. *Gronov,* Lucas Holsteinius legend. existimat *Apovartenon.* Ἀπουαρτικὴ fuit Parthiæ regio, ut auctor est Isidorus Characenus. Corrupte ap. Plin. scribitur *Zapavartene* pro *Apovarteno :* in hac situs est mons Apavartenon dictus. *Græv.*

§ 3 *Ut tutela loci nullis defensoribus egeat*] Vix ita scripsit Just. Quam enim horrida ista, et inconvenientia : Locus cingitur rupibus, ut tutela loci non egeat defensoribus ? Et quid est tutela eget defensoribus ? Itaque persuasum habeo adscripsisse aliquem in margine, velut argumentum eorum, quæ verbis hisce proponuntur, ' tutela loci,' quasi diceret : Agitur hic de tutela loci, s. quomodo is locus redditus sit tutus. Postea id argumentum transumptum esse in ipsum textum. *Schef. Tut.* h. l. sexti casus esse existimabat Jensius, sc. ut, per tutelam loci, quæ sunt rupes, nullis defensoribus egeat.

§ 4 *Jam fontium ac silvarum*] Junt. *Nam f. et s.* Sed nihil muta. *Jam* sæpe venuste usurpatur in connexionibus. Cic. I. de Orat. ' Jam vero narrationem quod jubent verosimilem,' &c. Id. III. Fin. ' Jam membrorum, id est, partium corporis alia videntur propter eorum usum natura esse donata.' *Græv.* Angl. illud *Jam* non agnoscit. Ego tamen in vulgatis nihil mutem. Solent enim óptimi scriptores hac particula sic uti, ut a glossatore vix videatur intrusa. Ipse Noster IV. 1. 16. in descriptione Siciliæ : ' Jam ipsa Italiæ Siciliæque vicinitas, jam promontoriorum altitudo ipsa ita similis est,' &c. Locus nostro huic simillimus. *Schef.*

§ 6 *Arsacis nomine*] Ap. Parthos inquit Strabo xv. p. 488. 88. 'Αρσάκαι καλοῦνται πάντες· ἰδίᾳ δὲ ὁ μὲν 'Ορώδης, ὁ δὲ Φραάτης, ὁ δὲ ἄλλο τι. *Bongars.* Serv. ad illa Virgil. Æn. xii. 529. 'Murrhanum hic, atavos et avorum antiqua sonantem Nomina, per regesque actum genus omne Latinos,' &c. ' Hoc est,' inquit, ' cujus nomine majores omnes Murrhani dicti sunt, et reges fuerunt. Scimus enim plerumque solere fieri, ut primi regis reliqui nomen etiam possideant. Ut apud Romanos Augusti vocantur: apud Albanos Silvii: apud Persas Arsacidæ: apud Ægyptios Ptolemæi: apud Athenienses Cecropidæ.' *Medius.* Add. eund. Serv. in Æn. vt. 760. Curtium viii. 12. 28. Marcellin. xxiii. 16. Suid. in ' Arsaces,' Isidor. Origin. ix. 8. et Freinshemii Ind. in ' Regis.' *Bern.*

§ 7 *Hujus filius et successor regni, Arsaces et ipse nomine*] Alii huj. Arsacis non meminerunt. Persæ tamen norunt. Quemnam vero *Pricipatium*, aut *Pampatium*, Justinus vocet, ignoro. An est *Pharnapatius?* In Parthicorum sane regum catalogo, quem habeo, a cl. Joanne Elichmanno, nihil simile apparet. Lubet hic eorum nomina apponere, quoniam non parum lucis Græcorum Historia inde potest mutuare. Mancus namque multis in locis fuit Catalogus ille, quem edidit Schicardus; quod vel hinc apparebit: ' Askan filius Darii est primus Asfaniensium rex, et totam familiam ab eo denominant. Tempus regul ejus x. anni. Ascan, filius Ascan, regnavit annis xx. Behran, fil. Siabur, xi. annis. Belas f. Behram xv. annis. Hormoz f. Belas xix. annis. Nuscha f. Belas xvii. annis. Feruz filius Hormoz xii. annis. Chosrû f. Belas xiii. annis. Ardavan f. Belas xiii. annis. Ardavan f. Asfan xv. annis.

Belas f. Asfan xii. annis. Gjudar fil. Asfan xxx. annis. Barsehi f. Gjudar xv. annis. Gjudar filius Mehras ii. annis. Beri filius Gjudar xv. annis. Gjudar filius Beri ii. annis. Beri f. Gjudar xx. annis. Ardavan xxxi, annis. Et hic ultimus Asfaniensium est, quem Ardxir Babek e medio sustulit.' Tempus autem imperii Parthorum s. Asfaniensium circiter 250. annorum faciunt: juxta alios—vero 480. annorum. *Voss.*

Antiochum] Magnum nempe, Seleuci Callinici filium, de quo xxix. 1. 8. et toto lib. xxxi. *Bern.*

§ 8 *Priapatius*] Gronov. iv. Obs. 10, censet legend. esse *Phriapitus;* aut certe *Parapitus;* quoniam Arrian. in Parthicis ap. Phot. commemoret Φράαπτον quendam, et ap. Xen. iv. H. Gr. Parapita Persicum mulieris nomen sit. Sed non magna eorum nominum est differentia; nec mirum, si in literis vocalibus Justinus ab aliis nonnihil discrepet. *Ver.*

Nam omnes, &c. usque ad cognom.] Posteriora Trogi non esse suspicabatur Rupert. in Epist. xl. ad Reines. p. 324.

§ 9 *More gentis*] M. *gentium* hic legend. censuit Bong. Not. ad xxi. 1. 2. *Bern.*

Phrahates more gentis, hæres regni, Mardos, validam gentem, bello domuit] Mardos in Characem urbem transtulisse, auctor est Isidorus Characenus: Εἰς δὲ τὴν Χάρακα πρῶτος βασιλεὺς Φραάτης τοὺς Μάρδους ᾤκισεν. Ita leg. *Voss.*

§ 10 *Fratri potissimum*] ' Gala rege mortuo, regnum ad fratrem ejus Desalcem, prægrandem natu (moris ita apud Numidas est), pervenit:' Liv. xxix. 29. 8. Attamen plurium gentium jura nepoti favent, subscribente Lycurgo, qui regnum Charilao fratris filio cessit, quod in manu ejus erat, omnium gratia, tenere. Noster sup. iii. 2. 5. Plut. Lycurg. 4. Cui similli-

mum Ferdinandi, Aragoniæ et Siciliæ regis, exemplum refert Th. Fazellus de Reb. Siculis decad. posterior. lib. ix. *Bern.*
Mithridati] Sextum ab Arsace facit
Oros. v. 4. *Bong.*
Plus regio, quam patrio, &c.] Metius
ad Imp. Tacitum ap. Vopiscum 6.
' Ingens est gloria morientis principis, rempub. magis amare quam filios.'
Ap. Tac. i. 42. 1. Germanicus: ' Non
mihi uxor aut filius patre et repub.
cariores sunt.' *Bern.*
CAP. VI. § 1 *Eucratides*] Ejus meminit Strabo init. lib. xv. et lib. xi.
Bong.
§ 3 *Sogdianorum et Drangaritano-
rum*] Scrib. *Drangianorum.* Voss. Ms.
et Junt. *Sogdianorum et Arachotorum
et Drangianorum.* Arachoti sunt Arachosii. Nam Arachosia dicitur et
Arachotis, et incolæ Arachoti: vid.
Strab. et Steph. Superius xiii. 4.
corrupte legitur *Aracossi* pro *Arachoti*,
aut *Arachosii.* Græv. Voss. *Drangianorum.* Vere. *Faber.* Codex Ms.
teste Bong. et Junt. teste Græv.
*Sogdianorum et Arachotorum et Dran-
gianorum.* 'Αραχωτοί, Arachoti, ut
Arrianus appellat, s. Arachosii, et
sup. xiii. 4. 22. nominantur: quanquam ibi ex edd. vulgaribus *Aracossi*
retentum. Sed et, qui hic *Drangari-
tani* vocantur, jam supra memorati,
et quidem Drancæ appellati videntur.
Vorst. Mihi duorum populorum vocabula videntur coaluisse in unum.
Unius certe verum nomen non *Dran-
garitani*, verum *Dranga.* Itaque, quod

reliquum est in hac voce, pertinet ad
gentem aliam. Quale autem illud
fuerit, nunc non est otium inquirere.
Schef. Sed, cum Juntæ quoque *Drangianorum* legant, merito illos sequimur. *Græv.*
Ab invalidioribus] Videri possit *valid.*
scribendum, quia validiorem invalidi
non opprimunt. Sed retinenda lect.
vulgata, nam *invalidiores* debent intelligi non respectu ejus temporis,
quo Bactriani redditi erant exsangues per bella cum Sogdianis et aliis,
sed reliquorum omnium, quibus semper Bactriani eos superabant viribus.
Schef.
§ 4 *Adsiduis, &c.*] Oros. VI. 21.
' Hi Vaccæos ads. erupt. populan-
tur.'
§ 5 *Per sanguinem ejus currum egit*]
Junge Tulliæ exemplum ap. Liv. i.
48. et Flor. i. 7. 3. ubi Freinsh. *Ber.*
§ 7 *Bacasin*] F. decurtatum est ex
Bacabasum. Fab.
§ 8 *Elymæorum rege*] De horum
potentia et viribus, quibus freti Parthorum imperia contemnebant, Strab.
xvi. p. 512. 36. *Bong.*
§ 9 *Arreptus*] In Mss. legitur *correptus*, quod sine dubio est præferend.
Factum autem ex eo *arreptus*, quia
littera initialis *c* per præc. finalem *c*
ob similitudinem omissa est. Tum
enim ex *orreptus*, quod remanserat,
arreptus per emendationem sc. est
formatum. *Schef. Correptus* stabilit
etiam Juntina: sic sup. xxiii. 3.
Suet. Jul. 72. ut notavit Scheff. in
Auctuario Notarum. *Græv.*

LIBER XLII.

CAP. I. § 1 *Post necem*] ' Nex '
raro exemplo de morte naturali. Nam

in fine lib. præc. dicitur hunc ' fato
decessisse.' Ita Sen. ad Marc. 21.

fin. ' Fata nobis sensum nostræ necis auferunt.' Et Suet. Cæs. 5. 2. ' Post necem Consulis' Lepidi, quem morbo extinctum constat ex Flor. III. fin. *Bern.*

Rex constituitur] Mss. plures Bong. habent *statuitur*, quam proinde lect. puto esse veram. Nam et alibi sic Noster; ut XII. 4. ' Parthis deinde domitis præfectus his statuitur ex nobilitate Persarum Andragoras.' Tò *constituitur* est glossatoris. *Schef.*

§ 2 *Dolentes tantum iis itineris*] Leg. *dol. t. illi it. &c.* Faber. *Iis* pro, sibi : quæ pronominum permutatio in auctoribus est frequens. Contra ' sibi' et 'suus' dicunt pro, illi et illius. Vid. lib. de Latinit. f. susp. 5. *Vor.*

§ 3 *Hymerum quemdam*] Athenæo X. est Ἵμερος. Eum vid. *Voss.* Scripseram in libro meo *Himerum.* Sed ita prior, in suo, Vossius, et sic legend. Add. quod ita in Impr. quibusd. legitur, et Græca origo approbat. *Faber.*

Pueritiæ flore] Claudian. in Eutrop. I. 342. ' Parthica ferro Luxuries vetuit nasci lanuginis umbram, Servatoque diu puerili flore coëgit Arte retardatam Veneri servire juventam.' *Berneccer.* Liv. XXI. 2. ' Flore ætatis primo sibi conciliatus.' Plura exempla congessit Mercer. ad Non. Marcell. p. 96.

Importune vexavit] ' Importunus,' ' importune,' et ' importunitas' verba sunt quæ in tyrannum accidunt, et extremæ atque effrenatæ impotentiæ odorem habent. Cic. Liv. Flor. *Faber.*

§ 4 *Ipse autem Phrahates exercitum, &c.*] Non temere utendum milite qui causas habet cur animo sit a nobis alieniore. Polyb. V. 54. pr. simile huic nostro proponit exemplum Molonis, Susianæ et Babyloniæ populis recens a se nec opinata victoria subactis, infeliciter utentis adversus Antiochum regem, a quo ipse antea defecerat. *Bern.*

§ 5 *Inclinatam, &c.*] Saxo V. p. 89. 40. ' Incl. Hunnorum ac. conspicatus.' Add. VII. p. 122. 30. XIV. p. 255. 50.

Captivitatis, &c.] Id. IV. p. 62. 1. ' Quam [ultionem] se parum bello exequi posse credentes :' et VIII. p. 156. 26. ' Fraternam ult. quia viribus nequibat, fraude exequi pertentabat.'

CAP. II. § 1 *Contenti victoria*] Mss. mei Fuld. mire mirâ syntaxi *cont. victoriæ*: de qua locutione nos cum Deo alibi. *Modius.* Huj. locutionis exemplum vix aliud invenias : nisi quod Claudius JC. etiam ita locutus est L. 37. §. 4. in fin. D. de Legatis III. ' Quoniam in his expressit, ut contentus esset partis dimidiæ dotis.' *Bern.*

§ 2 *Sed Artabanus bellum Colchatariis*] Colchatarii qui sint, non est clarum. Strab. XI. Chalachanen ponit extra Armeniæ montes, de qua hic eum loqui nunc puto. Item post aliquot versus Justinus Armeniorum regem Artoadisten nominat. Quem Plutarchus Artuasden. Strab. jam dicto lib. Artabasden Tigranis filium appellat. Sed in barbaris non est multum momenti. *Glar.*

Sed Artabanus] Mallem quod habent Mss. Bong. *Sed et A.* ut fieret respectus etiam ad Phrahatis breve imperium. Cui alias hoc opponitur, si non ita scribatur, cum tamen oppositio sit nulla. *Schef.*

Thogariis] Ita libri vett. Quidam tamen *Teogariis:* unus *Thocaris.* Tocharios Scythicum genus commemorat Plin. VI. 17. et Τοχάρους Dionys. Perieg. et Ptolemæus. *Bongars.* Antiquiores typis expr. *Colchatariis:* et paulo post *Artoadisti* pro *Ort.* Vor.

§ 3 *Quippe, &c.*] Saxo præf. p. 2. m. ' Ita antecessorum famam atque opinionem operum magnitudine supergressus.'

Claritatem parentum] Cic. Off. III.

13. ' Si quis ab ineunte ætate habet
çausam celebritatis et nominis, aut a
patre acceptam,'&c. Add. sup. Notam ad xxix. 1. 9. *Bern.*

§ 6 *Ortoadisti*] 'Αρταουδσ*δ*ης Armeniæ regis nomen est in Strab. xi.
et Plut. Antonio 66. De Armenia
leg. Strab. xi. Plin. vi. 9. Dionys.
et Eustath. qui in magnitudine ab
Auctore nostro dissentiunt. *Bongars.*
Junt. *Artoadisti.* Quod proplus ad
verum accedit. Appellatur enim, ut
ex Strab. et Plut. Bongarsius ostendit, Artavasdes; sicut et, qui Tigrani
postea successit, ejusd. nominis fuit,
ut ex Joseph. et aliis liquet. *Græv.*
In Mss. *Arthoadisti,* unde sane pro-
num Bongarsio fuit restituere ex omnibus historicis *Artavasdi,* quo nomine multi Armeniorum reges olim
dicti. *Faber.* Junt. *Artoadisti,* quod
factum ex *Artavasde,* vero nomine, ut
ex Strab. ac Plut. docet Bongarsius,
Grævius arbitratur. *Schef.*

§ 7 *Paullo, &c.*] Oros. vii. 9. ' Namque ut p. a. repetam.'

§ 8 *Cum fines ejus post Parthiam*]
Mss. Bong. *cum f. p. P.* F. leg. *cujus
f. p. P.* Gron.

§ 9 *Undecies centum millia patet*]
Rideas magnitudinem, quam tribuat
Armeniæ. Sed hæc alibi. *Voss.*

§ 10 *Ab Armenio*] Armenum vocant Strabo et Eustathius, ἐξ Ἀρμενίου
πόλεως Θετταλικῆς. Stephanus, ex Antipatro, Rhodium fuisse dicit. *Bong.*

Quem cum perditum, &c.] His il-
lustrandis faciunt illa Val. Flacci i.
Arg. 29. ' Super ipsius ingens Instat
fama viri, virtusque haud læta tyranno. Ergo anteire metus, juvenem-
que extinguere pergit Æsonium: le-
tique vias ac tempora versat,' &c.
Ead. via grassati, per speciem honoris suspectos aut æmulos amoliri ten-
tarunt, Saul Davidem, Joseph. Antiq. vi. 11. Cnmaui Aristodemum,
Dionys. vii. 4. Hiero Polyzelum fratrem, Diod. xi. 48. Dionysius Lep-

tinem fratrem, Æneas Poliorcet. 10.
Alexander Clytum, Curt. viii. 1. 46.
Bern.

Ex bello, &c.] Saxo xiv. p. 329. 15.
' Prof. bar. piratæ.'

§ 11 *Principes juventutis*] ' Juventus' hic de virili ætate dicitur: unde
mox hi ipsi ' fortissimi viri' audiunt. Romanis ' Juniores,' ex instituto
Servii, ad annum xlv., ultra ' Seniores,' Dionys. iv. 20. et Liv. i.
43. 1. Hinc Plin. in Paneg. 8. Imp.
Trajano ' juventam' tribuit: qui tamen agebat ætatis annum 44. Et
cap. 22. factis tribus ætatis gradi-
bus, inquit: ' Te parvuli noscere,
ostentare juvenes, mirari senes.'
Itemque cap. 69. Consulatus Candidatos ' juvenes' vocat: at illi utique jam viri, quomodo Suetonio Aug.
34. 3. Germanicus post susceptos
jam aliquot liberos ' juvenis' dicitur.
Ita Tibullo i. 4. 33. ' juvenis' est
ein altlechte frauw uber ihr
viertzig Jahr. Nam adolescentio-
res uxores ' puellas' appellari patet
ex Horat. Ov. Sen. Quin et Pythag.
in Diog. Laërtio, virilis et constantis
ætatis hominem νεανίαν vocavit. Et
Herodian. sub init. lib. iv. Οἱ τῆς
Συγκλήτου ἐπίλεκτοι νεανίαι, ' Senatorii
ordinis lectissimi juvenes.' *Bern.*

*Principes juventutis totius ferme orbis
concurrerent*] De expeditione Argo-
nautica loquitur Justinus; quare falsum est quod legis, ut ex toto orbe
juventus concurrerit. Nulli enim
huic interfuerunt, nisi qui Græci nominis erant, ut ex Apollodoro, Apoll.
Rhodio, et aliis constat. Id cum ita
sit, scribend. est *totius Græciæ;* quis
enim credat in re adeo pervulgata,
et quam in Scholis pueri discebant,
Justinum ita turpiter lapsum fuisse?
Dicetur tamen contra, Just. ipsum
pauculis post lineis dicere, multitudinem ex ' omnibus gentibus' se-
quutam esse Jasona, cum Colchidem
repetivit. Fateor. Sed in Græcia

quot gentes? quot populi erant? Itaque gentes illæ erant non homines Siculi, non Itali, non Asiatici, &c. sed Græci. *Fab.*

§ 12 *Medea*] Cujus historiam, præter Euripidem et Apoll. Rhod. habet Ov. M. vii. Cic. de N. D. iii. 26. et pro L. Manil. 9. *Berneccer.* Medea per divortium decesserat ab Ægeo, rege Athenarum. Vid. sup. ii. 6. 14. *Vor.*

Medio] Ita boni libri; unus *Medo*, quomodo eum Strab. Steph. et Eustath. vocant. *Bongars.* Hesiod. in Theog. 1001. Μήδειον illum appellat. *Gron.*

Socerumque etiam] Scrib. *socerumque Æëtam.* Vid. Higin. Fab. 27. *Idem.* Tetrum ulcus in h. l. est, quod a nemine animadversum et sanatum fuisse vehementer miror. De illo nuper scriptum est ad Grævium nostrum, sed antea ad Borellum; Epistola est in fine harum notularum. Sed absolvamus cetera, et hinc tandem emergamus; nam paucula supersunt. *Fab.*

Cap. iii. § 1 *Et filium Ægialium*] Hic Apollonio et Straboni vii. est *Absyrtus.* Bongars. Quidam impressi *et filium Œtæ.* Male. Alii *filium Ætæ.* Male positum pro *Æëtæ.* Sed est glossema. Nam præcessit *ejus.* Hoc pertinet ad emendationem, quæ a me in extremo fine posita est. *Faber.* Nam reperiatur usquam Ægialius ignoro. Ægialeus legitur, sed Adrasti filius. Nam errore glossatoris adscriptum in margine, ac dein transsumtum in textum? Ita malo credere. Nam *ejus* Fabri nimis longe abit a vocabulo *Ægialium.* *Schef.*

§ 2 *Primusque humanorum*] ' Humani' pro hominibus. Cic. Att. xiii. 21.' Possum falli ut humanus.' Ov. ii. P. ' Pulcher et humano major.' Lucret. iii. ' Et sæpe usque adeo mortis formidine vitæ Percipit humanos odium lucisque videndæ.' Pari

modo vernaculum nostrum **mensch** proprie nomen adjectivum est pro **mennisch,** nihilque aliud quam humanum et ad hominem pertinens significat; sed ex adjectivo factum deinde est substantivum: ut in cap. 2. Obs. in Ling. Vernac. demonstravimus. *Vor.*

Cœli plagam] An *soli* legendum. *Freinsh.* Mihi vocula *cœli* ab inepto glossatore intrusa videtur, qui alias, nisi cœli plagas nescivit. *Schef.*

§ 3 *Frudium et Amphistratum*] Straboni et Eustathio Ρεκᾶς καὶ Ἀμφίστρατος, οἱ τῶν Διοσκούρων ἡνίοχοι, a quibus populi isti Heniochi dicti. Solinus 20. Marcell. xxii. 15. ' Amphitus et Telchius Spartani, aurigæ Castoris et Pollucis.' *Bongars.* Antiquitus impressi *Phrygium* habent, manifestis vestigiis veræ lect. quæ est *Rhecium.* Salmas. in Solin. 193. F. 1. *Berneccer.* Junt. *Recam et Amphistratum.* Strab. sane et Eustath. *Recam* appellant. *Græv.* Bechar. et Maj. pro *Frudium* edidere, *Phrygium.* In quo Salmas. vestigium esse putat veræ lect. quæ sit *Rhecium.* At Juntæ *Recam* habent, quod cum appellatione Strabonis et Eustathii, utpote quibus Ρεκᾶς est, optime omnium congruit. *Vor.*

Recam] Bong. ex Strab. et Eustath. ita restituit; quæ vera lect. est. Antea legebatur *Frudium,* quod monstrum unde advectum fuerit nescio. *Fab.*

§ 4 *Qui Herculem*] Tac. vi. 34. Hiberos et Albanos Thessalis ortos scribit. *Bongars.* Plinius vi. 13. m. Nostro propius accedens, ' Albanos ortos ab Jasone' dicit. *Bern.*

§ 5 *Jasoni totus, &c.*] Orientales enim servitio nati, et summi adulandi artifices, principes suos adorabant, et pro Diis habebant. Curtius *mens:* ' Persas non solum pie sed etiam prudenter reges suos inter Deos colere: majestatem enim imperii, salutis esse tutelam:' quem tamen morem etiam Romani excepere, apud quos ille, qni, si Diis placet, dominus andire nolebat, ut Deus colebatur; templisque et aris honorabatur : cujus tamen rei invidiam ut non nihil mitigaret, non soli sibi permisit templa statui, sed conjunctim sibi et urbi Romæ. Ita enim a communi Asiæ Pergami statutum templum illi, de quo vid. Tac. iv. ubi elegantissimus Lipsius etiam denarios extare hodieque ait, cum forma ipsius templi et inscriptione COM. ASIÆ. ROM. ET AVG. i. e. Commune Asiæ Romæ et Augusto. Item lapides in quibus legatur FLAMINL ROM. ET AVG. *Modius.* Junge Strab. XI. p. 526. p. 581.

Templaque constituit] 'Ιασόνεια vocat Strabo, et 'Ιασόνεια ἥρῷα, τιμώμενα σφόδρα ὑπὸ τῶν βαρβάρων : qualia multa reguli everterunt : Parmenion autem id, quod erat Abderis, diruit. *Bongars.* De his capiendus Tac. VI. 34. 6. ' Multa de nomine Jasonis' (sc. appellata templa sacellaque) ' celebrari.' *Bern.*

Post multos annos] Quot annos? Circiter 900. *Fab.*

§ 7 *Thalestrem*] De qua II. 4. 33. et XII. 3. 5. *Bern.*

§ 9 *A cujus montibus*] Mss. illud *a* non agnoscunt; itaque crediderim Just. scripsisse *e;* verum illud *e* a seq. litera *c* absumptum esse. *Schef.*

Tigris] Præter Strab. leg. Plin. VI. 27. et Solin. 40. et libellum Plutarchi de Fluviis. *Bongars.* Add. Diod. XIX. 17. Curtius IV. 9. 33. a celeritate fluxus ita dictum ait, quia Persica lingua *Tigrim* sagittam appellant. *Bern.*

Sub terras mergitur] Ejusmodi fluminum, terras subeuntium, et post longius intervallum emergentium, exempla vid. ap. Plin. II. 103. pr. et III. 16. pr. Strab. VI. p. 190. 1. Curt. VI. 4. 6. &c. *Idem.*

CAP. IV. § 1 *A senatu Parthico, regno pellitur*] Est qui interpretetur,

a senatu (sc. Romano) Mithridatem depulsum Parthico regno. Verum non dubie *senatu Parthico* legendum, de quo XLI. 2. 2. *Bern.*

§ 2 *Orodes*] Ab hoc fratrem regno pulsum scribit Appian. Parthic. et Syriac. Hist. sed in hac 'Ηρώδης editum est. Plutarcho in Crasso 33. dicitur 'Υρώδης, in Antonio 48. 'Ηρώδης. *Bong.*

§ 4 *Plus hostem, quam fratrem cogitans*] Simile. fere in Tac. XII. 14. 8. Add. Notam ad XIX. 2. 6. *Bern.*

Crassumque] Præter Plutarchi Crassum, de h. bello videndi Liv. Epit. CVI. Appian. Parthic. Flor. III. 11. Eutrop. VI. 31. Oros. VI. 13. Tangit etiam Plin. II. 56. et V. 24. Lucan. passim : Propert. IV. 6. 83. *Idem.* Athenæus VI. 14. ex Nic. Damasceni libro XIV. Crassum ab Andromacho Laodiceno, qui eum adulari solebat, et quicum consilia sua communicare solebat, Parthis proditum fuisse narrat.

§ 5 *Hujus fil. Pacorus*] Πάκορος in Græcis codd. legitur. Quidam ' Pacorus,' ut ap. Horat. III. C. ' Jam bis Moneses et Pacori manus Non auspicatos contudit impetus.' Id. de Phraate II. C. ' Redditum Cyri solio Phraatem Dissidens plebi numero beatorum Eximit virtus.' Et de Tiridate I. C. ' Quid Tiridatem terreat, unice Securus.' Ut lector syllabarum rationem eo diligentius notet, hæc adducere placuit. *Glar.*

Hujus fil. Pacorus missus] Hoc ipsum quoque testatur Cic. ad Att. Sed perperam. ap. eum hoc Orodi tribuitur, non filio ejus Pacoro. Verba ejus v. Ep. 21. ' Maximum bellum impendet. Nam et Orodes, regis Parthorum filius, in provincia nostra est,' &c. Sed scribend. erat *Nam et Orodis regis Parthorum filius, &c.* Nihil certius. *Voss.*

A Cassio] Leg. Cic. ad Att. V. 20. Oros. V. 13. Paterc. II. 46. De Pa-

coro a Ventidio cæso Plut. in Antonio: Appian. in Parthic. alii. *Bon-*
gars. Cassii meminit Cic. Phil. xi. 14.
' Magnas ille res gessit ante Bibuli,
summi viri, adventum, cum Pacori
nobilissimos duces maximasque copias fudit, Syriamque immani Parthorum impetu liberavit.'

§ 6 *Cujus, &c.*] Lips. margini ed.
Bong. adscripserat: ' Immo is interfectus est cum eo.'ˡ

§ 7 *Et Cassio, &c.*] Appian. iv. B. C.
p. 1001. Καὶ αὐτῷ [Κασσίῳ] τινὲς καὶ
Παρθυαίων Ἱπποτοξόται συνεμάχουν, δόξαν
ἔχοντι παρὰ τοῖς Παρθυαίοις, ἐξ οὗ Κράσσῳ
ταμιεύων ἐμφρονέστερος ἔδοξε τοῦ Κράσ-
σου γενέσθαι.

§ 8 *Simulato timore*] Captus arte
sua Parthus. ' Nam ea gens præter
armorum fiduciam callida simulat
trepidationem:' Flor. iv. 10. 3. Cujus strategematis exemplum insigne
vid. ap. Cæs. B. G. iii. 18. et 19.
Bern.

In div. *abiere*] Saxo v. p. 91. 29.
' In div. fugere.'

§ 10 *Ventidius*] Tac. G. 37. 7.
' Infra Ventidium dejectus Oriens.'
Quo dicto non obscure cladem illam
Parthicam exaggerat a Ventidii vic-
toris ignobilitate, de qua Agell. xv.
4. vid. Ceterum de h. bello Liv. Epit.
cxxvii. et cxxviii. Paterc. ii. 78.
Flor. iv. 9. Val. M. vi. 9. 9. Plut.
Antonio, Appian. Parthic. Eutrop.
vii. 5. Oros. vi. 18. alii. *Bern.*

§ 11 *Orodes p. P.*] Gregor. Syncell. Chron. p. 304. Ὃς ['Αντίγονος]
ἀκούσας Λαβίνόν τινα τῶν ἐν τέλει 'Ρω-
μαίων ἕνα τῶν ἐπὶ Βροῦτον καὶ Κάσσιον
πρὸς 'Ηρώδην Περσῶν βασιλέα φυγόντα,
καὶ 'Ρωμαίοις πολεμεῖν πείσαντα: et p.
305. de Antigono: Καὶ κατάγεται διὰ
Πακόρου παιδὸς 'Ηρώδου εἰς τὴν 'Ιουδαίαν.
Leg. πρὸς 'Ορώδην, et παιδὸς 'Ορώδου.

§ 13 *Post multos, &c.*] Vid. Avum
ii. Obs. 21. p. 396.

Pacorus, &c.] Simile exemplum refert Hegesipp. i. 37. f. de Herode:

' Et, ubi ira cecidit, amor successit:
et passio resuscitata est: tantusque
incanduit fervor cupiditatis, ut de-
functam [Mariamnen] non crederet,
atque in excessu mentis positus quasi
viventem alloqueretur. Et sicut ad
eam, quæ viveret, pueros dirigebat,
rogans ut depositis simultatibus ad
sese veniret et redderet se conjugali
gratiæ.'

§ 16 *Fecit*] F. leg. *fuit.* Gron.
Solemne est, reges parricidas haberi]
Ut hodie in Turcico imperio, quod
illi quasi successit. *Berneccer.* [Quæd.
edd. *habere.*]

Phrahates] Φραόρτην vocat Plutar.
Antonio 49. quem leg. et Appianum.
Totus hic l. explicat quod Horat.
Od. ii. 2. ait: ' Redditum Cyri solio
Phrahaten:' et quod Od. i. 26. ' Quid
Tiridatem terreat, unice Securus.'
Quod primus notavit Glareanus, non
tam ineptus, quam eum quidam ha-
beri volunt. *Bong.*

CAP. v. § 1 *Fratres, &c.*] Zonar. x.
26. Ὁ δὲ [Φραάτης] ἀνοσιώτατος γεγονὼς
τοὺς ἀδελφοὺς αὐτοῦ ἐδολοφόνησε, καὶ
αὐτὸν τὸν πατέρα δυσανασχετοῦντα δι'
ἐκείνους ἀπέκτεινε. •

Triginta] In Mss. est *omnes triginta*,
quod probo; nec obstat, quod objicitur, τὸ *triginta* esse ex inepta glossa,
cum Phrahates ipse fuerit unus de
triginta. Nam, ut Jan. Rutgersius
V. L. i. 8. demonstrat, in antiquis
scriptoribus novum non est, ut, quoties alicujus sodalitii fit mentio, etsi,
unum nominando, eum e numero reliquorum excepisse videantur, postea
tamen universum totius collegii numerum ita ponant, quasi is, quem ex-
ceperant, includeretur. Exempla vid.
i. Cor. 15. 5. Val. M. ix. 2. 6. Ext.
ex correctione indicata sup. i. 9. 9.
item Rutil. Numatian. 300. *Bern.*

§ 3 *Antonius, &c.*] Præter Plutarchi Antonium, vid. Liv. Epit.
cxxx. Flor. iv. 10. Appian. Parth.
Eutrop. vii. 7. Oros. vi. 19. alios-

que. *Id.*

§ 5 *Maximo*] Freinsh. *maxime*, sc. præ finitimis civitatibus: placet. *Id.* Non dubito, quin cum Freinsh. hic *maxime* sit legend. *Schef.*

§ 6 *In Hispaniam bellum gerentem*] Leg. *in Hispania:* vid. III. 1. *Faber.*

§ 7 *Mittit, servum*] Mallem *mittit, et servum*; quia verisimile conjunctionem a syllaba ultima vocis præcedentis per similitudinem esse interceptam. *Schef.*

§ 8 *Si ejus regnum muneris eorum fuisset*] 'Fuisset' pro, esset: quæ temporum permutatio, ut sup. monuimus, frequens est. 'Esse muneris aliquorum' talis φύσις est, qualis 'esse juris,' 'esse ditionis aliquorum.' Deinde dicunt 'facere aliquid muneris,' 'juris,' 'potestatis aliquorum,' pro, facere ut sit muneris, juris, potestatis aliquorum; ut sup. ostendimus. *Vor.*

§ 10 *Metum Phrahati incussit*] Junt. *injunxit.* Sic, injungere, interdum est, inferre. Injungere injuriam, Cic. III. de N. D. 'Ita ab inopia temeritatem in Deos, in homines injunxit injuriam.' 'Injungere detrimentum' eid. pro, damnum inferre. 'Injungere inimicos' Livio. *Græv.* Rescripsi audacter *injunxit*; quod in antiquioribus typis expressis, et inter ceteros, Juntino est. Bong. maluit *incussit*: quod, credo, in aliquibus eodd. Mss. ille reperit. Sed ego non dubito quin hoc alterius modo interpretamentum sit, et ex marg. in textum irrepserit. Solent enim minus

nota aliis notioribus explicari, et in illorum locum deinde hæc succedere. Injungere, pro, inferre, imponere, non rarum. Brutus in Ep. ad Cic. 'Ne quid detrimenti reip. injungant.' Vid. et sup. Notas ad III. 5. 8. Ipse Cic. III. de N. D. 'In homines injunxit injuriam.' Sic Livius dicit 'injungere alicui onus,' 'stipendium,' 'militiam,' 'servitutem,' 'ignominiam.' Usus et Val. M. non semel; ut in Notis in hunc ostendimus. *Vor.*

§ 11 *Tota Parthia*] Meminit Strab. VI. et XVI. Suet. Octavio 21. Horat. IV. Od. ult. de Augusto: 'Et signa nostro restituit Jovi,' &c. Suetonii locus confirmat antiquam scripturam *Crassiano.* Vulgo enim legitur *Cassiano.* Bongars. Vid. Flor. IV. 12. 63. *Bern.*

§ 12 *Filii Ph.*] Quorum unus Seraspadanes, alter Rhodaspes appellatur in inscriptione, quæ extat in hortis Mediceis, publicata ab illustri Scaligero III. Isagog. p, 523. Strab. XVI. p. 748. de Phrahate scribit: Καὶ, καλέσας εἰς σύλλογον Τίτιον τὸν ἐπιστατοῦντα τότε τῆς Συρίας, τέτταρας παῖδας γνησίους ἐνεχείρισεν ὅμηρα αὐτῷ Σαραστάδην καὶ Κεροπάσδην (Mss. Casaub. Κερεστάδην) καὶ Φραάτην (Mediceus Φραάτ.) καὶ Βοάνην.

Magnitudine nominis, &c.] Hoc sc. est 'fama bella profligare,' ap. Tac. G. 13. Qua de re Gruteri Diss. VII. ad Tac. operæ pretium est inspicere. *Bern.*

LIBER XLIII.

CAP. I. § 1 *Explicatis*] Junt. nec non vett. edd. aliæ *expeditis:* quod elegans est. Nullus dubito quin *ex-*

plicatis sit expositio τοῦ *expeditis.* Solent enim minus trita, quæ non intelligunt, delere librarii et scioli, ac vul-

gatiora, et quæ exponendi gratia
sunt adscripta, supponere. Cic. proœm. de N. D. 'Sin autem quis requirit, quæ causa nos impulerit, ut hæc
tam sero litteris mandaremus, nihil
est quod expedire tam facile possimus.' Sall. Jug. 5.'Priusquam hujuscemodi rei initium expedio.' Cic.
Fin. 'Istiusmodi autem res ornate
velle dicere, puerile est: plane autem et perspicue expedire posse docti et intelligentis viri.' P. Mela proœm. 'Ac primo quæ sit forma totius,
quæ maximæ partes, quo singulæ
modo sint, atque habitentur, expediam.' Plaut. Amphit. III. 2. 'Cur
dixisti? inquies; ego expediam tibi.'
Græv. Al. explicatis. Al. ed. et illa
Junt. expeditis; optime, si quid mihi
credend. Faber.

Ingrati civis officium] F. melius indicium dixisset. Nullum enim ingra-
titudinis officium est. Freinsh. Rectissime Freinsh. observat ingrati nullum esse officium. Sed, quod pro
officium existimat indicium legendum,
haud persuadet. Potius deleverim
vocabulum officium, ex glossa natum.
Nempe accidit h. loco, quod sup.
XL. 5. notavimus. Adscripserat aliquis in margine tanquam argumentum
'civis officium,' quasi diceret ostendi
verbis hisce, quodnam civis sit officium, illustrare sc. vel præcipue res
patriæ suæ. Inde extiterunt, qui vocem officium putarent abesse, atque
ideo receperunt in textum. Schef.

De sola tantum patria taceat] Angl.
vocem tantum non exhibet. Probo.
Nam, qui de sola patria tacet, in tantum de patria tacet. Glossa est igitur illud tantum. Idem.

§ 2 Breviter, &c.] Oros. VI. 6. 'Sed
hanc historiam nunc a nobis brev.
fuisse perstrictam sat est.' Saxo I.
p. 9. m. 'Quorum summatim opera
perstricturus.' III. init. 'Pulchrius
enim pleniusque extrema annorum
illius curricula perstringitur, ubi
prima silentio non damnantur.'

Caput totius Orbis] Liv. I. 16. 7. et
XXI. 30. 11. 'Roma caput Orbis terrarum.' Bern.

§ 3 Aborigines] Hos describit Sall.
Cat. 6. 'Genus hominum agreste,
sine lege, sine imperio, liberum atque
solutum.' Lucem adferet huic toti l.
Dionysius I. 10. et seqq. Idem. Cedren. p. 147. Οὗτος ['Ρώμυλος] μετωνό-
μασε τὴν πόλιν καὶ τὸ ἔθνος τῷ ἰδίῳ ὀνόματι 'Ρωμαίους, πρότερον λεγομένους Λα-
τίνους, πρὸ δὲ τούτου 'Αβοριγίνας. Georg.
Syncell. p. 194. Πρὸ δέ γε τούτου Λατῖνοι μὲν ἀπὸ Λατίνου παιδὸς, ὥς φασιν,
'Ηρακλέως ἐλέγοντο, καὶ πρὸ Λατίνου
'Αβορήγινες ἐκ τῶν πρὸ Λατίνου 'Ρωμαίοις
γενεαρχησάντων πρωτογόνων· οὗτος γὰρ
ἑρμηνεύεται παρὰ 'Ρωμαίοις ἡ τῶν 'Αβο-
ρηγίνων προσηγορία, οὓς αὐτόχθονάς φασιν 'Ιταλίας.

Indivisa omnibus] Tibull. I. 3. 43. de
Saturnio regno: 'Non domus ulla fores habuit: non fixus in agris Qui re-
geret certis finibus arva lapis.' Add.
Macrob. Sat. I. 8. Bern.

§ 5 Saturnia, &c.] Vid. Tertullian.
Apolog. 10. f. Macrob. Sat. I. 7. Idem.

Et mons, &c.] J. Canabutzes Comment. Ms. in Dionys. I. 63. Οὗτοι δὲ οἱ
τοῦ 'Ηρακλέους 'Ελληνες κατοικίζονται
εἰς ἕνα λόφον, ἤγουν εἰς βουνίον μικρὸν, ὃς
τότε ἐλέγετο Σατούρνιος ἀπὸ τοῦ ὀνόμα-
τος τούτου τοῦ Σατούρνου, ὅντινα λέγουσιν οἱ 'Ελληνες Κρόνον, Λατῖνοι δὲ Σα-
τοῦρνον. Νῦν δὲ ὁ λόφος ἐκεῖνος λέγεται
Καπιτωλῖνος, καὶ ἔστι σήμερον ἐντὸς τῆς
'Ρώμης.

§ 6 Sub quo, &c.] J. Canabutz.
Τρίτος στόλος 'Ελληνικὸς ἀπῆλθεν εἰς
'Ιταλίαν, καὶ οὗτος τῆς 'Αρκαδίας, ἀπὸ
πόλεως Παλαντίου ὀνομαζομένης. Ταύτης γὰρ τῆς πόλεως ὁ λαὸς ἐστασίασε, καὶ
ἐμερίσθη εἰς δύο. Τὸ γοῦν ἓν μέρος μὴ
ὑπομείναν τὴν καταφρόνησιν τοῦ ἑτέρου
ἐποίησαν ἡγεμόνα καὶ ἀρχηγὸν εὐανδρόν
τινα ὀνόματι, καὶ ποιήσαντες πλοῖα διε-
σπάρησαν· καὶ οὗτοι εἰς τὴν 'Ιταλίαν εἰς
τὰ μέρη ταῦτα τῆς 'Ρώμης, καὶ κατῴκησαν
ἐκεῖ μετὰ τῶν Οἰνωτρίων καὶ τῶν Πελασ-
γῶν, 'Ελληνικῶν ἐθνῶν, περὶ ὧν εἴπομεν.

Κατᾐκησαν δὲ οὗτοι εἰς τὸν Τίβεριν ποτα-
μὸν, ὅστις ῥέει σήμερον διὰ μέσης τῆς Ῥώ-
μης.

Pallanteo] Steph. Παλάντιον, πόλις
'Αρκαδίας. De Palatio vid. Virgil.
VIII. Æn. Varr. IV. de L. L. et Fes-
tum, Ovidii Fastos, Propertii lib. IV.
Bong.

Palatinum] Ms. Palantinum. Junt.
Palatinum. Scrib. Palantium. Festus:
'Palantium mons Romæ appellatus
est, quod ibi pascens pecus balare
consueverit: vel quod palare, id est,
errare, ibi pecudes solerent: alii quod
ibi Hyperborei filia Palanto habita-
verit, quæ ex Hercule Latinum peperit.' Virgil. Æn. VIII. 'Posuere in
montibus urbem Pallantis proavi de
nomine Pallanteum:' vid. ibi Serv.
Græv. Antiquiores typis expr. Palatinum. Unde Græv. legend. censet Palantium: quomodo Festus appellat. Vor.

§ 7 Lyceo] Ov. F. II. 424. 'Faunus
in Arcadia templa Lycæus habet.'
Bern.

Nudum, caprina pelle amictum] Hæc
ἀντιφατικὰ videri queant; non sunt
tamen. Sen. Benef. v. 13. 'Qui male
vestitum et pannosum vidit, nudum
se vidisse dicit.' Tac. G. 20. 'In
omni domo nudi:' h. e. explicante
Cæsare Gall. VI. 21. 'Pellibus aut
parvis renonum tegumentis utuntur;
magna corporis parte nuda.' Id.

§ 8 Fatua] Soror eademque conjux Fauni: quam 'Fatuam' nominatam tradit C. Bassus, quod mulieribus
'fata' canere consuevisset, ut Faunus
viris: Lactant. I. Vid. Serv. in illud
Æn. VI. 775. 'Castrumque Inui, Bo-
lamque, Coramque:' et VII. 47. 'Hunc
Fauno et nympha genitum Laurente
Marica Accipimus.' Quo l. Virgilius a Trogo dissidet: facit enim Latinum Fauni et Maricæ filium. Bongars.
Varr. VI. de L. L. 'Fauni Dii Latinorum; hos versibus, quos vocant
Saturnios, in silvestribus locis traditum est solitos fari.' Nescio quis

inter obscœni carminis auctores:
'Fronte et comantes Arcadas vides
Faunos.' Modius. De Fatua scribit
Lactant. I. 22. 9. 'Faunus in Latio
sororem suam Fatuam Faunam eamque conjugem consecravit, quam Ga-
bius Bassus Fatuam nominatam tradit, quod mulieribus fata canere consuevisset, ut Faunus viris.'

Velut per furorem futura præmone-
bat] Serv. ad illud Virgil. Æn. III.
443. 'Insanam vatem adspicies, quæ
rupe sub ima Fata canit:' 'Insanam
vatem, alii,' inquit, 'magnam dicunt:
sed melius est, Deo plenam et vatici-
natricem intelligamus: a Græorum
tractum etymologia, qui μάντεις ἀπὸ
τῆς μανίας appellaverunt. Nam supra
sensus humanos intelligentia, furor
et insania dicitur, teste Cicerone de
Divinatione [I. 31.]. Huic præstan-
tissimæ rei nomen nostri a 'Divis,'
Græci (ut Plato interpretatur) a 'furore' dixerunt, prorsus furoris divi-
nationem Sibyllinis maxime versibus
contineri arbitrati.' Modius. Sane
Picus Mirandula lib. IX. de Præno-
tione, futura prænoscendi et revel-
andi munus feminis præ maribus ideo
datum arbitratur, quod magis fatuus
ille sexus sit. Exempla sunt in Tac.
XIV. 32. 2. Curt. VIII. 6. 22. Zona-
ræ Leone Armenio, et passim. Bern.

Futura præmonebat] Gronov. præfert Ms. lectionem, f. præcinebat.
Canere enim est vatum futura præ-
dicentium. XXX. 4. 'Quo prodigio
territis omnibus vates cecinere:' III.
4. 'Hoc enim modo recuperare illos
patriam suam posse, Apollinem Delphis cecinisse:' VII. 6. 'Propter vetera Macedoniæ fata, quæ cecinerant,
uno ex Amyntæ filiis regnante, floren-
tissimum fore Macedoniæ statum:'
XI. 7. 'Antiqua fata cecinisse:' XVIII.
5. 'Cui cum inspirati vates canerent.'
Græv. Cod. aliquis Ms. præcinebat.
Quod Gronov. alteri præfert; quia
'canere' vatum est futura prædicen-
tium. Vor.

Qui inspirari solent] Virgil. 'Magnam cui mentem animumque Delius inspirat vates.' *Mod.*

§ 9 *Ex filia Fauni et Hercule*] Aliter Virgilius, qui ita tradit: 'Rex arva Latinus et urbes Jam senior longa placidas in pace regebat. Hunc Fauno et nympha genitum Laurente Marica Accipimus.' Sed quis in hisce talibus a Poëta juratores exigat, cum etiam historici inter se non conveniant? qua de re dicam, si erit operæ, ad Livium meum. *Modius.* Serv. ad Virgil. VIII. *Æ.* 814. 'Hic Faunus habuisse filiam dicitur Omam castitate et disciplinis omnibus eruditam, quam quidam, quod nomine dici prohibitum fuerit, Bonam Deam appellatam volunt.'

§ 11 *Commune utriusque*] Rectius Junt. *utrique.* Dein iid. *urbem ex nomine uxoris Lavinium condidit.* Græv. *Utrique* magis placet. *Vor.*

§ 12 *Jure victoriæ*] Flor. II. 7. 4. 'Ultra jus victoriæ in templa, aras, et sepulcra ipsa sævirent' Vocant et 'Jus belli.' *Vor.*

Lavinium] Bongarsius *Laviniam.* Unde pessime non semel editum est *Lavinia.* Bechar. et alii *Laviniæ.* Sed optimum *Lavinium.* Vorst. *Lavinium* emendavit Vorstius Græv. præeunte. *Schef.*

13 *Qui Lavinio, &c.*] Georg. Syncell. Chron. p. 194. ex Diod. VII. Τὴν δ' ἀρχὴν διαδεξάμενος 'Ασκάνιος υἱὸς ἔκτισεν Ἄλβαν τὴν νῦν καλουμένην Λόγγαν, ἣν ἀνόμασεν ἀπὸ τοῦ ποταμοῦ τοῦ τότε μὲν 'Αλβᾶ καλουμένου, νῦν δὲ Τιβέριος ὀνομαζομένου.

Trecentis annis] Virgil. Æn. I. 276. de Albano regno: 'Hic jam ter centum totos regnabitur annos.' Strab. tamen v. p. 158. 46. quadringentos annos ab Albæ condita ad Amulium Numitoremque, postremos Albæ reges, numerat. *Berneccer. Trecentis annis*] Falsum est: sed Virgilium sequitur: 'Hic jam ter,' &c. *Faber.*

CAP. II. § 2 *Amulius cum ætate priorem, &c.*] Leg. ex Ms. *Am. cum vi ætate pr.* Gronov. Antiquiores typis expr. *potiorem.* Vorst.

Filiam ejus Rheam] Quæ et Silvia. Ap. Ælian. VII. V. H. 16. mendose legitur Σερβία pro Σιλβία. Quæ hic de urbis origine referuntur, pervulgata sunt. *Bongars.* 'Ιλίαν præter alios scriptores Romuli ac Remi matrem vocat Zonar. VII. 2. Syncell. p. 192. 'Ρῶμος καὶ 'Ρόμυλος ἐγεννήθησαν 'Αρεῖ καὶ 'Ηλίᾳ τῇ 'Εμήτροπος: ubi in marg. emendatur 'Ιλίᾳ τῇ μητρί. Verum Syncell. scripsisse videtur, 'Ιλίᾳ τῇ Νομήτορος. De variis nominibus, quibus hæc Numitoris filia appellatur, egerunt eruditissimi viri J. Perizon. et T. Ryck. in Epistolis Æliani libro VII. V. H. subjunctis.

Addita injuriæ specie honoris] Leg. *addita injuria*, vel, *additæ injuriæ specie honoris*, Voss. Quid est *injuriæ species?* dein unde pendet aut 'honoris,' si 'specie' pertinet ad *injuriæ:* aut unde *injuriæ*, si refertur 'specie' ad 'honoris?' Sine dubio legend. *addita injuria s. h.* Sub specie honoris, dum eam in perpetuam virginitatem demersit, Virginum enim Vestalium magnus erat honor, injuria illam affecit, cum invitam coëgit sacerdotem esse. *Græv.*

§ 5 *Fortuna origini Romanæ prospiciens*] Manil. Astron. IV. pr. ostensurus, quod 'Fata regant orbem, certa stent omnia lege,' postea subjicit: 'At, nisi fata darent leges vitæque necisque, Fugissent ignes Æneam, Troja sub uno Non everso viro fatis vicisset in ipsis, Aut Lupa projectos nutrisset Martia fratres.' *Bern.*

§ 7 *Martios pueros fuisse*] Hoc *Martios* vix sanum puto. 'Martium' sane Latinis non semper quod ex Marte, sed et quod Marti simile, ut notum. Unde 'martii homines,' 'martia ingenia,' &c. Cur ergo adhibetur hic vocabulum ambiguum? Lego potius

Martis eos p. f. Ex *Martis eos* junctim scriptis, facinm post est *Martios. Schef.*

Enixi sunt] Notandum, passive. *Faber.*

§ 9 *Veluti ipse esset, quod in aliis prohibebat*] Vereor ne hæc perverterint librarii. Nnm dicimus: Ipse sum, quod in aliis prohibeo? Imo sic loquimur, ¯et Vett. sic loquebantur: Ipse ago, quod in aliis prohibeo. Censeo igitur Just. scripsisse, *v. ipse fecisset, q.* Græv. 'Quod' non ad substantiam, sed ad qualitatem significandam pertinens. Sic XVIII. 3. 'Quod ipsi non erant, liberos procreant.' Vid. et lib. de Lat. f. susp. 5. *Vorst.*

Crimini datur] Alter ex Mss. Fuld. *criminaturque*: de quo etiam viderimus alias. *Mod.*

§ 10 *In vindictam er. r. armantur*] Pro, armant se. Estque hoc illud quod sup. quoque alicubi legend. dicebamus. *Vorst.*

CAP. III. § 2 *Constituitur: tunc et*] Vocula *tunc* delenda est, quippe nata ex syllaba *tur*, qnæ præcedit. *Schef.*

§ 3 *Reges hastas pro diademate habebant*] Inde Homero σκηπτοῦχοι reges. Sup. XXIII. 4. 10. cum Hieroni 'aquila in clypeo, noctua in hasta consedisset, consilio cautum, et manu promptum, regemque futurum significabatur.' Paus. in Bœoticis Chæronenses refert ex Diis sceptrum colere, quod Vulcanus Jovi fabricavit, et id 'hastam' vocare. *Bongars.* Unde est illud Virgilianum: 'Nunc, o numquam frustrata vocatus Hasta meos:' et sic ap. Æschyl. Parthenopæus per hastam jurat, et eam colit pro Deo; notaque est hasta Cænei, etiam proverbio celebrata, quam ille a civibus et viatoribus coli, et cujus nomine jusjurandum concipi jubebat. Val. Fl. 'Hanc ego magnanimi spolium Didymaonis hastam, Quæ neque jam frondes virides, neque proferet umbras, Ut semel est avulsa jugis, ac

matre perempta, Fida ministeria et duras obit horrida pugnas, Testor:' quæ est imitatio Maroniana ex Æn. XII. *Mod.* Add. Turneb. Adv. XXII. 12. ubi tamen quod mulieres non solitas dicitur hastam gerere, diversum habet scientissimns antiquitatis Apollinaris C. II. 432. Add. Chrysost. 69. C. Ælian. XII. 17. Arrian. v. 1. 2. Max. Tyr. Diss. 33. ubi Διογένους βακτηρίαν opponit 'Αλεξάνδρου τῷ δόρατι. *Berneccer.* Sebastianus Mugius, vir nobilis genere ap. Argentoratenses meos, litteris vero Græcis pariter ac Latinis summopere doctus, in suo codice, qui una cum bibliotheca ejus emptionis jure meus factus est, sic ad hæc verba notaverat: 'Forte *cum diademate*, legendum. Nam et diadema gestasse, indicio sunt Numæ nummi. Aut certe Numam primum id usurpasse, hinc dicendum. Vide, quæ notat B. Leand. Ital. p. 157.' *Schef.*

· *Pro Diis hastas colere*] Turnebus Adv. VIII. 16. ex Virgil. Æn. XII. 95. Æschyl. Sept. ad Th. 483. et Val. Fl. III. 707. Add. parœmiographos in 'Cænel hasta.' *Bern.*

§ 4 *Temporibus Tarquinii regis*] Jam ante illa tempora Cyri et Tarquinii deductam esse a Phocæënsibus Massiliam, testatur Aristoteles, ap. Harpocrat. in voce Μασσαλία. Hoc ipsum quoque testatur Scymnus Chius: Μασσαλία δ᾽ ἔστ᾽ ἐχομένη Πόλις μεγίστη Φωκαέων ἀποικία. 'Εν τῇ Λιγυστικῇ δὲ ταύτην ἔκτισαν Πρὸ τῆς μάχης τῆς ἐν Σαλαμῖνι γενομένης "Ετεσιν πρότερον, ὡς φασὶν, ἱκανὸν εἴκοσι. Sic leg. Tempus igitur, quo condita est Massilia, incidit in annum 1. Olymp. 45. Errat antem Agathias, qui ait, regnante Dario Hystaspe Massiliam conditam. *Voss.*

· *Phocensium*] Φωκαίων scribunt Græci, i. e. Phocæensium, a Phocæa Ioniæ urbe. Gell. x. 16. 'terram Phocidem' dixit. *Bongars.* Hinc Lucano III. 301. 'Phocais juventus' pro Massiliensibus: et Silio IV. 52.

'Phocaica ora,' i. e. Massilienses: quorum ager suburbicarius in Itineraria Tabula ' Græcia ' dicitur. *Berneccer.* Scribere volui *Phocæensium* per *æ*; Phocenses enim, per *e* simplex, in meditullio Græciæ sunt; Phocæënses autem in ora Ioniæ. Hic error in omnibus libris emendari debet. Debet quoque emendari titulus Epistolæ D. Pauli ad ' Colossenses ;' vitiose enim scribitur, cum dicendum sit, *Colossæenses.* Fit enim a ' Colossæ,' non a ' Colossi ;' res ex Geogr. veteri notissima esse debet. *Faber.*

Massiliam] De Massilia vid. Strab. IV. Solin. 8. Ammian. XV. 23. et Gell. X. 16. Hi conditam Massiliam a Phocæensibus Persicam servitutem fugientibus referunt, cum ipsorum urbs ab Harpalo (Harpagum vocat Herod. I.) obsideretur. Plut. in Solone 3. conditam scribit a Proto: eum Justinus Protin vocat. Plutarchi sensum non sunt assequuti Interpp. *Bongars.* Massiliæ a Phocæensibus conditæ meminit et Thucyd. I. 3. 9. item Liv. XXXIV. 9. 1. Urbis etymon ex Timæo Steph. indicat. Ejus de conditu accurate Scaliger Animadv. in Eusebii Chronicon p. 80. et seq. *Bern.*

§ 5 *Nam Phocenses exiguitate ac maciæ terræ coacti*] Atqui Phocæensium tractus non sterilis, sed quam maxime fertilis, omniumque rerum abundans. Sed Phocensium regio (quos hic confundit cum Phocæensibus) arida et sterilis erat, maximaque ex parte montibus obsita. Unde Dorienses, qui eand. cum Phocensibus regionem incolebant, Λιμοδωριεῖς audiebant, διὰ τὸ λιμόττειν. Contra Phocæënses Asiatici, quibus e terræ fecunditate morum quoque luxuria accessit. Hinc quoque Massilienses, eorum ἀπόγονοι, θηλυγενεῖς Ciceroni dicuntur ad Att. X. 11. ' Massiliensium factum cum ipsum per se luculentum est, tum mihi argumento est, recte esse in Hispaniis. Minus enim auderent, si

aliter esset: nam et vieti et diligentes sunt.' Emendarunt alii, et δειλοὶ gente sunt. Noli dubitare, quin Cic. scripserit *nam et vieti et θηλυγενεῖς sunt.* Voss.

Latrocinio] Hinc illa ap. Homer. Od. III. 71. amica interrogatio, ' An prædones estis ?' ex qua Thucyd. I. 1. 22. probat latrocinium ap. vett. Græcos probro non fuisse ; quod et de priscis Germanis asserit Cæs. B. G. VI. 23. itemque de Tartaris Sigism. Herberstenius in Commentar. Rer. Moscoviticar. Vid. L. ult. D. de Collegiis. *Bern.*

§ 8 *Duces classis Simos et Protis fuere*] Athenæus ex Aristotelis libro περὶ τῆς Μασσαλιωτῶν πολιτείας, affert hanc historiam lib. XIII. Sed variat nonnihil in nominibus. Quem enim Justinus hic Protin, ille Euxenum, Nannum Nanum, Gyptin Pettam, s. mutato nomine, Aristoxenam vocat. Filium vero Euxeni et Aristoxenæ facit Protin ; unde ejus posteri Protiadæ dicti sint. Sed Plutarchus ipsum conditorem Πρῶτον vocat in Solone : Ἔνιοι δὲ καὶ πόλεων οἰκιστὰς γεγόνασι μεγάλων, ὡς καὶ Μασσαλίας Πρῶτις, ὑπὸ Κελτῶν τῶν περὶ τὸν Ῥοδανὸν ἀγαπηθείς. Ita legend. Vulgo enim male Μασσαλίας πρῶτος, tanquam Massalias esset conditoris nomen. *Voss.*

Segobrigiorum] Quidam Vett. *Segobriorum.* Qui sint hi Galliæ populi, non memini legere. Plin. III. 3. Segobrienses in Celtiberia collocat, et Strabo Segobrigam. In Gallia Narbonensi sunt Segalauni, qui Plinio III. 4. dicuntur Segovellauni : quo pacto hic f. reponend. est. *Bong.*

Regem Segorigiorum Senanum nomine] Ptolemæus ad Rhodanum ponit Segalaunos, quos Celtica lingua puto dictas *Sigland.* Ex *land* i. e. regio. Ptolemæus fecit ' Launas,' Justinus ' Regio.' Et utrumque quadrat ; et *seman* durat adhuc hodie in Helvetiorum lingua, quem hic ' Senanum ' fecit. Latinis enim exterarum genti-

um linguæ in parva cura erant, ut
videre licet ap. Cæs. *Glarean.*

§ 9 *Nuptum tradere illic parabat*]
Junt. *ille.* Græv. Nescio, quid hoc
illic hic faciat. Viderunt, qui ador-
narunt vett. editiones, et pro eo
substituernnt *illi.* Sed et hoc est
otiosum. Quid enim est *electo genero*
illi tradere parabat? Aut me fallunt
omnia, aut Just. scripsit, *tradere illico*
parabat, i. e. sine mora inter electionem et ipsas nuptias intercedente.
Schef. Paulo ante ' more gentis,' ut
ap. Saxon. xv. p. 368. 33. ' M. g.
misso per omnes stipite.'

§ 10 *Ad nuptias invitati omnes pro-*
cessissent] *Procedere ad nuptias* semper
perinsolens mihi visum, et alienum a
Lat. linguæ indole. Si loqueretur de
pompa nuptiali, cum in publico ducitur, nullus esset scrupulus. Sed de
pompa hic ne sit quod cogitemus, sequentia vincunt, quæ de invitatione
hic loqui Justinum indicant : ' rogantur etiam Græci hospites ad convivium.' Jam quinam sunt illi omnes
qui ad nuptias erant invitati? Itaque
ante multos annos hic l. mihi fuit
suspectus, veram autem lect. nobis
servarunt Juntæ, ap. quos rectissime
legitur *omnes proci essent.* Qui ambie-
rant virginem, erant ex more gentis
invitati, ut ex iis maritum sponsa
caperet et eligeret. Hoc ostendunt
sequentia clare : ' Introducta deinde
virgo, cum juberetur a patre aquam
porrigere ei quem virum eligeret,' nimirum inter procos. Nullus dubito
Just. ita scripsisse : nec cunctatus
sum ei suam restituere lectionem :
nec in posterum ullas dubitabit, quin
recte restituerim, etsi dubitator sit
magnus, si modo hunc l. accurate ex-
pendit. Sed et pro *rogantur ad nupti-*
as mallem *vocantur.* xii. 6. ' Amicos
in convivium vocat.' *Græv.* Nil melius quam quod in Junt. est. *Faber.*
Junt. et Maj. *proci essent :* quod minime contemnend. *Vorst.* Vera lect.
proci essent. Schef.

Rogantur etiam Græci hospites ad
convivium] Græv. mallet *vocantur :*
credo, quod ' rogare ad nuptias ' Ger-
manismi nomine suspectum ipsi sit.
Loquitur tamen ita et Ambros. Serm.
21. de Epiph. ut in cap. 17. lib. de
Latinit. f. susp. ostendimus. *Vorst.*
Sed auctoritas Ambrosii valet quidem
in capitibus Christianæ religionis,
non in Lat. linguæ proprietate as-
serenda. *Græv.*

§ 11 *Aquam Proti porrigit*] Alter ex
manu exaratis cod. Fuld. *aq. manibus*
P. p. Mod.

§ 13 *In tant. en.*] Ita Liv. xxii. 27.
' In t. suam felicitatem virtutemque
enituisse.'

In captivis agris] Ms. et Junt. in
captis ag. Quis non probet? *Græv.*
Mss. habent *captis.* Utrumque rectum est. Virg. ' Captivaque vestis,'
et ' Captivas naves ' sup. v. cap. 7.
Faber. Junt. *captis.* At Bechar. et
aliorum *Capertinis,* quasi nomen proprium sit. *Vorst.*

Colonias constituerent] Ad coërcen-
dos nimirum hostes. Qua causa coloniam sedem servitutis vocat Tac.
Ag. 16. 2. ' Æqui coloniam ægre
patiuntur velut arcem suis finibus a
Romanis impositam.' Liv. x. 1. 7.
Oppida ab Alexandro condita ' velut
freni domitarum gentium erant,' Curt.
vii. 10. 16. Conditæ ab Alexandro
urbes, et colonis repletæ, ' res nova-
re cupientibus obstant,' Id. x. 2. 8.
Bern.

Cap. iv. § 1 *Ab his igitur, &c.*]
Massiliensium instituta præclara tradit Val. M. ii. 6. 7. et Strab. iv. sub
initium. Tac. Ag. 4. ' locum ' vocat
' Græca comitate et provinciali parcimonia mistum, beneque tempera-
tum.' Add. Cic. pro Flacc. 26. *Bern.*

§ 2 *Tunc et vitem putare*] Lips. ad
' vit. p.' ascripserat : ' Imo diu post.'
Macrob. ii. Comment. in Somn. Scip.
10. ' Galli vitem vel cultum oleæ
Roma jam adolescente didicerunt.'

§ 3 *Mortuo rege Nanno* (al. *Manno*)

Segobrigiorum, ... *affirmante regulo
quodam, quandoque, &c. subnectit et illam
fabulam, &c.*] Ad h. l. Grævius, qui
ed. Junt. habet, ita scribit: ' Junt.
adfirmat Ligur quidam.' Tam isthæc
Juntarum scriptura vera est, ut de
illa dubitari non possit; alioqui esset
gravissimum peccatum contra orationis puritatem; unde enim peteres
casum, qui præcedere debet illud
verbum, ' subnectit ?' nam tollend.
omnino punctum est. Est etiam alius
error tantillulus, nam verba male
collocata sunt. Scrib. *Mortuo Segobrigiorum rege Nanno.* Faber. F.
leg. *affirmare regulus quidam.* Gronov.
Junt. *affirmat Ligur quidam.* Græv.
Junt. *a. L. q.* Et sane verbum indicativi modi hic plane necessarium est:
neque aliud, hac quidem in periodo,
visitur. Illud de *Ligure* perquam
item verisimile est. Apparet enim
ex proximis sequentibus, Ligures
fuisse qui Massiliæ insidias struxe-
runt atque comprehensi sunt. *Vor.*

Comanus] Ptolemæus Massiliam vocat Κομμανῶν πόλιν, f. ab h. rege, aut
ejusd. nominis alio: Plinius tamen
circa Massiliam Cenomannos habi-
tasse in Volscis, refert: unde dubito,
an in Ptolemæo mendum sit. *Bong.*

§ 4 *Subnectit et illam fabulam*] Nihil ad h. fabulam Interpp. Ea autem
ap. Phædr. est I. 19. ' Canis partu-
riens cum rogasset alteram, Ut fœ-
tum in ejus tugurio deponeret,' &c.
Faber. Expressit eam Phædrus I.
19. *Vorst.* Satis ostendunt hæc verba, non contemnendam lect. Junt. in
superioribus, qui habet *affirmat Ligur
quidam.* Schef.

*Canem aliquando partu gravidam lo-
cum, &c.*] Vid. Adagium, ' Hospes
indigenam.' Exempla sunt ap. Thucyd. II. 13. 4. Liv. IV. 37. 3. &c.
Bern.

§ 6 *Extruit*] Scrib. *struit.* Gron.

Plures scirpeis latentes] Optime
Gronov. *pl. in sirpeis l.* Sirpeæ enim
erant cophini ex viminibus texti in

plaustris. Ov. IV. F. ex emendatione Salmasii: ' Et in plaustro sirpea
lata fuit.' Nam et ibi legebatur *scir-
pea.* Varr. IV. de R. R. ' Sirpea quæ
virgis sirpatur, id est, colligando im-
plicatur, in qua stercus aliudve quid
evehitur.' Cato sæpius utitur. *Græv.*
Qui Plautum legerunt, sciunt illi
scribend. *esse sirpeis.* Vid. Interpp.
Mox, *miserata formæ.* Impr. habent
formam. Faber.   Editur vulgo *scir-
piis.* Sed antiquiores typis expr.
habent *sirpis* aut *sirpeis.* Ipsumque
sirpeis Gronov. et Græv. genuinam
judicant. Fuere autem sirpeæ cophini ex viminibus texti in plaustris.
Varr. I. de R. R. ' Ut habeas vimina,
unde utendo quid facias: ut sirpeas,
vallos, crates.' Est et verbum ' sir-
pare' pro, colligare, eid. Varroni
non semel usurpatum. *Vor.*

§ 7 *Nocte a prædicta*] Leg. *n. prædicta.* Gron.

Somno ac vino sepultam] Mutuo
sumptum a Virgil. Æn. II. 265. *Ber-
nece.* Saxo II. p. 22. 12. ' Urbs vino
sepulta diripitur :' XIV. p. 251. 21.
' sepulti somno milites.'

§ 8 *Mulier quædam*] Sæpius a mu-
lierculis arcana conjuratorum in vulgus manare, Piccart. Obs. Dec. VII.
3. exemplis nonnullis ostendit: quibus addantur relata a Liv. XXVII. 17.
9. Plut. Alex. 86. et Orat. II. de
Fortun. Alex. 17. Nostro v. 2. 5.
Bern.

Adulterare] Alii, ' adulterari :' ut
Cic. Off. dixit: ' Adulterari turpe
est.' Frequentius tamen est ap. auctores illud. *Mod.*

Miserata formæ ejus] Iterum alii,
' miserata formam ejus :' quomodo
Cæsar B. G. I. 39. ait: ' Cum fami-
liaribus commune periculum misera-
bantur :' et Virg. Æn. XII. 243. ' Tur-
ni sortem miserantur iniquam.' *Idem.*
Et Auctor ipse VIII. 5. 13. et XII. 5.
4. &c. Rectius fuerit opinor *miserta
formæ :* ut et XV. 3. 6. *Bernecc.* Junt.
ut conjecerat Modius. *miserata for-*

mam ejus. Mox iid. *insidias aperit.*
Græv. Rescripsi *formam,* ut in antiquioribus typis expressis est, et usus
obtinet: qua forma vulgari viii. 5.
13. et xii. 5. 4. ipse quoque Noster
usus est. Bong. maluit *formæ.* Vorst.

§ 9 *Patef. ins.*] Oros. v. 6. ' Pate-
facta Catilinæ conjuratione.'

§ 11 *Curas habere*] H. e. curiose
scrutari. Non dissimiliter ' curas
agere' posuit Lampridius in Al. Severo 64. ubi Salmas. *Bernecc.* Antea
dixit ' vigilias agere ;' hic autem
scriptum arbitror fuisse *excubias agere.* Aliud enim excubiæ, aliud vigi-
liæ. *Faber.* Explicat Bernecc. curiose scrutari. At jam præcesserat
' peregrinos recognoscere,' ut hoc
sit supervacuum. Mihi persuasum
est scripsisse Just. *curæ habere.* Notum genus hoc, et usurpatum Suetonio aliisque. Infinitivi sunt pro
nominibus, ut ' curæ habere recognitionem,' atque ita et in cæteris. *Schef.*

§ 12 *Adeo illic, &c.*] Cf. hisce Græcos Emporiis habitantes, ap. Liv.
xxxiv. 9. 4. et seqq. *Bern.*

CAP. v. § 2 *Carthagin. quoque exercitus*] Thucyd. i. 13. 9. Φωκαεῖς, Μασ-
σαλίαν οἰκίζοντες, Καρχηδονίους ὑπερ-
ναυμαχοῦντες. *Bongars.* Add. Herod.
i. 166. *Bern.*

§ 3 *Fœdus summa fide custodierunt*]
' Custodire' pro, servare, præstare,
satis Latinum. Vid. Lex. Rhodii in
Largum. Sic et Græci suam φυλάσ-
σειν usurpant. Videsis lib. nostrum
de Hebraismis N. T. c. 6. *Vorst.*

§ 4 *Gloria virente floreret*] Valde
dubito, scripsisse sic Justinum, et
vocabula duo id. significantia junxisse. Mallem pro *virente* scribere *ni-
tente,* aut potius totum delere, cum
suspicer ex glossa τοῦ ' floreret ' esse
formatum. *Schef.*

§ 6 *Simulacro Deæ*] Quod sedens
fuisse in Massilia, Strabo refert xiii.
Bong.

§ 9 *Publico funere*] Indicto sc. a
senatu justitio publicoque luctu. De

hoc honoris genere vid. Kirchman.
Fun. Rom. i. 4. *Bernecc.* Existimo
Just. scripsisse *p. luctu,* non *p. funere.*
Faber.

§ 10 *Immunitas*] Sc. a tributis et
vectigalibus. Ap. Suet. Aug. 40.
Augustus Liviæ, pro quodam tribu-
tario Gallo roganti, ' civitatem negavit, immunitatem obtulit,' puta ne
posthac esset tributarius. Quales an
Romanis Massilienses antea fuerint,
haud ab re dubites: quippe socia
civitas et amica: quam Cæsar et secuti Principes etiam post graves offensas liberam conservarunt, teste
Strab. iv. p. 125. 40. Vid. tamen
immunitatis libertatisque discrimen
ap. Liv. xLv. 26. ii. 12. 13. *Bern.*

Locus spect. &c.] Corn. Fronto de
Diff. Vocum: ' Spectacula, loca sunt
unde spectamus.' Cf. Lips. ad Tac.
xiii. A. 54.

In senatu] Sic ait alibi Suet. ' In
equite spectare,' h. e. inter equites:
ut hic ' in senatu,' i. e. inter senatores. Vid. Lips. ad xiii. Tac. *Med.*
Ead. phrasi sic usus Suet. Claud. 25.
16. dicit Armenios ' sedisse in senatu,' h. e. ut ibid. explicatur, in Or-
chestra, s. loco ad Theatri radices
scenæ proximo, ex quo Senatores
spectabant. Ita ' spectare in Equite '
dixit Suet. Domit. 8. 7. h. e. in equestribus subselliis, s. Equitum cuneis.
Jungit Tertullianus in lib. de Spectaculis, ' arceri senatu et equite,' h.
e. honestioribus theatri locis: de
quibus omnino videndi Lips. Am-
phith. c. 14. et P. Faber Semest. ii.
6. *Bern.*

§ 11 *Vocontiis*] Vulgo inepte *Volscis:* cui lectioni Volcæ, Galliæ ad
Rhodanum populi, causam dederant.
Vocontii sunt in Gallia Narbonensi,
qui in Ptolemæo mendose Οὐοκόντιοι,
pro Οὐοκόντιοι. Est et Massilia ejusd.
Narbonensis Galliæ civitas. Inde
occasionem sumpsit Trogus originem
suam edisserendi. *Bongars.* Plin.
iii. 4. fin. et vii. 18. Vocontios fœ-

deratam Romanis gentem appellat. *Bern.*

§ 12 *Legationum*] Legationes suscipere, et ad Principem admittere, sub citerioribus Principibus fuisse munus Magistri officiorum, interdum Magistri epistolarum, observavit Auctor Notitiæ utriusque Imperii. Ap. Persas id muneris gessit chiliarchus *s.* tribunus militum, qui secundum imperii gradum tenebat; Probus in

Conone, et Ælian. Var. i. 21. In Ægypto, Nicanorem excipiendis Legatis a Ptolemæo præpositum scribit Joseph. Antiq. xii. 2. m. *Bern.*

Anuli curam] Quam etiam ab Imp. Augusto Mæcenati atque Agrippæ, et Muciano a Vespasiano commissam, ex Dione et ejus epitomatore docet V. C. Joan. Kirchmannus de Anulis c. 6. *Idem.*

LIBER XLIV.

CAP. i. § 1 *Hispania*] Cf. Strab. iii. Melam ii. 6. Plin. iii. 1. Solin. 26. Vid. et Curt. x. 1. 18. Iberiam quidem ab Ibero dictam putant, Herculis filio, fratre Celti: Eustath. in Dionys. *Berg.*

§ 2 *Hæc inter Africam et Galliam posita, Oceani freto*] Improprie loquitur *inter Africam et Galliam.* Sed de Sardinia id verius. Cæterum *Oceano* legend. puto, ac distinguend. post *Oceano,* ut tres terminos faciat Hispaniæ, a septentrione ac occasu Oceanum, a meridie Fretum Herculeum, et ab ortu Pyrenæos Montes, comprehendens Ibericum Mare in verbo ' freto.' *Glar.*

Fertilior] Fertilitas Hispaniæ commendatur etiam a Plin. Diod. Strab. Solin. Mela : sed nimirum ' quacunque ambitur mari,' ut ait Plinius xxxvii. 13. fin. qui quidem Bæticam ceteris Hispaniæ partibus anteponit. Nam, qua spectat Arctum, aspera est et sterilis : adeo ut quidam existiment a D. Paulo Rom. xv. 24. et locis aliis sup. xii. 13. 1. citatis Σπανίαν vocari διὰ τὸ σπάνιον τῶν ἐπιτηδείων, ob rerum ad vitam sustentandam necessariarum indigentiam. Unde ' duræ tellus Iberiæ ' dicitur Horatio

iv. Od. 14. Cur autem hodie tantum videatur a prisca fertilitate degeneravisse, rationem reddit Ludov. Nonius in Hisp. 5. fin. *Bern.*

§ 4 *Tempestivis imbribus*] Apul. de Mundo p. 71. ed. Elmenh. ' Hinc tempestivi imbres, et spiritus haud infœcundi:' et Apolog. p. 289. ' Ad tempestivum imbrem agellum exarabat.' Lucret. ii. 877. et 938. ' Intempestivi imbres.' Levitic. xxvi. 4. 'Υετὸν ἐν καιρῷ αὐτοῦ. Deut. xi. 14. 'Υετὸν καθ' ὥραν πρώϊμος καὶ ὄψιμος. Neque aliter D. Jacob. v. 7. Hesiod. 'Εργ. 410. ὄμος ὄμβρος. Athenæus xiv. Deipnos. 20. ὀραῖα ὕδατα. *Gronov.*

§ 5 *Materia præcipua est*] Hoc præcipua quem sensum habeat, non intelligo h. quidem l. Putem potius Just. pro eo scripsisse *preciosa.* Vix tamen quid mutandum; nam similiter cap. seq. 3. 8. *Schef.*

Equorum pernices greges] Vid. Symmach. ix. Ep. 23. ubi plura Juretus. *Bern.*

§ 6 *Nec summa tantum terræ laudanda bona*] Scrib. *summæ. Summæ terræ bona* sunt, quæ nascuntur in terræ superficie, ut oleum, vinum, frumentum, fruges; atque opponuntur metallia, quæ in mediis terræ visceribus

abdita latent. Sen. IV. Benef. 6.
' Latentium divitiarum in summa terra signa disposuit :' et Ep. 90. ' Cum
incendio silvarum adusta tellus in
summo venas jacentes liquefactas
fudisset.' Varr. de R. R. I. 29. ' Se-
minaria omne genus ut serantur:
putari in primis; circum vites abla-
queari ; radices, quæ in summa terra
sunt, præcidi.' Plin. XXI. 2. 'Abro-
tono radix una, et alte descendens :
ceteris in summa terra leviter hærens.' Strab. III. p. 147. Τὸν δὲ
καττίτερον οὐκ ἐπ' ἐπιπολῆς εὑρίσκεσθαι
φησιν, ἀλλ' ὀρύττεσθαι. Gronov.
Nec summa] Melius in Mss. sed nec
summa. Multo elegantius quam in
vulgatis. Istud autem bona posset
deleri, et delend. reor. Summa terræ,
ut ' ardua montium,' ' strata viarum,'
' plana camporum,' &c. Faber. Gronov. scribend. præcipit nec summa t.
t. l. bona, quæ in summitate terræ
proveniunt, quibus opponuntur ' ab-
strusorum metallorum latentes venæ.'
Græv. Placet conj. Gronovii pro
summa legend. esse summæ. Summa
terra dicitur pro, summa pars terræ:
ut ' ultima platea' ap. Terent. pro,
ultima pars plateæ: et ' postremus
liber' a Nostro XLIII. 5. 11. pro,
postrema pars libri; et infinita id
genus alia. Vorst. Gronov. summa
tantum terræ, quod accipiunt viri
docti. Schef.

Abstr. &c.] Auctor I. Maccab. VIII.
3. Καὶ ὅσα ἐποίησαν [οἱ 'Ρωμαῖοι] ἐν
χώρᾳ 'Ισπανίας τοῦ κατακρατῆσαι τῶν
μετάλλων τοῦ ἀργυρίου καὶ τοῦ χρυσίου
τοῦ ἐκεῖ.

Lini spartique vis] De sparto Plin.
XIX. 2. Agell. XVII. 4. ' Herbam
Ibericam' dixit aliquis ap. Quintil.
VIII. 2. 2. a Cassio Severo propterea
irrisus. Bern.

§ 7 Auro, quod in paludibus vehunt]
Quæ, malum, istæ paludes, in quibus
aurum vehitur? Legend. si quid divinare scio, in balucibus. Balux est,
quæ Straboni (III. p. 100. 54. ubi

de Hispania) χρυσῖτις ἄμμος (nobis
Goldsand). Plin. XXXIII. 4. m. de
auro et Hispanis : ' Idem, quod minutum est, balucem vocant.' Minuta
igitur ramenta, ' baluces' vel ' ba-
lucæ.' Glossæ : ' Χρυσάμμος, baluca.'
Græcum est βάλλεξ, Latine ' ballux :'
ut Βρέττιοι, ' Brutii :' Βρενδόσιον,
' Brundusium :' Σικελός, ' Siculus.'
Hesych. Βάλλεκα, ψῆφον. Minutus
igitur auri calculus, ' balux.' Hæc
Salmas. ad Solin. p. 277. A. 1. Palluca
dicitur χρυσάμμος. Pollux τὴν χρυσῖτα
ψάμμον vocat arenam auream. Vet.
Gloss. Palluca ἀχώνευτος γῆ, ἡ χρυ-
σώδης : terra non conflata, aut aurea :
γήδιον χρυσοῦ ἀκαθάρισον, glebula auri
non purgata. Libra obrusæ 12. un-
ciis constat : libra bellucæ 14. quia
multum imminuitur inter purgandum,
cum fornacibus excoquitur. Hæc
Bulengerus de Imperat. p. 420. m.
Bern. Nihil verius Salmasiana emendatione. Vid. Exercit. Plinianas. Tale
est quod nunc ex Guinea in Europam
adfertur aurum. Græv. Emendavit
hunc l. Salmasius. Splendida correctio
est, ac tanto viro digna, quam hausit
Berneccerus ex Plinianis Obss. ad So-
linum : est autem balux, s. baluca
(nam utrumque dicitur), est, inquam,
arena, s. terra, s. gleba auraria, i. e.
ex qua aurum excoquitur. Faber.
Quis dubitet legend. esse, ut Salmas.
conjecit, in baluc. i. e. in minutis ra-
mentis, in minutis calculis ? Vorst.

§ 9 Quadrata] Hispaniam trigonam
imperite faciunt Æthicus in Cosm. et
Orosius I. 2. ; sed Strabo, Mela,
Ptolem. et alii comparant eam corio
babulo extenso : cujus partes ad col-
lum pertinentes in adhærentem ipsi
Galliam porriguntur : inde dilatatur
ad brachia, ab Nova Carthagine usque ad Cantabros : crura a Freto
Herculeo usque in Gallæciam et Mare
Britannicum : ultimam corii, ad modum caudæ, promontorium Sacrum,
hodie S. Vincentii, quod in Oceanum
Atlanticum extenditur. Bernec.

Sexcenta millia passuum] Quæ sunt
stadia 4300. Strab. iii. p. 111. 46.
Tarracone ad Pampelonem ipsamque
Oceani oram stadia numerat 2400.
tantum. At vero Diod. iv. 35. Py-.
renæos ait in longitudinem stadia
fere 3000. extendi. *Idem.* Puta,
spatium. At hoc per tautologiam
dicetur: spatium montis efficit spatium tot passuum. Qnanto igitur
rectius in Mss. Bong. legitur *DC. M.
passus*, i. e. *sexcenties mille passus?*
Vitium ex eo, quod litteras numerales
alius hoc, alius alio modo explicavit
ex librariis. *Schef.*

§ 10 *Undique versus*] Vulgati et duo
Mss. *undique adversus.* Malim *u. adversi et.* Bongars. Acidal. in Vel-
leiauis lectionibus, sub finem, pro *undique versus*, addita copula, reponit
Apuleianum, *et undique secus*, i. e. ab
omnibus partibus. Lego tamen *undique versum* etiam ap. Apul. iv. M. et
Apolog. nec video cnr damnand. sit.
Berneccer. Et impressi et Mss. habent *undique adversi*, quod videtur melius. Sunt autem *undique adversi*, qui
undecunque veniant, habent flatus
alios sibi adversos. Cujus rei causa,
quia undique mari cincta Hispania
excepto eo latere, qno Galliæ adhæ-
ret. Cum ergo flatus surgant e mari,
fit, nt, qui ab hoc oriuntur latere,
spirent contra eos, qui surgunt a
latere opposito. *Schef.*

CAP. ii. § 1 *Animi ad mortem pa-
rati*] Sil. i. 225. de Hispanis: ' Pro-
diga gens animæ, et properare facillima mortem. Namque, ubi trans-
cendit florentes viribus annos, Impatiens ævi spernit novisse senectam,
Et fati modus in dextra est.' *Bern.*

§ 2 *Si extraneus, &c.*] ' Nulla magna
civitas ' nec ulla bellicosa natio ' dia
quiescere potest. Si foris hostem
non habeat, domi inveniet,' Liv. xxx.
44. 6. Quo consilio etiamnun ap.
Hispanos, foris arma, domi quies. *Id.*

§ 3 *Fortior*] Scrib. *potior.* Gronov.

§ 4 *Celebratur etiam*] Vid. Liv. xxi.

2. 6. Val. M. iii. 3. fin. *Bongars.* Exemplum Hisp. constantiæ in tormentis habet etiam Tac. iv. 45. Strab. iii.
p. 114. 25. Add. snp. ii. 9. 4. et
Plin. vii. 23. Sen. Ep. 47. 4. *Bern.*

§ 5 *Et arma sanguine ipsorum cariora*]
Liv. xxxiv. 17. 6. Hispanos plerosque sibi manus attnlisse refert ob
adempta arma : ' ferox gens,' inquit,
' nullam vitam rati sine armis esse.'
Bongars. Sil. iii. 330. ' Nec vitam
sine Marte pati: quippe omnis in
armis Lucis causa sita, et damnatum
vivere paci.' Add. notata sup. ad
xxxiii. 2. 3. et 4. *Bernec.*

§ 6 *Nullus epularum apparatus*] Plin.
xvi. 3. scribit, eos ævo suo ' glandem
in secundis mensis habuisse.' Quin
ex glandium farina etiam panem confecisse docet Strab. iii. Quamvis
ditissimi aquam bibebant, ut videre
est ap. Athenæum ii. 6. *Idem.*

Aqua calida lavari] Id quod jam
olim deliciarum nomine taxatum apparet ex Homeri Od. viii. 248. et
illo Hermippi Comici veteris : Μὰ Δῖ
οὐ μέν τοι μεθύειν τὸν ἄνδρα χρὴ Τὸν
ἀγαθὸν, οὐδὲ θερμολουτρεῖν ἃ σὺ ποιεῖς :
' Sed inebriari non decet virum probum, Calida aut lavari: quæ facere
tamen soles.' Sane Bundnica (quæ
Tacito Boudicea) regina Britannica,
in Oratione ad exercitnm, ' Romanos
nec viros,' ait, ' appellandos, quod
calida laventur :' Dionis Abbreviator
in Nerone p. 172. f. Quod Germanis
excusatius est, ' ut apud quos plurimum hiems occupat,' Tac. G. 22. Qui
idem inter delinimenta vitiorum, quibus Romani Britannos denique jugi
patientiores reddidere, balnea quoque
numerat, Ag. 21. Fortissimos Spartanos ' psychrolutas ' (Senecæ verbo)
facit Plut. in Alcib. 40. *Idem.*

§ 7 *In tanta seculorum serie*] Ἐσθλὲ-
ται γὰρ καὶ λρστρικοὶ ἐγένοντο τοῖς βίοις,
τὰ μικρὰ τολμῶντες, μεγάλοις δὲ οὐκ
ἐπιλαβόμενοι, &c. Strab. iii. p. 109. 7.
Bongars.

Annis decem] Cum Viriatho bellum

gestum annos 14. Flor. II. 17. 25. et
Oros. v. 4. scribunt. *Bongars.* Vid.
omnino Lips. Not. 172. ad Vell. II.
Bern.

Adeo feris propiora] Hæc in parenthesi vulgo ponunt, sine causa, ut
opinor, et f. quia mentem Auctoris
haud percipiebant. Continent enim
rationem, ob quam nullos duces magnos habuerint, videl. quia ducibus aliquibus detrectaverint parere, ferarum
instar, quæ et *ipsæ* duces agnoscunt
nullos, sed suo arbitratu per se va-
gantur. Itaque subjungitur, ne Vi-
riatum quidem secutos, ut ducem, et
a se electum, ut ipsi pareant, ceu
superiori, verum quia ostendebat rationes effugiendi periculi. Debet itaque sic distingui totus locus : *qui a. d.
R. v. fatigavit : adeo f. p. q. h. i. gerunt.
Quem ips. non, &c.* Schef.

Ut cavendi, &c.] Dio in Excerpt.
Constantini in Porphyr. p. 614. Λῃ-
στής τε γὰρ ἐκ ποιμένος καὶ μετὰ τοῦτο
καὶ στρατηγός· ἐπεφύκει γὰρ καὶ ἤσκητο
τάχιστος μὲν διᾶξαί τε καὶ φυγεῖν, ἰσχυ-
ρότατος δὲ ἐν σταδίᾳ μάχῃ εἶναι.

§ 8 *Non vestis cultum*] Talis Otho
ap. Tac. H. II. 11. 8. Talis Carinus,
s. potius, Carus, ap. Synes. Orat. de
Regno p. 13. *Bernec.*

CAP. III. § 1 *In Lusitanis*] ' Rem in-
credibilem ' dicit Varro, ' sed veram,'
II. de R. R. 5. et Colum. VI. 27. et
Plin. VIII. 42. Vid. et Maronem G. III.
273. *Bongars.* Add. citatos et com-
probatos a Lud. Carrione Emendat.
I. 17. et II. 4. Franciscus tamen Fer-
nandius de Cordova, Hispanus, illam
narrationem de equabus Hispanicis
vento concipientibus esse commenti-
tiam, et auctoritate, et ratione, et
experientia docet in Didascalia multiplici 48. In quam sententiam concedit et Joh. Wouwerius Polymath.
11. pr. *Bern.*

Quæ fabulæ] Imo rem ita se habere,
neque fabulosum hoc esse, tradunt
præter Varr. Virgil. Plin. et Colum.
etiam Silius, cui, ut Hispanici generis

homini, maxime hic fides adhibenda
videtur, his versibus : ' Mirabile
dictu, Nullus erat pater ; ad Zephyri
nova flamina campis Vettonum eductum genitrix effuderat Harpe.' Et
Solinus, qui inquit : ' Tagum ob ha-
renas auriferas ceteris amnibus præ-
tulerunt : in proximis Ulyssiponis
equæ lasciviunt mira fœcunditate :
nam spirante vento Favonio concipiunt, et sitientes viros aurarum spiritu
maritantur.' Item alibi : ' Edunt
equæ ex ventis conceptos : sed hi
numquam triennium ævum trahunt.'
Martianus Capella de Ulyssipone
agens : ' In ejus,' inquit, ' confinio
equarum fœtura ventis maritantibus
inolescit :' quod autem ait, ' numquam triennium ævum trahunt,' adfirmat etiam Columella : ' Cum sit
notissimum etiam in sacro monte
Hispaniæ, qui procurrit in occiden-
tem juxta Oceanum, frequenter equas
sine coitu ventrem pertulisse, fœtum-
que educasse ; qui tamen inutilis est :
quod triennio, priusquam adolescat,
morte absumitur :' adfirmat, inquam,
Columella ; sed non etiam Silius idem,
cujus sunt isti versus : ' At Vettonum
alas Balarus probat æquore aperto.
Hinc adeo, cum ver placidum flatus-
que tepescit, Concubitus servans ta-
citos grex prostat equarum, Et Venerem occultam genitali concipit aura.
Sed non multa dies generi : properat-
que senectus : Septimaque his stabulis longissima ducitur ætas.' Ecce,
septem annos illis dat : quibus alii
vix tres, nisi quis audacior censeat
etiam hic reponendum : ' Tertiaque
his stabulis.' Quod mihi tamen non
persuadebit. *Mod.*

Gallæcia] Ita scribendum ; non ut
vulg. *Gallecia.* Vlitius in Notis ad
Gratium mallet *Callæcia.* Sed literæ
G et C, ut ejusd. instrumenti, facile
permutantur. *Vorst.*

§ 2 *Galleci autem Græcam sibi
originem asserunt*] Hoc non puto
verum. Sed ut ap. Vett. Celtiberi

ex Celtis Galleci erant, arrepta ad
Iberum fl. habitatione, et posterioribus temporibus Portugallia; ita Gal-
lecos ex ead. Gallia fuisse, ac venisse
in Hispaniam non est ap. me dubium.
Eos tum Ptolemæus et Strabo Cal-
laicos nominasse videntur. Et Ptolemæus eos duplices facit, et ad
utrumque Oceanum septentrionalem
ac occiduum ponit. Regionem eam
hanc putant Galiciam vocari. Multa
in h̄. lib. ὑπερβολικῶς quibusd. dicta
videntur: ut quod Hispaniæ, Italiæ,
urbique Romæ cunctarum rerum a-
bundantiam suppetat, et adeo auro
dives sit, ut etiam aratro frequenter
glebas aureas excindant: quæ longe
aliter hodie narrantur. Ego veras
Hispanorum hodie laudes puto a so-
brietate, a patientia, ab indefesso
labore, a studio in Christianam religionem, cujus gentis auspicio totus
Oceanus occiduus ac Indicus lustratus
est, ac infinita gens ad Christianam
fidem pervenit. *Glarean.*

Gallæci] A quibus devictis Decimus
Brutus ' Gallæcus ' dictus. Hi Straboni III. p. 115. 24. sunt Καλλαῖκοί, et
p. 105. 3. Brutus Καλλαῖκός. Id. p.
108. 30. non ipsum Teucrum ibi con-
sedisse, sed τῶν μετὰ Τεύκρου στρατευ-
σάντων τινάς. De Amphilochis leg.
eund. *Bong.*

Teucrum, &c.] De Teucro id. refert
Schol. Æsch. Pers. 896. Σαλαμῖνα
τὴν ἐν Κύπρῳ φησίν· ἧς ἡ μητρόπολις, ἡ
ἐν τῇ Ἀττικῇ δηλαδή, ἡμῖν αἰτία ἐστὶ
τῶνδε τῶν στεναγμάτων. Ἄποικοι γὰρ
εἰσιν οἱ ἐν Κύπρῳ Σαλαμίνιοι τῶν ἐν
Ἀττικῇ. Φασὶ γὰρ ὅτι τοῦ Αἴαντος αὐτό-
χειρος γεγονότος, [Ms. Leid. αὐτ. σφα-
γέντος ἐν Τροίᾳ,] ὁ Τεῦκρος, ὁ αὐτοῦ
ἀδελφός, ἐν τῇ Σαλαμῖνι τῇ αὐτοῦ πατρίδι
ἀπελθών, [Ms. Leid. κατελθών,] οὐκ
ἐδέχθη τῷ πατρὶ αὐτῶν Τελαμῶνι, ἀλλ'
ἐδιώχθη ἀπὸ τῆς Σαλαμῖνος, ὡς μὴ τὸν
ἀδελφὸν αὐτοῦ Αἴαντα κωλύσας σφαγισ-
θησόμενον ὑφ' αὐτοῦ. Κατελθὼν οὖν ἐν
τῇ Κύπρῳ, ἀνεδείματο πόλιν, καὶ ταύτην
καλέσας Σαλαμῖνα ἐπ' ὀνόματι τῆς ἐν

Ἀττικῇ. Ms. Leid. ἐδείματο τ. καὶ
ἐκάλεσε ταύτην Σαλαμῖνα ἐπ' ὄν. τῆς ἐν
Ἀττ. Σαλαμῖνος.

§ 3 *Eurys. A. f.*] Ex Tecmessa.
Historia Trojana in Catalogo Mss.
Biblioth. Uffenbachianæ tom. I. cap.
32. p. 679. Αἴας ληΐζεται Θρᾴκην,
κἀκεῖθεν αἰχμάλωτον ἄγει τὴν Τελμησσην
[leg. τὴν Τέκμησσαν]...καὶ τὸν Εὐρυσά-
κην ἐκ ταύτης γεννᾷ. Soph. Aj. 331.
Τέκμησσα, δεινὰ, παῖ Τελεύταντος, λέγεις
Ἡμῖν.

Carthago nova] Sil. III. 368. ' Dat
Carthago viros Teucro fundata vetusto.' Quem versum cum historica veritate pugnare demonstrat Lud. Nonius Hispan. 66. *Bern.*

§ 4 *Amphilochi*] De his leg. Strab.
III. p. 108. 33. *Bong.*

Minio, quod etiam] Minius amnis,
Plin. IV. 20. qui et Βαῖνις Straboni:
cui sacer mons est ἱερὸν ἀκρωτήριον, de
quo id. init. lib. III. *Bong.*

Minio] Legend. est *minii.* Faber.
Cur non *minii*, cum præcedat ' æris
ac plumbi?' Nulla sane causa est,
cur mutare casum hic debuerit. Sed
credo aliter hæc distinxisse Justinum,
ac ut fit in vulgatis, et hoc *minio* retu-
lisse non ad antecedens ' uberrima,'
sed subsequens ' ditissima,' hoc modo: *Regio cum æ. ac pl. uberrima, tum
et minio, quod e. v. fl. n. dedit, auro quoque dit.* Scheff.

§ 5 *Auro*] Meminit aurariarum
Hispanicarum et sacra Scriptura
1 Maccab. 8. 3. *Bern.*

§ 7 *Feminæ*] Hunc ipsum et alios
Gallæcorum mores graphice describit
Silius III. 344. cum seqq. *Idem.*

Agror. &c.] Colum. XI. 2. ' Possit
igitur ab Idibus Januariis auspicari
culturarum officia.' Marcian. Capella VI. p. 225. ' Culturas et vena-
tus amant.' Ammian. XXII. 15. de
Nilo: ' Gurgitum enim nimietate hu-
mectans diutius terras, culturas moratur agrorum.'

§ 8 *Nec ullum apud eos*] Ita antiquiores typis expr. Bongarsius ma-

Init *ad eos;* credo, quod in quibusd. Mss. sic reperisset. Neque ego negem 'ad' interdum pro, apud, usurpari. *Vorst.*

Chalybe] Is. Vossius vir magnus, in notis ad Catullam, Chalybem ait fluvium esse inter Anam et Tagum, qui a Ptolemæo et Marciano dicatur Καλίπους vel Κάλιπος. Quod credo verum esse. *Græv.*

§ 9 *Unde etiam Chalybea, &c.*] De his consulendus Hieron. Magius Misc. II. 8. *Bern.*

Ferroque] An legend. *ferro, qui cæteris?* num potius quid deest, ad quod *quæ* conjunctio referebatur? Hoc malo credere, ac scribere *Unde etiam Chalybea, fl. h. fin. appellati, acie ferroque p. d.* Dicitur Latinis 'acies,' quod Græcis στόμωμα. Vid. Plin. XXXIV. 14. Hæc autem vocula videtur sublata, quod proxime præcederet *uti* litteris similibus, unde has otiosas et superfluas putarunt. *Schef.*

CAP. IV. § 1 *Tartesiorum*] Eorum regem Arganthonium, ad quem venerint Phocenses, commemorat Herod. I. 163. quem annos 120. refert vixisse. Meminit et Cic. de Sen. 19. Tartessios omnium bonorum affluentes esse; et cælo salubri, maximaque aëris temperie frui: ideoque longævos dictos, Strabo auctor est. *Bong.*

Curetes] Nulli in saltibus Tartesiorum *Curetes.* Sed *Cynetes:* et ita legend. esse h. l. ostendimus in Ptolemæo. *Voss.*

Curetes] Ridicula scriptura, sed quæ ab Is. Vossio V. C. optime mutata fuit in *Cynetes.* Poterat etiam dicere *Cunetæ;* sunt autem Cunetæ in Hispaniæ parte, qua Anas fl. aquas suas in mare effundit. *Faber.* Nibil hic Curetibus loci. Corrige cum Vossio, *Cynetes.* Sic dicebantur incolæ Cunei promontorii proprie, qui postea fines suos protulerunt. Vid. Notas ejus ad Mel. III. 1. *Græv.* Scripsi auctoritate Vossii *Cunetes:* qui sunt Cunei promontorii incolæ. Vult

equidem ille *Cynetes:* sed quam facile Y in U transeat, notum; ita enim 'Sulla' pro, Sylla, et 'Suphax' pro, Syphax dixere. *Curetes,* ut vulgo editur, non Hispaniæ, sed Græciæ populus sunt: de quibus Paus, et alii. *Vorst.*

Gargoris] Joann. Episcopus Gerundensis Paralipom. Hispan. I. 'Gorgonium' vocat: ejus nepotem 'Abium.' *Bong.*

§ 2 *Ex filia stupro*] Ms. *ex f. æstu.* Scripsisse Just. censeo *ex f. incestu.* Inde sequitur 'pudore flagitii.' *Græv.*

Tot periculorum miseratione] Junt. *admiratione.* Ut paulo post: 'Admiratione tot casuum periculorumque ab eodem successor regni destinatur.' *Græv.* Rectius videtur *admiratione.* Sic paulo post, 'Admiratione,' &c. *Vorst.* Quænam illa *miseratio periculorum?* unde, aut in quo? Lego potius *iteratione,* sensu elliptico, pro, ex tot periculorum iteratione. Voci *iteratione* adhæsit *m* in pr. ex fine vocis præc. Post, ex *miteratione, miserati-one* factum, quod accidit in aliis similibus. *Admiratione* Juntarum est ex § 10. seq. *Schef.*

§ 4 *Simplici morte*] 'Simplicem mortem' dixere et alii; ut Suet. Cæs. 74. et Curt. VIII. 7. 8. Lucan. III. 751. 'mortem non unam' vocat. Vid. Notas Bernecc. ad Just. XII. 10. 2. *Vorst.*

§ 5 *Cum inviolatus esset*] Mallem *cum non violatus esset;* debét enim præcedere verbum. *Schef.*

§ 6 *Non solum non noceretur*] Ita recte et alii hic emendarunt, et nostri Mss. omnes habent: cum in edd. hactenus male *non nocerent* fuerit. Cic. Verr. IV. 'Confirmat curaturum se, ne quid ei per filium suum noceretur.' Et Colum. II. 'Non nocebitur ei nocturnis roribus.' *Mod.*

Non solum non noceretur] Ergo ex Justini auctoritate dicere possumus 'nocere aliquem,' quod contra Canones receptos Latinitatis est. Sed et id. me ap. Plaut. observasse scio, quod satis est. Franc. autem Modius ap. Bernecc. quamquam alias et doctrina et judicio singulari præditus, hic aliquid humani passus est; erravit enim; quod monend. putavi, ne cui auctoritas illius imponat, si credulum lectorem nactus erit. Is ad huj. l. confirmationem affert ex Cic. in Verr. ‘ Confirmat,’ &c. Tum et hoc ex Colum. i. ‘ Non nocebitur,’ &c. Quod utrumque exemplum nil quidquam probat. Quid enim novi si dicamus ‘ noceretur Julio,’ ‘ nocetur pudori ?’ nempe in activa significatione dicend. esset ‘ nocere Julio,’ non *Juli-um*. At hic, inquies, est itid. ‘ noceretur,’ ut ap. Just. Fateor; sed ‘ noceretur ei,’ non *noceretur ille*, quod erat probandum. Sæpius legas ap. optimos scriptores ‘ statur,’ ‘ quiescitur,’ ‘ venitur,’ neque tamen propterea unquam dicas *stor, curror, quiescor, calcor, venior*. Neque enim isthæc per plures personas flectuntur. Quid igitur afferre poterat Modius? Hunc Plauti locum sc. ‘ Jura, te non nociturum esse hominem de hac re neminem :’ tum vero rem plane confectam dedisset. *Faber.* [Vitruv. ii. 7. ‘ Nocentur a tempestatibus petræ.’]

§ 9 *Laqueo captus*] Vid. Not. ad Sen. Octav. 412. *Gronov.*

§ 11 *Nomen i. i. H.*] Ita Lactant. i. 13. ex Ms. Menardi: ‘ Adeo ut ei multarum rerum et artium scientia Trismegisti nomen imponeret.’ Vulg. *Trismegisto cognomen.*

§ 12 *Hujus casus fabulosi viderentur*] Hominum θηριοτρόφων, h. e. a feris educatorum, et agilitate feras æquantium exempla congessit Phil. Camerar. Horar. Subcis. t. 75. *Bern.*

Lupa nutriti] xliii. 2. 5. Liv. i. 4. Plut. Romulo 5. et de Fort. Rom. 12. Strab. v. Virgil. Æn. viii. 630. et plerique, qui de origine urbis Romæ tradunt. Plin. viii. 17. ‘ Quæ de in-

fantibus ferarum lacte nutritis, cum essent expositi, traduntur, sicut de conditoribus nostris a lupa, magnitudini fatorum accepta ferri æquius, quam ferarum naturæ, arbitror.’ Id. visum Plutarcho Romul. 11. ‘ Suspectam quidam habent fabulam et commentum: nos quum cernamus, quanta vis sit fortunæ, non debemus ei fidem derogare, reputantes animo, rem Romanam sine divino aliquo auspicio et magno miraculo non fuisse eo potentiæ progressuram.’ Add. Demster. ad Rosin. p. 4. c. *Idem.*

Cane alitus] i. 4. 10. Lucian. in lib. de Sacrificiis ‘post pr. Ælian. V. H. xii. 41. Aliter Herod. i. 10. *Id.*

§ 14 *Et quæ ex insulis*] Malim *ea quæ*. De Geryone quæ referuntur notiora sunt, quam ut quidquam notari ad ea debeat. Narratio extat in Diod. iv. 17. *Bongars.* Meminit et Plato in Gorgia. *Bern.*

Tanta pabuli lætitia] Strab. iii. p. 117. 14. scribit, ibi pascentium ovium lac sero carere, multumque aquæ ob pinguedinem affundi, ut caseus cogi possit; et 50. dierum spatio pecus suffocari, nisi post quinquagesimum quemque diem sanguinis missione pinguedo castigetur. Similia de agro Cataneo in Sicilia tradit id. vi. p. 186. 3. et de Arabia Curt. v. 1. 15. *Idem.*

Interpellata] Vid. notata ad xviii. 5. 7. *Idem.*

§ 15 *Herculem ex Asia*] Herculem Tyrium intelligit. Vid. Arrian. ii. *Bong.*

§ 16 *Porro Geryonem, &c.*] Aliter Serv. ad illa Virgil. Æn. vii. 661. ‘ Postquam Laurentia victor, Geryone extincto, Tirynthius attigit arva.’ In hæc verba: ‘ Geryones rex fuit Hispaniæ, qui ideo trimembris fingitur, quia tribus insulis præfuit, quæ adjacent Hispaniæ, Balearicæ Majori, et Minori, et Ebusæ. Fingitur etiam bicipitem canem habuisse, quia et terrestri et navali certamine plurimum

potuit. · Hanc Hercules vicit; qui
ideo dicitur ad eum olla ærea trans-
vectas; quod habuerit navem fortem
et ære munitam.' *Mod.*

. *Uno animo regi*] Imitatio Virgiliana,
' Dum spiritus hos regat artus.' *Fab.*

. CAP. V. § 1 *Post regna deinde Hispania*] Quænam regna? Hispania
namque, de qua hic sermo, unum tantum habuit. Videtur ergo latoc regna
glossatoris esse. Id, censeo et de
seq. *provinciæ* vocabulo, et utrumque
arbitror delend. *Schæf.* Atqui dixit
in alia Hispaniæ parte regnasse Ha-
bidem, in alia Garyonem. Est tamen
hic locus ὑπουλος. *Græv.*

§ 2 *Cum Gaditani a Tyro*] Hæc prolixe narrat Strab. ext. lib. III. *Bongars.* Colonias a Tyriis conditas referunt Plin. v. 19. et Curt. IV. 4. 27.
Add. Diod. XXV. 2. Arist. Mirab.
122. *Bern.*

Invidentibus incrementis, &c.] Add.
sup. XLIII. 3. 13. et 5. 4. Liv. I. 9. 4.
et I. 14. 6. Tac. IV. 68. 4. Amirat.
XX. 10. *Idem.*

§ 4 *Hamilcarem*] Cujus cognomen
' Barcas.' Leg. Polyb. II. Appian.

Iberim p. 260. f. Prabum in ejus
Vita. De Hasdrubale a servo, cujus
sup. hos ipso lib. Auctor meminit,
interfecto, vid. eosd. *Beng.*

§ 5 *A servo*] XLIV. 2. 4. Val. M. III.
3. fin. Appian. Annib. p. 314. Sil. L.
165. &q. Diod. XXV. 2. *Bern.*

§ 7 *Scipionibus*] Cneum et Publium
intelligit, quos ' duo fulmina imperti
Romani' vocat Cic. pro Balbo 15.
Liv. XXV. De Hispania ab Augusto
domita leg. Dion. Suet. Flor. Oros.
Horat. III. Od. 14. Sed hic, ut Augusto bellicorum certaminum, ita et
mihi commentationis hujus, laboriosæ
quam gloriosæ magis, finis esto; et,
vacuo tunc duellis orbe terrarum,
Janus Quirini ab illo clusus, leve hoc,
non futurum tamen inutile, opus
claudat Feliciter. *Beng.*

§ 8 *Perdomita provincia*] Illa verba
daleo; nata quippe sunt ex illis quæ
in ead. periodo leguntur ' perdomito'
et ' provinciæ.' Id quod adeo verum
est, ut hinc quoque error alias manavit, qui in Mss. Codd. occurrit.
Faber. Certissima est hæc Fabri ele-
gantissimi conjectura. *Græv.*

TANAQUILLUS FABER

AD

ELIAM · BORELLUM.

EPISTOLAM hodie ad . Grævium
scripsi, Mea Suavitas, in qua satis multa erant quæ ad Justini emendationem
pertinerent; idque a me ideo factum
est, (nam, ut nosti, alia poteram scribere,) quod ipse Grævius vir doctissimus, et mei amantissimus, nuperam

Justini æditionem a se procuratam,
et feliciter emendatam, ad me per
amicum miserat. Ex iis autem locis,
(nam bene multi erant,) en tibi unum
ex lib. XLII. cap. 2. in fine. Loquitur
ibi Justinus de Jasone, qui Colchidem, postquam in Thessaliam rever-

Delph. et Var. Clas. Justin. 3 U

aus fuerat, repetiit. ' Comite Medea uxore, quam repudiatam miseratione exilii rursum receperat, et Medio privigno, ab Ægeo rege Atheniensium genito, Colchos repetivit, socerumque etiam regno pulsum restituit.'

Quid autem, inquies, an est ibi quod reprehendas, quod emendari postules? Est vero, o Noster; et brevi una mecum senties. Sed prius audi carmen, si me amas, quod ipse pæne aliud agens, sed de te cogitans, tamen, ad Divam Criticen cecini, cum de hujus loci emendatione mihi gratularer ludibundus, nugabundus, et requiem animo quærens, ut meus est mos scilicet.

AD DIVAM CRITICEN.

O Dea, quæ, tacitis residens sub rupibus, olim
Ringeris, æternum obrodens sub corde laborem;
Huc ades, o Critice mater; Te quattuor aræ
Hic, o Diva, manent, rusco urticaque revinctæ;
Carduus hic, spinisque frequens paliurus acutis;
Apsinthique latex acri confusus aceto,
Et quæ sopitos valeant pervellere sensus;

At pro Malobathri foliis et thure Sabæo
Juniperus mordax plena tibi fumat acerra.
Huc ades, o Regina, tuo si Numine dignum est
Carmenque, et Sacrum, tibi quod mea Musa paravit.
Sed tamen est aliud, quod et ipsa fatebere majus,
Et quod te invitet nigrantia linquere tesqua;
Scilicet ex imo redivivum sistimus Orco,
Ante fores templi, regem, quem Colchica tellus
Phasidos ad ripas herbosaque pascua quondam
Auriferas vidit late regnare per oras.

Uno verbo, Mi Borelle, pro etiam apud Justinum legendum omnino est Æetam, qui Medeæ pater, Jasonis autem socer, invitus licet, fuit tamen. Vale. Vides me de Justino cogitare; neque aliter res est, et jam aliquid orsus sum; hujus autem principis nomen est lib. XXXII. c. 3. ' Istrorum gentem fama est originem a Colchis ducere, missis ab Æeta rege ad Argonautas raptoresque filiæ persequendos.'

FINIS NOTARUM VARIORUM.

RECENSUS EDITIONUM

JUSTINI,

AUCTIOR FABRICIO-ERNESTIANO, ET IN V. ÆTATES

DIGESTUS.

[EX ED. BIPONT. 1802.]

ÆTAS I. NATALIS s. ECTYPORUM.

1470—1497.

(1470) EDITIO princeps s. Romana 1. sine anni et loci nota, sine
sign. cust. pagg. et tit. 4. maj. s. fol. min. Initio operis impressum
legitur: ' Justini historici politissimi Epitoma in Trogi Pompei historias proëmium incipit.' Singuli librorum tîtuli sic habent: I.
Ex Primo uolumine. II. Ex secundo uolumine Trogi Pomp. et
sic deinceps. Ad calcem tria hæc leguntur disticha (notissima
illa quidem, typographiæ præ calamorum usu præstantiam extol-
lentia):

> Anser Tarpei custos Iouis: unde: quod alis
> Constreperes: Gallus decidit: Vltor adest.
> Vdalricus Gallus: ne quem poscantur in usum
> Edocuit pennis nil opus esse tuis.
> Imprimit ille die: quantum non scribitur anno
> Ingenio: haud noceas: omnia uincit homo.

Maittar. pag. 292. Panzer Tom. II. pag. 422. Editio elegans et
rarissima, neque, quantum scimus, ab ullo recentiorum Criticorum
consulta. Nobis ejus conferendæ copiam fecit instructissima bibliotheca publica Argentoratensis, olim Schœpfliniana. Multas
quidem lectiones cum Jensoniana et Romana II. communes habet;
multas vero próprias et exquisitas. E. g. I. 8. post satia te sanguine non agnoscit v. inquit, quod vulgo ibi intrusum legitur. II.

10. cum in omnibus, quas vidimus, editionibus legatur, *fido deinde servo perferendas tradit, jusso, magistratibus Spartanorum tradere;* multo concinnius dedit, *fido deinde servo perferendas tradit magistratibus Spartanorum.* VI. ˙ 15. com̄ode omittit *recte ante reputantibus.* VII. 1. *subactis primo finitimis, mox populis nationibusque,* inter postrema duo verba addit *longinquis.* Sic I. 1. *longinqua, non finitima bella.* IX. c. 1. diserte habet *exhaustus pecunia, commercium,* &c. ut Schefferus volebat, pro vulg. *exhaustus pecuniæ commercium,* &c. XI. 10. pro *a qua postea susceptum,* legit *ex qua,* &c. XII. 6. fin. *condiscipulatu,* ubi in plerisque Mss. est *quondam discipulatu,* utrumque scribit *quondam condiscipulatu.*— Ex quibus facile colligitur, eam ex alio Codice descriptam esse. Nos ea diligenter usi sumus ad emendandum textum novæ hujus editionis; meminerintque, velimus, Lectores, si quam offenderint lectionis discrepantiam ab edd. recentioribus, præsertim Gronoviana secunda, eam antiquissimo huic codici deberi.

1470 Altera princeps Veneta I. s. Jensoniana. Fol. In ea titulus libri I. ita concipitur : ' Justini Historici in Pompei Trogi Historias liber primus incipit.' Ad finem libri XLIV : ' Justini Historici clarissimi in Trogi Pompei Historias liber XLIIII. feliciter explicit. MCCCCLXX.

 Historicos veteres peregrinaque gesta removbo
 Justinus. lege me. sum Trogus ipse brevis.
 Me Gallus Veneta Jenson Nicolaus in urbe
 Formavit Mauro principe Christophoro.'
Panzer Tom. III. p. 70. Contulit eam Gronovius.

 . . . . s. a. l. et typ. nemini bibliographorum memorata; quæ an anteverterit Romanam et Venetam, adeoque omnium princeps sit habenda, viderint quibus ejus accuratius examinandæ facultas data fuerit. Ea literis rotundæ formæ elegantibus, multisque scripturæ compendiis expressa fol. brevi, servatur in Bibl. Archipalatina, prout nobis significavit vir clar. Andreas Lamey, illius præfectus, Consil. aulicus, et Acad. Scient. ab epistolis. Signatura quaternionum, e quibus duplicatis oriuntur 8. folia, procedit ab a ad n usque. Charta ipsa signata videtur cruce eleganter formata cum apice quodam tropæi instar.

1472 Romana II. fol. per Conradum Sweynheim et Arnoldum Pannartz. ' Justini historici politissimi Epitoma in Trogi Pompei historias prohemium incipit.' Initio libri I. ' Ex primo volumine;'

et libri II. ' Ex secundo volumine Trogi Pomp.' Ad calcem libri
XLIV. extant haec disticha:

   Aspicis illustris lector quicunque libellos
     Si cupis artificum nomina nosse : lege.
   Aspera ridebis cognomina Teutona : forsan
     Mitiget ars Musa inscia verba virum.
   Conradus Sweynheim, Arnoldus Pannartzque magistri
     Rome impresserunt talia multa simul.
   Petrus cum fratre Francisco Maximus ambo
     Huic operi aptatam contribuere domum.
      M. CCCC. LXXII. die XXVI. Septembris.

Maittar. pag. 313. qui quidem Justinum una cum Floro prodiisse
in hac ed. ait: quod persuadere possit τὸ *libellos*, quae vox extat
in primo. versu. Sed in duobus exemplaribus, quorum unum manibus oculisque versavit Gronovius in bibliotheca Meadi, alterum
asservatur in bibliotheca Lugduno-Batava, desideratur Florus.
Ejusmodi exemplum etiam extabat in bibliotheca Smithiana. Idem
Gronovius, primum, qui Florum Justino comitem dedit, addito
anni et loci indicio, Philippum Pincium Mantuanum suspicatur, in
cujus typographia Justinus et Florus una fuerunt excusi Venetiis
an. 1493. Panzer Tom. II. p. 431.

   1474 Mediolanensis I. s. Zarotina : fol. quam Jensonianæ imita-
tricem esse, imitatio versuum illi subjectorum satis videtur indicare :

   Historias veteres peregrinaque gesta revolvo
     Justinus. lege me. sam Trogus ipse brevis.
   Quem manus Antoni Zarotho sanguine creti
     Impressit solers, Insubribusque dedit.

' Justini Historici clarissimi in Trogi Pompei Historias Liber XLIV.
feliciter explicit MCDLXXIV. Idibus Junii.—Maittar. p. 335. Panzer Tom. II. p. 16.

   1476 Mediolanensis II. fol. per Christoph. Valdarfer. ' Justini
Historici clarissimi in Trogi Pompeii Historias.' In fine : ' Impres-
sum Mediolani per Christophorum Valdarfer Ratisponensem Anno
Domini MCCCCLXXVI. Kal. Junii.'—Maittar. p. 361. Panzer Tom.
II. p. 24. Quae curante facta sit haec editio, aeque cum aliis nes-
cimus ; sed e Codice perbono, eoque cum optimis Bongarsii libris
conveniente, ductam esse bene vidit, qui eam contulit Jo. Frid.
Fischerus, quem. vide in Praef. Justini sui an. 1757. editi, p. XIV.

1478 Veneta II, fol. Justini Historiæ. · Venetiis per Philippum Condam Petri. 1478. d. 12. Decembris.—Maittar. p. 394. Laire Ind. I. p. 444. Quam tamen eandem esse cum sequente suspicamur cum Panzero Tom. IV, p. 432.

1479 Veneta III. fol. In ejus fronte fol. 1. a. legitur: ‘ Justini Historici clarissimi in Trogi Pompeii Historias exordium.’ In fine : ‘ Justini opere finis cum magna diligentia. Impressum per Philippum condam petri. in ueneciis ducante Johanne morenico inclito duce. M. CCCC. LXXVI II. die XII. decembris.’—Maittar. p. 397. Crevenna Tom. V. p. 43. · Panzer Tom. III. pag. 147. sq.

. . . . Justinus, cum Floro ex recens. Beroaldi. fol. s. a. l. et typogr. (circa an. 1480. · Brixiæ per Henricum Coloniensem, ut quidem videtur Com. de Reviczky Cat. p. 183. coll. p. 192. ed. sec. Berol. 1794.) Ad finem Flori leguntur quatuor distichæ : ‘ Aurea Justini,’ &c. dein repetita in edd. Sabellicanis.

1484 Veneta IV. fol. Memoratur Fabricio in Bibl. Lat. et post eum Fischero in Præf. p. xv.

, 1487 Epitome Justini et Flori. Venetiis 1487. fol.—Maittar. p. 490. · At in Indice omisit Maitt. hanc editionem, quæ forte ad an. 1497. pertinet. Panzer Tom. III. p. 248.

1491 Veneta V. fol. Justini et Flori Epitome. Veneciis 1491. die 5. Novembris.—Denis Suppl. p. 309. Panzer Tom. III. p. 310.

. 1493 Veneta VI. fol. cum Floro. ‘ Venetiis, per Philippum Pincium 1493. die vigesima decembris.’—Maittar. p. 558. cujus tamen fidem suspectam facit Panzer Tom. III. p. 342.

1494 Veneta VII. fol.—Maittar. p. 574.

ÆTAS II. SABELLICI,

1497—1522.

a · Marco Antonio (Coccio) Sabellico, qui primus critica ratione textum Justini recensuit : e qua recensione cum Floro primum prodiit Venetiis 1497. deinde s. a. et l. tum iterum Venetiis 1507. Imitatrices autem habuit ceteras hujus ætatis editiones; præter Bechariensem, et quæ illam secutæ sunt. Sabellici recensio tandem superata est ab Aldina 1522.

1497 Sabellicana I. Justini cum Floro. Fol. Justinus historicus. Hæc in fronte fol. 1. Post librum XLIV. et ultimum : ‘ Justini viri

clarissimi epithomatum. in Trogi Pompei historias liber XLIIII. et
ultimus feliciter finit.' Fol. 38. legitur: ' Ad magnificum Petrum
Mariam Rubeum Parmensem Philippi Beroaldi Bononiensis Epistola;' post cujus finem eadem pagina L. Flori gestorum Romanorum epithoma incipit. In fine Flori:

Aurea Justini Lucique epithomata flori·
Ære tibi modico candide lector eme.
Contrahit iste Titi numerosa volumina Livi.
Pompeii historias colligit ille Trogi.
Quam bene conjuncti: nempe hic ubi desinit: ille
Incipit: atque unum pene uidetur opus.
Rite recognovit quos Justinianus ad unguem
Romanus. Felix lector amice Vale.

' Venetiis. M. CCCCXCVII. die VIII. nouembris.' (sine nomine typogr.) Hæc excipit Epistola Sabellici ad Contarenum: ' Marcus
Antonius Sabellicus Jo. Matthæo Contareno viro patritio salutem.
Recognovi his paucis diebus Justini: et Lucii Flori Epitomen:
Fuitque ea mihi lectio parum jucunda; non quia non uterque sit
amabilis: et ut hic ex Livii majestate multum 'referens: ita ille ex
Trogi gravitate. Verum romanæ: Peregrinæque historiæ imaginem velut duplici tabella intuitus non sine dolore animi admone-
bar: quantum in duobus viris, quorum hi lineamenta verius quam
typum expressere: amiserit posteritas. Cæterum si fatorum invidia ea fuit ut tanta hominum indole necessario careremus: haud
vulgaris gratia debetur his: per quos denium consecuti sumus ut
si non corpus: imaginem saltem tantarum lucubrationum teneremus:
mus: quamquam (proh dolor) ne hanc quidem umbram nisi men-
dosam: claudam: et corruptam: librariorum sive inscitia: sive
incuria ad posteros transmisit. Scio ego virum nostri temporis
ingenio et eruditione florentem [Beroaldum seniorem dicit] in hoc
multum operæ adhibuisse, ut Florus ipse quam emendatissime legeretur: sed vel suo ipsius judicio: vel quod magis credo librariæ
officinæ vitio parum quod voluit effecit: Quod tu vir eruditissime
ita esse facile deprehendes: si recentia exemplaria (nisi ego quoque
pari fraude sum deceptus) cum veteribus illis contuleris. Nihil
enim quod ad eam recognitionem attineret: quæ diligentissima esse
potuit: a me prætermissum puto: nec Antonius Moretus,* vir
summa diligentia: ac supra quam dici possit accuratus: gerendæ
rei defuit: sed sic ego evenire arbitror: ut nihil quod a violenti-

bus·: et invitis fiat recte fiat. Tu vero quid in hac parte profece-
rimus vide: ac boni consule. Vale.' Hanc Epistolam scripsit
Sabellicus die VIII. Novembris MCCCCXCVII. Est ergo haec prima
inter edd. Sabellicanas;.recensuitque idem vir doctus lectionem
Flori Beroaldinam. Cf. Gronovii Praef. in Justin. Maittar. p. 490.
Panzer Tom. III. p. 423.

* Hic fuit bibliopola Venetus, cujus quoque meminit Sabellicus in
    Epistola ad Rambertum Malatestam VIII. 26. 'Conveni, quod
    potui, Antonium Moretum bibliopolam hic longe principem
    mihique familiarissimum.'

    .... Sabellicana II. s. a. et l. fol. (per Bernardinum Rasinium
Novocomensem) JUSTINI ET FLORI EPITHOMAE. Haec literis
capitalibus fol. 1. Fol. 2. 'Justini Historici clarissimi in Trogi
Pompeii Historias Liber L.' Fol. 39. b. 'Justini historici viri clarissimi epithomatum in Trogi Pompeii historias liber XLIIII. et
ultimus feliciter finit.' Fol. 40. praemissa Philippi Beroaldi ad Petrum Mariam Rubeum Comitem Parmensem epistola LUCII FLORI
GESTORUM ROMANORUM EPITHOMA INCIPIT. In fine fol. 57.
quatuor disticha: 'Aurea Justini,' &c. Fol. ultimo legitur M.
Antonii Sabellici ad Jo. Matth. Contarenum epistola, supra a nobis
adlata.—Cf. Gronov. in Praef. Maittar. p. 761. Panzer Tom.
IV. p. 149. Braunio P. II. p. 43. Not. de libris in bibl. Monast.
ad S. Udalr. verosimile videtur, hanc ed. Venetiis prodiisse.

    .... Sabellicana III. s. a. et l. fol. Justini Epitome Historia-
rum; accedit Flori Epitome. In medio folio 1. a. JUSTINI ISTO-
RICI. Sequitur JUSTINI HISTORICI CLARISSIMI IN TROGI POM-
PEII HISTORIAS EXORDIUM. In fine fol. 37. b. 'Justini historici
uiri clarissimi epithomatum in Trogi Pompeii historias liber XLIIII.
et ultimus feliciter finit.' Fol. seq. a. incipit Florus, praefixa epistola Beroaldi ad Petr. Mariam Rubeum. In fine versus: 'Aurea
Justini,' &c. Hos excipit M. Ant. Sabellici epistola cum registr.—
Panzer Tom. IV. p. 455.

    .... Parisina 1. 4. s. a. 'Justini Historia ex Trogo Pompeio
collecta. Lucii Flori Epithomata quatuor in decem Titi Livii de-
cades. Sexti Ruffi ad Valentinianum Augustum de Historia Romana opus. Parisiis apud Joh. Petit.'—Sic legitur in Catal. bibl.
Hassianae, Bremae an. 1732. edito, p. 530. n. 75. sed in Catal.
bibl. Zechianae, Lips. 1780. p. 44: 'impress. in vico D. I. Bellovacensis.' Nimirum Jo. Petit. a. Parvus habitabat 'in vico divi

Jacobi.' Servatur quoque in bibl. Francof. ad M. et extabat inter libros H. A. Werumei Jcti Groning. p. 99. n. 527. eadem forma. Alii tamen Parisinae huic s. a. formam, quae folio minus dicitur, ascribunt.

· 1502 Mediolanensis III. Justini in Trogi Pompei Historias Libri XLIIII. Lucii Flori Historia Romana in compendium redacta, ex recensione Philippi Beroaldi. Impressum Mediolani apud Alexandrum Minutianum MCCCCSH. Idib. Januar. Fol.—Panzer Tom. VII. p. 379.

1503 Venetiis. Fol. Justinus Historicus: et Florus cum ep. Philippi Beroaldi Bononiensis ad magnificum comitem Petrum Mariam Rubeum Parm. Venetiis per Bartholomæum de Zanis de Portesio MCCCCCIII. die tertio Febr. Justino præmittitur Epist. Sabellici ad Contarenum. Servatur hæc editio inter cimelia Bibl. Archipal. Manhem.

1505 Bononiæ. Fol. Justini Historiarum ex Trogo Pompeio in epitomen redactarum Libri XLIV. una cum L. Floro a Philippo Beroaldo correcto. Bononiæ 1505.—Panzer Tom. IX. p. 413.

· 1506 Argentorati. 4. Justinus cum Floro et Plinio (vel potius Aurelio Victore) de viris ill.—Memoratur Fabricio in Bibl. Lat.

· — Parisina II. fol. 'Justini Historia ex Trogo Pompeio quattuor et triginta epithomatis collecta. Lucii Flori Epithomata quatuor quam cultissima in decem Titi Livii decadas. Sexti Ruffi C. V. ad Valentinum (sic) Augustum de historia Romana opus dignissimum. Parisiis 1506.'—Hujus contextus, ut testatur Gronovius, plurimum quantum differt a Sabellicano, et plerumque cum Bechariano conspirat; quod etiam haud obscure indicat titulus, quem communem habet cum parte tituli ed. Becharii, (cf. infr. an. 1510.) in qua tamen rectius editur Valentinianum. Anteverterit igitur oportet Bechariana prima hanc Parisinam; sed quo anno quove loco lucem ea viderit, nobis non cognitum. Editio anni 1509. a Bechario curata, quam recenset Gronovius in Præfat. eadem est cum Justino II. an. 1510. ubi vide.

1507 Sabellicana IV. fol. 'Justini ex Trogo Pompeio Historiæ cum multis memorabilibus in margine. Addito insuper indice: quo facilius notatu clariora reperiri possint: super emendatæ.' In fine Justini: 'Justini historici viri clarissimi epithomatum in Trogi Pompeii historias liber XLIIII. et ultimus feliciter finit.' Sequitur Florus, præmissa epistola Phil. Beroaldi ad Petrum Mariam Rubeum. Subjunguntur quatuor disticha : 'Aurea Justini,' &c. Post quæ tandem exhibetur Epistola Sabellici ad Contarenum, cum subscriptione: 'Impressum Venetiam (sic) per magistrum Joannem Tacuinum de Tridino M. CCCCC. VII. die XVII. Maii.'—Index, quem promittit titulus hujus editiouis, in ea non reperitur. Unde Gronovio orta suspicio, eam 'vivente quidem Sabellico prelum subiisse, post mortem vero ipsius demum ad finem fuisse perductam: siquidem anno MDVI. animam Deo reddidit illustre illud Italiæ literatæ ornamentum.' Cf. Panzer Tom. VIII. p. 385.

1510 Juntina I. 8. curante Mariano Tuccio. 'Justinus una cum L. Floro nuper castigatus.' Fol. 1. b. 'Marianus Tuccius Florentinus Andreæ Marsuppino juveni ornatissimo S.' In fine : 'Impressum Florentiæ, opera atque impensa Filippi de Giunta Florentini, 1510. tertio Galeodas (l. Calendas) Februarii, Petro Soderino perpetuo Vexillifero existente.'—Gronov. in Præf. Panzer Tom. VII. p. 12.

— Mediolanensis IV. fol. 'Trogi Pompeii Historia per Justinum in compendium redacta proxime quam emendatissime edita.' Justinum comitantur Florus et Rufus, in cujus fine additur : 'Habes Candide Lector in hoc volumine non minus utilia quam lepida Justini in Trogum, et Flori in Livium : insuper Sexti Ruffi viri consularis Epithomas nuper castigatissime Mediolani impressas apud Leonardum Vegium. M. D. X. nonis Maiys.'—Gronov. ibid. Panzer Tom. IX. p. 534.

— Juntina II. s. l. et typogr. 8. 'Justini Historia ex Trogo Pompeio quatuor et triginta (sic) epithomatis collecta. Lucii Flori Epithomata quatuor quam cultissima in decem Titi Livii decadas. Sexti Ruffi Consularis uiri ad Valentinianum Augustum de Historia romana opus dignissimum. Nerua cocceius ex dione Græco per Georgium Merulam Alexandrinum. Trajanus Nerva ex dione per eundem Merulam. Adrianus ex dione græco. Conflagratio Vesævi montis ex dione per supradictum Merulam. P. Victoris de regionibus urbis Romæ libellus unicus.' Sequitur lilium rubrum, ex quo manifeste apparet, hanc editionem excusam fuisse Florentiæ in typographia Philippi Juntæ. Præfationem præmisit editor Augustinus Becharius Mortariensis Sacerdos. In fine P. Victoris legitur: 'Impressum fuit hoc opus Anno domini M. CCCCC. decimo. Nono Kalend. Augusti.'—Gronovius, qui usus est hac editione, male eam retulit ad an. 1500. ideo merito reprehensus a Creverma in Catal. Tom. v. p. 44. Ascribamus ejus verba: 'Grono-vius n'a pas bien fait attention à la date de la souscription, qu'il marque 'M. CCCCC. decimo nono Kalend. Augusti,' au lieu de ' M. CCCCC. decimo. Nono Kalend. Augusti,' et par consequent il la croit executée dans l'année 1500. au lieu de 1510. comme nous croions qu'on doit la noter, 1. parceque dans la dite souscription le *decimo* est imprimé avec un point après, comme nous le rapportons, et que la premiere *N* de *nono*, qui suit aprés le point, est grande, ce qui fait voir que le *decimo* appartient à l'année, et le *nono* à *Ka-lendas*. 2. parceque les *Kalendæ Augusti* ne vont pas plus loin que Dixsept, et que par consequent *Decimo nono Kalendas Au-gusti* ne peut pas subsister, et seroit faux.' Quod quidem non anim-advertens Panzer Annal. typ. Tom. I. p. 429. coll. Tom. VII. p. 13. duas statuit esse editiones, quæ nonnisi una erat habenda: eandemque errorem repetiisse videmus Harlesium in Suppl. ad brev. not. lit. Rom. Parte II. p. 155.

. . . . Parisina III. s. a. 4. Justinus, Florus, et Sext. Rufus. ' Parisiis in Campo Gaillardo venalis apud Joannem Petit.'—Panzer Tom. VIII. p. 211.

1512 Venetiis. Fol. 'Justini ex trogo pompeio historiæ cum multis memorabilibus in margine. Addito insuper indice, quo fa-cilius notatu clariora reperiri possint : nuper emendate.' Hæc in fronte. In fine Justini: 'Justini Hispani Historici—Epithomatum liber XLIIII. Et ultimus feliciter finit.' Sequitur Florus, ad cujus calcem legitur: ' Impressum Venetiis per Joannem Tachuinum de Tridino M. CCCCC. XII. die vigesimo tertio Septembris.'—Panzer Tom. VIII. p. 408.

1514 Lipsiæ. Fol. 'Justini ex Trogo Pompeio historiæ cum multis memorabilibus in margine. Addito insuper indice: quo facilius notatu clariora reperiri possint : nuper emendatæ.' In fine : 'Impressum Liptzk per Jacobum Thanner Herbipolitanum. Anno dni. M. CCCCC. XIIII.'—Rarissimæ hujus editionis notitiam de-dit Freytag in Apparat. liter. Tom. I. pag. 274. Cf. Panzer Tom. VII. p. 186.

1517 Viennæ Austriæ. 4. ' Justini nobilissimi Historici in Tro-gum Pompeium Libri quadraginta quatuor. Additus insuper est per Joannem Camertem ordinis Minorum Index copiosissimus, quo facile, quicquid in toto opere notatu dignum est, possit lector cum voluerit reperire.' Pag. 2. legitur Vdalrici Fabri Thornburgensis

Epistola dedicatoria ad Georgium Episcopum Viennensem, data nono Kalendas Julii 1517. in qua profitetur, corrigendorum Justini librorum curam sibi injunctam fuisse, quo exactius ederentur. In fine Justini : 'Impressum Viennæ Austriæ, per Joannem Singrenium. Expensis uero Leonhardi et Luce Alantse fratrum. Anno domini. M. D. XVII.'—Denis Wiens Buchdruckergeschichte p. 165. Panzer Tom. IX. p. 34.

1519 Parisina IV. Danesii. Fol. 'Justini Historici clarissimi Epitome in Trogi Pompei Historias; L. Flori de rebus Romanis Epitome; Sexti Ruffi V. C. libellus. Parisiis impressit Chalcographus fidelissimus Antonius Aussurdus impensis Joannis Parvi.' In fine Justini: 'Ad Idus Maias M. D. XIX.' Ad calcem Flori: 'Octavo Calendas Julias, anno supra millesimum D. XIX. Veneunt in ædibus Joannis Parvi in via ad divum Jacobum sub signo aurei Lilii.'—Panzer Tom. VII. p. 54. Curavit hanc ed. Petrus Danesius, qui in epistola ad Aussurdum præmissa (a Maittario inserta Tom. II. P. I. p. 85.) se egregio Codice usum dicit, omninoque suam in hac ed. navatam operam prædicat. Fuit penes Gronovium. Cf. Jo. Frid. Fischerum præfantem. suæ Justini editioni.

— Parisina V. 4. Florus cum Justino et Ruffo. 'Parisiis per Jacobum le Messier anno MDXIX. XI. Novembris.'—Maittar. Ind. I. p. 404. Panzer Tom. VIII. p. 59.

1520 Mediolanensis V. fol. Justinus, L. Florus, et Sext. Ruffus. 'Mediolani ex officina Minutiana. MDXX.'—Panzer Tom. VII. p. 399.

. . . . Parisina VI. s. a. fol. Justinus et Florus. 'Petrus Danesius ad vetus exemplar reposuit. Lutetiæ in ædibus Johannis Parvi.'— Panzer Tom. VIII. p. 211.

. . . . Parisina VII. 4. Justinus, Florus, et Sext. Ruffus. Parisiis in ædibus Anthonii Bonemere.—Panzer Tom. VIII. p. 217.

ÆTAS III. ALDINA,

1522—1581.

qua Franciscus Asulanus, Aldinæ curator, textum vulgatum non modo e superioribus edd. sed et ex scriptis, et ingenio passim mutavit. Novam hanc lectionem mox more suo arripuerunt Juntæ, et vulgatiorem fecerunt. Hac via progressi in Germania Georgius

Major et Car. Sichardus nova dedere exempla; præter quæ etiam
Gryphianæ et Antverpienses celebrantur.

1522 Aldina I. 8. 'Trogi Pompei externæ Historiæ in compendium ab Justino redactæ. Externorum imperatorum vitæ authore
Æmylio Probo' (s. Cornelio Nepote.) Præfationi Justini præmittitur Francisci Asulani ad Joannem Cornelium Georgii filium Epistola. Ad calcem Æmylii Probi legitur: ' Venetiis in ædibus Aldi
et Andreæ Asulani Soceri, mense Jan. 1522.'—Panzer Tom. VIII.
p. 471.

1525 Juntina III. 8. 'Trogi Pompei externæ Historiæ in compendium ab Justino redactæ. Externorum imperatorum uitæ. Æ-
mylio probo authore. P. Vellei Paterculi historiæ Ro. duo uolu-
mina nuper reperta diligentissimeque excusa cum indice omnium,
quæ digna sunt notatu, copiosissimo.' In fine: ' Florentiæ, per
hæredes Philippi Juntæ Anno Domini 1525.'—Panzer Tom. VII. p.
40. Hæc fautorem invenit Jo. Georg. Grævium in recensendo
Justino; sed quam in illi auctoritatem tribuit, ea repetenda fuit
ab Aldina, cujus est imitatrix.

. . . . Aldina II. s. a. 8. Justini Historiæ ex Trogo Pompeio
cum Æmilio Probo. Venetiis apud Aldum.—Panzer Tom. VIII. p.
560. ex Cat. Pinell.

1526 Sichardi I. 8. ' Justini Historici clarissimi in Trogi Pompei historias libri quadraginta quatuor, a Joan. Sichardo summa,
diligentia recogniti et illustrati. Quibus adjecimus certe consilio
Sex. [Aurelium Victorem, qui Cæsarum vitas a D. Augusto ad
Theodosium usque, historia prosecutus est. Cum indice. Basileæ
apud Andream Cratandrum An. M. D. XXVI.' In fine: ' Basileæ
per And ream Cratandrum, Mense Januario Anno M. D. XXVI.'—
Panzer Tom. VI. p. 255.

— Majoris I. 4. ' Justini ex Trogo Pompeio historia, diligentissime recognita et ab omnibus, quibus scatebat mendis, collatis ad
authorem Græcis et Latinis Historicis, repurgata. Cui præterea
non parum lucis, ex iisdem transcriptis sententiis, et indicato historiæ ordine, accessit. Adjecta est Monarchiarum quoque ratio.
Hagenoæ apud Joh. Secer. Anno M. D. XXVI.' Præcedit epistola
nuncupatoria Philippi Melanchthonis ad Christophorum Stalber-
gium. In fine: ' Hagenoæ apud Joh. Secer. Anno M. D. XXVI.'
—Panzer Tom. VII. p. 95. Textum ex aliis libris editis, maxime

ex Aldina s. Juntina non solum formavit, sed et Codice usus est. Vorstius ei multum tribuit.

. 1530 Parisina VIII. 8. Justini Historiæ et Sextus Aurelius Victor. Parisiis apud Simonem Colinæum.—Panzer Tom. VIII. p. 135.

— Sichardi II. 8. Justinus, cum Sext. Aurelio Victore. Basileæ, apud Andream Cratandrum M. D. XXX.

1533 Majoris II. 4. Justini ex Trogo Pompeio historia, &c. Hagenoæ apud Joh. Secer.—Panzer Tom. VII. p. 111.

— Eadem recusa Coloniæ. 8.

1537 Coloniæ. 8. Justini ex Trogo Pompeio Historia. Diligentissime recognita, et ab omnibus, quibus scatebat mendis, collatis ad autorem Græcis et Latinis historicis, repurgata. Cui præterea non parum lucis, ex iisdem transcriptis sententiis, et indicato historiæ ordine, accessit. Coloniæ, apud Jo. Gymnicum.—Bibl. Argentor.

1538 Gryphiana I. 8. ʻJustini ex Trogi Pompeii historiis externis libri XLIV. His accessit ex Sex. Aurelio Victore De uita et moribus Romanorum imperatorum Epitome. Lugduni, apud Seb. Gryphium, 1538.ʼ—Crevenna Tom. v. p. 45.

1539 Basileæ. 4. Justini ex Trogo Pompeio historiæ. Basileæ apud Mich. Isengrinium. Curante Sim. Grynæo, qui præfatus est de utilitate legendæ historiæ.

1542 Gryphiana II. 8. cum Sex. Aurelio Victore. Lugduni, apud Seb. Gryphium.

1543 Parisina IX. 8. Justini ex Trogi Pompeii historiis externis libri XLIV. Parisiis, apud Rob. Stephanum.

— Coloniæ. 8.

— Antverpiæ. 8.

— Basileæ. 8. Justini ex Trogi Pompeii Historiis externis Libri XLIIII. diligentissime ex variorum tam Græcorum quam Latinorum exemplarium collatione castigati, ac beneficio quorundam a mendis, quibus scatebant, repurgati. Præterea D. Jo. Sichardi castigationes, et Georg. Majoris annotationes, accesserunt. Item, ex Sexto Aurelio Victore De vita et moribus Romanorum Imperatorum Epitome. Cum indice copiosissimo tam rerum quam verborum delectu. In fine: Basileæ, apud Bartholomæum Westhemerum. An. M. D. XLIII.—Bibl. Argentor.

1546 Gryphiana III. 12. 'Justini ex Trogi Pompei Historiis externis' libri XXXXIIII. Item ex Sex. Aurelio Victore De uita et moribus Romanorum imperatorum Epitome. Lugduni, apud Seb. Gryphium 1546.'—Crevenna Tom. v. p. 45.

1549 Coloniæ. 8. ex rec. Majoris ; qua usus est Fischerus.

. 1551 Gryphiana IV. 12. Justini ex Trogi Pompeii Historiis externis libri XLIV. Accedit ex Sex. Aurelio Victore de vita et moribus Rom. imperatorum Epitome. Lugduni, apud Seb. Gryphium. —Biblioth. Emtinck. P. III. p. 449. n. 212.

1552 Antverpiæ. 12.

1553 Basileæ. 8. cum Sichardi castigg. et cum annott. Majoris. — Gryphiana v. 8. Lugduni, apud Seb. Gryphium.—Bibl. Emtinck. P. III. p. 305. n. 539.

1555 Gryphiana VI. 8. Lugduni, apud Seb. Gryphium.

1557 Gryphiana VII. 8. ib. apud eund.

— Eadem, ibid. apud eund. 12.

1558 Parisiis. 12. Justini ex Trogi Pompeii Historiis externis Libri XXXXIIII. His accessit ex Sexto Aurelio Victore de Vita et Moribus Romanorum Imperatorum Epitome. Omnia quam diligentissime ex variorum exemplarium collatione castigata. Parisiis, apud Hieronymum Marnef.—Bibl. Argentor.

1559 Lugduni. 12. apud Anton. Vincentium.—Bibl. Emtinck. P. III. p. 449. n. 212.

1560 Parisiis. 12. apud Heur. de Marnef.—Bibl. Emtinck. P. III. p. 450. n. 213.

1562 Basileæ. 8. cum præf. Sim. Grynæi de utilitate legendæ historiæ, subjectis ad voluminis calcem notis Henr. Loritti Glareani Patricii Claronensis.

— Gryphiana VIII. 8. Justini ex Trogi Pompeii historiis externis Libri XLIV. His acc. supra Sex. Aur. Victoris Epitomen de vita et moribus Impp. exinde ad Caroli (v.) usque tempora compendium. Lugduni, apud heredes Seb. Gryphii.

1565 Antverpiæ. 8. Ex Trogi Pompeii Historiis externis Lib. XLIII. Accessit de vita et moribus omnium Imperatorum S. Aurelio Victori addita Epitome, ex variis iisque probatiss. auctoribus collecta. Antverpiæ, in ædibus viduæ et hæredum Jo. Stelsii.— Bibl. Argent.

. 1568 Lugduni. 12. Justini ex Trogi Pompeii Historiis externis libri XLIV. Accessit de vita et moribus omnium Impp. Sexto Aureliæ Victori addita Epitome. Lugduni, ap. Joh. Frellonium.—Catal. de la Bibl. du Duc de Valliere.

1569 Gryphiana IX. 8. Lugduni. Recusa ex VIII.

1570 Coloniæ Agripp. 8. Justini ex Trogo Pompeio historia, fidelissima recognitione nunc postremo, collatis ad autorem et Græcis et Latinis historicis, pristinæ veritati restituta. Adjectæ sunt præterea et Monarchiæ ad calcem libri hujus, &c. Coloniæ Agrippinæ, apud Gualtherum Fabricium et Jo. Gymnicum.

1572 Londini. 8. Justini ex Trogi Pompeii historia libri XLIIII. supra plurimorum editiones doctorum hominum opera castigatissimi. Cum eruditissimis scholiolis et argumentis jam primum apte suo loco dispositis et insertis. Adjecimus monarchiarum omnium tabulam, ex fideliss. historiographis diligenter collectam. Londini, per Henricum Bynneman.—Brüggemann 'View,' &c. p. 706.

1573 Gryphiana X. 12. Justinus et Sex. Aur. Victor, additis Eliæ Vineti in Victorem notis. Lugduni apud Gryph.

1576 Coloniæ Agripp. 8. Justini ex Trogi Pompeii Historiis externis Libri XLIV. Cui adjecimus monarchiarum omnium tabulam ex fidelissimis historiis collectam: et epitomen Sexti Aurelii Victoris de vita et moribus omnium Impp. Omnia cum Scholiis, Argumentis, et Indice rerum et verborum locupletissimo. Coloniæ Agripp. apud hæredes Arnoldi Birckmanni.—Bibl. Argentor.

1577 Londini. 8. Repetitio ed. 1572.

1581 Antverpiæ. 12. cum Sex. Aur. Victore.

ÆTAS IV. BONGARSIO-MODIANA,

1581—1668.

a Jac. Bongarsio, qui Matth. Berneccero ad Justini præf. 'sospitator Justini unicus' dicitur, et Franc. Modio. Ille quidem e Cujacii, Puteani, aliisque sex Codd. Mss. diligenter collatis, adhibita etiam Aldina Asulani, vulgatam emendavit, et notis doctissimis tabulisque chronologicis scriptorem illustravit; sed et intempestivo emendandi studio abreptus aliquando, Jo. Scheffero judice, in pejus textum immutavit: hic vero correctis recensionis Bongarsianæ quibusdam locis ex Mss. Fuldensibus, et animadversionibus additis, bene de Justino meritus est. Principes hos dein secuti

sunt Victorinus Strigelius, Theopb. Cangiserus, et paullo religio-
sior Bongarsii assecla, Matth. Berneccerus, illius et Strigelii et aliorum notas suis addidit, indicem a Freinshemio, genero, concinna-
tum subjecit, ab eoque etiam adjutus pluribus locis criticam rationem persecutus est. Dein Isaacus Vossius Justino uberiores notas et criticas, quas ad textum emendandum secuti sunt posteri, et
historicas addidit; ipse tamen lectionis Bongarsianæ retinens fuit;
uti M. Zuerius Boxhornius, Ant. Thysius, et Corn. Schrevelius
Inter editores, post Bongarsium, Elias Viuetus, Janus Gruterus,
et Dan. Pareus historiam tantum amplexi sunt.

1581 Bongarsiana princeps. 8. Justinus: Trogi Pompei historiarum Philippicarum Epitoma, emendatior et prologis auctior: in
eandem notæ, excerptioues chronologicæ, et variarum lectionum
libellus Jac. Bongarsii. Parisiis, apud du Val.

1585 Gryphiana XI. 12. Lugduni apud Gryph.

1586 Londini. 8. Justini et Aurelii Victoris historia. Londini,
typis Georgii Robinson.

. —— Venetiis. 8.

1587 Bongarsio-Modiana I. 12. Justinus: Trogi Pompeii historiarum Philippicarum Epitoma, nuper ex manuscriptis codicibus
emendata et prologis a Bongarsio aucta; nunc vero secundo recognita et ad Mss. item librorum, Fuldensium maxime, fidem ex integro emaculata a Franc. Modio. In eandem Notæ, Excerptiones
chronologicæ et variarum lectionum libellus Bongarsii, cum ejusdem Modii tam in Justinum, quam in prologos spicilegio. Francofurti, apud Joh. Wechel.

1590 Gryphiana XII. 12. Justini ex Trogi Pompeii historiis externis libri XLIV. Sex. Aur. Victoris epitoma de vita et moribus
Impp. Eliæ Viueti in eam epitomen notæ et castigationes, &c.
Lugduni, apud Anton. Gryphium.—Bibl. Emtinck. P. III. p. 450.
n. 214.

1591 Bongarsio-Modiana II. 12. ex priori repetita. Francofurti,
apud Joh. Wechel.

1593 Lugduni. 8.—Bibl. Emtinck. P. III. p. 305. n. 541.

1594 Lugduni Bat. 8. cum El. Vineti notis.

1596 Lugduni Bat. 24. ap. Rapheleng.

1602 Strigelii I. 8. Justinus. Trogi Pompeii Historiarum Philippicarum Epitoma, e J. Cujacii, Cl. Puteani, utriusque Pithœi,
aliisque sex manuscriptis doctissimorum virorum optimis codici-

bus summo studio correcta, multisque scholiis illustrata. Accessit
V. C. Victorini Strigelii commentarius, nunquam antehac editus,
&c. Ursellis, ex officina Corn. Sutorii, sumptibus Lazari Zetzneri.
—Bibl. Argentor.

1605 Lugduni. 12. Justini ex Trogi Pompeii externis historiis
libri XLIV. Sex. Aur. Victoris epitome de vita Cæsarum. Eliæ Vineti in Victoris epitomen notæ et castigationes. Lugd.—Bibl. Emtinck. P. III. p. 450. n. 215.

1606 Lugduni Bat. 16. ap. Rapheleng.

1609 Antverpiæ. 8. Justini ex Trogi Pompeii Historiis Philippicis Libri XLIIII. ex manuscriptis codicibus emendati, et Argumentis aucti. Accessit De vita et moribus omnium Imperatorum
S. Aurelio Victori addita Epitome, ex variis iisque probatissimis
autoribus collecta. Antverpiæ, apud viduam et hæredes Petri Bel-
leri.—Bibl. Argentor.

— Aureliæ Allobrogum. Fol. Justini- historiarum Philippica-
rum, et totius mundi originum, et terræ situs, ex Historia Trogi
Pompeii Libri.—Inter Scriptt. Histor. Rom. Aurel. Allobr. 1609.
Tom. II. p. 615. sqq.

1610 Ursellis 8. cum Strigelii et Bongarsii notis, additis Theo-
phili Cangiseri Scholiis in x. libros Justini primores.

1612 Marpurgi. 8. cum notis Jani Gruteri.

1613 Argentorati. 8. Trogi Pompeii historiarum Philippicarum
epitoma, e J. Cujacii, Cl. Puteani, utriusque Pithœi, aliisque sex
doctiss. virorum Mss. Codd. correcta, (cum singulorum librorum
breviariis et notis marginalibus, cum notis Jac. Bongarsii, excerp-
tionibus chronologicis, variis lectionibus, et in decem libros ante-
riores Scholiis Theoph. Cangiseri). Accessit Victorini Strigelii
commentarius, nunquam antehac editus.

— Antverpiæ. 12. ex offic. Plantin.

1616 Bongarsio-Modiana. III. 12. Francofurti, ap. Wechel.

1620 Duaci. 8.

1621 Amstelodami. 24. ap. Cæsium.

1627 Argentorati. 8. sumt. hered. Zetzneri. Repetitio ed. 1613.

1630 Francofurti. 8. cum notis Dan. Parei.

— Amstelodami. 12.

1631 Bernecceriana I. 8. Justini in historias Trogi Pompeii epitomarum editio nova accurante Matth. Berneggero. Argentorati.
Sumptibus heredum Lazari Zetzneri.—Bibl. Argentor. Contextus

est a Jac. Bongarsio et Fr. Modio emendatus, in capita versiculosque distinctus. Bongarsii, Modii, Strigelii, aliorumque notas suis additas textui subjecit; prologos c. n. Bongarsii, Modii, Freinshemii, tum Bongarsii Excerptiones chronologicas, et variarum lectionum libellum, &c. adjecit.

1635 Amstelodami. 16. Justini historiarum ex Trogo Pompæio libri XLIV. ex museo Jo. Is. Pontani. Amst. apud Jo. Janssonium.

1638 Boxhornii 1. 12.—ex recens. M. Zuerii Boxhornii. (qui paucas notas criticas adjecit.) Amstelodami ap. Jansson.

1640 Lugduni Bat. 12. Justini historiarum ex Trogo Pompeio libri XLIV. cum notis Isaaci Vossii. Lugd. Bat. ex officina Elzeviriana.

1644 Boxhornii II. 12. Amstelod.

— Eadem Venetiis recusa. 12.

1646 Amstelodami. 12.

1650 Amstelodami. 24. cum notis Is. Vossii. Amst. ap. Elzevir.

— Lugduni Bat. 8. Justinus cum selectissimis Variorum observationibus, ex accurata recensione Ant. Thysii.

1653 Berneceriana II. 8. Justini in historias Trogi Pompeii Epitomarum editio novissima, accurante Matthia Berneggero. Argentorati, sumptibus Joh. Joach. Bockenhofferi.

— Lugduni. 12.

1656 Lugduni Bat. 12. Justini historiarum ex Trogo Pompeio libri XLIV. cum notis Is. Vossii. Lugd. Bat. ap. Elzevir.

1659 Schreveliana 1. 8. Justinus cum notis selectis Variorum, Bernecceri, Bongarsii, Vossii, Thysii, &c. curante C. S. M. D. (Cornelio Schrevelio.) Amstelod. ap. Elzevir.

1660 Boxhornii III. 12. Amstelod. apud Jo. Jansson.

— Schreveliana II. 8. Vratislaviæ, sumptibus Ef. Fellgibetii. Repetitio. ed. 1659.

1662 Berneceriana III. 8. Argentorati.

1663 Hagæ Comitis. 8. min. Justini historiarum libri XLIV. notis compendiosis, in usum studiosæ juventutis, dilucidati opera et industria Titi Livii. Quibus accedit illustratio quorundam locorum, nobis humanissime suppeditata a literatorum lumine Jo. Fred. Grouovio.

1666 Berneceriana IV. 8. Argentorati.

1668 Bongarsii Comm. in Justinum separatim prodiit, teste Fischero præf. p. XXVI. idemque sic repetitus 1683. et 1694.

— Schreveliana III. 8. cum notis Varr. et Freinsbemii indice.
Jenæ.

1669 Schreveliana IV. 8.—cum notis selectissimis Variorum,
curante C. S. M. D. Amstelodami, apud Ludovicum et Danielem
Elzevirios.

— Amstelodami. 12.

— Oxonii. 12. Justini historiæ Philippicæ, cum notis Isaaci
Vossii.

1670 Schreveliana v. 8. 2 voll. c. n. Varr. Lugduni Bat.

— Lugduni Bat. 12..ex rec. Isaaci Vossii. (Sed Vossius textum
ipse reliquit Bongarsianum, suasque emendationes in notis tantum
suasit.)

1671 Amstelodami. 16. Justini historiarum ex Trogo Pompeio
libri XLIV. ex recensione Isaaci Vossii. Amstel. ap. Elzevir.

ÆTAS V. GRÆVIO-GRONOVIANA,

1668—1802.

a duumviris Justini emendandi Jo. Georgio Grævio et Abrahamo
Gronovio dicenda.   Ille quidem textum Bongarsianum sæpius intempestiva immutatione veteris lectionis aberrantem ad eam re-
duxit, auctoritate maxime Juntinæ (quæ non est nisi repetitio Aldinæ) fultus, jam ab an. 1668. dein cum Tanaq. Faber, Jo. Vorstius, Jo. Schefferus et Oxonienses, visis Grævii notis, suas quoque edidissent edd. præstantes, horum virorum curas superavit,
adornata editione majore cum notis varr. suisque; post quam
Oxonienses studio Thomæ Hearne Justinum, Ven. Abbas de Longuerue Prologos olim a Bongarsio emendatos, denuo ad Mss. exe-
gerunt.   Tum Grævii vestigiis insistens Abrah. Gronovius novam
editionem cum notis varr. eamque auctiorem paravit, primam
1719. ut juvenis negligentius; alteram 1760. ut senior diligentius:
unde optima processit lectio, quam secuti sumus.   Præter eum,
ut futilibus, quæ in Germania a sec. XVIII. ineunte obtinere cœperunt, editionibus Junckeri, et cum notis Germanicis Sinceri, dero-
garet, pulchre juventuti et literis consuluit Jo. Frid. Fischerus,
edendo an. 1757. ex rec. Græviana et cum ejus ac Jo. Frid. Gronovii notis, libello varr. lectt. Bongarsiano auctiore cett. Justino,

in cujus præfatione multa curatius, præsertim de edd. antiquis disputavit.

1668 Græviana I. minor. Justini Historiarum libri XLIV. ex recensione Joannis Georgii Grævii, cum ejusdem notis et animadversionibus. Trajecti ad Rhenum. 12.

— Tanaq. Fabri I. 8. M. Juniani Justini historia ex Trogo Pompeio: recensuit et emendationes addidit Tanaq. Faber. Salmuri.

1669 Amstelodami. 16. Justini Historiarum ex Trogo Pompeio Libri XLIV. Editio novissima. Amstelodami, apud Jo. Janssonium a Waesberge et viduam Elizei Weyerstraet.

1670 Lugduni. 12. maj. 2 voll. c. notis selectis Variorum.

1671 Tanaq. Fabri II. 8. Salmuri.

1673 Amstelodami. 12. cum notis Is. Vossii. Amst. ap. Elzevir.

— Lipsiæ. 8. Justini in historias Philippicas Trogi Pompeii epitomarum libri XLIV. ex recensione et cum notis Joh. Vorstii. Lipsiæ, impens. Ern. Gohlii.

1674 Londini. 12. M. Juniani Justini ex Trogi Pompeii Historiis externis Libri XLIV.

— Oxonii. 8. Justini Historiarum ex Trogo Pompeio Libri XLIV. e Mss. Codicum collatione recogniti. Oxonii, e theatro Sheldoniano.

1675 Amstelodami. 12. apud Elzevir.

1677 Parisiis. 4. Justinus de Historiis Philippicis, et totius mundi originibus. Interpretatione et notis illustravit Petrus Josephus Cantel e S. J. in usum Delphini. Parisiis, apud Fred. Leonard.

1678 Upsaliæ. 8. Justini historiarum Philippicarum Trogi Pompeii Epitome: recensuit novisque notis illustravit Jo. Schefferus.— Præstans admodum editio recusa eod. anno

— Hamburgi et Amstelod. 12.

1680 Amstelodami. 12. ex rec. M. Z. Boxhornii.

1683 Græviana I. major. Justini historiæ Philippicæ. Ex recensione Jo. Georgii Grævii, cum ejusdem castigationibus. His accedunt integræ notæ Jac. Bongarsii, Franc. Modii, Matth. Bernecceri, Is. Vossii, Tanaq. Fabri, Jo. Vorstii, et Jo. Schefferi, et aliorum. Lugduni Bat. ex offic. Hackiana. 8.

1684 Oxonii. 8. repetita ex illa 1674.

1686 Rotomagi. 16. Justini Historiarum ex Trogo Pompeio Libri XLIV. ex recensione Isaaci Vossii. Rotomagi, typis Richardi Lallemant.

— Londini. 8. M. Juniani Justini ex Trogi Pompeii historiis externis Libri XLIV. omnia quam diligentissime ex variorum exemplarium collatione recensita et castigata, in usum scholasticæ juventutis accommodata. Londini, exc. E. Horton.—In hac ed. variantes lectiones et chronologicæ excerptiones in margine sunt positæ, et notæ selectissimæ Vossii, Thysii, Bongarsii, &c. cuicumque paginæ subjectæ.

1688 Wratislaviæ Silesiorum. 8. Græviana major an. 1683. recusa apud Iesaiam Felgibeln.

— Amstelodami. 12. c. n. Is. Vossii.

1690 Lugduni. 16. Justini historiarum ex Trogo Pompeio Libri XLIV. ex recensione Isaaci Vossii. Lugduni, sumtibus Matth. Liberal.

1691 Amstelodami. 8. ex rec. Jo. Georg. Grævii.

1694 Eadem recusa ibid. 8.

1698 Bernecceriana v. 8. Argentorati.

1701 Londini. 8. Justinus de historiis Philippicis, et totius mundi originibus: interpretatione et notis illustravit Petrus Josephus Cantel, e S. J. Jussu Christianissimi Regis: in usum Ser. Delphini. Huic editioni accessere Jac. Bongarsii Excerptiones chronologicæ ad Justini historias accommodatæ. Londini, impensis R. Clavel, H. Mortlock, S. Smith, et B. Walford, in Cœmiterio D. Pauli.

— Lugduni Bat. 8. Justini Historiæ Philippicæ. Ex nova recensione Jo. Georgii Grævii, cum ejusdem castigationibus, et notis Variorum. Lugd. Bat. apud C. Boutesteyn, J. du Vivie, J. Sever. et A. de Swart.

— Lipsiæ. 12. c. n. Chr. Junckeri ad modum Minellii.

1704 Londini. 8. M. Juniani Justini ex Trogi Pompeii historiis externis Libri XLIV.

1705 Oxonii. 8. M. Juniani Justini historiarum ex Trogo Pompeio libri XLIV. Mss. codicum collatione recogniti, annotationibusque illustrati. Oxonii, e theatro Sheldoniano. (Curante Thoma Hearne.)—In hac edit. ad Mss. codices quatuor diligenter post illas Oxonienses denuo recensita, in cujus ora editor annum, quo quæque gesta sunt, subinde ex Eduardi Simsoni maxime rationibus chronologicis annotavit, Prologi etiam cum castigationibus et notis leguntur: ceterum ex Mss. Anglicanis, utpote valde inemendatis, vix quidquam subsidii ad illos castigandos exsculpere se potuisse fatetur. ' Qualescumque vero,' inquit, ' sunt isti Prologi, cum Justini abbreviatoris negligentiam detegant, et Historiarum Trogi seriem ostendant, pluraque exhibeant, quæ iñ Justino frustra quæramus, haud ab re visum fuit, ut simul cum abbreviatore nostro ederentur, præcipue cum codices nostri, et duo etiam e Bongarsianis, Justinum ipsum eorum auctorem agnoscant. Hoc vero a librariis imperitis adjectum puto; nomen quippe *Prologi* (in significatione qua hic usurpatur) est barbarum; ex quo et illud intelligere possumus, eorum auctorem, quicumque ille fuerit, eruditis illis temporibus non vixisse, quis honesta Latinitas vigebat. Phrasis ista *in excessu*, qua sæpissime utitur, nihil aliud denotat, quam *per digressionem :* unde suspicatur acutissimus et politissimus Tan. Faber, hominem Græculum fuisse, quippe ita Græci dicunt ἐν παρεκβάσει, vel διὰ παρεκβάσεως.'

1706 Amstelodami. 16. apud Janssonio-Waesbergios. In titulo dicitur : ' Editio ceteris emendatior et variantibus lectiouibus auctior.'

1707 Amstelodami. 12. ex rec. Græviana.

1708 Trajecti ad Rhen. 8. c. n. J. Georg. Grævii.

1709 Parisiis. 12. cum pereruditis in Prologos in hist. Phil. Trogi Pomp. notis Abbatis de Longuerue; quas jam antea Bernh. Montefalconius ad calcem Diarii sui Italici reposuerat.

— Lipsiæ. 12. c. n. Junckeri.

1710 Trajecti ad Rhenum. 8. Justini Historiæ Philippicæ, ex recensione Jo. Georg. Grævii, cum ejusdem castigationibus. Trajecti ad Rh. typis Guil. vande Water et Guil. Brœdelet.

1712 Amstelodami. 24.

1713 Londini. 12. M. Juniani Justini ex Trogo Pompeio Libri XLIV. cum indice. (Curante Mich. Maittaire.) Londini, ex officina Jacobi Tonson et Johannis Watts.

1715 Lipsiæ. 12. c. n. Junckeri. Sumtibus Jo. Lud. Gleditschii.

1717 Augustæ Videl. 8. c. n. Germ. ad modum Sinceri.

1719 Gronoviana I. 8. Justini Historiæ Philippicæ cum integris commentariis Jac. Bongarsii, Franc. Modii, Matth. Bernecceri, M. Z. Boxhornii, Is. Vossii, Jo. Fr. Gronovii, J. G. Grævii, T. Fabri,

Jo. Vorstii, Jo. Schefferi, et excerptis aliorum. Curante Abrahamo Gronovio. Lugduni Bat. apud Theod. Haak.

(1720). Parisiis. 16. Justini Historiarum ex Trogo Pomp. libri
XLIV. cum Prologis emendatis notisque illustratis. Paris. ap. Jo.
Bapt. Brocas.

1721 Londini. 8. éditio Petr. Jos. Cantel in usum Delphini recusa.

1722 Amstelodami. 16. ap. Janssonio-Waesberg. Editio ceteris
emendatior et variantibus lectt. auctior. Repetita ex priori 1706.

— Amstelodami. 16. Justini Historiæ Philippicæ, ex recensione Jo. Georgii Grævii. Cum Indice rerum locupletissimo. Amst.
apud R. et G. Wetstenios. Sine notis. Adjectos vero habet Prologos in Trogum Pomp.

— Lugduni Bat. 12. cura Petri Burmanni, cum varr. lectt. et
cum præfatione eximia, quæ habet disciplinam scriptorum veterum
recte tractandorum atque edendorum, similem ei, quæ Phædro
præposita est.

1723 Londini. 12. ex ed. Mich. Maittaire 1713.

— Basileæ. 12. càdem recusa.

1725 Lipsiæ 12. c. n. Junckeri.

1727 Dublini. 12. M. Juniani Justini Historiæ Philippicæ cum
notis Jac. Bongarsii.

1729 Londini. 12. Repetitio ed. Mich. Mattaire.

1730 Rotomagi. 8.

— Londini. 8. cum interpretatione et notis Petr. Jos. Cantel,
in usum Delphini. Editio nova ab innumeris erroribus emendata.
Londini, impensis W. Innys.

1731 Berolini. 8. Justinus explicatus, s. Historiæ Philippicæ ex
Trogo Pompeio libri XLIV. recte tandem captui juventutis accommodatæ, oder : deutliche und nach dem Begriff der Jugend end-
lich recht eingerichtete Erklærung des Justini, &c. nach Art dess
durch Emanuel Sincerum edirten Cornelii Nepotis und Q. Curtii.
Berlin, bey Joh. Andr. Rüdiger.

1732 Edinburgi. 12.

— Londini. 8. cum versione Anglica Nic. Bailey. Vid. Versiones
ad h. a.

— ibid. 8. cum versione Anglica Jo. Clarke.

— Lipsiæ. 12. c. n. Junckeri.

1734 Berolini. 8. c. n. Germ. ad modum Sinceri.

1735 Londini. 12. M. Juniani Justini ex Trogi Pompeii Historiis externis Libri XLIV. quam diligentissime ex variorum exemplarium collatione recensiti et castigati, et notis optimorum Interpretum illustrati. Quibus adjicitur Chronologia ad historiam accommodata, cum Indice rerum et verborum præcipue memorabilium. In usum scholæ Mercatorum Scissorum. Editio secunda accurate recognita. (Cura Tho. Parsell.) Londini, impensis J. et J. Bonwicke et J. Walthoe.

1739 Lipsiæ. 12. c. n. Junckeri.

1740 Berolini. 8. c. n. Germ. ad modum Sinceri.

1741 Rotomagi. 16. Justini Historiarum ex Trogo Pompeio Libri XLIV. accuratissime editi. Rotomagi, apud Nicolaum Lallemant.

1742 Londini. 8. c. interpretatioue et notis Petr. Jos. Cantel in usum Delphini.

—ibid. 8. cum versione Anglica Jo. Clarke.

1743 Heidelbergæ. Fol. in collectione Scriptorum veterum Latinorum historiæ Romanæ, curante Bennone Casp. Haurisio.

1747 Halæ. 12. impensis Orphanotrophei.

1748 Berolini. 8. ap. Ambr. Haude et Spener, curante J. P. Millero.

1752 Amstelodami. 24.

1756 Londini. 12. editio Mich. Maittaire recusa.

1757 Lipsiæ. 8. Justini Historiæ Philippicæ, ex recensione Jo. Georg. Grævii, cum ejusdem et Jo. Frid. Gronovii animadversionibus. Additus est præter Prológos Historiarum Philippicarum Trogi et Excerptiones chronologicas Jac. Bongarsii, libellus variarum lectionum, cum epistola Segim. Frid. Dresigii super locis quibusdam Justineis. Curante Jo. Frid. Fischero. Lipsiæ, apud Wiedmann.

—Londini. 8. cum interpretatione et notis Petr. Jos. Cantel in usum Delphini.

1758 Augustæ Vindel. 8. c. n. Germ. ad modum Sinceri.

1760 Lugduni Bat. 8. maj. Justini Historiæ Philippicæ, cum integris Commentariis Jac. Bongarsii, Franc. Modii, Matth. Bernecceri, M. Z. Boxhornii, Is. Vossii, Jo. Fr. Gronovii, J. G. Grævii, T. Fabri, J. Vorstii, J. Schefferi, et excerptis H. Loriti Glareani atque Editoris Oxoniensis. Curante Abrahamo Gronovio. Editio secunda. Lugduni Bat. apud Samuelem et Joannem Luchtmanns.— Editio hæc non solum multo emendatior est priore, sed et auctior multum, cum in ea diligentius præstiterit, quæ in illa negligentius egerat. Præfationi suæ priori addidit curatiorem, et Codd. (VI. Lugdunensium, v. Anglicanorum, et trium Italicorum) et vett. edd. descriptionem : tum præter Grævianam et Schefferianam præf. etiam illas Glareani, Bongarsii, Modii, Bernecceri, Boxhornii, Vossii, Fabri, Vorstii, et ed. Oxon. 1684. subjecit. Commentariis prioribus accessere Henr. Glareani notæ excerptæ. Ipsius editoris autem curæ propriæ longe auctiores pro ætate viri et amplioribus doctrinæ instrumentis, quibus adjutus fuit. Index quoque novis curis perfectior evasit.

— Parisiis. 16. Justini Historiarum ex Trogo Pompeio Libri XLIV. Cum Prologis ab eruditissimo Abbate de Longuerue emendatis Notisque illustratis. Editio novissima, ab omni obscœnitate expurgata a D. G. ex Universitate. Parisiis, apud Paulum Dionysium Brocas.

1770 Parisiis. 12. ap. Jo. Barbou.

— Halæ Magdeb. 12. impensis Orphanotrophei.

— Londini. 12. ex ed. Mich. Maittaire.

1772 Londini. 8. cum versione Anglica Jo. Clarke.

1775 Norimbergæ. 8. min. ex offic. Riegel.

1778 Moguntiæ. 8. Justini historiarum Libri XLIV. scholis accommodati. Moguntiæ, sumptibus Gymnasii Electoralis.

1780 Halæ Magd. 12. impensis Orphanotrophei. Editio III.

. 1781 Fuldæ. 8.

1784 Biponti. 8. maj. studiis Societatis Bipontinæ. Ex typographia Societatis.

. 1790 Manhemii. 12. Justini historiæ Philippicæ et totius mundi, secundum optimas novissimasque editiones.

— Wirceburgi. 8. Chrestomathia Justiniana, in usum studiosæ juventutis.

1793 Lemgoviæ. 8. Justinus zum Gebrauch der ersten Anfænger, mir kurzen historischen und grammatischen Aumerkungen, wie auch mit einem Wœrterbuch versehen von Albert. Christ. Meinecke. Lemgo, im Verlage der Meierschen Buchhandlung.— Lexicon separatim etiam prodiit ibid. 1794. 8.

VERSIONES.

PORTUGALLICA.

1726 Justino Lusitano, por Troillo de Vasconcellos da Cunha. Lisboa. Fol.

HISPANICA.

1586 Justino abreviador de la historia general del Trogo Pompeio, traduzido en lengua Castellaua, (per Georgium de Bustamante,) en Anvers. 8.

ANGLICÆ.

1564 Justin translated by Arthur Goldinge. Imprinted at London by Tho. Marshe. 4.

1570 Thabridgemente of the Histories of Trogus Pompeius, gathered and written in the Laten tung, by the famous Historiographer Justine, and translated into Englishe by Arthur Goldinge : a worke conteyning brefly great plentye of moste delectable Historyes, and notable examples, worthy not only to be read, but also to bee embraced and followed of al men. Newlie conferred with the Latin copye, and corrected by the Translator. Anno Domini 1570. Imprinted at London by Tho. Marshe. 4.

1578 Eadem, ibid. ap. eundem. 4.

1606 Justin's History of the World, translated into English. London. Fol.

1654 The History of Justin, taken out of the forty four Books of Trogus Pompeius, containing the Affairs of all Ages and Countries, both in Peace and War, from the beginning of the World until the time of the Roman Emperors. With an account of Justin, and the time when he flourished, from G. J. Vossius ; and a List of the Kings and Emperours of the several Monarchies. Translated into English by Robert Codrington. London. 12.

1664 Eadem, ibid. 12.

1672 Eadem, ibid. 12.

1682 Eadem, ibid. 12.

1689 Eadem, the fifth. Edition. London, printed for W. Whitwood. 12.

1712 Justin's History of the World, from the Assyrian monarchy down to Augustus Cæsar, translated into English, with Remarks, by Thom. Brown. London 12.

1719. Justin's History of the World, &c. translated into English, with Remarks, by Thom. Brown. The second Edition. Revis'd by Mr. O. Dykes. London, printed for Will. and John Innys. 12.

1732 Justini ex Trogi Pompeii Historiis externis Libri XLIV. quam diligentissime ex variorum exemplorum collatione recensiti et castigati. To which is added, the Works of Justin disposed in a grammatical or natural order, in one Column, so as to answer, as near as can be, Word for Word to the English Version, as literal as possible in the other. Designed for the easy and expeditious learning of Justin, by those of the meanest capacity, and without Fatigue to the Teacher. With chronological Tables accommodated to Justin's History. And also an Index of Words, Phrases, and most remarkable Things. For the Use of Schools. By Nicolas Bailey. London. 8.

— Justini Historiæ Philippicæ. With a literal English Translation. By John Clarke. London. 8.

1741 Justin's History of the World, &c. translated into English by Thom. Brown. London. 12.—Repetitio ed. 1719.

1742 Justini Historiæ Philippicæ. With a literal English Translation. By John Clarke. London. 8.

1746 Justin's History of the World, translated into English by Mr. Turnbull. London. 12.

1772 Justini Historiæ Philippicæ. With a literal English Translation. By John Clarke. London. 8.

BELGICÆ.

1610 De historien Justini uyt Trogo Pompeio vergadert, getranslateert uyt den Latyne door Florens van Wee. Tot Arnh. 8.

1682 De historien von Justinus uyt Trogus Pompeius, vertaelt door F. v. H. tot Dordr. 12.

GALLICÆ.

1538 Les Œuvres de Justin vray hystoriographe sur les faicts et gestes de Trogue Pompée, traduicts de Latin en François par Guill. Michel dict de Tours. à Paris. Janot. Fol. charactere Gothico cum figg.

1540 Justin vray hystoriographe sur les hystoires de Trogue Pompée, contenant XLIII. livres, traduicts du Latin en François par Guill. Michel dict de Tours. à Paris, par Denys Janot. 12.

1554 Les histoires universelles de Trogue Pompée, abregées par Justin, translatées de Latin en François par Claude de Seyssel. à Paris, de l'imprimerie de Vascosan. Fol.

1559 Eadem, ibid. ap. eundem. Fol.

1666 L'Histoire universelle de Trogue Pompée, reduite en

abregé par Justin, et traduite en François par le Sr. de Colomby. à Rouen. 12.

1669 L'Histoire universelle de Trogue Pompée, reduite en abregé par Justin, et traduite en François par le Sieur de Colomby. Nouvelle edition revue et corrigée. à Lyon, chés Jean Girin et Barthelemy Riviere. 8.

1672 L'Histoire universelle de Trogue Pompée, reduite en abregé par Justin, et traduite en François par le Sr. de Colomby, revue et corrigée par Mr. le Fevre. à Saumur. 8.

1675 L'Histoire universelle de Trogue Pompée reduite en abregé par Justin, et traduite en François par le Sieur de Colomby. Revue et corrigée en cette derniere edition. à Rouen, chez Pierre Amiot. 8.

1693 L'Histoire universelle de Trogue Pompée, reduite en abregé par Justin, traduction nouvelle, avec des remarques, par Mr. D. L. M. (Louis Ferrier de la Martiniere.) à Paris. Guillain. 2 voll. 12.

1708 Histoire universelle de Justin, traduite par Mr..l'Abbé A. à Paris. 2 voll. 12. -

1737 Nouvelle Traduction de l'Abregé historique de Justin, avec deux Cartes geographiques des païs dont parle cet auteur, ensemble un petit Dictionnaire de ces mêmes païs, suivant l'ancienne et la moderne Geographie, par l'Abbé Favier. à Paris. 2 voll. 12.

1755 Histoire de Justin traduite par M. l'Abbé Favier, avec des explications allemandes. à Liegnitz. 12.

1774 Histoire universelle de Justin, extraite de Trogue-Pompée; traduite sur les textes Latins les plus corrects. Avec de courtes notes critiques, historiques, et un Dictionnaire géographique de tous les pays dont parle Justin. Par M. l'Abbé Paul. à Paris chez J. Barbou. 8. 2 voll.

GERMANICÆ.

1531 Des Hochberühmptesten Geschichtschreibers Justini wahrhaftige Hystorien, die er auss Trogo Pompeio gezogen, vnd in vierzig vier Bücher ausgeteylt, darinnen er von vil Kunichreychen der Welt, wie die auff vnd abgang genommen, beschriben. Die Hieronymus (Boner) der Zeyt Schulteys zu Colmar aus dem Latein inn diss volgend teutsch vertolmetschet hat, welche nit allein su lesen lustig, sonder einem yeden menschen zu wissen nützlich vnd not ist. Gedrukt zu Augsburg durch Heinrich Steiner. Fol. c. figg. ligno incisis.

· · 1532 Eadem, ibid. apud eundem. Fol.

1656 Der verteutschte Justinus, &c. von Schweser. Cassel. 8. —Prima hujus versionis editio in Bibliotheca Fabriciana refertur ad an. 1649. qui error inde propagatus videtur in Bibliothecam Schummelio-Schlüterianam.

1660 Der verteutschte Justinus, oder XLIV. Bücher derer Geschichtbeschreibungen des Justinus auss dem Pompeius Trogus; vor dessen in das teutsche übergebracht, und uff gnædiges Begehren einer hohen fürstlichen Person vor fünf Jahren erstlich zum Druck befœrdert, von Joh. Friedr. Schwesern. Itzo aber aufs neue übersehen, von seinen vorigen Druckfehlern gesæubert und fleissig corrigiret. Cassel, gedruckt bey Salom. Schadewiz. 8.

1675 Der verteutschte Justinus, &c. vor etlichen Jahren, uff gnædigstes Begehren einer hohen Fürstl. Person, ins teutsche übergesetzet, und hernachmahls zum Drukke befœrdert. (von Schweser.) Ietzo aber von dem Uebersetzer, auffs neue, gegen den Lateinischen Text gehalten, und fleissig übersehen, auch von denen Druk-und andern Fehlern, gesæubert. Die dritte Aussfertigung. Cassel, in Verlegung Joh. Ingebrandt. 8.

1697 Eadem. Vierdte, verbesserte Ausgabe. Cassel, bey Salomon Kürssner. 8.

1781 Justins Weltgeschichte, übersetzt und mit erlæuternden Anmerkungen begleitet von J. P. Ostertag. Frankfurtam M. bey Joh. Christ. Hermann. 8. 2 Theile.

1792 Eadem, ibid. apud eundem. 8. 2 voll.

ITALICÆ.

1477 Justino vulgarizato iustissimamente qui comincia. Prologo. In fine: Finisse il libro di Justino abreviatore di Trogo pompeio posto diligentamente in materna lingua. Et impresso in laloza citade de venesia ale spesse di Iohanne da colonia: et Iohanne gheretzen compagno ne gli anni del Signore M. CCCC. LXXVII. ali giorni. x. septembr. Andrea vendermino felicissimo duce imperante. Fol.—Auctor hujus versionis est Hieronymus Squarzaficus Alexandrinus, quantum ex epistola dedicatoria colligere licet.

· 1524 Justino historico Clarissimo, nelle historie di Trogo Pompeio, novamente in lingua toscana tradotto: et con summa diligentia et cura stampato. In fine: Finlsse il Libro di Justino Historico abreviatore di Trogo Pompeio posto diligentemente in materna lingua. Et Stampato nella inclita Citta di Venetia per Nicolo Zopino e Vicentio compagno. Nel. M. D. XXIIII. Adi X. de Novembrio. Regnante lo inclito principe Messer Andrea Gritti. 8.— Ex superiore expressa, mutatis tantum quibusdam ad orthographiam et interpunctionem spectantibus.

1526 Justino, &c. In fine: Finisse, &c. Et Stampato in Vinegia per Gregorio de Gregorj. Ne l'anno M. D. XXVI. del mese di Aprile. 8.—Repetitio ed. antecedentis.

1535 Giustino Historiographo clarissimo, nelle Historie di Trogo Pompeo, Nuovamente in lingua Tosca tradotto et con somma diligenza et curá stampato. In fine: Finisse, &c. Et Stampato in Vinegia per Pietro de Nicolini da Sabio. Ne l'anno M. D. XXXV. Del mese d'Ottobrio. 8.

1542 Justino, &c. (ut 1524.) In fine: Finisse, &c. Et stampato in Vinegia per Bernardino de Bindoni Milanese. MDXLII. 8.

1561 Giustino Historico nelle Historie di Trogo Pompeo, tradotto per Thomaso Porcacchi. In Vinegia, appresso Gabriel Giolito de' Ferrari. 4.

1590 Giustino Historico illustre, ne le historie esterne di Trogo Pompeo, tradotto dal Sig. Bartolomeo Zucchi, da Monza. Coll' aggiunta de gli Argomenti a ciascuno Libro, con le Postille in margine de le cose, che vi si trattano; e con due copiosissime Tavole: Una di tuto quello piu segnalato, che in queste Historie si comprende: L'altra de le Provincie, Popoli, Città, Castella, Monti, Mari, e Fiumi, de' quali si fa mentione; co' lor nomi antichi, e moderni, a gusto di chiunque si compiace de la Geografia, e de le Historie. In Venetia, presso il Muschio. M. D. LXXXX. 4.

1730 Giustino, &c. (ut 1561.) per Thomaso Porcacchi. In Vinegia, appresso Christoforo Zane. 8.

———

PRÆCEDENTIA exhibent editiones Justini per sæc. XV. multiplicatas, et eas a Bipontinis sedulo recognitas ad a. 1802. Quædam hic et inde sparsa, ab iisdem omissa, colligenda manent, et in serie lectori apponenda.

Harlesius notat (Brev. Not. Lit. Rom. p. 494. Lips. 1789.) doctissimum editorem Bipontinum pronuntiare, in Indice Editionum Justini, Editionem Principem esse sine a. et l. et *quondam* Principem haberi Romanam per Udalr. Gallum: at quidem in nova editione Bipontina, 1802. hæc editio per Udalr. Gallum, sine anni nota, pro Principe Editione accipitur. Utcumque vero hæc sint, annus quem ponit (per conjecturam) editor Bipontinus 1470. eum ponit Audiffredi (Catal. Histor. Crit. Romanarum edd. sæc. xv. p. 70.) 1471. et eundem vindicat.

In Museo Britannico est versio Hispanica quæ nomen fert Juan de Medina, Anvers 1542. 12mo.   Præfigitur Præfatio vel Dedicatio, ' Al Illustrissimo el Condestable de Castilla, por Juan de Medina, Librero,' et subjungitur fertilis Index Alphabeticus.   Sed videtur esse una tantum ex editionibus infra notatis, etsi nomen de Bustamante nec in titulo, nec in Dedicatione occurrit, sed tantum bibliopolæ, Juan de Medina.

Justini, &c. Colon. Agripp. 12mo. 1556. Mus. Brit.

Justinus, &c. 8vo. Par. 1585. Catal. *White-Knights*, N. 2227.

Notant Bipontini versionem Hispanicam: ' Justino abreviador de la Historia general del Trogo Pompeio, traduzido en lengua Castellana (per Georgium de Bustamante) en Anvers 8vo. 1586.' Secundum Pellicer (Ensayo da una Bibliotheca de Traductores Españoles) editiones hujusce versionis sunt quinque.   Prima in Alcala 1540. fol. Secunda in Anvers 1542. 8vo.   Alia in Anvers 1609. 8vo. ut ante in 8vo. 1586. et in Bruxellis 1608. 8vo.   Hæc editio in Indice Expurgatorio inserta est ab Inquisitore Generali, ob ea quæ Justinus tradidit de Judæis, præcipue de Abrahamo, Josepho, et Moyse.   Hinc fortasse rarior est, sed nec (secundum Pellicer) admodum bona, et Paraphrasis potius est quam versio.

Justini Hist. cum comment. Victor. Strigelli, &c. ac notis Bongarsii. Ursellis 1611. 8vo. Biblioth. Bodl.

Justini Hist. Anglice versa a Rob. Codrington, Lond. 8vo.

1612. Cui subjungitur versio etiam Angl. S. Aurelii Victoris. Cum Indice alphabetico. Bipontini, secuti Brugy. gemanni '.View,' &c. notant varias edd. hujusce versionis, hac prima excepta. Penes nos est, si modo titulus recte se habeat.

Justini Hist. &c. ab Abbate de Longuerue, 16mo. Par. 1625. cum Privilegio Regis. Mus. Britan. Sub finem adduntur, Prologi Historiarum Philippicarum Trogi Pompeii emendati, cum notis et variis lectionibus. Illi Prologi collati sunt a D. Bernardo de Montfaucon cum libris quinque Mss. Diarium Italicum p. 452. usque ad finem.

Justini Hist. &c. Lugd. Bat. 1626. 24mo.

Justini Hist. &c. Lugd. Bat. apud Elzevir. 8vo. 1634. Biblioth. Askeuian. p. 83.

Justini Hist. &c. cum notis Berneggeri, Bongarsii, &c. 8vo. Stav. 1660. Catal. Universal. Librorum, Lond. 1701.

Justini Hist. &c. cum notis variorum selectissimis, 8vo. Norib. 1666.

Justini Hist. &c. 8vo. Paris. 1670. Catal. Universal. Librorum, &c. Vol. I. B. 66.

Justini ex Trogi Pompeii Historiis Externis Libri XLIV. Omnia quam. diligentissime ex variorum exemplarium collatione castigata. Novissima editio 12mo. Lond. 1678. Cum Privilegio Regis. Textus merus cum marginalibus indicibus.

Justinus de Historiis Philippicis, &c. Illustravit P. J. Cantel, in usum Delphini. Editio quarta, ex nova recensione Davidis Durandi, R. S. S. Repetita fuit in 8vo. maj. Lond. 1774.

Germanice transtulit Justinum Christ. Frid. Schmidt. Lemgov. 1786. 8vo. Felicius vero Ostertagius, cujus versionem notant Bipontini.

Optime audit editio Bipontinorum, 1802. qui postea doctos suos labores prosecuti sunt Argentorati. Editio eorum, ut agnoscunt ipsi, multum debet editioni Udalrici Galli.

Sequentes editiones confectæ sunt ad usum scholarum:

Justinus, Trogi Epitomator, Christianæ Juventuti accommodatus. Edidit T. Chr. Zembsch, Lips. 1805. 8vo. Expurgata est editio.—Fran. Xav. Schoenbergeri, Vindob. 1806. 8vo.—Darmstadiensis, 1808. 8vo. maj.—Haliensis, 1815. 8vo.

Justini Hist. &c. ex recensione Christ. Frid. Wetzen. Lignit. 1806. Magna laude hæc editio accipitur a literaturæ Romanæ studiosis, tam ob textum, a Græviano præcipue, sed non penitus, constitutum, quam ob annotationes criticas. Hæc editio, secundum Catal. Treuttel et Würtz 1819, repetita fuit Lips. 1817. 8vo.

Justinus de Historicis Philippicis, &c. Editio nova ex recensione Davidis Durandi, R. S. S. Accessere Jacobi Bongarsii Excerptiones Chronologicæ ad Justini Historiam accommodatæ. Edinb. 8vo. maj. 1814. Repetitio est Delphiniæ.

Inter ea quæ de editionibus et versionibus memoratione digna sint, notanda etiam est versio in hodierna Græca lingua, quæ ʽΡωμαϊκὴ vocatur, cui tit. ʼΕπιτομὴ τῶν Φιλιππικῶν τοῦ Πομπηΐου Τρόγου νῦν πρῶτον ἐκ τοῦ Λατινικοῦ εἰς τὴν Αἰολοδωρι- κὴν ʽΕλληνικὴν διάλεκτον μεταγλωττισθεῖσα καὶ ἐκδοθεῖσα παρὰ τοῦ ἀποπειρογράφου τῆς ʽΡουμουνίας. ʼΕν Λειψίᾳ παρὰ τῷ Ταύχνιτζ. 1817. 8vo. maj. Cum annotationibus. Jam olim Græci neoterici suos libros ʽΡωμαϊκοὺς excuderunt et ediderunt Venetiis, ubi vulgatus fuit ʽΟ Χρονογράφος, τουτέστι, Βιβλίον ʽΙστορικὸν Συνοπτικὸν, apud Græcos hodiernos per multos annos celeber, apud nos rarissimus. Penes nos est, et eo potius hic loci notandus quia Justini historiæ persimilis, incipiens ἀπὸ δημιουργίας τοῦ κόσμου μέχρι τῆς αἰχμαλωσίας Κωνσταντινουπόλεως, καὶ πλέον ἐπέκεινα. Venet. 1670.

Justini Hist. &c. ex editione Abrahami Gronovii, cum Sallustio ex editione G. Cortii. Edidit J. Carey, LL.D. Lond. 1818. 18mo.

Dissertationes et Disputationes criticas paucas de Justino adjicimus :

A. H. L. Heeren Comment. de Trogi Pompeii, ejusque continuatoris Justini, fontibus et auctoritate. In Commentariis Societatis Gotting. Class. Phil. Tom. xv.

Observationes crit. in Justin. in tractatibus J. Jortin, S.T.P. Lond. 1790. 8vo. vol. 11.

Crit. Inquisit. in Vitam Alexandri, ex antiquis historicis refictam, Gallice a Barone de Croix, vel Anglice a Ricardo Clayton, Baronetto, cum annott. et tabula geographica. Bathoniæ 1793. 8vo.

Disputationes Academicæ duæ a M. J. Gottlob Graesse. Viteburg. 1800. 4to.

RECENSUS CODICUM MSS.

JUSTINI,

QUI IN BIBLIOTHECIS BRITANNICIS ASSERVANTUR.

Codices in Museo Britannico.

IN *Biblioth. Reg.* 15 A. XIII. Justini Epit. Trogi Pompeii. Cod. membran. sæc. XV. Præfigitur codici utilis omnium Librorum XLIV. syllabus.

15 C. I. cod. chartaceus, 4to. pp. 30. cui titulus : In Trogum Pompeium sive Justinum Chorographia ad excellentissimum et illustrissimum Dominum D. Eduardum Waliæ Principem : a. 1546. Auctore Petro Olivario Valentino. Huic subjicitur, ut etiam puerili ætati apta, similis Chorographia in Epistolas Familiares Ciceronis : a. 1546.

In *Biblioth. Harl.* N. 5076. cod. chartac. Justini, cum aliis Historiis et Orationibus, sæc. XV. in Italia scriptus : habet hic et inde indices marginales.

N. 5279. cod. membran. Justini, sæc. XV. illumin. et eleganter scriptus Italico charactere. Sine gloss. et indice marginali.

Alii sunt codices inter Harl. membran. et chartac. elegantes, usque ad decem numero : nempe, N. 2487. 2657. 2705. 2718. 2740. 2762. 4099. 4822. 4922. 5292.

Inter *Burneianos* N. 329. cod. est Justini chartac. fol. pp. 128. nonnullis sententiis collatis cum editione Abr. Gronovii quæ Lugd. Bat. edita fuit 1760.

Alii septem codd. Justini hic asservantur, chartac. et membran. omnes similiter habentes paucas pagg. collatas ad ed. Gronovianam.

Codices Oxonienses.

In *Biblioth. Bodl. Laud. Lat.* Auct. F. 2. 29. cod. membran. bene scriptus, pulchre illuminatus, pictisque tabulis ornatus. Sæc. XIV. sine gloss. et var. lectionibus.

Laud. Lat. 57. cod. membran. nitide scriptus: sine gloss. et nott.

Inter codd. *Canonici Lat.* 145. sunt quatuor sequentes: Justini, Abbrev. Trogi Pomp. cod. membran. nitide scriptus, sæc. XIV. illum. cum paucis indicibus aut notis marginalibus, ad initium.

147. cod. chartac. sæc. XIV. cui subjungitur Julii Solini Grammatici Polyhistor, sive de Mirabilibus Mundi, et Caii Plinii Secundi, Oratoris Veronensis, de Viris Illustribus: omnes cum indicibus aut notulis marginalibus.

148. cod. membran. bene conscriptus et illumin. sæc. XV. cum indicibus aut notulis marginalibus ab alia manu.

149. cod. chartac. 4to. sæc. XIV. vel XV. cum indicibus aut notulis marginalibus ab eadem manu.

Inter codd. *Dorvillianos* sequentes se præbent: x. 1. 1. 14. Justini Epitome Trogi Pompeii, cod. membran. ff. 109.

x. 1. 3. 32. Justini Epitome Trogi Pompeii, cod. membran. ff. 130. De hoc et duobus aliis Justini codd. Dorvillianis consulendus est (ut monet editor doctus Codd. &c. Dorvillianorum Descriptionis) T. Wopkens. Obss. Misc. Nov. p. x.

x. 1. 3. 33. aliud exemplar ejusdem operis cod. membran. fol. pp. 129.

x. 1. 6. 35. J. G. Grævii Dictata in Justini Historiam: ff. 89.

x. 2. 4. 15. In Justinum notæ, manu J. P. Dorvillii scriptæ, pp. 814. in 4to. Hæc de Dorvillianis referenda sunt editori codicum Mss. et impressorum Dorvillianorum, cum notis Mss. olim Dorvillianis, Descriptionis, Oxon. 1706. Notitia etiam Historiæ Justini, cod. membran. pp. 140. inter Clarkianos, eidem viro docto referenda est; cujus industriæ Catalogum etiam codicum Clarkianorum debemus.

In Biblioth. *Corp. Christ. Coll.* Mss. abundanti, est Justini Epitome Historiarum Trogi Pompeii, 4to. cod. pulcherrimus, membran. Sub initio : ' Incipiunt Cronica Justini in Abbreviationibus Trogi Pompeii.'

In Biblioth. *Colleg. Nov.* pretiosos quosdam Mss. tenente, Trogi Pompeii Epitome Historiarum, continens Libros XLIV.

Codices Cantabrigienses.

In Biblioth. *Publica* N. 2375. cod. qui continet inter alia (Art. 14.) Trogum Pompeium quem exscripsit Justinus. Versus qualiscumque in principio libri:
' In Trogi sequitur Justini Epithoma Libellus.'

In Biblioth. *Trin. Coll.* cod. asservatur, qui, cum aliis, continet Historiam Ptolemæi, quæ videtur esse Justini Abbreviatio. Membran. sæc. XIII.

Codex Edinensis.

In Biblioth. Advocatorum, Justinus Historicus : Historiarum Philippicarum ex Trogo Pompeio Libri XLIV. Cod. Ms. 4to. Hic, ni fallimur, unus est ex multis iis codicibus quos collegit vir apud Scotos jure celeberrimus, Jacobus Balfour, Baron de Kinnaird. Memoria Balfouriana, Edinb. 1699. p. 21.

De Codicibus in exteris Bibliothecis asservatis consulat lector Gronovii Præf. supra p. 3. sqq.

INDEX

IN

JUSTINUM.

INDEX

IN

JUSTINUM,

AUCTORE

JOANNE FREINSHEMIO,

MULTO PLENIOR REDDITUS A

JOANNE VORSTIO, ET JOANNE SCHEFFERO,

ALIISQVE.

Primus numerus Librum, secundus Caput cujusque libri, tertius Tmematia seu Sectiunculas capitum denotat.

Delph. et Var. Clas.   Ind. Just.   a

§, 9 vulnus (id est, cladem) i, 9, 10. n,
5, 3 (Contrarium) dare vulnus, ibid. vulnera ii, 11, 19 accipere nuntium i, 9, 9
parvam manum (id est, parvum exercitum) i, 10, 21 Vorst. accipere grate munus xi, 10, 10 accipere jugum xliv, 5, 9
patienter jugum servitutis xi, 14, 7 responsum xii, 9, 8 iracunde laudes patere-
nas xii, 6, 6 in deditionem xii, 6, 18.
xii, 7, 18 imperium xii, 10, 9 aurum
xiii, 5, 9 praecepta virtutis ab aliquo xv,
3, 6 pecuniam xvi, 4, 9 et 29 conditionem pro manifesto omine xviii, 5, 3 partem regionis in portionem belli xxviii, 1,
1 aliquam in matrimonium xvii, 2, 16.
xxviii, 3, 10 cladem xxxi, 6, 8 ignominiam
bello xxxii, 3, 16 accipere opinionem
retecta fabula xiii, 7, 7 opinionem paternæ mortis xliv, 3, 2 non accipiendum
bellum statuit, sed inferendum xxxi, 4,
10

Accipitris ritu xxvii, 2, 8
Accire auxilia v, 9, 14. xxxiii, 1, 2
accitus ad prodenda memoriæ acta xii,
6, 17 accitus in civitatem xxii, 1, 6 in
regnum xxxiv, 4, 3. xl, 1, 4
. Acclamare i, 6, 6. xxiv, 5, 4
. Acclinis parieti xxviii, 4, 9
. Accusare tarditatem alicujus ii, 15, 6
crudelitatem alicujus xiv, 6, 6 accusare
Deos xix, 3, 3 accusari proditionis vi,
4, 7 affectati regni xviii, 7, 18. xxi, 5,
11
. (Accusativus cum infinitivo, ut aliquid
subaudiatur: e. g. Quis non miratur?)
tantam in eo virtutem fuisse ii, 9, 19
tantam famæ velocitatem fuisse ii, 14, 9
tantum in uno viro fuisse momenti v, 4,
19 tantum facinus admisisse ingenia viii,
2, 12
(Accusativi Græci) Zopyriona ii, 3, 4
Ionas ii, 12, 1 Lacedæmona v, 1, 3
Eleusina v, 10, 4 Conopa vi, 1, 9 Macedonas vii, 2, 7 Phrygas xi, 7, 9
Acerbas Elissæ maritus a Pygmalione
necatur xviii, 4, 9.
. Acerbi cruciatus xviii, 4, 14 acerba
adductus res xxxviii, 8, 14
Acerrimus inter necantes xii, 7, 2
acerrimus puer xii, 16, 7
Acerrime ciere bellum ii, 12, 23 acerrime pugnare xi, 14, 5
. Acesines amnis xii, 9, 1
. Achæi Perusinorum conditores xx, 1,
11 a Philippo ad Romanos descisount
xxix, 4, 11 bellum gerunt cum Nabide
xxxi, 3, 3 cum Messeniis xxxii, 1, 4
cum Romanis xxxiv, 2, 1 per civitates
telati per membra divisi sunt xxxiv, 1, 3

Acheorum inter se conspiratio, fides, et
potentia xxxiv, 1, 1
Achaia iii, 6, 13
Acheron amnis Italiæ xii, 2, 14 Epiri
xii, 2, 3 (ubi Acherusius amnis dicitur
adjective ab Acheronte deducto: quod
non advertit Ortelius in voce Acheron.
Freinsh.)
Aciem rumpere i, 6, 11 in prima acie
dimicare iv, 5, 7 acie decernere vi, 7, 10
aciem sustinere vi, 7, 7 ordinare xi, 9,
8 producere xi, 13, 1 exercitum in aciem
producere xxx, 4, 6 primam aciem telo
præfingere vi, 8, 2 in aciem procedere
xiv, 2, 1 in aciem descendere xiv, 2, 1
inter duas acies ii, 9, 11 in acie Persarum plus prædæ quam periculi xi, 13, 11
Acilius consul Romanus Antiochum
vincit xxxi, 6, 5
Acquirere inimicis suis hostes iii, 6,
11 acquirere alicui periculum ex invidia, infamiam ex suspicione proditionis
iii, 7, 8 acquirere incrementa regni vii,
6, 12 viribus auctoritatem regiam xiii, 6,
4 regionem xvi, 2, 2 novi matrimonii
gratiam xxviii, 1, 3 viribus suis regnum
xxix, 7, 2 acquisiti viro regni termini
i, 2, 8 habitus squaloris ad misericordiam commovendam acquisitus iv, 4, 3
acquisitæ classes v, 4, 17 acquisita hereditatibus regna xxxviii, 7, 10
Acta Alexandri (pro rebus gestis) xii,
6, 17 acta Herculis xii, 7, 13 Vorst.
Actor (pro histrione) vi, 9, 4 Freinsh.
Actus (hoc est, actiones) xxxi, 2, 1
(Ita in Orat. quæ fertur Ciceronis in Sallustium num. 4. item in secunda Agra-
ria sub fin.) Freinsh.
Acuit animos injuria et indignitas iii,
5, 4 vires militum labore xi, 1, 2 ad
acuendos suorum animos xxiv, 7, 10
Aculei sagittarum ix, 2, 13
Acuminis plena oratio ix, 8, 10
Ad instar (vid. L.) ad libidinem (hoc
est, pro arbitrio) viii, 9, 7 ad meliora
patriæ tempora se reservare ii, 11, 5.
xxviii, 4, 9 ad postremum vi, 2, 12. xiii,
8, 10. xiv, 3, 1. xvi, 4, 3. xxiv, 3, 9.
xxi, 3, 13. xliv, 4, 4 ad pugnam (hoc
est, ut pugnaretur) xi, 13, 2 ad sepulturam redimere ii, 15, 19 sua tuenda
xxxviii, 10, 8 dilabi ii, 12, 19 (Ita Tacit.
ip. Ann. 73, 1. ad sua tutanda digre-
di.) Freinsh. ad terrorem omnium interficere aliquem v, 9, 2 ad metum ceter-
rum xv, 3, 5 ad conspectum alicujus
(dum aliquem conspicis) xv, 3, 8 Vorst.
ad ultionem segnitiæ xxxii, 3, 16 ad solatium alterius alicui aliquid adimere

quicquid bello gerendo est) i, 6, 10 (vide Florum xi, 8, 22) Freinsh. addito in auxilium adoptionis officio xvii, 8, 20 mitti in auxilia quorundam iv, 4, 8 auxilia contrahere in Græcia, in Sicilia iv, 4, 8 instar omnium auxiliorum in illo est iv, 4, 7 auxilia deprecari adversus aliquem xii, 2, 1 ante adventum auxiliorum xxvii, 1, 7

Azelus Damasci rex xxxvi, 2, 8

B.

Babylon conditur i, 2, 7 vincitur a Cyro i, 7, 4 capitur a Seleuco xv, 4, 11 ab Orode xlii, 4, 2 in divisione imperii Alexandri Peucesti cedit xiii, 4, 23 Babylone mortuus Alexander xii, 16, 1
Babylonia, pro Babylone i, 2, 7. xi, 12, 1. xii, 10, 1. xii, 13, 6 (Vide Salmas. in Solin. pag. 1225. D. 2.) Freinsh.
Babyloniorum studium Astronomia xx, 4, 3
Bacabasus Artabani consilia prodit iii, 1, 5
Bacasis Mediæ præfectus xli, 6, 11
Bactri xxx, 4, 6. xli, 6, 1 Bactriani Scytharum progenies ii, 1, 5. ii, 8, 6 a Seleuco expugnantur xli, 4, 9 libertatem et omnia amittunt xli, 6, 3
Bactriana ulterior in divisione imperii Alexandri priores præfectos retinet xiii, 4, 19 citeriorem Amyntas sortitur (nisi forte hic pro ' Bactrianos, Barcanos,' ut apud Curt. iii, 2, 2. legendum sit) xiii, 4, 23 Freinsh. mille urbium Bactrianarum præfectus xli, 4, 5
Bactrianum imperium Scythæ condiderunt ii, 3, 6 mille urbium imperium xli, 1, 8
Bala xxxv, 1, 6 Freinsh.
Balsami historia xxxvi, 3, 1
Balucibus aurum vehunt xliv, 1, 7
Barba et capilli promissi. ad movendam misericordiam iv, 4, 1 reorum habitus xxxvi, 4, 2 (adde Liv. xxvii, 36, 4 et xliv, 19, 5)
Barbaria (pro regionibus Barbarorum, sicut hodie dicimus die Barbaren. Thucydidi i, 1, 31 et alibi est τὸ βαρβαρικὸν) xii, 6, 16 pro Barbaris xii, 13, 3 (pro rudi et agresti vivendi ratione) xliii, 4, 1 barbaries (pro barbaris) ix, 5, 7 barbaries Scythica cultis Græcorum moribus melior ii, 2, 14 Freinsh. culti mores in cultæ barbariæ collatione superantur ii, 2, 14 *barbaria orientalis xii, 3, 3 barbaria profunda xlii, 2, 10 Vorst.

Barbarus populus xliv, 4, 11 et 5, 8 barbari et ferarum more viventes xviii, 6, 3 barbaræ gentes xi, 1, 6
Barce i, 7, 7 alia ab Alexandro condita xii, 10, 6
Barsene Alexandri conjux xi, 10, 2. xiii, 2, 7 Freinsh. jussu Cassandri occiditur xv, 2, 3
Bastarnæ Getas vincunt xxxii, 3, 16 Mithridati contra Romanos auxiliantur xxxviii, 3, 6
Battos Aristæi muti cognomen xiii, 7, 1
Belgius Gallorum dux xxiv, 5, 1
Bellare xliv, 2, 8 bellare in acie xx, 5, 5 bellantium fas xxxix, 3, 8 bellantibus regis auspicia defuerunt vii, 2, 9 bellandi ars xix, 1, 1 causæ xxxi, 4, 7. xxxviii, 5, 10
Bellicæ laudis gloria vii, 2, 6 bellici labores xxiii, 1, 9
Bellicosus populus xviii, 5, 16 bellicosa gens xxiv, 4, 4
Bellicum canere (hoc est, classicum) xii, 15, 11 Freinsh.
Belluæ similis xxxviii, 8, 9
Bellum (pro prælio) ii, 4, 29. ii, 12, 23. ix, 4, 4. xv, 4, 1. xviii, 1, 11. xxii, 8, 8. xxiv, 8, 1 Freinsh. bella longinqua, finitima i, 1, 7 bellum est alicui cum aliquo i, 1, 9 bellum Græciæ (quod Græcia infert) i, 7, 10 bellum Antigoni xv, 4, 21 (quod geritur contra eam). bellum Armeniæ xlii, 4, 1 profunda barbariæ xlii, 2, 10 (quod est contra eam) Scheff. bella patrata non modo ultra spem gerendi, verum etiam ultra gesti fidem ii, 6, 1 hæc Xerxi belli causa nobiscum est ii, 12, 5 bella domestica, externa v, 2, 12 bellum non diu dilatum (pro prælio) vi, 7, 9 Vorst. bellum deserere, repetere xx, 5, 10 belli certamen anceps ii, 8, 11 belli tempestas iii, 6, 12 (ita Florus ii, 6, 16 et iv, 2, 4) Freinsh.
Bene habet se res vi, 8, 13 bene existimare xvi, 8, 12 bene instituta xliii, 4, 12
Beneficii grata memoria iii, 4, 18 quam ultionis honestior occasio xvi, 3, 11 beneficio alicujus servatus i, 5, 8 beneficii sui facere munus imperii xiii, 4, 9 beneficia privata a publicis secreta xxxi, 7, 5 beneficio fides obstringitur ii, 15, 14 beneficiis qui vincitur, vere victus est xi, 12, 8
Benigne excipi vii, 3, 3. xxvii, 3, 3 prosequi xi, 12, 6 haberi xxxvi, 1, 6
Bergomum Italiæ urbs a Gallis condita xx, 5, 8

Citharista xxxvi, 4, 6
Cito xviii, 4, 1. xxiii, 3, 10. xli, 4, 9
citius xxxiii, 2, 2
Civile bellum Cæsaris et Pompeii xlii, 4, 6 civili fraude (hoc est, civium. Florus iii, 22, 14. appellat 'domesticam') xii, 6, 12 Freinsb.
Civis (pro conterraneo) i, 4, 4. xi, 15, 6 (etsi Landsman) Freinsb. civium tuorum dux xviii, 7, 12
Civitas in civibus, non ædificiis posita ii, 12, 14 (et hoc prætenderunt Romani, cum Carthaginem delere vellent. auctor Appianus in de Bell. Pun. pag. 52. f. Vide et Strabonem lib. viii. pag. 246. qui poëtas citat, qui totas regiones ' urbis' nomine appellarunt). civitatem percipere (hoc est, jus civitatis accipere) xliii, 5, 13 civitates (pro populis) xxxii, 1, 2. xli, 4, 8. xlii, 5, 6 (ita Cæsar 11. Bell. Gall. sub fin. ' Carnutes, Andes, Turones, quæ civitates,' &c. et alibi sæpius. Vide Scalig. in Euseb. pag. 136, 1) Freinsb.
Clades virorum ii, 4, 27 dominorum xviii, 4, 2 cladem acceptam nova victoria abolere xxxi, 6, 8 cladem augere·dedecore captivitatis iv, 5, 11 cladibus insignes vi, 8, 3
Clam interceptus xxxvi, 2, 6
Clamor horridus xxxiii, 2, 2 hostium xxxiii, 2, 4 clamore solito sacra celebrare ii, 8, 2 clamorem edere xxxiii, 2, 4
Clandestina conjuratio xx, 4, 14
Clarent Scythæ virorum imperio, fœminarum virtutibus ii, 1, 2
Claritate nominis sui patriam illustrem reddidit xxv, 5, 6
Clarius xxxiii, 1, 1
Clarus domi Alcibiades (hoc est, notus, nobilis, etiam potens) v, 2, 3 (Ceterum hic Alcibiades, si hoc nomen pro Scauri ponas, a Sallustio Jug. 15, 6. planissime describitur. Porro elegantius hoc loco loquitur Justinus, quam ipse fortasse crediderat. inter 'claros' enim magis erat hic Alcibiades, quam inter ' bonos,' ut loquitur Tacitus H. ii, 10, 2. Sallustius Jugurth. 8, 1. Livius viii, 27, 8) Freinsb. clarus vir i, 4, 4. xv, 4, 3 cujus virtus bello clara xviii, 6, 10 clara fœmina patris nomine xiv, 6, 3 clarior majoribus suis xxxvi, 2, 4 colluvie convenarum xxxviii, 7, 1 fama rerum gestarum clarissimus xii, 2, 7 clarissimi vindices urbis vii, 1, 5
Classis Xerxis ii, 10, 20 classem facere iv, 3, 5 (Vide etiam in Facere). classes

acquisitæ v, 4, 17 classes ex adverso stant ii, 14, 8
Claudere alicui portas ix, 1, 2 claudere se Daphnæ xxvii, 1, 4 vallis montibus clauditur xxxvi, 3, 2 clausos in cavea xv, 3, 5 in urbe xxv, 5, 1 in regia xxviii, 3, 11 clausos intercludere iv, 4, 5 clausa in luco xliii, 2, 3 clausæ domus xix; 2, 9 clausa Deorum templa xix, 2, 9 clausum vehiculum (hoc est, undique tectum) xi, 15, 3 Freinsb. clausi (pro obsessis) xvi, 5, 7 Vorst.
Claudicare incessu vi, 2, 6 claudicat regnum imperio, ibid.
Claudus pede iii, 5, 5. vi, 2, 5
Cleadæ Thebani oratio ad Alexandrum xi, 4, 1
Clearchus Heracliensium tyrannus ivi, 4, 4 occiditur xvi, 5, 10
Clementia Cyri in Crœsum utrique utilis i, 7, 8 clementia mitis xxxviii, 9, 10
Cleomenes rex Spartanorum xxviii, 4, 7
Cleomenes Alexandri jussu Alexandriam ædificat xiii, 4, 11
Cleopatra Philippi regis conjux superinducta Olympiadi ix, 7, 2 ab ipsa necatur ix, 7, 12
Cleopatra Philippi filia, Alexandri Epiri regis uxor ix, 6, 1 a Perdicca in matrimonium petitur xiii, 6, 4 ejus apud Macedonas auctoritas xiv, 1, 7
Cleopatra Demetrii (Nicatoris), mox fratris ejus conjux xxxvi, 1, 9
Cleopatra Mithridatis filia, Tigranis uxor xxxviii, 3, 2
Cleopatra Ægyptia duorum fratrum uxor xxxviii, 8, 2 a posteriore repudiatur xxxviii, 8, 9 ad generum suum confugit xxxix, 1, 5
Cleopatra (proximæ filia) matris pellex xxxviii, 9, 1 regno præponitur xxxix, 3, 1 majorem filium pellit xxxix, 4, 1 a minori necatur xxxix, 4, 7
Cleopatra hujus filia Cyziceno nubit xxxix, 3, 4 sororis jussu interficitur xxxix, 3, 12
Cleophis regnum concubitu Alexandri redimit xii, 7, 11
Clientela (pro clientibus) viii, 4, 8 Freinsb.
Clientes xvi, 5, 13
Clitos ab Alexandro inter pocula occiditur xii, 6, 3
Chitos amicus Alexandri dimittitur xii, 12, 8 Clito cura classis traditur xiii, 6, 16
Cludere sanguinem (pro sistere) xv, 3, 13 Freinsb.

non deesse vindictæ civium xvi, 4, 14
non defuit fides ostentis xvii, 1, 4 non
virtus, sed fortuna ei defuit xviii, 7, 5
bellantibus regis auspicia desunt vii, 2,
9 ne quid regiæ majestati deesset x, 3, 5
Defectio (pro imminutione) xli, 2, 1
Freinsh. defectio subditorum ob dominorum discordiam impunita xli, 4, 4
perfidia defectionis i, 6, 9 a defectione
desistere xxxv, 1, 5
Defectores persequi xvi, 1, 13. xli, 4,
4. xli, 4, 9
Defectus solis aut lunæ, quid signi-
ficent xxii, 6, 3. xxxiii, 1, 7
Defendere regni terminos ii, 4, 12.
xxx, 4, 12 ægre adversus finitimos se defendere ii, 4, 32 canis defendens in-
fantem a feris alitibusque i, 5, 10
Defensio sceleris xxxix, 2, 8 ad defensionem patriæ regem arcessunt vi, 4, 9
Defensor senatoriæ causæ xvi, 4, 10
defensor Asiæ nemo inventus xxvii, 3, 5
urbs deserta a defensoribus xii, 9, 5
tutela loci nullis defensoribus eget xli,
5, 3
Deferre (pro ferre) i, 4, 11 pro
afferre, advehere iii, 3, 10 pro indicare xxxi, 4, 7 certamen ad judicem ii,
10, 9 querelam alicui (pro queri) i, 5,
2. ix, 6, 8 deferri (pro venire) iii, 4,
11. xvi, 3, 7 ita : delata in Africæ sinum
xviii, 5, 8 naufragio in ea loca delatus
ix, 1, 10 Freinsh. delatus in Syriam
xxxiv, 3, 9 deferri navibus Syracusas
xxii, 8, 11 Samothraciam defertur xxxiii,
2, 5 defertur ad eum indicio captivi xi,
7, 1 regnum defertur alicui xi, 7, 13
deferre summum imperium ad aliquam
xvi, 4, 16 deferre civibus suis non modica solatia xix, 3, 4 deferre querelas
de aliquo Carthaginem xxii, 3, 2
Deficit quotidie regis majestas (de-
crescit) iii, 1, 2 deficere a fide societatis iii, 6, 4 ab aliquo ad aliquem xi, 2,
7. xi, 6, 14 non studiis alicujus quam
annis defici (pro destitui) xii, 8, 14 deficere (de moriente) xii, 15, 8 Vorst.
Definire alicui præmia xiv, 1, 9
Deflere (pro flere) xviii, 4, 13 Freinsh.
(pro deplorare, queri) v, 7, 7. v, 8, 1.
xix, 3, 2 Vorst.
Deformis habitu ii, 7, 10 militiæ
damnis (hoc est, ut vi, 8, 3 loquitur,
cladibus insignis) vii, 3, 1 vultu xxxviii,
8, 9 deforme ac miserandum spectaculum
xv, 3, 4 deformes (hoc est, squalidi et
sordidati) iv, 4, 1 Freinsh.
Defungi somnio (hoc est, ut Curtius
iii, 1, 22 fere loquitur, 'implere sortem

somnii') i, 5, 5 Freinsh. defungi responso
oraculi xii, 2, 10 (Sic et 'fungi pericu-
lo.' Vide Fungi). parvo defungi (pro
parum præstare, parum dare) ix, 2, 8
Vorst.
Degenerare a patre xii, 4, 1 a majo-
ribus xiv, 5, 8
Degere vitam i, 7, 7. iii, 3, 7
Dehonestamenta (pro turpitudine)
xxviii, 2, 9 Freinsh.
Dehonestari prælio fædæ gentis vii,
3, 8
Deidamia Æacidæ Epiri regis filia
xiv, 6, 3
Dejicere murum (pro diruere) v, 8, 5
Freinsh. dejectis muris xii, 9, 11
Dein i, 8, 4. ii, 15, 6
Deinceps ii, 6, 15. iii, 7, 12. xvi, 3,
3. xxxvii, 3, 3
Delabi equo xxxiii, 2, 1
Delata, delatus : vide Deferre
Delectari æmulatione gloriæ, varietate
operis, Præf. 1
Delere exercitum (est ad internecionem cædere, *auff das Haupt erlegen*)
ii, 3, 4. ii, 5, 2. vi, 4, 13. xi, 3, 8. xiii,
3, 4. xix, 3, 3 mœnia (pro excidere) ii,
12, 4 regna (pro evertere) viii, 2, 9
Freinsh. tabellas ligneas superinducta
cera ii, 10, 13 manus illa deleta est imbribus et fulminibus ii, 12, 10 ut cum
exercitu deleretur ii, 13, 5 delere omnem
stirpem regiæ sobolis xvi, 1, 15 civitatem xxi, 2, 7 ignominiam bello acceptam
virtute xxxii, 8, 16
Deliberare de statu reipublicæ xviii,
8, 9 de excidio urbis xi, 3, 8 diu inter
Spartanos sociosque deliberatum, an pax
daretur v, 8, 3
Delicta regum xxxviii, 6, 1 nulla delicta adulterio gravius vindicant Parthi
xli, 3, 1 conscientia delictorum viii, 2, 4
Deligare (pro ligare, alligare) iii, 5,
10 (ita Livius viii, 7, 20 'I, lictor, de-
liga ad palum') Freinsh.
Deligere (pro eligere) ii, 15, 14
Freinsh. iii, 6, 12 rex sorte delectus i,
9, 7
Delinimentis animos solicitare xxi,
1, 5
Delitescere xliii, 4, 7
Delos insula ærarium Græcorum iii,
6, 4
Delphi urbem suam permuniunt xxiv,
7, 8 plus in Deo, quam in viribus reponunt xxiv, 8, 2 Delphos diripi jubet
Xerxes ii, 12, 8 diripiunt Phocenses
viii, 1, 8 idem tentat Brennus Gallorum
dux xxiv, 6, 5

Dionysius minor Siciliæ tyrannus xxi,
1, 1 exulat Corinthi v, 8, 7. xxi, 5, 2
Dira supplicia xviii, 4, 14 portentum
dira portendebat Lysimacho xvii, 1, 3
Diræ atque inferiæ xiv, 4, 13 diris
per omnium sacerdotum religiones devotus v, 1, 3
Direptio civitatum ix, 1, 1. xxii, 5, 8
Dirigere cursum in Africam xxii, 5, 1
ad aliquem xxxi, 2, 5 directæ conciones
xxxviii, 3, 11
Dirimit mors contentionem xxxvi, 4,
11
Diripere templum ii, 12, 8 civitates
viii, 3, 2. xiv, 1, 6 naves xxv, 2, 6 vir-
ginibus ad stuprum direptis xxvi, 1, 7
Diruere ædes Deorum i, 9, 1 urbem
xi, 3, 10. xi, 4, 7. xxxiv, 2, 6 diruta a
Lacedæmoniis patria vi, 5, 8
Discedere ab armis vi, 6, 1 (id est, a
bello desistere) Vorst. discedere a præ-
lio vi, 7, 12 æquo Marte utrimque dis-
cessum iii, 6, 9
Disceptare de minimis rebus xxi, 5, 5
Disceptatio inter Demetrium et lega-
tos civitatium Græciæ xxxii, 2, 3
Discere (pro rescire) ii, 3, 13. xi, 10,
13. xiv, 2, 4. xxvii, 1, 4. xxix, 4, 1
Freinsh.
Discessus Xerxis ex Græcia ii, 11, 1
discessum alicujus ægre ferre xii, 11, 5
post discessum vii, 4, 1. xxxviii, 8, 11
Discidium (pro divisione) xxiii, 2, 11
Freinsh.
Discinctus tunica servili incedit xix,
3, 1
Disciplina (pro institutione) xi, 7, 7
Freinsh. militaris Alexandri xxii, 11, 9
Carthaginiensium xix, 1, 1
Discipuli Platonis xvi, 5, 13
Discordiæ effectus viii, 4, 8 discordiæ
malum inter pares assiduum xvi, 3, 1
discordiarum oblivio apud Athenienses
jurejurando sancita v, 10, 11
Discrepatio est inter aliquos (id est,
dissensio, lis) xxxii, 2, 3 Vorst.
Discrimen inter servos et liberos xli,
3, 4 discrimen imperii inter se facere
bello xxix, 2, 9 discrimen subire (pro
periculo) xli, 2, 9 Vorst.
Discurrere in duas partes (pro dividi)
xiii, 6, 17 Freinsh. discurrere per urbem
v, 7, 4
Discursus militum viii, 5, 9
Discutere consilia (est detegere et im-
·pedire) ii, 15, 16 Freinsh.
Dispensare bella (hoc est, partiri) vii,
6, 4 Freinsh.
Displicet status præsentis fortunæ xxii,

4, 3
Disponere aras hostiasque xxiv, 3, 4
Disputationum assiduitate aliquid con-
sequi xx, 4, 11
Disseminare aliquid causam morbi
(pro evulgare, in vulgus spargere) xii,
13, 10 Freinsh.
Dissensio Græcorum ii, 12, 18 dissensionis mala xvi, 3, 8
Dissentire (pro discrepare) : mortis ra-
tio non dissensit ab hoc vitæ proposito
vi, 8, 10 Freinsh.
Dissidere inter se bello xxiv, 1, 1
Dissimulatus animus xxi, 1, 4
Dissimulatio dolorem auget viii, 5, 11
dissimulatio belli v, 11, 4 per dissimula-
tionem v, 11, 5
Dissipata civitas per multa membra v,
10, 10 cunei dissipati ruebant xxiv,
8, 9
Dissolvere leges (abrogare) iii, 3, 12
(ut Græci λύειν τοὺς νόμους) Vorst. dis-
solvere corpus Achæorum xxxiv, 1, 5
Distare sedibus xxxviii, 4, 9
Distenta ubera xliii, 2, 6
Distineri multis bellis eodem tempore
xxix, 2, 8 ne uno tempore duplici bello
Romanæ vires distinerentur xxxi, 1, 6
Distinxit natura incrementa caloris ac
frigoris regionibus ii, 1, 11 distinguitur
sylva palmeto et opobalsameto xxxvi,
3, 3
Distrahere merces ix, 1, 6
Distribuere milites in colonias xii,
5, 8
Ditare : terra non patrimoniis ditat
Scythas ix, 2, 7
Ditionis Atheniensium nihil præter
urbem reliquit v, 7, 3 in ditionem ali-
cujus cedere xxxiii, 2, 7 venire xxxvi,
3, 8 populis in ditionem redactis xli,
6, 8
Diu ii, 1, 5. ii, 10, 15. ix, 3, 4. xiii,
8, 8 diutissime ii, 1, 17
Divelli ab aliquo xxiii, 2, 7
Diversa (hoc est, contraria) iii, 4, 16.
xv, 1, 1 et 9. xxx, 1,.1. xxxi, 5, 1 (ita
Sallust. Catil. 5, 9. et auctores passim)
Freinsh. diversis artibus quam (pro aliis
quam) vi, 3, 6 e diverso instructis hostibus (pro e regione) xxx, 4, 6 Vorst.
Dives ex inope factus xxii, 1, 14 ditior damnis redditus xxvii, 2, 4 ditissima
auro regio xliv, 3, 5
Dividere (pro distribuere) viii, 6, 1
Antigonus Argyraspidas exercitui suo
dividit (hoc est, inter exercitum suam,
inter ordines suos) xiv, 4, 20 Sic : xii, 1,
1 Freinsh. divisa temporibus componere,

vocavit ii,'8, 8 ex nomine alicujus urbem condere xliii, 1, 12 ex promissis pars accepta xiii, 7, 6 nobilis ex Macedonibus adolescens ix, 6, 4

Exacerbat indignitas injuriarum aliquem xlii, 1, 4 exacerbatus hinc x, 2, 5 Exactio et solutio utrisque difficilis xii, 11, 12

Exaequare vires partium v, 2, 12 utriusque ordinis conditionem xxii, 4, 5 exaequato omnium jure xliii, 1, 4

Exaestuat e terra bitumen i, 2, 7 exaestuat Ægyptus torrenti ardore solis ii, 1, 16

velut Examine aliquo Asiam implevere Galli xxv, 2, 8

Exanimare feram xv, 3, 8

Exardescere (subaudi 'ira') xi, 10, 11 Freinsh. in bellum v, 10, 6 bellum exardescit ab Africa, ex Sicilia xxii, 5, 6

Exauctorare (pro dimittere) xii, 12, 7 Freinsh.

Exaudire gemitum iv, 1, 10

Excedere (hoc est, procedere) i, 2, 6 (ut 'excurrere,' pro procurrere, apud Curt. iii, 1, 3) Freinsh. ceteros excedere (pro antecellere) xiii, 2, 3 Vorst. excedere annos quatuordecim xv, 2, 3 excedere modum historiae xxxviii, 3, 11 modum propositi operis xliii, 1, 2 convivio excessit ix, 8, 16

Excellens ingenium xxxvi, 2, 6

Excellere (hoc est, antecellere, ante esse) xiii, 2, 3 Freinsh.

Excelsior dignitatis locus xi, 5, 1

Excidere sylvam i, 6, 4 exciso Ilio xx, 1, 10

Excidium finitimorum ii, 4, 8 excidii metu civitates ad belli societatem pellicere xxii, 5, 5 quod sacrilegium causa excidii fuit xxxii, 3, 11 excidium minari viii, 5, 2. xi, 10, 11 excidia urbium xi, 3, 8

Excipere vices alicujus (pro alicui succedere) xi, 5, 7 Freinsh. excipere aliquem tergo xv, 4, 19 excipere extremos spiritus viri xxiii, 2, 8 favore aliquem excipere xxxiv, 3, 9 excipi bello ii,.5, 1. xi, 10, 12. xliii, 1, 10 excipi magno civium gaudio vi, 5, 8 excipi majore virtute mulierum quam virorum xxv, 4, 6 exceptis vulneribus xxxiii, 2, 4

Excitare aliquem, ut armis contendat xxxix, 2, 10 aegre excitatus xi, 13, 2 excitatis militibus xxxviii, 8, 1

Excitus repentino tumultu ii, 4, 22

Exclamare v, 10, 1. xliii, 5, 6

Exclusus Nilus (aggerationibus puta) ii, 1, 20 Vorst.

Excolere arbores xxxvi, 3, 4 ingenia omni doctrina exculta viii, 2, 12

Excruciare (hoc est, exquisitis suppliciis punire, excarnificare) xii, 5, 11 Freinsh.

Excubare (quo reddam, aptius verbum non reperio, quam illud nostrum, auswarten) viii, 4, 7 Freinsh. excubare alienis sedibus, ib.

Excurrere (de eo, qui belli causa in remotissimas terras proficiscitur) xiii, 5, 7 Vorst.

Excusare necessitatem belli (id est, excusandi sui causa necessitatem afferre) xviii, 7, 16 Vorst.

Excusatius xxi, 1, 4. xxxii, 2, 1

Excutere jugum servitutis cervicibus xv, 4, 12

Execrari (hoc est, detestari) xiii, 1, 7 Freinsh.

Execratio (hoc est, devotio) iii, 4, 1. v, 4, 14 (hoc sensu Sallust. in Catil.) Freinsh. execratio Parthicae superbiae xxxviii, 10, 5 parricidarum xxxix, 3, 11 execrationes precibus explere v, 4, 16 execrationes inauditae ultimaeque xxiv, 2, 8

Exemplum singulare omnium saeculorum Amazones ii, 4, 6 fragilitatis humanae Seleucus xvii, 2, 3 exemplo et institutione legum aeque clarus Lycurgus iii, 2, 7 exemplum statuere xviii, 7, 14 (quod Plaut. in Mostell. vers. 1108. 'exempla facere' dixit) Freinsh. exemplum id secuti posteri i, 2, 12 exemplum capere ex amicis, quid hostibus cavendum i, 10, 18 exemplum alicujus imitari ii, 12, 17 exemplo legum clarus iii, 2, 7 exemplo prioris dominationis nihil terreri v, 10, 5 exemplo patris evocat civitates, dux creatur xi, 2, 5. xi, 3, 2 ad exemplum ceterorum humari (id est, ut ceteri intelligerent, quid ipsis eventurum esset, si forte in praelio caderent) xi, 6, 13 Vorst. exemplum pessimum statuere in se xiv, 1, 12 cavendum alicui exemplum xxix, 2, 5 exemplum orationis inserere alicui operi xxxviii, |3, 11 id exemplum sequi xli, 4, 5

Exenteratus lepus i, 5, 10

Exequi publicae religionis officia xviii, 7, 7 ultionem diu cupitam xlii, 1, 5 executo regis imperio (passive) vii, 3, 2

Exequiae xi, 2, 1 exequias prosequi xi, 12, 6 exequiarum officium xxiii, 2, 8

G.

Inflatus (hoc est, tumidus, superbus) ii, 10, 28 Freinsh. xxxiii, 1, 8

Inflīgere detrimenta civitati iii, 5, 8

Infrequens multitudo (non magna) ii, 4, 21 Vorst.

Infulæ (pro regio insigni) xi, 10, 6 pro sacerdotali xviii, 7, 9. xxiv, 8, 8 Freinsh. xi, 10, 6 (Infulæ potius pro insignibus supplicum accipiendæ sunt. Quod ipsum quoque Freinshemium agnovisse Berneggerus in Notis testatur. Mirum igitur quod hic secus scripsit) Vorst.

Infundere aurum statuis xxxii, 4, 5

Infuscare (pro obfuscare, maculare): infuscare gloriosam militiam seditionibus xii, 11, 7 infuscatur gloria victoriæ macula sævitiæ xii, 5, 5 Freinsh.

Ingemiscere xii, 13, 8

Ingenia Hispanorum feris quam hominibus propiora xliv, 2, 7 ingenii humani mos est, quo plura habeat, eo plura cupere vi, 1, 1 ingeniorum ingenuorum et servilium differentia xviii, 3, 14 ingeniis gentis justitia culta (id est, natura gentis) ii, 3, 5 (hinc paulo post, n. 14. ' hoc illis naturam dare'). Vorst. ingenium ejus spondet magnum virum vii, 6, 1 ingenio Punico cum ea egerunt xviii, 6, 2

Ingens dulcis aqua (hoc est, ingens copia dulcis aquæ) xii, 10, 7 Freinsh. ingens pecunia xi, 8, 6 ingentibus animis prælium committitur xi, 9, 9 ingentes stratorum hostium catervæ ii, 11, 18 ingentes epularum apparatus xii, 3, 11 prædæ ingentes xxii, 6, 8 ingentia auxilia iv, 4, 12. vi, 2, 2. xxxix, 1, 5. xxxix, 2, 3. xxxix, 4, 4 munera xviii, 2, 9

Ingenui homines i, 5, 2 virtus ingenui pudoris xvi, 5, 4 ingenua servilibus ingenia præstant xviii, 3, 14

Ingerere imperia recusanti (Auffüriagen) vi, 8, 7 ingerere se oculis (quod Sallustius in Jug. 31, 12 ' incedere per ora' dixit) xviii, 7, 9 Freinsh. ingerere omnibus frugalitatem xx, 4, 10

Ingratus animus xxi, 6, 7. xxxv, 1, 3. xxxviii, 1, 8 ingrati civis officium xliii, 1, 1

Ingredi bella (pro aggredi) xxxviii, 7, 6 Freinsh. pronam ad regnum viam i, 5, 9 imperium vii, 6, 1 ad penates publicos privatosque hospitaliter viii, 3, 4 diversam conditionem belli xxxviii, 7, 6 fines regionis ix, 2, 12 templum xi, 11, 7 regiam iii, 1, 2 urbem xix, 3, 11. xxviii, 4, 8 ruri iter ingressus i, 6, 2 Parthos ingressus xli, 4, 7

Inhiare Asiæ xxvii, 3, 4

Inhibere remis ii, 12, 7

Injicere ardorem militibus (hoc est, addere, animare milites) iii, 5, 10 Freinsh. injicitur his metus ex dolore, et illis stupor ex gaudio vi, 7, 12. xxv, 1, 7

Inimicitiæ longum otium non ferunt iii, 7, 1 inimicitiis parentum filiis succedentibus xl, 1, 1

Inimicus xx, 5, 12 inimicorum odium xi, 4, 8 inimicis suis hostem acquirere iii, 6, 11

Iniquus judex ix, 6, 8

Inire cubitum (sicut inire matrimonium) ii, 4, 9 Freinsh. bella viii, 2, 11. xii, 11, 6. xv, 1, 9 convivia xxxvi, 4, 2 societatem xxxvii, 4, 3

Initia : primis initiis i, 2, 4 inter initia xxi, 1, 8 prima initia prospera fuerant iv, 3, 6 illustria initia ii, 1, 2 inter prima initia vii, 5, 1 initia et exitus urbis admirabiles xvi, 3, 3 initia Romani imperii perstringere xliii, 1, 2 ex sordidis initiis ad summa crevere ii, 6, 2

Initiorum noctes quare institutæ Athenis ii, 6, 13 nullo magis quam silentio solennes v, 1, 1

Initiari sacrorum solennibus xi, 7, 14

Injuria animos acuit iii, 5, 4 ex injuria vinculorum decedere xliii, 2, 4 injuria militiæ xli, 3, 1 (active) parentum xlii, 2, 5 (passive) injuriis militum gravari xxxviii, 10, 8 injustas alicujus quæri xxx, 3, 5 de injuriis alicujus questum venire xxxii, 2, 8

Injuriosum xviii, 7, 16

Injusta servitute oppressi xi, 1, 2 injustam necem alicujus ulcisci xliv, 5, 5.

Innati eodem solo ii, 6, 4

Innixa duabus ancillis xiv, 6, 9

Innocentiam simulare v, 11, 4

Innocentis exilium xxii, 7, 10 ne innocentior fratribus parricidis haberetur x, 3, 1

Innotuit oraculum Apulis xii, 2, 10 quod ubi omnibus innotuit xxxiv, 1, 8

Innoxia gens xii, 2, 17 mors xxxii, 3, 3

Innumeræ cædes ii, 9, 17

Inopiam recreare (hoc est, sublevare) ix, 1, 6 Freinsh. inopia dilabuntur bella vi, 2, 14 inopia multorum dierum contrahit pestem ii, 13, 12 fides inopiæ ix, 2, 15 metu inopiæ iii, 4, 8

Inopinanti regi se offert i, 10, 15 inopinantes ii, 4, 19. ii, 5, 5. viii, 3, 15 inopinata præda xiii, 1, 8 inopinatum bellum ii, 10, 13

Inops pecuniæ et sedis xxxviii, 7, 5 inops inter quotidianas rapinas ix, 8, 6

8, 9 instructe paratoque exercitu opprimere Græciam xi, 2, 10 instruere aliquos
commeatibus auxiliisque xvi, 8, 11 sti-
pendio, frumento instruere victorem xxii,
8, 12 instructos militibus vi, 1, 3 omnibus imperatoriis virtutibus vii, 4, 4 instructior opibus quam militibus xvii, 2,
18 instructus legibus (de eo qui leges
cognovit et didicit) xx, 4, 5 Vorst. instructus ad obsidionem ferendam xxii, 4,
1 instructus viribus Ægypti xxxix, 2, 4
Instrumentum (pro qualicumque supel-
lectili) xv, 1, 8. xv, 2, 7. xxi, 5, 2
Freinsh. instrumentum regale xxiii, 2, 6
instrumentum luxuriæ Musica xxxviii, 10,
4 instrumenta luxuriæ tympana et crepundia xxx, 1, 9 vestes auratæ xx, 4, 11
proxima quæque victoria instrumentum
sequentis i, 1, 8 instrumenta culinarum
in exercitu Antiochi Soteris argentea
xxxviii, 10, 4 instrumenta servilis metus
ii, 5, 4 instrumenta bellorum alicui sunt
opes ix, 8, 5
Insueti i, 8, 6
Insula nova e mari enata xxx, 4, 2
Cyprus insula xviii, 5, 1 abditæ insulæ
ii, 12, 16 Æolides insulæ iv, 1, 11 pars
Hispaniæ quæ ex insulis constat xliv,
4, 14
Insulares (id est, qui insulam seu separatam ab aliis domum inhabitant) xxxii,
2, 2 Vorst.
Insultare (pro exultare) ii, 10, 10
Vorst. insultare fortunæ hostinæ v, 7, 1
insultare apud victos ix, 4, 8 insultare
Parthos aliquantisper passus est xlii, 4, 8
Insuper ix, 6, 8. xiv, 6, 12. xv, 1, 8.
xv, 3, 5. xxii, 3, 4. xxiv, 4, 9. xlii, 1, 4
Intacti ab alieno imperio (qui non in-
festantur) ii, 3, 1 Vorst. intactus ab aliis
gentibus ii, 4, 30 agros intactos relinquere iii, 7, 8 intactis munimentis xxv,
2, 5
Integer: ex integro condere urbem ii,
15, 1 integer visibus xxvii, 3, 2 civitates
in integrum restituere xxxi, 1, 3 ex integro bellum instituere ii, 15, 17
Intelligere iii, 2, 6. xxxi, 5, 2 apud
intellecturam loqui xi, 15, 6 intelligi
(pro animadverti): ne intellectos se sentiant ii, 8, 2 Vorst.
Intelligentia somniorum (pro scientia
interpretandi somnia) xxxvi, 2, 8 Vorst.
Intemperies ebrietatis xii, 13, 10
Intendere (subaudi mentem) i, 8, 9
Freinsh. (Videtur potius ἀπὸ κοινοῦ repe-
tendum 'orbitatis dolorem' et conjun-
gendum eum his, 'in ultionis solatia')
Vorst. intendere oculos in vultum alicu-

jas xi, 8, 8 animum ad favorem alicujus
conciliandum xxi, 1, 4 opes suas ad oc-
cupandam dominationem xxi, 4, 1 vulnera alicui xxiv, 3, 8 intendere ad nuptias alicujus xiii, 6, 4
Intentus in aliquid ii, 12, 18. xx, 5,
5. xxix, 1, 8 intentus magnis rebus xxx,
1, 1 intentior prædæ, quam bello xxxvi,
4, 8 intentior cena xvii, 3, 10
Intentare verbera ii, 5, 5
Inter initia xi, 2, 4. xxi, 1, 8 inter solis ortum i, 10, 4 inter epulas et pocula
xii, 6, 6 inter bibendum xi, 8, 8 inter
hæc viii, 4, 9 inter omnes auctores constans fama est xxv, 5, 8
Intercapedo xxi, 3, 10
Intercedere (pro vetare, inhibere) xli,
1, 11 Freinsh. xvi, 4, 12. xxxiv, 3, 8
Intercidere (pro perire) ii, 4, 16 et
88. iii, 4, 4. vi, 9, 1 Freinsh.
Intercipere aliquem (ne scil. aufugere
et elabi possit) v, 8, 18 Vorst. Joseph
clam interceptus xxxvi, 2, 6 interceptus
repentina morte xxxvii, 1, 6
Intercludere reditum alicui ii, 5, 10.
ii, 13, 5 intercludere hostes ii, 13, 9 intercludere hostes mariniis commeatibus in
urbe clausos iv, 4, 5 interclusa voce xi,
8, 4 intercluditur pons fluminis xi, 14, 4
(si modo vera lectio: id quod non videtur) Vorst.
Interdicere omnem opem humanam
(videtur hic dicere auctor, quod meliores
'igni et aqua') v, 4, 15 ('aqua et igni arcere' dicit Tacitus iii, 23, 3. et 50, 6)
Freinsh. interdicere alicui conspectum
alteriæ xli, 3, 2 patriam alicui xvi, 4, 5
Interdictum regis xi, 4, 9
Interdum (pro interim) xi, 9, 2 Vorst.
Interea ii, 6, 1. ii, 12, 22. iii, 5, 1. v,
10, 12. ix, 6, 1
Interesse bello xv, 2, 17 civilibus discordiis xvi, 4, 18 neque filius interest
xiv, 4, 6
Interfector (hoc est, percussor) i, 3, 5.
ii, 9, 2. xi, 11, 9. xvi, 1, 17 (utitur hoc
vocabulo etiam Plinius vii, 29. p. et xiv,
22.m. et Curtius viii, 7, 36) Freinsh.
Interficere aliquem vii, 6, 6. xii, 5, 10.
xxxviii, 1, 6. xxxix, 3, 12. xli, 6, 5. xlii,
3, 1 per corpus regis equus interfectus
ix, 3, 2
Interjectis diebus (hoc est, post aliquot
dies) iii, 7, 5. v, 4, 2 Ita: interjectis
mensibus xxxviii, 1, 6 interjecto tempore i, 5, 8. i, 7, 11. ii, 6, 1. li, 15, 6.
iv, 4, 1 Freinsh.
Interimere xiv, 4, 12 interemtorum
manes xxvi, 2, 5

sicaque regna xli, 1, 8 Medici imperii origo i, 3, 6. xlii, 3, 6 finis i, 6, 17
Mediocre (pro modico, parvo) vii, 3, 7 Freinsh. mediocris vir (non illustri loco natus) i, 4, 4 haud mediocris fructus (non exiguus, magnus) iv, 2, 4 Vorst. haud mediocris metus capit aliquem xi, 1, 5 non mediocris populus xxxii, 3, 12 non mediocre momentum accessere viribus Persarum xi, 4, 12 non mediocre momentum partium xiii, 6, 12 cum mediocri turba popularium venit in Italiam xliii, 1, 6
Mediolanum Gallorum colonia xx, 5, 8
Meditabundus bellum xxxviii, 3, 7 (Ita Sallustius ' vitabundi tela' Jug. 60. 4. et ' classem' Hist. iii, 3, 7) Freinsh.
Meditari bellum xxv, 4, 1 fugam in regnum xxxviii, 9, 4
Medius : media saxi rupes xxiv, 6, 7 media inter utramque regionem xliv, 1, 4 flumen per mediam urbem influens xi, 8, 3 medio tempore (mittlerweil, hoc est, interea) iv, 3, 1 Freinsh. ii, 4, 1. iii, 2, 7 medii itineris loca arida xii, 10, 7 media potione (dum bibis) xii, 13, 8 Vorst.
Medius Thessalus xii, 13, 7
Medus Ægei ex Medea filius ii, 6, 14 (qui et Medius appellatur xlii, 2, 12) Freinsh.
Megabyzus ad subigendam Thraciam a Dario missus vii, 3, 1 Bubaren cum exercitu in Macedoniam mittit vii, 3, 7
Megara a Pisistrato pæne capta ii, 8, 4
Megarenses Atheniensium inimici ii, 7, 7 stratagemate vincuntur ii, 8, 3
Mel inventum xiii, 7, 10. xliv, 4, 1
Meleager xiii, 2, 6. xiii, 8, 2 summæ rerum præficitur xiii, 4, 5
Melior (hoc est, aptior) v, 2, 7 (Ita Virgilius Georg. i, 286. et Æn. v, 68. hoc est, fortior) ix, 2, 4 (et ibi notata) xi, 13, 9 (sicut etiam ' bonus' pro forti ponitur, ' ut' apud Sallustium Jug. 53. 10. et Tacitum i, 3, 1) Freinsh. meliores versificatores iv, 9, 4 ad meliora patriæ tempora se reservare ii, 11, 15. xxviii, 4, 9
Membra lacera xxxviii, 8, 15 civitas per multa membra divisa v, 10, 10 Achæi per civitates veluti per membra divisi xxxiv, 1, 2 corpus in membra divisum xxxviii, 8, 15 urbibus veluti regni membris amissis xxx, 4, 17
Meminisse xi, 13, 9. xxviii, 2, 3. xxxvi, 2, 15 nec belli periculorum meminerant (pro, non cogitabant de bello gerendo) xi, 5, 9 Vorst.
Memor adhuc Darium vivere xi, 10, 4 memores, se ejus opera adjutos v, 11, 6

memores originis xlii, 3, 4
Memorabilis Parthis Arsaces xli, 5, 5 pellis arietis memorabilis gentibus xlii, 2, 10 in qua victoria etiam illud memorabile fuit i, 8, 12 hujus viri inter multa egregia et illud memorabile fuit ii, 7, 6 reges variis casibus memorabiles i, 7, 14 memorabiles alicujus casus xxxviii, 9, 1
Memorare : quem bellum Græcis intulisse memoravimus xx, 5, 1
Memoriæ patris aliquem donare xxxviii, 6, 6 memoriæ alicujus honorem tribuere xli, 5, 6 in memoriam somnii revocari i, 5, 3 in memoriam alicujus facti revocari : Vide Revocare
Menalippe Amazon ab Hercule capta ii, 4, 23 traditis a sorore armis redimitur ii, 4, 25
Menander in divisione imperii Alexandri Lydiam sortitur xiii, 4, 15
Mendacio Deos illudere xvi, 5, 11
Menelaus (Alexandri Magni abavus) vii, 4, 3
Menelaus (Philippi primi frater) vii, 4, 5 ab eodem occiditur viii, 3, 11
Menelaus (Ptolemæi primi frater) a Demetrio primo captus fratri remittitur xv, 2, 7
Mens : gentes mentis infidæ xi, 1, 6 ardore mentis incensus xi, 5, 4 repentinus impetus mentis xii, 7, 8 sine ullo tristioris mentis argumento xii, 15, 3 mentes vatum in vecordiam vertit xxiv, 6, 9
Mensis : mense octavo exacto xiii, 2, 5 post menses admodum septem xvii, 2, 4 ante menses xx, 5, 4 interjectis mensibus xxxviii, 1, 6
Mentionem habere (pro ment. facere) x, 2, 2 Freinsh. mentio orta rerum gestarum inter ebrios xii, 6, 2
Mentiri sexum i, 2, 4 originem alicujus xxxv, 2, 4
Mercari ab aliquo, ut differat bella vi, 1, 5 (quod alibi, redimere bellum). Vorst. mercari pacem ingenti pecunia xxiv, 4, 7
Mercatores peregrini xxxvi, 2, 6
Mercatus Olympiacus xiii, 5, 3 (Mercatus autem dicitur, quia tam celebri in conventu mercaturam et nundinas exerceri occasio fuit : hinc quidam nostrum vocabulum die Messe, a Missa derivatum nec absurde putant, quod eo potissimum tempore, cum Missæ legebantur, quod priusquam villores esse cœperant, bis aut ter quotannis fiebat, propter frequentiam eo venientium nundinæ committebantur) Freinsh.
Merces : tam fœda ei merces reddita xii, 6, 11 pacta mercede bellum redi-

11, 9 aut vincendum aut moriendum vi, 7, 6. xxii, 6, 4 mortuorum corpora cremare xix, 1, 11

Mors honestissima in castris hostium ii, 11, 13 mors ambigua prædicta xii, 2, 3 et 14 voluntaria iv, 5, 10 indubitata xii, 15, 1 morti succumbere xiv, 6, 12 mortem sibi consciscere xiii, 1, 5 mortem alicujus dolere xii, 6, 15 in mortem invictus animus xii, 15, 4 mortes xii, 1, 5. xvi, 1, 1. xix, 3, 6. xxxii, 4, 9

Morsu navem detinet Cynægirus ii, 9, 18

Mortales (pro hominibus) ii, 2, 7 et sæpius (quomodo et alii. Vide Ind. in Nep.) Vorst. mortali manu cadere xiv, 4, 12

Mortalitas : humana mortalitate majus opus xii, 16, 3

Mortuos cremare : vide Cremare

Mos Cypriorum, prostituere virgines suas xxi, 3, 2 Græcorum, ut qui corpora cæsorum petit, pro victo sit vi, 6, 9 Lucanorum in instituendis liberis xxiii, 1, 7 Macedonum salutare reges, non adorare xii, 7, 3 Persarum in eligendo rege x, 1, 2 Segobrigiorum in elocandis filiabus xliii, 4, 3 mos ingenii humani, quo plura habet, eo plura concupiscere vi, 1, 1 mores Amazonum ii, 4, 4 Hispanorum xliv, 2, per tot. Laconum ante Lycurgum soluti iii, 3, 10 Parthorum xli, 3, per tot. Philippi primi ix, 8, 4 Scytharum ii, 2, 3 morem vestis exindil gens universa tenet i, 2, 3 more ingene sui viii, 3, 15 in morem vinearum xxxvi, 3, 4 vestis sui moris xli, 2, 4 armorum mos, ibid. moris Græci vestigia ostentare xx, 1, 6 more vecordiæ ii, 7, 10 more judicis viii, 3, 15 more negotiantium ix, 1, 9 gentis xliii, 3, 9 procellæ xxxviii, 4, 15 culti mores incultæ barbariæ collatione superantur ii, 2, 14 patriæ mores subvertere xii, 5, 2 diversi mores xxx, 1, 1 regis mores secuta regia xxx, 1, 2 morum justitia ii, 2, 5 luxuria v, 9, 7 vitia v, 5, 7 solutis moribus iii, 3, 10

Motus siderum i, 1, 9 diversi motus animorum xi, 1, 1 ne quis motus in Macedonia oriretur (pro tumultu) xi, 7, 2 Vorst. motum opprimere xii, 1, 8 facere xxx, 3, 2 ex motu universorum consilium sumere xiv, 1, 3 inter turbatarum provinciarum motum xxvi, 1, 4

Movere arma ii, 8, 1 bellum adversus aliquem v, 2, 1. xiii, 5, 1 moveri misericordia i, 4, 11 domestica gloria ii, 4, 28 seditionem movet fama adversi belli ii, 13, 2 movere aliquem (ut aliquid faciat) iv, 4, 2 movere agmen vii, 1, 9 motus ix, 3, 8 (*der sich bewägen läst*). movebat hæc multitudo hostium Alexandrum xi, 9, 2 (id est, percellebat). motus pietate mulierum xi, 9, 15 moveri multitudine hostium (pro terreri) xi, 13, 8 Vorst. moveri justis precibus xii, 8, 16 bellum movet discordia xvi, 3, 1 moveri fortuna alicujus xviii, 3, 8 movendi belli occasio xxii, 3, 8 motus pudore xxviii, 3, 16 verecundia alicujus xxxii, 2, 4

Mox (pro postea) xliii, 3, 2 (Ita Sidon. Apollin. Carm. ix. vers. 53) Freinsb. Rursus noster ii, 4, 4. ix, 7, 3 (Nec semper ad tempus refertur, sed interdum ad solum ordinem) xii, 12, 11 Vorst. mox deinde i, 3, 4

Moyses Josephi filius xxxvi, 2, 11

Mucro teli vi, 8, 2 inter mucrones hostium se immergere xxxiii, 2, 4

Muliebris æmulatio xiv, 5, 2 audaciæ exemplum Artemisia ii, 12, 23 Eurydice xiv, 5, 4 Semiramis i, 2, 1

Muliebriter i, 8, 2. xiv, 6, 11

Mulier non fœminas modo virtute, sed et viros anteibat i, 2, 6 mulier, regis cognata xliii, 4, 8 Bruttia mulier xxiii, 1, 12 mulieribus mansuetudinem assignant Parthi xli, 3, 7 mulierum bello Spartan. major virtus quam virorum xxv, 4, 6

Multiplex sonitus xxiv, 6, 8 multiplici bello premi xxvi, 2, 1

Multiplicato metu xliii, 2, 4 multiplicata victoria xliii, 5, 1

Multitudo obsessorum ipsis nocet xiv, 2, 3 multitudo credula (pro plebe) ii, 8, 9 Vorst. omnis multitudo obviam procedit v, 4, 9

Multo post ii, 15, 16. vii, 5, 4

Multum auri argentique xxxviii, 3, 9 ante multum temporis xxxviii, 3, 1 multi populi xii, 7, 12 inter multa egregia ii, 7, 6 per multa membra civitas dissipata v, 10, 10 multa fortiter, multa feliciter agit vi, 2, 16 multarum gentium conspiratio vii, 6, 4

Mummius consul Achæos vincit xxxiv, 2, 1 Sp. Mummius legatus Rom. ad Ptolemæum xxxviii, 8, 12

Mundus : si mundi, quæ nunc partes sunt, aliquando unitas fuit ii, 1, 14 tertia pars mundi Africa xxx, 4, 9

Municipes (pro civibus) ii, 12, 14 Freinsb.

Munificentia (pro liberalitate) xii, 11, 2. xxxviii, 7, 10 (pro magnificentia)

sentire et loqui) xii, 5, 8 (Ita ' male
opinari' Sueton. Aug. 51, 4) Freinsh.
 Opinio (pro fama) viii, 3, 8. xii, 5, 5.
xii, 8, 2. xviii, 5, 17. xxiii, 1, 12. xxv,
2, 10. xxxi, 6, 14. xli, 4, 9. xliv, 3, 5
(Ita Cæs. de Bell. Gall. ii, 24 ' opinio
victoriæ' pro existimatione ex victoria
parta) xxv, 2, 7 Ita fere : opinionis in-
victæ exercitus xxxiii, 1, 3 Freinsh.
 Opobalsametum xxxvi, 3, 3
 Opobalsamum apud Judæos tantum
natum xxxvi, 3, 1 (hodie et alibi pro-
venit: ut Cairi, secundum relationem
itinerariorum) Freinsh. opobalsami arbores formam similem piccis arboribus
habent xxxvi, 3, 4
 Oportare ii, 13, 6. xxiv, 6, 1
 Opperiri (pro expectare) xii, 8, 10.
xii, 13, 1. xiii, 6, 15 Freinsh.
 Oppidani xii, 10, 2. xxi, 2, 8. xlii, 4, 2
 Oppido parcere xi, 7, 8
 Opponere hostibus populos viii, 6, 1
 Opportuna bello loca occupanda iv,
4, 8 opportunis locis puteos facere xii,
10, 7
 Opprimere (proprie est inopinantes et
imparatos invadere) ii, 8, 1. ii, 10, 13.
v, 5, 2. xi, 2, 10 Freinsh. oppressi servitute injusta xi, 1, 2 opprimere motum
in ipso ortu xii, 1, 8 oppressit infamiam
insidiatorum potentia xii, 13, 10
 Oppugnare urbem vii, 6, 14. xxv,
4, 7 oppugnari externo hoste xviii, 2, 2
 Oppugnatio urbis xx, 2, 10
 Optabilis ruina xxxi, 8, 3
 Optata mors xviii, 4, 14 misera quidem res, sed optanda ei fuit xxvii, 2, 3
 Optimates v, 3, 8. xlii, 5, 2 factio
optimatum ii, 4, 1
 Optimus : ab optimo quoque spiritus
patriæ debetur xxxi, 4, 7 optimum ei
visum est xiv, 2, 6
 Opulentia Persarum ii, 10, 22. vi, 2,
14
 Opulentius epulari iii, 3, 5
 Opulentus populus ii, 3, 10 opulentum sumtum alicui præbere xlii, 5, 9
opulenta vita xxxviii, 9, 4 gregarius
miles imperatore opulentior xliv, 2, 8
opulentissimus Persarum rex vi, 2, 14
opulentissima civitates viii, 3, 7 opulentissimum imperium xli, 1, 8
 Opus (pro labore) xl, 2, 3 Freinsh.
opera Atheniensium effectu majora quam
voto fuere ii, 6, 1 opus humana mortalitate majus (de Alexandro) xii, 16,
2 rem magni et animi et operis aggressus, Præf. 1
 Opus esse regem (pro rege) xi, 7, 10
(Ita Plautus in Milite iv, 2, 60 ' talen-

tum Philippum huic opus auri est.' et
idem alibi, ' opus est puero cibum.' Adde
A. Gell. xvii, 2 et Nonium in voce Offendere.) Freinsh. (Accusativus ' regem,'
qui in textu est, non a voce ' opus' regitur; sed respicit verbum præcedens ' responderunt') Vorst.
 Ora Cappadociæ ii, 4, 2
 Oraculum ii, 6, 16 de felicitate regni
Macedonum vii, 6, 1 de nodo Gordii
xi, 7, 4 (plura vide in Responsum). oraculum Delphicum ejusque descriptio
xxiv, 6, 6 ad oraculum Delphicum proficisci iii, 3, 11 oraculi diversa sententia
fuit iii, 4, 16 antiqua oracula ceoine-
runt xi, 7, 4 oracula responderunt
xi, 7, 10 oracula consulere xii, 2, 8
oracula Delphica prædicunt alicui insidias xii, 2, 3 ad oraculum Delphos
legatos mittere xx, 3, 1
 Orare i, 6, 13. viii, 4, 4. xii, 12, 6.
xxx, 2, 8. xxxviii, 5, 9. xxxix, 5, 7
 Oratio Mithridatis xxxviii, 4 per totum. oratio acuminis et solertiæ plena, et
nec ornatui facilitas, nec facilitati inventionum deesset ornatus ix, 3, 10
 Orator Syracusanus Lycias v, 9, 9
Atheniensium Demosthenes xiii, 5, 9
M. Cato Catonis oratoris filius xxxiii,
2, 1 oratorum apud Athenienses auctoritas xi, 4, 10
 Orbis terrarum (pro totius orbis terr.
rebus gestis), Præf. 9 orbis vires (pro
totius orbis) viii, 2, 6 orbis terrarum
princeps Græcia viii, 4, 7 orbis terrarum
vindices, ibid. orbis imperii fundamenta
jecit pater ix, 8, 21 orbis terrarum spoliis referta urbs xi, 14, 10 orbis bella
finire in uno capite xii, 9, 6 orbis terrarum conventus xii, 13, 3 orbis terrarum
victus xiii, 1, 14 orbis domitores xiv,
4, 20 (Vide et Ind. in Nep.) Vorst.
toto orbe regionis (pro tractu) xxxvi, 3, 5
 Orbitatis dolor i, 5, 8. i, 8, 9. xlii,
4, 17 orbitatem amissorum filiorum
dolere xxiv, 5, 9 exilio addita orbitate
ii, 4, 4
 Orbus liberis xxvi, 1, 2 orba respublica (hoc est, senatu privata, qui est
instar patrum) xxi, 4, 2 Freinsh.
 Orchomenii Thebanorum hostes xi,
3, 8
 Ordinare aciem (hoc est, instruere)
xi, 9, 8 Freinsh. ordinatio rebus Macedoniæ viii, 6, 2 ordinare aliquem in
successionem regni xvii, 1, 4 ordinare
disciplinam militarem xviii, 1, 1 ordinare
tribunatus, præfecturas, ducatus xxx,
2, 5
 Ordo nascendi observandus in succes-

cutum vii, **2**, 2 consolatus xxii, 6, 4
enixus xliii, **2**, 8 professus viii, 4, 4
aggressus vii, 6, 5 expertus viii, 4, 5
pactus viii, 5, **2**. vii, 5, 1 deprecatus
viii, 5, 4 Vorst.
  Partim (iterat.) ii, 5, 7. iv, 4, 8 et 5,
9. xi, 4, 6
  Partiri pensa inter virgines i, **2**, **2** patrimonia ii, 10, 11
  Partum necare i, 4, 5 exponere i, 4,
12 canis partu gravida xliii, 4, 4 ex
partus abjecti collisione decessit uxor
Darii xi, 12, 6 partus dubii xiii, 2, 6
  Parvulus filius vii, 5, 8. xviii, **2**, 8.
xxxi, 1, 1. xxxvii, **2**, 6 frater xxvii, 1, **2**
parvulus admodum vii, **2**, 5. xxxiv,
2, 5 parvulum recolligere xxiii, 4, 8
parvula ix, 7, 13 a parvula ætate (hoc
est, ab incunabilis) xii, 4, 10 Freinsh.
parvuli liberi xxvi, 1, 7 parvulorum
sorte permutata i, 4, 13 parvulæ filiæ
xi, 12, 7
  Parvus ad continendam civitatem exercitus v, 8, 11 parvus numerus v, 8,
11 parva manus xvi, 3, 11. xxvi, **2**, **2**.
xxx, 3, **2** quasi parva supplicia cædibus
luissent viii, 1, 4 parvum navigium
xxxi, 7, 4 parvo defungi ix, **2**, 8 parvæ
vires iii, 6, 6
  Parum consulere reipublicæ (pro non
consulere) ii, 7, 9 Vorst. parum facinoris admittere xv, **2**, 4
  Parymæ subiguntur ab Alexandro xii,
5, 9
  Passim ii, 6, 4. v, 9, **2**. viii, 5, 5.
xiv, 6, 1. xlii, **2**, 8. xliii, 1, 4
  Passus : cum mille passus inter duas
acies essent ii, 9, 11 multa millia passuum emensus xi, 15, 5 murus sex millium passuum xii, 5, 13
  Pastor i, 4, 10 pastores Aboriginum
xxxviii, 6, 7 inter pastores esse i, 5, 1
agitare regnum i, 5, 5 adulti xliii, **2**, 8
  Patefacere iter ferro, quod aliter non
patet ii, 13, 6 insidias xliii, 4, 9
  Pater : patrem suum interficit Ptolemæus Physcon xxix, 1, 5 Nicomedes
Bithynus xxxiv, 4, 5 Bactrianorum rex
xli, 6, 7 Phrahates Parthus xlii, 5, 1
patrem vita functum sua captivitate ad
sepulturam redimit Cimon ii, 15, 19
patrem regis esse, regno pulchrius xvi,
2, 9 Patres (S. R. nomen) xliii, **2**, **2**
  Patere (pro obnoxium et opportunum
esse) ii, 4, 26 (vide etiam Ind. Flori).
pro licere xxii, 5, 10 pro extendi ii,
2, **2**. xlii, **2**, 9 Freinsh. patet multum
Scythia in longitudinem et latitudinem
ii, **2**, **2** patet iter ii, 13, 6 patet Sicilia

tota flatibus ventorum iv, 1, **2** non patet
domus alicujus muneribus xviii, **2**, 7
patent bella his in illos xxii, 5, 9 paten-
tes domus xxviii, 4, 5
  Paternus hostis xvii, 2, 9 paternæ fortuna xxxiii, 1, 8 Dii paternæ majestatis
ultores x, 2, 5 paternæ pietatis exemplæ
x, 1, 4 scientiæ hæreditas xxxvi, **2**, 11
paternæ mortis opinionem accipere xliv,
3, 2 paternum imperium ii, 9, 2 regnum
xvii, **2**, 9. xvii, **2**, **2**. xxxviii, 1, 1.
xxxviii, **2**, 1 paternum nomen vile apud
filios x, 1, 7 paterni milites xxxv, **2**, 8
paternæ laudes xii, 6, 6
  Pati aliquem infestum (hoc est, habere infestum sibi) iv, **2**, 4. ix, 4, 4
Freinsh. pati grave bellum i, 7, 10 pati
aliquos graves iv, **2**, 4 aliquos hostes
vi, 5, 10 pati stuprum ab aliquo ix, 6, 5
pati valetudinem majorem xiii, 2, 11
adversa prælia alicujus xvi, 3, 6 bellum
ab aliquo xviii, **2**, **2** sterilitatem, famem
xxviii, **2**, 7 scabiem xxxvi, **2**, 12 pati
insidias alicujus xxxvii, **2**, 4 obsidionem
xli, 6, 4 patiens navigationis aqua xxxvi,
2, 7
  Patibulo suffigi xxx, **2**, 7 patibulo
suffixus Bomilcar Pœnorum dux xxii,
7, 8
  Patienter servire i, **2**, 1. v, 10, **2**
  ad Patientiam locorum animalia quoque generavit natura ii, 1, 11 magna
patientia cedere aliqua re i, 10, 13 patientia servi bello Punico celebrata xliv,
2, 4 patientia virtutis xxxvii, 2, 9 laboris xxxvii, 4, 2
  Patrare scelera xxiv, 4, 8
  Patria non liberis tantum, verum et
ipsi vitæ præponenda xxxi, 7, 6 patriæ
solum xi, 4, 5 patriæ ipsa vita debetur
xviii, 6, 4 patriæ ab optimo quoque
etiam spiritus ipse debetur xxxi, 4, 11
patriæ potius quam liberis consulendum
xli, 5, 10 pro patria aliquid vel cum periculo audendum v, 9, 6 patriæ conspectus vires subministrat vi, 7, 5 patriæ
plura quam vitæ debere se censet Leonida ii, 11, 6 patriæ jura non liberis
tantum, verum vitæ ipsi præponuntur
xxxi, 7, 5 de jure patriæ nihil decidi
potest xxxi, 7, 6 patria Pyrrhi ignobilis
ipsius egregiis factis illustratur xiv, 5, 6
patria eloquentiæ, Athenæ v, 9, 9
  Patrimonium (pro opibus, facultatibus) iii, 4, 7 patrimonium patris (hoc
est, opes paternæ) iii, 4, 8 Freinsh. patrimonium privatum (quod pater adhuc
privatus habuit) ii, 10, 5 Vorst. patrimoniis non ditat Scythia ix, **2**, 7 patri-

xlii, 2, 10 pelles ferinæ, murinæ ii, 2, 9
Pelopidas Thebanus vi, 6, 7
Peloponnenses bellum gerunt cum
Atheniensibus pro Spartanis iii, 6, 5 pro
Siculis iv, 4, 12 per proditionem Antigono (ultimo) traduntur xxvi, 1, 2 Peloponnesii iv, 4, 12
Penatium conspectus subministrat
animos vi, 7, 5 penates publici priva-
tique viii, 3, 4
Pendere in cruce ix, 7, 10
Pendere poenas sanguine et cædibus
suis (hoc est, dare, luere) viii, 2, 4. xv,
3, 6. xxxii, 1, 14. xxxvi, 4, 2 supplicia
(idem) xi, 4, 2 tributa (hoc est, solvere)
ii, 3, 18. v, 2, 9 Freinsh.
Penes aliquem est imperium i, 1, 1.
xxi, 1, 2 victoria xli, 6, 6
Penetrabilis terra (quæ facile pene-
trari potest) iv, 1, 2 (Diversa significatione reperitur apud Virgilium Æn. x,
780. pro eo quod penetrat : sicut apud
Ammian. xiv, 26 'impenetrabilis') Freinshem.
. Penetrare : penetrat ad omnem ætatem hujus mali sensus v, 7, 5 penetrant
omnem Hispaniam xliv, 1, 10 portio
Gallorum Illyricos sinus per stragea barbarorum penetravit xxiv, 4, 3
, Penitus iv, 3, 5. xxxii, 3, 14
Pensa inter virgines partiri i, 3, 2
Pensare imperia parta cum amissis (id
est, tantum imperii rursus adeptum esse,
quantum amiseris) v, 2, 2 pensare
damna amissæ Siciliæ acquisito Macedoniæ regno xxv, 3, 6 Vorst.
Penthesilea Amazonum regina ii, 4,
31
Penuria seniorum xxix, 1, 7
Per dissensionem iv, 3, 1 divortium
abscedere ii, 6, 14 per dolum ii, 8, 6
indulgentiam x, 1, 2 injuriam ix, 4, 8.
ix, 6, 5 insidias ii, 4, 3. iii, 5, 1 lasciviam i, 5, 2 misericordiam viii, 3, 10
noctem i, 8, 8. xi, 15, 3 plures viros
conceptionem experiri iii, 4, 6 quietem
i, 9, 4. xii, 10, 3. xliii, 5, 5 tormenta
cogi ii, 9, 3 varios casus jactari iii, 4,
11 per otium (in otio), Præf. 4 Sic :
per quietem, per somnum videre (pro, in
quiete, in somno) i, 4, 2 per noctem
(pro noctu) i, 8, 8. per omnia contumax
(id est, in omnibus) xix, 1, 13 per si-
mulationem pietatis xxxviii, 1, 3 per
omnia nihil xlii, 5, 9 per ea tempora
(pro iis temporibus) xliii, 3, 3 Vorst.
per omnes casus servatus xliv, 4, 2 per
biennium v, 1, 1 per triennium xxi, 1, 5

Peragere plene ultionem patris xi, 11,
9. xxxii, 3, 3 cædem alicujus xxii, 2,
12 peregisset facinus, nisi amici inter-
venissent xii, 6, 8 peraguntur reliquiæ
belli xxii, 8, 6
Peragrare littora xii, 10, 1 saltus xliv,
4, 8 peragrata India xii, 7, 12
Perangustus vii, 1, 2
Percarus xii, 12, 11
Percipere civitatem (hoc est, jus civitatis accipere) xliii, 5, 11 Freinsh. magicas artes percipere solerti ingenio xxxvi,
2, 7 percepta jam parte ex promissis
(id est, accepta) xiii, 7, 6 Vorst. quod
honestius a paterno hoste perceperit
xvii, 2, 9
Percontari aliquem xi, 7, 6. xii, 15,
5. xix, 2, 10
Percellere aliquem ii, 5, 5 perculsa
muliebri æmulatione xiv, 6, 2 perculsus
metu xxxi, 2, 1
Percussor (hoc est, interfector) ix,
7, 9. xiv, 6, 9. xxiv, 3, 8 Freinsh.
Percutere (hoc est, interficere) ix, 7,
13 (quod etiam in nostra lingua obtinuit,
ut 2 Samuel. 1. David inquit, interprete
Luthero, hin, und schlage ihn. Hinc
etiam homicidium Manschlathi appellarunt majores nostri) Freinsh. percutere
securi ix, 4, 7 gladio ix, 7, 12 percutere
foedus cum aliquo xlii, 3, 4. xliii, 5, 11
Perdere virtutem pristinam i, 7, 13
virtutem cum imperio vi, 4, 2 universos
xii, 6, 15 exercitum xxii, 8, 7 defleta
et prope perdita urbe v, 8, 1 res perditæ
iv, 5, 2. v, 6, 5 perditissimus xxi, 5, 5
Perdicca Macedoniæ rex vii, 2, 1
Perdicca secundus vii, 4, 5 matris
insidiis occumbit vii, 5, 6
Perdicca Alexandri commilito annu-
lum a morituro accipit xii, 15, 12 summæ
rerum præficitur a Macedonibus xiii,
4, 5 seditiosos necat xiii, 4, 8 provincias inter principes dividit xiii, 4, 9
Cappadoces vincit xiii, 6, 1 Alexandri
sororem in matrimonium petit xiii, 6, 4
eodemque tempore Antipatri filiam xiii,
6, 6 ideoque neutram obtinet xiii, 6, 7
bellum cum Antigono gerit xiii, 6, 8
Ægyptam petit xiii, 6, 16 occiditur xiii,
8, 10 ab Argyrasp. xiv, 4, 11 Perdiccæ
arrogantia xiii, 8, 2 constantia xiii, 3, 8
facundia xiii, 4, 1 sententia de successore Alexandri xiii, 2, 5
Perdiscere siderum motus xx, 4, 3
· Perdocere aliquam cultiorea victus
xviii, 6, 2
Perdomare regionem aliquam ii, 3,

Pro (pro deserere) xii, 5, 16; xix, 2, 10
(pro tradere, scribere) xxviii, 4, 14 prodere memoriæ (idem) xii, 6, 17 Freinsh.
prodere exercitum sibi creditum alicui i,
10, 22; xiii, 8, 5 prodit recens cera
dolum ii, 10, 14 non immerito proditum
est (memoriæ puta) ii, 10, 19 documenta
pietatis prodiderunt magnitudinem ejus
futuram ii, 15, 18 prodere fata civium
(aperire) iii, 4, 14 prodere urbem alicui
(pro tradere) v, 2, 8 sceleris consilia
vii, 4, 7 non prodere responsum (non
divulgare) viii, 4, 11 prodere imperatorem suum (pro, hosti tradere) xiv, 4, 16
prodere rem magistratibus (pro indicare)
xxi, 4, 4 prodere aliquem (pro manifes-
tare) xxi, 4, 6 proditur (sc. memoriæ)
urbs ab aliquo servata xxviii, 4, 14 proditur Titanas bellum gessisse xliv, 4, 1
proditus (pro manifestato) xxi, 4, 6
Vorst. proditum (hoc est, scriptum) ii,
10, 19 Freinsh.

Prodesse xii, 6, 17

Prodigium xv, 4, 18. xxx, 6, 4. xl,
2, 1 prodigiorum sagacissimus xxxvi,
2, 8 prodigia (pro omnibus) xii, 16, 4
Freinsh. prodigia, quæ in Alexandri ortu
evenere xii, 16, 4. 5 et 6 quæ Hieroni
obvenere xxiii, 4, 9 et 10 in ortu Mithridatis xxxvii, 2, 2

Prodire xii, 10, 5 prodire per regionem xxxviii, 4, 10

Proditio: per proditionem capti xi, 10,
14 traditi xxii, 3, 3

Proditor xxii, 3, 3. xxxi, 4, 9 (hoc
est, desertor) xxii, 6, 12 Freinsh.

Producere aciem xi, 13, 1 exercitum
in aciem xxx, 4, 6 producto in concionem auctore xi, 2, 8

Proferre diem de die (hoc est, de die
in diem differre negotium) ii, 15, 6 fines
(hoc est, extendere, ampliare) xli, 1, 11
imperium vii, 1, 4 Freinsh. proferre
fines imperii i, 1, 3. xx, 1, 2 prolatam,
sicut erat catenatus, manum ostendit
xiv, 4, 1 prolato indice eam arguit xxxix,
2, 8

Profectio xii, 1, 6. xxiii, 2, 12. xxvi,
1, 6

Profecto ii, 1, 17. ii, 2, 12. xii, 16,
2

Professione aperta bellum parare v,
11, 5

Proficere xii, 11, 8

Proficisci in bellum ii, 11, 9 in legationem ii, 15, 6 proficiscitur tacitus viii,
2, 9 (Nostri, er reiset weg, davon).
quoad proficisceretur xxiii, 5, 9 (Ita-
sine nomine loci ad quem itur, verbum

hoc usurpatur) Vorst. profectus regno
(pro, ex regno) xxxvii, 6, 4 Freinsh.

Profiteri viii, 5, 11. xx, 2, 6 professus
(passive) viii, 4, 4 professus ludimagis-
trum xxi, 5, 8 professus se hostem mix,
4, 1

Profligatis rebus (hoc est, afflictis)
xxii, 8, 1 Freinsh. Carthaginiensibus
xxiii, 3, 8 profligatum tantum in juventute (de malis moribus sublatis) xx, 4,
12 Vorst. profligatum bellum xxxi, 7, 2

Profluens sudor xv, 4, 17

Profugere xxii, 4, 2. xxxix, 3, 9
(pro transfugere) xiii, 8, 2 Freinsh. xlii,
5, 6

Profugus xxvii, 3, 9 profugorum refugia xi, 4, 9

Profundo submersæ terræ ii, 1, 17

Profundum terræ foramen xxiv, 6, 9
profunda barbaria xlii, 2, 10 profunda
camporum xii, 1, 11

Progredi in fletus xii, 6, 8 in publicum ii, 8, 7 cultius progredi (subaud.
in publicum) iii, 3, 5 Vorst. progredi
ad colloquium v, 10, 9

Prohibere (pro intercedere) v, 11, 4
aliquem ab aspectu et colloquio alterius
(hoc est, non admittere ad aspectum,
&c.) vi, 2, 13 transitu i, 8, 9 Vorst.
Scythias ab Ægypto paludes prohibent
ii, 3, 14 prohibere finibus ii, 5, 3. xiv,
5, 9 accessu xliv, 3, 1 prohiberi edicta
alicujus aliquid facere v, 9, 4 ab expugnatione saxi terræ motu xii, 7, 12 prohiberi in conspectum venire xiv, 4, 21
prohibere commeatus xviii, 7; 6 transitum xxix, 4, 4 quod in aliis prohibet,
ipse est xliii, 2, 9

Projicere se in undam xi, 8, 3 projecta (hoc est, effusa) xxxvii, 2, 7. xli,
3, 9 Freinsh.

Proinde i, 6, 11. xi, 12, 15. xvi, 4,
15. xxiv, 8, 7. xxxi, 7, 6. xli, 3, 9.

Promiscui concubitus iii, 4, 5

Promissa exigere xxix, 4, 8 multis
promissis aliquem impellere xxix, 4, 5

Promissio deprecati belli (id est, promissio quod bellum gesere nollet, quia
alii id deprecati essent) viii, 5, 4 Vorst.

Promittere barbam, capillum (hoc est,
permittere ut crescat) iv, 4, 1 Freinsh.
promittunt vultus et blandicntes oculi
non minorem fidem quam jusjurandum
xxiv, 3, 10

Promontoriorum Italiæ et Siciliæ par
altitudo iv, 1, 16

Promovere exercitum in regionem al-
(pro movere, ducere) xiv, 1, 6 promo-
tum est tantum his vocibus (pro affec-

Providere sterilitatem ante multos annos xxxvi, 2, 9 omnibus strenue provisis xxxiv, 2, 1
Provinciæ imperium occupare xliv, 5, 1 regionem in formam provinciæ redigere xxxix, 5, 3. xliv, 5, 8 ventis omnem provinciam penetrantibus xliv, 1, 10 turbatarum provinciarum motus xxvi, 1, 4 provinciis exui xxxi, 5, 9 provinciarum inter Alexandri successores divisio xlii, 4, 9
Provocare (pro elicere) xx, 4, 7 (pro lacessere) v, 4, 11. xi, 1, 5 hostem lii, 7, 8 Freinsh. provocatus antea pari munere (de eo qui simile munus acceperat) xv, 2, 7 hostes ad prælium provocant iii, 7, 8 provocat misericordiam hæc ætas xviii, 6, 12 provocare rabiem alicujus xxiv, 2. 6 arma xxviii, 3, 13 provocatus crudelitate patris xxxiv, 4, 2
Provocator x, 3, 3. xxiii, 4, 12
Provolvi genibus (pro advolvi, accidere) xi, 9, 14 Freinsh.
Prout xxvi, 1, 3. xxxviii, 9, 10
Prudens consilio ix, 8, 13
Prusias Venator, Bithyniæ rex, cum Eumene bellum gerit xxxii, 4, 2 a filio interficitur xxxiv, 4, 5
Ptolemæus Lagi (qui et Soter, et Magnus) venenata sagitta ictus, herba per quietem Alexandro monstrata sanatur xii, 10, 3 Aridæum regem recusat xiii, 2, 11 in divisione imperii Alexandri Ægyptum et Arabiam, Africæque partem accipit xiii, 4, 10 Cyrenen acquirit xiii, 6, 20 bellum cum Perdicca gerit xiii, 8, 1 cum Antigono xv, 1, 4 Demetrium vincit xv, 1, 6 et rursus ab ipso vincitur xv, 2, 6 rex appellatur xv, 2, 11 bellum cum Demetrio gerit xvi, 2, 1 regnum minori ex filiis tradit xvi, 2, 7
Ptolemæus Philadelphus (qui D. Hieronymo φερνοφόρος) regnum a patre accipit xvi, 2, 7 Freinsh. reconciliatur fratri xvii, 2, 9
· Ptolemæus Ceraunus xxiv, 1, 1 Seleucum occidit xvii, 2, 4 sororem ducit xvii, 2, 7. xxiv, 2 et 3 per tot. ejusque filios vita, ipsam regno privat, ibid. Macedoniam occupat xxiv, 1, 8 occiditur a Gallis xxiv, 5, 6
Ptolemæus Euergetes bellum cum Antigono minori gerit xxvi, 2, 1 Beronicen fratris filiam ducit xxvi, 3, 2 sorori a Seleuco Callinico obsessæ auxilio venit xxvii, 1, 6 Seleucum vincit xxvii, 2, 6 sub specie sororiæ vindictæ Asiæ inhiat xxvii, 3, 4 Antiochum Hieracem ad se confugientem in custodia habet xxvii, 3,

11 interficitur a filio xxvii, 4, 11. xxix, 1, 5
Ptolemæus Philopator parricida xxix, 1, 5 ejus vita et obitus xxx, 1 et 2 per totum
Ptolemæus Epiphanes xxx, 2, 6 bello ab Antiocho petitur xxxi, 1, 1
· Ptolemæus Philometor ab Antiocho Epiphane avunculo suo bello petitur xxxiv, 2, 7 contra Demetrium Syriæ regem Balam quendam juvat xxxv, 1, 6. xxxix, 1, 5 mox contra hunc, Demetrii filium xxxix, 2, 2
Ptolemæus Euergetes, (qui et Physcon), superioris frater xxiv, 2, 8 rex Ægypti fit xxxviii, 8, 2 ejus mores et facinora, ibid. more xxxix, 3, 1 .
Ptolemæus Lathurus regno a matre pellitur xxxix, 4, 1 sed post ejus mortem a populo revocatur xxxix, 5, 2
Ptolemæus Apion Cyrenarum rex populum Romanum hæredem instituit xxxix, 5, 2
Ptolemæus Pyrrhi filius xviii, 1, 3 Antigonum minorem vincit xxv, 3, 8 occiditur xxv, 4, 6 ejus præclara facinora xxv, 4, 8
Puberes pueri iii, 3, 6
Pubertatis anni ix, 6, 5. xxii, 1, 4. xxv, 2, 2 initium xxiii, 1, 8 ·
Publicanorum sectio xxxviii, 7, 8
Publicare reticenda i, 7, 15 publicatus (pro detecto, patefacto) ii, 15, 17 Freinsh.
Publice convivari iii, 3, 4 publice redemtum corpus (id est, pecunia publica, pecunia totius populi) xii, 2, 15 Vorst.
Publicum (pro eo quod omnes omnino homines concernit) xviii, 3, 18 Freinsh. in publicum evolare ii, 7, 10 progredi ii, 8, 7 procedere xxviii, 3, 11 prodire xxxvi, 4, 2 ire per publicum xvi, 5, 9 publici reditus vi, 9, 3 publica vis xxviii, 2, 9 publica debita xxxviii, 3, 9 publica pecunia (quæ est populi et civitatis) iv, 5, 1 Vorst. publicæ inter populos, non privatæ inter duces, bellandi causæ sunt xxxi, 4, 7 publico funere Romæ incendium prosequuntur Massilienses xliii, 5, 9
Pudet Alexandrum nutricis suæ (hoc est, pudore afficitur, quod se tam male contra ipsam gesserit. Er schämet sich für ihr) xii, 6, 10 Freinsh. pudendum genus xxiii, 4, 5
Pudibundus vir xxxviii, 8, 10
Pudicitia verum matronarum ornamentum xx, 4, 12 pudicitiæ sororis vindicta ii, 9, 5 pudicitia ab omnibus viris

v, 11, 7. ix, 8, 9 favorem militum ambitione xii, 15, 11 potentiam ex vulgi
adulatione xiii, 3, 2 non amplius a fratre
quærere (pro requirere, postulare) xvii,
2, 9 quærunt honeste mori xx, 3, 6
quærere hostem domi, si extraneus desit
xliv, 2, 2 Vorst. quærere imperium sibi
i, 1, 7 frumenta sulco quærere xliv, 4,
11 quæsitum (hoc est, præparatum, in-
tentatum) iii, 7, 10 quæsitis arte remediis locorum vitia molliuntur ii, 1, 6
quæsito (hoc est, cum quæsivisset) xxxii,
1, 9 Freinsh. (Similia vide supra in
Petito)

Quæstio : quæstioni res diu fuit ii,
10, 15 quæstiones (pro tormentis) xii,
5, 2 Freinsh.

Quæstor xlii, 4, 5

Quæstus (pro acquisitione, sive ipso
acquirendi actu) ix, 8, 6 pro lucro xiv,
3, 10 præbere quæstum (hoc est, esse
lucro) v, 4, 4 (Diversa lectio hic est,
' præstare quæstum :' quam cum Berneccero secuti nos sumus) Vorst.

Qualis xiv, 4, 10. xviii, 2, 10

Qualitas lineamentorum similis i, 2, 2

Qualitercumque (hoc est, utcumque)
ii, 11, 11 Freinsh.

Quam (subaudiendo ' potius') v, 1, 1.
vi, 1, 4 (apud Tacitum hoc frequens.
Ita in L. 7. D. Depos.) Freinsh. quam
sæpe xiii, 1, 3 ut uxores filiasque suas
in templum Veneris, quam possint orna-
tissimas, mittant xxi, 3, 3

Quamdiu xv, 2, 13. xviii, 6, 8

Quamvis iv, 5, 2

si Quando xxiv, 6, 8. xliv, 3, 6

Quandoque (pro aliquando, olim) vii,
5, 5. xliii, 4, 3 et 5 Freinsh.

Quantus motus, quanta res xxxiii, 3, 2
quantum bellum xxxviii, 3, 6 tantus
quantus ii, 15, 2. vi, 3, 10. viii, 1, 7.
xxxi, 8, 2. xli, 2, 8 quantum in illo fuit
ix, 4, 1 quanti populi xi, 9, 2 quanto,
tanto (pro quanto magis, tanto magis)
xxxix, 3, 10 Freinsh. tanto, quanto ii,
10, 15 quanto, tanto ii, 1, 13. vi, 4, 10
quanto serior mala fortuna, tanto ama-
rior xxxii, 1, 3 quanto plus iii, 2, 6

Quare xvi, 5, 17. xxi, 1, 4. xxiii, 1,
16

Quasi : quippe quasi minus perjurii
contraherent iii, 7, 15 prorsus quasi
(vid. sup. in Prorsus). quasi vero v, 10, 8
non quasi victos, sed veluti victoriæ socios habere xii, 12, 2

Quatenus (hoc est, quousque) xii, 10, 5
Freinsh. xli, 3, 10 quatenus (hoc est,
quoniam) xii, 11, 6 (Ita in Sueton.

Claud. xxvi, 7. videtur legendum. Videatur etiam Acidalius in Velleiam ad
ii, 68, 4) Freinsh.

Quatridui religio apud Spartanos ii,
9, 9

Quis (pro quibus) xi, 1, 7 Vorst.

Quemadmodum ix, 4, 10. xi, 13, 10.

xiv, 4, 6

Querela est regi delata i, 5, 2 querelam publicam miscere cum privatis casibus v, 7, 7 querelæ flebiles xix, 2, 11
turba querelarum xxxii, 2, 3 querelas
deferre xxii, 3, 2 querelas Spartanorum
obtulit fortuna xxxiv, 1, 3

Queri crudelitatem regis i, 10, 17 injuriam exilii xviii, 7, 16 queri de impu-
nitate stupri sui ix, 7, 8 questum de
injuriis alicujus venire xxxii, 2, 3

Questibus iterant fortunam publicam
v, 7, 6

Quicumque ii, 5, 6 quibuscumque
delinimentis xxi, 1, 6

Quidam Philomelus (pro, quidam nomine Philomelus) viii, 1, 8 (Vide Ind.
in Nepotem) Vorst. Himerus quidam
xlii, 1, 3 Tiridates quidam xlii, 5, 6

Quies metuentibus nulla ii, 13, 11.
xxiv, 8, 13 quies (pro somno) i, 9, 4.
xii, 10, 3 Freinsh. xliv, 5, 2

Quiescere xxxviii, 4, 3 non quietures
post hanc victoriam Spartanos v, 2,
13

Quietus : quietæ felicitatis insignia
xviii, 7, 10 quietam vitam agere xxxii,
4, 3 quietior status xxxix, 3, 1

Quilibet xxxix, 1, 5

Quin : non cessatum est, quin aut
terra aut mari invicem se trucidarent iii,
7, 12 quin vero xxxviii, 4, 3

Quinquennium ii, 10, 12. xii, 16, 8
quinquennii vacatio xxxvii, 3, 9

Quinqueremis a Ptolemæo, Pyrrhi
filio, cum septem viris ex scapha insili-
entibus capitur xxv, 4, 8

Quippe ut melius fuerit iv, 3, 2

Quisque (additum eleganter superlati-
vis): facillimis quibusque (bellis) aggres-
sis vii, 6, 5 potentissimi quique ix, 4, 9
(Vide et xi, 3, 7) Vorst.

Quo : quo plus habent homines, eo
ampliora cupiunt vi, 1, 1 quo se fortuna,
eodem etiam favor hominum inclinat v,
1, 11 (adde Livium xliii, 22, 6) Freinsh.

Quodammodo complecti animo xii,
3, 2 a laribus suis quodammodo abducti
xiv, 3, 9

Quondam i, 7, 13. vi, 1, 3. xiii, 6, 4

Quotannis ix, 7, 11

Quotidianus labor ii, 13, 11 quoti-

Rector xxxviii, 1, 10 rectores triginta Athenis v, 8, 9 trecenti Thebis ix, 4, 8 rectores xxix, 1, 8. xli, 2, 3
Recumbere in convivio cum aliquo xliii, 1, 4
Recurrere xxii, 8, 1
Rocusaro i, 10, 12. vi, 8, 7. xiii, 2, 11. xvi, 5, 2. xxviii, 8, 16. xl, 2, 8
Reddere sepulturæ corpora ix, 4, 4 reddere aliquem ludibrium omnium ix, 6, 6 reddere vota Herculi xi, 10, 10 reddere fœdam mercedem alicui xii, 6, 11 reddere reliquias aliquorum paternis sepulcris xii, 8, 14 reddere aliquem invisum, suspectum xxxii, 2, 8 reddi (pro fieri) xxix, 4, 3 redditur (hoc est, præstatur et conservatur) xliv, 1, 10 Freinsh. redditus saluti xii, 10, 1 reddere rationem servitutis xxx, 3, 9
Redigere in potestatem i, 8, 1. ix, 1, 2. xli, 6, 6 in exilium (pro exigere) ix, 4, 7 Freinsh. redigi ad tantam inopiam v, 6, 5 in pristinam sortem servitutis vi, 5, 1 ad summam desperationem vi, 5, 7 eo redigi, ut viii, 4, 8 redigi in captivitatem xiii, 1, 5 in ditionem xli, 6, 8
Redimere ad sepulturam ii, 16, 19 bella (hoc est, pecuniam dare ne fiant) vi, 1, 6. vii, 5, 1. vii, 6, 4 pacem ab aliquo xliii, 5, 9 (Et res eodem recidit, sive dicas ' redimere pacem,' sive dicas ' bellum redimere.' Sensus enim est, dare aliquam pecuniam, ut pax detur, et ne bellum amplius geratur. Ita dicant ' deprecari pacem,' et ' deprecari bellum'). redimere regnum concubitu xii, 7, 9 redimere se auro a prædonibus xxvii, 2, 12 urbem auro xxviii, 2, 4 Vorst.
Redire ii, 3, 16 in prælium i, 6, 16 domum xiv, 3, 8. xxxvi, 2, 13 in regnum xxv, 3, 2
Reditus in patriam xii, 4, 3. xii, 10, 4
Reducere exercitum iii, 5, 8 copias in regnum ii, 13, 4
Redundare: hæc brevi ad ipsos redundatura xxii, 3, 5
Referre (pro afferre, deferre) xxv, 5, 2 (pro dicere) ii, 10, 8 (ideoque male quidam locum corrigunt). controversiam (hoc est movere) xxxvii, 4, 5 Freinsh. referre nuntium trepidum xxxi, 2, 8 victoriam de Romanis, aut æquas pacis conditiones xxxi, 8, 9 nihil referre ad aliquem xxxi, 4, 9 consultationem ad amicos xxxiv, 3, 3 paternos majores a Cyro xxxviii, 7, 1
Refertus regalis opulentiæ ii, 14, 6 urbs spoliis referta xi, 14, 10 rura referta commeatibus xxiv, 7, 4

Reficere impensas belli alio bello (hoc est, instaurare, supplere) ix, 1, 9 Freinsh. reficere lassos xxviii, 4, 5 donatis refectisque militibus xi, 14, 8
Refixum corpus (pro, soluto et ablato a cruce) ix, 7, 11 Freinsh.
Refugere i, 8, 10 in urbem v, 9, 11 in uteros matrum i, 6, 14
Refugia montium (pro refugiis in montes) li, 6, 11 Freinsh. ('refugium' hic videtur esse ipse locus, ad quem refugitur. Ait enim, ' quos refugia montium receperunt'). refugiis quorundam aperire portas xi, 4, 9 refugium salutis alicujus (dicitur ipse homo) xiv, 2, 8 (ut ' refugium' sit ipse ille ad quem refugitur) Vorst.
Regalis opulentia ii, 14, 6 vestis xiv, 6, 9 majestas xv, 3, 14 munificentia xxv, 1, 4 regales nuptiæ i, 10, 14 regale instrumentum xxiii, 2, 6 regales Dii (vide Dii). regalis pudor xxi, 5, 9
Regere (pro dirigere) i, 9, 23 Freinsh. rempublicam regere v, 10, 4 regere exercitus xxxiii, 4, 12 equum regere xxxvii, 2, 5 regnum regere xxxvii, 3, 1 neque mundum posse duobus solibus regi xi, 12, 15
Regia xiii, 2, 4. xxiii, 2, 11. xxxv, 2, 2. xxxviii, 3, 14 clausas in regia xxviii, 3, 11
Regina Scytharum Tomyris i, 8, 2 Amazonum Thalestris ii, 4, 33. xii, 3, 5. xliii, 3, 7 Halicarnassi Artemisia ii, 12, 23
Regio æris et plumbi uberrima xliv, 3, 4 regio Sophene xlii, 3, 9 urbium situm et regiones cognoscere xxxvii, 3, 4 diversis montium regionibus pernoctare xxxvii, 2, 8 domini regionum xliii, 4, 5
Regius mos xxxviii, 10, 10 regia magnificentia xii, 3, 11 majestas i, 7, 7. xiv, 1, 7 gens xxviii, 3, 4 in familiam regiam receptus xxxix, 1, 5 regiæ pellices i, 9, 15. xii, 4, 10 opes xv, 2, 14 xxxvii, 2, 2
Regnare vii, 6, 2. ix, 8, 17. xxi, 2, 9.
Regnum oblatum recusat Sosthenes xxiv, 4, 14 regno periculoso tuta vita potior xxxix, 4, 3 regnum (pro tota Alexandri imperio) xiii, 6, 11 regnum tyrannorum (pro potestate tyrannorum) xvi, 5, 18 Freinsh. regnum possidere ii, 6, 15 tenere ii, 6, 14 regno pelli ii, 9, 6 regna avita xiii, 7, 9 vetus regnorum odium xxx, 1, 4
Regredi i, 6, 3. xx, 4, 4. xxxi, 2, 8
Religio firmissimum legum vinculum iii, 3, 10 religione quam armis tutior xi, 7, 14 religione permixta justitia multum

Repudium ix, 7, 2 repudio uxorem dimittere xi, 11, 5

Repugnare xii, 7, 6

Reputare (pro aestimare, judicare) ii, 15, 2. xi, 9, 2. xii, 5, 11 (pro cogitare) xii, 6, 12. xxxii, 1, 2 Freinsh.

Requirere ab aliquo (pro interrogare) vi, 8, 11 Freinsh. originem alicujus i, 6, 3 auctorem nuntii v, 7, 4

Res (pro causa sive lite) xxxiv, 1, 4 Freinsh. res exigit v, 11, 6 res novae xxxiv, 2, 6 res gestae ii, 1, 1. iii, 2, 2 res magni et animi et operis, Praef. 1 res Romanas in historiam conferre, ibid. initio rerum ii, 1, 6 principio rerum ii, 1, 14 gloria rerum gestarum eadem vi, 2, 8 nec dicta res morata ii, 3, 13 res afflictae, perditae iv, 5, 2 perditae et desperatae v, 6, 5 quibus rebus effectum est, ut vi, 9, 6 res Macedoniae componere et ordinare viii, 6, 3 re autem vera (cum praecessit aliquid de falsa causa aut specie) xii, 13, 10 Vorst. rei militaris scientia xxxii, 1, 9 rem tanto majorem suspicantur homines, quanto occultior est ii, 10, 15 rem inspicere (den Augenschein einnehmen) ii, 15, 7 Freinshem.

Rescindere (pro abolere, refigere) xiv, 1, 5 Freinsh. vallum xiii, 5, 13

Rescribere xi, 12, 4

Reservare se ad meliora tempora (pro servare) ii, 11, 5. xxviii, 4, 9 Freinsh. reservare plura experimentis xi, 1, 9

Residere in terris quibusdam xiii, 7, 2

Residuum hunc facit spei patriae scelus alicujus vii, 6, 2 nec quicquam praeter nudum corpus, spiritum, et paucos naufragii comites residuos illi fortuna fecit xxvii, 2, 2

Resistere bello xxi, 2, 4 paucitati hostium xx, 5, 2 resistente turbinibus bitumine xxxvi, 3, 7 resisti illis non potest xxiii, 2, 5 resistendum est impugnantibus xxxviii, 4, 2

Resolutus in segnitiem torporemque vi, 9, 2

Respectus (pro consideratione) xii, 10, 8 Freinsh. vii, 3, 4. xi, 9, 2. xxiv, 8, 1. xxvi, 1, 8

Respicere annos militum (pro considerare) xii, 8, 11 Vorst. respicere contra quem arma sumeris xiii, 3, 9 respiciant vos Dii xiv, 4, 10 respicere dominos misericordiae humanitate xviii, 3, 8

Respirare : respirandi potestatem dare equis xi, 15, 5 respirandi spatium fugientibus datum xviii, 5, 7

Respondere (de hariolis) xi, 11, 8. xxxix, 2, 1 respondere alicui ii, 15, 4. ix, 2, 7. xl, 12, 11. xviii, 7, 7. xl, 2, 8 respondere munificentiae alicujus xxxi, 7, 6

Responsum ab oraculo redditum Ætolis iii, 4, 14 Alexandris xii, 2, 3 Atheniensibus ii, 12, 13 Boeotis xvi, 3, 4 Carano vii, 1, 7 Crotoniatis xx, 2, 6. xx, 3, 1 Doriensibus ii, 6, 17 Grino xiii, 7, 2 Lacedaemoniis ii, 11, 6. iii, 5, 4. vi, 2, 5. xiv, 5, 9 responsum Dodonaei Jovis xii, 2, 3 responsum accipere xii, 2, 8 responso exterritus i, 4, 4 responsa fatorum xiv, 5, 6 responsa consulentibus dare xxiv, 6, 9 responsa Deorum xxiv, 6, 10 ex responsis xiii, 7, 11

Respublica Achaeorum xxxiv, 1, 2 Lacedaemoniorum iii, 3, 1 Parthorum xli, 2, 1 Scytharum ii, 3, 3 respublica a populo transfertur ad senatum v, 3, 2 (paulo post, ' imperium ad senatum transfertur.' Ergo respublica idem quod imperium. Vocat et jura populi v, 3, 7. Deinde ipsi quoque cives dicuntur respublica v, 8, 5). invadere rempublicam v, 6, 12 Freinsh.

Respuere (hoc est, aspernari) xii, 1, 7 Freinsh.

Restare xi, 4, 3

Restaurare (pro instaurare) ii, 10, 1. iii, 5, 2. xx, 5, 6. xxxi, 3, 6. xxxvii, 1, 8 (quod inepte dici putat Servius ad Æn. ii, 15) Freinsh.

Restituere patriam civibus v, 10, 7 restituere exules v, 10, 8 restituere patriam vi, 3, 7 (Nostri, wieder in den vorigen Stand bringen). restituere populo dignitatem vi, 3, 12 praelium vi, 4, 13 restituit quae incensa fuerant vi, 5, 9 restituere libertatem civitatibus vi, 8, 1 aliquem in patriam ix, 4, 8 victoriam et prope amissam gloriam suis x, 3, 3 restituere exules epistolis xiii, 5, 2 restituere se imperio alicujus xxvii, 2, 3 civitates in integrum xxxi, 1, 3 fortunam xxxi, 6, 7 omnem sumtum belli alicui xxxi, 7, 6 aliquem in regnum xxxv, 1, 2 bellum xxxv, 1, 10 gentem in pristinum statum xxxvii, 4, 4 Vorst.

Restitutio in majus ii, 14, 2

Resumere potentiam (pro recuperare) vi, 1, 1 Freinsh. resumere vires longo otio xx, 5, 1. xxiv, 7, 1

Resurgere : major clariorque instaurando bello resurgit xxxvii, 1, 6

Retia i, 5, 10

Reticenda matrimonii i, 7, 15

Retinere : retenti in Bactriana priore praefecti xiii, 4, 19 retinere animos la-

natur xvlii, 3, 9 solis defectio milites
Agathoclis terret xxii, 6, 1 solibus duobus mundus regi non potest xi, 12, 15
  Solatium praesentis fortunae xi, 15, 6
modica solatia xix, 8, 4 solatia pro
auxiliis deportare xx, 2, 14 ultionis solatia i, 8, 9 in solatia longinquae expeditionis xviii, 1, 3
  Solennis consuetudo ix, 8, 9 solennis
dies nuptiarum xxi, 4, 3 Floraliorum
xliii, 4, 6 solennem diem observare xli,
4, 10 in Parthia solenne est reges patri-
cidas habere xlii, 4, 16 solenne Messeniorum sacrificium iii, 4, 1 mysteria Cereris silentio solennia v, 1, 1 solennia religionum xxxviii, 8, 4
  Solenniter xii, 13, 6
  Solidus (pro integro) xxx, 4, 3
Freinsh. solida navigia iv, 1, 16 solido
auro fusae statuae xxiv, 7, 10 solidam ex
auro signum xxxix, 2, 5
  Solitudines incultae ii, 2, 3 Scythicae
xxxviii, 7,4 (hinc illud apud Curtium vii,
8, 37) Freinsh. fuga xxv, 3, 8 solitudo
patris (quod uxor et liberi ab eo discedunt)
xxiii, 2, 10 Vorst. solitudines inter Hyrcaniam et Dahas xli, 1, 10
  Solitas : solitam saevitiam exercere xxi,
2, 9 solita sacra facere ix, 4, 1 castra
solito magnificentiora xii, 8, 16
  Solers industria xiii, 6, 18 ingenium
xxxvi, 2, 7 solertior divitiarum quaesta
quam custodia ix, 8, 6
  Solertia xiv, 2, 12. xxi, 6, 1. xxxi, 6, 9
oratio solertiae plena ix, 8, 10
  Solicitatus (pro illecto) ix, 1, 1. xxiii,
1, 10 Freinsh. solicitatus in adulterium
uxoris alterius i, 7, 18 solicitare in
partes suas aliquem ii, 12, 1 solicitatus
illecebris bestiae ii, 13, 12 solicitare aliquem in spem pacis, amicitiamque regis
ii, 14, 2 solicitare susceptores viii, 3, 8
solicitatus spe regni viii, 6, 6 solicitatus
paucarum urbium direptione ix, 1, 1 solicitatus in Italiam a Tarentinis xii, 2, 1
solicitare aliquem in societatem armorum
xiii, 5, 10 belli xxxii, 4, 1 in favorem
sui moderatione xiii, 6, 19 solicitata
plebe his verbis xvi, 4, 16 in auxilium
solicitare xvi, 5, 1 solicitare in amicitiam aliquem xviii, 5, 8 animos delinimentis xxi, 1, 5 Achaeos in Romanorum
bella solicitat Philippus xxix, 4, 5 solicitatus vacua possessione xxxi, 3, 3
avaritia xxxii, 2, 1 solicitare ad colloquium xxxviii, 1, 9
  Solicitudo vi, 3, 9. xlii, 4, 14
  Solicitus de regno (adipiscendo puta)

i, 10, 6 Vorst. solicitus, ne timeretur
parum reipublicae consuleret ii, 3, 9 solicitus de aliquo xxxii, 4, 5
  Solon Atheniensium legislatos ii, 7, 4.
iii, 2, 4 ejus factum memorabile ii, 7, 9.
  Solstitialis sideris ortus xiii, 7, 10
  Solvere metu ix, 2, 2 (Virgilius Ecl. i.
Irrita perpetua solvent formidine terras.' Rursus noster :) solvi religione jurisjurandi iii, 3, 12 solvere necessitate
auxiliorum aliquos ix, 2, 2 solvere obsidionem ix, 2, 10 solvi sacramento xii,
11, 5 solvere aliquem jurejurando xiv,
4, 7 solvere libamenta Veneri pro reliqua
pudicitia xviii, 5, 4 civitatem voto xxi,
3, 5 matrimonium xxvi, 3, 3 Vorst.
soluti mores (hoc est, laxi, liberi, effrae-
nes) iii, 3, 10 soluti religione (hoc est,
liberati) iii, 3, 12 Freinsh. solutus
mero (ebrius) ix, 6, 6 solutus poena
tempestatibus ii, 13, 9 solutior libertas
(id est, major) xiii, 2, 2 solutus meta
mortis xiv, 2, 5 neglecta omnia et soluta
apud eos fuere xxxiv, 2, 2 Vorst.
  Solum finium occupare latius xxxviii,
4, 7 soli termini ii, 4, 12 materia iv, 1,
3 solum patriae xi, 4, 4 ademtum xxviii,
2, 8 fecundam ii, 1, 8
  Solus iv, 4, 7. v, 6, 10 in omnium
locum solus successit vii, 1, 11 sola defensio xxxii, 2, 8 soli mortalium xxii, 5,
12 solae opes xliv, 4, 15
  Solutio et exactio difficilis xii, 11, 2
solutio stipendiorum xxii, 8, 4 pecuniae
xix, 1, 5
  Somnium Alexandri xii, 10, 3 Astyagis i, 4, 2 Cambysis i, 9, 4 Catumandi
xliii, 5, 5 Cyri i, 6, 1 Gaditanorum
xliv, 5, 2 Laodices matris Seleuci xv,
4, 3 Olympiadis xii, 16, 2 somniorum
intelligentiam primus Joseph condidit
xxxvi, 2, 8
  Somnus aliquem arripit xi, 13, 1
somni causa aliquid subtexere vetitum
pueris Spartanorum iii, 3, 7
  Sophene Armeniae regio xlii, 3, 9
  Sophocles tragoediarum scriptor, Atheniensium dux adversus Spartanos iii, 6, 12
  Sorbens aestus iv, 1, 13
  Sordere xxiv, 6, 4
  Sordes (pro vili origine) xiii, 2, 11
Freinsh. Sic : pristinarum sordium oblitus xxxv, 1, 9 Vorst.
  Sordida militia (hoc est, vilis et pu-
denda, verachtlich) xiv, 2, 7 Freinsh.
sordida vestis ad movendam misericordiam iv, 4, 1 sordidum genus Agathoclis xxii, 1, 1 sordida initia plerarumque

Sufficere (pro substituere in locum alterius, eligere) xxi, 1, 1. xxii, 1, 12. xxix, 1, 6 Freinsh. sufficere in loca eorum, quibus regnum ademeris, novos reges xi, 10, 7 sufficere urbi abundantiam rerum (pro suppeditare) xliv, 1, 4 suffectus alicui (hoc est, subordinatus, in locum alterius electus) v, 6, 1. xi, 10, 7 Vorst.
Suffigere patibulo xxii, 7, 8. xxx, 2, 7 suffigi in crucem xviii, 7, 15
Suffocatus iv, 1, 15
Suffragium i, 10, 21 tacita suffragia xxii, 3, 6. xxii, 7, 10
Sugambri vincuntur ab Alexandro xii, 9, 3
Sui : nec suis pepercit (id est, cognatis) xi, 5, 2 comitibus suis responsum (pro illius) xi, 11, 11 (reciprocum pro demonstrat. Vide cap. 5. lib. de Latinit. f. susp.) Vorst. ad suos (id est, socios) xxxiii, 2, 4 ad sua defendenda xxviii, 2, 7. xlii, 1, 1
Sulco quaerere frumenta xliv, 4, 11
Sulphureum solum Siculum iv, 1, 3
Sulpicius consul contra Perseum xxxiii, 1, 5
Sumere arma ii, 4, 4 coronas, unguenta ix, 4, 1 sumere vestem longam xii, 3, 9 (pro quo paulo ante ' assumere') Vorst. sumere cibum xii, 8, 6 consilium ex aliqua re xiv, 1, 3 vestem lugubrem xiv, 6, 6 spatium trium mensium in aliquid xviii, 6, 6 in manus altare xxiv, 3, 8 virilem audaciam xxvii, 2, 7 venenum xxxii, 4, 8
Summa belli (hoc est, summum belli arbitrium) i, 6, 8. xiii, 6, 10 in summa (pro postremo) xiii, 8, 8. xxxvii, 1, 8 Freinsh. summa auxiliorum tot millia peditum fuere ix, 5, 6 summa propositorum alicujus consistit in eo xiv, 4, 5
Summittere barbam (hoc est, promittere) xxxvi, 4, 2 Freinsh. summittere se alicui xiii, 2, 3
Summovere bella (est illata tantum reprimere) ii, 4, 4. vii, 6, 13 hostem ii, 3, 2. ix, 3, 6. xxix, 1, 11 (idem : explicat hoc Florus iv, 12, 25) Freinsh. summovere aliquem ab Scythia turpi fuga ii, 3, 2 summovere hostem pretio, non armis vi, 1, 6 hostem a muris xii, 10, 2 latrones a rapina pecorum xliii, 2, 9
Summus philosophus vii, 5, 3 cum summo labore xii, 7, 13 summum civitatis fastigium xviii, 3, 12 imperii fastigium xli, 6, 2 imperium xvi, 4, 16

summum cacumen ii, 11, 5 summa res (pro summa imperii) : summae rei aliquem praeponere vi, 2, 4 (Sic Nepos : ' de summis rebus dimicare' xviii, 10. pro de summa rerum, de summa imperii ; adjectivum scil. pro substant. Vide et Ind. Nep.) Vorst. summi imperatores (hoc est, excellentissimi) xxxvii, 1, 8 (Ita ' summus augurio,' apud Florum i, 5, 2) Freinsh.
Sumtus (pro alimentis) xxxiii, 1, 3 sumtibus nuptiarum decreto Carthaginiensium statutus modus xxi, 4, 5 sumtus belli v, 1, 7 praedarum (id est, ex praedis) sumtus vi, 5, 9 Vorst. sumtus deest funeri vi, 8, 6 sumtum viae dare alicui ix, 2, 6
Suniatus Carthaginiensis patriae proditor xx, 5, 12
Super haec (pro, praeter haec) iv, 5, 2. ix, 4, 5 Freinsh. super amnem condere urbem xii, 5, 12 super equos ire, consistere, mercari, colloqui xli, 3, 4
Superare invidiam amplitudine rerum gestarum i, 2, 5 superari argumentis ii, 1, 21 superantur culti mores incultae barbariae collatione ii, 2, 14 superari beneficiis ab hoste xi, 12, 8 superare Herculis acta xii, 7, 13
Superbe viii, 1, 5. xviii, 7, 12. xxviii, 2, 1 superbe crudeliterque xlii, 1, 4
Superbia Parthorum xxxviii, 10, 5 senatus Athen. v, 3, 6 superbia principum odium parit xiii, 8, 2. xxxvi, 1, 1 et 9. xxxix, 1, 3
Superbus hostis v, 7, 9 superba insolentia xxxix, 2, 1 superbum responsum xxxvii, 4, 5. xlii, 1, 2
Superesse (pro superstitem esse) ii, 6, 11 superest unus sceleri alicujus iii, 1, 5 eo praelio superfuit solus v, 6, 10 superesse caedibus (pro, non una obtruncatum esse) xvii, 1, 7 Vorst.
Supergredi claritatem parentum magnitudine animi xlii, 2, 3. xliv, 5, 6
Superior Afrorum fortuna fuit xix, 1, 4 conserto praelio cum superior fuisset xxiii, 3, 9 saucii ex superiore congressione xxvii, 3, 2 superioris aetatis reges xxv, 5, 3. xxxvii, 1, 7 superioris militiae injuriam abolere xiii, 1
Supermittere alicui (pro addere, affundere) xii, 14, 9 Freinsh.
Superstes ix, 7, 10 superstes alicui xxii, 8, 14
Superstitionis vis vii, 2, 10 superstitionem incutere populo ix, 7, 11
Supertegere frondibus xliii, 4, 6

Trajicere (neutraliter, pro superare, transire flumen aut mare) ii, 13, 9. viii, 8, 6. xxiii, 1, 17. xxxi, 7, 4 (active, ut) trajicere copias i, 8, 3. xx, 1, 1 exercitum xviii, 3, 12. xx, 5, 1. xxix, 4, 1 (est cum exercitu mare aut fluvium superare). trajicere pecora (est transferre, *in ein andere Weyde schlagen*) viii, 5, 7 trajicere aliquem gladio (hoc est, transfigere, transverberare) iii, 1, 8 Freinsh. trajectus sagitta xii, 9, 12

Trames xliv, 4, 4 tramites compendiosi xxxviii, 9, 6

Tranquillissimum regnum xl, 1, 4

Trans Euphraten xii, 13, 4

Transalpina Gallia xxxviii, 4, 7

Transcendere montem xi, 8, 2 invicta juga xxiv, 4, 4 in Bithyniam xxxvii, 3, 5

Transferre bellum a mari in terras v, 4, 3 in aliam gentem vii, 6, 7 transferre in se vincula (hoc est, succedere in vincula loco alterius) ii, 15, 19 Freinsh. transferre se a bello terrestri in navale iv, 4, 10 copias in aliquam regionem ii, 14, 3 translatum bellum in Siciliam iii, 7, 16 transferre arma ad aliquem v, 1, 8 transfertur respublica vel imperium ad senatum v, 3, 2 et 5 transfert se victoria eo, unde ille stat v, 4, 12 transferre populos et urbes viii, 5, 7 populos aliquo xii, 5, 12 administrationem regni in aliquem xiv, 5, 3 ultionem ad liberos xvi, 1, 16 bellum alio xxix, 2, 8 in mare prælium xxxii, 4, 6 signa ad aliquem xxxv, 2, 3 consilia ad insidias xxxviii, 1, 8

Transfugæ titulo i, 10, 16 transfugæ xxxi, 7, 8

Transfugere xiii, 8, 8

Transire flumen (pro trajicere) i, 8, 2 Freinsh. transire in leges eorum quos viceris xii, 3, 8 in morem alicujus gentis xii, 12, 2 transire ad aliquem (parere alicui, imperium alicujus agnoscere) xiv, 5, 10. xxvii, 2, 3 Vorst. transitis finibus xxxviii, 4, 10

Transitio (pro defectione ab uno ad alterum) i, 5, 9 Sic: transitione militum destitutus xxvi, 2, 10 Vorst.

Transitus (pro itinere pervio) iv, 1, 18 Freinsh. transitu prohibere i, 8, 2 transitum prohibere xxix, 4, 4 transitus fossæ xxxii, 1, 5 transitum occupare ii, 13, 7 transitum in regionem facere xv, 4, 12

Transmittere vitia xxxvi, 4, 12

Transponere exercitum in Italiam xxiii, 3, 8 copias Cherroneso xxv, 4, 4

Transvehi in regionem xxxviii, 6, 3

Trasimenus lacus xxix, 2, 7

Trecentis annis Longa Alba caput regni fuit xliii, 1, 13

Trepidare xxii, 8, 9. xxx, 1, 5. xxxi, 2, 7

Trepidatio ii, 12, 27. xxviii, 4, 6

Trepidus ii, 13, 9. xxvii, 2, 5 trepidi viii, 5, 1. xiii, 3, 5 trepidi a valentibus facile vincuntur xxiv, 6, 2 trepidi ex urbis incendio xxviii, 2, 6 militum trepidos animos firmavit vii, 6, 5

Triballi Philippum vulnerant ix, 3, 2 superantur a Gallis xxv, 1, 3

Tribuere alicui generis nobilitatem xxxv, 1, 8 honorem memoriæ alicujus ii, 7, 1. xli, 5, 6

Tribunal xii, 11, 8. xxii, 7, 9

Tribunatus summus castrorum xiii, 4, 17 tribunatus ordinare xxx, 2, 5

Tribunos militum xxii, 1, 10

Tribus (improprie, pro quavis hominum collecta multitudine) xiii, 3, 1 Freinsh.

Tributaria necessitas (pro inopia ex tributi pensione) xxxii, 2, 1 Freinsh. tributariæ civitates deficiunt ab Atheniensibus v, 2, 2. v, 7, 3 a Carthaginiensibus xxii, 7, 3 a Cyro i, 7, 2

Tributum imponere (plane respondet illi nostro, *Aufflegen*, imperare) ii, 3, 15 Freinsh. tributum describere Græciæ in tutelam classis xvi, 3, 9 annuum vectigale tributum xiii, 1, 9 tributa in patrocinium scelerum remissa i, 9, 12. xxi, 1, 5 grave tributum pacis xxxii, 2, 1

Tridentum Italiæ urbs a Gallis condita xx, 5, 8

Triduo ii, 11, 4 tridui luctus xii, 3, 1

Triennium i, 9, 12. vi, 9, 7. vii, 5, 2. xxiv, 3, 5

Triginta rectores Athenis in tyrannos degenerant v, 8, 9

Trina bella (pro tribus) xii, 1, 7 Freinsh.

Trinacria, quæ jam Sicilia iv, 2, 1

Triptolemus frugum repertor ii, 6, 12

Tripudianti similis xi, 5, 10 (Tripudium est, interprete Livio i, 20, 8., solennis saltatus) Freinsh.

Triremes vi, 2, 2

Tristis memoria xi, 13, 9 tristioris mentis argumentum xii, 15, 3

Tristitia vi, 5, 8

Trivium : in trivio docere pueros xxi, 5, 8

Triumphatus (proprie est, de quo triumphatum est) ii, 15, 12 triumphatus (pro devicto) xli, 1, 5 Freinsh.

dæmoniorum dux iii, 5, 5 Messenios debellat iii, 5, 15

Tyros urbs auctor Carthaginis xviii, 5, 14. xxi, 6, 2 occupatur ab Alexandro xi, 10, 11 Tyrus vetus, ibid. Tyri vetustas xviii, 3, 5

V.

Vacare : nullus locus urbis a crudelitate tyranni vacat xvi, 5, 6 vacans Asiæ possessio xxvii, 3, 1 regnum vacans xlii, 4, 2

Vacatio tributi et militiæ Persis a Magis conceditur i, 9, 12 præter vacationem militiæ omnium rerum immunitas Macedonibus ab Alexandro conceditur xi, 1, 10 vacationem quinquennii civitatibus suis concedit Mithridates xxxviii, 3, 9

Vacua cera xxi, 6, 6 possessio xxxi, 3, 2 urbs vacua hominibus ii, 12, 11 vacui et quieti xxxviii, 5, 1

Vadere obviam alicui xi, 12, 5

Vagari pro victoribus xxiv, 7, 5 in publico xxi, 5, 4 per sylvas xxxvii, 2, 3 amisso rege xlii 3, 8 ademto vagandi arbitrio xxxix, 5, 4

Vagus hostis xxxviii, 7, 5

Valere : valet apud alios plus prior offensa quam recentia beneficia v, 5, 5

Valerius Lævinus : vide Lævinus

Valetudo major (hoc est, morbus comitialis) xiii, 2, 11 Freinsh. adversa xli, 6, 9 valetudo oculorum ex nimia luxuria xxi, 2, 1 valetudine Aridæi abutitur uxor xiv, 5, 2 (in his omnibus valetudo dicitur pro valetudine adversa) Vorst.

Valida gens xli, 5, 9 valida incrementorum fundamenta vii, 1, 12 validum præsidium xviii, 2, 12 validior xliii, 4, 3 validissimæ legiones xlii, 5, 3

Vallis xxxvi, 3, 2 convexa vallium ii, 10, 24

Vallum (pro castris) xii, 4, 5 vallum rescindere (alii dicunt ' cædere') iv, 5, 13 Freinsh.

Vapor iv, 1, 4

Varians fortuna x, 3, 6 victoria ix, 1, 3 dolore xxvi, 1, 2 variata genera arborum pro regionum conditione ii, 1, 12 variato responso viii, 4, 12

Varie affectus xii, 1, 5 diu varieque fatigati xviii, 3, 6

Varietate rerum miranda res ii, 12, 10 (Cicero vi, 2. ad Fam. ' majore in varietate versata est tua causa'). magis

varietate fortunæ consumti quam victi v, 1, 10 Vorst. admirabili rerum varietate pristinarum sordium oblitus xxxv, 1, 9

Varius utriusque populi casus xli, 6, 6 varia victoria (hoc est, dubia) ii, 5, 4. iii, 6, 9. iv, 2, 6. xix, 1, 9. xliv, 2, 7 Freinsh. varia præliorum fortuna iii, 3, 12 variæ libidinis dulcedo xli, 3, 1 variæ gentes xi, 1, 1

Vasta regio xiii, 7, 3

Vastare regionem v, 4, 6 agros vi, 2, 16 fines regni xxix, 4, 6. xlii, 1, 2

Vastitas agrorum xxii, 6, 9

Vates xviii, 5, 7. xxiv, 8, 3. xxx, 4, 4

Vaticinari xii, 15, 6. xxxiii, 1, 7

Ubera præbere (pro lactare) i, 4, 10 per ubera materna deprecari xvi, 1, 1 (Ita apud Ovid. Metamorph. x. fab. 9. ' Instat anus, canosque suos, et inania nudans Ubera, per cunas alimentaque prima precatur') Freinsh.

Uberior præda xxii, 5, 11 uberrima æris ac plumbi, et minii, regio xliv, 3, 4

Ubertas prædæ xxiv, 7, 10 sylva ubertate et amœnitate insignis xxxvi, 3, 3

Ubi (pro quod) x, 1, 6 Vorst. ubi primum convaluit ix, 3, 4 ubi primum compertum est xxxix, 5, 1

Ubique vii, 3, 1. viii, 5, 8. xxiv, 3, 4

Vecordes xxiv, 8, 3 vecordium more ii, 7, 10

Vecordia xxiv, 6, 9

Vectari equis xli, 3, 4

Vectigal annuum Carthaginienses pro solo urbis pendunt xviii, 5, 14. xix, 1, 3 remittitur xix, 2, 4 Freinsh. (sed hic Stipendium vocatur. Vorst.)

Vectigale (quod vectigal, id est, tributum pendit) ii, 3, 14 Freinsh. vectigale alicui ii, 3, 17

Vehere (pro vehi) xi, 7, 13 (Ita Sueton. Domit. xi, 3. Quadrigar. in 6. Freinsh. Non ' vehere,' pro vehi, sed modo participium ' vehens' significatione passiva posuit). vehitur illuc mare toto undarum onere iv, 1, 1 vehunt amnes aurum xliv, 1, 7 Vorst.

Vehiculum : clauso vehiculo per noctem exportatus xi, 15, 3 in vehiculo xi, 15, 5 vehicula xxxiv, 2, 3 vehiculis induci xliii, 4, 6

Vel (pro saltem, minimum) : si non militibus, vel ipse sibi parcat xli, 8, 15 Freinsh.

Velamenta i, 2, 3. ii, 1, 6

Velatus ornamentis xx, 2, 4

Velle : urbi consultam esse velle xviii, 6, 4 ne volens quidem xxxvii, 2, 6

aliquem xxvi, 3, 6 verti in misericordiam naufragii repentina animorum mutatione xxvii, 2, 3 versus in furorem xxxiv, 1, 8 ex dolore in furorem xlii, 4, 11
Vertex montis xxiv, 8, 2
Vesci (cum accusativo) ii, 6, 5. xliv, 4, 11 (Ita apud Sallust. incert. vi, 14. et Plin. x, 38. f. Similia in Plauto Pseud. et Rudent. ' qui id quod amat caret.' Ita ' uti aquam' in L. i. D. de Fonte. ' nihil egere' Censorin. in Præfat. ad Q. Cærellium) Freinsh.
Vespera prima xviii, 4, 12
Vespere appropinquante xxxi, 2, 3 vesperi iii, 1, 2
Vestigium (pro signo, indicio) xvi, 1, 3 Freinsh. vestigia Græci moris ostentant urbes xx, 1, 6 in vestigia majorum intenti xxix, 1, 8 per eadem vestigia qua veneris, patriam repetere xxxii, 3, 7 vestigia alicujus insequi xxxii, 3, 14 etiam per vestigia fœminarum, favor nominis Alexandri quæritur xiv, 1, 8
Vestiri i, 2, 3 mons vestitus naturalibus bonis, vite hederaque xii, 7, 7
Vestis Assyriorum i, 2, 3 Parthorum xli, 2, 4 Scytharum ii, 2, 9 vestis nulla Lucanorum pueris xxiii, 1, 8 tantum una toto anno juvenibus Spartanis iii, 3, 5
Veterani iv, 3, 1. xii, 11, 4 et 5 milites veterani xii, 12, 7
Veto : vetat utrosque bellum parare viii, 4, 11 suadere cœpit quod vetabatur ii, 7, 11
Vetus Macedonum gloria xxviii, 4, 2 vetus Græcorum imperium xxx, 4, 4 vetere infamia invisi xi, 3, 11 veteres xliv, 1, 2 veteres penates viii, 5, 12 veteres Lydiæ Ionisque opes xxxviii, 7, 7 veterum ducum virtutes xi, 3, 4 veterum judicia de rebus Siculis iv, 1, 1 et sq. vetera exempla xxxviii, 4, 13 Macedoniæ fata vii, 6, 1 veterrima religio xxiv, 2, 8
Vetustas generis ii, 1, 5 hominum ii, 1, 20 vetustatis argumentum ii, 1, 10
Vetustum commilitium v, 10, 3 vetustissima libertas ix, 3, 11 vetustissimus Conetum rex xliv, 4, 1
Vexari xii, 14, 3. xvii, 1, 3. xviii, 2, 11. xviii, 3, 3. xxii, 3, 2. xlii, 1, 3 (de vi hujus verbi vide eleganter disserentem Agellium, sive is A. Gellius est, lib. ii. cap. 6) Freinsh. vexari stupris contumeliisque xi, 4, 3 bellis aliquorum xviii, 3, 11 peste, seditionibus xx, 2, 5 discordia intestina xxviii, 3, 7

Vexatio (pro labore, für ihre Bemühung) xlii, 1, 2 Freinsh.
Vexores (leg. Sesostris) Ægypti rex i, 1, 6 bellum indicit Scythis ii, 3, 8
Via (pro ratione) : ut : invenire viam i, 10, 3. xxii, 4, 3 aggredi eandem viam crudelitatis v, 10, 5 eadem via tyrannidem invadere xvi, 5, 18 Freinsh.
Vicarii officii oblitus xlii, 1, 3
Vice : versa vice vi, 5, 11. xiii, 1, 7 vices alicujus excipere xi, 5, 7 vicem suam dolere xxviii, 4, 4 vices noctium inter pellices dividere xii, 3, 10
Vicentia Italiæ urbs a Gallis condita xx, 5, 8
Vicina urbs xi, 7, 6 Albanis vicinæ Amazones xlii, 3, 7 vicinum malum xxxi, 3, 3 bellum xxxviii, 4, 14 ad injurias vicinorum promti xxiii, 1, 3
Vicinalia bella xli, 1, 9
Vicini urbi campi xv, 4, 8 confluentibus deinde vicinis locorum xviii, 5, 10
Vicissim xxvi, 2, 12
Victima : ut pacis victimæ trucidantur v, 10, 9 ultima perfidorum victima xiv, 4, 13
Victor tyranni ii, 9, 5 victorem in aliquo agere i, 6, 16
Victoria insperata sperata quandoque certior xx, 5, 3 victoria proxima instrumentum sequentis i, 1, 8. xv, 4, 11 victoria securos facit xiii, 8, 5 victoria Græciæ (hoc est, de Græcia : vocabulum enim medium est, et tam de victis quam victoribus dici potest, sicut alia non pauca) v, 4, 17 Freinsh. victoriam facilem hostibus dare (i. e. ita se gerere, ut hostes facile vincere possint) ii, 4, 22 Vorst. victoria fuit Lacedæmoniorum iii, 5, 15. vi, 7, 11 victoria varia fuit iii, 6, 8 victoria varia est aliquibus ii, 5, 4 Thebanorum diu victoria varia dimicatum iv, 2, 6 victoria penes aliquos est v, 4, 2 victoriam tradere vi, 6, 10 bellorum victoria vii, 6, 5. xi, 11, 10 victoria universarum terrarum xii, 16, 6 victoriæ majorem gloriam quam lætitiam habere xviii, 1, 7 victoria clementer utitur Antigonus xxv, 5, 2 in victoriarum flore extinctus xiii, 1, 1 victoriarum tituli xviii, 7, 13 ornamenta xix, 3, 3
Victoria Dea xxxix, 2, 5
Victrix classis v, 4, 6 Græcia gentium victrix viii, 4, 7 victrices undæ iv, 1, 10 victricia arma xliv, 5, 8
Victus cultiores xviii, 6, 2
Vicus xi, 15, 1
Videlicet xxxix, 8, 1

FINIS.

Lightning Source UK Ltd.
Milton Keynes UK
UKHW020611120219

337137UK00005B/680/P